Michael Gienger

## Lexikon der Heilsteine
von **A**chat bis **Z**oisit

Mit Fotos von
Wolfgang Dengler

NEUE ERDE

### Hinweis des Verlages

Die Angaben in diesem Buch sind nach bestem Wissen und Gewissen zusammengestellt und die Heilwirkungen der Steine wurden vielfach erprobt. Da die Menschen aber unterschiedlich reagieren, kann der Verlag oder der Autor im Einzelfall keine Garantie für die Wirksamkeit oder Unbedenklichkeit der Anwendungen übernehmen. Bei ernsten gesundheitlichen Beschwerden wenden Sie sich bitte an Ihren Arzt oder Heilpraktiker.

6. Auflage, 2004
### Lexikon der Heilsteine
© Michael Gienger, 1996; Neue Erde GmbH 2000

Titelbild: Goldtopas
Titelgestaltung: Monika Siegmund
Photos: Wolfgang Dengler
Gestaltung: Monika Siegmund
Illustrationen: Vijaya, Fred Hageneder
Herstellung: Reichow und Hagemann,
Punktum Postscript Service
Druck und Bindung: Legoprint, Lavis

Printed in Italy

ISBN 3-89060-032-8

NEUE ERDE Verlag GmbH
Cecilienstr. 29 · D-66111 Saarbrücken
Deutschland · Planet Erde
info@neueerde.de · www.neueerde.de

## Widmung

Dieses Lexikon ist allen Menschen gewidmet,
denen die Steinheilkunde am Herzen liegt,
vor allem jedoch allen Mitgliedern des
Steinheilkunde e.V. Stuttgart, allen Teilnehmern
des Forschungsprojekts Steinheilkunde und
ganz besonders meinen lieben Kolleginnen von
Cairn Elen-der Schule der Steinheilkunde:

Petra Endres
Dagmar Fleck
Annette Jakobi
Francoise Schwaab

*Es gibt nichts schöneres als leuchtende Augen,*
*entzündet von einem funkelnden Stein,*
*einem strahlenden Stern oder*
*einem Moment tiefen Glücks.*
*Dies sind die wahren Juwelen*
*aus dem Schatz des Herzens,*
*die es täglich zu erringen*
*und täglich zu verschenken lohnt.*

# Inhalt

Vorwort .................................................................. 11

## 1. Wissenschaftliche Grundlagen

1.1 Was sind Heilsteine? ..................................... 14
Heilwirkung • Literatur • Prüfung der Quellen • Definition

1.2 Die Namen der Heilsteine ............................... 15
Namen • Synonyme • Handelsbezeichnungen • Steinheilkunde •
Alchemie • Volksmund • Bergbau • Juweliere • Mineralienhandel •
Mineralogie • Esoterik

1.3 Die Wissenschaft(en) von den Steinen ................... 17
Geologie • Petrologie • Mineralogie • Gemmologie • Stein • Gestein •
Mineral • Edelstein • Kristall • monomineralische Gesteine •
gesteinsbildende Mineralien

1.4 Die Entstehung der Heilsteine ........................... 18
Die magmatische Abfolge • Vulkanite und Plutonite • Magmatische
Gesteine • Magmatische Mineralien • vulkanisch • liquidmagmatisch •
pneumatolytisch • hydrothermal • Die sedimentäre Abfolge • Sekundäre
Gesteinsbildung • Klastische Sedimente • Chemische Sedimente •
Biogene Sedimente • Rückstandsgesteine • Kohlegesteine •
Sekundäre Mineralbildung • Oxidationszone • Zementationszone •
Die metamorphe Abfolge • Regionalmetamorphose • Kontaktmetamorphose •
Gneis-Familie • Kristalline Schiefer • Fels-Familie

1.5 Das Erscheinungsbild der Heilsteine in der Natur ........ 36
Kristallsysteme • Kristallformen • Tracht und Habitus • Gruppen •
Paragenesen • Pseudomorphosen • Mineralaggregate • Transparenz •
Glanz • Farbe • Spezielle Lichtphänomene

1.6 Die chemische Zusammensetzung der Heilsteine ........... 55
Mineralstoffe und chemische Elemente • Metalle und Nichtmetalle •
Mineralklassen • Spurenelemente • Verborgene Qualitäten

1.7 Bestimmung von Heilsteinen ............................. 62
Bestimmungskriterien • Härte • Dichte • Strichfarbe • Magnetismus •
Spaltbarkeit • Bruch • Löslichkeit • Elektrische Leitfähigkeit •
Lumineszenz • Mineralogisch-gemmologische Laboruntersuchungen •
Optische Untersuchungsmethoden • Chemische Untersuchungsmethoden •
Physikalische Untersuchungsmethoden

1.8 Fälschungen, Irrungen und Verwirrungen .................................. 71
   Manipulation • Deklaration • Die Trickkiste der Fälscher • Färben •
   Brennen • Bestrahlen • Rekonstruktion • Imitation • Synthese •
   Prüfungen und Konsequenzen

## 2. Heilkundliche Grundlagen

2.1 Die Prinzipien der Steinheilkunde ........................................ 77
   Forschung • Wissenschaft • Grenzen • Chancen • Wirkung •
   Information • Bildungsprinzip und Lebenssituation • Kristallstruktur
   und Lebensstil • Wirkung der Mineralklassen und Mineralstoffe •
   Prinzip der Verdünnung • Farbe • Signaturenlehre • Form und Symbol •
   Bedeutung der Formen • Formen geschliffener Steine • Formen moderner
   Schmucksteine • Form-Kombinationen

2.2 Die energetische Steinheilkunde ......................................... 104
   Energetischer Austausch • Energiefluß im Körper • Meridiane • Organe •
   Organuhr • Diagnose und Behandlung • Organfunktion und Steinzuordnung

2.3 Die Chakren ............................................................. 109
   Tabellarisches Weltbild • Individuelle Zuordnung • Übereinstimmung •
   Anwendung und Wirkung

2.4 Astromedizin und Heilsteine ............................................. 113
   Astrologische Einflüsse • Tierkreis und Steinzuordnungen

2.5 Die Anwendung von Heilsteinen ........................................... 115
   Einfache Anwendungsweisen • Erscheinungs- und Verarbeitungsformen •
   Größe und Qualität • Reinigung und Pflege • Beschaffbarkeit und Preis

## 3. Lexikon der Heilsteine

3.1 Erforschte und erprobte Heilsteine ...................................... 120
   Anmerkungen zur Beschreibung der Heilsteine ............................. 121

| | |
|---|---|
| Achat ........................ 122 | Andalusit ................... 140 |
| Aktinolith ................... 128 | Anhydrit .................... 142 |
| Alexandrit ................... 130 | Antimonit ................... 144 |
| Amazonit ..................... 132 | Apatit ...................... 146 |
| Amethyst ..................... 134 | Apophyllit .................. 148 |
| Ametrin ...................... 136 | Aquamarin ................... 150 |
| Amulettstein ................. 138 | Aragonit .................... 152 |
| (Thunderegg, Sternachat) | Aventurin ................... 154 |

| | |
|---|---|
| Azurit . . . . . . . . . . . . . . . . . . . . . 156 | Granat . . . . . . . . . . . . . . . . . . . . . 250 |
| Azurit-Malachit . . . . . . . . . . . . . . . 158 | Halit (Steinsalz) . . . . . . . . . . . . . . . 258 |
| Baryt . . . . . . . . . . . . . . . . . . . . . . 160 | Hämatit . . . . . . . . . . . . . . . . . . . . 260 |
| Baumachat . . . . . . . . . . . . . . . . . . 162 | Heliotrop . . . . . . . . . . . . . . . . . . . 262 |
| Bergkristall . . . . . . . . . . . . . . . . . . 164 | Hiddenit . . . . . . . . . . . . . . . . . . . . 264 |
| Bernstein . . . . . . . . . . . . . . . . . . . 172 | Hornblende . . . . . . . . . . . . . . . . . . 266 |
| Beryll . . . . . . . . . . . . . . . . . . . . . . 174 | Howlith . . . . . . . . . . . . . . . . . . . . 268 |
| Biotit und Biotit-Linse . . . . . . . . . . 176 | Jadeit . . . . . . . . . . . . . . . . . . . . . . 270 |
| Blauquarz und Saphirquarz . . . . . . 178 | Jaspis . . . . . . . . . . . . . . . . . . . . . . 272 |
| Bronzit . . . . . . . . . . . . . . . . . . . . 180 | Karneol . . . . . . . . . . . . . . . . . . . . 276 |
| Calcit . . . . . . . . . . . . . . . . . . . . . . 182 | Koralle . . . . . . . . . . . . . . . . . . . . . 278 |
| Chalcedon . . . . . . . . . . . . . . . . . . 184 | Kunzit . . . . . . . . . . . . . . . . . . . . . 280 |
| Chalkopyrit . . . . . . . . . . . . . . . . . 188 | Kupfer . . . . . . . . . . . . . . . . . . . . . 282 |
| Charoit . . . . . . . . . . . . . . . . . . . . 190 | Labradorit . . . . . . . . . . . . . . . . . . 284 |
| Chiastolith . . . . . . . . . . . . . . . . . . 192 | Lapislazuli (Lasurit) . . . . . . . . . . . . 286 |
| Chrysoberyll . . . . . . . . . . . . . . . . . 194 | Larimar . . . . . . . . . . . . . . . . . . . . 288 |
| Chrysokoll . . . . . . . . . . . . . . . . . . 196 | Lepidolith . . . . . . . . . . . . . . . . . . 290 |
| Chrysopras . . . . . . . . . . . . . . . . . . 198 | Magmatite . . . . . . . . . . . . . . . . . . 292 |
| Citrin . . . . . . . . . . . . . . . . . . . . . . 200 | Magnesit . . . . . . . . . . . . . . . . . . . 294 |
| Coelestin . . . . . . . . . . . . . . . . . . . 202 | Magnetit . . . . . . . . . . . . . . . . . . . 296 |
| Cordierit (Iolith) . . . . . . . . . . . . . . 204 | Malachit . . . . . . . . . . . . . . . . . . . 298 |
| Covellin . . . . . . . . . . . . . . . . . . . . 206 | Markasit . . . . . . . . . . . . . . . . . . . 300 |
| Diamant . . . . . . . . . . . . . . . . . . . 208 | Marmor . . . . . . . . . . . . . . . . . . . . 302 |
| Diopsid . . . . . . . . . . . . . . . . . . . . 210 | Metamorphite . . . . . . . . . . . . . . . 304 |
| Dioptas . . . . . . . . . . . . . . . . . . . . 212 | Meteorit . . . . . . . . . . . . . . . . . . . 306 |
| Disthen . . . . . . . . . . . . . . . . . . . . 214 | Moldavit . . . . . . . . . . . . . . . . . . . 308 |
| Dolomit . . . . . . . . . . . . . . . . . . . 216 | Mondstein . . . . . . . . . . . . . . . . . . 310 |
| Dumortierit . . . . . . . . . . . . . . . . . 218 | Mookait . . . . . . . . . . . . . . . . . . . . 312 |
| Eisenkiesel . . . . . . . . . . . . . . . . . . 220 | Moosachat . . . . . . . . . . . . . . . . . . 314 |
| Epidot . . . . . . . . . . . . . . . . . . . . . 222 | Moosachat rosa . . . . . . . . . . . . . . 316 |
| Erdbeerquarz . . . . . . . . . . . . . . . . 224 | Moqui-Marbles, Eisenoolith . . . . . . 318 |
| Eudialyt . . . . . . . . . . . . . . . . . . . . 226 | Morganit . . . . . . . . . . . . . . . . . . . 320 |
| Falkenauge . . . . . . . . . . . . . . . . . . 228 | Muskovit . . . . . . . . . . . . . . . . . . . 322 |
| Feldspat . . . . . . . . . . . . . . . . . . . 230 | Nephrit . . . . . . . . . . . . . . . . . . . . 324 |
| Feueropal . . . . . . . . . . . . . . . . . . 232 | Obsidian . . . . . . . . . . . . . . . . . . . 326 |
| Flint und Hornstein . . . . . . . . . . . 234 | Onyx . . . . . . . . . . . . . . . . . . . . . . 330 |
| Fluorit . . . . . . . . . . . . . . . . . . . . . 236 | Opal . . . . . . . . . . . . . . . . . . . . . . 332 |
| Fossilien . . . . . . . . . . . . . . . . . . . 238 | Opalith . . . . . . . . . . . . . . . . . . . . 338 |
| Fuchsit . . . . . . . . . . . . . . . . . . . . 240 | Orthoklas . . . . . . . . . . . . . . . . . . . 340 |
| Gagat . . . . . . . . . . . . . . . . . . . . . 242 | Peridot . . . . . . . . . . . . . . . . . . . . 342 |
| Gips . . . . . . . . . . . . . . . . . . . . . . 244 | Perle . . . . . . . . . . . . . . . . . . . . . . 344 |
| Girasol . . . . . . . . . . . . . . . . . . . . 246 | Pietersit . . . . . . . . . . . . . . . . . . . . 346 |
| Gold . . . . . . . . . . . . . . . . . . . . . . 248 | Pop-Rocks . . . . . . . . . . . . . . . . . . 348 |

| | |
|---|---|
| Porphyrit . . . . . . . . . . . . . . . . . . . . 350 | Sonnenstein . . . . . . . . . . . . . . . . 394 |
| Prasem . . . . . . . . . . . . . . . . . . . . . . 352 | Sphalerit und Schalenblende . . . . . 396 |
| Prehnit . . . . . . . . . . . . . . . . . . . . . 354 | Spinell . . . . . . . . . . . . . . . . . . . . . 398 |
| Purpurit . . . . . . . . . . . . . . . . . . . . 356 | Staurolith . . . . . . . . . . . . . . . . . . 400 |
| Pyrit . . . . . . . . . . . . . . . . . . . . . . . 358 | Sugilith . . . . . . . . . . . . . . . . . . . . 402 |
| Rauchquarz . . . . . . . . . . . . . . . . . 360 | Tektit . . . . . . . . . . . . . . . . . . . . . . 404 |
| Rhodochrosit . . . . . . . . . . . . . . . . 362 | Thulit . . . . . . . . . . . . . . . . . . . . . . 406 |
| Rhodonit . . . . . . . . . . . . . . . . . . . 364 | Tigerauge . . . . . . . . . . . . . . . . . . 408 |
| Rhyolith . . . . . . . . . . . . . . . . . . . 366 | Tigereisen . . . . . . . . . . . . . . . . . . 410 |
| Rosenquarz . . . . . . . . . . . . . . . . . 368 | Topas . . . . . . . . . . . . . . . . . . . . . . 412 |
| Rubin . . . . . . . . . . . . . . . . . . . . . . 370 | Türkis . . . . . . . . . . . . . . . . . . . . . 414 |
| Rutilquarz . . . . . . . . . . . . . . . . . . 372 | Turmalin . . . . . . . . . . . . . . . . . . . 416 |
| Saphir . . . . . . . . . . . . . . . . . . . . . 374 | Turmalinquarz . . . . . . . . . . . . . . . 428 |
| Sardonyx . . . . . . . . . . . . . . . . . . . 376 | Variscit . . . . . . . . . . . . . . . . . . . . 430 |
| Schneequarz . . . . . . . . . . . . . . . . 378 | Versteinertes Holz . . . . . . . . . . . . 432 |
| Schwefel . . . . . . . . . . . . . . . . . . . 380 | Vesuvian (Idokras) . . . . . . . . . . . . 434 |
| Sedimente . . . . . . . . . . . . . . . . . . 382 | Vivianit . . . . . . . . . . . . . . . . . . . . 436 |
| Septarie . . . . . . . . . . . . . . . . . . . . 384 | Wulfenit . . . . . . . . . . . . . . . . . . . 438 |
| Serpentin . . . . . . . . . . . . . . . . . . . 386 | Zinnober . . . . . . . . . . . . . . . . . . . 440 |
| Silber . . . . . . . . . . . . . . . . . . . . . . 388 | Zirkon . . . . . . . . . . . . . . . . . . . . . 442 |
| Smaragd . . . . . . . . . . . . . . . . . . . 390 | Zoisit . . . . . . . . . . . . . . . . . . . . . . 444 |
| Sodalith . . . . . . . . . . . . . . . . . . . . 392 | |

## 3.2 Wenig erforschte Heilsteine . . . . . . . . . . . . . . . . . . . . . . . . . . . . . . . . . . . . . . . 447

| | |
|---|---|
| Adamin . . . . . . . . . . . . . . . . . . . . 448 | Enstatit . . . . . . . . . . . . . . . . . . . . 466 |
| Alunit . . . . . . . . . . . . . . . . . . . . . 449 | Erythrin . . . . . . . . . . . . . . . . . . . . 467 |
| Analcim . . . . . . . . . . . . . . . . . . . 450 | Euklas . . . . . . . . . . . . . . . . . . . . . 468 |
| Astrophyllit . . . . . . . . . . . . . . . . . 451 | Galenit . . . . . . . . . . . . . . . . . . . . 469 |
| Atacamit . . . . . . . . . . . . . . . . . . . 452 | Gaspeit und . . . . . . . . . . . . . . . . 470 |
| Augit . . . . . . . . . . . . . . . . . . . . . . 453 | „Zitronen-Chrysopras" |
| Aurichalcit . . . . . . . . . . . . . . . . . 454 | Hauyn . . . . . . . . . . . . . . . . . . . . . 471 |
| Benitoid . . . . . . . . . . . . . . . . . . . 455 | Hemimorphit . . . . . . . . . . . . . . . . 472 |
| Borax . . . . . . . . . . . . . . . . . . . . . 456 | Hermanover Kugel . . . . . . . . . . . 473 |
| Bornit . . . . . . . . . . . . . . . . . . . . . 457 | Heulandit . . . . . . . . . . . . . . . . . . 474 |
| Brasilianit . . . . . . . . . . . . . . . . . . 458 | Hypersthen . . . . . . . . . . . . . . . . . 475 |
| Cacoxenit (Goethitquarz) . . . . . . . 459 | Ilmenit . . . . . . . . . . . . . . . . . . . . 476 |
| Cavansit . . . . . . . . . . . . . . . . . . . 460 | Jamesonit . . . . . . . . . . . . . . . . . . 477 |
| Chalkanthit (Kupfervitriol) . . . . . . . 461 | Kalkoolith . . . . . . . . . . . . . . . . . . 478 |
| Chloromelanit . . . . . . . . . . . . . . . 462 | Kassiterit . . . . . . . . . . . . . . . . . . 479 |
| Creedit . . . . . . . . . . . . . . . . . . . . 463 | Konichalcit . . . . . . . . . . . . . . . . . 480 |
| Cuprit . . . . . . . . . . . . . . . . . . . . . 464 | Krokoit . . . . . . . . . . . . . . . . . . . . 481 |
| Danburit . . . . . . . . . . . . . . . . . . . 465 | Lazulith . . . . . . . . . . . . . . . . . . . . 482 |

| | | | |
|---|---|---|---|
| Limonit | 483 | Sinhalit | 501 |
| Mimetesit | 484 | Skapolith | 502 |
| Muschel, Perlmutt | 485 | Skolezit | 503 |
| Natrolith | 486 | Smithsonit | 504 |
| Naturglas | 487 | Sphen (Titanit) | 505 |
| Okenit | 488 | Steatit (Talk) | 506 |
| Pallasit | 489 | Stilbit | 507 |
| Petalit | 490 | Stromatolith | 508 |
| Phenakit | 491 | Strontianit | 509 |
| Porzellanit | 492 | Tansanit | 510 |
| Proustit | 493 | Tugtupit | 511 |
| Pyrolusit und Psilomelan | 494 | Ulexit | 512 |
| Pyromorphit | 495 | Vanadinit | 513 |
| Realgar | 496 | Wavellit | 514 |
| Scheelit | 497 | Wismut | 515 |
| Sepiolith | 498 | Wolframit | 516 |
| Siderit | 499 | Wollastonit | 517 |
| Sillimanit | 500 | Wunderstein, Trendit | 518 |

# 4. Anhang

## 4.1 Index der Mineralien-Namen ... 520

## 4.2 Sachwort-Index ... 545

## 4.3 Therapeutischer Index ... 556

## 4.4 Literaturverzeichnis ... 571

## 4.5 Adressen ... 573

# Vorwort

Was ist der Unterschied zwischen einem „gewöhnlichen Stein" und einem Mineral, zwischen einem Edelstein und einem Heilstein? – Wenn ich zurückdenke, begegnete mir die erste dieser Fragen, als ich acht Jahre alt war. Bis zu jenem Zeitpunkt sammelte ich alle bunten und interessanten Steine einfach ihrer Schönheit wegen. Erst dann erfuhr ich, daß es so etwas wie Mineralien gibt und daß Mineralien aus einem einzigen Stoff oder einer einzigen Stoffverbindung bestehen, während „normale Steine" immer ein Gemisch vieler Bestandteile sind. Diese Besonderheit hob die Mineralien plötzlich aus den gängigen Kieseln heraus, und die Suche galt von nun an allem, was nach Kristall, Mineral oder Edelstein aussah. Die Frage „Wer bist du, Stein?" war geboren.

In der Folge sah ich mich sehr bald immer wieder in der Position, daß Verwandte, Freunde und Bekannte mir ihre Fundstücke vorlegten, um zu erfahren, ob denn das gute Stück auch „etwas sei". Wobei sich hinter diesem „etwas" meist die Hoffnung auf einen möglichst wertvoll klingenden Namen verbarg. Ich war natürlich überfordert, aber auch angespornt, mich mehr und mehr in die Mineralogie zu vertiefen und den Steinen nicht nur mit dem Auge, sondern auch mit Ritzbesteck und Strichtäfelchen zu Leibe zu rücken. Eine faszinierende und unschuldige Welt tat sich damals vor meinem jugendlichen Eifer auf, denn im Prinzip war ja jeder dieser Steine „etwas", man mußte eben nur herausfinden, was!

Die zweite Frage nach dem Unterschied zwischen einem Edelstein und einem Heilstein begegnete mir erst dreizehn Jahre später. So wie die Information, was ein Mineral ist, im Alter von acht Jahren das Hobby des Steinesammelns in die Leidenschaft des Mineraliensammelns verwandelte, so verwandelte das Erlebnis, daß Mineralien heilen können, mein Interesse im Alter von 21 Jahren erneut: Aus dem Sammeln der Mineralien wurde das Sammeln von Informationen und Erfahrungen mit der Heilkraft der edlen Steine. Die Frage „Was kannst du, Stein?" war geboren. Und auch hier tat sich erneut eine faszinierende und unschuldige Welt auf, denn im Prinzip konnte ja jeder Stein „etwas", man mußte eben wiederum nur herausfinden, was!

Mit diesem neuen Thema fanden auch viele neue Mineralien Einzug in meine Sammlung, und auch neue Formen wurden erstmals interessant: Hatte ich mich bis dato nur mit Rohmineralien beschäftigt, so gelangten nun die ersten Trommelsteine, Ketten und Schmuckstücke in meine Hände. Es war kein einfaches Unterfangen, alle in der heilkundlichen Literatur beschriebenen Heilsteine zu finden, so daß im Laufe der Jahre die Idee entstand, aus der Not eine Tugend zu machen und selbst einen Mineraliengroßhandel zu gründen, um speziell Heilsteine in einem umfassenden Sortiment anzubieten. Gesagt, getan – so wurde im Februar 1990 die Firma Karfunkel gegründet.

Der Handel zerstörte sehr schnell die bis dahin bestehende unschuldige Welt des Mineraliensammelns und der Steinheilkunde. Je mehr Einblick ich durch meine Tätigkeit in die Förderung und Verarbeitung von Mineralien und Edelsteinen gewann, desto kritischer wurde meine Haltung gegenüber den auf dem Markt angebotenen Steinen und gleichzeitig auch gegenüber den so weltfremd abgehobenen, inzwischen jedoch um so mehr verbreiteten esoterischen Philosophien der Edelsteintherapie. Vor allem war ich erstaunt, wie wenig sowohl

Mineralogen als auch Edelsteintherapeuten über die tatsächlichen Vorgänge auf dem Mineralienmarkt informiert sind.

Aus diesem Grund entstand schon während der Arbeit an dem Handbuch „Die Steinheilkunde" das Bedürfnis, in einem zweiten Werk nicht von der Heilkunde, sondern speziell von den Heilsteinen zu berichten. „Was ist der Unterschied?" wurde ich in der Zwischenzeit oft gefragt, so daß ich vor allen anderen Ausführungen dieser Frage noch Raum im Vorwort geben möchte: Der Unterschied zwischen dem Wissensgebiet Steinheilkunde und dem Wissensgebiet Heilsteine ist vergleichbar mit dem Unterschied zwischen Medizin und Pharmazie. Während der Arzt die therapeutische Wirkung seiner Arznei kennen muß, beschäftigt sich der Apotheker mit der Arznei selbst, ihrer Gewinnung, Beschaffung und gegebenenfalls auch Herstellung. Wenn wir diesen Vergleich einmal auf die Literatur der Steinheilkunde übertragen, so zeigt sich erstaunlicherweise, daß es über 100 Werke zum Heilen mit Steinen gibt, jedoch kaum eines, das über die zur Beschaffung und Bereitstellung der Heilsteine wichtigen Fragen aufklärt:

Wie lautet der korrekte Name eines Heilsteins und unter welcher Bezeichnung erhalte ich ihn im Handel? Wie entsteht der Stein und welche Eigenschaften der Mineralien sind für die Heilkunde wichtig? Wie können Heilsteine sicher bestimmt, Verwechslungen vermieden und Fälschungen identifiziert werden? Wozu wird das Mineral üblicherweise verwendet und welche Heilwirkungen und Indikationen sind bekannt? – Alle diese Fragen sind für den sicheren Umgang mit Heilsteinen von elementarer Bedeutung, denn – einmal ganz schlicht gefragt – was haben Sie davon, wenn Sie einen Larimar suchen und Ihr Händler nicht weiß, daß damit ein blauer Pektolith gemeint ist? Oder wenn Sie einen Smaragd brauchen und mit einem grün gefärbten Achat nach Hause kommen? Wer die Steinheilkunde praktizieren will, kommt an der Thematik Heilsteine nicht vorbei, denn nur wenn das richtige Hilfsmittel für den richtigen Zweck verwendet wird, kann eine Therapie erfolgreich sein.

Daher soll das Lexikon der Heilsteine nun diese Lücke füllen und alle wichtigen Informationen zu den Heilsteinen zusammentragen. Es ist gedacht als Nachschlagewerk für alle, die mit Heilsteinen arbeiten oder sich aus privater Initiative damit beschäftigen. Das Lexikon bietet neben den grundlegenden mineralogischen und heilkundlichen Eigenschaften der Mineralien erstmals auch ausführliche Informationen über Fälschungen und Verwechslungsmöglichkeiten sowie einen umfassenden Index der Mineraliennamen, der die Identifikation aller derzeit bekannten Heilsteine ermöglicht. Ich bin heute sehr dankbar, daß sich zu den 24 Jahren Mineraliensammeln und den elf Jahren Steinheilkunde auch die sieben Jahre Mineralienhandel gesellt haben, denn nur so ist es mir möglich geworden, alle diese Informationen zu sammeln, zu verbinden und zur Verfügung zu stellen. Nachdem ich mich in diesem Jahr wieder aus dem aktiven Mineralienhandel zurückgezogen habe, hoffe ich, mit diesem Buch noch einen Beitrag leisten zu können, daß die richtigen Heilsteine in die Hände derer gelangen, die sie suchen.

Dem lexikalischen Teil dieses Buches möchte ich eine kurze Einführung in die Mineralogie und Steinheilkunde voranstellen, in welcher auch jene Begriffe geklärt werden, die in den Beschreibungen der einzelnen Heilsteine als Fremdwörter unerklärt auftauchen können. Um Ihnen die Arbeit mit den im Hauptteil folgenden Darstellungen zu erleichtern, möchte ich Sie bitten, diese Einführung vorweg zu studieren. Sollte sie Ihnen zu kurz sein, verweise ich hiermit natürlich gerne auf mein beim Verlag Neue Erde erschienenes Buch „Die Steinheilkunde". Dort ist vor allem die Heilkunde ausführlich geschildert, hier sollen ja in erster Linie die Heilsteine zu Wort kommen bzw. ins Visier genommen werden. Das hat für Sie der Fotograf Wolfgang Dengler bereits in hervorragender Weise erledigt, dem ich an dieser Stelle ganz herzlich danken möchte.

Ein weiteres Dankeschön möchte ich außerdem all jenen aussprechen, die aktiv und engagiert zum Entstehen dieses Lexikons beigetragen haben:

Meinem Verleger, Herrn Gerhard Kupka, danke ich für die Geduld mit seinem eigenwilligen Autoren und dafür, daß er das stetig wachsende Projekt bis zu dessen Vollendung mitgetragen hat. Herrn Marco Schreier aus Ludwigsburg und Herrn Dieter Jerusalem aus Herborn danke ich für die vielen Tips und Hintergrundinformationen zum Mineralienhandel und den aktuellen Fundgebieten, Herrn Jens Schmidt aus Ulm für den kritischen Blick und die konstruktiven Ratschläge zu den wissenschaftlichen Grundlagen und der Mineralogie der Heilsteine. Ein ganz besonderes Dankeschön geht auch an Herrn Bernhard Bruder, Geschäftsführer des Instituts für Edelsteinprüfung (EPI) in Ohlsbach, der mir bei der gesamten Recherche des Lexikons half und meine Kenntnisse über Manipulationen und Fälschungen von Steinen auf den neuesten Stand brachte. Ebenso an Herrn Hintze von der Firma Jentsch in Extertal und Herrn Claus Hedegaard aus Faarvang, Dänemark, die mir eine Fülle von Hinweisen zur Überarbeitung der dritten Auflage zukommen ließen. Weiterhin möchte ich Frau Elaine Vijaya und Herrn Fred Hageneder von Dragon Design, England, herzlich für ihre Fähigkeit danken, aus meinen hieroglyphenähnlichen Skizzen hervorragende Grafiken zu zaubern, sowie Frau Monika Siegmund, Grafikerin aus Köln, für die gelungene Gestaltung des Lexikons.

Abschließend möchte ich jedoch vor allem Herrn Walter von Holst aus Stuttgart und jenen Mitgliedern des Steinheilkunde e.V. Stuttgart danken, die die Tätigkeit von derzeit 20 Forschungsgruppen zur Steinheilkunde initiierten und koordinieren und damit eine großartige Pionierarbeit zur Entwicklung der Steinheilkunde leisten. Ich hoffe, dieses Lexikon ist Ihnen und allen Lesern eine echte Hilfe bei der Arbeit mit Heilsteinen.

Tübingen, im Sommer 2000<br>
Michael Gienger

# 1. Wissenschaftliche Grundlagen

## 1.1 Was sind Heilsteine?

Zunächst einmal sind es Steine – Gesteine, Mineralien oder Edelsteine –, die auf uns Menschen eine nachvollziehbare Wirkung im körperlichen, seelischen, mentalen oder geistigen Bereich zeigen. Steine, die sich aufgrund ihrer natürlichen Eigenschaften, bedingt durch Entstehung, Struktur, Mineralstoffgehalt oder Farbe, dazu eignen, für medizinische oder therapeutische Zwecke verwendet zu werden. Dies trifft natürlich auf eine ungezählte Vielfalt der bekannten Mineralien zu, daher müssen wir die Definition für Heilsteine in diesem Lexikon noch etwas enger fassen:

Heilsteine sind Steine – Gesteine, Mineralien oder Edelsteine –, deren Wirkung auf den menschlichen Organismus, auf Seele, Verstand und Geist so weit erforscht und durch wiederholte Erfahrungen bestätigt ist, daß sie gezielt zu medizinischen oder therapeutischen Zwecken verwendet werden können. Diese Definition bietet die für eine seriöse Heilkunde notwendige Sicherheit in der Anwendung und schließt unbestätigte Einmal-Phänomene (griech. phainomenon = Erscheinung) ebenso aus wie überlieferte Rezepte, die keinem gesicherten Mineral zugeordnet werden können.

Diese Vorsicht ist notwendig, um die Steinheilkunde und mit ihr das Wissen um die Heilsteine nicht endgültig durch z.T. ahnungslose, z.T. skrupellose Machenschaften diskreditieren zu lassen. In den letzten Jahren führte die große Nachfrage nach Heilsteinen und der Mangel an therapeutischen Dienstleistungen auf diesem Gebiet leider dazu, daß jedes publizierte Werk ohne Prüfung seines Inhalts weite Verbreitung und begeisterte Anhänger fand. In nur fünf Jahren explodierte die Literatur zur Edelsteintherapie und Steinheilkunde von weniger als zehn zu mehr als 100 Titeln, deren Autoren jedoch in den seltensten Fällen selbst praktische Erfahrungen mit allen von ihnen beschriebenen Heilsteinen besitzen! Dadurch bildete sich ein schwerverdaulicher Informationscocktail aus Wahrheiten, Halbwahrheiten, Irrtümern, bewußter Irreführung und freier Phantasie, der heute jedem Neueinsteiger in die Welt der Steinheilkunde und der Heilsteine den Start um ein Vielfaches erschwert. Vor zehn Jahren war die Welt in dieser Beziehung noch recht einfach...

Um hier wieder Klarheit zu bekommen, helfen nur ein sehr kritischer Blick und die Wahrung des gesunden Menschenverstandes auch bei den atemberaubendsten Beschreibungen. Fragen Sie die entsprechenden Autoren nach Referenzen über beschriebene Krebs-Heilungen mittels Handschmeichler, und fordern Sie genaue Anweisungen, wie denn nun der AIDS-Schutz mit Hilfe eines Steins im praktischen Fall bewerkstelligt werden soll. – Doch Spaß beiseite: Natürlich müssen wir als ernsthafte Forscher auf dem Gebiet der Steinheilkunde jedem Hinweis auf eine vermutete Heilwirkung nachgehen, doch publiziert werden sollte eine solche Wirkung nur dann, wenn sie wiederholt bestätigt ist! Das fordert das Gebot der Verantwortlichkeit.

Kritisch zu prüfen ist dabei auch, was leichtfertig durch alte Quellen belegt wird. Die heutige Namenszuordnung der Mineralogie ist nicht mehr identisch mit der mittelalterlichen und schon gar nicht mit der der Antike. So war der lateinische „sappirus" bei Plinius der heutige Lapislazuli, dasselbe gilt z.T. für die europäischen mittelalterlichen Lapidarien (z.B. bei Konrad von Megenberg), während in arabischen Schriften desselben Zeitraums bereits der moderne Saphir mit diesem Namen belegt wird. Daher können nicht alle Überlieferungen des Namens „Saphir" in einen Topf geworfen werden. Auch hier tut wissenschaftliche Gründlichkeit not!

Um also der umseitig genannten Definition eines Heilsteins gerecht zu werden, müssen wir sicherstellen, daß erstens der Stein selbst genau und eindeutig bestimmt ist und zweitens seine Wirkung bekannt, gründlich erforscht und klar nachvollziehbar ist. Zu beidem soll dieses Lexikon einen Beitrag leisten.

## 1.2 Die Namen der Heilsteine

Noch vor den mineralogischen und heilkundlichen Grundlagen beginnt die Beschäftigung mit den Heilsteinen daher bei einer eigenen Wissenschaft mit recht eigentümlichen Phänomenen: der Herkunft der vielfältigen Namen, mit denen Heilsteine heute belegt werden. Bevor die junge wissenschaftliche Disziplin der Mineralogie in den letzten zwei Jahrhunderten etwas Ordnung und Übersicht in die Welt der Steine zu bringen vermochte, tummelten sich oftmals viele Namen für ein und dasselbe Mineral. Das lag einerseits daran, daß verschiedene Varietäten (Abwandlungen, lat. variare = verändern, verschieden sein) und Erscheinungsformen eines Minerals noch für eigenständige Mineralien gehalten wurden, andererseits an den verschiedenen Berufsgruppen, die mit den Steinen zu tun hatten und ihnen z.T. ihre eigenen Namen gaben: So kannten die traditionelle Steinheilkunde, die Alchimie und die mythologischen Überlieferungen (Sagen und Märchen), der Bergbau und der Volksmund sowie der Handel und die Juweliere mitunter sehr verschiedene Bezeichnungen für ein und dasselbe Mineral. Die Mineralogen des 18. und 19. Jahrhunderts versuchten, Klarheit in diese Verwirrung zu bringen, wurden sich jedoch untereinander in der Namensgebung oftmals auch nicht einig. So findet sich in der mineralogischen Literatur zu Anfang dieses Jahrhunderts z.B. ein „Stilbit deutscher Mineralogen" (gemeint ist ein Blätterzeolith) und ein „Stilbit französischer Mineralogen" (gemeint ist ein Strahlzeolith). Inzwischen wird der Begriff „Stilbit" international für den „Blätterzeolith" verwendet, was ich jedoch - um ganz ehrlich zu sein - bei der Erstausgabe dieses Lexikons selbst noch nicht wußte.

Den Handel schließlich kümmerte das Bemühen um eine einheitliche Namensgebung weder vor 100 Jahren noch heute. Je wohlklingender der Name eines Minerals, desto besser verkauft es sich. Das war zu allen Zeiten gleich. Daher wurde der blaue Zoisit, dessen Name zu sehr an engl. „suicide" (Selbstmord) erinnerte, von der New Yorker Juwelierfirma Tiffany eines Tages als „Tansanit" verkauft. Das Geschäft florierte, der Rest der Welt zog nach. Auch heute boomt ein unscheinbarer Eisen-Oolith, der seit der Antike bereits als Aetit oder Adlerstein bekannt war, plötzlich unter dem Namen „Moqui Marbles", gut aufgemacht mit Zertifikat und garniert mit rührenden Indianermärchen. Insofern ist der Mineralienhandel eine nie versiegende Quelle der Inspiration. Fast jedes Großhandels-Unternehmen, einige wirklich seriöse Firmen einmal ausgenommen, bedient sich inzwischen der Namensschöpfung, um die überfüllten Lager zu räumen.

Hinzu kommt, daß die Anzahl der gelernten Edelsteinschleifer, Mineralogen und Gemmologen im Geschäft stetig abnimmt und immer mehr fachfremde Kaufleute und Glücksritter auf den Markt drängen. Da finden sich dann auch schnell noch falsch übersetzte englischsprachige Begriffe, die in deutschen Landen ein erstaunliches Eigenleben entwickeln. Und als wäre es nun nicht endlich einmal genug, taucht auch noch die Steinheilkunde auf, insbesondere der esoterische Zweig, und löst sich elegant von allen noch durch Bergbau oder Handwerk erdverbundenen Begriffen und hebt die Mineralien hinauf in das Sphärenreich der Engel, wo sie ebensolche Namen erhalten. Aus Skelettquarzen werden so „Elestiale", fliederfarbener Chalcedon verwandelt sich in „Lavendelquarz" und aus einem Rhyolith mit Spaltenfüllungen aus Chlorit, Quarz und Zeolith wird ein „australischer Amulettstein". Als Geschäftsführer eines Handelsunternehmens für Heilsteine war es mir Gott sei Dank vergönnt, alle diese exotischen Steine in die Finger zu bekommen, sonst hätte ich sie für dieses Lexikon niemals identifizieren (lassen) können.

So stellt sich nun die Frage, welchen Namen man für ein Lexikon der Heilsteine verwenden soll. Nach einigem Nachdenken haben wir – Verlag und Autor – uns darauf geeinigt, den gebräuchlichsten Namen zu verwenden. Den, der das Mineral am eindeutigsten identifiziert und unter welchem es am besten zu finden ist. In der Mehrzahl der Fälle ist dieser Name identisch mit dem heute festgelegten mineralogischen Namen, doch nicht immer. So haben wir uns z.B. für den Handelsnamen „Lapislazuli" entschieden, der viel bekannter ist als der mineralogische Begriff „Lasurit", ebenso z.B. für die Phantasienamen „Pop Rocks" und „Moqui Marbles", da diese mit einem Begriff definieren, was sonst aufwendig umschrieben werden müßte. Sprache ist lebendig, das geht auch an Lexika nicht vorbei. Ob also manche Namen bei späteren Auflagen in den nächsten einhundert Jahren wieder umgeschrieben werden müssen, wird die Zeit zeigen.

Um jedoch ganz eindeutig zu definieren, welches Mineral besprochen wird, beginnt jedes Kapitel im lexikalischen Teil mit dem Abschnitt „Name, Synonyme, Handelsbezeichnungen", welcher die Namensherkunft klärt, den eindeutigen mineralogischen oder geologischen Bezug herstellt und auf die wichtigsten aktuellen Synonyme (gleichbedeutende Begriffe, griech. syn = zusammen, onoma = Name, Begriff) verweist. Darüber hinaus folgt im Anhang an den lexikalischen Teil ein Index der Mineraliennamen, der alle Synonyme, die heute noch verwendet werden, in alphabethischer Reihenfolge enthält. Da im steinheilkundlichen Umfeld unbefangen traditionelle Begriffe der Mineralogie und Steinheilkunde bis hin zu den hebräischen, indischen, persischen, arabischen, griechischen und lateinischen Wurzeln ausgegraben wurden sowie Mythologie, Alchimie, Bergbau, Handel und moderne Edelsteintherapie mit ihren Wortschöpfungen und auch Irrtümern Einzug gehalten haben, ist dieser Index mit seinen über 3600 Suchbegriffen für ca. 300 Mineralien bzw. Varietäten der umfassendste Synonyma-Index, den es derzeit gibt. Ich hoffe, auch hiermit den Anspruch eines Lexikons als Nachschlagewerk und echtes Hilfsmittel für Suchende zu erfüllen.

# 1.3 Die Wissenschaft(en) von den Steinen

Mit dem Wesen und der Natur der Steine befassen sich verschiedene Wissenschaftszweige, die alle ihren eigenen Hintergrund und ihre eigene Entwicklung besitzen. Dies führt nun leider dazu, daß dasselbe Gebiet von verschiedenen Standpunkten aus betrachtet wird, wodurch z.T. verschiedene Bezeichnungen für dasselbe Phänomen entstehen oder – schlimmer noch – dieselben Bezeichnungen für verschiedene Sachverhalte verwendet werden. Dies mag Spezialisten nicht stören, die sich nur in ihrem Fachgebiet bewegen, doch bei der Beschäftigung mit Heilsteinen berühren wir zwangsläufig verschiedene Disziplinen, was zu Begriffsverwirrungen führen kann. Auch hier soll dieses Lexikon dazu dienen, Klarheit zu schaffen.

Die „Geologie", die „Wissenschaft von der Erde" bzw. genauer die „Wissenschaft von der Entstehung, Entwicklung und Veränderung der Erde", beschäftigt sich mit dem großen Rahmen der Erdgeschichte, der Entstehung der Kontinente und der Gesteine. Dort fügt sich dann eine weitere Wissenschaft an, nämlich die „Petrologie", die „Gesteinskunde", die sich mit der Zusammensetzung der Gesteine und ihrer Mineralien beschäftigt. Diese wiederum führt unweigerlich zur „Mineralogie", der „Wissenschaft von der Zusammensetzung der Mineralien, ihrem Vorkommen und ihren Lagerstätten", die die individuellen Erscheinungsformen der Mineralien untersucht. Als spezieller Zweig hat sich aus der Mineralogie die „Gemmologie" entwickelt, die „Wissenschaft von den Edelsteinen", deren Hauptaufgabe es heute geworden ist, echte und falsche unter den Juwelen zu identifizieren.

Alle vier Wissensgebiete haben am Themenkreis dieses Lexikons ihren Anteil, da wir es bei Heilsteinen sowohl mit Gesteinen, wie z.B. Rhyolith, Konglomerat oder Marmor, Mineralien, wie z.B. Bergkristall, Malachit oder Pyrit, als auch mit Edelsteinen in geschliffener Form, wie z.B. Diamant, Saphir oder Topas, zu tun haben können. Um nun den bereits erwähnten Begriffsverwirrungen zu entgehen, habe ich im Lexikon der Heilsteine auf kritische Begriffe weitestgehend verzichtet und mich an die deutsche Sprache gehalten. Obwohl ich im Kampf mit der babylonischen Sprachverwirrung zwischen den Disziplinen nun auch allmählich verstehe, wie die Wissenschaft es schafft, daß sie tatsächlich „Wissen schafft"!

Wirklich unvermeidbare Fachausdrücke werden bei ihrem ersten Auftreten im Text erläutert. Studieren Sie daher die wissenschaftlichen und heilkundlichen Grundlagen vor der Benutzung des lexikalischen Teils. Alle folgenden Ausführungen werden sehr viel leichter verständlich, wenn Sie unverständliche Begriffe vorab für sich definieren. Doch auch die einfachsten Worte können zu Verwirrung führen, wenn keine klare Übereinkunft besteht, was gemeint ist, daher sollen die fünf wichtigsten Grundbegriffe dieses Lexikons gleich jetzt definiert werden:

**Stein:** Der Begriff „Stein" stammt aus dem Althochdeutschen und bedeutet ursprünglich „der Harte". Steine sind also eine harte Masse. In der Regel versteht man heute unter einem Stein ein loses Stück von der Größe eines Kiesels bis zu der eines Findlings. Im Rahmen dieses Lexikons können wir das Wort „Stein" also als unspezifischen Überbegriff verwenden, der die Begriffe Gestein, Mineral und Edelstein umfaßt.

**Gestein:** Unter „Gestein" versteht man landläufig eine große Masse der festen Erdkruste, jener Schicht, die die Erde umhüllt und den festen Boden unter unseren Füßen bildet. Im geologischen und mineralogischen Sinn ist ein Gestein ein festes Stoffgemenge. Also auch ein kleiner Stein in unserer Hand ist ein Gestein, wenn er aus einem Gemenge mehrerer Stoffe besteht.

**Mineral:** Ein Mineral dagegen ist eine einheitliche Stoffverbindung, besteht also durchweg aus derselben Substanz und tritt daher auch äußerlich sehr einheitlich in Erscheinung. Das Wort „Mineral" selbst leitet sich von dem Wort „Mine" (lat. minera = Erzgrube) ab, wo viele Mineralien ursprünglich gefunden und gefördert wurden.

**Edelstein:** Als Edelsteine galten früher nur Diamant, Rubin, Saphir und Smaragd. Heute sagt man zu allen Mineralien oder Gesteinen Edelstein, wenn sie sich durch besondere Schönheit und Reinheit auszeichnen. Der Begriff „Halbedelsteine", der die Vielzahl edler Steine von den vier „echten" Edelsteinen (Diamant, Rubin, Saphir und Smaragd) abgrenzen sollte, ist im Aussterben begriffen und wird in diesem Lexikon nicht mehr verwendet (lediglich bei den etwas antiquierten Zollformalitäten wird man noch mit diesem Begriff konfrontiert).

**Kristall:** Kristalle sind der Definition nach einheitlich zusammengesetzte feste Körper, die von regelmäßig angeordneten ebenen Flächen begrenzt sind. Viele Mineralien bilden aufgrund ihrer inneren Struktur solche Formen aus, daher spricht man im Zusammenhang mit Heilsteinen immer dann von einem Kristall, wenn ein Mineral in seinem natürlichen Wachstum (!) eine solche regelmäßige Form gebildet hat. Der Name „Kristall" wurde vom Bergkristall abgeleitet (griech. krystallos = Eis), der meist regelmäßige drei- oder sechseckige Formen zeigt.

Ausnahmen gibt es in einer lebendigen Sprache natürlich immer: Obwohl der Achat durchaus aus verschiedenen Mineralien bestehen kann, würde ihn niemand ein Gestein nennen, er bleibt ein Mineral. Umgekehrt würde den Marmor, der durch und durch aus Calcit besteht, niemand als Mineral bezeichnen, da er zu große Massen, eben ganze Gesteine bilden kann.

Gesteine, die nur aus einem einzigen Mineral bestehen, werden daher auch „**monomineralische Gesteine**" genannt und Mineralien, die „allein" ein ganzes Gestein bilden können, entsprechend „**gesteinsbildende Mineralien**".

So weit dieser kleine Vorspann. Lassen Sie sich von den verschiedenen kursierenden Definitionen nicht entmutigen, sondern sehen Sie darin die Chance für persönliche Freiräume. Wo festgelegte, disziplinübergreifende Systeme noch nicht existieren, da kann man auch noch nicht so viel falsch machen!

## 1.4 Die Entstehung der Heilsteine

Die Geologie kennt für die Entstehung der Gesteine und damit auch der darin enthaltenen Mineralien drei grundlegende Bildungsprinzipien. Jedes davon stellt einen Entwicklungsprozeß mit gesetzmäßigen Abläufen dar und wird aus diesem Grund auch Abfolge genannt:

### 1.4.1 Die magmatische Abfolge

Die Entstehung von Gesteinen und Mineralien erfolgt hier direkt aus dem Magma, der glutflüssigen Gesteinsschmelze des Erdinneren, oder aus magmatischen Lösungen. Dieses Bildungsprinzip wird auch das „primäre Bildungsprinzip" oder die „magmatische Abfolge" genannt. Gesteine und Mineralien, die in dieser Abfolge entstehen, werden Primärgesteine oder Magmatite bzw. Primärmineralien oder magmatische Mineralien genannt.

## Vulkanite und Plutonite

Die magmatische Abfolge beschreibt einen Abkühlungs- und Erstarrungsprozeß, der sich in verschiedene Abschnitte gliedert: Zunächst wird unterschieden, ob das Magma in der Tiefe oder (als Lava) an der Erdoberfläche abkühlt und erstarrt. In der Tiefe dauert es aufgrund der isolierenden Gesteinsschicht darüber länger (Jahrtausende bis Jahrmillionen), an der Oberfläche geht es schneller (Stunden bis Tage), bis das Magma zu Gestein erstarrt ist. Entsprechend bilden sich verschiedene Gesteine und Mineralien. Gesteine der Tiefe werden nach Pluto, dem griechischen Herrn der Unterwelt, „Plutonite", an der Oberfläche durch vulkanische Aktivität entstandene Gesteine entsprechend „Vulkanite" genannt.

Als dritte Gruppe gibt es die sog. „Ganggesteine", die zwar im engeren Sinn entweder plutonischer oder vulkanischer Natur sind. In Gängen bilden sich jedoch aufgrund verschiedener Faktoren oft größere Kristalle oder besondere Mineral-Paragenesen. Daher können Ganggesteine durchaus als eigene Gruppe betrachtet werden.

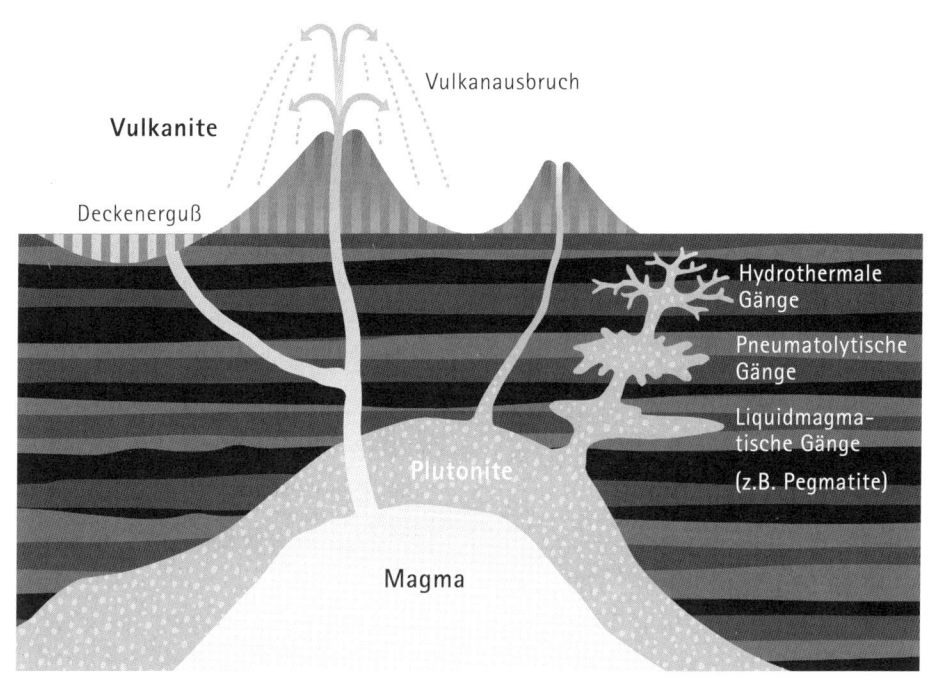

*Abb. 1: Entstehung der Magmatite*

## Magmatische Gesteine

Die zweite Unterscheidung zur Differenzierung von Magmatiten bezieht sich auf ihren Mineralgehalt. Durch die unterschiedlichen Schmelzpunkte verschiedener Mineralien bilden sich im Laufe des Abkühlungsvorgangs verschiedene Gesteine. Dabei muß man sich vergegenwärtigen, daß die Konzentration eines in Flüssigkeit gelösten Stoffs von Temperatur und Druck abhängig ist. Je höher die Temperatur und je höher der Druck, desto mehr Stoffe bleiben in Lösung. Bei der Entstehung magmatischer Gesteine sinken nun Druck und Temperatur allmählich ab, so daß die enthaltenen Stoffe sich nach und nach als Mineralien abscheiden.

Dieser Prozeß verläuft fließend: In dem Maß, in dem die Löslichkeit der einzelnen Stoffe sinkt, werden sie auch abgeschieden. Schlecht lösliche Stoffe scheiden sich als erste ab und sind zu einem bestimmten Zeitpunkt dann völlig aus der Lösung verschwunden. Gut lösliche Stoffe scheiden sich dagegen kontinuierlich während des gesamten Abkühlungsvorgangs ab. Sehr gut lösliche Stoffe bleiben extrem lange in Lösung und scheiden sich oftmals erst dann ab, wenn nur noch Restlösungen des Magmas übrig sind. Daher unterscheidet die Geologie hier drei verschiedene Abschnitte:

1. **Frühkristallisation:** Hier scheiden sich die ersten, überwiegend schwer löslichen Mineralien ab. Sie sind meist dunkel und basischer Natur (kieselsäurearm). Da sich die einzelnen Kristalle hier freischwebend im flüssigen Magma bilden, sinken sie allmählich ab. Dies führt zu einer Anreicherung basischer Mineralien in tieferen Regionen, wo sich später auch überwiegend basische Gesteine finden (siehe folgende Tabelle). Aus diesem Grund finden sich in den höherliegenden Ganggesteinen (siehe vorangegangene Grafik) auch anteilig weniger basische Gesteine.

2. **Hauptkristallisation:** Hier scheiden sich die meisten Mineralien aufgrund des kontinuierlichen Absinkens von Druck und Temperatur parallel ab, wodurch „gut durchmischte" Gesteine intermediären bis sauren Charakters entstehen (intermediär bedeutet, daß saure und basische Anteile weitgehend ausgewogen sind).

3. **Restkristallisation:** Zum Schluß scheiden sich schließlich die noch verbliebenen, überwiegend sauren (kieselsäurereichen) Bestandteile ab. Dabei bilden sich manchmal aus dem nunmehr sehr zähflüssig gewordenen Magma auch Gesteine mit sehr großen Kristallen. Diese sog. „Pegmatite" finden sich als oberer Abschluß des Magmaherdes oder werden mitunter in Gänge und Spalten des darüberliegenden Gesteins gepreßt. Aus diesem Grund finden sich Pegmatite auch als Ganggesteine und sind in der folgenden Tabelle auch so eingeordnet.

Die Zusammensetzung eines Gesteins hängt also davon ab, in welchem Abschnitt der Kristallisation es gebildet wurde. Das gilt im Prinzip auch für Vulkanite und Ganggesteine, bei denen entscheidend ist, wann der Vulkanausbruch erfolgte bzw. zu welchem Zeitpunkt das Magma in die Spalten und Gänge gedrückt wurde. Gesteinsbildungen in Gängen und an der Erdoberfläche vollziehen sich aufgrund der rascheren Abkühlung in beiden Fällen schneller, so daß die gebildeten Kristalle kleiner bleiben, das Gestein also feinkörniger erscheint. Kristalle, die zum Zeitpunkt des Vulkanausbruchs bzw. des Eindringens in den Gang bereits gebildet waren, treten daher im späteren Gestein als einzelne, größere Individuen hervor. Diese gesprenkelte Zeichnung wird auch „porphyrisch" genannt, entsprechend tragen viele dieser Gesteine, ob Vulkanite oder Ganggesteine, auch den Zusatz „Porphyr" oder „Porphyrit" im Namen (vgl. folgende Tabelle).

Um die vielen verschiedenen Gesteine, die sich weltweit auf diese Weise bilden, grob strukturieren und ordnen zu können, werden ihre Mineralien in große Gruppen zusammengefaßt. Dabei kann man sich als Eselsbrücke mit dem alten Schulspruch der Zusammensetzung des Granits behelfen: „Feldspat, Quarz und Glimmer, die drei vergeß' ich nimmer!" Allerdings wird zur Beschreibung aller Magmatite eine vierte Komponente notwendig, so daß die wissenschaftliche Unterteilung heute vier Gruppen unterscheidet:

1. Quarze:     Alle Vertreter der Quarz-Familie und verwandte Mineralien, wie z.B. Opal.
2. Feldspäte:  Orthoklas, Plagioklas und Mikroklin (siehe Seite 230).
3. Foide:      Analcim, Hauyn, Nosean, Sodalith.
4. Mafite:     Magnesium-Eisen-Silikate, wie Glimmer, Augit, Hornblende, Peridot.

Das Verhältnis dieser vier Komponenten zueinander und ihre jeweilige Entstehung bestimmen nun, um welches magmatische Gestein es sich handelt. In der folgenden Tabelle sind diese Gesteine nach dem Kieselsäuregehalt ihrer Mineralien geordnet. Am deutlichsten fällt dabei der aus fast 100% Kieselsäure gebildete Quarz ins Gewicht, gefolgt vom relativ kieselsäurereichen Feldspat und den relativ kieselsäurearmen Foiden und Mafiten. Auf diese Weise ergibt sich die u.g. Reihenfolge. Die Übergänge sind dabei natürlich fließend, denn jede Einteilung und Unterscheidung ist ein Stück menschliche Willkür. Von links nach rechts wird in der Tabelle unterschieden, welche Gesteine sich aus ähnlichem Magma aufgrund der verschiedenen Entstehungsweisen bilden.

| Mineralgehalt | Plutonite | Vulkanite | Ganggesteine |
|---|---|---|---|
| Feldspäte:  0 – 30 %<br>Quarze:    60 – 100 %<br>Mafite:    0 – 10 % | --- | --- | Quarzolith<br>(Quarzpegmatit) |
| Feldspäte: 30 – 80 %<br>Quarze:    15 – 60 %<br>Mafite:    0 – 20 % | Granit | Rhyolith, Obsidian | Granitporphyr<br>(Granitpegmatit) |
| Feldspäte: 50 – 100 %<br>Quarze:    0 – 20 %<br>oder<br>Foide:     0 – 10 %<br>Mafite:    0 – 40 % | Syenit | Trachyt | Syenitporphyr<br>(Syenit-Lamprophyr) |
| Feldspäte: 40 – 85 %<br>Quarze:    0 – 15 %<br>oder<br>Foide:     0 – 8 %<br>Mafite:    15 – 50 % | Diorit | Andesit, Porphyrit | Dioritporphyrit<br>(Diorit-Lamprophyr) |
| Feldspäte: 30 – 60 %<br>Quarze:    0 – 10 %<br>oder<br>Foide:     0 – 5 %<br>Mafite:    20 – 70 % | Gabbro | Basalt, Diabas | Gabbroporphyrit |
| Feldspäte/Foide: bis 10 %<br>Quarze:    0 %<br>Mafite: über 90 % | Mafite, Ultramafite<br>Peridotit | Pikrit, Kimberlit | --- |

Anmerkung: Quarze und Foide schließen sich gegenseitig aus, da Quarze nur aus kieselsäurereichem, Foide dagegen nur aus kieselsäurearmem Magma entstehen können. Daher die Bezeichnung „oder" bei der Angabe der Mineralzusammensetzung. – Die in Klammern gesetzten Ganggesteine gehören zwar zu den jeweiligen Plutoniten bzw. Vulkaniten, unterscheiden sich jedoch als späte Bildungen etwas in der Zusammensetzung. Es wurden hier auch nicht alle möglichen Gesteine in die Tabelle aufgenommen, sondern jeweils nur die wichtigsten Vertreter der verschiedenen Gruppen.

Als Heilsteine sind derzeit folgende Plutonite (Gesteine) bekannt: Granit, Syenit (hier vor allem der norwegische Larvikit), Diorit (insbesondere der korsische Kugeldiorit) und Peridotit. Von den Vulkaniten sind in Verwendung: Rhyolith, Porphyrit, Diabas, Kimberlit und Obsidian.

## Magmatische Mineralien

Vulkanisch gebildete Mineralien mit Ausnahme von Schwefel haben bisher als Heilsteine kaum Bedeutung. Die Bildung bestimmter Mineralien in Plutoniten muß dagegen zur genaueren Unterscheidung nochmals in drei Phasen differenziert werden:

Liquidmagmatische Phase: In der liquidmagmatischen Phase bilden sich die Mineralien direkt aus dem flüssigen Magma (lat. liquidus = flüssig). Beispiele hierfür sind Apatit, Aventurin, Epidot, Magnetit, Peridot, Rosenquarz, Spinell und Zirkon. Besonders vielfältig sind dabei die letzten Restbildungen vor der Erstarrung des gesamten Magmas. In dieser Restkristallisation bilden sich Mineralgänge und -lagerstätten, Pegmatite genannt (siehe Seite 20), die große Kristalle vieler für uns interessanter Heilsteine enthalten: Apatit, Aquamarin, Bergkristall, Beryll, Kunzit, Rutilquarz, Turmalinquarz.

Pneumatolytische Phase: Ist das Magma verfestigt, verbleiben aufgrund der noch immer sehr hohen Temperatur (450 °C bis 375 °C) aggressive mineral- und säurehaltige Dämpfe, die in das umliegende Gestein eindringen, dort Stoffe herauslösen und aus der Verbindung mit ihnen Mineralien bilden. Dieser Vorgang wird „pneumatolytisch" genannt (griech. pneuma = Dampf und lyein = lösen). Dabei bilden sich z.B. Mineralien wie Apatit, Dumortierit, Lepidolith, Magnetit, Topas und Turmalin.

Auch die umliegenden Gesteine werden natürlich durch diesen Stoffaustausch verändert, man spricht dabei von einer Metasomatose (Stoffaustausch). Da dieser Stoffaustausch sich unter Druck und Hitze vollzieht, sind die entstehenden Gesteine und ihre Mineralien in ihrem heilkundlichen Charakter den Gesteinen und Mineralien der metamorphen Abfolge ähnlicher und werden daher in diesem Zusammenhang besprochen.

Hydrothermale Phase: Unter 375 °C verflüssigt sich Wasser unter hohem Druck, und die noch verbliebenen Mineralstoffe und Säuren gehen in der Flüssigkeit in Lösung. Daher wird diese wäßrige Phase auch „hydrothermal" genannt (griech. hydro = Wasser und therme = heiße Quelle). Beim Aufsteigen der wäßrigen Lösungen kühlen sich diese natürlich kontinuierlich weiter ab und führen so zu Mineralbildungen in Hohlräumen des Gesteins. Diese können durch Schrumpfung bei der Abkühlung (Gänge und Spalten), durch Zerrung des Gesteins bei Verschiebungen (Klüfte) oder aus bei der Gesteinsbildung eingeschlossenen Gasblasen (Blasenräume, Mandeln) entstanden sein. Die eindringenden und darin abkühlenden Flüssigkeiten füllen diese Hohlräume dann ganz oder teilweise wieder aus. Klassisches Beispiel hierfür ist der

Achat. Der Mineralreichtum der hydrothermalen Phase ist riesig, es gehören hierzu: Amazonit (kristallin), Amethyst, Apatit, Apophyllit, Aragonit (kristallin), Bergkristall, Blauquarz (kristallin), blauer Chalcedon, Epidot (kristallin), Fluorit, Galenit, Hämatit (kristallin), Karneol, Larimar, Mondstein, Prehnit, Rauchquarz, Rutilquarz, Sardonyx und Zinnober. Der Zusatz „kristallin" bedeutet, daß es für dieses Mineral mehrere Bildungsmöglichkeiten gibt, daß gut kristallisierte Mineralien sich jedoch überwiegend bei der hydrothermalen Bildung zeigen.

Übersicht der Heilsteine aus magmatischen Gesteinen und Mineralien (Beispiele):

| | Magmatite | | |
|---|---|---|---|
| **Vulkanite (Gesteine)** | **Plutonite (Gesteine)** | | |
| Rhyolith, Porphyrit, Diabas, Kimberlit, Obsidian | Granit, Syenit, Diorit, Peridotit | | |
| **Vulkanische Mineralien** | **Liquidmagmatische Mineralien** | **Pneumatolytische Mineralien** | **Hydrothermale Mineralien** |
| Schwefel | Apatit, Aquamarin, Bergkristall, Beryll, Citrin, Kunzit, Rauchquarz, Rutilquarz, Turmalinquarz | Apatit, Dumortierit, Lepidolith, Magnetit, Topas, Turmalin | Amazonit, Amethyst, Apatit, Apophyllit, Aragonit, Bergkristall, Blauquarz, blauer Chalcedon, Epidot, Fluorit, Galenit, Hämatit, Karneol, Larimar, Mondstein, Prehnit, Rauchquarz, Rutilquarz, Sardonyx, Zinnober |

## 1.4.2 Die sedimentäre Abfolge

Die Entstehung von Gesteinen und Mineralien erfolgt durch Verwitterung und Neuablagerung (Sedimentation) der im Verwitterungsprozeß aufgelösten Stoffe. Dieses Bildungsprinzip wird auch das sekundäre Bildungsprinzip oder die sedimentäre Abfolge genannt. Gesteine und Mineralien, die in dieser Abfolge entstehen, werden Sekundärgesteine, Verwitterungsgesteine, Ablagerungsgesteine oder Sedimente bzw. Sekundärmineralien oder Verwitterungs-Mineralien genannt.

Grundsätzlich müssen wir hier zwei verschiedene Prozesse unterscheiden, je nachdem ob die Verwitterung größere regionale Ausmaße hatte oder im kleinen Bereich durch eindringendes Oberflächenwasser ins Grundgestein erfolgte. Ersterer Vorgang soll im folgenden nun „sekundäre Gesteinsbildung" genannt werden, da hierbei auch großräumige Gesteinsbildungen beschrieben werden. Entsprechend wird der zweite Vorgang „sekundäre Mineralbildung" genannt, da diese Vorgänge keine großräumigen Gesteinsumbildungen bewirken, wohl aber zu vielen neuen Mineralbildungen führen können.

## Sekundäre Gesteinsbildung

Bei der überregionalen Gesteinsbildung „im großen Stil" werden die entstehenden Sedimente in fünf Kategorien unterteilt:

**Klastische Sedimente:** Hier handelt es sich um die rein mechanische Verwitterung von Felsen und Gebirgen durch Wind und Wasser, Hitze und Kälte, bei der Schutt, Geröll, Sand und Staub gebildet, abtransportiert, zerkleinert, im Transport sortiert und an anderer Stelle abgelagert und neu zusammengefügt wird. Verkittet werden die Trümmerstücke dabei durch Kalk, Ton oder Kieselsäure. Solange im neugebildeten Sediment das Ausgangsmaterial noch erkennbar ist, spricht man von sog. „Verwitterungsrestbildungen", „Trümmergesteinen" oder in der Fachsprache von „Klastiten" bzw. „klastischen Sedimenten" (griech. klan = brechen, zertrümmern).

**Chemische Sedimente:** Im Verwitterungsprozeß werden vor allem durch Wasser und im Wasser enthaltene Säuren manche Stoffe völlig aufgelöst und weggeschwemmt. Verdunstet dieses Wasser nun zu einem späteren Zeitpunkt oder ändert sich durch den Zu- oder Abgang weiterer Stoffe das Mengenverhältnis (die Konzentration) der gelösten Stoffe, kann dies dazu führen, daß bestimmte Stoffe „ausfallen", d.h. wieder feste Substanz bilden und sich ablagern. Neue Mineralien und/oder Gesteine bilden sich dadurch vorwiegend an Quellen, kleinen Bächen und Wasserbecken als Tropfsteine in Höhlen (Sinter). Als großräumige Ablagerungen entstehen sie außerdem in Seen (limnische Bildung, griech. limne = See, Teich) und flachen Meeren (maritime Bildung, lat. mare = Meer). Chemische Sedimente zählen zu den „Verwitterungsneubildungen".

**Biogene Sedimente:** Hierbei werden im Wasser aufgelöste Stoffe nicht durch chemisch-physikalische Prozesse ausgefällt, sondern durch die Einwirkung von biologischen Organismen. Viele im Wasser lebende Organismen nehmen gezielt bestimmte Stoffe auf, um ihre Skelette, Schalen oder Gewebe zu bilden. Durch Ausscheidungsvorgänge oder beim Absterben des Organismus bleiben so neugebildete Stoffverbindungen übrig, die nicht mehr wasserlöslich sind und daher abgelagert werden. Insbesondere Kalk-, Phosphat- und manche Kieselgesteine entstehen durch solche Vorgänge. Biogene Sedimente zählen ebenfalls zu den „Verwitterungsneubildungen".

**Rückstandsgesteine:** Nicht nur aus den weggeschwemmten Stoffen einer chemischen Verwitterung entsteht etwas Neues, auch die „Rückstände" sind stark verändert. Werden durch Wasser oder Säuren lösliche Stoffe aus einem Gestein entfernt, bilden sich dabei durch die chemischen Veränderungen neue Mineralien bzw. ein neues Gestein. Bekanntestes Beispiel hierfür ist der als Aluminium-Rohstoff wichtige Bauxit. Als Heilsteine sind derzeit keine Rückstandsgesteine bekannt.

**Kohlegesteine:** Kohlegesteine zählen im Prinzip zu den Rückstandsgesteinen, werden jedoch aufgrund ihres organischen Ursprungs als eigene Gruppe betrachtet. Sie entstehen aus Pflanzenmassen, die durch Wasserabschluß nicht verfaulen können. Da Sauerstoff durch Verwesungsprozesse aufgebraucht wird, reichert sich mit dem Zerfall der organischen Kohlenhydrat-Verbindungen immer mehr Kohlenstoff in den abgelagerten Massen an. Dieser Prozeß wird Inkohlung genannt. Im Laufe der Zeit entsteht so Torf, dann Braunkohle, Steinkohle und schließlich Anthrazit. Die einzige als Heilstein verwendete Kohle ist der braunkohleverwandte, bitumenhaltige Gagat.

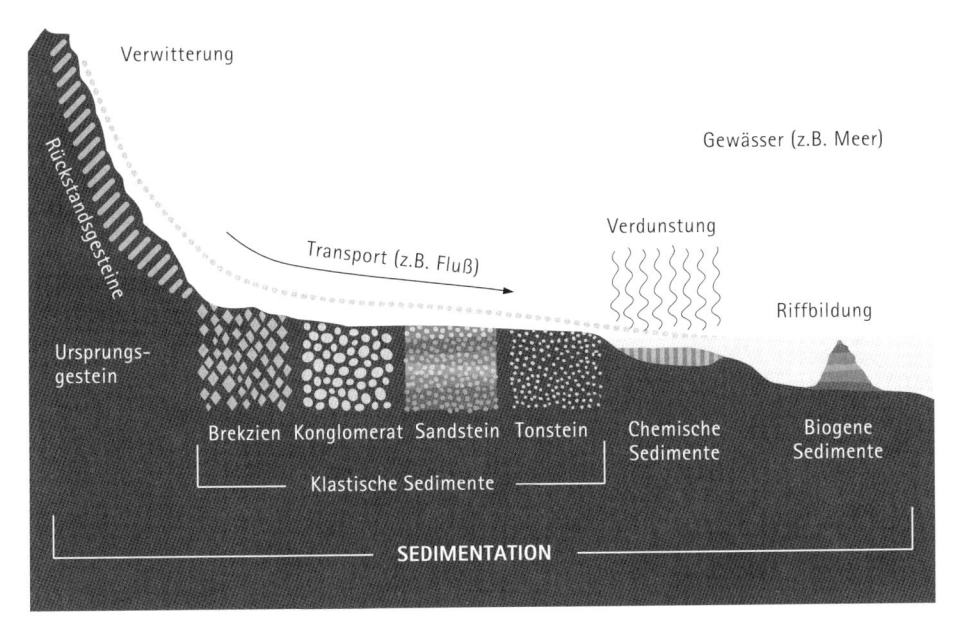

*Abb. 2: Entstehung der Sedimente*

Auch bei den Sekundärgesteinen sind noch lange nicht alle auf ihre heilkundliche Wirkung hin erforscht, obwohl sich aus den bisherigen Erfahrungen mutmaßen läßt, daß sicherlich noch viele ihren Platz in der Steinheilkunde finden werden. Im folgenden werden nun die heilkundlich interessanten Sekundärgesteine der klastischen, chemischen und biogenen Sedimente und deren wichtigsten Mineralien genannt. Rückstands- und Kohlegesteine werden nicht weiter erläutert, da sie – mit Ausnahme des bereits erwähnten Gagats – in der Steinheilkunde derzeit noch keine Rolle spielen.

## Klastische Sedimente

Klastische Sedimente bestehen aus den Resten des ursprünglichen Gesteins. Je nachdem, wie weit dieses im Verwitterungs- und anschließenden Transportprozeß zerkleinert wurde, bilden sich völlig verschiedene, neue Gefüge. Diese werden nach der Korngröße (der Größe der einzelnen Teilchen) in drei Gruppen unterschieden:

1. *Psephite* (griech. Stein) enthalten große Trümmerstücke, größer als 2 mm Durchmesser. Sie werden unterschieden in kantige Stücke (Brekzien) und runde Gerölle (Konglomerat).
2. *Psammite* (griech. Sand) enthalten kleine Körnchen mit Durchmessern zwischen 2 mm und 0,02 mm. Psammite sind die klassischen Sandsteine.
3. *Pelite* (griech. Ton) enthalten mit bloßem Auge nicht mehr als einzelne erkennbare Körnchen mit Durchmessern unter 0,02 mm. Pelite sind Ton- oder Lehmsteine.

Im Zusammenhang mit Heilsteinen werden diese drei griechischen Begriffe praktisch nie erwähnt, wohl jedoch die auf Seite 26 folgenden Gesteinsnamen klastischer Sedimente.

*Abb. 3: Gefüge einer Brekzie*

**Brekzie:** Brekzien (althochdt. Bruch) sind Sedimente, die sich unmittelbar am Verwitterungsort oder nur unwesentlich davon entfernt gebildet haben. Die Trümmerstücke des ursprünglichen Gesteins sind dabei noch kantig und unregelmäßig und durch eine spätere Spaltenfüllung verkittet. Als Heilsteine bekannt sind folgende Brekzien: Azurit-Brekzien und Chrysokoll-Brekzien (hierbei ist das heilkräftige Mineral die Spaltenfüllung zwischen den Trümmerstücken) sowie Brekzien-Jaspis und Pietersit, eine Brekzie aus Tigerauge und Falkenauge (in diesen Fällen ist das heilkräftige Mineral das Trümmerstück selbst). Beim sog. „Trümmerachat" besteht sowohl das Trümmerstück als auch die spätere Spaltenfüllung aus Achat.

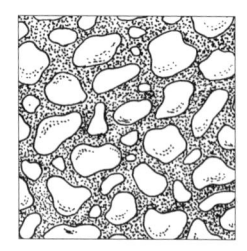

*Abb. 4: Gefüge eines Konglomerats*

**Konglomerat:** Konglomerat bildet sich, wenn die Trümmerstücke nach der Verwitterung durch Wasser (Bäche, Flüsse) wenige Kilometer transportiert und dabei abgerollt wurden. Weichere Bestandteile des ursprünglichen Gesteins sind dabei schon stark zerkleinert, härtere dagegen nur zu runden Kieseln „poliert". Bildet sich nun das Sediment, so entsteht eine heterogene (uneinheitliche) Mischung aus großen runden Kieseln in feinkörniger Matrix (Grundmasse). Als Heilsteine verwendete Konglomerate sind der Nagelfluh aus der Schweiz sowie ein feinkörniges Konglomerat aus Australien, das als „Trümmerjaspis" im Handel ist.

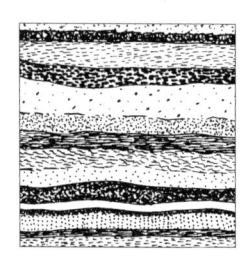

*Abb. 5: Gefüge eines Sandsteins*

**Sandstein:** Bei weiterem Transport der Trümmerstücke des ursprünglichen Gesteins kommt es zu einer Sortierung. Größere und schwerere Bestandteile werden langsamer transportiert und früher abgelagert, leichtere und kleinere Bestandteile, wie z.B. Sand, werden weiter transportiert und später abgelagert. Dadurch bilden sich in weiterer Entfernung vom ursprünglichen Verwitterungsort homogene (einheitliche) Sedimente, wie z.B. der bekannte Sandstein. Als Heilstein ist unter der Bezeichnung „Landschafts-Jaspis" oder „Kalahari Picture Stone" nur verkieselter Sandstein in Verwendung (Sandstein, der, von Kieselsäure durchdrungen, zu Quarz wurde).

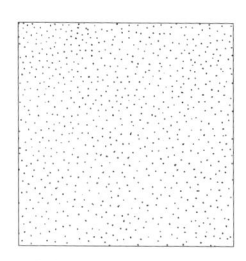

*Abb. 6: Gefüge eines Tonsteins*

**Tonstein:** Bei der Verwitterung oder beim späteren Transport entstandenes Gesteinsmehl (auch Schweb oder Flußtrübe genannt) bildet bei seiner Ablagerung Schlamm oder Schlick, der durch Austrocknung später zu Tonstein verfestigt. Als Heilsteine sind derzeit nur verkieselte Tonsteine in Verwendung (von Kieselsäure durchdrungenes, verquarztes Gestein), wie z.B. der sog. „Bilderjaspis" aus Oregon oder ein Schneckenhäuser enthaltendes verkieseltes Tongestein, das heute als „Turitella-Jaspis" oder „Schneckenachat" im Handel ist.

## Chemische Sedimente

Chemische Sedimente werden einerseits gemäß ihrer Entstehung, andererseits entsprechend ihrem Mineralgehalt unterschieden. Gemäß der Entstehung lassen sich die chemischen Sedimente in zwei Gruppen einteilen: in die Ausfällungsgesteine oder Präzipitate und die Eindampfungsgesteine oder Evaporate.

**Ausfällungsgesteine (Präzipitate)** entstehen, wenn Stoffe aufgrund von chemischen Prozessen aus der Lösung ausgefällt werden. Bestes Beispiel hierfür sind Tropfsteine: Kohlensäurehaltiges Wasser kann relativ viel Kalk lösen. Gelangt dieses Wasser nun in eine Höhle, entweicht die Kohlensäure als Kohlendioxid, da die Luft in Höhlen wesentlich kohlendioxidärmer ist als die Außenluft. Dadurch kann das Wasser den Kalk nun nicht mehr „halten", er fällt aus und bildet Schicht um Schicht den Tropfstein.

**Eindampfungsgesteine (Evaporate)** bilden sich, wenn ein Gewässer durch Verdunstung viel Wasser verliert, wodurch die Konzentration der gelösten Stoffe beständig steigt. Wird hierbei der stoffspezifische kritische Punkt (die Maximalkonzentration oder Sättigung) überschritten, entsteht eine übersättigte Lösung. Das Wasser kann nun nicht mehr alle gelösten Stoffe „halten", daher fallen diese beständig aus, so daß sich die Konzentration an der Sättigungsgrenze einpendelt. Bestes Beispiel sind das Tote Meer oder die großen Salzseen Nordamerikas. Dort ist die Verdunstung so stark, daß beständig Salz ausgefällt wird bzw. wurde, was sich in schönen Halitkristallbildungen widerspiegelt.

Für die Heilkunde zeigt sich noch kein Unterschied in diesen beiden Entstehungsweisen, da das Bildungsprinzip doch recht ähnlich ist: Chemische Sedimente bilden sich generell durch das Ausfällen gelöster Stoffe, welche zuvor in einem Verwitterungsprozeß in Lösung gingen. Daher ist die Differenzierung nach dem Mineraliengehalt für die Heilkunde derzeit wichtiger.

**Kalkgesteine:** Kalkgesteine sind überwiegend biogener Entstehung (siehe Seite 29), lediglich Quellen-, Fluß- und Seeablagerungen, sowie Tropfsteine und die relativ seltenen, durch Eindampfung entstandenen Kalkoolithe zählen zu den chemischen Sedimenten. Dabei überwiegen die Ausfällungsgesteine deutlich:

Unter dem Begriff „Kalksinter" werden alle durch Kohlendioxidverlust gebildeten Quellausscheidungen zusammengefaßt; bekannteste Vertreter sind Kalktuff (sehr porös), Travertin (porös, aber sehr fest), Onyx-Marmor (kompakt, kaum Poren) und Sprudelstein (kompakt, meist wellenförmig gebändert). Kalktuff und Travertin bestehen überwiegend aus dem Mineral Calcit, Onyx-Marmor enthält sowohl Calcit als auch Aragonit, Sprudelstein besteht überwiegend aus Aragonit. Beide Mineralien sind chemisch identisch (Calciumcarbonat, $CaCO_3$), unterscheiden sich jedoch in ihrer Kristallstruktur: Calcit ist trigonal, Aragonit rhombisch. Als Heilsteine sind derzeit Onyx-Marmor und Sprudelstein in Verwendung, wobei letzterer unter dem Mineralnamen „Aragonit" gehandelt wird.

Ebenfalls zu den Ausfällungsgesteinen zählen die Seekalke. Wie der Name sagt, entstehen sie in Seen (limnische Bildung) ebenfalls durch Übersättigung aufgrund von Kohlendioxidverlust. Sie sind wenig bekannt und auch als Heilsteine derzeit nicht in Verwendung.

Das einzige durch Eindampfung entstandene Kalkgestein ist der bereits erwähnte Kalkoolith. Er entsteht durch Kalkübersättigung in flachen Gewässern. Seinen Namen verdankt er den vielen kleinen, schalig aufgebauten Kalkkügelchen, aus denen er besteht. Kalkoolith war schon Hildegard von Bingen als Heilstein bekannt. Leider wurde Hildegards Bezeichnung „Margarita" in der Vergangenheit stets als „Perle" übersetzt, obwohl sie präzise die Entstehung des Kalkooliths beschreibt. Da auch andere Gesteine, die eine solche kugelige Struktur besitzen, Oolith genannt werden (griech. olon = Ei, lithos = Stein), müssen wir in diesem Lexikon deutlich abgrenzen: „Kalkoolith" wird immer als solcher bezeichnet, während das in der steinheilkundlichen Literatur schlicht als „Oolith" bezeichnete Gestein der im folgenden noch erwähnte Sandstein-Eisen-Oolith ist (siehe auch das Kapitel „Moqui Marbles").

**Dolomitsteine:** Dolomitstein (in der Regel nur kurz Dolomit genannt) ist ein aus dem gleichnamigen Mineral Dolomit aufgebautes monomineralisches Gestein. Dolomit ist mit den Kalkmineralien Calcit und Aragonit nahe verwandt, es sind bei ihm jedoch ca. 50% des Calciums durch Magnesium ersetzt (Calcium-Magnesium-Carbonat, $CaMg[CO_3]_2$). Dieser Stoffaustausch, auch Dolomitisierung genannt, vollzieht sich durch die Einwirkung von magnesiumhaltigen Lösungen auf Kalkgesteine meist maritimer Entstehung. Das kann sowohl während der Entstehung des Kalkgesteins geschehen als auch danach. Findet die Dolomitisierung während der Entstehung des Gesteins statt, bleiben die typischen Merkmale des Kalkgesteins, wie Schichtung und Fossilgehalt (Fossil = Versteinerung), bestehen. Ein solcher Dolomit ist z.B. der im Handel erhältliche rot-weiß gebänderte Dolomit. Erfolgt die Dolomitisierung erst außerhalb des Meeres im verfestigten Kalkstein, werden Schichtgrenzen verwischt und Fossilien aufgelöst. Dieser Dolomit wirkt dann grobkörniger und massiger. Beispiel hierfür ist der weiße, mit Pyrit durchsetzte sog. „Zuckerdolomit".

**Kieselgesteine:** Kieselgesteine entstehen aus Kieselsäure-Lösungen und können ebenfalls sowohl chemischer als auch biogener Entstehung (siehe Seite 30) sein. Zählen sie zu den chemischen Sedimenten, so sind sie in der Regel Ausfällungsgesteine. Bekannteste Beispiele sind Kieselschiefer (maritim entstandene, geschichtete Ablagerungen), Kieselsinter (Quell-ausscheidungen), Horn- und Feuerstein (beide durch kieselsäurehaltige Lösungen in Kalkgesteinen gebildet). Der letztere trägt auch den Namen Flint, da er im 17. Jahrhundert zum Funkenschlag in Steinschloßgewehren (Flinten) verwendet wurde. Als Heilsteine sind Flint, Hornstein und bei Kieselsinterausscheidungen gebildete Chalcedone in Verwendung (sog. „Chalcedon-Rosetten").

**Eisengesteine:** Durch chemische Reaktionen mit Sauerstoff wird Eisen wasserunlöslich und fällt als Eisenoxid- oder Eisenhydroxid-Verbindung aus. Daher zählen sedimentäre Eisengesteine fast ausschließlich zu den Ausfällungsgesteinen. Die Ausfällung geschieht bzw. geschah vorwiegend in Flachmeerbereichen. Im Präkambrium, jenem Erdzeitalter, in welchem die ersten sauerstoffbildenden Bakterien in den Weltmeeren auftraten, wurden so riesige Mengen an Eisen aus dem Wasser ausgefällt, daß sich große sedimentäre Lagerstätten bildeten. Erst als das Eisen im Wasser „aufgebraucht" war, konnte der Sauerstoff aus den Meeren in die Atmosphäre entweichen.

Auf diese Weise bilden sich die meisten sekundären Eisengesteine wie z.B. Minette (feinoolithisches Eisenerz, aufgebaut aus vielen kleinen Eisenoxid-Kügelchen) und Bändererz (eisenreiche Lagen im Wechsel mit Kiesel-Schichten). Lediglich das sog. Trümmererz ist rein klastischer Entstehung und beinhaltet eisenhaltige Gerölle. Der Definition nach werden sedimentäre Eisenerze als Eisengesteine bezeichnet, sobald sie einen Eisengehalt von mehr als 15% aufweisen. Insofern gehört auch der als „Oolith" bekannte Heilstein hierher, ein eisenhaltiger Sandstein, welcher kleine Eisenoxid-Kügelchen enthält, die dem Gestein ein gleichmäßig gesprenkeltes Aussehen geben. Diese Kügelchen entstanden durch die chemische Ausfällung des Eisens während der Ablagerung des Sandes. In einem ähnlichen Bildungsprozeß entstehen auch die Moqui Marbles (früher: Aetit bzw. Adlerstein), große Eisenoxid-Knollen, die in ihrem Inneren noch weichen, wenig verfestigten Sand enthalten.

**Salzgesteine:** Salzgesteine sind durch Eindampfen von Meerwasser in Lagunen und Flachmeeren bzw. in kleinen Meeren ohne ozeanischen Anschluß (Totes Meer, Salzseen der USA und Nordafrikas) gebildete, meist monomineralische Sedimente. Da die Ausscheidung der Salze aus dem Meerwasser von ihrer Löslichkeit abhängt, werden zuerst die schwerlöslichen Stoffe ausgeschieden und erst im späteren Verlauf die leichtlöslichen. Die typische Reihenfolge ist: Kalk und Dolomit, dann Gips und Anhydrit und schließlich das Steinsalz. Durch die zeitlich versetzte Ausscheidung entstehen getrennte Lagerstätten, die Grundvoraussetzung für die monomineralischen Gefüge. Benannt werden die Salzgesteine daher auch konsequenterweise nach ihrem Hauptgemengteil.

Steinsalz (Halitit) besteht dementsprechend überwiegend aus Halit (Salz, NaCl), Gipsstein aus Gips ($CaSO_4 \cdot 2\ H_2O$) und Anhydritstein aus Anhydrit ($CaSO_4$). Alle drei sind als Heilsteine in Verwendung, Gips allerdings nur, wenn er durchsichtig ist (Marienglas) oder als Mineral mit gut ausgebildeten Kristallen (Selenit).

# Biogene Sedimente

Unter dem Begriff „biogene Sedimente" werden alle Sedimentgesteine zusammengefaßt, deren Ablagerung durch die Lebenstätigkeit oder Grabgemeinschaft von biologischen Organismen entstanden ist. Das Gestein wird dabei entweder aus Stoffwechsel-Ausscheidungsprodukten (z.B. Phosphatgesteine), Skeletten (Kalk- und Kieselgesteine) oder Verwesungsprodukten (Kiesel- und Phosphatgesteine) gebildet. Entstehungsräume sind dabei stehende Gewässer, in den meisten Fällen das Meer. Biogene Sedimente werden nach ihrer mineralogischen Zusammensetzung unterschieden:

**Kalksteine:** Unter „Kalkstein" wird ausschließlich maritim gebildetes Kalkgestein verstanden. Es entsteht überwiegend aus Skelettresten von Meereslebewesen wie z.B. Algen, Schwämmen, Korallen und Mollusken (Weichtieren mit harter Schale, z.B. Muscheln, Schnecken oder Kopffüßler). Mächtige Gebirge, wie z.B. die Kalkalpen und der Fränkische, Schwäbische, Schweizer und Französische Jura, sind auf diese Weise entstanden. Sehr eindrucksvoll ist die Bildung von Riffkalk, die auch heute noch am Great Barrier Riff vor Australien beobachtet werden kann, einem inzwischen 2000 km langen und mehr als 200 km breiten Untersee-Kalkgebirge, dem größten lebenden Korallenriff.

Zum Kalkstein zählt auch der weiße, poröse Kreidekalk (Schreibkreide), der als Baustoff bekannte Plattenkalk, der bereits erwähnte Riffkalk und der Fossilkalk, ein Kalkstein, der zu mehr als 50% aus Fossilien besteht. Massiv wirkender Kalkstein ohne erkennbare Schichtung wird Massenkalk genannt. Alle Kalksteine sind monomineralische Gesteine aus Calcit, seltener auch Aragonit (beide Calciumcarbonat, $CaCO_3$).

Als Heilstein wird Kalkstein selbst daher nur selten verwendet, meist wird kristalliner Calcit bevorzugt. Einzige Ausnahmen sind Fossilkalk mit Korallen, welcher als Heilstein unter der Bezeichnung „Versteinerte Koralle" im Handel ist, und durch Bakterien gebildeter Riffkalk, auch als Stromatolithkalk bezeichnet, welcher unter der Bezeichnung „Stromatolith" als Heilstein in Verwendung ist.

**Kieselgesteine:** Biogene Kieselgesteine entstehen überwiegend aus einzelligen Lebewesen pflanzlicher (Kieselalgen, sog. Diatomeen) oder tierischer Natur (Einzeller mit Kieselskelett, sog. Radiolarien). Nach diesen werden sie auch benannt:

Diatomit ist ein poröses, leichtes Kieselgestein mit zwei Varietäten, und Kieselgur, auch Diatomeenerde genannt, zeichnet sich dadurch aus, daß es leichter als Wasser ist; Tripel, auch Polier- oder Klebschiefer genannt, ist stärker verfestigt, klebt aufgrund seiner hohen Porosität jedoch an der Zunge.

Radiolarit hat ein sehr dichtes Gefüge, wodurch er scharfkantig mit muscheligem Bruch bricht. Beide Gesteine, sowohl Diatomit als auch Radiolarit, werden in der Steinheilkunde derzeit nicht verwendet.

**Phosphatgesteine:** Alle Lebewesen, Pflanzen und Tiere enthalten Phosphat in ihren Zellen und bei höheren Tieren auch in den Skeletten, das als Stoffwechselausscheidung (z.B. der Vogelkot Guano) oder bei der Verwesung des Organismus freigesetzt wird. In flachen Meeresteilen scheiden sich so z.T. riesige flächenhafte Flöze von Phosphatgesteinen ab (marine Bildung). Auf dem Land kann die bei der Freisetzung des Phosphats gebildete Phosphorsäure insbesondere bei Kalkböden das Carbonat verdrängen und durch Phosphat ersetzen (terrestrische Bildung, lat. terra = Erde, Land). In beiden Fällen besteht der Großteil des neugebildeten Phosphats aus dem Mineral Phosphorit, einer feinkristallinen Varietät des Apatits. Als Heilsteine sind diese Gesteine daher meist unter dem mineralogischen Namen Apatit im Handel.

Nach dieser ausführlichen Betrachtung der Entstehung sekundärer Gesteine darf nicht vergessen werden, daß es auch einen zweiten sekundären Prozeß im oberflächlichen Bereich der Gesteine gibt, durch den sich direkt unter unseren Füßen beständig neue Mineralien bilden: die sekundäre Mineralbildung.

## Sekundäre Mineralbildung

Die sekundäre Mineralbildung läßt sich in einem kurzen Prinzip zusammenfassen: Sie bezeichnet die Einwirkung von Oberflächenwasser (Regenwasser oder fließende Gewässer) auf das darunterliegende Gestein und die Bildung von neuen Mineralien aus der Verbindung der im Wasser gelösten Stoffe mit den Stoffen des ursprünglichen Gesteins. Insbesondere der Sauerstoff und die Säuren Kohlensäure, Phosphorsäure und Kieselsäure greifen dabei das Gestein, in das sie eindringen, an. Alle Gesteine besitzen Poren, Risse oder Spalten, durch welche sich die eindringende Flüssigkeit in die Tiefe vorarbeiten kann, bis sie schließlich das Grundwasser erreicht.

So haben wir hier im Kleinen einen Vorgang, der der Verwitterung und Sedimentation der Gesteine gleicht: Es gibt einen Ort der Verwitterung (dort, wo die Flüssigkeit angreift), einen Transport (durch Risse und Spalten) und schließlich das Grundwasser, das hier nun quasi dem Meer entspricht, wo sich viele Stoffe wieder ablagern. Die Mineralogie unterscheidet nun den Bereich über dem Grundwasser in die „Oxidationszone", das Grundwasser selbst ist die sog. „Zementationszone".

**Oxidationszone:** Dieser Bereich wird so genannt, da hier einerseits tatsächlich Luftsauerstoff (lat. oxygenium) einwirken kann, andererseits chemische Oxidationsprozesse ablaufen. Das sind Prozesse, bei denen ein metallischer Stoff Elektronen abgibt, wodurch er in die Lage versetzt wird, Verbindungen einzugehen (z.b. den Rost am Auto) oder sich im Wasser zu lösen. Obwohl dieser Bereich eher der Verwitterungszone des Gesteins entspricht, bilden sich auch hier direkt aus den entstehenden Stoffverbindungen neue Mineralien, wie z.b. Azurit, Malachit, Chrysokoll, Dioptas, Türkis oder Variscit. Da die Oxidationszonen von Erzlagerstätten oft stark eisenhaltig waren, wurden diese Zonen im Bergbau früher „Eiserner Hut" genannt. Dieser Begriff hat sich als Synonym für die Oxidationszone bis heute in der mineralogischen Literatur gehalten.

**Zementationszone:** Dieser Bereich wird so genannt, weil hier viele der in der Oxidationszone gelösten Stoffe wieder ausgefällt werden (Ausfällung = Zementation). Hier finden Reduktionsvorgänge statt, Prozesse, bei denen Elektronen aufgenommen werden, was viele Metalle wieder in einen wasserunlöslichen Zustand überführt. Dadurch fallen sie aus und bilden im Grundwasser neue Mineralien, wie z.B. gediegenes Kupfer, gediegenes Silber, gediegenes Gold, Kupferchalcedon, Bornit oder Covellin. Die Zementationszone entspricht der Sedimentationszone der Gesteine.

Übersicht der Heilsteine aus Sediment-Gesteinen und Sekundär-Mineralien (Beispiele):

| Sediment-Gesteine und Sekundär-Mineralien ||||||
|---|---|---|---|---|---|
| Sekundäre Gesteinsbildung ||||| Sekundäre Mineralbildung ||
| Verwitterungs-restbildungen | Verwitterungs-neubildungen | | Rückstands-gesteine || Oxidations-zone | Zementa-tionszone |
| Klastische Sedimente | Chemische Sedimente | Biogene Sedimente | Rückstands-gesteine | Kohle-gesteine | | |
| *Brekzien:* Brekz.-Jaspis, Pietersit | *Kalksinter:* Onyx-Marmor, Kalkoolith | *Kalkstein:* Fossilkalk, Stromatolith | *Bauxit:* Heilwirkung nicht bekannt | *Torf:* Heilwirkung nicht bekannt | Azurit, Azurit-Malachit, Chalcedon, rosa Chrysopal, Chrysopras, Chrysokoll, Dioptas, Malachit, Prasopal, Pinkopal, Rhodochrosit, Türkis, Variscit | Bornit, Covellin, Kupfer-chalcedon, gediegenes Kupfer, gediegenes Gold, gediegenes Silber |
| *Konglomerat:* Nagelfluh, Trümmerjaspis | *Dolomit:* D. gebändert, Zuckerdolomit | *Phosphatgest.:* Phosphorit (Apatit) | *Bentonit:* Heilwirkung nicht bekannt | *Braunkohle:* Gagat (Jett) (bituminös) | | |
| *Sandstein:* Landsch.-Jaspis (verkieselt) | *Kieselgestein:* Flint, Chalce-don-Rosetten | *Kieselgestein:* keine bekann-ten Heilsteine | *Kaolin:* Heilwirkung nicht bekannt | *Steinkohle:* Heilwirkung nicht bekannt | | |
| *Tonstein:* Bilder-Jaspis, Turitella-Jaspis (verkieselt) | *Eisengestein:* (Eisen-)Oolith, Moqui Marbles | | | *Anthrazit:* Heilwirkung nicht bekannt | | |
| | *Salzgesteine:* Steinsalz, Gips, Anhydrit | | | | | |

## 1.4.3 Die metamorphe Abfolge

Die Entstehung von Gesteinen und Mineralien erfolgt hier durch Gesteinsumwandlungen unter großem Druck und großer Hitze. Diese Gesteinsumwandlungen werden Metamorphose (Gestaltwandlung, Umgestaltung, griech. meta = Um..., morphe = Gestalt, Form) genannt und können sich in der Tiefe vollziehen, wenn Gesteine durch Überlagerung in das Magma des Erdinneren hinabgedrückt werden bzw. bei der Gebirgsbildung unter großen Druck geraten (Regionalmetamorphose), oder im Umfeld vulkanischer Prozesse, wenn aufsteigendes Magma das umliegende Gestein erhitzt (Kontaktmetamorphose). Dieses Bildungsprinzip wird auch das tertiäre Bildungsprinzip oder die metamorphe Abfolge genannt. Gesteine und Mineralien, die in dieser Abfolge entstehen, werden Tertiärgesteine oder Metamorphite bzw. Tertiärmineralien oder metamorphe Mineralien genannt.

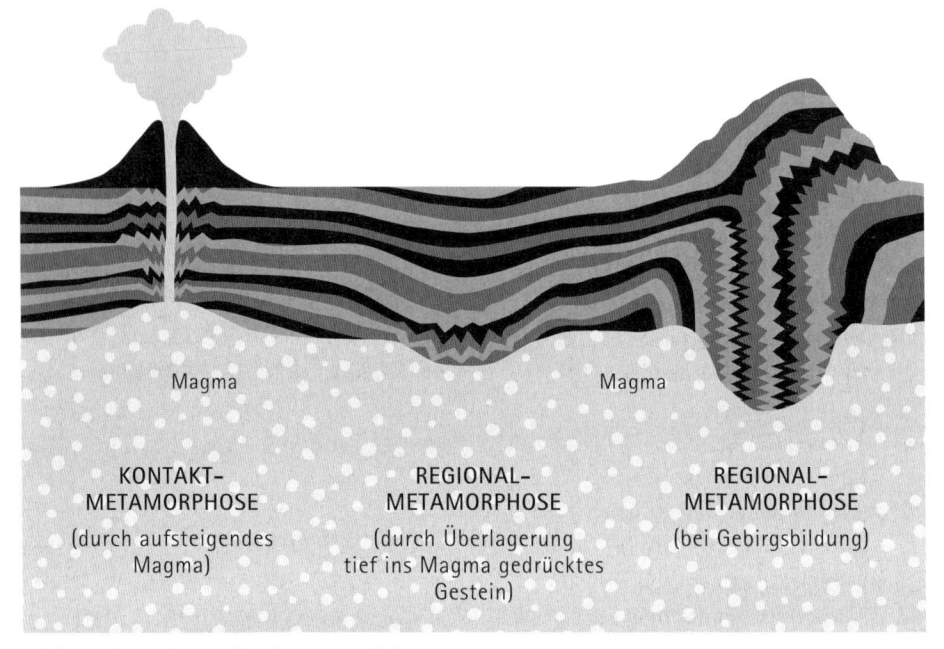

*Abb. 7: Entstehung der Metamorphite*

In erster Linie verändert sich durch eine Metamorphose das Gefüge der Mineralien. Dabei gibt es grundsätzlich drei Möglichkeiten:

Im ersten Fall „sortieren" sich die Mineralbestandteile durch Druck in dicke Platten (zentimeter- bis dezimeterdick) oder deutlich voneinander abgesetzte Bänder. Diese Metamorphite werden der Gneis-Familie zugerechnet, ihr Gefüge wird mitunter auch als Gneisbänderung bezeichnet (z.B. Gneis, Tigereisen).

Im zweiten Fall entsteht durch einseitigen Druck das Einregeln von blättrig und stengelig ausgebildeten Mineralien (z.B. Glimmer) in gleicher Richtung quer zum Druck, die sog. „Schieferung", ein Parallelgefüge, dessen Spaltplatten sehr dünn und blättrig sind. Diese Metamorphite werden als Kristalline Schiefer oder einfach als Schiefer-Familie bezeichnet. Bei letzterer Bezeichnung besteht allerdings das Problem, daß viele Sedimentgesteine den Zusatz „Schiefer" im Namen tragen. Um hier eindeutig zu differenzieren, wird in diesem Lexikon für die metamorphe Schiefer-Familie konsequent die Bezeichnung „Kristalline Schiefer" verwendet.

Im dritten Fall vollzieht sich unter Druck und Hitze eine Umkristallisierung der Mineralien von vielen kleinen Kristallen hin zu wenigen fest verzahnten, größeren Kristallen. Das beste Beispiel hierfür ist die Umwandlung von feinkörnigem Kalkstein zu grobkristallinem Marmor. Diese Metamorphite zeigen in der Regel keine Schieferung, sie wirken massig und werden daher die Fels-Familie genannt.

In jeder dieser Gesteinsfamilien kann es während der Metamorphose nicht nur zu Gefügeveränderungen, sondern auch zur Auflösung bestehender und zur Bildung neuer Mineralien kommen. Dies geschieht entweder durch Umbildung vorhandener Kristalle, wodurch Stoffe freigesetzt werden, die neue Mineralien bilden, oder durch Stoffzufuhr aus anderen Gesteinsschichten bzw. aus magmatischen Lösungen. Dieser Stoffaustausch wird Metasomatose genannt (griech. meta sinngemäß für Verwandlung, soma = Körper). Dadurch sind gerade die Kontaktzonen verschiedener Metamorphite besonders mineralreich (z.b. Smaragd), dasselbe gilt für die Kontaktzonen zwischen Magmatiten und Metamorphiten (z.b. Lapislazuli).

Aufgrund der großen Variationsmöglichkeiten im Verhältnis von Druck und Temperatur während der Metamorphose können aus denselben Ausgangsgesteinen verschiedene Metamorphite entstehen. Daher umfassen alle drei der genannten Familien eine Vielzahl von Gesteinen unterschiedlichster Mineralzusammensetzung. Im Hinblick auf eine klare, einfache Darstellung wurden in dieses Lexikon daher nur jene Gesteine aufgenommen, die entweder selbst als Heilsteine verwendet werden oder Mineralien enthalten, die als solche bekannt sind.

## Die Gneis-Familie

Gneis (mittelhochdt. gneist = Funke) besteht hauptsächlich aus Feldspat und Quarz, mengenmäßig in dieser Reihenfolge. Hinzu kommen als Nebengemengteile die Glimmer Biotit und Muskovit (die das Funkeln verursachen) sowie Hornblende, Cordierit, Granate und Sillimanit. Gneis ist immer grobkörnig, die einzelnen Kristalle der enthaltenen Mineralien sind mit bloßem Auge gut erkennbar. Gneis wird als Heilstein verwendet, besonders bei hohem Granatanteil. Ebenfalls als Heilstein wichtig ist das im Gneis gebildete Mineral Sillimanit.

**Granulit** (lat. granum = Korn) ist glimmerfreier Gneis. Hauptgemengteile sind Feldspat und Quarz, der groß und plattenartig entwickelt ist. Als Nebengemengteile treten Pyroxene, Granate, Disthen und Sillimanit auf – alle vier sind als Heilsteine wichtige Mineralien bzw. Mineralfamilien. Granulit ist mittel- bis feinkörnig, daher wahrscheinlich der Name. Über die Verwendung von Granulit als Heilstein ist derzeit nichts bekannt.

**Migmatit** ist ein Mischgestein aus einem älteren gneisartigen Metamorphit mit einem jüngeren granitischen Magmatit. Die genaue Entstehung dieses Gesteins, das z.B. im Fichtelgebirge vorkommt, ist noch ungeklärt. Da es stets in Zonen sehr starker Metamorphose vorkommt, ist das Eindringen von Magma in den älteren Gneis ebenso denkbar wie das teilweise Aufschmelzen des Gneis und sein anschließendes Auskristallisieren als Granit. Metamorphit und Magmatit sind zwar vielschichtig ineinandergefügt, jedoch scharf voneinander abgegrenzt, dabei ist der metamorphe Anteil stets dunkler als der magmatische.

Hauptgemengteile des Migmatits sind Feldspat und Quarz, Nebengemengteile Glimmer und Hornblende. Migmatit ist aufgrund seiner primären und tertiären Anteile ein sehr interessanter, aber wenig bekannter Heilstein.

## Kristalline Schiefer

**Glimmerschiefer** beinhaltet – wie der Name sagt – als Hauptgemengteil Glimmer (überwiegend Muskovit) und Quarz. Nebengemengteile sind Biotit, Disthen, Chlorit und Graphit. Vor allem die Mineralien Granat, Staurolith und Sillimanit finden sich im Glimmerschiefer oft als deutlich größere Kristalle in das blättrig-schiefrige Gestein eingebettet. Gerade diese drei Mineralien zählen zu den wichtigen Heilsteinen. Glimmerschiefer selbst wird zwar als „Muttergestein" dabei oft in Kauf genommen, derzeit jedoch nicht eigenständig als Heilstein verwendet.

**Kristalliner Tonschiefer** entsteht durch die Metamorphose von Tongesteinen. Hauptgemengteile sind entsprechend Tonmineralien, wie Kaolinit, Montmorillonit und Halloysit, sowie Quarz und Glimmer, insbesondere Muskovit. In bitumenhaltigen Tonschiefern bildet sich mitunter auch Pyrit in Form flacher, radialstrahliger Aggregate, den sog. „Pyritsonnen". Diese sind als Heilsteine in Verwendung, Tonschiefer selbst nicht.

**Kontaktschiefer** entsteht durch Kontaktmetamorphose aus Tongestein. Hauptgemengteile sind Glimmer, Quarz, Andalusit und Cordierit. Durch Einlagerung von Kohlenstoff kann sich im Kontaktschiefer auch die Andalusit-Varietät Chiastolith (Kreuzstein) bilden. Kontaktschiefer selbst wird als Heilstein nicht verwendet, wohl aber die Mineralien Andalusit, Chiastolith und Cordierit.

**Hornblendeschiefer** enthalten als Hauptgemengteile Hornblende, Quarz und Biotit. Nebengemengteile sind Pyroxene, Muskovit, Granate und Plagioklas-Feldspat. Aufgrund des hohen Hornblendegehalts werden Hornblendeschiefer in erster Linie als Heilsteine verwendet, um die Heilwirkungen der Hornblende selbst zu erzielen.

**Grünschiefer** sind feinkörnige, grünlich aussehende Schiefer mit den Hauptgemengteilen Albit, Aktinolith, Chlorit, Epidot, Glaukophan und Talk. Sie werden im einzelnen in der Regel nach dem vorherrschenden grünen Mineral benannt: Aktinolithschiefer, Chloritschiefer, Epidotschiefer, Glaukophanschiefer und Talkschiefer. Als Heilsteine sind Aktinolithschiefer und Talkschiefer in Verwendung, insbesondere die Talkschiefer-Varietät Steatit (Speckstein). Epidotschiefer als Ersatz für magmatisch gebildeten Epidot wäre zwar durchaus denkbar, ist aber nicht üblich.

## Die Fels-Familie

**Felsquarzit** (nicht zu verwechseln mit sedimentärem Quarzit, dem quarzreichen Sandstein) ist ein metamorphes Gestein, das zu mindestens 80% aus Quarz besteht. Als Nebengemengteile können Feldspat, Glimmer, Chlorit, Magnetit, Hämatit, Granat, Graphit und Hornblende auftreten. Als Heilsteine sind Felsquarzite derzeit nicht im Gebrauch, obwohl sie durchaus ähnliche Eigenschaften wie Schneequarz zeigen müßten (siehe Seite 378).

**Kalksilikatfels** ist ein dichter bis grobkörniger Metamorphit mit kalkigen und kieseligen Anteilen. Die Zusammensetzung kann stark variieren, Hauptgemengteile können Calcit, Vesuvian, Wollastonit, Diopsid sowie die Granate Andradit und Grossular sein. Durch Metasomatose vererzter Kalksilikatfels wird Skarn genannt. Kalksilikatfels und Skarn werden selbst nicht als Heilsteine verwendet, wohl aber die in ihnen gebildeten Mineralien Andradit, Diopsid, Grossular, Vesuvian und Wollastonit.

**Amphibolit** enthält als Hauptgemengteile die Amphibol-Varietät Hornblende und die Feldspat-Varietät Plagioklas. Zu den Nebengemengteilen zählen u.a. Biotit, Chlorit, Epidot, Granat und Zoisit. In erster Linie sind als Heilsteine eben jene Nebengemengteile interessant. Theoretisch wäre Amphibolit auch als Hornblende-Ersatz denkbar, was jedoch in der Praxis nicht üblich ist.

**Eklogit** ist ein Metamorphit mit den Hauptgemengteilen Epidot, Granat und Pyroxen. Die rundlichen roten Granat-Kristalle heben sich dabei deutlich von der fein- bis grobkörnigen grünen Pyroxen-Matrix ab. Nebengemengteile des Eklogits sind Disthen, Hornblende, Plagioklas, Quarz, Rutil und Zoisit. Eklogit ist als Heilstein bekannt.

**Hornfels** ist ein hartes kontaktmetamorphes Gestein mit typisch muscheligem Bruch. Im Hornfels eingebettet finden sich viele als Heilsteine interessante Mineralien wie Andalusit, Cordierit, Granate, Hypersthen und Sillimanit. Hornfels selbst ist als Heilstein derzeit jedoch nicht bekannt.

**Serpentin** ist ein monomineralisches Gestein, das durch die Metamorphose von Olivin (Peridotit) gebildet wird. Serpentin hat ein dichtes, manchmal faseriges oder blättriges Gefüge. Seine Hauptbestandteile sind Antigorit (blättriger Serpentin) und Chrysotil (faseriger Serpentin). Als Nebengemengteile treten Amphibole, Calcit, Granate, Magnesit, Olivin und Pyroxene auf. Serpentin ist bereits seit vielen Jahrhunderten ein sehr bekannter und häufig verwendeter Heilstein.

**Marmor** entsteht durch die Metamorphose von Kalkstein. Dabei fügen sich viele winzige Calcit-Kristalle durch Druck und Hitze zu größeren Kristallen zusammen. Marmor wird dadurch körnig und transparent. Im Gegensatz zum Kalkstein ist echter Marmor in dünnen Platten oder an den Kanten durchscheinend. Da der Hauptgemengteil Calcit bis zu 99% des Gesteins ausmachen kann, zählt Marmor zu den monomineralischen Gesteinen. Nebengemengteile können Amphibole, Chlorit, Epidot, Glimmer, Granat, Graphit, Hämatit, Limonit, Plagioklas, Pyrit, Pyroxene, Quarz, Serpentin, Vesuvian und Wollastonit sein. Sie geben dem Marmor die sog. „marmorierte" Struktur. Im Handel muß man sehr vorsichtig sein, da mit dem Begriff „Marmor" auch kompakte, polierfähige Kalksteine und sogar marmorierte Serpentine bezeichnet werden. Als Heilstein wird jedoch der echte, metamorphe Marmor benötigt.

**Dolomitmarmor** ist ein durch die Metamorphose von sedimentärem Dolomit entstandenes Gestein. Es ist feinkörniger als der Kalkmarmor, jedoch optisch kaum zu unterscheiden. Hauptgemengteile sind Calcit und Dolomit. Dolomitmarmor wird als Heilstein wie das Mineral Dolomit verwendet und ist z.T. auch unter der mineralogischen Bezeichnung (ohne den Zusatz -marmor) im Handel.

**Ophicalcit**, auch Serpentincalcit genannt, ist ein körnig-kristalliner Silikatmarmor, der als Hauptgemengteile Calcit und bis zu 20% Silikatmineralien enthält, wie z.B. Serpentin und Talk. Als Nebengemengteile enthält Ophicalcit Amphibole, Feldspat, Glimmer, Pyroxene und Quarz. Ophicalcit ist als Heilstein unter dem Namen Connemara bekannt und im Handel erhältlich.

Übersicht der Heilsteine aus Metamorphiten und metamorphen Mineralien:

| Metamorphite und metamorphe Mineralien ||||
|---|---|---|---|
| Metamorphe Gesteine ||| Metamorphe Mineralien |
| Gneis-Familie | Kristalline Schiefer | Fels-Familie | |
| *Gneis* *Migmatit* | *Glimmerschiefer* mit Disthen (Cyanit) *Hornblendeschiefer* *Aktinolithschiefer* Smaragdit (Grünschiefer) *Epidotschiefer* (Grünschiefer) *Talkschiefer/Steatit* (Grünschiefer) | *Felsquarzit* *Eklogit* *Serpentin* Marmor *Dolomitmarmor* *Ophicalcit* (Connemara) | Aktinolith, Andalusit, Chiastolith, Cordierit, Diopsid, Disthen, Epidot, Granat, Hornblende, Jade, Lapislazuli, Rhodonit, Sillimanit, Smaragd, Staurolith, Vesuvian, Wollastonit, Zoisit |

Da dieselben metamorphen Mineralien in sehr vielen verschiedenen Gesteinen vorhanden sind, wurden sie in dieser Übersicht nicht den Gesteinen zugeordnet, sondern in eine gesonderte Spalte gestellt.

## 1.5 Das Erscheinungsbild der Heilsteine in der Natur

So wie die Entstehungsweise eines Heilsteins einen Einblick in dessen Art und Eigenschaften gewährt, so ist auch sein äußeres Erscheinungsbild ein direkter Spiegel seiner inneren Qualitäten. Es ist augenscheinlich, daß in einem Mineral, das radialstrahlig, einer Sonne gleich, in spitzen Kristallen nach außen strebt, andere Kräfte wirksam sind als in einem knolligen, quasi in sich gekehrten Aggregat. So ist die Erscheinungsweise eines Heilsteins nicht nur wichtiges Hilfsmittel zu seiner Bestimmung, sondern auch ein Indiz für seine Heilwirkung. Da das Erscheinungsbild der Gesteine im vorangegangenen Kapitel „Die Entstehung der Heilsteine" bereits ausführlich dargestellt ist, wendet sich dieses Kapitel nun in erster Linie dem Erscheinungsbild der Mineralien zu.

### Kristallsysteme

Dabei ist zunächst die innere Struktur eines Minerals von größter Bedeutung. Die innere Anordnung der Atome und Moleküle bestimmt letztendlich, welche äußeren Formen sich überhaupt entwickeln können. Sie ist so etwas wie eine Art „Veranlagung" des Minerals, ein Grundmuster im wahrsten Sinne des Wortes. Die innere Struktur ist für ein Mineral charakteristischer als seine Farbe. Während letztere in den meisten Fällen variieren kann, ist die innere Struktur für fast alle Mineralien eindeutig festgelegt. Aufgrund des festen Gefüges im atomaren Aufbau der Mineralien bilden die einzelnen Teilchen eines Minerals fast immer regelmäßige dreidimensionale Strukturen, die sog. „Kristallgitter".

● Zink   ◯ Schwefel

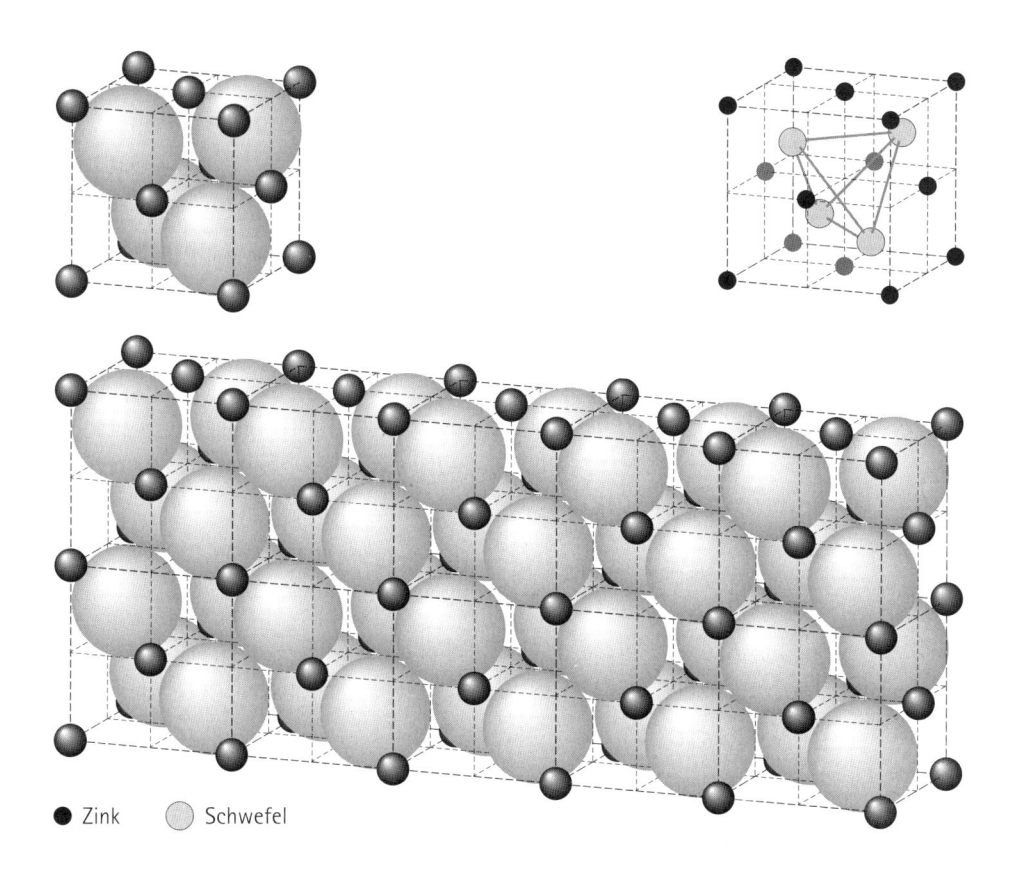

*Abb. 8: Kristallgitter des Sphalerits*

Diese Kristallgitter setzen sich aus regelmäßigen geometrischen Formen zusammen, wobei sich die Natur interessanterweise nur sieben geometrischer Formen bedient: Quadrat, Sechseck, Dreieck, Rechteck, Raute, Parallelogramm und Trapez. Alle kristallinen Strukturen beziehen sich daher auf jeweils eine dieser Grundformen, weshalb alle Mineralien einer dieser Formen zugeordnet werden können. Diese Einteilungen werden in der Mineralogie „Kristallsysteme" genannt:

**Kubisches Kristallsystem:** Dieses Kristallsystem umfaßt alle Mineralien mit einer quadratischen inneren Struktur. Das Wort „kubisch" leitet sich dabei von lat. „cubus" = „Würfel" ab. Aus dieser Struktur entwickeln sich dann Kristallformen wie Würfel, Oktaeder, Hexakisoktaeder, Rhombendodekaeder, Pentagondodekaeder, Tetraeder und Ikositetraeder.

**Hexagonales Kristallsystem:** Dieses Kristallsystem umfaßt alle Mineralien mit einer sechseckigen inneren Struktur. Das Wort „hexagonal" leitet sich dabei von griech. „Hexagon" = „Sechseck" ab. Hexagonale Kristallformen sind daher sechseckige Prismen mit bzw. ohne Spitze oder sechseckige Doppelpyramiden.

**Trigonales Kristallsystem:** Dieses Kristallsystem umfaßt alle Mineralien mit einer dreieckigen inneren Struktur. Das Wort „trigonal" leitet sich dabei von griech. „Trigon" = „Dreieck" ab.

| Kristallsystem | Einige charakteristische Kristallformen | | | |
|---|---|---|---|---|
| kubisch | Galenit | Magnetit | Pyrit | Granat |
| hexagonal | Apatit | Vanadinit | Pyrrhotin | Beryll |
| trigonal | Calcit | Quarz | Aragonit | Turmalin |
| tetragonal | Zirkon | Chalkopyrit | Skapolit | Apophyllit |
| rhombisch | Schwefel | Cerussit | Olivin | Baryt |
| monoklin | Gips | Realgar | Augit | Orthoklas |
| triklin | Albit | Disthen | Rhodonit | Chalkanthit |
| amorph | Bernstein | Obsidian | Opal | |

*Abb. 9: Kristallformen der Kristallsysteme*

Trigonale Kristallformen sind dreieckige oder ebenfalls sechseckige Prismen, die jedoch nicht so gleichmäßig sind wie die hexagonalen, sowie Rhomboeder, Skalenoeder und selten auch dreieckige Doppelpyramiden.

**Tetragonales Kristallsystem:** Dieses Kristallsystem umfaßt alle Mineralien mit einer viereckigen inneren Struktur. Das Wort „tetragonal" leitet sich dabei von griech. „Tetragon" = „Viereck" ab. Tetragonale Kristallformen sind viereckige Prismen mit bzw. ohne Spitze sowie viereckige Doppelpyramiden und Trapezoeder.

**Rhombisches Kristallsystem:** Dieses Kristallsystem umfaßt alle Mineralien mit einer rautenförmigen inneren Struktur. Das Wort „rhombisch" leitet sich dabei von griech. „Rhombus" = „Raute" ab. Rhombische Kristallformen sind Prismen oder Doppelpyramiden mit dem Grundriß einer Raute, manchmal jedoch auch eines Sechsecks, da drei zusammengefügte Rauten ein Sechseck ergeben. Eine solche Kristallform wird dann auch „pseudohexagonal" genannt.

**Monoklines Kristallsystem:** Dieses Kristallsystem umfaßt alle Mineralien mit einer inneren Struktur in Form eines Parallelogramms. Das Wort „monoklin" bedeutet dabei soviel wie „mit einem geneigten Winkel" (griech. mono = eins und klinein = neigen, beugen). Monokline Kristallformen zeigen daher stets einen Winkel, der ungleich 90°, also nicht rechtwinklig ist. Typische Formen sind das Klinopinakoid oder Prismen mit schiefen Endflächen.

**Triklines Kristallsystem:** Dieses Kristallsystem umfaßt alle Mineralien mit der inneren Struktur in Form eines Trapezes. Das Wort „triklin" bedeutet dabei soviel wie „mit drei geneigten Winkeln" (griech. tri = drei und klinein = neigen, beugen). Das einzig typische Merkmal für trikline Kristallformen sind Pinakoide, parallele Gegenflächen, was bedeutet, daß bei den in alle drei Raumrichtungen schief wachsenden Kristallen jeweils zwei gegenüberliegende Flächen identisch sind.

**Amorphe Mineralien:** Unter besonderen Bedingungen entstehen Mineralien, die keine kristallinen Strukturen ausbilden. Diese Mineralien werden amorph genannt (griech. gestaltlos), sie besitzen keine durchgehende innere Struktur. Die Ursachen liegen in der zu schnellen Entstehung, wie z.B. bei Moldavit und Obsidian, wo keine Zeit blieb, Kristalle zu bilden, oder in der Tatsache, daß zu viele verschiedene Stoffe ineinandergemischt sind, wie z.B. bei Bernstein und Opal.

# Kristallformen

Um die Form eines Kristalls korrekt beschreiben zu können, gibt es in der Mineralogie einige wichtige Grundbegriffe: Geschlossene Formen wie Würfel, Oktaeder, Rhomben- und Pentagondodekaeder, Ikositetraeder, Rhomboeder, Doppelpyramide u.a. umschließen einen Raum

Pinakoide          Prismen

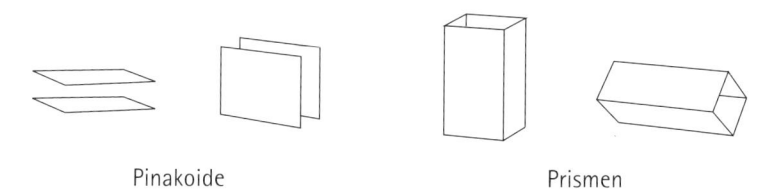

*Abb. 10: Offene Formen*

vollständig und können als alleinige Kristallform auftreten. Andere Kristalle setzen sich jedoch aus mehreren offenen Formen zusammen, die einzeln den Raum nicht vollständig umschließen können. Besonders wichtig ist hier das Pinakoid, ein Paar paralleler, identischer Gegenflächen, und das Prisma, eine Form aus mehreren identischen Flächen, die gemeinsame parallele Kanten haben. Aus der Kombination von Pinakoid und Prisma entsteht z.B. eine Säule mit Endflächen.

## Tracht und Habitus

Nur selten sind die Kristallformen der einzelnen Mineralien geometrisch „ideal" ausgebildet. Weitaus häufiger führt die Kombination verschiedener Kristallformen (ein und desselben Kristallsystems!), besonderes Längen- oder Breitenwachstum, verzerrtes Wachstum oder ganz einfach die Tatsache, daß irgend etwas „im Weg war", dazu, daß die Grundform des Kristalls nur noch mit Phantasie oder Kennerblick zu erahnen ist.

Das ändert zwar nichts am Kristallsystem des Minerals, da die innere Struktur des Minerals natürlich immer gleich bleibt, ungeachtet der äußeren Form (ein Karopapier bleibt auch stets ein Karopapier, ganz egal, in welche äußere Form Sie es schneiden), es ergeben sich jedoch auf diese Weise viele verschiedene Variationsmöglichkeiten in der Tracht und im Habitus des Minerals:

**Tracht:** Die Tracht (mittelhochdt. traht = das Getragene) ist die Gesamtheit der bei einem einzelnen Kristall auftretenden Formen, die gemeinsam sein äußeres Aussehen bestimmen. Das können Sie sich so vorstellen: Ein kubischer Kristall kann gleichzeitig die Form eines Würfels und eines Oktaeders haben. Um diese beiden Formen zu kombinieren, muß man sie in der Vorstellung ineinanderschieben, so daß sie einen gemeinsamen Mittelpunkt haben. Der Kristall, der sich nun aus dieser Kombination bildet, ist die exakte Schnittmenge beider Formen:

| Würfel | Oktaeder | »Überlagerung« beider Formen | Schnittmenge = realer Kristall |

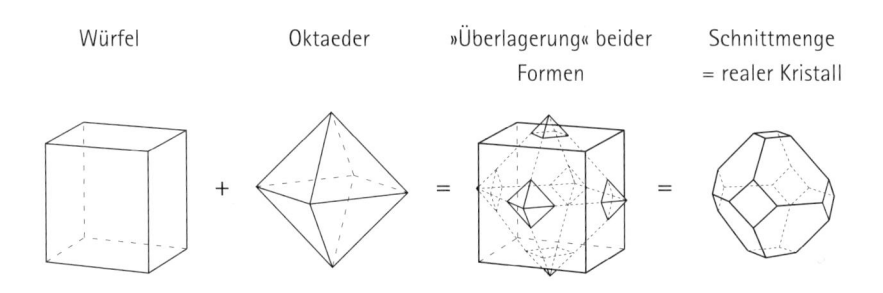

*Abb. 11: Die Kombination von Würfel und Oktaeder*

Die Tracht eines Kristalls zeigt also anhand der Flächen, welche Formen kombiniert wurden. Daher spricht man in der Beschreibung eines Kristalls entweder von einer einfachen Form, wenn nur eine geometrische Grundform im Spiel war (z.B. Würfel, Sechseck-Prisma, Rhomboeder usw.), oder von einer Flächenkombination, wenn mehrere, sich durchdringende Formen die Ausbildung des Kristalls bestimmen.

Der Kristall im vorangegangenen Beispiel würde eine Flächenkombination von Würfel und Oktaeder aufweisen:

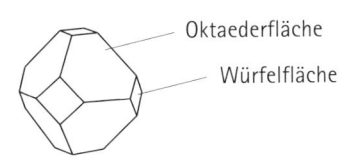

Oktaederfläche
Würfelfläche

*Abb. 12: Flächenkombination*

Die Tracht eines Kristalls ist sowohl für die Mineralogie als auch für die Steinheilkunde von Bedeutung: In der Mineralogie kann bei bestimmten Mineralien anhand einer bestimmten Tracht mitunter eindeutig die Fundstelle bestimmt werden. So sind z.B. einfache Würfel beim Pyrit typisch für die Fundstelle Navajún in Spanien, während scharfkantige Oktaeder auf den Fundort Murgul in Nordost-Anatolien, Türkei, verweisen.

In der Steinheilkunde verdichten sich inzwischen Hinweise darauf, daß die Tracht eines Minerals dessen heilkundliche Grundeigenschaften der Kristallstruktur noch weiter differenziert. Gerade die verschiedenen Flächenkombinationen zeigen ja einerseits sehr schön, wie formgebende Kräfte auf die Ausbildung eines Kristalls einwirken. Andererseits ist in vielen Geisteswissenschaften, wie z.B. der Anthroposophie, die geistige Natur und Wirksamkeit bestimmter Formen längst bekannt. Kristalle als die sprichwörtlichen „Verkörperungen" bestimmter Formen sind daher ein optimales Studienfeld, um die Wirkung der Formen selbst zu prüfen.

**Einfache Formen**

| Würfel | Oktaeder | Rhombendodekaeder | Ikositetraeder |

**Kombinationen**

| Würfel und Oktaeder | Oktaeder und Rhombendodekaeder | Würfel und Rhombendodekaeder | Rhombendodekaeder und Würfel und Oktaeder |

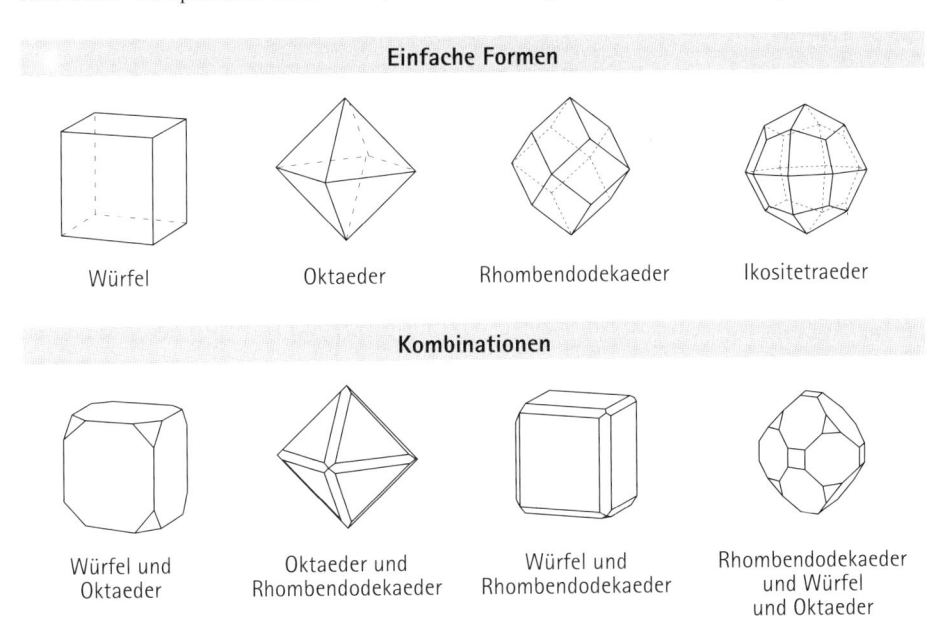

*Abb. 13: Verschiedene Trachten kubischer Kristalle*

## Habitus

Auch wenn die Tracht zweier Kristalle gleich ist, können sie in ihrer Gestalt deutlich voneinander abweichen. In diesem Fall spricht man von einem verschiedenen Habitus (lat. habitus = Gestalt). Im Gegensatz zur Tracht, die die äußeren Flächen des Kristalls beschreibt, bezeichnet der Habitus Raum und Ausdehnung des Kristalls. Übertragen auf den Menschen wäre die Tracht also die Kleidung, der Habitus dagegen die Körpergröße und Gestalt.

*Abb. 14: Tracht und Habitus: Links verschiedener Habitus bei gleicher Tracht; rechts gleicher Habitus bei verschiedener Tracht*

Beim vorangegangenen Beispiel des kubischen Kristalls verändert sich der Habitus bei gleichbleibender Tracht allein durch die unterschiedliche Flächenentwicklung der zugrundeliegenden Formen. Sind die Würfelflächen größer entwickelt, spricht man von einem „würfeligen Habitus mit untergeordnetem Oktaeder" oder schlicht von „Würfel und Oktaeder" (die Form mit der größeren Flächenentwicklung wird an erster Stelle genannt). Sind dagegen die Oktaeder-

Würfel, untergeordnet Oktaeder    Kuboktaeder    Oktaeder, untergeordnet Würfel

*Abb. 15: Verschiedener Habitus bei gleicher Tracht*

flächen größer entwickelt, spricht man von einem „oktaedrischen Habitus mit untergeordnetem Würfel" oder schlicht von „Oktaeder und Würfel". Sind beide Flächen gleichermaßen entwickelt, so spricht man von einer Gleichgewichtsform, die in diesem Fall sogar einen eigenen Namen besitzt: Kuboktaeder.

Ein weiterer Grund für variierenden Habitus ist eine ungleiche, meist wachstumsbedingte Raumausdehnung des Kristalls oder die Ausbildung von Spitzen an den Kristallenden. Aus diesen Bedingungen ergeben sich vier Grundvarianten in der Ausbildung des Habitus:

**Isometrische Kristalle** sind in alle drei Raumrichtungen gleichermaßen ausgedehnte und unverzerrte Idealkristalle des kubischen Kristallsystems, wie wir sie häufig in der Literatur abgebildet, aber weitaus seltener in der Natur finden.

**Prismatische Kristalle** sind deutlich in die Höhe gestreckt. Bei ihnen dominiert die Säule, das Prisma, gegenüber der Spitze, sofern sie überhaupt eine Spitze ausbilden. Bei Kristallen ohne Spitze wird die abschließende Fläche „Endfläche" genannt.

**Pyramidale Kristalle** haben gegenüber dem Prisma dominierende Spitzen oder bilden, wie im Fall der sog. „Doppelpyramide", überhaupt keine Prismen aus.

**Tafelige Kristalle** sind deutlich in die Breite ausgedehnt. Dadurch ist das Prisma sehr kurz, Spitzen werden in der Regel überhaupt nicht ausgebildet.

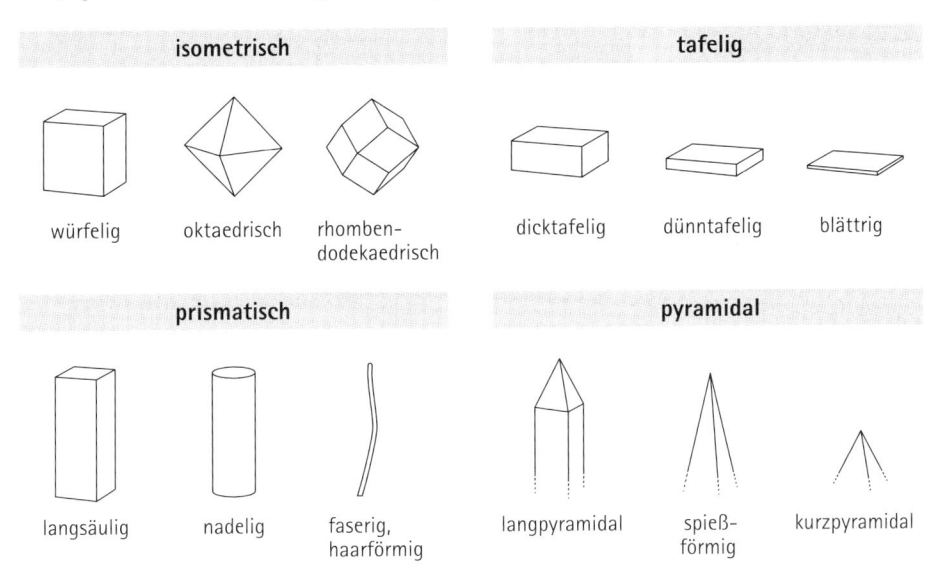

*Abb. 16: Grundvarianten des Habitus*

## Die Form der Kristalle

Zusammenfassend kann nun festgehalten werden, daß drei Faktoren bestimmend für die tatsächliche, reale Form eines Kristalls sind:

**Das Kristallsystem** ist die innere Struktur, die für ein bestimmtes Mineral typisch und festgelegt ist. Sie bestimmt die Grenzen und Möglichkeiten des Kristallwachstums und damit der Kristallform.

Die **Tracht** zeigt die Flächenkombinationen eines Kristalls. Nur wenige Mineralien sind dabei auf eine einzige Tracht festgelegt. Oft gibt es mehrere einfache Formen, aus denen sich viele Kombinationen entwickeln lassen. Die Tracht erlaubt daher auch Rückschlüsse auf die einwirkenden formgebenden Kräfte.

**Der Habitus** schließlich ist das wirklich Individuelle jedes Kristalls. In ihm spiegeln sich oft die Entstehungsbedingungen, die Geschwindigkeit des Wachstums und andere Einflüsse wider. Durch den individuellen Habitus wird jeder Kristall einzigartig.

Doch damit ist das Spiel der Natur noch lange nicht zu Ende. Auf ihre Art sind viele Kristalle oftmals sehr „soziale Wesen", die sich gerne mit ihresgleichen zu **Gruppen** oder auch mit anderen Mineralien zu **Paragenesen** zusammentun (griech. para = neben und genesis = Geburt, Ursprung, also die gemeinsame Entstehung verschiedener Mineralien nebeneinander am selben Ort). Auf diese Weise bilden sich aus mehreren Kristallen oft sog. „Mineralaggregate" (lat. aggregare = hinzufügen).

## Mineralaggregate

Oftmals sind die Mineralaggregate das einzige augenscheinliche Merkmal im Hinblick auf die Erscheinungsform eines Minerals, das wir ohne Hilfsmittel erkennen können. Kristalle können so winzig sein, daß sie sich dem bloßen Auge entziehen und nur unter dem Mikroskop sichtbar werden. Konsequenterweise werden solche Aggregate dann **mikrokristallin** genannt. Im Gegensatz dazu spricht man bei Kristallbildungen, die mit dem bloßen Auge erkennbar sind, von **makrokristallinen** Ausbildungen.

**Stufe:** Der umfassende Begriff aus der Bergmannsprache für alle Mineralaggregate ist Stufe. Eine Stufe kann ein einzelner Kristall auf Muttergestein sein, eine Gruppe von Kristallen oder eine Paragenese verschiedener Mineralien, einfach alles. Auch die Größe ist unbestimmt: Vom sog. „**Micromount**", kleinen „Lupenmineralien", die gewöhnlich mit Mineralienkitt in kleine Plastikdöschen montiert werden, über „**Handstücke**", also mit Muskelkraft tragbare Steine, bis zum riesigen Aggregat, das per Schwertransport bewegt werden muß, kann alles Stufe genannt werden. Nur wenn Menschenhand am Werk war, die das Mineral geschliffen oder poliert hat, ist es vorbei! „Stufe" bedeutet also auch, daß das Aggregat von der Natur so geschaffen und vom Menschen maximal gereinigt wurde.

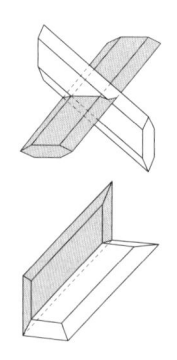

**Zwillinge und Viellinge:** Verwachsen zwei Kristalle gesetzmäßig miteinander, so daß sie eine symmetrische Gesamtform bilden, so spricht man von einem Zwilling. Dabei weisen Berührungs- oder Kontaktzwillinge eine scharfe Grenzfläche zwischen den beiden Einzelkristallen auf. Durchdringungs- oder Penetrationszwillinge zeigen unregelmäßige Verwachsungsgrenzen. Sind mehr als zwei Kristalle beteiligt, spricht man entsprechend der Anzahl von Drillingen, Vierlingen oder einfach Viellingen. Zwillinge erkennt man daran, daß sie einspringende Kanten und Winkel haben, was bei Einzelkristallen nie der Fall ist.

*Abb. 17: Durchdringungszwilling bei Gips (Selenit)*
*Abb. 18: Berührungszwilling bei Gips (Selenit), sog. Schwalbenschwanzzwilling*

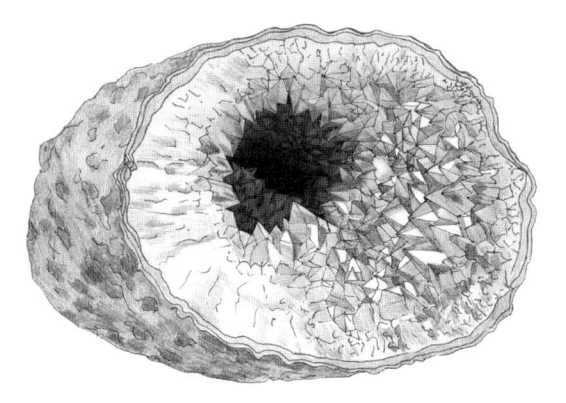

**Druse:** Eine allseits umschlossene Stufe, also ein Gesteinshohlraum, in dem sich Mineralien gebildet haben, wird Druse genannt. Meist werden damit makrokristalline Aggregate bezeichnet, wie z.B. bei einer Amethystdruse, das muß jedoch nicht der Fall sein. Auf jeden Fall ist eine Druse innen hohl.

*Abb. 19: Amethystdruse*

**Geode:** Kleine, nur wenige Zentimeter große Drusen werden auch Geoden genannt. Der Übergang zwischen beiden Begriffen ist jedoch fließend und z.T. auch mineralspezifisch. So spricht man beim Achat eigentlich immer von Geoden, beim Amethyst dagegen praktisch immer von Drusen. Eine besondere Logik gibt es dabei jedoch nicht, man kann beide Begriffe auch als Synonyme betrachten.

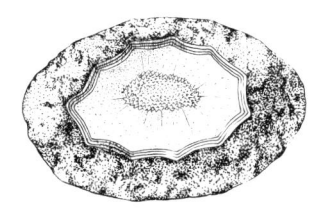

*Abb. 20: Achatgeode*

**Mandel:** Wird ein Hohlraum komplett durch Mineralbildungen ausgefüllt, spricht man von einer Mandel. Dieser Begriff wird vor allem bei Achaten verwendet.

*Abb. 21: Achatmandel*

**Pseudomorphose:** Eine Besonderheit unter den Mineralaggregaten sind die Pseudomorphosen (griech. pseudein = täuschen und morphe = Gestalt, Form), bei der ein Mineral eine fremde Kristallform annimmt, die nicht seinem inneren Kristallgitter entspricht. Dies kann nur geschehen, wenn am Entstehungsort des Minerals ursprünglich ein anderes gewachsen war, das – unter Beibehalt der alten Kristallform – durch das neue Mineral ersetzt wurde. Wird auf diese Weise z.B. Calcit durch Quarz ersetzt, spricht man von einer „Pseudomorphose von Quarz nach Calcit".

Pseudomorphosen werden nach der Art ihrer Entstehung benannt: Werden Kristalle unter einer Überdeckung weggelöst und die so entstandenen Räume durch neue Mineralien ausgefüllt, so spricht man von einer **Umhüllungs-**, **Ausfüllungs-** oder **Auffüllungs-Pseudomorphose**.

Geschieht das Weglösen und Auffüllen „fließend" in kleinen Schritten, so daß das neue Mineral das alte verdrängt, spricht man von einer **Verdrängungs-Pseudomorphose**.

Verändert sich die innere Zusammensetzung oder die kristalline Struktur des Minerals, ohne daß Substanz weggelöst und durch Stoffzufuhr von außen ersetzt wird (z.B. indem aus kubischem Magnetit trigonaler Hämatit, sog. Martit wird), so spricht man von einer **Umwandlungs-Pseudomorphose**.

a) Ursprüngliches Mineral   b) Bildung der Umhüllung   c) Weglösen des Minerals

d) Neue Mineralbildung   e) Weglösen der Umhüllung   f) Pseudomorphose

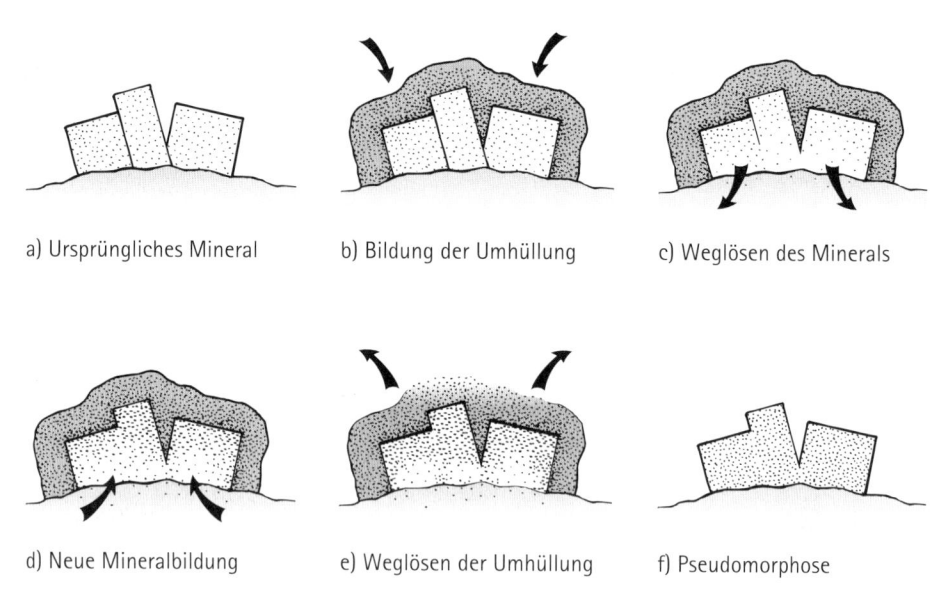

*Abb. 22: Entstehung einer Umhüllungs-Pseudomorphose*

Alle anderen Mineralaggregate werden nach ihrem Erscheinungsbild beschrieben. Aus der Phantasie der beschreibenden Mineralogen sind auf diese Weise garantiert über 100 Begriffe entstanden, die z.T. nicht genau definiert und schwierig voneinander abgrenzbar sind oder von verschiedenen Autoren unterschiedlich verwendet werden. Es stellt sich dem Leser beim Studieren mineralogischer Literatur daher oft die Frage, was sich der jeweilige Autor wohl bei einem bestimmten Begriff vorgestellt haben mag.

Um auch hier etwas Struktur zu gewinnen und eindeutig zu definieren, was beschrieben wird, wurden die Bezeichnungen der Mineralaggregate für dieses Lexikon auf 21 gängige und gut voneinander abgrenzbare Begriffe reduziert, denen ähnliche Bezeichnungen untergeordnet werden. Zusätzlich zu einer kurzen Beschreibung verdeutlicht eine Grafik das Erscheinungsbild jedes Aggregats.

## Bezeichnungen der Mineralaggregate

*Abb. 23:* **Derbe Aggregate** zeigen keine Kristallflächen. Sie sind kompakt, aus einem Stück wie ein Kristall, jedoch ohne regelmäßige Begrenzung. Bekanntestes Beispiel hierfür ist der rohe Rosenquarz.

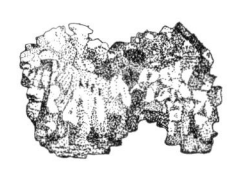

*Abb. 24:* **Körnige Aggregate** sind ebenfalls unregelmäßig geformt, bestehen jedoch aus einer Vielzahl kleiner, gerade noch makroskopischer Kristalle, wodurch das gekörnte Aussehen entsteht.

*Abb. 25:* **Dichte Aggregate** sind den körnigen ähnlich, jedoch sind die einzelnen Kristalle mikrokristallin und dadurch nicht mehr mit bloßem Auge erkennbar. Dichte Aggregate wirken rauh und fest; sie werden mitunter auch als *feinkörnig* bezeichnet.

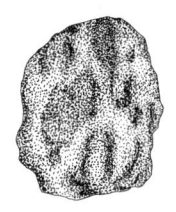

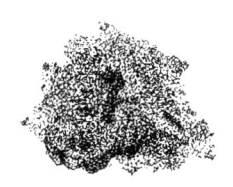

*Abb. 26:* **Erdige Aggregate** ähneln dem gewöhnlichen Erdboden. Sie sind nicht besonders fest und gleich einem Stück Humusboden meist leicht zu zerbröseln. Aus diesem Grund werden sie auch *krümelig, pulvrig* oder *mehlig* genannt.

*Abb. 27:* **Krustige Aggregate** bilden nur einen dünnen Überzug auf dem Muttergestein, ähnlich Puderzucker oder angebranntem Rückstand im Kochtopf. Sie werden daher auch *anflugartig, ausblühartig, beschlagartig* oder *rindenartig* genannt.

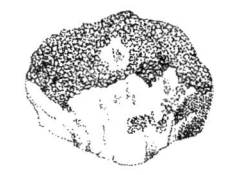

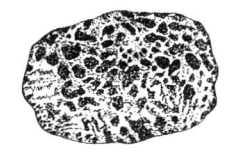

*Abb. 28:* **Poröse Aggregate** zeichnen sich durch erkennbare, im ganzen Aggregat verteilte Poren aus. Anschauliches Beispiel hierfür sind die inzwischen als Zimmerbrunnen sehr beliebten Lavasteine (Lavatuff).

*Abb. 29:* **Oolithische Aggregate** bestehen aus Kügelchen, die oft schalig aufgebaut sind (z.B. Kalkoolith). Daher werden sie auch *schalig* genannt, was jedoch optisch nicht immer zutrifft. Weitere Bezeichnungen sind *pisolithisch* oder *rogenartig*.

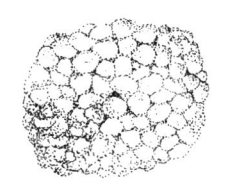

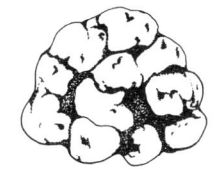

*Abb. 30:* **Knollige Aggregate** sind, wie der Name sagt, unregelmäßige, rundliche Knollen. Zu ihrer Beschreibung werden mitunter auch pflanzliche Assoziationen verwendet *(kartoffelähnlich, sellerieähnlich, blumenkohlähnlich usw.)*.

*Abb. 31:* **Linsenförmige Aggregate** sind in der Regel flach mit einer deutlich gewölbten Mitte. Diese Wölbung verläuft zum Rand hin entweder gerade (wie bei einer Glaslinse) oder geschwungen (sog. UFO-Form).

*Abb. 32:* **Glaskopfige Aggregate** bilden eine halbkugelartige, meist glatte und manchmal glänzende Oberfläche, die an Gedärme oder Gehirnmasse erinnert. Sie werden auch *traubig, nierig, wulstig* und bei rauherer Oberfläche auch *warzig* genannt.

*Abb. 33:* **Stalaktitische Aggregate**, auch *tropfsteinförmige* Aggregate genannt, sind länglich-wulstige Gebilde, deren Namen ihrer Ähnlichkeit mit Kalkstein-Tropfsteinen entspringt (auch wenn sie auf andere Weise gebildet werden).

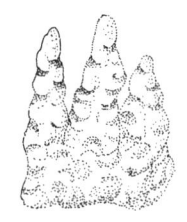

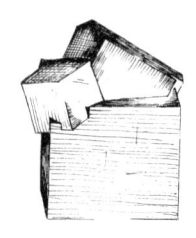

*Abb. 34:* **Spätige Aggregate** zeigen deutliche, scharfe Kanten und glatte, manchmal spiegelnde Flächen, die auf ein Mineral mit vollkommener Spaltbarkeit (Spat = spaltbarer Stein) hinweisen. Spätige Aggregate werden auch *kantig* genannt.

*Abb. 35:* **Blättrige Aggregate** bestehen aus flachen Plättchen, die sich mitunter (z.B. bei Glimmer) leicht voneinander lösen lassen. Bei sehr kleinen Blättchen wird das Aggregat auch *schuppig*, bei unregelmäßiger Überlagerung auch *schiefrig* genannt.

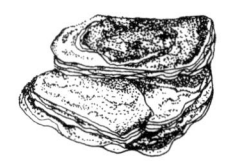

*Abb. 36:* **Rosettenartige Aggregate** sind blättrig, erinnern jedoch an Knospen oder Blüten und werden auch *blütenförmig* genannt. Zur Bezeichnung wird dem Mineral oft der Zusatz -Rosette oder -Rose (z.B. Chalcedon-Rosette, Eisenrose) angefügt.

*Abb. 37:* **Zapfenförmige Aggregate** bestehen aus blättrigen oder spätigen Kristallen, die sich so übereinanderschichten, daß der Eindruck eines (geschlossenen) Tannen- oder Kiefernzapfens entsteht.

*Abb. 38:* **Faserige Aggregate** erinnern an Haare oder Pflanzenfasern, die gerade und parallel oder geschwungen, manchmal sogar lockig verlaufen. Sie werden daher auch *asbestartig, flachsartig, wollähnlich* oder *haarförmig* genannt.

*Abb. 39:* **Strahlige Aggregate** bilden sich aus langprismatischen bis faserigen, genau parallel verlaufenden Kristallen. Sie erinnern oft an Pflanzenstengel und werden auch *stengelig, nadelig* oder *parallelfaserig* genannt.

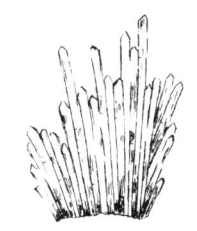

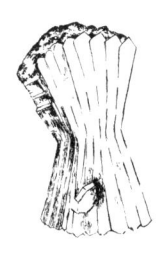

*Abb. 40:* **Garbenförmige Aggregate** bilden sich aus langprismatischen bis faserigen Kristallen, die jedoch nicht genau parallel, sondern etwas auseinanderstrebend gewachsen sind. Daher werden sie auch *büschelig* oder *bündelig* genannt.

*Abb. 41:* **Radialstrahlige Aggregate** bilden sich aus Kristallen, die von einem Zentrum aus in alle Richtungen nach außen streben. Sie können sehr dicht sein, so daß sie eine geschlossene Oberfläche bilden (z.B. Pyrit, Markasit) oder aus deutlich abgegrenzten Einzel-Individuen bestehen, so daß eine offene Form entsteht (z.B. Antimonit). Radialstrahlige Aggregate werden auch *sonnenartig* oder *sternartig* genannt.

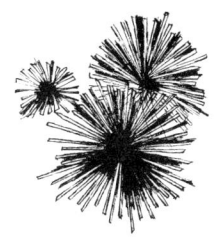

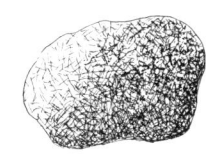

*Abb. 42:* **Verfilzte Aggregate** bestehen aus wirr durcheinanderliegenden Kristallfasern, ähnlich einem Wollfilz, und werden daher auch *wirrfaserig* oder *wirrstrahlig* genannt. Sie sind oft sehr kompakt, fest und schwer zu schleifen (z.B. Jade).

*Abb. 43:* **Dendritische Aggregate** erinnern an Eisblumen, Moose, Schlieren, Wurzeln oder Bäumchen (griech. dendron = Baum). Sie werden auch *skelettartig, moosartig, schlierenförmig* oder *drahtförmig* genannt.

Zur ausführlichen Darstellung der Formen von Kristallen und Mineralaggregaten bewogen mich zwei Gründe: Zum einen stellen die vorangegangenen Beschreibungen den Versuch dar, mineralogische Begriffe und Zusammenhänge einfach und anschaulich zu erläutern, so daß insbesondere auch das Studium weiterführender mineralogischer Literatur erleichtert wird. Auch wenn im späteren lexikalischen Teil die Verwendung bestimmter Fachausdrücke unumgänglich ist, kann so schnell nachgelesen oder betrachtet werden, was gemeint ist.

Zum anderen erhoffe ich mir hieraus einen Anreiz für die steinheilkundliche Forschung, die den Bereich der natürlichen äußeren Erscheinungsform der Mineralien bisher weitgehend ignoriert hat. Mit Ausnahme sehr weit verbreiteter und vielfach angewandter Heilsteine, wie Achat, Bergkristall oder Fluorit, ist nur wenig über den Einfluß des natürlichen Erscheinungsbildes eines Heilsteins auf seine Heilwirkung publiziert worden. Solche Schlüsse zu ziehen, war bisher ausschließlich der Betrachtung und spontanen Intuition des Anwenders überlassen. Einzig die Signaturenlehre, die auf die Parallelen zwischen den Strukturen des Organismus und den Strukturen heilkräftiger Steine und Pflanzen verweist, nähert sich diesem Thema an (siehe auch Kapitel 2.1 „Die Prinzipien der Steinheilkunde").

Vielleicht liegt der Grund hierfür ganz einfach darin, daß manche in der Steinheilkunde tätige Personen viele Heilsteine noch nie im natürlichen, unbearbeiteten Zustand zu sehen bekamen. Bei Scheiben, Kugeln, Pyramiden oder auch Trommelsteinen geht oft viel von dem spontanen Eindruck der Natur eines Steines verloren, den das unbearbeitete Mineral noch bietet. Allerdings muß man zugestehen, daß andere Qualitäten durch Schliff und Politur erst richtig zur Geltung kommen. Das betrifft insbesondere auch die prächtigen Farben der Mineralien, denen das folgende Kapitel gewidmet ist.

## Transparenz, Glanz und Farbe

Nach Form und Gestalt sind Farbe, Glanz und Transparenz weitere wichtige Merkmale, ein Mineral und seine Qualitäten zu bestimmen. Diese drei Eigenschaften beschreiben den Einfluß eines Minerals auf das Licht:

Die **Transparenz** zeigt dabei die Lichtdurchlässigkeit eines Minerals, der **Glanz** die Fähigkeit, Licht zu reflektieren, und die **Farbe**, inwiefern ein Mineral das Licht verändert, indem es bestimmte Lichtspektren (lat. spectrum = Erscheinung) absorbiert (aufnimmt) und andere reflektiert (zurückstrahlt).

## Transparenz

Die Lichtdurchlässigkeit eines Minerals wird gewöhnlich in fünf Durchlässigkeitsgrade unterschieden: Durchsichtig, halbdurchsichtig, durchscheinend, undurchsichtig und opak. Beurteilt wird die Transparenz an ca. 1 cm dicken Platten oder Kristallen; lediglich zur Unterscheidung von undurchsichtig und opak benötigt man sehr dünne Plättchen oder Dünnschliffe.

**Durchsichtige Mineralien** lassen Licht fast ungehindert hindurchfallen, so daß man auch durch dickere Schichten eine darunterliegende Schrift gut lesen kann.

**Halbdurchsichtige Mineralien** streuen oder absorbieren das durchfallende Licht z.T., so daß eine darunterliegende Schrift nur unklar zu erkennen ist.

**Durchscheinende Mineralien** lassen Licht noch so weit hindurchfallen, daß man hell und dunkel unterscheiden kann, wenn man das Mineral vor einer Lichtquelle hin und her bewegt.

**Undurchsichtige Mineralien** lassen kein Licht durchfallen, lediglich Dünnschliffe, feine Plättchen oder Pulver sind unter dem Mikroskop durchscheinend.

**Opake Mineralien** lassen überhaupt kein Licht durch, auch nicht als Dünnschliff, feines Plättchen oder Pulver.

durchsichtig — halbdurchsichtig — durchscheinend — undurchsichtig/opak

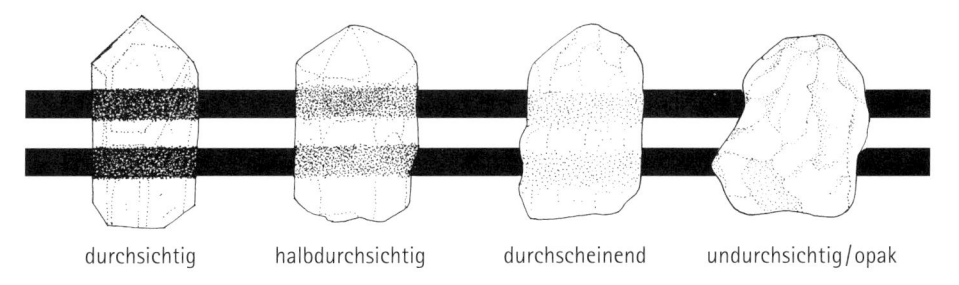

*Abb. 44: Durchlässigkeitsgrade*

Da durchsichtig und halbdurchsichtig nur schwer voneinander abzugrenzen und undurchsichtig und opak mit dem bloßen Auge gar nicht zu unterscheiden ist, verwenden manche Mineralienbücher nur eine Unterscheidung in drei Durchlässigkeitsgrade: durchsichtig, durchscheinend und opak.

Zu beachten ist dabei, daß eine rauhe Oberfläche bei einem körnigen Aggregat oder einer verwitterten Probe die Transparenz deutlich vermindern kann. Ein durchsichtiges Mineral kann so durchscheinend wirken. Auch können mitunter verschiedene Varietäten oder verschiedene Qualitäten eines Minerals verschiedene Transparenzstufen aufweisen. Die Transparenz ist daher nur ein zweitrangiges Hilfsmittel bei der Bestimmung von Mineralien.

## Glanz

Ähnliches gilt für den Glanz. Der Glanz ist die Fähigkeit eines Minerals, Licht zu reflektieren. Diese Lichtreflektion geschieht an der Oberfläche und ist daher von Farbe und Transparenz weitgehend unabhängig. Jedes Mineral besitzt einen spezifischen Lichtbrechungsindex, der besagt, wie sehr ein einfallender Lichtstrahl gebrochen wird. Sie kennen dieses Phänomen sicherlich von Wasser oder beim Diamant.

Lichtstrahl — Wasser

Lichtstrahl — Brillant

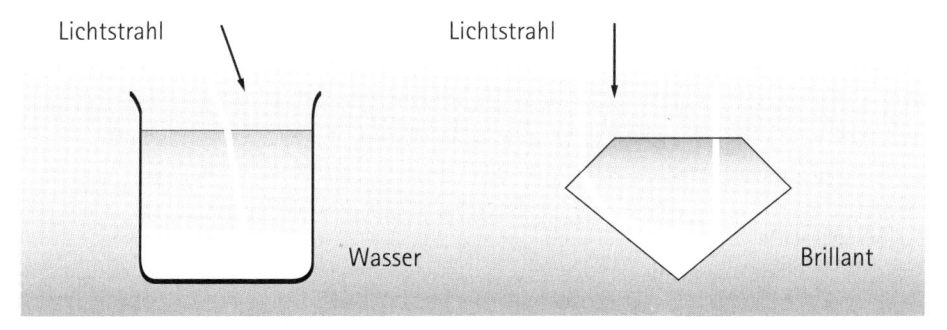

*Abb. 45: Lichtbrechung*

Je größer die Lichtbrechung eines Minerals ist, d.h. je stärker der einfallende Lichtstrahl abgelenkt wird, desto mehr Licht wird auch reflektiert. Daher nimmt der Glanz mit steigendem Lichtbrechungsindex zu, während das Absorptionsvermögen des Minerals und die Rauhheit der Oberfläche ihn vermindern. Der Glanz eines Minerals wird nach alltäglichen Stoffen benannt, an die er bildhaft erinnert. Er wird in der Regel in zehn Kategorien eingeteilt:
- **Metallglanz** ist der Hochglanz polierter Chromleisten oder Metalle und ist typisch für undurchsichtige Mineralien, wie z.b. die bereits erwähnten spanischen Pyritwürfel, oder durchsichtige Mineralien mit einem Lichtbrechungsindex von > 2,6, wie Cuprit oder Zinnober (als Kristall).
- **Diamantglanz** erinnert an geschliffene Brillanten oder Bleikristallglas. Er entsteht durch totale Lichtreflexion bei durchsichtigen oder durchscheinenden Mineralien mit einem Lichtbrechungsindex von > 1,9, wie z.b. beim namengebenden Diamant.
- **Glasglanz** kann man an jedem (geputzten) Fensterglas beobachten. Er ist charakteristisch für durchsichtige und durchscheinende Mineralien mit einem Lichtbrechungsindex von 1,3 bis 1,9, wie z.b. viele Vertreter der Quarz-Gruppe.
- **Pechglanz** erinnert an die frischen Bruchstellen von Teerbrocken. Er ist etwas stumpfer als Glasglanz, was von einer feinkörnigen oder feinporigen Oberfläche herrühren kann. Typische Beispiele sind Kassiterit oder Gagat.
- **Fettglanz** sieht aus wie der schimmernde Glanz fettigen Pergamentpapiers, was oft von einer unebenen Oberfläche des Minerals herrührt. Typische Beispiele sind Borax oder Scheelit.
- **Wachsglanz** erinnert an Kerzenwachs. Der Eindruck ist stark fettig, doch fehlt das pergamentartige Schimmern. Die Oberfläche des Minerals ist hier oft feinporig. Typisches Beispiel ist Türkis.
- **Harzglanz** erinnert an Baumharz. Der Eindruck ist hier noch etwas fettig, doch deutlich trockener. Die Oberfläche ist meist uneben und rauh. Beispiele sind Wulfenit und Titanit.
- **Perlmuttglanz** erinnert an den weißlichen Schimmer mit farbigem Lichtschein, den die Innenseite mancher Muschelschalen besitzt. Denken Sie nur an die bekannten Perlmuttknöpfe. Perlmuttglanz tritt oft bei blättrigen Mineralaggregaten wie z.B. Glimmer auf.
- **Seidenglanz** erinnert an ebensolche Textilien. Er ist typisch für faserige Mineralien, wie z.B. Tiger- oder Falkenauge.
- **Mattigkeit** ist die unterste Glanzstufe. Hier glänzt nichts mehr. „Matt" ist typisch für poröse oder erdige Mineralaggregate, wie z.B. Lapislazuli oder Pyrolusit.

Der Glanz eines Minerals sollte nur an einem unverwitterten und unbearbeiteten Stück beurteilt werden. Verwitterung oder Beschädigung der Oberfläche kann den Glanz herabsetzen, während eine gute Politur den Glanz deutlich erhöhen kann. So sagt z.B. bei Trommelsteinen der Glanz mehr über die Qualität der Verarbeitung als über die Natur des Minerals aus.

## Farbe

Farben sind Teile des Lichts. Sie zeigen eine charakteristische Eigenschaft eines Minerals, nämlich seine Fähigkeit, Licht zu absorbieren oder zu reflektieren. Das weiße Licht, wie wir es z.B. als Sonnenlicht kennen, enthält alle Farben. Es ist eine Mischung aller Farbstrahlen. Dies verdeutlicht sehr schön der Regenbogen, der entsteht, wenn Sonnenlicht an feinen

Wassertröpfchen in der Luft gebrochen und in seine sog. „Spektralfarben" zerlegt wird. Dann wird aus dem neutralen weißen Licht plötzlich ein wunderschöner Farbverlauf, der bei näherem Hinsehen von oben nach unten in den Farben Violett, Blau, Grün, Gelb, Orange und Rot erstrahlt. Diese sechs Farben ergeben den elementaren Farbkreis, der vielen Mischungen und Nuancen zugrunde liegt. Ergänzt mit Schwarz (keine Farbe, völlige Absorption von Licht) und Weiß (keine Farbe, totale Reflektion von Licht) ergeben sich acht Grundqualitäten zur Beschreibung der Mineralien. Genaueres dazu finden Sie in meinem 1995 erschienenen Buch „Die Steinheilkunde" (Neue Erde Verlag, Saarbrücken).

Damit ein Mineral nun farbig erscheinen kann, muß es also in der Lage sein, Teile des Lichts zu absorbieren und andere Teile zu reflektieren. Was wir dabei dann als Mineralfarbe sehen, ist der reflektierte Teil. Eigentlich logisch, denn der absorbierte Teil ist ja „weg". Im Mineral selbst kann die Fähigkeit, Farben „entstehen" zu lassen, nun drei verschiedene Ursachen haben, nach welchen die klassische Mineralogie die Mineralien in vier Gruppen einteilt: In farblose, eigenfarbige, fremdfarbige und scheinbar gefärbte Mineralien.

**Farblose, achromatische Mineralien** (griech. a = ohne, chroma = Farbe) verändern durchfallende oder reflektierte Lichtstrahlen nicht, d.h. sie absorbieren kein Licht. Dadurch zeigen sie keinerlei Farben. Beispiele für farblose Mineralien sind Achroit (farbloser Turmalin), Bergkristall, Diamant, Goshenit (farbloser Beryll) und klarer Topas.

**Eigenfarbige, idiochromatische Mineralien** (griech. idios = eigen, chroma = Farbe) bestehen aus wesentlichen Anteilen bestimmter farbgebender Mineralstoffe, sog. „Farbträger" oder „Chromophore" (griech. chroma = Farbe, phoros = tragend). Dazu zählen Chrom, Eisen, Kupfer, Kobalt, Mangan und Nickel. Da diese Farbstoffe in großen Mengen in eigenfarbigen Mineralien enthalten sind, zeigt selbst das Pulver dieser Mineralien noch seine Farbe. Das wird insbesondere bei der Bestimmung von Mineralien und Heilsteinen als sog. „Strichfarbe" (siehe Seite 65) von großer Bedeutung sein. Beispiele für eigenfarbige Mineralien sind Azurit, Hämatit, Malachit und Rhodonit.

**Fremdfarbige, allochromatische Mineralien** (griech. allos = anders, fremd, chroma = Farbe) enthalten Einschlüsse anderer Mineralien oder nur Spuren von farbtragenden Stoffen, die oft in Millionstel-Verdünnungen noch ausreichen, um farbgebend zu sein. Manchmal genügen sogar nur wenige freie Elektronen, die sich z.B. durch die Einwirkung radioaktiver Strahlung an falschen Plätzen im Kristallgitter befinden, um sog. „Farbzentren" entstehen zu lassen, die das Mineral färben. Bei diesen Mineralien zeigt feines Pulver keine Farbe mehr, sie haben daher auch keine Strichfarbe. Durch Mineraleinschlüsse gefärbt sind z.B. Aventurin (durch Fuchsit), Jaspis (Eisenoxide) oder Prasem (Aktinolith). Durch färbende Spurenelemente sind z.B. Amethyst (Eisen), Rosenquarz (Mangan), Rubin und Smaragd (beide Chrom) gefärbt. Freie Elektronen im Kristallgitter verursachen die Färbung bei Rauchquarz oder Zirkon. Zwei Besonderheiten fremdfarbiger, allochromatischer Mineralien sind der **Pleochroismus** und der **Farbwechsel**. Durch eine besondere Einlagerung der färbenden Spurenelemente in das Kristallgitter kann es vorkommen, daß selbst kleine Körnchen des transparenten Minerals in verschiedene Raumrichtungen verschiedene Farben zeigen. Treten dabei zwei Farben auf, wie z.B. beim Cordierit (Blau/Gelb), spricht man vom **Dichroismus** (Zweifarbigkeit), bei drei oder mehr Farben vom **Pleochroismus** (Mehrfarbigkeit). Dies hat nichts mit Mineralien zu tun, die deutlich voneinander abgesetzte Farbzonen zeigen, wie z.B. der Ametrin. Beim Pleochroismus wird von jedem Bereich des Kristallgitters Licht in verschiedener Färbung in verschiedene Richtungen reflektiert (siehe auch Kapitel „Optische Untersuchungsmethoden").

Ein sogenannter **Farbwechsel** liegt vor, wenn ein Mineral im Sonnenlicht und Kunstlicht deutlich verschiedene Farben zeigt. Dies hängt mit den verschiedenen Spektren der Lichtquellen und dem Absorptions-Spektrum des färbenden Spurenelements zusammen. Am häufigsten tritt dieser Effekt im Zusammenhang mit dem Spurenelement Chrom auf, welches ja – wie der Name sagt (griech. chroma = Farbe) – eine besondere Beziehung zu Licht und Farbe hat. Bekanntestes Beispiel ist der Alexandrit, der im Sonnenlicht grün, im Kunstlicht rot bis violett erscheint.

**Scheinbar gefärbte, pseudochromatische Mineralien** (griech. pseudein = täuschen, chroma = Farbe) erhalten ihre Farbe durch Brechung, Reflexion, Beugung, Streuung oder Überlagerung (Interferenz) der Lichtstrahlen an strukturellen Eigenheiten des Minerals.

Diese Phänomene besitzen natürlich spezielle Bezeichnungen:

**Adularisieren:** Durch Lichtstreuung und Interferenz an der Schichtstruktur des Minerals entsteht ein wogender, flächenhaft bläulicher Lichtschimmer, der beim Bewegen des Steins über die Oberfläche gleitet. Der Name stammt vom Mondstein, einer Adular-Varietät.

**Asterismus:** Durch Einschlüsse netzartig geordneter Kristallfasern (meistens Rutil) im Mineral entsteht beim Cabochon-Schliff eine sternförmige Lichterscheinung (lat. astrum = Stern). Diese zeigt sich am deutlichsten, wenn der Cabochon-Schliff auf die Hauptachse des Kristalls orientiert wird (siehe Abb. 46). Asterismus tritt häufig auf bei Diopsid, Rosenquarz, Rubin und Saphir.

**Aventurisieren:** Durch Lichtreflexion an eingelagerten Mineralblättchen entstehen glänzende Reflexe im Mineral. Der Name hierfür stammt vom Aventurin, in welchem diese Reflexe an eingelagerten Glimmer- und Hämatitschüppchen entstehen.

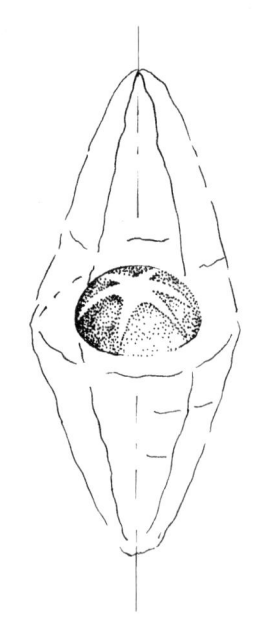

**Chatoyieren (Katzenaugeneffekt):** Durch feine Kristallfasern des Minerals entsteht ein wogender Lichtreflex, der im Cabochon-Schliff an das Auge einer Katze erinnert (franz. chat = Katze, œil = Auge), besonders wenn die Fasern parallel zur Grundfläche des Cabochon liegen (z.B. Chrysoberyll oder Sillimanit).

**Irisieren:** Hier entstehen Regenbogenfarben an Rissen und Spaltflächen (z.B. im Bergkristall oder Fluorit) oder sog. „Anlauffarben" durch Oxidation an der Oberfläche des Minerals (z.B. Bornit oder Chalkopyrit).

**Labradorisieren:** Durch Interferenzerscheinungen an einer feinen Lamellen-Struktur entsteht ein buntes Farbenspiel in metallisch glänzenden Tönen. Namengebend war hier der Labradorit.

**Opalisieren:** Da Opale aus winzigen Siliciumdioxid-Kügelchen, Kieselsauregel und Wasser bestehen, wird einfallendes Licht an dieser sog. „Kugelpackung" gebrochen. Durch Interferenzerscheinungen entsteht so ein buntes, nach dem Opal benanntes Farbenspiel.

*Abb. 46: Asterismus*

**Tyndall-Effekt:** Der Tyndall-Effekt ist nach seinem Entdecker, dem irischen Physiker John Tyndall benannt. Hier wird Licht an sehr feinen Fasern oder Teilchen in seine Spektralfarben zerlegt, wobei der langwellige Rot-Anteil durch die Fasern absorbiert, der kurzwellige Blau-Anteil dagegen reflektiert wird. Durch diesen Effekt erhalten z.B. Blauquarz und Chalcedon ihre bläuliche Farbe.

Auch pseudochromatische Mineralien zeigen natürlich als Pulver keine Farbe und keinen der o.g. Effekte. Sie besitzen daher auch keine Strichfarbe.

### Augenscheinliche Qualitäten

Bei der Beschreibung des Erscheinungsbildes der Heilsteine in der Natur wurden bewußt nur jene Phänomene von Form und Farbe ausführlich geschildert, die mit dem bloßen Auge wahrgenommen werden können. Mit dem Mikroskop oder weiteren optischen und elektronischen Hilfsmitteln lassen sich viele Eigenschaften noch präziser bestimmen, doch wer hat schon ein mineralogisch-gemmologisches Labor im Keller? Eigentlich nur jemand, der dann wahrscheinlich die notwendige Fachkenntnis und Fachliteratur besitzt. Im Rahmen dieses Lexikons werden also fachmännische Bestimmungsmethoden nur im Kapitel 1.7 „Die Bestimmung von Heilsteinen" kurz erwähnt, um zu zeigen, wie ein Mineral einwandfrei identifiziert werden kann.

Für die Heilkunde sind von den Merkmalen des Erscheinungsbildes der Heilsteine vor allem die Kristallsysteme und die Farbe von großem Interesse. Beide Eigenschaften eines Minerals besitzen, wie man heute weiß, gemeinsam mit der Art und Weise seiner Entstehung eine direkte Auswirkung auf seine Heilkraft (siehe Kapitel 2.1 „Die Prinzipien der Steinheilkunde"). Zu dieser Trias (Entstehung, Kristallsystem, Farbe) gesellt sich nun noch ein weiteres, sehr wichtiges Kapitel: Der Stoff, aus dem die Steine sind, die Mineralstoffe oder schlicht – die chemische Zusammensetzung der Heilsteine.

## 1.6 Die chemische Zusammensetzung der Heilsteine

Jeder Mineralstoff, d.h. jedes chemische Element eines Minerals, besitzt spezifische Eigenschaften sowohl für die mineralogischen als auch für die heilkundlichen Qualitäten eines Heilsteins. Dabei bestimmen einerseits die Nichtmetalle Schwefel (als Sulfid und Sulfat), Fluor, Chlor, Sauerstoff, Kohlenstoff, Phosphor und das Halbmetall Silicium (als Silikat) die grundlegenden Eigenschaften ganzer Mineralklassen, die Metalle (wie Natrium, Kalium, Magnesium, Aluminium, Kupfer, Eisen, Mangan u.v.m.) andererseits die speziellen Eigenschaften des einzelnen Minerals. Metall und Nichtmetall stehen quasi in einem Verhältnis wie der „Vor- und Nachname" eines Minerals. Der Vorname (Metall) beschreibt das Individuelle, der Nachname die Verwandtschaft.

Dies spiegelt sich in der chemischen Formel wider, die zuerst immer die enthaltenen Metalle auflistet und mit dem jeweiligen Nichtmetall endet. Um nun die Heilwirkung der Mineralstoffe für einen Heilstein zu ermitteln, müssen zunächst die chemischen Kürzel der Formel übersetzt werden. Die folgende Tabelle soll dabei Hilfe bieten, falls der Chemieunterricht nun doch schon gar zu weit zurückliegt:

## Chemische Elemente und Mineralstoffe

| | | | | | | | |
|---|---|---|---|---|---|---|---|
| Ag | Silber | Eu | Europium | Mo | Molybdän | Se | Selen |
| Al | Aluminium | F | Fluor | N | Stickstoff | Si | Silicium |
| Ar | Argon | Fe | Eisen | Na | Natrium | Sm | Samarium |
| As | Arsen | Ga | Gallium | Nb | Niob | Sn | Zinn |
| Au | Gold | Gd | Gadolinium | Nd | Neodym | Sr | Strontium |
| B | Bor | Ge | Germanium | Ne | Neon | Ta | Tantal |
| Ba | Barium | H | Wasserstoff | Ni | Nickel | Tb | Terbium |
| Be | Beryllium | He | Helium | O | Sauerstoff | Te | Tellur |
| Bi | Wismut | Hf | Hafnium | Os | Osmium | Ti | Titan |
| Br | Brom | Hg | Quecksilber | P | Phosphor | Tl | Thallium |
| C | Kohlenstoff | Ho | Holmium | Pb | Blei | Tm | Thulium |
| Ca | Calcium | In | Indium | Pd | Palladium | V | Vanadium |
| Cd | Cadmium | Ir | Iridium | Pr | Praseodym | W | Wolfram |
| Ce | Cer | J | Jod | Pt | Platin | Xe | Xenon |
| Cl | Chlor | K | Kalium | Rb | Rubidium | Y | Yttrium |
| Co | Kobalt | Kr | Krypton | Re | Rhenium | Yb | Ytterbium |
| Cr | Chrom | La | Lanthan | Rh | Rhodium | Zn | Zink |
| Cs | Cäsium | Li | Lithium | Ru | Ruthenium | Zr | Zirkonium |
| Cu | Kupfer | Lu | Lutetium | S | Schwefel | | |
| Dy | Dysprosium | Mg | Magnesium | Sb | Antimon | | |
| Er | Erbium | Mn | Mangan | Sc | Scandium | | |

Nicht alle der im vorangegangenen aufgezählten chemischen Elemente sind auch tatsächlich in Mineralien enthalten oder als Wirkstoff in Heilsteinen erwünscht. Elemente wie die Edelgase (Helium - He, Neon - Ne, Argon - Ar, Krypton - Kr oder Xenon - Xe) gehen keine chemischen Verbindungen ein und treten daher als Mineralien nicht auf. Andere Elemente sind zwar in manchen Mineralien vorhanden, jedoch aufgrund ihrer Radioaktivität in Heilsteinen unerwünscht (z.B. Uran - U und Thorium - Th). Letztere sind in obiger Tabelle daher nicht enthalten, da diese nur die 81 stabilen (d.h. nicht dem radioaktiven Zerfall ausgesetzten) chemischen Elemente enthält. Um zu verdeutlichen, welche Elemente nun tatsächlich im stofflichen Aufbau der Heilsteine von Bedeutung sind, sind diese in der Tabelle grau unterlegt. Um sie von den anderen chemischen Elementen abzugrenzen, werden sie im folgenden „Mineralstoffe" genannt.

### Mineralklassen

In der Mineralogie werden nun alle Mineralien, ähnlich wie in der Botanik die Pflanzen oder in der Zoologie die Tiere, nach ihrem Verwandtschaftsverhältnis, also nach dem nichtmetallischen Anteil, in acht große Mineralklassen eingeteilt. Diese Einteilung hat sich auch für die Steinheilkunde als sinnvoll erwiesen. Daher zunächst eine kleine Übersicht mit den chemischen Kürzeln der einzelnen Mineralklassen, die sich - wie bereits erwähnt - stets am Ende der chemischen Formel finden:

| Mineralklassen | Nichtmetallischer Anteil | Chem. Kürzel |
|---|---|---|
| I  Natürliche Elemente | Besteht nur aus einem einzigen Element | Kürzel des Elements |
| II  Sulfide | Schwefel | S |
| III  Halogenide | Fluor, Chlor, Brom, Jod | F, Cl, Br, J |
| IV  Oxide | Sauerstoff | O |
| V  Carbonate | Kohlensäure | $CO_3$ |
| VI  Sulfate | Schwefelsäure | $SO_4$ |
| VII  Phosphate | Phosphorsäure | $PO_4$ |
| VIII  Silikate | Kieselsäure | $Si_nO_m$ |

I. Die Mineralien aus der Klasse der **Natürlichen Elemente** bestehen nur aus einem einzigen Mineralstoff, aus einem einzigen Element. Beispiele sind Graphit oder Diamant (Formel: $C_n$), Schwefel ($S_8$) sowie die sog. gediegenen Metalle wie Gold (Au), Silber (Ag), Kupfer (Cu) usw.

II. Die Mineralien aus der Klasse der **Sulfide** sind Abkömmlinge des Schwefels (lat. sulfur = Schwefel), genauer genommen des Schwefelwasserstoffs. Sulfide sind meist undurchsichtig und kennzeichnen sich durch metallischen Glanz, ähnlich einem Spiegel. Ihre chemische Formel endet mit S = Schwefel, z.B. Pyrit: $FeS_2$ = Eisen-Sulfid. Als Heilsteine sind derzeit u.a. folgende Sulfide in Verwendung: Antimonit, Boji's, Chalkopyrit, Covellin, Markasit, Pyrit und Schalenblende (Sphalerit).

III. Die Mineralien aus der Klasse der **Halogenide** (griech. halos genes = Salz bildend) sind Abkömmlinge einer Gruppe von Elementen, den Halogenen, zu denen u.a. auch Fluor und Chlor gehören. In Verbindung mit Wasserstoff bilden die Halogene aggressive Säuren, z.B. die Flußsäure (Fluorwasserstoff: HF) und die Salzsäure (Chlorwasserstoff: HCl). Kommen diese Säuren mit Metallen in Kontakt, so bilden sie transparente Mineralien, wie z.B. Fluorit ($CaF_2$) oder Steinsalz (NaCl). Als Heilsteine aus der Mineralklasse der Halogenide sind derzeit hauptsächlich Fluorit und Halit (Steinsalz) in Verwendung.

IV. Die Mineralien aus der Klasse der **Oxide** sind Sauerstoff-Abkömmlinge (griech. oxys genes = Säurebildner, Sauerstoff). Sauerstoff ist der verbreitetste Mineralstoff der Erde: Mindestens 50% der festen Erdkruste bestehen allein aus diesem Element. Die Formel der Oxide endet daher mit O = Sauerstoff, z.B. Hämatit: $Fe_2O_3$ = Eisenoxid. Als Heilsteine aus der Klasse der Oxide sind vor allem Hämatit, Magnetit und Tigereisen, Alexandrit und Chrysoberyll, Spinell, Rubin und Saphir sowie Quarze und Quarz-Verwandte (Obsidian und Opal) in Verwendung.

V. Die Mineralien aus der Klasse der **Carbonate** sind Abkömmlinge der Kohlensäure (von lat. carbo = Kohle). Kohlensäure ($H_2CO_3$) ist eine sehr labile Verbindung aus Flüssigkeit ($H_2O$ = Wasser) und Gas ($CO_2$ = Kohlendioxid), die sich in flüssiger Form sehr leicht zersetzt. Erst durch die Verbindung mit Metallen entsteht Stabilität, d.h. eine feste Bindung. Doch auch hier bleibt eine gewisse Reaktionsfähigkeit erhalten: Carbonate sind selten ein stabiles Endprodukt, eher eine vorübergehende Zwischenstufe, die sich bei Einwirkung neuer Einflüsse weiterentwickelt. Die chemische Formel der Carbonate endet mit $CO_3$ = Carbonat, z.B. Calcit: $CaCO_3$ = Calciumcarbonat. Von den Carbonaten finden derzeit Aragonit, Azurit, Azurit-Malachit, Calcit, Dolomit, Magnesit, Malachit, Rhodochrosit und Smithsonit als Heilsteine Verwendung.

VI. Die Mineralien aus der Klasse der **Sulfate** sind Abkömmlinge der Schwefelsäure (lat. sulfur = Schwefel) (nicht zu verwechseln mit den Sulfiden!). Schwefelsäure besteht aus der Verbindung von Wasserstoff mit einem Schwefel-Sauerstoff-Molekül ($H_2SO_4$). Schwefelsäure-Verbindungen sind sehr stabil und beständig. Die Formel der Sulfate endet mit $SO_4$ = Sulfat, z.B. Angelit (Anhydrit): $CaSO_4$ = Calciumsulfat. Von den Sulfaten finden derzeit Angelit (Anhydrit), Coelestin und Gips in Form von Marienglas und Selenit als Heilsteine Verwendung.

VII. Die Mineralien aus der Klasse der **Phosphate** sind Abkömmlinge der Phosphorsäure ($H_3PO_4$), deren zentrales Atom das Element Phosphor ist (von griech. phosphoros = lichttragend). Tatsächlich ist das Phosphat auch in unserem Organismus der Energieträger (s.u.). Darüber hinaus ist Phosphat ein wichtiger „Puffer", d.h. ein Stoff, der in der Lage ist, sowohl Säuren als auch Basen (Laugen) zu neutralisieren. Die Formel der Phosphate endet mit $PO_4$ = Phosphat, z.B. Variscit: $AlPO_4$ = Aluminiumphosphat. Als Heilsteine finden aus der Mineralklasse der Phosphate derzeit Apatit, Türkis, Variszit und Vivianit Verwendung.

VIII. Die Mineralien aus der Klasse der **Silikate** sind Abkömmlinge der Kieselsäure ($H_xSi_yO_z$). Kieselsäure ist eine der vielseitigsten Säuren, weshalb ihre Struktur nicht mit einer einzigen Formel wiedergegeben werden kann. Die kleinste Kieselsäure-Einheit besteht aus einem Silicium-Atom, das von vier Sauerstoffen umgeben ist, an welchen wiederum vier Wasserstoffe gebunden sind ($H_4SiO_4$). Unter Wasser-Abspaltung können sich nun jedoch mehrere dieser Einheiten zu Gruppen, Ketten, Ringen, Schichten und Gerüstformationen verbinden, so daß es im Prinzip nicht nur „eine", sondern „viele verschiedene" Kieselsäuren gibt. Silikate besitzen daher vielseitigste Kristallgitter, die weitere Unterscheidungen dringend notwendig machen (siehe Abb. 47).

VIII – 1. Das Kristallgitter der **Inselsilikate** beinhaltet einzelne Silikatmoleküle, einzelne Tetraeder wie „Inseln" zwischen den Metall-Ionen. Ihre Formel endet daher mit $SiO_4$ (z.B. Zirkon: $ZrSiO_4$ = Zirkoniumsilikat. Die Bauweise der Inselsilikate bringt sehr kompakte Mineralien mit großer Dichte hervor. Als Heilsteine sind derzeit folgende Inselsilikate in Verwendung: Andalusit und Chiastolith, Disthen (Cyanit), Dumortierit, die Granatfamilie, Peridot (= Olivin oder Chrysolith), Sillimanit, Sphen (Titanit), Topas und Zirkon.

VIII – 2. Das Kristallgitter der **Gruppensilikate** beinhaltet paarweise oder zu kleinen Gruppen verbundene Silikat-Moleküle, in der Regel also zwei bis vier aneinanderhängende Tetraeder. Die Endung ihrer Formel läßt sich wie folgt herleiten: $Si_nO_{3n+1}$, wobei „n" die Anzahl der Silicium-Atome bzw. der Silikat-Tetraeder ist. Z.B.: Prehnit: $Ca_2Al_2[(OH)_2/Si_3O_{10}]$ = Calcium-Aluminium-Hydroxid-Silikat, ein basisches (OH) Gruppensilikat aus drei miteinander verknüpften Silikat-Tetraedern. Von den Gruppensilikaten sind derzeit nur Epidot, Prehnit, Vesuvian (Idokras), Tansanit, Thulit und Zoisit in Verwendung.

VIII – 3. Das Kristallgitter der **Ringsilikate** beinhaltet Ringe aus drei bis zwölf zum Kreis geschlossenen Silikat-Tetraedern. Die Endung ihrer Formel lautet $Si_nO_{3n}$, z.B. Beryll: $Al_2Be_3[Si_6O_{18}]$ = Aluminium-Beryllium-Silikat. Sind diese Ringe im Mineral nun zu

Inselsilikat  Gruppensilikat  Ringsilikate

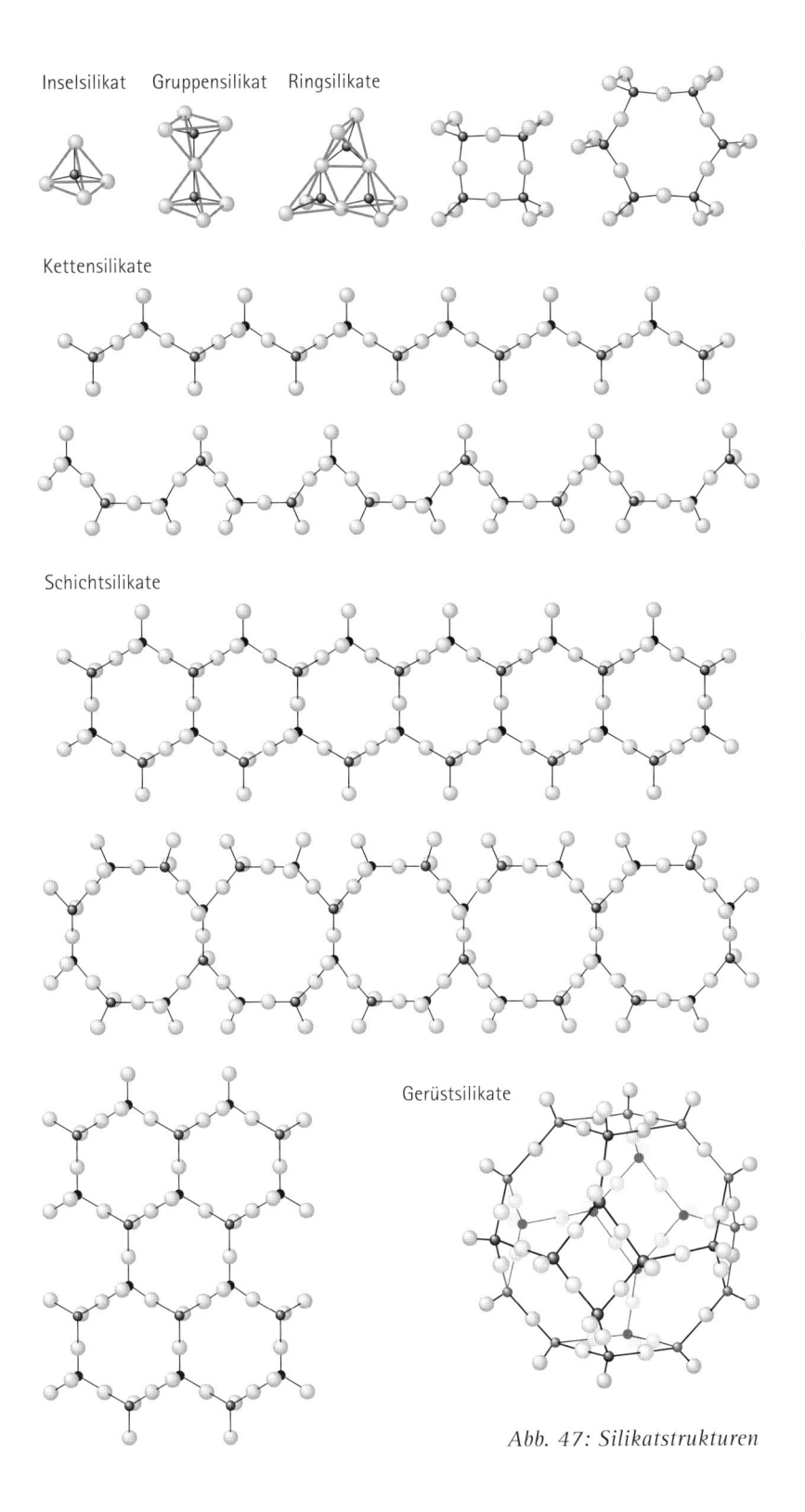

Kettensilikate

Schichtsilikate

Gerüstsilikate

*Abb. 47: Silikatstrukturen*

„säulenartigen" Strukturen geordnet, werden die Ringsilikate zu sehr guten elektrischen Leitern, sind die Ringe ungeordnet, so entsteht eine „schwammartige" Struktur, die undurchsichtige und opake Mineralien hervorbringt. Zu den Ringsilikaten mit Säulenstruktur zählen folgende Heilsteine: Aquamarin, Beryll, Morganit und Smaragd sowie Cordierit (Iolith), Dioptas und die Turmalin-Familie. Zu den Ringsilikaten mit Schwammstruktur zählen nur die Heilsteine Chrysokoll und Sugilith.

VIII – 4. Das Kristallgitter der **Kettensilikate** beinhaltet zu langen Ketten verbundene Silikat-Tetraeder, deren Formel mit demselben Verhältnis endet wie bei den Ringsilikaten: $Si_nO_{3n}$. Jedoch wird aufgrund der Länge der Ketten (die oftmals gar nicht genau bestimmbar ist) nur das Mengenverhältnis zwischen Silicium und Sauerstoff angegeben (2:6), wodurch sich Ketten- und Ringsilikat doch an der Formel unterscheiden lassen: z.B. Kunzit: $LiAl[Si_2O_6]$ = Lithium-Aluminium-Silikat. Unter den Kettensilikaten finden die Mineralien Aktinolith und Nephrit, Bronzit, Chloromelanit, Diopsid (auch Chromdiopsid), Jadeit, Hiddenit, Kunzit und Rhodonit als Heilsteine Verwendung.

VIII – 5. Das Kristallgitter der **Schichtsilikate** besteht aus Silikat-Tetraedern, die sich zu großen Flächen bzw. Ebenen verbunden haben. Ihre Formel endet mit: $Si_nO_{2n+2}$, z.B. Apophyllit: $KCa_4[F/(Si_4O_{10})_2] \cdot 8\ H_2O$ = wasserhaltiges Kalium-Calcium-Fluor-Silikat. Diese Schichten zeigen einen sehr starken Zusammenhalt. Sie sind zwar leicht voneinander zu lösen, aber nur sehr schwer zu durchtrennen. Mit dem Verlauf der Schichten läßt sich ein Schichtsilikat also sehr gut spalten, quer dazu jedoch fast gar nicht. Zu den Heilsteinen unter den Schicht-Silikaten zählen Apophyllit, Biotit, Charoit, Fuchsit, Lepidolith, Muskovit, Sepiolith und Serpentin.

VIII – 6. Das Kristallgitter der **Gerüstsilikate** bildet dreidimensionale Gerüste aus Silikat-Tetraedern, verbunden meist mit dem Einbau weiterer Mineralstoffe wie Aluminium (Al), Beryllium (Be) oder Bor (B) ins Silikatgitter. Diese Gitterstrukturen sind zu komplex, um sie auf eine einfache, allgemeingültige Summenformel zu reduzieren. Hierzu muß also im Zweifelsfall mineralogische Fachliteratur zum betreffenden Stein zu Rate gezogen werden. Zu den Heilsteinen unter den Gerüst-Silikaten zählen Amazonit, Feldspat, Labradorit, Mondstein, Lapislazuli und Sodalith.

## Spurenelemente

Ein weiterer, besonders für die Steinheilkunde wichtiger Faktor sind jene Mineralstoffe, die nur in solch geringer Menge in einem Mineral enthalten sind, daß sie in der chemischen Formel nicht erwähnt werden. Die Natur ist nicht so steril wie ein chemisches Labor, daher enthält in der Regel fast jedes Mineral sog. „Fremdbeimengungen", die – wie im Fall der fremdfarbigen Mineralien – unter Umständen gerade wichtig für die Farbgebung und für manche Heilwirkungen sind. Um nun zu differenzieren, welche Mineralstoffe in einem Mineral **häufig**, **gering** oder gar nur **in Spuren** enthalten sind, wurde in diesem Lexikon die folgende Darstellung gewählt:

**Häufige Bestandteile** eines Minerals finden sich in der klassischen chemischen Formel $(X_nY_m)$, in der die Indizes (in der Allgemeinformel hier n und m) das Mengenverhältnis der einzelnen Elemente in kleinen ganzen Zahlen angeben, wobei der Index 1 weggelassen wird (ein chemisches Kürzel ohne Index ist also im Mengenverhältnis 1 enthalten). So wird es durch die Regeln der chemischen Nomenklatur definiert. Rosenquarz (klassische Formel: $SiO_2$) enthält als häufige Bestandteile daher die Mineralstoffe Silicium (Si) und Sauerstoff (O) im Verhältnis 1:2.

**Geringe Bestandteile** bleiben in der klassischen chemischen Formel unerwähnt. Aus diesem Grund werden in diesem Lexikon alle Mineralstoffe, die die Formel verschweigt, die jedoch gut nachweisbar sind, der chemischen Formel hinzugefügt. „Gut nachweisbar" bedeutet dabei, daß die Stoffe über chemische Analysen identifizierbar sind. Sie werden, deutlich abgesetzt durch ein Plus-Zeichen (+), der chemischen Formel nachgestellt ($X_n Y_m + Z$). Unser Beispiel Rosenquarz ($SiO_2$ + Fe) enthält also außer Silicium (Si) und Sauerstoff (O) in geringen Mengen auch Eisen (Fe).

**Spurenelemente** sind nun Mineralstoffe, die nur noch an der Nachweisbarkeitsgrenze im Mineral enthalten sind. Chemische Methoden können diese Stoffe mangels Masse nicht mehr identifizieren, nur mit Hilfe hochtechnologischer physikalischer Anlagen (Spektralanalyse, Röntgenfluoreszenz-Analyse, Elektronen-Sonde usw.) kann man sie noch aufspüren. Auch diese Stoffe werden der Formel hinzugefügt. Um sie mengenmäßig deutlich von häufigen und geringen Bestandteilen zu differenzieren, werden sie durch ein weiteres Plus-Zeichen (+) abgegrenzt und zusätzlich in Klammern gesetzt: $X_n Y_m + Z + (A)$. Rosenquarz [$SiO_2$ + Fe + (Mn)] enthält also außer den bereits erwähnten Elementen noch das Spurenelement Mangan (Mn).

## Verborgene Qualitäten

Im Gegensatz zur gut sichtbaren äußeren Erscheinungsform und Farbe beschreiben Mineralklasse und chemische Zusammensetzung eher verborgene Qualitäten des Minerals. Diese kann man nicht einfach aus der Anschauung herleiten, vielmehr muß man vor allem als Laie oft der Fachliteratur vertrauen. Daher wurde die Rubrik „Mineralklasse und Chemismus" im lexikalischen Teil mit besonderer Sorgfalt ausgearbeitet. Durch Vergleiche der führenden deutschen „Lehrbücher der Mineralogie" von Klockmann und Rösler sowie spezieller Monographien wie der „Quarz-Monographie" von Rykart, der „Turmalin-Monographie" von Benesch u.a. (siehe Literaturverzeichnis) wurden die Mineralklasse und die chemische Zusammensetzung so präzise wie möglich ermittelt. Dies ist sehr wichtig, denn je mehr die empirische steinheilkundliche Forschung derzeit durch eine Vielzahl tätiger Forschungsgruppen in die Tiefe geht, desto genauer muß auch das wissenschaftliche Hintergrundwissen aufgearbeitet sein.

Ebenso wichtig ist daher für die steinheilkundliche Verwendung der Heilsteine, daß keine Irrtümer bei der Auswahl eines Steins geschehen. In der Wirkung eines Steins spielen Entstehung, Kristallsystem, Farbe und chemische Zusammensetzung eine Rolle, daher können schon geringe Abweichungen zu unerwarteten Ergebnissen führen. Um so schlimmer ist es aus diesem Grund auch, wenn gar aufgrund einer Verwechslung oder Fälschung „aus Versehen" ein völlig falsches Mineral verwendet wird. Mit dem zunehmenden Interesse an der Steinheilkunde wächst daher sowohl für die in der Steinheilkunde als auch für die im Fachhandel tätigen Personen die Verantwortung. Deshalb schließen die wissenschaftlichen Grundlagen dieses Lexikons mit zwei sehr wichtigen Kapiteln: „Die Bestimmung von Heilsteinen" und den „Fälschungen, Irrungen und Verwirrungen".

## 1.7 Die Bestimmung von Heilsteinen

Außer der sichtbaren Erscheinung des Minerals spielen weitere, z.T. objektivere Eigenschaften eine wichtige Rolle bei der Bestimmung eines Heilsteins. In diesem Lexikon geht es dabei nun in erster Linie um einfache, von jedermann anwendbare Bestimmungsmethoden und Unterscheidungskriterien. Allein das Überprüfen von Härte, Dichte, Strichfarbe, Magnetismus und mitunter auch Spaltbarkeit und Löslichkeit genügt in vielen Fällen, um ähnliche Steine voneinander zu unterscheiden. Wo diese einfachen Verfahren nicht ausreichen, müssen sowieso Fachkräfte zu Rate gezogen werden, die das notwendige Fachwissen und die entsprechende Ausrüstung besitzen. Im Anhang des Lexikons ist daher auch eine Kontaktadresse für mineralogische und gemmologische Prüfungen angegeben. Spezielle fachkundige, physikalische und chemische Untersuchungsmethoden werden in diesem Kapitel zwar der Vollständigkeit halber aufgeführt, jedoch versteht sich das Lexikon in erster Linie als Begleitbuch zur Anwendung von Heilsteinen. Daten wie z.B. Lichtbrechungsindizes und Absorptionsspektren werden daher im lexikalischen Teil nicht erwähnt.

### Einfache Bestimmungskriterien für Heilsteine

#### Härte
Ein zuverlässiges Bestimmungskriterium ist die Ritzhärte oder Mohshärte. Sie beschreibt die Widerstandsfähigkeit der natürlichen, unverwitterten Oberfläche oder der frischen Bruchstelle eines Minerals gegen das Ritzen mit harten Gegenständen. Der Wiener Mineraloge Friedrich Mohs stellte hierfür zu Beginn des 19. Jahrhundert eine Skala der relativen Härte von 1 bis 10 auf, die heute noch verwendet wird:

| Mohshärte | Vergleichsmineral | Weiteres Härteprüfmittel |
|---|---|---|
| 1 | Talk | Mit Fingernagel schabbar |
| 2 | Gips | Mit Fingernagel ritzbar |
| 3 | Calcit | Mit Kupfermünze ritzbar |
| 4 | Fluorit | Mit Messer leicht ritzbar |
| 5 | Apatit | Mit Messer noch ritzbar |
| 6 | Feldspat | Mit Stahlfeile ritzbar |
| 7 | Quarz | Ritzt Fensterglas |
| 8 | Topas | |
| 9 | Korund | |
| 10 | Diamant | |

Die Regel ist, daß das härtere Mineral das weichere ritzt, während das härtere vom weichen nicht geritzt wird. Gleich harte Mineralien ritzen sich entweder gegenseitig oder gegenseitig nicht. Bei einer Härteprobe ritzt man mit der Probe die o.g. Mineralien und versucht umgekehrt, das Probierstück zu ritzen. So läßt sich die ungefähre Härte leicht bestimmen. Geritzt ist ein Mineral allerdings nur, wenn nach dem Abwischen des Abriebs ein feiner Ritz beobachtet werden kann. Fehlt dieser, dann stammte der Abrieb vom anderen Mineral. Zu beachten ist dabei allerdings auch, daß die Härte beim Ritzen in verschiedene Richtungen oft unterschiedlich ist. So beträgt die Ritzhärte bei Disthen in der Vertikalrichtung der stengeligen Kristalle 5,0 - 7,5 (je nach Fläche), in der Querrichtung dagegen stets 7,0. Solche Differenzen sind im lexikalischen Teil angegeben.

Zur Härtebestimmung sind im Handel Setzkästen mit Probierstücken oder – für unterwegs – bleistiftgroße Metallstifte mit eingesetzten Mineralspitzen, sog. Ritzbestecke, erhältlich. Eines von beiden gehört zur Standardausrüstung bei der Mineralbestimmung.

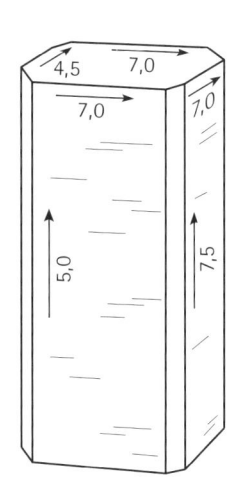

*Abb. 48: Unterschiedliche Ritzhärte bei Disthen*

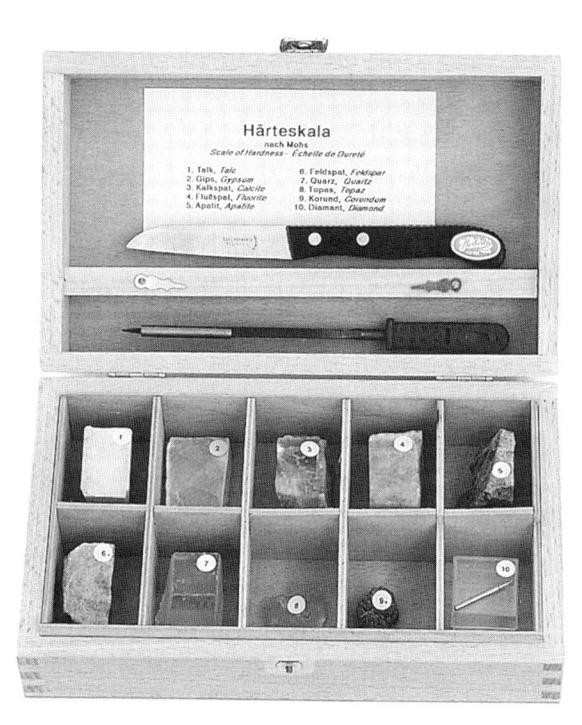

*Abb. 49: Probierstücke*

*Abb. 50: Ritzbesteck*

## Dichte

Eine weitere Möglichkeit zur Identifikation eines Heilsteins ist die Dichtebestimmung, sofern das Mineral in reiner Form ohne Verwachsungen mit anderen Mineralien oder dem Muttergestein vorliegt. Die Dichte (auch spezifisches Gewicht genannt) gibt das Gewicht im Verhältnis zum Volumen (Rauminhalt) an: Ein Kubikzentimeter Wasser z.B. wiegt 1 g. Wasser hat also die Dichte 1. Wiegt ein Kubikzentimeter eines Minerals nun 2,5 g, so hat dieses Mineral die Dichte 2,5. Da Wasser nun genau die Dichte 1 hat, läßt sich die Dichte eines unbekannten Minerals ganz einfach bestimmen:

Die schnelle Variante für unterwegs wäre, das Probierstück an einen Faden zu binden und an einer möglichst genauen Federwaage (ca. 0,1 g Genauigkeit) zunächst in der Luft und dann im Wasser hängend zu wiegen. Da die Dichte des Wassers gleich 1 ist, verliert der Stein durch den Auftrieb des Wassers genau so viel an Gewicht, wie das entsprechende Wasservolumen wiegt. Die Dichte läßt sich also sehr einfach durch folgende Formel errechnen: Das Gewicht in der Luft geteilt durch die Gewichtsdifferenz im Wasser ergibt die Dichte.

$$\text{Dichte} = \frac{\text{Gewicht in der Luft}}{\text{Gewicht in der Luft} - \text{Gewicht im Wasser}}$$

Z.B.: Ein unbekanntes Mineral wiegt in der Luft 5,2 g, im Wasser dagegen 3,2 g. Die Gewichtsdifferenz beträgt also 5,2 - 3,2 = 2, die Dichte beträgt entsprechend dann 5,2 geteilt durch 2 = 2,6. Damit könnte das Mineral z.B. ein Calcit oder Quarz sein.

Mit einer Laborwaage, einer sehr genauen Balkenwaage, läßt sich die Dichte sogar auf die zweite Kommastelle genau berechnen. Auch hier wird das Probierstück zunächst an der Luft und anschließend im Wasser gewogen, wie in der Grafik gezeigt. Die Dichte errechnet sich dann ebenfalls wieder aus der o.g. Formel. Da die Dichte des Wassers mit steigender Temperatur abnimmt, wird die Berechnung sehr genau, wenn bei 20°C gewogen wird.

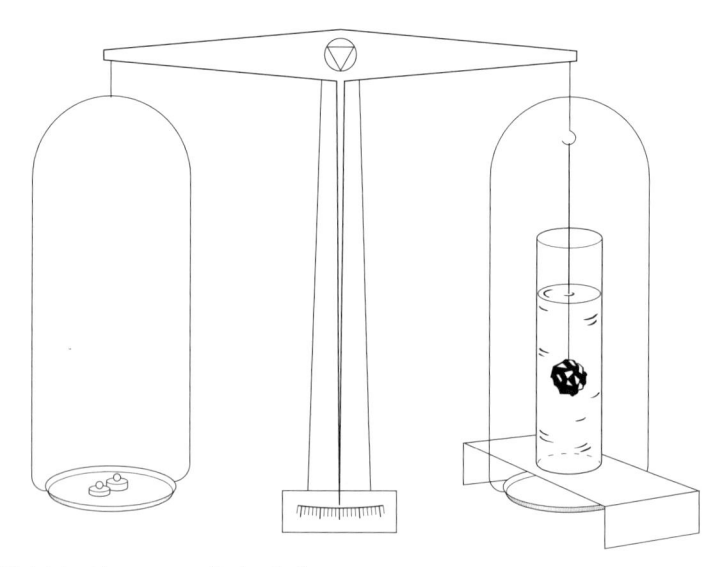

*Abb. 51: Dichtebestimmung mit der Laborwaage*

## Strichfarbe

Beim Kratzen auf unglasiertem weißen Porzellan wird feinstes Mineralpulver erzeugt, das bei eigenfarbigen Mineralien einen farbigen Strich hinterläßt. Diese sog. Strichfarbe ist für viele Mineralien charakteristischer als die optische Farbe und kann daher zur Bestimmung mit herangezogen werden. Sehr harte Mineralien erzeugen auf Porzellan jedoch keinen Abrieb, weshalb die Strichfarbe ab Härte 7 nur ermittelt werden kann, wenn Mineralpulver auf eine weiße Porzellanfläche aufgerieben wird.

*Abb. 52: Strichtafel in Aktion*

Zur Ermittlung der Strichfarbe sind sog. Strichtafeln im Handel erhältlich. Strichtafeln sind kleine rechteckige, unglasierte Porzellantäfelchen, die ebenfalls zur Standardausrüstung bei der Mineralbestimmung gehören.

## Magnetismus

Mit einem Kompaß läßt sich leicht nachprüfen, ob ein Mineral magnetisch ist, oder nicht. Damit lassen sich bestimmte Verwechslungen (z.B. von Magnetit und Hämatit) ausschließen, allerdings nicht alle. So kann man zwar z.B. den magnetischen Magnetit vom nicht magnetischen Martit (Pseudomorphose von Hämatit nach Magnetit) abgrenzen, nicht jedoch überprüfen, ob ein magnetischer, silbrig glänzender Cabochon tatsächlich Magnetit oder (weitaus häufiger) magnetisiertes Eisen ist. Umgekehrt kann normalerweise nicht magnetischer Hämatit hin und wieder magnetisch sein. Es läßt sich der Magnetismus als Bestimmungshilfe nur dahingehend verwerten, daß ein magnetisches Mineral sich durch die Ablenkung der Kompaßnadel auch eindeutig als magnetisch erweisen muß.

## Spaltbarkeit

Abhängig vom Aufbau des Kristallgitters lassen sich viele Mineralien durch Schlag oder Druck in gesetzmäßig festgelegte Richtungen spalten. Da die Spaltbarkeit durch die innere Kristallstruktur bestimmt wird, ist sie für jedes Mineral eine festgelegte, typische Größe. Gerade bei Mineralien mit einer untypischen äußeren Erscheinungsform ist die Spaltbarkeit ein hervorragendes Bestimmungskriterium. Natürlich sollte man nicht gerade die eigene Lieblingsstufe anhand der Spaltbarkeit prüfen, doch wenn man ein Probierstück „opfern" kann, gewinnt man auf diese Weise eindeutige Aussagen über die Natur des Minerals. Die Spaltbarkeit wird in fünf Abstufungen unterschieden:

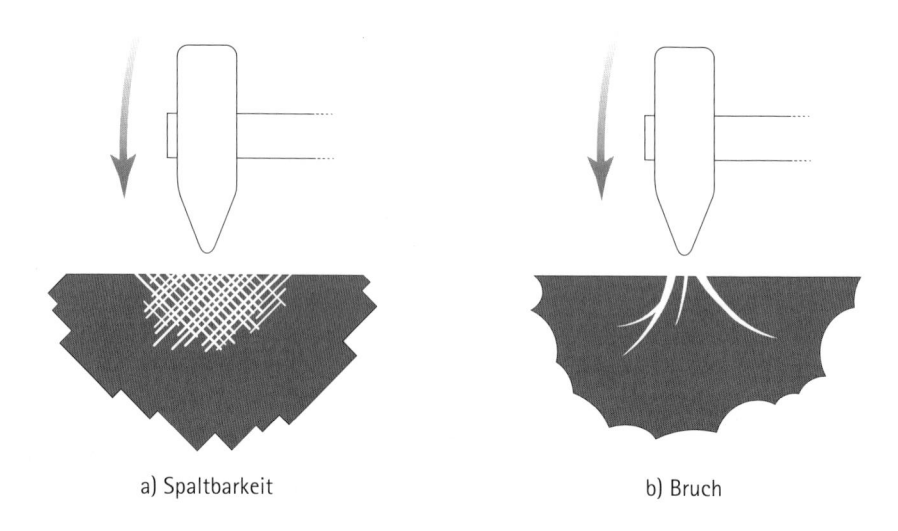

a) Spaltbarkeit     b) Bruch

*Abb. 53: Spaltbarkeit*

- **Ausgezeichnete Spaltbarkeit:** Hier läßt sich das Mineral in feine Blättchen spalten, in der Regel jedoch nur in eine Richtung. Beispiel hierfür ist die Glimmerfamilie mit Muskovit und Biotit (vgl. Abb. 54 a).
- **Vollkommene Spaltbarkeit:** Hier spaltet sich das Mineral durch Schlag in regelmäßige, von Spaltflächen umgrenzte Formen. Beispiele sind Spaltoktaeder bei Fluorit, Spaltwürfel bei Galenit und Spaltrhomboeder bei Calcit (vgl. Abb. 54 b und c).

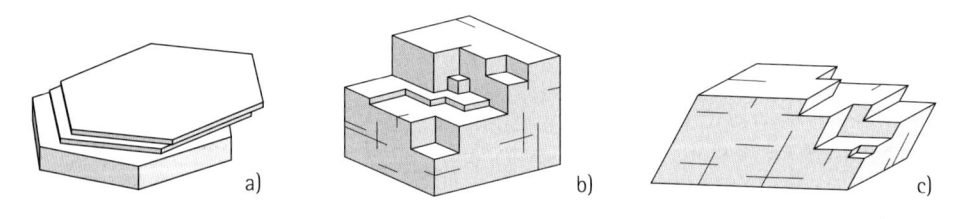

a)     b)     c)

*Abb. 54: Charakteristische Spaltbarkeit*

- **Gute Spaltbarkeit:** Das Mineral läßt sich spalten, jedoch sind die Spaltflächen weniger deutlich und nicht immer ganz gerade. Beispiel hierfür ist die Feldspat-Familie mit Labradorit, Mondstein und Orthoklas.
- **Unvollkommene Spaltbarkeit:** Hier zeigt sich die Spaltbarkeit nur undeutlich, die Bruchflächen des Minerals verlaufen uneben. Beispiele sind Apatit, Schwefel und Kassiterit.
- **Fehlende Spaltbarkeit – Bruch:** Fehlt die Spaltbarkeit völlig, so spricht man von einem Bruch. Der Bruch unterliegt im Gegensatz zur Spaltbarkeit keiner Gesetzmäßigkeit, er zeigt in der Regel nur charakteristische Bruchflächen:
- **Muscheliger Bruch:** Erinnert, wie der Name sagt, an Muschelschalen und ist Ihnen sicher vom Glas her bekannt. Beispiele hierfür sind Quarz, Opal und Obsidian.
- **Unebener Bruch:** Hier ist die Bruchfläche uneben und unregelmäßig geformt, ähnlich zerbrochenem Hartkunststoff. Beispiele sind Chalkopyrit und Pyrit.
- **Hakiger Bruch:** Dieser Bruch ist typisch für Metalle. Er ist scharfkantig und zackig. Beispiele hierfür sind gediegenes Silber und gediegenes Gold.
- **Splittriger Bruch:** Hier entstehen beim Zerbrechen viele kleine Splitter, die z.T. abfallen, z.T. noch lose anhängen. Beispiele hierfür sind die Granate.
- **Erdiger Bruch:** Beim erdigen Bruch entstehen kleine Krümelchen, die Bruchstelle erinnert an eine Erdkrume. Beispiele hierfür sind die als Heilsteine nicht verwendeten Minerale Aluminit und Kaolinit.

## Löslichkeit

Die Löslichkeit eines Minerals in Wasser oder Säure ist ein weiteres Bestimmungskriterium, das vor allem dann zur Anwendung kommt, wenn sich zwei Heilsteine in allen anderen Eigenschaften zu ähnlich sind, wie z.B. Howlith und Magnesit. Auch hier muß man jedoch leider das jeweilige Probierstück opfern. Wichtig ist außerdem, die Löslichkeit am zerkleinerten, gegebenenfalls pulverisierten Mineral zu prüfen. Durch die größere Oberfläche der Bruchstücke oder des Pulvers zeigt sich die Löslichkeit schneller.

Löslich in kaltem Wasser sind z.B. Borax und Halit, in warmem Wasser Gips und Ulexit, in verdünnter Salzsäure (10%ig) lösen sich unter Gasentwicklung (Kohlendioxid) viele Carbonate, wie z.B. Aragonit, Magnesit und Calcit, in verdünnter Salpetersäure lösen sich viele Phosphate, wie z.B. Apatit und Türkis, in Schwefelsäure manche Sulfate, wie z.B. Alunit, und in Ammoniak ebenfalls viele Carbonate, wie z.B. Azurit und Malachit.

Da mit Ausnahme der Wasserlöslichkeit das Überprüfen der Löslichkeit etwas Erfahrung im Umgang mit Chemikalien erfordert, sind im lexikalischen Teil nur dann Angaben zur Löslichkeit oder zu anderen chemischen Nachweisverfahren gemacht, wenn diese zur Abgrenzung zweier Heilsteine unbedingt erforderlich sind.

## Elektrische Leitfähigkeit

Manche Mineralien leiten elektrischen Strom, insbesondere natürlich die gediegenen Metalle. Um die Leitfähigkeit eines Minerals auch ohne aufwendige Meßgeräte zu prüfen, gibt es ein einfaches Verfahren: Dazu wird das zu untersuchende Probestück auf ein in Kupfervitriollösung getauchtes Zinkblech gesetzt. Besitzt das Mineral eine gute Leitfähigkeit, dann scheidet sich an den Kontaktstellen mit dem Zinkblech eine hauchdünne Kupferschicht ab.

## Lumineszenz

Bestimmte Atome, sog. Luminogene wie z.b. Chrom, Mangan, Schwefel, Silber und Seltene Erden, können im Kristallgitter eines Minerals bewirken, daß aufgenommene Energie als Licht abgestrahlt wird. Sie können dies allerdings nur, solange keine sog. Lumineszenzgifte wie z.b. Eisen und Nickel im Mineral vorhanden sind, die die Lumineszenz zum Erlöschen bringen. Als Bestimmungskriterium kann die Lumineszenz nur bei Mineralien herangezogen werden, bei denen Luminogene zu den normalen Gitterbestandteilen gehören (Fluorit, Scheelit, Zirkon). Bei gelegentlichen, fundortabhängigen Beimengungen (Calcit, Opal, Sphalerit, Topas) ist die Lumineszenz kein verläßliches Merkmal und wird daher im lexikalischen Teil nicht erwähnt. Die Lumineszenz wird in folgende Typen unterschieden:

• **Tribolumineszenz:** Hier entsteht das Leuchten durch das Reiben zweier Mineralstücke aneinander, wie z.b. bei Quarz und Fluorit.

• **Thermolumineszenz:** Sie entsteht durch das Erwärmen des Minerals, jedoch weit unter der Glühtemperatur, z.B. bei Diamant oder Fluorit.

• **Photolumineszenz:** Sie entsteht durch das Bestrahlen mit UV-Licht und wird Fluoreszenz genannt, wenn das Leuchten nur während der Bestrahlung selbst anhält (Fluorit, Scheelit, Sodalith), oder Phosphoreszenz, wenn es nach der Bestrahlung noch nachklingt (Diamant, Strontianit).

Die Lumineszenz läßt sich am besten im abgedunkelten Raum überprüfen, zur UV-Bestrahlung benötigt man eine Lampe mit dunklem Filter. Bitte Vorsicht – direkte UV-Strahlung schadet den Augen!

## Mineralogisch-gemmologische Laboruntersuchungen

Neben den bereits erwähnten einfachen Bestimmungsmethoden existieren eine ganze Reihe von Untersuchungsmethoden, die mit einem größeren technologischen Aufwand verbunden sind. Mit deren Hilfe ist es möglich, auch komplizierte Prüfungen an kleinsten Steinen vorzunehmen, so daß jedes Mineral oder jeder Edelstein mitunter sogar bis zur Bestimmung des Fundorts identifiziert werden kann. Selbst Mineralieneinschlüsse von einem tausendstel Millimeter Größe und einem tausendstel Gramm Gewicht lassen sich so bestimmen. Für diese Prüfungen benötigt man jedoch eine gute Ausbildung und praktische Erfahrung, weshalb dieses Lexikon nicht das richtige Forum ist, diese Methoden umfassend zu erklären.

Sie sollen jedoch Erwähnung finden, um zu zeigen, welche Möglichkeiten es gibt. Im Mineralienhandel kursiert auf die Frage nach der Echtheit und korrekten mineralogischen Kennzeichnung eines Minerals oftmals die Ausrede, das „könne man nicht so genau nachprüfen". Wer Ihnen eine solche Antwort gibt, disqualifiziert sich selbst als unseriöser Händler. Man kann vieles nachprüfen, doch ist eine solche Prüfung oft mit Aufwand und Kosten verbunden. Gerade im Heilsteine-Handel ist dies jedoch sehr wichtig! Stellen Sie sich einmal vor, Sie fragen einen Apotheker, ob er Ihnen mit Sicherheit das richtige Medikament verkauft, und erhalten dann die Antwort, das könne er nicht nachprüfen. Wie oft würden Sie in dieser Apotheke noch einkaufen? Gesundheit und Krankheit sind zu wichtige Angelegenheiten, denen man nicht mit Nachlässigkeit begegnen sollte. Lassen Sie daher Ihre Heilsteine im Zweifelsfall selbst prüfen, entsprechende Adressen finden Sie im Anhang.

## Optische Untersuchungsmethoden

Außer den in den vorangegangenen Kapiteln bereits beschriebenen anschaulichen Erkennungsmerkmalen der Mineralien gibt es weitere, die mit dem Auge wahrgenommen werden können (daher „optisch"), wenn man Hilfsmittel wie das Mikroskop, das Refraktometer oder das Spektroskop verwendet. Auf diese Weise können folgende Bestimmungskriterien ermittelt werden:

- **Einschlüsse:** Unter dem Mikroskop lassen sich viele, für bestimmte Mineralien oder bestimmte Fundorte typische Einschlüsse entdecken, die ein Mineral identifizieren oder von Fälschungen abgrenzen.
- **Zonarbau:** In einigen Mineralien ist die Mineralfarbe in bestimmten Wachstumszonen intensiver als in anderen. Dies hängt mit der Verteilung bestimmter chemischer Elemente im Kristallgitter zusammen. Aufgrund der verschiedenen, deutlich voneinander abgesetzten Zonen wird dieses Phänomen auch Zonarbau genannt. Mit dem Mikroskop läßt sich der Zonarbau sehr schön sichtbar machen, was zur Unterscheidung vieler Mineralien (z.B. von echtem Citrin und gebranntem Amethyst) hilfreich ist.
- **Pleochroismus:** Manche Mineralien zeigen, je nachdem, von welcher Seite man den Kristall betrachtet, verschiedene Farben. Wechseln sich dabei zwei Farben ab, spricht man auch von Zweifarbigkeit oder Dichroismus (z.B. Skapolith), sind es mehr, von Mehrfarbigkeit oder Pleochroismus. Nicht immer ist dieses Phänomen schon mit dem bloßen Auge zu sehen, betrachtet man jedoch Mineralpulver unter dem Mikroskop, so erkennt man den Pleochroismus an der Verschiedenfarbigkeit der kleinen Partikel.
- **Veränderungen des Lichts:** Viele Kristalle verändern den durchfallenden Lichtstrahl, z.B. indem sie die Schwingungsebene des Lichts drehen. Dies läßt sich unter einem sog. Polarisationsmikroskop feststellen, dessen Lichtquelle nur Lichtstrahlen aussendet, die genau parallel schwingen. Dabei auftretende typische Veränderungen weisen oft ebenfalls auf ganz bestimmte Mineralien hin.
- **Lichtbrechung:** Jedes Mineral hat einen eindeutigen Brechungsindex, der angibt, wie stark das Licht an der Oberfläche des Minerals gebrochen wird (siehe auch Kapitel „Glanz"). Dieser Brechungsindex läßt sich mit dem Refraktometer oder durch das Einlegen der untersuchten Steine in Flüssigkeiten mit bekanntem Brechungsindex bestimmen. Insbesondere für Edelsteine ist diese Untersuchungsmethode sehr wichtig.
- **Einfach- und Doppelbrechung:** Nur amorphe und kubische Mineralien, deren innere Struktur in alle Richtungen gleich ist, besitzen eine einfache Lichtbrechung. Bei allen anderen Mineralien wird der einfallende Lichtstrahl in zwei Strahlen geteilt. Nur in wenigen Mineralien, wie z.B. den Calcit-Rhomboedern (sog. Doppelspat), ist diese Doppelbrechung mit dem bloßen Auge sichtbar. Mit dem Refraktometer dagegen läßt sich die Abweichung des zweiten Lichtstrahls bei jedem Mineral oder Edelstein genau bestimmen.
- **Dispersion:** Die verschiedenen Farben des Lichts werden bei der Lichtbrechung unterschiedlich stark gebrochen. Diesen Effekt macht man sich z.B. beim Prisma zunutze, um einen weißen Lichtstrahl in die Regenbogenfarben aufzufächern, oder beim Diamant, der im Brillantschliff auf diese Weise sein buntes, feuriges Funkeln erhält. Die Dispersion gibt nun an, wie sehr ein Lichtstrahl in die enthaltenen Farben aufgefächert wird und ist damit ein weiteres Identifikationsmerkmal für Mineralien und Edelsteine.

- **Absorptionsspektren:** Jedes chemische Element nimmt bestimmte Lichtfrequenzen auf und kann dadurch mit Hilfe eines Spektroskops identifiziert werden. Dabei wird ein Lichtstrahl, der durch eine Mineralprobe geleitet wurde, in die enthaltenen Spektralfarben, das sog. Spektralband, aufgefächert. Jede fehlende, da absorbierte Lichtfrequenz macht sich in diesem Spektralband als dunkle Absorptionslinie bemerkbar. Dadurch läßt sich die chemische Zusammensetzung und indirekt auch das Mineral bestimmen. Auch absorbierte Frequenzen im Infrarot- und UV-Bereich werden hierfür von einem Detektor erfaßt und aufgezeichnet (Spektralphotoanalyse).

## Chemische Untersuchungsmethoden

Alle chemischen Elemente besitzen charakteristische, individuelle Eigenschaften. Daher ist es durch spezielle Analysen möglich, die stoffliche Zusammensetzung eines Minerals zu bestimmen.

- **Schmelzprobe:** Zunächst wird hier in der Regel die Schmelzbarkeit bestimmt sowie das Verhalten und die Veränderung des Minerals beim Erhitzen mit und ohne Luftzufuhr. Dabei achtet man vor allem auf die Flüchtigkeit, eventuelles Zerspritzen, Explodieren, Farbveränderungen, Leuchterscheinungen usw. Alle diese Phänomene gewähren Rückschlüsse auf bestimmte Inhaltsstoffe.
- **Flammenfärbung:** Durch das Einbringen einer sauberen, evtl. zuvor kurz in Salzsäure getauchten Mineralprobe in eine nicht leuchtende Brennerflamme läßt sich außerdem die Flammenfärbung bestimmen. Verschiedene Elemente beginnen beim starken Erhitzen in charakteristischen Farben zu leuchten und können auf diese Weise nachgewiesen werden.
- **Perlversuch:** Auch beim Schmelzen mit Borax oder Phosphatsalz entstehen charakteristische Färbungen. In einer gemeinsamen Schmelze von Borax- und Mineralpulver bilden sich farbige, glasige Kügelchen, die sog. Boraxperlen. Deren Farben identifizieren ebenfalls bestimmte chemische Elemente.

## Physikalische Untersuchungsmethoden

Diese Untersuchungsmethoden tragen den Namen „physikalisch", da sie mit Hilfe hochtechnologischer physikalischer Geräte durchgeführt werden. In der Regel sind es hauptsächlich Universitäten, die für solche Untersuchungen ausgerüstet sind.

- **Laue-Fotografie:** Die Laue-Fotografie ist der Veteran unter den Röntgenanalysen der Kristallgitter. Auf Anregung des Physikers Max von Laue wurde 1912 erstmals ein Kristall von Röntgenstrahlen durchstrahlt, die anschließend auf eine Fotoplatte trafen. Auf der entwickelten Platte zeigten sich dann Lichtpunkte, die in ihrer Symmetrie der inneren Struktur des Kristalls entsprachen. Dieses einfache Verfahren ermöglicht die Untersuchung einer kristallinen Struktur auch ohne sichtbare äußere Kristallformen.
- **Röntgenbeugungsanalyse (RBA):** Aus der einfachen Laue-Fotografie entwickelte sich im Laufe der Zeit die sehr genaue RBA. Da Röntgenstrahlen an Kristallgittern gebeugt werden, kann in entsprechenden Geräten, den Röntgendiffraktometern, durch die Messung der Beugung nicht nur die Kristallstruktur eines Minerals bestimmt werden. Da selbst bei sehr ähnlichen Kristallgittern, wie z.B. bei Calcit, Rhodochrosit und Smithsonit, die einzelnen Atome eine unterschiedliche Größe besitzen, weichen die präzisen Beugungsdiagramme der

RBA doch so weit voneinander ab, daß tatsächlich jedes Mineral sein eigenes, spezifisches Diagramm zeigt.

• **Röntgenfluoreszenzanalyse (RFA):** Die RFA ist eine Weiterentwicklung der einfachen Fluoreszenz-Bestimmung (siehe Lumineszenz). Durch intensive Röntgenbestrahlung werden die chemischen Elemente eines Minerals zum Leuchten angeregt. Jedes Element sendet dabei spezifische Lichtfrequenzen aus und kann durch deren Messung identifiziert werden. Mit Hilfe der RFA lassen sich so selbst Mengen in millionstel Gramm Größe bestimmen.

• **Elektronenmikroskopie:** Die Elektronenmikroskopie verwendet statt Lichtstrahlen kurzwelligere Elektronenstrahlen und kann so in Bereiche vordringen, die kleiner sind als die Wellenlänge des Lichts. Auf diese Weise wurde z.B. der innere Aufbau des Opals als Kugelpackung entdeckt. Die Elektronenmikroskopie wird unterschieden in die Durchlicht-Elektronenmikroskopie (TEM), die insbesondere Einschlüsse zu analysieren hilft, und die Raster-Elektronenmikroskopie (REM), die Oberflächenstrukturen sichtbar macht.

• **Elektronenstrahl-Mikroanalyse (ESMA):** Die ESMA, oft auch Elektronen- oder Mikrosonde genannt, unterscheidet sich von der Röntgenfluoreszenzanalyse nur darin, daß Elektronenstrahlen statt Röntgenstrahlen zum Anregen der Mineralprobe verwendet werden. Da Elektronenstrahlen jedoch kurzwelliger sind, können noch wesentlich kleinere Bereiche und Mengen analysiert werden. Proben und Einschlüsse von einem tausendstel Millimeter Größe können so noch bestimmt werden.

• **Raman-Sondenanalyse:** Bei der Raman-Sondenanalyse wird statt des Elektronenstrahls ein Laserstrahl so fokussiert, daß er die Moleküle der untersuchten Probe zum Schwingen bringt. Dadurch wird das Laserlicht gestreut und zu einer molekülabhängigen Veränderung seiner Wellenlänge gezwungen. Daran können schließlich die chemischen Verbindungen des Minerals ermittelt werden.

Alle diese Untersuchungsmethoden ermöglichen das immer präzisere Analysieren immer kleinerer Mengen in immer kürzerer Zeit. Das ist gerade im Bereich der Edelsteine auch von zunehmender Wichtigkeit, da überall dort, wo mit Steinen gut Geld zu verdienen ist, auch die Liga der Fälscher und Betrüger nicht weit ist. Lange Zeit war der Bereich der Heilsteine davon nur wenig berührt, doch inzwischen sind manche Imitations- und Synthese-Verfahren so billig, daß bereits synthetische Donuts und Trommelsteine auf dem Markt sind. Aufklärung über Fälschungen tut bitter not, daher möchte ich alle Leser bitten, dem folgenden Kapitel ihre volle Aufmerksamkeit zu schenken.

## 1.8 Fälschungen, Irrungen und Verwirrungen

Leider ruft das große Interesse an Heilsteinen und Steinschmuck immer wieder unerfreuliche Begleiterscheinungen auf dem Mineralienmarkt hervor. Um die Nachfrage befriedigen zu können, werden Steine gefärbt, gebrannt, bestrahlt, rekonstruiert, imitiert oder synthetisch hergestellt. Es ist ein florierender Markt der Fälscher entstanden: Je größer die Nachfrage nach einem bestimmten Stein ist, je höher sein Preis, um so sicherer kann man davon ausgehen, daß Fälschungen auf dem Markt sind.

Der Mineralienmarkt ist durchsetzt mit diesen Steinen, die nicht halten, was der angegebene Name und das optische Äußere versprechen. Selbst im Fachhandel finden wir Falsches neben Echtem. Grund dafür ist häufig die Unkenntnis der Groß- und Einzelhändler über die verschiedenen Manipulationsmethoden und die o.g. Möglichkeiten der Identifizierung. Absicht kann in den seltensten Fällen unterstellt werden, es sei denn bei der Deklaration, wo mitunter vorgeschriebene Zusätze wie „behandelt" oder „rekonstruiert" wissentlich weggelassen oder so verkürzt werden (beh., rek.), daß es dem Laien nicht auffällt.

Die einzige Chance, dem entgegenzuwirken, ist die Veröffentlichung aktueller Informationen über Manipulationsmethoden und im Umlauf befindliche gefälschte Steine. Das Lexikon der Heilsteine ist die erste Publikation im Bereich der Steinheilkunde, die sich diesem Thema ausführlich widmet. Ich möchte damit auch ein heimliches esoterisches Tabu brechen und den Blick nicht nur auf das Schöne und Gute, sondern einmal bewußt auch auf den Schatten des Mineralienmarkts lenken. Niemand soll sagen, er hätte es nicht gewußt. – Aktuelle Informationen hierzu erhalten Sie beim Steinheilkunde e.V. Stuttgart (Adresse im Anhang).

## Die Trickkiste der Fälscher

Alle Manipulationsmethoden laufen darauf hinaus, ein bestimmtes Mineral oder einen Edelstein vorzutäuschen oder seine begehrten Eigenschaften, meist die Farbe, „aufzubessern". Die Motivation hierfür ist immer das liebe Geld, denn durch gekonnte Manipulation lassen sich unscheinbare und unverkäufliche Steine doch absetzen bzw. günstige Steine teurer verkaufen.

Die angewandten Manipulationen lassen sich dabei in sechs Kategorien unterscheiden: Färben, Brennen, Bestrahlen, Rekonstruktion, Imitation und Synthese. Jedem sei nun ein kleines Kapitel gewidmet:

## Das Färben

Steine können äußerlich oder innerlich gefärbt werden, wobei das Mineral für die letztere und schwieriger zu identifizierende Variante eine poröse Beschaffenheit besitzen muß. Äußerlich aufgetragene Farbe läßt sich meistens relativ leicht feststellen, da diese mechanischer oder chemischer Prüfung nicht standhält. Farbe äußerlich aufzutragen, hat außerdem den entscheidenden Nachteil, daß dies natürlich erst am Ende aller Schleif- und Bearbeitungsvorgänge geschehen kann und somit wesentlich besser zu kontrollieren ist, als wenn bereits die Rohware eingefärbt wird.

Bei der inneren Färbung wird Farbe in die Poren und Risse des Steins eingebracht. Dadurch läßt sich schon Rohware färben, die ihre Farbe auch den ganzen Bearbeitungsprozeß hindurch behält. Um Farbe in die Poren des Steins hineinzubringen, wird dieser entweder in der Farblösung gekocht (z.B. Achat), was jedoch monatelang dauern kann. Oder der Stein wird in ein Vakuum gebracht, so daß alle Gase aus den Poren entweichen, worauf die Farbe zugegeben und der Druck wieder aufgebaut wird (z.B. Türkis). Beide Verfahren bewirken ein völliges Durchfärben des Steins. Mitunter wird auch Färben und Brennen kombiniert, d.h. der Stein wird in eine bestimmte Lösung gelegt, die in ihn eindringt. Durch Brennen oxidieren dann die Inhaltsstoffe der Lösung, die Farbe entsteht und wird gleichzeitig im Stein fixiert (z.B. Onyx).

Grundsätzlich lassen sich die Manipulationen gefärbter Steine auf folgende Art und Weise nachweisen:

**Oberflächliches Färben opaker Steine** (Türkis, Lapislazuli o.ä.) **durch Lackähnliche Farbstoffe:** Dies läßt sich sehr leicht durch das Durchbrechen eines Steins identifizieren, der im Inneren dann deutlich heller ist als an der Oberfläche. Unterschieden werden muß hier jedoch, daß rauhe Bruchstellen in der Regel wesentlich matter und heller erscheinen als eine polierte Fläche. Zur Begutachtung sollte die Bruchstelle daher naß gemacht werden, so daß ein realistischer Farbvergleich möglich ist.

Außerdem werden vor allem bearbeitete Schmucksteine vor der Hochglanzpolitur in der Regel in Paraffin (Wachs) getaucht, damit sich die Poren des Steins schließen. So wird gewährleistet, daß kein Poliermittel sich darin festsetzt, das den Stein fleckig oder gefärbt erscheinen lassen würde. Bei porösen, opaken Steinen ist es daher möglich, daß das Wachs ca. 1 mm in den Stein eingedrungen ist, wodurch die äußerste Schicht etwas dunkler erscheint. Das ist noch keine Färbung!

Um ganz sicher zu gehen, kann die Farbe daher mit Aceton (Nagellack-Entferner) überprüft werden. Äußerlich aufgetragene Farben lassen sich damit in aller Regel entfernen: Das acetongetränkte Tuch färbt sich, der Stein verblaßt.

**Oberflächliches Färben opaker und transparenter Steine durch gefärbtes Fett oder Wachs:** Diese äußerst primitive Methode wird noch immer in Indien und anderen asiatischen Ländern angewendet. Schon kräftiges Reiben der Steine hinterläßt hier mitunter Farbspuren auf der Hand, auf jeden Fall läßt sich diese Farbe wie o.g. mit Aceton identifizieren.

**Oberflächliches Färben transparenter Steine durch Bedampfung mit dünnen Metallschichten:** Die ersten Steine dieser Art waren durch Bedampfen mit Gold blau gefärbte Bergkristalle, die dann unter dem Begriff „Aqua Aura" in den Esoterik-Handel gebracht wurden. Inzwischen werden so auch z.B. Ametrine gefälscht, denen die verschiedenen Farbzonen aufgedampft werden. Da aufgebrachte Farbe einen Stein oftmals durch und durch farbig erscheinen läßt, ist der Nachweis hier nicht einfach. Lediglich durch Untersuchungen mit dem Mikroskop oder mit Hilfe von polarisiertem Licht läßt sich diese Fälschung identifizieren. Hier ist also im Zweifelsfall die Expertise eines Fachmanns notwendig.

**Durch Kochen, Vakuumfärben oder eingebrannte Farbstoffe gefärbte opake Steine:** Bei diesen Steinen sind die falschen Farben nur durch chemische Nachweise zu identifizieren, sofern die Farbe nicht so atypisch ist, daß sie mit dem bloßen Auge von natürlichen Farben unterschieden werden kann (z.B. gefärbter Achat). Mit Ausnahme des Onyx (gefärbt durch eingebrannte Zuckerlösung) lassen sich die meisten Farbstoffe wiederum durch Aceton nachweisen (z.B. Türkis, Lapislazuli). Dazu sollte das Prüfstück jedoch zu Granulat zerkleinert und in Aceton eingelegt werden, damit dem Aceton eine größtmögliche Angriffsoberfläche zur Verfügung steht. Färbt sich das Aceton, war der Stein gefärbt.

**Durch Kochen, Vakuumfärben oder eingebrannte Farbstoffe gefärbte transparente Steine:** Bei transparenten Steinen läßt sich die Farbe oft mit dem bloßen Auge im Stein ausfindig machen (z.B. Rosenquarz), auf jeden Fall jedoch mit dem Mikroskop, wie z.B. beim Achat (gefärbt durch Kochen) und Karneol (gefärbt durch eingebrannte Eisenlösung). Spätestens durch die Vergrößerung werden die Farbpigmente sichtbar, die sich eben in den Rissen und Poren des Steins befinden und nicht Teil des Kristallgitters sind. Etwas Erfahrung ist hier jedoch notwendig, um natürliche Einlagerungen (z.b. rotbraunes Eisenoxid im Rosenquarz) vom künstlich eingebrachten Farbpigment (z.b. magentafarbenes Pigment im Rosenquarz) zu unterscheiden.

Generell müssen gefärbte Steine von Rechts wegen als „gefärbt" oder „behandelt" deklariert werden. Fragen Sie bei „kritischen Steinen" also unbedingt nach, und lassen Sie sich vor allem als Einzelhändler im Zweifelsfall beim Einkauf im Großhandel eine schriftliche Bestätigung (z.B. eine Notiz auf der Rechnung) geben.

## Das Brennen

Das Brennen bewirkt eine Farb- oder Transparenz-Veränderung des Steins. Es werden entweder Oxidationsvorgänge der farbgebenden Inhaltsstoffe eines Steins in Gang gesetzt, die zu einer Farbveränderung führen (z.B. Aquamarin, Karneol), oder „entmischte" Bereiche (z.b. Schlieren und Trübungen ) so verschmolzen und „homogenisiert", daß der Stein klarer und transparenter erscheint als zuvor (z.b. Bernstein). Das Ziel dieser Verfahren ist, dem Stein entweder eine begehrtere Farbe zu geben (z.b. grüner Aquamarin wird blau, gelber Karneol orange), einen anderen Stein vorzutäuschen (gebrannter Amethyst gleicht dem Citrin) oder eine bessere Qualität vorzugaukeln (opaker Bernstein wird wunderschön klar).

Brennen hinterläßt Spuren in Steinen, die Fachleute unterscheiden können: Einschlüsse verändern sich (Aquamarin), schmelzen zusammen (Rubin, Saphir) oder platzen auf (Bernstein, sog. Flitterchen oder Sprenghöfe). Farbzonen verschwimmen (Rubin) oder sind vorhanden, wo sie nicht sein dürften (Citrin). Alle Brennverfahren lassen sich von Experten durch Mikroskop-Analysen nachweisen, während vom Laien eigentlich nur wenige Steine wie Bernstein und Citrin gegebenenfalls als falsch erkannt werden können. Daher ist bei allen Steinen, bei denen Manipulation durch Brennen möglich ist, beim Einkauf Vorsicht geboten. Gebrannte Steine müssen von Rechts wegen eigentlich als „gebrannt" oder „behandelt" deklariert werden. Vorsicht allerdings: Gebrannter Bernstein nennt sich „geblitzt".

## Das Bestrahlen

Noch schlimmer wird es beim Bestrahlen, das inzwischen in vielen Ländern, wie z.B. den USA, bereits industrielle Ausmaße angenommen hat. Durch Bestrahlung mit Kobalt-Strahlung (radioaktive Gammastrahlen) lassen sich in vielen Mineralien Farbveränderungen bewirken: Normaler milchiger Quarz wird zu Rauchquarz, klarer Topas zu blauem Topas, blasser Kunzit rosa-violett, blasser Rosenquarz dunkler usw. usw. Nur selten hinterläßt eine Bestrahlung erkennbare Spuren:

Topas weist nach Neutronen-Bestrahlung eine erhöhte Radioaktivität auf, weshalb er dann vor dem Verkauf auch einige Monate in „Quarantäne" muß. Bei Amethyst, Kunzit und Rosenquarz kann die künstlich hervorgerufene Färbung verblassen, dies geschieht mitunter jedoch auch mit natürlichen Farben. Und ist eine Bestrahlung sorgfältig genug durchgeführt, verändern sich auch Einschlußbilder nicht.

Kurz: Es ist schwierig bis unmöglich, bestrahlte Mineralien als solche zu identifizieren. So bleibt dem Großhandel nur die Möglichkeit, den Weg von der Mine über die Verarbeitung bis zum eigenen Lager zu kontrollieren. Bestrahlungsanlagen sind High-Tech-Instrumente, die Gott sei Dank nicht überall anzutreffen sind. Die größten Anlagen stehen, wie gesagt, in den USA, so daß Importe von dort immer mit Vorsicht zu genießen sind, solange man vor Ort keine Vertrauensleute hat. Gerade der häufig angebotene dunkle Rauchquarz aus Arkansas ist ausschließlich bestrahlter, minderwertiger Bergkristall oder Quarz.

Mineralien und Edelsteine, bei denen die Gefahr des Bestrahlens besteht, sollten Sie daher nur bei vertrauenswürdigen Firmen kaufen, die auch willens sind, für die Echtheit ihrer Steine zu bürgen. Aus verständlichen Gründen werden Firmen ihre Einkaufsquellen nicht offenlegen, doch zeigt sich sehr schnell an den anderen, überprüfbaren Produkten, wer ehrlich und ethisch handelt und wer nicht. Bestrahlte Steine müssen von Rechts wegen als „bestrahlt" oder „behandelt" deklariert werden.

## Die Rekonstruktion

Besonders opake Steine lassen sich oftmals aus Schleifstaub täuschend echt wieder neu zusammenfügen, „rekonstruieren". Dazu wird das feinkörnige Material entweder verschmolzen (Bernstein), gesintert, d.h. oberflächlich zusammengebacken (Hämatit), oder mit Hilfe eines Bindemittels zusammengeklebt (Azurit-Malachit, Türkis). Als Bindemittel wird meistens Kunstharz verwendet.

Rekonstruktionen transparenter Steine, wie z.B. Bernstein (Handelsname: Echt Bernstein), sind anhand typischer Einschlußbilder immer mikroskopisch nachweisbar. Rekonstruktionen von opaken Steinen, wie z.B. Hämatit (Handelsname: Hämatin) sind ebenfalls mit dem Mikroskop oder aufgrund veränderter mineralogischer Eigenschaften (Dichte, Bruch, Spaltbarkeit) identifizierbar. Und schließlich bleibt bei Kunstharz-Produkten noch der chemische Nachweis des Harzes, der in Fachlabors problemlos zu führen ist.

Es lassen sich daher alle Rekonstruktionen nachweisen, manche (z.B. Azurit-Malachit) vom Kenner sogar mit bloßem Auge (siehe auch Kapitel „Azurit-Malachit"). Daher sind Rekonstruktionen in der Regel korrekt deklariert, das Risiko ist für den Händler zu groß. Schauen Sie trotzdem genau hin, fragen Sie im Zweifelsfall nach, und machen Sie auf diese Deklarationspflicht aufmerksam: Rekonstruierte Steine müssen von Rechts wegen auch deutlich als „rekonstruiert" deklariert werden, sofern sie keinen gesonderten Handelsnamen wie „Echt Bernstein" (aus *echtem* Bernsteinstaub rekonstruiert) oder „Hämat*in*" tragen.

## Die Imitation

Imitationen bestehen aus Kunstprodukten wie Glas, Keramik oder festen chemischen Verbindungen oder aus ähnlichen Mineralien, die in der Regel häufiger vorkommen bzw. günstiger sind als der imitierte echte Edelstein. Sie ähneln dem echten Edelstein in ihrem Äußeren meist sehr, haben jedoch aufgrund der völlig verschiedenen inneren Beschaffenheit ganz andere physikalische, chemische und mineralogische Eigenschaften. Daher sind Imitationen leicht zu unterscheiden. Für Fachleute genügt meist der Blick durchs Mikroskop, wo sich der Smaragd z.B. schnell unterscheidet vom grün gefärbten Achat oder grünem Glas, oder die Lichtbrechungs-Messung am Refraktometer, um eine Imitation zu identifizieren.

Ganz raffinierte Imitationen bestehen teils aus dem vorgegebenen Mineral, teils aus anderen Schichten. Solche zusammengesetzten Steine werden Dubletten (zwei Schichten) oder Tripletten (drei Schichten) genannt und sind besonders bei Opalen beliebt. Oberflächlich tragen diese Steine eine hauchdünne Schicht Opal, sind dann jedoch mit Quarz oder

Kunststeinen unterlegt. Dubletten und Tripletten sind oft nicht leicht zu erkennen: Nicht immer fällt schon bei der Betrachtung der andersartige „Hintergrund" des Steins auf. Spätestens unter dem Mikroskop jedoch ist die Klebefläche bei einer Betrachtung von der Seite aufgrund ihrer anderen Lichtbrechung zu sehen.

Laien können sich bei Imitationen immer mit der einfachen Bestimmung der wichtigsten mineralogischen Daten behelfen und diese mit dem lexikalischen Teil dieses Buchs vergleichen. Irgendein Faktor, sei es die Härte, Dichte oder Strichfarbe, stimmt in der Regel nicht mit dem echten Edelstein überein, wodurch der Großteil der Imitationen erkannt werden kann.

## Die Synthese

Synthetische Mineralien und Edelsteine sind in ihren chemischen und physikalischen Eigenschaften weitgehend identisch mit den natürlichen Vorbildern. Lediglich aufgrund typischer Einschlußbilder sind sie unter dem Mikroskop noch von natürlich entstandenen Steinen differenzierbar. Zwar wird in der Synthese bereits eifrig an der künstlichen Nachahmung typischer Einschlußbilder gearbeitet, doch sind diese von Fundort zu Fundort so verschieden, daß es Kennern sogar möglich ist, anhand der Einschlußbilder eines Edelsteins auch die genaue Mine und Herkunft eines Steins zu ermitteln. Im Moment sind daher auch alle Synthesen mikroskopisch identifizierbar.

Für Laien ist es jedoch schlichtweg unmöglich, Synthesen und natürliche Edelsteine zu unterscheiden. Im Zweifelsfall sollte man hier also unbedingt den Rat eines Fachmanns einholen. Leider werden Synthesen durch neue Verfahren und steigende Produktion immer billiger, so daß wir seit 1995 nun auch im Bereich des einfachen Steinschmucks (Donuts, Ketten) mit Synthesen (z.B. Bergkristall) konfrontiert sind. Dieses Lexikon klärt daher auch darüber auf, bei welchen Heilsteinen Sie mit Synthesen rechnen müssen.

## Prüfungen und Konsequenzen

Abschließend zu diesem leider etwas unangenehmen Kapitel möchte ich Ihnen dringend raten, bei sehr teuren Anschaffungen von Heilsteinen auf einem mineralogisch-gemmologischen Zertifikat zu bestehen, sofern Sie sich selbst nicht sicher sind oder bei absolut vertrauenswürdigen Bezugsquellen einkaufen. Dies gilt insbesondere auch für den Einzelhandel, der die Pflicht zur Prüfung hat und beim Verkauf von Fälschungen auch juristisch belangt werden kann. Machen Sie selbst Stichproben, lassen Sie Ihre Ware prüfen und scheuen Sie sich nicht, betrügerische Lieferanten anzuzeigen. Im Sinne der Verantwortung, die man durch den Verkauf und die Anwendung von Heilsteinen trägt, ist es wichtig, darauf hinzuarbeiten, daß die goldenen Jahre der Betrüger und Fälscher gezählt sind.

Wie bereits erwähnt, ist die Heilwirkung eines Steins unmittelbar durch die mineralogischen Gegebenheiten der Entstehung, Kristallstruktur, Mineralstoffzusammensetzung und Farbe bedingt. Dadurch steht die Qualität eines Heilsteins in direktem Zusammenhang mit mineralogischer Qualität, Echtheit und Reinheit. In vielen Fällen hat die Praxis der vergangenen Jahre gezeigt, daß das Ausbleiben einer erwarteten Heilwirkung auf gefälschte oder minderwertige Heilsteine zurückzuführen war. Daher bitte ich Sie um Sorgfalt! Nach den wissenschaftlichen Grundlagen soll auch der nun folgende Teil „Heilkundliche Grundlagen" dazu Anregung und Unterstützung bieten.

# 2. Heilkundliche Grundlagen

## 2.1 Die Prinzipien der Steinheilkunde

Seit der Gründung der ersten Forschungsgruppe Steinheilkunde 1988 in Stuttgart wurden nicht nur empirische Daten über die Wirkung der Heilsteine gesammelt, sondern auch Versuche gestartet, die Ursachen dieser Heilwirkungen zu ergründen. Die Vorgehensweise dabei war streng wissenschaftlich. Entsprechend dem naturwissenschaftlichen Selbstverständnis beginnt jede wissenschaftliche Forschung oder Entdeckung zuerst mit der Beobachtung eines Phänomens, der Beobachtung, daß etwas geschieht, was einer Erklärung bedarf.

Damit kann die Steinheilkunde inzwischen zigtausendfach aufwarten. Tausende von Menschen haben die Erfahrung gemacht, daß Steine eine Heilwirkung besitzen und damit auch die zweite Forderung wissenschaftlicher Forschung erfüllt: nämlich festzustellen, ob das beobachtete Phänomen sich wiederholen läßt. Die weitere Vorgehensweise eines Wissenschaftlers ist dann, Experimente und Versuchsreihen zu starten, um herauszufinden, unter welchen Bedingungen das beobachtete Phänomen auftaucht und wann es ausbleibt. Diese Experimentierphase war der Inhalt der ersten Forschungsgruppe von 1988–1993.

In diesem Zeitraum wurden über 50 Heilsteine jeweils ca. 4 Wochen lang von Gruppenmitgliedern getragen, die dabei über alle außergewöhnlichen Phänomene körperlicher, seelischer oder geistiger Natur Buch führten. In gemeinsamen Treffen wurden die subjektiven Erfahrungen dann verglichen, um anhand der größtmöglichen Übereinstimmung ein objektives Bild der Wirkung des jeweiligen Heilsteins zu gewinnen. Dieses Vorgehen war angelehnt an die klassischen Arzneimittelprüfungen der Homöopathie und entspricht der Entwicklung einer wissenschaftlichen Theorie.

In der Wissenschaft spricht man von „Theorien" (griech. theoros = Zuschauer), um zu verdeutlichen, daß das gewonnene Ergebnis eine möglichst aktuelle, jedoch auch vorläufige Betrachtung ist. Zukünftige Erkenntnisse können schließlich jede Theorie reformieren oder revolutionieren. Man ist sich also bewußt, daß die Theorie nur eine Erklärung der Wirklichkeit ist und nicht die Wirklichkeit selbst. Zumindest sollte das so sein, wenn es wahrscheinlich auch nur wenigen Wissenschaftlern bewußt ist.

Um ganz sicher zu gehen, daß eine einmal formulierte Theorie immer wieder dem aktuellen Kenntnisstand angepaßt wird, sollte sie nach dem wissenschaftlichen Selbstverständnis in der Praxis erprobt, geprüft und möglichst widerlegt werden. Das klingt eigenartig, ist jedoch völlig logisch: Versucht man nämlich, eine Theorie zu beweisen, sammelt man automatisch Daten, die die Theorie belegen und läßt Gegenbeweise gerne außer acht. Auch Forscher sind schließlich nur Menschen.

Versucht man dagegen, eine Theorie zu widerlegen, sucht man gerade mit kritischem Verstand nach Gegenbeweisen. Wenn sich dann trotz aller Bemühungen keine solchen finden lassen, kommt die entsprechende Theorie der Wirklichkeit nahe. Dies war auch das Anliegen der Stuttgarter Forschungsgruppe. So wurde im Lauf der Jahre z.B. festgestellt, daß beobachtete Heilwirkungen in ähnlichen Situationen zwar oft, jedoch nicht immer auftreten. Sollte das Ganze doch bloß Zufall oder Placebo sein?

Dieses „Zwischenergebnis" führte die Forschung vom reinen Datensammeln weiter zu den tiefer liegenden Gesetzmäßigkeiten, die die Heilwirkung eines Steins begründen. Durch den Vergleich der mineralogischen Daten der Entstehung, der Kristallstruktur, der enthaltenen Mineralstoffe und der Farbe mit den beobachteten Wirkungen kristallisierten sich allmählich verschiedene Grundprinzipien heraus, durch deren Beachtung die Erfolgsquote in der Anwendung von Heilsteinen beträchtlich stieg. Bis 1995 ließen sich diese Grundprinzipien dann so weit beschreiben und erläutern, daß sie in dem Buch „Die Steinheilkunde" (Neue Erde Verlag, Saarbrücken) erstmals publiziert wurden.

Seither reißen positive Rückmeldungen nicht mehr ab. Durch den wissenschaftlichen Ansatz der Analytischen Steinheilkunde ist es nun möglich, für jeden Menschen in einer bestimmten Situation den besten Heilstein zu ermitteln. Kombiniert man die Auswahl der einzelnen Steine dann noch mit radiästhetischen (strahlenfühligen) oder kinesiologischen (beweglichkeitsprüfenden) Verfahren, so erhält man eine „Trefferquote" von fast 100%. – Das soll nicht bedeuten, daß Steine alles können: daß sie pauschal bei Krebs, AIDS und Erbkrankheiten helfen, wie manches pseudoheilkundliche Buch leichtfertig glauben macht. Solcherlei Versprechungen können wir aus der bisherigen Erfahrung leider nicht bestätigen. Es gibt auch in der Steinheilkunde Grenzen!

Bestätigt hat sich jedoch, daß Steine auch in scheinbar ausweglosen Situationen oder bei sog. „unheilbaren" Krankheiten eine große Hilfe sein können, indem sie körperliche Linderung, seelische Stärkung und geistige Erkenntnisse vermitteln. Dadurch helfen sie, den Krankheitshintergrund d. h. die Situation und die geistige Haltung, die zur Erkrankung führte, zu verändern, was die Heilungschancen deutlich verbessert. Die Steinheilkunde ist damit eine ganzheitliche Medizin, die Körper, Seele, Verstand und Geist gleichermaßen beeinflußt. Fragt sich nur noch, wie?

## Wodurch wirken Heilsteine?

Steine strahlen. Wie jeder andere Gegenstand nehmen sie ständig Energie auf (Licht und Wärme) und geben sie wieder ab. Wie bei der Bestimmung der Heilsteine im Kapitel „Lumineszenz" beschrieben, wird die abgegebene Energie jedoch verändert und tritt als Wärme, Licht oder hochfrequente Strahlung aus. Jedes Mineral ist dadurch von einem ihm eigenen elektromagnetischen Feld umgeben. Durch dieses Feld tritt es in Wechselwirkung mit uns und überträgt als eine Art „Mini-Sender" bestimmte, spezifische Informationen. Diese führen nun zu geistigen, seelischen oder körperlichen Reaktionen: Wird dabei ein bestehender Zustand verbessert oder etwas völlig Neues entwickelt, entsteht eine Heilwirkung. Über genauere Zusammenhänge solcher Wechselwirkungen informiert Sie das Buch von Marco Bischof, „Biophotonen – das Licht in unseren Zellen" (Verlag Zweitausendeins), eine umfangreiche wissenschaftliche Arbeit, die belegt, daß in der Biochemie und Biophysik diese Zusammenhänge seit über 70 Jahren bekannt sind.

## Welche Informationen werden übertragen?

Steine wachsen von außen: Wie bereits im Kapitel „Entstehung der Heilsteine" ausführlich erläutert, lagert die Natur bei der Kristallisation des Minerals Baustein um Baustein, Schicht um Schicht um einen ersten Keim herum ab. Was sich anlagert, ist also bestimmt von der äußeren Zufuhr. Wo Pflanzen, Tiere und Menschen die Möglichkeit haben, in ihrer Ernährung, in der Aufnahme der Stoffe, die sie zu ihrem Wachstum brauchen, eine Auswahl zu treffen, da ist der Stein völlig an das Angebot seiner Umgebung gebunden. Pflanzen besitzen an den Membranen ihrer Wurzeln die Möglichkeit, bestimmte Stoffe aufzunehmen, andere zurückzuhalten und dritte gar auszuscheiden. Sie haben also Möglichkeiten zur Selektion, auch wenn sie noch sehr stark abhängig sind vom Angebot des Bodens, um gedeihen zu können. Tiere haben es noch besser: Sie können ihre spezifische Nahrung suchen, notfalls wandern und verfügen über einen außerordentlichen Instinkt, der ihnen die richtige Auswahl ermöglicht. Der Mensch hat darüber hinaus sogar die Möglichkeit, seine Nahrung zu verändern: durch Kochen und Bearbeiten zuvor Ungenießbares genießbar zu machen.

Anders der Stein: Er wird genau so, wie seine Umgebung es vorgibt. Je nachdem, welche Mineralstoffe vorhanden sind, welcher Druck, welche Temperatur und welches Milieu (sauer/basisch) gegeben ist, ja sogar welche Strahlung im Moment einwirkt und wieviel Zeit zur Verfügung steht, bildet sich das eine oder andere Mineral. Schon die geringsten Veränderungen in diesen Umgebungsbedingungen können bewirken, daß das Wachstum eines Minerals beendet ist, das Mineral sich verändert oder gar ein völlig neues entsteht. Da ein Stein nun im Endzustand das perfekte Abbild dieser Entstehungsbedingungen ist, bleibt sein Werdegang quasi in ihm gespeichert und teilt sich über das elektromagnetische Feld mit. Uns erreichen so die Informationen über die Entstehung, die innere Struktur, die enthaltenen Mineralstoffe und die Farbe des Steins. Jede dieser Informationen führt zu charakteristischen Wirkungen.

## Das Bildungsprinzip

Heilsteine können, wie bereits erläutert, direkt aus dem Magma oder magmatischen Lösungen entstehen (primäre Entstehung), durch Verwitterung und Ablagerung (sekundäre Entstehung) oder durch eine innere Gesteinsumwandlung, eine sog. Metamorphose (tertiäre Entstehung). Jede dieser Entstehungsweisen verkörpert (im wahrsten Sinne des Wortes) nun eine bestimmte Wirkungsweise:

| Primäres Bildungsprinzip | Heilsteine primärer Natur fördern in ihrer Wirkung Lernprozesse und die Reifung bestimmter Eigenschaften und Veranlagungen in uns. Sie helfen immer dann, wenn ein neuer Lebensabschnitt begonnen hat und wir vor neuen Herausforderungen stehen. Heilsteine primärer Natur sind Starter und helfen, Ideen in die Tat umzusetzen und Anfangsschwierigkeiten zu überwinden. |
|---|---|
| Sekundäres Bildungsprinzip | Heilsteine sekundärer Natur machen die Ursachen geistiger, seelischer und körperlicher Muster und Prägungen bewußt und ermöglichen, diese zu verändern. Sie unterstützen uns in der Auseinandersetzung mit unserer Umwelt und sind immer dann eine Hilfe, wenn wir auf äußere Widerstände stoßen. Heilsteine sekundärer Natur helfen uns, Erschaffenes zu bewahren, zu verändern und stetig zu verbessern. Sie geben den Impuls, sich beständig weiterzuentwickeln. |

| | |
|---|---|
| **Tertiäres Bildungsprinzip** | Heilsteine tertiärer Natur bewirken innere Transformation, Wertewandel und das Erleben unseres wahren inneren Wesens. Sie helfen, Verhaftungen zu überwinden, Unerledigtes zu Ende zu bringen und Verluste zu verarbeiten. Heilsteine tertiärer Natur unterstützen das Streben nach Freiheit und erleichtern das Loslassen. |

## Die Kristallstruktur

So, wie Mineralien in ihrer inneren Kristallstruktur perfekte geometrische Grundmuster verkörpern, so beeinflussen sie auch unsere eigenen geistigen Grundmuster. Jedem Kristallsystem entspricht dabei ein typisches geistiges Erleben, ein typischer Lebensstil und ein typischer menschlicher Charakter. Wo immer sich in unserem Leben nun Schwierigkeiten oder Probleme aufgrund unseres geistigen Musters manifestieren, können Heilsteine mit der entsprechenden Struktur helfen, diese Schwierigkeiten zu überwinden oder das jeweilige Problem zu lösen. Es wird hier das homöopathische Prinzip „Ähnliches heilt Ähnliches" wirksam. Selbst bei körperlichen Beschwerden wird so der Heilprozeß gefördert.

Darüber hinaus können Heilsteine mit einer bestimmten Kristallstruktur Lernprozesse anregen, die zum Erwerb der entsprechenden geistigen Fähigkeiten und Eigenschaften führen. Voraussetzung dafür ist jedoch, daß man sich gesund und bei Kräften fühlt. Andernfalls kann der Start eines Lernprozesses ohne den Abschluß eines aktuellen Heilungsprozesses zu Verwirrung führen. Wenn Sie sich also von Steinen mit einem bestimmten Kristallsystem besonders angezogen fühlen, sollten Sie beide Möglichkeiten in Erwägung ziehen. Entsprechungen, die Sie nur „zu gut" kennen, sind daher ebenso interessant wie jene der folgenden Entsprechungen, die Ihnen in Ihrem Leben völlig fremd sind. Siehe hierzu auch Seite 38.

| | |
|---|---|
| **Kubisches Kristallsystem** | Das kubische Kristallsystem, Grundstruktur Quadrat, entspricht einer stark strukturierten, geregelten, geplanten, gesicherten und geordneten Lebensführung. Regelmäßigkeit und Ordnung sind hier die zentralen Lebensthemen. |
| **Hexagonales Kristallsystem** | Das hexagonale Kristallsystem, Grundstruktur Sechseck, entspricht einer zielstrebigen, leistungsorientierten, konsequenten und ausdauernden Lebensführung. Effektivität und Fortschritt sind hier die zentralen Lebensthemen. |
| **Trigonales Kristallsystem** | Das trigonale Kristallsystem, Grundstruktur Dreieck, entspricht einer einfachen, schlichten, in sich ruhenden, bequemen und geduldigen Lebensführung. Die besondere Stärke dieses Lebensstils ist Zufriedenheit und die Fähigkeit, Lebenssituationen so zu akzeptieren, wie sie sind. |
| **Tetragonales Kristallsystem** | Das tetragonale Kristallsystem, Grundstruktur Rechteck, entspricht einer ungeduldigen, forschenden, neugierigen und nur oberflächlich geregelten Lebensführung. Emotional handeln und rational denken kennzeichnen diesen Lebensstil. Auf alles ist stets eine Antwort parat. |

| | |
|---|---|
| Rhombisches Kristallsystem | Das rhombische Kristallsystem, Grundstruktur Raute, entspricht einer ruhigen, angepaßten, unauffälligen, jedoch von plötzlichen Wechseln und Wandlungen bestimmten Lebensführung. Charakteristisch ist ein sehr starkes Einfühlungsvermögen und der Drang, sich mit Gemeinschaften zu identifizieren. |
| Monoklines Kristallsystem | Das monokline Kristallsystem, Grundstruktur Parallelogramm, entspricht einer bewegten, sich ständig wandelnden, schnell entwickelnden und dynamischen Lebensführung. Hier ist die Intuition stark ausgeprägt, der Verstand dagegen oft mit großen Entscheidungsschwierigkeiten behaftet. |
| Triklines Kristallsystem | Das trikline Kristallsystem, Grundstruktur Trapez, entspricht einer veränderlichen, sich in Extremen bewegenden, sehr emotionalen und impulsiven Lebensführung. Mitunter entsteht aus der ständigen Veränderung Schicksalsgläubigkeit und Opferhaltung, in anderen Fällen jedoch Hellsichtigkeit und tiefes Verstehen. |
| Amorphe Mineralien | Amorphe Steine ohne innere Struktur entsprechen einer spontanen, nicht festgelegten, freien, unabhängigen, in den Tag hineinlebenden und manchmal undurchschaubaren Lebensführung. Sie repräsentieren das intensive Leben im Hier und Jetzt als eine Art aktiver Meditation. |

Vielleicht ist Ihnen aufgefallen, daß kein Kristallsystem besser oder schlechter ist als ein anderes. Sie sind lediglich verschieden, eben eine andere Art und Weise, das eigene Leben zu leben. Gerade die Vielfalt macht das Leben ja bunt und lebenswert, so daß es eigentlich optimal wäre, wenn wir den Vorteil jedes Kristallsystems bzw. den entsprechenden Zustand passend zur jeweiligen Situation frei wählen könnten. Genau das ist der Sinn der oben erwähnten Lernprozesse: Indem wir mit Hilfe der Kristallsysteme neue geistige Muster kennenlernen, werden wir selbst vielseitiger und flexibler und anderen Menschen und ihrer Art gegenüber verständiger und toleranter.

## Die Mineralstoffe

Die meisten Mineralien (Ausnahme: Die Klasse der Natürlichen Elemente und die natürlichen Legierungen, d.h. Metallverbindungen) bestehen aus zwei Komponenten: einem metallischen und einem nichtmetallischen Anteil. Der nichtmetallische Anteil bestimmt dabei die Zugehörigkeit zu einer bestimmten Mineralklasse (die chemische Verwandtschaft) und die Grundeigenschaften dieser ganzen Klasse (siehe dazu auch das Kapitel 1.6 „Die chemische Zusammensetzung der Heilsteine"). Jede Mineralklasse repräsentiert nun eine spezifische Charakteristik der Problemlösung oder Heilung. Alle Lebenssituationen bedürfen zu ihrer (Auf-)Lösung oder Weiterentwicklung einer bestimmten Initiative, die uns oftmals fremd ist oder schwerfällt. Durch einen Heilstein der dafür passenden Mineralklasse erhalten wir den notwendigen (die Not wendenden) Impuls und den Antrieb, entsprechend aktiv zu werden.

## Die Wirkungen der Mineralklassen

**Natürliche Elemente**
(bestehen nur aus einem Element)

Die Heilsteine aus der Klasse der Natürlichen Elemente fördern oder entdecken das eigene, innere Wesen. Sie helfen, Gegensätze und Widersprüche zu vereinen, zu vereinfachen oder zu vereinheitlichen.

**Sulfide**
(Schwefel-Abkömmlinge)

Die Heilsteine aus der Klasse der Sulfide sind Spiegel des Verborgenen. Sie helfen, alles aufzudecken, was wir gerne zurückhalten und verschweigen, Unklarheiten zu beseitigen und mehr Bewußtheit zu gewinnen.

**Halogenide**
(Abkömmlinge der Fluß- und Salzsäure)

Die Heilsteine aus der Klasse der Halogenide wirken auflösend und helfen, Verbindungen und Verhaftungen zu beenden. Sie greifen alle einengenden und unterdrückenden Lebensmuster und äußeren Einflüsse an und fördern die geistige Freiheit.

**Oxide**
(Sauerstoff-Abkömmlinge)

Die Heilsteine aus der Klasse der Oxide wandeln instabile in stabile Zustände um. Sie beleben und vitalisieren, fördern Aktivität und Dynamik, vermitteln jedoch gleichzeitig einen festen Standpunkt im Leben.

**Carbonate**
(Abkömmlinge der Kohlensäure)

Die Heilsteine aus der Klasse der Carbonate wirken stabilisierend und beschleunigen zu langsame oder bremsen zu schnelle Entwicklungen. Sie machen unterdrückte Impulse bewußt und helfen dadurch, Irrwege und Fehlentwicklungen zu korrigieren.

**Phosphate**
(Abkömmlinge der Phosphorsäure)

Die Heilsteine aus der Klasse der Phosphate setzen Energiereserven frei und fördern das Wachstum. Sie bewirken den Ausgleich des Säure-/Basen-Haushalts und damit auch ein seelisches und geistiges Gleichgewicht.

**Sulfate**
(Abkömmlinge der Schwefelsäure)

Die Heilsteine aus der Klasse der Sulfate wirken hemmend und sind daher als Heilsteine in erster Linie in Gebrauch, um schädliche Prozesse abzubrechen, psychische Erkrankungen zu lindern und vor seelischer und geistiger Überlastung zu schützen.

**Silikate**
(Abkömmlinge der Kieselsäure)

Die Heilsteine aus der Klasse der Silikate besitzen vielseitigste Kristallgitter (siehe Abb. Nr. 47, Seite 59), die eine weitere Unterscheidung notwendig machen:

**Inselsilikate**
(Kristallgitter mit einzelnen, Molekülen)

Inselsilikate fördern die Widerstandskraft und den Wunsch, das eigene Leben nach eigenen Vorstellungen zu gestalten. Sie regen das Streben nach Selbstverwirklichung an und geben Kraft und Ausdauer in schwierigen Zeiten.

**Gruppensilikate**
(Kristallgitter mit paarigen Molekülen)

Gruppensilikate regen die Erholung und Regenerationskraft an und helfen uns, zu unseren ursprünglichen Zielen und Absichten zurückzukehren. Vor allem in der Rekonvaleszenzphase nach schweren Krankheiten stabilisieren sie die Gesundheit.

**Ringsilikate**
(Kristallgitter mit ringförmigen Molekülen)

Ringsilikate sind entweder sehr gute Leiter (geordnete Ringe) und lenken den Energiefluß in uns, was sie sehr wertvoll zum Abbau von Spannungen und zur Schmerzlinderung macht. Oder sie sind stark absorbierend (ungeordnete Ringe), wodurch sie Energieüberschüsse abziehen und Fieber oder Hitzewallungen lindern.

**Kettensilikate**
(Kristallgitter mit Molekül-Ketten)

Kettensilikate regen den Energiefluß in uns und die Geschwindigkeit von Heil- und Entwicklungsprozessen an. Sie fördern die geistige Ausrichtung auf unsere Ziele.

**Schichtsilikate**
(Kristallgitter aus Molekül-Ebenen)

Schichtsilikate wirken schützend und stärken die Abgrenzung. Sie helfen vor allem auch bei negativen geistigen und energetischen Einflüssen von außen.

**Gerüstsilikate**
(Dreidimensionale Molekül-Gerüste)

Gerüstsilikate wirken absorbierend oder als Filter, der Bestimmtes aufnimmt und anderes reflektiert. Im letzteren Fall, insbesondere bei transparenten Gerüst-Silikaten, wird unsere Wahrnehmungsfähigkeit verbessert.

## Die Metalle

Diese Grundwirkungen der Mineralklassen werden nun durch die enthaltenen Metalle variiert und gewissermaßen „gefärbt". Tatsächlich bestimmen die enthaltenen Metalle oftmals auch die Mineralfarbe und andere spezielle mineralogische Eigenschaften. Da viele mineralbildenden Metalle auch in unserem Körper enthalten sind oder dort wie Gifte wirken, gibt es hier grundsätzlich zwei Wirkungsweisen:

Im Stoffwechsel notwendige Metalle regen im Körper jene Vorgänge an, bei denen sie selbst als Baustoff oder Koenzym (wirksamer Stoff in Enzymen, jenen organischen Verbindungen, die die Lebensprozesse der Zellen und des Organismus steuern) enthalten sind. Durch das Auflegen des Steins wird die Aufnahme oder Ausscheidung des entsprechenden Stoffs und seine innere Verarbeitung und Wirksamkeit angeregt.

Stoffwechselgifte regen im Körper dagegen entsprechende Entgiftungs- und Ausscheidungsvorgänge an. Allein durch das Auflegen des Steins werden diese Prozesse aktiviert und so auch die Heilung aller Krankheiten angeregt, die durch „Vergiftungen" im weitesten Sinne (also z.B. auch durch starke Medikamente) entstanden sind.

Analog zu diesen körperlichen Reaktionen regen dieselben Mineralstoffe auch entsprechende seelisch-mentale und geistige Wirkungen an. Ausschlaggebend, ob ein Heilstein eher über die körperliche, seelisch-mentale oder geistige Ebene wirkt, ist dabei die Menge des enthaltenen Mineralstoffs. Große Mengen wirken eher über das Stoffliche, sehr feine Mengen über das Geistige. Da wir Menschen eine Einheit sind, bleiben Wechselwirkungen zwischen den verschiedenen Ebenen natürlich nicht aus. Aus diesem Grund wird hier die Formulierung „wirkt über" verwendet.

## Das Prinzip der Verdünnung

**Häufige** Bestandteile eines Minerals wirken über den Körper, entsprechend dem o.g. Vorkommen im eigenen Stoffwechsel oder der Wirkung als Stoffwechselgift.

**Geringe** Bestandteile eines Minerals wirken über den seelischen Bereich. Dabei zeigen sich für jeden Mineralstoff typische emotionale oder dynamische Eigenschaften.

**In Spuren** vorhandene Mineralstoffe wirken über die geistige Ebene durch Veränderung der Lebensmuster, der geistigen Strukturen und des Charakters.

## Metallische Mineralstoffe

Beachten Sie bitte bei der nun folgenden Übersicht über die wichtigsten metallischen Mineralstoffe, daß die angegebene Wirkung durch das Auflegen oder Tragen eines entsprechenden Steins bewirkt wird und nicht durch die innere Einnahme! Leider gibt es in der Literatur z.T. gefährliche Anwendungsempfehlungen, die die Einnahme pulverisierter Mineralien oder das Aufbrühen von Mineralien als „Tee" empfehlen. Diese Rezepte können gesundheitsschädigend sein und erzielen nicht die hier angegebenen Wirkungen.

| | |
|---|---|
| Aluminium | Vermindert Säurebildung im Magen, fördert basischen Stoffwechsel, wirkt beruhigend und regt den Wunsch nach Abwechslung und Veränderung an. |
| Antimon | Fördert Verdauung und Ausscheidung, hilft bei Hautkrankheiten und Ausschlägen, fördert Denk- und Kritikfähigkeit und ermöglicht, belastende Gefühle zu überwinden. |
| Beryllium | Gegen Allergien, Ekzeme, Geschwüre und Rheumatismus, fördert die Wahrnehmung, Konzentration, Weitsicht, Disziplin, Zielsetzung und Strenge. |
| Blei | Hilft bei Muskelschwund, Austrocknung, Verhärtung und Steinbildung in den Organen, stoppt Halluzinationen und fördert Selbstbeherrschung und Pflichtbewußtsein. |
| Calcium | Hält Knochen, Gewebe und Zähne gesund, fördert die Reizleitung der Nerven und stärkt das Herz, stabilisiert, klärt Verwirrung und fördert geistiges Wachstum. |
| Chrom | Gegen Kopfschmerzen, Schwächezustände und Entzündungen, gegen das Gefühl, „unter Druck zu stehen" sowie für Selbstbestimmung und Individualität. |

| | |
|---|---|
| Eisen | Blutbildend, immunstärkend, anregend, belebend, gibt Antrieb, Bewegung, Initiative, Begeisterungsfähigkeit, stärkt die Willenskraft und das Durchhaltevermögen. |
| Gold | Fördert Energieverteilung, Vitalität, Drüsentätigkeit und die Regeneration der Geschlechtsorgane, hilft aus Depressionen sowie dem Leben Sinn zu geben. |
| Kalium | Reguliert Nierenfunktion und Blutdruck, stärkt Muskeln und Herzmuskel, fördert die Darmfunktion, befreit von Ängsten und Melancholie und fördert die Intuition. |
| Kobalt | Steigert die Bildung der roten Blutkörperchen, weckt Neugier, Lebensfreude, Witz und List und fördert die Erkenntnis des geistigen Universums. |
| Kupfer | Fördert Blutbildung, Aktivität von Leber und Gehirn, Stoffwechsel und Entgiftung, bringt Traumtätigkeit, Gefühlsausdruck, Wachheit, Neutralität und Ausgleich. |
| Lithium | Gegen Nervenschmerz, Rheumatismus, Nierenbeschwerden, Gicht, beruhigend, antidepressiv, verbessert das Erinnerungsvermögen und lehrt Hingabe und Demut. |
| Magnesium | Löst Muskelkrämpfe, gegen Gewebs- und Gefäßverkalkungen, lindert Migräne, stark beruhigend, friedliches Gemüt, Entspannung, Großzügigkeit, Vertrauen, Charisma. |
| Mangan | Wirkt schmerzlindernd, fördert Herz, Herztätigkeit, Fruchtbarkeit, Empfindsamkeit, Herzenswärme und Verzeihen sowie das Verstehen in allen Beziehungen. |
| Natrium | Reguliert Nierenfunktion, Wasserhaushalt, Kreislauf und Blutdruck, strukturiert und hilft, innere Bilder zu bewahren, fördert Beharrlichkeit und Standfestigkeit. |
| Nickel | Fördert Entgiftung, Leberaktivität, Kreativität und Erfindungsgabe, hilft, belastende Bilder loszulassen sowie gegen Alpträume, Ängstlichkeit, Traurigkeit und Gereiztheit. |
| Silber | Kühlend, schmerzlindernd, fruchtbarkeitsfördernd bei Frauen, fördert Phantasie, Einfühlungsvermögen, Gemeinschaftssinn und ausgeglichenen Lebensrhythmus. |

| | |
|---|---|
| Silicium | Gut für Haut, Haare, Nägel, Schleimhäute, Drüsen, Bindegewebe und Knochen, gegen Überempfindlichkeit und Erschöpfung, für Stabilität und Geistesgegenwart. |
| Strontium | Löst Verhärtungen, Verengungen, Verspannungen und Nervenentzündungen, bringt seelische Erleichterung und fördert gesunde geistige Strukturen. |
| Titan | Gegen Schnupfen, Bronchitis, Lungen- und Nierenentzündung sowie Enge, Einschränkung, Angst; aufmunternd, vermittelt Unabhängigkeit und geistige Größe. |
| Vanadium | Entzündungshemmend bei Haut-, Augen- und Atemwegserkrankungen, hilft, Zurückhaltung abzulegen, Gefühle zu zeigen und konstruktive Ideen zu entwickeln. |
| Wismut | Desinfizierend und zusammenziehend, für Wundheilung und Regeneration der Schleimhäute, fördert Unbefangenheit und spielerische Selbstverwirklichung. |
| Zink | Fördert Wundheilung, Immunsystem, Knochen, Gehirn und Sinneswahrnehmung, innere Ruhe, Konzentration, Kraft und Mut sowie Kommunikation und Idealismus. |
| Zinn | Hilft bei Spasmen, Schwäche und Lähmung, chronischen Atemwegserkrankungen, Leber- und Gallenleiden, fördert Begeisterung, Vertrauen und Inspiration. |
| Zirkonium | Gegen Krämpfe und Menstruationsbeschwerden, löst materielle Verhaftungen und übersteigertes Festhalten, fördert die Erkenntnis des Lebenssinns. |

## Die Farbe

Alle unsere inneren Prozesse, ob geistiger, seelischer, mentaler oder körperlicher Natur, wirken zusammen und erzeugen energetische Phänomene. Daher geht jeder Gedanke und jedes Gefühl einher mit bestimmten Stoffwechselvorgängen und chemischen Reaktionen im Körper. Und dabei wiederum entsteht Energie oder wird verbraucht, genauer gesagt, es werden bestimmte Lichtspektren erzeugt oder absorbiert. Unser gesamtes Erleben führt so zu einer „Farbbildung" (Farbe = Licht = Energie) im Körper, die einen Ausgleich sucht, um den neutralen Zustand „Weiß" (bzw. „Schwarz") zu erreichen. Und dieser Ausgleich geschieht ganz einfach über das äußere Zuführen einer anderen Farbe, nämlich der ergänzenden, der Komplementärfarbe! Aus diesem Grund stimuliert auch die Mineralfarbe beim Auflegen oder Tragen eines Heilsteins bestimmte Stoffwechsel- und Organfunktionen sowie seelisches Erleben, Gefühle, Denken und den geistigen Willen.

Experimente haben gezeigt, daß das Betrachten eines Heilsteins dabei die seelisch-mentalen und geistigen Prozesse aktiviert, während das direkte Tragen auf der Haut die körperlichen Vorgänge stimuliert. In diesem Sinn gewinnt auch das Tragen von Kleidung oder Schmuck eine neue Dimension, beides wirkt schließlich auf uns und andere! Im folgenden werden nun die Wirkungen der verschiedenen Mineralfarben kurz zusammengefaßt. Dabei bitte ich ebenfalls zu beachten, daß diese Wirkungen durch Heilsteine hervorgerufen wurden. Andere Verfahren der Farbtherapie können teilweise zu abweichenden Ergebnissen führen.

| | |
|---|---|
| Rot | Rot wirkt anregend, erhitzend, beschleunigend und stimuliert Kreislauf, Blutgefäße und das Blut selbst. Es fördert Liebe und Haß sowie die Verarbeitung von Lebenserfahrungen und führt so zu geistigen Wachstumsprozessen. |
| Rosa | Rosa macht friedlich, empfindsam und fördert die Herztätigkeit. Es fördert die Fähigkeit, Gefühle zu empfinden. |
| Orange | Orange wirkt sanft anregend und belebend. Es stimuliert den Dünndarm und die Nährstoffaufnahme. Orange fördert die Lebensqualität, stimmt heiter und fröhlich. |
| Braun | Braun entspannt und sammelt. Es fördert das Körperempfinden und das Gewebewachstum, Kraft und Stabilität. |
| Gold und gelb | Gold und gelb wirken aufmunternd und lebensbejahend. Die körperliche und geistige Ernährung und Verdauung wird angesprochen sowie die Organe Magen, Milz, Bauchspeicheldrüse und das vegetative Nervensystem. Gelb stärkt das Glück, vermindert die Sorge und unterstützt die Reifeprozesse des Lebens. |
| Grün | Grün wirkt harmonisierend und neutralisierend. Es stimuliert Leber und Galle, die Regenerationskraft und Entgiftung. Grün entlädt Wut und Zorn und bringt Frieden, Initiative und Lebenswillen. |
| Blau | Blau wirkt kühlend und beruhigend. Es stimuliert den Hormon- und Flüssigkeitshaushalt sowie die Tätigkeit von Niere und Blase. Blau lindert Angst, fördert Mut und Ehrlichkeit und hält in Bewegung. |
| Violett | Violett wirkt befreiend. Es fördert die Tätigkeit von Gehirn, sensiblen und motorischen Nerven, Haut, Lunge und Dickdarm. Violett fördert Trauer und Erleichterung, Verständnis, Unterscheidungsvermögen, geistige Ruhe und Gelassenheit. |

| | |
|---|---|
| Bunt und schillernd | Bunt und schillernd wirken als nicht homogene Farbmischungen belebend, aufmunternd und bringen Lebensfreude. Gefördert wird Zerstreuung und Erinnerung. |
| Silber, weiß und klar | Silber, weiß und klar sind neutrale Farben, die das Bestehende unterstützen und sichtbar machen. Sie fördern Erkenntnis und Klarheit, gegebenenfalls auch Abschirmung. |
| Schwarz | Schwarz ist ebenfalls neutral. Es fördert die Konzentration und befreit von Ablenkungen. Schwarz wirkt absorbierend und dadurch stark anziehend. |

## Die Signaturenlehre

In diesen vier Grundprinzipien Entstehung, Kristallstruktur, Mineralstoffe und Farbe begründet sich nun die Heilwirkung eines Steins. Für sich betrachtet sind diese vier Prinzipien jedoch wie vier Farben auf der Palette eines Malers. Man erkennt beim Anblick der Palette noch nicht das fertige Bild. Dieses offenbart sich auch beim Stein erst im Studium seiner ganz individuellen Gegebenheiten. Im umgekehrten Fall, nach dem Erleben einer Heilwirkung, sind diese Prinzipien jedoch sehr hilfreich, die Hintergründe und das „Warum" zu erkennen.

Um nun die individuelle Heilwirkung eines Steins auf der Grundlage der bereits erläuterten Prinzipien zu ermitteln, müssen wir die vier mineralogischen Aspekte mit einem fünften Aspekt verbinden: der Signatur des Steins. Die Signatur (lat. signum = Zeichen) ist das Bild, welches ein Stein in seiner äußeren Erscheinungsform, seiner Entstehung oder den verborgenen, jedoch bekannten Eigenschaften offenbart. Dieses Bild bezeichnet (signalisiert) nun den Zusammenhang zu ähnlichen Erscheinungen im Pflanzen-, Tier- und Menschenreich, da sich nach den Erkenntnissen der Signaturenlehre hinter ähnlichen Erscheinungsformen oder ähnlichen Prozessen stets dieselbe geistige Natur verbirgt.

Jahrhundertelang war die Signaturenlehre die Grundlage vieler medizinischer Systeme. Erst als der Materialismus irrtümlicherweise den Zufall statt des Geistes zum Beweger aller Dinge deklarierte, gab es keine logische Erklärung mehr für die Parallelität und subtile Verbindung ähnlicher Erscheinungsformen. Die uralte hermetische Weisheit „Wie oben, so unten, wie innen, so außen" wurde abgeschafft. Nichtsdestotrotz blieb ihre Gültigkeit erhalten, wie es z.B. die Homöopathie mit dem Prinzip „Ähnliches heilt Ähnliches" beweist. Daher kann man auch bei Heilsteinen von ihrer Signatur direkt auf ihre Heilwirkung schließen.

Wenn Sie also eine Parallelität oder Ähnlichkeit in der individuellen Erscheinung eines Heilsteins zu Körperstrukturen, Zellen, Geweben oder Organen finden, so besteht zwischen beiden ein Zusammenhang. Dieser spezielle Stein kann als Heilstein für den jeweiligen Bereich verwendet werden. So helfen z.B. Achate mit der Signatur eines Auges bei organischen Augenleiden, Achate mit der Signatur einer Blase bei chronischen Blasenentzündungen oder Malachite mit der Signatur des Gehirns bei Gehirn- und Nervenerkrankungen.

Zur Signatur zählt auch die Entstehung eines Heilsteins. Wenn Sie in der bildhaften Vorstellung des Entstehungsprozesses Parallelen zu körperlichen, seelischen oder geistigen Vorgängen entdecken, so besteht auch hier ein Zusammenhang. So entsteht z.B. Chalcedon durch das „Hindurchsickern" von Kieselsäure durch feine Risse im Gestein, welche dann in größeren Spalten oder Hohlräumen zusammenströmt und darin erstarrt. Analog dazu regt Chalcedon den Fluß der Körperflüssigkeiten in den Zellzwischenräumen (Abbau von Ödemen) an, den Fluß der Lymphe in den Lymphbahnen und die Bildung von Muttermilch in den Brüsten.

Schließlich gehören auch die geistigen Eigenschaften bestimmter Stoffe oder Strukturen im weitesten Sinne zur Signatur eines Heilsteins. Diese geistigen Eigenschaften sind nicht immer sofort aus der Anschauung ermittelbar, sie können jedoch durch das Beobachten des Verhaltens eines Stoffes in chemischen Reaktionen und Verbindungen oder durch die Wirkung einer Struktur auf uns Menschen erkannt werden. Solche Beobachtungen wurden über Jahrhunderte gemacht und sind bis heute überliefert. Nicht das Erzeugen von Gold oder eines imaginären Steins der Weisen war das zentrale Anliegen der antiken und mittelalterlichen Alchemie, sondern eben die Erkenntnis der geistigen Natur aller stofflichen Erscheinungsformen und ihrer Verwandlungen. Die Ergebnisse der Alchemie sind eingeflossen in die Astrologie, Anthroposophie, Homöopathie, Spagyrik und viele volkskundliche Überlieferungen, so daß diese Quellen uns heute neben den modernen wissenschaftlichen Betrachtungen zur Ermittlung der Signatur offenstehen. So verwundert es z.B. nicht, daß eisenreiche Heilsteine in der Regel erwärmend wirken, ist doch nach alten Erkenntnissen das Eisen dem Planeten Mars und dem Element Feuer zugeordnet.

Wenn Sie sich für die Signaturenlehre interessieren, kann ich Ihnen das Buch „Substanzlehre" (Haug Verlag) von Rudolf Hauschka empfehlen, das sehr schön alle drei Ebenen der Signaturenlehre verbindet: die direkte Anschauung, die Entstehung der mineralischen und pflanzlichen Substanzen und die hier wirksamen geistigen Kräfte und Prinzipien. Alle drei Ebenen fließen als Gesamtbild eines Heilsteins nun in die Informationen ein, die der Stein ausstrahlt und werden, nach dem Gesetz der Resonanz, dort wirksam, wo sie bei uns auf Ähnliches treffen.

Manchmal gibt es hier jedoch einen vom Menschen geschaffenen sechsten Faktor, der die Wirkung eines Heilsteins beeinflussen kann: die durch Schliff und Bearbeitung entstandene äußere Form. Durch die Bearbeitung der Mineralien und Edelsteine sind wir nämlich in der Lage, dem Stein neue Qualitäten hinzuzufügen, die er bis dahin noch nicht besaß. Unabhängig von den naturgegebenen Eigenschaften der Entstehung, Kristallstruktur, chemischen Zusammensetzung und Farbe lassen sich viele Steine in beliebige Formen schleifen, solange nicht Spaltbarkeit, Sprödigkeit oder die Tatsache, daß der Stein nur als winziger Kristall, als winziges Aggregat zu finden ist, entgegenstehen. Bearbeitete Formen sind also das Werk des menschlichen Geistes, der bewußt oder unbewußt die natürlichen Qualitäten des Minerals fördert, vermindert, verstärkt, ausgleicht oder einfach in bestimmte Bahnen lenkt. Dabei sind die hier wirksamen Prinzipien sehr einfach nachzuvollziehen, wie das folgende Kapitel zeigen wird.

## Form und Symbol

Formen sind wirksam, das erleben wir alltäglich in der Architektur, Raumgestaltung, Einrichtung, Dekoration und vielen anderen Bereichen. Spitze Winkel verursachen ein anderes Ambiente als runde Bögen, und die verschiedenen Atmosphären in romanischen Kirchen, gotischen Kathedralen und modernen Bauten haben viel mit den verschiedenen Formelementen zu tun. Form schafft Atmosphäre und verändert damit in erster Linie den geistigen Raum. Sie kann die Empfindung von Enge, Weite, Fülle und Leere erzeugen, selbst wenn das mathematisch berechnete Volumen immer gleich ist. Das ist leicht nachzuvollziehen und anschaulich, wenn wir verschiedene Formen nebeneinander betrachten:

■  ◇  ★  ○  ◆  ▲  ✦  ∞  ♦  ✧  ●

Form verändert das Erleben des Geistes. Sie kann Interesse erregen oder abwehren, Wohlbefinden erzeugen oder Warnung signalisieren, geistige Zuwendung oder Abwendung beeinflussen und uns motivieren, etwas zu ergreifen oder loszulassen. Auf dieser Ebene findet sich ihre eigentliche Wirkung. Es geht hier nicht um spezifische Wirkungen auf bestimmte Bereiche unseres Daseins, um keine speziellen geistigen, seelischen, mentalen oder körperlichen Qualitäten, sondern darum, wie wir als gesamtes Wesen reagieren, uns empfinden und der Realität gegenübertreten. Daher kann auch die richtige Form eines Heilsteins entscheidend dafür sein, ob wir uns auf seine Wirkung einlassen oder nicht. Die vom Menschen geschaffene Form sollte den Stein und seine Qualitäten veredeln, nicht abwerten!

„Nicht das Material muß edel sein, sondern der Geist, der es veredelt!"

*Rudolf Steiner*

Im Fall unserer Edelsteine und Mineralien verbinden wir - im Idealfall - beides: Edle Steine, die sich aufgrund ihrer besonderen Eigenschaften aus den gewöhnlichen Kieseln herausheben, und die schöpferischen Qualitäten des menschlichen Geistes. Ganz obenan stehen hier natürlich die Arbeiten einfühlsamer Schleifer und Künstler, die in der Lage sind, im Stein die innewohnende Form zu sehen, zu erspüren und zu erahnen, also genau das freizusetzen, was er als Potential in sich trägt. Michelangelo formulierte die Arbeit eines Steinmetzen einstmals so, daß es nur gelte, alles Überflüssige wegzuschlagen, um die innere Gestalt des Steins zu befreien.

Solchen Skulpturen, Schmuckstücken und Edelsteinen spürt man die Befreiung an. Sie sind einzigartig, originell und von großer Tiefe. Ihre Betrachtung hebt die eigene Stimmung, sie erfreuen das Herz und inspirieren den Geist. Es sind die wahren Meisterstücke, die man nicht beschreiben, sondern nur sehen und erleben kann. Durch die Verbindung von edlem Material und edlem Geist entsteht eine Form, die den Edelstein zu einem echten Juwel erhebt. Doch solche Steine sind selten.

Auf einer anderen, viel tieferen Ebene vollzieht sich das Gros der heutigen Steinbearbeitung. Hier ist es nicht die Inspiration des Künstlers, die den edlen Stein erneut veredelt, hier werden Mineralien und Edelsteine einfach in vorbestimmte Formen geschliffen. Da auch diese Formen das Erleben des Geistes beeinflussen, verbinden sich auch hier die naturgegebenen Qualitäten mit zusätzlichen Eigenschaften. Doch es entsteht nicht die Befreiung des Steins wie in ersterem Fall, sondern einfach eine Prägung, Beeinflussung und bis einem gewissen Grad auch eine Festlegung des Steins auf eine ganz bestimmte Funktion, Aufgabe und Wirkung. Die standardisierte Form führt auch zu einer Standardisierung des Steins: Er ist nicht mehr einzigartig und individuell, sondern genormt und uniform. Nicht immer entspricht die Form, die man ihm gibt, auch seinem eigentlichen Wesen, daher fühlen sich manche Formen unpassend, seltsam oder sogar unangenehm an. Dabei würde allein die Kenntnis ihrer Bedeutung helfen, Mineral und Form passend zu kombinieren. Aus diesem Grund werden den äußeren, vom Menschen geschaffenen Formen im folgenden ein paar Worte gewidmet.

Zuvor allerdings soll noch darauf verwiesen sein, daß die Natur selbst in vielen Fällen bereits das Bestmögliche geschaffen hat, was für ein Mineral oder einen Edelstein erreichbar ist. Viele Kristalle oder Mineralaggregate stellen bereits eine Krone der Schöpfung dar. Sie lassen sich oft nicht weiter veredeln und sind auf ihre Art wirklich perfekt. Solche Wunderwerke der Natur durch Profitgier zu zerstören, zu zerschneiden und zu profanem Schmuck zu verarbeiten, ist eine Herabwürdigung und Abwertung des edlen Steins durch einen unedlen Geist. Auch dazu sind wir Menschen fähig, wenn wir das Geld über die Schönheit und Ästhetik stellen. Doch geschieht es glücklicherweise immer wieder, daß ein besonders schöner Kristall oder ein einzigartiges Mineral vor der Verarbeitung bewahrt wurde. All jenen, die hier auf materielle Bereicherung verzichteten, um den geistigen Reichtum zu bewahren, den edle Steine jedem Betrachter schenken können, sollten wir daher unseren tiefen Respekt aussprechen.

## Von der Form zum Symbol

Eine Form ist zunächst eine geistige Idee, der Ausdruck einer Absicht und eines ästhetischen oder funktionalen Empfindens. Aus dem unmittelbaren, meist unbewußten Erleben einer Form heraus belegen wir sie mit einer oder mehreren Bedeutungen. Das heißt, eine Form repräsentiert für uns genau das, was wir in sie hineindeuten, indem wir das unmittelbar Erlebte interpretieren und bewerten. Dieses Deuten, Interpretieren, Bewerten und Belegen ist das Werk menschlichen Geistes, das durch verschiedenste vergangene Erfahrungen gefärbt wird. In die oberste Schicht spielen hier unsere persönlichen Erfahrungen hinein, jene Assoziationen, die aus unserem individuellen Erleben entstehen. Wir übertragen so z.B. unbewußt die Eigenschaften verschiedener Personen auf die Schmuckstücke, die sie tragen. Beobachten wir dreieckige Schmucksteine bei sympathischen Personen, wird uns diese Form ebenfalls sympathisch erscheinen, sogar auf andere Menschen, die ähnlichen Schmuck tragen, werden wir eventuell unsere Sympathie übertragen. Auf diese Weise wird die Form zum Symbol, dem wir eine ganz bestimmte persönliche Bedeutung beimessen.

In einer tieferen Schicht ist es nicht das persönliche Erleben, sondern die gemeinschaftliche Vereinbarung, die einer Form eine symbolische Bedeutung gibt. Das ist übrigens auch die ursprüngliche Bedeutung des Begriffs „Symbol". Vom griechischen symbolon = (Kenn-)Zeichen stammend, waren vereinbarte Zeichen damit gemeint, die zwischen Freunden, Verwandten oder Mitgliedern einer Gemeinschaft die Zusammengehörigkeit erwiesen. Aus dieser Wurzel abgeleitet, gibt es heute viele gemeinschaftlich vereinbarte Formen mit einer bestimmten Bedeutung: beginnend bei den Formen der Verkehrsschilder bis zu den Insignien von Familien, Vereinen, Institutionen und Staaten. Auch diese Bedeutungen übertragen wir unbewußt auf die Form der Steine.

Auf dieser Ebene werden natürlich auch kulturelle Unterschiede deutlich. Ein heiliges Symbol der einen Kultur kann in einer anderen sogar verboten sein. Was hier spirituelle Erhabenheit auslöst, rührt andernorts an alte, kollektive Traumata oder umgekehrt. Die Betrachtungen sind also je nach Standort verschieden. Indianerschmuck erinnert in Europa wahrscheinlich eher an den Indianermythos eines Karl May, in den Indianerreservaten selbst geht es um das Überleben der eigenen Kultur und die nach wie vor andauernde Unterdrückung durch den weißen Mann. So wie sich die persönliche Bedeutung einer Form also auf das einzelne Individuum bezieht, so ist die gemeinschaftliche Bedeutung auf Gruppen und Kulturen begrenzt.

Es gibt jedoch eine noch tiefere Ebene, auf der sich allgemein menschliche Empfindungen begegnen, wo bestimmte Grundbedeutungen in verschiedensten Kulturen immer wieder aufzufinden sind. Diese gesellschaftsübergreifenden Übereinstimmungen scheinen archetypischer Natur zu sein, also Grundwahrheiten widerzuspiegeln, die alle Menschen gleich erleben. Ihr Ursprung scheint in ferner Vergangenheit zu liegen und doch zeitlos zu sein, wie eine archaische Erinnerung, die selbst bei Kindern schon zum Vorschein kommt. Diese archetypischen Urbedeutungen der Formen ändern sich nicht. Sie können kulturell oder individuell überlagert sein, doch sie bleiben im Prinzip immer gleich.

Aus diesem Grund soll im folgenden vor allem diese tiefe Ebene angesprochen werden. Natürlich ist kein Autor frei von individueller und kultureller Betrachtung, daher bitte ich darum, mir „Einfärbungen" persönlicher Art nachzusehen, die ich zwar zu vermeiden suche, vielleicht jedoch nicht vollständig erkennen kann. Ich möchte jedoch auch alle Leser bitten, eigene Bewertungen zunächst beiseite zu stellen und nachzuspüren, ob das Beschriebene innerlich nachvollzogen werden kann. Auf diese Weise kann die Bedeutung einer Form auch zum Spiegel des eigenen Erlebens werden. Steine, die in bestimmte Formen geschliffen wurden, eignen sich außerdem besonders gut, die unmittelbare Wirkung einer Form selbst zu erleben. Ein solcher Stein kann zum Prüfstein werden, sowohl für das hier Beschriebene als auch für sich selbst.

## Die Bedeutungen der Formen

Da es um Heilsteine, Mineralien und Edelsteine geht, werden hier nicht alle möglichen Formen mit ihren Bedeutungen besprochen, sondern nur jene, die bei geschliffenen Steinen und Schmucksteinen üblich sind. Es besteht kein Anspruch auf Vollständigkeit, da neue Zeiten erfahrungsgemäß auch immer wieder neue Formen (mit oftmals „alten" Bedeutungen) mit sich bringen. Erforschen Sie daher neue Formen selbst, bestimmte Ähnlichkeiten mit hier besprochenen Grundelementen und -formen werden Sie immer wieder entdecken.

**Grundelemente:** Grundelemente sind übergreifende Eigenschaften verschiedener Formen, wobei hier zunächst in geschlossene und offene Formen sowie Formkombinationen unterschieden wird:

**Geschlossene Formen** füllen eine Fläche (zweidimensional) oder einen Raum (dreidimensional) vollständig aus. Dadurch wirken sie kompakt und massiv. Sie repräsentieren den erfüllten Raum und damit im übertragenen Sinn die Wunscherfüllung oder Vollendung einer Sache. Mit der Vollendung verlieren wir jedoch das Interesse daran, daher repräsentieren sie auch die materielle Erscheinung oder die Abwendung des Geistes, das Loslassen und die Hinwendung zu neuen Ideen. Geschlossene Formen sind z.B. die Kreisfläche, das ausgefüllte Quadrat, die Kugel oder die Pyramide.

**Offene Formen** werden unterschieden in Formen mit innerer Öffnung, durchbrochene Formen und Formen aus unabhängigen Einheiten.

**Formen mit innerer Öffnung** weisen einen geschlossenen äußeren Rand auf (zweidimensional) oder eine geschlossene Hülle mit einzelnen Öffnungen (dreidimensional), wirken dabei jedoch vollständig. Formen mit innerer Öffnung wecken Interesse und erregen die Aufmerksamkeit des Geistes. Sie repräsentieren die Hinwendung des Geistes an die Materie, die Beeinflussung und Verwandlung der Materie durch den Geist, und weisen auf die Funktion und Aufgabe der Form hin. So wie ja auch ein Krug (dreidimensionale Form mit innerer Öffnung) nur durch die Leere in ihm seine Aufgabe und Funktion (die Aufnahme von Flüssigkeit) erfüllen kann. Formen mit innerer Öffnung sind z.B. der Ring, die Röhre oder ein an einer Seite offener Würfel.

**Durchbrochene Formen** wirken unvollständig. Sie erinnern an eine geschlossene Form oder eine Form mit innerer Öffnung, doch es fehlt ihnen ein Stück. Sie binden die Aufmerksamkeit des Geistes, indem dieser in seiner Vorstellung das fehlende Stück zu vervollständigen sucht. Die Bindung entsteht, da der Wunsch nach Vollendung geweckt wird, jedoch kein Spielraum für die Entwicklung von Alternativen zur vorgegebenen Form gegeben ist. Dadurch repräsentieren diese Formen die Bindung des Geistes an die Materie, die Verstrickung, Abhängigkeit und Unterordnung. Sie stehen für das äußere Leben in den Erscheinungen der Welt und die Manipulation durch fremde Einflüsse. Durchbrochene Formen sind z.B. die C-Form (durchbrochener Kreis) und die U-Form (durchbrochenes Oval).

**Formen aus unabhängigen Einheiten** werden oft nicht als solche erkannt. Nur die Phantasie, der Sinn der Sichtbarmachung (griech. phainein = sichtbar machen), fügt die einzelnen Einheiten zu einem größeren Ganzen zusammen. Daher regen Formen aus mehreren Einheiten die Erkenntnisfähigkeit und Kreativität an, die eigene schöpferische Tätigkeit des Geistes. Sie regen die spielerische Beschäftigung an und repräsentieren die geistige Freiheit, da sie der Vorstellungsgabe die Wahl mehrerer Möglichkeiten gewähren. Formen aus unabhängigen Einheiten sind z.B. Punkte oder Striche, deren Anordnung eine Form andeutet: . ˙ .   /_\   usw.

**Formkombinationen** können sich aus der **Anordnung unabhängiger Formen** ergeben, dann werden die einzelnen Eigenschaften der Formen im Geist frei kombinierbar. Richtungweisend ist die übergeordnete Gesamtform, die die Phantasie in der Anordnung der einzelnen Einheiten erkennt. Eine solche übergeordnete Gesamtform muß vorliegen, da man sonst nur einzelne Formen und keine Kombination erkennen würde. Kombinationen aus unabhängigen Formen repräsentieren die freie, spielerische Tätigkeit des Geistes gemäß dem Prinzip der Formen aus unabhängigen Einheiten, allerdings kommen hier die Qualitäten der Einzelformen hinzu.

Beispiele:

**Formkombinationen** aus der **Anordnung abhängiger** oder **sich gegenseitig bedingender Formen** verdeutlichen die innere Natur der gemeinsam gebildeten Gesamtform. Die Gesamtform gibt hier zwingend die Funktion der einzelnen Formen vor, daher repräsentieren diese Kombinationen die gebundene Beschäftigung des Geistes, eine Art Arbeitstätigkeit und dessen

Verpflichtung zu vorgegebenen Regeln. Sie hemmen die Phantasie und lenken Kreativität und Schöpferkraft in vorgegebene Bahnen. Beispiele sind das Yin-Yang-Symbol und der Davidstern.

**Grundformen:** Grundformen sind universelle Formen, die vielfältig beobachtet oder aus Beobachtungen abstrahiert werden können. Entsprechend lassen sie sich in abstrakte und gegenständliche Formen unterscheiden. Abstrakte Formen sind stark vereinfacht und finden sich als Grundmuster vieler natürlicher Erscheinungsformen, gegenständliche Formen sind meist differenzierter und erinnern unmittelbar an spezielle Dinge.

**Abstrakte Formen:**

| | |
|---|---|
| **Kreis** | Der Kreis zeigt die Vollkommenheit, die Vollendung, eine gleichmäßige, in sich geschlossene, harmonische Form. Er läßt den Geist bei der Betrachtung in sich selbst ruhen. Seine dreidimensionale Entsprechung ist die **Kugel**. |
| **Lemniskate** | Die Lemniskate oder „liegende Acht" ist ein altes Symbol der Unendlichkeit. Der Name und die Bedeutung leitet sich von lat. lemniscus = Band, Schleife ab und steht für die endlose Bewegung von einem Kreis zum anderen (von einem Zyklus zum nächsten). Die Lemniskate bringt den Geist in Bewegung. Ihre dreidimensionale Entsprechung ist die Form der **Sanduhr**. |
| **Ellipse (Oval)** | Umfaßt einen geschlossenen Raum, wirkt harmonisch und verbindet zwei Brennpunkte, zwei Gegensätze miteinander. Die Ellipse läßt den Geist in sich selbst aktiv werden. Eine ähnliche dreidimensionale Form ist das **Ei**. |
| **Spirale** | Spiralen ziehen durch den dreidimensionalen Eindruck der verengenden Kurve an. Dabei wirken rechtsdrehende Spiralen (von außen nach innen im Uhrzeigersinn verlaufend) sammelnd und verdichtend, linksdrehende Spiralen (von außen nach innen im Gegenuhrzeigersinn verlaufend) auflösend und zerstreuend. Die Spirale zeigt sich dreidimensional in **Gewinden, Schnecken- und Ammoniten-Form**. |
| **Linie** | Linien repräsentieren Verbindungen, Abfolgen und Grenzen. Ihre Bedeutung kann ohne Bezugssystem nicht eindeutig definiert werden und erschließt sich daher nur aus dem Verlauf oder der Kombination mit anderen Formen. |
| **Gerade** | Repräsentiert einen linearen, geradlinigen Verlauf, die Folge vieler Einheiten nacheinander. Als kurzer, gerader, begrenzter Strich wird eine Einheit, menschlich das Ich symbolisiert. Die dreidimensionale Entsprechung ist hier der **Zylinder**. |

| | |
|---|---|
| Kurve | Umfaßt einen offenen Raum. Je nach Orientierung kann Aufnahmebereitschaft (Öffnung nach oben), Schutz (Öffnung nach unten) und Abgrenzung (Öffnung zur Seite, Klammer) dargestellt sein. Ob das Augenmerk dabei eher auf den beinhalteten Raum oder auf die begrenzende Linie gerichtet ist, bestimmt der weite oder enge Verlauf der Kurve. Eine auf- und abschwingende Kurve symbolisiert eine harmonische, fließend-organische Entwicklung. Ähnliches gilt auch für dreidimensionale „freie", **abgerundete Formen**. |
| Dreieck | Das Dreieck steht für Stabilität, Sammeln von Kraft, Ausgleich der Gegensätze und ist als Spitze richtungweisend. Die dreidimensionale Entsprechung ist die **Pyramide** oder der **Kegel**. |
| Quadrat | Das Quadrat steht für Regelmäßigkeit, Materie und Ordnung sowie für den begrenzten Raum. Die dreidimensionale Entsprechung ist der **Würfel**. |
| Rechteck | Das Rechteck steht für Sicherheit, Festigkeit und Grenzen sowie für einen zergliederten Raum. Seine dreidimensionale Entsprechung ist der **Quader**. |
| Raute | Die Raute steht für Gleichgewicht, Balance, fließende Bewegung und ist als Doppelspitze richtungweisend. Sie harmonisiert Entwicklungen. Ihre dreidimensionale Entsprechung ist die **Doppelpyramide** oder die **Spindel**. |
| Drachen | Der Drachen fördert die Bewegung in Richtung der stumpfen Seite und regt gehemmte Entwicklungen an. Dreidimensionale Entsprechung ist hier der **Kreisel**. |
| Parallelogramm | Steht für Unbeständigkeit und Veränderung, löst die Empfindung des Umkippens und Fallens aus. Dreidimensionale Entsprechung ist der **Rhomboeder**. |
| Trapez | Auf breiter Basis stehend, vermittelt das Trapez Festigkeit und guten Standpunkt, auf schmaler Basis stehend Schutz und Warnung, ähnlich einem Schild. Die dreidimensionale Entsprechung des Trapezes ist der **Pyramidensockel**. |
| Fünfeck | Das Fünfeck repräsentiert Dynamik und Beweglichkeit. Es kommt interessanterweise in der Mineralwelt nicht vor, da Fünfecke eine Fläche nicht lückenlos ausfüllen können, findet sich in der Natur jedoch bei Schwingungen von Flüssigkeiten und als Symmetrie von Blüten. |

| | |
|---|---|
| Sechseck | Das Sechseck repräsentiert Struktur (innere Ordnung) und fördert daher die Aufnahme und Verarbeitung von Wissen. |
| Achteck | Das Achteck zentriert und sammelt die Aufmerksamkeit, es repräsentiert die fließende Ordnung, die Gesetzmäßigkeit komplexer Systeme. |
| Vieleck | Vielecke mit mehr als acht Ecken wirken zunehmend kreisähnlich und sind nur noch schwer zu differenzieren. Sie repräsentieren ebenfalls komplexe Systeme. |
| Kreuz | Das Kreuz symbolisiert die Durchdringung zweier Einheiten, wobei gleichschenklige Kreuze harmonische Verbindungen darstellen, bei einem verlängerten Arm entsteht ein Ungleichgewicht. Kreuze stehen außerdem für Mehrung, daher das Plus- (+) und das Mal-Zeichen (x). |
| Winkel | Umfaßt ähnlich der Kurve einen offenen Raum, wirkt jedoch durch die Ecke nicht so harmonisch, sondern schärfer und deutlicher abgegrenzt. Auch hier je nach Öffnung die Darstellung von Aufnahmebereitschaft (Öffnung nach oben), Schutz (Öffnung nach unten) und Abgrenzung (Öffnung zur Seite). Steht in Verbindung mit dreidimensionalen „freien", kantig geschliffenen Formen. |
| Zickzack | Das Zickzack symbolisiert ein starkes Auf und Ab, extreme Bewegungen in Gegensätzen. Dreidimensionale Entsprechungen sind hier alle gezackten Formen. |

**Gegenständliche Formen:**

| | |
|---|---|
| Sonne | Das Symbol der Lebenskraft, des Geistes und des Lichts. In den meisten Kulturen das zentrale göttliche Symbol. Sonnensymbole regen den Geist zur Aktivität an. |
| Stern | Sterne sind das Symbol des Himmels, der göttlichen Kraft und der Spiritualität. Je nach Anzahl und Ausrichtung ihrer Zacken stehen sie für den aufstrebenden menschlichen Geist (Fünfzack mit Spitze nach oben), den in die Materie absteigenden menschlichen Geist (Fünfzack mit Spitze nach unten) oder die Durchdringung von Geist und Materie (Sechszack). |
| Mond | Vor allem die Mondsichel ist ein universelles Symbol für Weiblichkeit, Intuition, Hellsichtigkeit, Illusion und die dunkle Nacht. Als Erinnerung an den zu- und abnehmenden Mond steht die Sichel auch für Werden und Vergehen sowie zyklische Wiederholung. Mondsymbole regen den Geist zur Innenschau an. |

| | |
|---|---|
| Phallus | Als aufgerichtete, abgerundete Säule ist der Phallus das Symbol für Männlichkeit, Zeugungskraft, schöpferische Fähigkeiten und Inspiration. Phallussymbole regen den Wunsch nach Selbstausdruck an. |
| Dorje | Der Dorje oder Varja ist eine traditionelle buddhistische Form aus einem kurzen Stab mit zwei runden, verdickten Enden. Er gehört zu den wenigen traditionellen Formen, denen die Lemniskate zugrunde liegt. Aus diesem Grund fördert er die Aufmerksamkeit des Geistes und die spirituelle Entwicklung. |
| Blitz | Symbol des Gedankens, des spontanen Einfalls und der unerwarteten, schlagartigen Veränderung. Blitzsymbole regen die Wachsamkeit an. |
| Herz | Das Herz ist das bekannte Symbol für Liebe und Gefühl sowie alle Eigenschaften, die sich als „Herzlichkeit" zusammenfassen lassen. Herzsymbole regen die Gefühls- und Empfindungsfähigkeit an. |
| Tropfen | Als Kombination von Kurve und Winkel und durch die Assoziation mit Wasser ist die Tropfenform ein Symbol des Lebens. Sie regt Vertrauen an und die Fähigkeit loszulassen. |

Darüber hinaus könnten nun noch weitere traditionelle Symbole genannt werden, die bestimmten Kulturkreisen entstammen wie das Yin-Yang-Symbol, das christliche Kreuz, der Fisch, das achtfache Rad usw. Diese Symbole sind jedoch eng verknüpft mit bestimmten Weltanschauungen und führen daher über dieses grundsätzliche Formenstudium hinaus. Außerdem werden auch hier die o.g. Grundprinzipien wirksam, so daß jedes dieser Symbole danach erforscht werden kann.

Daher soll sich das Augenmerk nun im folgenden wieder jenen Formen zuwenden, die bei geschliffenen Steinen gängig sind. Gerade im Bereich der Steinheilkunde sind viele Bedeutungen dieser Formen und deren Wirksamkeit bisher nur wenig erschlossen, so daß leider nicht das gesamte vorhandene Potential zur Anwendung kommt. Allerdings gilt auch hier wieder, daß kein Anspruch auf Vollständigkeit erhoben wird, zu schnell wandelt sich das Angebot in diesem Sektor.

## Formen geschliffener Steine

Klassiker sind hier natürlich Cabochons und nach verschiedenen Schliffen verarbeitete facettierte Steine sowie Kugeln, Eier, Pyramiden und Obeliske. Dennoch soll eine ganz andere Form den Reigen eröffnen, da sie in ihrer Einfachheit und Individualität unübertroffen ist: der Trommelstein.

**Trommelsteine** sind rundpolierte Steine, die nicht von Hand, sondern in großen Schleiftrommeln verarbeitet werden. Dabei reiben sich die Steine beim langsamen Übereinandergleiten durch ein zugesetztes Schleifmittel allmählich gegenseitig glatt. In diesem Verfahren wird der natürliche Vorgang des Abrollens nachgeahmt, durch den kantige Steine in Bächen und Flüssen allmählich zu Kieseln werden. Die entstehende Form ist daher durch die innere Struktur des Steins vorbestimmt, wodurch verborgene Eigenheiten zutage treten. Durch die allseitig abgerundete Form besitzen Trommelsteine die harmonischen, fließend-organischen Qualitäten der Kurve, sie werden zum angenehmen Schmeichelstein, der auf sanfte Art zum Spielen verleitet. Trommelsteine wurden in den letzten Jahren zu den Favoriten unter den Heilsteinen und das zu Recht!

**Cabochons** sind runde oder ovale, mugelig geschliffene Schmucksteine. Sie spiegeln den Kreis oder das Oval (die Ellipse) wider. Dadurch wirken sie sanft und harmonisch, liegen gut auf und werden als angenehm und zentrierend empfunden.

**Facettierte Steine** dagegen repräsentieren das Vieleck (Brillant-Schliff), Rechteck (Treppen-Schliff) oder Achteck (Smaragd-Schliff) sowie viele andere Variationsmöglichkeiten. Sie verkörpern die Eigenschaften der jeweiligen Grundform und bringen sie durch die vielflächige Erscheinung sehr intensiv zum Ausdruck. Facettierte Steine werden als sehr anregend empfunden.

**Kugeln** repräsentieren die räumliche Vollkommenheit des Kreises und wirken dadurch harmonisch. Sie sind so ebenmäßig, daß sie unter Steinliebhabern in der Regel entweder großen Zuspruch oder gar kein Interesse finden. Kugeln sind sehr stark beruhigend und zentrierend.

Ähnlich, fast extremer noch ist es mit **Eiern**. Sie wirken einerseits harmonisierend und angenehm, stoßen jedoch aufgrund der „nicht ganz perfekten" Kugelform mitunter auf Ablehnung. Im Gegensatz zu Kugeln wirken Eier belebender.

**Pyramiden** erscheinen dagegen stabil, kräftig und verdeutlichen das Prinzip des Dreiecks, das Sammeln von Kraft. Auf breiter Basis stehend, weisen sie mit der Spitze nach oben, daher werden sie auch als Symbol beginnender, aufstrebender Entwicklungen verstanden.

**Obeliske** verstärken den Eindruck des Aufwärtsstrebens noch. Sie deuten ein extrem schmales Dreieck oder Trapez an und sind von einer Pyramide gekrönt. Daher liegt der Schwerpunkt hier nur wenig auf der festen Basis, sondern eindeutig auf dem Streben nach oben. Pyramiden helfen, Aufmerksamkeit und Energie zu fokussieren.

**Feensteine** sind gewölbte Steine in Sechseck-Form. Durch das Sechseck sind sie strukturierend und ordnend. Sie ziehen Aufmerksamkeit an und verführen dazu, immer wieder nach ihnen zu greifen und sie zu berühren. Feensteine fördern die träumerische Aufnahme und Verarbeitung von Information.

**Lebenssteine** basieren als Oloid auf der Tropfenform, tragen ihren Namen damit also zu Recht. Da die Kanten hier fließend in den Flächen verschwinden, sind sie ein schönes Symbol für ständige Veränderung und Weiterentwicklung. Lebenssteine machen dynamisch und kreativ.

Neben diesen grundlegenden Formen wurden in jüngerer Zeit eine Reihe von Schmucksteinen kreiert, die in einfachen Formen geschliffen und mit einer Bohrung versehen am Lederband, an einer Kette oder an einem Metallreifen getragen werden. Diese Schmucksteine lassen sich neben den ästhetisch-dekorativen Aspekten auch hervorragend zum Formenstudium verwenden. Die folgenden Darstellungen sollen hier die bisherigen Beobachtungen zusammenfassen, die jedoch mit Sicherheit noch nicht alle möglichen Aspekte einschließen.

# Formen moderner Schmucksteine

**Blatt:** Das Blatt ist ein rechteckiges Dreieck mit stark abgerundeten Kanten, wodurch es an organische Formen erinnert. Da es nicht gleichseitig ist, tritt der ausgleichende Aspekt des Dreiecks in den Hintergrund. Dafür ist es kräftig (Dreieck) und harmonisch (Kurve) und trägt sich sehr angenehm.

**Blitz:** Der Blitz bewirkt eine erweckende Unruhe, ähnlich einer starken Erwartung oder Unruhe. Er symbolisiert das plötzliche Verlassen gewohnter Bahnen und den Wechsel in einen neuen Bereich.

**C-Form:** Die C-Form als durchbrochener Kreis bindet Aufmerksamkeit. Gerade durch die unterbrochene Harmonie des Kreises fällt die Form immer wieder auf. Als Assoziation zum klassischen Hufeisen ist sie außerdem, entsprechend getragen, ein Glückssymbol.

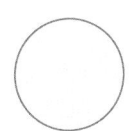

**Disk:** Disks sind kreisrunde, leicht gewölbte Scheiben. Als geschlossene, vollkommene Scheiben erwecken sie den Eindruck eines Schilds. Sie schützen und schirmen ab. Als Symbol des erfüllten Raums weisen sie fremden Einfluß ab.

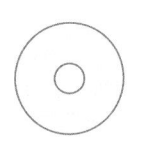

**Donuts:** Als kreisrunde Scheiben mit innerer Öffnung wirken Donuts dagegen gerade anziehend. Sie erregen Aufmerksamkeit und wecken Interesse. Dadurch sind sie gute Energiesammler, fließt Energie doch immer dorthin, wohin die Aufmerksamkeit sie lenkt. Durch ihre Kreisform helfen sie gleichzeitig, innerlich zentriert zu bleiben.

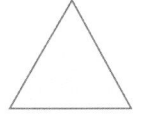

**Dreieck:** Gleichseitige Dreiecke symbolisieren Neutralität und Harmonie durch den Ausgleich der Gegensätze. Als geschlossene Form sammeln sie innere Kraft und wirken abschirmend.

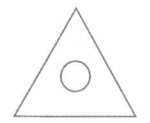

Gleichseitige Dreiecke mit innerer Öffnung symbolisieren ebenfalls Neutralität und Harmonie durch den Ausgleich der Gegensätze, sammeln jedoch äußere Energie.

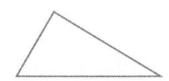

Rechtwinklige, sog. „pythagoräische" Dreiecke wirken stabilisierend und festigend.

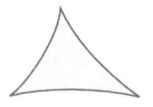

Sphärische Dreiecke besitzen konkav eingewölbte Seiten. Dadurch verbindet sich die Qualität des Dreiecks mit der der Kurve. Sie stehen für sichere, harmonische Bewegung.

Spitze Dreiecke sind richtungweisend und stehen für eine zielgerichtete Entwicklung oder Tätigkeit.

**Halbkugel:** Halbkugeln fallen durch ihre Unvollständigkeit auf. Sie symbolisieren das Streben nach der Vollkommenheit (Kugel) und regen dadurch zu Aktivität an. In Kombinationen grenzen sie ähnlich einer Kurve (Klammer) verschiedene Bereiche voneinander ab.

**Herz:** Herzformen verkörpern das Prinzip der Liebe und des Gefühls sowie alle Eigenschaften, die sich als „Herzlichkeit" zusammenfassen lassen. Als geschlossene Formen betonen sie dabei eher das innere Erleben, als Formen mit innerer Öffnung die nach außen wirkende Herzenskraft: Großzügigkeit, Edelmut und Freundlichkeit.

**Kegel:** Kegel repräsentieren zunehmende Kraft und Stabilität. Sie besitzen ähnliche Eigenschaften wie Dreiecke, zeigen jedoch eine stärkere, in sich geschlossene Harmonie. Spitz zulaufend sind sie richtungweisend, mit stumpfem Ende zentrierend.

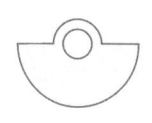

**Korb:** Körbe (Halbdonuts) ziehen als durchbrochene Formen mit innerer Öffnung Energie an. Sie wirken, wie ihr Name schon andeutet, sammelnd und vergrößern die Aufnahmebereitschaft. Körbe symbolisieren Fülle und Reichtum.

**Kugel:** Kugeln repräsentieren auch hier Harmonie und Vollkommenheit, das Dasein ohne Gegensätze. Sie werden als Schmuckstein sehr sanft empfunden und fördern die innere Ruhe und Zentrierung.

**Mond:** Vor allem Mondsicheln sind das Symbol der Hellsichtigkeit, Intuition und weiblichen Magie. Sie repräsentieren das Werden und Vergehen, die zyklische Wiederholung und regen zur Innenschau an.

Dreiviertel-Monde erinnern an das Streben zum Vollmond, zum vollendeten Kreis und repräsentieren daher zusätzlich das Sehnen nach Vollkommenheit und Wunschlosigkeit.

**Oval offen:** Beim durchbrochenen Oval fällt primär die fehlende Ecke auf. Dadurch erinnert es an eigene fehlende, verdrängte oder vergessene Wesensbestandteile. Es regt fast zwingend den Wunsch nach Vervollständigung, nach dem Ausgleich der Gegensätze an.

**Pfeil:** Der Pfeil bzw. genauer die Pfeilspitze ist eine Tropfenform mit innerer Öffnung. Sie weckt den Wunsch nach Lebendigkeit und Gefühlsoffenheit und fördert das Selbstvertrauen.

**Pyramide:** Die Pyramide sammelt und fokussiert Energie. Sie wirkt bei spitzem Winkel ähnlich wie ein spitzer Kegel, richtungweisend und aufwärtsstrebend, bei flachem Winkel eher wie eine Halbkugel, begrenzend und zurückhaltend. Bestimmend ist außerdem die Form der Basisfläche (dreieckig, viereckig oder sechseckig).

**Ring:** Ringe sind Kreisformen mit großer innerer Öffnung. Sie ziehen ähnlich wie Donuts Aufmerksamkeit an und sammeln Energie, die sie durch die Kreisform harmonisieren. Ringe schützen vor Energieverlust.

**Schlaufe:** Schlaufen sind Tropfenformen mit sehr großer innerer Öffnung, quasi tropfenförmige Ringe. Sie ziehen Aufmerksamkeit und Energie an und steigern die Lebendigkeit. Sie helfen, die eigene Kraft zusammenzuhalten und zu bündeln.

**Spindel:** Die Spindel fördert als geschlossene, an eine Raute erinnernde Form ein stabiles inneres Gleichgewicht sowie Flexibilität und Schnelligkeit. Spindeln bringen Bewegung.

**Spitze:** Spitzen sind Säulen mit sechseckiger Basis und sechseckiger Pyramide als Abschluß. Sie symbolisieren gleichmäßiges, kontinuierliches Vorwärtsstreben und die Ausrichtung auf ein Ziel.

**Stern:** Sterne inspirieren, fördern den Idealismus und die Umsetzung unserer Vorstellungen in der Realität. Fünfzackige Sterne fördern die Arbeit und konstruktive Veränderung. Als geschlossene Formen machen sie arbeitsam, als Form mit innerer Öffnung kreativ.

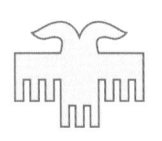

**Talismane:** Talismane sind in diesem Sinne Formen, die archaischen Totems nachempfunden sind. Sie sind sehr gegenständlich und daher kaum verallgemeinernd zu beschreiben. Was ihnen zu eigen ist, ist die Erinnerung an tief verwurzelte Schutzinstinkte, wodurch diese Formen auch ihren Namen erhielten.

**Triangel:** Triangeln sind Dreiecke mit großer dreieckiger, innerer Öffnung. Sie fördern Kraft und Ausgleich wie jede gleichseitige Dreiecksform, ziehen jedoch Energie von außen an, während sie innere Blockaden auflösen. Triangeln wirken schmerzlindernd.

**Tüte:** Tüten haben ihren Namen von den klassischen dreieckigen Obsttüten. Durch ihre asymmetrische Form kommt jedoch weniger die Qualität des Dreiecks, sondern eher die Qualität eines spitzen Winkels zum Tragen. Daher fördern Tüten die Aufnahmebereitschaft und wirken sammelnd und bewahrend.

**Würfel:** Würfel repräsentieren Ordnung und materielle Verwirklichung. Sie wirken stark, verdichtend und begrenzend. Nicht jedem fällt es leicht, sie zu (er-)tragen.

**Zahn:** Zähne sind gebogene, spitz zulaufende Formen, die tatsächlich an Krallen oder Zähne erinnern. Dadurch sind sie ein archaisches Symbol für Mut und Kraft.

**Zickzack:** Zickzackformen symbolisieren extreme Bewegungen. Je mehr Masse die Form jedoch zwischen den zackigen Rändern beinhaltet, desto mehr fördert sie das Vermögen, im täglichen Auf und Ab in der Mitte zu bleiben.

**Zylinder:** Lange Zylinder stellen dreidimensionale Striche dar und symbolisieren die geradlinige Ausrichtung des Willens. Sie fördern das Ich-Bewußtsein.

Natürlich können die Qualitäten dieser Formen nur sehr allgemein beschrieben werden. Zum einen bieten viele Formen große Variationsmöglichkeiten in Masse, Ausdehnung und Proportion, die die Grundeigenschaften variieren und wandeln, zum anderen ist das Erfassen der Formqualität oft sehr schwierig, da sie durch die Qualitäten des Steins dominiert wird. Dennoch soll diese Darstellung eine Diskussionsgrundlage bieten, auf der weitere Forschungen aufbauen können. Meine Hoffnung ist dabei, daß die Steinheilkunde sich auch diesen Bereich nun möglichst undogmatisch und frei von positiven bzw. negativen Bewertungen erschließen möge.

## Die Kombination verschiedener Formen

Durch die Kombination verschiedener Formen erschließt sich etwas Neues. Es ist beileibe nicht so, daß in Kombinationen nur die Eigenschaften der einzelnen Formen addiert würden, vielmehr verstärken sich manche Elemente, andere heben sich auf und einzelne verbinden sich derart, daß etwas völlig Neues entsteht, das zuvor nicht da war. Eine wichtige Rolle spielt hier auch die übergeordnete Form, die aus der Kombination entsteht. Sie bildet quasi den Rahmen der neuen Qualität, so daß aus denselben Einzelformen doch sehr verschiedene und völlig gegensätzlich wirkende Kombinationen entstehen können.

Beispiel:

Ist diese übergeordnete Form noch sehr leicht zu erfassen, so entzieht sich doch die Wechselwirkung der einzelnen Formen jeder logischen Analyse. Die dabei entstehende Qualität muß in jedem einzelnen Fall neu erkannt und definiert werden. Daher endet hier auch die Möglichkeit einer allgemeinen Darstellung. So, wie sich die Mineralien in der Natur aus wenigen Grundstrukturen zu einer beinahe unendlichen Vielfalt entwickeln, so ist auch der menschlichen Kreativität in der Gestaltung und Kombination der Formen praktisch keine Grenze gesetzt.

Lediglich zwei kleine Hilfsmittel sollen hier noch genannt werden: Zum einen läßt sich das aus einer Formen-Kombination entstehende Gesamtbild meistens wieder auf die bereits beschriebenen Grundelemente beziehen. Betrachten Sie daher eine komplexe Kombination zunächst wie eine einfache, bekannte Form. Setzen Sie einfach Ihre Phantasie ein, indem Sie sich die Frage stellen: „Woran erinnert *das Ganze?*"

Zum anderen gibt es immer einzelne Teile, die aufgrund ihrer zentralen Anordnung, Anzahl oder auffälligen Erscheinung das Gesamtbild prägen. Diese dominieren natürlich auch in der Wirkung der Kombination. Auch wenn das farbenprächtige Bild eines Künstlers natürlich mehr ist als die willkürliche Kombination verschiedener Farben, so ist doch die eine oder andere Farbe mitunter bestimmend für die Atmosphäre eines Kunstwerks. Ähnlich verhält es sich auch bei der Kombination bestimmter Formen.

Der Gesamteindruck einerseits und die Qualität dominierender Einzelteile andererseits sind also die ausschlaggebenden Faktoren, die insgesamt den Einfluß einer Formen-Kombination bestimmen. Diese Faktoren sollten also nach der Ermittlung der richtigen Steinsorte in die Wahl des passenden Heilsteins miteinbezogen werden. Auch sie sind Teil jener Informationen, die vom Stein ausstrahlen und uns Menschen möglicherweise nachhaltig beeinflussen können.

Daß uns Heilsteine nun aufgrund der von ihnen ausgestrahlten Informationen beeinflussen können, liegt auch daran, daß wir Menschen ein feines energetisches System besitzen, das selbst schwache Reize wahrnimmt und darauf reagiert. Traditionelle medizinische Systeme, wie die chinesische Medizin oder der Ayurveda Indiens, besitzen ein tiefes Wissen über die energetischen Grundlagen von Gesundheit und Krankheit, die allmählich nun auch Einzug in die westliche Medizin und Naturheilkunde finden. Da dieses Wissen auch für die Steinheilkunde eine fruchtbare Bereicherung darstellt, sind die folgenden Kapitel nun der Verbindung von Heilsteinen und traditioneller Überlieferung gewidmet.

## 2.2 Die energetische Steinheilkunde

Wie bereits bei der Farbe im Kapitel 2.1 „Die Prinzipien der Steinheilkunde" erläutert, führt jedes innere Erleben, jeder Gedanke, jedes Gefühl und jeder Stoffwechselvorgang zum Verbrauch oder zum Entstehen bestimmter Energiequalitäten. Dadurch bildet sich auf der körperlichen Ebene in den Organen, den „Zentren innerer Tätigkeit", energetischer Überschuß oder energetischer Mangel, der dringend eines Ausgleichs bedarf. Um diesen Ausgleich zu schaffen, entstehen im Körper nun feine Ionenströme, d.h. energiegeladene Teilchen beginnen von einem Organ zum nächsten zu wandern, um die Ladungsunterschiede (Überschuß und Mangel) auszugleichen.

Da wir auch mit unserer Umwelt, der Atmosphäre, in der wir leben, in einer energetischen Verbindung stehen, wandern diese Ströme zusätzlich von den Organen zu Fingern und Zehen oder von den Fingern und Zehen zurück zum Organ. Dort, an Fingern und Zehen, vollzieht sich der Ladungsaustausch. Daß die Atmosphäre energetische Ladungen enthält, die auf uns einwirken, ist spätestens seit dem Phänomen des Elektrosmogs landläufig bekannt. Ein Überschuß an positiver Ladung, wie sie z.B. durch elektrische Geräte entsteht, wirkt dabei

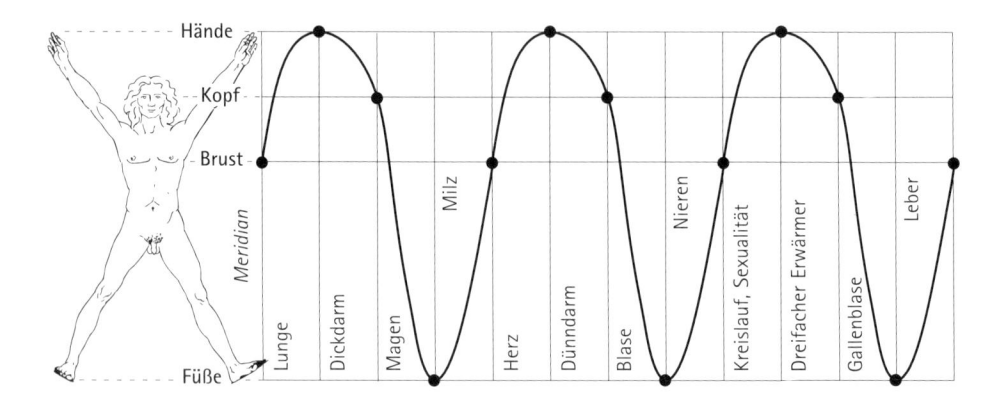

*Abb. 55: Energiefluß der Meridiane im Körper*

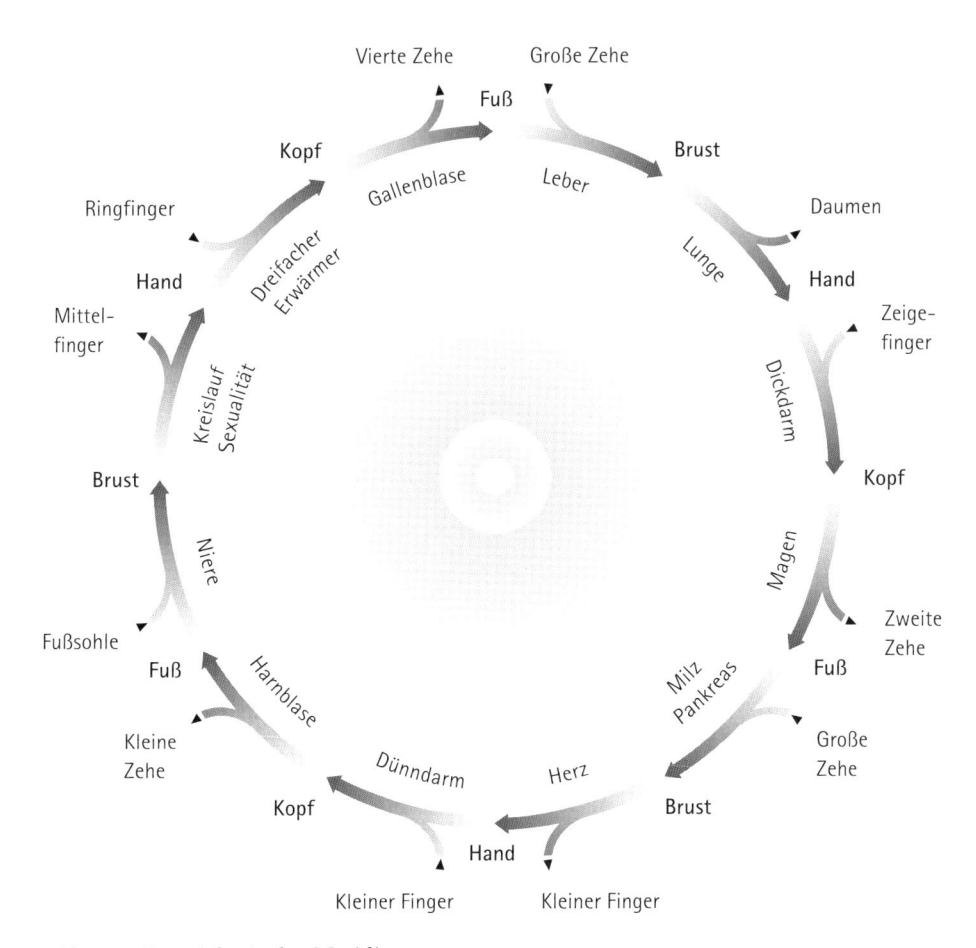

*Abb. 56: Energiekreis der Meridiane*

ermüdend und erschöpfend, ein Überschuß an negativer Ladung, bekannt z.B. an fließendem Wasser oder durch Salzkristall-Lampen, wirkt aufbauend und regenerierend.

Im Körper nehmen die Energieströme gemäß den physikalischen Gesetzen den Weg des geringsten Widerstands. Durch ein Gewebe, einen Knochen oder einen Muskel hindurchzufließen, würde die Überwindung eines großen elektrischen Widerstands erfordern, daher strömt die Energie immer entlang dieser Körperstrukturen und niemals hindurch. Die Energieströme folgen auf diese Weise den Muskelsträngen, Sehnen, Knochen, Blutgefäßen oder Nerven in festgelegten „Bahnen", die auch Meridiane genannt werden.

Die chinesische Medizin hat sich in ihrer viertausendjährigen Tradition eingehend mit dem Studium dieser Energiebahnen und ihrer Gesetzmäßigkeiten befaßt und daraus ein System entwickelt, mit dessen Hilfe sich Krankheiten durch energetische Unregelmäßigkeiten lange vor dem Auftreten körperlicher Symptome erkennen und behandeln lassen. Aus diesem Grund wurden chinesische Ärzte früher dafür bezahlt, ihre Patienten regelmäßig zu untersuchen und bei guter Gesundheit zu erhalten, anstatt erst im Krankheitsfall einzugreifen. Erkrankte

Patienten führten zu einer Minderung des Honorars! Auch heute ist die Meridianlehre eine bedeutende Unterstützung aller medizinischen und naturheilkundlichen Therapien. In der Anwendung der Heilsteine bietet sie z.B. den sehr wichtigen zeitlichen Bezug:

Die zwölf Meridiane des Körpers bilden einen Energiekreis, der die Organe bzw. Organsysteme Lunge, Dickdarm, Magen, Milz/Pankreas, Herz, Dünndarm, Harnblase, Nieren, Kreislauf/Sexualität, Dreifacher Erwärmer, Gallenblase und Leber in genau dieser Reihenfolge verbindet. Der Übergang von einem Meridian zum nächsten findet dabei im rhythmischen Wechsel entweder an der Hand, am Kopf, am Fuß oder an der Brust statt. An den Fingern der Hand und den Zehen des Fußes findet zusätzlich der energetische Austausch mit der Atmosphäre statt. Wir haben damit also einen geschlossenen Kreislauf, in den bei Mangel Energie zuströmen und aus dem bei Überschuß Energie abfließen kann.

In diesem Kreislauf fließt die Energie nicht ständig mit gleicher Intensität. Im Gegenteil, es bildet sich im Zusammenhang mit dem Tag- und Nachtrhythmus eine „Welle" höchster Energie und ein „Wellental" niedrigster Energie. Diese beiden Extrempunkte wandern nun in 24 Stunden einmal durch alle Meridiane, so daß jeder Meridian für zwei Stunden täglich ein hohes Energieniveau erreicht, dem dann 12 Stunden später ein zweistündiges Tief folgt. Aufgrund dieser „energetischen Gezeiten" haben auch unsere inneren Organe zur Zeit des energetischen Hochs ihre Phase höchster Aktivität, zur Zeit des energetischen Tiefs ihre Phase verminderter Aktivität. Die sog. Organuhr bringt diesen Zusammenhang deutlich zum Ausdruck.

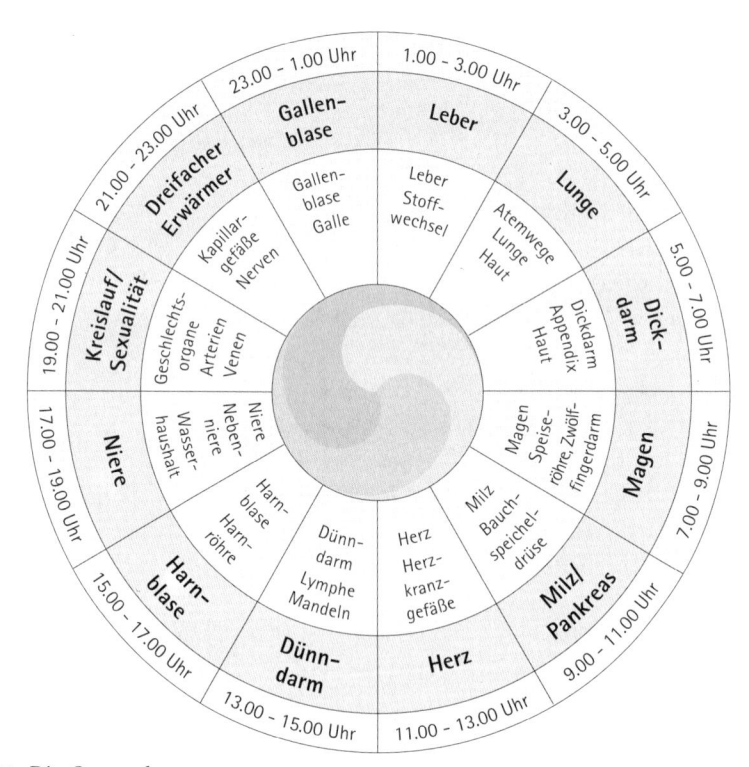

*Abb. 57: Die Organuhr*

Diese rhythmische Organtätigkeit wird inzwischen auch durch die Erkenntnisse der westlichen Schulmedizin bestätigt: Das genaue Studium der im Tageslauf schwankenden Organ-, Hormon- und Stoffwechselaktivitäten unseres Organismus führt zu denselben Zeiträumen, wie sie in der chinesischen Medizin überliefert sind. So ist längst bestätigt, daß bestimmte Beschwerden immer zum selben Zeitpunkt auftreten: Erkältungs- oder Raucherhusten um 4.00 Uhr (Lunge 3.00-5.00 Uhr), Erwachen durch Stuhldrang (Dickdarm 5.00-7.00 Uhr), die Morgenübelkeit (Magen 7.00-9.00 Uhr) u.v.m. Auch der Volksmund kennt Ratschläge, die sich wohl auf ähnliche Erkenntnisse beziehen: „Morgens essen wie ein König (viel, da Magen-Aktivität), mittags wie ein Edelmann (Gekochtes, da Dünndarm-Aktivität) und abends wie ein Bettler (wenig, da Magen-Tiefpunkt)."

Das Studium der Organuhr ermöglicht es, ganz individuell Gesundheit, Vitalität und Widerstandskraft zu stärken und Krankheiten vorzubeugen. Regelmäßige Beschwerden oder Unwohlsein zu bestimmten Tages- oder Nachtzeiten können Hinweise auf eine Disharmonie in dem Organ sein, das im Moment entweder seinen Hochpunkt (auf der Uhr zu diesem Zeitpunkt angegeben) oder Tiefpunkt (das „gegenüberliegende" Organ) hat. Hierbei zeigen sich Blockaden, Energiestaus, Hitze, Schmerzen und Spannungen verstärkt zum Zeitpunkt der höchsten Organtätigkeit, während Energiemangel, Schwäche, Funktionsausfall, Kälte und Empfindungsstörungen eher beim Tiefpunkt des Organs in Erscheinung treten.

Doch nicht nur in der Frühdiagnose liegt der Wert der Organuhr, auch zur Durchführung einer wirkungsvollen Behandlung ist sie von Nutzen: In den meisten Fällen lassen sich Organe und Meridiane wesentlich besser beeinflussen, wenn ihre Aktivität gerade zunimmt oder dem Höhepunkt zustrebt. Daher liegt der beste Zeitpunkt für eine Therapie in der Regel vor oder während des angegebenen Zeitraums höchster Aktivität. Auch das ist schulmedizinisch bekannt, benötigt man doch zum „richtigen Zeitpunkt" oft sehr viel weniger von einem bestimmten Medikament als im „falschen Moment". Zu beachten ist in der Handhabung der Organuhr jedoch, daß sich unser Organismus für „politische Zeit" nicht interessiert: Es gilt immer die reale Ortszeit, nicht die Verschiebung durch die Sommerzeit o.ä.

Die Organuhr ist eine große Hilfe für alle in der Medizin, Heilkunde oder Therapie tätigen Menschen sowie für jeden, der bewußt mit dem Tagesrhythmus seines Körpers leben möchte und nicht gegen ihn. Zwar sind wir frei, zu tun und zu lassen, was wir wollen, doch ist das Leben leichter und Gesundheit ist uns sicher, wenn wir diesem Rhythmus folgen. Dagegen wird der Verschleiß größer und Krankheit wahrscheinlicher, wenn wir gegen diesen Rhythmus steuern. Für die Steinheilkunde ist die Organuhr vor allem zur Auswahl des Behandlungszeitpunkts wichtig. Es hat sich gezeigt, daß das Tragen oder Auflegen von Heilsteinen im täglichen Rhythmus zur richtigen Zeit in vielen Fällen effektiver und schneller wirkt als die kontinuierliche Anwendung rund um die Uhr.

Das Behandeln der Organe und Meridiane beinflußt nicht nur den Körper, sondern auch Seele, Verstand und Geist. Wir sind als Menschen eine Einheit, in der die verschiedenen Ebenen miteinander in Verbindung stehen. Jedes Organ korrespondiert daher auch mit einem spezifischen seelischen Erleben und der entsprechenden geistigen Qualität. In der folgenden Tabelle sind diese Zusammenhänge daher mit aufgeführt. Außerdem wird eine Auswahl von Heilsteinen angegeben, die die Organ- und Meridiantätigkeit anregen oder beruhigen. Das Plakat „Die Organuhr" (Im Osterholz Verlag 1995) führt die Wirkung dieser Heilsteine noch

# Energetische Steinheilkunde

| Organ und Zeit | Geistige, seelische und körperliche Bereiche | Anregung | Beruhigung |
|---|---|---|---|
| 3.00 - 5.00 Uhr<br>Lunge | Kommunikation, Bewußtheit, Freiheit.<br>Ideenreichtum, Austausch mit anderen.<br>Fröhlichkeit, Gelassenheit, Trauer.<br>Lunge, Atemwege, Haut.<br>Atmung, Sauerstoffaufnahme, Entsäuerung. | Chrysokoll<br>Lapislazuli<br>Opalith<br>Rutilquarz<br>Sodalith | Amethyst, klar<br>Apophyllit<br>Chalcedon<br>Smaragd |
| 5.00 - 7.00 Uhr<br>Dickdarm | Informationsaufnahme, Urwissen, Erinnerung.<br>Andere versorgen, selbst versorgt werden.<br>Beharrlichkeit, Gelassenheit, Sinnlosigkeit.<br>Dickdarm, Wurmfortsatz, Haut.<br>Wasserresorption, Ausscheidung, Immunabwehr. | Achat<br>Amethyst<br>Calcit<br>Turmalin,<br>schwarz | Gelber Jaspis<br>Leopardenfell-<br>Jaspis<br>Peridot<br>Zirkon |
| 7.00 - 9.00 Uhr<br>Magen | Erkenntnis, Ernährung, geistige Verdauung.<br>Bedürfnisse stillen, Ausgleich suchen.<br>Sorglosigkeit, Tatkraft, Sorgen.<br>Speiseröhre, Magen, Zwölffingerdarm.<br>Verdauung, Aufschließen der Nahrung. | Apatit<br>Aragonit<br>Citrin<br>Covellin<br>Feueropal | Bernstein<br>Chalcedon<br>Karneol<br>Türkis<br>Variscit, hell |
| 9.00 - 11.00 Uhr<br>Milz / Pankreas | Verstehen, Verarbeiten von Erfahrung.<br>Verteidigung, Abwehr von Schaden, Erfolg.<br>Glücksgefühl, Tatkraft, Depression.<br>Milz, Bauchspeicheldrüse.<br>Verarbeitung der Nahrung, Blutreinigung. | Chalcedon<br>Grossular<br>Magnetit<br>Perle<br>Zoisit u. Rubin | Aventurin, hell<br>Epidot<br>Mookait<br>Turmalin,<br>gelb-braun |
| 11.00 - 13.00 Uhr<br>Herz | Liebe, Emotionen, Impulsivität.<br>Hilfe erhalten und geben, Freundschaft.<br>Mitgefühl, Freude, Haß.<br>Herz, Herzkranzgefäße.<br>Rhythmusgeber für alle Organe. | Aventurin<br>Mondstein<br>Pinkopal<br>Rhodonit<br>Turmalin, grün | Chalced., rosa<br>Chrysopras<br>Jade<br>Kunzit<br>Rosenquarz |
| 13.00 - 15.00 Uhr<br>Dünndarm | Abwehr, Offenheit, Lebensqualität.<br>Sicherheit, Bodenständigkeit.<br>Zufriedenheit, Fröhlichkeit, Gefühllosigkeit.<br>Dünndarm, Lymphe, Mandeln.<br>Nahrungsaufnahme, Immunsystem. | Granat, rot<br>Hämatit<br>Karneol<br>Milchopal<br>Rutilquarz, rot | Aquamarin<br>Bernstein<br>Chalcedon<br>Rauchquarz<br>Dravit |
| 15.00 - 17.00 Uhr<br>Harnblase | Entwicklung, Verhaftung, Loslassen.<br>Instinktive Reaktionen, Entspannung.<br>Mut, Überschwang, Angst.<br>Harnblase, Harnröhre.<br>Wasserfluß, Speicherung, Ausscheidung. | Aquamarin<br>Chalcedon<br>Citrin<br>Malachit<br>Turmalin, blau | Botswana-<br>Achat<br>Amazonit |
| 17.00 - 19.00 Uhr<br>Niere | Ausgleich, Stabilität, Gleichgewicht.<br>Lebenskraft, Fähigkeit zur Partnerschaft.<br>Ausgeglichenheit, Überschwang, Aggression.<br>Niere, Nebenniere, Wasserhaushalt.<br>Wasser-, Säure- und Mineralstoffregulierung. | Amethyst<br>Aquamarin<br>Biotit-Linsen<br>Opal<br>Topas Imper. | Rosenquarz<br>Hämatit<br>Jade<br>Serpentin<br>Chrysokoll |
| 19.00 - 21.00 Uhr<br>Kreislauf /<br>Sexualität | Vitalität, Lebendigkeit, Sexualität.<br>Sinnlichkeit, Erotik, Spontaneität.<br>Erregung, Kreativität, Apathie.<br>Arterien, Venen, Geschlechtsorgane.<br>Durchblutung, Blutdruck. | Feueropal<br>Granat<br>Rhodochrosit<br>Rubin<br>Thulit | Achat<br>Beryll, gelb<br>Mondstein<br>Saphir, blau |
| 21.00 - 23.00 Uhr<br>Dreifacher Erwärmer | Schutz, Energieverteilung und -leitung.<br>Rückzug, Ruhebedürfnis, Erholung.<br>Geborgenheit, Harmonie, Furcht.<br>Kapillargefäße, Nerven.<br>Energie-, Wärme-, Stoffwechselregulierung. | Granat<br>Mookait<br>Obsidian<br>Rosenquarz<br>Rhodonit | Achat, braun<br>Bergkristall<br>Beryll, gelb<br>Kunzit<br>Turmalin |
| 23.00 - 1.00 Uhr<br>Gallenblase | Reinigung, Neutralisierung.<br>Schnelligkeit, Reaktionsfähigkeit.<br>Interesse, Begeisterung, Groll.<br>Gallenblase und Gallensekretion.<br>Fettstoffwechsel, Verdauung. | Aquamarin<br>Bergkristall<br>Malachit<br>Peridot<br>(Olivin) | Prehnit, hell<br>Bernstein<br>Magnesit |
| 1.00 - 3.00 Uhr<br>Leber | Regeneration, Speicherung, Widerstandskraft.<br>Kraft, Ausdauer, Phantasie.<br>Aufmerksamkeit, Begeisterung, Wut.<br>Leber.<br>Entgiftung, Synthese, Blutbildung, Stoffwechsel. | Amazonit<br>Azurit<br>Chrysokoll<br>Chrysopras<br>Malachit | Bernstein<br>Epidot<br>Heliotrop<br>Magnesit<br>Türkis |

weiter aus, als es im Rahmen dieses Lexikons möglich ist. Als Plakat ist „Die Organuhr" außerdem ein hervorragendes Nachschlagewerk auf einen Blick mit dem Gehalt eines ganzen Buchs.

Der Verlauf der Meridiane wird an dieser Stelle bewußt nicht angegeben, da Meridianbehandlungen aus Büchern nicht erlernbar sind. Das Erspüren der richtigen Punkte und Bahnen erfordert eine praktische Anleitung von einem erfahrenen Lehrer sowie sehr viel Übung. Wenn Sie Interesse an der Behandlung der Meridiane mit Hilfe von Heilsteinen haben, so wenden Sie sich an den Steinheilkunde e.V. (Adresse im Anhang), der Ihnen über Therapeuten und Seminare Auskunft geben kann. Ohne Kenntnis der Meridiane kann die Organuhr dennoch angewandt werden, indem Sie die angegebenen Steine zum entsprechenden Zeitpunkt direkt auf die Körperregion des jeweiligen Organs auflegen. Auch so entfaltet sich die anregende oder beruhigende Wirkung.

## 2.3 Die Chakren

Neben den Meridianen, den Energiebahnen des Körpers, sind auch die Chakren, die energetischen Körper, ein wesentlicher Bestandteil der Steinheilkunde. Meist ist in der einschlägigen Literatur allerdings wenig über ihre eigentliche Natur geschrieben, weitaus häufiger finden sich einfache Tabellen, die sich von Buch zu Buch und von Autor zu Autor erstaunlich ähneln. Um es gleich vorwegzunehmen, der menschliche Drang, die Gesetzmäßigkeiten des Kosmos aufzudecken, treibt auch hier wieder besondere Blüten. Denn einmal mehr entdecken wir in diesem Zusammenhang das sog. „tabellarische Weltbild", wo wunderbar verglichen und munter zugeordnet wird: Planeten - Farben - Chakren - Kristallsysteme - Steine - Klänge - Düfte - usw. usw. Offenbar besteht der Wunsch, alle diese Phänomene in eine *einzige* Tabelle zu bringen, um sofort zu wissen, was mit wem korrespondiert. Doch das kann in einem mehrdimensionalen Universum nicht gelingen. Lassen Sie es mich an einem einfachen Beispiel erklären:

Weil die dem Mars zugeordnete Farbe Rot ist und das Wurzelchakra rot leuchtet, wird der Mars auch gerne dem Wurzelchakra zugeordnet, und, da sie ebenfalls rot ist, als Stein gleich noch die Koralle. Das ist in etwa so logisch wie die Annahme, daß ein rotes Bauklötzchen einer roten Rübe zugeordnet werden kann und beide wesensverwandt mit einem Ziegelstein (auch rot) sind. Versuchen Sie einmal, Ihr Wurzelchakra nun mit einem roten Bauklötzchen zu behandeln... – Es bestehen wohl Zusammenhänge zwischen den verschiedenen Phänomenen unseres Universums, doch sind diese tieferer Natur, als es sich in zweidimensionalen Tabellen darstellen läßt.

Doch woher stammen nun diese Irrtümer? Durch die Werke verschiedener Theosophen zum Ende des letzten Jahrhunderts hat sich in den esoterischen Kreisen Europas die Betrachtung durchgesetzt, daß es im menschlichen Körper sieben Chakren (drehende Energiezentren, Sanskrit chakra = Rad) gibt, deren Farbfolge von unten (Wurzelchakra, Genitalregion) nach oben (Scheitelchakra) folgende Einteilung besitzt: rot - orange - gelb - grün - türkisblau - dunkelblau - violett. Daraus entstand *wesentlich später* die Idee, daß diese Chakren durch Steine derselben Farbe positiv beeinflußt würden. Diese Annahme wurde jedoch in der Praxis in dem Maße widerlegt, in dem die Heilwirkung neuer Mineralien entdeckt wurde und sich die Gruppen roter, gelber, grüner (usw.) Heilsteine vergrößerten. So einfach, wie zunächst gedacht, funktionierte es nur in den seltensten Fällen. In der jüngeren Literatur wird daher dem einzelnen Heilstein oft eine ganze Reihe von Chakren zugeordnet, die in ihrer Farbe mitunter deutlich von der Farbe des Steins abweichen. Das kommt der Wahrheit schon näher.

Das erste Problem hierbei ist, daß eine allgemeingültige Zuordnung bestimmter Steinsorten zu einem bestimmten Chakra nur sehr schwer erstellt werden kann, da diese Beziehung sehr individuell ist. Das bedeutet, daß z.B. ein Amethyst gut für das Stirn-Chakra sein kann, ein anderer dagegen ist besser für das Nabel-Chakra und der dritte ist für den Hals am besten. Man muß es ausprobieren, austesten und durch eigene Erfahrung bestätigen. Aus diesem Grund sind allgemeingültige Aussagen hier so treffend wie die Behauptung, daß alle Deutschen Kraut essen oder daß alle Italiener Mafiosi sind.

Das zweite Problem besteht darin, daß der überwiegende Teil der über die Natur der Chakren kursierenden Informationen aus zweiter, dritter oder gar zwanzigster Hand stammen. Sehr viele Menschen, die selbst nicht in der Lage sind, Chakren zu sehen oder unmittelbar wahrzunehmen, fühlten sich in jüngerer Zeit berufen, diesem System eigene philosophische Betrachtungen hinzuzufügen. Selbst C. W. Leadbeater, auf dessen Buch „Die Chakras" sich fast alle Veröffentlichungen seit einhundert Jahren beziehen (auch wenn das den wenigsten Autoren noch bekannt ist), schöpfte kaum aus eigener Anschauung, sondern vielmehr aus indischen Überlieferungen, die fatalerweise z.T. falsch oder unvollständig übersetzt sind.

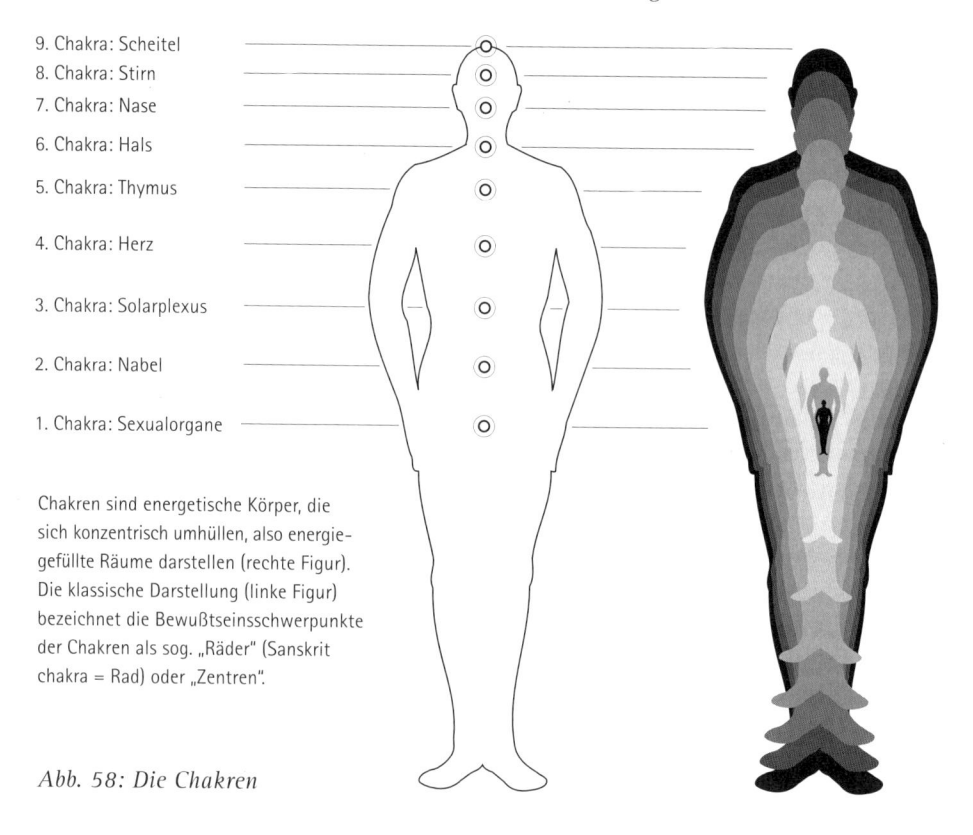

9. Chakra: Scheitel
8. Chakra: Stirn
7. Chakra: Nase
6. Chakra: Hals
5. Chakra: Thymus
4. Chakra: Herz
3. Chakra: Solarplexus
2. Chakra: Nabel
1. Chakra: Sexualorgane

Chakren sind energetische Körper, die sich konzentrisch umhüllen, also energiegefüllte Räume darstellen (rechte Figur). Die klassische Darstellung (linke Figur) bezeichnet die Bewußtseinsschwerpunkte der Chakren als sog. „Räder" (Sanskrit chakra = Rad) oder „Zentren".

*Abb. 58: Die Chakren*

Selbst durchaus aurasichtige Menschen geraten mitunter in die Falle ihrer eigenen Einbildungskraft, wenn sie zuerst die vorhandene Literatur über die Chakren lesen und anschließend das Gelesene zu sehen versuchen. Dem Autor sind bisher nur wenige Menschen begegnet, die tatsächlich über die wahre Natur der Chakren informiert waren und sie in ihrer Gesamtheit wahrnehmen konnten. Das beginnt schon mit der einfachen Tatsache, daß es entlang der Körpermitte im physischen Leib neun Chakren gibt, nicht nur sieben. Aufgrund der kollektiven, kulturellen Unterdrückung in Europa wird das Thymuschakra und aufgrund seiner klaren Lichtqualität auch das Nasenchakra nur von wenigen wahrgenommen. Dadurch fehlen den gängigen Chakrenlehren jedoch zwei wesentliche Elemente.

Vor diesem Hintergrund können wir also bestenfalls Annäherungen wagen, d.h. Steine und Chakren einander aufgrund größtmöglicher Gemeinsamkeiten zuordnen. Dort, wo die allgemeine Wirkung eines Minerals sich auffällig mit dem zentralen Thema eines Chakras trifft, dort wird sich beim Auflegen des Steins auf das „Bewußtseinszentrum" des Chakras auch eine direkte oder indirekte Resonanz zeigen. Die folgenden Zuordnungen zu den Chakren sind dennoch äußerst „vorsichtiger" Natur. Es sind weitläufige Verwandtschaften, die bei der Anwendung im Einzelfall eines Tests (z.B. kinesiologischer oder radiästhetischer Art) oder einer Überprüfung (am subjektiven Resultat) bedürfen. Achten Sie auf Ihr Gefühl!

### Chakra-Zuordnung aus empirischer Übereinstimmung

| Chakra | Gemeinsame Eigenschaft/Ähnlichkeit | Steine |
| --- | --- | --- |
| 1. Wurzelchakra | (An-)Trieb, Lust, Sexualität, Fortpflanzung | Rubin, Thulit |
| 2. Nabelchakra | Überprüfung, Überwindung, Realitätssinn | Saphir, Karneol |
| 3. Solarplexuschakra | Selbstausdruck, Heilung, Harmonie | Smaragd, Topas Imperial |
| 4. Herzchakra | Erfüllung, Gefühle, Lebensrhythmus | Mondstein, Rosenquarz |
| 5. Thymuschakra | Regeneration, Kontrolle, Schutz | Fluorit, Heliotrop |
| 6. Halschakra | Kommunikation, Kontaktfreude, Verstehen | Koralle rot, Lapislazuli |
| 7. Nasenchakra | Klarheit, Wahrnehmung, Instinkt | Bergkristall, Sardonyx |
| 8. Stirnchakra | Erkenntnis, Medialität, geistige Entwicklung | Diamant, Aquamarin |
| 9. Scheitelchakra | Selbstverwirklichung, Lebenstraum, Inspiration | Topas blau, Amethyst |

Ich möchte noch einmal betonen, daß diese Zuordnungen nur Anhaltspunkte darstellen und daß im Einzelfall durchaus ganz andere Steine das Optimum für ein bestimmtes Chakra sein können. Genauere Anleitungen zur Behandlung der Chakren werden daher in Band 2 der „Steinheilkunde" (voraussichtlicher Erscheinungstermin: 1999, Neue Erde Verlag) ausführlich erläutert.

## Zuordnung von Heilsteinen und Sternzeichen nach Barbara Newerla

| Tierkreiszeichen | Dekade | Zugeordneter Stein | Ausgleichs-Steine |
|---|---|---|---|
| Widder | 1. Dekade | Feueropal | Amethyst, Rosenquarz, Tigereisen |
| | 2. Dekade | Rubin | |
| | 3. Dekade | Rhodochrosit | |
| Stier | 1. Dekade | Chrysokoll | Aktinolith, Chrysopal, Malachit, Moosachat |
| | 2. Dekade | Aventurin | |
| | 3. Dekade | Rauchquarz | |
| Zwilling | 1. Dekade | Turmalin | Aquamarin, Jaspis gelb, Tigerauge |
| | 2. Dekade | Chalcedon | |
| | 3. Dekade | Moosachat | |
| Krebs | 1. Dekade | Rosenquarz | Amazonit, Bernstein, Calcit, Karneol |
| | 2. Dekade | Labradorit | |
| | 3. Dekade | Mondstein | |
| Löwe | 1. Dekade | Chrysoberyll | Diamant, Dravit, Kunzit |
| | 2. Dekade | Topas Imperial | |
| | 3. Dekade | Citrin | |
| Jungfrau | 1. Dekade | Heliotrop | Charoit, Rubellit, Rutilquarz |
| | 2. Dekade | Chrysopras | |
| | 3. Dekade | Amethyst | |
| Waage | 1. Dekade | Serpentin | Heliotrop, Jaspis rot, Lapislazuli, Malachit |
| | 2. Dekade | Smaragd | |
| | 3. Dekade | Jade | |
| Skorpion | 1. Dekade | Granat | Chrysopras, Fluorit, Zoisit |
| | 2. Dekade | Obsidian | |
| | 3. Dekade | Malachit | |
| Schütze | 1. Dekade | Lapislazuli | Azurit-Malachit, Dolomit, Indigolith |
| | 2. Dekade | Sodalith | |
| | 3. Dekade | Saphir | |
| Steinbock | 1. Dekade | Bergkristall | Dumortierit, Morganit, Schörl, Sonnenstein |
| | 2. Dekade | Diamant | |
| | 3. Dekade | Onyx | |
| Wassermann | 1. Dekade | Opal | Aragonit, Magnesit, Versteinertes Holz |
| | 2. Dekade | Fluorit | |
| | 3. Dekade | Apophyllit | |
| Fische | 1. Dekade | Aquamarin | Achat, Amethyst, Türkis |
| | 2. Dekade | Moldavit | |
| | 3. Dekade | Kunzit | |

## 2.4 Astromedizin und Heilsteine

Zwischen den Wirkungsprinzipien der Heilsteine und den astrologischen Einflüssen lassen sich tatsächlich Beziehungen herstellen, da auch in der Entstehung der Edelsteine kosmische Einflüsse eine Wirkung zeigen. Doch leider geht auch bei der Festlegung dieser Zuordnungen die menschliche Phantasie oft seltsame Wege. Als erster Autor ordnet Friedrich Benesch in seinem Buch „Die Apokalypse" den zwölf Tierkreiszeichen je zwei Steine zu. Diese beiden Steine leitete er aus zwei Aufzählungen in der Bibel ab (das Brustschild des Hohenpriesters im Alten Testament und die zwölf Tore des neuen Jerusalem im Neuen Testament). Jeweils der erste Stein dieser Aufzählungen wurde dem Tierkreiszeichen Widder zugeordnet, der zweite dem Stier, der dritte dem Zwilling und so fort.

*Abb. 59: Der Tierkreis*

Diese Zuordnung ist einerseits fragwürdig, andererseits zu einfach und praxisfern. Sie läßt sich nicht in eine konkrete Behandlung integrieren. Trotzdem wird diese Darstellung seither munter immer wieder übernommen, wobei die meisten Autoren nicht einmal mehr wissen, woher die Zuordnung stammt. Gemeinsam mit der Astrologin Barbara Newerla, meiner Frau

Anja und Freunden habe ich aus diesem Grund in einer mehrjährigen Teamarbeit eine Zuordnung von Heilsteinen zu Sternzeichen entwickelt, seit 1992 in Seminaren überprüft und 1994 auf dem Plakat „Heilsteine und Sternzeichen" (Im Osterholz Verlag) erstmalig vorgestellt. Ausführlich erklärt wird dieses praxisorientierte System in Barbara Newerlas Buch „Sterne und Steine" (Im Osterholz Verlag 1995). Gerade auch für Nicht-Astrologen ist dieses Buch sehr zu empfehlen, da es die Entstehung und Bedeutung des Tierkreises auf sehr einfache und schöne Art erläutert.

Den Tierkreiszeichen werden nach Barbara Newerla sowohl Steine zugeordnet, die die Qualität des Zeichens repräsentieren, stärken und fördern, als auch Steine, die den Ausgleich für typische Schwächen des jeweiligen Zeichens schaffen. Dadurch ist die Grundlage für astromedizinische Anwendungen geschaffen. Auf dieser Basis können sowohl Astrologen und Therapeuten als auch interessierte Laien die passenden Steine für sich und andere ermitteln. Die ermittelten Zuordnungen möchte ich hier vorstellen, zur ausführlichen Erläuterung sei jedoch auf das o.g. Buch und Plakat verwiesen.

„Dekaden" sind die 10°-Abschnitte des Tierkreiszeichens, das insgesamt 30° umfaßt. Sie entsprechen daher in etwa den ersten, mittleren und letzten zehn Tagen eines Zeichens im Jahreslauf. Die Ausgleichsteine sind keiner bestimmten Dekade, sondern dem gesamten Zeichen zugeordnet.

## 2.5 Die Anwendung von Heilsteinen

### Einfache Anwendungsweisen

Vorausgesetzt, der richtige Stein wurde auf analytischem, intuitivem, energetischem oder astromedizinischem Weg ermittelt, bieten sich für die Behandlung mit Heilsteinen die folgenden Möglichkeiten an:

**Tragen** von Heilsteinen bedeutet, daß der Stein direkt am Körper mit sich geführt wird. Die Verarbeitungsform des Heilsteins ist dabei sekundär. Ob als Anhänger, Kette, Donut (Steinscheibe mit Loch), Steinschmuck, Rohstein oder Handschmeichler (Trommelstein), wichtig ist vor allem der direkte Hautkontakt! Auch die Hosentasche ist dabei ein wirkungsvoller Ort, da man den Stein unbewußt des öfteren in die Hand nimmt - bevorzugt, wenn man ihn braucht.

**Auflegen** von Heilsteinen bedeutet, daß der Stein an bestimmten Körperregionen direkt auf die Haut aufgelegt wird. Dies kann in bezug auf eine lokal schmerzende Stelle, auf ein bestimmtes Organ oder auf ein bestimmtes Chakra sein. Wichtig ist hier, die Steine bis zu dem Zeitpunkt liegen zu lassen, an dem eine Verbesserung des Wohlbefindens zu spüren ist. Außerdem empfiehlt sich, wenn möglich, die Behandlung auf den Zyklus der Organuhr abzustimmen.

**Aufstellen in der Umgebung** erfordert je nach Abstand und Raumgröße zumeist größere Heilsteine. Diese verändern das energetische Feld und damit die Atmosphäre eines Raums. Dadurch werden unser Denken und Handeln, unser Empfinden und unsere Gesundheit auf sanfte Weise beeinflußt. Damit der Stein sich harmonisch in den ganzen Raum einfügt, sollten Sie den richtigen Platz für ihn mit Gefühl aussuchen. Korrigieren Sie seine Position so lange, bis es sich für Sie „stimmig" anfühlt.

**Steinkreise** sind eine besondere Form des „Aufstellens", bei der mehrere gleichartige oder verschiedene Heilsteine im Kreis ausgelegt werden. Im Kreis entsteht so eine besondere Atmosphäre, die man ruhig sitzend oder liegend zur Heilung und zur Meditation nutzen kann. Der Durchmesser des Kreises sollte dabei so gewählt sein, daß man sich darin wohl fühlt (zu kleine Kreise verursachen Enge, zu große ein Gefühl der Leere). Dasselbe gilt für die Dauer des Aufenthalts im Kreis.

**Meditation** mit Heilsteinen kann auf vielerlei Weise geschehen. Je nach der angewandten Meditationsform können Steine unterstützend wirken, indem man sie auf die Stirn, den Solarplexus oder andere Körperstellen auflegt, in der Hand hält, kontemplativ betrachtet, als Steinkreis auslegt oder gar darauf sitzt. Die Möglichkeiten sind so individuell wie wir selbst. Daher hilft hier nur eines: ausprobieren und sich vergegenwärtigen, was Meditation bedeutet – das völlige Gewahrsein im Hier und Jetzt.

**Edelstein-Essenzen** sind sehr wirkungsvolle Heilmittel. Sie werden hergestellt, indem Heilsteine für längere Zeit in Wasser oder Alkohol eingelegt werden. Dabei überträgt sich die Wirkung des Steins allmählich auf die Flüssigkeit. Deren Einnahme führt dann zu einer raschen Ausbreitung der Wirkung im ganzen Körper, was insbesondere bei generalisierten (den ganzen Organismus betreffenden) Beschwerden oft wirkungsvoller ist als ein lokal aufgelegter Stein.

## Erscheinungs- und Verarbeitungsformen

Es zeigt sich bereits, daß jede Anwendung bevorzugt mit bestimmten Erscheinungs- und Verarbeitungsformen der Heilsteine einhergeht, daher sollen im folgenden die „Einsatzbereiche" der wichtigsten Formen kurz skizziert werden:

**Rohsteine, Kristalle, Gruppen und Drusen** zeigen sehr schön den eigentlichen Charakter eines Minerals. Aufgestellt können sie das Bild und die Atmosphäre eines ganzen Raums verändern und zur beschaulichen Betrachtung und Meditation einladen. Auch Steinkreise wirken spürbar stärker, wenn Rohsteine oder Kristallgruppen verwendet werden. Kristalle können außerdem gezielt Konzentration (Spitze nach innen) oder Entspannung (Spitze nach außen) bewirken.

**Trommelsteine, Barocksteine oder Handschmeichler** werden die farbenprächtigen Steine genannt, die in Schleiftrommeln rundpoliert wurden. Sie liegen wirklich schmeichelnd in der Hand, die sie bewegt und mit ihnen spielt, und sind die zum Auflegen am häufigsten verwendete Form. Gebohrt ergeben sie einen schönen Schmuck fürs Lederband.

**Anhänger, Halsreifteile, Steinschmuck und Ketten** erfüllen auf verschiedenste Weise den Wunsch, Heilsteine auch zu tragen und zu zeigen. Durch sie ergibt sich eine elegante Verbindung von Mode und Heilanwendung.

**Geschliffene Formen,** wie z.B. Kugeln, Pyramiden, Obeliske oder jüngst die Daumensteine, bieten vielseitigste Möglichkeiten für spezielle Zwecke: als Meditationsobjekte, zum Auflegen oder für Steinkreise – der Phantasie sind hier keine Grenzen gesetzt. Auch nicht in der Namensgebung: Feensteine, Lebenssteine, Engelssteine sind inzwischen Handelsbezeichnungen für bestimmte geschliffene Formen. Warum auch nicht – solange sie nicht überbewertet werden. Auch in dieser Hinsicht sollten wir nicht vergessen, daß ein Sinn der bunten Steine darin liegt, uns Freude zu machen, wie auch immer...

## Größe und Qualität

**Qualität:** Als qualitativ besser wird jener Stein definiert, der die typischen Merkmale und Eigenschaften eines Minerals am ausgeprägtesten und deutlichsten zeigt. Da auch die Heilwirkungen eines Minerals sich auf die mineralogischen Gegebenheiten zurückführen, liegt nahe, daß ein qualitativ besserer Stein intensiver wirkt als ein qualitativ minderwertiger.

**Größe:** Große Steine wirken stärker als kleine. Das liegt offensichtlich daran, daß die Intensität und die Reichweite der Ausstrahlung mit der Masse zunimmt. Ein kleiner Amethyst-Kristall hat einen Wirkungsradius von wenigen Zentimetern, eine große Druse kann dagegen einen ganzen Saal „bestrahlen".

**Form:** Steine besitzen ihre größte Abstrahlung an den Kanten. Ein Kristall strahlt daher hauptsächlich an seiner Spitze ab, ein unregelmäßiger Splitter streut die Strahlung in verschiedene Richtungen, eine Kugel dagegen hat eine schwächere, jedoch gleichmäßige Ausstrahlung in alle Richtungen. Kantige Steine werden daher als kräftiger, rundpolierte Steine als sanfter und harmonischer empfunden.

Aufgrund dieser drei Kriterien läßt sich die Wirkung eines Heilsteins ungefähr bestimmen. Und doch machen diese drei Kriterien keine Aussage darüber, welcher Stein objektiv besser ist, denn ein allgemeingültiges Kriterium (gut/schlecht) gibt es nicht. Nur auf die einzelne Person in einer bestimmten Situation bezogen, läßt sich ein bestimmter Stein empfehlen. Dabei gilt die Regel: Es ist genau jener Stein richtig, der paßt!

Nicht jeder braucht eine starke, intensive Dosierung. Für manchen wirken sanfte, harmonische Steine wesentlich besser. Es ist daher das Beste, diese Wahl nach der persönlichen Empfindung zu treffen. Wenn Sie die drei vorangegangenen Kriterien verstehen, werden Sie in der jeweiligen Situation wissen oder spüren, welcher Stein der richtige ist.

Und bitte vergessen Sie die kursierenden Dogmen! Sie können prinzipiell mit jedem Stein heilen. Lediglich dann, wenn der Stein so winzig klein ist, daß Sie ihn kaum noch wahrnehmen bzw. wenn er qualitativ so schlecht ist, daß man ihn kaum noch als das jeweilige Mineral identifizieren kann, dann wird eine Wirkung im Sinne der Steinheilkunde fraglich.

## Reinigung und Pflege

In bezug auf die energetische Reinigung von Steinen besteht in der Literatur erhebliche Verwirrung, die offensichtlich darauf beruht, daß der Sinn verschiedener Verfahren nicht verstanden wird. Unter „Reinigung" werden oft drei verschiedene Vorgänge zusammengefaßt: Entladung, Reinigung und Aufladen von Heilsteinen.

**Entladung:** Viele Heilsteine nehmen bei direktem Körperkontakt statische Ladung auf, die sich in Form von Wärme (Bernstein) oder magnetischer Anziehung bzw. Abstoßung (Turmalin) bemerkbar macht. Diese statische Ladung kann unter fließendem Wasser wieder entladen werden.

**Reinigung:** Darüber hinaus speichern Steine jedoch auch Information, im ungünstigsten Fall auch die Krankheits-Information des Trägers oder die (nicht immer enthusiastische) Emotion des Bearbeiters. Diese Informationen bleiben auch nach dem Entladen im Stein gespeichert und werden sich im Laufe der Zeit erneut aufladen. Ein vollständiges Löschen aufgenommener Informationen kann jedoch durch zwei einfache Verfahren erreicht werden: durch Auflegen auf eine Amethyst-Druse oder Einlegen in Salz.

Die Amethyst-Druse stellt das sanftere Verfahren dar. Durch das feinverteilte Eisen und die Energie-Konzentration des Quarzes besitzt Amethyst eine starke, feurige Ausstrahlung. Auf diese Weise „durchstrahlte" Heilsteine werden von der aufgenommenen Information befreit. Als Zeitraum genügt hier in der Regel ein Tag, wurde der Stein nur kurz aufgelegt, genügt eine Stunde. Sie können den Stein jedoch unbesorgt auch länger in der Druse liegen lassen, er erleidet dadurch keinerlei Schaden.

Salz ist etwas vorsichtiger zu handhaben! Vor allem der direkte Kontakt mit dem Salz kann bei vielen Steinen auch chemische Reaktionen bewirken, durch welche der Stein seine Politur verliert oder die Farbe verändert. Für Opal ist das Einlegen in trockenes Salz vollends der Tod, da das Salz dem Opal das Wasser entzieht, wodurch er sich in Chalcedon umwandelt. Chalcedon ist zwar auch ein Heilstein, in der Regel jedoch wesentlich weniger wert!

Es empfiehlt sich daher, den Stein in ein Glasschälchen zu legen, das in einer größeren Schale mit Salz eingebettet ist. So wird der Stein selbst nicht angegriffen. Mit Ausnahme von Ketten, für deren Faden das Wasser eventuell schädlich wäre, können Sie zum Stein mineralarmes Wasser hinzufügen. Dadurch wird die Information noch schneller entzogen. Das Wasser sollten Sie jedesmal wechseln, das Salz selber kann monatelang verwendet werden. Die Reinigungszeit in Salz ist sehr kurz: Wurde der Stein wochenlang getragen, genügen etwa vier bis sechs Stunden, wurde er nur kurz aufgelegt, genügen 10 Minuten. Eine längere Dauer kann den Stein energetisch „auslaugen" und seine Wirksamkeit dadurch mindern.

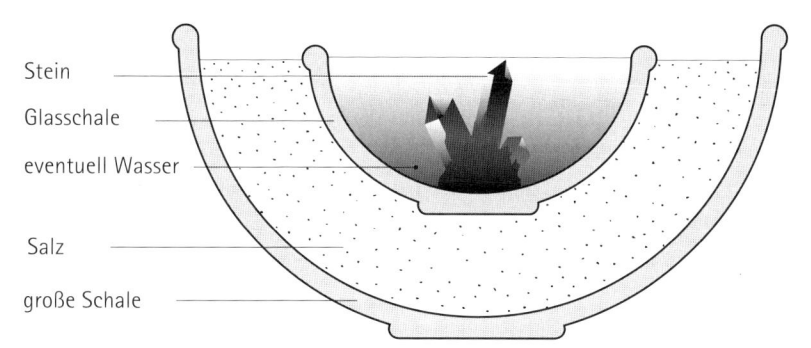

*Abb. 60: Reinigung in Salz*

Von den weiteren angepriesenen Methoden wie Einlegen in Salzwasser, Eingraben in der Erde oder Reinigen im Feuer ist abzuraten, da verschiedene Steine auf diese Weise geschädigt werden können: Salzwasser dringt in viele Poren und Risse und kann den Stein trüben, manche Sekundär-Mineralien werden durch die Säuren im Boden angegriffen und umgewandelt, und daß Feuer mitunter zu auflösend wirkt, liegt nahe!

**Aufladen:** Da die Intensität der Abstrahlung eines Steins in Zusammenhang mit der aufgenommenen Energie steht, kann seine Heilwirkung durch gezieltes Aufladen verstärkt werden. Die schonendste Methode besteht darin, den Stein bei Sonnenauf- und -untergang ins Sonnenlicht zu legen. In dem Zeitraum, in dem Sie selbst ohne Schaden direkt in die Sonne schauen können, besitzt das Sonnenlicht eine aufladende Qualität. Nicht jedoch über Mittag! Zu dieser Zeit ist die Lichtqualität eher entladend.

Direkt vor Beginn einer Steinbehandlung können die verwendeten Steine in der Hand oder in der Nähe einer Heizung aufgewärmt werden. Auch dadurch intensiviert sich ihre Wirkung. In vielen Fällen ist Aufladen jedoch gar nicht nötig, da der Stein durch den Körperkontakt sowieso erwärmt und angeregt wird.

**Pflege:** Die physische Reinigung sollte sich vor allem bei Mineralgruppen und -drusen auf das Entfernen von Staub beschränken. Dazu genügt ein feiner Pinsel. Verwenden Sie bitte, wenn Sie z.B. eine Druse mit Wasser reinigen, nur mineralarmes Wasser, um unschöne Kalkablagerungen zu vermeiden. Gehen Sie bitte nicht mit scharfen Haushaltsreinigern an Ihre Steine heran. Manche sind dagegen zwar weitgehend gefeit, andere jedoch extrem empfindlich, und wenn Sie diesen Unterschied festgestellt haben, ist es schon zu spät!

**Aufbewahrung:** Es versteht sich von selbst, daß man schöne Steine gerne auch so aufbewahrt, daß sie dem Auge gefallen. Wenn Sie das regelmäßige Abstauben jedoch nicht zum vorrangigen Hobby werden lassen wollen, empfiehlt sich auf jeden Fall eine gut verschließbare Vitrine. Das Fensterbrett dagegen ist nicht immer optimal, da viele Steine durch direkte Sonnenbestrahlung verblassen können (Amethyst, Kunzit, Rosenquarz usw.). Stellen Sie bitte vor allem keine Bergkristallkugeln ins Sonnenlicht. Sie wirken wie hervorragende Linsen, was gewisse Probleme mit Ihrer Brandschutzversicherung nach sich ziehen könnte...

## Beschaffbarkeit und Preis

Als ehemaliger Mineralienhändler liegt mir eines noch am Herzen, das trotz aller Informationen über die Entstehung von Heilsteinen oftmals nicht bis ins allgemeine Bewußtsein vordringt: Heilsteine – Edelsteine, Mineralien und Gesteine – sind einzigartige Naturprodukte und daher nicht beliebig reproduzierbar. Diese schlichte Tatsache geht im „Alles ist möglich"-Wahn unserer Zeit leider allzuoft unter. Daher gibt es nicht jeden Stein in jeder beliebigen Form, viele sind selten, und ganz besonders gehobene Qualitäten sind oft nur zu besonderen, unvorhersehbaren Gelegenheiten erhältlich. Sie sind nach wie vor Geschenke der Natur.

Steine haben keine voraussagbaren Erntezeiten, daher ist es ein Abenteuer für sich, Mineralien zu suchen und zu finden, oft eine Glückssache, und gerade deswegen natürlich spannend. Aus diesem Grund haben gerade auch die edleren Vertreter des Mineralreichs mitunter ihren Preis. Zwischen einem Jaspis-Trommelstein und einem geschliffenen Diamanten liegen nach wie vor Welten. Doch gerade bei Heilsteinen lautet die Frage eigentlich nicht: Was sind die Steine uns wert, sondern was sind wir uns wert? In die Entscheidung, einen Heilstein zu erwerben, möchte ich daher zwei Fragen einwerfen:

1. Sind Sie sich sicher, daß der Stein, den Sie im Auge haben, für Ihr Leben sinnvoll und wertvoll ist? Bietet er das, was Sie suchen?

2. Wenn ja, dann überprüfen Sie einmal, was Sie monatlich für Auto, Mode und Luxus ausgeben im Vergleich zu dem, was Sie für Ihr Wohlbefinden und Ihre Gesundheit investieren. Wie hoch und zu welcher Seite hin fällt die Differenz aus?

Beantworten Sie sich diese beiden Fragen ehrlich, dann rückt der Preis eines Heilsteins automatisch in die richtige Relation. Und das ist wichtig, denn das richtige „Nein" kann genauso wertvoll sein wie das richtige „Ja". So oder so wünsche ich Ihnen viel Freude mit Ihren Heilsteinen, Geduld und Glück bei der Suche und Entscheidungskraft, wenn Sie fündig werden. Mögen die Zwerge auch Ihnen wohlgesonnen sein.

# Lexikon der Heilsteine

# 3. Lexikon

## 3.1 Erforschte und erprobte Heilsteine

Mit dem Anspruch an ein Lexikon verbindet sich einerseits der Wunsch nach Vollständigkeit und Aktualität, andererseits auch der nach Seriosität und verläßlichen Informationen. Beides ist nicht immer leicht miteinander zu verbinden und gerade im Bereich der Heilsteine oft sogar ein großer Gegensatz. In den letzten Jahren drängte immer mehr Literatur auf den Markt, in der viele, mitunter sehr seltene Steine in ihren Heilwirkungen beschrieben wurden. Doch leider ergab die Nachfrage bei einigen Autoren, daß diese die von ihnen deklarierten Wirkungen selbst gar nicht erprobt hatten. Als Quellen ihrer z.T. sogar sehr detaillierten Beschreibungen und medizinisch-therapeutischen Anwendungen wurden statt dessen „Durchgaben aus der geistigen Welt" oder „spontane Impressionen beim Betrachten der Steine oder von Abbildungen derselben" genannt. Diese Durchgaben und Impressionen wurden von den jeweiligen Autoren dann ohne Überprüfung veröffentlicht.

Als Anstoß zur Entdeckung von Heilwirkungen sind auch mir solche spontanen Inspirationen bekannt, doch muß ich ehrlich zugeben, daß die Überprüfung in der Praxis in ebensovielen Fällen zum Verwerfen der ursprünglichen Idee führte als zu deren Bestätigung. Daraus resultierte die Überzeugung, daß jegliche Heilwirkung erst nach einer gründlichen Prüfung von mehreren unabhängigen Fällen als gegeben anerkannt werden sollte. Zu sensibel ist die Heilkunde und zu groß die Verantwortung für jeden Arzt, Heilpraktiker und Therapeuten, als daß leichtfertig mit Heilversprechen umgegangen werden darf. Gerade aufgrund der hohen Erwartungen, die uns von hilfe- und heilungssuchenden Menschen entgegengebracht werden, sind wir dazu aufgefordert, die Möglichkeiten und Grenzen der Steinheilkunde und unseres eigenen Könnens klar zu benennen.

Aufgrund dieser Verantwortung haben wir – Autor und Verlag – uns darauf verständigt, den folgenden lexikalischen Teil in zwei Bereiche zu trennen: Im ersten Teil soll dem Anspruch der Seriosität entsprochen werden, daher wurden hier nur jene Heilsteine aufgenommen, deren Wirkungen durch die Forschungsgruppen Steinheilkunde oder durch wiederholte Erfahrungen seriöser Edelsteintherapeuten belegt und bestätigt sind. Der zweite Teil soll dann dem Anspruch nach Vollständigkeit nachkommen, es finden sich dort jene Heilsteine, die zwar bereits in der Literatur besprochen sind, jedoch noch keiner wissenschaftlichen Untersuchung unterzogen werden konnten. Auch wenn dadurch die Handhabung des Lexikons etwas erschwert wird, so bitten wir doch um Ihr Verständnis für die Gründe, die uns zu dieser deutlichen Trennung bewogen haben.

Die Struktur und Abfolge der einzelnen Abschnitte in den folgenden Kapiteln ist sowohl im Teil 3.1 „Erforschte und erprobte Heilsteine" als auch im Teil 3.2 „Wenig erforschte Heilsteine" gleich. Dadurch wird die Suche nach spezifischen Informationen oder auch der Vergleich verschiedener Heilsteine erleichtert. Besonders wichtigen Heilsteinen, wie z.B. Achat, Bergkristall und Obsidian, sowie größeren Mineralgruppen oder -familien, wie Chalcedon, Granat, Jaspis, Opal und Turmalin, wurde mehr Raum gegeben, dennoch bleibt auch hier die Struktur grundsätzlich erhalten. Inhaltlich orientiert sich die Auswahl der beschriebenen Eigenschaften stets an ihrer Notwendigkeit für die Steinheilkunde. Dies führt dazu, daß die Wahl der Begriffe teilweise von der üblichen mineralogischen Terminologie abweicht, wie nachstehend noch genauer erläutert wird.

# Anmerkungen zur Beschreibung der Heilsteine

## Name, Synonyme, Handelsbezeichnungen
Die Namen vieler Heilsteine wandelten sich im Laufe der Zeit, weshalb viele Steine früher mit einem anderen Namen bezeichnet wurden als heute. Da gerade die heilkundliche Literatur auf Quellen verschiedenster Herkunft zurückgreift, werden einleitend zunächst der Ursprung und die Entwicklung des Namens erläutert sowie Synonyme und Handelsbezeichnungen aufgeführt.

## Genese, Vorkommen
Die Genese (griech. genesis = Ursprung) ist ein wichtiges Merkmal der Heilsteine, insbesondere die jeweilige Abfolge (vgl. Seite 18ff. und Seite 79ff.), welche mit primär (magmatisch), sekundär (sedimentär) und tertiär (metamorph) bezeichnet wird. Dies weicht von üblichen Bezeichnungen der Lagerstätten ab, wo „primär" bedeutet, daß sich das Mineral am Entstehungsort findet, während es „sekundär" umgelagert oder umgewandelt wurde. Für die Heilkunde ist die klare Bezeichnung des Bildungsprinzips jedoch vorrangig.

Bei der Angabe der Vorkommen werden bewußt nur gegenwärtige Vorkommen erwähnt, von denen wirtschaftlich relevante Mengen in den Handel gelangten. Auf diese Weise bietet das Lexikon eine aktuelle Übersicht über das Marktgeschehen und die Herkunft der Heilsteine heute.

## Kristallsystem, Erscheinungsbild, Farbe
Kristallstruktur, Form und Farbe der Heilsteine sind ebenfalls wichtige Merkmale für die Heilkunde (vgl. Seite 36ff., Seite 80ff. und Seite 86ff.) und werden daher ausführlich erläutert.

## Mineralklasse, Chemismus
Dasselbe gilt für die Mineralklasse und den Mineralstoffgehalt (vgl. Seite 55ff. und Seite 81ff.). Hier werden die chemischen Formeln nun ergänzt durch die Angabe der in geringen Mengen (wenige Promille bis Prozent) vorhandenen Fremdstoffe (durch + abgesetzte chemische Kürzel) sowie der Spurenelemente (Anteil wenige Teile pro Million; Kürzel mit + nachgestellt und in Klammern gesetzt). Dies weicht von der üblichen chemischen Nomenklatur ab, ist jedoch für das Prinzip der Verdünnung (siehe Seite 84) sehr wichtig. Auch auf farbgebende Stoffe wird hingewiesen.

## Bestimmungsmerkmale, Verwechslungen und Unterscheidung, Fälschungen
Diese Abschnitte ermöglichen die Identifikation der Heilsteine, sofern dies mit einfachen Mitteln möglich ist. Vor allem die Hinweise auf Fälschungen sind hier sehr wichtig, da durch die steigende Nachfrage nach Heilsteinen im Handel leider immer mehr gefälscht und betrogen wird.

## Heilwirkung, Indikationen, Anwendung
Abschließend werden die wichtigsten Wirkungen und Indikationen der Heilsteine sowie bewährte Anwendungsweisen aufgezeigt. Für die bewußt kurzgefaßten Beschreibungen wurden stets ganz präzise Begriffe gewählt, um auch hier ein Vergleichen und Differenzieren ähnlicher Steine und Indikationen zu erleichtern. Ausführlichere Beschreibungen der Heilwirkungen und der grundlegenden Wirkungsprinzipien finden Sie in dem Handbuch „Die Steinheilkunde" (Neue Erde Verlag, 1995), das sich nicht als Nachschlagewerk, sondern als heilkundliches Anwendungsbuch versteht.

# Achat

## Name, Synonyme, Handelsbezeichnungen

Der Ursprung des Namens Achat soll auf den ersten bei Theophrast und Plinius literarisch beschriebenen Fundort zurückgehen, den Fluß „Achates" in Sizilien. Diese Ortsangabe könnte die Flüsse Carabi oder Cannitello beschreiben, die tatsächlich Achat-Fundstellen sind. In der Antike wurden mit dem Namen Achat jedoch nicht nur die heutigen gebänderten Quarze belegt, sondern vermutlich viele verschiedene, bunt gemusterte Gesteine. Bis ins 18. Jahrhundert hinein trugen gebänderte Steine meist den Namen Onyx, erst danach spricht die Literatur eindeutig vom Achat im heutigen Sinne. Daher sind Überlieferungen zum Achat aus früheren Zeiten stets mit Vorsicht zu genießen.

Aufgrund seines vielfältigen Erscheinungsbildes (siehe dort) werden Form- und Farbvarietäten des Achats mit unterschiedlichsten Namen belegt. Dabei ist hauptsächlich die Phantasie Urheberin der Namensschöpfung. Auch für andere Quarz-Varietäten, die keine typische Achatbänderung zeigen, wird der Name fälschlicherweise oft entlehnt: Baumachat ist ein derber Quarz, Moosachat und Pyritachat sind Chalcedone. Ältere Synonyme für Achat sind Agstein und Agat.

## Genese, Vorkommen

Achat entsteht primär bei Temperaturen von ca. 200° bis 100° C unter hydrothermalen Bedingungen. In der Regel findet er sich in Gasblasen vulkanischen Gesteins, selten auch in Gangspalten oder Hohlräumen von Sedimenten, die sich nach ihrer Verfestigung mit Kieselsäure magmatischen Ursprungs füllen. Beim allmählichen Erstarren und Austrocknen der Kieselsäure lagert sich nun eine Quarz-Schicht nach der anderen ab, was zu vielfältigen Zeichnungen und Mustern führt. Die

*Abb. 61: Achatscheibe, Brasilien (1:2)*

einzelnen Schichten können abwechselnd aus Chalcedon, Kristallquarz, Jaspis und sogar Opal bestehen. Warum jedoch dieser Wechsel verschiedenster Schichten entsteht, ist mineralogisch noch nicht in allen Punkten geklärt, er kann evtl. auf Interferenzen einfallender Strahlung, also eine Art ätherischen Bildes, zurückzuführen sein.

Achat ist weltweit zu finden. Die derzeit größten Vorkommen sind in Südbrasilien, Rio Grande do Sul, speziell im Gebiet um Salto de Jacui und Irai. Weitere Hauptlieferländer sind Botswana, Indien, Mexiko, Uruguay und Madagaskar.

## Kristallsystem, Erscheinungsbild, Farbe

Achat ist trigonal, die einzelnen Kristalle sind in den meisten Lagen jedoch nicht mit dem bloßen Auge zu erkennen. Nur dort, wo sich Bänder oder Füllungen aus Kristallquarz bilden, werden sie sichtbar. Achate sind stets Hohlraumauskleidungen oder -ausfüllungen. Bleibt im Achat selbst dabei ein Resthohlraum erhalten, spricht man von einer Achat-Geode, ist der Raum völlig ausgefüllt, von einer Achat-Mandel. Charakteristisch für den Achat sind die farblich oder strukturell deutlich voneinander abgesetzten Bänderungen, die ihm jene Zeichnungen verleihen, welchen er – je nach Aussehen – eine ganze Reihe von Namen verdankt. Die Bandbreite seiner Farben erstreckt sich von rot über braun, orange, gelb und weiß zu grau, graublau und schwarz. Im unpolierten Zustand zeigt er selten Glasglanz, häufiger Wachsglanz, manchmal erscheint er matt.

Achate sind Individuen: Aufgrund der Vielfalt ihrer Zeichnungen und Farbkombinationen gleicht kein Achat dem anderen. Dennoch werden sie im Handel und unter Sammlern mit vielerlei Namen gekennzeichnet, die hier nun kurz wiedergegeben und graphisch dargestellt werden:

| | |
|---|---|
| Augenachat | Achat mit konzentrischen Ringen (Kreisachat, Ringachat) |
| Bandachat | Achat mit gleichförmig schaliger Bänderung |
| Dendriten-Achat | Achat mit Mangan-Dendriten |
| Donnerei, Sternachat | Achatfüllung in rissigen Rhyolith- oder Quarzporphyr-Knollen |
| Enhydro, Wasserachat | Achat-Geode mit natürlich eingeschlossenem Wasser |
| Festungsachat | Achat mit zackiger, an Grundrisse von Festungen erinnernder Zeichnung |
| Feuerachat | Achat mit Lagen von bunt schillerndem Edelopal |
| Flammenachat | Achat-Geoden mit wellen- bis flammenähnlich gezeichnetem Rand |
| Korallenachat | Achat mit korallenähnlicher Zeichnung |
| Lace-Achat | Achatjaspis mit bizarrer Zeichnung aus Mexiko (Crazy Lace) |
| Landschaftsachat | Achat mit Zeichnung, die an Landschaftsbilder erinnert |
| Paraiba-Achat | Achate in drei- oder vieleckigem Hohlraum (Polyedrit) |
| Röhrenachat | Achat mit röhrenartigen Einschlüssen |
| Schichtachat | Achat mit lagigen Bildungen auf Spalten vulkanischer Gesteine (Sinterachat) |
| Schlangenachat | Achat, weiß mit Schlangenhaut-Zeichnung |
| Trümmerachat | Achat aus Achatbruchstücken, durch neue Achatbildung verkittet |
| Uruguay-Achat | Achat mit geraden, ebenen Bändern im unteren Segment (Sardstein, Lagenstein) |
| Wolkenachat | Achat mit wolkenähnlichen blau-weißen, trüben Partien |

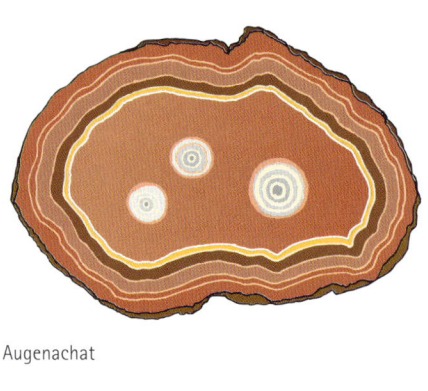

Augenachat

Bandachat

Dendriten-Achat

Donnerei

Festungsachat

Flammenachat

Lace-Achat

*Abb. 62: Zeichnungen verschiedener Achate*

Korallenachat

Landschaftsachat

Paraiba-Achat

Röhrenachat

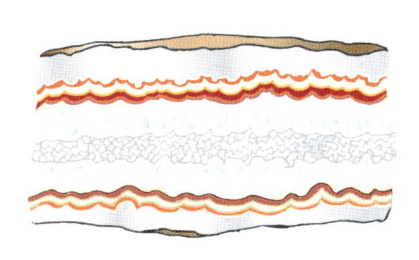

Schichtachat

Schlangenachat

Trümmerachat

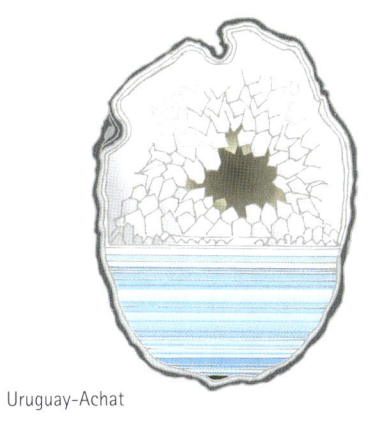

Uruguay-Achat

Wolkenachat

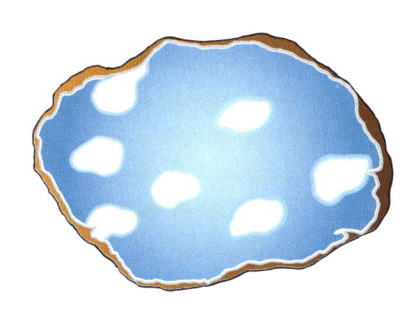

## Mineralklasse, Chemismus

Achat gehört zur Quarz-Gruppe und zur Mineralklasse der Oxide, Formel: $SiO_2$ (Quarz) + Al, Ca,Fe,Mg,Mn. Er ist definiert als deutlich gebänderter Quarz, dessen Schichten abwechselnd aus verschiedenen Vertretern der Quarzgruppe wie Chalcedonen (Chalcedon, Karneol, Onyx), Kristallquarzen (Bergkristall, Amethyst, selten auch Rauchquarz), Jaspis und Quarzverwandten (Opal) bestehen. Gemäß deren Chemismus beherbergt Achat in seinen einzelnen Lagen eine ganze Reihe feinverteilter Fremdstoffe, hauptsächlich jedoch Eisen (Fe), Calcium (Ca), Magnesium (Mg), Mangan (Mn) und Aluminium (Al). Zwischen die meist mikrokristallinen Quarzkristalle oder die einzelnen Schichten eingelagert finden sich außerdem weitere Mineralien, wie z.b. Hämatit ($Fe_2O_3$), Limonit (FeOOH), Goethit (FeOOH), Chlorit (($Fe,Mg,Mn)_6[(OH)_8/(Al,Si)_4O_{10}]$), Calcit ($CaCO_3$) u.v.m. Durch die feinverteilten Fremdstoffe und die eingelagerten Mineralien erhält Achat die Vielfalt seiner Farben und Zeichnungen. Als reiner Quarz ohne weitere Fremdstoffe und Mineraleinschlüsse ist er weiß, grau oder graublau.

## Bestimmungsmerkmale

Mohshärte: 7; Dichte: 2,6; Spaltbarkeit: keine, muscheliger, unebener Bruch; Strichfarbe: weiß; Transparenz: durchscheinend, selten nur undurchsichtig.

## Verwechslungen und Unterscheidung

Gebänderter Flint (Feuerstein) oder Hornstein: Glanz: matter Wachsglanz, Bänderung ist nicht scharf abgegrenzt, sondern verwischt. – Gebänderter Jaspis: Transparenz: opak; Dichte: durch Fremdbeimengungen bis zu 2,9; Strichfarbe: weiß, manchmal jedoch gelb, braun oder rot. – Gebänderter Rhyolith (Aztekenstein, Dr.-Liesegang-Stein): Härte meist unter 7, körniger Bruch, als Rohstein in der Regel oberflächlich verwittert und poröser als Achat. Mitunter ist die Unterscheidung jedoch in allen drei Fällen schwierig. Gerade zwischen Flint, Hornstein, Jaspis und Achat bestehen in der Natur fließende Übergänge, was eine systematische Trennung und Einordnung erschwert.

## Fälschungen

Achat-Fälschungen sind häufig, jedoch mit bloßem Auge erkennbar: Magentarote, apfelgrüne, kobaltblaue, tiefschwarze und neuerdings auch violette und pinkfarbene Achate sind durch chemische Farblösungen gefärbt! Der rosafarbene sog. Aprikosenachat ist gebrannter grauer Achat aus Botswana. Das größere Problem besteht jedoch darin, daß Achat im umgekehrten Fall sehr gerne auch zum Fälschen anderer Mineralien verwendet wird, wie z.B. grün gefärbter Achat als Smaragd-Imitat, rot gefärbter als Karneol-Imitat, schwarz gefärbter als Onyx-Imitat. Hier hilft nur das Mikroskop, um die Farbpartikel zwischen den winzigen Kristallen aufzuspüren.

## Verwendung und Handel

Achat ist ein klassischer Schmuck- und Kunstgewerbestein und wird als solcher seit Jahrhunderten vor allem in den Edelsteinschleifereien Idar-Obersteins verarbeitet. Selbst dünnwandige Vasen können aus ihm geschliffen werden, da er sehr zäh und stabil ist. Beliebt zur Dekoration sind heute auch zu Scheiben geschnittene Mandeln und Geoden. Als Heilstein findet er vor allem als Trommelstein, Anhänger und Kette, selten nur als Donut oder Schmuckstein Verwendung. Beliebt sind hier auch Scheiben mit einer zentralen Bergkristall-Füllung.

## Heilwirkung, Indikationen

Wichtigstes Merkmal zur heilkundlichen Verwendung des Achats ist seine Zeichnung, seine Signatur (vgl. auch Seite 88ff.), die je nach Aussehen Aufschluß über seine psychische wie physische Wirkung gibt. Vor allem gleichmäßige, schalig gebänderte Achate wirken zentrierend, stabilisierend und schützend. Sie helfen, sich geistig nach innen zu kehren und vergangene Erfahrungen zu verarbeiten. Achatscheiben, die ein Bergkristall-Zentrum einschließen, fördern das Erinnerungsvermögen und helfen, selbst lange vergessene Ereignisse wiederzufinden. Auf diese Weise fördert Achat Konzentrationsfähigkeit und geistige Reife.

Körperlich aktiviert, belebt und regeneriert Achat aufgrund seines schichtweisen Aufbaus vor allem jene Organe, die selbst aus mehreren Haut- und Gewebsschichten bestehen. Entsprechend ihrer Signatur werden Achate also vorwiegend bei folgenden Indikationen eingesetzt:

- **Augenachat** hilft vor allem bei organischen Erkrankungen der Augen, insbesondere der Netzhaut sowie bei Bindehautentzündung und Glaukom (grüner Star, Augenerkrankung durch erhöhten Augeninnendruck), weniger bei Sehfehlern wie Kurz- und Weitsichtigkeit (Aquamarin) oder Sehschwäche (Sardonyx). Hier ist es besser, die in Klammern angegebenen Heilsteine zu verwenden.
- **Bandachat** wird bei Entzündungen (Farbe innen rosa, außen grau oder blau) der Gebärmutter, der Blase, des Magens (hier auch Farbe gelb), des Darms und der Gelenke eingesetzt.
- **Dendritenachat** wirkt entgiftend und fördert vor allem die Ausscheidung von Schlacken (unvollständig umgesetzte Stoffwechselprodukte) aus dem Gewebe.
- **Donnereier (Thunder Eggs, Sternachate)** regen Leber, Immunsystem, Gehirn- und Nerventätigkeit an (siehe hierzu auch das Kapitel „Amulettstein", Seite 138).
- **Enhydros (Wasserachate)** zeigen die Signatur der Fruchtblase in der Gebärmutter und sind daher schon seit Jahrhunderten klassische Schwangerschaftsschutzsteine.
- **Festungsachat** hilft speziell bei Blasenbeschwerden, und zwar sowohl bei Harnverhalten als auch bei Inkontinenz (unabsichtlicher Harnabgang). Festungsachate, die innen rosa und außen grau oder blau sind, helfen sehr gut bei Blasenentzündungen (auch chronischer Art).
- **Feuerachat** hilft bei Darmbeschwerden und fördert eine positive, zuversichtliche und überwiegend fröhliche Weltsicht.
- **Flammenachat** wirkt fiebersenkend durch Anregung der Schweißbildung und beschleunigt so die vollständige Heilung vieler grippaler Infekte.
- **Lace-Achat** hilft bei lokalen Gewebsentzündungen sowie Infektionen und Insektenstichen.
- **Schichtachat** verbessert die Elastizität der Gefäßwände und hilft daher bei Krampfadern.
- **Trümmerachat** fördert die Heilung von Wunden, Muskelrissen und Knochenbrüchen.
- **Uruguay-Achat** fördert den Tastsinn und lindert Schwellungen und Wasserblasen.
- **Wolkenachat** schließlich wird bei Ausschlägen und Entzündungen der Haut eingesetzt.

## Anwendung

Achat sollte mit Hautkontakt direkt auf die betroffene Stelle bzw. in der entsprechenden Körperregion aufgelegt werden. Bei ihm empfiehlt es sich besonders, die Behandlungszeit auf die Organuhr abzustimmen (vgl. „Die energetische Steinheilkunde", Seite 104ff.). Alternativ oder ergänzend dazu kann durch Einlegen in Wasser ein Elixier hergestellt werden, das innerlich eingenommen wird. Als Schutzstein sollte Achat dauerhaft getragen werden, dabei haben sich insbesondere Kugelketten sehr bewährt. Für alle psychischen Wirkungen genügt es, ihn regelmäßig ruhig zu betrachten.

# Aktinolith

## Name, Synonyme, Handelsbezeichnungen
Aktinolith bedeutet „Strahlstein" (griech. aktis = Strahl, lithos = Stein). Dieser deutsche Name ist aufgrund der strahligen Aggregate ebenfalls noch immer gebräuchlich. Weitere Synonyme sind Grünstrahlstein und Strahlschörl sowie Amianth (Aktinolithasbest) und Kymatin für feinfaserige, Smaragdit für kompakte oder hellgrüne Varietäten (Vorsicht: Smaragdit ist auch ein Synonym für das Mineral Tremolit). Aktinolithnadeln in Bergkristall werden heute als Aktinolithquarz gehandelt, früher wurden sie als Thetishaar bezeichnet und zu den Haarsteinen (Rutilquarz, Turmalinquarz usw.) gerechnet. Aktinolithquarz erinnerte an das grüne Haar der Meeresgöttin Thetis.

## Genese, Vorkommen
Aktinolith entsteht metamorph bei der Bildung vieler Glimmerschiefer, die bei großen Anteilen des Minerals auch Aktinolith-, Strahlstein- oder Grünschiefer genannt werden. Sehr selten entsteht er magmatisch in hydrothermalen Prozessen.

Der Verbreitung der Glimmerschiefer entsprechend gibt es Aktinolithvorkommen weltweit. Große Aktinolithlagerstätten sind aus Bulgarien bekannt; die auch als Schmuck- und Dekostück beliebte Varietät Smaragdit kommt vorwiegend aus Korsika und den Schweizer Alpen, insbesondere aus dem Saastal.

## Kristallsystem, Erscheinungsbild, Farbe
Aktinolith bildet monokline, langprismatisch-faserige Kristalle mit Glasglanz, die sich bei parallelem Wachstum zu strahligen grünen Aggregaten bündeln. Diese sind meistens im Muttergestein

*Abb. 63: Aktinolith in Muttergestein, Bulgarien (1:1)*

eingebettet. Bei langen, dunkelgrünen Fasern spricht man vom Strahlstein, bei kurzen, grasgrünen Fasern, die dann kompakt wirkende Flecken bilden, vom Smaragdit. Aufgewachsene, freistehende, haarähnlich geschwungene Fasern heißen Amianth. Verfilzte, sehr kompakte und schwer zu bearbeitende Aggregate nennen sich Nephrit (siehe dort).

## Mineralklasse, Chemismus
Aktinolith ist ein basisches Kettensilikat der Amphibol-Gruppe, zu der auch die Hornblende zählt (siehe dort). Er enthält Calcium, Eisen und Magnesium sowie geringe Mengen Fluor. Chemische Formel: $Ca_2(Mg,Fe)_5(Si_8O_{22})(OH,F)_4 + OH,F$.

## Bestimmungsmerkmale
Mohshärte: 5,5–6; Dichte: 3,03–3,44; Spaltbarkeit: gut bis vollkommen; Strichfarbe: weiß; Transparenz: durchsichtig bis undurchsichtig.

## Verwechslungen und Unterscheidung
Turmalin: Bei Rohkristallen evtl. an der trigonalen Struktur bzw. der dreiflächigen Spitze des Turmalins unterscheidbar. Von weiteren Amphibolen und Vertretern der Pyroxene (Augit, Enstatit, Diopsid, Jadeit) ist Aktinolith oft nur sehr schwer zu unterscheiden. Sicherheit gibt sowohl bei Turmalin als auch bei Amphibolen und Pyroxenen nur die mineralogisch-gemmologische Untersuchung.

## Fälschungen
Fälschungen sind derzeit nur beim wirrfaserig-verfilzten Nephrit bekannt (siehe dort).

## Verwendung und Handel
Als Amianth spielt Aktinolith eine große Rolle in der Asbest-Industrie. Smaragdit und Nephrit sind als Schmucksteine im Handel. Als Heilsteine werden vor allem Smaragdit-Trommelsteine und rohe Aktinolith-Handstücke verwendet.

## Heilwirkung, Indikationen
Als monoklines Mineral hilft Aktinolith bei Entscheidungsschwierigkeiten. Er ermöglicht, Fehler, Irrtümer und Mißverständnisse in früheren Erlebnissen zu erkennen und sich dementsprechend neu zu orientieren. Darüber hinaus stärkt er die Geduld und das Gespür für den richtigen Zeitpunkt und fördert das Vertrauen in das eigene Gefühl. So bestärkt er uns darin, geradlinig unseren Weg zu gehen und das zu tun, was wir innerlich für gut und richtig erkannt haben.

Durch seinen Gehalt an den wichtigsten Mineralstoffen Eisen, Calcium und Magnesium und durch die grüne Farbe regt Aktinolith die Tätigkeit der Leber und der Nieren an. Insbesondere als Aktinolithquarz, also durch die Kombination mit Bergkristall, regt er die Entgiftung und Ausscheidung an.

## Anwendung
Aktinolith sollte über einen längeren Zeitraum mit direktem Hautkontakt getragen werden. Bei gezielten körperlichen Anwendungen wird er im Bereich der Leber oder Nieren aufgelegt.

# Alexandrit

### Name, Synonyme, Handelsbezeichnungen
Alexandrit trägt seinen Namen nach dem russischen Zaren Alexander II. (1818–1881), zu dessen Lieblingssteinen er zählte. Weitere Synonyme gibt es zu diesem Mineral nicht.

### Genese, Vorkommen
Alexandrit entsteht tertiär in chromhaltigen Glimmerschiefern. Er bildet sich während der Metamorphose in der Kontaktzone zweier Gesteine, von denen eines die Mineralstoffe Aluminium und Beryllium, das andere das notwendige Chrom liefert. Aufgrund der Seltenheit dieser Bedingungen bleibt auch Alexandrit ein seltenes Mineral. Er wurde erst 1833 in den Smaragdminen des Takowaja-Tals im Ural/Rußland entdeckt, die auch lange Zeit der bedeutendste Alexandrit-Fundort blieben. Heute jedoch liegt das größte Vorkommen in Hematita und Esmeraldas de Ferros, Minas Gerais, Brasilien. Weitere Fundstellen sind Fort Victoria in Simbabwe und Lake Manjara in Tansania.

### Kristallsystem, Erscheinungsbild, Farbe
Alexandrit bildet dicktafelige rhombische Kristalle und Durchdringungsdrillinge, deren Kristalle sich exakt im Winkel von 60° schneiden. Einzelkristalle und Drillinge sind stets im Glimmerschiefer eingewachsen. Durch das enthaltene Chrom zeigt Alexandrit einen interessanten Farbwechsel: im Sonnenlicht betrachtet, erscheint er grün, im Kunstlicht betrachtet rot, rot-violett oder violett-grau. Er zeigt Glasglanz, auf Bruchflächen auch Fettglanz. Auch Alexandrit-Katzenaugen sind bekannt.

*Abb. 64: Alexandrit-Kristalle in Matrix, Rußland (2:1); Einklinker: geschliffene Steine (4:1)*

## Mineralklasse, Chemismus
Alexandrit ist ein chromhaltiger Chrysoberyll (Aluminium-Beryllium-Oxid) aus der Mineralklasse der Oxide, Formel: $Al_2BeO_4$ + Cr,Fe,Ti. Außer dem farbgebenden Chrom enthält er auch Eisen und Titan in geringen Mengen.

## Bestimmungsmerkmale
Mohshärte: 8,5; Dichte: 3,70 – 3,72; Spaltbarkeit: unvollkommen, muscheliger Bruch; Strichfarbe: weiß; Transparenz: durchsichtig.

## Verwechslungen und Unterscheidung
Alexandrit kann als geschliffener Stein mit Andalusit oder Granat verwechselt werden. Die Unterscheidung ist hier nur durch mineralogisch-gemmologische Untersuchungen möglich. Als naturgewachsener Kristall läßt er sich jedoch rein optisch unterscheiden.

## Fälschungen
Da Alexandrit ein teurer Edelstein ist, sind etliche Fälschungen auf dem Markt. Vor allem geschliffene Steine werden oft durch synthetischen Korund (Saphir), synthetischen Spinell oder Dubletten aus Glas und Granat imitiert. Auch synthetischer Alexandrit selbst ist auf dem Markt. Die Unterscheidung ist in allen Fällen nur durch mineralogisch-gemmologische Untersuchungen möglich.

## Verwendung und Handel
Der Farbwechsel des Alexandrits macht ihn zu einem beliebten, aber teuren Schmuckstein, der seit einigen Jahren nun auch vermehrt als Heilstein Verwendung findet. Dies wurde letztendlich erst durch die verbesserten Handelsbeziehungen zwischen Rußland und Westeuropa möglich, durch welche nun auch preiswertere Rohkristalle erhältlich sind.

## Heilwirkung, Indikationen
Als tertiäres Mineral hilft Alexandrit in persönlichen Krisen, wenn alles ausweglos erscheint. Er stärkt die Intuition, wenn die Logik versagt, und hilft bei Problemen, andere Standpunkte und Blickwinkel zu finden. So fördert er auch die Bereitschaft, Risiken einzugehen und neue Wege zu beschreiten.

Durch Alexandrit steigert sich die eigene Kreativität. Er erweckt immer neue Ideen, Gedanken und Bilder (auch im Traum) und erweitert die eigene Phantasie, den Sinn der Sichtbarmachung (griech. phainein = sichtbarmachen).

Analog dazu regt Alexandrit die Regeneration und Selbstheilkraft an. Durch seinen Chromgehalt wirkt er insbesondere gegen hartnäckige Entzündungen aller Art und fördert Entgiftung und Lebertätigkeit.

## Anwendung
In Krisensituationen und zur Förderung der Kreativität bieten sich Meditationen an, bei denen der Stein entweder kontemplativ betrachtet oder zwischen den Augenbrauen aufgelegt wird. Ansonsten wird er im Bereich der Leber oder direkt auf entzündete Stellen aufgelegt. Dabei können Erstverschlimmerungen auftreten!

# Amazonit

## Name, Synonyme, Handelsbezeichnungen
Der Name Amazonit wurde abgewandelt vom „Amazonenstein" oder „Amazonasstein", einem grünen Mineral, dem Alexander von Humboldt bei Indianern am Rio Negro begegnete. Zwar handelte es sich dabei um Nephrit, dennoch wurde der Name schon bald auf den grünen Feldspat übertragen. Vermutlich bezieht er sich nicht auf den Amazonas, sondern auf die legendären Amazonen, denn nach altem indianischem Mythos stammt er aus dem „Land der Frauen ohne Männer".

## Genese, Vorkommen
Amazonit zählt zu den sog. Durchläufer-Mineralien, die sowohl primärer, sekundärer als auch tertiärer Entstehung sein können. Als magmatisches Mineral bildet er sich liquidmagmatisch in Pegmatiten, selten auch hydrothermal auf Klüften. Die sekundäre Bildung ist selten, große Massen entstehen jedoch metamorph bei der Bildung Kristalliner Schiefer.
Die bedeutendsten Amazonit-Vorkommen sind in Rußland, Namibia, Mosambik, Madagaskar, Brasilien und Norwegen.

## Kristallsystem, Erscheinungsbild, Farbe
Nur als liquidmagmatisch oder hydrothermal gebildetes Mineral zeigt Amazonit große trikline Kristalle, die oft mit Rauchquarz verwachsen sind. Metamorph gebildete Massen sind dagegen derb und ohne sichtbare Kristalle. Die Farbe reicht von blassem Blaugrün (fast farblos) über intensive Türkis-Töne bis zum Grasgrün. Oft treten charakteristische helle Streifen auf, auch Spaltebenen sind sichtbar. Amazonit zeigt Glasglanz, parallel zu den Spaltebenen auch Seidenglanz.

*Abb. 65: Amazonit-Trommelsteine und Rohstein, Rußland (1:1)*

## Mineralklasse, Chemismus

Amazonit ist eine kupferhaltige Varietät des Mikroklin, des häufigsten Kalifeldspats (siehe auch das Kapitel Feldspat, Seite 230ff.). Er gehört zur Mineralklasse der Gerüst-Silikate, Formel: $K[AlSi_3O_8]$ + Cu,Na,Pb. Außer dem farbgebenden Kupfer enthält Amazonit auch geringe Mengen von Natrium (Na) und Blei (Pb).

## Bestimmungsmerkmale

Mohshärte: 6–6,5; Dichte: 2,56–2,58; Spaltbarkeit: vollkommen; Strichfarbe: weiß; Transparenz: undurchsichtig.

## Verwechslungen und Unterscheidung

Verwechslungen treten auf mit Jade (Jadeit oder Nephrit) und Türkis, wobei prinzipiell beides rein optisch zu unterscheiden ist, da die Streifen-Färbung und die erkennbaren Spaltebenen des Amazonits hier fehlen. Jade ist außerdem durchscheinend, Dichte 3,30 – 3,36, Türkis besitzt keine Spaltbarkeit, sondern muscheligen bis unebenen Bruch und ist säurelöslich.

## Fälschungen

Fälschungen von Amazonit sind derzeit nicht bekannt.

## Verwendung und Handel

Amazonit wird als Schmuck- und Edelstein angeboten und zählt zu den klassischen Heilsteinen. Er ist in verschiedensten Formen, roh, kristallin, geschliffen, als Kette oder zu Schmucksteinen verarbeitet, im Handel. Amazonit zählt zu den günstigeren Heilsteinen und wird daher auch häufig verwendet.

## Heilwirkung, Indikationen

Als triklines, kupferhaltiges Mineral wirkt Amazonit ausgleichend und beruhigend bei extremen Stimmungsschwankungen. Er harmonisiert Intuition und Verstand und löst Widersprüche, Konflikte sowie das Gefühl der Zerrissenheit. Dadurch gewinnen wir Kontrolle über das eigene Leben und fühlen uns nicht länger als Opfer äußerer Umstände. Amazonit lindert Kummer und Herzschmerzen.

Entsprechend dieser seelischen Harmonisierung stärkt Amazonit auch das physische Nervensystem und hilft sogar bei Gehirnerkrankungen. Er wirkt entspannend und krampflösend und zählt mit dem Malachit (siehe dort) zu den klassischen Heilsteinen bei Menstruationsbeschwerden und bei der Geburtshilfe. Hier fördert er das Nachgeben des Beckenbodens und die Öffnung des Muttermunds.

## Anwendung

Bei Schmerzen und Spannungen wird Amazonit unmittelbar auf die betroffene Stelle aufgelegt. Zur Geburtshilfe wird er in die Hand genommen, sobald die Eröffnungswehen stärker werden. Bei zu schwachen Wehen ist allerdings die Biotit-Linse (siehe dort) vorzuziehen. Für seine seelisch-geistigen Wirkungen sollte Amazonit längere Zeit getragen oder als Edelstein-Essenz eingenommen werden.

# Amethyst

## Name, Synonyme, Handelsbezeichnungen
Amethyst hat seinen Namen durch seine ernüchternde Wirkung erhalten (griech. amethyein = vor Trunkenheit bewahren). Es gibt keine Synonyme hierzu, lediglich ergänzende Begriffe wie Amethystquarz = stark getrübter Amethyst, Chevron-Amethyst = undurchsichtiger Amethyst mit weißen Quarzbändern, Kap-Amethyst = Handelsname für hellen Amethyst aus Namibia, Maraba-Amethyst = Handelsname für klaren Amethyst aus Brasilien.

## Genese, Vorkommen
Amethyst entsteht primär bei Temperaturen zwischen 100° und 250° C in hydrothermalen Prozessen aus schwach eisenhaltiger Kieselsäurelösung. Zur Entstehung seiner Farbe muß außerdem ionisierende (radioaktive) Strahlung aus dem Umgebungsgestein vorhanden sein, die einen Teil des Eisens im Quarz in die seltene vierwertige Oxidationsstufe versetzt. Durch Erhitzen oder Sonnenlicht kann dieser Vorgang umgekehrt werden, weshalb manche Amethyste in der Sonne verblassen.

Die wichtigsten Amethyst-Vorkommen befinden sich in Australien, Südbrasilien (Rio Grande do Sul), Uruguay, Mexiko, Namibia und Sambia.

## Kristallsystem, Erscheinungsbild, Farbe
Amethyst bildet trigonale Kristalle, die nur selten Prismen zeigen, wie z.B. in Vera Cruz, Mexiko. Normalerweise sitzen die Kristallspitzen (selten größer als 3 cm) auf zahnähnlichen „Wurzeln" und bilden so Kristallrasen in Blasenhohlräumen vulkanischer Gesteine, sog. Drusen. Amethystquarz

*Abb. 66: Amethyst-Druse, Rio Grande do Sul, Brasilien (1:4)*

und Chevron-Amethyst bilden in der Regel derbe Massen. Die Farbe des Amethysts ist violett, sehr selten mit Purpureinschlag, er zeigt Glasglanz.

## Mineralklasse, Chemismus

Amethyst ist die violette Varietät der Kristallquarze, jener Vertreter der Quarz-Gruppe, die mit bloßem Auge sichtbare Kristalle ausbilden, und zählt damit zur Mineralklasse der Oxide, Formel: $SiO_2$ + (Al,Fe,Ca,Mg,Li,Na). In Spuren enthält er Aluminium, Eisen, Calcium, Magnesium, Lithium und Natrium; farbgebendes Element ist das vierwertige Eisen.

## Bestimmungsmerkmale

Mohshärte: 7; Dichte: 2,63 – 2,65; Spaltbarkeit: unvollkommen (parallel zur Rhomboederfläche), muscheliger Bruch, sehr spröde; Strichfarbe: weiß; Transparenz: durchsichtig (Amethystquarz durchscheinend, Chevron-Amethyst undurchsichtig).

## Verwechslungen und Unterscheidung

Fluorit: Als Kristall an der kubischen Kristallform, sonst anhand der Härte (4) identifizierbar. Cordierit, Skapolith, Kunzit, Spinell sind bei geschliffenen Steinen nur durch mineralogisch-gemmologische Untersuchungen unterscheidbar.

## Fälschungen

Für Rohsteine gibt es keine Fälschungen, allerdings Farbaufbesserungen durch Bestrahlung mit Röntgenstrahlen, welche nicht nachweisbar sind. Als Edelsteine sind sehr viele Synthesen, Imitationen aus Glas und, seltener, synthetischem Korund sowie Dubletten aus Quarz und Beryll im Handel. Indische Ketten sind oft gefärbt. Eine Unterscheidung ist nur durch mineralogisch-gemmologische Untersuchungen möglich.

## Verwendung und Handel

Amethyst ist ein klassischer Schmuckstein und seit Jahrtausenden ein geschätzter Heilstein. Aufgrund der durchschnittlich kleinen Kristalle sind große Verarbeitungsformen selten und teuer, kleinere, wie Kugelketten, Anhänger oder Trommelsteine, dagegen gängiger und günstiger.

## Heilwirkung, Indikationen

Getreu seinem Namen fördert Amethyst Nüchternheit, Konzentrationsfähigkeit und geistige Wachheit. Er hilft, Erfahrungen und Wahrnehmungen geistig zu verarbeiten und, unter das Kopfkissen gelegt, das nächtliche Traumgeschehen zu klären. Da Amethyst langfristig beruhigend wirkt und den inneren Frieden fördert, wird er auch als Meditationsstein verwendet. Körperlich lindert Amethyst Schmerzen, Schwellungen und Verspannungen und hilft bei allen Erkrankungen der Atemwege, Lunge, Haut und Nerven sowie bei Durchfall und Störungen der Darmflora.

## Anwendung

Zur Meditation wird Amethyst ruhig betrachtet, ansonsten auf die betroffenen Stellen aufgelegt oder unmittelbar am Körper getragen. Amethyst-Drusen wirken reinigend und befreiend auf den ganzen Raum.

# Ametrin

## Name, Synonyme, Handelsbezeichnungen
Ametrin hat seinen Namen durch die Zusammensetzung der Namen Amethyst und Citrin (siehe dort) erhalten, da er tatsächlich auch ein Kristallquarz ist, der sowohl Amethyst- als auch Citrin-Farbzonen enthält. Synonyme gibt es nicht.

## Genese, Vorkommen
Ametrin entsteht hydrothermal aus schwach eisenhaltigen Kieselsäurelösungen magmatischen Ursprungs. Das in geringen Mengen enthaltene Eisen ersetzt in ihm teilweise das Silicium im Quarz-Kristallgitter, befindet sich also auf sog. Gitterplätzen, und wird darüber hinaus in bestimmten Zonen des Ametrin zusätzlich noch als „Fremdstoff" auf sog. Zwischengitterplätzen eingelagert. Wirkt nun ionisierende (radioaktive) Strahlung aus dem Umgebungsgestein auf den Quarzkristall ein, so wird nur dieses zusätzliche Eisen in die vierwertige Form überführt. Daher werden auch nur jene Farbzonen violett. Weshalb das Eisen jedoch nur dort auf diese Weise eingebaut wird, ist mineralogisch noch nicht vollständig geklärt und bleibt daher zumindest vorläufig noch ein Geheimnis der Zwerge.

Ametrin ist sehr selten und derzeit nur aus Fundstellen bei Anay, Santa Cruz, Bolivien und Mumbwa, Sambia, bekannt.

## Kristallsystem, Erscheinungsbild, Farbe
Ametrin bildet trigonale Kristalle, die bis zu 20 cm groß werden können. Die Kristalle sind fast immer von kleinen Quarzkristallen überwachsen, die dem Ganzen ein zerfurchtes, sprossenartiges Aussehen

*Abb. 67: Ametrin-Trommelsteine, Bolivien (1:1)*

geben. Die Farbzonen im Inneren des Kristalls sind im Idealfall entsprechend den Spitzenflächen orientiert, so daß der Querschnitt sechs Dreiecksfelder zeigt, immer abwechselnd gelb und violett. Die Farben sind in der Regel intensiv, die Kristalloberfläche zeigt Glasglanz.

## Mineralklasse, Chemismus

Ametrin ist die violett-gelbe Varietät der Kristallquarze, jener Vertreter der Quarz-Gruppe, die sichtbare Kristalle ausbilden und zählt damit zur Mineralklasse der Oxide, Formel: $SiO_2$ + Fe. Farbgebendes Element ist das in geringen Mengen enthaltene Eisen, das in den gelben Zonen dreiwertig, in den violetten Zonen zusätzlich zwei- und vierwertig vorliegt.

## Bestimmungsmerkmale

Mohshärte: 7; Dichte: 2,63 – 2,65; Spaltbarkeit: unvollkommen (parallel zur Rhomboederfläche), muscheliger Bruch, sehr spröde; Strichfarbe: weiß; Transparenz: durchsichtig bis durchscheinend.

## Verwechslungen und Unterscheidung

Aufgrund der deutlich abgesetzten Farbzonen gibt es keine ähnlichen Minerale.

## Fälschungen

Rohsteine und preiswerte, geschliffene Formen werden derzeit nicht gefälscht, wohl jedoch teure Edelsteine: partielles Brennen von Amethyst bis zum Farbumschlagpunkt ins Gelb (keine perfekte Abgrenzung der Farbzonen!); Bedampfen der Oberfläche eines geschliffenen Citrins mit Metalldämpfen; Brennen von Amethyst und anschließendes Bestrahlen sowie Bestrahlen von synthetischem, eisenhaltigem Quarz. Die Unterscheidung ist nur durch mineralogisch-gemmologische Untersuchungen möglich.

## Verwendung und Handel

Ametrin wurde erst in den achtziger Jahren entdeckt, avancierte jedoch schnell zum beliebten Schmuck- und Heilstein. Aufgrund seiner Seltenheit ist er fast nur als Rohstein, Trommelstein, Kugel oder facettierter Edelstein erhältlich.

## Heilwirkung, Indikationen

Ametrin verbindet die innere Ruhe und Gelassenheit des Amethyst mit der Aktivität und Dynamik des Citrin. Dadurch hilft er, im Alltag alle Anforderungen zu bewältigen und gleichzeitig offen, wach und entspannt zu bleiben. Ametrin ist daher sowohl bei Nervosität als auch bei Antriebsschwäche zu empfehlen und unterstützt ein freudiges, optimistisches Dasein.

Ametrin unterstützt die Tätigkeit des vegetativen Nervensystems und fördert so ein harmonisches Zusammenwirken der inneren Organe. Dadurch hilft er insbesondere auch bei nervösen Verdauungsbeschwerden. Ametrin fördert die Reinigung und Regeneration aller Zellen und Gewebe.

## Anwendung

Ametrin sollte längere Zeit am Körper getragen und regelmäßig kontemplativ betrachtet werden. Körperlich und seelisch stärkend wirkt das Auflegen auf den Solarplexus am Morgen und am Abend, bei großer Nervosität hält man ihn am besten in der Hand.

## Amulettstein (Thunderegg, Sternachat)

### Name, Synonyme, Handelsbezeichnungen

Der Name Amulettstein ist eine Erfindung für sternförmige Achate in Rhyolith-Knollen, welche schon lange als Donnerei, Thunderegg, Schneekopfkugel oder Sternachat bekannt sind. Er wurde für australische Thundereggs kreiert, denen der Mythos anhaftet, nachts aus dem Uluru (Ayers Rock) in Zentralaustralien geboren zu werden und als „Kinder des Uluru" angeblich heilige Steine der Aborigines zu sein. Nachforschungen des Autors und Gespräche mit Aborigines-Ältesten haben ergeben, daß dieser Mythos reine Erfindung und die Fundstellen der Amulettsteine 2500 km vom Uluru entfernt sind. Der Name wurde für dieses Lexikon jedoch trotzdem beibehalten, um die weitverbreiteten Fehlinformationen richtigstellen zu können und weil „Sternsteine", also Mineralien und Fossilien mit sternförmigem Aussehen, in Europa und Asien schon immer als Talismane galten.

### Genese, Vorkommen

Amulettsteine (Thundereggs) entstehen primär in Rhyolith oder anderen quarzreichen Vulkaniten, wenn Lava sehr schnell erkaltet. Die rasche Schrumpfung führt dann zur Bildung von Knollen mit sternförmigen Hohlräumen. Dringen nun später hydrothermale Kieselsäure-Lösungen ein, bilden sich Hohlraumfüllungen aus Achat, Amethyst, Bergkristall, Chalcedon, Karneol oder Jaspis.

Amulettsteine finden sich daher nur in Vulkangebieten, wie z.B. in Mexiko, USA, Nowy Kosciól (Neukirch), Schlesien/Polen, oder an der Ostküste Australiens, wo sie vor allem in Bachläufen (Agate Creek, Doon Doon Creek u.a.) gefunden werden. Die deutsche Entsprechung sind die Sternachate aus St. Egidien in Sachsen.

*Abb. 68: Amulettsteine (Thundereggs) aus Australien (oben geöffnet, Mitte roh, unten trommelpoliert), Deutschland (rechts, geöffnet) und Mexiko (unten links, roh) (1:2)*

## Kristallsystem, Erscheinungsbild, Farbe
Äußerlich sind Amulettsteine unscheinbare matte, graue, grün oder braun gefärbte Knollen mit einer hellen Verwitterungskruste, die aufgesägt erst die zackige Quarz-Füllung zeigen. Werden Amulettsteine trommelpoliert, so treten nur die spitzen Enden der Quarz-Füllungen an die Oberfläche und bilden dort die charakteristischen Linien (siehe Abb.). Die Quarzfüllung selbst kann in fast allen Farben erscheinen: rot, braun, orange, gelb, grün, hellblau, klar. Sie ist oft gebändert oder bunt gemustert und zeigt Wachsglanz.

## Mineralklasse, Chemismus
Die Rhyolith-Knolle des Amulettsteins ist ein feldspat- und quarzreiches Vulkangestein, die Hohlraumfüllung besteht überwiegend aus Quarzen (s.o.), Formel: $SiO_2$, und zählt damit zur Mineralklasse der Oxide. Seltener sind Füllungen aus Calcit, Formel: $CaCO_3$ (Calciumcarbonat, Mineralklasse der Carbonate). Wichtigste begleitende Mineralstoffe sind Eisen, Calcium und Magnesium.

## Bestimmungsmerkmale
Mohshärte: 7 (Quarz); Dichte: 2,5; Spaltbarkeit: keine, muscheliger (Quarz) bzw. unebener (Rhyolith) Bruch; Strichfarbe: weiß; Transparenz: undurchsichtig, Quarz durchsichtig bis durchscheinend.

## Verwechslungen und Unterscheidung
Aufgrund des mehr oder minder sternförmigen Hohlraums gibt es kaum Verwechslungsmöglichkeiten mit anderen Achaten, auch die mit Quarzlinien durchzogenen Trommelsteine sind in ihrem Aussehen einzigartig.

## Fälschungen
Fälschungen sind derzeit nicht bekannt, aufgrund der hohen Nachfrage jedoch bald zu erwarten.

## Verwendung und Handel
Traditionell waren Sternachate und Thundereggs beliebte Sammlerstücke, als Schmucksteine waren sie nicht in Gebrauch. Als Amulettsteine wurden sie sehr schnell zu begehrten Heilsteinen.

## Heilwirkung, Indikationen
Die Erwartungen an die Heilwirkungen des Amulettsteins sollten nicht zu groß sein, die in der Literatur genannten Heilversprechen für AIDS und Krebs sind schlicht unverantwortlich. Vielleicht gehen sie auf den europäischen Mythos der Sternsteine im Mittelalter zurück, welche ja vor der Pest schützen sollten. Realistisch betrachtet zeigt Amulettstein typische Quarz-Heilwirkungen: Er stabilisiert die körperliche und seelische Konstitution, fördert das Immunsystem und regt die Leber, Nerven- und Gehirntätigkeit an. Aufgrund der ähnlichen Entstehung und Beschaffenheit zeigt er typische Wirkungen des Achats und der Quarze, die seine Füllung im Einzelfall bilden (siehe dort).

## Anwendung
Amulettsteine werden am besten bei sich getragen oder bei lokalen Beschwerden direkt auf die betroffenen Bereiche aufgelegt. Sie können über lange Zeit kontinuierlich getragen werden.

# Andalusit

## Name, Synonyme, Handelsbezeichnungen
Andalusit erhielt seinen Namen 1798 nach der Landschaft Andalusien, wo er allerdings nur selten gefunden wird. Viele Wissenschaftler bemühten sich daher um eine Umbenennung, doch die Synonyme Chizeuilit, Hohlspat, Micaphilit und Stanzait konnten sich nie durchsetzen. Lediglich eine intensiv grüne Varietät erhielt den Namen Viridin (lat. viridis = grün), und Andalusite, die durch Kohlenstoffeinlagerung ein schwarzes Kreuz zeigen, werden Chiastolith genannt (siehe dort).

## Genese, Vorkommen
Andalusit entsteht primär aus Magma in der letzen Phase liquidmagmatischer Bildung. In dieser sog. Restkristallisation reichern sich viele Mineralstoffe an, weshalb Andalusit sehr fremdstoffhaltig ist. Als tertiäre Bildung kann Andalusit regionalmetamorph bei der Bildung von Glimmerschiefern entstehen, häufiger bildet er sich jedoch kontaktmetamorph, wenn aufsteigendes Magma in sedimentären, kalkarmen Tonschiefer eindringt. Durch die Erhitzung des Gesteins bildet sich aus dem Aluminiumoxid des Tons und der Kieselsäure das Aluminiumsilikat Andalusit.

Bekannteste Lagerstätte ist White Mountain, Kalifornien. Weitere Vorkommen sind in Brasilien, Österreich, Rußland (Ural), Sri Lanka und Südafrika. Viridin findet man in Hessen und in Schweden.

## Kristallsystem, Erscheinungsbild, Farbe
Andalusit bildet dicksäulige rhombische Kristalle mit fast rechteckigem Querschnitt, deren Oberfläche oft von winzigen grauen Glimmerschüppchen überzogen ist, da sich Andalusit im Laufe

*Abb. 69: Andalusit-Kristalle, Minas Gerais, Brasilien (2:1)*

der Zeit in Quarz und Glimmer umwandeln kann. Nur primäre Kristalle sind freistehend, tertiäre sind im schiefrigen Muttergestein eingewachsen oder bilden strahlige bzw. körnige Aggregate.

Andalusit zeigt Glasglanz, seine Farbe ist gelbgrün, grün bis bräunlich rot, selten violett, fleischrot oder intensiv grün (Viridin). Manchmal besitzt er ausgeprägten rot-grünen Pleochroismus, der Kristall oder geschliffene Stein sieht dann von einem Blickwinkel aus rot, von einem anderen grün aus.

## Mineralklasse, Chemismus

Andalusit ist ein Alumosilikat (Formel: $Al_2[O/SiO_4]$ + Ca,Cr,Fe,Ga,K,Mg,Mn,Ti) aus der Mineralklasse der Inselsilikate. Er enthält in geringen Mengen sehr viele Mineralstoffe. Je nachdem, welche davon dominieren, zeigt Andalusit andere Farben: Hoher Mangangehalt färbt ihn rot, durch Mangan und Eisen wird er grün (Viridin) und durch Chrom erhält er seinen Pleochroismus.

## Bestimmungsmerkmale

Mohshärte: 6 – 7,5; Dichte: 3,12 – 3,18; Spaltbarkeit: unvollkommen, spröde; Strichfarbe: weiß; Transparenz: durchsichtig bis durchscheinend.

## Verwechslungen und Unterscheidung

Je nach seinem Erscheinungsbild ist Andalusit leicht mit Alexandrit, Sinhalit oder Turmalin zu verwechseln. Die Unterscheidung ist aufgrund sehr ähnlicher Bestimmungsmerkmale oft nur mineralogisch-gemmologisch möglich.

## Fälschungen

Durch Brennen kann olivgrüner Andalusit in den begehrteren rötlichen umgewandelt werden. Außer der Veränderung von Einschlußbildern (schwieriger Nachweis) ist hier keine sichere Prüfung bekannt.

## Verwendung und Handel

In Edelsteinqualität wird Andalusit zwar als Schmuckstein verarbeitet, doch hat er bisher weder zu Schmuck- noch Heilzwecken größere Bedeutung erlangt. Technisch wird Andalusit zu hochwertiger, feuerfester Keramik verarbeitet.

## Heilwirkung, Indikationen

Als rhombisches Mineral hilft uns Andalusit, die eigene Identität und Lebensaufgabe zu entdecken und zu verwirklichen. Er ermöglicht, groß zu denken, dabei realistisch zu bleiben und Großzügigkeit zu entwickeln. Andalusit hilft, die vielen Möglichkeiten unseres Wesens zu erkennen und zu leben.

Als aluminumhaltiges Mineral fördert Andalusit die Entsäuerung des Körpers. Dadurch hilft er bei Sodbrennen, Magenbeschwerden sowie vielen Darm- und Hauterkrankungen. Andalusit wirkt entspannend, stärkt jedoch gleichzeitig auch bei Schwächezuständen.

## Anwendung

Andalusit wirkt am besten, wenn er über längere Zeit direkt auf der Haut getragen wird.

# Anhydrit

## Name, Synonyme, Handelsbezeichnungen
Anhydrit erhielt seinen Namen 1801. Er ist im Prinzip wasserfreier Gips (griech. anhydros = wasserlos). Als Heilstein ist Anhydrit unter dem Namen Angelit bekannt geworden, was mit Engeln assoziiert wird und weshalb er in der englischsprachigen Literatur auch zu Astralreisen empfohlen wird. Etwas irdischer und aus der Sprache der Bergleute oder Mineralogen sind die Synonyme Bardiglionit, Gekrösestein (für gefältetes Anhydrit-Gestein), Klarskait, Leuchtstein, Muriacit (aufgrund des 1794 irrtümlich vermuteten Salzsäuregehalts - acidum muriaticum), Seidenspat (für faserigen Anhydrit) sowie Würfelanhydrit, Würfelgips und Würfelspat für Anhydrit-Kristallbildungen.

## Genese, Vorkommen
Anhydrit gehört zu den gesteinsbildenden Mineralien, konkret zu den Salzgesteinen. Salzgesteine entstehen sekundär durch das Eindampfen von Meerwasser in flachen Gewässern (siehe auch „Sekundäre Gesteinsbildung" Seite 27ff.). Auf diese Weise bildet Anhydrit feinkörnige Gesteinsmassen. Vorkommen hierfür sind im Südharz, im Zechstein Hannovers sowie in Chile, Japan und Rußland vorhanden. Weitaus seltener entsteht Anhydrit primär durch hydrothermale Prozesse. Dann findet er sich in schönen Kristallbildungen auf Klüften und Gängen, wie im Harz oder in den Alpen.

## Kristallsystem, Erscheinungsbild, Farbe
Anhydrit ist rhombisch, die seltenen Kristalle sind dicktafelig, prismatisch oder fast würfelig. Viel häufiger, vor allem bei sedimentärer Entstehung, bildet Anhydrit spätige, derbe, körnig-dichte

*Abb. 70: Anhydrit-Aggregate, Mexiko, und Angelit anpoliert, Peru (1:1)*

oder faserig-strahlige Massen. Der als Angelit gehandelte Heilstein wird aus dichtem, feinkörnigem Anhydrit gewonnen. Anhydrit ist farblos, grau, rötlich oder bläulich (Angelit), seine Farben sind eher hell und pastellig und können durch Lichteinwirkung weiter ausbleichen; er zeigt starken Glasglanz.

### Mineralklasse, Chemismus
Anhydrit zählt zur Mineralklasse der Sulfate. Er ist ein Calciumsulfat der Anhydrit-Gips-Gruppe (Formel: $CaSO_4$ + Sr) mit geringem Strontium-Gehalt. Falls sich noch Spuren von Eisen einfinden, wird Anhydrit rötlich. Anhydrit nimmt gerne Wasser auf und wandelt sich dann in Gips um. Da sich das Volumen des Minerals dabei um 60% vergrößert, bilden sich so gebogene, wulstige Platten, wie z.b. in der komplett im Anhydrit liegenden Barbarossa-Höhle des Kyffhäuser, Thüringen, zu sehen ist.

### Bestimmungsmerkmale
Mohshärte: 3,5; Dichte: 2,9 – 3,0; Spaltbarkeit: vollkommen; Strichfarbe: weiß; Transparenz: durchsichtig bis durchscheinend.

### Verwechslungen und Unterscheidung
Gips: Härte 1,5 – 2; Kalkstein oder Calcit sind in Salzsäure löslich. Eine zerstörungsfreie Unterscheidung ist nur durch mineralogisch-gemmologische Untersuchungen möglich.

### Fälschungen
Es werden Farbintensivierungen durch Bestrahlung durchgeführt, die leider nicht nachweisbar sind.

### Verwendung und Handel
Anhydrit wird als Zierstein bei der Innenarchitektur sowie zur Gewinnung chemischer Rohstoffe, wie Schwefelsäure und Sulfate verwendet. Als Schmuckstein spielt er eine untergeordnete Rolle, als Heilstein ist nur der hellblaue Angelit in Gebrauch.

### Heilwirkung, Indikationen
Anhydrit wirkt als rhombisches Sulfat stabilisierend bei extrem psychischen Belastungen und kann sogar zur Verhinderung schizophrener Schübe eingesetzt werden. Menschen, die geistig zu sehr abheben, gibt er den notwendigen Bodenkontakt und ausreichend Sicherheit im täglichen Leben. So entsteht bei Unsicherheit oder dem Gefühl, schutzlos zu sein, auch der innere Halt, der notwendig ist, um sich anderen gegenüber vertrauensvoll zu öffnen.

Körperlich regt Anhydrit die Nierenfunktion und den Wasserhaushalt an. Er hilft dadurch bei akuten Vergiftungen, sofern es sich um wasserlösliche Stoffe handelt. Auch Wassereinlagerungen im Gewebe (Ödeme) und damit verbundene Schwellungen werden abgebaut.

### Anwendung
Anhydrit sollte am Körper getragen oder aufgelegt werden, jedoch nicht zu lange (nicht Wochen oder Monate), da er geistige Entwicklungen bremst.

# Antimonit

## Name, Synonyme, Handelsbezeichnungen

In der Antike hieß Antimonit „Stibium", abgeleitet vom ägyptischen „stem", einer aus Antimonit hergestellten Wimperntusche. Dieser Name blieb unangefochten, bis im 11. Jahrhundert der Begriff Antimonium (griech. Blüte oder Ausblühung) auftauchte. Im 15. Jahrhundert schließlich kam noch der deutsche Begriff Spießglas hinzu, und von da an dauerte der Streit um die richtige Bezeichnung 400 Jahre, bis sich in unserer Zeit der Begriff Antimonit durchsetzen konnte. Allerdings existieren noch immer etliche Synonyme, die sich auf die anderen Wurzeln beziehen, und auch die Chemie trägt noch an diesem Erbe: Sb (Stibium) ist das Kürzel für das Element Antimon. Die Synonyme für Antimonit sind Antimonglanz, Schwefelantimon, Grauspießglanz, Spießglanz(-erz), Spießglaserz und Stibnit.

## Genese, Vorkommen

Antimonit entsteht primär aus niedrig temperierten hydrothermalen Lösungen in Quarz- oder Erzgängen. Er ist recht häufig und bildet z.T. riesige Lagerstätten. Die größten Vorkommen liegen in China, Südafrika und Bolivien, die größten Antimonit-Kristalle (bis 1 m Länge) wurden in Japan gefunden. Weitere Fundorte liegen in Borneo, Mexiko, Algerien, Jugoslawien und Rumänien. Vor allem aus Rumänien kommen schöne, nadelige Sammlerstücke in den Handel.

## Kristallsystem, Erscheinungsbild, Farbe

Antimonit bildet rhombische langprismatische Kristalle mit einer riefigen Längsstreifung auf den Prismenflächen. Kleine Kristalle sind nadelig-spitz, manchmal biegsam und bilden oft radial-

*Abb. 71: Antimonit-Stufe, Rumänien (1:1)*

strahlige Aggregate. Große Kristalle sind oft mechanisch verknickt. Am häufigsten bildet Antimonit jedoch derbe bis dichte oder verfilzte Massen. Seine Farbe ist grau bis schwarz, durch Oxidation entstehen mitunter Anlauffarben. „Frisch" gefördert zeigt er starken Metallglanz, im Laufe der Zeit wird er matt.

### Mineralklasse, Chemismus
Antimonit zählt zur Mineralklasse der Sulfide (Formel: $Sb_2S_3$ + Fe,Cu,Pb,Zn + (Co,Ag,Au)). Die Antimonsulfid-Verbindung ist hier mit $Sb_2S_3$ allerdings nur als Summenformel angegeben. Tatsächlich bilden Antimon und Schwefel lange Doppelketten, was auch das längsgestreifte Aussehen der Antimonit-Kristalle begründet. Antimonit beherbergt viele Fremdstoffe: in geringen Mengen findet sich Eisen, Kupfer, Blei und Zink, in Spuren Kobalt, Silber und Gold.

### Bestimmungsmerkmale
Mohshärte: 2; Dichte: 4,63 – 4,66; Spaltbarkeit: in einer Richtung ausgezeichnet, in die anderen Richtungen unvollkommen – auch die Spaltflächen zeigen sich oft gestreift; Strichfarbe: grau; Transparenz: opak.

### Verwechslungen und Unterscheidung
Bismuthinit (Wismutsulfid) gleicht Antimonit fast aufs Haar, auch andere graue Sulfide sind Antimonit sehr ähnlich. Ihre Unterscheidung ist nur durch mineralogisch-gemmologische Untersuchungen möglich.

### Fälschungen
Fälschungen existieren nicht.

### Verwendung und Handel
Antimonit wurde schon im alten Ägypten als Schminke und Heilsalbe für Haut und Augen verarbeitet. In der mittelalterlichen Alchemie war es ebenfalls ein wichtiges Mineral, und auch heute werden noch naturheilkundliche Präparate auf Antimonitbasis hergestellt. Technisch wird es als Bestandteil von Legierungen sowie als Hitzeschutz für Farben und Textilien eingesetzt.

### Heilwirkung, Indikationen
Antimonit hilft, persönliche Interessen und höhere Ideale in Einklang zu bringen, die eigenen Gefühle zu kontrollieren und dadurch vor allem auch schlechte Gewohnheiten, Frusthandlungen und Ersatzbefriedigungen loszulassen. In den Klöstern des 17. und 18. Jahrhunderts wurden daher auch Becher aus Antimon-Metall verwendet, um den Mönchen den Alkohol abzugewöhnen.

Körperlich fördert Antimonit die Wundheilung und lindert Hautkrankheiten, Ausschläge, Ekzeme und dauernden Juckreiz. Auch bei Übelkeit und Magenbeschwerden kann er eingesetzt werden.

### Anwendung
Große Kristalle können direkt auf die Haut aufgelegt werden, nadelige Grüppchen dienen der meditativen Betrachtung.

# Apatit

## Name, Synonyme, Handelsbezeichnungen

Apatit bedeutet „Täuscher" (griech. apatao = täuschen). Diesen Namen erhielt das Mineral 1786 durch Abraham Gottlob Werner, da Apatit aufgrund seiner „täuschenden Ähnlichkeit" in der Vergangenheit oft mit anderen Mineralien (Beryll, Calcit) verwechselt wurde. Synonyme (z.T. für besondere Varietäten oder Erscheinungsformen) sind Abukumalit, Augustit, Belovit, Britolith, Dahlit, Davisonit, Dehrnit, Ellestadit, Francolith, Kollophan, Lewistonit, Mangualdit, Moroxit o. Morochit (grünlichblauer Apatit), Nauruit, Phosphorit (feinkristalliner Apatit), Podolith, Quercyit, Spargelstein (grobstengeliger grüner Apatit), Sombrerit. Staffelit (chalcedonartiger, krustiger Carbonat-Fluor-Apatit) und Wilkeit.

## Genese, Vorkommen

Apatit ist ein sog. Durchläufer, der in allen drei Bildungsbereichen auftreten kann.

Primär durch liquidmagmatische Bildung erscheint Apatit als feinnadeliges Gemengteil fast aller magmatischen Gesteine, insbesondere jedoch in Graniten, Dioriten und deren Pegmatiten. Auch als pneumatolytische Bildung ist er bekannt, jedoch nur in Hohlräumen von Vulkaniten auf Klüften und hydrothermalen Gängen bilden sich z.T. große Kristalle.

Sekundär tritt Apatit bei der Bildung von Sedimentgesteinen in Form abgerollter Körner auf (Phosphorit). Er bildet sich hier meist aus Phosphor biologischer Herkunft.

Tertiär entsteht Apatit in fast allen Metamorphiten (Glimmerschiefer, Gneise usw.), angereichert zu größeren Mengen findet er sich in metamorphen Magnetit-Lagerstätten.

Große Apatit-Vorkommen gibt es in Brasilien, Kanada und Rußland.

*Abb. 72: Apatit-Kristalle, Kanada, und Rohstück, Brasilien (1:1)*

## Kristallsystem, Erscheinungsbild, Farbe
Apatit ist hexagonal, die seltenen Kristalle sind meist kurz- oder langsäulige sechs- bis zwölfeckige Prismen mit stumpfer Spitze. Häufiger sind derbe, körnige Massen oder mikroskopisch kleine Kristalle als Einsprengsel in vielen Gesteinen. Apatit tritt farblos wie auch in allen Farben auf, überwiegend ist er jedoch meist grünlich, gelb oder blau. Apatit zeigt Fett- oder Glasglanz.

## Mineralklasse, Chemismus
Apatit zählt zur Mineralklasse der Phosphate. Am häufigsten tritt er als Calcium-Fluor-Phosphat oder Calcium-Hydroxyl-Phosphat auf. Die allgemeine Summenformel lautet: $Ca_5(F,Cl,OH)[PO_4]_3$ + $As,Mg,Mn,Pb,Si,Sr,V,SE,CO_3,SO_4$. In geringen Mengen enthält Apatit außerdem die Mineralstoffe Magnesium, Mangan, Strontium sowie Carbonat- und Sulfat-Gruppen, in Spuren treten auch Elemente der Seltenen Erden auf.

## Bestimmungsmerkmale
Mohshärte: 5; Dichte: 3,2; Spaltbarkeit: je nach Orientierung unvollkommen bis vollkommen, muscheliger, unebener Bruch; Strichfarbe: weiß; Transparenz: durchsichtig bis undurchsichtig.

## Verwechslungen und Unterscheidung
Aquamarin, Beryll (Härte: 7,5 – 8; Dichte: 2,6 – 2,9), Calcit (Härte: 3; Dichte: 2,6 – 2,8), Saphir (Härte: 9; Dichte: 3,9 – 4), Topas (Härte: 8; Dichte: 3,5 – 3,6) und Turmalin (Härte 7 – 7,5).

## Fälschungen
Fälschungen von Apatit sind nicht bekannt, das Mineral wird jedoch ganz im Sinne seines Namens im umgekehrten Fall oft als Imitat für Beryll, Topas und sogar Saphir verwendet. Die Identifikation ist hier kein Problem! Apatit besitzt nur die Härte 5.

## Verwendung und Handel
Apatit ist der Hauptrohstoff für Phosphat-Düngemittel. Für Schmuck- und Heilzwecke sind hauptsächlich meist klare grüne oder gelbe Kristalle sowie aus derben Massen hergestellte Trommelsteine, Anhänger und selten auch Ketten im Handel. Als facettierter Stein ist Apatit aufgrund seiner geringen Härte nur selten in Gebrauch.

## Heilwirkung, Indikationen
Als Phosphat bringt Apatit Offenheit und Kontaktfreudigkeit, durch seine hexagonale Struktur Motivation, Antrieb und Zielstrebigkeit. Er fördert so Dynamik und Abwechslung im Leben.

Das Fluor im Apatit fördert geistige Flexibilität und Selbstüberwindung, Calcium harmonisiert die Geschwindigkeit geistiger Entwicklungen. So wird Apatit zum Mineral des Erfolgs.

Körperlich mobilisiert Apatit die Energiereserven und fördert die Neubildung von Zellen, Knorpeln und Knochen. Apatit hilft daher bei Rachitis, Arthrose, Gelenkbeschwerden und Knochenbrüchen.

## Anwendung
Apatit sollte mit Hautkontakt direkt am Körper getragen werden.

# Apophyllit

## Name, Synonyme, Handelsbezeichnungen
Der Name Apophyllit bedeutet „der Abblätternde" (griech. apo = ab und phyllon = Blatt) und bezieht sich auf die Eigenschaft des Minerals, vor einer heißen Flamme in einzelne Blättchen aufzublättern (siehe auch Chemismus). Diesen Namen erhielt das Mineral im 18. Jahrhundert durch René-Just Hauy, andere Mineralogen nannten es wegen seines Perlmuttglanzes und seines charakteristischen, sehr hellen Lichtglanzes „Fischaugenstein" (A.G. Werner) oder „Ichthyophthalm" (d'Andrada). Weitere, jedoch allesamt veraltete Synonyme sind Albin (verwitterter Apophyllit), Brünnichit, Leukozyklit, Oxhaverit, Tesselith und Xylochlor (grüner Apophyllit).

## Genese, Vorkommen
Apophyllit entsteht primär durch hydrothermale Bildung aus dünnflüssigen, fluorhaltigen Kieselsäure-Lösungen. Er findet sich meist in der Gesellschaft von Zeolithen (Heulandit, Natrolith, Skolezit, Stilbit) oder Prehnit in Blasenhohlräumen des Basalts und ähnlicher vulkanischer Gesteine. Seltener findet er sich in Erzgängen und Zerrklüften. Fundorte gibt es weltweit, u.a. in Australien (Broken Hill), Brasilien (Das-Antas-Tunnel, Rio Grande do Sul), Mexiko und Italien. Das Hauptlieferland sowohl für klare Kristalle als auch die selteneren grünen Grüppchen (siehe Bild) ist jedoch Indien (meist Poona).

## Kristallsystem, Erscheinungsbild, Farbe
Apophyllit zählt zu den wenigen tetragonalen Heilsteinen. Er bildet rechteckige, oft doppelendige Kristalle mit vierflächigen Spitzen (pyramidaler Habitus) oder quadratischen Endflächen (würfe-

*Abb. 73: Apophyllit-Grüppchen, Poona, Indien (2:1)*

liger Habitus), die oft zu Grüppchen oder blättrigen Aggregaten verwachsen sind. Die Kristalle zeigen typischerweise vertikale Streifen, etwas unebene Flächen sowie sehr hellen, perlmuttartigen Glanz. Apophyllit ist meist farblos oder grünlich, selten auch schwach rötlich, gelblich oder bläulich.

## Mineralklasse, Chemismus
Apophyllit ist ein wasserhaltiges Schicht-Silikat, Formel: $KCa_4[(OH,F)/(Si_4O_{10})_2] \cdot 8\,H_2O$. Aufgrund seines Wassergehalts sind die einzelnen Silikat-Schichten leicht gegeneinander verschiebbar, was zur ausgezeichneten Spaltbarkeit und dem namengebenden Abblättern in einer heißen Flamme führt.

## Bestimmungsmerkmale
Mohshärte: 4,5 – 5; Dichte: 2,3 – 2,5; Spaltbarkeit: ausgezeichnet; Strichfarbe: weiß; Transparenz: durchsichtig bis durchscheinend.

## Verwechslungen und Unterscheidung
Verwechslungen sind nicht bekannt. Nur auf den ersten Blick sehen sehr klare Kristalle manchmal aus wie Bergkristall, der jedoch niemals viereckig mit rechtwinkligem Grundriß ist.

## Fälschungen
Durch Bestrahlen läßt sich in farblosem Apophyllit die begehrtere grünliche Färbung hervorrufen, wofür es leider keine Nachweismöglichkeit gibt. Verdächtig sind jedoch sehr gleichmäßig blaßgrüne Grüppchen aus Brasilien mit ebenmäßigen Kristallen. Die natürlicherweise grünen Apophyllit-Kristalle sind oft etwas gerundet, ungleichmäßig gefärbt und erinnern an pflanzliche Strukturen (siehe Abb.).

## Verwendung und Handel
Apophyllit war lange Zeit ein reines Sammelobjekt. Zu Schmuckzwecken ließ er sich aufgrund der ausgezeichneten Spaltbarkeit nur sehr schwer verarbeiten, weshalb geschliffene Apophyllite zu den begehrtesten Edelstein-Raritäten zählen. Erst durch die Steinheilkunde entstand eine große Nachfrage nach dem „Asthma-Stein" Apophyllit.

## Heilwirkung, Indikationen
Als tetragonales Schicht-Silikat macht Apophyllit alle geistigen Faktoren, wie schlechtes Gewissen, Sorge, Angst und Unsicherheit bewußt, die dazu verleiten, sich hinter einer Maske der Beherrschung oder Unehrlichkeit zu verstecken. Er hilft, diese Fassaden fallenzulassen und sich so zu zeigen, wie man ist. Dadurch löst er inneren Druck und Beklemmungen auf und befreit unterdrückte Gefühle. Apophyllit hilft so auch bei körperlichen Beklemmungen, insbesondere bei Asthma und anderen nervösen oder allergischen Atemwegserkrankungen.

## Anwendung
Die geistige Wirkung des Apophyllits wird durch kontemplative Betrachtung gefördert, für körperliche Beschwerden sollte der Stein unmittelbar auf die Haut aufgelegt oder am Körper getragen werden.

# Aquamarin

## Name, Synonyme, Handelsbezeichnungen
Der seit der Renaissance verbreitete Name Aquamarin bedeutet „Meerwasser" (lat./ital. aqua marina) und bezieht sich auf die Farbe des Minerals (veraltete Synonyme: Meerwasserstein, meergrüner Stein). Im Mittelalter und in der Antike wurde Aquamarin nicht als eigene Beryll-Varietät betrachtet, er war schlicht ein blauer oder grüner Beryll (siehe dort). Interessant für die Heilkunde ist, daß sich das Wort Brille von Beryll ableitet, was auf die historische Verwendung dieser Mineralfamilie (Aquamarin eingeschlossen) als Augenheilstein verweist.

## Genese, Vorkommen
Aquamarin ist stets primärer Bildung. Er entsteht als späte, oft hydrothermale Bildung auf Drusen und Klüften in Granitpegmatiten. Da der Mineralstoff Beryllium ein sehr seltenes Element ist, wird die Beryllium-Konzentration der magmatischen Kieselsäure-Lösung erst dann groß genug, um Aquamarin zu bilden, wenn viele Stoffe durch Mineralbildung bereits aus der Lösung ausgeschieden sind (sog. Restkristallisation). Manchmal werden auch früher gebildete berylliumhaltige Mineralien durch die hydrothermale Lösung zu Aquamarin umkristallisiert. Die bedeutendsten Vorkommen sind in Brasilien (Minas Gerais), Pakistan (Himalaya), Afghanistan, Indien, Sri Lanka, Sambia, Malawi und Mosambik.

## Kristallsystem, Erscheinungsbild, Farbe
Aquamarin ist hexagonal und bildet sechseckige prismatische Kristalle von gestrecktem bis nadeligem Habitus. Die Kristalle zeigen meist eine Endfläche, nur selten bildet sich eine stumpfe Spitze.

*Abb. 74: Aquamarin, facettierte und getrommelte Steine, Brasilien (3:1)*

Typisch sind oftmals vertikale Streifen auf den Prismenflächen. Die Farbe des Aquamarins erstreckt sich von blaßblau, blau, blaugrün bis meergrün, er zeigt Glasglanz. Bei Aquamarin-Cabochons tritt sehr selten Asterismus (sechsstrahliger Stern) und Chatoyieren (Katzenauge) auf.

## Mineralklasse, Chemismus
Aquamarin zählt als Varietät der Beryll-Familie zur Mineralklasse der Ring-Silikate. Er ist ein Beryllium-Aluminium-Silikat, Formel: $Be_3Al_2(Si_6O_{18})$ + K,Li,Na + (Fe). Ein sehr wichtiger Mineralstoff des Aquamarin ist das in Spuren vorhandene Eisen, welches in zweiwertiger Form eine grünliche, in dreiwertiger Form eine bläuliche Färbung hervorruft.

## Bestimmungsmerkmale
Mohshärte: 7,5 – 8; Dichte: 2,65 – 2,75; Spaltbarkeit: unvollkommen, muscheliger, unebener Bruch; Strichfarbe: weiß; Transparenz: durchsichtig bis undurchsichtig.

## Verwechslungen und Unterscheidung
Als Kristall mit Apatit: Härte 5, Dichte 3,2; als Trommelstein mit Topas: Dichte 3,53 – 3,56; als geschliffener Stein mit Disthen, Topas, Turmalin, Zirkon. Eine sichere Unterscheidung ist hier nur durch mineralogisch-gemmologische Untersuchungen möglich.

## Fälschungen
Leider sehr häufig! Durch Brennen (Nachweis fast unmöglich) wird grüner Aquamarin blau, farbloser oder gelber Beryll durch Bestrahlen saphirblau. Insbesondere aus der Ukraine wird viel gelber Beryll importiert und bestrahlt. Auch Imitationen aus synthetischem Quarz, Spinell oder Glas sind bekannt. Letztere sind durch mineralogisch-gemmologische Untersuchungen erkennbar.

## Verwendung und Handel
Aquamarin ist ein seit der Renaissance beliebter Edelstein und Schmuckstein und zählt heutzutage zu den wichtigsten Heilsteinen.

## Heilwirkung, Indikationen
Als hexagonales Mineral fördert Aquamarin Ausdauer und Durchhaltevermögen. Er hilft, begonnene Projekte zu Ende zu führen und sich, dank dem Beryllium, diszipliniert durch Widerstände hindurchzuarbeiten. In allen Tätigkeiten schenkt Aquamarin Weitblick und Voraussicht, damit wir immer wieder neue Wege und Möglichkeiten erkennen und in unsere Pläne miteinbeziehen können. Aquamarin macht zielstrebig und fördert das geistige und körperliche Wachstum.

Er reguliert den Hormonhaushalt, die Funktion des Immunsystems und lindert alle Überreaktionen, wie z.B. Autoimmunerkrankungen und Allergien, vor allem Heuschnupfen. Außerdem stärkt er die Sehkraft bei Kurz- und Weitsichtigkeit.

## Anwendung
Gegen Heuschnupfen sollte Aquamarin ab Februar vor Beginn des ersten Pollenflugs dauernd am Körper getragen werden. Für die Augen wird er abends auf die geschlossenen Augenlider aufgelegt.

# Aragonit

## Name, Synonyme, Handelsbezeichnungen
Aragonit erhielt seinen Namen 1788 durch den berühmten Professor der Bergakademie Freiberg, Abraham Gottlob Werner, nach einem Fundort am Rio Aragon, Spanien (ursprünglich aragonischer Kalkspat bzw. Aragonspat). Veraltete Synonyme sind Aphrit, Atlasspat (faserig), Conchit, Faseraragon, Oserskit, Pelagosit, Perlspat (mit Perlmuttglanz), Rindenstein und Stängelkalk. Falsche, irreführende Handelsnamen sind derzeit Alabaster (eigentlich Gips), Onyx-Marmor (Aragonit ist weder Onyx noch Marmor) und kalifornischer bzw. mexikanischer Onyx oder Achat. Durch Mangan rosa gefärbter Aragonit wird mitunter fälschlich als Kalkrhodochrosit gehandelt bzw. mit Manganocalcit verwechselt. Diese Namensvielfalt hat Aragonit vor allem der Vielfalt seines Aussehens zu verdanken (siehe dazu unter „Erscheinungsbild" auch die verschiedenen Namen der Formvarietäten).

## Genese, Vorkommen
Aragonit entsteht primär bei hohem Druck aus kalkhaltigen Lösungen magmatischen Ursprungs auf Klüften und Hohlräumen im Basalt und ähnlichen vulkanischen Gesteinen (wäre der Druck zu gering, würde sich Calcit bilden). Sekundär entsteht Aragonit aus kalkhaltigem Wasser durch sehr schnelle Kristallisation oder an warmen Quellen mit Temperaturen über 29 °C. Auch hier würde sich bei langsamer Kristallisation bzw. niedrigeren Temperaturen der chemisch identische Calcit bilden. Da sich Aragonit bei normalen atmosphärischen Bedingungen allmählich in Calcit umwandelt, ist er viel seltener als dieser und auch fast nie gesteinsbildend (vgl. auch Calcit, Seite 182, Kalkoolith, Seite 478, Muschel, Seite 485, und Perle, Seite 344).

*Abb. 75: Aragonit, Chihuahua, Mexiko (1:1)*

## Kristallsystem, Erscheinungsbild, Farbe
Aragonit ist rhombisch und bildet vielfältige Kristalle und Aggregate. Typisch sind die „weißen Wolken" aus Nadelspat (siehe Abb.), der radialstrahlige Iglit aus pseudohexagonalen Säulen (Aragonit-Drillinge, die sechseckige Säulen bilden), der körnig-krustig gebänderte Sprudelstein (Aragonit-Sinter), die dendritisch verästelte Eisenblüte, der oolithische Erbsenstein (siehe Kalkoolith) sowie der pulverige Schaumkalk. Als Heilstein sind überwiegend Iglit und getrommelter Sprudelstein (siehe auch „Kalksinter", chemische Sedimente, Seite 27) erhältlich. Die Farbe des Aragonit variiert von farblos, grau, weiß über rosa, gelb, grün bis rotbraun und braun. Er zeigt Glasglanz.

## Mineralklasse, Chemismus
Aragonit zählt zur Calcit-Dolomit-Aragonit-Familie und zur Mineralklasse der Carbonate. Er ist ein rhombisches Calciumcarbonat mit in unterschiedlichen Mengen eingelagerten Mineralstoffen, Formel: $CaCO_3$ + Ba,Fe,Mn,Pb,Sr,Zn. Dabei färbt Eisen (Fe) gelb oder braun, Mangan (Mn) rosa bis grau, Blei (Pb), Strontium (Sr) und Zink (Zn) weiß.

## Bestimmungsmerkmale
Mohshärte: 3,5–4; Dichte: 2,94; Spaltbarkeit: unvollkommen, muscheliger, spröder Bruch; Strichfarbe: weiß; Transparenz: durchsichtig bis durchscheinend.

## Verwechslungen und Unterscheidung
Calcit, Dolomit, Magnesit und andere Carbonate lassen sich bei Trommelsteinen und in anderen verarbeiteten Formen in der Regel nur mineralogisch differenzieren (Spaltbarkeit, Löslichkeit, Dichte).

## Fälschungen
Keine bekannt, oft wird jedoch – irrtümlich oder absichtlich – Calcit als Aragonit verkauft.

## Verwendung und Handel
Aragonit ist zu Sammelzwecken und als Sprudelstein manchmal zur Dekoration im Handel, sehr selten nur wird er jedoch aufgrund seiner geringen Härte als Edelstein geschliffen.

## Heilwirkung, Indikationen
Als instabiles, schnell entstandenes Calciumcarbonat stabilisiert Aragonit gerade jene geistigen Entwicklungen, die durch eine zu große Geschwindigkeit oder übermäßigen Nachdruck aus dem Gleichgewicht geraten sind. Er hilft dadurch gleichermaßen bei Überforderung, Sprunghaftigkeit und nachlassendem Interesse. Aragonit fördert die Konzentration und lindert Unruhe und Nervosität. Körperlich reguliert Aragonit den Calcium-Stoffwechsel. Er fördert insbesondere den Aufbau und die Elastizität der Bandscheiben, stärkt das Immunsystem und hilft bei Verdauungsbeschwerden.

## Anwendung
Aragonit wird am besten mit direktem Hautkontakt getragen. Bei Bandscheibenbeschwerden sollte er zwei- bis dreimal täglich für einige Minuten auf die betroffene Stelle aufgelegt werden.

# Aventurin

## Name, Synonyme, Handelsbezeichnungen

Der Name Aventurin, eigentlich Aventurinquarz, leitet sich von ital. a ventura = aufs Geratewohl ab, womit die willkürlich im Quarz eingelagerten Mineralschüppchen gemeint sind. Ursprünglich soll der Name von dem in Italien erfundenen „Glasfluß" herrühren, geschmolzenem Glas, in welches aufs Geratewohl Kupferspäne eingestreut wurden. Dieses Glas weist ein ähnliches Glitzern auf wie Aventurin, so wurde der Name auf das Mineral übertragen. Allgemeine Synonyme sind Avanturin, Chrysoquarz, Tibetstein und Venturin; Eosit, Goldstein und Leonit steht für orangefarbenen, Grünquarz für dunkelgrünen Aventurin. Etwas irreführende Handelsnamen sind Indien-Jade oder indischer Smaragd. – Aventurin-Feldspat ist Sonnenstein, blauer Aventurin ist Blauquarz (siehe jeweils dort).

## Genese, Vorkommen

Aventurin ist ein sog. Durchläufer-Mineral, das sich sowohl auf primärem, sekundärem und tertiärem Weg bilden kann. Primär lagern sich Hämatit- und Glimmerschüppchen bei der Bildung pegmatitischer Gesteine in fast reine, magmatische Kieselsäure ein.

Sekundär wird zumeist Glimmer von Kieselsäure-Lösung durchdrungen und in den entstehenden Quarz eingebettet.

Tertiär vermengen sich Glimmer, Hämatit und Quarz bei der Regionalmetamorphose Kristalliner Schiefer.

In allen drei Fällen kann Aventurin in großen Massen entstehen und gesteinsbildend sein. Bedeutende Vorkommen liegen in Brasilien (Minas Gerais), Indien, Simbabwe und Rußland.

*Abb. 76: Aventurin, Brasilien; Rohstein, Trommelsteine, Donut (1:1)*

## Kristallsystem, Erscheinungsbild, Farbe
Aventurin ist trigonal, bildet jedoch keine Kristalle, da die eingelagerten Fremdstoffe das Kristallgitter des Quarzes stören. Statt dessen entstehen große derbe Massen. Die Farbe variiert entsprechend den Mineraleinschlüssen: Durch Einlagerungen von Chromglimmer (Fuchsit, siehe auch dort) entsteht grüner Aventurin, durch Muskovit und Biotit gelblicher, durch Hämatit und Lepidokrokit orangefarbener bis roter Aventurin. Charakteristisch ist das Schillern der eingeschlossenen Plättchen, auch „Aventurisieren" genannt. Aventurin zeigt Glas- bis Pechglanz.

## Mineralklasse, Chemismus
Aventurin ist derber Quarz und zählt zur Mineralklasse der Oxide, Formel: $SiO_2$ (Quarz) + $KAl_2[(OH,F)_2/AlSi_3O_{10}]$ + (Cr) (Fuchsit) oder $Fe_2O_3$ + Mg,Ti (Hämatit) oder FeOOH (Lepidokrokit). Große Unterschiede wurden in der Wirkung verschiedener Aventurine nicht festgestellt, so daß die Störung des Kristallgitters wohl wichtiger ist als die Art der eingelagerten Stoffe.

## Bestimmungsmerkmale
Mohshärte: 7; Dichte: 2,64 – 2,69; Spaltbarkeit: keine, unebener Bruch; Strichfarbe: weiß; Transparenz: durchscheinend bis undurchsichtig.

## Verwechslungen und Unterscheidung
Orangefarbener Aventurin kann verwechselt werden mit Dolomit (Eosit), Härte 3,5 – 4, vollkommene Spaltbarkeit; Glasfluß: Härte 5 – 5,5, oder Sonnenstein (Aventurin-Feldspat), vollkommene Spaltbarkeit. Unterscheidung sonst nur durch mineralogisch-gemmologische Untersuchungen.

## Fälschungen
Insbesondere in China verarbeiteter grüner Aventurin wird häufig gefärbt, orangefarbener wird mitunter durch Goldfluß imitiert (s.o.).

## Verwendung und Handel
Aventurin ist ein beliebter Schmuck- und Dekorationsstein, der aufgrund seines reichen Vorkommens in vielfältiger Form lieferbar ist (Anhänger, Ketten, Schmucksteine, Trommelsteine usw.). Auch als Heilstein ist er beliebt, nicht zuletzt, weil er stets sehr preiswert ist.

## Heilwirkung, Indikationen
Aventurin fördert die Selbstbestimmung und Individualität und regt dazu an, die eigenen Träume zu verwirklichen. Er hilft, Sorgen loszulassen und ist daher auch als „Einschlafstein" bekannt.
    Körperlich regt Aventurin den Fettabbau an und beugt Arteriosklerose und Herzinfarkt vor. Er lindert Schmerzen, Entzündungen, Strahlenschäden (Sonnenbrand und -stich), Ausschläge und Allergien.

## Anwendung
Aventurin kann über längere Zeit am Körper getragen und in akuten Fällen direkt auf die betroffenen Körperstellen aufgelegt werden. Bei Strahleneinflüssen (Sonnenstich, Sonnenbrand) hat sich längeres, ruhiges Liegen im Steinkreis bewährt.

# Azurit

### Name, Synonyme, Handelsbezeichnungen
Der Name Azurit stammt von persisch Lazhward = blaue Farbe. Daraus entwickelten sich über lat. lazurius zwei Mineralnamen: Lapis Lazuli (Lasurstein) und Azurit, da man das „l" für einen arabischen Artikel hielt (l'azurius). Beide dienten zur Herstellung blauer Farbe und wurden oft gleichgesetzt und verwechselt. Erst seit dem 15. Jahrhundert bezeichnet der Name Lasurstein eindeutig den heutigen Lapislazuli, die Festlegung des Namens Azurit auf das heutige Mineral erfolgte 1824 durch den französischen Mineralogen François Beudant. Aus der älteren Bergmannssprache stammen noch eine ganze Reihe von Synonymen: Armenit, Bergblau, Blauer Malachit, Chessylith, Kopparlasur, Kupferblau, Kupferlapis, Kupferlasur, Lasur und Lasurmalachit.

### Genese, Vorkommen
Azurit entsteht immer sekundär durch die Einwirkung von sauerstoff- und kohlensäurehaltigem Grund- und Sickerwasser auf kupferhaltiges Gestein. Vor allem Kupfersulfide (Kupfer-Schwefel-Verbindungen) reagieren dabei schnell mit dem Carbonat-Anteil des Wassers zu Azurit oder Malachit. Beide sind daher Leitmineralien in den Oxidationszonen von Kupfererzlagerstätten, d.h. ihr Vorkommen weist auf den Kupfergehalt des Gesteins hin. Bedeutende Azurit-Vorkommen sind in den USA, Mexiko, Chile, Marokko, Namibia und Australien.

### Kristallsystem, Erscheinungsbild, Farbe
Azurit ist monoklin und bildet manchmal dicktafelige bis rhomboedrische Kristalle aus, die sich mitunter zu rosettenartigen Aggregaten formen. Viel häufiger bildet er jedoch derbe, dichte oder

*Abb. 77: Azurit-Rohsteine, USA (1:1)*

erdige Aggregate, oft typische kleine Kügelchen (z.B. aus Marokko). Diese Aggregate sind hell- bis dunkelblau und oftmals staubig-matt, bei Kristallen kann die Farbe dagegen so tief dunkelblau werden, daß sie fast schwarz wirkt. Azurit zeigt dann auch einen hohen Glasglanz.

## Mineralklasse, Chemismus
Azurit ist ein basisches Kupfercarbonat aus der Mineralklasse der Carbonate, Formel: $Cu_3[(OH)_2/(CO_3)_2]$. Im Gegensatz zum Malachit enthält er kein Wasser und kann sich durch Wasseraufnahme in diesen umwandeln (siehe auch Malachit und Azurit-Malachit). Farbgebend ist das Kupfer (idiochromatische Färbung), weshalb er auch eine blaue Strichfarbe zeigt.

## Bestimmungsmerkmale
Mohshärte: 3,5 – 4; Dichte: 3,77 – 3,80; Spaltbarkeit: unvollkommen, spröde, erdiger Bruch; Strichfarbe: hellblau; Transparenz: durchsichtig (in der Regel jedoch nur kantendurchscheinend) bis undurchsichtig.

## Verwechslungen und Unterscheidung
Als Trommelstein mit Lapislazuli (Härte 5 – 5,5, Dichte 2,4 – 2,9) oder Sodalith (Härte 5,5 – 6, Dichte 2,13 – 2,29, Strichfarbe: weiß). Als Edelstein mit Dumortierit, Hauyn, Lapislazuli, Lazulith und Sodalith. Die Unterscheidung ist hier nur durch mineralogisch-gemmologische Untersuchungen möglich.

## Fälschungen
Spezielle Azurit-Fälschungen außer den o.g. Verwechslungsmöglichkeiten sind nicht bekannt.

## Verwendung und Handel
Azurit wurde früher zur Herstellung blauer Farbe verwendet, ist heute jedoch nur noch als Sammlerobjekt, Schmuckstein oder Heilstein in Gebrauch.

## Heilwirkung, Indikationen
Azurit fördert das Streben nach Erkenntnis sowie Nachdenken, Kritikfähigkeit und überlegtes Handeln. Dadurch beginnt man, alltägliche Dinge zu reflektieren, die bisher selbstverständlich erschienen. Auf diese Weise tauchen viele Gedankenmuster, Mißverständnisse und früher unkritisch übernommene Meinungen auf und können nun verändert werden. Azurit macht so bewußter und aufnahmefähiger.

Körperlich regt Azurit die Gehirn- und Nerventätigkeit an, wodurch auch die Sinneswahrnehmung gestärkt wird. Er verbessert die Wahrnehmungsfähigkeit und das Reaktionsvermögen. Azurit wirkt entgiftend und leberanregend, stimuliert die Tätigkeit der Schilddrüse und fördert so das körperliche Wachstum.

## Anwendung
Zur Entfaltung der geistigen Wirkungen sollte Azurit an einem Ort aufgestellt werden, wo er oft in unserem Blickfeld ist, oder in der Meditation ruhig betrachtet bzw. auf die Stirn aufgelegt werden. Seine körperlichen Wirkungen entfaltet er durch direkten Hautkontakt.

# Azurit-Malachit

## Name, Synonyme, Handelsbezeichnungen
Azurit-Malachit ist eine natürliche Verwachsung der nahe verwandten Kupfermineralien Azurit und Malachit. Der Name des blauen Anteils Azurit stammt dabei von persisch Lazhward = blaue Farbe und wurde 1824 durch den französischen Mineralogen François Beudant dem heutigen Mineral gegeben (siehe auch Azurit, Seite 156). Der Name des grünen Anteils Malachit stammt von griech. malache oder moloche = Malve (deutsches Synonym Malvenstein) oder von griech. malakos = weich (deutsches Synonym Weichstein – siehe auch Malachit, Seite 298). Azurit-Malachit ist im Prinzip jedoch ein moderner Handelsname, für den es derzeit außer Azur-Malachit und Royal Gem Azurite noch keine weiteren Synonyme gibt. Fast der gesamte im Handel erhältliche Azurit-Malachit ist gefälscht. Beachten Sie unbedingt die Rubrik „Fälschungen".

## Genese, Vorkommen
Azurit-Malachit entsteht immer sekundär durch die Einwirkung von sauerstoff- und kohlensäurehaltigem Grund- und Sickerwasser auf kupferhaltiges Gestein. Daß dabei beide Mineralien am selben Ort gebildet werden und miteinander verwachsen, kommt nur in zwei Fällen vor: entweder als zeitgleiche Bildung bei einem ganz bestimmten Carbonatgehalt ($CO_3^{2-}$) im Wasser – wäre dieser Gehalt höher, würde nur Azurit entstehen, wäre er geringer, nur Malachit – oder als Übergangsform bei der Umwandlung von Azurit zu Malachit durch Wasseraufnahme (siehe auch Malachit und Azurit). In beiden Fällen ist das Mineral der Ausdruck eines sensiblen Gleichgewichtsverhältnisses. Azurit-Malachit ist dementsprechend selten. Bedeutende Vorkommen gibt es nur in Arizona, USA.

*Abb. 78: Azurit-Malachit, Rohstein, USA (echt), Donut (rekonstruiert) (2:1)*

## Kristallsystem, Erscheinungsbild, Farbe
Azurit-Malachit ist monoklin und bildet in der Regel dichte, knollige oder glaskopfige Aggregate. Durch die wechselnde Ablagerung von Azurit und Malachit zeigen sich deutlich voneinander abgesetzte grüne und azurblaue Farbschichten, die schalig gebändert, wirr durchdrungen oder filigran ineinander verwachsen sein können. Unförmig grün-blaue Flecken weisen in der Regel auf künstlich produzierten Azurit-Malachit hin (siehe Fälschungen). Azurit-Malachit zeigt Glas- bis Seidenglanz

## Mineralklasse, Chemismus
Azurit-Malachit ist ein basisches Kupfercarbonat aus der Mineralklasse der Carbonate, Formel: $Cu_3[(OH)_2/(CO_3)_2] + Cu_2[(OH)_2/CO_3] + H_2O + (Ca,Fe)$. Farbgebend ist das Kupfer (idiochromatische Färbung), weshalb er auch eine grüne oder blaue Strichfarbe zeigt.

## Bestimmungsmerkmale
Mohshärte: 3,5–4; Dichte: 3,8–3,9; Spaltbarkeit: unvollkommen, erdiger Bruch; Strichfarbe: hellgrün bis hellblau; Transparenz: undurchsichtig.

## Verwechslungen und Unterscheidung
Eigentlich keine, selten nur mit Chrysokoll: Dichte 2,0–2,3.

## Fälschungen
Häufig anzutreffen sind sog. Rekonstruktionen (Preßprodukte), bei denen Azurit- und Malachit-Staub mit Kunstharz zu einer fleckigen grün-blauen Masse verklebt werden. Fast alle im Handel befindlichen Schmuckstücke sind solche Imitationen, daher zeigt das nebenstehende Bild einen solchen Donut. Mit diesem Vergleich können Sie Rekonstruktionen identifizieren.

## Verwendung und Handel
Azurit-Malachit ist ein beliebter Sammel- und Heilstein. Echte Azurit-Malachite sind jedoch nur als Rohsteine, Trommelsteine, Anhänger und selten als Schmuckstück im Handel.

## Heilwirkung, Indikationen
Azurit-Malachit bringt Verstand (Azurit) und Gefühl (Malachit) in ein harmonisches Verhältnis. Dadurch werden innere Konflikte, der seelische Hintergrund vieler körperlichen Erkrankungen, gelöst. Darüber hinaus fördert der Stein das Interesse an Umwelt und Mitmenschen und hilft, Schmerz, Leid und Unglücklichsein zu überwinden. Körperlich regt Azurit-Malachit das Immunsystem an, disharmonisches Zellwachstum (Tumore usw.) aufzulösen. Er wirkt leberanregend und entgiftend.

## Anwendung
Die hier erwähnten Wirkungen gelten nur für echte Azurit-Malachite, da nur das natürliche Mineral die „Verkörperung" eines bestimmten Carbonat/Wasser-Gleichgewichts ist. Rekonstruierte Steine sind wertlos. Azurit-Malachit wird gleichermaßen durch kontemplatives Betrachten in der Meditation als auch durch Tragen oder Auflegen auf betroffene Stellen wirksam.

# Baryt

## Name, Synonyme, Handelsbezeichnungen
Als spaltbarer Stein fiel Baryt im Bergbau mit Calcit, Fluorit, Gips u.a. unter den Begriff Spat. Da er jedoch eine sehr hohe Dichte aufweist, wurde er schon bald schwerer Spat oder Schwerspat genannt. Um 1800 bürgerte sich dann der Begriff Baryt ein, der auf das griech. barys = schwer zurückzuführen ist. Vom Baryt erhielt auch das in ihm enthaltene Element Barium (Ba) seinen Namen. Wie bei allen Mineralien, die vor ihrer exakten Bestimmung schon lange bekannt waren, existieren jedoch auch für Baryt viele Synonyme: Allomorphit, Baroselenit, Bologneser Leuchtstein, Bologneser Spat, Bologneser Stein, Hepatit, Kalkschwerspat, Kammspat, Michel-Levyit, Säulenschwerspat, Schoharit, Stangenspat, Tafelspat, Tungspat und Wolnyn.

## Genese, Vorkommen
Baryt kann sowohl durch primäre als auch durch sekundäre Bildung entstehen. Primär findet er sich in der Regel in hydrothermalen Ganglagerstätten, wo er entweder monomineralisch oder in Paragenese mit Fluorit, Siderit, Quarz und Manganmineralien auftritt oder als Begleitmineral sulfidischer Erzlagerstätten erscheint, und in Paragenese mit Chalkopyrit, Galenit, Hämatit, Markasit, Pyrit, Siderit, Sphalerit und Zinnober usw. Sehr selten nur ist er liquidmagmatischer oder pegmatitischer Bildung.

Sekundär entsteht er bei der Bildung von Sandsteinen, sandigen Tonsteinen und Kalkgesteinen meist als Knollen, Konkretionen oder Kluftfüllungen im Gestein. Hier bilden sich auch die typischen Barytrosen. Primäre Baryt-Vorkommen gibt es in Deutschland, England, Frankreich, Rußland und den USA, sekundäre Vorkommen in Deutschland, Frankreich und den USA.

*Abb. 79: Baryt-Stufe, Deutschland (2:1)*

## Kristallsystem, Erscheinungsbild, Farbe
Baryt bildet große rhombische Kristalle von tafeligem Habitus, die grobblättrige und rosettenartige Aggregate bilden. Auch feinkristalline, pulvrige und kugelig-schalige Bildungen sind bekannt. Die Farbe des Baryts ist farblos, braun, gelb, grünlich, durch Fremdstoffeinlagerungen auch rot, grau und bläulich. Er zeigt Glasglanz, auf Spaltflächen auch Perlmuttglanz.

## Mineralklasse, Chemismus
Baryt ist ein Bariumsulfat und zählt zur Mineralklasse der Sulfate, Formel: $BaSO_4$ + Ca,Pb,Sr + (Al,C,Fe,Ra). Farbgebend sind Einlagerungen von Eisen (rot, braun, grünlich), tonigen (grau, bläulich) und organischen Substanzen (grau, braun) bzw. Mischungen davon.

## Bestimmungsmerkmale
Mohshärte: 3–3,5; Dichte: 4,5; Spaltbarkeit: vollkommen, spröde; Strichfarbe: weiß; Transparenz: durchsichtig.

## Verwechslungen und Unterscheidung
Coelestin färbt als Strontium-Mineral eine heiße blaue Bunsenbrennerflamme rot, Aragonit und Calcit sind im Gegensatz zu Baryt in Salzsäure löslich, Gips hat nur eine Dichte von 2,30–2,33.

## Fälschungen
Fälschungen sind nicht bekannt, da Baryt ein sehr häufiges, prinzipiell günstiges und aufgrund seiner hohen Dichte leicht zu identifizierendes Mineral ist.

## Verwendung und Handel
Baryt wird als Rohstoff für weiße Farbe sowie zum Glätten und Beschweren von Kunstdruckpapier und bestimmten Geweben verwendet. Da Barium eine grüne Flammenfärbung hervorruft, wird er auch zur Herstellung von Leuchtraketen und Feuerwerk eingesetzt. Als Edelstein spielt er eine untergeordnete Rolle, als Sammelmineral sind hauptsächlich die Barytrosen beliebt. Als Heilstein ist Baryt noch fast unbekannt, wird jedoch voraussichtlich in Zukunft mehr und mehr Gewicht erlangen.

## Heilwirkung, Indikationen
Baryt stärkt das Gedächtnis, auch bei Altersschwäche. Er fördert Selbstvertrauen bei Schüchternheit und hilft bei Kummer und Verwirrung. Besonders älteren Menschen bringt er Stärke und Vitalität.

Baryt hilft bei Schluckbeschwerden und Entzündungen im Hals, bei geschwollenen Mandeln und eitriger Angina sowie bei Lymphknotenschwellung im Ohrbereich. Er lindert Bauchschmerzen mit dem Gefühl von Spannung und Aufgetriebensein und erwärmt bei übermäßiger Kälteempfindlichkeit.

## Anwendung
Baryt wirkt am besten, wenn er am Körper getragen oder direkt auf betroffene Stellen aufgelegt wird.

# Baumachat

## Name, Synonyme, Handelsbezeichnungen

Baumachat trägt seinen Namen aufgrund der grünen pflanzenähnlichen Einschlüsse im weißen Quarz. Dabei geht die Endung „-achat" wohl noch auf die Zeit vor dem 18. Jahrhundert zurück, als mit Achat verschiedenste, auffällig gezeichnete Steine benannt wurden, nicht nur die gebänderten Quarze im heutigen Sinn. Nach moderner Definition ist Baumachat eben kein Achat, sondern ein derber weißer Quarz. Korrekterweise müßte der Name des Steins daher Baumquarz oder Baumstein lauten, doch beide Begriffe sind Synonyme für Versteinertes Holz, so bleibt es wohl beim Baumachat.

Häufig wird Baumachat auch als Synonym für Chalcedone mit eingelagerten baum- oder strauchartigen Gebilden verstanden (siehe auch das Kapitel „Chalcedon", Seite 184). Dies war bis ca. 1990 auch korrekt, inzwischen hat sich der Handel jedoch so entwickelt, daß diese Chalcedone vom derben Baumachat differenziert und als Dendriten-Chalcedon (griech. dendron = Baum) oder Moosachat angeboten werden. Daher ist auch das einzige bestehende Synonym zu Baumachat, Dendrachat inzwischen etwas irreführend.

## Genese, Vorkommen

Baumachat entsteht primär als typischer weißer Quarz pegmatitischer Bildung. In die bei der Abkühlung und Schrumpfung entstehenden Risse des Quarzes dringen dann zu einem späteren Zeitpunkt Eisensilikat-Verbindungen aus hydrothermalen Lösungen ein, kristallisieren darin aus und bilden so die typischen grünen Spaltenfüllungen (siehe auch „Chemismus"). Bedeutende Vorkommen von Baumachat gibt es nur in Indien.

*Abb. 80: Baumachat Trommelsteine und Rohstein, Indien (2:1)*

## Kristallsystem, Erscheinungsbild, Farbe
Baumachat ist trigonal, bildet jedoch keine sichtbaren Kristalle, sondern derbe, körnige oder dichte Massen. Er ist weiß mit grünen Spaltenfüllungen und zeigt Fett- bis Glasglanz.

## Mineralklasse, Chemismus
Als derber Quarz zählt Baumachat zur Mineralklasse der Oxide, Formel: $SiO_2$ + Fe,Mn,Si. Die grünen Einschlüsse bestehen aus Chlorit, d.h. verschiedenen Eisensilikaten (Chlorit ist ein Sammelbegriff).

## Bestimmungsmerkmale
Mohshärte: 7; Dichte: 2,65; Spaltbarkeit: keine, muscheliger, unebener Bruch; Strichfarbe: weiß; Transparenz: durchscheinend.

## Verwechslungen und Unterscheidung
Dendriten-Chalcedon zeigt schwarze Mangan-Dendriten, beim Moosachat ist das Eisensilikat nicht in Risse und Spalten eingelagert, sondern innig mit der mikrokristallinen Struktur verwoben. Kalksteine und Sandsteine mit eingelagerten Dendriten zeigen eine geringere Härte.

## Fälschungen
Fälschungen für Baumachat sind nicht bekannt und wären aufgrund des günstigen Preises dieses Minerals sicherlich auch nicht lohnenswert.

## Verwendung und Handel
Baumachat ist als Schmuckstein praktisch unbekannt. Lediglich durch die Heilkunde entstand in den letzten Jahren etwas Interesse, so daß das Mineral nun als Rohstein, Trommelstein und Anhänger erhältlich ist.

## Heilwirkung, Indikationen
Baumachat fördert Ausdauer und Beharrlichkeit. Er vermittelt die nötige innere Ruhe, die dabei hilft, auch unangenehmen oder angsteinflößenden Situationen gesammelt und besonnen gegenüberzutreten. Baumachat vergegenwärtigt das Bewußtsein der eigenen Kraft und Stärke und ermöglicht dadurch, sich mit Herausforderungen und Aufgaben zu konfrontieren und zu bewältigen, bei denen man sich üblicherweise oft ohnmächtig, schutz- oder kraftlos fühlt. Baumachat kann grundsätzlich immer dann eingesetzt werden, wenn es gilt, Schwierigkeiten zu überwinden.

Körperlich stabilisiert Baumachat die Gesundheit, indem er das Immunsystem und die Vitalität des Organismus stärkt. Generell bei häufiger Infektanfälligkeit und besonders bei der Neigung, sich schnell zu erkälten, fördert Baumachat die körperliche Widerstandskraft.

## Anwendung
Baumachat ist ein sehr langsam wirkender Stein. Er hilft nur bei kontinuierlicher Anwendung über längere Zeit. Dazu sollte er als Anhänger oder gebohrter Stein im Bereich der Thymusdrüse (zwischen Herz und Kehle) auf der Haut getragen werden. Sollte das nicht möglich sein, empfiehlt es sich, einen größeren Trommelstein als Handschmeichler in der Hosentasche mit sich zu führen.

# Bergkristall

## Name, Synonyme, Handelsbezeichnungen

Der Name Bergkristall geht auf griech. krystallos = Eis zurück, da Bergkristall nach antiker Vorstellung eine Art tief gefrorenes Eis war, das nicht mehr auftauen konnte. Erst im 18. Jahrhundert kam der Vorsatz „Berg-" hinzu, da der Begriff Kristall selbst zum allgemeinen Fachwort für die regelmäßigen natürlichen Formen der Mineralien geworden war. Für Bergkristall allgemein gibt es nur wenige Synonyme: Bergeis, Strahl und Wassertropfenquarz. Allerdings existieren viele Handelsnamen, die den Bergkristall in die Nähe des Diamanten rücken sollen: Alaska-Diamant, Arkansas-Diamant, Böhmischer Diamant, Bornholm-Diamant, Deutscher Diamant, Irischer Diamant, Isle of Wight-Diamant, Lake-George-Diamant, Marmaroscher Diamant, Mari-Diamant, Mexikanischer Diamant, Mutzschener Diamant, Pseudodiamant, Pseudotopas, Quebec-Diamant, Schaumburger Diamant, Schweizer Diamant, Stolberger Diamant, Tasmanischer Diamant, Tolfa-Diamant, Ungarischer Diamant, Vallum- bzw. Vellumdiamant, Zabeltitzer Diamant u.v.a. Der gelegentlich noch auftauchende Begriff Rheinkiesel bezeichnet Bergkristall-Flußgerölle alpiner Herkunft.

Aufgrund der Vielzahl seiner Kristallformen kennen sowohl die Mineralogie als auch die Steinheilkunde für einzelne Formvarietäten des Bergkristalls weitere spezielle Namen. Die für die Kenntnis der Heilsteine erforderlichen Begriffe finden Sie unter der Rubrik „Heilwirkungen".

## Genese, Vorkommen

Bergkristall entsteht primär durch hydrothermale Bildung aus sehr reiner Kieselsäure-Lösung, die nahezu frei ist von Fremdbeimengungen. In der Regel findet er sich in Gängen und auf Drusen und Klüften. Wirklich klarer Kristall kann sich dabei nur dann bilden, wenn alle Wachstums-

*Abb. 81: Bergkristallgruppe, Brasilien (1:1)*

bedingungen (Druck, Temperatur, Mineralstoffangebot) über einen langen Zeitraum konstant bleiben. Alpine Bergkristalle entstehen z.B. in hydrothermalen Lösungen, die in ca. 40 000 Jahren nur jeweils um 1° C abkühlen!

Wenn Bergkristalle Wachstumspausen einlegen, lagern sich mitunter andere Stoffe und Verbindungen (mikrokristalliner Quarz, Calcit, Chlorit, Eisenoxide usw.) auf den Kristallflächen ab. Wächst der Kristall dann zu einem späteren Zeitpunkt weiter, bleibt der frühere Wachstumsabschnitt im später gebildeten Kristall sichtbar. Solche Bergkristalle werden Phantomquarze oder seltener auch Gespensterquarze genannt. Zwischen den einzelnen Wachstumsphasen können dabei Zeiträume von mehreren Millionen Jahren liegen. Weshalb diese Bergkristalle so lange Pausen einlegen und dann weiterwachsen, ist noch ungeklärt.

Bergkristall-Vorkommen gibt es weltweit. Hauptlieferländer des klaren Quarzes sind Brasilien, Arkansas/USA, Madagaskar, Mexiko, Indien und Rußland.

## Kristallsystem, Erscheinungsbild, Farbe

Bergkristall ist trigonal und bildet sichtbare, makrokristalline Kristalle mit sechsseitigen Prismen, die in der Regel eine charakteristische Querstreifung zeigen (fehlt diese, kann man davon ausgehen, daß der Kristall poliert oder in eine andere Form geschliffen wurde). Er ist größtenteils klar mit nur wenigen Trübungen (sonst würde er als Milchquarz bezeichnet). Aufgrund verschiedener Wachstumsbedingungen bildet Bergkristall sehr unterschiedliche Kristallformen aus, deren Beschreibung ein eigenes Buch füllt. Dieses Buch ist von Rudolf Rykart bereits geschrieben und unter dem Titel „Quarz-Monografie" im Ott Verlag, Thun/Schweiz, erschienen. Für die Heilkunde wichtige Formbeschreibungen finden Sie unter der Rubrik „Heilwirkungen".

## Mineralklasse, Chemismus, physikalische Eigenschaften

Bergkristall ist ein fast reiner Kristallquarz (Siliciumdioxid) und zählt daher zur Mineralklasse der Oxide, Formel: $SiO_2$ + (Na,K,Cl,S,C). Die Formel $SiO_2$ ist dabei nur eine Summenformel, die das Mengenverhältnis von Silicium und Sauerstoff im Quarz angibt (1 : 2). Die eigentliche Struktur des Bergkristalls ist wesentlich komplexer. Ein Silicium-Atom ist hier jeweils von vier Sauerstoff-Atomen umgeben, so daß räumlich ein Tetraeder entsteht.

Da jeder der vier Sauerstoffe jedoch mit einem weiteren Silicium-Atom verbunden ist, vernetzen sich die Tetraeder.

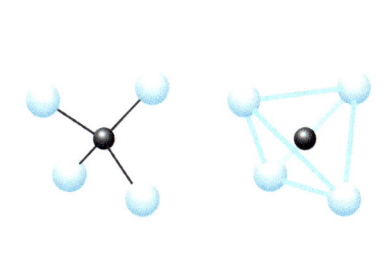

*Abb. 82: Das $SiO_4$-Tetraeder, der Baustein der Quarzstruktur*

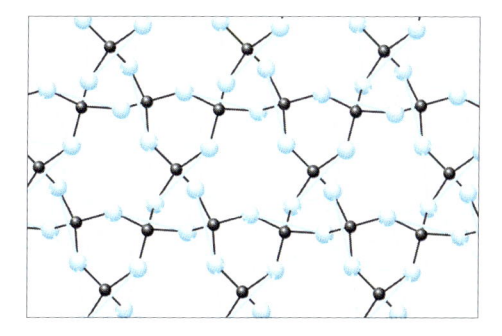

*Abb. 83: Vernetzung der $SiO_4$-Tetraeder in der Quarzstruktur*

Aufgrund der festen Bindungswinkel liegen sie dabei jedoch nicht in einer Ebene, wie in Abb. 83 schematisch dargestellt, sondern drehen sich, räumlich betrachtet, wendeltreppenartig in die Höhe. Von der Basis zur Kristallspitze hin ergibt sich so eine schraubenartige Struktur. Aufgrund dieser dreidimensionalen Struktur werden Quarze mitunter auch als Gerüstsilikate betrachtet.

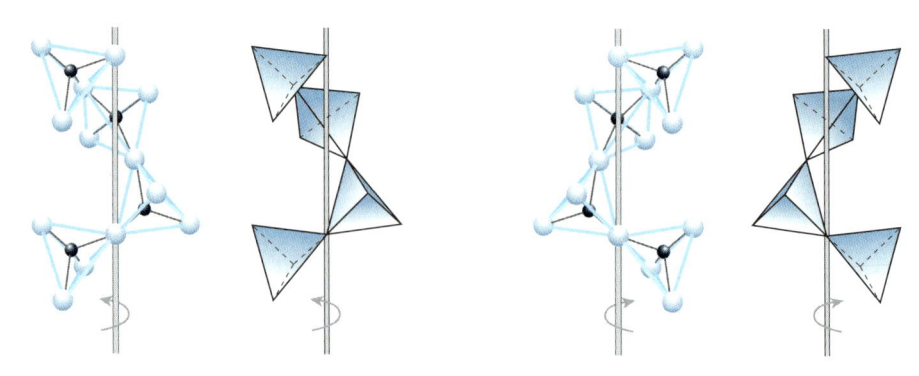

Abb. 84: *Schraubung der $SiO_4$-Tetraeder in der Quarzstruktur:*
*Linksdrehende Schraubenachse/Rechtsdrehende Schraubenachse*

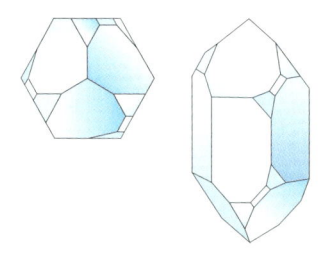

Abb. 85: *Linksdrehender Kristall:*
*Morphologischer Rechtsquarz*

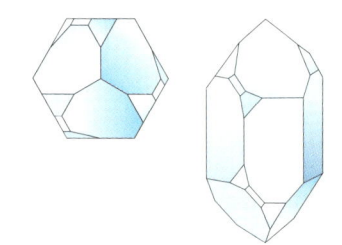

Abb. 86: *Rechtsdrehender Kristall:*
*Morphologischer Linksquarz*

Je nachdem, wie die Schraubung von der Basis zur Kristallspitze hin verläuft, spricht man von einem rechtsdrehenden (Schraubung im Uhrzeigersinn) oder linksdrehenden Quarz (Schraubung im Gegenuhrzeigersinn). Unverzwillingte Bergkristalle haben dabei stets einheitlich angeordnete Schraubenachsen, d.h. alle Tetraeder-Schrauben winden sich in dieselbe Richtung. Diese Kristalle weisen dadurch auch sehr einheitliche physikalische Eigenschaften auf, z.B. eine absolut gleichmäßige Schwingung, und werden auch Schwingquarze oder piezoelektrische Kristalle genannt. Bei verzwillingten Kristallen ist das nicht immer der Fall, hier können sich verschiedene Windungen durchdringen. Nur selten ist jedoch die innere Struktur äußerlich am Kristall sichtbar, meist muß man sich radiästhetischer Methoden (Pendel, Rute) bedienen, um die Drehung des Kristalls zu ermitteln.

Äußerlich sichtbar wird die innere Struktur am Kristall nur dann, wenn sich zwischen den Prismenflächen und den Flächen der Spitze sog. Sekundärflächen zeigen. Ein linksdrehender Quarz zeigt dabei Sekundärflächen rechts der größten Spitzenfläche, ein rechtsdrehender Quarz links der größten Spitzenfläche.

Diese etwas unglücklichen mineralogischen Begriffe sind leider verwirrend, daher möchte ich sie zur Sicherheit nocheinmal genau definieren:

Linksdrehende Kristalle zeigen äußerlich manchmal (!) eine Sekundärfläche rechts an der größten Spitzenfläche und werden daher morphologische Rechtsquarze genannt (morphologisch = auf die äußere Gestalt bezogen).

Rechtsdrehende Kristalle zeigen äußerlich manchmal (!) eine Sekundärfläche links an der größten Spitzenfläche und werden daher morphologische Linksquarze genannt.

Für die Steinheilkunde ist jedoch nur die Drehrichtung selbst von Belang, da durch den Kristall strömende Energie vom Bergkristall entsprechend seiner inneren Struktur in Drehung versetzt wird. Das läßt sich durch die Untersuchung von Bergkristall-Querschnitten unter dem Polarisations-Mikroskop nachweisen. Da Bergkristall - ebenfalls physikalisch nachweisbar - Wärme und Energie schneller zur Spitze als zu den Seiten hin leitet, ergibt sich das folgende energetische Phänomen:

Bergkristalle nehmen Energie (Licht, Wärme, Strahlung) an der Basis und den Seiten auf und leiten sie zur Spitze hin. Dort wird die gebündelte Energie mit einer bestimmten Drehrichtung abgestrahlt (man spricht auch vom „Blasen des Kristalls").

Eine rechtsdrehende Abstrahlung bringt dabei sog. Yang-Qualitäten mit sich, sie wirkt sammelnd, verdichtend und aufladend. Rechtsdrehende Kristalle werden auch „männliche Kristalle" genannt, doch ist diese Bezeichnung leider etwas unglücklich.

Eine linksdrehende Abstrahlung bringt sog. Yin-Qualitäten mit sich, sie wirkt zerstreuend, auflösend und entladend. Linksdrehende Kristalle werden auch „weibliche Kristalle" genannt.

Verzwillingte Kristalle, deren energetische Drehrichtungen sich aufgrund gegenläufiger Schraubenachsen exakt aufheben, werden „neutrale Kristalle" genannt. Sie verändern die Drehung des durchfallenden Lichts und der durchströmenden Energie nicht; sie sind sehr selten.

Die in esoterischen Kreisen kursierende Darstellung, „männliche Kristalle" hätten immer eine Spitze, „weibliche Kristalle" dagegen eine Kante, ist völlig falsch und zeugt von absoluter Unkenntnis der eigentlichen morphologischen und energetischen Gegebenheiten bei Bergkristallen.

## Bestimmungsmerkmale

Mohshärte: 7; Dichte: 2,65; Spaltbarkeit: unvollkommen (parallel zur Rhomboederfläche), muscheliger Bruch; Strichfarbe: weiß; Transparenz: durchsichtig.

## Verwechslungen und Unterscheidung

Als Kristall ist Bergkristall immer klar zu erkennen, in geschliffener Form ist er jedoch mit einer großen Anzahl durchsichtiger Mineralien und auch Glas verwechselbar. Im Zweifelsfall hilft hier nur eine mineralogisch-gemmologische Untersuchung.

## Fälschungen

Ein ganz übler Bluff ist die Bezeichnung „rekonstruierter Bergkristall" für Glasimitationen, denn Bergkristall läßt sich nicht durch Pressen oder Sintern zusammenfügen. Auch sog. Schmelzquarz ist nichts anderes als Glas, und die in esoterischen Kreisen beliebten blauen „Aqua-Aura"-Kristalle sind keine Naturprodukte, sondern künstlich mit Gold bedampft. Bergkristall-Synthesen sind inzwischen so billig, daß viele Schmucksteine daraus gefertigt werden. Sicherheit gibt auch hier nur die mineralogisch-gemmologische Untersuchung.

## Verwendung und Handel

Bergkristall war früher ein wichtiger Rohstoff der optischen Industrie und Elektronik, wurde hier jedoch vom synthetischen Quarz fast völlig abgelöst, da dieser inzwischen billiger produziert wird als der natürliche Bergkristall. Als Sammel- und Dekostück sowie als Schmuck- und Heilstein ist Bergkristall jedoch sehr beliebt und in allen gängigen Formen erhältlich.

## Heilwirkung, Indikationen

Aufgrund seiner Reinheit und Klarheit, der Abwesenheit jeglicher färbender oder trübender Fremdstoffe vermittelt Bergkristall eine klare Wahrnehmung und einen „guten Riecher" für den richtigen Zeitpunkt und die in einem bestimmten Moment gerade wirklich wichtigen Dinge. Durch Bergkristall steigt auch das Vermögen, sich selbst klarer zu sehen. Man erkennt, was wirklich Bestandteil des eigenen Seins ist und was nur durch äußeren Einfluß (Prägungen, Traumata, Sozialisation) aufgesetzt ist. Er weckt die archaischen Urerinnerungen in uns und ermöglicht uns eine Entwicklung, die unserem inneren Wesen entspricht. Gerade wenn ein ständiges Abweichen von den Erkenntnissen unserer inneren Wahrheit in der Lebensgestaltung zu Krankheiten führt, kann Bergkristall eine große Hilfe sein.

Da Bergkristall durch das „Rückerinnern" an das Bild der Gesundheit die Wurzel vieler Krankheitsursachen aufdeckt und behandelt, wird er bei körperlichen Beschwerden sehr vielseitig verwendet: Er gibt Energie, vitalisiert und belebt gefühllose oder energetisch unterversorgte Regionen, ist aber gleichzeitig kühlend, wirkt fiebersenkend und läßt heiße Schwellungen schwinden. Schon Hildegard von Bingen kannte seine Wirkung gegen Geschwürbildungen und zur Verbesserung des Augenlichts (die körperliche Entsprechung der geistigen Klarheit). Bis Mitte des 18. Jahrhunderts war er außerdem ein gebräuchliches Heilmittel bei Verdauungsbeschwerden, Übelkeit und Durchfall.

In der modernen Steinheilkunde ist Bergkristall einer der wichtigsten und vielseitigsten Heilsteine. Vor allem natürlich gewachsene Kristalle und Kristallgruppen werden hier für spezifische Anwendungen eingesetzt. Von besonderer Bedeutung ist dabei zunächst die Unterscheidung in links- und rechtsdrehende Kristalle:

Linksdrehende Kristalle lösen Schmerzen, Spannungen und energetische Blockaden auf und werden oft als kühlend empfunden. Sie fördern das Freisetzen unbewußter Bilder und können daher zur Erkenntnis des seelischen Krankheits-Hintergrundes verwendet werden. Das Festhalten dieser Bilder hat dann keinen zwanghaften Charakter mehr, und es steht uns frei, die krankheitsverursachenden Gedanken- und Verhaltensmuster beizubehalten oder abzulegen.

Rechtsdrehende Kristalle führen Energie in unterversorgte Bereiche zu. Sie regen die Stoffwechsel- und Nerventätigkeit an, sensibilisieren taube Körperbereiche und gefühllose Stellen, wirken erwärmend und helfen sogar bei Lähmungserscheinungen. Rechtsdrehende Kristalle verstärken innere Bilder und können daher zur Unterstützung geistiger Beschlüsse verwendet werden.

Neutrale Kristalle geben reine, unveränderte Energie und fördern daher das im Moment vorhandene innere Potential. Sie lassen uns erleben, was in uns steckt und verstärken diese Anlagen – was immer das auch sein mag...

Für bestimmte Kristallformen und bestimmten Habitus gibt es außerdem weitere spezifische Anwendungsmöglichkeiten. Die dabei üblichen Bezeichnungen entstammen der heilkundlichen, überwiegend aus den USA stammenden Literatur, nicht der Mineralogie oder Kristallografie.

**Generatorkristalle,** auch „zentrierte Spitzen" oder bei langprismatischem Habitus „Artemis- oder Dianakristalle" genannt, sind gleichmäßig gewachsene Kristalle, mit - im Idealfall - sechs gleichartigen Pyramidenflächen. Sie eignen sich sehr gut zum Lenken von Energie, zum Auflegen und für energetische Kristallbehandlungen. Die Kristallform entspricht der mineralogischen Bezeichnung „pseudohexagonaler Habitus".

*Abb. 87: Generator- oder Projektorkristall*

**Projektorkristalle** sind besonders klare Generatorkristalle mit flacher Basis. Sie werden zur Gedankenprojektion, d.h. zum Beten, oder wie Generatorkristalle verwendet. Geneigte Projektorkristalle (Winkel: 30° – 60°) eignen sich zum Ablenken elektrischer Felder (PC-Monitore).

**Laserkristalle** (Merlinkristalle) sind konisch verlaufende Kristalle mit einer meist relativ kleinen Spitze im Vergleich zum Prisma. Durch ihre starke, nadelfeine Ausstrahlung eignen sie sich zur gezielten Behandlung energetischer Punkte (Kristall-Akupunktur). Die Kristallform entspricht den mineralogischen Bezeichnungen „Muzo-Habitus", „Tessiner Habitus" oder „steilrhomboedrischer Habitus".

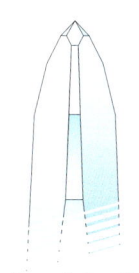

*Abb. 88: Laserkristall*

**Sammelkristalle** haben statt einer Spitze eine Kante. Dadurch eignen sie sich zum Aufnehmen von Energie (Fiebersenkung) oder Information. Letzteres hilft u. a. auch, die Atmosphäre eines Raums zu klären.

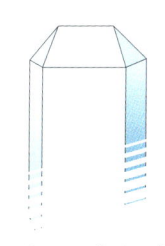

*Abb. 89: Sammelkristall*

**Tabularkristalle,** auch „Tafelkristalle" genannt, besitzen ein in einer Raumrichtung extrem verzerrtes und verbreitertes Prisma. Im Prinzip handelt es sich dabei um parallel verwachsene Viellinge, wie z.B. die aus den Schweizer Alpen bekannten Fadenquarze. Sie zeigen, je nach der Beschaffenheit ihres Habitus, die entsprechenden Eigenschaften, wirken jedoch als „Gemeinschaft mehrerer Individuen" wesentlich stärker.

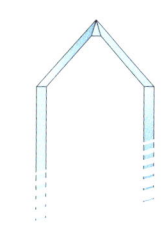

*Abb. 90: Tabularkristall*

**Empfänger-Generatorkristalle,** auch „Abzieher" genannt, sind Kristalle mit einer besonders großen Pyramidenfläche und dadurch stark energieabsorbierend. Sie eignen sich ähnlich wie Sammelkristalle zum „Abziehen" von Fieber oder Energieüberschuß. Dazu streicht man mit der großen Pyramidenfläche über heiße, verspannte oder schmerzende Körperstellen (stets von der Körpermitte nach außen). Die Kristallform entspricht der mineralogischen Bezeichnung „Dauphiné-Habitus".

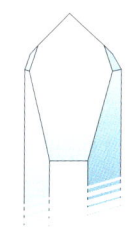

*Abb. 91: Empfänger-Generatorkristall (Abzieher)*

**Mediale Kristalle**, auch „Channelingkristalle" genannt, sind Kristalle mit einer siebenseitigen Pyramidenfläche, der eine dreiseitige gegenüberliegt. Sie sind besonders geeignet zur Meditation und Schulung der Intuition, Hellsichtigkeit, Telepathie und anderer medialer Fähigkeiten.

**Transmitterkristalle** besitzen eine ausgeprägte dreiseitige Pyramidenfläche, eingerahmt von zwei siebenseitigen. Sie fördern in der Meditation die Verbindung zum „Hohen Selbst" und ermöglichen so, die eigene innere Stimme besser wahrzunehmen.

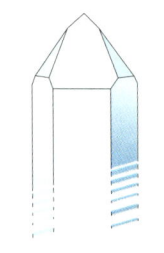

*Abb. 92: Medialer Kristall*

**Dow-Kristalle** wurden in indianischen Traditionen früher „Großmutter-Großvater-Kristalle" genannt und erst von der Edelstein-Therapeutin Jane Ann Dow mit dem eigenen Namen belegt. Es sind Kristalle mit drei siebenseitigen und drei dreiseitigen Pyramidenflächen in regelmäßigem Wechsel (7-3-7-3-7-3). Sie verbinden die Qualitäten von medialen und Transmitter-Kristallen. „Schamanen-Dow-Kristalle" sind Großmutter-Großvater-Kristalle mit Phantombildung. Sie bringen die Qualität des Phantomquarzes hinzu.

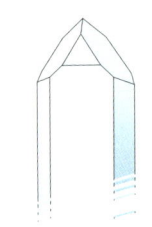

*Abb. 93: Transmitterkristall*

**Fensterkristalle** sind Kristalle mit großer, exakt rautenförmiger Sekundärfläche. Sie eignen sich zur Meditation, Selbstreflektion und zur Verfeinerung der Wahrnehmung. (Achtung: Nicht mit Fensterquarz verwechseln – siehe Skelettquarze!)

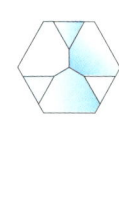

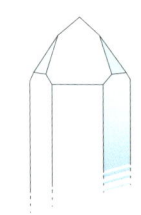

*Abb. 94: Dow-Kristall*

**Speicherkristalle**, auch „Chronikhüterkristalle" genannt, sind Kristalle mit exakten, reliefartig erhabenen Dreiecken auf den Pyramidenflächen. Sie enthalten gespeicherte Wissensformen, die in der Meditation abgerufen werden können.

**Doppelender** sind Kristalle, die an beiden Seiten des Prismas Spitzen ausbilden. Diese Spitzen können durchaus verschiedenen Habitus aufweisen und entsprechende Qualitäten zeigen. Zusätzlich schaffen Doppelender immer eine „Verbindung", sei es zwischen diesen unterschiedlichen Qualitäten oder ganz konkret körperlich zwischen zwei Bereichen, die durch energetische Blockaden getrennt sind.

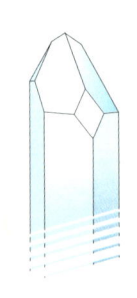

*Abb. 95: Fensterkristall*

Herkimer Diamonds sind kleine, klare Doppelender aus Herkimer, USA. Sie fördern zusätzlich zum o.g. geistige Klarheit, Traumerinnerung und lösen Schmerzen auf, wenn drei Kristalle als Dreieck aufgelegt werden.

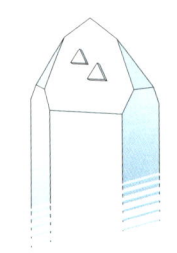

*Abb. 96: Speicherkristall*

**Phantomquarze** helfen, vermeintliche geistige Grenzen zu überwinden, Verhaltensmuster zu ändern und uns dort weiterzuentwickeln, wo wir lange Zeit stehengeblieben sind. Sie erweitern unsere bisherigen Möglichkeiten oft überraschend und fördern geistige Größe.

**Skelettquarze,** von Katrina Raphaell auch „Elestiale" genannt, sind Kristalle, bei denen die Kanten schneller wuchsen als die Flächen. Sie weisen dadurch Vertiefungen in den Seiten sowie eine Vielzahl von Facetten und kleinen Spitzenflächen auf. Skelettquarze haben eine nur ihnen eigene „Sog-Wirkung" in der Meditation und fördern die Erinnerung des eigenen Urwissens. Die Kristallform wird mineralogisch auch „vielflächig" oder „Fensterquarz" genannt. (Achtung: Nicht mit dem obengenannten Fensterkristall im heilkundlichen Sinn verwechseln!)

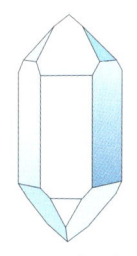

*Abb. 97: Doppelender*

**Harmoniekristalle,** auch „verheilte Kristalle" genannt, sind in der Natur abgebrochene Kristalle, an deren Bruchfläche neue Kristallspitzen gewachsen sind. Im Idealfall bildet sich ein Doppelender aus. Sie fördern die Selbstheilkraft und die seelische Harmonie nach Schicksalsschlägen.

*Abb. 98: Phantomquarz*

**Nadelquarze** (Kristallnadeln) sind langprismatische, nadelige Kristalle. Sie eignen sich zur feinen Lenkung der Energieströme im Organismus und damit zur Narben-Entstörung, zur Anregung der Meridiane oder zum Ableiten überschüssiger Energie bei Schmerzbehandlungen.

*Abb. 99: Skelettquarz*

## Anwendung

Bei körperlichen Beschwerden wird Bergkristall direkt auf den Körper gelegt, als Anhänger oder Kette getragen oder als Kristall mit der Spitze auf die betroffene Stelle gerichtet. Auch die Einnahme der Edelstein-Essenz ist möglich. Soll Energie abgezogen werden, streicht man mit der Fläche eines Kristalls über die betreffende Stelle.

Die für bestimmte Anwendungen empfohlenen Habitusmerkmale geben Verwendungsmöglichkeiten an, es können jedoch durchaus auch andere Kristalle für denselben Zweck eingesetzt werden. Viel wichtiger ist es daher, einzelne Kristalle immer für dasselbe Vorhaben zu verwenden, also einen Kristall extra für Kristallbehandlungen, einen anderen zur Meditation usw., da Bergkristall sich aufgrund seiner Speicherfähigkeit auf bestimmte Anwendungen hin prägt.

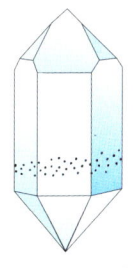

*Abb. 100: Harmoniekristall*

*Abb. 101: Nadelquarz*

# Bernstein

## Name, Synonyme, Handelsbezeichnungen
Der Name Bernstein deutet auf dessen Brennbarkeit hin und ist erwiesenermaßen seit dem 13. Jahrhundert belegt (niederdeutsch börnen, bernen = brennen). Außer Succinit und Amber sind praktisch alle anderen Synonyme veraltet. Amber wird jedoch im Handel oft auch als Synonym für Kopal und jüngere fossile Harze verwendet und sollte daher vermieden werden. Synonyme zu Bernstein selbst sind Agstein, Augstein, Electrum, Elektron, Gentner, Glessit, Karuba, Knochen (weiß), Ligurius, Luchsstein, Lyngurion, Lynkurer, Merre-kiri, Muntenit, Pechopal (braun), Sacal, Saftstein, Strohräuber, Waschamber und Weisklar (weiß). Am Meer gefundener Bernstein heißt auch See-Bernstein, Seestein oder Meerstein. Bernstein mit Einschlüssen, vor allem Insekten, wird Inklusen-Bernstein oder schlicht Inkluse genannt.

## Genese, Vorkommen
Bernstein Bernstein ist mehr als 1 Mio. Jahre altes versteinertes Harz (jüngere Harze nennt man Kopal). Bereits aus der Jurazeit (vor ca. 136 - 190 Mio. Jahren) sind Bernsteine bekannt, häufiger stammen sie aus dem Eozän (vor ca. 40 - 50 Mio. Jahren; Baltikum) und dem Miozän (vor ca. 18 Mio. Jahren; Karibik). Ihr Ursprung waren oft Wälder in Sümpfen und Mooren, die mit der Zeit absanken und durch neugebildete Gesteinsschichten bedeckt wurden. Während der Sedimentation entwässerte das Harz, wodurch die in ihm enthaltenen organischen Moleküle (Kohlenwasserstoffe) entweder oxidierten, oder sich zu immer größeren Molekülketten verbanden (Polymerisation). So entwickelte sich allmählich der feste, jedoch leichte Stein. Bernstein-Vorkommen gibt es im Baltikum, in der Karibik (Dominikanische Republik) sowie im Libanon, in Jordanien und in Spanien.

*Abb. 102: Bernstein-Trommelsteine, Baltikum (1:2)*

## Kristallsystem, Erscheinungsbild, Farbe

Bernstein ist amorph und bildet Knollen, Körner und Gerölle. Selten findet man ihn in Tropfenform, also in seiner Harzgestalt. Viele Einschlüsse bleiben in ihm konserviert, so finden sich Gas- und Wasserbläschen, Rindenstücke, Ästchen, Pflanzensamen und sogar Insekten oder kleine Tiere im Stein. Bernstein ist gelb bis braun, manchmal farblos, weiß oder schwarz, sehr selten rot. Nur ca. 20% des natürlichen Bernsteins ist klar, der Rest ist undurchsichtig. Bernstein zeigt Wachsglanz.

## Mineralklasse, Chemismus

Als entwässertes Harz gehört Bernstein keiner Mineralklasse an. Seine Formel $C_{10}H_{16}O + (H_2S)$ ist nur eine ungefähre Summenformel, die das Mengenverhältnis der beteiligten Elemente Kohlenstoff (C), Wasserstoff (H) und Sauerstoff (O) zeigt. In Wirklichkeit liegt ein Gemisch verschiedenster Alkohole, Aldehyde, Ester, Isoprene und Terpenoide mit Spuren von Schwefelwasserstoff ($H_2S$) vor.

## Bestimmungsmerkmale

Mohshärte: 2–2,5; Dichte: 1,05–1,09; Spaltbarkeit: keine, muscheliger Bruch, spröde; Strichfarbe: weiß; Transparenz: durchsichtig bis undurchsichtig.

## Verwechslungen und Unterscheidung

Von anderen Mineralien ist Bernstein aufgrund der geringen Dichte stets leicht zu unterscheiden.

## Fälschungen

Leider gibt es mehr Fälschungen als Naturbernsteine. Selbst „Echt-Bernstein" (Ambroid) ist nur aus echtem Bernsteinstaub gepreßt! Naturbernstein wird oft „geklärt" (Trübungen durch Kochen beseitigt) oder „geblitzt" (erhitzt, so daß Gasbläschen platzen und sog. Sprenghöfe, Flakes oder Flitterchen bilden). Um die Farbe zu verändern, werden Kunststoffüberzüge oder Folien aufgebracht. Imitationen existieren aus Kopal, in Kunststoff eingeschmolzenem Bernstein, Kunstharzen oder Glas. Außer beim Glas (Härte 5–5,5, Dichte 2,5) geben oft nur gemmologische Untersuchungen Sicherheit.

## Verwendung und Handel

Bernstein zählt zu den ältesten und bis heute beliebtesten Edel-, Schmuck- und Heilsteinen der Welt.

## Heilwirkung, Indikationen

Bernstein fördert ein sonniges, sorgloses Leben, ein unbedarft-fröhliches „in den Tag hineinleben". Gleichzeitig macht er jedoch traditionsbewußt und hilft, überlieferte Werte in eine neue Zeit zu transportieren. Bernstein macht flexibel und regt die Kreativität an.

So wie Harz der Wundverband der Bäume ist, fördert auch Bernstein die Wundheilung. Er hilft bei Magen-, Milz-, Leber-, Gallen- und Nierenleiden und erleichtert das Zahnen kleiner Kinder.

## Anwendung

Bernstein sollte über längere Zeit direkt auf der Haut getragen werden.

# Beryll

## Name, Synonyme, Handelsbezeichnungen
Der Name Beryll ist indischer Herkunft. Vom Sanskrit-Wort vaidurya über Prakrit veruliyam entwickelte er sich zum griech. „beryllos". Die ursprüngliche Bedeutung des Sanskrit-Wortes bezieht sich allerdings nicht auf unseren heutigen Beryll, sondern auf das Chrysoberyll-Katzenauge, in Griechenland und im Mittelalter wurde jedoch mit Sicherheit das heutige Mineral so bezeichnet. Vom mittelhochdeutschen berille stammt interessanterweise auch unser Wort Brille, was auf die historische Verwendung dieser Mineralfamilie als Augenheilstein verweist. Für Beryll selbst gibt es keine weiteren Synonyme, die Namen der verschiedenen Varietäten siehe unter „Chemismus".

## Genese, Vorkommen
Beryll ist mit Ausnahme des Smaragds (siehe dort) stets primärer Bildung. Er entsteht als späte Bildung bei der Restkristallisation sauren Magmas auf Drusen und Klüften in Granitpegmatiten. Viele seltene Elemente sind dabei in größeren Konzentrationen vorhanden, was zu seinen vielfältigen Spurenelementen führt. Bedeutende Vorkommen sind in Brasilien, Südafrika, Namibia, Sambia, Malawi, China, Pakistan, der Ukraine und den USA.

## Kristallsystem, Erscheinungsbild, Farbe
Beryll ist hexagonal und bildet sechseckige Kristalle mit vertikal gestreiften Prismenflächen. Seine Farbe kann in allen Farben außer schwarz und weiß variieren (s.u.), er zeigt Glasglanz. Auf Cabochons tritt sehr selten Asterismus (sechsstrahliger Stern) und Chatoyieren (Katzenauge) auf.

*Abb. 103: Beryll facettiert (3:1); Einklinker: Heliodor-Kristalle, Rußland (2:1)*

## Mineralklasse, Chemismus

Beryll zählt zur Mineralklasse der Ring-Silikate. Er ist ein mineralstoffreiches Beryllium-Aluminium-Silikat, Formel: $Be_3Al_2(Si_6O_{18})$ + C,Ca,Cs,K,Li,Mg,Mn,Na,Rb + (Cr,Cu,Fe,N,Ni,U,V). Farbgebend sind dabei die enthaltenen Mineralstoffe:

| Varietät | Farbe | Farbgebende Mineralstoffe |
|---|---|---|
| Aquamarin | meergrün bis meerblau | Eisen (Fe) - siehe dort |
| Bixbit | rot | Mangan (Mn), Lithium (Li) |
| Davidsonit | gelblich bis grünlich-gelb | Stickstoff (N) |
| Goldberyll | goldgelb | Uran (U) |
| Goshenit | farblos | keine |
| Heliodor | gelbgrün bis blaugrün | Eisen (Fe), Uran (U) |
| Morganit | rosa | Mangan (Mn) - siehe dort. |
| Smaragd | smaragdgrün | Chrom (Cr) - siehe dort |
| Vanadiumberyll | grasgrün bis tannengrün | Vanadium (V) |
| Worobjewit | rot | Cäsium (Cs), Lithium (Li) |

## Bestimmungsmerkmale

Mohshärte: 7,5-8, spröde; Dichte: 2,65-2,75; Spaltbarkeit: unvollkommen, muscheliger, unebener Bruch; Strichfarbe: weiß; Transparenz: durchsichtig bis undurchsichtig.

## Verwechslungen und Unterscheidung

Als Kristall mit Apatit (Härte 5, Dichte 3,2) sonst mit Bergkristall, Jade, Kunzit, Orthoklas, Spinell, Topas, Turmalin, Zirkon. Unterscheidung nur mineralogisch-gemmologisch.

## Fälschungen

Beim Beryll selbst sehr selten, bei Aquamarin und Smaragd häufiger (siehe dort). Gelegentlich sind Dubletten im Handel, was jedoch mineralogisch-gemmologisch leicht erkannt werden kann.

## Verwendung und Handel

Beryll ist aufgrund des enthaltenen Berylliums ein wirtschaftlich wertvoller Rohstoff. Er wird für Legierungen, in der Reaktortechnik und zur Herstellung feuerfester Stoffe verwendet. Als Edelstein spielt Beryll kaum eine Rolle, auch als Heilstein steht er hinter dem Aquamarin zurück.

## Heilwirkung, Indikationen

Als hexagonales Mineral fördert Beryll Zielstrebigkeit und Effizienz. Er hilft bei Antriebslosigkeit (Bixbit) und fördert Sorgfalt und systematisches Vorgehen. Beryll bringt Stabilität bei starken Belastungen (Davidsonit) und lindert Gereiztheit und Nervosität (Goldberyll).
Körperlich wirkt Beryll entgiftend und leberanregend (Vanadiumberyll). Klare Berylle (Goldberyll, Goshenit, Heliodor) verbessern die Sehkraft bei Kurz- und Weitsichtigkeit.

## Anwendung

Beryll wird am besten am Körper getragen oder direkt auf betroffene Bereiche aufgelegt.

# Biotit und Biotit-Linse

## Name, Synonyme, Handelsbezeichnungen

Biotit ist schwarzer Glimmer und wurde 1846 nach dem französischen Physiker Biot benannt. Die Glimmerfamilie hat ihren Namen von ihrem Glitzern, das Edelmetalle oder Edelsteine vortäuscht (daher auch das Synonym Katzengold). Spezielle Synonyme für Biotit sind Eisenglimmer, Euchlorit, Heterophyllit, Hexagonalglimmer, Magnesiaeisenglimmer, Odinit, Splinterglas und Talkglimmer. Angewitterter Biotit wird Bauerit, Rhastolith, Stragold oder Voigit genannt, eisenreicher Biotit heißt Monrepit oder Siderophyllit (magnesiumfrei), manganreicher Biotit auch Manganophyllit. Das Synonym Mica umfaßt alle Glimmerarten, während der für die Heilkunde interessante Begriff „Gebärender Stein" (portug. Petra parideira) nur die nordportugiesischen Biotit-Linsen betrifft.

## Genese, Vorkommen

Biotit bildet sich primär oder tertiär und tritt gesteinsbildend in Magmatiten, wie Granit, Syenit, Diorit, Trachyt und Porphyrit, und Metamorphiten, wie Gneis und Glimmerschiefer, auf. Große Kristalle bilden sich jedoch meistens nur in Pegmatitgängen saurer Gesteine. Biotit-Vorkommen gibt es weltweit.

Die für die Heilkunde speziell interessanten Biotit-Linsen sind bei der Gebirgsbildung Nordportugals entstanden. Durch die Metamorphose des ursprünglichen Granits zu Gneis bildeten sich flache Biotit-Scheiben in einem genau von Südost nach Nordwest verlaufenden Gestein. Im Sommer erhitzt die im Südwesten senkrecht dazu stehende Nachmittagssonne das Gestein dann so sehr, daß sich die Scheiben linsenförmig aufblähen. Dadurch sprengen sie das Gestein und springen „von selbst" heraus.

*Abb. 104: Biotit-Linse, Portugal (1:1)*

## Kristallsystem, Erscheinungsbild, Farbe

Biotit ist monoklin und bildet tafelige, säulige oder pseudohexagonale Kristalle (Hexagonalglimmer). Aggregate sind schuppig-dicht und blättern leicht ab. Die metamorphen Biotit-Linsen sind gewölbt mit flach verlaufendem Rand. Ein in der Literatur erwähnter Feldspat-Kern konnte in den portugiesischen Linsen jedoch nur in den seltensten Fällen entdeckt werden. Die Farbe des Biotits ist dunkelbraun bis schwarz, dabei silbern glitzernd und bei beginnender Verwitterung auch goldbraun. Er zeigt Glasglanz, auf Spaltflächen auch etwas metallischen Perlmuttglanz.

## Mineralklasse, Chemismus

Biotit zählt als Magnesium-Eisen-Glimmer zur Mineralklasse der Schichtsilikate, Formel: $K(Mg,Fe)_3[(OH,F)_2/AlSi_3O_{10}]$ + Ba,Cs,Li,Mn,Na,Sr,Ti (Biotit allgemein) bzw. $K(Mg,Fe,Mn)_3[(OH,F)_2/(Al,Fe)Si_3O_{10}]$ + Ba,Cs,Li,Na,Sr,Ti (Biotit-Linsen). Vor allem Eisen und Magnesium spielen in seiner Wirkung eine wichtige Rolle.

## Bestimmungsmerkmale

Mohshärte: 2,5 – 3; Dichte: 3,02 – 3,12; Spaltbarkeit: ausgezeichnet, elastisch biegsame Spaltblättchen; Strichfarbe: weiß; Transparenz: undurchsichtig bis durchscheinend.

## Verwechslungen und Unterscheidung

Biotit könnte im Prinzip nur mit anderen Glimmern verwechselt werden, doch das ist praktisch nie der Fall, da er stets dunkler ist als diese. Biotit-Linsen sind aufgrund ihrer speziellen Form sowieso unverkennbar.

## Fälschungen

Fälschungen gibt es keine.

## Verwendung und Handel

Biotit ist nur selten als Sammelmineral im Handel und besitzt auch keine wirtschaftliche Bedeutung. Lediglich die portugiesischen Biotit-Linsen sind als Heilsteine sehr begehrt.

## Heilwirkung, Indikationen

Biotit-Linsen sind in Portugal traditionelle Schutzsteine, die z.T. sogar über Türen und Fenstern eingemauert werden. Tatsächlich hilft Biotit, sich von Fremdbestimmung und Ansprüchen anderer zu befreien, wenn diese unseren Überzeugungen widersprechen. Innere Bilder werden durch Biotit-Linsen angeregt und „geboren", d.h. wir werden motiviert, unsere Ideen in die Tat umzusetzen. Körperlich sind Biotit-Linsen ebenfalls gute Geburtshelfer. Sie regen die Wehentätigkeit an (Eisen), entspannen jedoch gleichzeitig den Beckenboden und den Muttermund (Magnesium). Dadurch beschleunigen und erleichtern sie die Geburt. Außerdem wirken sie entgiftend und helfen gegen Verstopfung, Nierenleiden, Übersäuerung, Rheuma, Gicht und Ischiasbeschwerden.

## Anwendung

Biotit-Linsen sollten am Körper getragen und zum Auslösen und Stärken der Wehen bei der Geburtshilfe am Schambein gehalten werden.

## Blauquarz und Saphirquarz

### Name, Synonyme, Handelsbezeichnungen
Blauquarz wird als übergreifende Bezeichnung für Kristallquarze, derbe Quarze und sogar quarzhaltige Magmatite (Syenit) blauer Farbe verwendet. Genauer differenziert trifft der Name nur auf Quarze zu, deren Färbung durch den Tyndall-Effekt an faserigen, mikroskopisch feinen Rutil- oder Turmalineinschlüssen entsteht. Durch sichtbare Turmalinnadeln oder Krokydolithfasern blau gefärbte Quarze werden als Saphirquarz bezeichnet. Blauen Syenit hier einzuordnen, ist falsch und irreführend. Für Blauquarz gibt es das Synonym Lasurquarz, für Saphirquarz mit Krokydolith auch Blauer Aventurin und für Saphirquarz mit Turmalin die Synonyme Aqualith und Raiomin.

### Genese, Vorkommen
Blauquarz (im engeren Sinn) entsteht primär aus hydrothermalen Lösungen. Dabei werden feine, faserige Mineralien im Kristallquarz eingebettet. Saphirquarz entsteht ebenfalls primär, vorwiegend pegmatitischer, selten hydrothermaler Bildung. Er enthält grobkristallinere Einschlüsse. In Pegmatiten entsteht dabei derber Quarz, in hydrothermalen Gängen und Klüften mitunter auch Kristallquarz. Die größten Vorkommen bildet der pegmatitische Saphirquarz, Hauptlieferland ist Brasilien. Blauquarz-Kristalle finden sich in Kolumbien und den Alpen.

### Kristallsystem, Erscheinungsbild, Farbe
Blauquarz und Saphirquarz sind trigonal. Blauquarz bildet sichtbare Kristalle, Saphirquarz zeigt sich vorwiegend in Form derber, körniger Massen und nur sehr selten als Kristall. Blauquarz ist

*Abb. 105: Saphirquarz mit Krokydolith, Schmucksteine und Kette, Brasilien (1:1); Einklinker: Saphirquarz mit Turmalin (Aqualith/Raiomin), Brasilien (1:1)*

hellblau durchscheinend, Saphirquarz hell- bis dunkelblau und meist undurchsichtig. Beide zeigen Glasglanz.

## Mineralklasse, Chemismus

Blauquarz und Saphirquarz zählen zur Quarz-Gruppe und zur Mineralklasse der Oxide. Formeln: Blauquarz $SiO_2$ (Quarz) + $TiO_2$ (Rutil) oder $Na(Li,Fe,Al)_3Al_6[(OH,F)_4(BO_3)_2Si_6O_{18}]$ (Turmalin), Saphirquarz $SiO_2$ (Quarz) + $(Na,K,Ca)_2(Fe,Mg,Al)_5[(OH,F)/Si_4O_{11}]_2$ (Krokydolith, Amphibolasbest) oder $Na(Li,Fe,Al)_3Al_6[(OH,F)_4(BO_3)_2Si_6O_{18}]$ (Turmalin).

## Bestimmungsmerkmale

Mohshärte: 7; Dichte: 2,65; Spaltbarkeit: unvollkommen (parallel zur Rhomboederfläche), muscheliger Bruch; Strichfarbe: weiß; Transparenz: durchscheinend (Blauquarz) bis undurchsichtig (Saphirquarz).

## Verwechslungen und Unterscheidung

Am schwierigsten ist natürlich, Blauquarz und Saphirquarz zu unterscheiden. Als Hilfe gilt hier die Regel, daß die Einschlüsse im Saphirquarz mit bloßem Auge erkennbar sind. Weiterhin sind Verwechslungen mit Dumortieritquarz möglich, einem derben Quarz mit Einlagerungen von Dumortierit (siehe dort). Hier hilft im Zweifelsfall nur eine mineralogisch-gemmologische Untersuchung. Blauer Syenit läßt sich rein optisch unterscheiden: Er ist hell/dunkel gefleckt und besteht bei genauer Betrachtung aus verschiedenartigen Kristallen, ähnlich Granit.

## Fälschungen

Saphirquarz wird manchmal gefärbt, um die Farbe zu vertiefen. Der Farbstoff sitzt dabei, wie bei Rosenquarz, in den Rissen des Gesteins und ist mit bloßem Auge sichtbar, jedoch nicht zu verwechseln mit natürlichen, faserigen hell/dunkel-Schattierungen, daher im Zweifelsfall prüfen lassen!

## Verwendung und Handel

Blauquarz im engeren Sinn ist ein seltenes Sammelmineral. Nur derber Saphirquarz wird zu Schmuckzwecken verarbeitet und ist als Trommelstein, Anhänger, Kette oder Schmuckstein im Angebot. Er wird häufig unter dem Namen Blauer Aventurin gehandelt. Über die Heilwirkung des Blauquarz und Saphirquarz ist bislang wenig bekannt, da er kaum Beachtung findet.

## Heilwirkung, Indikationen

Blauquarz und Saphirquarz bringen Leichtigkeit und Gelassenheit. Sie helfen, notwendige Vorhaben in Ruhe, jedoch konsequent anzugehen und fördern einen logisch-pragmatischen Verstand.

Körperlich helfen beide, Schmerzen und chronische Verspannungen zu lindern. Sie wirken kühlend, fiebersenkend und helfen bei Erkrankungen der Lunge und Bronchien, vor allem bei Entzündungen.

## Anwendung

Seelisch-geistig wirken Blauquarz und Saphirquarz bereits durch ruhige Betrachtung, körperlich vor allem durch Hautkontakt mit den betroffenen Körperbereichen. Beide können über längere Zeit getragen werden.

# Bronzit

### Name, Synonyme, Handelsbezeichnungen
Bronzit trägt seinen Namen nach der glitzernden Bronzefarbe seiner Spaltflächen, benannt im 18. Jahrhundert durch den Berliner Oberbergrat Dietrich Ludwig Gustav Karsten. Als Mischkristall der Reihe Enstatit-Hypersthen (siehe das „Enstatit", Seite 466, sowie „Hypersthen", Seite 475) wurde Bronzit von vielen Mineralogen nur wenig beachtet, daher existieren nur zwei inzwischen veraltete Synonyme: Phaestin und Schillerspat, wobei letzteres auch für Hypersthen und den Faserserpentin Chrysotil verwendet wurde.

### Genese, Vorkommen
Bronzit entsteht primär durch liquidmagmatische oder vulkanische Bildung aus magnesiumreichem Magma. Liquidmagmatisch tritt er massig in Peridotit und Gabbro auf und kann hier sogar gesteinsbildend sein (Kraubath, Österreich; Bushveld, Südafrika). Vulkanisch findet sich Bronzit als Gemengteil in Porphyriten und Andesiten. Auch in Steinmeteoriten ist er vertreten. Hauptlieferland für liquidmagmatischen Bronzit ist Südafrika. Weitere Vorkommen finden sich in Österreich, Brasilien und Indien.

### Kristallsystem, Erscheinungsbild, Farbe
Bronzit ist rhombisch, bildet jedoch nur äußerst selten kleine prismatische Kristalle. Wesentlich häufiger erscheint er in faserigen, „zerknitterten" Aggregaten, die oft von orientiert eingelagerten Augit-Kristallen (siehe Seite 453) durchwachsen sind. Dadurch erscheinen sie gefleckt und gemustert. Die Farbe des Bronzits ist meist braun, seltener grünlich. Die Spaltflächen sind in der Regel

*Abb. 106: Bronzit-Trommelsteine, Brasilien (1:1)*

messinggelb oder bronzefarben schillernd, der durch entmischten Ilmenit (FeTiO$_3$, siehe Seite 476) entsteht. Bronzit-Aggregate zeigen einen seidenartigen, metallischen Glanz, Bronzit-Kristalle Glasglanz.

## Mineralklasse, Chemismus

Bronzit ist ein Glied der Enstatit-Hypersthen-Mischkristallreihe, Gruppe der Pyroxene, Mineralklasse der Kettensilikate, Formel: (Mg,Fe)$_2$[Si$_2$O$_6$] + Al,Ca,Mn,Ni,Ti. Der Eisenanteil (im Verhältnis zum Magnesium) beträgt dabei 5–50%. Damit dominiert auch in der Wirkung noch deutlich das Magnesium. Sinkt der Eisengehalt unter 5%, spricht man vom Enstatit (siehe dort), steigt er über 15% bis 50% vom Hypersthen (siehe dort). Bronzit wandelt sich durch den Einfluß hydrothermaler Lösungen in Serpentin um („Bastit" ist eine Serpentin-Pseudomorphose nach Bronzit) und durch Verwitterung in specksteinartigen Talk (siehe Steatit).

## Bestimmungsmerkmale

Mohshärte: 5,5; Dichte: 3,20–3,40; Spaltbarkeit: unvollkommen; Strichfarbe: weiß; Transparenz: durchscheinend bis undurchsichtig.

## Verwechslungen und Unterscheidung

Bronzit kann mit Bastit (s.o.) verwechselt werden, dieser unterscheidet sich jedoch sehr deutlich in der Härte (2,5–4). Die Abgrenzung vom Enstatit ist aufgrund des fließenden Übergangs mitunter schwierig, jedoch durch mineralogisch-gemmologische Untersuchungen möglich.

## Fälschungen

Fälschungen sind nicht bekannt.

## Verwendung und Handel

Bronzit ist wie Enstatit Rohstoff für hochfeuerfeste Materialien. Als Schmuckstein ist er dagegen wenig bekannt. Aufgrund der interessanten Wirkung verbreitet er sich in jüngster Zeit zunehmend als Heilstein und ist inzwischen als Trommelstein und Anhänger erhältlich.

## Heilwirkung, Indikationen

Durch die Mineralstoffkombination Magnesium-Eisen wirkt Bronzit einerseits anregend und belebend (Eisen), hilft andererseits jedoch dabei, stets die innere Ruhe zu bewahren. Dadurch wird es möglich, nach oder während anstrengender Lebensphasen Erholung und Regeneration zu finden, auch wenn Verpflichtungen oder äußere Umstände ein völliges Abschalten unmöglich machen (Kraft- und Erholungsstein für Mütter und Väter!). Bronzit stärkt das Nervenkostüm und hilft auch, Konflikten und Extremsituationen gelassen zu begegnen.

Körperlich fördert Bronzit vor allem den Magnesiumstoffwechsel und wirkt dadurch krampflösend und schmerzlindernd. In Kombination mit Apatit fördert er die Festigkeit und Härte der Knochen.

## Anwendung

Bronzit sollte in der Hosentasche oder als Anhänger direkt am Körper getragen werden.

# Calcit

## Name, Synonyme, Handelsbezeichnungen

Der Name Calcit (Kalzit) leitet sich vom Kalkstein ab (griech. chalix = kleiner Stein, Kalk, lat. calx), welcher monomineralisch aus Calcit besteht. Aufgrund des Formenreichtums des Calcit (siehe auch Erscheinungsbild) gibt es hier unzählige Synonyme: Androdamas, Alm, Kalkspat, Perlmutterspat, Rautenspat, Reichit, Seekreide, Spat und Wasserstein, um nur die wichtigsten zu nennen. Ebenso viele Handelsnamen: Citrinocalcit (braun-transparent); Honigcalcit, Orangencalcit (orange); Kobaltcalcit (tiefviolett); Riverstone (Calcit-Aragonit-Gemenge); etwas irreführend sind Alabaster (eigentlich Gips!); kalifornischer Onyx; Onyx-Marmor; mexikanischer Onyx, Achat oder Jade (grüner Calcit). Sehr interessant ist auch ein Name des deutschen Volksmunds: Beinbruchstein.

## Genese, Vorkommen

Calcit entsteht hauptsächlich sekundär bei der Bildung chemischer oder biogener Kalkgesteine (siehe auch Seite 27ff.), wo er gesteinsbildend auftritt. Primär finden sich hydrothermal gebildete Kristalle in Gesteinshohlräumen, Klüften und Erzgängen, sowie Ausscheidungen an heißen vulkanischen Quellen. Tertiär tritt Calcit als metamorpher Marmor auf (siehe dort). Calcit-Vorkommen gibt es weltweit, Hauptlieferländer sind Brasilien und die USA (Kristalle), sowie Mexiko (bunte Rohsteine).

## Kristallsystem, Erscheinungsbild, Farbe

Der trigonale Calcit ist das formenreichste Mineral überhaupt, weshalb eine Vielzahl von Formvarietäten eigene Namen trägt: Atlasspat (faserig); Blätterspat (blättrig); Doppelspat, Islandspat,

*Abb. 107: Calcit-Stufe, Brasilien (1:2)*

isländischer Kristall (Rhomboeder mit ausgeprägter Doppelbrechung); Kalksinter (gebänderte Quellablagerung); Kanonenspat (säulenförmig); Montmilch (pulverig); Nadelspat (nadelig); Papierspat (großblättrig); Patagosit (aus fossilen Schalen); Schieferspat (dünnblättrig); Seidenspat (faserig, seidenglänzend); Spatrose (rosettenartig); Spindelspat (spindelförmig); Tropfstein (stalaktitisch); Stangenspat, Stengelspat (stengelig); Würfelspat (würfelförmig); Zweckenspat (reißzweckenförmig). Die Farbe des Calcits variiert von farblos, weiß, grau bis blau, grün, gelb, rot und braun, selten schwarz. Calcit zeigt häufig Glasglanz, seltener Fettglanz und ist manchmal matt.

### Mineralklasse, Chemismus
Calcit zählt zur Calcit-Dolomit-Aragonit-Familie und zur Mineralklasse der Carbonate. Er ist ein trigonales Calciumcarbonat mit in unterschiedlichen Mengen eingelagerten Mineralstoffen, Formel: $CaCO_3$ + Ba,Co,Fe,Mn,Pb,Sr,Zn,SE (Seltene Erden). Dabei färbt Eisen (Fe) gelb, rot oder braun, Mangan (Mn) rosa, grau bis schwarz und Kobalt (Co) violett.

### Bestimmungsmerkmale
Mohshärte: 3; Dichte: 2,71; Spaltbarkeit: ausgezeichnet (Spat); Strichfarbe: weiß; Transparenz: durchsichtig bis durchscheinend. Calcit schäumt beim Betropfen mit 10%iger Salzsäure auf.

### Verwechslungen und Unterscheidung
Aragonit, Dolomit, Magnesit und andere Carbonate lassen sich bei Trommelsteinen und in anderen verarbeiteten Formen in der Regel nur mineralogisch differenzieren (Spaltbarkeit, Löslichkeit, Dichte).

### Fälschungen
Als vielfach poröser Stein wird Calcit gerne gefärbt (rot, gelb, grün, türkis, violett), seltener bestrahlt (erzeugt Gelb, Blau, Lila). Erkennung nur durch mineralogisch-gemmologische Untersuchungen.

### Verwendung und Handel
Als Kalkstein Baustoff (Platten, Mörtel), Rohstoff für Chemikalien, Farben, Kosmetika, Düngemittel; als „Onyx-Marmor" u.a. zur Dekoration, als Doppelspat für optische Instrumente. Beliebtes Sammel-Mineral, wenig Bedeutung dagegen als Schmuckstein und auch als Heilstein kaum beachtet.

### Heilwirkung, Indikationen
Calcit beschleunigt geistige Entwicklungen (auch als homöopathisches Medikament Calcium Carbonicum), insbesondere bei Kindern. Er stärkt Tatkraft und Gedächtnis und fördert Selbstvertrauen und Standhaftigkeit. Körperlich regt Calcit den Calcium-Stoffwechsel an und fördert so das Wachstum, das Immunsystem, die Blutgerinnung und die Heilung von Gewebe und Knochen (Beinbruchstein). Er stärkt das Herz und normalisiert den Herzrhythmus.

### Anwendung
Calcit sollte längere Zeit unmittelbar am Körper getragen oder als Essenz eingenommen werden. In Absprache mit einem erfahrenen Homöopathen kann bei passender Indikation auch das homöopathische Medikament eingenommen werden.

# Chalcedon

## Name, Synonyme, Handelsbezeichnungen

Der Name Chalcedon geht auf die griechische Stadt Kalchedon am Bosporus oder auf Karthago (Karchedon) zurück. In der Antike wurden jedoch mit diesem Begriff andere, stets rote Mineralien bezeichnet. Erst seit Albertus Magnus (13. Jahrhundert) wird vermutlich das heutige Mineral mit diesem Namen belegt. In der modernen Mineralogie ist Chalcedon im weiteren Sinne der umfassende Begriff für mikrokristalline, faserige Quarze. Im engeren Sinne wird damit nur der reine, farblose bis hellblaue Chalcedon bezeichnet.

Da sich der Name vom 13. bis 18. Jahrhundert nur langsam etablierte, existieren bis heute noch viele alte Synonyme: Beekit, Jasponyx, Jenzschit, Kalzedon, Katzedonier, Lutecin, Massik (grau), Myrickit, Pseudoquarzin, Quarzin, Saphirin, Schwalbenstein (Chalcedon-Kügelchen), Staarstein und Zoesit. Für die Heilkunde interessante Begriffe des Volksmunds sind Milchstein (weiß, hellblau) und Rednerstein. Chalcedon mit irisierendem Farbenspiel wird auch Regenbogen-Chalcedon oder Regenbogen-Achat genannt, mit roten Hämatitklecksen Punktachat oder Stephanstein und mit Pyrit-Einlagerungen Pyritachat (siehe Pyrit). Etwas irreführende Handelsnamen sind Blauer Mondstein und Kalifornischer Mondstein.

Zu den Mineralien der Chalcedon-Familie zählen außerdem der apfelgrüne Chrysopras, der dunkelgrüne Heliotrop, der orangefarbene Karneol, der braune Sarder, der Moosachat, der schwarze Onyx und der schwarz-weiß-braune Sardonyx, die alle gesondert besprochen werden, da sie seit Jahrhunderten eigenständige Heilsteine sind. In jüngerer Zeit entdeckte oder neu definierte Chalcedon-Varietäten werden dagegen in dieses Kapitel miteinbezogen (siehe auch die folgende Tabelle):

*Blauer Chalcedon; Namibia (2:1)*

| Varietät | Beschreibung | Name, Synonyme |
|---|---|---|
| *Blauer Chalcedon* (primär od. sekundär) | hellblau transparent, manchmal gebändert | Synonyme wie vorige Seite, zusätzlich Serrastein für gebänderten Chalcedon |
| *Chrom-Chalcedon* (sekundär) | grün transparent, manchmal gebändert | Name durch das farbgebende Chrom, Handelsname Mtorolit (dunkelgrün) |
| *Dendriten-Chalcedon* (primär od. sekundär) | mit baum-/moosähnlichen schwarzen Einschlüssen | griech. „dendron" = „Baum", Synonyme sind Baumstein, Dendrachat, Dendritenquarz, Makhastein, Mekkastein, Mokkastein, Mückenstein |
| *Kupfer-Chalcedon* (sekundär) | durch Kupfereinschlüsse blaugrün mit metallischen rotbraunen Kupferpunkten | Name durch den Metalleinschluß, das einzige Synonym lautet Blauer Chrysopras |
| *Plasma* (primär od. sekundär) | durch Eisensilikateinschluß dunkelgrüner Chalcedon | griech. „prasos" = „Lauch", daher auch das ältere Synonym „Prasma" |
| *Rosa Chalcedon* (sekundär) | durch Spuren von Mangan rosa gefärbter Chalcedon | Name durch Farbe, Synonyme: Mangankiesel, Rosenchalcedon, Lavendelquarz (fliederfarben) |
| *Roter Chalcedon* (sekundär) | durch Eisenoxide rot gefärbter Chalcedon | Name durch Farbe, Synonyme: Blutchalcedon, Blutjaspis, Blutachat, Fleischachat |

## Genese, Vorkommen

Chalcedon entsteht primär oder sekundär (s.o.) aus relativ kühlen, wässrigen Kieselsäurelösungen bei Temperaturen unter 100 °C. Die Kieselsäure kann dabei magmatischen Ursprungs (primär), durch Verwitterung freigesetzt oder durch den Verfall organischen Materials (sekundär) gebildet sein. Aufgrund der niedrigeren Temperatur bildet sich Chalcedon nicht durch Abkühlung, sondern durch allmähliches Austrocknen. Dabei entsteht zunächst ein immer zähfließender werdendes Kieselsäure-Gel, anschließend Opal, Cristobalit und schließlich der mikrokristalline, faserige Quarz.

Blauer Chalcedon findet sich in Namibia und der Türkei sowie in Südafrika (gebändert), Indien und Mosambik; Chromchalcedon, Kupferchalcedon und Rosa Chalcedon stammen hauptsächlich aus der Türkei, Dendriten-Chalcedon aus Brasilien und der Türkei, Plasma aus Brasilien und Roter Chalcedon aus Rußland und Indien.

## Kristallsystem, Erscheinungsbild, Farbe

Chalcedon ist trigonal, bildet aufgrund der raschen Abkühlung bei niedriger Temperatur und geringem Druck jedoch keine sichtbaren Kristalle aus. Er besteht aus winzigen Fasern, an denen der Tyndall-Effekt (siehe Seite 55) entsteht, der dem reinen Chalcedon die hellblaue Farbe beschert. Die o.g. verschiedenen Farbvarietäten bilden sich einzig durch Einlagerung verschiedener Mineralstoffe, die von der warmen Lösung aus dem Umgebungsgestein herausgelöst werden. Chalcedon zeigt Wachsglanz.

Chalcedon findet sich als Gang-, Spalten- und Hohlraumfüllung im Gestein. Kristallisierte er dabei aus einer fließenden Lösung heraus, zeigen sich typische Bänderungen, bei Bildung aus ruhender Kieselsäure wird er gleichmäßig transparent. Wurde der Hohlraum dabei nicht vollständig gefüllt, bilden sich körnig-poröse oder glaskopfige, stalagtitische Aggregate, mitunter mit radialstrahliger Struktur. Als Abscheidung an heißen, kieselsäurehaltigen Quellen bildet das Mineral sog. „Chalcedon-Rosetten", körnige Aggregate, die an Blüten, Pflanzen und Organe erinnern können. Diese auffälligen Signaturen sind für die Heilkunde von großem Interesse (siehe „Signaturenlehre" Seite 88).

## Mineralklasse, Chemismus
Als mikrokristalliner, wasserhaltiger Quarz zählt Chalcedon zur Mineralklasse der Oxide, Formel: $SiO_2 + H_2O$. Blauer Chalcedon ist weitgehend rein, die anderen Varietäten beinhalten die folgenden Fremdstoffe und Spurenelemente: Chromchalcedon Spuren von Chrom, Dendriten-Chalcedon Manganoxid ($MnO_2$), das sich nicht vermischt, sondern abgegrenzte Dendriten bildet, Kupfer-Chalcedon metallische Kupferstücke und aufgelöstes Kupfer, Plasma feinverteiltes Eisensilikat, Rosa Chalcedon Spuren von Mangan und Roter Chalcedon wenig vermischtes, ausgeflocktes Eisenoxid. Diese Mineralstoffe sind für die Wirkungen als Heilsteine sehr wichtig.

## Bestimmungsmerkmale
Mohshärte: 6,5–7; Dichte: 2,58–2,64; Spaltbarkeit: keine, muscheliger Bruch; Strichfarbe: weiß; Transparenz: durchscheinend.

*3 x Chalcedon-Rosette, Brasilien; Rosa Chalcedon, USA (1:1)*
*Einklinker: v.l.n.r. Kupfer-Chalcedon, Chromchalcedon, Rosa Chalcedon, Türkei*
*unten v.l.n.r. Dendriten-Chalcedon, Brasilien; Roter Chalcedon, Rußland (1:2)*

## Verwechslungen und Unterscheidung

Die Abgrenzung von anderen Quarzen oder Opalen ist oft sehr schwierig. So ist Chromchalcedon dem Chrysopras und Prasopal ähnlich, Kupfer-Chalcedon dem Chrysopal, Plasma dem Heliotrop, Prasem und grünen Jaspis, Rosa Chalcedon dem Rosenquarz und Roter Chalcedon bildet mitunter fließende Übergänge zu indischem Jaspis. Die Unterscheidung ist daher oft nur durch mineralogisch-gemmologische Untersuchungen möglich.

## Fälschungen

Auch bei Chalcedonen wird wie bei Achat kräftig gefärbt. Zur Herstellung intensiver Rot- und Grüntöne werden Chalcedone gebrannt und vor Imitationen aus anderen Quarzen oder sogar Glas wird nicht zurückgeschreckt. Nachweise sind z.T. sehr schwierig, aber durch mineralogisch-gemmologische Untersuchungen möglich.

## Verwendung und Handel

Chalcedone sind klassische Schmucksteine, die seit Jahrtausenden zum Schneiden von Gemmen verwendet werden. Sie gehören zu den wichtigsten Heilsteinen unserer Zeit.

## Heilwirkung, Indikationen

Generell bewirken Chalcedone Leichtigkeit, Offenheit, Kontaktfreudigkeit und Verständnis. Sie verbessern die Fähigkeit, zu kommunizieren (daher das Synonym „Rednerstein").
Körperlich regen Chalcedone den Fluß der Körperflüssigkeiten an und helfen so, Wassereinlagerungen im Gewebe (Ödeme) abzubauen sowie das Immunsystem zu stärken.
- **Blauer Chalcedon** stärkt die Redekunst und den Selbstausdruck. Er heilt Erkrankungen der Atemwege, fördert die Sekretion innerer Drüsen (hilft in frühen Stadien der Diabetes) und regt als klare Varietät die Milchbildung stillender Mütter an (auch weißer und rosafarbener Chalcedon).
- **Chromchalcedon** hilft bei Kummer und Verdruß und wirkt besonders entzündungshemmend.
- **Dendriten-Chalcedon** ermöglicht, unbewußte Mechanismen und Gewohnheiten zu überwinden. Er hilft, sich abzugrenzen, und heilt Lungenerkrankungen, auch Folgen des Rauchens.
- **Kupfer-Chalcedon** fördert den Sinn für Ästhetik sowie die Verarbeitung innerer Bilder. Er hemmt Entzündungen und Pilzinfektionen in den weiblichen Geschlechtsorganen.
- **Plasma** beruhigt bei Gereiztheit und Aggressivität und stärkt die Belastbarkeit. Er fördert die immunologische Abwehr und das Regenerationsvermögen des Körpers.
- **Rosa Chalcedon** fördert Lebendigkeit, Herzlichkeit und Hilfsbereitschaft. Er fördert ein tiefes inneres Vertrauen und hilft dadurch besonders bei Herzbeschwerden, auch Herzneurosen.
- **Roter Chalcedon** fördert Flexibilität, Kraft oder Beharrlichkeit, je nach Bedarf. Er regt die Blutgerinnung an, hemmt die Nährstoffaufnahme im Darm und verringert Hungergefühle.
- **Chalcedon-Rosetten** eignen sich gemäß ihrer Signatur für spezielle Anwendungen, besonders für Erkrankungen der Augen, Ohren, Haut, Schleimhäute und weiblichen Geschlechtsorgane. Lassen Sie sich hier von Ihrer Phantasie leiten!

## Anwendung

Chalcedone können über längere Zeit rund um die Uhr getragen werden. Sie wirken durch direkten Hautkontakt, am besten durch Auflegen auf die betroffenen Bereiche.

# Chalkopyrit

## Name, Synonyme, Handelsbezeichnungen
Der Name Chalkopyrit bedeutet soviel wie „Kupfer-Pyrit" (griech. chalkos = Kupfer), was sich auf seine chemische Zusammensetzung bezieht. Das Mineral erhielt seinen Namen Anfang des 19. Jahrhunderts durch den französischen Professor der Mineralogie und Geologie François Sulpice Beudant (1787–1852). Der Begriff „Pyrit" ist allerdings schon älter und bezieht sich auf das Funkenschlagen (griech. pyrites = Feuerstein), das mit dem Pyrit (siehe Seite 358) möglich ist. Aus der älteren Bergmannsprache und dem modernen Handel stammen eine Vielzahl von Synonymen: Apachengold, Geelkies, Gelbkupferz, Homichlin, Koribronce, Kupfereisenerz, Kupfereisenkies, Kupferkies, Kupferphyllit, Nierenkies, Pyramidaler Kupferkies und Towanit.

## Genese, Vorkommen
Chalkopyrit kommt als sog. Durchläufer in allen Bildungsbereichen vor, er kann magmatisch, sedimentär oder metamorph entstehen und ist eines der weltweit häufigsten Mineralien.

Primär entsteht er liquidmagmatisch, pegmatitisch, pneumatolytisch, vor allem aber hydrothermal auf Erzgängen, dort bilden sich auch die schönsten Kristalle.

Sekundär entsteht Chalkopyrit bei der Bildung toniger und kohliger Sedimente aus Schwefelwasserstoff (HF), der bei der Zersetzung organischen Minerals unter Luftabschluß frei wird.

Tertiär entsteht er kontaktmetasomatisch im Umfeld von Vulkanen. Bei der Metamorphose chalkopyrithaltiger Gesteine bleibt er oft erhalten. Nur an der Erdoberfläche verwittert er leicht zu Covellin (siehe Seite 206) und anderen Mineralien. Vorkommen gibt es weltweit, schöne Kristalle stammen aus Deutschland, Rumänien, Rußland, China, Japan, USA, Mexiko, Peru, Simbabwe u.a.

*Abb. 110: Chalkopyrit: Stufe, China und Trommelsteine, Peru (2:1)*

## Kristallsystem, Erscheinungsbild, Farbe

Chalkopyrit ist tetragonal und bildet kleine, in Drusen aufgewachsene Kristalle von sphenoidischem Habitus („pseudotetraedrisch": Kristalle sehen aus wie langgezogene Tetraeder, da die dreieckigen Seitenflächen gleichschenklig, nicht gleichseitig sind). Es bilden sich verschiedenste Zwillinge und Viellinge, auch skelettartiges Kristallwachstum kommt vor. Viel häufiger sind jedoch derbe, körnige und krustige Aggregate sowie etwas seltener auch Gemenge mit anderen Mineralien (Sphalerit oder Nephrit). Chalkopyrit ist messinggelb, bei oxidierter Oberfläche manchmal mit bunten Anlauffarben. Er zeigt Metallglanz.

## Mineralklasse, Chemismus

Chalkopyrit zählt zur Mineralklasse der Sulfide, Formel: $CuFeS_2$ + (Ag,Au). Aufgrund der verschiedenen Entstehungsweisen sind Silber (Ag) und Gold (Au) nur gelegentlich enthalten, oftmals ist Chalkopyrit chemisch völlig rein.

## Bestimmungsmerkmale

Mohshärte: 3,5 – 4; Dichte: 4,1 – 4,3; Spaltbarkeit: unvollkommen; unebener, muscheliger Bruch; Strichfarbe: (grünlich-)schwarz; Transparenz: opak.

## Verwechslungen und Unterscheidung

Bornit: Dichte 4,9 – 5,3; Markasit: Härte 6 – 6,5, Dichte 4,8 – 4,9; Pyrit: Härte 6 – 6,5, Dichte 5 – 5,2.

## Fälschungen

Bunt angelaufener Chalkopyrit wird oft fälschlich als Bornit (vgl. Seite 457) verkauft.

## Verwendung und Handel

Chalkopyrit wird wirtschaftlich als Kupfererz abgebaut. Schöne Kristalle und Aggregate sind beliebte Sammelobjekte. Als Schmuckstein und Heilstein bisher wenig beachtet.

## Heilwirkung, Indikationen

Chalkopyrit regt Neugier und Forschergeist an; Geheimnisse und bisher Unerklärbares werden zum magischen Anziehungspunkt. Der in jedem Menschen schlummernde Wunsch nach einem besseren Verständnis all der Faktoren, die unser Leben bestimmen, wird geweckt. Dazu fördert Chalkopyrit Wachheit und eine präzise Beobachtungsgabe, die auch kleine Details bemerkt. Chalkopyrit hilft, systematisches Denken zu entwickeln, das in der Lage ist, in jeder Situation Zusammenhänge und Entwicklungsprozesse zu erkennen. Auf diese Weise werden auch verborgene Krankheitsursachen aufgedeckt. Körperlich regt Chalkopyrit Reinigungsprozesse an. Er verstärkt die Freisetzung und Ausscheidung von Giftstoffen und kann daher Erstverschlimmerungen wie Benommenheit oder Übelkeit auslösen, die jedoch nur von kurzer Dauer sind.

## Anwendung

Chalkopyrit wirkt als kristalline Stufe bereits durch Aufstellen in der näheren Umgebung sowie als kurzzeitig aufgelegter Trommelstein. Von direktem Körperkontakt ist jedoch abzuraten, wenn man zu Unruhe und Nervosität neigt.

# Charoit

### Name, Synonyme, Handelsbezeichnungen
Charoit trägt seinen Namen nach seiner derzeit einzigen Fundstelle am ostsibirischen Fluß Chara. Er ist vor allem in Osteuropa und Rußland schon lange im Handel, wurde jedoch erst im Jahr 1978 als eigenes Mineral identifiziert und anschließend Charoit genannt. Zuvor wurde er als rosa-violetter Cummingtonit-Schiefer oder als violetter Canasit betrachtet. Synonyme zu Charoit (Tscharoit) existieren nicht.

### Genese, Vorkommen
Vor ca. 200 bis 100 Mio. Jahren wurde die gesamte Murunsker Region in Sibirien durch aufsteigendes Magma komprimiert, verschoben, aufgefaltet und vielerorts durchbrochen. Vulkane brachen aus und heiße alkalische Lösungen drangen in Risse, Spalten und Gänge ein. Gestein und Mineralien wurden gelöst und aufgeschmolzen, neue Magmatite und durch Druck und Hitze umgewandelte Metamorphite bildeten sich. Genau in der Kontaktzone zwischen diesen beiden Gesteinen entstand dabei metasomatisch der tertiäre Charoit. Er bildete sich aus teils vom Magma stammenden, teils aus dem Gestein gelösten Mineralstoffen. Heute findet sich Charoit im Murunsker Massiv zwischen den Flüssen Chara und Tokko südlich von Olekminsk, Sibirien, Rußland.

### Kristallsystem, Erscheinungsbild, Farbe
Charoit ist monoklin, bildet jedoch nur faserige oder dichte, gut polierfähige Aggregate. Er ist grau, braun, purpur bis violett und zeigt ein fließend-faseriges Aussehen mit wechselndem Glas- und Seidenglanz, das im polierten Zustand an Email-Glasuren erinnert. Seine Fließstruktur ent-

*Abb. 111: Charoit-Trommelsteine, Rußland (2:1)*

steht durch den Druck und die tektonischen Bewegungen (Bewegungen der Erdkruste) während seiner metamorphen Entstehung, die zur Bildung faserig-blättriger Schichten führen. Grüne, kupferfarbene oder schwarze Einschlüsse bereichern dabei seine optische Erscheinung noch und erhöhen seinen Reiz als Schmuckstein.

## Mineralklasse, Chemismus

Charoit ist ein sehr komplexes, mineralstoffreiches und wasserhaltiges Schicht-Silikat, Formel: $(Ca,Na)_4(K,Sr,Ba)_2 [(OH,F)_2Si_9O_{22}] \cdot H_2O$. Ausschlaggebend für seine Wirkung ist dabei neben Mineralstoffreichtum, Farbe und Entstehung auch der alkalische (basische) Charakter.

## Bestimmungsmerkmale

Mohshärte: 5–6; Dichte: 2,68; Spaltbarkeit: vollkommen, unebener Bruch; Strichfarbe: weiß; Transparenz: durchscheinend bis undurchsichtig.

## Verwechslungen und Unterscheidung

Lepidolith: Härte 2,5–3, wesentlich bessere, ausgezeichnete Spaltbarkeit mit biegsamen, elastischen Spaltblättchen (Glimmer!); Sugilith: an der fehlenden faserigen Fließstruktur und den ebenfalls fehlenden Begleitmineralien des Charoits (Ägirin u.a.) erkennbar.

## Fälschungen

Derzeit nicht bekannt, aufgrund des relativ hohen Preises des Charoit jedoch früher oder später zu erwarten.

## Verwendung und Handel

Charoit wird in Rußland kunsthandwerklich verarbeitet. Als Schmuck- und Heilstein erlangte er in den letzten Jahren große Beliebtheit. Allein daraus resultiert sein relativ hoher Preis, nicht aus einer vermeintlichen Seltenheit. Er gibt zwar nur das eine sibirische Vorkommen, dort findet sich Charoit dafür in der Mächtigkeit ganzer Felsen.

## Heilwirkung, Indikationen

Für Charoit gibt es zwei bevorzugte Einsatzbereiche: Zum einen in Zeiten, in denen im Leben alles „drunter und drüber" geht, wenn es kaum noch sichere Standpunkte gibt. Dann hilft Charoit, ruhig und sicher eine Angelegenheit nach der anderen zu regeln. Zum anderen ist er hilfreich, wenn aufgrund langandauernder Untätigkeit ein riesiger Berg unerledigter Dinge entstanden ist. Dann gibt Charoit die Entschlossenheit und Tatkraft, den Berg abzuarbeiten. Charoit macht unangreifbar für Streß und Sorgen und schenkt einen ruhigen, erholsamen Schlaf mit kreativen Träumen.

Körperlich fördert Charoit einen basischen Stoffwechsel, beruhigt die Nerven, hilft bei vegetativen Störungen und löst Krämpfe und Schmerzen auf.

## Anwendung

Die geistigen Wirkungen des Charoit werden durch den Aufenthalt in einem Charoit-Steinkreis (vier bis sechs Steine genügen) besonders gefördert. Körperlich wirkt er am besten durch direkten Hautkontakt.

# Chiastolith

### Name, Synonyme, Handelsbezeichnungen
Chiastolith ist ein Andalusit (siehe Seite 140), dessen Kristallquerschnitte ein dunkles oder helles Kreuz zeigen. Sein Name bedeutet „Kreuzstein" (griech. chiastos = mit einem X bezeichnet, lithos = Stein). Dieser etwas unaussprechlich klingende Begriff wurde 1800 von dem Berliner Oberbergrat Dietrich Karsten kreiert, um die beiden Mineralien Chiastolith und Staurolith (siehe Seite 400) zu differenzieren, die bis dahin beide Kreuzstein genannt wurden. Chiastolith erhielt seinen Namen, da das Kreuz als Zeichnung des Kristallquerschnitts auftritt, Staurolith (griech. stauros = Kreuz) wurde so genannt, da er Durchdringungszwillinge bildet, bei welchen zwei prismatische Kristalle meist ein schiefes, mitunter jedoch auch ein rechtwinkliges Kreuz bilden. Synonyme für Chiastolith sind Hohlspat (auch Andalusit allgemein), Howdenith, Maltesit, Maranit und Stealith.

### Genese, Vorkommen
Chiastolith entsteht tertiär als kontaktmetamorphe Bildung, wenn aufsteigendes Magma in sedimentären, kohligen Tonschiefer eindringt. Durch das Erhitzen des Gesteins bildet sich dann aus dem Aluminiumoxid des Tons und Kieselsäure das Aluminiumsilikat Chiastolith. An den Kristallkanten des wachsenden Minerals lagert sich dabei, wohl aufgrund elektrischer Anziehung, Kohlenstoff an, der dann im weiteren Wachstum ins Kristallgitter eingeschlossen wird. Auf diese Weise entstehen die dunklen, kohligen Einschlüsse in Form eines Kreuzes.

Große Vorkommen von Chiastolith finden sich in China, Chile und Australien (Mount Howden, daher das Synonym Howdenit). Weitere Fundorte sind Algerien, Galizien/Spanien, die französischen Pyrenäen und die Baikal-Region in Sibirien/Rußland.

*Abb. 112: Chiastolith, Trommelsteine aus China (3:1)*

## Kristallsystem, Erscheinungsbild, Farbe
Chiastolith bildet dicksäulige rhombische Kristalle mit fast rechteckigem Querschnitt, deren Oberfläche oft von winzigen grauen Glimmerschüppchen überzogen ist, da sich Chiastolith im Laufe der Zeit in Quarz und Glimmer umwandeln kann. An der Endfläche des Kristalls oder am Querschnitt zeigt sich ein schwarzes Kreuz auf hellem Grund (oder ein helles Kreuz auf dunklem Grund, je nach Betrachtung). Die Kristalle selbst sind im Muttergestein (Glimmerschiefer) eingewachsen oder bilden derbe Aggregate.

Die Grundfarbe des Chiastolith ist weiß, grau, gelblich bis braun. Er ist matt oder zeigt Glas- oder Pechglanz.

## Mineralklasse, Chemismus
Chiastolith ist ein Alumosilikat (Formel: $Al_2[O/SiO_4]$ + C,Ca,Cr,Fe,Ga,K,Mg,Mn,Ti) der Andalusit-Gruppe und zählt damit zur Mineralklasse der Inselsilikate. Er enthält in geringen Mengen sehr viele Mineralstoffe, doch dominant ist in erster Linie der Kohlenstoff, der auch das Kreuz bildet.

## Bestimmungsmerkmale
Mohshärte: 5 – 5,5; Dichte: 3,12 – 3,12; Spaltbarkeit: unvollkommen; Strichfarbe: weiß; Transparenz: durchscheinend bis undurchsichtig.

## Verwechslungen und Unterscheidung
Aufgrund seines typischen Erscheinungsbildes gibt es keine ähnlichen Mineralien zu Chiastolith.

## Fälschungen
Es gibt keine Fälschungen.

## Verwendung und Handel
Als Schmuckstein hat Chiastolith keine große Bedeutung erlangt, seine Kreuzes-Zeichnung gab jedoch Anlaß zu allerlei Spekulationen. Als keltisches oder christliches Kreuz verstanden (daher auch das Synonym Maltesit) bzw. als nordische Rune der Mehrung (daher das x als Malzeichen), gab es genug Anlaß, Chiastolith zum besonderen Talisman zu erklären. Dadurch wurde er auch als Heilstein schnell bekannt und begehrt.

## Heilwirkung, Indikationen
Als rhombisches Mineral der Andalusit-Gruppe hilft uns Chiastolith, die eigene Identität und Lebensaufgabe zu entdecken und zu verwirklichen. Er fördert Realitätssinn und Nüchternheit, hilft, Ängste und Schuldgefühle aufzulösen und stärkt den logisch-rationalen Verstand. Das Gefühl dauernder Überlastung und die Angst, die Kontrolle oder gar den Verstand zu verlieren, wird so mit Chiastolith schnell und dauerhaft überwunden.

Chiastolith lindert Übersäuerung und deren Folgen, wie Rheuma und Gicht. Er hilft bei Erschöpfung, Schwächezuständen und vorübergehenden Lähmungserscheinungen.

## Anwendung
Chiastolith wirkt durch kontemplative Betrachtung oder direktes Tragen auf der Haut.

# Chrysoberyll

## Name, Synonyme, Handelsbezeichnungen
Chrysoberyll bedeutet „Goldberyll" (griech. chrysos = Gold). In der Antike stand der Name auch tatsächlich für goldfarbenen Beryll, er wurde erst durch A.G. Werner im 18. Jahrhundert auf das heutige Mineral übertragen. Dieses ist ein berylliumhaltiges Oxid und daher mit den Beryllen (Silikate) nicht verwandt. Bekanntes Synonym zu Chrysoberyll ist Katzenauge. Da vor allem Chrysoberyll aus Sri Lanka diesen Lichteffekt oft sehr ausgeprägt zeigt, hat es sich eingebürgert, daß sich dieser Name ohne weiteren Zusatz immer auf den Chrysoberyll bezieht. Weitere Synonyme sind: Cymophan, Gymophan oder Kymophan, gebräuchliche Handelsnamen lauten Brasil-Chrysolith sowie Orientalisches, Indisches oder Ceylon-Katzenauge.

## Genese, Vorkommen
Chrysoberyll entsteht entweder primär als späte Bildung aus aluminiumreichem Magma in Granitpegmatiten, wenn bei der Restkristallisation (siehe auch Seite 20) genügend Beryllium im Magma angereichert ist, oder tertiär bei der Bildung kontaktmetamorpher Glimmerschiefer.

Primäre Vorkommen liegen in Brasilien und Madagaskar, tertiäre in Rußland und Tansania. Aufgrund seiner Härte verwittert er nur schwer und findet sich daher auch als abgerollte Körnchen in den Edelstein-Seifenlagerstätten Burmas und Sri Lankas.

## Kristallsystem, Erscheinungsbild, Farbe
Chrysoberyll ist rhombisch und bildet meist dicktafelige bis flachprismatische Kristalle. Charakteristisch sind außerdem Durchdringungsdrillinge, deren Kristalle sich im Winkel von 60° schneiden,

*Abb. 113: Chrysoberyll-Kristalle, Brasilien (2:1)*

wodurch sechseckige, pseudohexagonale Formen entstehen (siehe Abb.). Seine Farbe ist goldgelb, grüngelb bis bräunlich. Schöne Katzenaugen stammen aus Brasilien und Sri Lanka, auch Asterismus ist bekannt. Chrysoberyll zeigt Glasglanz.

### Mineralklasse, Chemismus

Chrysoberyll ist ein Aluminium-Beryllium-Oxid, Formel: $Al_2BeO_4$ + Cr,Fe,Ti und gehört zur Mineralklasse der Oxide. Farbgebend sind vor allem die in geringen Mengen enthaltenen Mineralstoffe Eisen und Chrom.

### Bestimmungsmerkmale

Mohshärte: 8,5; Dichte: 3,70–3,72; Spaltbarkeit: unvollkommen, muscheliger Bruch; Strichfarbe: weiß; Transparenz: durchsichtig.

### Verwechslungen und Unterscheidung

Chrysoberyll kann vor allem in geschliffener Form mit einer Reihe gelber Steine wie Saphir, Topas oder Zirkon verwechselt werden. Chrysoberyll-Katzenaugen ähneln Apatit-, Quarz- und Turmalin-Katzenaugen. In allen Fällen ist eine Unterscheidung nur durch mineralogisch-gemmologische Untersuchungen möglich.

### Fälschungen

Chrysoberyll wird häufig gefälscht. Farbveränderungen durch Bestrahlung sind aufgetreten, häufiger wird er durch synthetischen Korund (Saphir) oder synthetischen Spinell imitiert. Chrysoberyll-Katzenaugen werden durch faseriges Borsilikatglas oder Dubletten aus Topas und Ulexit vorgetäuscht. Die Unterscheidung ist auch hier nur durch mineralogisch-gemmologische Untersuchungen möglich.

### Verwendung und Handel

Chrysoberyll ist ein klassischer Edel- und Schmuckstein. Als Heilstein ist er in Indien seit Jahrtausenden bekannt, er konnte sich jedoch heutzutage aufgrund seiner Seltenheit und seines relativ hohen Preises noch nicht wieder etablieren.

### Heilwirkung, Indikationen

Chrysoberyll stärkt Aufrichtigkeit, Selbstdisziplin und Selbstbeherrschung, strategisches Denken und Organisationstalent. Damit fördert er Autorität und Führungsqualitäten, die auf erarbeitetem Wissen und Können, auf wirklicher Kompetenz beruhen. Chrysoberyll hilft, Ängste, Beklemmungen und Alpträume zu überwinden und ermöglicht, das Notwendige zu tun, ohne von Gefühlen und Stimmungen beeindruckt zu sein.

Bei Krankheit fördert Chrysoberyll den Willen, gesund zu werden und regt dadurch auch körperlich die Selbstheilkräfte an. Er stärkt die Entgiftungs- und Synthese-Prozesse der Leber und hilft bei Erkrankungen im Brustraum, insbesondere bei Entzündungen.

### Anwendung

Chrysoberyll wirkt sehr stark. Daher genügt es in der Regel, ihn täglich für wenige Minuten in die Hand zu nehmen oder ruhig zu betrachten.

# Chrysokoll

## Name, Synonyme, Handelsbezeichnungen

Chrysokoll bedeutet „Goldleim" (griech. chrysos = Gold, kolla = Leim). Der Ursprung des Namens ist jedoch unsicher. Er taucht einerseits schon in der Antike auf, als Kupfermineralien noch als Flußmittel beim Löten verwendet wurden, andererseits wird als Erklärung auch die Tatsache angeführt, daß roher, unbehandelter Chrysokoll aufgrund seiner porösen Struktur an der Zunge klebt. Der Name wurde früher vermutlich für mehrere Kupfermineralien verwendet, dem heutigen Mineral wurde er erst 1808 durch Brochant de Villiers eindeutig zugeordnet.

Synonyme aus der Bergmannsprache und der frühen Mineralogie gibt es reichlich: Atlaserz, Berggrün, Chalkostaktit, Dillenburgit, Grünerz, Grünspan, Katangit, Kieselkupfer, Kieselmalachit, Kupfergrün, Kupferhydrophan, Liparit, Llanca, Malachitkiesel, Resanit, Spanischgrün und Traversoit (blau). Verwachsungen mit Azurit heißen Kupferblau, mit Kaolinit Pilarit, mit derbem Quarz Chrysokollquarz, Papageienflügel oder Stellarit und mit Chalcedon schlicht Chrysokoll-Chalcedon. Gem Silica ist feinverteilter Chrysokoll in Chalcedon oder Opal, Eilath-Stein ein Gemenge von Chrysokoll, Malachit und Türkis.

## Genese, Vorkommen

Chrysokoll entsteht immer sekundär durch die Einwirkung von kieselsäurehaltigem Grund- und Sickerwasser auf kupferhaltiges Gestein. Er zählt wie Azurit oder Malachit zu den Leitmineralien der Oxidationszonen von Kupfererzlagerstätten, d.h. sein Vorkommen weist auf den Kupfergehalt des Gesteins hin. Bedeutende Chrysokoll-Vorkommen sind in Arizona und Nevada/USA, Peru und Elba. Aus Zaire gibt es schöne Verwachsungen mit Malachit.

*Abb. 114: Chrysokoll, Donut, Trommelsteine, Rohsteine, Peru (1:1)*

## Kristallsystem, Erscheinungsbild, Farbe

Chrysokoll ist monoklin, zeigt jedoch nur extrem selten nadelige Kristalle. In der Regel bildet er derbe, dichte, knollige, glaskopfige oder stalagtitische Aggregate, die manchmal opalartig erscheinen. Sehr oft tritt er als Spaltenfüllung von Brekzien auf und kann daher auch mit vielen anderen Mineralien, z.B. Quarz, innig verwachsen sein. Mitunter entsteht Chrysokoll zeitgleich mit anderen Kupfermineralien, so daß sich Gemenge mit Malachit (Peru, Zaire) oder mit Malachit und Türkis (Eilath-Stein, Israel, Mexiko, Peru) bilden. Seine Farbe ist blaugrün bis türkis, selten blau, braun bis schwarz, er zeigt Glas- und Wachsglanz.

## Mineralklasse, Chemismus

Chrysokoll ist ein wasserhaltiges Kupfersilikat aus der Mineralklasse der Ring-Silikate, Formel: $CuSiO_3 \cdot 2\ H_2O + Al,Fe,P$. Farbgebend ist dabei das Kupfer (idiochromatische Färbung), weshalb er auch eine grünliche Strichfarbe zeigt.

## Bestimmungsmerkmale

Mohshärte: 2 – 4; Dichte: 2,0 – 2,3; Spaltbarkeit: keine, unebener Bruch; Strichfarbe: grünlichweiß; Transparenz: durchscheinend (selten) bis undurchsichtig.

## Verwechslungen und Unterscheidung

Variscit und Türkis sowie Verwachsungen wie Eilath-Stein sind vom Chrysokoll nur durch mineralogisch-gemmologische Untersuchungen differenzierbar.

## Fälschungen

Als Imitation ist gefärbter Chalcedon im Handel: Härte 7, Strichfarbe weiß.

## Verwendung und Handel

Sehr selten nur wird Chrysokoll als Kupfererz abgebaut. Als Schmuck- und Heilstein ist er dagegen sehr beliebt und inzwischen in vielen gängigen Formen erhältlich.

## Heilwirkung, Indikationen

Chrysokoll hilft, in allen Situationen einen klaren Kopf zu bewahren. Dabei werden Gefühle keineswegs unterdrückt, doch man bleibt selbst bei heftigsten emotionalen Wallungen klar genug, die Konsequenzen des eigenen Handelns zu sehen. Durch Chrysokoll werden jene geistigen Muster bewußt, wo normalerweise auf äußere Reize rein mechanische, schablonenhafte Reaktionen folgen. Dadurch gelingt es, diese Automatismen zu verändern und ungewolltes Auf und Ab im Leben zu harmonisieren.

Körperlich wirkt Chrysokoll fiebersenkend, entspannend und krampflösend, auch bei Menstruationsbeschwerden. Er hilft bei Infektionen, Entzündungen und Halsbeschwerden, wirkt kühlend und blutdrucksenkend und beschleunigt die Heilung von Brandwunden.

## Anwendung

Chrysokoll wirkt durch Tragen am Körper und direktes Auflegen auf betroffene Körperstellen. Zur Förderung seiner geistigen Wirkung kann er auf die Stirn aufgelegt werden.

# Chrysopras

## Name, Synonyme, Handelsbezeichnungen
Der Name Chrysopras bedeutet „Goldlauch" (griech. chrysos = Gold, prason = Lauch). Er wurde schon in der Antike und im Mittelalter für das heutige Mineral und andere grüngelbe Steine verwendet. Seit dem 18. Jahrhundert ist der Name eindeutig dem durch Nickel grüngefärbten Chalcedon zugeordnet. Für den wohlklingenden Namen wurden offensichtlich keine Synonyme kreiert, nur das eingedeutschte Goldlauch findet sich in wenigen alten Schriften. Als Handelsnamen existieren Südpazifik-Jade und Zitronen-Chrysopras, letzterer für gelblichgrüne Varietäten.

## Genese, Vorkommen
Chrysopras entsteht sekundär in der Oxidationszone von Nickelerzlagerstätten, wenn ins Gestein eindringendes Oberflächenwasser Kieselsäure mit sich führt, die sich mit dem Nickel verbindet. Die Kieselsäure ist dabei nicht magmatischen Ursprungs, sondern wird durch Zerfalls- und Verwitterungs-Prozesse aus dem Boden und Gestein freigesetzt. Berühmt war früher das fast völlig ausgebeutete Chrysopras-Vorkommen in Frankenstein, Schlesien; heute stammt der qualitativ beste Chrysopras aus Marlborough, Queensland, Australien. Weitere Vorkommen sind in Brasilien.

## Kristallsystem, Erscheinungsbild, Farbe
Chrysopras ist trigonal, bildet jedoch keine sichtbaren Kristalle, sondern nur mikroskopisch kleine Fasern aus. Er erscheint daher in dichten, teils mit großen Poren durchsetzten Aggregaten als Knollen und Spaltenfüllungen im Gestein. Seine Farbe ist im Idealfall intensiv apfelgrün, häufiger jedoch blaßgrün, selten gelbgrün. Chrysopras zeigt Wachsglanz.

*Abb. 115: Chrysopras, Rohstein aus Brasilien, Trommelstein aus Australien (2:1)*

## Mineralklasse, Chemismus

Chrysopras ist nickelhaltiger Chalcedon (Formel: $SiO_2$ + $Ni,H_2O$), gehört also zur Quarz-Gruppe und der Mineralklasse der Oxide. Wässrige Nickelsilikateinschlüsse verleihen ihm seine grüne Farbe, die charakteristischerweise durch Austrocknung etwas verbleichen kann, sich jedoch durch feuchte Aufbewahrung wieder regeneriert.

## Bestimmungsmerkmale

Mohshärte: 6,5–7; Dichte: 2,58–2,64; Spaltbarkeit: keine, muscheliger Bruch; Strichfarbe: weiß; Transparenz: durchscheinend.

## Verwechslungen und Unterscheidung

Chrysopras kann mit vielen durchscheinend-grünen Mineralien verwechselt werden, wie Chromchalcedon, Jade, Prehnit, Smithsonit und Variscit. Eine sichere Unterscheidung ist daher im Zweifelsfall nur durch mineralogisch-gemmologische Untersuchungen möglich.

## Fälschungen

Zur Fälschung von Chrysopras wird hauptsächlich künstlich grün gefärbter Achat oder Chalcedon verwendet. Sofern dabei der Farbton nicht auffällig abweicht, wie es bei gefärbtem Achat in der Regel der Fall ist, ist auch hier die sichere Unterscheidung nur durch mineralogisch-gemmologische Untersuchungen möglich.

## Verwendung und Handel

Chrysopras wird schon seit Jahrtausenden als Schmuck- und Dekorstein, wie z.B. in der im 14. Jahrhundert gebauten St. Wenzels-Kapelle in Prag, verwendet. Auch als Heilstein ist er seit der Antike bekannt. Chrysopras ist heute in allen gängigen Formen erhältlich, zählt jedoch zu den teureren Heilsteinen.

## Heilwirkung, Indikationen

Chrysopras schenkt Vertrauen und Geborgenheit in sich selbst. Er fördert Unabhängigkeit von äußerer Zuwendung und hilft, gerade auch bei Kindern, regelmäßig wiederkehrende Alpträume zu beenden. Belastende Bilder und Erinnerungen können durch Chrysopras besser verarbeitet und negative Geisteshaltungen aufgelöst werden. Er hilft, die Welt mit staunenden Augen zu betrachten.

Körperlich fördert Chrysopras die Entgiftung und Entschlackung, selbst von Schwermetallen und schwer löslichen Stoffen. Dadurch hilft er bei Folge-Krankheiten von Vergiftungen (auch starken Medikamenten), selbst wenn die Ursache Jahre zurückliegt. Chrysopras lindert auch viele Hautkrankheiten, in manchen Fällen sogar Neurodermitis, sowie Pilzinfektionen (hier in Kombination mit Rauchquarz). Er fördert die Fruchtbarkeit der Frau und hilft insbesondere dann, wenn Infektionen zu Unfruchtbarkeit geführt haben.

## Anwendung

Chrysopras sollte direkt am Körper getragen, als Scheibe oder Trommelstein auf die Leber aufgelegt oder als Edelstein-Essenz eingenommen werden.

# Citrin

## Name, Synonyme, Handelsbezeichnungen

Der Name Citrin bezieht sich auf die zitronengelbe Farbe des Minerals. Er wurde im Mittelalter zunächst noch für verschiedene gelbe Mineralien verwandt, durch Georgius Agricola dann 1546 jedoch eindeutig dem gelben Quarz zugeordnet. Es existieren nur wenige Synonyme – Apricosin, Apricotin, Kojotenstein, Madeiracitrin (für braunen Citrin, d.h. gebrannten Amethyst) und Zitrin, dafür jedoch eine Unzahl von Handelsnamen, die den Citrin als Topas deklarieren sollen: Bahia-Topas, Böhmischer Topas, Colorado-Topas, Goldtopas (irreführend!), Indischer Topas, Madeira-Topas, Palmira-Topas, Pseudotopas, Quarztopas, Rio Grande-Topas, Salamanca-Topas, Schottischer Topas, Serra-Topas, Spanischer Topas, Topas-Safranit, Topasquarz und Uruguay-Topas.

## Genese, Vorkommen

Citrin entsteht primär in hydrothermalen Prozessen entweder durch den Einfluß einer schwachen radioaktiven Strahlung, die in Spuren enthaltenes Aluminium ionisiert und dadurch zum gelben Farbzentrum macht, oder durch die Einlagerung von dreiwertigem Eisen bei höheren Temperaturen (über 300 °C). Damit existieren zwei verschiedene Quarze, die ihrer ähnlichen Farbe wegen jedoch als ein Mineral betrachtet werden. Bedeutende Citrin-Vorkommen liegen in Brasilien, Sambia, Madagaskar und Rußland.

## Kristallsystem, Erscheinungsbild, Farbe

Citrin ist trigonal und bildet wie Bergkristall prismatische Kristalle mit der charakteristischen Querstreifung der Prismenflächen. Er wird *nicht* in den für Amethyst typischen Kristallrasen gefunden!

*Abb. 116: Citrin-Kristall, Brasilien (1:1)*

Solche im Handel als Citrine angebotene Stufen sind gebrannte Amethyste (siehe Fälschungen). Die Farbe des Citrins ist hell zitronengelb (Farbzentren durch ionisiertes Aluminium) bis goldgelb (Farbzentren durch Eisen). Auch bräunliche Töne sind möglich, da Citrin fließend in Rauchquarz übergehen kann. Er zeigt Glasglanz.

## Mineralklasse, Chemismus

Citrin ist die gelbe Varietät der Kristallquarze, jener Vertreter der Quarz-Gruppe mit großen, sichtbaren Kristallen, und zählt zur Mineralklasse der Oxide, Formel: $SiO_2$ + (Al,Fe,Ca,H,Mg,Li,Na). In Spuren enthält er Aluminium, Eisen, Calcium, Magnesium, Lithium, Natrium und Wasserstoff.

## Bestimmungsmerkmale

Mohshärte: 7; Dichte: 2,63 – 2,65; Spaltbarkeit: unvollkommen (parallel zur Rhomboederfläche), muscheliger Bruch; Strichfarbe: weiß; Transparenz: durchsichtig.

## Verwechslungen und Unterscheidung

Beryll: Unterscheidung mit einfachen Mitteln nicht möglich; Goldorthoklas: vollkommene Spaltbarkeit; Topas: Härte 8, Dichte 3,53 – 3,56; Turmalin: oft faserige Struktur (nicht immer!). Vor allem geschliffene Steine sind nur durch mineralogisch-gemmologische Untersuchungen unterscheidbar.

## Fälschungen

Die häufigste Fälschung ist das Brennen von Amethyst. Als Kristallstufe anhand der verschiedenen Kristallformen (s.o.) leicht, als geschliffener Stein nur schwer identifizierbar. Auch bestrahlter und anschließend gebrannter Bergkristall wird gelb. Hier ist nun auch die Kristallform gleich. Weiterhin existieren Synthesen und Dubletten aus zwei Bergkristallhälften mit gelber Kitt-Schicht. Auch hier ist die Unterscheidung nur durch mineralogisch-gemmologische Untersuchungen möglich.

## Verwendung und Handel

Citrin ist ein beliebter Schmuck- und Heilstein. Aufgrund seiner Seltenheit sind jedoch leider mehr Fälschungen als Naturcitrine auf dem Markt.

## Heilwirkung, Indikationen

Citrin stärkt die Selbstsicherheit und den Lebensmut. Er macht extrovertiert, aktiv und dynamisch. Citrin regt den Drang nach neuen Erfahrungen an und hilft gleichzeitig, alles Erleben geistig leicht und schnell zu verdauen. Er hellt die Stimmung auf und hilft damit auch bei Depressionen.

Körperlich wirkt Citrin anregend und erwärmend bei Kälteempfindlichkeit. Er stärkt die Nerven und fördert die Funktionen von Magen, Milz und Bauchspeicheldrüse. Dadurch regt er auch die körperliche Verdauung an (alkoholfreier Magenbitter!). Durch den Einfluß auf die Bauchspeicheldrüse kann Diabetes im Anfangsstadium gelindert werden.

## Anwendung

Geistige Wirkungen werden durch Meditation mit Citrin, körperliche am besten durch Tragen oder Auflegen mit Hautkontakt gefördert.

# Coelestin

## Name, Synonyme, Handelsbezeichnungen
Coelestin bedeutet „der Himmlische" oder profaner „der Himmelblaue" (lat. coelestis = himmlisch, himmelblau). Er wurde 1798 von A.G. Werner nach der hellblauen Farbe der zuerst entdeckten Fundstücke benannt. Synonyme sind Apotom, Schützit, Schwefelsaurer Strontian, Faseriger Schwerspat, Sizilianit und Zölestin, wobei die meisten davon inzwischen veraltet sind. Der Begriff „Aqua-Aura", mit dem die antiken Römer angeblich den Coelestin bezeichnet haben sollen, ist zwar lateinisch, aber höchst modern. Er bezeichnet jedoch durch Goldbedampfung blau gefärbten Bergkristall und niemals den Coelestin, der übrigens erst gegen Ende des 18. Jahrhunderts entdeckt wurde.

## Genese, Vorkommen
Coelestin bildet sich überwiegend sekundär aus sulfathaltigen Lösungen als Hohlraumfüllung oder knollige Bildung in Ton-, Kalk- oder Gipssedimenten. Kristalle entstehen dabei nur in Klüften und durch Wasser geschaffenen Lösungshohlräumen, ansonsten wachsen dichte bis körnige Knollen, die das umliegende Gestein verdrängen. Sehr selten bildet sich Coelestin primär aus hydrothermalen Lösungen in Gängen und Blasenhohlräumen vulkanischer Gesteine. Sekundär gebildeter Coelestin kommt heute überwiegend aus Madagaskar, den USA und Tunesien, primärer Coelestin ist aus Österreich bekannt (selten!).

## Kristallsystem, Erscheinungsbild, Farbe
Coelestin bildet rhombische Kristalle von dicktafeligem bis prismatischem Habitus, die oft als Gruppen oder Drusen auftreten. Außerdem finden sich körnige, dichte, faserige und stengelige

*Abb. 117: Coelestin-Druse, Tunesien (links); Coelestin-Druse, Madagaskar (rechts) (1:3)*

Aggregate, die meist als Knollen, manchmal auch als Kluft- und Gangfüllungen im Gestein auftreten. Die Farbe des Coelestin ist in der Regel farblos, weiß, gelblich bis hellblau, selten rötlich oder grün. Er zeigt Glas- bis Fettglanz, auf Spaltflächen auch Perlmuttglanz.

## Mineralklasse, Chemismus
Coelestin zählt als Strontiumsulfat zur Mineralklasse der Sulfate, Formel: $SrSO_4$ + Ba,Ca. Das Strontium kann im Kristallgitter manchmal durch die verwandten Elemente Barium (Ba) oder Calcium (Ca) ersetzt sein.

## Bestimmungsmerkmale
Mohshärte: 3 – 3,5; Dichte: 3,97 – 4,0; Spaltbarkeit: vollkommen, spröde; Strichfarbe: weiß; Transparenz: durchsichtig.

## Verwechslungen und Unterscheidung
Coelestin sieht vor allem Baryt, Anhydrit, Gips und Calcit ähnlich, Baryt zeigt sogar fast identische Kristalle. Unterscheidung: Baryt: Die Färbung einer heißen, blauen Bunsenbrennerflamme ist bei Baryt gelbgrün, bei Coelestin dagegen rot; Anhydrit: Dichte 2,9 – 3,0; Gips: Dichte 2,30 – 2,33; Calcit: Dichte 2,71, Calcit schäumt außerdem beim Betropfen mit 10%iger Salzsäure auf, während Coelestin nur von konzentrierter Schwefelsäure angegriffen wird.

## Fälschungen
Fälschungen sind nicht bekannt.

## Verwendung und Handel
Coelestin dient in erster Linie zur Gewinnung von Strontium, das zur Herstellung von Farbstoffen, schillernden Gläsern, Keramiken und Elektrobatterien sowie in der Atomenergie und Pyrotechnik (rotes Feuer) Verwendung findet. In Sammlerkreisen ist Coelestin geschätzt, als Schmuckstein aufgrund seiner geringen Härte dagegen selten und als Heilstein nahezu unbekannt.

## Heilwirkung, Indikationen
Coelestin bringt Struktur ins Leben. Er hilft, Stabilität zu gewinnen und löst gleichzeitig Gefühle von Einengung und Beklemmung, ja sogar Erstickungsgefühle auf. Coelestin macht zuversichtlich und optimistisch und gibt Tatkraft, wenn man sich ohnmächtig und nutzlos vorkommt. Lediglich bei Schlafmangel ist Coelestin vorsichtig zu dosieren, da man sich sofort schwer und müde fühlt.

Coelestin löst Verhärtungen in Knochen, Geweben und Organen auf. Dazu zählen auch chronische Muskelverspannungen und Gefäße, die ihre Elastizität verloren haben. Durch das enthaltene Strontium gibt er trotz Sulfatverbindung langfristig Kraft und Energie, wenn man sich erschöpft und ausgelaugt fühlt, kurzfristig steigt der Erholungsbedarf jedoch an.

## Anwendung
Coelestin-Drusen bringen eine dynamische und flexible Struktur ins gesamte Umfeld, Einzelkristalle werden am besten in der Hand gehalten oder direkt auf betroffene Körperbereiche aufgelegt.

# Cordierit (Iolith)

## Name, Synonyme, Handelsbezeichnungen
Cordierit wurde 1813 nach dem Präsidenten des französischen Conseil général des mines Pierre Louis Antoine Cordier (1777–1861) benannt, der das Mineral 1809 in einer Abhandlung beschrieb. Jener hatte es „Dichroit" genannt, obwohl der Cordierit eine Dreifarbigkeit zeigt, also „Trichroit" heißen müßte. Ein ebenfalls gleichwertiges Synonym ist bis heute der Name „Iolith", den der bekannte Professor der Bergakademie in Freiberg/Sachsen Abraham Gottlob Werner dem Mineral aufgrund seiner veilchenblauen Farbe gab (griech. ion = Veilchen, lithos = Stein). Im Handel kursiert als viertes schließlich noch der Name „Wassersaphir", der jedoch absolut irreführend ist, da Cordierit mit dem Saphir außer der Farbe rein gar nichts zu tun hat! Alle anderen Synonyme sind heute praktisch unbedeutend: Cerasit, Katzensaphir, spanischer Lazulith, Luchssaphir, Luchsstein, Luxsaphir, Peliom und Steinheilit.

## Genese, Vorkommen
Cordierit entsteht hauptsächlich tertiär bei der Metamorphose magnesium- und aluminiumreicher Sedimente. In der Kontaktmetamorphose bildet er dabei große eingewachsene Kristalle in Kristallinen Schiefern, sog. „Porphyroblasten"; etwas seltener entsteht er regionalmetamorph in Amphiboliten und Gneisen, wobei er in letzteren Anteile von mehr als 50% erreichen kann (sog. Cordieritgneise). Selten nur tritt Cordierit primär in Graniten, Pegmatiten und Vulkaniten auf, wobei vermutet wird, daß er hier mit großer Wahrscheinlichkeit aus eingeschmolzenen Metamorphiten hervorgeht, die Anatexis (das Aufschmelzen des Gesteins) also übersteht. Wichtige Cordierit-Vorkommen sind in Sri Lanka, Indien, Madagaskar und Brasilien.

*Abb. 118: Cordierit-Trommelsteine, Indien (2:1)*

## Kristallsystem, Erscheinungsbild, Farbe
Cordierit ist rhombisch. Er bildet selten kurzprismatische, meist eingewachsene Kristalle, die durch Zwillingsbildung pseudohexagonal erscheinen können. Häufiger findet er sich als eingesprengte Körner im Gestein oder in Form dichter Massen. An transparenten Kristallen kann deutlicher Pleochroismus beobachtet werden: Je nach Blickwinkel oder Lichteinfall erscheint das Mineral dabei veilchenblau, rauchgrau oder gelb. Cordierit zeigt Glas- bis Fettglanz, im Cabochon-Schliff tritt manchmal auch Chatoyieren (Katzenauge) auf.

## Mineralklasse, Chemismus
Cordierit zählt zur Mineralklasse der Ringsilikate, Formel: $(Mg,Fe)_2Al_3[AlSi_5O_{18}]$ + Mn,Na,Zr. Er wandelt sich durch Verwitterungs- oder hydrothermale Einflüsse leicht in Glimmer oder Chlorit um (sog. Verglimmerung) und tritt daher auch nur selten in Sedimenten auf.

## Bestimmungsmerkmale
Mohshärte 7 – 7,5; Dichte: 2,58 – 2,66; Spaltbarkeit: unvollkommen, spröde, muscheliger Bruch; Strichfarbe: weiß; Transparenz: durchsichtig bis durchscheinend.

## Verwechslungen und Unterscheidung
Cordierit kann vor allem als geschliffener Stein mit Saphir, Härte 9, Amethyst und Tansanit (blauer Zoisit) verwechselt werden. Die letzten beiden können dabei, solange kein eindeutiger Pleochroismus zu beobachten ist, nur mineralogisch-gemmologisch unterschieden werden.

## Fälschungen
Es sind Glasfälschungen bekannt, die jedoch nur mineralogisch-gemmologisch identifizierbar sind.

## Verwendung und Handel
Cordierit wird zur Herstellung von Keramiken verwendet, die große Temperaturschwankungen aushalten. Auch als Schmuck- und Edelstein ist er bekannt, als Heilstein dagegen selten in Gebrauch.

## Heilwirkung, Indikationen
Cordierit verleiht eine zähe Ausdauer, ein Durchhaltevermögen auch bei widrigsten Umständen. Gerade wenn man dazu neigt, sich unter Druck doch anzupassen oder von fremden Meinungen umwerfen zu lassen, hilft Cordierit, Rückgrat und Selbstsicherheit zu gewinnen bzw. zu bewahren. Aber auch in Situationen, in denen es vermeintlich keinen Ausweg gibt, bringt er die Kraft, seinen täglichen Pflichten nachzukommen. Cordierit hilft, unangenehme Situationen zu meistern und durchzustehen.

Cordierit entspannt und beruhigt die Nerven. Er regt den Energiefluß der Meridiane an, stabilisiert den Kreislauf bei Schwächeanfällen und hilft sogar bei Taubheit in den Gliedmaßen und Lähmungserscheinungen. Cordierit wirkt schmerzlindernd und krampflösend. Er steigert die Leistungsfähigkeit des Körpers.

## Anwendung
Cordierit sollte als Kette oder Anhänger längere Zeit direkt am Körper getragen werden.

# Covellin

## Name, Synonyme, Handelsbezeichnungen
Covellin wurde in der ersten Hälfte des 19. Jahrhunderts durch den französischen Mineralogen und Geologen François Sulpice Beudant nach dem italienischen Chemiker und Mineralogen Niccola Covelli benannt, der das Mineral Anfang des Jahrhunderts am Vesuv fand. Der Freiberger Professor Johann Friedrich August Breithaupt nannte es zur selben Zeit nach seiner indigoblauen Farbe „Kupferindig". Beide Synonyme sind bis heute in Gebrauch. Völlig veraltet sind dagegen die Namen Blaues Kupferglas und Schwefelkupfer.

## Genese, Vorkommen
Covellin bildet sich meist sekundär bei der oberflächennahen Verwitterung von Kupfererz-Lagerstätten. Vor allem primäre Kupfersulfide werden dabei durch eindringende wässrige Lösungen aufgelöst, die aus dem Regen- und Oberflächenwasser stammen oder hydrothermalen Ursprungs sein können. In der Zementationszone der Lagerstätte (vgl. auch Seite 31) wird das gelöste Kupfersulfid dann als Covellin abgeschieden. Sehr selten nur bildet sich Covellin primär aus hydrothermalen Lösungen oder als Sublimationsprodukt vulkanischer Gase. Große Vorkommen von Covellin finden sich in den USA, Chile und Bolivien.

## Kristallsystem, Erscheinungsbild, Farbe
Covellin ist hexagonal, zeigt jedoch nur sehr selten blättrige bis tafelige Kristalle und spätige Aggregate. Häufiger bildet er erdige, krustige Überzüge oder derbe bis dichte Aggregate und Kluftfüllungen. Die Farbe des Covellin erscheint indigoblau bis schwarz, aufgrund seiner sehr hohen

*Abb. 119: Covellin-Trommelsteine, USA (3:1)*

Dispersion (siehe „Optische Untersuchungsmethoden" Seite 69) wird er jedoch violett, wenn man ihn in Wasser einlegt, und rot in hochlichtbrechendem Öl. Covellin zeigt Metallglanz und Fettglanz oder erscheint matt.

## Mineralklasse, Chemismus

Covellin zählt zur Mineralklasse der Sulfide, Formel: $CuS + Fe + (Ag,Pb,Se)$. Die Formel CuS ist dabei eine vereinfachte Summenformel, da Covellin eigentlich aus abwechselnden Schichten von $Cu_2S$- und $CuS_2$-Strukturen besteht. Durch dieses typische Schichtengitter erhält Covellin auch seine ausgezeichnete Spaltbarkeit.

## Bestimmungsmerkmale

Mohshärte: 1,5 – 2; Dichte: 4,68; Spaltbarkeit: ausgezeichnet, weich, dünne Spaltblättchen sind biegsam; Strichfarbe: grau bis schwarz schimmernd, nach Verreiben dunkelblau; Transparenz: opak.

## Verwechslungen und Unterscheidung

Covellin kann mit blau angelaufenem Chalkopyrit (Härte 3,5 - 4, unvollkommene Spaltbarkeit) oder dem Mineral Digenit (Härte 2,5 - 3, unvollkommene Spaltbarkeit) verwechselt werden.

## Fälschungen

Fälschungen sind aufgrund der einzigartigen Merkmale des Covellins eher selten, abgesehen von gelegentlichen „Imitationen" durch blau angelaufenen Chalkopyrit.

## Verwendung und Handel

Covellin wird hauptsächlich zur Kupfergewinnung abgebaut. Als Schmuckstein war er dagegen in der Vergangenheit völlig unbekannt. Aufgrund seiner Heilwirkungen steigt das Interesse inzwischen jedoch kontinuierlich, so daß Covellin bereits als Trommelstein und Anhänger erhältlich ist.

## Heilwirkung, Indikationen

Covellin fördert gleichzeitig Selbsterkenntnis und Selbstliebe. Das ist sehr wichtig, wenn man zu extremen, fast unerreichbaren Zielen und Idealen neigt und sich selbst oft hart beurteilt und aufgrund der eigenen Unvollkommenheit abwertet oder verachtet. Covellin ermöglicht hier, sich selbst so anzunehmen und zu akzeptieren, wie man ist, denn nur die liebevolle Betrachtung des eigenen Seins ermöglicht schmerzfreie Veränderungen. Dadurch werden auch viele Masken und Abwehrhaltungen wie Eitelkeit, Arroganz, Überheblichkeit und Besserwisserei überflüssig.

Covellin verbessert das Gefühl zum eigenen Körper. Er bringt das richtige Maß zwischen Spannung und Entspannung, macht lebendig, dynamisch, beweglich und fördert die Sexualität. Covellin stärkt die Verdauung, regt den Magen an und hilft sogar bei Magersucht. Er fördert harmonisches Zellwachstum und entgiftet das Gewebe und die tieferen Hautschichten.

## Anwendung

Covellin sollte abends und morgens für kurze Zeit auf den Bauch aufgelegt oder tagsüber als Anhänger getragen werden.

# Diamant

## Name, Synonyme, Handelsbezeichnungen

Diamant bedeutet „der Unbezwingbare" (griech. adamas), was auf seine enorme Härte verweist. Synonyme gibt es einige, wenn auch zumeist veraltete: Adamant, Adamas, Anachites, Diamas, Iras, Itam und das lyrische „Mond der Berge". Unedle, undurchsichtige Diamanten werden Ballas, Bort oder Carbonado genannt, winzig kleine Steine heißen im Handel Salzkörner, edle Stücke mit einem Farbwechsel von blauweiß nach gelblich schlicht „Premier". Geschliffene Diamanten werden je nach Schliff-Form auch Brillant, Rautenstein, Spitzstein oder Tafelstein genannt.

## Genese, Vorkommen

Diamant entsteht tertiär in den Tiefengesteinen Peridotit und Eklogit. Dort verwandelt sich Graphit (hexagonaler Kohlenstoff) in einer blitzschnellen Metamorphose zu Diamant, wenn ein Schwellenwert von ca. 2000 °C Hitze und 40 000 Atmosphären Druck überschritten wird. An die Erdoberfläche gelangt Diamant später bei Vulkanausbrüchen, wenn die emporsteigende Lava Brocken des Tiefengesteins mitreißt. Aus diesem Lava- und Gesteins-Gemisch des Vulkanschlots bilden sich anschließend die Gesteine Kimberlit oder Lamproit, die nun die Fundorte des Diamanten darstellen, nicht jedoch seinen Ursprungsort! Früher kamen Diamanten vor allem aus Indien, später aus Südafrika und Brasilien, inzwischen sind Australien und Sibirien bedeutende Förderländer.

## Kristallsystem, Erscheinungsbild, Farbe

Diamant ist kubisch und bildet kleine, würfelige oder oktaedrische Kristalle und spätige bis körnige Aggregate. Er ist im Idealfall farblos klar bis gelblich, was im Diamanthandel in präzise

*Abb. 120: Diamant, roh und facettiert (Brillant), Südafrika (3:1)*

Farbgraduierungen eingeteilt wird: River – Blauweiß, Wesselton – feines Weiß, Crystal – getöntes Weiß, Cape – Gelblich und Yellow – Gelb. Durch Fremdstoffe kann Diamant auch intensiv gefärbt sein (siehe Chemismus), man spricht dann von „Phantasiefarben". Roh zeigt Diamant Diamantglanz, Glasglanz oder Fettglanz.

## Mineralklasse, Chemismus
Diamant ist reiner Kohlenstoff und zählt zur Mineralklasse der Natürlichen Elemente, Formel: $C_n$ + (Al,Ca,Cr,Fe,Mg,Mn,N,Si,Sr,Ti). Sein Kristallgitter ist ein dreidimensionales „Netz", in dem jedes Kohlenstoffatom fest mit vier anderen verbunden ist. Darin begründet sich auch seine außergewöhnliche Härte. Durch in Spuren eingelagerte Fremdstoffe kann Diamant bunt gefärbt werden: Dabei verursacht Stickstoff (das häufigste Nebenelement) die Farben Gelb und Grün, Aluminium, Sauerstoff, Magnesium, Eisen und Bor die Farbe Blau und Mangan die Farbe Rosa.

## Bestimmungsmerkmale
Mohshärte: 10; Dichte: 3,52; Spaltbarkeit: vollkommen; Strichfarbe: keine; Transparenz: durchsichtig bis durchscheinend.

## Verwechslungen und Unterscheidung
Bergkristall: Härte 7; Glas: Härte 5–5,5; Zirkon: Härte 6,5–7,5. Bei geschliffenen Steinen ist die Unterscheidung oft nur gemmologisch möglich.

## Fälschungen
Fälschungen dieses begehrten Edelsteins gibt es natürlich wie Sand am Meer: Imitationen aus YAG (Yttriumaluminat), Zirkonia (Zirkonoxid) und Straß (Bleiglas), Synthesen, Farbveränderungen durch Bestrahlen und Brennen, Rißfüllungen, Beschichtungen und Dubletten, das Thema Diamantfälschen ist eine Wissenschaft für sich. Daher haben hier auch nur gemmologische Prüfungen eine Chance.

## Verwendung und Handel
Diamant ist ein begehrter Edelstein und traditioneller Heilstein. Wirtschaftliche Verwendung findet er aufgrund seiner Härte als Bohr- und Schleifmittel.

## Heilwirkung, Indikationen
Diamant fördert klare Erkenntnis und geistige Freiheit. Unbezwingbar wird durch ihn die Treue zu sich selbst. Er vermittelt Bewußtheit, Selbstbestimmung und Charakterstärke, hilft Krisen zu bewältigen und die Ursache von Problemen zu durchschauen. Diamant fördert logisches Denken, Lernfähigkeit und ermöglicht, in positivem Sinn, die Kontrolle des eigenen Lebens zu erlangen.

Körperlich kann Diamant immer dann eingesetzt werden, wenn die Erkenntnis des Krankheitshintergrunds zur Heilung notwendig ist. Er fördert alle Reinigungsprozesse des Körpers und hilft insbesondere bei Erkrankungen der Nerven, Sinnesorgane, Hormondrüsen und des Gehirns.

## Anwendung
Diamant sollte gefaßt direkt am Körper getragen oder auf die Stirn aufgelegt werden.

# Diopsid

## Name, Synonyme, Handelsbezeichnungen
Der Name Diopsid wurde dem Mineral 1806 aufgrund seiner Kristallform gegeben, die zwei verschiedene Seiten zeigt (griech. dis = doppelt, opsis = Anblick). Es existieren viele Synonyme: Alalith, Bistagit, Canaanit, Malakolith, Mussit, Porrizin, Proteit oder Protheit. Chromhaltig wird er Chromdiopsid, fluorhaltig Mansjöit, stark magnesiumhaltig Endiopsid, natriumhaltig Trachyaugit und vanadiumhaltig Lawrowit oder Vanadinaugit genannt. Derber, violettblauer Diopsid aus Piemont/Italien heißt Violan, schwarzer Sterndiopsid schlicht Blackstar.

## Genese, Vorkommen
Diopsid entsteht überwiegend tertiär bei der Kontaktmetamorphose magnesium- und kalkreicher Sedimente (Dolomit, Kalkstein, Mergel) zu Marmor, Kalksilikatfels oder Skarn sowie regionalmetamorph bei der Bildung von Kristallinen Schiefern. Etwas seltener entsteht Diopsid primär als Gemengteil basischer Tiefengesteine, Ganggesteine und Vulkanite, auf alpinen Klüften finden sich jedoch mitunter schöne Kristallbildungen. Der smaragdgrüne, als Heilstein beliebte Chromdiopsid entsteht in Peridotiten im Umfeld des Diamants (siehe dort). Hauptvorkommen von Diopsid sind Indien und Sri Lanka (Blackstar), Burma, Madagaskar, Brasilien, die USA und Rußland. Chromdiopsid kommt überwiegend aus Südafrika oder Rußland.

## Kristallsystem, Erscheinungsbild, Farbe
Diopsid ist monoklin. Er bildet jedoch nur in alpinen Klüften oder bei kontaktmetamorpher Entstehung Kristalle aus, die in letzterem Fall im Marmor oder Kalksilikatfels eingewachsen sind.

*Abb. 121: Chromdiopsid roh und getrommelt, Rußland (2:1)*

Weitaus häufiger bildet er derbe, körnige, breitstengelige, faserige oder radialstrahlige Aggregate. Seine Farbe variiert von weiß, grün, grau bis schwarz, auch Asterismus (vierstrahliger Stern) und Chatoyieren (Katzenauge) ist bekannt. Diopsid zeigt Glasglanz.

## Mineralklasse, Chemismus

Diopsid ist ein Calcium-Magnesium-Silikat aus der Pyroxen-Gruppe, Mineralklasse der Kettensilikate. Formel: $CaMg[Si_2O_6]$ + Cr,F,Fe,Mn,Na,Ti,V,Zn. Die aus geradlinigen Silikatketten bestehende faserige Struktur ist auch für die o.g. Lichteffekte verantwortlich.

## Bestimmungsmerkmale

Mohshärte: 5 – 6; Dichte: 3,27 – 3,31; Spaltbarkeit: unvollkommen; Strichfarbe: weiß; Transparenz: durchsichtig bis undurchsichtig.

## Verwechslungen und Unterscheidung

Diopsid kann mit Hiddenit, Peridot, Smaragd, Vesuvian und manchen Pyroxenen verwechselt werden. Die Unterscheidung ist hier oft schwierig und in vielen Fällen nur gemmologisch möglich.

## Fälschungen

Fälschungen von Diopsid sind nicht bekannt, er wird jedoch selbst vor allem in Asien gerne als Sternsaphir angeboten. Dieser hat jedoch einen sechsstrahligen Lichtstern!

## Verwendung und Handel

Diopsid ist ein beliebter Schmuckstein, insbesondere als Diopsid-Katzenauge, Sterndiopsid (Blackstar) oder smaragdgrüner Chromdiopsid. Letzterer gewinnt auch als Heilstein zunehmend an Beliebtheit, ist jedoch selten und teuer.

## Heilwirkung, Indikationen

Diopsid hilft, sich selbst als geistiges Wesen zu erkennen und zu verstehen, daß es für alle materiellen Erscheinungen einen geistigen Hintergrund gibt. Er ermöglicht, alte Schmerzen und Verletzungen loszulassen und jenen zu verzeihen, die uns verletzt haben. Dadurch gleicht er auch extreme emotionale Schwankungen aus, die in vergangenen Erlebnissen begründet sind. Diopsid regt die Entfaltung der eigenen Persönlichkeit sowie Lebendigkeit, Harmonie und eine in sich ruhende Lebensfreude an. Als Kettensilikat sorgt er für eine ausgeglichene Energieverteilung im gesamten Organismus.

Dadurch werden auch alle Gleichgewichtssysteme des Körpers harmonisiert: der Hormon-, Säure/Basen-, Wasser- und Mineralstoff-Haushalt und die Tätigkeit der Nieren, die Spannung der Muskeln und Gefäße sowie die Reaktionsbereitschaft der Nerven. Diopsid fördert allgemein die Vitalität und Lebenskraft.

## Anwendung

Diopsid sollte als Anhänger getragen oder im Scheitel-, Stirn-, Nacken- oder Nierenbereich aufgelegt werden.

# Dioptas

## Name, Synonyme, Handelsbezeichnungen
Dioptas bedeutet „der Durchsichtige" (griech. diopteia = Hindurchsicht). Er erhielt diesen Namen 1806 durch den französischen Mineralogen René Just Hauy, da Dioptas zu den wenigen Kupfermineralien zählt, die optische Einblicke in den inneren Aufbau gewähren. Dioptas war im Kupferbergbau früher schon bekannt und trägt daher noch manche alte Synonyme: Achivit, Kieselkupfer-Smaragd, Kirgisit, Kupfersmaragd, Smaragdmalachit und Smaragdochalcit. Als Handelsnamen existieren Kongo-Smaragd und Skythischer Smaragd. Alle Smaragd-Assoziationen beruhen zwar auf der schönen grünen Farbe, sind jedoch äußerst unglücklich, da Dioptas mit dem chromgrünen Beryllmineral Smaragd nur wenig zu tun hat.

## Genese, Vorkommen
Dioptas entsteht sekundär in der Oxidationszone von Kupfererzlagerstätten durch die Einwirkung von kieselsäurehaltigem Grund- und Sickerwasser auf das kupferhaltige Gestein. Er bildet sich dabei vor allem in wärmeren Klimazonen, in denen während des Kristallisationsvorgangs mehr Wasser entweicht, so daß kein Chrysokoll, sondern der wasserärmere Dioptas entsteht. Die bedeutendsten Vorkommen finden sich in Kasachstan, Namibia, Zaire und Kongo.

## Kristallsystem, Erscheinungsbild, Farbe
Dioptas ist trigonal. Er bildet derbe Aggregate oder isometrische bis kurzprismatische Kristalle, die oft zu Grüppchen oder Kristallrasen verwachsen sind. Zentimetergroße Kristalle finden sich mitunter aufgewachsen in Calcit-Drusen, und manchmal füllt Dioptas selbst kleine Hohlräume als

*Abb. 122: Dioptas-Grüppchen, Kasachstan (4:1)*

Drusen aus. Er kommt selten in großen Mengen vor, erscheint dafür jedoch häufig in Edelsteinqualität mit hervorragender smaragdgrüner Farbe und guter Transparenz. Dioptas zeigt Glasglanz.

## Mineralklasse, Chemismus

Dioptas ist ein wasserhaltiges Kupfersilikat aus der Mineralklasse der Ringsilikate, Formel: $Cu_6(Si_6O_{18}) \cdot 6\,H_2O$. Er bildet Ringe aus sechs Silikat-Tetraedern, die zu Säulen geordnet sind. So entsteht eine gute energetische Leitfähigkeit, die durch das Kristallwasser noch gefördert wird. Das Besondere an ihm ist außerdem seine Reinheit: Er ist frei von Fremdstoffen und Spurenelementen. Farbgebend ist bei Dioptas das Kupfer, es handelt sich hier also um eine idiochromatische Färbung (daher auch die grüne Strichfarbe, s.u.).

## Bestimmungsmerkmale

Mohshärte: 5; Dichte: 3,28 – 3,35; Spaltbarkeit: vollkommen, spröde; Strichfarbe: blaßgrün bis grünlichblau; Transparenz: durchsichtig, manchmal durchscheinend.

## Verwechslungen und Unterscheidung

Als Rohstein kann Dioptas bei oberflächlicher Betrachtung mit Atacamit und kristallinem Malachit verwechselt werden, die jedoch keine trigonale Kristallform zeigen. Geschliffen ähnelt er Smaragd, Härte 7,5 – 8, ist dann jedoch ohne Härteprüfung nur gemmologisch unterscheidbar.

## Fälschungen

Fälschungen sind nicht bekannt.

## Verwendung und Handel

Dioptas wird nur in geringem Umfang als Kupfererz genutzt, dafür ist das Mineral jedoch als Schmuck- und Heilstein geschätzt und vor allem als Sammlerstück sehr begehrt. Aufgrund seiner Seltenheit ist Dioptas allerdings teuer.

## Heilwirkung, Indikationen

Dioptas macht den eigenen inneren Reichtum an Bildern, Fähigkeiten und Kenntnissen bewußt und fördert so Phantasie, Ideenvielfalt und Kreativität. Er bringt Selbstbewußtsein, Hoffnung und Gefühlstiefe und läßt einen mitunter herzhaft in den eigenen Träumen schwelgen. Dabei unterstützt er als trigonales Mineral auch die realistisch-pragmatische Umsetzung dieser Träume, so daß er durchaus auch zu äußerem Reichtum beitragen kann. Dioptas ist ein Stein der Fülle.

Da Dioptas auch bei schweren Erkrankungen wieder Hoffnung und den Wunsch nach Heilung bringt, kann er fast immer unterstützend zur Beschleunigung des Heilungsprozesses eingesetzt werden. Durch seinen Kupfergehalt wirkt er außerdem leberanregend, stärkt so auch die physische Regenerationskraft und lindert Schmerzen, Krämpfe und chronische Kopfschmerzen.

## Anwendung

Dioptas sollte in der Meditation ruhig betrachtet oder auf die Stirn gelegt werden. Bei körperlichen Beschwerden wird er am besten mit Hautkontakt auf die betroffene Stelle oder im Bereich der Leber aufgelegt.

# Disthen

## Name, Synonyme, Handelsbezeichnungen
Disthen bedeutet „zweifache Härte" (griech. dis = zwei, sthenos = Kraft), was sich auf bestimmte elektrische Eigenschaften und die in verschiedene Richtungen sehr unterschiedliche Ritzhärte bezieht (siehe Bestimmungsmerkmale). Parallel dazu existiert das gleichrangige Synonym Cyanit, welches von griech. „kyanos" = „blau" abgeleitet ist und die vorherrschende Farbe des Minerals bezeichnet. Dabei variiert die Schreibweise selbst in mineralogischen Werken ständig: Cyanit, Kyanit, Kianit, Zianit und Zyanit. Ältere Synonyme wie Disthenspat, Munkrudith, Pseudo-Andalusit, Rhätizit, Saphirspat, Sappar, Sapparit oder Talkschörl sind heute unüblich geworden.

## Genese, Vorkommen
Disthen entsteht tertiär bei der Metamorphose Kristalliner Schiefer und zählt zu deren charakteristischen Leitmineralien. Er bildet sich vor allem in hochgradigen Regionalmetamorphosen tiefer Gesteinsschichten bei Temperaturen von mehr als 1500 °C, wo selbständige Disthen-Lagerstätten entstehen können. In schwach metamorphen Gesteinen findet er sich in Gesellschaft von Glimmer, Granat, Hornblende und Staurolith. Da er sehr verwitterungsbeständig ist, bleibt er auch in Sedimenten erhalten. Bedeutende Vorkommen sind in Brasilien, Westaustralien, Indien, Kenia und Rußland; aus der Schweiz stammt ein attraktiver Disthenschiefer.

## Kristallsystem, Erscheinungsbild, Farbe
Disthen ist triklin. Er bildet lange, prismatische, meist im Gestein eingewachsene Kristalle mit breitstengeligem oder linealartigem Aussehen und an den Enden zerbrochenen Prismen. Vielfach

*Abb. 123: Disthen, Kristall und stengelige Aggregate, Brasilien (3:2)*

bilden sich Zwillinge und Verwachsungen oder auch faserige und radialfaserige Aggregate (Rhätizit). Eine Besonderheit sind blaue Disthenkristalle mit rotem Rubinkern, die durch metasomatischen Stoffaustausch von Rubin und Glimmer entstehen, wodurch sich der Rubin an der Oberfläche in Disthen umwandelt. Disthen selbst ist meistens himmelblau, kornblumenblau oder blaugrün, jedoch ungleichmäßig und fleckig gefärbt. Selten erscheint er gelb, weiß oder rosa. Er zeigt Glasglanz, auf Spaltflächen auch Perlmuttglanz.

## Mineralklasse, Chemismus
Disthen ist eine Verbindung von Aluminium-Oxid und -Silikat aus der Mineralklasse der Insel-Silikate, Formel: $Al_2[O/SiO_4]$ + C,Ca,Cr,Fe,Mg,Ti + (Ga,K). Disthen ist chemisch weitgehend identisch mit Andalusit, entsteht jedoch durch höheren Druck und bildet daher ein anderes Kristallgitter aus (triklin statt rhombisch). Aus diesem Grund wird er auch als Hochdruckmodifikation des Andalusits bezeichnet.

## Bestimmungsmerkmale
Mohshärte: 6–7 quer zum Kristall, 4–4,5 längs dazu; Dichte: 3,53–3,69; Spaltbarkeit: vollkommen, faseriger, spröder Bruch; Strichfarbe: weiß; Transparenz: durchsichtig bis durchscheinend.

## Verwechslungen und Unterscheidung
Verwechslungen mit Aquamarin, Cordierit, Saphir oder Sillimanit können – sofern es sich um blaue Steine handelt – meist anhand der typischen kornblumenblauen Farbe und der Härteanisotropie (s.o.) des Disthen identifiziert werden. Beim geschliffenen Stein hilft jedoch nur die mineralogisch-gemmologische Untersuchung.

## Fälschungen
Fälschungen sind nicht bekannt.

## Verwendung und Handel
Aufgrund seiner Beständigkeit wird Disthen zur Herstellung feuer- und säurefester Materialien verwendet. Als Schmuck- und Heilstein ist er kaum bekannt, als Sammlerstufe jedoch geschätzt.

## Heilwirkung, Indikationen
Disthen bringt Gelassenheit und entschlossene Stärke in Lebenssituationen, in denen es „drunter und drüber" geht. Er löst Opferhaltung und Schicksalsgläubigkeit auf und verdeutlicht, wie man selbst Glück oder Unglück verursacht. Durch logisches, rationales Denken und spontanes Handeln wird es so möglich, die Kontrolle über das eigene Leben wiederzuerlangen.

Entsprechend fördert Disthen auch die körperliche Kontrolle. Er stärkt das motorische Nervensystem und verbessert Beweglichkeit und Fingerfertigkeit. Disthen lindert Heiserkeit und hilft, sich verbal mitzuteilen.

## Anwendung
Disthen sollte man ruhig betrachten oder bei Bedarf in der Hand halten, am Hals auflegen oder einfach längere Zeit bei sich tragen.

# Dolomit

## Name, Synonyme, Handelsbezeichnungen

Dolomit wurde nach dem französischen Mineralogen Déodat de Dolomieu benannt, dem 1791 auf einer Alpenreise Kalksteine auffielen, die nicht mit Säuren aufbrausten. Mit der Entdeckung des Magnesiums (1808) im folgenden Jahrhundert wurde das Mineral jedoch erst erfolgreich analysiert. Die Südtiroler Dolomiten tragen ihren Namen tatsächlich nach dem gesteinsbildenden Dolomit, aus dem sie bestehen. Da Dolomit als Gestein und Mineral bis dahin mit dem Kalk (Calcit) identifiziert war, existieren bis heute viele Synonyme mit der Endung „-kalk" oder „-spat": Bitterkalk, Bitterspat, Braunkalk, Braunspat, Kalktalkspat, Perlspat, Rauchkalk, Rauhkalk, Rautenspat, Rhombenspat und Urkalk (grobkristallin). Weitere Synonyme und Handelsnamen sind: Eosit (orange, auch fälschlich als Aventurin orange); Greinerit, Mangandolomit (manganhaltig); Gurhofit (feinkörnig); Lucullan (schwarz); Magnesiocalcit; Rauchwacke, Rauhwacke; Risorit; Rudolphit; Tharandtit (eisenhaltig) und Zuckerdolomit (feinkörnig).

## Genese, Vorkommen

Dolomit entsteht hauptsächlich sekundär durch chemische oder biogene Sedimantation (siehe auch „Dolomitstein" Seite 28) oder durch die Einwirkung magnesiumhaltiger Lösungen auf Kalkstein, wobei 50% des Calciums durch Magnesium ersetzt werden (Dolomitisierung).

In weitaus geringerem Umfang entsteht Dolomit primär als hydrothermale Bildung auf Erz- und Mineralgängen.

Dolomit-Vorkommen gibt es weltweit, Hauptlieferländer sind die Schweiz (Zuckerdolomit mit Pyrit), Spanien, England, USA und Brasilien.

*Abb. 124: Dolomit Stufen, USA und Trommelstein, Brasilien (1:1)*

## Kristallsystem, Erscheinungsbild, Farbe
Dolomit bildet trigonale Rhomboeder, deren Kristallflächen oft sattelförmig gekrümmt sind sowie körnige Aggregate. Diese sind oft grobkörniger als Calcit-Aggregate, daher auch der Name „Zuckerdolomit". Wenn die Dolomitisierung schon bei der sekundären Gesteinsbildung stattfand, zeigen die körnigen Steine mitunter Schichtung und Fossileinlagerungen. In der Regel ist Dolomit farblos, weißgrau bis bräunlich, durch Eisenoxid manchmal auch rostrot. Kristalle zeigen Glasglanz.

## Mineralklasse, Chemismus
Dolomit zählt zur Calcit-Dolomit-Aragonit-Familie und damit zur Mineralklasse der Carbonate. Er ist ein Calcium-Magnesium-Carbonat, Formel: $CaMg(CO_3)_2$ + Fe,Mn,Pb,S, Zn. Durch hohen Eisen- und Schwefelgehalt bilden sich mitunter Pyrit-Einlagerungen.

## Bestimmungsmerkmale
Mohshärte: 3,5–4; Dichte: 2,85–2,95; Spaltbarkeit: vollkommen; Strichfarbe: weiß; Transparenz: durchsichtig bis undurchsichtig. Dolomit schäumt nur beim Betropfen mit heißer Säure auf.

## Verwechslungen und Unterscheidung
Aragonit, Calcit, Magnesit und andere Carbonate lassen sich bei Trommelsteinen und in anderen verarbeiteten Formen in der Regel nur mineralogisch differenzieren (Spaltbarkeit, Löslichkeit, Dichte).

## Fälschungen
Derzeit sind keine Fälschungen bekannt.

## Verwendung und Handel
Dolomit wird zur Herstellung feuerfester Steine, Gläser und für Porzellanglasuren verwendet. Als Schmuckstein ist er weitgehend ohne Bedeutung und auch als Heilstein kaum bekannt.

## Heilwirkung, Indikationen
Dolomit fördert die Selbstverwirklichung. Er hilft, persönliche und gemeinschaftliche Ziele leicht und spielerisch zu erreichen und gestellte Aufgaben mit Elan zu bewältigen. Dolomit wirkt ausgleichend auf das Gemüt, stabilisiert und beruhigt extreme Gefühlsausbrüche. Er fördert eine positive und zufriedene Einstellung zum Leben.

Im Körper fördert Dolomit die Neutralisierung überschüssiger Säure und hilft dadurch bei Muskelkater, Magen- und Darmbeschwerden. Er wirkt entspannend und krampflösend, stabilisiert Herz und Kreislauf und bringt wichtige Stoffwechselfunktionen (durch Calcium und Magnesium) ins Gleichgewicht. Auf diese Weise hält Dolomit vital und gesund.

## Anwendung
Dolomit sollte bei akuten Beschwerden am Körper getragen oder als Essenz eingenommen werden. Für die geistige Wirkung ist dagegen der regelmäßige Aufenthalt im Dolomit-Steinkreis (acht bis zwölf Zuckerdolomit-Rohsteine) am besten.

# Dumortierit

## Name, Synonyme, Handelsbezeichnungen
Dumortierit wurde erst in der zweiten Hälfte des 19. Jahrhunderts entdeckt, und 1881 von dem französischen Geologen Ferdinand Gonnard zu Ehren des französischen Paläontologen Eugène Dumortier benannt. Synonyme existieren nicht. Innig mit Quarz verwachsender Dumortierit wird heute auch unter dem Namen Dumortieritquarz gehandelt.

## Genese, Vorkommen
Dumortierit entsteht überwiegend primär aus kieselsäurereichem, borsäurehaltigem Magma. Dabei bildet er sich liquidmagmatisch bei der Restkristallisation (siehe auch Seite 20) in Pegmatiten, wenn genügend Borsäure angereichert ist, oder durch die pneumatolytische Einwirkung von Borsäure-Dämpfen auf Aluminiumsilikatgestein.

Seltener entsteht er tertiär bei der Kontaktmetamorphose im vulkanischen Umfeld oder in regionalmetamorphen Umwandlungsprozessen. Bedeutende Dumortierit-Vorkommen magmatischer Natur liegen in Südafrika, Namibia, Mosambik und Madagaskar.

## Kristallsystem, Erscheinungsbild, Farbe
Dumortierit ist rhombisch, bildet jedoch nur selten prismatische oder nadelige Kristalle. Weitaus häufiger entsteht er dagegen in Form massiger, verfilzter oder faseriger, strahliger, büscheliger und radialstrahliger Aggregate. Seine Farbe ist schwärzlichblau, violettblau, blau, grau, grün, braun bis rotbraun mit meist unregelmäßig fleckiger bis sprenkeliger Zeichnung. Er erscheint matt oder seidenglänzend.

*Abb. 125: Dumortierit, Trommelsteine und Schmucksteine, Mosambik (1:1)*

## Mineralklasse, Chemismus
Dumortierit ist ein basisches Aluminium-Borsilikat mit etwas Eisen und geringen Mengen Mangan. Er zählt zur Mineralklasse der Insel-Silikate, Formel: $(Al,Fe)_7[O_3/BO_3/(SiO_4)_3]$ + Mn. Farbgebend sind im Dumortierit die Elemente Eisen (grüne bis blaue Farbtöne) und seltener auch Mangan (rötliche bis graue Farbtöne).

## Bestimmungsmerkmale
Mohshärte: 7; Dichte: 3,26 – 3,41; Spaltbarkeit: gut; Strichfarbe: weiß bis bläulich-weiß; Transparenz: undurchsichtig bis durchscheinend.

## Verwechslungen und Unterscheidung
Dumortierit kann roh mit Disthen oder Turmalin verwechselt werden; im geschliffenen und polierten Zustand jedoch eher mit Azurit, Blauquarz, Lapislazuli und Sodalith. Im Zweifelsfall muß hier aufgrund der ähnlichen mineralogischen Daten dieser Steine eine mineralogisch-gemmologische Untersuchung durchgeführt werden.

## Fälschungen
Fälschungen für Dumortierit sind nicht bekannt.

## Verwendung und Handel
Dumortierit dient in der Industrie als keramischer Rohstoff für Isolatoren und Laborgeräte. Als kunstgewerbliches Material und Schmuckstein (hauptsächlich Cabochons) spielte er bis vor kurzem eine nur untergeordnete Rolle. Mit dem Aufkommen der Donuts und einfachen Formen aus Stein wurde er in jüngster Zeit jedoch zunehmend bekannter. Seither findet er auch für die Heilkunde Verwendung.

## Heilwirkung, Indikationen
Dumortierit hilft, das Leben leichter zu nehmen, weshalb er auch „Take it easy"-Stein getauft wurde. In schwierigen Lebenssituationen gibt er Mut und Zuversicht, so daß man stets eine positive Lebenseinstellung bewahren kann. In angenehmen Lebensphasen hilft er, das Leben richtig zu genießen. Dumortierit macht leicht und beschwingt, fördert Harmonie und Vertrauen, hilft bei Paranoia und löst Ängste auf. Vor allem aber erleichtert er das Erkennen und Auflösen zwanghafter Verhaltensmuster. Aus diesem Grund wird Dumortierit schon seit Jahren erfolgreich zur Unterstützung von Suchttherapien eingesetzt.

Körperlich hilft Dumortierit bei Erkrankungen der Nerven und des Nervensystems. Er lindert nervöse Kopfschmerzen, auch wenn sie sehr stark sind, hilft, epileptischen Anfällen vorzubeugen und verbessert die Wahrnehmung bei akuten Wahrnehmungsstörungen. Darüber hinaus hilft Dumortierit bei Einwirkungen von Giftstoffen oder Strahlung (UV-Licht) und lindert Hautreizungen, Übelkeit, Erbrechen, Krämpfe, Koliken und Durchfall. Er entspannt und beruhigt.

## Anwendung
Dumortierit sollte über längere Zeit getragen und bei lokalen körperlichen Beschwerden mehrmals täglich direkt auf die betroffenen Körperbereiche aufgelegt werden.

# Eisenkiesel

## Name, Synonyme, Handelsbezeichnungen
Eisenkiesel sind kleine, durch Eisenoxid dunkelrot gefärbte Quarzkristalle. Ihr Name ist auf das farbgebende Eisen und das alte Synonym „Kiesel" für Quarz und hartes Gestein zurückzuführen. Als Synonym für spanische Eisenkiesel existiert der Begriff „Hyacinthe von Compostela". Entstehen durch das eingelagerte Eisenoxid nur rote Sprengsel im klaren Quarz, so spricht man vom Hämatitquarz. Dieser ist in seinen Eigenschaften den Eisenkieseln sehr ähnlich.

## Genese, Vorkommen
Eisenkiesel entstehen meist sekundär als sog. „authigene Quarze" in Meeresablagerungen. Dabei zirkulieren im entstehenden Sediment (Ablagerungsgestein) salzige, basische Flüssigkeiten, die mit zunehmendem Druck und dadurch steigender Temperatur (bis 200 °C) kieselsäurehaltige Stoffe (z.B. opalhaltige Skeletteile niedriger Organismen) auflösen und an anderer Stelle wieder auskristallisieren.

Seltener entstehen Eisenkiesel primär aus hydrothermalen Lösungen in Erzgängen. Wichtige Vorkommen liegen in Spanien (sekundär) sowie Brasilien, Madagaskar und Marokko (primär). Auch Hämatitquarz ist hydrothermaler Entstehung und stammt hauptsächlich aus Madagaskar.

## Kristallsystem, Erscheinungsbild, Farbe
Eisenkiesel sind trigonal und bilden bei sekundärer Entstehung pseudohexagonale doppelendige Kristalle bis zu 1,5 cm, selten 3 cm Größe. Die Kristallflächen sind matt und oft etwas narbig, da die Kristalle gegen den Widerstand der Umgebung wuchsen. Sie finden sich daher allseitig vom

*Abb. 126: Eisenkiesel-Kristall, Hämatitquarz-Trommelsteine, Madagaskar (3:1)*

Sediment (Anhydrit, Gips, manche Kalke und Mergel) umschlossen, quasi frei „schwebend" ohne Anwachsstelle. Primär gewachsene Eisenkiesel sind dagegen meist auf Erze wie Hämatit u.a. aufgewachsen. Dafür sind ihre Kristallflächen glatter und glasglänzend. Die Farbe ist in beiden Fällen rot, braun, seltener gelb.

## Mineralklasse, Chemismus
Eisenkiesel zählen als Kristallquarze zur Quarz-Gruppe und damit zur Mineralklasse der Oxide, Formel: $SiO_2 + Fe_2O_3/ FeOOH$. Farbgebend sind bei den Eisenkieseln, wie der Name sagt, vor allem Eisenoxid- oder Eisenoxihydroxid-Einschlüsse, die während der Kristallisation feinverteilt aus der basischen Lösung ausgefällt wurden.

## Bestimmungsmerkmale
Mohshärte: 7; Dichte: 2,63 – 2,65; Spaltbarkeit: unvollkommen (parallel zur Rhomboederfläche), muscheliger Bruch; Strichfarbe: weiß; Transparenz: durchscheinend bis undurchsichtig.

## Verwechslungen und Unterscheidung
Eisenkiesel könnten von der Farbe her mit Jaspis verwechselt werden, doch bildet dieser keine Kristallformen aus. Geschliffen könnten beide jedoch nur gemmologisch unterschieden werden.

## Fälschungen
Fälschungen sind nicht bekannt.

## Verwendung und Handel
Eisenkiesel waren in der Vergangenheit nur als Sammelobjekte von Interesse. Erst in den letzten Jahren wurden sie als Heilsteine „entdeckt", erfreuen sich nun jedoch wachsender Beliebtheit.

## Heilwirkung, Indikationen
Eisenkiesel und Hämatitquarz verbinden Kraft und Durchhaltevermögen eisenhaltiger Quarze (Jaspis) mit der klaren Ausrichtung der Kristallquarze. Sie helfen, beschlossene Vorhaben energisch zu verfolgen und zu realisieren, die eigene Kraft dabei besonnen einzusetzen und nicht sinnlos zu vergeuden. Dabei ist die Ausrichtung stets sehr einfach und pragmatisch. Eisenkiesel und Hämatitquarz fördern Mut, Begeisterung, Phantasie, Kreativität und Tatkraft.

Körperlich regen beide den Energiefluß der Meridiane an. Eisenkiesel-Kristalle können sehr spezifisch eingesetzt werden, indem sie gezielt auf bestimmte Meridiane aufgelegt und gemäß deren Verlauf ausgerichtet werden. Hämatitquarz dient allgemein dazu, energetisch unterversorgte Bereiche zu beleben. Auf diese Weise wirken sie erwärmend, durchblutend und kreislaufanregend. Sie stärken das Immunsystem, regen die Funktion der Hormondrüsen an und helfen bei Potenzproblemen.

## Anwendung
Um ihre Wirkung voll zu entfalten, können mehrere Eisenkiesel mit den Spitzen nach oben bzw. unten auf oder zwischen die zentralen Punkte der Chakren gelegt werden, mindestens jedoch auf Bauch, Herz und Stirn. Damit vereinen sie auf einfache Art Herz, Hand und Hirn.

# Epidot

## Name, Synonyme, Handelsbezeichnungen

Der Name „Epidot" bedeutet „Zugabe" (griech. epidosis). Epidot wurde von Hauy 1801 als eigenständiges Mineral identifiziert und so benannt, da sich die parallelogrammförmige Basis des Epidotkristalls gegenüber der rautenförmigen Basis ähnlicher Mineralien (Amphibole) um zwei verlängerte Seiten unterscheidet. Da der Stein jedoch schon länger als eine Art Strahlstein bekannt war, existiert eine Fülle von Synonymen: Acanthicon, Achmatit, Akanthikonit, Arendalit, Beustit, Delphinit, Escherit, Oisanit, Pistazit, Puschkinit, Rosstrevorit (sternförmig), Scorza und Thallit. Feine Epidotnadeln in klarem Quarz heißen auch Haarstein oder Epidotquarz; ein australisches Epidot-Quarz-Gemenge wird Nundorit genannt, Epidot-Quarz-Feldspat-Gemenge sind als Schneeflocken-Epidot (weißer Feldspat) oder Unakit (rosa Feldspat) im Handel. Die Bezeichnung Blumenjaspis für Unakit ist allerdings völlig verfehlt.

## Genese, Vorkommen

Epidot entsteht mitunter primär, indem in Magmatiten bereits gebildete Feldspäte, Amphibole und Pyroxene durch die Einwirkung der heißen magmatischen Flüssigkeit zu einem späteren Zeitpunkt noch einmal chemisch verändert und umgewandelt werden. Ähnliches kann tertiär bei Kontakt- oder Regionalmetamorphosen geschehen, wenn die umgewandelten Gesteine basisch und reich an Calcium und Aluminium sind.

Epidot kommt weltweit vor. Bedeutende Fundorte größerer Epidot-Kristalle sind in Österreich, Norwegen, Madagaskar, Pakistan, Peru, Kanada und den USA; Schneeflocken-Epidot stammt aus Mexiko und Unakit aus Simbabwe, Madagaskar und Südafrika.

*Abb. 127: Unakit-Cabochon, Südafrika; Epidot-Kristall, USA (1:2)*

## Kristallsystem, Erscheinungsbild, Farbe

Epidot ist monoklin. Hydrothermal bildet er auf Drusen und Klüften flächenreiche, prismatische bis nadelige Kristalle mit längsgestreiften Seitenflächen oder stengelige bis radialstrahlige Aggregate (Rosstrevorit). Ansonsten erscheint er in Form derber bis körniger Massen, oft vermengt mit Feldspat (Schneeflocken-Epidot, Unakit) oder Quarz (Nundorit). Epidot ist meist grün (Pistazit), seltener gelb, braun, grau oder schwarz. Er zeigt starken Glasglanz. Varietäten sind Klinozoisit (eisenarm, hellgrün bis grünbraun), Piemontit (manganhaltig, rot), Tawmawit (chromhaltig, grün) und Withamit (rot).

## Mineralklasse, Chemismus

Epidot ist ein basisches Calcium-Aluminium-Silikat mit einer Fülle Fremdstoffe und Spurenelemente. Er zählt zur Epidot-Zoisit-Gruppe und zur Mineralklasse der Gruppen-Silikate, enthält jedoch auch Inselsilikat-Moleküle, Formel: $Ca_2(Fe,Al)Al_2[O/OH/SiO_4/Si_2O_7]$ + Cr,K,Mg,Mn,Na,Sr,Ti,U,SE (Ce,La,Nd). Farbgebend ist das Eisen, je höher dessen Gehalt ist, desto dunkler wird die Farbe.

## Bestimmungsmerkmale

Mohshärte: 6–7; Dichte: 3,35–3,50 (Unakit 2,85–3,2); Spaltbarkeit: vollkommen (Unakit keine); muscheliger, splittriger Bruch; Strichfarbe: grau; Transparenz: durchsichtig bis durchscheinend (Unakit undurchsichtig).

## Verwechslungen und Unterscheidung

Als Kristall kann Epidot mit Vesuvian und Klinozoisit verwechselt werden, die ihm so ähnlich sein können, daß mineralogische Prüfungen notwendig sind. Unakit dagegen ist unverwechselbar.

## Fälschungen

Fälschungen sind nicht bekannt.

## Verwendung und Handel

Epidot ist vor allem als Unakit ein gängiger und günstiger Schmuck- und Heilstein.

## Heilwirkung, Indikationen

Wie für alle Silikate üblich, die sowohl Inselsilikat- als auch Gruppensilikat-Anteile beinhalten, stärkt Epidot die geistige, seelische und körperliche Regeneration. Er hilft, die eigenen Bilder von Glück und Erfüllung zu beleben und gibt die Geduld, die Verwirklichung dieser Wünsche Schritt für Schritt zu betreiben. Epidot fördert die Leistungsfähigkeit und beschleunigt die Erholung nach schweren Krankheiten. Auch körperlich stärkt er aus diesem Grund Konstitution und Kondition; er stabilisiert das Immunsystem und regt Lebertätigkeit und Verdauung an. Epidot wirkt stets aufbauend und stärkend.

## Anwendung

Epidot sollte für geistige Wirkungen am besten als Kristall auf Stirn oder Solarplexus aufgelegt werden. Als Steinkreis ums Bett, Anhänger, Donut, Schmuckstein oder Kette entfaltet er auch seine körperliche Wirkung.

# Erdbeerquarz

### Name, Synonyme, Handelsbezeichnungen
Der Begriff Erdbeerquarz ist ein vermutlich aus Südafrika stammender Handelsname (strawberry quartz) für blaßrosafarbenen, undurchsichtigen Quarz. Dieser unscheinbare und bis heute im deutschsprachigen Raum nur wenig bekannte Quarz wurde lange Zeit als so unattraktiv erachtet, daß er noch immer keinen mineralogischen Namen erhielt und in keinem Nachschlagewerk zu finden ist. Auch Synonyme existieren daher keine.

### Genese, Vorkommen
Erdbeerquarz entsteht durch primäre Bildung bei hohen Temperaturen aus saurem, kieselsäurereichem Magma. Er findet sich in Pegmatiten, wo er ähnlich wie Rosenquarz in großen Massen auftreten kann. Das bekannteste abbauwürdige Vorkommen liegt in Südafrika.

### Kristallsystem, Erscheinungsbild, Farbe
Erdbeerquarz ist trigonal, bildet jedoch keinerlei erkennbare Kristallflächen aus, sondern erscheint in der Regel als derber, grobkörniger und oftmals rissiger Quarz in massigen Brocken. Seine Farbe variiert von farblos-grau bis blaßrosa, selten rot, oft mit dunklen Rißfüllungen oder dendritischen Einlagerungen. Erdbeerquarz zeigt Fett- bis Glasglanz.

### Mineralklasse, Chemismus
Als derber Quarz zählt Erdbeerquarz zur Mineralklasse der Oxide, Formel: $SiO_2$ + (Fe,Mn,Ti). Farbgebend ist beim Erdbeerquarz in erster Linie das in Spuren enthaltene Mangan, welches auch in

*Abb. 128: Erdbeerquarz-Trommelsteine, Südafrika (2:1)*

anderen Quarzen wie z.B. Rosenquarz, Rosa Chalcedon oder Quarzverwandter wie z.B. Pinkopal zu rosa Färbungen führt und als Manganoxid in den dunklen Rißfüllungen und dendritischen Einlagerungen sichtbar wird.

### Bestimmungsmerkmale

Mohshärte: 7; Dichte: 2,65; Spaltbarkeit: keine; muscheliger, unebener Bruch; Strichfarbe: weiß; Transparenz: durchscheinend bis undurchsichtig.

### Verwechslungen und Unterscheidung

Erdbeerquarz kann sehr leicht mit Jaspis, Rosa Chalcedon, Rhodonit und Thulit verwechselt werden, wenn diese minderer Qualität sind und daher eine blasse Färbung zeigen. Rhodonit und Thulit können dabei aufgrund ihrer Dichte und Spaltbarkeit abgegrenzt werden: Rhodonit: Dichte 3,4 – 3,7, vollkommene Spaltbarkeit; Thulit: Dichte 3,25 – 3,36, vollkommene Spaltbarkeit. Rosa Chalcedon und Jaspis lassen sich als Quarze jedoch nur durch mineralogisch-gemmologische Untersuchungen unterscheiden.

### Fälschungen

Fälschungen von Erdbeerquarz sind nicht bekannt und auch nicht zu erwarten, da Erdbeerquarz zu den billigsten Mineralien gehört.

### Verwendung und Handel

Erdbeerquarz war lange Zeit nur als Trommelstein im Handel. Auch hier wurde er als geringwertig erachtet und vor allem in minderer Qualität den billigen Trommelstein-Mischungen beigefügt. Lediglich in den USA ist er schon seit geraumer Zeit als Heilstein und Edelstein-Essenz bekannt und geschätzt.

### Heilwirkung, Indikationen

Erdbeerquarz hilft, jene geistigen Beschlüsse aufzuspüren, die das momentane Leben mit all seinen glücklichen und unglücklichen Momenten bestimmen und die eigenen Stimmungen, Erfolge und Mißerfolge verursachen. Durch die Erkenntnis der oftmals kuriosen Art und Weise, mit der man die eigene Realität erschafft und aufrechterhält, ermöglicht Erdbeerquarz, über sich selbst zu lachen. Er bringt Humor und Freude und lehrt die wichtige Weisheit, sich selbst nicht so wichtig zu nehmen.

Erdbeerquarz wirkt bei Beklemmungen im Herz- und Brustbereich lösend, beruhigt bei übermäßiger Erregung und stabilisiert den Kreislauf bei Schwächezuständen. Er stärkt das Immunsystem bei häufiger Infektanfälligkeit und lindert ziehende Schmerzen. Erdbeerquarz verbessert das Körpergefühl und hilft damit, die Bedürfnisse des Körpers besser wahrzunehmen.

### Anwendung

Erdbeerquarz wird am besten als Handschmeichler in der Hosentasche mitgeführt, so daß man ihn unbewußt immer wieder in die Hand nimmt, wenn man ihn braucht. Auch Auflegen oder Tragen im Herz- und Brustbereich ist sinnvoll. Erdbeerquarz wirkt langsam, sollte also über längere Zeit angewandt werden.

# Eudialyt

## Name, Synonyme, Handelsbezeichnungen
Eudialyt ist für die Saami, die Ureinwohner Lapplands, ein seit Jahrhunderten bekannter Heilstein, der ihrer Mythologie nach aus dem Blut ihres Volkes stammt, das in vorgeschichtlicher Zeit im Kampf gegen einen Riesen auf der Halbinsel Kola vergossen wurde. Mineralogisch wurde der Stein jedoch erst 1819 von dem Göttinger Chemieprofessor Friedrich Stromeyer beschrieben und nach seiner schnellen Auflösung in Säuren benannt (griech. eu = gut, dialytos = zersetzbar). Da in magmatischem Gestein eingebetteter Eudialyt bei nur oberflächlicher Betrachtung mitunter an Granat erinnert, existiert auch das Synonym Almandinspat, das jedoch irreführend ist und daher nicht verwendet werden sollte. In Lappland wird Eudialyt heute noch „Blut der Saami" genannt.

## Genese, Vorkommen
Eudialyt entsteht primär durch liquidmagmatische Bildung und findet sich in intermediären Plutoniten wie Syenit oder entsprechenden Ganggesteinen wie Syenit-Lamprophyr und Alkali-Pegmatiten, wie sie z.B. für das Chibiny-Massiv auf der Halbinsel Kola typisch sind. Selten findet er sich auch in alkalischen Vulkaniten. Die größten Kristalle und Aggregate stammen jedoch aus Ganggesteinen. Bedeutende Eudialyt-Vorkommen sind in Schweden, Rußland (Halbinsel Kola), Grönland und Kanada (Mt. St. Hilaire, Quebec).

## Kristallsystem, Erscheinungsbild, Farbe
Eudialyt ist trigonal und bildet mitunter große, eingewachsene Kristalle mit dicktafeligem, plattigem oder rhomboedrischem, sehr selten auch prismatischem Habitus. Wesentlich häufiger finden

*Abb. 129: Eudialyt-Trommelsteine, Halbinsel Kola/Rußland (2:1)*

sich jedoch derbe bis körnige Aggregate oder gangförmige Massen. Die Farbe des Eudialyt variiert von rosa, rot, gelb, braun bis violett. Er zeigt Glasglanz oder erscheint matt.

### Mineralklasse, Chemismus

Eudialyt ist ein basisches, alkalireiches Zirkonsilikat aus der Mineralklasse der Ringsilikate, Formel: $Na_3(Ca,Fe)_3Zr[(OH,Cl)/(Si_3O_9)_2]$ + Ce,K,La,Mn,Nb,Y. Die genaue Struktur des Eudialyts ist jedoch mineralogisch noch ungeklärt. Er wird zwar zu den Ringsilikaten mit Dreierring gerechnet ($Si_3O_9$), doch wären auch Neunerringe denkbar ($Si_9O_{27}$); entsprechende Untersuchungen stehen derzeit noch aus.

### Bestimmungsmerkmale

Mohshärte: 5 – 5,5; Dichte: 2,7 - 3,1; Spaltbarkeit: keine bis unvollkommen; muscheliger, unebener Bruch, spröde; Strichfarbe: weiß; Transparenz: durchscheinend.

### Verwechslungen und Unterscheidung

Eudialyt kann manchmal mit Granat verwechselt werden, ist jedoch sehr leicht unterscheidbar: Granat ist härter (Härte 7 – 7,5) und nicht säurelöslich.

### Fälschungen

Es gibt keine Fälschungen.

### Verwendung und Handel

Eudialyt war als Schmuck- und Heilstein bis in die jüngste Vergangenheit völlig unbekannt. Erst 1996 kam ein eudialythaltiger Syenit von der Halbinsel Kola in größeren Mengen in den Handel und liegt nun auch als Trommelstein vor. Dieses Eudialytgestein ist inzwischen durch die Forschungsgruppen des Steinheilkunde e.V. Stuttgart getestet und als Heilstein in Verwendung.

### Heilwirkung, Indikationen

Eudialyt ist kein „einfacher" Heilstein. Er sollte nur kurze Zeit bei eindeutiger Indikation eingesetzt werden. Generell ist er angezeigt, wenn ein starkes Bedürfnis nach einem geistig-seelischen oder realen Neuanfang im Leben besteht. Eudialyt konfrontiert hier mit bestehenden Selbstzweifeln, Trauer und Ängsten, sowie alten Fehlentscheidungen, Schmerzen und Mustern, ermöglicht jedoch auch, die eigenen Schwächen anzunehmen. Selbsterkenntnis ist der erste Weg zur Besserung – auf die Einsicht folgt daher bei Eudialyt die Tatkraft: Er hilft nun, aktiv Veränderungen einzuleiten, Widerstände zu überwinden, sich neuen Aufgaben ganz hinzugeben und in schwierigen Phasen Energiereserven zu mobilisieren und durchzuhalten. Auf diese Weise stärkt Eudialyt die eigene Persönlichkeit und intensiviert das Leben, insbesondere Freude, Aggression und auch die Sexualität. Eudialyt ist nur bei aktiver Tätigkeit „ertragbar", da die auch körperlich freigesetzte Energie sonst zu Anspannung, Unruhe und Nervosität führt.

### Anwendung

Eudialyt sollte bei Bedarf für kurze Zeit in der Hosentasche oder in einem Stoffbeutel mitgeführt werden. Von längerem Gebrauch ist abzuraten, da sonst anschließend Erschöpfung eintritt.

# Falkenauge

### Name, Synonyme, Handelsbezeichnungen
Falkenauge trägt seinen Namen durch die faserige Struktur, die im richtigen Schliff einen wogenden Lichtschimmer (Chatoyance oder Katzenauge genannt) hervorbringt, der an Tieraugen erinnert. Zur Abgrenzung gegen das Tigerauge (siehe Seite 408) und andere Mineralien mit diesem Lichteffekt wurde das Mineral in der zweiten Hälfte des 19. Jahrhunderts Falkenauge genannt. Gemeinsam mit dem nahe verwandten Tigerauge besitzt es die Synonyme Katzenaugen-Quarz, Pseudokrokydolith und Schillerquarz. Der Name Katzenauge allein ist irreführend, da er eigentlich den o.g. Lichteffekt bezeichnet (vgl. Seite 54) und ohne Zusatz nicht mehr zulässig ist bzw. sich dann auf den Chrysoberyll bezieht (siehe Seite 194).

### Genese, Vorkommen
Falkenauge entsteht primär durch die Verkieselung von Krokydolith-Fasern. Krokydolith ist ein eisenreiches Asbestmineral, das sich als Spaltenfüllung in geschichteten Eisenerz-Lagerstätten bildet. Durch das Eindringen hydrothermaler, kieselsäurereicher Lösungen werden die Krokydolith-Fasern dann zu einem späteren Zeitpunkt fest im entstehenden Quarz eingebettet. Falkenauge-Vorkommen liegen in Südafrika.

### Kristallsystem, Erscheinungsbild, Farbe
Falkenauge ist als Quarz trigonal, die enthaltenen Krokydolith-Fasern sind monoklin. Da sich Falkenauge als Spaltenfüllung bildet, entstehen keine Kristalle. Das Mineral findet sich vielmehr als derbe Quarzader im Gestein. Die Farbe ist blauschwarz bis blaugrün mit schillernden Flächen.

*Abb. 130: Falkenauge-Trommelsteine, Südafrika (2:1)*

An Bruchstellen ist Falkenauge seidenglänzend. Fließende Übergänge zu Tigerauge (siehe Chemismus) sind möglich, daher gibt es auch Aggregate mit ineinander verwobenem Falken- und Tigerauge (siehe auch Pietersit, Seite 346).

## Mineralklasse, Chemismus

Falkenauge zählt zur Quarzgruppe und zur Mineralklasse der Oxide, die Formel lautet: $SiO_2$ + $Na_2(Mg,Fe,Al)_5(OH/Si_4O_{11})_2$. Der enthaltene Krokydolith ist ein Kettensilikat aus der Amphibol-Gruppe. Durch Oxidationsprozesse während der Bildung oder auch nach deren Abschluß kann der Krokydolith in Brauneisen (FeOOH) umgewandelt werden und teilweise pseudomorph durch Quarz verdrängt werden. Dabei wandelt sich das dunkle Falkenauge in das goldgelbe Tigerauge um.

## Bestimmungsmerkmale

Mohshärte: 7; Dichte: 2,64–2,71; Spaltbarkeit: keine, faseriger Bruch; Strichfarbe: bleigrau; Transparenz: undurchsichtig.

## Verwechslungen und Unterscheidung

Verwechslungen sind nicht möglich, Falkenauge wird lediglich selten als Tigerauge falsch deklariert.

## Fälschungen

Fälschungen sind nicht bekannt.

## Verwendung und Handel

Falkenauge ist ein bekannter Schmuckstein, der nach seiner Entdeckung im Jahr 1883 zunächst ausschließlich in Idar-Oberstein geschliffen wurde. Heute wird Falkenauge überwiegend als Kette und Anhänger verschiedenster Form getragen. In der Steinheilkunde ist er wie Tigerauge in erster Linie als Trommelstein in Verwendung.

## Heilwirkung, Indikationen

Falkenauge ermöglicht, einen geistigen Überblick zu gewinnen. Durch eine innere Distanz zu den alltäglichen Eindrücken, hilft es, die eigene Absicht zu entdecken und zu bewahren. Wie ein Falke über einen weiten Bereich die Übersicht bewahren und gleichzeitig einen bestimmten Punkt beobachten kann, hilft auch das Falkenauge, in komplizierten Situationen die verschiedenen Vorgänge zu überblicken und gleichzeitig den roten Faden, das ursprüngliche Ziel festzuhalten. Falkenauge hilft dadurch auch bei Stimmungsschwankungen und Entscheidungsschwierigkeiten.

Falkenauge hemmt den Energiefluß im Körper. Dadurch hilft es bei hormonellen Überfunktionen, Nervosität und Zittern und lindert Schmerzen.

## Anwendung

Da Falkenauge die Energie im Körper hemmt, sollte es nie länger als eine Woche ununterbrochen verwendet werden. Am besten wird es nur so lange getragen, bis die gewünschte Wirkung eingetreten ist, und dann sofort abgesetzt. Lediglich zur Meditation im Steinkreis kann es bedenkenlos auch längere Zeit eingesetzt werden.

# Feldspat

## Name, Synonyme, Handelsbezeichnungen

Feldspat erhielt seinen Namen um 1750 aufgrund seiner guten Spaltbarkeit (Spat). Der Zusatz „Feld-" ist nicht eindeutig geklärt, er stammt entweder von „Fels", da Feldspat Bestandteil vieler Gesteine ist (60% der Erdkruste!), oder von „Feld", da er „auf jedem Feld zu finden ist" bzw. zu Ackererde verwittert. Aufgrund der Häufigkeit des Minerals gibt es unzählige Synonyme:

**Feldspat allgemein:** Mikrofelsit (veraltet), Buntfeldspat (Handelsname farbiger Feldspäte); **Adular:** Valencianit; **Albit:** Adinol, Albiklas, Analbit, Hyposklerit, Kanadischer Mondstein, Kieselspat, Olafit, Peristerit, Tetartin, Zygadit; **Andesin:** Pseudoalbit; **Anorthit:** Barsowit, Beffanit, Biotin, Calciklas, Cyclopit, Lindsayit, Linseit, Sundvikit, Thjorsauit; **Anorthhoklas:** Parorthoklas, Soda-Mikroklin; **Mikroklin:** Amazonit (siehe dort); **Oligoklas:** Natronspodumen, Peristerit, Rhombenfeldspäte, Sodaspodumen, Unitomer Feldspat; **Orthoklas:** Adular, Argyllit, Cottait, Felsit, Nekronit, Orthose, Pegmatolith, Valencianit; **Sanidin:** Eisspat, Orthoklas-Feldspat, Rhyakolith, Thyakolith.

## Genese, Vorkommen

Feldspat entsteht meist primär als Bestandteil fast aller Magmatite (siehe Seite 21); große Kristalle sind jedoch ausschließlich pegmatitischer oder hydrothermaler Bildung. Manchmal erscheint Feldspat auch in Metamorphiten (Gneis), fast nie dagegen in Sedimenten, da er leicht verwittert. Feldspäte in Edelsteinqualität sind in den Kapiteln Amazonit (Seite 132), Labradorit (Seite 284), Mondstein (Seite 310), Orthoklas (Seite 340) und Sonnenstein (Seite 394) besprochen. Darüberhinaus sind als Heilsteine Albit und Adular in Gebrauch. Albit gibt es in den Alpen, England, Frankreich, Italien, Tschechien, Kanada, USA, Brasilien, Japan und Kenia; Adular stammt aus alpinen Klüften.

*Abb. 131: Albit-Stufe (Plagioklas-Feldspat), Minas Gerais/Brasilien (2:1)*

## Kristallsystem, Erscheinungsbild, Farbe
Feldspat kristallisiert monoklin (Orthoklas) oder triklin (Plagioklas, Mikroklin) und bildet tafelige, selten dicksäulige Kristalle sowie massige oder spätige Aggregate. Er ist fast immer hell gefärbt: farblos, weiß, grau, rosa, gelb, braun oder bläulich mit Glasglanz. Gemäß seiner Spaltbarkeit wird Feldspat in rechtwinklig spaltenden Orthoklas (griech. orthos = gerade, klasis = Bruch) und schief spaltenen Plagioklas (griech. plagios = schief) unterschieden, wobei der Spaltwinkel der Plagioklase nur um wenige Grad vom rechten Winkel (90°) abweicht.

## Mineralklasse, Chemismus
Feldspäte allgemein sind wasserfreie Alkali-Erdalkali-Alumosilikate aus der Mineralklasse der Gerüst-Silikate. Nach ihrem Chemismus werden drei Endglieder zweier Mischkristallreihen definiert: Kalifeldspat ($KAlSi_3O_8$) erscheint monoklin als Orthoklas, triklin als Mikroklin; Natronfeldspat ($NaAlSi_3O_8$) erscheint triklin als Albit; Kalkfeldspat ($CaAl_2Si_2O_8$) ebenfalls triklin als Anorthit. Albit und Anorthit zählen beide zu den Plagioklasen.

Reihe der Natrium-Calcium-Feldspäte: Albit (Ab) und Anorthit (An) bilden eine bei allen Temperaturen und Entstehungsbedingungen stabile Mischkristallreihe, die Plagioklas-Reihe mit Oligoklas (70–90% Ab, 10–30% An), Andesin (50–70% Ab, 30–50% An), Labradorit (30–50% Ab, 50–70% An) und Bytownit (10–30% Ab, 70–90% An).

Reihe der Kalium-Natrium-Feldspäte: Albit (Ab) und Orthoklas (Or) bilden dagegen Mischkristalle, die bei Temperaturen oberhalb 600 °C entstehen und deren Vertreter Sanidin (37–100% Or, 0–63% Ab) und Anorthoklas (10–37% Or, 63–90% Ab) nur bei schneller Abkühlung stabil bleiben. Sonst tritt eine Entmischung, die sog. „Perthitisierung" ein, wobei sich Perthite (entmischter Albit in Orthoklas-Matrix) oder Antiperthite (entmischter Orthoklas in Albit-Matrix) bilden. Entstehen bei der Entmischung feine Lamellenstrukturen, kommt es zur Bildung von Mondstein (siehe Seite 310).

## Bestimmungsmerkmale
Mohshärte: 6–6,5; Dichte: 2,56–2,62; Spaltbarkeit: vollkommen, unebener Bruch; Strichfarbe: weiß; Transparenz: durchsichtig bis durchscheinend.

## Verwechslungen und Unterscheidung, Fälschungen
Schwierig ist die Abgrenzung der Feldspäte untereinander, sie ist oft nur durch mineralogische Untersuchungen zu leisten. Fälschungen sind selten, mitunter Farbaufbesserungen durch Bestrahlen.

## Verwendung und Handel
Feldspat dient als Rohstoff für die Keramik-, Email- und Glasindustrie. Adular und Albit bilden schöne Sammlerstufen, sind jedoch keine Schmucksteine.

## Heilwirkung, Indikationen, Anwendung
Feldspat verändert die Wahrnehmung, so daß Gewohntes neu betrachtet wird. Er erweitert den geistigen Horizont, bringt neue Lebensperspektiven und verbessert die geistige Flexibilität. Körperlich fördert Feldspat die Beweglichkeit der Muskeln, hält das Gewebe flexibel und lindert Hauterkrankungen. Feldspat sollte stets über längere Zeit getragen werden.

# Feueropal

## Name, Synonyme, Handelsbezeichnungen

Feueropal trägt seinen Namen aufgrund seiner feurigen orange-roten Farbe. Der Name Opal selbst stammt vom altindischen „upala" = „Edelstein" und gelangte schon früh über das antike Griechenland (opallios) und Rom (opalus) nach Europa. Frühere Synonyme für Feueropal wie Lechosopal, Simaostein und Zeasit sind heute veraltet. Der Handelsname Sonnenstein ist äußerst unglücklich, da er eigentlich den Aventurin-Feldspat bezeichnet (siehe Sonnenstein, Seite 394) und auch der Name Girasol, der früher ein Synonym für Feueropal war, heute jedoch ein spezielles Opal-Quarz-Gemenge bezeichnet (siehe Girasol, Seite 246), sollte nicht mehr verwendet werden. Gebräuchlich sind dagegen die Namen Irisopal für farblosen oder bräunlichen Feueropal mit einfarbigem Schiller, Opalo de fuego für Feueropal mit Farbenspiel, Simar-Opal für braunstichigen türkischen Feueropal und Vidrio für Feueropal ohne Farbenspiel.

## Genese, Vorkommen

Feueropal entsteht primär durch hydrothermale Bildung aus kieselsäurehaltigen Flüssigkeiten magmatischen Ursprungs, die in vulkanischen Gesteinen wie Andesiten, Rhyolithen und Trachyten zirkulieren und dabei Eisenoxid aufnehmen. In kleinen Blasenhohlräumen des Gesteins entsteht durch Tröpfchenbildung zunächst eine kolloidale Kieselsäure-Lösung (Kieselsäure-Tröpchen in Wasser), dann ein amorphes, gallertartiges Kieselgel und schließlich durch partielle Kristallisation der noch immer wasserhaltige Feueropal, bei dem die ursprünglichen Tröpfchen nun zu festen Kieselkügelchen werden. Bedeutende Feueropal-Vorkommen liegen in Mexiko, Oregon/USA, der Türkei, Kasachstan und der Ukraine.

*Abb. 132: Feueropale, roh und facettiert, Mexiko (3:1)*

### Kristallsystem, Erscheinungsbild, Farbe

Feueropal ist „quasi-amorph", er besteht aus winzigen Siliciumdioxid ($SiO_2$)-Kügelchen, die in ihrer inneren Struktur selbst meist tetragonal (Cristobalit), seltener auch hexagonal sind (Tridymit). Dazwischen befindet sich das amorphe, wasserhaltige Kieselgel. Aufgrund dieser „Kugelpackung" bildet Feueropal niemals äußere Kristallformen, sondern erscheint als Hohlraumfüllung im Vulkangestein. Je nach Eisengehalt variiert die Körperfarbe des Feueropals von fast farblos über gelb, orange bis dunkelrot; er zeigt Glas- bis Wachsglanz. Mitunter kommt durch die Lichtbeugung an den $SiO_2$-Kügelchen das typische Farbenspiel des Opals hinzu (Opalo de fuego), in der Regel fehlt es jedoch (Vidrio). Dennoch wird Feueropal immer zu den Edelopalen gerechnet (siehe auch Opal, Seite 332).

### Mineralklasse, Chemismus

Feueropal zählt zur Opal-Gruppe und zur Mineralklasse der Oxide. Er besteht aus Siliciumdioxid ($SiO_2$) mit eingelagertem Eisenoxid ($Fe_2O_3$) und bis zu 20% Wasser ($H_2O$).

### Bestimmungsmerkmale

Mohshärte: 5,5–6; Dichte: ± 2,0; Spaltbarkeit: keine, muscheliger Bruch; Strichfarbe: weiß; Transparenz: meist milchig trüb, beste Qualitäten klar durchsichtig.

### Verwechslungen und Unterscheidung

Verwechslungen minderwertiger Qualitäten mit Karneol sind möglich, jedoch mikroskopisch leicht zu identifizieren.

### Fälschungen

Als Feueropal-Fälschungen sind Glasimitationen im Handel, die mit bloßem Auge nicht unterscheidbar sind. Daher hilft im Zweifelsfall nur die mineralogisch-gemmologische Untersuchung.

### Verwendung und Handel

Feueropal ist ein beliebter traditioneller Schmuck- und Heilstein, der schon im präkolumbianischen Mexiko zu Figuren und religiösen Gegenständen verarbeitet wurde. Er ist der einzige Opal, der im Handel facettiert angeboten wird. Als Heilsteine werden jedoch überwiegend Cabochons, seit wenigen Jahren auch Trommelsteine, Anhängerchen und manchmal Ketten verwendet.

### Heilwirkung, Indikationen

Feueropal macht spontan und impulsiv, facht schnell das Feuer der Begeisterung an und animiert dazu, Ideen und Beschlüsse sofort umzusetzen. Er muntert auf, macht fröhlich und vergnügt, befreit die Emotionen und fördert die Freude an der Sexualität.

Körperlich regt Feueropal die Hormonproduktion der Nebennieren und Geschlechtsorgane an, fördert dadurch die Fruchtbarkeit und steigert das Energieniveau des ganzen Organismus.

### Anwendung

Feueropal wirkt sehr stark und schnell; man muß ihn daher nur wenige Minuten täglich mit Hautkontakt tragen.

# Flint und Hornstein

## Name, Synonyme, Handelsbezeichnungen

Flint war der germanische Name für Splitter, dessen Eigenschaft, Funken zu schlagen, schon früh genutzt wurde. Der Name Hornstein bezieht sich auf den Wachsglanz des Steins, der an Tierhörner erinnert. Die genaue Definition der beiden Steine ist ungeklärt: Manche Autoren definieren Flint als Jaspis/Opal-Gemenge und Hornstein als Chalcedon/Opal-Gemenge (Klockmann, Strübel/Zimmer), andere betrachten es genau umgekehrt (Rykart, Schumann) oder machen keinen Unterschied (Rößler, Woolley/Bishop/Hamilton). Nach eingehender Prüfung scheint es so, daß beide sowohl Jaspis als auch Chalcedon enthalten können und sich daher wie folgt definieren:

Flint und Hornstein bestehen aus einer innigen Verwachsung von mikrokristallinem Quarz und Opal. Flint bildet dabei knollig-runde, Hornstein eher unregelmäßige Aggregate, mitunter auch massive Schichten, z.T. mit bunten, jaspisähnlichen Bänderungen.

Synonyme für Flint sind Büchsenstein, Feuerstein, Flinz, Mozarkit, Pflinz, Silex und Wurststein. Synonyme für Hornstein sind Chert, Keratit, Kornit und Zinopel (mit Eiseneinschlüssen). Der im Handel befindliche „bunte Flint" ist eigentlich ein Hornstein.

## Genese, Vorkommen

Flint und Hornstein entstehen sekundär in Sedimenten aus im Gestein zirkulierenden kieselsäurehaltigen Flüssigkeiten und verdrängen dort unter Knollen- oder Schichtenbildung das ursprüngliche Gestein. Dabei entsteht aus der Kieselsäure durch Wasserverlust zunächst ein zähes Gel, in der Folge dann Opal und schließlich Quarz. Zwar überwiegt schließlich sowohl im Flint als auch im Hornstein der Quarzanteil, ein Teil des Opals bleibt jedoch erhalten. Beide Steine kommen weltweit vor, Haupt-

*Abb. 133: Flint-Knolle, Ostsee (1:2); Einklinker: Hornstein-Trommelsteine (1:1)*

vorkommen von Flint sind die Kreidefelsen der Ostsee und in England (Dover). Hornstein findet sich in Kalkstein-Bänken der Kalkalpen, des Fränkischen Jura, in England (Kent) und Kanada.

### Kristallsystem, Erscheinungsbild, Farbe
Flint und Hornstein bestehen aus trigonalen (Quarz) und amorphen (Opal) Anteilen und bilden daher keine Kristallformen, sondern knollige Konkretionen. Flint ist dabei eher faserig bis feinkörnig und von grauweißer, bläulicher, grauer, rauchbrauner bis braunschwarzer Farbe. Hornstein ist derb bis feinkörnig, oft bunt gefärbt und gebändert in beigen, grauen, gelblichen, braunen und roten Tönen. Beide zeigen Wachsglanz.

### Mineralklasse, Chemismus
Flint und Hornstein werden zu den Quarzen gerechnet und zählen damit zur Mineralklasse der Oxide, Formel: $SiO_2$ + C,Ca,Fe,O,OH,$CO_3$,$PO_4$. Färbungen entstehen hauptsächlich durch Kohlenwasserstoffe (Bitumen), Phosphate ($PO_4$) und Eisenoxihydroxide (FeOOH).

### Bestimmungsmerkmale
Mohshärte: 6,5–7; Dichte: 2,5–2,7; Spaltbarkeit: keine, muscheliger Bruch (Flint), unebener, splittriger Bruch (Hornstein); Strichfarbe: weiß; Transparenz: durchscheinend bis undurchsichtig.

### Verwechslungen und Unterscheidung
Flint und Hornstein sind vor allem untereinander nur schwer zu trennen. Weiterhin bestehen Verwechslungsmöglichkeiten mit Jaspis (nie durchscheinend), Achat, Chalcedon und verkieseltem Rhyolith (Dr. Liesegang-Stein). Im Zweifelsfall hilft hier nur eine mineralogische Prüfung (wobei Sie sich versichern sollten, wie der Prüfer diese Steine definiert). Fälschungen gibt es nicht.

### Verwendung und Handel
Flint diente in der Steinzeit zur Herstellung von Klingen, Pfeil- und Speerspitzen sowie im 17. Jahrhundert zum Funkenschlag in Steinschloßgewehren, sog. „Flinten". Als Schmucksteine sind sowohl Flint als auch Hornstein praktisch unbekannt und erst in letzter Zeit als Trommelsteine erhältlich. In der Steinheilkunde wird schwarzer Flint auch erfolgreich als Onyx-Ersatz verwendet, da dieser echt und unverfälscht fast nicht mehr erhältlich ist (vgl. Seite 330).

### Heilwirkung, Indikationen
Flint und Hornstein verbessern die Kommunikation. Sie fördern die Fähigkeit, sich verbal und durch Taten auszudrücken sowie die Fähigkeit hinzuhören, was andere (verbal oder nonverbal) mitteilen möchten. Beide Steine beruhigen emotional und fördern Gelassenheit.

Flint und Hornstein fördern die Entgiftung der Schleimhäute sowie die Funktion und Regeneration von Lunge, Atemwegen und Haut. Sie vermindern unerwünschte Hornhautbildung und Überbeine. Beide verbessern die Darmflora und helfen bei Verstopfung und Durchfall.

### Anwendung
Flint und Hornstein sollten am besten am Körper getragen oder mehrmals täglich auf betroffene Körperbereiche aufgelegt werden.

# Fluorit

## Name, Synonyme, Handelsbezeichnungen

Fluorit ist die latinisierte Form des Synonyms Flußspat (lat. fluere = fließen), das seit dem 18. Jahrhundert bekannt ist. Zuvor wurde Fluorit wie viele erzfreie Steine oder spaltbare Mineralien schlicht „Spat" genannt. Der Zusatz „Fluß-" entstammt jedoch entgegen anderslautenden Vermutungen nicht der modernen Funktion des Fluorits als Flußmittel zur Erzverhüttung (als solches wird das Mineral nämlich erst in unserem Jahrhundert verwendet), sondern der früheren Bedeutung des Wortes „Fluß" im Bergbau als „Mineral unbekannter Zusammensetzung".

Inzwischen überwiegend veraltete Synonyme für Fluorit sind Androdamant, Antozonit, Apothekerspat (nur reiner F.), Blätterspat (blättrig), Blue John (tiefblau), Chemischer Spat, Flußerde, Flußsaurer Kalk, Glasspat, Honigspat (honigfarben), Hüttenspat, Keramikspat, Kole, Linsenspat, Lithoslazuli (purpurfarben), Murra-Stein, Murrhina, Ochsenauge, Pseudonocerin, Pyrophan, Pyrosmaragd (phosphoreszierend), Ratofkit, Rhomboidal-Spat, Säurespat, Smaragdfluß, Wolfssalz und Würfelspat (würfelförmig).

## Genese, Vorkommen

Fluorit ist ein sog. Durchläufer, der primärer, sekundärer und tertiärer Entstehung sein kann. Bei höheren Konzentrationen von Fluorwasserstoff (HF) im Magma kann Fluorit als Gemengteil von Plutoniten, in Pegmatiten und durch pneumatolytische und hydrothermale Bildung entstehen. Hydrothermaler Natur sind auch jene Lagerstätten in China, USA und Mexiko, denen die meisten Heilsteine heute entstammen. Sekundäre Bildungen in chemischen Sedimenten (vgl. Seite 27ff.) und Bildungen in metamorphen Gesteinen sind dagegen von geringerer Bedeutung.

*Abb. 134: Fluorit, Stufen und Spaltoktaeder, USA, Trommelsteine, China (3:2)*

## Kristallsystem, Erscheinungsbild, Farbe

Fluorit ist kubisch. Er bildet vor allem würfelige und oktaedrische Kristalle sowie Zwillinge, Kristallgruppen und körnige bis spätige Massen. Er kann farblos und in allen Farben erscheinen, oft auch in mehreren Farben zonar gefärbt sein (sog. Regenbogenfluorit). Viele Fluorite zeigen unter UV-Licht Fluoreszenz, einige wenige auch Phosphoreszenz (vgl. Seite 68). Auch Thermolumineszenz wird beim Erhitzen auf einer Herdplatte mitunter sichtbar (Achtung: Die Steine können zerplatzen – Augen schützen!). Fluorit zeigt Glasglanz.

## Mineralklasse, Chemismus

Fluorit zählt zur Mineralklasse der Halogenide, Formel: $CaF_2$ + (C,Ce,Cl,Fe,Mn,Y). Seine Farbenvielfalt ist auf die unterschiedlichen Fremdstoffe zurückzuführen. Bei Anwesenheit von Cer (Ce) und Yttrium (Y) ist in seltenen Fällen sogar ein alexandritähnlicher Farbwechsel möglich.

## Bestimmungsmerkmale

Mohshärte: 4; Dichte: 3,18; Spaltbarkeit: vollkommen, spröde; Strichfarbe: weiß; Transparenz: durchsichtig bis durchscheinend.

## Verwechslungen und Unterscheidung

Roh kann Fluorit mit Apatit (hexagonale Kristallform, muscheliger Bruch, Härte 5) verwechselt werden. Geschliffen sieht er Amethyst, Kunzit, Morganit oder Smaragd ähnlich. Hier hilft oft nur eine mineralogisch-gemmologische Untersuchung.

## Fälschungen

Fluorit wird zum Erzeugen von Farbe in farblosen Steinen bestrahlt, zur Farbaufhellung gebrannt und zum Stabilisieren mit Kunstharz imprägniert. Dabei ist Bestrahlung nicht nachweisbar, andere Fälschungen können jedoch durch mineralogisch-gemmologische Untersuchungen identifiziert werden.

## Verwendung und Handel

Fluorit ist der wichtigste Rohstoff zur Fluorgewinnung für technische und medizinische Zwecke. Vor allem chinesischer Fluorit ist als Dekor-, Schmuck- und Heilstein derzeit sehr beliebt.

## Heilwirkung, Indikationen

Fluorit erleichtert Neuanfänge im Leben und fördert geistige Klarheit und schnelles Verstehen. Er ist ein guter Konzentrations- und Lernstein. Fluorit gibt Sinn für Ordnung und löst einengende Lebensmuster auf. Daher hilft er auch, psychische Hintergründe von Allergien positiv zu verändern. Körperlich regt Fluorit die Regeneration der Haut und Schleimhäute an und stärkt Knochen und Zähne. Er macht beweglich, hilft bei Gelenkbeschwerden und fördert die Tätigkeit des Nervensystems und des Großhirns.

## Anwendung

Fluorit wirkt auf der geistigen Ebene allein durch Betrachtung, körperlich dagegen am besten durch Tragen mit Hautkontakt.

# Fossilien

## Name, Synonyme, Handelsbezeichnungen

Fossil bedeutet „Ausgegrabenes" (lat. fossilis = ausgegraben) und bezeichnete früher alles Steinerne: Erde, Stein und Metall (Agricola, 1546). Im 18. Jahrhundert wurde der Begriff auf Versteinerungen eingeengt und blieb so bis heute erhalten. Versteinerungen sind Abdrücke oder Überreste von Pflanzen oder Tieren früherer erdgeschichtlicher Epochen. Als Heilsteine sind hier derzeit Ammoniten (Kopffüßler mit spiralig gewundenen Gehäusen), Belemniten (Kopffüßler mit projektilförmigem Gehäuse), Trilobiten (Dreilapp-Krebse), Korallen (siehe Seite 274) und versteinertes Holz (siehe Seite 432) in Verwendung. Da viele Fossilien früher weltweit zu kultischen und medizinischen Zwecken verwendet wurden, existieren etliche Synonyme: So wurden Ammoniten Ammonshörner, Ophite, Saligrame, Schlangen- oder Schneckensteine genannt. Belemniten hießen Albensteine, Donarsteine, Donnerkeile, Fingersteine, Idaei dactyli, Pfeilsteine, Phallussteine, Teufelsfinger oder Teufelszehe. Trilobiten schließlich besitzen die Synonyme Dreilappkrebs, Dudley-Insekt und Treislobos.

## Genese, Vorkommen

Fossilien finden sich nur in Sedimentgesteinen, meist Kalkstein oder Tongesteinen. Durch die Einbettung des tierischen oder pflanzlichen Organismus in Asche, Schlamm, Sand oder Kalk wird bei der Bildung des Gesteins die ursprünglich organische Substanz durch mineralische Stoffe ersetzt oder zumindest der Abdruck der Form erhalten. Fossilien können daher aus Tonmineralien, Calcit, Opal, Chalcedon, Eisenoxiden oder mitunter auch Pyrit bestehen. Sie kommen weltweit vor, wichtige Fundstellen sind in Deutschland, Frankreich, Großbritannien, Spanien, Marokko, USA und Australien.

*Abb. 135: Belemnit, Deutschland; Hämatit-Ammoniten, Marokko; Trilobit, USA (1:1)*

## Kristallsystem, Erscheinungsbild, Farbe
Das Kristallsystem der Fossilien entspricht der mineralischen Substanz (Calcit, Chalcedon und Hämatit sind trigonal, Pyrit ist kubisch, Opal amorph), die Erscheinung des Fossils ist jedoch stets das Abbild der ursprünglichen organischen Form: Ammoniten besitzen stets eine spiralig gewundene, an Widderhörner erinnernde Form, Belemniten sind langgestreckt und projektilförmig, bei fossilen Trilobiten ist der dreilappige, schildähnliche Panzer erhalten. Auf diese Formen bezieht sich daher auch die spezielle Heilwirkung der Fossilien. Ihre Farbe entspricht der des Gesteins, sie sind meist farblos, grau, braun, schwarz und matt.

## Mineralklasse, Chemismus
Auch Chemismus und Mineralklasse entsprechen natürlich der mineralischen Substanz des Fossils und unterscheiden sich je nachdem, ob das Fossil verkieselt (in Chalcedon oder Opal umgewandelt), kalzifiziert (in Calcit umgewandelt) oder durch Eisenverbindungen fossiliert wurde. Chalcedon, Opal und Hämatit zählen dabei zur Mineralklasse der Oxide, Calcit zur Mineralklasse der Carbonate und Pyrit zur Mineralklasse der Sulfide.

## Bestimmungsmerkmale
Ammoniten, Belemniten und Trilobiten sind rein optisch problemlos zu unterscheiden (siehe Abb.). Die exakte Bestimmung eines Fossils erfordert jedoch weitgehende paläontologische Kenntnisse (Paläontologie = Wissenschaft von den Lebewesen vergangener Erdzeitalter) und sollte daher von einem erfahrenen Geologen oder Fossiliensammler durchgeführt werden.

## Verwechslungen und Unterscheidung
Fossilien können nur bei oberflächlicher Betrachtung mit den Kalkgehäusen heutiger Lebewesen verwechselt werden, wie z.B. Gehäusen von Schnecken, Muscheln oder des Nautilus.

## Fälschungen
Nachbildungen und Rekonstruktionen werden oft als natürliche Fossilien angeboten, selbst kostengünstige Stücke sind oft auf die vermeintliche „Matrix" geklebt oder aus verschiedenen Teilen zusammengesetzt. Der Nachweis ist durch genaue Begutachtung (Lupe/Mikroskop) möglich.

## Verwendung und Handel
Fossilien sind in erster Linie Sammlerstücke. In Asien dienen sie teilweise heute noch als Amulettsteine, als Heilsteine sind sie hierzulande jedoch kaum bekannt.

## Heilwirkung, Indikationen, Anwendung
Fossilien werden hauptsächlich als Schutzsteine verwendet. Vor allem Ammoniten sind dazu geeignet, da ihre spiralförmige Windung als eine Art Universal-Antenne elektromagnetische Frequenzen aller Wellenlängen aufnehmen und neutralisieren kann. Am besten wirken dabei Ammoniten aus Hämatit (siehe Foto) oder Pyrit. Sie sollten als Anhänger getragen werden. Belemniten stärken durch ihre pfeilartige Form das persönliche Durchsetzungsvermögen, Trilobiten wirken dagegen als Schild und helfen, sich zurückzuziehen und Kräfte zu sammeln. Sie sind erdend und vermitteln einen guten Standpunkt.

# Fuchsit

## Name, Synonyme, Handelsbezeichnungen

Fuchsit ist ein chromhaltiger Muskovit, der nach dem Münchner Professor der Mineralogie Johann Nepomuk von Fuchs (1774–1856) benannt wurde. Als grüner Vertreter der Glimmer-Gruppe wird Fuchsit auch Chromglimmer, Grüner Glimmer oder Chrom-Muskovit genannt. Als inzwischen veraltetes Synonym existiert darüber hinaus noch der Begriff Gäbhardit. In jüngerer Zeit gewann außerdem ein Fuchsit-Serpentin-Gemenge mit dem Handelsnamen Verdit als Heilstein an Bedeutung (siehe Kapitel „Serpentin").

## Genese, Vorkommen

Fuchsit entsteht primär oder tertiär. Primär wird er liquidmagmatisch als Gemengteil von Pegmatiten oder durch die pneumatolytische Umwandlung anderer Silikatmineralien in Andesiten (intermediären vulkanischen Gesteinen) gebildet. Tertiär bildet er sich vor allem bei der metamorphen Umwandlung olivinhaltiger Gesteine zu Glimmerschiefern, Phylliten, Quarziten und Serpentiniten. Aufgrund seiner Verwitterungsbeständigkeit wird Fuchsit außerdem auch in Sedimenten, wie z.B. der Grauwacke, einem sandsteinartigen Gestein, gefunden. Große Massen von Fuchsit entstehen tertiär in Glimmerschiefern und stammen in erster Linie aus dem Ural/Rußland, Brasilien, Simbabwe, Indien und in geringerem Umfang auch aus den Alpen.

## Kristallsystem, Erscheinungsbild, Farbe

Fuchsit ist monoklin, erscheint jedoch meist in Form dichter, feinschuppiger bis grobblättriger Massen. Fuchsit ist intensiv grün und stark glitzernd. Er zeigt Glasglanz, auf Spaltflächen auch Perl-

*Abb. 136: Fuchsit-Rohstück, Brasilien (1:2)*

muttglanz oder auf feinschuppigen Aggregaten Seidenglanz. Fuchsit-Einlagerungen in Quarz werden auch Aventurin (genauer Aventurinquarz) genannt.

## Mineralklasse, Chemismus
Fuchsit zählt als Vertreter der Glimmer-Gruppe zur Mineralklasse der Schicht-Silikate, Formel: $K(Al,Cr)_2[(OH,F)_2/AlSi_3O_{10}]$ + Ca,Fe,Mg,Mn,Na,Ti. Farbgebend ist hier das Element Chrom (Cr). Die Silikatschichten bewirken einerseits die ausgezeichnete Spaltbarkeit zwischen den Schichten, sind in sich selbst jedoch so stabil, daß sogar dünne Spaltblättchen biegsam und kaum zu zerbrechen sind.

## Bestimmungsmerkmale
Mohshärte: 2–3; Dichte: 2,76–3,1; Spaltbarkeit: ausgezeichnet, elastische Spaltblättchen; Strichfarbe: weiß; Transparenz: durchsichtig bis undurchsichtig.

## Verwechslungen und Unterscheidung
Fuchsit kann manchmal mit anderen Glimmern wie Biotit (dunkel), Lepidolith (lila) und Muskovit (hell) verwechselt werden, die sich in der Regel jedoch aufgrund ihrer Farbe deutlich abgrenzen.

## Fälschungen
Es gibt keine Fälschungen von Fuchsit.

## Verwendung und Handel
Da er im Gegensatz zu den anderen Glimmern keine großen tafeligen Platten bildet, spielt Fuchsit technisch keine bedeutende Rolle. Als Sammelmineral wird er wenig beachtet, als Deko- und Schmuckstein ist nur Verdit in Gebrauch. In der Steinheilkunde wurde Fuchsit früher als Aventurin-Ersatz eingesetzt, inzwischen jedoch gewinnt er allmählich ein eigenes Profil.

## Heilwirkung, Indikationen
Fuchsit ist wie alle Glimmer ein Schutzstein. Er hilft vor allem dann, wenn man sich von anderen stark unter Druck gesetzt fühlt. Fuchsit hilft, sich abzugrenzen und gleichzeitig jedoch aufmerksam gegenüber der Umwelt zu bleiben. Dadurch ermöglicht er, Sorgen aus einer gewissen Distanz zu betrachten, ohne sie zu negieren, und fördert so die Kreativität zur Lösung von Problemen. In schwierigen bis bedrohlichen Situationen verhilft Fuchsit zu einem sicheren Auftreten.

Fuchsit hält geistig und körperlich beweglich. Er stärkt das Immunsystem, fördert die Entgiftung und lindert vor allem plötzlich auftretende, schmerzhafte Entzündungen. Fuchsit beschleunigt die Heilung von Strahlenschäden wie Sonnenbrand und Sonnenstich und hilft auch bei Allergien und anderen Erkrankungen, die Hautausschläge mit Juckreiz und Schuppenbildung hervorrufen.

## Anwendung
Fuchsit wird nur als Verdit in Form von Anhängern und Trommelsteinen verwendet. Andere, meist blättrige Rohstücke werden am besten direkt auf betroffene Körperbereiche aufgelegt oder für längere Anwendungen in einem Stoffbeutel am Körper oder in der Hosentasche getragen.

# Gagat

### Name, Synonyme, Handelsbezeichnungen
Der Name Gagat stammt laut Plinius und andere antike Autoren vom Fundort am Fluß Gages in Lykien (Kleinasien), der jedoch heute nicht mehr eindeutig bestimmbar ist. Aus der altfranzösischen Version des Namens gayet bzw. jayet entwickelte sich in England das Synonym Jet. Da sich in Yorkshire (England) reiche Gagat-Vorkommen befinden und dort im 19. Jahrhundert auch eine florierende Gagatschmuck-Industrie ansässig war, gelangte dieses Synonym mit dem Schmuck nach Deutschland, wo es nun Jett geschrieben wird. Weitere, veraltete Synonyme für Gagat sind Schwarzer Amber und Schwarzer Bernstein.

### Genese, Vorkommen
Gagat ist sekundärer Entstehung. Er bildet sich bei der Inkohlung von Holz in Sumpfgebieten (siehe auch Seite 24), wenn die dabei entstehende Braunkohle mit Bitumen durchsetzt wird. Bitumina sind ölige bis harzige Kohlenwasserstoffe, die durch die Zersetzung von Eiweiß- und Fettstoffen niederer Organismen entstehen. Gagat ist also eine sog. „bituminöse Braunkohle" und findet sich entsprechend in Braunkohle-Lagerstätten oder als Einlagerung in Tonsedimenten. Wichtige Vorkommen sind in Frankreich, Großbritannien und Rußland.

### Kristallsystem, Erscheinungsbild, Farbe
Gagat ist amorph und bildet daher derbe, kompakte bis spröde Massen, deren holzkohleartige Struktur bei Rohstücken meist gut erkennbar ist. Er ist stets schwarz und zeigt Fettglanz, samtartigen Wachsglanz oder Harzglanz.

*Abb. 137: Gagat-Trommelsteine und Rohstück, USA (2:1)*

## Mineralklasse, Chemismus

Als organisches Produkt gehört Gagat keiner Mineralklasse an. Er zählt zu den Kohlegesteinen (siehe auch Seite 24) mit einem hohem Anteil an Kohlenwasserstoffen (Bitumen), so daß seine chemische Zusammensetzung am besten durch ungefähre Prozentangaben der einzelnen Elemente dargestellt werden kann; eine Aufzählung aller möglichen organischen Verbindungen hätte wenig Sinn. Vereinfacht besteht Gagat aus ca. 83% Kohlenstoff (C), 10% Sauerstoff (O), 5% Wasserstoff (H) und 1% Stickstoff (N).

## Bestimmungsmerkmale

Mohshärte: 2,5-4; Dichte: 1,30-1,35; Spaltbarkeit: keine, muscheliger Bruch; Strichfarbe: schwarzbraun; Transparenz: undurchsichtig.

## Verwechslungen und Unterscheidung

Gagat kann vor allem mit anderen Kohlegesteinen verwechselt werden, insbesondere mit der Kännelkohle, einer kompakten, schwarzen Steinkohleart, und Anthrazit. Beide sind schwerer entzündlich als Gagat, daher kann dieser mit einer glühenden Nadel identifiziert werden: Gagat schmilzt beim Berühren der Nadel und riecht nach brennender Kohle. Verwechslungen mit Flint (Härte 6,5-7, Dichte 2,5-2,7), Obsidian (Härte 5-5,5, Dichte 2,3-2,6) Onyx (Härte 6,5-7, Dichte 2,58-2,64) und schwarzem Turmalin (Schörl, Härte 7-7,5, Dichte 3,02-3,26) können dagegen durch einfache Härte- und Dichtebestimmungen vermieden werden.

## Fälschungen

Gagat wird manchmal durch Kunststoff- und Hartgummi-Imitate gefälscht, die mitunter nur durch eine mineralogisch-gemmologische Untersuchung identifizierbar sind. Glasimitate und Onyx sind dagegen durch die deutlichen Härteunterschiede (Glas 5,5; Onyx 7) leicht zu unterscheiden.

## Verwendung und Handel

Gagat war schon in der Bronzezeit ein Schmuck- und Heilstein und blieb bis zur ersten Hälfte des 20. Jahrhunderts sehr beliebt. Erst in den letzten Jahrzehnten wurde er durch Onyx und Obsidian verdrängt. Als Heilstein erlebt Gagat jedoch in jüngster Zeit wieder eine Renaissance.

## Heilwirkung, Indikationen

Gagat hilft, Kummer, Trauer und Niedergeschlagenheit zu überwinden und Pessimismus in Zuversicht und Vertrauen zu wandeln. Er ist vor allem dann angezeigt, wenn viel geklagt wird, aber keine Initiative zur Veränderung da ist. In Situationen, die nur noch durch Nachgeben zu meistern sind, hilft Gagat, das Unabänderliche zu akzeptieren. Wo jedoch eine geringe Chance zu positiver Veränderung besteht, stärkt Gagat Unbeugsamkeit, Ausdauer, Zähigkeit und Selbstüberwindung.

Gagat lindert Hautkrankheiten und Darmbeschwerden, insbesondere Durchfall. Er wirkt kurzzeitig fiebersenkend und hilft bei Wirbelsäulen- und Gelenkbeschwerden.

## Anwendung

Gagat sollte für geistige Wirkungen längere Zeit getragen werden. Zur Behandlung körperlicher Beschwerden muß er oft ausgewechselt werden, wenn er sich energetisch auflädt und heiß wird.

# Gips

## Name, Synonyme, Handelsbezeichnungen
Der Name Gips ist vermutlich äthiopischen Ursprungs und über Griechenland (gypos) und Rom (gypsum) nach Europa gelangt, die ursprüngliche Bedeutung ist unbekannt. Synonyme sind: Alabaster (gesteinsbildender Gips); Fraueneis, Marienglas, Specularit, Spiegelstein (glasklare Gipsplatten); Gipsspat, Glinzerspat, Selenit (Gipskristalle); Atlasspat, Seidenspat, Satinspat (faseriger Gips); Gipserde, Gipsguhr, Gipsstein (pulveriger Gips). Spezielle Sammlerobjekte sind die Sand-, Wüsten- oder Gipsrosen, in Wüsten gebildete sandhaltige Gipsrosetten. Als Heilsteine gewinnen derzeit die Engelberger Alabaster-Linsen aus Leonberg (Synonym: Eltinger Eier) große Bedeutung.

## Genese, Vorkommen
Gips entsteht sekundär beim Eindampfen von Salzseen und bildet so feinkörnige Gesteinsmassen (Salzgesteine, siehe auch „Sekundäre Gesteinsbildung" Seite 29). Sehr häufig entsteht er auch durch Wasseraufnahme aus Anhydrit (siehe dort). Solche Lagerstätten finden sich in Norddeutschland, Frankreich und Italien.

In kleinerem Umfang entsteht er überall, wo in der Oxidationszone kalkhaltiger Gesteine, wie z.B. Mergel, durch Verwitterung Schwefelsäure freigesetzt wird, die sich mit dem enthaltenen Calcium verbindet. In diesen Bildungsprozessen entstehen Kristalle, Pseudomorphosen und verschiedenste Aggregate, wie z.B. die Engelberger Alabaster-Linsen. Bekannte Fundstellen hierfür sind Leonberg (s.o.), Mainz, Braunschweig, Wiesloch/Baden und Paris. Marienglas findet sich in Thüringen, Polen und Sizilien, Selenit in Tschechien und die größte Menge der im Handel befindlichen Sandrosen stammt aus der Sahara.

*Abb. 130: Sandrose, Sahara (1:1)*

## Kristallsystem, Erscheinungsbild, Farbe

Gips ist monoklin und kann metergroße, prismatische (Selenit), tafelige (Marienglas) oder auch gekrümmte und schlangenförmig gewundene Kristalle (Gipslocken) bilden. Darüber hinaus kommt Gips in derben, körnigen, dichten, linsenförmigen (Alabaster), erdigen (Gipserde), blättrigen, rosettenartigen (Gipsrose), faserigen (Seidenspat, Fasergips) und strahligen Aggregaten vor. Gips ist weiß, grau, rötlich oder bräunlich und zeigt Glasglanz.

## Mineralklasse, Chemismus

Gips zählt zur Mineralklasse der Sulfate. Er ist ein wasserhaltiges Calciumsulfat der Anhydrit-Gips-Gruppe (Formel: $CaSO_4 \cdot 2H_2O$ + Al,Fe,C). Durch erdige, tonige oder organische Stoffe wird Gips in seiner Entstehung oft verunreinigt, begleitende Mineralstoffe sind daher u.a. Aluminium, Eisen und Kohlenstoff. Diese Fremdstoffe und ihre Verbindungen verursachen auch die Farben des von Natur aus farblosen Minerals.

## Bestimmungsmerkmale

Mohshärte: 1,5–2; Dichte: 2,3–2,33; Spaltbarkeit: ausgezeichnet; Strichfarbe: weiß; Transparenz: als Kristall (Selenit) durchsichtig, derbe und dichte Aggregate (Alabaster) durchscheinend bis undurchsichtig.

## Verwechslungen und Unterscheidung

Anhydrit: Härte 3,5; Kalkstein oder Calcit: sind in Salzsäure löslich. Eine zerstörungsfreie Unterscheidung ist oft nur durch mineralogisch-gemmologische Untersuchungen möglich.

## Fälschungen

Für Selenit oder Marienglas gibt es keine Fälschungen, Alabaster wird jedoch mitunter gefärbt, was nur durch mineralogisch-gemmologische Untersuchungen nachgewiesen werden kann.

## Verwendung und Handel

Gips wird als Baustoff (Mörtel und Isolierstoff) und im Kunstgewerbe sowie als Rohstoff für Farben, Porzellan, Emaille und Düngemittel verwendet. Als Schmuckstein wird er aufgrund seiner geringen Härte nicht verwendet, dafür sind vor allem Selenit-Kristalle als Heilsteine in Verwendung.

## Heilwirkung, Indikationen

Gips hemmt energetische Prozesse und kann daher eingesetzt werden, wenn psychische wie physische Vorgänge außer Kontrolle geraten. Übersensiblen Menschen vermittelt er Stabilität.

Körperlich festigt Gips das Gewebe. Er kann bei zu langer Anwendung die Muskeln verhärten, lindert bei kurzzeitiger Anwendung (wenige Minuten) jedoch Verspannungen. Engelberger Alabaster-Linsen sind außerdem schmerzlindernd, spannungslösend und ein guter Schutz bei Streß.

## Anwendung

Gips sollte aufgrund seiner hemmenden Wirkung nur wenige Tage direkt am Körper getragen werden. Wesentlich besser sind Steinkreise aus Marienglas, Sandrosen oder Alabaster-Linsen.

# Girasol

## Name, Synonyme, Handelsbezeichnungen
Der Name Girasol bedeutet „in der Sonne drehen" (ital. girare = drehen, sole = Sonne). Er wurde im Laufe der Zeit für unterschiedlichste Steine verwendet, die durch Drehen das Sonnenlicht in verschiedenen Effekten zurückwerfen. Dazu zählen Heliotrop, Mondstein, Katzenaugen, Saphir mit rundlichem Lichtschein und Feueropal. Obwohl der Name aufgrund seiner Unbestimmtheit besser nicht mehr verwendet würde, taucht er durch seinen Wohlklang immer wieder auf. Derzeit bezeichnet Girasol eine farblose, innige Verwachsung von Opal und Quarz mit milchigem Lichtschimmer. Ein durchaus passendes Synonym ist Halbopal, Sonnenopal und Sonnenstein beziehen sich dagegen eigentlich auf den Feueropal (siehe dort). Das Synonym Kristallopal ist jedoch ganz und gar unglücklich, da dieser Begriff auch den besten Edelopal bezeichnet (siehe Kapitel Opal).

## Genese, Vorkommen
Girasol entsteht primär durch die Entwässerung farblosen Opals. Der durch Austrocknen aus magmatischem Kieselsäure-Gel entstandene Opal (siehe dort) wandelt sich durch weiteren Wasserverlust allmählich in Quarz um. Vom Girasol spricht man dann, wenn das Mischungsverhältnis von Quarz und Opal ungefähr ausgeglichen ist. Bedeutende Girasol-Vorkommen sind derzeit in Brasilien und Madagaskar.

## Kristallsystem, Erscheinungsbild, Farbe
Girasol ist teils amorph (Opal-Anteil), teils trigonal (Quarz-Anteil) und bildet daher keine Kristallformen, sondern derbe Massen. Seine beiden Bestandteile können sich im Stein entmischen,

*Abb. 139: Girasol-Trommelsteine, Brasilien (2:1)*

was zur typischen Trübung, zu feinen Schleiern oder auch zu verwischten Bänderungen führen kann. Feine Lamellen aus abwechselnden Opal- und Quarz-Schichten führen in geschliffenen Steinen mitunter zu wogendem Lichtschein, manchmal auch zu Asterismus (Stern-Girasol). Girasol ist farblos-klar, durchfallendes Licht erhält jedoch einen hellen, leicht milchigen Schimmer. Er zeigt Glasglanz.

## Mineralklasse, Chemismus
Die Bestandteile des Girasols – Opal und Quarz – sind chemisch identisch, nämlich Siliciumdioxid ($SiO_2$). Daher zählt Girasol zur Mineralklasse der Oxide.

## Bestimmungsmerkmale
Mohshärte: 5,5 – 6,5; Dichte: 2,3 – 2,5; Spaltbarkeit: keine, muscheliger Bruch; Strichfarbe: weiß; Transparenz: durchsichtig mit schwacher Trübung.

## Verwechslungen und Unterscheidung
Girasol kann mit Bergkristall und Wasseropal verwechselt werden, ist jedoch an der leichten Trübung zu erkennen, die ihn auf dunklem Hintergrund etwas heller erscheinen läßt als die beiden anderen.

## Fälschungen
Girasol wird durch Glas, Kunststoffe und bei sehr hohen Temperaturen (über 500 °C) gebrannte Amethyste imitiert. Die Unterscheidung ist dabei schwierig, so daß nur gemmologische Untersuchungen eindeutig Klarheit schaffen.

## Verwendung und Handel
Als Schmuck- und Heilstein ist Girasol derzeit unbedeutend. Er ist in Form von Trommelsteinen, Anhängern und Kugeln erhältlich, doch waren bisher weder seine mineralogischen Gegebenheiten noch seine Heilwirkungen ausreichend bekannt, um ihn für die Steinheilkunde attraktiv zu machen.

## Heilwirkung, Indikationen
Der im Übergang vom Opal zum Quarz befindliche Girasol läßt verborgene Bewußtseinsinhalte ans Licht kommen, wenn man durch eine eigentümliche Unruhe, Unzufriedenheit oder undefinierbare Sehnsucht nicht zur Ruhe kommt (Opal). Er hilft, Klarheit zu gewinnen, indem die ursächlichen Bilder, Wünsche und Bedürfnisse ins Wachbewußtsein aufsteigen, so daß sie nun im Leben tatkräftig verwirklicht werden können (Quarz). Dadurch schenkt Girasol inneren Frieden.

Körperlich hilft Girasol, gewohnheitsmäßige Anspannungen zu lösen, bevor sie zu richtigen Verspannungen werden. Er lindert grundsätzlich alle Verhärtungen, fördert den Lymphfluß und läßt geschwollene, harte Lymphknoten abschwellen.

## Anwendung
Girasol-Kugeln oder Trommelsteine können zur Massage angespannter oder verhärteter Körperbereiche verwendet werden. Als Anhänger hilft er, zukünftige Anspannungen zu vermeiden.

# Gold

## Name, Synonyme, Handelsbezeichnungen

Der Name Gold (gotisch gulth) ist indogermanischen Ursprungs und nahe verwandt mit den Begriffen Gelb und Glühen. Synonyme gibt es nicht, lediglich die natürliche Erscheinungsweise wird durch bestimmte Zusätze gekennzeichnet: Berggold bezeichnet das im Gestein eingewachsene Gold, Freigold reine Stufen aus gediegenem Gold und Seifengold sedimentäres Gold.

## Genese, Vorkommen

Gold entstammt dem Magma, tritt jedoch nur durch Anreicherung in größeren Mengen auf. Primäre Anreicherung geschieht beim Absinken von Gold und schweren Erzen im Magma, wodurch der entstehende Gesteinskörper in verschiedene Lagerstätten differenziert wird (z.B. Goldlagerstätten in Südafrika). Auch hydrothermale Lösungen können Gold als Chlor-Komplex lösen und später in Adern angereichert ablagern (z.B. Vorkommen in Colorado und Kalifornien/USA).

Sekundäre Anreicherung vollzieht sich durch klastische Sedimentation (siehe Seite 25ff.), wenn Gold aufgrund seiner hohen Dichte früher abgelagert wird als andere Verwitterungsreste, oder durch die Ausfällung von Gold-Chlor-Komplexen in chemischer Sedimentation (siehe Seite 27ff.). Dadurch bilden sich in Gewässern und Flußmündungen sog. Seifenlagerstätten (mittelhochdeutsch sife = Wasserlauf), in denen Gold in Form von Geröllen, sog. Nuggets, gefunden wird. Seifenlagerstätten finden sich weltweit flußabwärts aller anderen Lagerstätten.

Durch eine metamorphe Umwandlung goldhaltiger Gesteine, z.B. verfestigter Sedimente (Seifen!), wird feinverteiltes Gold mobilisiert und in Rissen und Spalten angereichert. So bilden sich Gold-Quarz-Gänge in Metamorphiten, wie sie in der Schweiz, Kanada und Australien bekannt sind.

*Abb. 140: Gold-Nuggets, USA (2:1)*

## Kristallsystem, Erscheinungsbild, Farbe
Gold kristallisiert kubisch, wobei Kristalle in Form von Würfeln, Oktaedern und Rhombendodekaedern eine Seltenheit sind. Wesentlich häufiger findet sich das edle Metall in derben, körnigen Massen, in Form von Drähten, Blechen und Dendriten, oder eben als knollige Nuggets (siehe Vorkommen). Es erscheint goldgelb, bei Silbergehalt fast weiß und durch Kupfer orangerot oder manchmal braun. Gold zeigt Metallglanz.

## Mineralklasse, Chemismus
Gold zählt als gediegenes Edelmetall zur Mineralklasse der Natürlichen Elemente, Formel: Au. Natürliche Legierungen tragen eigene Namen: Gold mit hohem Silbergehalt (Ag) heißt Elektrum, mit Kupfer (Cu) Auricuprit, mit Palladium (Pa) Porpezit, mit Rhodium (Rh) Rhodit und mit Wismut (Bi) Wismutaurid. Auch Gold-Eisen-Legierungen kommen vor.

## Bestimmungsmerkmale
Mohshärte: 2,5–3; Dichte: 15,5–19,3, sehr rein: 19,32; Spaltbarkeit: keine, Gold ist weich und kalt verformbar; Strichfarbe: goldgelb; Transparenz: opak, als Folie durchsichtig.

## Verwechslungen und Unterscheidung
Gold kann mit Pyrit, Chalkopyrit und verwittertem Biotit verwechselt werden, ist jedoch anhand der Härte, Dichte und Verformbarkeit leicht zu unterscheiden.

## Fälschungen
Künstlich gezüchtete Goldkristalle oder Kristall-Nachbildungen werden mitunter als natürliche Stufen angeboten. Ebenso Steine, bei denen Gold oder Goldbronze auf den Stein aufgetragen oder in Risse uns Spalten eingebracht wurde.

## Verwendung und Handel
Gold war schon immer als Zahlungsmittel, Symbol für Reichtum und Macht, aber auch als Heilstein in Verwendung. Heute verwendet es vor allem die Homöopathie als Antidepressivum.

## Heilwirkung, Indikationen
Gold stärkt den eigenen Wesenskern und bringt verborgene innere Wünsche, Sehnsüchte und Handlungsmotivationen ans Licht. Es repräsentiert das Prinzip „Haben" und fördert daher einerseits die Fähigkeit, Dinge zu konfrontieren („etwas haben können"), anderseits jedoch mitunter auch die Habgier. Gold stärkt das Selbstbewußtsein bei Minderwertigkeitsgefühlen und hilft vor allem ehemals erfolgreichen Menschen nach Mißerfolgen gegen Unzufriedenheit, Depressionen, Todesangst und Selbstmordneigung. Es fördert die Lebendigkeit, Geselligkeit und Freude an der Sexualität. Körperlich wirkt Gold erwärmend, vitalisierend und kreislaufanregend, es fördert die Drüsentätigkeit und lindert Erkrankungen der Geschlechtsorgane. Gold reguliert die Nerventätigkeit.

## Anwendung
Gold wirkt sehr kräftig als Edelstein-Essenz oder durch Auflegen von Nuggets auf das Wurzelchakra.

# Granat

## Name, Synonyme, Handelsbezeichnungen

Granat bedeutet „der Körnige" oder „der körnig Erscheinende" (lat. granum = Korn), was sich entweder auf seine typischen rundlich-vielflächigen Kristallformen oder auf die rote Farbe vieler Granate bezieht, die an die Blüte oder die Körner des reifen Granatapfels erinnern. Wie auch immer, es ist auf jeden Fall ein recht treffender Name. Synonyme für Granat sind Karfunkel (Mittelalter), Schriftgranat (Verwachsung mit Quarz und Feldspat), Sterngranat (Asterismus) und Würfelgranat (mit würfelförmigem Habitus, sehr selten!). Handelsnamen für speziell rote Granate sind Arizona-Rubin, Arizona-Spinell, Montana-Rubin, New-Mexico-Rubin oder Pyrandin.

Die Granat-Gruppe besteht aus 16 eigenständigen Mineralien, die ihrerseits verschiedene Varietäten zeigen. Für einzelne Varietäten gibt es zudem mehrere Synonyme und Handelsnamen, was eine fast unübersehbare Vielzahl von Namen ergibt, die nur durch eine strikte Ordnung zu überblicken ist:

## Mineralien der Granatgruppe

| Name (Herkunft, Bedeutung) | Synonyme (ggf. Erläuterung) |
|---|---|
| Almandin (nach Alabanda, einer antiken Edelsteinstadt) | Alabanda-Rubin, Allochroit, Ceylon-Rubin, Eisengranat, Eisentongranat, Kandyspinell, Toneisengranat, Sibirischer Granat, Syrischer Granat, Vermeille |
| Andradit (nach dem portugiesischen Mineralogen J.B. d'Andrada e Silva, einem Granat-Forscher) | Aplom (dunkelbraun), Bredbergit (magnesiumreich), Jelletit, Kalkeisengranat, Kolophonit (derb kolophoniumbraun), Pechgranat (schwarz), Polyadelphit (derb braungelb), Pyrenäit, Regenbogen-Granat (mit opalisierender Oberfläche), Rothoffit (gelbbraun, manganhaltig), Topazolith (hellgelb), Xantholith |
| Calderit (nach James Calder) | keine |
| Goldmanit (nach M.I. Goldman) | keine |
| Grossular (nach der stachelbeerähnlichen Farbe; botanisch Grossularia = Stachelbeere) | Ernita, Gissonit, Granatjade (grün), Kaliforn. Rubin, Kalktongranat, Landerit (rosa), Leukogranat (farblos), Olyntholith, Pyreneit, Romanzowit (braungelb), Rosolith, Stachelbeerstein, Succingranat (bernsteinfarben), Südafrikanische Jade (grün), Telemarkit, Tonkalkgranat, Transvaaljade/Transvaalnephrit (grün), Vanadiumgranat (mit Anteilen von Goldmanit), Wiluit, Xalostocit (rosa) |
| Henritermierit (nach Henri F. Termier) | keine |
| Hibschit (nach Josef E. Hibsch) | Plazolith (wie Hibschit selbst ein Mischkristall aus 2/3 Grossular und 1/3 Katoit), Rodingit (feinkörniges Plazolith-Gestein) |
| Katoit (nach Arika Kato) | Granat-Jade (feinkörniges Gestein aus Katoit oder Hibschit), Hydro-Grossular (veraltet) |
| Kimzeyit (nach Joe Kimzey) | keine |
| Knorringit (nach Oleg v. Knorring) | Hanleit, Chrom-Granat (selten, meist nur geringe Anteile im Chrom-Pyrop) |
| Majorit (nach Alan Major) | keine |
| Morimotoit (nach Nobuo Morimoto) | keine |

| Name (Herkunft, Bedeutung) | Synonyme (ggf. Erläuterung) |
|---|---|
| Pyrop (griech. Feuerauge; bezeichnet die glutrote Farbe des Steins) | Adelaide-Rubin, Amerikanischer Rubin, Arizona-Rubin, Australischer Rubin, Böhmischer Granat, Böhmischer Rubin, Chrom-Pyrop (mit hohen Knorringit-Anteilen), Colorado Rubin, Kalifornischer Rubin, Kap-Granat, Kap-Rubin, Rocky Mountain Rubin, Tonkalkgranat, Vermeillegranat, Vogesit |
| Schorlomit (Ähnlichkeit mit Schörl) | Iiwaarait, Iwarit (Schorlomit aus dem finnischen Teil Lapplands) |
| Spessartin (nach der historischen Fundstelle Stengerts im Spessart) | Bodenbenderit, Braunsteinkiesel, Mandarin-Granat (leuchtend orangefarben), Mangangranat, Mangantongranat, Partschin, Pechgranat (schwarz), Umbalith (mit alexandritartigem Farbwechsel) |
| Uwarowit (nach S.S. Uwarow) | Chromgranat, Kalkchromgranat, Trautwinit (veraltet für verunreinigten Uwarowit) |

Die meisten Namen dieser Granate sind zu Ehren bestimmter Mineralogen, Entdecker oder anderer Gelehrter kreiert worden, die sich mit der Granat-Gruppe auseinandergesetzt haben.

## Wichtige Varietäten bestimmter Granate

| Name (Mineral, Eigenschaft) | Synonyme (ggf. Erläuterung) |
|---|---|
| Demantoid („der Diamantähnliche"; chromhaltiger Andradit) | Granatjade, Sibirischer Chrysolith, Sibirischer Olivin, Transvaaljade, Transvaalnephrit, Uralchrysolith, Uralolivin, Uralsmaragd (ausschließlich Handelsnamen) |
| Hessonit (gr. hesson = geringer eisenhaltiger Grossular) | Granatjade, Kalktongranat, Kaneelstein, Romanzovit, Tonkalkgranat, Transvaaljade, Transvaalnephrit, Zimtstein (Hessonit wurde geringwertiger als Granat allgemein und Zirkon eingestuft) |
| Melanit (gr. melas = schwarz, titanhaltiger Andradit) | Iwaarit (irreführendes Synonym, bezeichnet eigentlich Schorlomit), Kalkeisengranat, Talkgranat, Titangranat, Titanmelanit, Yttergranat (yttriumhaltiger Melanit aus Norwegen) |
| Rhodolith (gr. rhodos = Rose) | Orientalischer Granat (Almandin-Pyrop-Mischkristall mit schönem Rot), nahe verwandt mit dem rötlich-orangen „Malaya-Granat" |
| Tsavorit (Fundort: Tsavo, Kenia) | Chrom- und vanadiumhaltiger Grossular; Synonyme: Tsavolith, Vanadium-Grossular |

## Genese, Vorkommen

Die meisten Granate entstehen tertiär bei der Bildung metamorpher Gesteine:
- **Almandin** tritt dabei vorwiegend in Glimmerschiefer, Amphibolit, Granulit und Gneis auf, bedeutende Fundstellen sind in Österreich, Skandinavien, Nepal, Indien, Sri Lanka, Thailand, Australien, Brasilien und Alaska.
- **Andradit** findet sich in Kalksilikatfels, Marmor, Granatfels und Skarn. Fundstellen sind in Skandinavien, Schottland, Kanada, USA, Japan, Australien, Namibia, Afghanistan und Rußland. Mexiko und Rußland bieten die begehrte Varietät **Demantoid**, die USA den **Melanit**, das Fichtelgebirge, Österreich, Italien und die USA den **Topazolith** und Mexiko den äußerst seltenen **Regenbogen-Andradit**.
- **Grossular** entsteht in Kalksilikatfels, Marmor, Granatfels und Skarn. Er findet sich in den Alpen, Rußland, Skandinavien, Schottland, Irland, Namibia, Kanada und den USA. Die Varietät

Hessonit stammt aus Namibia, Sri Lanka, Rußland, Kanada, Mexiko und Piemont/Italien. **Tsavorit** aus Kenia und Tansania. Derzeit machen grüne **Chrom-Grossulare** aus Mali von sich reden.
• **Pyrop** entsteht unter hohem Druck in großen Erdtiefen. Er findet sich daher vorwiegend in Tiefengesteinen wie Eklogit und Peridotit oder in Vulkangesteinen wie Basalt-Brekzien oder Kimberlit, wenn Lava-Ausbrüche ihn an die Erdoberfläche beförderten. Die bekannteste Fundstelle liegt in Böhmen, darüber hinaus findet er sich in den Alpen, Argentinien, USA, Ostafrika, Madagaskar, Australien, China und Rußland. Die Varietät **Rhodolith** stammt vor allem aus Argentinien, Indien und Sri Lanka.
• **Spessartin** weist als Ursprungsgestein neben den metamorphen Gesteinen und Skarnen auch primäre Gesteine wie Granitpegmatite auf. Er findet sich in Deutschland, Italien, Skandinavien, Rußland, Pakistan, Indien, Sri Lanka, Namibia, Madagaskar, Brasilien und den USA.
• **Uwarowit** kommt bevorzugt in metamorphen Chromit-Lagerstätten vor. Er findet sich im Ural/Rußland, Schlesien, Finnland, USA, Kanada und dem Himalaya.

Mit den genannten Mineralien erschöpft sich die Liste der bedeutenden Granate. Alle anderen sind sehr selten oder kommen nur in verschwindend kleinen Kristallen vor. Sie haben auch als Heilsteine keine Bedeutung erlangt und werden daher im folgenden nicht näher erwähnt.

## Kristallsystem, Erscheinungsbild, Farbe

Granat ist – mit Ausnahme des seltenen tetragonalen Henritermierit – stets kubisch und bildet üblicherweise zwei Kristallformen aus: Den aus zwölf Rautenflächen bestehenden Rhombendodekaeder und den aus 24 drachenförmigen Flächen bestehenden Ikositetraeder (zu beiden siehe Seite 41).

*Abb. 156: Granat-Raritäten: Würfelgranat (Almandin), Österreich; Regenbogen-Andradit, Mexiko (2:1)*

Oktaeder und Würfel sind extrem selten. Die zumeist isometrischen Kristalle finden sich als Individuen im Muttergestein eingebettet oder zu kantigen Aggregaten verwachsen. Die Flächen der Kristalle sind oft rissig und schrundig, die Kanten mitunter abgerundet.

Granate können durchsichtig bis undurchsichtig erscheinen und sind oft von vielen Rissen durchzogen. Größere schleifbare Stücke sind daher nur schwer zu finden. Rauhe Oberflächen erscheinen manchmal matt, glatte Flächen zeigen jedoch Glasglanz. Durch Rutilnadeln, die im Kristall parallel zu den Dodekaederkanten eingelagert sind, können im Cabochon-Schliff vier- oder sechsstrahlige Lichtsterne sichtbar werden („Sterngranat"). Wie die folgende Tabelle zeigt, kann Granat je nach Mineral im Prinzip alle Farben außer Blau zeigen:

### Die Farben der Granate

| | |
|---|---|
| Almandin | rot, braunrot, braun, schwarzrot bis schwarz |
| Andradit | grüngelb, khaki, braun bis schwarz |
| - Varietät Demantoid | leuchtend grün |
| - Varietät Melanit | schwarz |
| - Varietät Regenbogen-Andradit | dunkelbraun bis rotbraun mit mehrfarbigem Schiller |
| - Varietät Topazolith | honiggelb bis gelbbraun |
| Grossular | farblos, grau, bräunlich, gelblich, grün bis rosa |
| - Varietät Hessonit | bräunlich gelb bis bräunlich orangerot |
| - Varietät Tsavorit | smaragdgrün |
| - Varietät Chrom-Grossular | intensiv grün |
| Pyrop | blutrot bis schwarzrot, orangebraun, rosa |
| - Varietät Rhodolith | rotviolett, dunkelrot bis rosa |
| Spessartin | gelb, orange, rotbraun, braun, braunschwarz |
| Uwarowit | dunkelgrün bis smaragdgrün |

## Mineralklasse, Chemismus

Die Granat-Gruppe zählt zur Mineralklasse der Insel-Silikate. Ihre gemeinsame Summenformel lautet: $Me^{2+}_3Me^{3+}_2(SiO_4)_3$, wobei „Me" allgemein für Metall steht. Granate bestehen also aus zweiwertigen Metallen, dreiwertigen Metallen und Inselsilikat-Molekülen im Verhältnis 3 : 2 : 3. Dabei liegen die folgenden Mineralstoffe vor:

Als zweiwertige Metalle: Calcium ($Ca^{2+}$), Eisen ($Fe^{2+}$), Magnesium ($Mg^{2+}$) und Mangan ($Mn^{2+}$).

Als dreiwertige Metalle: Aluminium ($Al^{3+}$), Chrom ($Cr^{3+}$), Eisen ($Fe^{3+}$), Mangan ($Mn^{3+}$), Titan ($Ti^{3+}$), Vanadium ($V^{3+}$) und Zirkonium ($Zr^{3+}$).

Das Silicium ($Si^{4+}$) im Inselsilikat-Molekül kann manchmal in geringen Mengen durch Aluminium ($Al^{3+}$), Eisen ($Fe^{3+}$) oder Titan ($Ti^{4+}$) ersetzt sein; außerdem finden sich mitunter Hydroxid-Ionen ($OH^-$) im Kristallgitter (sog. „Hydro-Granate"). In diesem Fall wird dem Mineralnamen immer die Vorsilbe „Hydro-" hinzugefügt (Hydro-Andradit, Hydro-Grossular usw.).

Die chemischen Formeln bekannter Granate lauten daher wie folgt:

| Die chemischen Formeln der Granate ||
|---|---|
| Almandin | $Fe_3Al_2(SiO_4)_3$ + Cr,K,Mg,Mn,Na,Ti + (SE) |
| Andradit | $Ca_3Fe_2(SiO_4)_3$ + Al,Cr,F,K,Mn,Na,Sn,Ti,V + (SE) |
| - Varietät Demantoid | $Ca_3(Fe,Cr)_2(SiO4)_3$ |
| - Varietät Melanit | $(Ca,Na)_3(Fe,Ti)_2(SiO4)_3$ |
| - Varietät Regenbogen-Andradit | $Ca_3Fe_2(SiO_4)_3$ + Al,Mn |
| - Varietät Topazolith | $Ca_3Fe_2(SiO_4)_3$ |
| Grossular | $Ca_3Al_2(SiO_4)_3$ + Cr,Fe,Mn,Na,Ni,Sn,V + (SE) |
| - Varietät Hessonit | $Ca_3(Al,Fe)_2(SiO_4)_3$ |
| - Varietät Tsavorit | $Ca_3(Al,Cr,V)_2(SiO_4)_3$ |
| - Varietät Chrom-Grossular | $Ca_3(Al,Cr)_2(SiO_4)_3$ |
| Pyrop | $Mg_3Al_2(SiO_4)_3$ + Cr,Fe,K,Na,Ni,P,Ti,V + (SE) |
| - Varietät Rhodolith | $(Mg,Fe)_3Al_2(SiO_4)_3$ + Ti |
| Spessartin | $Mn_3Al_2(SiO_4)_3$ + As,Cd,Co,Ga,Ge,Fe,Mo,Sc,Sn,V,Y,Zn |
| Uwarowit | $Ca_3Cr_2(SiO_4)_3$ + Fe,K,Mg,Mn,Na,Ni,Ti |

*Abb. 157: Granat, Pyralspit-Reihe: o.l. Almandin, Österreich; o.r. Pyrop, Brasilien; u. Spessartin, USA (1:1)*

Je nachdem, welche Metallkombination also vorliegt, ergibt sich das jeweilige Granat-Mineral. Durch Fremdstoff-Beimengungen oder Mischkristalle aus verschiedenen Granaten ergeben sich dazu die verschiedenen Varietäten.

An dieser Stelle soll jedoch gleich angemerkt werden, daß die Natur hier noch weitaus mehr Variationen bietet, als in obiger Tabelle dargestellt werden kann. Die sechs genannten Granat-Minerale bilden außer den obigen Varietäten zwei Mischkristall-Reihen:

Die „Pyralspit-Reihe" setzt sich aus den Endgliedern Pyrop, Almandin und Spessartin zusammen, die „Ugrandit-Reihe" aus den Endgliedern Uwarowit, Grossular und Andradit. Die Glieder einer jeden Reihe sind dabei gut miteinander mischbar, d.h., die Natur bietet Granate mit den verschiedensten Mischungsverhältnissen ihrer Mineralstoffe (so ist z.B. der Rhodolith ein Mischkristall aus Pyrop und Almandin). Die Glieder verschiedener Reihen sind dagegen kaum miteinander mischbar.

Hier endet natürlich jede Systematik, denn von Fundort zu Fundort sind die Mischungsverhältnisse verschieden. Die reinen Endglieder sind sogar selten. Mit ein paar Prozent mischen die anderen Vertreter der jeweiligen Reihe fast immer mit.

## Bestimmungsmerkmale
Mohshärte: 7–7,5; Dichte: 3,5–4,3; Spaltbarkeit: unvollkommen, muscheliger, splittriger, spröder Bruch; Strichfarbe: weiß, Melanit hellbraun; Transparenz: durchsichtig bis undurchsichtig.

## Verwechslungen und Unterscheidung
Zunächst können die verschiedenen Granate natürlich untereinander verwechselt werden. Da innerhalb der verschiedenen Reihen verschiedenste Mischkristalle möglich sind, ist eine eindeutige Bestimmung hier nur durch mineralogisch-gemmologische Analysen möglich.

Ansonsten sind Granate im Rohzustand unverwechselbar, geschliffen können sie je nach Farbe jedoch mit Peridot, Rubin, Smaragd, Sphalerit, Spinell, Topas, Turmalin, Vesuvian oder Zirkon verwechselt werden. Auch hier hilft nur die mineralogisch-gemmologische Untersuchung.

## Fälschungen
Sogenannter Goldaura-/Silberaura-Granat bzw. Goldaura-/Silberaura-Almandin ist nicht natürlich, sondern durch Erhitzen gewöhnlichen Almandins künstlich hergestellt. Der begehrte Demantoid wird oft durch YAG (synth. Yttrium-Aluminium-Oxid) oder Linobat (synth. Lithium-Niobat) imitiert; Melanit mitunter durch schwarzes Glas. Für Grossular existieren Dubletten aus Grossular und Glas sowie Imitationen aus synthetischem Spinell. Pyrop wird schließlich noch durch rotes Glas imitiert; lediglich für Spessartin und Uwarowit sind derzeit keine Fälschungen bekannt. In allen Fällen ist eine sichere Identifizierung von Fälschungen nur durch mineralogisch-gemmologische Untersuchungen möglich.

## Verwendung und Handel
Almandin wurde früher als Schleifmittel verwendet, ist heute jedoch durch Korund verdrängt. Rote Granate waren immer beliebte Schmuck- und auch Heilsteine, wie der Mythos des wunderkräftigen Karfunkels belegt, mit dem u.a. auch der Granat gemeint war. Interessanterweise waren Granate häufig in Krisenzeiten in Mode, wie z.B. nach den beiden Weltkriegen.

In größeren Mengen sind heute vor allem Almandin, Grossular und Pyrop im Handel. Sie sind vom Rohkristall, Trommelstein und Anhänger bis zum Schmuck- und Edelstein erhältlich. Andradit, Topazolith und Spessartin werden überwiegend als Sammlerstufen gehandelt; Demantoid, Hessonit, Rhodolith und Tsavorit sind selten und werden daher fast nur als geschliffene Edelsteine angeboten. Regenbogen-Andradit und Würfelgranat sind absolute Raritäten und derzeit praktisch unauffindbar.

### Heilwirkung, Indikationen

Als kubisch-tertiäres Mineral hilft Granat bei großen Veränderungen, Umwälzungen und scheinbar aussichtslosen Situationen. Er gibt in schwierigen Zeiten die Kraft, sich immer wieder zu überwinden und das Notwendige zu tun, und fördert als Inselsilikat Widerstandskraft, Ausdauer und Durchhaltevermögen. Granat hilft, sich von veralteten Vorstellungen, Weltanschauungen, Gewohnheiten und Verhaltensmustern zu lösen, um offen zu sein für neue Perspektiven. Dabei ermöglicht er, Fehler der Vergangenheit zu analysieren, um sie später zu vermeiden, ohne dabei Selbstwert und Selbstachtung zu verlieren. Insofern ist er tatsächlich ein Stein, der hilft, Extremsituationen zu meistern und Krisen zu überwinden.

Darüber hinaus wirkt Granat aufbauend und stärkend in allen Unternehmungen. Er fördert den Wunsch nach Selbstverwirklichung und erweitert gleichzeitig den eigenen Horizont, so daß man das Wohl aller Gemeinschaften erkennt, in denen man lebt. Granat stärkt die Bereitschaft zur gegenseitigen Hilfe und fördert Mut, Hoffnung und Vertrauen. Er löst unnötige Hemmungen und Tabus, macht dynamisch und kreativ und sorgt für eine aktive, lebendige Sexualität. Männern hilft er daher auch bei Potenzproblemen.

*Abb. 158: Granat, Ugrandit-Reihe: o. Grossular, Rußland; u.l. Andradit, USA; u.r. Uwarowit, Finnland (1:1)*

Aufgrund der vielen Mineralstoffe wirkt Granat stark stoffwechselanregend. Er erhöht an den Stellen, auf die er aufgelegt wird, den Umsatz aller Stoffe, so daß er praktisch jedes Gewebe oder Organ beleben und zur Aktivität anregen kann. Auf diese Weise stärkt Granat die Regenerationskraft des Körpers. Darüber hinaus zeigen verschiedene Granate und Varietäten noch spezielle Eigenschaften:

| Die spezifischen Wirkungen verschiedener Granate | |
|---|---|
| Almandin | Tatkraft, Vorstellungsgabe, stoffwechselanregend, Eisenstoffwechsel im Darm, blutbildend |
| Andradit | Dynamik, Kreativität, geistige Beweglichkeit, belebend, leberanregend, blutbildend |
| - Varietät Demantoid | Inspiration, Scharfsinn, stark leberanregend, entgiftend, gegen Entzündungen |
| - Varietät Melanit | Aufrichtigkeit, Widerstandskraft, kräftigt die Wirbelsäule |
| - Varietät Regenbogen-Andradit | Ideenreichtum, Flexibilität, Entsäuerung, herzstärkend |
| - Varietät Topazolith | Optimismus, Hoffnung, Wundheilung, gewebestärkend |
| Grossular | Entspannung, Erholung, stärkt Nieren, gegen Rheuma und Arthritis, regeneriert Haut und Schleimhäute |
| - Varietät Hessonit | Selbstachtung, geistiges Wachstum, Hormonregulierung bei Über- und Unterfunktion der Drüsen |
| - Varietät Tsavorit | Hilft bei Entzündungen der Haut und Schleimhäute, auch bei verschleppten und chronischen Erkrankungen |
| - Varietät Chrom-Grossular | Selbstbestimmung, Fettstoffwechsel, vorbeugend gegen Arteriosklerose |
| Pyrop | Gelassenheit, Mut, hebt die Lebensqualität, verbessert die Blutqualität, kreislaufstärkend |
| - Varietät Rhodolith | Lebenslust, Herzlichkeit, Vertrauen, gesunde Sexualität, stoffwechselanregend |
| Spessartin | Hilfsbereitschaft, gegen Alpträume, antidepressiv, herzstärkend, hilft bei sexuellen Problemen |
| Uwarowit | Individualität, Begeisterung, Entgiftung, gegen Entzündung, fiebertreibend |

## Anwendung

Granat kann je nach Verfügbarkeit als Rohstein oder Trommelstein aufgelegt oder als Anhänger und Schmuckstein getragen werden. Es empfiehlt sich, Granate in akuten Fällen lieber mehrmals täglich für kurze Zeiträume anzuwenden als dauerhaft über längere Zeit. Direkter Hautkontakt ist günstig.

# Halit (Steinsalz)

## Name, Synonyme, Handelsbezeichnungen

Die Herkunft des Namens Salz liegt im Dunkeln, die indogermanische Wortwurzel „sal" findet sich jedoch gleichermaßen in Salz, Saal und Seele. Ein Zusammenhang zum Meer, zur See, besteht offensichtlich, da einerseits Salz aus dem Meer gewonnen wurde, andererseits in der germanischen Mythologie auch die Seelen dem Wasser entstammen. Auch das griechische Wort „hals" (= Salz) leitet sich von halos = Meer ab. Es findet sich wieder im Wort Halle, in den Ortsnamen vieler Salzlagerstätten wie Hallein, Hallstatt, Bad Reichenhall, Schwäbisch Hall usw. und dem mineralogischen Namen Halit. Salz und Halit besitzen also offensichtlich eine Beziehung zum Raum und zur Seele, wie auch die Heilkunde zeigt. Synonyme für Salz/Halit sind: Bergsalz, Chlornatrium, Kernsalz, Knistersalz, Kochsalz, Kropfsalz (jodhaltig), Muria, Perlsalz, Sal, Salmare, Salzsaures Natron, Salzspat (kristallin), Salzstein (körnig), Schaumsalz, Seesalz, Siemlotka, Sodasalz, Spack (stengelig), Spitzasalz, Szybiker Salz und Wüstensalz.

## Genese, Vorkommen

Salz entsteht sekundär. Es scheidet sich als Eindampfungsgestein (siehe Seite 27ff.) in flachen Meeren ab. Werden horizontale Lagerstätten dann von immer mächtigeren Sedimentschichten überlagert, beginnt das leichtere und gleitfähige Salz durch den Druck in vertikale Risse und Spalten einzudringen und aufzusteigen. Auf diese Weise bilden sich vertikale Salzstöcke. Gelangt das Salz schließlich zur Erdoberfläche, quillt es kuppelartig hervor und bildet Salzdome. Oberirdische, „junge" Salzlagerstätten sind die Salzseen Utahs und Nordafrikas, mächtige horizontale Lagerstätten unter Tage finden sich in den USA, Salzstöcke in Österreich, Salzdome in Norddeutschland und Polen.

*Abb. 144: Halitstufen, Kalifornien/USA (2:1)*

## Kristallsystem, Erscheinungsbild, Farbe

Halit kristallisiert kubisch. Er bildet würfelförmige Kristalle, auch mit Skelettwachstum weitaus häufiger jedoch grobkristalline bis feinkörnige Massen. Halit erscheint farblos, weiß, rosa, orange, blau, braun bis schwarz und zeigt Glasglanz.

## Mineralklasse, Chemismus

Halit ist Natriumchlorid und zählt zur Mineralklasse der Halogenide, Formel: $NaCl + C,Br,K,Fe,J,Mg$. Als farbgebendes Element tritt vor allem das Eisen auf (rötliche Farbtöne). Organische Einschlüsse färben braun bis schwarz.

## Bestimmungsmerkmale

Mohshärte: 2; Dichte: 2,16; Spaltbarkeit: ausgezeichnet, spröde; bei langsam einwirkendem Druck plastisch verformbar; Strichfarbe: weiß; Transparenz: durchsichtig bis durchscheinend.

## Verwechslungen und Unterscheidung

Halit kann mit Sylvin (Kalisalz, KCl) verwechselt werden. Sylvin hat jedoch einen stechend salzigen Geschmack und färbt eine blaue Gasflamme violett, Halit dagegen färbt Flammen gelb.

## Fälschungen

Durch Bestrahlung wird farbloser Halit blau. Leider ist hierfür kein Nachweis möglich.

## Verwendung und Handel

Salz ist ein wichtiges Nahrungs- und Konservierungsmittel sowie technischer Rohstoff. Halit-Stufen sind beliebte Sammelstücke. In der Heilkunde waren stets drei Eigenschaften des Salzes von großer Bedeutung: seine Fähigkeit, zu schützen, zu reinigen und zu heilen.

## Heilwirkung, Indikationen, Anwendung

Halit hilft, Verhaftungen an Gedanken- und Verhaltensmuster aufzulösen und unbewußte Mechanismen durch bewußte Handlungen zu verändern. Dadurch wird es auch möglich, sich gegen subtile äußere Einflüsse und Manipulationen zu schützen. Salz reinigt die Atmosphäre eines Raumes, wozu heute spezielle Salzkristall-Lampen verwendet werden, und wird auch zur Reinigung von Heilsteinen eingesetzt. Zudem hebt Halit die Stimmung und wirkt aufmunternd bei Melancholie. Etwas Salz auf der Zunge hilft, Schwäche- und Ohnmachtsanfälle zu überwinden. Solebäder verbessern die Hautdurchblutung, regen den Stoffwechsel an und harmonisieren das vegetative Nervensystem, das die inneren Organe steuert (Sole = 1,5%ige Kochsalzlösung). Salzreiche Atmosphären sind gut für die Haut und heilsam für die Atemwege. Doch auch kristalliner Halit entfaltet viele dieser Wirkungen, wenn er direkt auf die Haut aufgelegt wird.

## Anwendung

Halitstufen können zur Auflösung von Mustern und Gewohnheiten verwendet werden, indem man diese mit einem präzisen Begriff oder einem kurzen Satz benennt und wie ein Mantra beständig wiederholt, während man den Blick über die Kanten der kubischen Kristalle wandern läßt, bis sich die Worte des „Mantras" buchstäblich auflösen.

# Hämatit

## Name, Synonyme, Handelsbezeichnungen
Hämatit bedeutet „Blutstein" (griech. haemateios = blutig). Dies wird einerseits darauf zurückgeführt, daß das Schleifwasser bei der Hämatit-Verarbeitung tatsächlich blutrot wird, andererseits Hämatit seit Jahrtausenden zur Blutstillung und Wundheilung verwendet wird. Als Eisenerz hat er weite Verbreitung und besitzt eine Fülle von Synonymen: Anhydroferrit, Eisenglanz, Flußeisenstein, Glanzeisenerz, Roteisen, Roteisenerz, Roteisenglanz, Roteisenrahm, Roteisenstein, Roter Eisenrahm, Roterz, Rotstein, Rotwerde, Sanguin, Schwarzer Diamant, Specularit, Spiegeleisen und Spiegelerz. Hämatitführendes Gestein wird Eisenstein genannt.

## Genese, Vorkommen
Hämatit entsteht primär auf hydrothermalen Gängen, wo er Kristalle, Erzadern oder Roten Glaskopf mit Specularit (s.u.) bildet. Vorkommen: Cumberland/England, Kiruna/Schweden, Marokko. Sekundär entsteht er als Verwitterungskruste in der Oxidationszone von Eisenerzlagerstätten oder durch Oxidation von Magnetit und Umwandlung zu Martit (s.u.). Vorkommen hierfür: Ural/Rußland. Tertiär bildet er dichte Massen durch Sedimentation von Eisenoxid aus wäßriger Lösung, wobei Limonit entsteht, der sich durch Wasserverlust bei der Verfestigung und Metamorphose des Sediments in Hämatit umwandelt. Vorkommen: Rußland, Brasilien, USA u.v.m.

## Kristallsystem, Erscheinungsbild, Farbe
Hämatit ist trigonal, bildet jedoch meist dichte Massen. Als Eisenglanz zeigt er rhomboedrisch-würfelige Kristalle. Perfekte Kristallwürfel werden Teufelswürfel, oktaedrische Pseudomorphosen nach

*Abb. 145: Hämatit-Schmucksteine, Brasilien; Rohstein, Großbritannien (1:1)*

Magnetit Martit und glaskopfige Aggregate (sog. Nierenwachstum) Roter Glaskopf, Eisenniere oder Nierenerz genannt. Auf diesen Roten Glaskopf aufgewachsene tafelige Hämatit-Kristalle werden auch Specularit genannt. Als schuppiges Aggregat heißt Hämatit Eisenglimmer oder schuppiger Roteisenstein, als rosettenartiges Aggregat Eisenrose oder Hämatit-Rose und in pulvrig-erdiger Form Eisenocker, Rötel, ockriger Roteisenstein oder Rötelkreide. Dichte, wasserhaltige Hämatit-Aggregate mit bunten Anlauffarben heißen Hydro-Hämatit, Turgit oder Turit. Hämatit ist rotbraun bis grauschwarz und matt, als Kristall, Eisenrose oder poliert wirkt er silbern und zeigt Metallglanz.

## Mineralklasse, Chemismus

Hämatit zählt als Eisenoxid zur Mineralklasse der Oxide, Formel: $Fe_2O_3$ + Mg,Ti + (Al,Cr,Mn,Si,Th). Farbgebend ist hier in erster Linie das Eisenoxid selbst. Lediglich beim Turgit entstehen Anlauffarben durch eingelagerte Wassertröpfchen.

## Bestimmungsmerkmale

Mohshärte: 6 – 6,5; Dichte: 5,2 – 5,3; Spaltbarkeit: keine, muscheliger Bruch, spröde; Strichfarbe: rostrot bis rotbraun; Transparenz: opak.

## Verwechslungen und Unterscheidung

Ilmenit: violettbrauner Strich; Limonit: brauner Strich; Magnetit: Magnetismus; Zinnober: roter Strich. Im Handel angebotener Hämatit ist oft ein Hämatit-Magnetit-Gemenge, was sich jedoch fast nur an Rohsteinen nachprüfen läßt, da der Magnetismus im Verarbeitungsprozeß oft verlorengeht. Da auch Hämatit-Ilmenit und Hämatit-Limonit-Gemenge existieren, ist im Zweifelsfall eine mineralogische Untersuchung ratsam.

## Fälschungen

Bei Ketten und Schmucksteinen wird oft aus Eisenoxidpulver rekonstruierter Hämatit angeboten, der als Hämatin deklariert werden muß! Hämatin kann mineralogisch identifiziert werden.

## Verwendung und Handel

Hämatit ist ein wichtiges Eisenerz und Rohstoff für Farben. Als Schmuck- und Heilstein hat er eine jahrtausendealte Tradition vom alten Ägypten über das Mittelalter bis zur Neuzeit.

## Heilwirkung, Indikationen

Hämatit spendet Kraft, Vitalität und Lebendigkeit. Er lenkt die Aufmerksamkeit auf die elementaren Grundbedürfnisse, die Verbesserung der Lebensqualität und das leibliche Wohl. Hämatit fördert die Eisenaufnahme im Darm, die Bildung roter Blutkörperchen und die Sauerstoffversorgung der Zellen. Roter Glaskopf regt die Regeneration der Nieren nach schweren Erkrankungen an, sollte jedoch nie während Nierenentzündungen eingesetzt werden, da er diese verschlimmern könnte.

## Anwendung

Hämatit wird am besten mit Hautkontakt getragen oder aufgelegt, niemals jedoch bei Entzündungen!

# Heliotrop

## Name, Synonyme, Handelsbezeichnungen
Heliotrop bedeutet „Sonnwendstein" (griech. heliou tropai = Sonnenwende) und bezeichnet seit der Antike immer dasselbe Mineral, nämlich den grünen, feinkörnig-faserigen Quarz mit roten Einsprengseln aus Eisenoxid. Der Name bezieht sich wohl auf frühere magische Verwendungen des Steins, wie sie z.T. noch in Orpheus' „Lithika" aus dem 4. Jahrhundert und anderen Schriften überliefert sind. Synonyme sind Blutjaspis, Blutstein (v.a. im englischsprachigen Raum als bloodstone), Hildegardjaspis, Märtyrerstein und Xanthus.

## Genese, Vorkommen
Heliotrop entsteht sekundär, wenn durch Zerfalls- und Verwitterungsprozesse aus dem Boden und Gestein freigesetzte Kieselsäure allmählich austrocknet und eindickt, d.h., wenn ein immer zähfließender werdendes Gel, welches allmählich zum Chalcedon erstarrt. Dringen dabei nun eisen- und magnesiumhaltige Lösungen in die bereits eingedickte Kieselsäure ein, kommt es zu einer Durchdringung des Gels mit grünem Magnesium-Eisen-Silikat und rotem Eisenoxid. Es bildet sich der Heliotrop. Dessen bedeutendstes Vorkommen liegt in Indien.

## Kristallsystem, Erscheinungsbild, Farbe
Heliotrop ist trigonal, bildet jedoch nur mikrokristalline, mit bloßem Auge nicht sichtbare, faserige und körnige Kristalle. Er erscheint daher in dichten, knollig-kugeligen und radialstrahligen Aggregaten oder als Spaltenfüllungen im Gestein. Heliotrop ist dunkelgrün mit roten Punkten, jedoch nur selten von homogener Erscheinung, da sich Kieselsäure-Gel und Magnesium-Eisen-

*Abb. 146: Heliotrop, Trommelsteine und Donuts, Indien (1:1)*

Lösung bei der Entstehung oft nur unvollständig vermengen. So bilden sich mitunter reine Stellen (Chalcedon), heterogene Bereiche (Moosachat) und gut durchmischte Bereiche (Heliotrop) neben-, in- und durcheinander. Heliotrop zeigt Wachsglanz.

### Mineralklasse, Chemismus
Heliotrop ist das Bindeglied zwischen der Chalcedon- und der Jaspisfamilie. Da er sowohl faserige als auch körnige mikrokristalline Kristalle bildet, kann er keiner der beiden Familien zu 100% zugerechnet werden. Er gehört zur Quarz-Gruppe und zur Mineralklasse der Oxide, Formel: $SiO_2$ + Al,Fe,K,Mg,OH,Si.

### Bestimmungsmerkmale
Mohshärte: 6,5 – 7; Dichte: 2,58 – 2,64; Spaltbarkeit: keine, muscheliger Bruch; Strichfarbe: weiß; Transparenz: durchscheinend.

### Verwechslungen und Unterscheidung
Sind nur wenige rote Eisenoxid-Punkte im Heliotrop enthalten, kann er kaum von Plasma und grünem Jaspis abgegrenzt werden, die Übergänge sind fließend. Daher gilt es auf die Pünktchen zu achten!

### Fälschungen
Bei Roh- und Trommelsteinen sind derzeit keine Fälschungen bekannt, bei edlen und teuren Schmucksteinen gibt es jedoch Glasimitationen, die durch gemmologische Untersuchungen aber leicht identifizierbar sind.

### Verwendung und Handel
Heliotrop ist ein klassischer Schmuckstein und auch als Heilstein bereits seit der Antike und dem Mittelalter (Hildegard von Bingen u.a.) bekannt. Als das „Echinacin" unter den Steinen zählt er heute zu den gebräuchlichsten Heilsteinen.

### Heilwirkung, Indikationen
Heliotrop hilft, in allen Situationen die Kontrolle zu bewahren, sich zu schützen und, wo nötig, abzugrenzen sowie unerwünschte Einflüsse abzuwehren. Er wirkt belebend bei Müdigkeit und Erschöpfung und beruhigt bei Nervosität, Aggressivität und Gereiztheit.

Heliotrop regt den Fluß der Körperflüssigkeiten und die Tätigkeit der Lymphe an, entsäuert den Körper und entzieht dadurch vielen Krankheitserregern ihr lebensnotwendiges „Milieu". Zudem aktiviert er die unspezifische Immunabwehr und hilft daher sehr schnell bei beginnenden Infekten, Entzündungen und Eiterbildungen.

### Anwendung
Da die unspezifische Immunabwehr die erste Immunreaktion des Körpers ist, muß Heliotrop sofort eingesetzt werden, wenn sich die ersten Krankheitssymptome zeigen. Beim ersten Kratzen im Hals, dem ersten Fieber- oder Zerschlagenheitsgefühl eingesetzt, hilft er schnell und sicher. Am besten wird er dazu im Bereich der Thymusdrüse (zwischen Herz und Kehle) aufgelegt.

# Hiddenit

## Name, Synonyme, Handelsbezeichnungen

Hiddenit wurde 1879 erstmals in North Carolina/USA gefunden und 1881 von dem amerikanischen Mineralogen John Lawrence Smith (1818–1883) nach dem Entdecker William Earl Hidden benannt. Hiddenit ist die gelbe bis gelbgrüne Varietät des Edelspodumen (siehe auch Kunzit). Synonyme und Handelsnamen sind Lithion-Smaragd, Lithiumsmaragd, Spodumensmaragd und Triphan.

## Genese, Vorkommen

Hiddenit entsteht primär durch hydrothermale Bildung in Pegmatiten. Bei der liquidmagmatischen Entstehung des Pegmatits selbst bildet Spodumen oft große Kristalle von mehreren Metern Ausdehnung. Dieser Gemeine Spodumen ist in der Regel trübe und unscheinbar. Wird er nun jedoch durch hydrothermale, mineralstoffhaltige Lösungen aufgelöst und an anderer Stelle neu gebildet, entstehen Edelspodumen wie Hiddenit und Kunzit. Bedeutende Vorkommen von Hiddenit befinden sich in Afghanistan, Madagaskar, Brasilien und den USA.

## Kristallsystem, Erscheinungsbild, Farbe

Hiddenit ist monoklin und bildet prismatische Kristalle mit vertikalgestreiften Prismenflächen. Spitzen und Prismenflächen sind dabei oberflächlich oft stark zersetzt und zerfressen, mehrere Kristalle sind vielfach zu plattigen und stengeligen Aggregaten verwachsen. Die Farbe des Hiddenit variiert von gelb, gelbgrün bis smaragdgrün, auch farbloser Spodumen in Edelsteinqualität wird oft hinzugerechnet. Hiddenit ist meist wasserklar und zeigt Glasglanz.

*Abb. 147: Hiddenit-Kristall, Afghanistan (2:1)*

## Mineralklasse, Chemismus

Hiddenit zählt als Spodumen-Varietät zur Pyroxen-Gruppe und zur Mineralklasse der Ketten-Silikate, Formel: $LiAl[Si_2O_6]$ + Ca,Cr,Fe,Mg,Na. Farbgebend ist im Hiddenit bei Grüntönen das Chrom (Cr), bei Gelbtönen das Eisen (Fe). Durch UV-Licht (Sonnenlicht) kann die Farbe des Hiddenit mitunter ausbleichen.

## Bestimmungsmerkmale

Mohshärte: 6–7; Dichte: 3,16–3,20; Spaltbarkeit: vollkommen; Strichfarbe: weiß; Transparenz: durchsichtig.

## Verwechslungen und Unterscheidung

Hiddenit ähnelt als Kristall vor allem dem Skapolith (siehe Seite 502), kann jedoch anhand der Dichte (Skapolith: 2,57–2,74) von diesem unterschieden werden. In geschliffener Form wird Hiddenit mit vielen klaren, gelben und grünen Edelsteinen verwechselt: Beryll, Chrysoberyll, Diopsid, Euklas, Smaragd und Turmalin. Die Bestimmungsmerkmale all dieser Steine sind jedoch leider so ähnlich, daß nur eine mineralogisch-gemmologische Untersuchung ausreichend Sicherheit zur Unterscheidung bietet.

## Fälschungen

Hiddenit wird manchmal zur Farbveränderung bestrahlt, wodurch farblose oder blasse Steine intensiv grün, gelbgrün, orange oder pink werden. Auch hier bietet im Zweifelsfall nur die mineralogisch-gemmologische Untersuchung Sicherheit.

## Verwendung und Handel

Hiddenit ist ein wertvoller Schmuckstein, als Heilstein steht er jedoch im Schatten seines „rosa-violetten Bruders", des Kunzit. Spodumen allgemein wird zur Lithium-Gewinnung genutzt, da Lithium als extrem leichtes Metall für Legierungen, Spezialgläser, Akkumulatoren sowie in der Pyrotechnik, Medizin und Klimatechnik große Bedeutung besitzt.

## Heilwirkung, Indikationen

Hiddenit lehrt Hingabe ohne Selbstverleugnung. Er hilft, das (im Moment) Unabänderliche zu erkennen und zu akzeptieren, ohne jedoch jemals die eigenen Wünsche, Ziele und Ideale zu vergessen. Hiddenit ermöglicht, die eigene Arbeit auch in unangenehmen oder erniedrigenden Situationen mit Würde zu tun. Dadurch bewahrt er die Selbstachtung, wirkt stimmungsaufhellend und hilft bei Depressionen. Wie Kunzit fördert er das Einfühlungsvermögen, die Erinnerungsfähigkeit und die Bereitschaft, Entscheidungen zu treffen.

Körperlich lindert Hiddenit Gelenkbeschwerden und hilft bei Nervenleiden. Stark schmerzlindernd wirkt er bei Neuralgien, eingeklemmten Nerven, Ischias und kurzfristig auch bei Zahnschmerzen.

## Anwendung

Hiddenit sollte längere Zeit am Körper getragen oder zur Schmerzlinderung direkt auf die entsprechende Stelle aufgelegt werden.

# Hornblende

## Name, Synonyme, Handelsbezeichnungen

Der Name Hornblende bezeichnete im Bergbau des 18. Jahrhunderts eine bestimmte Gruppe von Mineralien, zu welcher z.B. auch der Aktinolith (siehe Seite 128) zählte, und er bezog sich auf das dunkle, hornartige Erscheinungsbild dieser Mineralien und die Tatsache, daß sie trotz halbmetallischem Aussehen keine verwertbaren Erze waren, den Bergmann also „blendeten", täuschten. Inzwischen erhielt diese Mineralgruppe den Namen Amphibole; der Name Hornblende selbst wird nur noch für ein bestimmtes Mineral der Gruppe verwendet. Da alte Gewohnheiten jedoch erfahrungsgemäß nur langsam sterben, muß in der Literatur auch heute noch darauf geachtet werden, ob von Hornblende im weiteren Sinne, also von der Amphibol-Gruppe, oder im engeren Sinne, also von dem hier besprochenen Mineral, die Rede ist. Die Synonyme Bergamaskit, Philipstadit und Syntagmit beziehen sich nur auf Hornblende im engeren Sinne.

## Genese, Vorkommen

Hornblende entsteht primär aus intermediärem bis basischem Magma und findet sich daher als Gemengteil vieler Plutonite wie Hornblendegranit, Granodiorit, Diorit und Syenit sowie in Vulkaniten wie Trachyt, Phonolith, Andesit, Porphyrit und Basalt. Hornblende-Vorkommen dieser Art gibt es weltweit, schöne magmatische Hornblendekristalle stammen jedoch vor allem aus den Basalttuffen Böhmens (Ceské Stredohori) und vom Vesuv, Süditalien.

Tertiär entsteht Hornblende bei der Metamorphose von Amphiboliten und manchen Glimmerschiefern. Sehr schöne Gesteine dieser Art sind z.B. Hornblendeschiefer aus der Schweiz (siehe Foto) und aus Skandinavien.

*Abb. 148: Hornblende-Granatschiefer, polierte Platte, Schweiz (1:1)*

## Kristallsystem, Erscheinungsbild, Farbe

Hornblende ist monoklin und bildet im Gestein eingewachsene, prismatische, säulige bis nadelige Kristalle, auch Zwillinge, sowie derbe, körnige, stengelige, radialstrahlige oder wirrfaserige Aggregate. Sie ist dunkelgrün, dunkelbraun oder schwarz und zeigt Pechglanz oder Fettglanz.

## Mineralklasse, Chemismus

Hornblende zählt zur Amphibol-Gruppe und zur Mineralklasse der Kettensilikate, Formel: $Ca_2(Na,K)(Mg,Fe)_3(Fe,Al)_2[(O,OH,F)_2/Al_2Si_6O_{22}]$ + Mn,Ti. Die Mineralstoff-Vielfalt der Hornblende rührt daher, daß sie eine „weitmaschige" Silikat-Doppelketten-Struktur besitzt, in die Ionen verschiedenster Größe eingebaut werden können. Insofern ist die genannte Formel auch nur eine Angabe durchschnittlicher Mengenverhältnisse.

## Bestimmungsmerkmale

Mohshärte: 5,5–6; Dichte: 3,02–3,27; Spaltbarkeit: vollkommen; Strichfarbe: grünlich bis bräunlich grau; Transparenz: undurchsichtig bis durchscheinend.

## Verwechslungen und Unterscheidung

Hornblende kann mit anderen Amphibolen, Augit und anderen Pyroxenen sowie Turmalin (Schörl) verwechselt werden. Die Unterscheidung ist hier oft nur mineralogisch möglich.

## Fälschungen

Fälschungen gibt es nicht.

## Verwendung und Handel

Als Mineral findet Hornblende keine Verwendung, Hornblendeschiefer und andere hornblendehaltigen Gesteine werden dagegen zu Ornamentsteinen und zu Dekorationszwecken verarbeitet. Auch in der Steinheilkunde bedient man sich in erster Linie der Hornblendeschiefer.

## Heilwirkung, Indikationen

Hornblende hilft, Gegensätze zu verbinden, selbst wenn man verschiedene Anteile der eigenen Persönlichkeit als so unvereinbar empfindet, daß es unmöglich ist, sie gleichzeitig zu leben. In diesem Fall hilft Hornblende, allen Bereichen abwechselnd den benötigten Raum zu geben. Dadurch lösen sich Zerrissenheitsgefühle und zwanghafte Anspannungen. Es entsteht zwar ein wechselhaftes, jedoch vom inneren Empfinden her harmonisches Leben.

Hornblende fördert die Aufnahme von Mineralstoffen und Vitaminen im Dünndarm und unterstützt die Nieren darin, den Elektrolythaushalt des Körpers stabil zu halten. Sie hilft bei Beschwerden des Mittel- und des Innenohrs sowie aufgrund der seelischen Harmonisierung auch bei vielen psychosomatischen Erkrankungen.

## Anwendung

Zur körperlichen Anwendung wird Hornblendeschiefer direkt auf der Haut getragen oder aufgelegt. Zur Verarbeitung seelisch-geistiger Probleme wird er am besten mehrere Tage lang unter das Kopfkissen gelegt.

# Howlith

## Name, Synonyme, Handelsbezeichnungen
Howlith ist ein seltenes Mineral, das erstmalig von dem kanadischen Mineralogen H. How beschrieben und nach ihm benannt wurde. Das Mineral gelangte jedoch erst durch eine traurige Verwechslung zu größerer Bekanntheit: Aufgrund ähnlichen Aussehens wird im Handel seit vielen Jahren Magnesit als Howlith angeboten, aber außer der sekundären Entstehung verbindet diese Mineralien rein gar nichts! Magnesit ist ein Magnesium-Carbonat, Howlith ein Calcium-Borsilikat. Eine Verwechslung hat daher vor allem für die Steinheilkunde fatale Folgen, da Magnesium und Calcium Gegenspieler im Organismus sind und die beiden Minerale verschiedene Wirkungen zeigen (siehe „Verwechslungen"). Synonyme für Howlith sind Khaulit und Silicoborocalcit.

## Genese, Vorkommen
Howlith entsteht sekundär aus zirkulierenden borhaltigen Flüssigkeiten in Gipssedimenten. Dabei verbinden sich Borsäure und Kieselsäure mit dem Calcium des Gips und bilden unter Verdrängung des umliegenden Sediments das neue Mineral. Aus diesem Grund findet sich Howlith stets in dichtem Gips eingebettet. Das einzige bedeutende Howlith-Vorkommen liegt in der Mohave-Wüste, Kalifornien/USA.

## Kristallsystem, Erscheinungsbild, Farbe
Howlith ist monoklin, kristallisiert jedoch nur in Form winziger, feinschuppiger Kriställchen, die ihrerseits verfilzte, knollige Aggregate bilden. Schon die Tatsache, daß diese kleinen Knollen nur wenige Zentimeter groß werden, macht es äußerst schwierig, große Donuts usw. daraus zu fertigen!

*Abb. 149: Howlith-Trommelsteine, Kalifornien/USA (2:1)*

Howlith ist mattweiß bis elfenbeinfarben und oft von braunen oder schwarzen Adern durchzogen, die ihm ein marmoriertes Aussehen geben. Türkisfarbener Howlith ist stets gefärbt!

## Mineralklasse, Chemismus

Howlith ist ein seltenes Calcium-Borsilikat aus der Mineralklasse der Insel-Silikate, Formel: $Ca_2(BOOH)_5SiO_4$ + Fe, Mn. In größeren Mengen (wenige Prozent) verursachen Eisenoxide (FeOOH) die braunen Adern, Manganoxide ($Mn_2O_3$) dagegen die schwarzen Adern im Howlith.

## Bestimmungsmerkmale

Mohshärte: 3,0 – 3,5; Dichte: 2,45 – 2,54; Spaltbarkeit: keine, unebener, erdiger Bruch; Strichfarbe: weiß; Transparenz: undurchsichtig bis durchscheinend.

## Verwechslungen und Unterscheidung

Howlith wird oft mit Magnesit, aber auch mit Kalk, Alabaster (Gips) und Anhydrit verwechselt. Während zerkleinerter Magnesit in vorsichtig erwärmter, 10%iger Salzsäure (Augen schützen!) Gasbläschen (Kohlendioxid) entwickelt, verwandelt sich zerkleinerter Howlith in eine gelartige Masse. Gips und Anhydrit zeigen keine Reaktion. Eine zerstörungsfreie Unterscheidung ist jedoch leider nur mit gemmologischen Geräten möglich.

## Fälschungen

Howlith ist porös und daher leicht zu färben. Mit dem schönen Namen „Türkenit" (getürkter Stein?) wird er gerne als Türkis-Imitation gehandelt. Kurioserweise wird jedoch auch türkis gefärbter Magnesit neuerdings als „gefärbter Howlith" verkauft. – Die Verwirrung nimmt kein Ende! Abhilfe ist jedoch einfach: Finger weg von jenen Steinen, die intensiver türkisfarben sind, als es für Türkis üblich ist!

## Verwendung und Handel

Abgesehen von Fälschungen und Imitationen wird auch Howlith selbst als Schmuck- und Heilstein verwendet. Er wird dazu überwiegend als Cabochon geschliffen, seltener getrommelt. Zum gegenwärtigen Zeitpunkt (1997) ist jedoch – von wenigen Schmucksteinen abgesehen – praktisch kein Howlith im Handel! Aus Simbabwe stammende Steine sind durchweg Magnesit, es gibt dort keinen echten Howlith, auch wenn südafrikanische Handelsunternehmen dies anders deklarieren!

## Heilwirkung, Indikationen

Howlith regt an, das eigene Leben selbst zu gestalten. Er fördert die bewußte Kontrolle der eigenen Handlungen. Howlith verbessert den Gleichgewichtssinn, vor allem dann, wenn man dazu neigt, zu stolpern oder Dinge fallen zu lassen. Körperlich regt Howlith bei Übelkeit den Brechreiz an, so daß es einfacher wird, sich zu übergeben. Er lindert die Folgen von Vergiftungen, insbesondere Hautreizungen durch Kontaktgifte, nicht jedoch die der Gewebsentgiftung!

## Anwendung

Howlith sollte mit Hautkontakt getragen und bei Übelkeit auf den Magen oder an den Hals gehalten werden.

# Jadeit

## Name, Synonyme, Handelsbezeichnungen
Der seit 1569 überlieferte Name Jade geht auf span. pietra de ijada = Lendenstein zurück, da Jade bei den Indianern Südamerikas als Nierenheilmittel bekannt war. Apothekerkreise nannten die Jade „Lapis nephriticus" (Nierenstein), woraus sich der Name Nephrit entwickelte. Jade und Nephrit waren also ursprünglich Synonyme und zunächst auch nicht zu unterscheiden. Erst durch die Entdeckung des Magnesiums und durch Fortschritte der Chemie zu Beginn des 19. Jahrhunderts stellte sich heraus, daß der Begriff Jade eigentlich drei verschiedene Mineralien umfaßte, die nunmehr eigene Namen führen: Jadeit, Nephrit und Chloromelanit.

Außer dem chinesischen Yü besitzt Jadeit keine Synonyme, dafür jedoch eine Reihe Handelsnamen: Kaiserjade oder Imperial-Jade ist chromhaltiger, smaragdgrüner Jadeit; Lavendel-Jade oder Purpur-Jadeit ist lilafarbener Jadeit; Magnetit-Jade ist Nephrit mit Magnetit-Einschlüssen; Jadealbit oder Albitjadeit ein Jadeit-Albit-Gemenge sowie Mayait und Tuxtlit ein Jadeit-Diopsid-Gemenge aus Mexiko.

## Genese, Vorkommen
Jadeit entsteht tertiär bei der Metamorphose von Peridotit zu Serpentinit während der Gebirgsbildung. Dabei wird in der Wurzelzone des Gebirges Albit unter extremem Druck und Hitzeeinwirkung zu Jadeit und Quarz umgewandelt. Bei Anwesenheit von Chromit werden außerdem wenige Prozent Aluminium durch Chrom ersetzt, wodurch grüne Farbtöne entstehen. Vollzieht sich die Metamorphose nur teilweise, entsteht Albitjadeit oder Jadealbit, ein fleckiges Jadeit-Albit-Gemenge. Wichtige Jadeit-Vorkommen finden sich in Burma, China, Rußland und Kalifornien/USA.

*Abb. 150: Jadeit-Trommelstein, China (4:1)*

## Kristallsystem, Erscheinungsbild, Farbe
Jadeit ist monoklin, bildet jedoch keine mit bloßem Auge sichtbaren Kristalle, sondern dichte, feinfaserig verfilzte Aggregate. Diese Beschaffenheit macht ihn extrem zäh und schwer zu schleifen. Jadeit ist grün (Imperial-Jade), weiß, gelb, braun, rötlich oder violett (Lavendel-Jade) und zeigt Glas- bis Fettglanz.

## Mineralklasse, Chemismus
Jadeit ist ein Mineral der Pyroxen-Gruppe und zählt zur Mineralklasse der Ketten-Silikate, Formel: $NaAl[Si_2O_6]$ + Ca,Cr,Fe,Mg,Mn. Die Farbe des Jadeits wird durch in geringen Mengen enthaltene Mineralstoffe verursacht (allochromatische Färbung, vgl. Seite 53). Grüne Farbtöne (Imperial-Jade) entstehen dabei durch Chrom (Cr), gelbe, rötliche und braune Töne durch Eisen (Fe) und Violett-Töne durch Mangan (Mn).

## Bestimmungsmerkmale
Mohshärte: 6,5 – 7; Dichte: 3,30 – 3,36; Spaltbarkeit: unvollkommen, splittriger, unebener Bruch; Strichfarbe: weiß; Transparenz: durchsichtig bis durchscheinend.

## Verwechslungen und Unterscheidung
Jadeit kann mit sehr vielen grünen Mineralien verwechselt werden, u.a. mit Aktinolith (Smaragdit), Chloromelanit, Grossular, Nephrit, Prehnit, Serpentin, Vesuvianit. Sichere Bestimmungen können hier nur durch mineralogisch-gemmologische Untersuchungen erzielt werden.

## Fälschungen
Fälschungen sind bei Jadeit sehr häufig: grüngefärbt wird Imperial-Jade, violettgefärbt (mit Johannisbeersaft!) Lavendel-Jade vorgetäuscht. Bei geschliffenen Steinen wird farbloses Material mit grünem Hintergrund versehen. Auch Imitationen aus anderen Mineralien, v.a. Serpentin, Glas oder Tripletten, sowie Imprägnierungen mit Öl oder Kunststoff sind gängig. Hier hilft letztendlich nur die mineralogisch-gemmologische Untersuchung.

## Verwendung und Handel
Jadeit ist ein Edel-, Deko-, Schmuck- und Heilstein mit uralter Tradition.

## Heilwirkung, Indikationen
Jadeit fördert spielerische Selbstverwirklichung. Er sorgt im Leben für den notwendigen Ausgleich, für Aktivität bei Trägheit und für Ruhe bei Überlastung. Jadeit macht sehr dynamisch und geistig beweglich. Körperlich regt Jadeit die Nierenfunktion an und gleicht damit den Wasser-, Salz- und Säure/Basen-Haushalt aus. Er erhöht die Reaktionsfähigkeit durch die Stimulation der Nerven und Nebennieren.

## Anwendung
Jadeit wird zur Entfaltung geistiger Eigenschaften auf die Stirn und für körperliche Wirkungen auf die Nieren aufgelegt. Er kann intensive Erstreaktionen hervorrufen, die in der Regel jedoch nicht länger als drei Tage andauern.

# Jaspis

## Name, Synonyme, Handelsbezeichnungen

Der Name Jaspis stammt aus dem Orient. Er entwickelte sich vom assyrischen „aschpu" über das hebräische „jaschpeh" zum griechischen „iaspis", was „gesprenkelt, geflammt" bedeutet. Der Name Jaspis war jedoch im Altertum mit Sicherheit anderen Steinen zugeordnet als heute: In der Bibel wird Jaspis der alleredelste Stein genannt und mit Eis verglichen – ein Hinweis auf Bergkristall oder Diamant? Vom antiken Griechenland bis zum Mittelalter wurden dagegen stets grüne Steine mit diesem Namen bezeichnet – wahrscheinlich der heutige Heliotrop und ähnliche Quarze. Erst die Moderne brachte dem Jaspis die aktuelle Definition als bunter, undurchsichtiger Quarz.

Seine Beschaffenheit verleiht dem Jaspis eine immense Vielfalt an Farben, Farbkombinationen und Zeichnungen aller Art. Daher besitzt er zwar relativ wenige Synonyme, jedoch eine unüberschaubare Fülle von Handelsnamen. Die wenigen, z.T. veralteten Synonyme sind Bayat, Iolanthit, Jasper, Hornstein (irreführend, da Hornstein ein eigenes Mineral ist), Vogesit und Schwimmstein für porösen, verwitterten Jaspis. Als Handelsname existiert Schweizer Jade.

- **Zertrümmerter Jaspis**, der als Brekzie durch Quarz neu verkittet wurde, heißt auch schlicht Brekzien-, Brecclet-, Silberblatt-, Silberlinien- oder Trümmerjaspis.
- **Blau gefärbter (!) Jaspis** aus Nunkirchen/Saarland wurde früher als Deutscher oder Schweizer Lapis gehandelt (heute nur noch im Antikhandel).
- **Brauner Jaspis** heißt Bilderjaspis (mit abstrakter Zeichnung), Eisenjaspis oder Nilkiesel (einfarbig braun), Schlangenjaspis oder Schriftjaspis (braun mit pinselstrichähnlichen Zeichnungen), Vabanit bzw. Wabanit (braunrot mit gelben Flecken) und Zebrajaspis (hell/dunkel gestreift).
- **Buntjaspis** ist rot-gelb-grün und meist aus Indien, Popjaspis bunt gefleckt, Regenbogen-Jaspis

*Abb. 151: Roter Jaspis und Brekzien-Jaspis, Südafrika (1:1)*

bunt gebändert. Jaspis mit parallelgestreifter Zeichnung wird je nach Aussehen Bandjaspis, Schlangenhaut-Jaspis, Streifenjaspis oder Tigerjaspis genannt.
- **Einfarbig gelber oder roter Jaspis** heißt auch Eisenjaspis oder Eisenkiesel, roter Jaspis weiterhin auch Silex. Zum gelben Jaspis zählt auch der sandfarbene Landschafts- oder Bilderjaspis, der nach seiner Herkunft auch Kalahari-Picture-Stone genannt wird.
- **Grüner Jaspis** wird manchmal auch Plasma oder Prasma genannt, obwohl diese Bezeichnung eigentlich dem dunkelgrünen Chalcedon reserviert ist.
- **Violetter Jaspis** wird, durch Lavendelquarz und -jade inspiriert, inzwischen Lavendeljaspis genannt.
- **Schwarzer Jaspis** hieß früher auch Basanit, Lydit oder Pramnion, heute wird er fälschlich als Onyx verkauft. Schwarz-beige marmorierter Jaspis heißt auch Puddingstein.
- **Jaspis mit fossilen Schneckenhäusern**, der aus verkieseltem braunem Tongestein entstanden ist, wird Fossilachat (irreführend!), Fossiljaspis, Schlangenjaspis, Schneckenachat, Turitella-Achat (beides irreführend!) oder Turitella-Jaspis genannt.
- Abschließend sei noch der **Kugeljaspis**, ein Jaspis mit kugelig-runder Zeichnung, sowie der Sternjaspis, ein Jaspis mit kleinen eingeschlossenen Sternquarzaggregaten, erwähnt.

Diese Liste erhebt keinerlei Anspruch auf Vollständigkeit. Für Jaspis verschiedenster Herkunft und Zeichnung wird im Mineralienhandel wohl fast täglich irgendein neuer Name kreiert. Außerdem werden viele dieser Namen auch für ähnliche Minerale und Gesteine verwendet (siehe hierzu auch „Verwechslungen und Unterscheidung"). Daher ist beim Namenszusatz „-jaspis" stets Vorsicht angebracht: Es ist nicht alles Jaspis, was bunt ist!

## Genese, Vorkommen

Jaspis ist in der Regel sekundärer, selten primärer Entstehung. Er bildet sich aus Kieselsäure-Lösung, die beim „Durchsickern" des Bodens und Gesteins viele Fremdstoffe, insbesondere Eisenverbindungen, aufnimmt und dann in Spalten und Hohlräumen auskristallisiert. Dieser Jaspis findet sich typischerweise als Hohlraum- und Spaltenfüllung. Hier kann die Kieselsäure mitunter auch magmatischen Ursprungs sein, wenn sich Jaspis z.B. in Gesellschaft von Achat oder Kristallquarzen in vulkanischem Gestein bildet. Jaspis als Hohlraum- und Spaltenfüllung ist aus Indien (Buntjaspis und grüner Jaspis), Mexiko und in kleinen Mengen aus Deutschland im Handel.

Weitaus häufiger ist die Kieselsäure jedoch durch Verwitterungs- oder Verwesungsprozesse freigesetzt und entstammt dem Sickerwasser. In diesem Fall durchdringt die Kieselsäure-Lösung sandige oder tonige Gesteine in großem Umfang und „verkieselt" diese, indem sie in den feinen Poren der Gesteine auskristallisiert. Auf diese Weise bilden sich große Massen an Jaspis. Diese „Jaspis-Felsen" finden sich vor allem in Australien (gelber und roter Jaspis, Brekzien-Jaspis, Mookait), Südafrika (gelber und roter Jaspis, Brekzien-Jaspis, Landschaftsjaspis, Pop-Jaspis), Madagaskar (Buntjaspis), Oregon (Bilderjaspis) und Wyoming/USA (Turitella-Jaspis).

## Kristallsystem, Erscheinungsbild, Farbe

Jaspis ist trigonal, bildet jedoch nur kleine, körnige Kristalle, die mit dem bloßen Auge nicht sichtbar sind. Aus diesem Grund erscheint er stets in körnig-dichten Massen ohne regelmäßige Begrenzung. Wie bereits geschildert, zeigt Jaspis aufgrund seiner Fremdstoff-Einschlüsse verschiedenste Farben und Zeichnungen. Im Prinzip lassen sich alle diese Varietäten jedoch auf drei Grundfarben zurückführen: auf Rot, Gelb und Grün. Hellblau kommt nur als Chalcedon-Einlagerung vor, und nur aus der Mischung von rotem Jaspis und Chalcedon entsteht der violette indische Lavendel-Jaspis. Die drei Grundfarben Rot, Gelb und Grün sind durch verschiedene Eisenverbindungen verursacht (siehe „Chemismus"). Aufgrund seiner feinkörnigen Struktur ist Jaspis im Rohzustand meistens matt, manchmal zeigt er Fett- oder Glasglanz.

## Mineralklasse, Chemismus

Die Jaspis-Familie zählt zu den mikrokristallinen Quarzen und damit zur Mineralklasse der Oxide, Formel: $SiO_2$ + Fremdstoffe. Als farbgebende Fremdstoffe überwiegen in gelbem Jaspis Eisenhydroxid-Verbindungen (FeOOH), in rotem Jaspis Eisenoxid-Verbindungen ($Fe_2O_3$) und in grünem Jaspis Eisensilikat-Verbindungen. Die braune Farbe des Turitella-Jaspis wird durch tonige Substanzen, also Aluminiumsilikate, verursacht, graue und schwärzliche Färbungen entstehen oft durch Manganoxide. Calcium, Magnesium, Kalium und Natrium fehlen fast nie, treten jedoch farbgebend nicht in Erscheinung. Eine gemeinsame Formel aller Jaspis-Varietäten müßte dementsprechend lauten: $SiO_2$ + Al,Ca,Fe,K,Mg,Mn,Na,O,OH,Si.

## Bestimmungsmerkmale

Mohshärte: 6,5–7; Dichte: 2,58–2,91; Spaltbarkeit: keine, muscheliger oder unebener Bruch; Strichfarbe: weiß, gelb, braun oder rot; Transparenz: undurchsichtig.

## Verwechslungen und Unterscheidung

Neben der klassischen Verwechslung mit Achat und Chalcedon wird Jaspis auch gerne mit allerlei bunten Mineralien und Gesteinen verwechselt bzw. eigentlich werden unbekannte Steine im

*Abb. 152: Landschafts-Jaspis roh, Gelber Jaspis-Trommelsteine, Südafrika (2:1)*

Handel bevorzugt als Jaspis deklariert: So wird der „Silberauge"-Serpentin gerne als Zebra-Jaspis verkauft, Epidot (Unakit) als Blumen-Jaspis, Rhyolith je nach Fundort als Leopardenfell-Jaspis (Mexiko) oder Augen- bzw. Regenwald-Jaspis (Australien), Kalkstein als Picasso-Jaspis und Lavagestein oder Konglomerat auch als Puddingstein (s.o.). Kenner können bekannte Steinsorten in der Regel auf einen Blick auseinanderhalten, doch bei neu auftauchenden Varianten hilft auch hier nur die mineralogisch-gemmologische Untersuchung.

## Fälschungen
Fälschungen für Jaspis selbst sind mit Ausnahme der o.g. Verwechslungen selten. Manchmal wird er durch magmatische Gesteine wie z.B. Diorit imitiert. Umgekehrt wird Jaspis jedoch gerne zur Imitation wertvollerer Mineralien und Edelsteine benutzt, wie z.B. blaugefärbt als Lapislazuli-Imitation.

## Verwendung und Handel
Jaspis ist aufgrund seiner vielfältigen Zeichnungen ein beliebter Schmuck- und Dekorationsstein. Seit dem Altertum wird er als Ringstein, Kette, Anhänger usw. verarbeitet. Als Heilstein ist er ebenfalls bereits seit Jahrtausenden bekannt und in vielen Ländern aufgrund seiner Häufigkeit bis heute in Verwendung. Jaspis zählt zu den günstigsten Heilsteinen und ist in fast allen denkbaren Formen erhältlich, lediglich als facettierter Stein findet er wegen seiner Undurchsichtigkeit kein Interesse.

## Heilwirkung, Indikationen
- **Roter Jaspis** fördert Willenskraft, Konfliktbereitschaft und Mut. Er macht dynamisch und tatkräftig, so daß man sich mit Nachdruck an die Umsetzung eigener Ziele und Pläne macht. Roter Jaspis regt den Kreislauf und den Energiefluß im Körper an.
- **Brauner und gelber Jaspis** fördern Ausdauer und Durchhaltevermögen. Sie bringen Sammlung und innere Ruhe, um Unternehmungen besonnen und überlegt durchzuführen. Beide stärken langfristig das Immunsystem und helfen bei Erkrankungen des Darms und der Verdauungsorgane.
- **Grüner Jaspis** fördert Harmonie und Ausgeglichenheit. Er hilft, sich selbst zu schützen, um in Auseinandersetzungen standhaft zu bleiben. Grüner Jaspis wirkt entgiftend und entzündungshemmend.
- **Violetter Jaspis** (Lavendel-Jaspis) wirkt durch seinen Chalcedongehalt entspannend und beruhigend, ohne daß Aktivität und Achtsamkeit nachlassen. Er bringt körperliches Wohlgefühl, reinigt die Körperflüssigkeiten und stärkt die Regenerationskraft.
- **Buntjaspis** verbindet die Qualitäten der verschiedenen Farben und fördert darüber hinaus Phantasie und Kreativität. Er hilft, Ideen in die Tat umzusetzen.
- **Turitella-Jaspis** regt dazu an, sich etwas zurückzuziehen und sich auf sich selbst, die eigenen Wünsche, Ziele und Pläne zu besinnen. Er hilft, Ängste und Schuldgefühle zu überwinden und fördert die innere Stabilität. Er erhöht die Widerstandskraft gegen Umweltbelastungen.

## Anwendung
Jaspis sollte immer mit Hautkontakt getragen oder aufgelegt werden.

# Karneol

## Name, Synonyme, Handelsbezeichnungen
Karneol ist ein orangefarbener bis brauner Chalcedon. Er trägt seinen Namen aufgrund seiner Farbe, wobei nicht sicher ist, ob dieser sich von lat. cornum = Kornelkirsche oder carneolus = fleischfarben ableitet. In der Antike wurde die orangefarbene und braune Varietät noch Sarder genannt, ab dem 12. Jahrhundert wurde in braunen Sarder und orangefarbenen Karneol unterschieden, heute heißen beide Varietäten Karneol. Der Begriff Sarder stirbt allmählich aus. Synonyme sind Coralin und Kornalin, moderne Handelsnamen Blutachat und Fleischachat. Gebänderter Karneol aus Botswana wird Karneolachat, Korall-Achat und Malawi-Karneol genannt; Karneol-Perlen aus dem Himalaya heißen Augenperlen oder -steine, dZi-Steine oder gZi-Perlen.

## Genese, Vorkommen
Karneol entsteht primär aus hydrothermalen Lösungen in Vulkangesteinen. Ins Gestein eindringende Kieselsäure-Lösung nimmt dabei Eisenoxide auf und beginnt, durch Abkühlen und langsames Austrocknen in kleinen Blasenhohlräumen des Gesteins auszukristallisieren. Die Kieselsäure muß dabei stark wasserhaltig sein, damit es nicht zur Bildung und Abscheidung von Eisensilikaten wie z.B. im Moosachat kommt, sondern das Eisen als Oxid im entstehenden Chalcedon fein verteilt wird. Karneol-Vorkommen sind in Uruguay, Botswana und Indien.

## Kristallsystem, Erscheinungsbild, Farbe
Karneol ist trigonal, bildet jedoch keine sichtbaren Kristalle, sondern nur mikroskopisch kleine Fasern. Er erscheint daher in der Regel als kleine, wenige Zentimeter große Knollen, Kügelchen oder

*Abb. 153: Karneol gebändert (Karneolachat), Botswana (2:1)*

Mandelfüllungen im Gestein. Seine Farbe variiert je nach Oxidationszustand des Eisens von gelb ($Fe^{2+}$) bis orange, rotbraun und braun ($Fe^{3+}$). Botswana-Karneol zeigt achatartige Bänderungen und wird daher oft zu den Achaten gerechnet (siehe auch „Synonyme und Handelsbezeichnungen"). Karneol zeigt Wachsglanz.

## Mineralklasse, Chemismus
Karneol ist eine Varietät der Chalcedon-Familie und gehört damit zur Quarz-Gruppe und Mineralklasse der Oxide, Formel: $SiO_2$ + (Fe,O,OH). Je nach Entstehungstemperatur liegt das enthaltene Eisen als gelb-orangefarbenes Hydroxid (niedrigere Temperatur) oder als rotbraunes bis braunes Oxid (höhere Temperatur) vor. Auch später ist die Umwandlung des Hydroxids zum Oxid durch Wasserverlust und Erhitzung noch möglich.

## Bestimmungsmerkmale
Mohshärte: 6,5 – 7; Dichte: 2,58 – 2,64; Spaltbarkeit: keine, unebener, muscheliger Bruch; Strichfarbe: weiß; Transparenz: durchscheinend.

## Verwechslungen und Unterscheidung
Karneol kann mit rotem Calcit verwechselt werden, dieser zeigt jedoch Härte 3, besitzt ausgezeichnete Spaltbarkeit und schäumt mit 10%iger Salzsäure auf. Verwechslungen mit Feueropal können dagegen nur durch mineralogisch-gemmologische Untersuchungen vermieden werden.

## Fälschungen
Da orangefarbener Karneol begehrter ist als gelber, wird letzterer gerne gebrannt. Ebenso existieren Imitationen aus gefärbtem Chalcedon oder Achat, mitunter auch aus gebranntem grauem Botswana-Achat (sog. Apricot-Achat). Die meisten auf dem Markt angebotenen Karneole sind gefärbte Achate aus Brasilien und Uruguay oder gebrannte gelbe Karneole aus Indien. Auch hier ist die Unterscheidung nur durch mineralogisch-gemmologische Untersuchungen möglich.

## Verwendung und Handel
Karneol ist ein beliebter Schmuck- und Heilstein. Da er von Natur aus selten größer ist als wenige Zentimeter, ist bei allen großen Formen Vorsicht geboten (Fälschungen!).

## Heilwirkung, Indikationen
Karneol vermittelt Standfestigkeit, Idealismus und Gemeinschaftssinn. Er fördert Mut, Tatkraft und gute Laune. Durch pragmatisch-realistische Art hilft er, Probleme und Schwierigkeiten zu lösen.

Körperlich wirkt Karneol erwärmend und regt Stoffwechsel, Kreislauf und Durchblutung an. Er fördert die Aufnahme von Vitaminen, Nähr- und Mineralstoffen im Dünndarm und verbessert so die Blutqualität. Durch die Stimulation der Verdauung regt Karneol mitunter auch den Appetit an.

## Anwendung
Karneol wirkt besonders stark durch längeres Tragen, Auflegen auf den Bauch oder Einnehmen der Edelstein-Essenz.

# Koralle

## Name, Synonyme, Handelsbezeichnungen
Der Name Koralle stammt von griech. kuralion (Theophrast) bzw. korallion (Dioskurides). Die genaue Bedeutung des Namens ist nicht bekannt, in der etymologischen Forschung wird derzeit noch über zwei Alternativen spekuliert: die Abstammung von griech. kura halos = Meermädchen nach dem Aussehen der Koralle, das mitunter an kleine Gestalten erinnert, oder von hebräisch goral = Los-Steinchen, da Korallen-Ästchen in Palästina, Kleinasien und dem Mittelmeerraum früher als Orakel verwendet wurden. Heutige Synonyme für Koralle sind Apfelkoralle, Arachneolith oder Astroit. Der Petoskey-Stein ist ein fossiler Korallenkalk, der unter dem Namen Versteinerte Koralle gehandelt wird.

## Genese, Vorkommen
Korallen sind die Stützskelette kleiner, in warmen Meeren lebender Polypen, die in winzigen Vertiefungen der von fleischiger Haut umgebenen Kalkgerüste sitzen und durch ihre Fußscheibchen Kalk ausscheiden. Auf diese Weise wächst die Koralle als gemeinschaftliches Gefüge vieler kleiner Lebewesen zum sog. Korallenstock heran. Absterbende Korallen werden dabei beständig von lebenden überwachsen, so daß sich im Meer bis zu 30 m Tiefe aus überlagerten Korallenstöcken ganze Bänke, Riffe und Atolle bilden können. Dabei werden die überlagerten Schichten, aus denen fester Korallenkalk entsteht, wie z.B. der Petoskey-Stein aus Michigan/USA oder Ägypten, zunehmend verdichtet. Lebende Korallenriffe gibt es derzeit noch im Roten Meer, Indischen Ozean, Malayischen Archipel, bei den Kanarischen Inseln, in der Karibik, in Nordostaustralien (Great Barrier Reef), bei den Midway-Inseln und Japan.

*Abb. 154: Weiße Koralle, Philippinen; Rote Edelkoralle, Japan (1:1)*

## Kristallsystem, Erscheinungsbild, Farbe
Das Kalkskelett roter, rosafarbener und weißer Korallen besteht aus trigonalen mikrokristallinen Fasern. Schwarze und blaue Korallen beinhalten dazu amorphe organische Substanz. Rote und weiße Korallen bilden kleine baum- oder strauchähnliche verästelte Stöcke bis zu 40 cm Höhe und einer Astdicke von maximal 6 cm. Schwarze Korallen können bis zu 3 m hoch werden. Unbearbeitet sind Korallen matt, poliert zeigen sie Glasglanz. Die Farbe roter Korallen kann verblassen.

## Mineralklasse, Chemismus
Korallen bestehen aus Calcit (Calcium-Carbonat) und zählen damit zur Mineralklasse der Carbonate, Formel: $CaCO_3$ + Fe,Mg. Farbgebend bei Rottönen ist das Eisen (Fe). Schwarze und blaue Korallen enthalten neben Calciumcarbonat auch organische Substanzen.

## Bestimmungsmerkmale
Weiße + rote Koralle: Mohshärte: 3 – 4; Dichte: 2,6 – 2,7; Spaltbarkeit: keine, unebener, splittriger Bruch; Strichfarbe: weiß; Transparenz: undurchsichtig.

Schwarze + blaue Koralle: Mohshärte: 4; Dichte: 1,34 – 1,46; Spaltbarkeit: keine, unebener Bruch; Strichfarbe: grau; Transparenz: undurchsichtig.

## Verwechslungen und Unterscheidung
Geschliffene rosa Korallen können mit der rosa Conchperle oder Pinkperle verwechselt werden, einer seltenen Perle, die nicht in Muscheln, sondern in der großen Flügelschnecke Strombus Gigas entsteht. Die Unterscheidung ist nur anhand der Dichte (2,84) oder gemmologisch möglich.

## Fälschungen
Da rote Korallen begehrt und teuer sind, werden weiße oftmals gefärbt. Außerdem gibt es Imitationen aus Kalkzüchtungen (synthetische Korallen), Knochen, Horn, Kunststoff, Kautschuk, Porzellan und Glas. Im Zweifelsfall hilft hier nur eine mineralogisch-gemmologische Untersuchung.

## Verwendung und Handel
Systematisches Korallenfischen für die Schmuckindustrie gefährdet die Bestände vieler Lebensräume. Daher sollte auf Korallenschmuck weitgehend verzichtet werden. Auch in der Steinheilkunde empfiehlt es sich, Korallen nur in wichtigen Fällen einzusetzen. Die Verwendung des Petoskey-Steins ist als Alternative generell vorzuziehen.

## Heilwirkung, Indikationen
Koralle stärkt den Selbstausdruck und gleichzeitig den Gemeinschaftssinn. Sie fördert positive Formen sozialen Zusammenlebens, in denen sich individuelle Fähigkeiten gegenseitig ergänzen (Synergie). Koralle lindert seelische und soziale Spannungen, Krämpfe und Ängste. Sie hilft bei Atemnot, Verkrampfungen der Bronchien und Husten.

## Anwendung
Koralle sollte im Halsbereich getragen oder in der Kehlkopfgrube (Hals-Chakra) aufgelegt werden.

# Kunzit

## Name, Synonyme, Handelsbezeichnungen
Kunzit wurde 1902 erstmals in Kalifornien entdeckt und von dem Edelsteinfachmann George Frederick Kunz (1856–1932) aus New York beschrieben und später auch nach ihm benannt. Kunzit ist die rosa-violette Farbvarietät des Spodumen (siehe auch Hiddenit, Seite 264). Synonyme und Handelsnamen für Kunzit sind Lithion-Amethyst, Lithiumamethyst, Spodumenamethyst und Triphan.

## Genese, Vorkommen
Kunzit entsteht primär durch hydrothermale Bildung in Pegmatiten. Bei der liquidmagmatischen Entstehung des Pegmatits bildet Spodumen oft Kristalle bis zu mehreren Metern Größe. Dieser Gemeine Spodumen ist in der Regel trübe und unscheinbar. Wird er jedoch durch hydrothermale, mineralstoffhaltige Lösungen aufgelöst und an anderer Stelle neu gebildet, entstehen Edelspodumen wie Kunzit und Hiddenit. Bedeutende Vorkommen von Kunzit befinden sich in Afghanistan, Madagaskar, Brasilien und den USA.

## Kristallsystem, Erscheinungsbild, Farbe
Kunzit ist monoklin und bildet prismatische Kristalle mit vertikalgestreiften Prismenflächen. Diese besitzen nur selten vollkommene Spitzen, üblicherweise endet das Prisma in einem unregelmäßigen Abschluß. Auch die Seiten sind oft oberflächlich stark zersetzt und zerfressen (siehe Foto). Die Farbe des Kunzit variiert von rosa, rosaviolett bis fliederfarben. Er ist meist wasserklar und zeigt Glasglanz.

*Abb. 155: Kunzit-Kristalle, Afghanistan (1:1)*

## Mineralklasse, Chemismus
Kunzit zählt als Spodumen-Varietät zur Pyroxen-Gruppe und zur Mineralklasse der Ketten-Silikate, Formel: $LiAl[Si_2O_6]$ + Ca,Fe,Mg,Mn,Na. Farbgebend sind Lithium (Li), Eisen (Fe) und Mangan (Mn). Durch UV-Licht (Sonnenlicht) kann die Farbe bestimmter Kunzite (nicht aller) mitunter ausbleichen.

## Bestimmungsmerkmale
Mohshärte: 6 – 7; Dichte: 3,16 – 3,20; Spaltbarkeit: vollkommen; Strichfarbe: weiß; Transparenz: durchsichtig.

## Verwechslungen und Unterscheidung
Kunzit kann vor allem in geschliffener Form mit vielen klaren, rosa- bis violettfarbenen Edelsteinen verwechselt werden: Amethyst, Morganit, rosa Saphir, Topas und Turmalin. Die Bestimmungsmerkmale all dieser Steine sind dabei leider so ähnlich, daß nur eine mineralogisch-gemmologische Untersuchung Sicherheit bei der Unterscheidung bietet.

## Fälschungen
Kunzit wird zur Farbveränderung oft bestrahlt oder gebrannt. Durch Bestrahlung werden farblose oder blasse Steine intensiv rosa, Brennen erzeugt bei bräunlichen oder grünvioletten Steinen eine rosaviolette Färbung. Auch Glasimitationen befinden sich im Handel. Alle diese Manipulationen sind nur durch mineralogisch-gemmologische Untersuchungen nachweisbar.

## Verwendung und Handel
Kunzit ist ein wertvoller Schmuckstein und als Heilstein sehr beliebt. Spodumen allgemein wird zur Lithium-Gewinnung genutzt, da Lithium als extrem leichtes Metall für Legierungen, Spezialgläser, Akkumulatoren sowie in der Pyrotechnik, Medizin und Klimatechnik große Bedeutung hat.

## Heilwirkung, Indikationen
Kunzit lehrt Hingabe, Demut und die Bereitschaft zum Dienen. Das beinhaltet auch die hingebungsvolle Arbeit an einer Aufgabe, die mit allen zur Verfügung stehenden Kräften bewältigt wird. Kunzit hilft, innere Widerstände zu überwinden und unangenehme, aber notwendige Pflichten zu erfüllen. Er fördert Einfühlungsvermögen und Erinnerungsfähigkeit, wirkt stimmungsaufhellend und hilft bei Depressionen.

Körperlich lindert Kunzit Gelenkbeschwerden, Muskelverhärtung und Beschwerden, die auf verkürzte oder verkrampfte Sehnen bzw. entzündete Sehnen zurückzuführen sind (Sehnenscheidenentzündung, Tennisarm). Er lindert Rückenschmerzen und hilft bei Nervenleiden. Stark schmerzlindernd wirkt er bei Neuralgien, Ischias und kurzfristig auch bei Zahnschmerzen; Sugilith wirkt hier länger.

## Anwendung
Kunzit sollte längere Zeit am Körper getragen oder zur Schmerzlinderung direkt auf die entsprechende Stelle aufgelegt werden.

# Kupfer

## Name, Synonyme, Handelsbezeichnungen
Kupfer zählt zu den ältesten bekannten und genutzten Metallen. Es wurde ursprünglich altindisch „ayas", lateinisch „aes", gotisch „aiz" und althochdeutsch „êr" genannt, was sich im Begriff „Erz" noch erhalten hat. Schon in der Antike wurde auf der Mittelmeerinsel Zypern Kupfer abgebaut, das zunächst „aes cyprium" oder „aes cuprum" hieß. Im 3. Jahrhundert begannen römische Autoren jedoch, „cuprum" als alleinigen Namen des Metalls zu verwenden. Auf diese Weise erhielt Kupfer nach der Insel Zypern seinen bis heute gebräuchlichen Namen. Synonyme sind Copper und Rotes Erz.

## Genese, Vorkommen
Gediegenes Kupfer entsteht sekundär durch Reduktionsvorgänge an der Grenze der Oxidations- und Zementationszone von Kupfererzlagerstätten. Dabei reagieren Kupfersalze meist mit Substanzen organischer Herkunft, die sich mit den Anionen des Salzes verbinden, so daß das elementare Kupfer ausfällt. Auf diese Weise entstehen die schönsten Kupfer-Stufen (s.u.). Vorkommen dieser Art sind in Arizona und Michigan/USA, Kanada, Namibia und Rußland zu finden. Seltener entsteht Gediegenes Kupfer in körnig-knolliger Form aus kupferhaltigen Lösungen in Sedimenten oder basischen Magmatiten. Vorkommen dieser Art finden sich am Lake Superior/USA und in Rußland.

## Kristallsystem, Erscheinungsbild, Farbe
Kupfer ist kubisch und bildet mitunter sogar Kristalle mit würfeliger Tracht, jedoch meist verzerrtem Habitus und unebener Oberfläche. Häufiger ist die derbe Ausbildung in Form von Klumpen,

*Abb. 156: Gediegenes Kupfer, Michigan/USA (2:1)*

Platten, Blechen und Körnern. Unter Sammlern sehr beliebt sind dendritische Aggregate aus der Zementationszone von Kupfererzlagerstätten. Die Farbe Gediegenen Kupfers ist kupferrot, oft ist das Metall jedoch dunkel angelaufen. Kupfer zeigt Metallglanz.

## Mineralklasse, Chemismus
Gediegenes Kupfer zählt zur Mineralklasse der Natürlichen Elemente, Formel: Cu + Au,Fe + (Ag,As,Bi,Ge,Sb). Es kann bis zu 2,5% Eisen (Fe) und 3% Gold (Au) enthalten, ist in der Regel jedoch sehr rein und daher für heilkundliche Zwecke viel besser geeignet als das aus Erz gewonnene Metall.

## Bestimmungsmerkmale
Mohshärte: 2,5–3; Dichte: 8,9; Spaltbarkeit: keine, leicht dehnbar und verformbar, hakiger Bruch; Strichfarbe: kupferrot-glänzend; Transparenz: undurchsichtig, in dünnster Schicht grün durchscheinend.

## Verwechslungen und Unterscheidung
Kupfer ist an der Farbe leicht erkennbar.

## Fälschungen
Fälschungen gibt es nicht.

## Verwendung und Handel
Kupfer ist ein wichtiges industriell genutztes Metall, wird dafür jedoch fast ausschließlich aus Kupfererz gewonnen. Gediegenes Kupfer ist ein beliebtes Sammelmineral. In der Homöopathie und Spagyrik ist Kupfer ein wichtiges Heilmittel, in der Steinheilkunde wird es dagegen derzeit noch kaum beachtet.

## Heilwirkung, Indikationen
Kupfer fördert den Sinn für Ästhetik, Schönheit und Gerechtigkeit sowie die Entwicklung der Geisteskultur. Es fördert die Freundschaft und Liebe zu allen Wesen und hilft, Gefühle offen zu zeigen. Dadurch erleichtert Kupfer auch, Sinnlichkeit, Erotik und Sexualität zu leben und zu genießen. Es regt die Phantasie, Vorstellungskraft und Traumtätigkeit an und hilft, emotionale Ausgeglichenheit zu erreichen.

Körperlich regt Kupfer die Tätigkeit von Gehirn und Leber an, jenen Organen, in denen es in höchster Konzentration gespeichert ist. Es lindert Krampfzustände, auch bei Menstruationsbeschwerden, regt die Hormondrüsen an und fördert die Entwicklung der weiblichen Geschlechtsorgane und die Fruchtbarkeit der Frau.

## Anwendung
Gediegenes Kupfer sollte an einem Stoff- oder Lederband am Körper getragen werden. Zur Linderung von Krämpfen oder zur Anregung der genannten Organe wird es direkt auf die Haut aufgelegt. Bei Essenzen sollte der Kupfergehalt streng kontrolliert werden, da gelöste Kupferverbindungen giftig sein können.

# Labradorit

## Name, Synonyme, Handelsbezeichnungen
Labradorit ist nach der kanadischen Halbinsel Labrador benannt, an deren Küste das Mineral 1770 erstmals gefunden wurde. 1962 wurde ein besonderer Labradorit aus Ylämaa/Finnland bekannt, der aufgrund seiner Farbenpracht den Namen Spektrolith erhielt. Seit 1995 ist außerdem ein amphibolhaltiges Gestein aus Quebec/Kanada mit winzigen Einsprengeln von Labradorit im Handel, das den Namen Galaxyit oder Sternenstein trägt. Alle drei Varietäten sind als Heilsteine in Gebrauch. Weitere Synonyme und Handelsnamen für Labradorit sind Anemousit, Carnatit, Hafnefjordit, Labradorstein, Labratownit, Luchsauge (grünlich schimmernd), Mauilith, Mornit, Ochsenauge, Radauit, Regenbogenstein, Schwarzer Mondstein (irreführend, da es diesen tatsächlich gibt), Silicit und Sonnenstein (rotbraun aventurisierend aus Oregon/USA; siehe das Kapitel „Sonnenstein").

Das Gestein mit dem Handelsnamen Labrador hat mit dem Mineral Labradorit nichts zu tun. Es ist ein Syenit (siehe Kapitel „Magmatite", Seite 292), der auch unter dem Namen Larvikit im Handel ist und als Heilstein verwendet wird.

## Genese, Vorkommen
Labradorit entsteht primär aus basischem bis intermediärem Magma. Er ist liquidmagmatischer oder vulkanischer Bildung und tritt daher als Gemengteil der Gesteine Gabbro (plutonisch), Basalt und Andesit (vulkanisch) auf. In Plutoniten ist Labradorit mitunter gesteinsbildend. Labradorit findet sich in Kanada (Labrador) und Madagaskar, Spektrolith in Finnland und der Ukraine, Galaxyit (Sternenstein) in Kanada (Quebec).

*Abb. 157: Labradorit, Rohstein, Trommelsteine, Donuts aus Madagaskar (1:1); Einklinker: Spektrolith-Scheiben, Finnland (1:1)*

## Kristallsystem, Erscheinungsbild, Farbe

Labradorit ist triklin, bildet jedoch nur äußerst selten kleine prismatische oder tafelige Kristalle. In der Regel erscheint er in derben Massen oder spätigen Aggregaten. Labradorit ist weiß, gelblich, grau, graugrün, bräunlich bis schwarz (Spektrolith), an seinen Spaltflächen treten jedoch bunte Farbenspiele, das sog. Labradorisieren, auf. Er zeigt Glasglanz.

## Mineralklasse, Chemismus

Labradorit gehört zur Feldspat-Familie und zur Mineralklasse der Gerüstsilikate. Er ist ein Mischkristall der Plagioklas-Reihe und enthält 30–50% Albit (Natronfeldspat, Formel: $NaAlSi_3O_8$) und 50–70% Anorthit (Kalkfeldspat, Formel: $CaAl_2Si_2O_8$), so daß seine Formel in etwa lautet: $NaCa[AlSi_3O_8/Al_2Si_2O_8]$ + Ba,Fe,K,Mn,P,Sr,Ti + (Cu,Ga,Nb,Ni,Pb,Zn,Zr). Die Anzahl und Menge an Fremdstoffen und Spurenelementen ist je nach Fundort sehr verschieden.

## Bestimmungsmerkmale

Mohshärte: 6–6,5; Dichte: 2,69–2,72; Spaltbarkeit: vollkommen, unebener Bruch, splittrig; Strichfarbe: weiß; Transparenz: durchsichtig bis undurchsichtig.

## Verwechslungen und Unterscheidung

Weißer Labradorit wird manchmal mit Mondstein verwechselt bzw. im Handel absichtlich als solcher angeboten, ist jedoch durch seinen meist dunkleren Blauschiller zu unterscheiden. Der Lichtschimmer des Mondsteins ist weiß bis hellblau.

## Fälschungen

Als Fälschung für den Galaxyit wird ein blaues Kunstglas mit Kupferspänen (Härte 5,5) verwendet, das unter dem Namen „Blauer Goldfluß" im Handel ist (siehe auch Sonnenstein, Seite 494).

## Verwendung und Handel

Als gesteinsbildendes Mineral wird Labradorit zu Schmuck- und Dekorationszwecken genutzt. Als Heilstein ist er beliebt und in fast allen gängigen Formen erhältlich.

## Heilwirkung, Indikationen

Labradorit fördert das Erinnerungsvermögen und die Fähigkeit, tiefe Gefühle zu empfinden. Er hilft, eigene Einbildungen und Illusionen zu durchschauen, indem er sie entsprechend seinem schillernden Farbenspiel zunächst sehr lebendig und anschaulich macht, bis man plötzlich ihren wahren Gehalt (reine Lichtspiegelung) erkennt. Dadurch fördert Labradorit einen realistischen Blick, ohne Fähigkeiten wie Intuition, Phantasie und Kreativität zu beeinträchtigen.

Körperlich lindert Labradorit Kälteempfindlichkeit, rheumatische Erkrankungen und Gicht, indem er die Nieren anregt und das Säure-Basen-Gleichgewicht des Körpers stabilisiert. Labradorit wirkt blutdrucksenkend und beruhigt Kreislauf und Herzrythmus.

## Anwendung

Labradorit sollte für seine geistigen Wirkungen in der Meditation ruhig betrachtet werden. Zur körperlichen Anwendung ist es am besten, Anhänger oder Ketten direkt auf der Haut zu tragen.

## Lapislazuli (Lasurit)

### Name, Synonyme, Handelsbezeichnungen
„Lapis lazuli" bedeutet „blauer Stein". Diese lateinische Bezeichnung ist auch die Wurzel der deutschen Synonyme Lasurstein und Lasurspat und der mineralogischen Bezeichnung Lasurit. Der Ursprung des Namens liegt im Persischen und gelangte über Arabien im Mittelalter nach Europa. Im Handel hat sich heute das wohlklingende Lapislazuli durchgesetzt. Weitere Synonyme sind Bergblau, Blauspat, Blaustein, Klaphrotin, Lasur und Ultramarin.

### Genese, Vorkommen
Lapislazuli entsteht tertiär während der Kontakt-Metasomatose von Kalk oder Dolomit durch Syenite, Granite oder deren Pegmatite. Aufsteigendes Magma verursacht dabei Druck und Hitze, welche das Sediment metamorph umwandeln. In einem Stoffaustausch (Metasomatose) zwischen den sich neu bildenden Magmatiten und dem entstehenden Metamorphit (Marmor) entsteht Lapislazuli, der sich dann in der Kontaktzone der beiden Gesteine findet. Bedeutende Lapislazuli-Vorkommen sind in Sar-e-Sang, Badakshan/Afganistan (die beste Qualität!) sowie in Chile und der GUS.

### Kristallsystem, Erscheinungsbild, Farbe
Lapislazuli kristallisiert kubisch, jedoch sind mit bloßem Auge sichtbare Kristalle (Rhombendodekaeder) eine äußerste Rarität. In der Regel findet sich Lapislazuli in größeren „Linsen" im Gestein, die meist aus feinkörnig-dichten oder körnig-derben Massen bestehen. Roh ist Lapislazuli matt, tief dunkelblau mit goldenen (Pyrit) oder gelblich-weißen Einsprengseln (Marmor).

*Abb. 158: Lapislazuli-Schmuckstein und Rohstein, Afghanistan (2:1)*

## Mineralklasse, Chemismus

Lapislazuli ist ein schwefelhaltiges Aluminiumsilikat. Dieser Stein ist ein seltener Vertreter der Sodalith-Nosean-Gruppe und zählt zur Mineralklasse der Gerüst-Silikate, Summenformel: $(Na,Ca)_8 [(SO_4,S,Cl)_2/(AlSiO_4)_6]$ + Fe, K, OH, $CO_3$, $NO_3$ + (Be, Mg). In geringen Mengen enthält Lapislazuli Eisen (Pyrit-Bildung), Kalium sowie Hydroxid-, Carbonat- und Nitrat-Gruppen, in Spuren finden sich Beryllium und Magnesium.

## Bestimmungsmerkmale

Mohshärte: 5–5,5; Dichte: 2,4 (durch Einschlüsse bis 2,9); Spaltbarkeit: unvollkommen, muscheliger Bruch; Strichfarbe: blaßblau; Transparenz: opak, selten kantendurchscheinend.

## Verwechslungen und Unterscheidung

Sodalith: Dichte: 2,3, fettiger Diamantglanz; Farbe: mehr Schwarz im Blauton, Strichfarbe: weiß!

## Fälschungen

Fälschungen von Lapislazuli sind extrem häufig, da vor allem bei tiefblauen Steinen die Nachfrage viel größer ist als das Angebot. Sehr oft wird die mindere Ware nachgefärbt, was dazu führt, daß ein Großteil der angebotenen Ware gefärbt ist. Außerdem existieren Imitationen aus gefärbtem Calcit, Quarz (Chalcedon, Jaspis), Magnesit, Porzellan, Glas, synthetischem Spinell, Kunststoff u.v.m. Auch Rekonstruktionen aus blau gefärbten Stücken von Calcit, Magnesit, Sodalith und Lapislazuli in Kunstharz sowie blaue Kunststeine sind bekannt. Bei all dem hilft im Zweifelsfall nur eine mineralogisch-gemmologische Untersuchung.

## Verwendung und Handel

Lapislazuli ist seit 9000 Jahren (Industal) als Schmuck- und Heilstein in Verwendung. In den alten Kulturen Mittelasiens und der Antike wurde er zu kultischen Zwecken und als Farbstoff benutzt. Heute ist Lapislazuli als Schmuckstein in allen Varianten erhältlich, jedoch nur selten echt!

## Heilwirkung, Indikationen

Als kubisch-tertiäres Mineral hilft Lapislazuli, einengende Verhaltensmuster, insbesondere die Neigung zu Zurückhaltung und Kompromissen, aufzulösen. Im Halsbereich getragen erleichtert er, Kritik anzunehmen sowie selbst Unangenehmes zur Sprache zu bringen, um einmal alles los zu werden, was einem „im Halse steckt". Lapislazuli stärkt die Authentizität, man zeigt sich so, wie man ist. Daher wird er auch der Stein der Wahrheit genannt.

Zurückhaltung, Dinge, die wir „nicht schlucken wollen" oder Unausgesprochenes führt oft zu Enge-, Einschnürungs- und Beklemmungsgefühlen im Hals. Kehlkopf-, Stimmband- und Halserkrankungen sind mitunter die Folge. Da Lapislazuli hier die zugrundeliegenden Muster auflöst, ist er als Heilstein besonders hilfreich bei Heiserkeit, Schluckbeschwerden und Erkältungskrankheiten. Darüber hinaus senkt er den Blutdruck und verlangsamt Hormonzyklen.

## Anwendung

Lapislazuli sollte mit Hautkontakt getragen werden, idealerweise im Halsbereich. Zur Unterstützung der geistigen Wirkungen kann er auch auf die Stirn gelegt werden.

# Larimar

## Name, Synonyme, Handelsbezeichnungen
Larimar ist ein blauer Pektolith. Er erhielt seinen Namen 1975 von Miguel Mendez, einem Minenbesitzer in der Dominikanischen Republik, der das Mineral nach dem Namen seiner Tochter Lari und dem spanischen Wort für Meer (mar) kreierte. Für letzteres war wohl das Aussehen des Steins ausschlaggebend. Zuvor trug Larimar den Handelsnamen Travelina; heute wird er in esoterischen Kreisen Atlantis-Stein genannt. Pektolith selbst bedeutet „zusammengesetzter Stein" (griech. pektos = zusammengefügt, lithos = Stein), was sich auf sein Erscheinungsbild bezieht. Synonyme für Pektolith sind Osmelith, Photolith, Ratholith, Stellit und Walkerit.

## Genese, Vorkommen
Larimar entsteht primär durch hydrothermale Bildung in Gängen und Klüften eines verwitterten Basalts. Da dieser Basalt Kupfersulfid enthält (Chalkosin, $Cu_2S$), löst die heiße Flüssigkeit Kupfer-Ionen aus dem Gestein heraus, die dem entstehenden Pektolith die bläuliche Farbe geben. Larimar findet sich daher als Spaltenfüllung, oft in Paragenese mit Natrolith und Chalkosin. Die einzige Fundstelle liegt bei Baoruco, Provinz Barahona, Dominikanische Republik.

## Kristallsystem, Erscheinungsbild, Farbe
Larimar ist triklin, bildet jedoch keine sichtbaren Kristalle, sondern dichte, faserige und radialstrahlige Aggregate aus (siehe Bild). Er ist hellblau bis weiß, wobei helle Bänder in den typischen Knollen und Adern auch Natrolith und graue Flecken auch Calcit sein können. Dunkle Einschlüsse sind Chalkosin, rote Punkte und Sprengsel Hämatit. Larimar zeigt Seiden- oder Glasglanz.

*Abb. 159: Larimar anpoliert, Dominikanische Republik (1:1)*

## Mineralklasse, Chemismus
Larimar zählt als Farbvarietät des Pektoliths zur Mineralklasse der Ketten-Silikate, Formel: $Ca_2Na[HSi_3O_9]$ + (Cu,Fe,K,Mn,P). Er enthält einige Spurenelemente wie Kupfer (Cu), Eisen (Fe), Kalium (K), Mangan (Ma) und Phosphor (P), farbgebend ist nach aktuellen Erkenntnissen jedoch ausschließlich das Kupfer.

## Bestimmungsmerkmale
Mohshärte: 4,5 – 5; Dichte: 2,74 – 2,88; Spaltbarkeit: vollkommen; Strichfarbe: weiß; Transparenz: durchscheinend bis durchsichtig.

## Verwechslungen und Unterscheidung
Larimar ist aufgrund seines einzigartigen Aussehens unverwechselbar (siehe Abb.).

## Fälschungen
Gerüchten nach sollen minderwertige, helle Qualitäten des Larimar mit blauen Kupfersulfat-Lösungen gefärbt worden sein. Bislang wurde jedoch in keinem gemmologischen Labor eine solche Fälschung nachgewiesen!

## Verwendung und Handel
Larimar wird ausschließlich als Schmuckstein gehandelt und ist in Form von Trommelsteinen, Anhängern, Ketten sowie anpolierten Rohsteinen und Scheiben erhältlich. Er ist sehr schnell zum beliebten Heilstein avanciert und derzeit auf dem besten Weg zum Kultstatus. Behauptungen einzelner Firmen, sie hätten ein Alleinvertriebsrecht des Minerals, sind nachweislich völlig falsch. Larimar wird in der Dominikanischen Republik von einer Kooperative abgebaut, die auch in Deutschland mehrere Unternehmen beliefert.

## Heilwirkung, Indikationen
Larimar vermittelt das Gefühl von Weite und hilft, den geistigen Raum zu vergrößern. Dadurch bringt er innere Ruhe in Zeiten schwerer Belastungen, was Nachdenken und kreatives Handeln erleichtert. Er hilft aus passiver Opferhaltung heraus und ermöglicht, Ereignisse aus einer neuen Perspektive zu betrachten. Gerade in Zeiten großer Veränderungen unterstützt Larimar dabei, das eigene Leben selbst in die Hand zu nehmen. Er fördert das geistige und körperliche Wachstum.

So regt Larimar auch die Selbstheilkraft an, indem er die Gewißheit stärkt, selbst über Gesundheit und Krankheit entscheiden zu können. Larimar löst energetische Blockaden, vor allem in der Brust, im Hals und im Kopf und regt die Gehirntätigkeit an. Er wird außerdem in der Reflexzonenmassage zur Sensibilisierung wenig empfindlicher Menschen verwendet und erhöht die Wirksamkeit der Massage.

## Anwendung
Larimar kann zur Meditation auf Solarplexus, Brust oder Stirn aufgelegt sowie als Steinkreis oder als Stein zur ruhigen Betrachtung verwendet werden. Zur Lösung von Blockaden wird er direkt auf die betroffene Stelle gelegt.

# Lepidolith

## Name, Synonyme, Handelsbezeichnungen
Lepidolith bedeutet Schuppenstein (griech. lepidios = kleine Schuppe). Diesen Namen erhielt das Mineral 1795 durch den Mineralogen Martin Heinrich Klaproth, dem der ältere, auf die Farbe bezogene Name Lilalith des Jesuiten Nicolas Poda von Neuhaus zu unwissenschaftlich war. Als drittes kam schließlich noch das Synonym Lithionglimmer dazu, nachdem chemisch nachgewiesen worden war, daß Lepidolith ein lithiumhaltiger Glimmer ist. Aus diesen Wurzeln stammen die folgenden Synonyme für Lepidolith: Hydropolylithionit, Liliathit, Lithionit, Lithiumglimmer und Rhombenglimmer.

## Genese, Vorkommen
Lepidolith entsteht primär in pneumatolytischen, manchmal auch hydrothermalen Prozessen durch die Einwirkung fluorhaltiger Gase bzw. Flüssigkeiten auf Feldspäte und andere Silikate. Er findet sich daher in Greisen (pneumatolytisch zersetzten Graniten) und lithiumführenden Zinnerz-Lagerstätten. Größere Massen entstehen in lithiumhaltigen Pegmatiten, wo er auch Paragenesen mit anderen Lithium-Mineralien wie Turmalin, Spodumen (Kunzit, Hiddenit) usw. bildet. Bedeutende Lepidolith-Vorkommen sind in den USA, Brasilien, Namibia und Madagaskar.

## Kristallsystem, Erscheinungsbild, Farbe
Lepidolith ist monoklin, erscheint jedoch meist in Form tafeliger Platten mit pseudohexagonalem Habitus (sechseckiger Querschnitt). Er bildet außerdem schuppige, blättrige bis feinkörnig-dichte Aggregate und manchmal halbkugelige, glaskopfähnliche Massen. Die Farbe des Lepidolith variiert

*Abb. 160: Lepidolith, Rohstein und Trommelsteine, Brasilien (1:1)*

von blaßviolett bis rosa, seltener ist er farblos bis grau. Wie alle Glimmer erscheint Lepidolith typisch glitzernd. Er zeigt Glasglanz, auf Spaltflächen auch Perlmuttglanz und auf feinschuppigen Aggregaten Seidenglanz.

## Mineralklasse, Chemismus

Lepidolith zählt als wichtiger Vertreter der Glimmer-Gruppe zur Mineralklasse der Schicht-Silikate, Formel: $K(Li,Al)_3[(O,OH,F)_2/AlSi_3O_{10}]$ + Ca,Cs,Fe,Mg,Mn,Na,Rb. Ausschlaggebend für die Farbe ist in erster Linie das Lithium (Li), der jeweilige Farbton wird jedoch vom Anteil der Elemente Cäsium (Cs), Eisen (Fe) und Mangan (Mn) mitbestimmt. Die Silikatschichten bewirken einerseits die ausgezeichnete Spaltbarkeit zwischen den Schichten, sind in sich selbst jedoch so stabil, daß sogar dünne Spaltblättchen biegsam und kaum zu zerbrechen sind.

## Bestimmungsmerkmale

Mohshärte: 2,5–3; Dichte: 2,8–2,9; Spaltbarkeit: ausgezeichnet, elastische Spaltblättchen; Strichfarbe: weiß; Transparenz: durchsichtig bis durchscheinend.

## Verwechslungen und Unterscheidung

Lepidolith kann manchmal mit anderen Glimmern, vor allem Muskovit verwechselt werden, wenn er hell und fast ohne Farbe ist. In diesem Fall kann er nur durch eine mineralogische Untersuchung einwandfrei identifiziert werden.

## Fälschungen

Fälschungen für Lepidolith gibt es nicht, jedoch wird Lepidolith mitunter als Imitation für Lavendel-Jade verwendet, was optisch und durch die Härtebestimmung bzw. im Zweifelsfall durch mineralogisch-gemmologische Untersuchungen problemlos zu erkennen ist.

## Verwendung und Handel

Lepidolith ist einer der wichtigsten Rohstoffe zur Lithiumgewinnung. Lithium besitzt als extrem leichtes Metall für Legierungen, Spezialgläser, Akkumulatoren sowie in der Pyrotechnik (rotes Licht), Medizin und Klimatechnik große Bedeutung. Lepidolith wird relativ selten als Schmuckstein verarbeitet, aufgrund seiner Heilwirkung wird er jedoch zunehmend nachgefragt.

## Heilwirkung, Indikationen

Lepidolith schützt vor äußerer Beeinflussung und hilft, sich in Menschenmengen abzugrenzen. Er fördert Eigenständigkeit und Selbstdisziplin, so daß man nicht auf äußere Hilfe wartet, sondern Ideen und Ziele aus eigener Kraft verwirklichen kann.

Körperlich hilft Lepidolith bei Nervenschmerzen, Neuralgien, Ischias und Gelenkbeschwerden. Er wirkt entgiftend, hilft bei Übersäuerung und regt Reinigungsprozesse der Haut und des Bindegewebes an.

## Anwendung

Lepidolith sollte direkt am Körper getragen und bei Bedarf regelmäßig auf schmerzende Stellen aufgelegt werden.

# Magmatite

## Name, Synonyme, Handelsbezeichnungen

Magmatite sind Gesteine, die nach ihrer Entstehung aus dem Magma benannt sind. Magma selbst stammt von dem gleichlautenden griechischen Wort, das „geknetete Masse, Bodensatz" bedeutet. Der Name bezieht sich also auf die teigähnliche Konsistenz der Gesteinsschmelze. Sobald Magma die Erdoberfläche erreicht und austritt, wird es Lava genannt (von lat. labes = Erdrutsch).

Als Heilsteine bekannte Magmatite sind die Plutonite Granit, Pegmatit, Syenit (Synonyme Jadeolith – grün; Labrador und Larvikit - dunkel, z.T. labradorisierend; Lasurquarz – blau), Diorit (Synonyme: Grünstein; Napoleonit für korsischen Kugeldiorit) und Peridotit (siehe auch das Mineral Peridot, Seite 342) sowie die Vulkanite Rhyolith (siehe Seite 366), Obsidian (siehe Seite 326), Porphyrit (siehe Seite 350), Diabas (Synonym: Grünstein) und Kimberlit (Vulkanite).

## Genese, Vorkommen

Magmatite entstehen aus Magma, der heißen, flüssigen Gesteinsschmelze des Erdinnern. Sie werden je nach Entstehungbereich in Plutonite (Tiefengesteine) und Vulkanite (Vulkangesteine) unterschieden (siehe Seite 18ff.). Magmatite kommen weltweit vor, in Mitteleuropa findet man sie u.a. in den Alpen, im Schwarzwald, Bayerischen Wald, den deutsche Mittelgebirgen und Tschechien.

## Erscheinungsbild, Struktur

Magmatite bestehen aus einem Gemenge verschiedener Mineralien (siehe Seite 21). Sie haben ein ungeregeltes, körniges Aussehen, da die einzelnen Kristalle wahllos ineinander verzahnt sind. Die größten Kristallindividuen zeigen Pegmatite, hier erreicht die Körnung eine Größe von 5 mm bis

*Abb. 161: Granit, Schwarzwald (1:1)*

zu 5 cm und mehr. Bei Plutoniten liegt die Körnung zwischen 1 und 5 mm, bei Vulkaniten unter 1 mm. Ausnahmen gibt es dabei natürlich immer. Je nach der Zusammensetzung des Magmatits sind prinzipiell alle Farben möglich, saure Gesteine sind dabei stets heller, basische Gesteine eher dunkler, die Farbtöne insgesamt eher gedeckt, selten intensiv leuchtend.

## Chemismus

Da Magmatite Gemenge verschiedenster Mineralien sind, kann kein allgemeiner Chemismus angegeben werden. Für die Heilkunde ist jedoch grundsätzlich wichtig, ob es sich um saure (kieselsäurereiche) oder basische (kieselsäurearme) Gesteine handelt. Bei den Plutoniten ergibt sich daher die folgende Reihe: Granit (sauer), Syenit + Diorit (intermediär), Peridotit (basisch). Die entsprechende Reihe der Vulkanite ist: Rhyolith + Obsidian (sauer), Porphyrit (intermediär), Diabas + Kimberlit (basisch).

## Bestimmungsmerkmale

Magmatite bestehen aus fest ineinander verzahnten Kristallen. Sie zeigen Mineralien verschiedener Form und Größe, die meistens keine bevorzugte Orientierung haben, sondern unregelmäßig durchmischt sind.

## Verwechslungen und Unterscheidung

Magmatite können mit Metamorphiten der Fels-Familie und manchen kompakten Sedimenten verwechselt werden. Ohne Fundortangabe ist eine Bestimmung meistens jedoch nur erfahrenen Geologen möglich.

## Fälschungen

Fälschungen für Magmatite existieren nicht. Umgekehrt werden manche Magmatite (Diorit, Rhyolith) jedoch als Jaspis oder blauer Aventurin (blauer Syenit) gehandelt. Die Unterscheidung ist hier manchmal nur durch mineralogische Untersuchungen möglich.

## Verwendung und Handel

Magmatite werden als Baustoff und für Steinmetzarbeiten verwendet. In der Steinheilkunde wird ihre Wirkung in erster Linie durch den Aufenthalt auf bestimmten Gesteinen in der Natur genutzt.

## Heilwirkung, Indikationen

Magmatite helfen, bei einem Neubeginn sorgfältig zu planen und vorzubereiten (basische Magmatite) oder tatkräftig zu beginnen und Anfangsschwierigkeiten zu überwinden (saure Magmatite). Sie fördern Lernprozesse und die Verwirklichung unserer Anlagen, wirken stärkend und festigen geistige und körperliche Strukturen. Magmatite mobilisieren das Immunsystem, die Regenerationsfähigkeit und die Selbstheilkraft.

## Anwendung

Sehr stark wirken Magmatite beim Aufenthalt auf dem jeweiligen Gestein. Sie können jedoch auch in Form von Anhängern, Donuts (aus der Schweiz erhältlich) oder Kieseln (aus dem Bach – naturgetrommelt!) getragen werden.

# Magnesit

## Name, Synonyme, Handelsbezeichnungen
Der Magnesit (lat. magnes) trägt seinen Namen nach der thessalischen Landschaft Magnesia. Es ist aber nicht sicher, ob der antike weiße „magnes" mit dem heutigen Mineral identisch ist. Bis zur Identifikation des enthaltenen Magnesiums 1808 war es schwierig, Magnesit und Kalk abzugrenzen, was in vielen Synonymen ersichtlich ist: Bitterkalk, Bitterspat, Baldisserit, Baudisserit, Gelbspat, Giobertit, Magnesitspat, Mesitinspat, Morpholith, Pignolienspat, Pinolith, reine Talkerde, Roubschit, Talkspat und Talspat. Handelsnamen sind Bosnischer Meerschaum, Ivorit (elfenbeinfarben, von Ivory-Magnesite) und leider auch Howlith, denn Howlith ist ein eigenes, ähnlich aussehendes, aber mineralogisch völlig verschiedenes Mineral (siehe auch „Verwechslungen").

## Genese, Vorkommen
Magnesit entsteht hauptsächlich sekundär aus der Verwitterung magnesiumhaltiger Gesteine (z.B. Serpentin), wo er feinkörnig-dichte Gangfüllungen oder Trümmerstücke bildet. Weiterhin bildet er sich tertiär durch die metasomatische Verdrängung von Dolomit oder als kristalline Einschlüsse bei der Regionalmetamorphose von Kalk. Sehr selten sind primäre Kristallbildungen aus hydrothermalen Lösungen in Plutoniten und Pegmatiten. Wichtige Vorkommen finden sich in Polen, Simbabwe und den USA (sekundäre Lagerstätten), Österreich, Rußland, China (tertiär) und Brasilien (primär).

## Kristallsystem, Erscheinungsbild, Farbe
Magnesit bildet trigonale, eingewachsene Rhomboeder und körnige Aggregate (Kristallmagnesit), unregelmäßige Nester von spätigen Aggregaten (Spatmagnesit) oder feinkörnig-dichte Gang- und

*Abb. 162: Magnesit, Schmuckstein und Trommelsteine, Simbabwe (1:1)*

Trümmerbildungen (Gelmagnesit). Als Heilsteine sind meist Steine letzterer Art im Handel. Magnesit ist farblos, schneeweiß, grau-marmoriert oder elfenbeinfarben, er zeigt Glasglanz oder ist matt.

## Mineralklasse, Chemismus
Magnesit zählt zur Calcit-Dolomit-Aragonit-Familie und damit zur Mineralklasse der Carbonate. Er ist ein Magnesiumcarbonat, Formel: $MgCO_3$ + Ca,Fe,Mn. Die in geringen Mengen angegebenen Stoffe Calcium, Eisen und Mangan liegen nicht immer vor. Magnesit ist oftmals chemisch völlig rein.

## Bestimmungsmerkmale
Mohshärte: 4; Dichte: 3,0–3,12; Spaltbarkeit: vollkommen; Strichfarbe: weiß; Transparenz: durchsichtig bis undurchsichtig. Magnesit entwickelt in Säure nur wenig Gas.

## Verwechslungen und Unterscheidung
Aragonit, Calcit, Dolomit und andere Carbonate lassen sich in verarbeiteten Formen in der Regel nur mineralogisch differenzieren (Spaltbarkeit, Löslichkeit, Dichte), Howlith (ein Calcium-Silikat) ist mit dem Säuretest unterscheidbar. Dazu wird Mineralpulver in vorsichtig erwärmte (kann verpuffen und spritzen!) 10%ige Salzsäure gestreut: Magnesit zeigt eine leichte Gasentwicklung, Howlith nicht!

## Fälschungen
Magnesit wird gerne blau (als Türkis-Imitation) oder gelb gefärbt (z.B. mit Safran), um die begehrtere Elfenbeinfarbe zu erzielen. Der Nachweis ist ohne Zerstörung des Steins jedoch nicht möglich. Umgekehrt wird Magnesit wissentlich oder unwissentlich oft als Howlith verkauft, was aber fatal ist, da die Wirkungen beider Mineralien gegensätzlich sind: Die zentralen Mineralstoffe Calcium im Howlith und Magnesium im Magnesit sind Antagonisten (Gegenspieler) in unserem Organismus (siehe auch Howlith, Seite 268).

## Verwendung und Handel
Magnesit wird als Rohstoff für Isolationsmaterial, insbesondere für feuerfeste Ziegel verwendet. Als Schmuck- und Heilstein ist er in vielen Formen (Trommelsteine, Anhänger, Ketten usw.) erhältlich.

## Heilwirkung, Indikationen
Magnesit vermittelt Gelassenheit und Entspannung. Er fördert Selbstbejahung und Selbstliebe, gleichzeitig jedoch Geduld und Hingabe und vor allem die Fähigkeit hinzuhören.

Körperlich fördert Magnesit den Magnesiumstoffwechsel. Dadurch wirkt er entgiftend, krampflösend und hilft bei Gallenkoliken, Migräne, Kopfschmerzen und Krämpfen innerer Organe. Er hemmt die Blutgerinnung, vermindert dadurch Thrombosenbildung und regt den Abbau von Fetteinlagerungen in den Gefäßen an. Magnesit ist daher auch hilfreich zur Vorbeugung gegen Herzinfarkt.

## Anwendung
Magnesit sollte mit Hautkontakt getragen oder als Edelstein-Essenz eingenommen werden.

# Magnetit

## Name, Synonyme, Handelsbezeichnungen
Magnetit (griech. magnetes, lat. magnes) erhielt seinen Namen entweder nach der thessalischen Landschaft Magnesia oder nach der mythologischen Gestalt des Hirten Magnes, der den Stein laut Plinius auf dem Berg Ida entdeckt haben soll, als die Nägel seiner Schuhe und die eiserne Spitze seines Stabs am Erdboden haften blieben. Diese eigentümliche Anziehungskraft für Eisen erhielt nach dem Magnetit zu einem späteren Zeitpunkt dann auch den Namen „Magnetismus". Synonyme für Magnetit sind Ferroferrit, Herachon, Magneteisen, Magneteisenerz, Magneteisenstein, magnetischer Eisenstein, Magnetocker (pulvrig), Magnetstein, Menakan (körnig), Muschketowit (Pseudomorphose nach Hämatit), Segelstein und Sideritis. Magnetit-Jadeit-Gemenge heißen Magnetit-Jade.

## Genese, Vorkommen
Magnetit entsteht primär in der liquidmagmatischen Phase als Gemengteil von Plutoniten wie Diorit oder Gabbro und Vulkaniten wie Basalt oder Diabas. Als Mineral der Frühkristallisation (siehe Seite 20) sinkt Magnetit im Magma ab und bildet so Lagerstätten in basischen Gesteinen. Entsprechende Vorkommen liegen in Schweden, Finnland und Südafrika. Schöne Kristalle aus hydrothermalen Klüften der Alpen sind zwar beliebt, aber extrem selten.

Tertiär entsteht Magnetit durch die Metamorphose eisenhaltiger Sedimente oder durch Einwirkung pneumatolytischer Dämpfe im vulkanischen Umfeld. Dabei wandeln sich Eisenmineralien wie Siderit oder Limonit zu Magnetit um. Vorkommen tertiärer Natur liegen in den Alpen, Schweden, Kanada, Rußland, der Ukraine und der Zentralafrikanischen Republik.

*Abb. 163: Magnetit-Oktaeder, Brasilien (4:1)*

## Kristallsystem, Erscheinungsbild, Farbe
Magnetit ist kubisch und bildet kleine Kristalle von Millimeter- bis Zentimetergröße, meist etwas verzerrte Oktaeder oder Rhombendodekaeder. Häufiger erscheint er jedoch in Form dichter oder körniger Massen. Magnetit ist bleigrau bis schwarz und oft matt durch eine rauhe, narbige Oberfläche. Bei glatten Kristallflächen entsteht Metallglanz.

## Mineralklasse, Chemismus
Magnetit zählt als Eisenoxid zur Mineralklasse der Oxide, Formel: $Fe_3O_4$ + Al,Mg,Co,Cr,Ni,Ti,V. Der Magnetismus entsteht durch die kubische Struktur, die den magnetischen Eisenpartikeln die Möglichkeit gibt, sich dem Erdmagnetfeld entsprechend parallel auszurichten. Die Polarität der Magnetit-Kristalle in Magmatiten gibt daher auch Auskunft über die Beschaffenheit des Erdmagnetfeldes während vergangener erdgeschichtlicher Epochen.

## Bestimmungsmerkmale
Mohshärte: 5,5; Dichte: 5,2; Spaltbarkeit: unvollkommen; Strichfarbe: schwarz; Transparenz: opak.

## Verwechslungen und Unterscheidung
Ilmenit: violettbrauner Strich; Hämatit: rostroter bis rotbrauner Strich. Hämatit-Pseudomorphosen nach Magnetit (sog. Martit) können aufgrund des fehlenden Magnetismus identifiziert werden (reiner Hämatit ist nie magnetisch). Magnetit-Hämatit-Gemenge werden im Handel meist als Hämatit angeboten, obwohl sie aufgrund des Magnetismus in der Wirkung eher dem Magnetit entsprechen! Geht der Magnetismus durch Bearbeitungsprozesse (Schleifen, Erwärmen) jedoch verloren, rückt wieder das Wirkungsspektrum des Hämatits in den Vordergrund.

## Fälschungen
Cabochons aus magnetisiertem Eisen werden oft als Magnetit angeboten, sind jedoch anhand ihrer Dichte (7,3 - 7,6) leicht zu identifizieren.

## Verwendung und Handel
Aufgrund seines Magnetismus war Magnetit seit der Antike ein begehrter Heil- und Zauberstein. Auch in der modernen Steinheilkunde spielt Magnetit eine wichtige Rolle, ist jedoch nur wenig bekannt. Technisch wird Magnetit zur Eisengewinnung genutzt.

## Heilwirkung, Indikationen
Magnetit regt an, das eigene Bewußtsein auf höhere Ideale hin auszurichten. Er fördert die Reflektion darüber, was wir seelisch und körperlich aufnehmen und womit wir uns in Gedanken beschäftigen. Magnetit hilft, Nützliches und Unnützes zu unterscheiden und steigert die Reaktionsfähigkeit. Er aktiviert die Funktion der Hormondrüsen und regt den Energiefluß im Körper an.

## Anwendung
Durch Auflegen des Magnetits auf Scheitel oder Stirn werden das Denken und das Bewußtsein klarer und gleichzeitig der Hormonhaushalt und die Gefühle harmonisiert.

# Malachit

## Name, Synonyme, Handelsbezeichnungen
Der Name Malachit stammt von griech. malache oder moloche = Malve, nach deren Farbe er schon bei Plinius als „Molochites" benannt ist und wovon das Synonym „Malvenstein" zeugt. Aufgrund der geringen Härte ist der Name auch evtl. von griech. malako = weich abgeleitet, wie das Synonym Weichstein vermuten läßt. Auch aus dem Bergbau stammen viele Synonyme: Atlaserz, Berggrün, Grünkupferwasser, Koppargrün, Kupfergrün, Kupferhydrophan, Kupferocher und Schiefergrün. Ein Handelsname ist Silver-Peak-Jade. Malachit-Quarz-Gemenge werden Papageienflügel, Prasmalachit und Stellarit genannt; der deutsche Volksmund kennt die Begriffe Hebammenstein (für Geburtshilfe und Frauenleiden) und Schreckstein (gegen jähes Erschrecken).

## Genese, Vorkommen
Malachit entsteht immer sekundär durch die Einwirkung von sauerstoff- und kohlensäurehaltigem Sickerwasser auf kupferhaltiges Gestein. Vor allem Kupfersulfide (Kupfer-Schwefel-Verbindungen) reagieren dabei schnell mit dem Carbonat-Anteil des Wassers zu Malachit oder Azurit. Beide sind daher Leitmineralien in den Oxidationszonen von Kupfererzlagerstätten, d.h. ihr Vorkommen weist auf den Kupfergehalt des Gesteins hin. Bedeutende Malachit-Vorkommen sind in Zaire und Rußland.

## Kristallsystem, Erscheinungsbild, Farbe
Malachit ist monoklin, bildet jedoch nur selten nadelig-büschelige Kristalle, sondern meist dichte, knollige oder glaskopfige Aggregate, die aufgrund der schaligen Ablagerung typische hellgrün-dunkelgrün gebänderte Zeichnungen zeigen. Da sich Azurit durch Wasseraufnahme langsam in

*Abb. 164: Malachit-Trommelstein, Republik Kongo, ehem. Zaire (2:1)*

Malachit umwandelt kann, gibt es Pseudomorphosen von Malachit nach Azurit. Auch Verwachsungen mit anderen Kupfermineralien treten auf, wie z.B. beim „Eilath-Stein", einem Malachit-Chrysokoll-Türkis-Gemenge. Malachit selbst ist immer grün (siehe „Fälschungen") und zeigt Glas- oder Seidenglanz.

## Mineralklasse, Chemismus

Malachit ist ein basisches Kupfercarbonat aus der Mineralklasse der Carbonate, Formel: $Cu_2[(OH)_2/CO_3] + H_2O + (Ca,Fe)$. Farbgebend ist dabei das Kupfer (idiochromatische Färbung), weshalb er auch eine grüne Strichfarbe zeigt.

## Bestimmungsmerkmale

Mohshärte: 3,5 – 4; Dichte: 3,75 – 3,95; Spaltbarkeit: vollkommen; splittriger, erdiger Bruch; Strichfarbe: hellgrün; Transparenz: durchscheinend (selten) bis undurchsichtig.

## Verwechslungen und Unterscheidung

Chrysokoll und andere undurchsichtig-grüne Steine zeigen keine Bänderung. Chrysokoll hat zudem nur eine Dichte von 2,0 – 2,3. Verwachsungen von Malachit und Chrysokoll (Chrysokoll Peru) oder von Malachit, Chrysokoll und Türkis (Eilath-Stein) sind jedoch nur gemmologisch exakt zu bestimmen.

## Fälschungen

Als Malachit-Imitationen sind gefärbter Achat oder Jaspis (Härte 7, Dichte ca. 2,65), gefärbter Marmor (Dichte maximal 2,7), Glas (Härte 5,5, Dichte ca. 3,0) und Sinterimitationen im Handel. Zur Schmuckherstellung wird Malachit in großen Mengen künstlich gezüchtet. Im Handel so genannter „Roter Malachit" ist in Wirklichkeit Brekzien-Jaspis.

## Verwendung und Handel

Malachit war früher Schminke (Lidschatten) und Dekorationsmaterial, heute ist er Rohstoff für kunstgewerbliche Arbeiten und als Schmuck- und Heilstein sehr beliebt. Da Malachit-Staub jedoch giftig für Mensch und Umwelt ist, stellt die Verarbeitung des Minerals ein großes Problem dar.

## Heilwirkung, Indikationen

Malachit macht unterdrückte Gefühle, innere Bilder, Wünsche und Sehnsüchte bewußt. Dadurch regt er auch die nächtlichen Träume an, deren Botschaften sehr klar und deutlich werden. Malachit stärkt unsere Vorstellungskraft, die Beobachtungsgabe und die Fähigkeit, Entscheidungen zu treffen.

Körperlich lindert Malachit krampfartige Schmerzen, auch Menstruationsbeschwerden. Er stärkt die weiblichen Geschlechtsorgane und erleichtert die Geburt (Hebammenstein). Malachit regt die Leber an, fördert Entsäuerung und Entgiftung und lindert so auch rheumatische Erkrankungen.

## Anwendung

Malachit sollte nur äußerlich getragen oder auf die Haut aufgelegt werden. Pulverisierter Malachit ist gefährlich und kann tödlich verlaufende leukämieähnliche Bluterkrankungen hervorrufen!

# Markasit

## Name, Synonyme, Handelsbezeichnungen
Der Name Markasit stammt aus dem Arabischen (marqasita) und wurzelt im akkadischen Wort marhasu für Pyrit. Markasit und Pyrit waren lange Zeit synonym, bis der Name Pyrit durch die Mineralogie der kubischen und Markasit der rhombischen Modifikation des Eisendisulfids zugewiesen wurde. Synonyme für Markasit sind Binarit, Binarkies, dichter Kies, Gelf, Graueisenkies, Hepatopyrit, Hydropyrit, Kammkies, Poliopyrit, Speerkies, Strahlkies, Vitriolkies, Weicheisenkies, weißer Kies, Weißerz und Zellkies. Heilkundlich interessant sind auch die Begriffe Lebererz, Leberkies und Gesundheitsstein aus dem Volksmund!

## Genese, Vorkommen
Markasit kann primär oder sekundär entstehen. Primär bildet er sich hydrothermal aus sauren Lösungen bei Temperaturen unter 350° C. Vorkommen dieser Art finden sich in Aachen, Clausthal, Freiberg, Oberschlesien, Ural/Rußland und Missouri/USA. Sekundär entsteht er als Konkretionen in ehemals schlammigen Sedimenten, Tonen, Mergeln und Braunkohlen oder bei der Verwitterung von Pyrrhotin (Magnetkies, FeS), nach dem er auch schöne Pseudomorphosen bildet. Sedimentäre Vorkommen finden sich in Hessen, Böhmen, Rußland, Frankreich und Spanien, Verwitterungsbildungen dagegen in Skandinavien, Rumänien, Serbien, Südafrika und Bolivien.

## Kristallsystem, Erscheinungsbild, Farbe
Markasit ist rhombisch und bildet meist tafelige oder pyramidale, wesentlich seltener auch nadelige Kristalle. Weitaus häufiger als Einkristalle sind Zwillinge und Gruppen, welche charakteristische

*Abb. 165: Markasit-Stufe, Deutschland (2:1)*

Formen bilden, die an Speerspitzen (Speerkies), Kämme (Kammkies) u.a. erinnern. Außerdem gibt es radialstrahlige, stengelige bis faserige (Strahlkies) sowie schalige, knollige und dichte Aggregate (Leberkies). Markasit ist messinggelb mit leichtem Grünstich und mitunter bunten Anlauffarben. Er zeigt Metallglanz.

## Mineralklasse, Chemismus

Markasit zählt als einfache Eisensulfid-Verbindung zur Mineralklasse der Sulfide, Formel: $FeS_2$ + Ag,As,Au,Co,Cu,Ni,Sb,Tl,Zn. Er entsteht nur unter Sauerstoffabschluß durch die Verbindung von Eisen und Schwefel bzw. von Eisenverbindungen mit Schwefelwasserstoff. Wäre Sauerstoff vorhanden, würde statt zweiwertigem Eisen dreiwertiges entstehen, das sich zum Oxid verbindet, und statt Sulfiden würden sich Sulfate bilden. Das geschieht auch später noch, weshalb Markasit im Laufe der Jahre altert und unter Sulfat-Ausblühungen zerfällt.

## Bestimmungsmerkmale

Mohshärte: 6–6,5; Dichte: 4,8–4,9; Spaltbarkeit: meist nicht erkennbar, unebener Bruch; Strichfarbe: grünlichschwarz bis schwarz; Transparenz: opak.

## Verwechslungen und Unterscheidung

Markasit kann mit Pyrit verwechselt werden, der häufig als Pseudomorphose nach Markasit auftritt, weshalb beide oft nur mineralogisch-gemmologisch unterschieden werden können. Chalkopyrit kann durch die Härte (3,5–4) abgegrenzt werden.

## Fälschungen

Fälschungen sind nicht bekannt.

## Verwendung und Handel

Markasit wird manchmal, jedoch in wesentlich geringerem Umfang als der nahe verwandte Pyrit, zur Schwefelgewinnung genutzt. Als Sammelmineral ist er ebenfalls weniger gefragt als Pyrit, da er noch schneller zerfällt als jener, und auch als Heilstein steht er dem Bekanntheitsgrad nach deutlich im Schatten des Pyrit.

## Heilwirkung, Indikationen

Markasit fördert die Selbsterkenntnis, indem er vor Augen führt, wo wir Kompromisse leben, Zwängen unterworfen sind oder durch Anpassung und Unterordnung die eigenen Bedürfnisse ignorieren. Er bringt ungelebte Wünsche ans Licht und hilft dadurch, tiefere Ursachen fürs eigene Unglücklichsein zu erkennen und zu ändern. Auf diese Weise ermöglicht er auch, Krankheitsursachen zu erkennen und zu heilen (Gesundheitsstein). Körperlich regt Markasit die Leber und alle Entgiftungsvorgänge des Organismus an.

## Anwendung

Markasit sollte nur kurze Zeit aufgelegt und nie lange getragen werden, da er sonst Eisensulfid abgibt, das manchmal Hautreizungen hervorruft. Für geistige Wirkungen genügt es, ihn in der Nähe aufzustellen.

# Marmor

## Name, Synonyme, Handelsbezeichnungen

Der Name Marmor stammt von griech. marmaros = Stein, Felsblock. Schon im antiken Griechenland wurde der Begriff dann jedoch in Anlehnung an das Wort marmareos = glänzend, funkelnd auf den gut polierfähigen Marmor eingeengt. In der Petrologie und Steinheilkunde versteht man heute unter Marmor nur den metamorphen Kalk, im Steinmetzgewerbe wird jedoch dem ursprünglichen Verständnis nach noch immer jeder polierfähige Kalkstein als Marmor bezeichnet, auch wenn er sedimentärer Entstehung ist. Daher ist Vorsicht geboten: Nicht jeder im Handel als Marmor deklarierte Stein entspricht im geologisch-mineralogischen Sinne der Definition dieses Kapitels! Synonyme für Marmor sind Marmelstein (veraltet), Lucullan oder Lucullit (schwarz), Utahonyx, Zebra-Achat (irreführend!) und Zebramarmor (schwarz-weiß marmoriert). Leider wird mitunter im Handel der Name Alabaster verwendet, der völlig unangebracht ist, da er eigentlich Gipsgestein bezeichnet (siehe Seite 244).

## Genese, Vorkommen

Marmor (im geologisch-mineralogischen Sinne) entsteht ausschließlich tertiär durch die Metamorphose von Kalkstein unter Druck und Hitze. Dabei verdichtet sich das Gefüge des Gesteins, so daß die winzigen, mit bloßem Auge nicht sichtbaren Calcit-Kristalle des Kalksteins zu größeren, als körnige Gesteinstextur erkennbaren Kristallen umkristallisieren. Dadurch wird Marmor transparenter als Kalkstein und erscheint zumindest kantendurchscheinend. Vorkommen von echtem Marmor finden sich im Fichtelgebirge, den Alpen, Italien, Frankreich, Spanien, Griechenland, Großbritannien und den USA.

*Abb. 166: Zebra-Marmor, Trommelsteine, USA (1:1)*

### Kristallsystem, Erscheinungsbild, Farbe
Der im Marmor enthaltene Calcit ist trigonal. Marmor selbst bildet körnige Massen, die durch Fremdstoffe oft von dunklen Adern durchzogen sind, was zur sog. marmorierten Struktur führt. Marmor kann weiß, cremefarben, gelbgrün, rötlich, braun bis schwarz sein und mehrfarbige, gebänderte und ineinanderfließende Farbbereiche zeigen. Im Rohzustand ist er matt, poliert zeigt Marmor Glasglanz.

### Mineralklasse, Chemismus
Als monomineralisches Gestein aus Calcit (Calcium-Carbonat) kann Marmor zur Mineralklasse der Carbonate gerechnet werden, Formel: $CaCO_3$ + Ba,C,Fe,Mn,Pb,Sr,Zn. Cremefarbene bis braune Färbungen werden oft durch Eisen (Fe) hervorgerufen. Braune Marmorierungen sind ebenfalls auf Eisenoxide, schwarze auch auf Manganoxide oder Kohlenstoff zurückzuführen.

### Bestimmungsmerkmale
Mohshärte: 3 – 3,5; Dichte: 2,7 – 2,9; Spaltbarkeit: keine, körniger unebener Bruch; Strichfarbe: weiß, gelblich, rötlich, braun, schwarz – je nach der Farbe des Gesteins; Transparenz: durchscheinend.

### Verwechslungen und Unterscheidung
Kalkstein: Marmor zeigt körnige, mit bloßem Auge sichtbare Kristalle, während Kalkstein feinkörnig-dicht erscheint. In dünnen Platten ist Marmor durchscheinend, Kalkstein dagegen undurchsichtig. – Serpentin: Marmor reagiert mit Salzsäure unter schwachem Aufschäumen (Kohlendioxid-Entwicklung), Serpentin dagegen nicht.

### Fälschungen
Bestrahlung erzeugt gelbe, blaue und violette Farbtöne, durch Färben lassen sich praktisch alle Farben erzielen. Hierfür wird Marmor außerdem zuerst erhitzt, um die Poren des Gesteins zu öffnen. Die Bestrahlung ist schwierig nachzuweisen, Farbstoffe sind dagegen unter dem Mikroskop sichtbar.

### Verwendung und Handel
Marmor wird als Baustoff und Dekorationsstein sowie für Steinmetzarbeiten und im Kunstgewerbe verwendet. In der Heilkunde steht er etwas im Schatten des Calcit.

### Heilwirkung, Indikationen
Marmor hilft, unglückliche Lebensumstände zu wandeln. Er gibt Mut, Kraft und die notwendigen Einsichten, scheinbar unabänderliche Dinge zu verändern. Er hilft, sich von Unzufriedenheit zu lösen und neue Perspektiven und kreative Problemlösungen zu finden. Körperlich regt Marmor den Calcium-Stoffwechsel an, wirkt immunstärkend und fördert die Entwicklung des Kindes.

### Anwendung
Marmor fördert tiefgreifende Veränderungen des Bewußtseins, wenn man sich ein paar Tage auf dem Gestein aufhält. Darüber hinaus kann er längere Zeit am Körper getragen werden.

# Metamorphite

## Name, Synonyme, Handelsbezeichnungen
Metamorphite sind Gesteine, die nach ihrer Entstehung durch eine Gesteinsumwandlung benannt sind. Das Wort Metamorphose selbst bedeutet „Gestaltwandlung" (griech. meta = Umwandlung, Wechsel, morphe = Gestalt, Form). Als Heilsteine bekannte Metamorphite sind Gneis, Migmatit, Glimmerschiefer, Hornblendeschiefer (siehe Hornblende, Seite 266), Quarzit (Synonym: Mühlstein), Eklogit, Serpentinit (siehe Serpentin, Seite 386), Marmor (siehe Seite 302), Dolomitmarmor (siehe Dolomit, Seite 216), Ophicalcit (Synonyme: Connemara, Verd-antique) sowie die verschiedenen Grünschiefer Aktinolithschiefer (siehe Aktinolith, Seite 128), Epidotschiefer (siehe Epidot, Seite 222) und Talkschiefer (siehe Steatit, Seite 506).

## Genese, Vorkommen
Metamorphite entstehen durch die Metamorphose von Gesteinen unter Druck und Hitze (siehe Seite 32ff.). Dies kann bei der Gebirgsbildung und durch Absinken des Gesteins ins Magma geschehen (Regionalmetamorphose) oder im Umfeld vulkanischer Aktivitäten (Kontaktmetamorphose). Vorkommen finden sich weltweit, in Mitteleuropa vor allem in den Alpen, dem Schwarzwald, Bayerischen Wald, den deutschen Mittelgebirgen und Tschechien.

## Erscheinungsbild, Struktur
Metamorphite bestehen aus einem Gemenge verschiedener Mineralien (siehe Seite 33ff.). Durch die metamorphe Strukturveränderung des Gesteins bilden sich breite körnige Bänder (Gneis-Familie – siehe Foto), eine feine, blättrige Schieferung (Kristalline Schiefer, siehe Staurolith-Foto, Seite 400)

*Abb. 167: Gneis, Schwarzwald (1:1)*

oder einheitlich-grobkörnige Strukturen (Fels-Familie). Wie bei Magmatiten sind auch hier saure Gesteine eher hell und basische Gesteine dunkel.

## Chemismus

Da Metamorphite aus verschiedenen Mineralien bestehen, gibt es keinen allgemeinen Chemismus. Für die Heilkunde ist jedoch wichtig, ob es sich um saure (kieselsäure- und kohlensäurereiche) oder basische (kieselsäurearme) Gesteine handelt. Zu den sauren Metamorphiten zählen die gesamte Gneis-Familie sowie Quarzit, Marmor, Dolomitmarmor und Ophicalcit aus der Fels-Familie. Basische Metamorphite sind alle Kristallinen Schiefer sowie die Gesteine Eklogit und Serpentin aus der Fels-Familie.

## Bestimmungsmerkmale

Metamorphite sind kristallin, bestehen also aus fest ineinander verzahnten Kristallen. Sie zeigen Mineralien verschiedener Form und Größe, die bei der Gneis-Familie in Bändern, bei den Kristallinen Schiefern in einem Parallelgefüge mit dünnen Spaltblättchen und bei der Fels-Familie gleichmäßig gekörnt und oft auch monomineralisch vorliegen.

## Verwechslungen und Unterscheidung

Metamorphite der Fels-Familie können vor allem mit Magmatiten, Gneise bei oberflächlicher Betrachtung hauptsächlich mit kompakten Sedimenten verwechselt werden. Ohne Fundortangabe ist eine sichere Bestimmung daher oft nur erfahrenen Geologen möglich. Die Kristallinen Schiefer sind dagegen unverwechselbar.

## Fälschungen

Fälschungen für Metamorphite existieren im Prinzip nur bei Marmor (siehe Seite 303).

## Verwendung und Handel

Metamorphite werden in erster Linie als Baustoff und für Steinmetzarbeiten verwendet. In der Steinheilkunde wird ihre Wirkung in erster Linie durch den Aufenthalt auf bestimmten Gesteinen in der Natur genutzt.

## Heilwirkung, Indikationen

Metamorphite helfen, Dinge zu Ende zu bringen, offene Zyklen zu schließen und Abschied zu nehmen. Basische Metamorphite helfen dabei loszulassen, wenn eine Trennung, ein Verlust oder ein Abschied unabänderlich ist. Saure Metamorphite regen im Gegensatz dazu an, selbst all jene Zustände zu beenden, die wir nicht weiter fortführen wollen. Sie geben dazu auch den nötigen Mut und die Tatkraft. Metamorphite regen die seelische und körperliche Entgiftung an und unterstützen alle Reinigungsprozesse.

## Anwendung

Sehr stark wirken Metamorphite beim Aufenthalt auf dem jeweiligen Gestein. Sie können jedoch auch in Form von Anhängern, Donuts (aus der Schweiz erhältlich) oder Kieseln (aus dem Bach – naturgetrommelt!) getragen werden.

# Meteorite

## Name, Synonyme, Handelsbezeichnungen
Der Name Meteorit stammt von griech. meteoron = Himmelserscheinung. Synonyme sind Aerolith, Himmelsstein und Meteorstein. Meteorite werden in Steinmeteorite (Chondrite, Achondrite), Steineisenmeteorite und Eisenmeteorite (Synonyme: Himmelseisen, Meteoreisen) unterschieden.

## Genese, Vorkommen
Meteorite sind interplanetare Gesteine, oft Bruchstücke der Asteroiden, Kleinplaneten aus dem Gürtel zwischen Mars und Jupiter, oder der Kometen, der Himmelskörper, die von den Grenzen des Sonnensystems gelegentlich in Erdnähe gelangen. Seltener stammen sie vom Mond oder Mars, wo Gestein durch Asteroiden-Einschläge abgesprengt werden kann. Gelangen diese Gesteine nun zur Erde, werden sie beim Flug durch die Atmosphäre oberflächlich erhitzt (Reibungshitze). Dabei entstehen Schmelzerscheinungen, die den aufgefundenen Stein eindeutig als Meteorit identifizieren.

Meteorite kommen weltweit vor. Mengenmäßig bedeutende Funde stammen aus Namibia, USA, Mexiko, Chile, Argentinien, Ukraine, Rußland und China.

## Kristallsystem, Erscheinungsbild, Farbe
Meteorite zeigen ein schlackenartiges oder kieselig-rundes Aussehen. Sie sind kohlig-schwarz, braun oder gesprenkelt (Steinmeteorit) bzw. rostbraun bis eisengrau (Eisen- und Steineisenmeteorite). Poliert zeigen Eisenmeteorite Metallglanz, mit Salpetersäure angeätzt wird ihre lamellenartige kubische Struktur an der Oberfläche als sog. Widmanstättensche Figuren sichtbar, dem Nachweis für Meteoreisen.

*Abb. 168: Eisen-Meteorit, Namibia (2:1)*

## Mineralklasse, Chemismus

Steinmeteorite bestehen überwiegend aus Silikaten und etwas Nickeleisen. Sie enthalten Mineralien wie Peridot, Enstatit, Bronzit, Hypersthen, Diopsid, Plagioklas, Orthoklas, Serpentin, Diamant, Magnetit u.a. Chondrite (93% der Steinmeteorite) zeigen millimeter- bis erbsengroße Körnchen (griech. chondros = Korn) in Nickeleisenmatrix, Achondrite (7%) ein basaltartiges, weitgehend nickeleisenfreies Gefüge.

Eisenmeteorite bestehen aus einem heterogenen Gefüge dreier Nickeleisenlegierungen: dem nickelarmem Kamazit (< 7% Ni), dem nickelreichen Taenit (> 25% Ni) und Plessit, einem Gemisch aus beiden Legierungen. Diese drei bilden das Widmanstättensche Gefüge, eine Gitterstruktur kreuzender Ebenen, die irdisches Eisen nicht zeigt.

Steineisenmeteorite bestehen überwiegend aus Nickeleisen und eingelagerten Mineralien wie Peridot (siehe Pallasit, Seite 489, Pyroxenen oder Plagioklas (Feldspat).

## Bestimmungsmerkmale

Steinmeteorite: Mohshärte: 5,0 - 6,5; Dichte: 3,0 - 3,8; Spaltbarkeit: keine, körniger Bruch; Strichfarbe: weiß, grau, schwarz; Transparenz: undurchsichtig bis durchscheinend.

Steineisenmeteorite: Mohshärte: 4,0 - 6,5; Dichte: 5,5 - 6,2; Spaltbarkeit: keine, hakiger Bruch; Strichfarbe: grau; Transparenz: opak mit durchscheinenden bis durchsichtigen Einsprengseln.

Eisenmeteorite: Mohshärte: 4,0 - 5,0; Dichte: 7,3 - 7,6; Spaltbarkeit: keine, hakiger Bruch; Strichfarbe: grau; Transparenz: opak.

## Verwechslungen und Unterscheidung

Meteorite können ohne genaue Untersuchung oft mit Manganerzen, Eisenerzen, Schlacken oder vulkanischen Gesteinen verwechselt werden. Im Zweifelsfall sollte daher immer fachkundiger Rat eingeholt werden.

## Fälschungen

Für Eisenmeteorite wird mitunter irdisches Eisen angeboten, was jedoch durch Anpolieren und Ätzen oder durch mineralogische Untersuchungen nachgewiesen werden kann.

## Verwendung und Handel

Meteorite werden in Sammlerkreisen und zur Edelsteinverarbeitung teuer gehandelt. Als Heilsteine haben sie aufgrund ihrer Seltenheit und des hohen Preises nur wenig Bedeutung erlangt.

## Heilwirkung, Indikationen

Meteorite bringen immer ein Stück „kosmischer Überraschung" mit. Sie setzen tiefe seelische Bilder frei, die bisherige Werte in Frage stellen, andererseits jedoch neue Betrachtungen und neuen Lebenssinn eröffnen können.

Körperlich helfen Meteorite, Nervosität, Krämpfe und Muskelverspannungen zu lindern. Sie entspannen genau bis zu dem Punkt, wo ein gesunder, aktiver Tonus bleibt.

## Anwendung

Meteoriten sollten am Körper getragen oder auf den Solarplexus aufgelegt werden.

# Moldavit

### Name, Synonyme, Handelsbezeichnungen
Moldavit hat seinen Namen von der Moldau, in deren oberem Einzugsbereich (Böhmen/Tschechien) er heutzutage gefunden und abgebaut wird. Überwiegend veraltete Synonyme für Moldavit sind Böhmischer Chrysolith, Bouteillenstein, Falscher Chrysolith, Moldawit, Pseudochrysolith und Wasserchrysolith.

### Genese, Vorkommen
Moldavit entstand vor ca. 15 Millionen Jahren, als ein Riesenmeteorit von mehr als 1 km Durchmesser mit ca. 70 000 km/h auf der Erdoberfläche einschlug. Durch die dabei freiwerdende Energie in der Größenordnung von ca. 250 000 Atombomben verdampften der Meteorit und das getroffene Gestein schlagartig, und es kam zu einer Explosion, die in wenigen Sekunden einen Krater von 25 km Durchmesser und 4 km Tiefe schuf: das heutige Nördlinger Ries, welches das ursprünglich durchgehende Jura-Gebirge Süddeutschlands nun in die Schwäbische und in die Fränkische Alb teilt. Durch die Explosion wurden dabei geschmolzene Gesteinsspritzer herausgeschleudert, die 400 km in östlicher Richtung durch die Luft flogen, beim Flug in der Luft erkalteten und erstarrten und schließlich im Gebiet der heutigen oberen Moldau wieder zur Erde fielen. Dort finden sie sich nun im Sedimentgestein eingebettet.

### Kristallsystem, Erscheinungsbild, Farbe
Moldavit ist amorph und findet sich in rundlichen, manchmal tropfenförmigen oder splittrigen Stücken mit rauher, narbiger Oberfläche (siehe Foto). Diese Stücke sind selten schwerer als 20 g,

*Abb. 169: Moldavit, Tschechien (2:1)*

der größte jemals gefundene Moldavit wiegt 265,5 g. Moldavit ist flaschengrün, manchmal braungrün und zeigt Glasglanz. Besonders begehrt sind unversehrte Stücke, die allseitig die natürliche narbige Oberfläche zeigen und keine an Glassplitter erinnernden Bruchstellen aufweisen.

## Mineralklasse, Chemismus

Moldavit ist ein Gesteinsglas, das einen deutlich geringeren Wassergehalt aufweist als die vulkanisch gebildeten irdischen Gläser. Es besteht zu 78–80% aus Siliciumdioxid ($SiO_2$), zu ca. 10% aus Aluminiumoxid ($Al_2O_3$), zu ca. 3% aus Calciumoxid (CaO), zu ca. 2% aus Kaliumoxid ($K_2O$), zu ca. 2% aus Eisenoxiden ($Fe_2O_3$/FeO), zu ca. 2% aus Magnesiumoxid (MgO) sowie aus Natriumoxid ($Na_2O$), Titanoxid ($TiO_2$) und Manganoxid (MnO) in Mengen unter 1%. In Spuren finden sich außerdem Barium und Strontium. Moldavit zählt zu den Tektiten, (Silikat-Gläsern) und in weiterem Sinne zur Mineralklasse der Oxide, die allgemeine Formel lautet: $SiO_2 + Al_2O_3$ + Ca,Fe,K,Mg,Mn,Na,Ti + (Ba,Sr). Farbgebend ist das zweiwertige Eisen (im FeO).

## Bestimmungsmerkmale

Mohshärte: 5,5; Dichte: 2,32–2,38; Spaltbarkeit: keine, muscheliger Bruch; Strichfarbe: weiß; Transparenz: durchsichtig bis durchscheinend.

## Verwechslungen und Unterscheidung

Moldavit kann mit anderen grünen Tektiten verwechselt werden, die nur durch eine exakte Spurenelement-Analyse zu unterscheiden sind.

## Fälschungen

Als Fälschung wird grünes Flaschenglas verwendet, vor allem bei geschliffenen Steinen! Auch hier ist der Unterschied nur durch mineralogisch-gemmologische Untersuchungen nachweisbar.

## Verwendung und Handel

Moldavit wird in Sandgruben gefördert, ist jedoch sehr selten und daher teuer: Pro Tonne Sand findet sich durchschnittlich nur ein Moldavit. Dennoch ist das Mineral unter Sammlern wohlbekannt und als Heilstein sehr beliebt.

## Heilwirkung, Indikationen

Moldavit fördert die Erkenntnis, ein geistiges Wesen zu sein. Er vermittelt in der Meditation oder im Traum außerkörperliche Erfahrungen und stärkt die Einfühlungsgabe und Hellsichtigkeit. Moldavit löst die Aufmerksamkeit von materieller Verhaftung und Sorgen und bringt spontane, unkonventionelle Ideen und Problemlösungen. Er unterstützt Heilungsprozesse, indem er Krankheitsursache und -gewinn bewußt macht und hilft insbesondere bei Grippe, Atemwegserkrankungen und Anämie.

## Anwendung

Moldavit wirkt sehr stark durch Auflegen auf die Stirn und kann als Anhänger getragen oder als Roh- und Trommelstein in der Hosentasche mitgeführt werden. Er sollte am besten nur kurzfristig oder mit Pausenzeiten verwendet werden, um extreme Reaktionen zu vermeiden.

# Mondstein

## Name, Synonyme, Handelsbezeichnungen

Mondstein erhielt seinen Namen erst Ende des 18. Jahrhunderts nach seinem kühlen weiß-blauen Lichtschein. Zuvor waren unter diesem Namen Selenit oder Marienglas (beides Gips) bekannt, daher Vorsicht bei älteren Überlieferungen! Synonyme für den heutigen Mondstein sind Ceylon-Opal, Hecatolith, Katzenauge (bei deutlich ausgeprägtem Lichtband), Wasseropal (irreführend, da es eine solche Opal-Varietät gibt) und Wolfsauge. Das Synonym Selenit sollte nicht mehr benutzt werden, da Selenit inzwischen eindeutig den klaren Gips bezeichnet.

## Genese, Vorkommen

Mondstein entsteht primär in Pegmatiten, wo zunächst Sanidin, eine natriumreiche Hochtemperatur-Modifikation des Orthoklas entsteht, die sich jedoch bei der langsamen Abkühlung entmischt (sog. Perthitisierung), so daß je nach dem Mengenverhältnis von Kalium und Natrium ein Perthit (Albit in Orthoklas bzw. Mikroklin) oder Antiperthit (Orthoklas bzw. Mikroklin in Albit) entsteht (siehe hierzu auch das Kapitel „Feldspat", Seite 230). Bedeutende Mondstein-Vorkommen befinden sich in Sri Lanka und Indien.

## Kristallsystem, Erscheinungsbild, Farbe

Mondstein ist monoklin, seltener triklin, je nachdem ob der Anteil monoklinen (Orthoklas) oder triklinen Feldspats (Mikroklin, Albit, selten Labradorit) überwiegt. Er bildet keine Kristalle, sondern erscheint in Form massiger Aggregate und derber Spaltstücke. Mondstein ist farblos, gelblich, grünlich, bräunlich bis rauchgeschwärzt mit weiß-bläulich wogendem Lichtschein, der an der

*Abb. 170: Mondstein-Trommelsteine, Indien (2:1)*

feinen Lamellenstruktur der entmischten Feldspäte entsteht. Das Blau des Lichtscheins nimmt zu, je mehr Albit im Mondstein enthalten ist. Mondstein zeigt Glasglanz bis Pechglanz.

### Mineralklasse, Chemismus
Mondstein gehört zur Feldspat-Familie und zur Mineralklasse der Gerüstsilikate. Er ist ein entmischter Alkalifeldspat mit je nach Fundort verschiedenen Gehalten an Kalifeldspat (Orthoklas oder Mikroklin, $KAlSi_3O_8$) und Natronfeldspat (Albit, $NaAlSi_3O_8$; selten auch Labradorit, $NaCa[AlSi_3O_8/Al2Si_2O_8]$, beides Plagioklase), so daß seine Gesamtformel etwas vereinfacht als $(K,Na)[AlSi_3O_8]$ + Ca,Fe,Ba,Rb,Sr dargestellt werden kann. Höhere Eisengehalte verursachen dabei rötliche bis dunkle Farben (Rauchmondstein). Je nachdem welcher Feldspat nun der Hauptbestandteil des Mondsteins ist, wird in Orthoklas-M., Mikroklin-M., Albit-M. oder Labradorit-M. unterschieden. Gewöhnlich liegt Orthoklas-Mondstein vor.

### Bestimmungsmerkmale
Mohshärte: 6–6,5; Dichte: 2,56–2,62; Spaltbarkeit: vollkommen, unebener Bruch; Strichfarbe: weiß; Transparenz: halbdurchsichtig bis durchscheinend.

### Verwechslungen und Unterscheidung
Verwechslungen sind mit blassem Chalcedon (keine Spaltbarkeit) und Labradorit (Blau des Lichtscheins meist intensiver) möglich.

### Fälschungen
Als Fälschungen sind Imitationen aus Glas, bestimmten gebrannten Amethysten und synthetischem Spinell im Handel. Hier hilft zur Unterscheidung nur die mineralogisch-gemmologische Untersuchung.

### Verwendung und Handel
Mondstein ist ein traditioneller Schmuck- und Heilstein. Er ist als Trommelstein, Anhänger, Cabochon und Kette im Handel. Steine mit blassem Lichtschein sind in der Regel günstig, ein kräftig blauer Lichtschimmer dagegen teuer.

### Heilwirkung, Indikationen
Mondstein fördert Einfühlungsvermögen und Intuition bis hin zu Medialität und Hellsichtigkeit. Er verbessert die Lichtwahrnehmung, die Traumerinnerung, bringt Gefühlstiefe und lindert Mondsüchtigkeit. Körperlich regt Mondstein die Zirbeldrüse an und ermöglicht so die bessere Abstimmung der Hormonzyklen auf die Rhythmen der Natur (Mondphasen). Auf diese Weise fördert er die Fruchtbarkeit der Frau und hilft bei Menstruationsbeschwerden und Hormonumstellungen nach der Geburt sowie im Klimakterium.

### Anwendung
Mondstein sollte längere Zeit getragen oder regelmäßig auf Stirn und Herz aufgelegt werden. Zur Linderung der Mondsüchtigkeit muß er von Neumond an mindestens eine Mondphase lang unter das Kopfkissen gelegt werden.

# Mookait

### Name, Synonyme, Handelsbezeichnungen
Mookait ist ein australischer Stein mit Anteilen von Opalith, Hornstein und Jaspis, dessen Name von der Aborigine-Bezeichnung der Fundstelle an einem kleinen Wasserlauf in Westaustralien abgeleitet ist (mooka = fließendes Wasser). Er ist erst seit wenigen Jahren international im Handel und besitzt aus diesem Grund praktisch keine Synonyme.

### Genese, Vorkommen
Mookait entsteht sekundär aus Kieselsäure-Lösungen, die in tonig-sandige Sedimentgesteine eindringen. Dabei durchdringt die Kieselsäure-Lösung das ursprüngliche Gestein weiträumig und „verkieselt" es, indem sie in den feinen Poren des Gesteins auskristallisiert, wobei sich Opal und Quarz bilden. Auf diese Weise entstehen große Mengen von Mookait, dessen einziger Fundort auf der Mooka-Ranch in Westaustralien liegt.

### Kristallsystem, Erscheinungsbild, Farbe
Mookait ist teils trigonal, teils amorph und bildet daher keine sichtbaren Kristalle. Stattdessen erscheint er stets in körnig-dichten Massen ohne regelmäßige Begrenzung. Seine Farben entstehen durch feinverteilte Eisenoxid-Verbindungen, die dem ursprünglichen Sedimentgestein entstammen. Je nach Gehalt und Art der Eisenoxid-Verbindung (siehe „Chemismus") zeigt Mookait ineinander verlaufende Bereiche von weißer, beige-gelber, ockerfarbener und ziegelroter Farbe, deren Farbton jedoch stets pastellig-hell ist. Aufgrund seiner feinkörnigen Struktur ist Mookait im Rohzustand meistens matt, manchmal zeigt er samtigen Glanz.

*Abb. 171: Mookait, Westaustralien (1:1)*

### Mineralklasse, Chemismus
Mookait enthält Opal- und Jaspis-Anteile und zählt damit im weiteren Sinne zu den mikrokristallinen Quarzen und zur Mineralklasse der Oxide, Formel: $SiO_2 + Fe,O,OH$. Seine Farben entstehen durch Fremdstoff-Einlagerungen von Eisenhydroxid-Verbindungen (FeOOH), die gelbliche Tönungen verursachen, sowie Eisenoxid-Verbindungen ($Fe_2O_3$), die die rötlichen Tönungen ergeben. Weiße Bereiche des Steins sind eisenfrei.

### Bestimmungsmerkmale
Mohshärte: 6,5–7; Dichte: 2,65–2,91; Spaltbarkeit: keine, muscheliger Bruch; Strichfarbe: weiß; Transparenz: undurchsichtig.

### Verwechslungen und Unterscheidung
Mookait kann im Prinzip nur mit gelbem oder rotem Jaspis verwechselt werden, wenn dieser sehr hell ist. In der Regel heben die Pastelltöne der Mookait-Farben diesen jedoch deutlich von den anderen Jaspis-Varietäten ab.

### Fälschungen
Fälschungen für Mookait gibt es derzeit nicht.

### Verwendung und Handel
Mookait ist aufgrund seiner schönen Zeichnung seit mehreren Jahren ein beliebter Schmuck- und Dekorationsstein. Er zählt zu den günstigsten Heilsteinen und ist in sehr vielen Formen, vom Rohstein und Trommelstein über verschiedenste geschliffene Formen bis hin zu Anhängern, Ketten und Schmucksteinen erhältlich.

### Heilwirkung, Indikationen
Mookait verbindet auf harmonische Weise die Eigenschaften des roten und gelben Jaspis. Entsprechend dem roten Jaspis fördert er Tatkraft und Dynamik und hilft gleichzeitig, ähnlich dem gelben Jaspis, innere Sammlung und Ruhe zu bewahren. Durch diese besondere Kombination bringt Mookait geistige Flexibilität und seelische Ausgeglichenheit. Er regt an, neue Erfahrungen zu machen und ermöglicht, diese Erfahrungen gleichzeitig auch geistig gut zu verarbeiten. Dadurch entwickelt sich Lebendigkeit und harmonische Aktivität, der geistige Horizont erweitert sich und Ideen oder Projekte werden mit Spaß und Freude spielerisch verwirklicht.

Körperlich regt Mookait in erster Linie die Blutreinigung in Leber und Milz an. Er stärkt die Vitalität des Körpers und das Immunsystem. Er hilft außerdem bei Vereiterungen und fördert die Wundheilung. Im Prinzip ist er jedoch weniger ein Stein für akute Fälle, sondern hilft vielmehr, die Gesundheit langfristig zu stabilisieren. Wie Jaspis ganz allgemein erhöht auch Mookait die Vitalität und Kraft des ganzen Körpers.

### Anwendung
Mookait sollte aufgrund seiner Langzeit-Wirkungen auch über längere Zeit mit Hautkontakt am Körper getragen oder regelmäßig aufgelegt werden. Sehr schöne Erfahrungen vermittelt auch der morgendliche und abendliche Aufenthalt in einem Mookait-Steinkreis.

# Moosachat

## Name, Synonyme, Handelsbezeichnungen
Moosachat ist ein Chalcedon mit eingelagerten Schlieren und moosähnlichen Zeichnungen aus grünen Magnesium-Eisen-Silikaten. Der Name ist seit dem 19. Jahrhundert belegt, allerdings ist er nicht ganz korrekt, da Moosachat aufgrund fehlender Bänderung kein Achat ist, korrekt wäre Mooschalcedon. Synonyme sind Moosjaspis für sehr dicht mit grünem Silikat durchsetzten Moosachat sowie Cormit und Vulkanjaspis für Moosachat mit Hämatit-Einschlüssen. Als Handelsnamen existieren Indischer Achat und Medfordit (Moosachat aus den USA).

## Genese, Vorkommen
Moosachat entsteht sekundär aus Kieselsäure, die durch Zerfalls- und Verwitterungs-Prozesse aus dem Boden und Gestein freigesetzt wird und in wässriger Lösung durch das Gestein strömt. Dabei dickt die Kieselsäure durch allmähliches Austrocknen langsam ein. Dringt nun eisen- und magnesiumhaltige Lösung in die Kieselsäure ein, bilden sich die typischen grünen Schlieren des Moosachat. Vorkommen finden sich in Indien, Burma und Botswana.

## Kristallsystem, Erscheinungsbild, Farbe
Moosachat ist trigonal, bildet jedoch nur mikrokristalline, faserige Kristalle. Er erscheint daher in dichten oder knollig-kugeligen Aggregaten oder als Spaltenfüllungen im Gestein. Er ist farblos, hellblau und manchmal bräunlich, durchzogen von grünen Schlieren, Fäden und moosähnlichen Gebilden. Er bildet fließende Übergänge zu Chalcedon und Heliotrop und kann mit diesen verwachsen sein. Moosachat zeigt Wachsglanz.

*Abb. 172: Moosachat-Donut, Indien (2:1)*

## Mineralklasse, Chemismus
Moosachat ist eine Varietät der Chalcedon-Familie und gehört damit zur Quarz-Gruppe und zur Mineralklasse der Oxide, Formel: $SiO_2$ + Al,Ca,F,Fe,K,Mg,Na,OH,Si. Die grünen Fäden und Schlieren, die die Chalcedon-Matrix durchziehen, bestehen aus Magnesium-Eisen-Silikaten, meist Hornblende, Formel: $(Na,K)Ca_2(Mg,Fe)_3(Fe,Al)_2[(O,OH,F)_2/Al_2Si_6O_{22}]$ + Mn,Ti.

## Bestimmungsmerkmale
Mohshärte: 6,5–7; Dichte: 2,58–2,62; Spaltbarkeit: keine, rauher Bruch; Strichfarbe: weiß; Transparenz: durchscheinend.

## Verwechslungen und Unterscheidung
Moosachat kann mit Dendritenchalcedon verwechselt werden, dessen Manganoxid-Dendriten jedoch schwarz sind.

## Fälschungen
Als Moosachat-Imitationen existieren aus zwei Chalcedonscheiben zusammengeklebte Dubletten, zwischen denen Eisen- und Manganverbindungen auskristallisiert sind. Diese Nachbildungen können jedoch ohne weiteres eindeutig durch mineralogisch-gemmologische Untersuchungen identifiziert werden.

## Verwendung und Handel
Moosachat ist ein bekannter Schmuckstein und wird in Idar-Oberstein sowie in Indien und China auch kunstgewerblich zu Schalen und Dekorstücken verarbeitet. Er zählt zu den gängigen Heilsteinen.

## Heilwirkung, Indikationen
Moosachat bringt Inspirationen und neue Ideen. Er hilft vor allem dann, wenn man als kreativer Mensch lange Zeit ohne zündende Einfälle ist. Zudem ermöglicht Moosachat, sich von tiefsitzenden Ängsten, Verhaftungen und geistigen Ketten zu lösen, um mit Denken und Taten neue Wege zu beschreiten. Er steigert die Bewußtheit und hilft, auch schwierige Probleme zu lösen. Einfache, praktisch orientierte Logik und zuversichtliche Tatkraft verbinden sich dabei zu einer erfolgreichen Dynamik. Bei Erschöpfung und Mutlosigkeit ermöglicht Moosachat, sich zu erholen und neue Hoffnung zu schöpfen.

Moosachat hilft vor allem bei hartnäckigen Infektionen der Lunge und Atemwege. Er hemmt Entzündungen, stärkt das Immunsystem und regt die Tätigkeit der Lymphe an. Dadurch läßt er Lymphknotenschwellungen abklingen und wirkt fiebersenkend und schleimbildend (bei trockenem Husten). Moosachat ist immer zu empfehlen, wenn die o.g. Krankheitssymptome mit der Empfindung von Schwere, Druck oder Belastung einhergehen.

## Anwendung
Moosachat sollte mit Hautkontakt auf der Brust getragen oder direkt auf betroffene Körperbereiche aufgelegt werden. Sehr kräftig wirkt die Edelstein-Essenz, sie ist eines der stärksten Erkältungsmittel.

# Moosachat, rosa

## Name, Synonyme, Handelsbezeichnungen
Rosa Moosachat ist ein Chalcedon mit eingelagerten Schlieren und wurmähnlichen Gebilden aus blaßrosa bis braunen Eisen- und Manganoxiden. Der Name Moosachat steht seit dem 19. Jahrhundert für Chalcedon mit grünen Hornblende-Einlagerungen und wurde nun, Ende des 20. Jahrhunderts, auf den Rosa Moosachat übertragen. Außer dem spöttisch-ironischen „Wurmstein" oder „Madenstein" gibt es für den Rosa Moosachat derzeit nur das Synonym Manganmoosachat.

Das in diesem Kapitel angesprochene Mineral darf jedoch nicht mit jenem sog. rosa Moosachat oder Indischen Achat verwechselt werden, der in den 50er bis 60er Jahren groß in Mode war! Dieser Stein war ein gefärbter gewöhnlicher Moosachat mit grünen Schlieren in einer rosa- bis orangefarbenen Chalcedon-Matrix (Chalcedon ist aufgrund der porösen Struktur sehr gut zu färben).

## Genese, Vorkommen
Rosa Moosachat entsteht sekundär aus Kieselsäure, die durch Zerfalls- und Verwitterungs-Prozesse aus dem Boden und Gestein freigesetzt wird und in wässriger Lösung durchs Gestein strömt. Dabei dickt die Kieselsäure durch Austrocknen langsam ein. Dringen nun eisen- und manganhaltige Lösungen aus dem umgebenden Gestein in die Kieselsäure ein, bilden sich die maden- und wurmähnlichen Gebilde des Rosa Moosachat. Die Entstehung gleicht der des grünen Moosachat, nur müssen hier neben Mangan oder Eisen auch Sauerstoff oder oxidierende Verbindungen in der Lösung anwesend sein, damit braun-rosa Oxide statt grüner Silikate entstehen. Das einzige bedeutende Vorkommen liegt in Indien.

*Abb. 173: Rosa Moosachat, Trommelsteine, Indien (3:1)*

## Kristallsystem, Erscheinungsbild, Farbe

Rosa Moosachat ist trigonal, bildet jedoch nur mikrokristalline, faserige Kristalle. Er erscheint daher in dichten oder knollig-kugeligen Aggregaten oder als Spaltenfüllungen im Gestein. Er ist farblos, grau und manchmal bräunlich, durchzogen von blaßrosa bis braunen maden- und wurmähnlichen Gebilden. Er kann fließende Übergänge zu grünem Moosachat, Chalcedon, Heliotrop und indischem Jaspis bilden und mit diesen verwachsen sein. Rosa Moosachat zeigt Wachsglanz.

## Mineralklasse, Chemismus

Rosa Moosachat gehört zur Chalcedon-Familie, Quarz-Gruppe und Mineralklasse der Oxide, Formel: $SiO_2$ + Al,Ca,F,Fe,K,Mg,Mn,Na,Si. Die rosa bis braunen Schlieren bestehen aus oxidierten Magnesium-Eisen-Silikaten (oxidierte Hornblende) sowie Eisen- und Manganoxiden.

## Bestimmungsmerkmale

Mohshärte: 6,5–7; Dichte: 2,58–2,62; Spaltbarkeit: keine, rauher Bruch; Strichfarbe: weiß; Transparenz: durchscheinend.

## Verwechslungen und Unterscheidung

Rosa Moosachat ist für jeden, der ihn einmal gesehen hat, unverwechselbar (siehe Abb.).

## Fälschungen

Es gibt rosa gefärbten Moosachat, der jedoch grüne Schlieren in rötlicher Matrix zeigt und sich daher von diesem Mineral mit rosa-braunen Einschlüssen in grauer Matrix unterscheidet.

## Verwendung und Handel

Rosa Moosachat ist als Schmuckstein gänzlich unbekannt und wird es vermutlich auch bleiben, da er aufgrund seines Aussehens oft Aversionen hervorruft. Von seiner Wirkung her ist er jedoch ein sehr interessanter Heilstein.

## Heilwirkung, Indikationen

Rosa Moosachat hilft, unbewußte Mechanismen loszulassen und spielerisch neue Lebensstrategien zu erforschen. Unangenehme Erinnerungen sowie Empfindungen von Ekel, Abscheu, Rache, Groll und Streitlust hilft er zu überwinden, um Offenheit und Freiheit zu gewinnen. Rosa Moosachat fördert innere Stabilität und Sicherheit, so daß Schutzbedürfnis, Angst vor Verletzungen und Zurückgezogenheit schwinden.

Körperlich regt Rosa Moosachat die Verdauung und Ausscheidung an. Er fördert die Sekretion der Verdauungsenzyme, hilft bei Übelkeit, regt die Darmtätigkeit an und verbessert die Darmflora. Er hilft sehr schnell bei Verstopfung und bei längerer Anwendung auch bei Durchfall. Selbst innere Entzündungen im Magen-Darm-Trakt werden durch Rosa Moosachat gelindert.

## Anwendung

Rosa Moosachat sollte mit Hautkontakt auf den Bauch aufgelegt werden. Quellwasser, in das Rosa Moosachat für einen Tag eingelegt wird, hilft bei vielen Verdauungsbeschwerden. Wird der Stein für mindestens drei Tage eingelegt, entsteht ein hervorragendes Abführmittel.

# Moqui Marbles, Eisenoolith

## Name, Synonyme, Handelsbezeichnungen
Eisenoolithe sind Sandsteine mit eingelagerten fischrogenähnlichen Eisenoxid-Kügelchen (Ooiden). Von diesen stammt auch der Name Oolith = Eierstein (griech. oion = Ei, lithos = Stein). Synonyme für Eisenoolith sind Erbsenerz und Perlenerz. Der im Handel gebräuchliche Begriff Oolith sollte jedoch nicht ohne Zusatz verwendet werden, da es auch einen Kalkoolith als Heilstein gibt (siehe Seite 478).

Moqui Marbles sind große Eisenooide mit sandgefülltem Hohlraum. Als „Murmeln der Moqui" wurden sie nach den Moqui-Indianern benannt, auf deren Land in Utah/USA sie gefunden werden. Von der Insel Amrum/Deutschland sind sie als „Limonitkugeln" bekannt. Synonyme sind Adlerstein, Aetit, Ethit, Klapperstein, Indian colour pot, Partnersteine und Schwetterstein.

## Genese, Vorkommen
Moqui Marbles und Eisenoolithe entstehen sedimentär in flachen Meeren (siehe Seite 28ff.). Dabei wird im Wasser gelöstes Eisen während der Ablagerung von Sand- und Tonpartikeln am Meeresgrund als Oxid ausgefällt. Bei ruhigem Wasser würde sich das Eisenoxid gleichmäßig im entstehenden Sediment verteilen und Eisenstein (eisenhaltiger Sandstein) oder Toneisenstein (eisenhaltiger Tonstein) bilden. Ist das Wasser jedoch bewegt, wie z.B. in einer Brandungszone, so setzen sich viele Sandkörnchen und Schwebeteilchen nicht ab. Ausfallendes Eisenoxid legt sich nun schalenförmig um diese Teilchen, bis sie zu schwer werden, absinken und im Meeresgrund eingebettet werden. Das hieraus entstehende Sediment wird Eisenoolith genannt. Vorkommen dieser Gesteine liegen im Dogger (Braunen Jura) Deutschlands, Frankreichs (Lothringen), Englands und der USA.

*Abb. 174: Moqui-Marbles, Utah/USA (1:1)*

An größeren Wirbeln und Strudeln der Strömung bilden sich in seltenen Fällen beständige bzw. wiederkehrende Sandwirbel im Wasser, die in diesem Prozeß zur Bildung einer größeren, festen Schale aus Eisenoxid führen. Auf diese Weise entstehen Hohlkugeln aus Eisenoxid mit Sandfüllung, die sog. Moqui Marbles, Vorkommen: Utah/USA.

### Kristallsystem, Erscheinungsbild, Farbe
Der Eisenoxid-Anteil des Eisenooliths und der Moqui Marbles ist rhombisch, der Sand-Anteil besteht überwiegend aus Quarz und ist daher trigonal. Eisenoolithe sind sand- bis erdfarbene, körnige bis dichte Gesteine mit rostbraunen, kugeligen Einsprengseln. Moqui Marbles sind kugelig bis linsenförmig, hell- bis dunkelbraun und matt bis pechglänzend (siehe Abb.).

### Mineralklasse, Chemismus
Als Eisen-Sandstein-Konkretionen zählen Eisenoolith und Moqui Marbles zur Mineralklasse der Oxide. Der Eisenoxid-Anteil besteht aus Limonit, Formel: $FeOOH$, der Sand-Anteil überwiegend aus Quarz, Formel: $SiO_2$. Farbgebend ist das Eisen.

### Bestimmungsmerkmale
Mohshärte: 5 – 5,5; Dichte: 3,0 – 3,5 (Eisenoolith), 3,0 – 4,2 (Moqui Marbles); Spaltbarkeit: keine, körniger Bruch; Strichfarbe: braun; Transparenz: opak.

### Verwechslungen und Unterscheidung
Eisenoolith kann mit Rhyolith (keine kreisrunden Kügelchen!) oder gepunktetem Jaspis (Härte 7) verwechselt werden. Moqui Marbles sind unverwechselbar.

### Fälschungen
Fälschungen sind nicht bekannt.

### Verwendung und Handel
Eisenoolith wird zur Eisengewinnung verwendet, Moqui Marbles dienen zur Herstellung von Farbstoff. Vor allem die Moqui Marbles sind derzeit Heilsteine mit Kultstatus.

### Heilwirkung, Indikationen
Eisenoolith und Moqui Marbles lenken die Aufmerksamkeit auf den Körper und unsere Grundbedürfnisse. Der Wunsch nach Gesundheit und Erholung wird stärker, auszehrende Arbeitswut läßt nach, dafür wird Genießen, Gemütlichkeit und Gesellschaft wichtig. Man schläft leicht ein, schläft tief und fast traumlos. Grundsätzlich lehren beide, Dinge „geschehen zu lassen" und nicht „ständig zwanghaft etwas zu tun". Dennoch werden Unternehmungen wach, bewußt, pragmatisch und notfalls mit Nachdruck durchgeführt. Körperlich wirken Eisenoolith und Moqui Marbles regenerierend und immunstärkend, als Eisenoxide fördern sie außerdem die Eisenaufnahme und Blutbildung.

### Anwendung
Eisenoolith und Moqui Marbles sollten am Körper getragen und gelegentlich in die Hand genommen werden.

# Morganit

## Name, Synonyme, Handelsbezeichnungen
Morganit trägt seinen Namen erst seit 1911, als der New Yorker Edelsteinfachmann G.F. Kunz (siehe Kunzit) das zunächst schlicht „Rosaberyll" genannte Mineral zu Ehren des Mineraliensammlers, Bankiers und Geheimbündlers John Pierpont Morgan umbenannte. Morganit wurde zuvor nicht als eigene Varietät der Beryll-Familie betrachtet. Außer dem gelegentlich auftauchenden Rosaberyll existiert heute als einziges veraltetes Synonym für Morganit noch der Begriff Rosterit.

## Genese, Vorkommen
Morganit ist stets primärer Bildung. Er entsteht als späte hydrothermale Bildung auf Drusen und Klüften in Granitpegmatiten. Da der Mineralstoff Beryllium ein sehr seltenes Element ist, wird die Beryllium-Konzentration der magmatischen Kieselsäure-Lösung erst dann groß genug, um Morganit zu bilden, wenn viele Stoffe durch Mineralbildung bereits aus der Lösung ausgeschieden sind (sog. Restkristallisation). Manchmal werden auch früher gebildete berylliumhaltige Mineralien durch die hydrothermale Lösung zu Morganit umkristallisiert. Vorkommen sind in Brasilien (Minas Gerais), Madagaskar, Afghanistan und Kalifornien/USA.

## Kristallsystem, Erscheinungsbild, Farbe
Morganit ist hexagonal und bildet sechseckige, tafelige Kristalle. Die Kristalle zeigen fast ausschließlich Endflächen, äußerst selten bildet sich eine stumpfe Spitze. Die Farbe des Morganits erstreckt sich von Blaßrosa über Blaßviolett bis zu einem hellen Orange; Morganit zeigt Glasglanz.

*Abb. 175: Morganit-Trommelstein, Brasilien (2:1)*

## Mineralklasse, Chemismus
Morganit zählt als Varietät der Beryll-Familie zur Mineralklasse der Ring-Silikate. Er ist ein Beryllium-Aluminium-Silikat, Formel: $Be_3Al_2(Si_6O_{18})$ + Li,Mn + (Cs,Cu,Fe,Ni). Farbgebend ist in erster Linie das Mangan, wobei eine Beteiligung von Cäsium und Lithium jedoch nicht ausgeschlossen werden kann.

## Bestimmungsmerkmale
Mohshärte: 7,5 – 8; Dichte: 2,8 – 2,9; Spaltbarkeit: unvollkommen, muscheliger, unebener Bruch; Strichfarbe: weiß; Transparenz: durchsichtig bis undurchsichtig.

## Verwechslungen und Unterscheidung
Als Kristall und Trommelstein mit Kunzit und Turmalin, deren faserige Strukturen jedoch eindeutig zu unterscheiden sind; als geschliffener Stein mit Kunzit, rosa Saphir, rosa Topas und Turmalin. Eine sichere Unterscheidung ist hier nur durch mineralogisch-gemmologische Untersuchungen möglich.

## Fälschungen
Fälschungen sind bei Morganit leider sehr häufig! Durch Brennen wird die Farbe intensiviert, daher sind facettierte Steine fast immer gebrannt (Nachweis fast unmöglich), außerdem existieren Imitationen aus synthetischem Spinell oder Glas. Letztere sind durch mineralogisch-gemmologische Untersuchungen erkennbar.

## Verwendung und Handel
Morganit ist als Edelstein und Schmuckstein, neuerdings auch in Form von Ketten im Handel und gewinnt auch als Heilstein zunehmend an Bedeutung. Er ist inzwischen als Trommelstein oder Anhänger gut verfügbar, aufgrund seiner Seltenheit jedoch nach wie vor sehr teuer.

## Heilwirkung, Indikationen
Morganit hilft, die Schattenseiten unserer erfolgs- und leistungsorientierten Gesellschaft zu bewältigen. Er öffnet unsere Seelenwelt und macht so all jene Gefühle bewußt, die wir übergangen, abgelehnt oder aktiv unterdrückt haben. Dadurch verändern sich viele Wertmaßstäbe, die nicht im Einklang mit unserem wahren inneren Wesen stehen. Selbstwichtigkeit, Fanatismus, Scheuklappenmentalität und Fluchtgewohnheiten nehmen ab, statt dessen nehmen Entspannung, Ruhe, Muße und Beschaulichkeit zu.

Morganit ist damit ein Stein für alle typischen Managerkrankheiten: Er lindert Streß und Folgeerscheinungen wie Herzbeschwerden, Nervenleiden, Gleichgewichtsstörungen und Impotenz.

## Anwendung
Zur Veränderung unserer seelisch-mentalen Einstellung kann Morganit in der Meditation ruhig betrachtet, aufs Herz aufgelegt oder zu einem Steinkreis ausgelegt werden. Streßsymptome werden dabei schnell abgebaut, für eine dauerhafte Veränderung ist jedoch eine regelmäßige Anwendung sehr wichtig. Bei körperlichen Beschwerden sollte Morganit direkt auf die betroffenen Bereiche aufgelegt und anschließend längere Zeit mit Hautkontakt getragen werden.

# Muskovit

## Name, Synonyme, Handelsbezeichnungen

Muskovit bedeutet „Moskauer Stein" bzw. „Moskauer Glas", da große Platten aus dem Ural früher aufgrund ihrer Elastizität und Hitzebeständigkeit als Fenster für Öfen und Lampen verwendet wurden. Als Vertreter der Glimmer-Gruppe besitzt Muskovit das typische Glitzern und Glimmern, das der gesamten Gruppe ihren Namen gibt. Mit silbrigem Glanz wird er daher volkstümlich auch Katzensilber genannt. Weitere Synonyme für Muskovit sind: Adamsit, Amphilogit, Antonit, Batchelorit, Didymit, Kaliglimmer, Lapis specularis, Leukophyllit, Marienglas (selten und irreführend, da Synonym für Gips), Onkophyllit, Oosit, Pyknophyllit, Russisches Glas, Russischer Stein, Schernikit, Serikolith, Serizit (feinschuppig, seidenglänzend in Metamorphiten), Sermikit, Spiegelstein, Talcit und Weißer Glimmer.

## Genese, Vorkommen

Muskovit entsteht primär oder tertiär. Primär wird er in der liquidmagmatischen Phase als Gemengteil vieler Granite und Pegmatite oder durch die pneumatolytische Umwandlung anderer Silikate (z.B. Kalifeldspäte) gebildet, wenn Granite durch aggressive magmatische Gase zu sog. Greisen zersetzt werden.

Tertiär bildet er sich durch die metamorphe Umwandlung von Feldspäten und anderen Silikaten in Gneisen, Glimmerschiefern, manchen Tonschiefern, Phylliten und Quarziten. Aufgrund seiner Verwitterungsbeständigkeit wird er auch in Sedimenten (z.B. Sandstein) gefunden. Große Muskovit-Tafeln sind pegmatitischer Natur und stammen vor allem aus dem Ural/Rußland, Skandinavien, Indien, USA, Tansania, Simbabwe und Australien.

*Abb. 176: Muskovit-Stufen, Minas Gerais/Brasilien (1:1)*

## Kristallsystem, Erscheinungsbild, Farbe

Muskovit ist monoklin, erscheint jedoch meist in Form tafeliger Platten mit pseudohexagonalem Habitus (sechseckiger Querschnitt). Er bildet schuppige, blättrige bis rosettenartige Aggregate und tritt in schönen Paragenesen mit Aquamarin, Quarz, Topas und Turmalin auf. Muskovit ist farblos, manchmal glasklar, öfter weiß oder silbrig glänzend. Er zeigt Glasglanz, auf Spaltflächen auch Perlmuttglanz oder auf feinschuppigen Aggregaten Seidenglanz.

## Mineralklasse, Chemismus

Muskovit zählt als wichtiger Vertreter der Glimmer-Gruppe zur Mineralklasse der Schicht-Silikate, Formel: $KAl_2[(OH,F)_2/AlSi_3O_{10}]$ + Ca,Fe,Mg,Mn,Na,Ti. Eisen (Fe)- und Mangan (Mn)-Anteile führen dabei zu etwas dunkleren, silbernen Farbtönen. Die Silikatschichten bewirken einerseits die ausgezeichnete Spaltbarkeit zwischen den Schichten, sind in sich selbst jedoch so stabil, daß sogar dünne Spaltblättchen biegsam und kaum zu zerbrechen sind.

## Bestimmungsmerkmale

Mohshärte: 2–3; Dichte: 2,76–3,1; Spaltbarkeit: ausgezeichnet, elastische Spaltblättchen; Strichfarbe: weiß; Transparenz: durchsichtig bis durchscheinend.

## Verwechslungen und Unterscheidung

Muskovit kann manchmal mit anderen Glimmern wie Biotit (dunkel), Fuchsit (grün) und Lepidolith (lila) verwechselt werden, die sich in der Regel jedoch aufgrund ihrer verschiedenen Farbe deutlich voneinander abgrenzen lassen.

## Fälschungen

Es gibt keine Fälschungen.

## Verwendung und Handel

Aufgrund seiner isolierenden Eigenschaften gegenüber Hitze und elektrischem Strom wird Muskovit technisch als Isolator verwendet. Als Schmuckstein spielt er keine Rolle, als Heilstein steht er trotz guter Wirkungen derzeit leider noch im Schatten der anderen Glimmer Biotit, Fuchsit und Lepidolith.

## Heilwirkung, Indikationen

Muskovit ist ein Schutzstein, der hilft, auch bei überwältigenden Problemen, bei Provokationen, Intrigen oder offenen Angriffen innerlich ruhig und entspannt zu bleiben. Er ermöglicht, Ängste, unangenehme Tätigkeiten oder feindlich gesinnte Menschen zu konfrontieren und lindert körperliche Symptome, die in solchen Konflikten auftreten. In diesen Fällen hilft Muskovit daher vor allem bei Magen-, Gallen- und Nierenbeschwerden, vegetativen Störungen, Zittern, Nervosität und Herzbeschwerden.

## Anwendung

Muskovit sollte als kleine Platte am Körper oder in der Hosentasche getragen bzw. bei akuten Symptomen direkt auf die betroffene Stelle aufgelegt werden.

# Nephrit

## Name, Synonyme, Handelsbezeichnungen

Der Name Nephrit entstand im 16. Jahrhundert in Anlehnung an die Jade (span. pietra de ijada = Lendenstein). Der Stein wurde in Apothekerkreisen ursprünglich „Lapis nephriticus" (Nierenstein) genannt, wegen der nierenstärkenden Wirkung des Minerals, von welcher die Spanier bei den Indianern Südamerikas erfahren hatten. Jade und Nephrit waren also ursprünglich Synonyme, da die beiden Mineralien zunächst auch nicht zu unterscheiden waren. Erst durch die Entdeckung des Magnesiums und Fortschritte der Chemie zu Beginn des 19. Jahrhunderts stellte sich heraus, daß die beiden Synonyme Nephrit und Jade drei verschiedene Mineralien bezeichneten, die nunmehr eigene Namen führen: Jadeit, Nephrit und Chloromelanit.

Synonyme für Nephrit sind Beilstein, Bitterstein, Grießstein, Kahurangi, Kashgar-Jade, Kawa-Kawa, Nierenstein, Punammustein, Wyoming Jade und Fei-Tsui (China).

## Genese, Vorkommen

Nephrit entsteht tertiär bei der regionalmetamorphen Bildung von Serpentiniten und Kristallinen Schiefern, insbesondere Aktinolithschiefern, oder bei der kontaktmetasomatischen Umwandlung von Gabbros zu Serpentinit. Bedeutene Vorkommen liegen in China, Neuseeland, Rußland, Alaska, Kanada, Guatemala und der Schweiz.

## Kristallsystem, Erscheinungsbild, Farbe

Nephrit ist monoklin, bildet jedoch keine sichtbaren Kristalle, sondern dichte, feinfaserig verfilzte Aggregate. Diese Beschaffenheit macht ihn extrem zäh und schwer zu schleifen. Nephrit ist grün,

*Abb. 177: Nephrit, Rohstück und Cabochons, Kanada (1:1)*

auch weiß, gelblich oder rötlich. Er besitzt oft eine fleckige oder streifige Zeichnung und zeigt Glas- bis Fettglanz. Die parallelfaserige Varietät, der sog. Nephritoid, kann Chatoyance (Katzenaugen) hervorbringen.

### Mineralklasse, Chemismus
Nephrit ist eine kryptokristalline Aktinolith-Varietät (siehe Seite 128). Er zählt damit zur Amphibol-Gruppe und zur Mineralklasse der Ketten-Silikate, Formel: $Ca_2(Mg,Fe)_5[(OH,F)_2(Si_8O_{22})]$. Farbgebend ist beim Nephrit in erster Linie das Eisen (Fe), je höher dessen Gehalt gegenüber dem Magnesium (Mg) ist, desto intensiver wird die grüne Farbe des Nephrits.

### Bestimmungsmerkmale
Mohshärte: 6–6,5, sehr zäh; Dichte: 2,9–3,02; Spaltbarkeit: vollkommen (in Längsrichtung), spröde; splittriger, scharfkantiger Bruch; Strichfarbe: weiß; Transparenz: undurchsichtig bis durchscheinend.

### Verwechslungen und Unterscheidung
Nephrit kann mit sehr vielen grünen Mineralien verwechselt werden, u.a. mit Chloromelanit, Grossular, Jadeit, Prehnit, Serpentin, Vesuvianit. Sichere Bestimmungen können hier nur durch mineralogisch-gemmologische Untersuchungen erzielt werden.

### Fälschungen
Nephrit wird zur Farbaufbesserung mitunter grün gefärbt. Als Imitationen sind außerdem grüne Gläser auf dem Markt. Beides läßt sich jedoch leider nur durch mineralogisch-gemmologische Untersuchungen sicher identifizieren.

### Verwendung und Handel
Nephrit wird von alters her als Schmuckstein, Medizin und zur Herstellung von Werkzeugen und Kultgegenständen genutzt. Er ist, da häufiger als Jadeit, auch heute noch der wichtigste Nierenheilstein.

### Heilwirkung, Indikationen
Nephrit hilft, die eigene Identität zu wahren, wenn man unter Druck gesetzt wird. Er ist ein traditioneller Schutzstein gegen aggressive geistige Angriffe. Nephrit hilft, Spannungen und Kummer abzubauen und führt zu Ausgeglichenheit und innerem Frieden. Er hilft bei Entscheidungsschwierigkeiten und macht kreativ und handlungsfreudig.

Körperlich regt Nephrit die Nierenfunktion an, beschleunigt die Heilung von Nierenentzündungen (vor allem natürlich grüne Steine) und beugt Ablagerungen in den Harnwegen und damit auch Nierensteinen vor. Er fördert die Entgiftung, Entsäuerung und Reinigung der Körperflüssigkeiten und des Gewebes.

### Anwendung
Nephrit sollte längere Zeit am Körper getragen und bei akuten Fällen direkt auf die Nieren aufgelegt bzw. mit Pflaster aufgeklebt werden.

# Obsidian

## Name, Synonyme, Handelsbezeichnungen
Obsidian ist ein vulkanisches Gesteinsglas, das bereits seit der Antike bekannt ist. Sein Name leitet sich laut Plinius von dem Römer „Obsius" ab, der den Stein erstmalig in Äthiopien gefunden haben soll. Die Griechen kannten den Obsidian jedoch schon vorher und nannten ihn „liparaios", nach seinem Fundort auf den Liparischen Inseln. Obsidian erhielt im Laufe der Zeit eine Reihe von Synonymen, erst durch A.G. Werner setzte sich der alte lateinische Name wieder durch. In der Zwischenzeit wurde er Glasachat, Isländischer Achat, Lavaglas, Marekanit (veraltet), Pechstein (wasserhaltig, teilweise entglast) und Vulkanglas genannt. Als Handelsnamen existierten darüber hinaus Montana-Jet und Tokayer Luxsaphir für Obsidian allgemein sowie Blaue Lava für den extrem seltenen blauen Obsidian (siehe Fälschungen) und Pseudochrysolith oder Flaschenstein für den ebenfalls seltenen grünen Obsidian. Nach ihrem Aussehen werden die Obsidiane weiterhin in verschiedene Varietäten unterteilt – siehe hierzu die Rubrik Erscheinungsbild.

## Genese, Vorkommen
Obsidian entsteht bei Vulkanausbrüchen, wenn kieselsäurereiche Lava in der kalten Luft oder im Wasser sehr schnell abkühlt und erstarrt, ohne kristalline Strukturen auszubilden. Obsidian ist daher wie Glas eine Art erstarrte Schmelze und wird auch recht treffend als Vulkanglas oder vulkanisches Gesteinsglas bezeichnet. Er findet sich in sehr vielen Vulkangebieten, wie Island, den Liparischen Inseln/Italien u.v.m. Wirtschaftlich interessante Vorkommen befinden sich jedoch hauptsächlich in Mexiko (schwarzer Obsidian, Silber- und Goldobsidian, Mahagony-Obsidian, Regenbogen-Obsidian) und den USA (Rauchobsidian, Schneeflocken-Obsidian).

*Abb. 193: Silberobsidian und Regenbogenobsidian, Mexiko (1:1)*

## Kristallsystem, Erscheinungsbild, Farbe

Obsidian ist amorph und bildet daher glasige Massen, die im Rohzustand oft von einer krustigen Oberfläche überzogen sind. Frische Bruchstellen zeigen jedoch deutlich die glasige Natur. Er ist in der Regel schwarz, grau, braun und selten auch grün. Es soll auch blaue Obsidiane geben, doch sind diese so selten, daß man sie für eine Legende halten kann. Auf jeden Fall erwiesen sich alle blauen Obsidiane, die mir bisher vorgelegt wurden, als künstliches blaues Glas (siehe Fälschungen).

Durch das schnelle Erstarren der Lava wird bei der Obsidianbildung eine Trennung der verschiedenen Inhaltsstoffe und damit die Ausbildung verschiedener Mineralien verhindert. Aus diesem Grund ist Obsidian selten von homogener Zusammensetzung, häufiger ist er ein uneinheitliches Gemisch verschiedenster Mineralstoffe, die ihm je nach Fundort und Entstehungsbedingungen unterschiedliches Aussehen bescheren. Er wird aus diesem Grund auch nicht den Mineralien zugerechnet, die ja laut Definition stofflich einheitlich sein müssen, sondern den Gesteinen.

• **Schwarzer Obsidian:** An Fremdstoffen reicher und homogener Obsidian ist gleichmäßig gefärbt und meist schwarz. Als solcher wird er im Handel auch schlicht „Schwarzer Obsidian" genannt. Manchmal entsteht durch die Abfolge der Erstarrung, die ja von der kühlen Oberfläche allmählich zum heißen Kern der Lava fortschreitet, eine Fließstruktur, die dadurch hervorgerufen wird, daß die Lava sich unter der erstarrenden Oberfläche noch bewegt. Diese Fließstruktur macht sich in wolkigen, „verwaschenen" Zeichnungen, Andeutungen von Schichtenbildung oder in verschiedenen Grauschattierungen bemerkbar. Aufgrund der unterschiedlichen Zusammensetzung mancher „Schichten" können auch bestimmte Licht- und Farberscheinungen hervorgerufen werden, die zur Entstehung der Gold-, Silber- und Regenbogen-Obsidiane führen (siehe dort).

• **Rauchobsidian:** Gut sichtbar ist die Fließstruktur auch beim Rauchobsidian, der aus sehr saurer Lava entsteht, relativ fremdstoffarm ist und dadurch transparent erscheint. Er beinhaltet mitunter fast klare Bereiche, die von fließend geschwungenen dunklen „Fahnen" durchzogen sind. Eine Besonderheit hierbei sind die „Apachentränen", kleine Obsidian-Kügelchen aus den Indianer-Reservaten Arizonas, die dort im Perlit-Gestein eingebettet auftreten.

• **Gold- oder Silberobsidian:** An fein verteilten Gasbläschen im Obsidian wird einfallendes Licht manchmal so reflektiert, daß auf der Oberfläche des polierten Steins ein seidenglänzender Gold- oder Silberschimmer entsteht. Diese Obsidiane werden entsprechend Gold- oder Silberobsidian bzw. zusammenfassend auch Seidenglanz-Obsidian genannt. Da sich die feinverteilten Bläschen in der Regel nur in bestimmten Schichten befinden, zeigt sich der seidige Schimmer je nach Orientierung des Schliffs als Lichtfleck (z.B. auf dem „Pol" einer Kugel) oder als Lichtband (z.B. rings um eine Kugel).

• **Regenbogen-Obsidian:** Sind statt der Gasbläschen Wasserbläschen feinverteilt im Obsidian eingeschlossen, kommt es nicht nur zur Reflektion des Lichts, wie beim Gold- bzw. Silberobsidian, sondern auch zur Streuung und Auftrennung des Lichts in seine Spektralfarben. Auf diese Weise erscheinen bunt-gebänderte Interferenzfarben auf der Oberfläche des polierten Obsidians. Diese Steine werden sehr treffend Regenbogenobsidian genannt. Auch hier ist die gekonnte Orientierung des Schliffs wichtig für das spätere Aussehen des Steins, da in der Regel nur einzelne, aus stark wasserhaltiger Lava gebildete Schichten die notwendigen Wasserbläschen enthalten.

- **Mahagony-Obsidian:** Obsidian mit einem sehr hohen Eisenoxidgehalt bildet durch die Abscheidung dieses Eisenoxids unregelmäßige rotbraune Flecken in der schwarzen glasigen Masse. Diese Steine werden aufgrund des Farbtons der Flecken auch Mahagony-Obsidian oder Bergmahagony genannt.
- **Schneeflocken-Obsidian:** Im Obsidian vollziehen sich langsame Wandlungsprozesse. Sein amorphes Gefüge ist nicht der Optimalzustand, und auch der Wassergehalt ermöglicht das Wandern von Ionen im Gestein und das langsame Ausbilden kristalliner Strukturen. Ein solcher Prozeß wird „Entglasung" genannt und ist im Schneeflocken-Obsidian besonders schön sichtbar. Dort entstehen durch Entglasung kleine graue Feldspat-Aggregate im dunklen Obsidian, die von ihrem Aussehen her tatsächlich an Schneeflocken, Wolken oder Blüten erinnern. Aus diesem Grund wird der Schneeflocken-Obsidian mitunter auch als Blumenobsidian, Blumenpracht, Chrysobalith (veraltet) oder Wolkenobsidian gehandelt.

Alle Obsidian-Varietäten sind im Rohzustand meist matt, zeigen an frischen Bruchstellen jedoch deutlichen Glasglanz.

## Mineralklasse, Chemismus

Obsidian besteht zu ca. 75 % aus Siliciumdioxid, der Rest setzt sich aus einer Vielzahl weiterer Mineralstoffe zusammen. Da er ein Stoffgemisch ist, wird Obsidian zu den Gesteinen gerechnet – für Mineralien gilt ja der Grundsatz der stofflichen Einheit (siehe Seite 18). Dennoch kann er als „Glas" im weitesten Sinne zur „Mineralklasse" der Oxide gerechnet werden. Eine allgemeine Formel, die alle Obsidian-Varietäten umfaßt, wäre: $SiO_2 + H_2O + Fe_2O_3 + Al,C,Ca,Fe,K,Mg,Na$. Auch die genannten Mineralstoffe Aluminium, Calcium, Eisen, Kalium, Magnesium und Natrium liegen überwiegend als Oxide (Sauerstoff-Verbindungen) vor.

*Abb. 194: Schneeflockenobsidian, USA; Mahagony-Obsidian, Mexiko (1:1)*

## Bestimmungsmerkmale
Mohshärte: 5–5,5; Dichte: 2,3–2,6; Spaltbarkeit: keine, großmuscheliger, glasscherbenartiger Bruch; Strichfarbe: weiß; Transparenz: undurchsichtig bis durchscheinend.

## Verwechslungen und Unterscheidung
Obsidian wird vor allem als geschliffener Stein gerne mit Onyx oder schwarzem Turmalin verwechselt. Bei Trommelsteinen läßt sich der schwarze Turmalin gerade noch anhand seiner typischen zackigen „Schrunden" identifizieren, Onyx mitunter durch Quarzbänder oder Bestandteile von bläulichem Chalcedon. Ist der Stein jedoch wunderschön schwarz und rund, geht außer der mineralogisch-gemmologischen Untersuchung gar nichts mehr.

## Fälschungen
Manchmal wird Obsidian durch schwarzes oder grünes Glas (der legendäre blaue Obsidian entsprechend durch blaues Glas) aus antiken Schmelzen imitiert. Seltener kommen auch Imitationen durch gefärbten Chalcedon vor. Die Unterscheidung ist in beiden Fällen schwierig und nur durch mineralogisch-gemmologische Untersuchungen möglich.

## Verwendung und Handel
Obsidian gehört zu den ältesten Kulturgütern des Menschen. Von der steinzeitlichen Obsidianklinge über den antiken Amulettstein und Heilstein der amerikanischen Urbevölkerung zieht sich ein kontinuierlicher Faden bis in die Neuzeit, wo er ein sehr beliebter Schmuckstein ist. Obsidian ist in fast allen denkbaren Formen erhältlich, vom Rohstein und Trommelstein bis hin zu Anhängern, Ketten und Schmucksteinen. Als Meditations- und Heilsteine sind vor allem Kugeln und polierte Scheiben, sog. „Obsidianspiegel", sehr gefragt.

## Heilwirkung, Indikationen
Obsidian hilft dem Wachbewußtsein, ungeliebte und verdrängte Bewußtseinsinhalte wiederzufinden, zu konfrontieren und neu zu integrieren. Dabei ermöglicht er, alte geistige Beschlüsse und die an bestimmte Erinnerungen gebundenen Schmerzen aufzulösen. Auf diese Weise erscheinen unsere sog. „Schattenseiten" in einem anderen Licht: Es wird deutlich, daß sie positive Inhalte und Fähigkeiten beinhalten, die nun wieder zugänglich werden. Obsidian setzt so viele vergessene Begabungen wieder frei. Auch die eigene Wahrnehmung verbessert sich bis zur Hellsichtigkeit.

Auf seelischer wie körperlicher Ebene löst Obsidian Schocks, Angst, Traumatisierungen und Blockaden auf. Er kann daher als Erste-Hilfe-Stein bei Unfällen, als Wundheilstein oder zur Verbesserung der Energieversorgung und Durchblutung eingesetzt werden, wie z.B. bei kalten Händen und Füßen oder sogar bei Raucherbein. Obsidian lindert Schmerzen und Verspannungen.

## Anwendung
Zur seelisch-geistigen Anwendung sollte Obsidian als Kugel oder Spiegel in der Meditation ruhig betrachtet werden. Hierfür eignen sich der schwarze sowie Gold-, Silber- und Regenbogenobsidian.

Für körperliche Anwendungen sollten Rauch-, Mahagony- oder Schneeflocken-Obsidian direkt auf betroffene Körperstellen aufgelegt oder mit Hautkontakt am Körper getragen werden.

# Onyx

## Name, Synonyme, Handelsbezeichnungen

Onyx bedeutet „Fingernagel" (griech. onyx = Nagel), was vermutlich darauf zurückzuführen ist, daß im Altertum gebänderte Quarze, unsere heutigen Achate, so genannt wurden, die einerseits z.T. in Farbe und Glanz an Fingernägel erinnern können, andererseits von ihrer Wirkung her tatsächlich gut für Haut, Haare und Nägel sind. Erst im 18. Jahrhundert erfolgte die Festlegung des Namens Onyx auf den schwarzen Chalcedon. Dabei wurden offensichtlich auch Synonyme mit übertragen, wie z.B. das deutsche Nagelstein oder das hebräische Soham (Schoham). Weitere Synonyme sind Onychel und Pramnion. Onyx mit weißem Kreis wird Luchsauge genannt, ein Gemenge aus Onyx und weißem Opal heißt Knopfonyx oder Knopfopal.

## Genese, Vorkommen

Onyx entsteht primär aus hydrothermalen oder hydrischen Kieselsäure-Lösungen, die stark mit Mangan und Eisenverbindungen verunreinigt sind. Durch langsames Austrocknen bilden sich aus diesen Lösungen allmählich schwarze Gang- und Hohlraumfüllungen im Gestein. Natürlicher Onyx ist sehr selten (siehe „Fälschungen"), die einzigen abbauwürdigen Vorkommen liegen in Brasilien, Indien und Arabien (schwarzer Flint – mit Chalcedon nahe verwandt und daher wie Onyx verwendbar).

## Kristallsystem, Erscheinungsbild, Farbe

Onyx ist trigonal, bildet jedoch keine sichtbaren Kristalle, sondern nur mikroskopisch kleine Fasern aus. Er erscheint daher in dichten, faserigen oder stalagtitischen Aggregaten sowie als Knollen,

*Abb. 180: Onyx, Schmuckstein (gefärbt) und Rohstein (echt), Brasilien (1:1)*

Spalten- und Mandelfüllungen im Gestein. Seine Farbe ist schwarz, mitunter durchzogen von weißen Lagen und Bändern. Er zeigt Wachsglanz bis Seidenglanz.

## Mineralklasse, Chemismus

Onyx gehört zur Chalcedon-Familie, zur Quarz-Gruppe und zur Mineralklasse der Oxide, Formel: $SiO_2$ + Fe,Mn. Seine schwarze Farbe erhält er durch feinverteilte Mangan- und Eisenoxide.

## Bestimmungsmerkmale

Mohshärte: 6,5 – 7; Dichte: 2,58 – 2,64; Spaltbarkeit: keine, unebener, muscheliger Bruch; Strichfarbe: weiß; Transparenz: durchscheinend.

## Verwechslungen und Unterscheidung

Onyx kann mit vielen schwarzen Mineralien verwechselt werden, wobei nur Gagat mit einfachen Mitteln zu unterscheiden ist: Härte 2,5 – 4,0 Dichte 1,30 – 1,35. Obsidian und Turmalin können dagegen oft nur durch mineralogisch-gemmologische Untersuchungen unterschieden werden.

Nicht durch das Aussehen, sondern durch den Begriff entstehen oft Verwechslungen mit Onyx-Marmor, einem calcit- oder aragonithaltigen Gestein (siehe dort), welches mit dem Mineral Onyx jedoch nichts zu tun hat!

## Fälschungen

Natürlicher schwarzer Onyx ist sehr selten, weshalb vor allem bei Schmuck ein Großteil der Handelsware derzeit aus gefärbtem Achat, Chalcedon oder Basalt (vulkanischem Gestein) besteht.

## Verwendung und Handel

Onyx ist ein klassischer Schmuckstein. Als Heilstein haftet ihm jedoch der Ruf des Unglückssteins an, der aus dem Mittelalter stammt. Diesen Ruf hat er witzigerweise zugleich mit seiner Namensgebung im 18. Jahrhundert übernommen, denn im Mittelalter waren damit ganz andere Steine gemeint. Da echter Onyx derzeit kaum noch erhältlich ist (siehe „Fälschungen"), empfiehlt es sich, als Heilstein schwarzen Flint zu verwenden, der mineralogisch und heilkundlich sehr ähnlich ist (siehe Seite 234).

## Heilwirkung, Indikationen

Onyx fördert das Selbstbewußtsein und Durchsetzungsvermögen. Vor allem bei Menschen, die sich leicht beeinflussen lassen, hilft er, ein gesundes Ego zu entwickeln und die eigenen Ideen und Vorstellungen im Auge zu behalten. Onyx macht extrovertiert, nüchtern und realistisch und schult das logisch-analytische Denken.

Körperlich verbessert Onyx den Gehörsinn und heilt Erkrankungen des Innenohrs, lindert in manchen Fällen auch Hörgeräusche oder hilft bei Hörsturz. Auch Störungen des Gleichgewichtssinns werden durch Onyx gebessert. Generell fördert er die Funktion motorischer und sensorischer Nerven und hilft damit auch bei Sehschwäche. Wie alle Chalcedone stärkt er das Immunsystem.

## Anwendung

Onyx wirkt nur langsam und sollte daher über längere Zeit direkt am Körper getragen werden.

# Opal

## Name, Synonyme, Handelsbezeichnungen

Der Name Opal stammt vom altindischen „upala" = „Edelstein". Schon im antiken Griechenland (opallios) und Rom (opalus) trug er diesen Namen, und bis heute konnte sich keines der zeitweiligen Synonyme Beese, Fiorit, Granulin, Lechosos, Neslit, Paederos, Santilith, Stillolith, Viandit, Waise und Weese wirklich dagegen durchsetzen. Außer diesen Synonymen besitzt Opal eine Vielzahl von Handelsnamen, die der Vielzahl seiner Erscheinungsformen in nichts nachsteht. Diese Handelsnamen sind im Zuge der noch folgenden Systematik erläutert.

## Genese, Vorkommen

Opal entsteht aus wässrigen Kieselsäure-Lösungen sekundären oder manchmal auch magmatischen Ursprungs, die durch allmähliches Austrocknen zunächst eine kolloidale Kieselsäure-Lösung (Tröpfchen in Wasser), dann ein amorphes, gallertartiges Kieselgel und schließlich den noch immer wasserhaltigen Opal bilden, bei dem die ursprünglichen Tröpfchen nun zu festen Kieselkügelchen werden. Die Temperaturen liegen dabei unter 100 °C; die Entstehungszeit beträgt bei günstigen Bedingungen nur wenige Wochen, wie künstliche Opalzüchtungen und die Bildung von Opalüberzügen auf den Stollenwänden einer türkischen Mine belegen.

Opalvorkommen gibt es weltweit, jeder Fundort bietet jedoch anderes: Ganz vornean steht natürlich Australien mit den weißen, dunklen und schwarzen Edelopalen, den Boulderopalen und faszinierenden Yowah Nuts. Danach folgt Mexiko, wo vor allem der beliebte Feueropal zu finden ist (siehe Seite 232). Weitere Edelopal-Fundorte liegen in den USA, Brasilien, Honduras, Indonesien, Mali, Äthiopien, Türkei, Kasachstan, Ukraine, Slowakei und Sachsen.

*Abb. 181: Blauer Opal, Australien (2:1)*

Die Andenopale Chrysopal und Pinkopal stammen aus Peru, Blauer Opal und Honigopal aus Australien, Dendriten-Opal aus Mexiko und der Türkei, Hyalith aus Tschechien, grüner Opal und Jaspopal aus Mexiko, Kascholong aus Rußland und der Türkei und Prasopal schließlich aus Schlesien. Damit sind nur die wichtigsten genannt – die Liste der Fundorte ließe sich beträchtlich verlängern.

### Kristallsystem, Erscheinungsbild, Farbe

Opal wird „quasi-amorph" genannt, denn er besteht aus winzigen Siliciumdioxid ($SiO_2$)-Kügelchen, die in ihrer inneren Struktur entweder tetragonal (Cristobalit) oder selten auch hexagonal sind (Tridymit). Zwischen den Kügelchen befindet sich noch das amorphe, wasserhaltige Kieselgel. Durch diese im Mineralreich einzigartige Struktur der „Kugelpackung" bildet Opal niemals äußere Kristallformen. Er erscheint lediglich in Form von Hohlraumfüllungen oder glasartigen, knolligen Aggregaten.

Da die Größe dieser winzigen Kügelchen im Bereich der Wellenlängen des Lichts liegt, sorgt dieselbe innere Struktur für das einzigartige Farbenspiel des Edelopals. Einfallendes Licht wird an der runden Oberfläche der Kugeln gebrochen und in die Farbstrahlen zerlegt. Jene Wellenlängen, die je nach Einfallswinkel dem Abstand zwischen den einzelnen Kügelchen entsprechen, werden dann reflektiert, die anderen Farben absorbiert. So bildet sich bei größeren Abständen das begehrte rote Farbenspiel. Je kleiner die Zwischenräume sind, desto mehr geht die Farbe über Gelb, Grün, Blau bis ins Violett.

Damit jedoch sichtbare Farbflecken an der Oberfläche des Edelopals erscheinen, müssen in einem bestimmten Bereich viele Kügelchen dieselbe Größe haben. Ein solcher Bereich gleicher Kugelgröße wird daher „Korn" genannt. Je größer nun diese Körner des Edelopals sind, desto größer sind die an der Oberfläche erscheinenden Farbflecken. Bilden sich jedoch keine Körner gleicher Kugelgröße, weil die Kügelchen in uneinheitlicher Größe und regelloser Anordnung vorliegen, entsteht kein Farbenspiel, man spricht vom „Gemeinen Opal".

Eine weitere Rolle spielt das in den Fugen zwischen den Kügelchen befindliche Kieselgel, das mitunter Mineralstoffeinlagerungen enthält. Je weniger sich davon zwischen den Kügelchen befinden, desto klarer wird der Opal, man spricht dann (etwas irreführend) von einem „Kristallopal" („Crystal Opal") oder „Wasseropal" („Water Opal"). In der Regel bleiben jedoch auch Edelopale durchscheinend-trübe und werden dann anhand ihrer „Körperfarbe" in „Hellen Opal" („Light Opal"), „Dunklen Opal" („Dark Opal") und „Schwarzopal" („Black Opal") unterschieden. Je dunkler die Körperfarbe ist, desto besser kommt das bunte Farbenspiel zur Geltung, daher zählen Schwarzopale zu den begehrtesten und teuersten Edelopalen. Eine Besonderheit stellt noch der Feueropal aus Mexiko oder Oregon dar, der durch eingelagertes Eisen eine klare gelbe, orangene oder feurig-rote Körperfarbe erhält. Nicht immer zeigt er ein Farbenspiel, dennoch wird er aufgrund seiner Klarheit stets zu den Edelopalen gezählt (siehe auch das Kapitel „Feueropal").

### Kategorisierung der Opale

Eine Kategorisierung dieses einzigartigen Minerals ist eigentlich ein Widerspruch in sich. Trotzdem soll es versucht werden, um einen Überblick über die fast endlose Vielfalt zu schaffen. Natürlich sind die Übergänge fließend und werden in den einzelnen Ländern mitunter auch abweichend gebraucht. Dennoch lassen sich die o.g. Ausführungen in Kürze zusammenfassen:

## 1. Einteilung der Opale nach Farbenspiel und Transparenz:

| | |
|---|---|
| Kristallopal | sehr klarer bis durchsichtiger Opal mit buntem Farbenspiel |
| Edelopal | durchsichtiger bis durchscheinender Opal mit buntem Farbenspiel |
| Jelly | durchsichtiger bis durchscheinender Opal mit schwachem Farbenspiel |
| Gemeiner Opal | durchscheinender bis undurchsichtiger Opal ohne Farbenspiel |
| Potch | undurchsichtiger und geringwertiger Opal ohne Farbenspiel |
| Opalith | opalhaltiges Gestein (siehe dort) |

## 2. Einteilung der Edelopale nach Körperfarbe:

| | |
|---|---|
| Schwarzopal, Black Opal | Edelopal mit schwarzer Körperfarbe |
| Dunkler Opal, Dark Opal | Edelopal mit dunkler Körperfarbe |
| Heller Opal, Light Opal | Edelopal mit heller Körperfarbe |
| Feueropal | Edelopal mit roter, orangener oder gelber Körperfarbe |

## 3. Einteilung der Edelopale nach Erscheinungsbild:

Hier endet nun der Versuch einer einheitlichen Kategorisierung. Je nach Fundort und individuellem Erscheinungsbild gibt es noch eine Reihe von Begriffen für spezielle Opale, die in Kürze genannt sein sollen:

| | |
|---|---|
| Bilderopal | Edelopal, dessen Form oder Zeichnung an ein Bild erinnert |
| Boulder-Opal | Edelopal-Varietät mit Opal-Adern in Toneisenstein |
| Contra-Luz-Opal | Edelopal, dessen Farbenspiel nur im Durchlicht zu sehen ist |

*Abb. 182: Edelopale, Australien: (oben v.l.n.r.) 2 x Yowah Nuts roh; Weißer Opal, Coober Pedy; (unten v.l.n.r.) Andamooka-Opalmatrix-Cabochon (gefärbt!); Schwarzopal, Lightning Ridge; Kristallopal, Yowah; Boulder Opal, Queensland (2:1)*

| | |
|---|---|
| Harlekinopal | Edelopal mit schachbrettartigen Farbflecken |
| Hydrophan, Weltauge | Edelopal-Varietät, die nur nach Wasseraufnahme Farbenspiel zeigt |
| Katzenauge | Edelopal mit Chatoyance durch eingelagerten Asbest |
| Leoparden-Opal | Edelopal, kleine opalgefüllte Bläschen in Basalt |
| Matrixopal | Edelopal mit Muttergestein |
| Opalmatrix, Opalmutter | Edelopal-Muttergestein mit zahlreichen feinen Opal-Einschlüssen |
| Rolling Flash | Edelopal mit Lichtband, das über die Cabochon-Oberfläche „rollt" |
| Yowah-Nuß | Edelopal, feine Matrixopale aus Yowah, Australien |

### 4. Varietäten der Gemeinen oder Gewöhnlichen Opale

Gemeine Opale schließlich werden anhand der beinhalteten Mineralstoffe (siehe „Chemismus") und den dadurch bunten Körperfarben in verschiedene, fest kategorisierte Varietäten unterschieden:

| | |
|---|---|
| Andenopal | Gemeiner Opal, milchig-trübe Varietät aus Peru |
| Blauer Opal | Gemeiner Opal, chalcedonblau bis dunkelblau |
| Chrysopal | Gemeiner Opal, durch Kupfer blaugrün gefärbte Andenopal-Varietät |
| Chloropal | Gemeiner grün bis brauner Opal, Gemenge aus Opal und Nontronit |
| Hyalith, Glasopal | Gemeiner glasklarer Opal |
| Honigopal, Goldopal | Gemeiner goldgelber Opal (Handelsnamen) |
| Grüner Opal | Gemeiner Opal, nickel- und chlorithaltige Varietät |
| Jaspopal, Opaljaspis | Gemeiner Opal, durch Eisenoxid rot gefärbt |
| Kascholong | Gemeiner Opal, porzellanartig-poröse, durchscheinende Varietät |
| Pinkopal | Gemeiner Opal, durch Mangan rosa gefärbte Andenopal-Varietät |
| Prasopal | Gemeiner Opal, durch Nickel grün gefärbte Varietät |

## Mineralklasse, Chemismus

Opal zählt zur Mineralklasse der Oxide. Er besteht aus Siliciumdioxid ($SiO_2$) und bis zu 20% Wasser ($H_2O$). Da sich die Kugelstruktur des Opals bei Wasserverlust in eine trigonale Quarzstruktur (Chalcedon) umwandeln kann, sollten Opale vorsichtshalber in feuchter Watte gelagert werden.

## Bestimmungsmerkmale

Mohshärte: 5,5–6; Dichte: 1,98–2,50 (siehe Seite 331); Spaltbarkeit: keine, Bruch muschelig, splittrig, spröde; Strichfarbe: weiß; Transparenz: Edelopal durchsichtig bis durchscheinend, Gemeiner Opal durchscheinend bis undurchsichtig.

## Verwechslungen und Unterscheidung

Edelopal: Palygorskit (Angel Skin Opal): Härte: 1–2,5; Korit (Ammolit, Calcentin): Härte: 3–4, säurelöslich; im Zweifelsfall ist bei teuren Steinen die Unterscheidung nur gemmologisch möglich.
    Gemeiner Opal: Blauer Opal/Chalcedon: Härte: 6,5–7; Chrysopal, Prasopal/Chrysopras: Härte: 6,5–7; Chloropal, grüner Opal/Peridot, Härte: 6,5–7 + Dichte: 3,27–3,37; Honigopal/gelber Karneol: Härte: 6,5–7; Jaspopal/Jaspis: Härte: 6,5–7; Pinkopal/Aragonit rosa: Härte: 3,5–4 + Dichte: 2,94. Auch hier im Zweifel gemmologisch untersuchen lassen!

## Fälschungen

Bei Edelopal sind Fälschungen an der Tagesordnung: Es wird gefärbt und imprägniert, um die Körperfarbe abzudunkeln, mit Epoxyharz rekonstruiert, um aus vielen kleinen einen größeren Stein zu basteln, imitiert und synthetisiert, um Kunden völlig übers Ohr zu hauen. Gerade auch die Matrixopale, die in jüngerer Zeit immer beliebter werden, sind heutzutage fast ausschließlich gefärbt (siehe auch das untenstehende Bild). Beliebt sind bei Edelopalen auch zusammengesetzte Steine, wie Dubletten und Tripletten, die wenig oder gar keinen Opal enthalten. Bei Dubletten besteht immerhin das Oberteil aus Edelopal, nur das Unterteil ist irgendetwas Schwarzes. Bei Tripletten besteht das Oberteil aus Quarz oder Glas, das Mittelteil aus Edelopal, Synthesen oder Imitationen und das Unterteil ebenfalls aus irgendeinem schwarzen Material. Dubletten und Tripletten erkennt man an einem dunklen Schatten, der bei seitlicher Beleuchtung im Stein auftritt, alle anderen Fälschungen sind nur durch gemmologische Untersuchungen erkennbar.

## Verwendung und Handel

Opal ist ein klassischer Schmuck- und Heilstein. Er wird überwiegend als Cabochon geschliffen und ist vor allem in Asien einer der beliebtesten Edelsteine. Das hat leider den Nachteil, daß die besten Qualitäten Europa leider oft gar nicht erreichen: Opale erzielen z.B. in Japan bessere Preise.

## Heilwirkung, Indikationen

• Edelopal ist der Stein der Lebensfreude. Er intensiviert alles Erleben und fördert das geistige Dasein im Hier und Jetzt. Opal regt die Phantasie und Kreativität an, die Erotik, Poesie und das Inter-

*Abb. 183: Gewöhnliche Opale: (oben v.l.n.r.) Grüner Opal, Mexiko; Honigopal, Australien; Chloropal, Mexiko; (unten v.l.n.r.) Dendritenopal, Türkei; 2 x Chrysopal, Peru; Pinkopal, Peru (1:1)*

esse an den musischen Künsten. Er ist aufgrund seiner Stärkung des Lebenswillens generell gesundheitsfördernd. Edelopale mit intensivem Farbenspiel zeigen diese Wirkungen am deutlichsten, wobei Steine mit dunkler Körperfarbe, z.B. der **Schwarzopal**, tatsächlich kräftiger wirken.
- **Weiße Opale** dagegen sind sanfter, lichter und „leichter", wie es der englische Begriff „Light Opal" gleich mehrfach ausdrückt: engl. „light" = „licht, hell, leicht".
- **Matrixopale** helfen durch die Verbindung mit dem Eisenstein dabei, auch bei schwirigen oder widrigen Lebensumständen die Emotion zu heben und die Freude am Leben zu bewahren und zu leben. Der **Boulderopal** aus Queensland bringt diese Freude dabei besonders stark nach außen und wirkt auch körperlich kräftigend und belebend. Die faszinierenden „**Yowah Nuts**" fördern die innere Bilderwelt, die Phantasie und das Traumgeschehen und vermitteln ein sehr gutes Gefühl zum eigenen Körper – das Einfühlungsvermögen sich selbst gegenüber.
- **Opalmatrix** wirkt dagegen eher öffnend und stärkt das Einfühlungsvermögen in die Mitmenschen und deren Bedürfnisse. Sie macht eher nachgiebig, tolerant und in Auseinandersetzungen einsichtig. Schade nur, daß Opalmatrix aufgrund ihrer porösen Natur fast immer gefärbt wird, wie z.B. die „Andamooka treated matrix" aus Australien (siehe Abb. Seite 334)
- Gemeine oder **Gewöhnliche Opale** wirken spezifischer auf bestimmte seelisch-geistige und körperliche Vorgänge, heben in ihrer Grundtendenz jedoch ebenfalls die Stimmung:
- **Andenopal** bringt Gelassenheit, er hilft auch Trägheit zu überwinden und im Denken, Reden und Handeln in Fluß zu kommen. Körperlich fördert er die Ausscheidung und die Schleimbildung bei trockenen Atemwegen.
- **Blauer Opal** fördert die Fähigkeit zur Kommunikation und das Einfühlungsvermögen. Er hilft, andere zu verstehen und sich selbst so mitzuteilen, daß man verstanden wird.
- **Chrysopal** wirkt stimmungsaufhellend und hilft zurückgehaltene Gefühle auszudrücken. Er befreit von Beklemmungen und wirkt entgiftend und fiebersenkend.
- **Chloropal, Grüner Opal** und **Prasopal** zeigen noch stärkere entgiftende Eigenschaften. Sie regen die Reinigungsfunktion der Körperflüssigkeiten, der Leber und der Nieren an. Alle drei helfen bei seelischer Erschöpfung und befreien von Angst und Schuldgefühlen.
- **Hyalith** und **Glasopal** bringen Klarheit in die Gefühlswelt und helfen, innere Bedürfnisse zu erkennen und auszudrücken. Beide regen den Wasserhaushalt an.
- **Honigopal** oder **Goldopal** fördert das Selbstbewußtsein und hilft aus Depressionen. Er heilt Verdauungsbeschwerden, vor allem, wenn Sorgen auf den Magen schlagen.
- **Jaspopal** stärkt den Lebensmut und hilft, Schwierigkeiten mit Leichtigkeit zu meistern. Er verringert die Blutgerinnung und hilft so bei Thrombosegefahr.
- **Kascholong** fördert die Empfänglichkeit und Empfindsamkeit und regt so zu einem sensiblen Umgang mit den Mitmenschen an. Er stimuliert die Entgiftung der Haut und des Gewebes.
- **Pinkopal** fördert die Herzlichkeit und befreit von Schüchternheit, Scham und Hemmungen. Er lindert Herzbeschwerden, insbesondere Herzneurosen.

## Anwendung

Opal entfaltet seine Wirkung auf der seelischen Ebene durch das reine Betrachten. Körperlich wirkt er am besten durch Auflegen auf die entsprechenden Körperstellen, Edelopal insbesondere auch durch Auflegen im Herzbereich. Opal kann längere Zeit getragen werden, lediglich wenn Zustände der Zerstreutheit und Unkonzentriertheit überhand nehmen, sollte er für einige Zeit abgesetzt werden.

# Opalith

## Name, Synonyme, Handelsbezeichnungen

Der Name Opalith bedeutet „Opal-Gestein" (altindisch upala = Edelstein, griech. lithos = Stein) und bezeichnet Gesteine, die aus opalhaltiger Substanz bestehen oder davon durchdrungen sind. Grundsätzlich müssen hier drei verschiedene Gesteine unterschieden werden:

Kieselgur entsteht durch Ablagerung fossiler Einzeller (Diatomeen, Radiolarien), deren winzige Skelette aus opalhaltiger Substanz bestehen. Synonyme: Guhr, Kieselerde, Perlsinter, Polierschiefer, Randanit, Saugkiesel, Saugschiefer, Schwimmkiesel, Schwimmstein, Silbertripel, Tripel und Tripolit.

Kieselsinter ist ein Opalith, der als Abscheidung kieselsäurehaltiger heißer Quellen gebildet wird. Synonyme sind hier Geyserit, Klebschiefer, Lassolatit, Michaelit, Pealit und Terpitzit.

Opalith im engeren Sinne sind Gesteine, die von opalhaltiger Substanz durchdrungen sind. Die zumeist sandig-tonigen Sedimente werden dann auch Goldlace-Opalith, Honigopalith oder Moosopal genannt. Als Heilsteine sind derzeit praktisch nur diese letztgenannten Gesteine in Verwendung.

## Genese, Vorkommen

Opalith entsteht sekundär aus Kieselsäure-Lösung, die durch Verwitterung silikathaltiger Gesteine freigesetzt wird und poröse sandige und tonige Sedimente durchdringt, wobei sich in den Poren durch allmähliches Austrocknen Opal bildet. Auf diese Weise entsteht eine innige Verbindung von Opal und Gestein, ähnlich der Verkieselung von Jaspis, wobei sich hier jedoch der wasserhaltigere

*Abb. 184: Goldlace-Opalith, Australien (1:1), Einklinker: Opalith, facettiert und Cabochon, Mexiko (1:1).*

Opal statt Quarz bildet. Opalith findet sich im Umfeld vieler sekundärer Opalvorkommen. Der im Handel befindliche gelbe Opalith stammt aus Australien, der Türkei und Madagaskar.

## Kristallsystem, Erscheinungsbild, Farbe
Opalith ist amorph und bildet daher keine Kristallformen, sondern derbe Massen. Er ist durch Eisenverbindungen meist gelb, braun oder rötlich gefärbt, selten bleibt er farblos. Der ockergelbe Goldlace-Opalith enthält oft Mangandendriten, weshalb er auch Moosopal genannt wird. Opalith zeigt Glas- bis Fettglanz.

## Mineralklasse, Chemismus
Obwohl er ein Gestein ist, kann man den Opalith im weitesten Sinne zur Mineralklasse der Oxide zählen, Formel: $SiO_2 \cdot H_2O$ + Al,Ca,Fe,K,Mg,Mn,Na,O,OH,Si. Sein Mineralstoffgehalt kann schwanken und begründet sich natürlich in der Zusammensetzung des verkieselten Gesteins.

## Bestimmungsmerkmale
Mohshärte: 5,5–6; Dichte: 2,6–2,9; Spaltbarkeit: keine, unebener Bruch; Strichfarbe: weiß, gelblich; Transparenz: undurchsichtig bis durchscheinend.

## Verwechslungen und Unterscheidung
Opalith kann mit Jaspis, Flint und Hornstein verwechselt werden und ist rein optisch nur für Kenner der bisher bekannten Erscheinungsformen unterscheidbar. Ansonsten ist eine sichere Identifizierung nur durch mineralogisch-gemmologische Untersuchungen möglich.

## Fälschungen
Fälschungen sind für Opalith nicht bekannt, von gelegentlichen „bewußten Verwechslungen" mit den o.g. Steinen einmal abgesehen.

## Verwendung und Handel
Opalith (Moosopal) wurde zunächst aus Madagaskar importiert und zu Figuren graviert oder zu Ketten verarbeitet. Ende der 60er Jahre wurde dann erstmals der Goldlace-Opalith (siehe Abb.) aus Australien importiert. Dieser ist heute nun auch als Trommelstein und Anhänger erhältlich.

## Heilwirkung, Indikationen
Opalith fördert Geselligkeit und den guten Kontakt zu Umwelt und Mitmenschen. Er hilft, seelische und physische Berührungsängste abzubauen und wird daher oft als vorbereitender Stein für Therapien und Gruppenprozesse eingesetzt. Opalith hilft, sich emotional in Gemeinschaften einzubringen und sich mit Stimmungen und Gefühle anderer auseinanderzusetzen und diese zu akzeptieren.

Körperlich stärkt Opalith die Schleimhäute. Er regt die Lungenfunktion an, fördert die Sauerstoffaufnahme und hilft bei festsitzenden Erkältungen oder Schädigungen durch Rauchen.

## Anwendung
Opalith sollte längere Zeit mit Hautkontakt getragen oder regelmäßig auf die Lungen aufgelegt werden.

# Orthoklas

## Name, Synonyme, Handelsbezeichnungen
Orthoklas im weiteren Sinne bezeichnet alle rechtwinklig spaltenden Feldspäte (griech. orthos = gerade, klasis = Bruch). Im engeren Sinne (und damit im Sinne dieses Kapitels) wird damit jedoch nur der monokline Kalifeldspat bezeichnet. Für diesen existiert eine Vielzahl zumeist veralteter Synonyme: Adular (Trachtvarietät aus alpinen Klüften), Aglaurit, Cottait, Erythrit (fleischfarben), Felsit, Krablit, Leelith (fleischrot), Muldan (Fundort Mulda), Murchisonit, Napoleonit, Orthose, Pegmatolith, Prismatischer Feldspat und Sanidin (Hochtemperaturmodifikation, bei schneller Abkühlung stabil). Oranit ist ein Gemenge von Orthoklas und nicht mischbarem Kalkfeldspat (Anorthit/Plagioklas). Goldorthoklas ist eine gelbe, klare Varietät des Orthoklas. Vor allem diese Varietät wird auch als Heilstein verwendet. Für sie gibt es den Handelsnamen Goldlabradorit, der jedoch absolut irreführend ist, da Labradorit zu den Plagioklasen zählt und ein Mischkristall aus Albit (Natronfeldspat) und Anorthit (Kalkfeldspat) ist – mit Orthoklas also gar nichts zu tun hat!

## Genese, Vorkommen
Orthoklas entsteht primär aus kieselsäurereichem Magma als gesteinsbildendes Mineral in Plutoniten (Granit, Syenit) und Vulkaniten (Rhyolith). Seltener, dafür jedoch mitunter in größeren Kristallen, trifft man ihn in Granitpegmatiten an. Hydrothermal bildet er sich als Adular in alpinen Klüften. Orthoklas bleibt auch in metamorphen Prozessen oft erhalten und findet sich daher in vielen Gneisen, fast nie dagegen in Sedimenten, da er leicht verwittert. Orthoklas kommt weltweit vor, Edelsteinqualitäten finden sich in Indien, Sri Lanka, Birma, Tansania, den USA, Brasilien und Australien; Goldorthoklas stammt aus Mexiko und Madagaskar.

*Abb. 185: Goldorthoklas-Trommelsteine, Mexiko (3:1)*

## Kristallsystem, Erscheinungsbild, Farbe

Orthoklas kristallisiert monoklin und bildet prismatische oder tafelige Kristalle, häufig Durchdringungszwillinge oder derbe, körnige bis spätige Massen. Er erscheint weiß (Adular), gelblich, rötlich, braun; als Goldorthoklas auch intensiv goldgelb und klar. Orthoklas zeigt Glasglanz, auf Spaltflächen auch Perlmuttglanz.

## Mineralklasse, Chemismus

Orthoklas ist ein Kalifeldspat und zählt damit zur Mineralklasse der Gerüstsilikate, Formel: $KAlSi_3O_8$ + Na,Fe,Ba,Sr,Ti. Nur Adular ist fast natriumfrei, gewöhnlicher Orthoklas enthält in der Regel wenige Prozent Natrium, bei Sanidin können sogar bis zu 63% des Kaliums durch Natrium ersetzt sein (Orthoklas-Albit-Mischkristall, siehe Feldspat-Kapitel Seite 230). Farbgebend für den Goldorthoklas sind erhöhte Eisengehalte.

## Bestimmungsmerkmale

Mohshärte: 6–6,5; Dichte: 2,56–2,62; Spaltbarkeit: vollkommen, unebener Bruch; Strichfarbe: weiß; Transparenz: durchsichtig bis undurchsichtig.

## Verwechslungen und Unterscheidung

Gewöhnlicher Orthoklas kann mit Chalcedon verwechselt werden (keine Spaltbarkeit!). Goldorthoklas wird leicht mit Citrin, Beryll, Topas und Turmalin verwechselt. Hier hilft bei geschliffenen Steinen oft nur eine mineralogisch-gemmologische Untersuchung.

## Fälschungen

Als Imitationen für Goldorthoklas sind derzeit Glas und gebrannter Amethyst im Handel. Auch hier ist eine sichere Unterscheidung aufgrund ähnlicher Bestimmungsmerkmale nur durch mineralogisch-gemmologische Untersuchungen möglich.

## Verwendung und Handel

Orthoklas dient als Rohstoff für die Keramik- und Glasindustrie. Goldorthoklas ist erst seit 1995 als Trommelstein im Handel, erreichte jedoch aufgrund seiner Klarheit und Farbe schnell große Beliebtheit. Er ist ein sehr guter Heilstein, der in kürzester Zeit mehr und mehr Anerkennung gefunden hat.

## Heilwirkung, Indikationen

Goldorthoklas verfeinert die Wahrnehmung der Sinne und entwickelt ein gutes Gespür für die richtige Handlung zum richtigen Zeitpunkt. Er hebt die Stimmung, wirkt anti-depressiv und macht optimistisch, beschwingt und lebensfroh. Goldorthoklas hilft, aktuelle Sorgen, Zweifel und andauerndes Mißtrauen zu überwinden.

Daher hilft er auch bei entsprechenden körperlichen Beschwerden, wie Magenleiden, Beklemmung in der Brust, Herzbeschwerden, Unruhe und Schlaflosigkeit.

## Anwendung

Goldorthoklas sollte am Körper getragen und mehrmals täglich ruhig betrachtet werden.

# Peridot

## Name, Synonyme, Handelsbezeichnungen

Peridot war schon im ausgehenden Mittelalter ein französisches Synonym für den gelbgrünen Chrysolith (griech. chrysos lithos = Goldstein), die genaue Herkunft des Namens Peridot ist jedoch noch immer ungeklärt. Ein etymologischer Zusammenhang zum arabischen Wort faridat = Edelstein wird vermutet. In der modernen Mineralogie wird für das Mineral selbst meist das Synonym Olivin verwendet, das sich auf die gelbgrüne bis olivgrüne Farbe des Minerals bezieht (lat. oliva = Olive). Im Handel sind jedoch alle drei Synonyme gebräuchlich, wobei Olivin meist für das feinkörnige, unbearbeitete Mineral, Peridot für schleifwürdige Qualitäten und bearbeitete Edelsteine und Chrysolith fast nur noch in der Heilkunde verwendet wird. Weitere, kaum gebräuchliche Synonyme sind Hawaiit, Hyalosiderit, Sideroklept und Talasskit.

## Genese, Vorkommen

Peridot entsteht primär durch liquidmagmatische Bildung aus basischem Magma. Da er bei der Frühkristallisation (siehe Seite 20) entsteht, reichert er sich in tieferen Bereichen der Erdkruste an, wo er in Duniten und Peridotiten gesteinsbildend auftritt. Durch Vulkanausbrüche geraten Bruchstücke dieser Gesteine mitunter an die Erdoberfläche, wo sie sich als sogenannte „Olivin-Bomben" im Lavagestein eingeschlossen finden. Solche Vorkommen gibt es weltweit, von historischer Bedeutung (Edelsteinmedizin des Mittelalters) waren solche Funde aus der Eifel, heute sind vor allem Fundorte auf den Kanarischen Inseln u.a. bekannt. Dieser Olivin ist jedoch meist von körniger Natur, porös und brüchig, weshalb schleifwürdiger, kompakter Peridot derzeit nur aus Norwegen, Arizona/USA, Ägypten, Pakistan, Birma und China stammt.

*Abb. 186: Peridot, Rohsteine und Trommelsteine, USA (1:1)*

## Kristallsystem, Erscheinungsbild, Farbe

Peridot ist rhombisch, bildet jedoch nur äußerst selten Kristalle mit gedrungenen, vertikal gestreiften Prismen. Häufiger erscheint er als Olivin in körnigen Massen, mitunter auch in derben, z.T. schleifwürdigen Aggregaten. Seine Farbe variiert von olivgrün, gelbgrün bis bräunlich, er zeigt Glas- oder Fettglanz. Sehr selten nur finden sich Peridote, die im mugeligen Schliff Chatoyance (Katzenaugen) oder gar vierstrahlige Sterne (Asterismus) zeigen.

## Mineralklasse, Chemismus

Peridot ist ein Magnesium-Eisen-Silikat der Olivin-Gruppe aus der Mineralklasse der Insel-Silikate, Formel: $(Mg,Fe)_2[SiO_4]$ + Al,Ca,Mn,Ni,Co,Cr,Ti. Die Olivin-Gruppe bildet eine Mischkristallreihe mit den Endgliedern Forsterit ($Mg_2[SiO_4]$) und Fayalit ($Fe_2[SiO_4]$). Peridot selbst enthält 70–90% Forsterit und 10–30% Fayalit. Farbgebend ist jedoch vor allem das enthaltene Nickel (Ni), z.T. auch das Chrom (Cr).

## Bestimmungsmerkmale

Mohshärte: 6,5–7; Dichte: 3,27–3,37; Spaltbarkeit: unvollkommen, spröde, kleinmuscheliger Bruch; Strichfarbe: weiß; Transparenz: durchsichtig.

## Verwechslungen und Unterscheidung

Peridot kann mit einer Vielzahl gelbgrüner Steine wie z.B. Epidot, Diopsid, Moldavit, Vesuvian, Turmalin u.a. verwechselt werden. Eine Unterscheidung ist hier meist nur gemmologisch möglich.

## Fälschungen

Zum Aufhellen dunkler, olivgrüner Farben wird Peridot mitunter gebrannt. Als Imitationen dienen Glas und synthetischer Spinell. Auch hier hilft zur sicheren Identifikation nur eine mineralogisch-gemmologische Untersuchung.

## Verwendung und Handel

Nicht schleifwürdiger Olivin wird bei geringen Eisengehalten zur Herstellung feuerfester Forsteritziegel verwendet. Schleifwürdiger Peridot ist ein beliebter Schmuck- und Heilstein.

## Heilwirkung, Indikationen

Peridot fördert Initiative, Tatkraft und Lernvermögen und hilft, das eigene Leben selbstbestimmt zu gestalten. Er löst Trauer, aufgestauten Ärger und Wut und räumt mit Belastungen durch Selbstvorwürfe und Schuldgefühle auf. Hildegard von Bingen spricht hier sehr schön von der „Reinigung des Herzens".

Körperlich regt Peridot durch seinen Nickelgehalt intensive Entgiftungsprozesse und die Tätigkeit von Leber und Galle an. Er beschleunigt Heilungsprozesse bei Infektionen, löst dabei auch notwendige Fieberschübe aus, stimuliert den Stoffwechsel und wirkt sogar gegen Pilze (Candida) und Schmarotzer, wie z.B. Warzen.

## Anwendung

Peridot sollte direkt am Körper getragen oder im Bereich der Leber aufgelegt werden.

# Perle

## Name, Synonyme, Handelsbezeichnungen
Der Name Perle stammt von lat. perla und ist seit dem 9. Jahrhundert überliefert. Der Ursprung von perla selbst ist jedoch unklar. Es kann den Wurzeln perna = Muschel, sphae-rula = kleine Kugel oder perula = kleine Birne entstammen, zumal gerade im Mittelalter tropfenförmige, in Gold gefaßte Perlen als Ohrgehänge sehr beliebt waren. Moderne Synonyme gibt es nicht. Aus dem Mittelalter stammt noch der Begriff Margarita, der jedoch zumindest bei Hildegard von Bingen keine Perlen, sondern anorganisch gebildete Kalkkügelchen beschreibt (siehe Kalkoolith Seite 478). Poetisch werden Perlen manchmal als Engelstränen bezeichnet.

## Genese, Vorkommen
Perlen entstehen in austernartigen Meeresmuscheln, einigen Süßwassermuscheln und seltener auch in Schnecken, wenn eingedrungene Fremdkörper die Schleimhaut des Tieres reizen. Es wird dabei eine Art lokale Entzündung hervorgerufen mit der Folge, daß die Muschel bzw. Schnecke das normalerweise zum Schalenaufbau verwendete Perlmutt (siehe Muscheln Seite 485) rund um den eingedrungenen Fremdkörper abscheidet, ihn also einkapselt und so Schicht um Schicht die Perle bildet. Vorkommen sind in Europa, im Persischen Golf, Sri Lanka, Birma, China, Japan, Australien, dem Golf von Mexiko, der Karibik und Polynesien.

## Kristallsystem, Erscheinungsbild, Farbe
Perlen bestehen aus feinen rhombischen Aragonitblättchen um einen trigonalen Calcitkern, die mit Conchyn, einer organischen Hornsubstanz konzentrisch um den eingedrungenen Fremdkörper

*Abb. 187: Perlen, Japan (3:1)*

verkittet sind. Dadurch bilden sich rundliche Formen. Die Kugelform ist am begehrtesten, einseitig flache, halbrunde Perlen heißen Bouton- oder Knopfperlen, unregelmäßig geformte Stücke Barockperlen. Die Farben der Perlen variieren von Rosa, Creme, Silber, Gold, Blau bis Schwarz. Durch die schindelartige Lagerung von Aragonitblättchen und Conchynzwischenhäuten entsteht an der Perlenoberfläche der typische Perlglanz, auch Schmelz, Lüster oder Orient genannt, sowie durch Lichtbeugung mitunter auch irisierende Regenbogenfarben.

## Mineralklasse, Chemismus

Perlen zählen aufgrund des hohen Aragonit- und Calcium-Anteils (beides Calciumcarbonat, $CaCO_3$) zur Mineralklasse der Carbonate. Sie setzen sich aus 95-96% Calciumcarbonat, ca. 1% Conchyn und 3-4% Wasser zusammen. Durch allmählichen Wasserverlust können sie daher auch altern und zerfallen. Sie werden zunächst matt und rissig und beginnen dann, nach und nach abzublättern. Ihre „Haltbarkeit" wird auf durchschnittlich 100-150 Jahre geschätzt. Säuren, Hautschweiß, Kosmetika und Haarspray beschleunigen den Zerfall jedoch!

## Bestimmungsmerkmale

Mohshärte: 3-4; Dichte: 2,60-2,78; Spaltbarkeit: keine, unebener Bruch; Strichfarbe: weiß; Transparenz: undurchsichtig bis durchscheinend.

## Verwechslungen und Unterscheidung

Naturperlen können in erster Linie natürlich mit Zuchtperlen verwechselt werden, deren Züchtungen inzwischen auch so perfekt sind, daß nur Fachleute den Unterschied erkennen können. Weiterhin besteht Ähnlichkeit mit Operculum, dem mugelig geformten Verschlußdeckel der Seeschnecke Turbo petholatus, der jedoch als sicheres Erkennungsmerkmal an der flachen Innenseite eine rötliche Wachstumsspirale zeigt. Operculum wird auch als Maona-Perle oder chinesisches Katzenauge gehandelt.

## Fälschungen

Um beliebte Farben zu erzeugen, werden Perlen mit Wasserstoffperoxid gebleicht und anschließend rosa oder schwarz gefärbt. Durch Bestrahlung entstehen blaue Farben. Auch Imitationen aus Muscheln, Schneckengehäusen, Seekuhzähnen, Calcit, Glas und Kunststoff sind üblich. Sicherheit bietet hier im Zweifelsfall nur eine gemmologische Untersuchung.

## Verwendung und Handel

Da das natürliche Angebot von Perlen die Nachfrage nie befriedigen könnte, werden Perlen in großen Anlagen gezüchtet. Zuchtperlen sind jedoch deklarationspflichtig. Nur Naturperlen dürfen ohne Zusatz als „Perlen" angeboten werden!

## Heilwirkung, Indikationen, Anwendung

Perlen rühren traumatische Erinnerungen an. Sie können daher unterstützend in therapeutischen Prozessen verwendet werden und dabei helfen, Trauer, Verlust und Schmerz zu wandeln sowie unverarbeitete Konflikte zu lösen, die oftmals auch die Ursache von Geschwüren sein können. Dazu werden sie am besten als Kette getragen.

# Pietersit

### Name, Synonyme, Handelsbezeichnungen
Pietersit ist ein Trümmergestein aus Tiger- und Falkenauge, die erst Ende des 20. Jahrhunderts bei Outjo/Namibia gefunden wurde. Das Mineral trägt den Namen des Händlers Sid Pieters, der es erstmalig vermarktete. Es wird manchmal fälschlicherweise auch Petersit genannt, darf jedoch mit dem Phosphatmineral Petersit auf keinen Fall gleichgesetzt werden! Pietersit ist nur ein Handelsname, die mineralogisch korrekte Bezeichnung wäre Falkenauge-Brekzie oder Tigerauge-Brekzie. In der Edelsteintherapie-Schule von Jane Ann Dow in Santa Fe, New Mexico/USA wird Pietersit auch als „Sturmstein" bezeichnet, was sich auf seine Wirkung als Heilstein bezieht.

### Genese, Vorkommen
Pietersit entsteht sekundär aus Spaltenfüllungen von Tigerauge und Falkenauge (siehe Seite 228 und 408), die durch Bewegungen des Erdreichs zertrümmert wurden. Die dabei entstandenen Bruchstücke wurden später durch Kieselsäure erneut verkittet, so daß ein derber Quarz entstand, in dem die Trümmerstücke willkürlich durcheinandergewürfelt zu sehen sind. Das Vorkommen bei Outjo/Namibia ist bislang die einzige Pietersit-Fundstelle der Welt.

### Kristallsystem, Erscheinungsbild, Farbe
Pietersit ist überwiegend trigonal (Quarzanteil) und erscheint in Form derber Massen. Da bei der Entstehung der Brekzie offenbar Falkenauge und Tigerauge gleichermaßen anwesend waren, zeigt Pietersit ein scheckiges Muster aus blauschwarzen und goldgelb-braunen, schillernden Flecken. An Bruchstellen ist Pietersit seidenglänzend.

*Abb. 188: Pietersit-Trommelsteine, Namibia (1:1)*

## Mineralklasse, Chemismus
Pietersit zählt als derber Quarz zur Quarzgruppe und damit zur Mineralklasse der Oxide, Formel: $SiO_2$ + $Na_2(Mg,Fe,Al)_5(OH/Si_4O_{11})_2$ + $FeOOH$. Er ist ein Gemenge aus Quarz, Krokydolith (blauschwarze Asbestfasern des Falkenauges) und Brauneisen (goldbraune Fasern des Tigerauges).

## Bestimmungsmerkmale
Mohshärte: 7; Dichte: 2,64–2,71; Spaltbarkeit: keine; unebener, faseriger Bruch; Strichfarbe: gelbbraun-blauschwarz gefleckt; Transparenz: undurchsichtig.

## Verwechslungen und Unterscheidung
Pietersit wird, da das Mineral wenig bekannt ist, oft mit Tigerauge-Falkenauge verwechselt, jenen unzerstörten Spaltenfüllungen, in denen Falkenauge durch Oxidation teilweise zu Tigerauge verwittert ist. Mitunter kommen auch Verwechslungen mit Tigereisen vor, einer Verwachsung von Hämatit, Jaspis und Tigerauge. Die Unterscheidung ist rein optisch mit Hilfe der Bilder dieses Lexikons möglich (vgl. Tigerauge Seite 408 und Tigereisen Seite 410).

## Fälschungen
Fälschungen sind nicht bekannt.

## Verwendung und Handel
Als Schmuckstein ist Pietersit derzeit noch wenig bekannt, steht bei Kennern dafür um so höher im Kurs. Als Heilstein zählt er schon zu den gängigen Sorten und ist aufgrund seiner Wirkung sehr beliebt.

## Heilwirkung, Indikationen
Pietersit gibt innere Stabilität bei schnellen und stürmischen Veränderungen im Leben (Sturmstein), unabhängig davon, ob deren Ursachen persönlicher oder kollektiver Natur sind. Pietersit ermöglicht, Eindrücke schneller zu verarbeiten und die Aufmerksamkeit nicht durch Unklarheiten, Mißverständnisse oder Ablenkungen fesseln zu lassen. Dadurch behält man den Kopf frei für das Wesentliche und kann auch Krisensituationen gelassen meistern. Pietersit hilft in (äußerlich) ruhigeren Zeiten, unverarbeitete Bilder und innere Konflikte zu bewältigen und daran geknüpfte unangenehme Gefühle aufzulösen. Dadurch schafft er eine tiefe innere Ruhe.

Körperlich hilft Pietersit vor allem dann, wenn Krankheiten durch verwirrende Lebensumstände, scheinbar ausweglose Situationen oder durch ein zu lange unterdrücktes Ruhebedürfnis entstehen. Insbesondere Nervenleiden, Atembeschwerden und vegetative Dystonie (Funktionsstörungen von Herz und Kreislauf nervöser Ursache) und daraus folgende Beschwerden wie Kopfschmerzen, Magendruck, Schwindelgefühl, Beklemmungen im Brustbereich und Herzklopfen werden gelindert.

## Anwendung
Pietersit wirkt sehr stark und braucht daher selten länger als eine Woche getragen werden. Am besten wirkt er durch Auflegen auf den Solarplexus. Regelmäßige Meditation im Steinkreis (6-8 Steine) wirkt stark zentrierend und klärt die Gedanken.

# Pop-Rocks

## Name, Synonyme, Handelsbezeichnungen
Pop-Rocks ist ein Begriff amerikanischer Geologen für oberflächlich limonitisierten Kugelpyrit, da dieser explodiert, wenn man ihn ins Feuer wirft. Ein wesentlich älteres Synonym ist Kiesball. Im Handel sind Pop-Rocks hauptsächlich als Boji bekannt, ein Name, der ursprünglich aus esoterischen Kreisen der USA stammt und entweder in einer medialen Trance-Session kreiert wurde (Gurudas) oder auf einen in den Staaten weitverbreiteten tschechischen Familiennamen zurückzuführen ist (Rätsch & Guhr). Beide Theorien sind in der Literatur im Umlauf. Seit 1990 ist Boji in den USA ein eingetragenes Warenzeichen, seit 1996 auch in Deutschland (siehe auch „Verwendung und Handel").

## Genese, Vorkommen
Pop-Rocks entstehen sekundär durch Schwefel-Freisetzung beim Zerfall organischen Materials im Schlamm des Meeresgrunds. Unter Luftabschluß verbindet sich Schwefel, genauer gesagt Schwefelwasserstoff ($H_2S$), dabei mit Eisen bzw. Eisenverbindungen zu knollig-kugeligen Pyrit-Konkretionen. Nach der Verdichtung des Schlamms zu tonigen Sedimenten bleiben die Knollen im Gestein eingeschlossen, bis sie zu einem späteren Zeitpunkt durch Verwitterung (sie sind härter als der Ton) wieder freigelegt werden. Dabei wird die Pyritkonkretion durch Luftsauerstoff oberflächlich in Limonit umgewandelt. Pop-Rock-Vorkommen befinden sich in den „Badlands", den unfruchtbaren Gebieten Dakotas, Nebraskas und Kansas' am östlichen Fuß der Rocky Mountains. Ähnliche Mineralien sind als „Markasit-Knollen" aus Calais/Frankreich, „Pyrit-Knollen" der Schwäbischen Alb oder als „Kugelpyrit" in Hessen bekannt.

*Abb. 189: Pop-Rocks, USA (2:1)*

## Kristallsystem, Erscheinungsbild, Farbe

Der Pyritkern der Pop-Rocks ist kubisch, der Limonitmantel (ca. 1% der Masse) rhombisch. Die kugeligen oder linsenförmigen Konkretionen sind entweder grobkristallin mit verwachsenen, klar erkennbaren würfeligen Kristallen (sogenannte männliche Boji's) oder feinkristallin als rundlich-poröse Aggregate (sog. weibliche Boji's). Die Farbe ist matt dunkelgrau, dunkelbraun bis rostbraun, mitunter gibt es helle Sulfatausblühungen.

## Mineralklasse, Chemismus

Der in den Pop-Rocks enthaltene Pyrit zählt zur Mineralklasse der Sulfide, der oberflächliche Limonit zur Mineralklasse der Oxide. Die Gesamtformel lautet also: $FeS_2 + FeOOH \cdot n\, H_2O + Ca,K,Na,P + (As,Ba,Bi,Co,Cu,Pb,Sb,Zn)$. Wie Pyrit neigen auch Pop-Rocks im Laufe von Jahrzehnten bis Jahrhunderten durch Wasseraufnahme und fortschreitende Oxidation zum Zerfall, was durch Sulfatausblühungen sichtbar wird.

## Bestimmungsmerkmale

Mohshärte: 5 – 6; Dichte: 5,0 – 5,2; Spaltbarkeit: keine; unebener Bruch; Strichfarbe: braun bis schwarz; Transparenz: opak.

## Verwechslungen und Unterscheidung

Verwechslungen sind vor allem mit Markasit, Limonit oder anderen braun-schwarzen Erzen gegeben. Die Unterscheidung ist hier im Zweifelsfall nur durch mineralogische Prüfungen möglich.

## Fälschungen

Pop-Rocks mit schillernden Anlauffarben (sog. Regenbogen-Boji) kommen in der Natur nicht vor. Sie werden künstlich durch Erhitzen oder Behandlung mit Oxidationsmitteln hergestellt.

## Verwendung und Handel

Pop-Rocks waren ohne größere Bedeutung, bis sie als „Boji" eine erstaunliche Nachfrage in esoterischen Kreisen erzielten. Behauptungen der Boji Inc., Boji wären „lebende Steine" und weder mit Pyrit, noch mit den Pop-Rocks identisch, haben sich im März 1997 durch Untersuchungen des mineralogischen Instituts der Universität Bochum als völlig haltlos erwiesen. Es handelt sich um eine reine Marketing-Strategie der Boji Inc., die diesen Namen als Warenzeichen eintragen ließ und im Handel eine Monopolstellung zu erreichen sucht.

## Heilwirkung, Indikationen, Anwendung

Wird ein grobkristalliner (männlicher) Pop-Rock in der einen und ein feinkristalliner (weiblicher) in der anderen Hand gehalten, so entsteht zwischen beiden aufgrund der unterschiedlichen Reaktionsfähigkeit mit Hautschweiß (feinkristalline Pop-Rocks besitzen die größere Oberfläche) eine Spannung, die den Energiefluß in den Meridianen, den Energiebahnen des Körpers, anregt. Dadurch werden leichte Blockaden schmerzfrei aufgelöst, stärkere Blockaden werden bewußt. So können seelische und körperliche Unstimmigkeiten schon früh erkannt und verändert werden. Pop-Rocks haben aufgrund dieser Wirkungsweise keine spezifischen Wirkungen für bestimmte Organe, sondern sind – regelmäßig angewandt – zur allgemeinen Gesundheitsvorsorge geeignet.

# Porphyrit

## Name, Synonyme, Handelsbezeichnungen

Der Name Porphyr stammt von griech. porphyrites = der Purpurähnliche und bezeichnete bis zum 18. Jahrhundert nur rötliche Magmatite mit weißen Flecken. Danach wurde der Begriff auf alle Magmatite erweitert, die in einer körnigen Grundmasse vereinzelte größere Kristallindividuen zeigen, was insbesondere bei Ganggesteinen der Fall ist (vgl. Seite 20 ff.). Porphyr wurde also zum Oberbegriff eines bestimmten Gefüges sowohl von Plutoniten als auch Vulkaniten. Bei Ganggesteinen wird dabei der Name, der das Verhältnis der Gemengteile klassifiziert (Granit, Syenit etc. – vgl. Seite 21) mit dem Zusatz „-porphyr" versehen (Granitporphyr, Syenitporphyr usw.), bei Vulkaniten spricht man vom „Porphyrit". In diesem Sinne bezieht sich dieses Kapitel auch nur auf vulkanischen Porphyrit!

Synonyme und Handelsnamen für vulkanische Porphyrite sind Chinesenstein, Chrysanthemenstein oder Tibetstein (dunkler Porphyrit mit hellen Kristallen), Dalmatiner Jaspis oder Dalmatinerstein (heller Porphyrit mit dunklen Kristallen) sowie Leonit (gelber Porphyrit).

## Genese, Vorkommen

Porphyrit entsteht primär als vulkanisches Gestein, wenn im Magma vor dem Vulkanausbruch bereits erste Kristalle gebildet waren. Diese sind aufgrund ihrer plutonischen Entstehung etwas größer als der Rest, der nach dem Vulkanausbruch relativ schnell erstarrt (vgl. Seite 19 und 20). Aus diesem Grund heben sie sich deutlich von der Matrix ab. Porphyrit-Vorkommen gibt es welt-

*Abb. 190: Porphyrit, links Chrysanthemenstein, Griechenland, rechts Dalmatinerstein, Mexiko(1:1)*

weit; der als Heilstein verwendete Chrysanthemenstein stammt aus Griechenland, der Dalmatinerstein aus Mexiko.

### Erscheinungsbild, Farbe
Porphyrit zeigt stets größere Kristallindividuen in einer feinkörnigen Matrix. Beim Chrysanthemenstein heben sich dabei grüne bis farblose Kristalle in blüten-, schriftzeichen- oder runenähnlicher Struktur von einer dunkelgrauen bis schwarzen Matrix ab, beim Dalmatinerstein sind es dagegen schwarze Kristalle als punktähnliche Sprengsel in heller Matrix (ähnlich der Zeichnung der Dalmatinerhunde). Porphyrit ist matt.

### Mineralklasse, Chemismus
Porphyrite bestehen überwiegend aus Silikaten. Chrysanthemenstein enthält grünen Feldspat in einer Andesit-Matrix aus Pyroxenen und Amphibolen, beim Dalmatinerstein ist es dunkler Riebeckit in einer Matrix aus Quarz und Plagioklas-Feldspat. Daher wird letzterer auch Riebeckitquarzit genannt. Der Chrysanthemenstein beinhaltet also saure Anteile in basischer Matrix, der Dalmatinerstein genau umgekehrt basische Anteile in saurer Matrix.

### Bestimmungsmerkmale
Chrysanthemenstein: Mohshärte: 5–6; Dichte: 3,0–3,3; Spaltbarkeit: keine, körniger Bruch; Strichfarbe: grau; Transparenz: undurchsichtig.

Dalmatinerstein: Mohshärte: 6–7; Dichte: 2,7–2,9; Spaltbarkeit: keine, unebener Bruch; Strichfarbe: weiß bis blaugrau; Transparenz: undurchsichtig bis durchscheinend.

### Verwechslungen und Unterscheidung
Chrysanthemenstein ist unverwechselbar, Dalmatinerstein kann bei oberflächlicher Betrachtung mit hellen Graniten verwechselt werden. Zur Unterscheidung daher einfach mit nebenstehender Abbildung vergleichen.

### Fälschungen
Fälschungen sind nicht bekannt.

### Verwendung und Handel
Porphyrite werden zur Dekoration sowie als Schmucksteine und Heilsteine verwendet.

### Heilwirkung, Indikationen
Porphyrit hilft, Ideen zu verwirklichen. Dabei fördert der Dalmatinerstein eine gründliche Reflexion jedes einzelnen Arbeitsschritts, der Chrysanthemenstein dagegen Geduld und das Abwarten des richtigen Zeitpunkts, zu dem er dann plötzlich eine sinnvoll-zielgerichtete Aktivität initiiert. Beide Steine beeinflussen das Nervensystem, wobei der Dalmatinerstein eher anregend, der Chrysanthemenstein dagegen stark beruhigend wirkt.

### Anwendung
Porphyrit wirkt durch längeres Tragen (Tage bis Wochen) am Körper oder in der Hosentasche.

# Prasem

## Name, Synonyme, Handelsbezeichnungen

Der Name Prasem (griech. prasos = Lauch) bezeichnete in der Antike und im Mittelalter (im Gegensatz zu Heliotrop oder Chrysopras) alle unedleren grünen Quarze und hat sich in dieser Grundbedeutung bis jetzt erhalten. Heute ist Prasem ein derber oder kristalliner Quarz, der durch den massenhaften Einschluß von Aktinolith oder ähnlichen Silikaten grün gefärbt ist.

Synonyme für Prasem sind Lauchquarz, Smaragdmutter, Smaragdquarz und Prasius, wobei letzteres wohl ursprünglich ein Schreibfehler war, der sich verselbständigte. Als Handelsnamen existieren die Begriffe Afrikanische Jade und Budstone.

## Genese, Vorkommen

Prasem entsteht relativ selten primär aus hydrothermalen Lösungen auf Klüften und Gesteinshohlräumen, viel häufiger dagegen tertiär durch die Metamorphose quarz-, calcium-, eisen- und magnesiumreicher Gesteine. Dabei bilden sich feine, nadelige, grüne Calcium-Magnesium-Eisensilikate (Aktinolith oder andere), die im Quarz eingeschlossen werden. Die größten Vorkommen von Prasem liegen auf der Kykladen-Insel Serifos/Griechenland (primär) sowie in Südafrika und Australien (tertiär).

## Kristallsystem, Erscheinungsbild, Farbe

Prasem ist trigonal und bildet in primären Vorkommen Kristalle bis über 10 cm Größe. Diese sind langprismatisch und zeigen oft fließenden Übergang vom Prisma zur Spitze. Auch Sprossenquarz-Bildungen (hier ummanteln viele kleinere, nach außen strebende Kristallindividuen einen größe-

*Abb. 191: Prasem-Trommelsteine, Südafrika (1:1)*

ren zentralen Kristall) sowie artischocken- und keulenförmige Aggregate aus vielen kleinen Kristallen kommen vor. In den tertiären Vorkommen bilden sich dagegen derbe, gebändert-gefaltete Aggregate ohne sichtbare Kristallform. Die Farbe des Prasem ist gras- bis lauchgrün. Er zeigt Glas- bis Wachsglanz.

## Mineralklasse, Chemismus
Prasem zählt als Quarz zur Mineralklasse der Oxide, Formel: $SiO_2 + Ca_2(Mg,Fe)_5[(OH,F)_4(Si_8O_{22})]$ - (Quarz + Aktinolith). Die grüne Farbe kann nicht nur durch Aktinolith, sondern je nach Fundort und Entstehung auch durch ähnliche Magnesium-Eisen-Silikate verursacht sein.

## Bestimmungsmerkmale
Mohshärte: 7; Dichte: 2,63 – 2,65; Spaltbarkeit: keine, muscheliger Bruch; Strichfarbe: weiß; Transparenz: durchscheinend.

## Verwechslungen und Unterscheidung
Als Kristall kann Prasem mit chlorithaltigem Quarz verwechselt werden, als geschliffener Stein auch mit Plasma (grünem Chalcedon) und Jade. Im Zweifelsfall hilft hier nur die mineralogisch-gemmologische Untersuchung.

## Fälschungen
Als Fälschung wird grün gefärbter Chalcedon, Jaspis oder Quarzit sowie gebrannter grüner Quarz (Prasiolith) verwendet. Die Unterscheidung ist nur mineralogisch-gemmologisch möglich.

## Verwendung und Handel
Prasem spielt als Edelstein kaum eine Rolle, als einfacher Schmuckstein ist er inzwischen jedoch weit verbreitet. Als Heilstein besitzt er eine bis zur Antike zurückreichende Tradition.

## Heilwirkung, Indikationen
Prasem hilft, Konflikte zu lösen und die Kontrolle des eigenen Lebens zu erlangen. Er fördert Beherrschung und Selbstbestimmung und kühlt hitzige Gemüter, so daß Auseinandersetzungen ohne Zorn und Wutausbrüche ausgetragen werden können. Besonders nachtragenden Persönlichkeiten ermöglicht er, sich wieder zu versöhnen.

Seinen kühlenden Charakter zeigt Prasem auch bei Fieber, brennenden Schmerzen, heißen Ausschlägen bei Infektionskrankheiten und bei Insektenstichen oder Strahlenschäden wie Sonnenbrand, Sonnenstich oder Hitzschlag. Auch bei Prellungen zeigt er schmerzstillende Wirkung, so daß man Prasem generell als Heilstein für die Folgen äußerer Traumata bezeichnen kann.

## Anwendung
Da sich seine Wirkung nur langsam entfaltet, sollte Prasem längere Zeit getragen werden. Bei Fieber und Infektionskrankheiten wird der erwärmte Stein im Nabelbereich, gegen lokale Beschwerden direkt auf die betroffene Stelle aufgelegt. Bei Folgen von Strahleneinwirkungen hilft ruhiges Liegen in einem Prasem-Steinkreis (8 – 12 Steine) oder die Einnahme von Quellwasser, in das Prasem für mindestens sechs Stunden eingelegt war.

# Prehnit

## Name, Synonyme, Handelsbezeichnungen
Prehnit wurde gegen Ende des 18. Jahrhunderts entdeckt und von dem Freiberger Professor der Mineralogie Abraham Gottlob Werner nach dem holländischen Oberst Prehn benannt, der das Mineral vom Kap der guten Hoffnung (Südafrika) mitgebracht hatte. Veraltete Synonyme für Prehnit sind Aedelith, Koupholit und Triphanspat, als Handelsnamen existieren Kap-Chrysolith und Kap-Smaragd.

## Genese, Vorkommen
Prehnit entsteht primär als hydrothermale Bildung in Klüften, Gängen, Drusen und Blasenhohlräumen magmatischer und metamorpher Gesteine, wie Gabbro, Diabas, Melaphyr und Kristallinen Schiefern. Die hydrothermale Lösung laugt dabei das umliegende Gestein aus und gewinnt so die Mineralstoffe, aus welchen der Prehnit gebildet wird. Prehnit findet sich oft in Paragenese mit Zeolithen (Stilbit, Seite 507, und Heulandit, Seite 474) und Apophyllit (Seite 148). Bedeutende Vorkommen befinden sich in Indien, Südafrika und Australien.

## Kristallsystem, Erscheinungsbild, Farbe
Prehnit ist rhombisch. Er bildet jedoch nur selten kurzsäulige, tafelige Kristalle aus. Weitaus häufiger erscheint er in Form knolliger, kugeliger, wulstiger oder stalaktitischer Aggregate mit faserigem, strahligem oder mitunter radialstrahligem Aufbau sowie als kompakte Gang- und Spaltenfüllung. Prehnit ist farblos, weiß, grau, bräunlichgelb, gelblichgrün bis blaßgrün und erinnert manchmal an Fettgewebe. Er zeigt Fettglanz oder Glasglanz.

*Abb. 192: Prehnit, kleine Stufen und Trommelsteine, Indien (1:1)*

## Mineralklasse, Chemismus
Prehnit ist ein basisches Calcium-Aluminium-Silikat aus der Mineralklasse der Gruppen-Silikate, Formel: $Ca_2Al[(OH)_2/AlSi_3O_{10}] + Fe,H_2O$. Farbgebend ist im Prehnit der Eisengehalt (Fe), der in der Regel nur wenige Prozent beträgt (bräunliche und gelbe Farbtöne), aber mitunter auch völlig fehlen kann (farblose Steine).

## Bestimmungsmerkmale
Mohshärte: 6–6,5; Dichte: 2,87–2,93; Spaltbarkeit: vollkommen, unebener Bruch; Strichfarbe: weiß; Transparenz: durchscheinend bis undurchsichtig trüb.

## Verwechslungen und Unterscheidung
Prehnit kann mit Chrysopras, Jadeit oder Peridot verwechselt werden. Rohsteine sind jedoch meist anhand des faserigen Aufbaus der Aggregate unterscheidbar, der auch bei Trommelsteinen (siehe Abb.) oft noch gut erkennbar ist. Jadeit (Dichte 3,30–3,36) und Peridot (Dichte 3,27–3,37) sind außerdem anhand der Dichte und Aggregatformen gut abgrenzbar, Chrysopras besitzt keine Spaltbarkeit.

## Fälschungen
Fälschungen von Prehnit sind nicht bekannt.

## Verwendung und Handel
Prehnit ist als Sammlerstufe beliebt, wird dagegen nur sehr selten geschliffen (meist als Cabochon). In der Steinheilkunde wird Prehnit überwiegend als Trommelstein oder flache Scheibe verwendet. Da Prehnit den Fettstoffwechsel und -abbau anregt, wird die Nachfrage nach dem Stein mit zunehmender Bekanntheit immer größer.

## Heilwirkung, Indikationen
Prehnit fördert die Auflösung unbewußter Verdrängungs- und Vermeidungsmechanismen. Er steigert die Konfliktbereitschaft und erleichtert, sich selbst so zu akzeptieren, wie man ist. In unangenehmen Situationen bringt Prehnit jene verdrängten Bilder und Erinnerungen ins Bewußtsein, die normalerweise unerkannt als Stimmungen und Empfindungen unser Denken und Handeln beeinflussen. Er fördert dadurch die bewußte analytische Verarbeitung innerer und äußerer Wahrnehmungen.

Körperlich regt Prehnit den Fettstoffwechsel und den Fettabbau an. Er wirkt daher vorbeugend gegen Arteriosklerose und beschleunigt die Entfernung der im Fett eingelagerten Giftstoffe. Prehnit fördert alle Erneuerungsprozesse im Körper.

## Anwendung
Prehnit wirkt am besten, wenn er mit Hautkontakt direkt am Körper getragen wird. Zur Anregung des Fettstoffwechsels und zum Fettabbau empfiehlt es sich, Prehnit über längere Zeit kontinuierlich zu tragen und regelmäßig abends und morgens mehrere Prehnite gleichzeitig auf die Leber, die Bauchspeicheldrüse und im Dünndarmbereich aufzulegen. Aufgrund der größeren Auflagefläche werden hierfür oft flache Scheiben verwendet.

# Purpurit

## Name, Synonyme, Handelsbezeichnungen
Purpurit ist seit Anfang des 20. Jahrhunderts bekannt und wurde 1905 von den Mineralogen Graton und Schaller nach der Farbe benannt (lat. purpureus = purpurrot). Synonyme existieren nicht.

## Genese, Vorkommen
Purpurit entsteht primär durch hydrothermale Umwandlung der lithiumhaltigen Minerale Triphylin und Lithiophilit in Pegmatiten. Dabei wird das reaktionsfähige Lithium aus den ursprünglichen Mineralien herausgelöst, so daß das Mangan-Eisen-Phosphat übrigbleibt. Es gibt derzeit nur ein bedeutendes Vorkommen massiven Purpurits in Sandamab am Erongo/Namibia; hierbei handelt es sich um ein purpurithaltiges, überwiegend aus Heterosit bestehendes Gestein.

Auch sekundär durch Verwitterungsprozesse kann diese Umwandlung vollzogen werden, wobei jedoch nur dünne Krusten entstehen, die nicht verarbeitet werden können. Vorkommen dieser Art finden sich in Schweden, Frankreich, Kanada und Namibia.

## Kristallsystem, Erscheinungsbild, Farbe
Purpurit ist rhombisch, bildet jedoch keine mit bloßem Auge sichtbaren Kristalle, sondern ausschließlich krustige Überzüge oder aus feinen Kristallfasern aufgebaute verfilzte Massen. Purpurit ist tief rosa bis rotviolett und erscheint meist matt oder zeigt samtigen Seidenglanz. Massive Stücke sind oft von dunklen Manganoxid-Adern durchzogen. Roh ist er in der Regel auch oberflächlich mit dunklen Manganoxid-Krusten überzogen, die erst mit starken Säuren abgelöst werden müssen, um die violette Farbe ans Licht zu bringen.

*Abb. 193: Purpurit, Rohsteine und Trommelsteine, Namibia (2:1)*

## Mineralklasse, Chemismus

Purpurit ist ein seltenes Mangan-Eisen-Phosphat aus der Mineralklasse der Phosphate, Formel: $(Mn,Fe)PO_4 + Li$. Der Mangangehalt ist dabei in der Regel deutlich höher als der Eisengehalt. Sowohl Eisen (Fe) als auch Mangan (Mn) liegen in dreiwertiger Form vor. Mangan ist auch verantwortlich für die violette Farbe. Die als Purpurit aus Sandamab gehandelte Ware ist überwiegend Heterosit $(FePO_4)$.

## Bestimmungsmerkmale

Mohshärte: 4 – 4,5; Dichte: 3,70; Spaltbarkeit: gut, unebener Bruch, spröde; Strichfarbe: rosa bis rot; Transparenz: opak, seltener durchscheinend; löslich in Salzsäure.

## Verwechslungen und Unterscheidung

Purpurit ist aufgrund seiner intensiven violetten Farbe und des opaken, samtig-seidigen Aussehens unverwechselbar.

## Fälschungen

Fälschungen sind nicht bekannt.

## Verwendung und Handel

Purpurit ist als Edelstein und Schmuckstein wenig bekannt, nur selten wird er als Cabochon geschliffen. Aufgrund seiner intensiven violetten Farbe ist Purpurit in esoterischen Kreisen inzwischen zwar sehr beliebt, in der Steinheilkunde jedoch noch wenig bekannt. Purpurit ist als Rohstein und selten auch als Trommelstein erhältlich und aufgrund seiner Seltenheit sehr teuer.

## Heilwirkung, Indikationen

Purpurit wirkt inspirierend und fördert die Kreativität. Er schärft die Wahrnehmung und die Aufmerksamkeit, fördert Wachheit und Bewußtheit und wirkt stimmungsaufhellend und aufmunternd bei Müdigkeit, Niedergeschlagenheit und Erschöpfungszuständen. Purpurit fördert das Einfühlungsvermögen und die hellen Sinne und bringt daher ein tieferes Verständnis für die eigene Situation, die Mitmenschen und die Umwelt. Er regt die Klärung von Konflikten in Beziehungen an und hilft, offene Zyklen zu schließen. Purpurit unterstützt die kreative Lösung schwieriger Probleme, für die im Moment keinerlei Ausweg zu existieren scheint.

Körperlich mobilisiert Purpurit als Phosphat Energiereserven in Zeiten großer Anstrengung oder bei Konzentrations- und Schlafmangel. Er regt den Dreifachen-Erwärmer-Meridian an und fördert so eine gleichmäßige, der Situation angepaßte Energieverteilung im Körper. Dadurch verbessert Purpurit die Reaktionsfähigkeit und die Regenerationsfähigkeit aller Zellen, Gewebe und Organe. Er hilft auch, wenn die Sinne aufgrund von Funktionsstörungen der Sinnesnerven beeinträchtigt sind.

## Anwendung

Für geistige Wirkungen sollte Purpurit auf dem Kopf, zum Anregen der Energiereserven im Schambereich aufgelegt werden. Auf Solarplexus oder Herz aufgelegt ist er für sensible Menschen oft zu stark.

# Pyrit

## Name, Synonyme, Handelsbezeichnungen

Pyrit bedeutet Feuerstein (griech. pyrites lithos), da er schon in der Antike zum Funkenschlagen verwendet wurde. Synonyme für Pyrit sind Eisenkies, Gelbeisenkies, Grünkies, Hahnenkamm, Inkastein, Kaltschedan, Katzengold, Kiesball, Kohlenkies, Kyßgilbe, Poliopyrit, Schwefeleisen, Schwefelkies, Sideropyrit, Stragold, Strahlkies, Telaspyrin, Treppenkies, Vitriolkies, Xanthopyrit und Zellkies. Heilkundlich interessant sind die volkstümlichen Begriffe Lebereisenerz, Leberkies, Leberschlag und Gesundheitsstein. Pyritachat ist ein Pyrit-Chalcedon-Gemenge (Synonym: Apachengold), eine Pyrit-Galenit-Quarz-Sphalerit-Paragenese wird derzeit im Handel „Irish Fairy Stone" genannt.

## Genese, Vorkommen

Pyrit ist ein sogenannter Durchläufer, der unter fast allen Bildungsbedingungen entstehen kann. Primär entsteht er in sauren Magmatiten, Pegmatiten und vor allem pneumatolytisch und hydrothermal. Vorkommen dieser Art befinden sich im Erzgebirge, Siegerland, Grosseto/Italien, Chalkidiki/Griechenland, Murgul/Türkei, Colorado/USA und Peru. Sekundär entsteht Pyrit durch Verwesungsprozesse in Meeresablagerungen (siehe Pop-Rocks, Seite 348), wodurch auch pyritisierte Fossilien entstehen (siehe Seite 238), z.B. Bundenbacher Schiefer, Hunsrück, oder durch die Konzentration feinverteilter Eisen- und Schwefelgehalte bei der Verdichtung des Sediments, wie z.B. die schönen Würfel aus Navajún/Spanien. Auch tertiär entstehen große Pyritkristalle, wenn viele kleine Kristalle sich durch die Metamorphose zu größeren sammeln. Fundstellen dieser Art finden sich auf Elba und in Illinois/USA.

*Abb. 194: Pyrit-Grüppchen, Peru und Pyrit-Sonne, Illinois/USA (1:2)*

## Kristallsystem, Erscheinungsbild, Farbe
Pyrit ist kubisch und bildet isometrische Würfel, Oktaeder und Pentagondodekaeder. Seine Würfelflächen sind dabei oft parallel zu den Kanten gestreift. Auch Zwillinge und komplexe Gruppen kommen vor. Häufiger sind jedoch körnige, dichte, krustige, knollige, stengelige und radialstrahlige Aggregate. Pyrit ist messing-, gold- oder graugelb mit Metallglanz und zeigt auf der Oberfläche mitunter bunte Anlauffarben.

## Mineralklasse, Chemismus
Pyrit zählt als Eisensulfid zur Mineralklasse der Sulfide, Formel: $FeS_2$ + Ag,As,Au,Co,Cu,Ni,Sb,Tl,Zn. Er kann nur entstehen, wenn sich Eisen bzw. Eisenverbindungen und Schwefel bzw. Schwefelwasserstoff unter Sauerstoffabschluß begegnen. Kommt nämlich Sauerstoff ins Spiel, ist es vorbei: Statt zweiwertigem Eisen entsteht dann dreiwertiges, das sich zum Oxid verbindet, und statt Sulfiden bilden sich Sulfate. Das geschieht allerdings auch später noch in wesentlich langsamerem Verlauf, weshalb Pyrit im Laufe der Jahre altert und unter Sulfat-Ausblühungen zerfällt.

## Bestimmungsmerkmale
Mohshärte: 6–6,5; Dichte: 5–5,2; Spaltbarkeit: unvollkommen, spröde, muscheliger Bruch; Strichfarbe: grünlich-schwarz; Transparenz: opak.

## Verwechslungen und Unterscheidung
Markasit: etwas grünlicheres Gelb, als Kristall unverwechselbar, derb oder in Aggregaten nur mineralogisch-gemmologisch unterscheidbar. Chalkopyrit: Härte 3,5–4.

## Fälschungen
Im Schmuckhandel werden Pyritrosen oft durch geschliffenen Stahl oder Glas imitiert, ansonsten sind keine Fälschungen bekannt.

## Verwendung und Handel
Pyrit wird manchmal zur Schwefelsäure-Herstellung genutzt. Ansonsten zählt er zu den beliebtesten Sammlerstufen. Auch in der Steinheilkunde hat das Mineral seinen festen Platz.

## Heilwirkung, Indikationen
Pyrit fördert die Selbsterkenntnis, indem er uns mit unseren Schattenseiten konfrontiert. Er deckt Heimlichkeiten und verborgene Bewußtseinsinhalte auf. Dadurch hilft er auch, Krankheitsursachen zu erkennen, unklare Symptomatiken zu klären und Heilungsprozesse zu beschleunigen (Gesundheitsstein). Körperlich regt Pyrit die Leberfunktionen an. Pyrit-Sonnen wirken außerdem schmerzlindernd und krampflösend, so z.B. auch bei Menstruationsbeschwerden.

## Anwendung
Pyrit sollte nur kurze Zeit aufgelegt und nie lange getragen werden, da er sonst Eisensulfid abgibt, das manchmal Hautreizungen hervorruft. Für geistige Wirkungen genügt es außerdem, ihn in der Nähe aufzustellen.

# Rauchquarz

### Name, Synonyme, Handelsbezeichnungen
Rauchquarz erhielt seinen Namen durch die braune Farbe. Im 18. Jahrhundert wurde er Rauchtopas genannt, ein irreführendes Synonym, das zwar bis heute gebräuchlich ist, jedoch vermieden werden sollte, da Rauchquarz wirklich gar nichts mit Topas zu tun hat. „Quarz" selbst stammt aus dem Slawischen (kwardy) und bedeutet „hart". Synonyme zu Rauchquarz sind Cairngorm und Pseudotopas. Sehr dunkler Rauchquarz heißt Morion und in esoterischen Kreisen neuerdings Osiriskristall, als Handelsname existiert noch der Begriff Colorado-Diamant.

### Genese, Vorkommen
Rauchquarz entsteht primär bei der Bildung saurer Pegmatite oder in hydrothermalen Prozessen durch den Einfluß radioaktiver Strahlung aus dem Umgebungsgestein, die im Kristallgitter enthaltene Lithium-Aluminium-Zentren ionisiert und dadurch zu braunen Farbzentren macht. Rauchquarz findet sich in Pegmatitgängen und auf Drusen und Klüften. Seine Vorkommen liegen in Brasilien, Madagaskar, Rußland, Pakistan und der Schweiz.

### Kristallsystem, Erscheinungsbild, Farbe
Rauchquarz ist trigonal und bildet wie Bergkristall prismatische Kristalle mit der charakteristischen Querstreifung der Prismenflächen. Da sein Kristallgitter durch die radioaktive Bestrahlung unter große Spannung gerät, bildet er oft vielflächige Kristalle oder Skelettquarze. Rauchquarze mit Wassereinschlüssen werden Enhydro-Kristalle genannt. Seine Farbe ist fast immer braun, selbst der tiefdunkle Morion ist vor einer starken Lichtquelle nur äußerst selten schwarz. Im Han-

*Abb. 195: Rauchquarz-Trommelsteine, Schweiz (2:1)*

del angebotene pechschwarze Kristalle sind daher meistens bestrahlter Quarz (siehe Fälschungen). Auch gelbliche Farbtöne sind möglich, da Rauchquarz fließend in Citrin übergehen kann. Rauchquarz zeigt Glasglanz.

## Mineralklasse, Chemismus
Rauchquarz ist die braune Varietät der Kristallquarze, jener Vertreter der Quarzgruppe mit großen, sichtbaren Kristallen, und zählt zur Mineralklasse der Oxide, Formel: $SiO_2$ + (Al,Li,Na). In Spuren enthält er Aluminium, Lithium und Natrium. Rauchquarz-Farbzentren entstehen durch Lithium-Aluminium-Gruppen, die das Silicium an wenigen Kristallgitterplätzen ersetzen und durch radioaktive Strahlung Elektronen verlieren, welche dann Licht absorbieren (vgl. Seite 53).

## Bestimmungsmerkmale
Mohshärte: 7; Dichte: 2,63 – 2,65; Spaltbarkeit: unvollkommen (parallel zur Rhomboederfläche), muscheliger Bruch; Strichfarbe: weiß; Transparenz: durchsichtig bis durchscheinend.

## Verwechslungen und Unterscheidung
Als Kristall ist er unverwechselbar, als Trommelstein ähnelt er dem Rauchobsidian. In geschliffener Form kann er mit Andalusit, Feldspat (Sanidin), Turmalin und Vesuvian verwechselt werden. Die Unterscheidung ist hier nur durch mineralogisch-gemmologische Untersuchungen möglich.

## Fälschungen
Als Fälschung ist häufig bestrahlter Bergkristall oder bestrahlter synthetischer Quarz im Handel. Der Nachweis der Bestrahlung ist schwierig, oft hilft jedoch die Fundortangabe „Arkansas" weiter. Dort gibt es nämlich keine natürlichen Rauchquarze! Risse im Rauchquarz werden gerne mit Epoxy-Harz gefüllt, was jedoch mineralogisch-gemmologisch gut erkennbar ist.

## Verwendung und Handel
Rauchquarz ist ein bekannter Schmuck- und Heilstein. In der christlichen Tradition wird vor allem Morion zu Kreuzanhängern verarbeitet. Natürlicher Rauchquarz ist selten und teuer.

## Heilwirkung, Indikationen
Als Stein mit großer innerer Spannung wirkt Rauchquarz gerade spannungslösend. Er ist der klassische Anti-Streß-Stein, der bei Streßsymptomen hilft und die innere Neigung zu Streß vermindert. Rauchquarz erhöht die Belastbarkeit und hilft, Widerstände zu überwinden.

Auch körperlich baut Rauchquarz Spannungen ab. Er lindert dadurch Schmerzen und löst Krämpfe. Besonders hilfreich ist er bei Rückenbeschwerden. Weiterhin macht Rauchquarz unempfindlicher gegen Strahleneinflüsse und lindert Strahlenschäden. Er stärkt die Nerven.

## Anwendung
Rauchquarz sollte längere Zeit als Kette oder Anhänger getragen, oder zur Schmerzlinderung direkt auf die betroffene Stelle gelegt werden. Zur Entspannung helfen zwei größere Trommelsteine oder Kristalle, die je in einer Hand gehalten werden.

# Rhodochrosit

## Name, Synonyme, Handelsbezeichnungen
Der Name Rhodochrosit stammt von griech. rhodochroos = rosenfarbig. Er wurde dem Mineral 1813 von Johann F.L. Hausmann gegeben, jedoch schon wenig später von Johann F.A. Breithaupt als „übelklingend und schwer auszusprechen" kritisiert. Dieser schlug alternativ die Begriffe Rosenspat und Himbeerspat, Abraham Gottlob Werner den Namen Manganspat vor. Alle diese Synonyme tauchen seither in der Literatur auf, durchgesetzt hat sich jedoch Rhodochrosit. Weitere Synonyme sind rotes Braunsteinerz, Dialogit, Dichter Rotstein, Inkarose, Kobaltmanganspat, Kohlensaures Mangan, Luftsaures Braunsteinerz, Parachrosbaryt, Rosinca, Rotmanganerz, Rotspat, Schokoladenstein, Sphärodialogit und Strömit. Rhodochrosit-Rodonit-Gemenge werden Lacroisit oder Torrensit genannt.

## Genese, Vorkommen
Rhodochrosit entsteht manchmal, jedoch relativ selten und in kleinen Mengen primär aus hydrothermalen Lösungen und bildet dann kleine aufgewachsene Kristalle (Deutschland, Südafrika, Peru, Colorado/USA). Ebenfalls wenig bedeutend sind tertiäre Bildungen durch Kontakt-Metasomatose, wobei dichte Massen oft in Verbindung mit Rhodonit entstehen (siehe Seite 364). Die mengenmäßig bedeutendste Entstehung vollzieht sich sekundär in der Oxidationszone von Manganerzlagerstätten, wo eindringendes, kohlensäurehaltiges Wasser mit den vorhandenen Manganoxiden Rhodochrosit bildet. Im Handel erhältliche Scheiben und Trommelsteine stammen fast ausschließlich von einer solchen sekundären Lagerstätte in Argentinien, wo in ehemaligen, seit 800 Jahren aufgelassenen Silberminen der Inkas große Rhodochrosit-Tropfsteine entstanden sind.

*Abb. 196: Rhodochrosit, getrommelt und poliert, Argentinien; Stufe, USA (2:3)*

## Kristallsystem, Erscheinungsbild, Farbe
Rhodochrosit ist trigonal und bildet bei hydrothermaler Entstehung spätige Aggregate (Abb. rechts unten) oder seltener auch kleine, intensiv rote Kristalle, die sich in Form von Skalenoedern oder sattelartig gekrümmten Rhomboedern in Drusen aufgewachsen finden. Bei kontaktmetasomatischer Entstehung bilden sich dagegen nur dichte bis derbe Massen. Sekundärer Rhodochrosit findet sich schließlich als krustiger Überzug sowie glaskopfartiges oder stalaktitisches Aggregat. Querschnitte und Trommelsteine aus den letztgenannten Tropfsteinen sind meist himbeerrot, rosa und weiß gebändert bzw. zeigen konzentrische Ringe (siehe Abb.). Rhodochrosit zeigt Glasglanz, auf Spaltflächen auch Perlmuttglanz.

## Mineralklasse, Chemismus
Rhodochrosit ist ein einfaches Mangan-Carbonat aus der Mineralklasse der Carbonate, Formel: $MnCO_3$ + Ca,Fe,Zn. Farbgebend ist dabei das Mangan. Je größer die Kristalle des Rhodochrosits bzw. die Körnung der Aggregate ist, desto dunkler wird seine rote Farbe. Feinkörnige Aggregate sind trotz identischen Mangangehalts oft nur blaßrosa oder farblos.

## Bestimmungsmerkmale
Mohshärte: 4; Dichte: 3,3 – 3,7; Spaltbarkeit: vollkommen, unebener Bruch; Strichfarbe: weiß; Transparenz: durchsichtig bis undurchsichtig.

## Verwechslungen und Unterscheidung
Rhodochrosit kann mit rosarabenem manganhaltigem Calcit (Dichte 2,71) oder als körnige Masse auch mit Rhodonit (Härte 5,5 – 6,5) verwechselt werden. Anhand der genannten Bestimmungsmerkmale ist die Unterscheidung jedoch kein Problem.

## Fälschungen
Fälschungen sind für Rhodochrosit nicht bekannt.

## Verwendung und Handel
Rhodochrosit wird als Schmuck- und Ornamentstein verwendet und ist als Heilstein sehr beliebt.

## Heilwirkung, Indikationen
Rhodochrosit regt Lebendigkeit, Aktivität, Erotik und intensive Gefühle an und hilft, sich genügend eigenen Raum und Zeit für sich selbst zuzugestehen. Er wirkt stimmungsaufhellend, macht enthusiastisch, leicht und beschwingt, fördert die Leistungsfähigkeit, bringt viele Ideen und erleichtert die Arbeit. Körperlich werden der Kreislauf, der Blutdruck und die Nierentätigkeit angeregt. Rhodochrosit verbessert die Elastizität der Blutgefäße und hilft daher auch bei Migräne.

## Anwendung
Rhodochrosit sollte bei Bluthochdruck nicht verwendet werden. Gegen Migräne wird er auf die Medulla Oblongata, jenen Punkt unter dem Hinterkopf aufgelegt, an dem das Rückenmark ins Gehirn übergeht. Für alle anderen Anwendungen kann Rhodochrosit als Kette oder Anhänger getragen werden.

# Rhodonit

## Name, Synonyme, Handelsbezeichnungen
Der Name Rhodonit stammt von griech. rhodos = Rose. Das Mineral wurde mit dieser Bezeichnung erstmals 1819 durch den Ilsenburger Berg- und Hüttenwerksdirektor Christoph Friedrich Jasche nach seiner Farbe benannt. Weitere, zumeist veraltete Synonyme sind Allagit, Hermannit, Heteroklin, Hornmangan, Kapnikit, Manganamphibol, Manganjaspis (verunreinigt), Mangankiesel, Manganolith, Pajsbergit, Photicit (verunreinigt), Rotbraunstein, Rotbraunsteinerz, Rotspat, Rotstein, Rubinspat und Tomosit (verunreinigt). Rhodonit-Rhodochrosit-Gemenge werden auch Lacroisit oder Torrensit genannt.

## Genese, Vorkommen
Rhodonit entsteht bei verhältnismäßig niedrigen Temperaturen entweder primär in hydrothermalen Prozessen (z.B. Broken Hill/Australien) oder tertiär durch Kontaktmetasomatose mit manganhaltigen Tonsedimenten (z.B. Huelva/Spanien). Diese Vorkommen sind jedoch nur von geringem Umfang. In weitaus größeren Massen entsteht Rhodonit nur tertiär durch die Regionalmetamorphose sedimentärer Manganerzlagerstätten. Bedeutende Vorkommen finden sich daher hauptsächlich in den Kristallinen Schiefern der Schweiz, Rußlands, Tansanias, Madagaskars, Australiens und der USA.

## Kristallsystem, Erscheinungsbild, Farbe
Rhodonit ist triklin, zeigt jedoch äußerst selten nur schlecht ausgebildete Kristalle (Rhomboeder) mit rauhen Flächen und gerundeten Kanten. Häufiger erscheint er als derbe, körnige oder dichte

*Abb. 197: Rhodonit-Cabochon, Rußland (2:1)*

Masse. Rhodonit ist rosa bis dunkelrot und manchmal farblos bis bräunlich, eventuell mit gelben Adern aus Spessartin (Granat). Durch Verwitterung wandelt er sich in schwarzes Manganoxid (Psilomelan) um, weshalb er auch oft von schwarzen Krusten überzogen oder von schwarzen Adern durchzogen ist. Rhodonit zeigt Glasglanz.

## Mineralklasse, Chemismus
Rhodonit ist ein Calcium-Mangan-Silikat aus der Mineralklasse der Kettensilikate, Formel: $CaMn_4[Si_5O_{15}]$ + Al,Ba,Cu,Fe,Li,K,Na,S,Zn. Farbgebend ist vor allem das Mangan (Mn).

## Bestimmungsmerkmale
Mohshärte: 5,5 – 6,5; Dichte: 3,4 – 3,7; Spaltbarkeit: vollkommen, unebener Bruch; Strichfarbe: weiß; Transparenz: durchscheinend bis undurchsichtig.

## Verwechslungen und Unterscheidung
Rhodonit kann mit Rhodochrosit (Härte 4), Thulit und manchmal mit Jaspis verwechselt werden. Wenn keine schwarzen Manganoxid-Adern auf Rhodonit hinweisen, kann er bei letzteren beiden aufgrund ähnlicher Bestimmungsmerkmale manchmal nur durch eine mineralogisch-gemmologische Untersuchung eindeutig unterschieden werden.

## Fälschungen
Fälschungen sind für Rhodonit nicht bekannt.

## Verwendung und Handel
Rhodonit wird nur selten zur Mangangewinnung eingesetzt. Als Ornamentstein, im Kunstgewerbe und als Schmuckstein wird er dagegen sehr oft verwendet. Da Rhodonit ein guter Wundheilstein ist, gehört er zu den wichtigsten Heilsteinen.

## Heilwirkung, Indikationen
Rhodonit hilft, zu verzeihen und seelische Verletzungen und Schmerzen zu heilen. Er fördert gegenseitiges Verstehen und ermöglicht, Konflikte konstruktiv zu lösen. Auch bei Unfall, Schock, Verwirrung oder Panik hilft Rhodonit, geistig klar und bewußt zu werden bzw. zu bleiben.

Körperlich ist Rhodonit ein hervorragender Wundheilstein. Er wirkt schmerzlindernd, heilt Vereiterungen, leitet Gift aus dem Gewebe und lindert sogar Insektenstiche. Bei Narben ermöglicht er die Umwandlung des schlecht versorgten Narbengewebes zu gesundem, durchblutetem Gewebe. Rhodonit hilft bei Autoimmunerkrankungen, Magengeschwüren, manchmal auch bei Multiple Sklerose, stärkt Herz und Kreislauf und fördert die Fruchtbarkeit.

## Anwendung
Zur Heilung seelischer Verletzungen sollte Rhodonit längere Zeit im Herzbereich getragen werden. Bei kleineren Verletzungen ist es hilfreich, einen angefeuchteten Stein direkt auf die Wunde zu pressen, bei größeren Verletzungen oder Schock empfiehlt sich die Edelstein-Essenz. Da Rhodonit gerade bei Schock oder Unfällen die Entstehung eines Traumas verhindert, ist er ein wertvoller Erste-Hilfe-Stein.

# Rhyolith

## Name, Synonyme, Handelsbezeichnungen

Der Name Rhyolith stammt von griech. rhyx = Lavastrom und bezieht sich auf die vulkanische Entstehung des Gesteins. Er wurde 1861 von dem Forschungsreisenden Ferdinand Paul Wilhelm Freiherr von Richthofen kreiert. Im selben Jahr entstand auch das einzige Synonym Liparit (nach den Liparischen Inseln). Heute wird grüner Rhyolith im Handel als Augenjaspis, Pantherjaspis oder Regenwaldjaspis bezeichnet, braun gesprenkelter Rhyolith als Leopardenfelljaspis, gelb-rot-beige gebänderter Rhyolith als Aztekenstein oder Dr.-Liesegang-Stein, rötlicher Rhyolith als Purpurachat, beige-kaffeebrauner Rhyolith als Cappuchinojaspis und Rhyolith allgemein als Wunderstein. Trotz mancher Handelsnamen hat das Gestein Rhyolith mit dem Mineral Jaspis jedoch nichts zu tun.

## Genese, Vorkommen

Rhyolith entsteht primär aus saurem, granitischem Magma als vulkanisches Gestein. Je nach der Zusammensetzung des Magmas und dem Verlauf der Abkühlung entsteht dabei ein heterogenes Gestein, das entweder leopardenfellähnliche Flecken zeigt (Leopardenfelljaspis, Mexiko), kleine bläulich-transparente Stellen aufweist (Regenwaldjaspis, Queensland/Australien) oder nach anfänglicher Verwitterung durch eindringende hydrothermale Lösungen gebänderte Mineralstoff-Einlagerungen erhält und verkieselt (Aztekenstein, Mexiko bzw. Dr.-Liesegang-Stein, Nevada/USA). Rhyolith kommt weltweit vor, im Handel dominieren jedoch die genannten Steine und Fundstellen.

*Abb. 198: Rhyolith: Regenwald-Jaspis, Australien (grün, 1:1); Einklinker oben: Dr.-Liesegang-Stein, USA (rot gebändert, 1:1); Einklinker unten: Leopardenfell-Jaspis, Mexiko (braun, 1:1)*

## Kristallsystem, Erscheinungsbild, Farbe

Rhyolith besteht überwiegend aus triklinem und monoklinem Feldspat, trigonalem Quarz und monokliner Hornblende. Der sogenannte Regenwaldjaspis ist hellgrün durch Chloriteinlagerungen (Magnesium-Eisen-Aluminium-Silikat) und weist kleine, rundliche bis sternförmige Quarz- oder Feldspat-Einschlüsse auf; „Leopardenfelljaspis" zeigt eine beigefarbene Matrix mit meist schwarz umrandeten glasigen Einschlüssen, die an die Zeichnung eines Leopardenfells erinnern; „Aztekenstein" bzw. „Dr.-Liesegang-Stein" zeigt geschwungene, manchmal konzentrische gelb-rot-beige Bänderungen. Rhyolith ist feinkörnig, oft porös und erscheint daher matt.

## Mineralklasse, Chemismus

Rhyolith besteht überwiegend aus Silikaten (Feldspat, Gerüstsilikat, Formel: $(Ca,K,Na)[AlSi_3O_8]$ bzw. Hornblende, Ketten-Silikat, Formel: $Ca_2(Na,K)(Mg,Fe)_3(Fe,Al)_2[(O,OH,F)_2/Al_2Si_6O_{22}])$ und Quarz (Achat, Chalcedon, Karneol oder Kristallquarz, Oxide, Formel: $SiO_2$). Mitunter finden sich durch schnelle Abkühlung auch glasige Einschlüsse. Farbgebend ist meistens der Eisengehalt: Braune, rote und gelbe Farben entstehen durch Eisenoxide, grüne Farben durch Eisensilikate.

## Bestimmungsmerkmale

Mohshärte: 5,5 – 7 an frischen Bruchstellen; Dichte: 2,7 – 2,9; Spaltbarkeit: keine, unebener, körniger Bruch; Strichfarbe: weiß, grau, bräunlich; Transparenz: undurchsichtig, stellenweise durchscheinend.

## Verwechslungen und Unterscheidung

Rhyolith kann je nach Beschaffenheit mit anderen Vulkaniten (Andesit, Porphyrit), Eisen-Oolith, Jaspis, Hornstein oder Sedimenten verwechselt werden. Im Zweifelsfall sollte hier der Rat eines fachkundigen Geologen eingeholt oder eine mineralogische Untersuchung durchgeführt werden.

## Fälschungen

Fälschungen für Rhyolith gibt es nicht.

## Verwendung und Handel

Rhyolith wird als Dekorations- und Schmuckstein sowie als Heilstein verwendet.

## Heilwirkung, Indikationen

Rhyolith verstärkt den bestehenden geistigen Zustand ohne jegliche Veränderung, hilft jedoch dadurch dabei, das Vorhandene genau so zu sehen, wie es ist, was sehr befreiend und klärend wirkt. Er hilft, sich selbst so anzunehmen, wie man ist.

Körperlich stärkt Rhyolith Widerstandskraft und Immunsystem (Aztekenstein bzw. Dr.-Liesegang-Stein) und hilft bei Grippe und Infektionen (Regenwaldjaspis), sowie Hautkrankheiten, Geweberverhärtungen und Steinbildungen (Leopardenfelljaspis).

## Anwendung

Die besten Wirkungen entfalten sich beim Aufenthalt auf Rhyolith-Gestein oder durch längeres Tragen des Gesteins unmittelbar auf der Haut.

# Rosenquarz

## Name, Synonyme, Handelsbezeichnungen
Rosenquarz trägt seinen Namen seit ca. 1800 nach seiner Farbe (rosenroter Quarz). Zuvor wurde er als „gemeiner Quarz" bezeichnet oder dem Milchquarz zugerechnet. Rosenquarz ist ein derber Quarz, in jüngerer Zeit wurden in Brasilien jedoch erstmals auch rosafarbene Kristallquarze entdeckt. Um die beiden Quarze voneinander abzugrenzen, wird der Kristallquarz nun „Rosaquarz" genannt, dem derben Quarz bleibt der Name „Rosenquarz" erhalten. Außer dem veralteten Rosaline und unsinnigen Handelsnamen wie Böhmischer Rubin und Montblanc-Rubin existieren keine Synonyme.

## Genese, Vorkommen
Rosaquarz und Rosenquarz sind primärer Entstehung. Rosaquarz bildet sich aus aluminiumphosphathaltigen hydrothermalen Lösungen auf Klüften; Rosenquarz kristallisiert in großen Massen als pegmatitische Bildung bei hohen Temperaturen. Die einzigen bekannten Vorkommen von Rosaquarz finden sich bei Governador, Minas Gerais/Brasilien, der derbe Rosenquarz findet sich in großen Lagerstätten in Brasilien, Namibia und Madagaskar.

## Kristallsystem, Erscheinungsbild, Farbe
Rosaquarz und Rosenquarz sind trigonal, jedoch nur Rosaquarz bildet kleine prismatische Kristalle mit oft abgerundeten Kanten aus. Er ist in der Regel blaßrosa und transparent. Rosenquarz erscheint als derbe Massen von blasser bis intensiver rosa Farbe. Er ist selten transparent und kompakt, sondern meist nur durchscheinend und von vielen hellen Rissen durchzogen. Durch ori-

*Abb. 199: Kristalliner Rosaquarz, Brasilien; Kugeln, Madagaskar; Rohsteine, Namibia (1:1)*

entiert eingelagerte, feinste Rutilnädelchen kann es zu Asterismus (sechsstrahligen Lichtsternen bei Kugeln und Cabochons) kommen. Solche Rosenquarze werden auch Sternquarz oder Starolit (opalisierend) genannt. Rosenquarz zeigt Fett- bis Glasglanz.

## Mineralklasse, Chemismus

Rosaquarz und Rosenquarz zählen zur Quarzgruppe und Mineralklasse der Oxide, Formeln: Rosaquarz: $SiO_2$ + Na,Al,P + (Fe,Mn), Rosenquarz: $SiO_2$ + Na,Al,Fe,Ti + (Ca,Mg,Mn). Farbgebend sind im Rosaquarz ionisierte Aluminium-Phosphor-Farbzentren, im Rosenquarz dreiwertiges Titan. Auch die Beteiligung des Mangans an der Entstehung der Farbe kann in beiden Fällen nicht ausgeschlossen werden. Manche Rosenquarze können im Sonnenlicht ausbleichen, die Ursache hierfür ist jedoch noch nicht bekannt.

## Bestimmungsmerkmale

Mohshärte: 7; Dichte: 2,65; Spaltbarkeit: unvollkommen (parallel zur Rhomboederfläche), muscheliger, splittriger Bruch, sehr spröde; Strichfarbe: weiß; Transparenz: durchscheinend.

## Verwechslungen und Unterscheidung

Rosenquarz kann als geschliffener Stein mit Rosa Chalcedon verwechselt werden. Der Nachweis ist hier nur durch mineralogisch-gemmologische Untersuchungen möglich.

## Fälschungen

Rosenquarz wird gerne gefärbt, jedoch kann die Farbe nur in die Risse des derben Quarz eindringen, wo sie mit bloßem Auge erkennbar ist. Natürlicherweise sind Risse im Rosenquarz weiß oder durch eingelagertes Eisenoxid braun. Magentarote Einlagerungen sind immer künstlich! Bestrahlung führt nur beim kristallinen Rosaquarz zu „Farbaufbesserungen". Rosenquarz wird grau oder schwarz.

## Verwendung und Handel

Rosenquarz gehört zu den gängigsten Schmuck- und Heilsteinen und ist in allen Formen erhältlich.

## Heilwirkung, Indikationen

Rosenquarz steigert Empfindsamkeit, Einfühlungsvermögen, Liebesfähigkeit, Herzenskraft und Romantik. Er besänftigt das Gemüt, macht jedoch keineswegs nachgiebig, sondern verdeutlicht die eigenen Bedürfnisse und verstärkt den Drang, sie zu erfüllen. Gleichzeitig fördert Rosenquarz jedoch Aufgeschlossenheit, Hilfsbereitschaft und harmonisches Zusammenleben.

Rosenquarz harmonisiert den Herzrhythmus und stärkt das Herz. Er regt die Gewebedurchblutung an und hilft bei Blutkrankheiten, bei Erkrankungen der Geschlechtsorgane und bei sexuellen Schwierigkeiten. Bei Frauen wirkt er fruchtbarkeitsfördernd.

## Anwendung

Rosenquarz kann in Form von Anhängern oder Ketten bedenkenlos über längere Zeit getragen, aufgelegt sowie als Essenz eingenommen oder als Rohstein im Zimmer aufgestellt werden. Steinkreise aus rohen Rosenquarzen wirken entspannend und aufladend zugleich.

# Rubin

## Name, Synonyme, Handelsbezeichnungen
Der Name Rubin ist abgeleitet von lat. rubeus = rot. Er taucht erstmals im 12. Jahrhundert in der Provence auf und löst im Laufe der Zeit den mittelalterlichen Namen Karfunkel ab, der bis dahin verschiedene rote Steine bezeichnete (Granat, Rubin, Spinell). Synonyme für Rubin sind Anthrax, Demantspat, Harmophan, Hartspat, Smyris, Taubenblut (roter Rubin mit Violettstich) und auf die Zusammensetzung bezogen schlicht Tonerde.

## Genese, Vorkommen
Rubin entsteht primär in liquidmagmatischer Bildung als Gemengteil aluminiumreicher Magmatite wie Granit (siehe Hintergrund der Abb. unten), Syenit und deren Pegmatiten. Vorkommen dieser Art befinden sich z.B. in Norwegen. Häufiger und vor allem auch in größeren Mengen entsteht er jedoch tertiär als Produkt der Kontakt- und Regionalmetamorphose in Gneisen, Kristallinen Schiefern, Marmor und Dolomitmarmor. Diese tertiären Vorkommen finden sich z.B. in Indien, Kenia und Tansania (Rubin in metamorphem Zoisit). Da Rubin aufgrund seiner Härte sehr verwitterungsbeständig ist, wird er oft in Flußablagerungen, sogenannten Seifen, gefunden. Die besten Edelsteinqualitäten stammen aus solchen Seifenlagerstätten in Birma, Thailand und Sri Lanka.

## Kristallsystem, Erscheinungsbild, Farbe
Rubin ist trigonal und bildet Kristalle mit sechsseitigen Prismen (pseudohexagonaler Habitus), deren Seitenflächen oft etwas gewölbt erscheinen (Tönnchenform) und eine kräftige Flächenstreifung aufweisen. Sie sind meist im Gestein eingesprengt und in der Regel nur wenige Zenti-

*Abb. 200: Rubin facettiert, Birma; Kristalle in Granit, Norwegen (3:1)*

meter groß. Rubin bildet auch Zwillinge und Viellinge und erscheint oft in Form derber und spätiger Massen. Seine Farbe variiert von Rosa bis zu einem Rot mit Violettstich, dem begehrten Taubenblutrot. Als Rohkristall ist Rubin oft matt, in Edelsteinqualität zeigt er Glasglanz. Durch orientiert eingelagerte Rutilnädelchen entsteht manchmal Asterismus (Sternrubin) oder Chatoyance (Rubin-Katzenauge).

## Mineralklasse, Chemismus
Rubin zählt als Aluminiumoxid zur Korund-Familie und zur Mineralklasse der Oxide, Formel: $Al_2O_3$ + Cr,Ca,Fe,Mg,Si,Ti,Zn + (Mn). Farbgebend ist das Chrom, durch welches er auch mineralogisch definiert ist: Nur chromhaltige Korunde gelten als Rubin! Durch andere Stoffe rot gefärbte Korunde zählen zum Saphir.

## Bestimmungsmerkmale
Mohshärte: 9; Dichte: 3,97–4,05; Spaltbarkeit: keine, kleinmuscheliger, unebener, splittriger Bruch, spröde; Strichfarbe: weiß; Transparenz: undurchsichtig bis durchsichtig.

## Verwechslungen und Unterscheidung
Rubin kann vor allem als geschliffener Stein mit Granat, Spinell, Zirkon und Topas verwechselt werden. Hier ist eine sichere Unterscheidung aufgrund ähnlicher Bestimmungsmerkmale jedoch leider nur mineralogisch-gemmologisch möglich.

## Fälschungen
Für Rubin gibt es Fälschungen ohne Ende: Er wird zum „Verbessern" der Farbe erhitzt, mit (manchmal sogar gefärbtem) Öl, Wachs oder Kunststoff imprägniert, und Risse werden mit Glas gefüllt. Synthesen sind weit verbreitet und in der Produktion inzwischen schon fast so billig wie Glas selbst. Auch an Imitationen (Glas, Dubletten) mangelt es natürlich nicht. Aus diesem Grund ist es bei Rubin stets ratsam, vor allem Edelsteinqualitäten unbedingt gemmologisch prüfen zu lassen.

## Verwendung und Handel
Rubin ist ein traditioneller Edelstein und zählt nach wie vor zu den beliebtesten Schmucksteinen. Auch als Heilstein besitzt er in vielen Kulturen eine jahrtausendealte Tradition.

## Heilwirkung, Indikationen
Rubin fördert Lebensfreude, Leidenschaft, Tapferkeit, Tugend und Mut. Er bringt Vitalität, Kraft und Dynamik und regt zu aktiver Sexualität an. Rubin steigert die Leistungsfähigkeit und bringt die Initiative, die eigenen Wünsche und Sehnsüchte auszuleben.

Körperlich hilft Rubin bei Infektionskrankheiten, z.B. Darminfektionen und wirkt fiebertreibend, um das Immunsystem zu unterstützen. Er regt die Milz, Nebennieren und den Kreislauf an.

## Anwendung
Rubin sollte mit Hautkontakt direkt am Körper getragen oder regelmäßig abends am Schambein (erstes Chakra) aufgelegt werden.

# Rutilquarz

### Name, Synonyme, Handelsbezeichnungen
Der Name Rutilquarz bezeichnet Bergkristall oder Rauchquarz mit eingeschlossenen sichtbaren Rutilfasern von goldgelber oder kupferroter Farbe. Als eigenständiges Mineral ist der Rutil eher rötlich, weshalb er im 18. Jahrhundert von A.G. Werner auch so benannt wurde (lat. rutilus = rötlich). Synonyme für Rutilquarz sind Engelshaar, Haarstein, Liebespfeil, Nadelstein und Venushaar. Synonyme für Rutil selbst sind Roter Schörl, Titankalk, Titanschörl und Nigrin (schwarz). Netzartig verwachsene Rutilfasern werden auch Sagenit genannt (nach lat. sagena = Netz, Fischgarn). Sog. „Silberrutil" ist dagegen kein Rutilquarz, sondern ilmenithaltiger Quarz (siehe auch „Verwechslungen").

### Genese, Vorkommen
Rutilquarz entsteht primär durch pegmatitische oder hydrothermale Bildung aus titanhaltiger Kieselsäure-Lösung. Zunächst bei höherer Temperatur gebildete feine Rutilfasern werden dabei während der weiteren Abkühlung der Lösung im entstehenden Bergkristall oder Rauchquarz eingeschlossen. Der so entstehende Kristallquarz findet sich in der Regel auf Pegmatitgängen und Klüften. Größere Vorkommen liegen in Brasilien und Madagaskar.

### Kristallsystem, Erscheinungsbild, Farbe
Der umhüllende Quarz ist trigonal, Rutil selbst tetragonal. Rutilquarz als Gesamtes bildet prismatische Kristalle oder derbe Aggregate, der Rutil im Quarz ist dabei immer faserig, manchmal zu schönen goldfarbenen Bündeln geordnet, manchmal auch wirr durcheinanderliegend. Eine Besonder-

*Abb. 201: Rutilquarz, Trommelstein mit Rutilstern, Brasilien (4:1)*

heit sind sogenannte Rutilsterne, bei denen die Rutilfasern orientiert auf Ilmenit-Kristalle (siehe Seite 476) aufgewachsen sind und schöne sechsstrahlige Sterne bilden, bevor sie vom Quarz eingeschlossen werden. Der umhüllende Quarz kann dabei klar, milchig-trüb oder rauchquarzfarben sein. Er zeigt Glasglanz.

## Mineralklasse, Chemismus
Rutilquarz zählt als Kristallquarz oder derber Quarz zur Quarzgruppe und zur Mineralklasse der Oxide, Formel: $SiO_2$ (Quarz) + $TiO_2$ (Rutil) + Fe,Sn,V,Cr,Nb,Ta + (Na,K,Cl,S,C) (verschiedene Spurenelemente im Quarz und Rutil). Rutil selbst ist verwandt mit Anatas (tetragonal) und Brookit (rhombisch), chemisch identische Mineralien (Titandioxid) mit unterschiedlichen Kristallformen bzw. Kristallsystem.

## Bestimmungsmerkmale
Mohshärte: 7; Dichte: 2,68 – 2,72; Spaltbarkeit: unvollkommen (parallel zur Rhomboederfläche), muscheliger Bruch; Strichfarbe: weiß; Transparenz: durchsichtig bis durchscheinend.

## Verwechslungen und Unterscheidung
Rutilquarz kann mit anderen Haarsteinen verwechselt werden: Aktinolithquarze zeigen grüne, Epidotquarze und Ilmenitquarze silberne, Jamesonitquarze bleigraue, Saphirquarze dichte grünliche bis bläuliche und Turmalinquarz schwarze Fasern. Dennoch ist die Unterscheidung hin und wieder schwierig und nur durch mineralogisch-gemmologische Untersuchungen möglich.

## Fälschungen
Fälschungen sind nicht bekannt, sieht man vom Handelsnamen „Silberrutil" für Ilmenitquarz ab.

## Verwendung und Handel
Rutilquarz ist ein bekannter Schmuck- und Heilstein und in vielen gängigen Formen erhältlich. Besonders begehrt sind dabei Rutilsterne, die jedoch nur sehr selten zu finden sind.

## Heilwirkung, Indikationen
Rutilquarz ist ein Stein, der Hoffnung und neue Visionen vermittelt. Er bringt neue Ideen und Lebenskonzepte, um der Zukunft mit Zuversicht zu begegnen. Rutilquarz wirkt stimmungsaufhellend und antidepressiv, löst Beklemmungen und verdrängte Ängste und regt das Streben nach geistiger Freiheit und Unabhängigkeit an. Er hilft auch bei sexuellen Problemen, die durch zu große innere Anspannung entstehen.

Körperlich löst Rutilquarz Beklemmungen im Brustbereich, die zu Atemwegserkrankungen verschiedenster Art führen. Er lindert Asthma, hilft bei chronischer Bronchitis und wirkt bei Husten schleimlösend. Rutilquarz regt die Zellregeneration und den Energiefluß im Körper an.

## Anwendung
Zur Meditation und Förderung der geistigen Fähigkeiten sollten nur klare Rutilquarze ruhig betrachtet, zum Auflegen auf Brust und Solarplexus bei körperlichen Beschwerden können dagegen auch milchig-trübe Rutilquarze verwendet werden.

# Saphir

## Name, Synonyme, Handelsbezeichnungen

Der Name Saphir stammt von griech. sappheiros, das entweder von sanskrit sanipriyam = Liebling des Saturns oder babylonisch sipru = ritzend abgeleitet ist. Beides wäre schlüssig: Saphir wird zum einen im Ayurveda, der traditionellen indischen Medizin, dem Saturn zugeordnet und ritzt zum anderen mit Ausnahme des Diamants alle anderen Materialien.

Synonyme und Handelsnamen für Saphir und spezielle Varietäten sind Asteria (Sternsaphir), Chlorosaphir (tiefgrün), Demantspat, Girasolsaphir (Katzenauge), Harmophan, Hartspat, Kaschmirsaphir (kornblumenblau), Katzensaphir oder Luchssaphir (fleckige Färbung), Leukosaphir (farblos), Padparadja (lachsfarben), Purpursaphir (violett), Sanritana, Smyris, Sri-Lanka-Alexandrit (Saphir mit Farbwechsel), Telesia (kornblumenblau), Topasasterien (gelber Sternsaphir) und auf die Zusammensetzung bezogen Tonerde.

## Genese, Vorkommen

Saphir entsteht in geringem Umfang primär in liquidmagmatischer Bildung als Gemengteil aluminiumreicher Magmatite wie Granit, Syenit und deren Pegmatiten. Vorkommen dieser Art befinden sich z.B. auf Madagaskar.

Häufiger entsteht er jedoch tertiär durch Kontakt- und Regionalmetamorphose in Gneisen, Kristallinen Schiefern, Marmor und Dolomitmarmor, wie z.B. in Indien und Sri Lanka. Da Saphir aufgrund seiner Härte sehr verwitterungsbeständig ist, wird er oft in sogenannten Seifen (Flußablagerungen) gefunden. Viele Edelsteine stammen aus solchen Lagerstätten in China, Birma, Thailand, Sri Lanka, Malawi, Nigeria, Tansania, Madagaskar, den USA und Australien.

*Abb. 202: Saphir-Kristalle aus Sri Lanka (3:1)*

## Kristallsystem, Erscheinungsbild, Farbe

Saphir ist trigonal und bildet Kristalle mit prismatischem, oft etwas gewölbtem Habitus (Tönnchenform), Rhomboeder-Form oder steilen sechsseitigen Dipyramiden. Sie sind meist im Gestein eingesprengt und wenige Zentimeter bis Dezimeter groß. Saphir bildet auch Zwillinge und Viellinge und erscheint in Form derber spätiger Massen. Seine Farbe variiert von farblos, rosa, orange, gelb, grün, blau, violett bis schwarz. Sehr selten nur finden sich mehrfarbige Kristalle (z.B. Anakie Sapphire Fields, Queensland/Australien). Als Rohkristall ist Saphir oft matt, in Edelsteinqualität zeigt er Glasglanz. Durch orientiert eingelagerte Rutilnädelchen entsteht manchmal Asterismus (Sternsaphir, schwarz auch Blackstar genannt) oder Chatoyance (Saphir-Katzenauge).

## Mineralklasse, Chemismus

Saphir zählt zur Korundfamilie und zur Mineralklasse der Oxide, Formel: $Al_2O_3$ + Cr,Fe,Ti,V. Farbgebend ist das Titan (blau), Eisen (gelb) oder Vanadium (grün).

## Bestimmungsmerkmale

Mohshärte: 9; Dichte: 3,97–4,05; Spaltbarkeit: keine, kleinmuscheliger, unebener, splittriger Bruch, spröde; Strichfarbe: weiß; Transparenz: undurchsichtig bis durchsichtig.

## Verwechslungen und Unterscheidung

Saphir kann als geschliffener Stein mit Cordierit, Disthen, Spinell, Tansanit, Topas und Zirkon verwechselt werden. Hier ist eine sichere Unterscheidung nur mineralogisch-gemmologisch möglich.

## Fälschungen

Saphir wird industriell zum „Verbessern" der Farbe erhitzt, mit (manchmal sogar gefärbtem) Öl, Wachs oder Kunststoff imprägniert; Risse werden mit Glas gefüllt. Synthesen sind weit verbreitet und inzwischen sehr billig, und auch an Imitationen (Glas, Chalcedon oder Sternrosenquarz mit Folie unterlegt, eingeritzte Sterne auf der Unterseite, Dubletten) mangelt es nicht. Aus diesem Grund ist es ratsam, vor allem bei Edelsteinen gemmologisch prüfen zu lassen.

## Verwendung und Handel

Saphir ist ein traditioneller Edelstein und besitzt auch als Heilstein eine bereits jahrtausendealte Tradition.

## Heilwirkung, Indikationen

Saphir bringt Konzentration und Geradlinigkeit. Er richtet die Gedanken auf gesetzte Ziele aus und mobilisiert unsere Geisteskraft, sie auch zu erreichen. Saphir macht selbstkritisch und fördert den Wunsch nach Wissen und Weisheit. Er hilft bei Wahnvorstellungen und macht nüchtern und klar. Saphir wirkt schmerzlindernd, fiebersenkend und hilft bei Darm-, Gehirn- und Nervenkrankheiten.

## Anwendung

Saphir sollte am Körper getragen oder auf Bauch oder Stirn aufgelegt werden.

# Sardonyx

## Name, Synonyme, Handelsbezeichnungen
Der Name Sardonyx ist zusammengesetzt aus Sarder und Onyx. Sarder bezeichnete in der Antike den orangefarbenen, seit dem Mittelalter den braunen Karneol. Der Name bezieht sich auf die Stadt Sardes in Kleinasien, die Fundort oder Umschlagplatz des Steins gewesen sein soll. Onyx bezeichnete in der Antike gebänderte, im Mittelalter speziell schwarz-weiße Steine und bedeutet „Fingernagel" (griech. onyx = Nagel), eine Anspielung auf Erscheinungsbild und Wirkung des antiken Steins. Aus beiden Namen resultiert nun für den Sardonyx ein dreifarbiges Aussehen mit Anteilen in Weiß (Hellblau), Rot (Braun) und Schwarz. Genau so ist er auch seit Jahrhunderten definiert. Synonyme existieren nicht.

## Genese, Vorkommen
Sardonyx entsteht primär aus hydrothermalen Lösungen in kieselsäurearmen Vulkangesteinen, wie Melaphyren und Porphyren. Ins Gestein eindringende Kieselsäure-Lösung wird dabei stark mit Mangan- und Eisenverbindungen verunreinigt und beginnt, durch langsames Austrocknen in den Blasenhohlräumen des Gesteins auszukristallisieren. Dabei bilden sich die verschiedenen Farbschichten durch die unterschiedliche Einlagerung von Fremdstoffen in den einzelnen Schichtfolgen der Ablagerung. Sardonyx-Vorkommen finden sich in Indien.

## Kristallsystem, Erscheinungsbild, Farbe
Sardonyx ist trigonal, bildet jedoch keine sichtbaren Kristalle, sondern nur mikroskopisch kleine Fasern aus. Er erscheint daher in Form gebänderter Kugeln, Spalten- oder Mandelfüllungen im

*Abb. 203: Sardonyx-Trommelsteine, Indien; zwei Imitationen aus gefärbtem Achat (3:2)*

Gestein. Nach klassischer Definition müssen dabei weiße oder hellblaue Chalcedon-Schichten, rote, orangefarbene oder braune Karneol-Schichten (Sarder) und schwarze Onyx-Schichten in einem Stein vereint sein. Heute wird der Begriff etwas weiter gefaßt, und als Sardonyx gilt ein Stein schon, wenn nur zwei der drei Mineralien in der typischen Schichtenfolge vertreten sind. Sardonyx zeigt Wachsglanz bis Seidenglanz.

## Mineralklasse, Chemismus
Sardonyx gehört zur Chalcedonfamilie, Quarzgruppe und Mineralklasse der Oxide, Formel: $SiO_2$ + Fe,Mn,O,OH). Er besteht aus polymerer Kieselsäure, die in der schwarzen Onyxschicht durch Eisen- und Manganoxide, in der roten oder braunen Karneolschicht dagegen allein durch Eisenoxide gefärbt wird. Die weiße Chalcedonschicht ist dagegen vollkommen rein, ohne jegliche Fremdstoffe.

## Bestimmungsmerkmale
Mohshärte: 6,5 – 7; Dichte: 2,58 – 2,64; Spaltbarkeit: keine, unebener, muscheliger Bruch; Strichfarbe: weiß; Transparenz: durchscheinend.

## Verwechslungen und Unterscheidung
Aufgrund seiner gebänderten Mehrfarbigkeit kann Sardonyx im Prinzip nicht verwechselt werden.

## Fälschungen
Sardonyx wird sehr oft durch gefärbten Chalcedon oder Achat gefälscht. Da Achat aus verschiedenen Schichten besteht, nehmen diese bestimmte Farbstoffe unterschiedlich auf. So kann perfekt gebänderter Sardonyx vorgetäuscht werden. Die Unterscheidung ist nur durch mineralogisch-gemmologische Untersuchungen möglich.

## Verwendung und Handel
Sardonyx ist ein klassischer Schmuckstein. Aus Steinen mit gerader, paralleler Bänderung, sogenannten Lagensteinen, werden mehrfarbige Gemmen geschnitten. Heutzutage wird aufgrund der exakteren Bänderung hierfür allerdings ausschließlich gefärbter Achat verwendet. Als Heilstein ist Sardonyx durch Hildegard von Bingen bekannt geworden und inzwischen viel beachtet.

## Heilwirkung, Indikationen
Sardonyx verbessert und verfeinert die Wahrnehmung aller Sinne. Er fördert einen tugendhaften Charakter und regt das Streben nach einem sinnerfüllten Dasein an. Sardonyx hilft, Trauer zu überwinden, bringt Freude und Zuversicht und macht freundlich und hilfsbereit.

Auch körperlich stärkt Sardonyx alle Sinnesorgane. Er regt den Zellstoffwechsel und die Aktivität der Körperflüssigkeiten an und fördert dadurch die Mineralstoff-, Vitamin- und Nährstoffaufnahme und die Ausscheidung.

## Anwendung
Zur Stärkung der Sinne wird Sardonyx am besten auf die Sinnesorgane, für andere Wirkungen auf den Bauch aufgelegt.

# Schneequarz

### Name, Synonyme, Handelsbezeichnungen
Schneequarz trägt seinen Namen aufgrund seiner reinen, schneeweißen Farbe. Er wird oftmals mit Milchquarz gleichgesetzt, doch bezieht sich der Name Milchquarz sowohl auf milchig-weiße derbe Quarze, die keine Kristallformen ausbilden, als auch auf milchig-weiße Kristallquarze, also trüben Bergkristall u.ä. Schneequarz bezeichnet dagegen ausschließlich den weißen derben Quarz. Damit ist der in den letzten Jahren entstandene Handelsname konkreter und besser geeignet, den betreffenden Heilstein zu beschreiben. Das ebenfalls vielfach angeführte Synonym Schleierquarz ist noch irreführender als Milchquarz, da es ursprünglich nur auf getrübte Bergkristalle gemünzt war, die von weißen Schleiern, Federn und Fahnen durchzogen sind. Als Kristallquarz hat Bergkristall mit dem derben Schneequarz jedoch nur wenig gemeinsam.

### Genese, Vorkommen
Schneequarz entsteht primär als typischer weißer Quarz pegmatitischer Bildung und tritt in der Regel als weiße Gangfüllung, als das bekannte Quarzband in Graniten und anderen magmatischen Gesteinen in Erscheinung. Vorkommen gibt es weltweit, im Prinzip ist jeder schneeweiße Quarzkiesel ein Schneequarz.

### Kristallsystem, Erscheinungsbild, Farbe
Schneequarz ist trigonal, bildet jedoch keine sichtbaren Kristalle, sondern derbe, körnige oder dichte Massen in Gesteinsadern und Spaltenfüllungen verschiedener Größe. Er ist schneeweiß und zeigt Fett- bis Glasglanz.

*Abb. 204: Schneequarz-Trommelsteine, Südafrika (2:1)*

## Mineralklasse, Chemismus
Als derber Quarz zählt Schneequarz zur Quarzgruppe und Mineralklasse der Oxide, Formel: $SiO_2$. Wie der Bergkristall und der weiße oder blaue Chalcedon ist er ein völlig reiner Quarz ohne Fremdstoffbeimengungen.

## Bestimmungsmerkmale
Mohshärte: 7; Dichte: 2,65; Spaltbarkeit: keine; muscheliger, unebener Bruch; Strichfarbe: weiß; Transparenz: durchscheinend.

## Verwechslungen und Unterscheidung
Weißer Marmor ist in Salzsäure löslich und weist eine geringere Härte (3) auf. Weißer Chalcedon, Topas und Skapolith sind dagegen nur durch mineralogisch-gemmologische Untersuchungen unterscheidbar. Wobei aufgrund der beträchtlichen Preisunterschiede sicherlich keines dieser Mineralien jemals als Schneequarz im Handel sein wird.

## Fälschungen
Fälschungen für Schneequarz sind nicht bekannt und wären aufgrund des günstigen Preises dieses Minerals sicherlich auch nicht lohnenswert. Umgekehrt wird Schneequarz jedoch mitunter als „weißer Achat" verkauft, was nicht korrekt ist, da es sich bei Schneequarz ja um einen derben Quarz handelt. Die Unterscheidung ist hier sehr einfach, denn dem Schneequarz fehlt die typische Achat-Bänderung.

## Verwendung und Handel
Schneequarz ist als Rohstein, Trommelstein, Anhänger und Kette erhältlich, jedoch als Schmuckstein nur wenig beachtet. Auch in der Heilkunde wird er aufgrund seiner „gewöhnlichen" und unspektakulären Natur leider nur sehr wenig beachtet und oft als minderwertig abgetan.

## Heilwirkung, Indikationen
Als reiner Quarz ist Schneequarz völlig neutral und fördert die uns innewohnenden Anlagen und Fähigkeiten, ohne sie in irgendeiner Weise zu beeinflussen. Er stärkt und entwickelt unser inneres Potential und hilft uns so, unser innerstes Wesen auszudrücken. In der Meditation hilft Schneequarz, tief verborgene Erinnerungen und das jedem Menschen innewohnende Urwissen zu entdecken. Er wirkt dabei jedoch nur unterstützend, ausschlaggebend ist die regelmäßige Meditationspraxis.

Körperlich bringt Schneequarz Energie in taube, gefühllose, kühle und energetisch unterversorgte Bereiche. Er regt den Stoffwechsel an und fördert die Tätigkeit von Lunge, Darm, Haut und Nerven, insbesondere bei Unterfunktionen. Schneequarz hilft, Schwächezustände zu überwinden und nach Krankheiten oder erschöpfenden, auszehrenden Lebensphasen neue Kräfte zu sammeln.

## Anwendung
Schneequarz ist ein langsam wirkender Stein. Er hilft nur bei kontinuierlicher Anwendung über längere Zeit. Dazu sollte er als Anhänger oder gebohrter Stein direkt auf der Haut oder als Handschmeichler in der Hosentasche getragen werden. In Kombination mit anderen Heilsteinen fördert und verstärkt Schneequarz deren Wirkungen.

# Schwefel

## Name, Synonyme, Handelsbezeichnungen
Der Begriff Schwefel leitet sich vom gleichbedeutenden althochdeutschen sweval bzw. swebal ab, das seinerseits auf die indogermanische Wortwurzel suel = schwelen, brennen zurückgeht. Die Brennbarkeit des Schwefels ist ja von alters her bekannt und hat dem Mineral offensichtlich schon vor langer Zeit seinen Namen gegeben. Da Schwefel aufgrund seines Geruchs und anderer Eigenschaften zu allen Zeiten stets eindeutig identifizierbar war, entstanden außer dem ungebräuchlichen Namen Plagiocitrit und dem lateinischen Begriff Sulfur bis heute keine weiteren Synonyme.

## Genese, Vorkommen
Schwefel entsteht primär als Abscheidung schwefelhaltiger vulkanischer Dämpfe oder als Ablagerung heißer Schwefelquellen. Als eines der häufigeren Elemente der Erdkruste (0,05%) ist er in vielen magmatischen Lösungen reichlich vertreten und daher ständiger Begleiter vulkanischer Aktivitäten. Vorkommen dieser Art finden sich u.a. in Süditalien und Mexiko.

Sekundär bildet sich Schwefel in der Oxidationszone von Sulfid-Lagerstätten (z.B. Ural/Rußland, Mazedonien), bleibt hier jedoch mengenmäßig unbedeutend. Größere Lagerstätten entstehen in biogenen Sedimenten, vor allem marinen Tongesteinen. Bei deren Bildung wurde Schwefel entweder in morastigen Küstengewässern durch die Tätigkeit sulfatabbauender Bakterien freigesetzt oder bei der Verdichtung des Gesteins unter Kohlensäureeinwirkung aus Calciumsulfid reduziert, wobei gleichzeitig auch Calcit oder Aragonit entsteht. Vorkommen dieser Art finden sich u.a. auf Sizilien und in den USA.

*Abb. 205: Schwefelstufe, Mexiko (2:1)*

### Kristallsystem, Erscheinungsbild, Farbe
Schwefel ist bei Normaltemperatur rhombisch, über 95,6 °C jedoch monoklin und erscheint auch amorph als unterkühlte geschmolzene Masse (Schwefelglas). Er bildet Kristalle mit pyramidalem, seltener disphenoidischem Habitus (tetraederähnliche Formen aus vier gleichschenkligen Dreiecken) oder erdige (Schwefelerde), krustige (Schwefelblüte), pulverige (Mehlschwefel), dichte und körnige Aggregate. Kristalliner Schwefel wurde früher auch Bergschwefel genannt. Seine Farbe ist gelb, meist grünlich oder bräunlich und bei starker Verunreinigung durch Kohlenwasserstoffe braunschwarz. Kristallflächen zeigen Diamantglanz, Bruchflächen Harz- bis Fettglanz.

### Mineralklasse, Chemismus
Schwefel zählt zur Mineralklasse der Natürlichen Elemente, Formel: $S_8$ + C,Se,Te + (As,Tl). Er bildet ringförmige Moleküle aus acht Schwefelatomen, von denen sich je 16 in Form einer Rolle anordnen. Da alle Atome gleichartig sind, treten keine großen Ladungsunterschiede und daher auch keine großen Anziehungskräfte auf. Aus diesem Grund ist Schwefel weich und sehr spröde, er kann allein durch die Körperwärme in der Hand zerspringen.

### Bestimmungsmerkmale
Mohshärte: 1,5–2; Dichte: 2,05–2,08; Spaltbarkeit: keine, muscheliger Bruch, sehr spröde; Strichfarbe: weiß; Transparenz: durchscheinend; Schwefel besitzt einen typischen Eigengeruch und schmilzt in der Kerzenflamme mit stechendem Geruch (Schwefeldioxid).

### Verwechslungen und Unterscheidung
Schwefel kann mit Auripigment (Rauschgelb, Gelbe Arsenblende), einem Arsensulfid, verwechselt werden. Auripigment besitzt jedoch vollkommene Spaltbarkeit, zeigt auf Bruchflächen Perlmuttglanz und hat die Dichte 3,48.

### Fälschungen
Fälschungen gibt es derzeit nicht.

### Verwendung und Handel
Schwefel ist ein wichtiger Rohstoff für Chemikalien, Sprengstoff, Papier, Gummi und Lederwaren. Er ist ein uraltes Heilmittel und zählt in der Homöopathie noch immer zu den wichtigsten Arzneimitteln (Sulfur). In der Steinheilkunde wird Schwefel dagegen nur sehr selten verwendet, da auch Allergiereaktionen bei Hautkontakt vorkommen können.

### Heilwirkung, Indikationen
Schwefel deckt Unklarheiten und verborgene Bewußtseinsinhalte auf und bringt so grundlegende Motivationen unseres Lebens ans Licht. Er klärt Krankheitsbilder, indem er Folgesymptome beseitigt und die ursächliche Symptomatik wieder hervorhebt. Körperlich fördert Schwefel Ausscheidungsprozesse und die Reinigung der Haut.

### Anwendung
Schwefel braucht nur kurz auf die Haut aufgelegt zu werden, um intensive Wirkungen zu zeigen.

# Sedimente

## Name, Synonyme, Handelsbezeichnungen

Sediment bedeutet Ablagerung, Bodensatz. Der Fachbegriff wurde im 19. Jahrhundert vom gleichbedeutenden lateinischen sedimentum entlehnt, welches auf lat. sedere = sitzen, sich setzen, sich senken zurückgeht. Synonyme sind Ablagerungs- oder Sekundärgestein. Als Heilsteine sind folgende Sedimente bekannt:

• **Klastische Sedimente:** Brekzie: Brekzien-Jaspis (Seite 272), Pietersit (Seite 346); Konglomerat: Nagelfluh, Nagelfink (grobkörnig, Schweiz), Puddingstein (grobkörnig, England), Trümmerjaspis (feinkörnig, Australien); Sandstein (verkieselt): Landschafts-Jaspis (Seite 272); Tonstein: Septarie (Seite 384), Bilderjaspis und Turitellajaspis (verkieselt, Seite 272). Sedimentgerölle aus dem Ganges/Indien sind auch als „Shiva-lingam", lößkindelähnliche Tonsteinknollen nun auch unter dem Namen „Anima" bekannt.

• **Chemische Sedimente:** Kalkstein: Synonym Leimstein, Handelsnamen Picasso-Jaspis bzw. -Marmor (grau-schwarz), Ruinenstein (ocker-braun aus der Toskana); Kalksinter: Handelsname Onyx-Marmor, Synonyme Inolith, Sinterkalk, Travertin, Kalktuff (siehe Seite 27), für Kalktuff interessanterweise auch Beinbruchstein und Osteokolla; Kalkoolith (Seite 483); Dolomit (Seite 216); Kieselgestein: Flint (Seite 234); Eisengestein: Oolith (Seite 318); Salzgesteine: Steinsalz (Seite 258), Gips (Seite 244), Anhydrit (Seite 142); Phosphatgestein: Phosphorit (siehe Apatit, Seite 146).

• **Biogene Sedimente:** Fossilkalk: Synonym Lumachelle (Muschelkalk), Handelsnamen Elefantenjaspis oder Schlangenjaspis (versteinerte Foramniferen – Porentierchen, Lochschalentierchen, einzellige Wurzelfüßer mit Kalkschalen – in Diatomeenerde); Stromatolith (Seite 513).

*Abb. 206: Dolomit mit Pyrit, Schweiz; Fossilkalk, Schwäbische Alb; Sandstein, Schwarzwald (1:2)*

## Genese, Vorkommen

Sedimente entstehen sekundär durch die Verwitterung und Auflösung eines früheren Gesteins und den Abtransport und die Ablagerung der zerkleinerten bzw. gelösten Stoffe an anderer Stelle. Werden dabei nur zerkleinerte Bestandteile des früheren Gesteins angelagert, spricht man von klastischen Sedimenten, bilden sich neue Gesteine aus aufgelösten Stoffen, spricht man von chemischen bzw. von biogenen Sedimenten, wenn Lebewesen an der Ablagerung beteiligt waren (siehe auch Seite 24-30). Sedimente entstehen an der Erdoberfläche und kommen weltweit vor.

## Erscheinungsbild, Struktur

Sedimente sind körnige bis feinkörnige Gesteine. Bei den klastischen Sedimenten weisen Brekzien Einschlüsse kantiger Schotterstücke, Konglomerate rundliche Kiesel, Sandsteine oft ein deutlich geschichtetes körniges Gefüge und Tonsteine nur eine dichte, graue bis braune Masse auf. Chemische und biogene Sedimente sind ebenfalls oft geschichtet und gebändert, wobei biogene Sedimente an ihren Fossilien (versteinerten Lebewesen, siehe Seite 238) erkennbar sind.

## Chemismus

Sedimente sind so verschiedenartig, daß kein allgemeiner Chemismus angegeben werden kann. Ihre gemeinsame Heilwirkung leitet sich daher auch fast ausschließlich von ihrer Entstehung ab.

## Bestimmungsmerkmale

Sedimente sind körnig bis feinkörnig, oft geschichtet und porös. Im Gegensatz dazu weisen Magmatite und Metamorphite oft ein kristallineres, fester verzahntes und kompakteres Gefüge auf.

## Verwechslungen und Unterscheidung

Kompakte Sedimente können mit Magmatiten und Gneisen verwechselt werden. Ohne Fundortangabe ist daher oft nur erfahrenen Geologen eine sichere Bestimmung möglich.

## Fälschungen

Fälschungen für Sedimente sind nicht bekannt.

## Verwendung und Handel

Sedimente dienen als Baustoffe (Sandstein) und Dekorsteine (Travertin, Onyxmarmor). Als Heilsteine sind viele inzwischen als Trommelsteine und Barockanhänger erhältlich.

## Heilwirkung, Indikationen

Sedimente fördern die geistige Weiterentwicklung. Sie helfen, sich selbst und begonnene Projekte immer wieder zu hinterfragen, zu prüfen und zu korrigieren. Dabei machen sie auch Umwelteinflüsse bewußt und helfen zu unterscheiden, ob sich diese Einflüsse förderlich oder behindernd auswirken. Körperlich regen sie die Atmung, Verdauung und Ausscheidung an.

## Anwendung

Durch den bewußten Aufenthalt auf Sedimenten wird deren Wirkung am deutlichsten. Ansonsten können sie zum Auflegen bzw. als Anhänger zum Tragen verwendet werden.

# Septarie

## Name, Synonyme, Handelsbezeichnungen
Der Name Septarie stammt von lat. separare = absondern, trennen. Er wird seit dem 18. Jahrhundert für rundliche Konkretionen in Sedimentgesteinen verwendet, wenn diese innen zerklüftet sind. Der Name bezieht sich darauf, daß Septarien ein festeres Gefüge aufweisen als ihr Wirtsgestein, weshalb sie sich bei der Verwitterung des Gesteins nicht auflösen, sondern als kompakte Knolle erhalten bleiben. Sie werden also tatsächlich vom Gestein „abgesondert". Synonyme und spezielle Handelsbezeichnungen gibt es für Septarien nicht.

## Genese, Vorkommen
Septarien entstehen sekundär bei der Bildung von Tongesteinen (klastischen Sedimenten, vgl. Seite 25-26 und Seite 388). Dabei beginnen im Gestein zirkulierende carbonathaltige Flüssigkeiten, die Tonteilchen von einem Keimpunkt aus zu verkitten. Auf diese Weise bilden sich verfestigte Konkretionen inmitten des Sediments, was auch daran zu erkennen ist, daß die Schichtung des Wirtsgesteins durch die Konkretion hindurchgeht. Bei weiterer Schrumpfung durch Wasserverlust reißt die Konkretion im Inneren auf, so daß Hohlräume entstehen, die sich später wiederum aus zirkulierenden carbonathaltigen Flüssigkeiten heraus mit Calcitbildungen füllen (siehe Abb.). Bedeutende Vorkommen von Septarien befinden sich in Utah/USA und auf Madagaskar.

## Kristallsystem, Erscheinungsbild, Farbe
Der hohlraumfüllende Calcit in der Septarie ist trigonal, die Tonmineralien der Konkretion selbst sind vorwiegend triklin und monoklin. In der Regel füllt Calcit die Kammern der Septarie voll-

*Abb. 207: Septarienscheibe mit Calcit, Utah/USA (1:2)*

ständig aus und zeigt dann zwar kristalline Strukturen, jedoch keine vollendeten Kristallformen. Bleibt jedoch ein Hohlraum bestehen, so ist dieser in der Regel mit Kristallrasen kleiner pyramidaler Calcite ausgekleidet. Die Farbe der Konkretion selbst ist grau, der Calcit im Inneren ist meistens gelb. Als erste Wandauskleidung entsteht oft eine braune Schicht, in der Calcit und Tonmineralien vermengt sind (siehe Abb.). Die Konkretion selbst ist aufgrund ihrer porösen Beschaffenheit matt, der Calcit zeigt Glasglanz.

## Mineralklasse, Chemismus

Die Tonmineralien der Konkretion sind wasserhaltige basische Aluminiumsilikate aus der Mineralklasse der Schichtsilikate, allgemeine Formel: $Al_4[(OH)_8/Si_4O_{10}] \cdot n\,H_2O$ + Ca,Fe,Mg; Calcit ist ein Calciumcarbonat aus der Mineralklasse der Carbonate, Formel: $CaCO_3$ + Fe,Mg. Feinverteilt zwischen den Tonmineralien ist Calcit auch das zementierende Material der Konkretion, das der Septarie die Härte 3 verleiht und sie gegenüber dem umgebenden Tongestein (Härte maximal 2) verwitterungsbeständiger macht.

## Bestimmungsmerkmale

Mohshärte: 3; Dichte: 2,6 – 2,7; Spaltbarkeit: keine, unebener Bruch; Strichfarbe: grau, gelblich, bräunlich (Konkretion), weiß (Calcit); Transparenz: opak (Konkretion), durchscheinend (Calcit).

## Verwechslungen und Unterscheidung

Als geschlossene Knollen können Septarien mit Flint- und Hornsteinknollen (Härte 6,5 – 7, siehe Seite 234), Rhyolith-Knollen (Härte 5,5 – 7, siehe auch Amulettstein Seite 138) oder anderen Konkretionen verwechselt werden. Hier gibt nur der Blick ins Innere eindeutige Auskunft.

## Fälschungen

Fälschungen von Septarien gibt es nicht.

## Verwendung und Handel

Septarien sind in erster Linie Sammel- und Dekorationsstücke. Als Heilsteine sind sie trotz interessanter Wirkungen nur wenig bekannt.

## Heilwirkung, Indikationen

Septarien helfen, standfest zu bleiben und Konflikte oder schwierige Situationen zu konfrontieren, und zwar insbesondere dann, wenn man dazu neigt, Kummer, Ärger und Frustrationen zu verdrängen und in sich zu verschließen. Sie helfen, Verbitterung und Enttäuschung in Hoffnung und Vertrauen zu wandeln. Da das Einkapseln seelischer Probleme auch körperlich mitunter zu Geschwulstbildungen führt, können Septarien in entsprechenden therapeutischen Prozessen begleitend eingesetzt werden. Ansonsten helfen sie bei Übersäuerung und daraus resultierenden Darm- und Hauterkrankungen.

## Anwendung

Septarien werden für seelisch-geistige Wirkungen als Scheibe ruhig betrachtet oder zur Linderung körperlicher Beschwerden auf den Bauch bzw. betroffene Körperbereiche aufgelegt.

# Serpentin

## Name, Synonyme, Handelsbezeichnungen

Serpentin stammt von lat. serpens = Schlange nach dem schlangenhautähnlichen Aussehen und der im Mittelalter postulierten Wirkung gegen Schlangengift. Griechisch hieß er lithos ophites (Schlangenstein), davon stammt das Synonym Ophit und der Ophicalcit (Connemara, Verd-antique), ein Serpentinmarmor (vgl. Seite 35 und Seite 304). Synonyme: Bastit (pseudomorph nach Bronzit), Barettit, Deweylith, Enophit, Grünstein, Gymnit, Kypholith, Melopsit, Melosark, Neolith, Pelhamin, Porcellophit, Pyknotrop, Pyroidesin, Radiotin, Retinalith, Ricolith, Rocklandit, Schreckstein, Schweizerit, Serpophit, Siliciophit (Serpentin-Opal-Gemenge), Steatoid (pseudomorph nach Olivin), Sungulit, Tangiwait, Vorhauserit, Wachsstein, Williamsit (mit schwarzen Einschlüssen), Zermattit und Zöblitzit. Verdit ist ein Serpentin-Fuchsit-Gemenge; das Synonym Keltenstein für mexikanischen Serpentin mit Pyrit-Einsprengseln ist falsch. Es bezeichnet eigentlich den Ophicalcit aus Connemara/Irland (s.o.).

Serpentin ist eine Mineralgruppe aus Antigorit (Blätterserpentin) und Chrysotil (Faserserpentin) mit jeweils eigenen Synonymen. Antigorit: Baikaljade, Bowenir (farblos), Bowenit (apfelgrün), Chita (gelbgrün), Hampdenit, Komarit, Konarit, Koreajade, Marmolith, Nemaphyllit, Pseudojade, Septeantigorit, Serpentinjade, Tauerngrün, Thermophyllit und Uraljade. Chrysotil: Asbest, Baltimorit, Bergflachs, Bergholz, Bergleder, Bergwolle, Karystiolith, Lefkasbest, Leukasbest, Metaxit, Picrosmin, Pikrolith, Satellit, schillernder Asbest, Schillerspat, Schillerstein und Webskyit. Silberauge (im Handel fälschlich auch Zebrajaspis) ist ein Serpentin mit Schichten von Antigorit und Chrysotil.

*Abb. 208: Serpentin, v.l.n.r.: 3x Edelserpentin, Afghanistan; Silberauge, Australien; Chita, Tansania (2:1)*

## Genese, Vorkommen

Serpentin entsteht tertiär durch die Metamorphose magnesiumreicher Silikate, wie Pyroxenen, Amphibolen und Olivin (Peridot, Seite 342). Vor allem Olivin wandelt sich dabei unter Anwesenheit von Kieselsäure in Serpentin bzw. von Kohlensäure in Serpentin und Magnesit um. Letzteres erklärt, weshalb diese beiden Minerale oft gemeinsam vorkommen. Serpentin tritt oft gesteinsbildend auf. Vorkommen: China, Afghanistan (Edelserpentin), Australien (Silberauge), Tansania (Chita), Mexiko, USA, Österreich, Deutschland, Schweiz, Norwegen, Rußland, Neuseeland.

## Kristallsystem, Erscheinungsbild, Farbe

Serpentin ist monoklin, bildet jedoch nur blättrige (Antigorit) oder faserige Aggregate (Chrysotil). Antigorit ist gelbgrün (Chita), flaschengrün bis grünschwarz (Tauerngrün), selten transparent (Edelserpentin, Pseudojade), sonst undurchsichtig fleckig. Chrysotil ist silbrig-grünlich und deutlich faserig. Silberauge zeigt olivgrün-silbrige Bänderung. Serpentin fühlt sich fettig an und zeigt auch Fettglanz, selten nur Glasglanz.

## Mineralklasse, Chemismus

Serpentin ist ein basisches Magnesiumsilikat aus der Mineralklasse der Schichtsilikate, Formel: $Mg_6[(OH)_8/Si_4O_{10}]$ + Al,Cr,Fe,Mn,Ni.

## Bestimmungsmerkmale

Mohshärte: 2,5 – 3, durch Verkieselung bis 4; Dichte: 2,2 – 2,4 (Chrysotil), 2,4 – 2,8 (Antigorit); Spaltbarkeit: keine (Chrysotil), vollkommen (Antigorit); Strichfarbe: weiß; Transparenz: undurchsichtig, selten durchscheinend bis durchsichtig.

## Verwechslungen und Unterscheidung

Jadeit und Nephrit (Härte ca. 6,5); Chlorit ist nur mineralogisch differenzierbar.

## Fälschungen

Serpentin wird als Jadeimitation (in China „New Jade" genannt) gehandelt.

## Verwendung und Handel

Serpentin wird von Steinmetzen und im Kunstgewerbe verarbeitet. Fast alle „Jade"-Figuren, -Schalen und -Teeservice im Handel sind Serpentin. Als Schutzstein (gegen den Schrecken) und Heilstein hat er eine jahrtausendealte Tradition.

## Heilwirkung, Indikationen

Serpentin bewirkt Schutz durch Abgrenzung und vermindert Aggressivität und Streitlust. Er hilft Stimmungsschwankungen auszugleichen und vermittelt inneren Frieden. Körperlich gleicht Serpentin Herzrhythmusstörungen aus und hilft gegen Magnesium-Mangelerscheinungen, Übersäuerung, Nieren- und Magenbeschwerden. Er wirkt krampflösend und lindert Regelschmerzen.

## Anwendung

Serpentin sollte stets direkt auf der Haut getragen oder aufgelegt werden.

# Silber

## Name, Synonyme, Handelsbezeichnungen

Der Ursprung des Wortes Silber ist unklar. Vermutlich stammt es von assyrisch sarpu und gelangte von dort über Thrakien in den slawischen und germanischen Sprachraum. Die Germanen bezeichneten das helle Metall dann als silabra, woraus im Mittelhochdeutschen Silber entstand. Die ursprüngliche Bedeutung des Wortstammes war vermutlich „weiß-glänzend" und bezeichnete damit das Aussehen des Metalls. Gleichbedeutend ist auch das aus dem Latein stammende Synonym Argentum, das auf griech. argyros = weiß-metallisch zurückgeht.

## Genese, Vorkommen

Gediegenes Silber entsteht überwiegend sekundär durch die Auflösung von Silbererzen, meist Sulfiden, in der Oxidationszone von Silbererzlagerstätten und die anschließende Ausfällung des reinen gediegenen Silbers durch Reduktionsprozesse in der Zementationszone unterhalb des Grundwasserspiegels.

Daß zuvor jedoch überhaupt Silbererzlagerstätten entstehen, liegt daran, daß Silber bei der Bildung der Erdkruste aufgrund seiner Ionengröße und Reaktionsträgheit fast nie in die Kristallgitter beständiger Silikate eingebaut wird. Es liegt in Form von Zwickelfüllungen feinverteilt in Magmatiten vor, wird später durch hydrothermale Lösungen daraus gelöst und in ozeanischen Vulkanablagerungen oder kontinentalen Erzgängen angereichert. Auf diesen Lagerstätten kann sich dann später sekundär das gediegene Silber bilden.

Vorkommen: Kongsberg/Norwegen, Harz, Erzgebirge, Böhmen, Frankreich, Spanien, Kasachstan, Chile, Bolivien, Mexiko, USA, Kanada, Broken Hill/Australien.

*Abb. 209: Silber-Locke, Freiberg, Sachsen (2:1)*

## Kristallsystem, Erscheinungsbild, Farbe
Silber ist kubisch, bildet jedoch nur selten verzerrte und gekrümmte Kristallformen. Häufiger sind derbe Massen, Platten, Bleche und Körner, mitunter entstehen knollige oder dendritische Aggregate. Sehr selten, aber besonders beliebt sind Bäumchen, Drähte und sogenannte Silberlocken (siehe Abb.). Gediegenes Silber ist hellgrau und oft gelblich-braun bis schwarz anlaufend. Poliert ist es silberweiß und metallisch glänzend, was darauf beruht, daß Silber das höchste Reflexionsvermögen aller Metalle aufweist (daher der Silberspiegel, der alle Farben unverändert zurückwirft!).

## Mineralklasse, Chemismus
Silber zählt als gediegenes Edelmetall zur Mineralklasse der Natürlichen Elemente, Formel: Ag + As,Au,Bi,Cu,Hg,Pb,Sb,Te. Mit den genannten Metallen bildet Silber natürliche Legierungen in verschiedensten Mengenverhältnissen. Bedeutend für die Heilkunde ist dabei jedoch nur das Elektrum, eine Legierung aus Silber und Gold (Au) zu in etwa gleichen Teilen.

## Bestimmungsmerkmale
Mohshärte: 2,5 – 3; Dichte: 9,6 – 12 (rein 10,49); Spaltbarkeit: keine, leicht verformbar, hakiger Bruch; Strichfarbe: grau; Transparenz: opak.

## Verwechslungen und Unterscheidung
Natürlich gewachsenes, gediegenes Silber ist unverwechselbar.

## Fälschungen
Fälschungen von gediegenem Silber sind nicht bekannt.

## Verwendung und Handel
Silber ist ein wichtiges Edelmetall und seit Jahrtausenden schon Zahlungsmittel (vom Silbertaler stammt der „Dollar" ebenso wie das „Pfund Sterling"). Heute ist es Rohstoff für die Fotografie, Elektrotechnik, Geräte- und Spiegelherstellung, Medizin und Schmuckverarbeitung. Silber ist ein altbekanntes Heilmittel, das Mikroorganismen tötet, für den Menschen jedoch ungefährlich ist.

## Heilwirkung, Indikationen
Silber fördert die Übereinstimmung unserer geistig-seelischen Zyklen mit den Lichtzyklen des Jahres (Jahreszeiten), des Mondes (Mondphasen) und des Tages. Es befreit die Emotionen, bringt Flexibilität, Herzlichkeit und Einfühlungsvermögen, fördert die Phantasie und lindert Mondsüchtigkeit.

Körperlich hilft Silber bei Halsentzündungen, Gastritis und Magengeschwüren. Es leitet Schmerzen und Hitze ab, wirkt kühlend, desinfizierend, antibakteriell und fördert die Wundheilung, insbesondere bei Schürfwunden und Verbrennungen. Silber hilft bei Funktionsstörungen der Sinnesorgane, insbesondere der Augen, und der Nerven, fördert Fruchtbarkeit und Vitalität der Geschlechtsorgane sowie die Wasserresorption und Nährstoffaufnahme im Darm.

## Anwendung
Bei Entzündungen und Wunden kann Silber kurze Zeit direkt auf die betroffenen Bereiche aufgelegt werden. Ansonsten sollte man es über längere Zeit kontinuierlich tragen.

# Smaragd

## Name, Synonyme, Handelsbezeichnungen
Der Name Smaragd stammt von griech. smaragdos, was mit sanskrit samâraka und persisch zamarrad in Zusammenhang gebracht wird. Die ursprüngliche Bedeutung ist unklar, ebenso die Frage, ob der Name nun von Ost nach West oder umgekehrt gewandert ist. Synonyme gibt es nicht.

## Genese, Vorkommen
Smaragd kann primärer oder tertiärer Bildung sein. Er entsteht entweder als hydrothermale Bildung in Spalten und Klüften biogener Schwarzschiefer (Kolumbien), oder durch eine Metamorphose in der Kontaktzone zweier Gesteine, von welchen das eine Beryllium und Aluminium, das andere Chrom enthält (z.B. Habachtal/Österreich; Ural/Rußland). Als primäres Mineral findet er sich aufgewachsen und freistehend in Gesteinshohlräumen, als tertiäres Mineral ist er fest im Muttergestein, meist Glimmerschiefer, eingewachsen. Smaragdvorkommen sind in Indien, Sambia, Südafrika, Mosambik, Tansania, Brasilien, Kolumbien, Österreich und Rußland.

## Kristallsystem, Erscheinungsbild, Farbe
Smaragd ist hexagonal und bildet sechseckige prismatische Kristalle, die oft reichliche, an pflanzliche Strukturen erinnernde Einschlüsse enthalten, den sogenannten „jardin d'emeraude". Diese Einschlüsse führen mitunter zur Trübung des Steins. Die Farbe des Smaragds ist bei klaren Kristallen wirklich smaragdgrün, sonst grasgrün, gelblich- bis graugrün mit Glasglanz. Sogenannte Trapichesmaragde zeigen auf der Endfläche oder im Querschnitt des Kristalls sechs helle Zonen vom Zentrum zu den Kanten verlaufend, ähnlich einer Schneeflocke.

*Abb. 210: Smaragd, facettierter Stein, Kolumbien (3:1)*

## Mineralklasse, Chemismus
Smaragd zählt als Varietät der Beryllfamilie zur Mineralklasse der Ringsilikate. Er ist ein Beryllium-Aluminium-Silikat, Formel: $Be_3Al_2(Si_6O_{18})$ + K,Li,Na + (Cr,V). Nur durch Chrom grün gefärbte Berylle gelten als Smaragde. Vanadiumhaltige grüne Berylle werden Beryll genannt (siehe Beryll, Seite 174).

## Bestimmungsmerkmale
Mohshärte: 7,5 – 8; Dichte: 2,67 – 2,78; Spaltbarkeit: Unvollkommen, kleinmuscheliger, unebener oder spröder Bruch; Strichfarbe: weiß; Transparenz: durchsichtig bis undurchsichtig.

## Verwechslungen und Unterscheidung
Als Kristall oder Trommelstein gibt es praktisch keine Verwechslungsmöglichkeiten, als geschliffener Stein kann Smaragd jedoch mit Granat (Grossular, Demantoid, Uwarowit), Chromdiopsid oder grünem Turmalin verwechselt werden. Eine sichere Unterscheidung ist hier nur durch mineralogisch-gemmologische Untersuchungen möglich.

## Fälschungen
Jede Menge! Die spröde Struktur wird mit Öl, Wachs oder Kunststoff imprägniert, Risse mit Glas gefüllt, farbloser Beryll mit Kunststoff oder synthetischem Smaragd überzogen. Es gibt Dubletten und Tripletten, Imitationen aus Glas oder gefärbtem Achat sowie sehr gute Synthesen. Das meiste ist für den Gemmologen allerdings unterscheidbar, als Laie hat man jedoch kaum eine Chance.

## Verwendung und Handel
Smaragd ist ein beliebter Edelstein und Schmuckstein und zählt zu den Klassikern der Heilsteine.

## Heilwirkung, Indikationen
Smaragd bringt Wachheit, Klarheit und Weitblick und fördert den Sinn für Ästhetik, Schönheit, Harmonie und Gerechtigkeit. Auf diese Weise vermittelt er ein tiefes Verständnis für die eigenen Lebensumstände, die Wünsche und Motivationen anderer sowie unser Eingebundensein in die physische und spirituelle Welt. Smaragd ist ein Heilstein, der in Lebenskrisen eine neue Orientierung, Ziel- und Sinnfindung unterstützt. Mit Aufrichtigkeit, Offenheit und einer deutlichen Stärkung unserer Regenerationsfähigkeit fördert und beschleunigt er unser geistiges Wachstum.

Körperlich hilft Smaragd wie alle Berylle bei Kurz- und Weitsichtigkeit und heilt darüber hinaus Entzündungen der Nebenhöhlen und oberen Atemwege. Er regt die Leber an, fördert Entgiftung und Entsäuerung und hilft damit bei typisch sauren Erkrankungen, wie Rheuma und Gicht. Entsprechend der seelischen Regenerationsfähigkeit werden Schmerzen gelindert und das Immunsystem gestärkt.

## Anwendung
Smaragd wirkt am besten durch Tragen auf der Haut und Auflegen auf Bauch oder Stirn; bei lokalen Beschwerden auch direkt auf die betroffene Stelle. Bei Rheuma, Gicht und Entzündungen hilft die Edelstein-Essenz sehr schnell. Zur Meditation wird Smaragd betrachtet oder auf die Stirn aufgelegt.

# Sodalith

## Name, Synonyme, Handelsbezeichnungen
Sodalith erhielt seinen Namen 1811 durch den englischen Chemiker und Mineralogen Thomas Thomson (1773-1852), Professor in Glasgow, nach seinem hohen Natriumgehalt (engl. sodium = Natrium). Synonyme und Handelsnamen für Sodalith sind Alomit, Blaustein, Glaukolith, Kanadischer Blaustein, Odalith und Sodastein.

## Genese, Vorkommen
Sodalith entsteht primär durch liquidmagmatische oder vulkanische Bildung. Er zählt zu den sogenannten Feldspatvertretern (Foiden, vgl. Seite 21 ff.), die nur unter Abwesenheit von Quarz entstehen können, da sie bei der magmatischen Bildung sonst mit diesem chemisch reagieren und Feldspat bilden. Aus diesem Grund ist Sodalith auch selten, nur wenige Gesteine wie manche Syenite (plutonisch) oder Trachyte, Phonolithe und Basalte (vulkanisch) bieten die für seine Entstehung notwendigen Voraussetzungen. In Vulkaniten ist er sowieso meist nur mikroskopisch klein und fein verteilt, in Syeniten und deren Pegmatiten bildet er dagegen breite Adern. In Namibia, Brasilien und Kanada tritt Sodalith gesteinsbildend in abbauwürdigen Mengen auf, die beste Qualität liefert dabei Namibia. In jüngster Zeit wurde außerdem auf der Halbinsel Kola in Rußland erstmalig ein Vorkommen von rotem Sodalith entdeckt.

## Kristallsystem, Erscheinungsbild, Farbe
Sodalith ist kubisch, bildet jedoch nur äußerst selten Kristalle in Form von Rhombendodekaedern. Weitaus häufiger erscheint er in derben oder körnigen Massen. Mindere Qualitäten sind farblos bis

*Abb. 211: Sodalith, Trommelstein, Namibia, und Rohsteine, Brasilien (1:1)*

bläulich-grau, bessere Qualitäten dagegen dunkelblau bis schwarzblau, mitunter mit seidigem, mondsteinähnlichem Schimmer. Roter Sodalith ist noch selten. Sodalith ist praktisch immer von weißen Adern durchzogen und zeigt Fettglanz, manchmal auch Glasglanz.

## Mineralklasse, Chemismus

Sodalith zählt zur Sodalith-Nosean-Gruppe und zur Mineralklasse der Gerüstsilikate, Formel: $Na_8[Cl_2(AlSiO_4)_6]$ + Be,Ca,K,Mg,Mo,S,$SO_4$. Sein Reichtum an Fremdstoffen rührt daher, daß er selten in reiner Form vorliegt, sondern meist Mischkristalle in unterschiedlichen Mengenverhältnissen mit den chemisch ähnlichen Mineralien Nosean und Hauyn (siehe Seite 471) bildet. Schlechte Qualitäten (Brasilien, Kanada) sind daher instabil, entmischen sich im Laufe der Zeit und zerfallen.

## Bestimmungsmerkmale

Mohshärte: 5,5–6; Dichte: 2,13–2,29; Spaltbarkeit: vollkommen, unebener Bruch; Strichfarbe: weiß; Transparenz: undurchsichtig, selten durchscheinend.

## Verwechslungen und Unterscheidung

Sodalith kann mit Azurit (blauer Strich, Dichte 3,77–3,80), Dumortierit (Härte 7, Dichte 3,26–3,41), Lapislazuli (blauer Strich) und Lazulith (Dichte 3,08–3,38) verwechselt werden. Im Zweifelsfall ist vor allem bei Schmucksteinen jedoch eine mineralogisch-gemmologische Untersuchung ratsam.

## Fälschungen

Seit 1975 sind Sodalithsynthesen auf dem Markt, die Stücke von beträchtlicher Größe bieten (bis zu 70g pro Stück). Als Imitation gibt es blau gefärbten Quarzit.

## Verwendung und Handel

Sodalith ist ein bekannter Schmuck- und Heilstein. Er ist relativ günstig und praktisch in allen gängigen Formen erhältlich. Im Handel ist er der billigere Lapislazuli-Ersatz, und bei manchen unseriösen Händlern werden gute Qualitäten mitunter auch als „Lapis" verkauft.

## Heilwirkung, Indikationen

Sodalith fördert Idealismus, Wahrheitsstreben und die Bewußtheit, die einem hilft, durch konsequentes Training eingefahrene, schädliche Verhaltensmuster durch neue Spielvarianten zu ersetzen. Er ist ein guter Folgestein zum Lapislazuli (siehe Seite 286) und hilft, der erkannten inneren Wahrheit, den eigenen Zielen und Überzeugungen treu zu bleiben und sie konsequent zu vertreten. Er befreit blockierte Gefühle und löst Schuldgefühle auf.

Körperlich heilt Sodalith Beschwerden von Hals, Kehlkopf und Stimmbändern. Besonders gut hilft er bei Aphonie (Stimmverlust) oder lange andauernder Heiserkeit. Sodalith regt die Flüssigkeitsaufnahme im Körper an, wirkt kühlend und senkt Fieber und Blutdruck.

## Anwendung

Sodalith sollte über längere Zeit am Körper, bevorzugt im Halsbereich, getragen werden. Zur Anregung geistiger Wirkungen kann man ihn außerdem auf die Stirn auflegen oder regelmäßig mindestens einmal täglich in einem Sodalith-Steinkreis meditieren.

# Sonnenstein

## Name, Synonyme, Handelsbezeichnungen
Der Name Sonnenstein und das Synonym Aventurin-Feldspat bezeichnen kupfer- bis goldfarben glitzernde Feldspäte. Der Begriff Sonnenstein bezieht sich dabei nur auf das funkelnde Aussehen, der Name Aventurin-Feldspat ist dagegen präziser, da er die Art der Lichtreflexe (siehe Aventurisieren, Seite 54) und die Mineralfamilie (Feldspat) genauer definiert. Synonyme sind Aventurin-Sonnenstein, Delawarit, Heliolith und Sonnenschein. Auch die Mineralien Feueropal und Girasol werden mitunter als Sonnenstein bezeichnet, haben mit dem Aventurin-Feldspat jedoch nichts zu tun.

## Genese, Vorkommen
Sonnenstein entsteht primär aus saurem bis intermediärem Magma. In den Vorkommen Indiens, Madagaskars, Malawis, Rußlands und Norwegens bildet sich Sonnenstein liquidmagmatisch vor allem in Pegmatiten (Restkristallisation). Er kann jedoch auch metamorphe Prozesse überdauern und wird daher mitunter auch in Gneisen gefunden. Der auch von der chemischen Zusammensetzung (siehe Chemismus) abweichende Sonnenstein aus Oregon/USA entsteht dagegen vulkanisch in basaltischen Lavaströmen.

## Kristallsystem, Erscheinungsbild, Farbe
Sonnenstein ist triklin, bildet jedoch keine Kristallformen sondern massige, derbe bis spätige Aggregate. Indischer, norwegischer und russischer Sonnenstein ist meist undurchsichtig und schillert intensiv in orange- bis rötlichbraunen Farbtönen (siehe Abb.). Sonnenstein aus Oregon ist

*Abb. 212: Oligoklas-Sonnensteine, Indien (2:1)*

dagegen in der Regel durchscheinend bis durchsichtig und kann Farbtöne von Rot, Pink, Orange, Gelb, Grün, Blaugrün bis farblos zeigen. Das Aventurisieren ist bei ihm weniger ausgeprägt. Roh zeigen beide Varietäten porzellanartigen Pechglanz bis Glasglanz.

## Mineralklasse, Chemismus

Sonnenstein zählt zur Plagioklasreihe der Feldspatfamilie und zur Mineralklasse der Gerüstsilikate. Die Plagioklasreihe besteht aus Mischkristallen von Albit (Natronfeldspat, $NaAlSi_3O_8$) und Anorthit (Kalkfeldspat, $CaAl_2Si_2O_8$). In der Regel zählt Sonnenstein hierbei zum Oligoklas (70–90% Albit, 10–30% Anorthit), nur Sonnenstein aus Oregon zählt dagegen zum Labradorit (30–50% Albit, 50–70% Anorthit).

Auch die Art der Einlagerungen, die das Aventurisieren verursachen, ist verschieden: Beim Oligoklas-Sonnenstein sind es Hämatitschüppchen, also Eisenoxide ($Fe_2O_3$), beim Labradorit-Sonnenstein ist es metallisches Kupfer (Cu). Fremdstoffe wie Eisen, Mangan, Kupfer und Strontium verursachen in letzterem auch die Vielfalt der Farben.

Vereinfachte Formeln für beide Varietäten sind: Oligoklas: $Na[AlSi_3O_8]Ca[Al_2Si_2O_8]$ + Ba,Fe,K,Sr; Labradorit: $Ca[Al_2Si_2O_8]Na[AlSi_3O_8]$ + Cu,Fe,K,Mn,P,Ti + (Ba,Ga,Nb,Ni,Pb,Rb,Sr,Zn,Zr).

## Bestimmungsmerkmale

Mohshärte: 6–6,5; Dichte: 2,5–2,7; Spaltbarkeit: vollkommen; Strichfarbe: weiß; Transparenz: undurchsichtig bis durchsichtig.

## Verwechslungen und Unterscheidung

Sonnenstein kann mit braunem Aventurinquarz (nur unvollkommene Spaltbarkeit) verwechselt werden.

## Fälschungen

Als Fälschung wird ein Kunstglas mit Kupferspänen verwendet, das auch unter dem Namen Goldfluß im Handel ist. Dieses in der Volksrepublik China großindustriell gefertigte Kunstprodukt weicht im Aussehen jedoch so weit vom Sonnenstein ab, daß Kenner es mit einem Blick unterscheiden können.

## Verwendung und Handel

Sonnenstein ist ein seltener Schmuckstein und als Heilstein sehr beliebt.

## Heilwirkung, Indikationen

Sonnenstein macht optimistisch. Er hilft, die Selbstwahrnehmung zu verändern, wenn man nur das Negative, alle Schwächen, Mängel und das eigene Versagen sieht. Sonnenstein lenkt den Blick auf die eigenen Sonnenseiten und ermöglicht so, Angst, Sorgen und Depressionen zu überwinden. Dadurch wird auch die Heilung physischer Erkrankungen begünstigt. Sonnenstein stimuliert das vegetative Nervensystem und fördert das harmonische Zusammenspiel aller inneren Organe.

## Anwendung

Sonnenstein sollte mit Hautkontakt direkt am Körper getragen und in ruhigen Momenten möglichst oft betrachtet werden.

## Sphalerit und Schalenblende

### Name, Synonyme, Handelsbezeichnungen
Sphalerit hieß in der Bergmannsprache Blende, da er durch Gewicht und halbmetallisches Aussehen Blei verhieß, den Bergmann jedoch „blendete", täuschte. Darauf bezieht sich auch der 1847 von E.F. Glocker vergebene Name Sphalerit (griech. sphaleros = trügerisch). Synonyme sind Brunckit, Christophit (eisenreich), Cleiophan (weiß), Faserblende, Granatblende, Honigblende, Kolophoniumblende, Marmatit (eisenreich), Newboldit (eisenreich), Pseudogalena, Rahtit (verunreinigt), Rotschlag und Rubinblende (rot), Spelter, Spiauter, Spiegelblende und Zinkblende. Messingerz ist ein Sphalerit-Chalkopyrit-Gemenge, Pufahlit ein Sphalerit-Tealith-Gemenge.

Schalenblende, auch Strahlenblende oder Leberblende genannt, ist ein Sphalerit-Wurtzit-Gemenge. Sie erhielt ihren Namen 1800 von dem Berliner Oberbergrat Dietrich Ludwig Gustav Karsten nach ihrer schaligen Natur und nierigen Oberfläche.

### Genese, Vorkommen
Sphalerit ist ein Durchläufer. Primär entsteht er z.T. pegmatitisch-pneumatolytisch; Vorkommen: Erzgebirge, Rumänien, Serbien, Rußland, Kanada. Hauptsächlich entsteht er jedoch hydrothermal auf Erzgängen und Verdrängungslagerstätten; Vorkommen: Sachsen, Böhmen, Schlesien, Spanien, Birma, Japan, USA, Peru. Sedimentär entsteht Sphalerit in Ablagerungen, die sich unter Sauerstoffabschluß bilden, mitunter auch als Versteinerungsmittel; Vorkommen: Deutschland, Australien. Tertiär findet sich Sphalerit in metamorphen Lagerstätten in Deutschland, Italien, Skandinavien und Australien, jedoch ist nicht sicher, ob er metamorph entstanden ist oder nur überprägt wurde.

*Abb. 213: Schalenblende, Scheibe und Trommelsteine, Polen; Sphaleritstufe, USA (1:1)*

Schalenblende entsteht primär aus hydrothermalem Zinksulfidgel, Vorkommen: Polen, Belgien, USA, oder seltener sedimentär, mitunter als Versteinerungsmittel; Vorkommen: Australien.

## Kristallsystem, Erscheinungsbild, Farbe

Sphalerit ist kubisch und bildet meist tetraedrische, seltener würfelige oder dodekaedrische Kristalle, die jedoch fast immer verzerrt und verzwillingt und daher in ihrer Tracht nur schwer erkennbar sind. Aggregate sind grob- bis feinkörnig oder spätig und oft in anderen Erzen eingesprengt. Sphalerit erscheint farblos, weiß, gelb, rot oder schwarz und zeigt Glasglanz.

Schalenblende besteht aus wechselnden Schichten von kubischem Sphalerit (ca. 80–90%) und hexagonalem Wurtzit (ca. 10–20%). Sie erscheint in nieriger Form, wechselweise gelb-grau mit schaligem oder krustenartigem Aufbau. Die einzelnen Lagen sind dabei feinkörnig bis faserig.

## Mineralklasse, Chemismus

Sphalerit und Wurtzit (in der Schalenblende) sind chemisch identisch. Als Zinksulfid zählen beide zur Mineralklasse der Sulfide, Formel: $ZnS + Cd,Fe,Ga,Ge,Hg,In,Mn,Te + (As,Cu,Pb,Sb,Sn)$. Sphalerit kann verschiedenste Ionen ins Kristallgitter einbauen, daher der Reichtum an Fremdstoffen.

## Bestimmungsmerkmale

Mohshärte: 3,5–4; Dichte: 4,08–4,10; Spaltbarkeit: vollkommen, unebener, spröder Bruch; Strichfarbe: weiß, gelblich bis hellbraun; Transparenz: durchsichtig bis durchscheinend, Schalenblende undurchsichtig.

## Verwechslungen und Unterscheidung

Sphalerit: Diamant (Härte 10), Topas (Härte 8), Zirkon (Härte 6,5–7,5) u.a. Bei Schmucksteinen ist die Unterscheidung oft nur durch mineralogisch-gemmologische Untersuchungen möglich. Schalenblende ist aufgrund ihres Aussehens unverwechselbar.

## Fälschungen

Sphalerit-Synthesen in verschiedensten Farben sind sehr selten, jedoch nur durch mineralogisch-gemmologische Untersuchungen vom natürlichen Mineral unterscheidbar.

## Verwendung und Handel

Sphalerit ist das wichtigste Zinkerz. Schöne Stufen sind unter Sammlern beliebt, als Heilstein ist derzeit vor allem die Schalenblende in Verwendung.

## Heilwirkung, Indikationen

Sphalerit und Schalenblende helfen, veraltete Strukturen zu erneuern und dramatische Veränderungen im Leben sinnvoll zu meistern. Körperlich fördert vor allem Schalenblende die Wundheilung und die Funktion des Immunsystems, der Augen, des Geruchs- und Geschmackssinns. Sie lindert Diabetes, regt die Keimdrüsen an und hilft bei Prostataleiden.

## Anwendung

Sphalerit und Schalenblende sollten mit Hautkontakt direkt am Körper getragen werden.

# Spinell

## Name, Synonyme, Handelsbezeichnungen
Der Name Spinell tauchte erstmals im 16. Jahrhundert als Begriff für rote Edelsteine auf. Sein Ursprung ist unklar, alten Edelsteinbüchern zufolge bedeutet er Funkenstein (griech. spinos = Funke). Um 1800 wurde der Name dann auf das heutige Mineral übertragen, obwohl Spinell nun vielerlei Farben aufweist. Synonyme sind Lychnis, Magnalumoxyd und Talkspinell; Farbvarietäten tragen eigene Namen. Rot: Alabandinrubin, Almandinrubin, Almandinspinell, Balasrubin, Edelspinell, Karfunkel, Rubinspinell und Spinellrubin; Orangerot: Essigspinell, Rubicell und Vermeille; Gelb: Rubacell; Grün: Chlorospinell; Dunkelgrün bis Schwarz: Candit, Ceylonit, Pleonast und Zeilanit; Braun: Picotit; Blau: Saphirin und Saphirspinell; Violett: Orientalischer Amethyst.

## Genese, Vorkommen
Spinell entsteht primär in Pegmatiten und Vulkaniten, häufiger jedoch tertiär durch Kontaktmetamorphose in Marmor, Dolomitmarmor, Kristallinen Schiefern, Gneis und Serpentinit. Aufgrund seiner Beständigkeit und Härte bleibt Spinell in Verwitterungsprozessen erhalten und reichert sich daher in Flußablagerungen (Seifenlagerstätten) an, wo er auch hauptsächlich gefördert wird. Vorkommen sind in Rußland, Sri Lanka, Birma, Thailand und den USA. Große rote Kristalle stammen neurdings aus dem Pamir-Hochland (Rußland, Afghanistan, Pakistan).

## Kristallsystem, Erscheinungsbild, Farbe
Spinell ist kubisch und bildet kleine, scharf ausgebildete oder größere, gerundete Kristalle, überwiegend Oktaeder, selten Würfel oder Rhombendodekaeder. Zwillinge nach dem Spinellgesetz (mit

*Abb. 214: Spinell, Edelsteine und Kette, Sri Lanka (2:1)*

der Oktaederfläche verwachsen) sind häufig. In der Regel finden sich die Kristalle einzeln im Gestein eingewachsen oder als Geröll in Seifen, seltener als körnige Massen. Spinell kann in allen Farben auftreten und zeigt Glasglanz, mitunter auch Asterismus (Sternspinell).

## Mineralklasse, Chemismus
Spinell ist ein Magnesium-Aluminium-Oxid aus der Spinellgruppe und der Mineralklasse der Oxide, Formel: $MgAl_2O_4$ + Co,Cr,Cu,Fe,Mn,Ti,V,Zn. Die Farbe Blau entsteht dabei durch den teilweisen Ersatz (bis 3,5%) von Magnesium (Mg) durch Eisen (Fe); Grün durch Ersatz (bis 15%) von Magnesium (Mg) durch Kupfer (Cu) und von Aluminium (Al) durch Eisen (Fe); Rot durch Ersatz von Aluminium (Al) durch Chrom (Cr) und von Magnesium (Mg) durch Mangan (Mn) und Zink (Zn). Größere Eisengehalte (Fe) rufen braune, bei Anwesenheit von $Fe^{2+}$ und $Fe^{3+}$ schwarze Farben hervor.

## Bestimmungsmerkmale
Mohshärte: 8; Dichte: 3,58–3,61; Spaltbarkeit: unvollkommen, unebener Bruch, spröde; Strichfarbe: weiß; Transparenz: durchsichtig, bei hohem Eisengehalt dunkel und undurchsichtig (Pleonast).

## Verwechslungen und Unterscheidung
Spinell kann mit vielen Edelsteinen wie Alexandrit, Amethyst, Chrysoberyll, Granat, Rubin, Saphir und Topas verwechselt werden. Eine sichere Unterscheidung ist hier nur gemmologisch möglich.

## Fälschungen
Seit 1848 gibt es bereits Spinellsynthesen, die nicht nur zur Spinellfälschung, sondern auch zur Imitation anderer Edelsteine wie Alexandrit, Amethyst, Aquamarin, Chrysoberyll, Granat, Lapislazuli, Mondstein, Rubin, Saphir und Topas verwendet werden. In jüngerer Zeit wird synthetischer Spinell mitunter sogar als synthetischer Aquamarin angeboten. Natürlicher Spinell wird außerdem zur Farbveränderung oft gebrannt. Alle diese Manipulationen lassen sich nur durch gemmologische Untersuchungen nachweisen.

## Verwendung und Handel
Spinell besitzt einen extrem hohen Schmelzpunkt (2135 °C) und wird daher zur Herstellung feuerfester Materialien verwendet. Edelsteinqualitäten werden geschliffen und zu Schmuck verarbeitet. Als Heilstein steht Spinell jedoch noch im Schatten des Rubins und des Granats.

## Heilwirkung, Indikationen
Spinell fördert eine lebensbejahende Gesinnung und hilft, sich selbst so anzunehmen, wie man ist. Er gibt Beständigkeit, wenn man sich zwar stets schnell für etwas begeistert, jedoch in vielen Fällen ebensoschnell auch wieder aufgibt. Spinell wirkt stimmungsaufhellend und gibt Mut und Zuversicht. Körperlich reinigt Spinell Darm und Haut und belebt taube, gefühllose oder gelähmte Gliedmaßen.

## Anwendung
Spinell kann als kleiner Kristall und Edelstein aufgelegt oder als Kette getragen werden.

# Staurolith

## Name, Synonyme, Handelsbezeichnungen
Der Name Staurolith bedeutet Kreuzstein (griech. stauros = Kreuz, lithos = Stein) und bezeichnete ursprünglich mehrere Mineralien mit kreuzförmigen Zwillingsbildungen oder Zeichnungen, so auch den Chiastolith (siehe Seite 192). Erst 1800 wurde der Name durch den Berliner Oberbergrat Dietrich Ludwig Gustav Karsten in dessen „Mineralogischen Tabellen" auf das heutige Mineral eingeengt. Synonyme und Handelsnamen sind Fairy Stone, Granatit, Grenatit, Nordmarkit, Prismatoidischer Granat und Xantholith (verunreinigter Staurolith).

## Genese, Vorkommen
Staurolith entsteht tertiär bei schwacher bis mittlerer Regionalmetamorphose tonhaltiger Sedimente zu Kristallinen Schiefern. Er ist ein typisches Mineral der Mesozone, der mittleren Tiefenzone bei der Regionalmetamorphose, in der Temperaturen von ca. 700 bis 900 °C herrschen. Gerät Staurolith tiefer in die Katazone (Temperaturen bis zu 1500 °C und mehr), wandelt er sich zu Almandin (siehe Granat Seite 250) und Disthen (Seite 214) oder Almandin und Sillimanit (Seite 500) um. Da Staurolith sehr verwitterungsresistent ist, wird er auch in Sanden gefunden. Staurolithvorkommen finden sich in den Alpen, Frankreich (Coray/Bretagne), Skandinavien, Tschechien, Rußland, den USA, Indien und Australien.

## Kristallsystem, Erscheinungsbild, Farbe
Staurolith ist rhombisch und kristallisiert in Form kurzer, dicker Prismen, als Gesteinseinschluß mitunter auch in feinen Nadeln. Sehr häufig bildet er Durchwachsungszwillinge in Form

*Abb. 215: Staurolithzwilling, Rußland (1:1)*

schiefer, seltener rechtwinkliger Kreuze (siehe auch Abb.), die ihm auch seinen Namen geben, und ist in der Regel fest im Gestein eingewachsen. Die Farbe des Staurolith ist rotbraun bis braunschwarz, kleine Splitter sind mitunter blutrot durchscheinend. Für gewöhnlich ist er aufgrund der rauhen Oberfläche matt, mitunter zeigt er Glasglanz.

## Mineralklasse, Chemismus
Staurolith ist ein Aluminiumsilikat aus der Andalusit-Gruppe und Mineralklasse der Insel-Silikate, Formel: $FeAl_4[O/OH/SiO_4]_2$ + Co,Mg,Mn,Ti. In geringen Mengen enthält er Magnesium (Mg), Mangan (Mn) und Titan (Ti). Kobalthaltiger (Co), blauschwarzer Staurolith aus Sambia wird Lusakit genannt.

## Bestimmungsmerkmale
Mohshärte: 7–7,5; Dichte: 3,65–3,77 (diese Werte gelten nur für reinen Staurolith, da dieser möglicherweise Quarzeinschlüsse enthalten kann und dadurch eine geringere Dichte aufweist); Spaltbarkeit: unvollkommen, unebener Bruch; Strichfarbe: weiß bis gelblich; Transparenz: undurchsichtig, kleine Splitter auch durchscheinend.

## Verwechslungen und Unterscheidung
Unverzwillingte Kristalle können mit Augit (Härte 5-6) und Hornblende (Härte 5,5-6; Strich grünlich bis bräunlich grau) verwechselt werden.

## Fälschungen
Speziell rechtwinklige Zwillinge werden mitunter durch Nachbildungen aus geöltem mikrokristallinem Glimmer imitiert.

## Verwendung und Handel
Staurolith wird wirtschaftlich nicht genutzt und auch nur äußerst selten als Schmuckstein geschliffen. Als Sammlerstufe ist er aufgrund der kreuzförmigen Zwillinge sehr beliebt.

## Heilwirkung, Indikationen
Staurolith bewirkt Vermehrung und Wandlung. Indem man Dinge vermehrt oder bestimmte Situationen immer häufiger wiederholt, wird deren Sinn und Unsinn zunehmend deutlicher. Dadurch entsteht im Laufe der Zeit der Wunsch nach Wandlung und Veränderung. Staurolith hilft hier, notwendige (die Not wendende) Zusammenhänge und Alternativen zum bisherigen Leben schneller zu erkennen und daher entsprechende Schritte früher einzuleiten.

Körperlich fördert Staurolith ein gesundes Milieu der Körperflüssigkeiten und entzieht damit sowohl Bakterien und Viren als auch Pilzen ihren Nährboden. Er mildert daher den Verlauf von Infektionskrankheiten und hilft, immer wiederkehrende Krankheitsserien endgültig zu beenden.

## Anwendung
Staurolith sollte für geistige Wirkungen in regelmäßigen Meditationen ruhig betrachtet werden. Ansonsten kann er über längere Zeit in der Hosentasche oder besser noch direkt auf der Haut getragen werden. Bei akuten Erkrankungen wird Staurolith im Nabelbereich oder Solarplexus aufgelegt, je nachdem, wo die Empfindung im Einzelfall angenehmer ist.

# Sugilith

## Name, Synonyme, Handelsbezeichnungen
Sugilith wurde 1976 erstmals von dem Autorenteam Murakami, Kato, Miura, Hirowatari in einem Artikel des japanischen Mineralogical Journal beschrieben und nach dem Mineralogen Dr. Kenichi Sugi benannt, der das Mineral 1944 im Südwesten Japans entdeckt hatte. Synonyme gibt es nicht, dafür jedoch die vor allem in esoterischen Kreisen beliebten Handelsnamen Luvulith und Royal Azel.

## Genese, Vorkommen
Sugilith entsteht primär aus magmatischen Lösungen. In Japan findet er sich in Form körniger Einschlüsse in einem Ägirin-Syenit, in Indien (Staat Madhya Pradesh) wurden wenige kleine Kristalle auf einer Manganerzlagerstätte entdeckt. Jedoch nur in der Wessels-Mine in der Kalahari-Wüste, nördliche Kap-Provinz/Südafrika finden sich seit 1973 neben Kristallen auch größere Mengen der begehrten derben bis dichten tiefvioletten Sugilith-Varietät. An dieser Fundstelle in den Kalahari Manganese Fields bildete sich der Sugilith durch die Einwirkung hydrothermaler Lösungen auf sedimentäre Manganerze. Dabei wurden die ursprünglichen Sedimentminerialien metasomatisch durch Skarn-Mineralien (vgl. Seite 34 ff.) verdrängt. Insofern beinhaltet die Entstehung des Sugiliths hier auch tertiäre Elemente.

## Kristallsystem, Erscheinungsbild, Farbe
Sugilith ist hexagonal, bildet jedoch nur im indischen Vorkommen kleine rosafarbene Kristalle. In Japan erscheint er in Form bräunlich-gelber Körnchen, in Südafrika dagegen als tiefviolette derbe Massen, Gesteinsadern oder Spaltenfüllungen. Diese feinkörnigen Massen sind oft gebändert oder

*Abb. 216: Sugilith, Schmucksteine und Trommelsteine, Südafrika (1:1)*

gesprenkelt und meist ein Gemisch aus Sugilith und anderen Mineralien wie Braunit (schwarz), Pektolith (grau), Baryt (weiß) und Chalcedon. Vor allem letzterer kann in größeren Mengen enthalten sein, wodurch der Sugilith in der Farbe heller und transparenter wird. Als Rohstein ist Sugilith matt bis seidenglänzend, bei hohem Chalcedonanteil zeigt er Harzglanz bis Glasglanz.

## Mineralklasse, Chemismus
Sugilith zählt zur Sogdianitfamilie und zur Mineralklasse der Ringsilikate. Seine Formel lautet: $(K,Na)(Na,Fe)_2(Li_2Fe)[Si_{12}O_{30}] + Ba,Ca,Mn,SiO_2 + (As,Fe,Pb,Sb,Sr,Zn)$. Die tiefviolette Farbe entsteht durch den teilweisen Ersatz (1–3%) von Eisen (Fe) durch Mangan (Mn). Bei größeren Anteilen von Chalcedon (bis über 50%) wird Sugilith nicht nur heller und transparenter, auch seine Dichte nimmt ab (bis 2,69), seine Härte dagegen zu (bis 6,5).

## Bestimmungsmerkmale
Mohshärte: 5,5–6 (mit Chalcedon bis 6,5); Dichte: 2,69–2,74 (mit Chalcedon), 2,74–2,78 (reiner Sugilith); Spaltbarkeit: unvollkommen, unebener Bruch; Strichfarbe: weiß; Transparenz: undurchsichtig bis durchscheinend.

## Verwechslungen und Unterscheidung
Sugilith kann mit massigem, dunklem Amethyst (Härte 7), dunklem Rosa-Chalcedon (rötlichere Farbe), Charoit (faserige Textur), violettem Dumortierit (Härte 7, Dichte 3,26–3,41) oder Lavendeljade (Dichte 3,30–3,36) verwechselt werden. Die Unterscheidung ist anhand der angegebenen Merkmale oder bei gefaßten Steinen mit Hilfe des Refraktometers jedoch einwandfrei möglich.

## Fälschungen
Sugilith kann aufgrund seiner porösen Natur problemlos gefärbt werden und wird inzwischen aufgrund der geringen natürlichen Ressourcen auch als Kunststoffprodukt (Staub in Kunstharz) rekonstruiert. Hier hilft zur Unterscheidung nur eine mineralogisch-gemmologische Untersuchung.

## Verwendung und Handel
Sugilith ist ein beliebter Schmuckstein, der zu Edelstein-Gravuren verarbeitet, zu Cabochons geschliffen oder mitunter auch getrommelt wird. Aufgrund seiner violetten Farbe erlangte er in esoterischen Kreisen schnell Kultstatus, ist jedoch inzwischen auch in der Heilkunde fest etabliert.

## Heilwirkung, Indikationen
Sugilith hilft, kompromißlos Konflikte zu lösen und verbessert die Fähigkeit, Unangenehmes zu ertragen. Er lindert Kummer und hilft bei irrationalen Ängsten (Phobien), Paranoia und Schizophrenie. Hier erleichtert er die Therapie vor allem durch die Überwindung der Angst. Körperlich wirkt Sugilith harmonisierend auf Nerven und Gehirn und hilft daher bei Epilepsie, Legasthenie und motorischen Störungen. Er ist stark schmerzlindernd, sogar bei Zahnschmerzen.

## Anwendung
Sugilith sollte mit Hautkontakt unmittelbar am Körper getragen oder direkt auf schmerzende Stellen aufgelegt werden.

# Tektit

## Name, Synonyme, Handelsbezeichnungen

Der Name Tektit stammt von griech. tektos = geschmolzen. Er wurde 1900 von dem Wiener Geologen Franz Eduard Suess im Bezug auf die Entstehung dieser Gesteinsgläser kreiert. Diese wird zwar durch Meteoriteneinschlag hervorgerufen, das geschmolzene Material selbst ist jedoch irdischen Ursprungs. Insofern ist das Synonym „Kosmisches Glas" etwas irreführend und der Begriff Glasmeteorit definitiv falsch. Tektite werden in der Regel nach ihren Fundgebieten benannt und heißen entsprechend Australit, Bediasit, Billitonit, Georgianit, Indochinit, Ivory-Coast-Tektit, Javait, Moldavit (siehe Seite 308), Philippinit (Rizalit), Queenstownit (Darwin-Glas) und Thailandit.

## Genese, Vorkommen

Tektite entstehen beim Aufprall von Riesenmeteoriten auf die Erdoberfläche. Dabei verdampfen der Meteorit und das getroffene Gestein durch die freiwerdende Energie schlagartig, es entsteht eine gigantische Explosion, die in wenigen Sekunden einen riesigen Krater erzeugt. Dadurch werden geschmolzene Gesteinsspritzer herausgeschleudert, die im Flug erkalten, erstarren und anschließend wieder zur Erde fallen. Dort finden sie sich zumeist im Sedimentgestein eingebettet. Offenbar gab es in der jüngeren Erdgeschichte vier solcher Meteoriteneinschläge: Vor 35 Millionen Jahren in Nordamerika, wovon die Tektite Bediasit (Texas) und Georgianit stammen, vor 15 Millionen Jahren im Nördlinger Ries (Moldavit, Böhmen), vor 1,3 Millionen Jahren in Westafrika (Ivory-Coast-Tektit, Elfenbeinküste) und vor 700.000 Jahren in Südostasien und Australien (Australit; Billitonit von Borneo und Sumatra; Indochinit aus China, Vietnam, Kambodscha und Malaysia; Javait; Philippinit; Queenstownit aus Tasmanien sowie Thailandit).

*Abb. 217: Tektite: Thailandite, Thailand (1:1)*

## Kristallsystem, Erscheinungsbild, Farbe
Tektite sind amorph und finden sich in rundlichen, manchmal unregelmäßigen (Australit) oder tropfenförmigen Stücken (Thailandit, siehe Abb.), die selten größer als 7–10 cm sind. Sie sind meist dunkel bis schwarz und zeigen Glasglanz; lediglich Georgianit ist hell olivgrün und Queenstownit (Darwin-Glas) erscheint durch viele eingeschlossene Glasbläschen mitunter auch schaumig-weiß. Die Oberfläche der Tektite ist selten nur gleichmäßig rund (Bediasit), sondern meist narbig (alle Tektite) bis tief gefurcht (Javait) und manchmal korrodiert (Indochinit, Philippinit).

## Mineralklasse, Chemismus
Tektite sind Gesteinsgläser aus 60–80% Siliciumdioxid ($SiO_2$), bis zu 10% Aluminiumoxid ($Al_2O_3$) und weiteren Mineraleinschlüssen wie Andalusit, Feldspat u.a. Da die Oxide in der Zusammensetzung deutlich überwiegen, können Tektite im Prinzip zur Mineralklasse der Oxide gerechnet werden. Ihre allgemeine Formel lautet: $SiO_2 + Al_2O_3 +$ Ba,Ca,Fe,K,Mg,Na,Sr. Farbgebend ist bei Tektiten vor allem das Eisen (Fe).

## Bestimmungsmerkmale
Mohshärte: 5,5; Dichte: 2,27–2,52; Spaltbarkeit: keine, muscheliger Bruch; Strichfarbe: weiß; Transparenz: durchscheinend bis undurchsichtig.

## Verwechslungen und Unterscheidung
Tektite können im Prinzip nur untereinander oder mit vulkanischen Gesteinsgläsern verwechselt werden, was oft nur durch eine exakte Spurenelement-Analyse unterschieden werden kann.

## Fälschungen
Als Fälschungen werden vor allem bei geschliffenen Steinen oftmals künstliche Gläser verwendet. Auch hier ist der Unterschied nur durch mineralogisch-gemmologische Untersuchungen sicher nachweisbar.

## Verwendung und Handel
Tektite werden mitunter zu Gemmen geschnitten oder zu Cabochons geschliffen, wobei sie durch ihre Herkunft, weniger durch ihr Aussehen, attraktiv werden. Als Heilsteine stehen sie derzeit noch im Schatten ihres bekanntesten und attraktivsten Vertreters, des Moldavit.

## Heilwirkung, Indikationen
Tektite fördern die Erkenntnis, ein geistiges Wesen zu sein, und stärken das Einfühlungsvermögen und die Hellsichtigkeit. Sie bringen Spontanität, Impulsivität, neue Ideen und befreien von Sorgen, Zukunftsangst und Verhaftung an Geld und Besitz. Tektite fördern generell Heilungsprozesse, indem sie Krankheitsursachen und -gewinne bewußt machen, und helfen insbesondere bei Infektionskrankheiten.

## Anwendung
Tektite wirken sehr stark durch Auflegen auf die Stirn, können jedoch auch als Anhänger getragen oder als Rohstein in der Hosentasche mitgeführt werden.

# Thulit

## Name, Synonyme, Handelsbezeichnungen
Thulit erhielt seinen Namen 1823 durch den Londoner Mineralogen Henry James Brooke (1771–1857) nach der legendären Insel Thule, die in der germanischen Überlieferung den Nordrand der Welt bildet. Der Name bezieht sich offenbar auf die Thulitvorkommen in Norwegen, die zum damaligen Zeitpunkt weltweit die einzigen bekannten Vorkommen waren. Synonyme für Thulit sind Manganzoisit und Unionit.

## Genese, Vorkommen
Thulit entsteht tertiär bei der kontaktmetamorphen Umwandlung manganhaltiger Gesteine zu Kalksilikatfelsen und Kristallinen Schiefern. Für seine Entstehung ist stets ein hoher Druck und die Anwesenheit von Wasser notwendig. Unter diesen Bedingungen wird Feldspat, insbesondere Anorthit (vgl. Feldspat, Seite 230) in Gegenwart von Manganerz zu Thulit (Manganzoisit) umgewandelt. Thulit ist im Gegensatz zum Zoisit nur wenig verbreitet, die bedeutendsten Vorkommen liegen in Norwegen, Australien und den USA.

## Kristallsystem, Erscheinungsbild, Farbe
Thulit ist rhombisch, bildet jedoch keine mit bloßem Auge sichtbaren Kristalle, sondern ausschließlich körnige bis feinkörnig-dichte Massen. Er erscheint in den Farben Rot (oft mit weißen oder grauen Anteilen vermengt), Rosa bis Rosa-Violett, in Nevada/USA auch Rosa-Grün, und zeigt mitunter ein aventurinähnliches Glitzern. Dieses rührt von den flachen Kristallplättchen her, aus denen die körnige Masse besteht. Thulit zeigt Perlmutt- oder Glasglanz.

*Abb. 218: Thulit-Trommelsteine, Norwegen (1:1)*

## Mineralklasse, Chemismus

Thulit ist ein manganhaltiger Zoisit aus der Epidot-Zoisit-Gruppe und der Mineralklasse der Gruppensilikate, Formel: $(Ca,Mn)_2Al_3[O/OH/SiO_4/Si_2O_7]$ + Ba,Cr,Fe,Mg,Sr. Neben den Gruppensilikat-Molekülen ($Si_2O_7$) enthält Thulit auch Inselsilikat-Moleküle ($SiO_4$) und Oxidionen (O), was insbesondere für die Steinheilkunde von Bedeutung ist. Die rötliche bis rosaviolette Farbe entsteht durch seinen Mangangehalt (Mn).

## Bestimmungsmerkmale

Mohshärte: 6 – 6,5; Dichte: 3,25 – 3,36; Spaltbarkeit: vollkommen, unebener Bruch; Strichfarbe: weiß; Transparenz: undurchsichtig bis durchscheinend.

## Verwechslungen und Unterscheidung

Thulit kann mit Rhodonit verwechselt werden und diesem so ähnlich sehen, daß die beiden Minerale nur durch mineralogisch-gemmologische Untersuchungen unterscheidbar sind.

## Fälschungen

Fälschungen von Thulit sind nicht bekannt.

## Verwendung und Handel

Thulit wird mitunter als Ornamentstein verarbeitet oder als Cabochon geschliffen, ist jedoch kein bedeutender Schmuckstein. Als Heilstein erlangte er in jüngster Zeit aufgrund seiner sinnlichen und sexuell anregenden Wirkungen immer größere Beliebtheit.

## Heilwirkung, Indikationen

Thulit regt die Lebensenergie und Kreativität an. Er inspiriert zu neuen Unternehmungen, gibt den Mut, sich größeren Herausforderungen zu stellen, und hilft, Schwierigkeiten und Widerstände zu überwinden. Thulit erleichtert Selbstüberwindung, hilft, über den sprichwörtlichen „Schatten" zu springen und die eigenen inneren Wünsche, Phantasien und Ideen auszuleben. Dabei steckt die Weisheit des Thulits im Wörtchen „ausleben": einerseits also heraus mit den geheimen Wünschen, andererseits die Dinge so lange und intensiv leben, bis sie „aus" sind, bis man sie wirklich ausgekostet hat, satt ist und genug hat. Viele unserer Wünsche zeigen ihren wahren Wert erst dann, wenn sie Wirklichkeit werden, erst dann können wir wirklich beurteilen, was für uns gut ist und was nicht. Thulit regt diese Realisierung der Wünsche in allen Bereichen an und ermuntert, das Leben in vollen Zügen zu genießen und Schönheit, Abenteuer, Melancholie, Romantik, Lust, Sinnlichkeit und Sexualität zu leben. Er macht in jeder Hinsicht neugierig und erfinderisch.

Körperlich fördert Thulit die Fruchtbarkeit bei Männern und Frauen und hilft bei Erkrankungen der Hoden, Eierstöcke und Geschlechtsorgane. Er stärkt die Nerven, hilft, in Schwächezuständen Ohnmachtsanfällen vorzubeugen und fördert die Regenerationskraft des gesamten Organismus.

## Anwendung

Thulit sollte am Körper getragen oder am Schambein aufgelegt werden. Sehr anregend wirkt auch der Aufenthalt im Thulit-Steinkreis, was seit der Veröffentlichung der „Steinheilkunde" oft bestätigt wurde.

# Tigerauge

## Name, Synonyme, Handelsbezeichnungen

Tigerauge trägt seinen Namen aufgrund seiner faserigen Struktur, die im richtigen Schliff (Cabochon oder Kugel) einen wogenden Lichtschimmer (Chatoyieren oder Katzenauge) hervorbringt, der an Tieraugen erinnert. Zur Abgrenzung gegen das Falkenauge (siehe Seite 228) und andere Mineralien mit diesem Lichteffekt wurde das Mineral in der zweiten Hälfte des 19. Jahrhunderts dann Tigerauge genannt. Gemeinsam mit Falkenauge besitzt es die Synonyme Katzenaugen-Quarz, Pseudokrokydolith, Quarzkatzenauge und Schillerquarz. Der Name Katzenauge allein ist jedoch irreführend, da er eigentlich nur den oben genannten Lichteffekt bezeichnet und ohne Zusatz heute nicht mehr zulässig ist. Nur für Tigerauge stehen die Synonyme Tigerit und Wolfsauge; durch hohen Quarzanteil transparentes Tigerauge wird auch Goldquarz genannt.

## Genese, Vorkommen

Tigerauge entsteht sekundär als Verkieselung von Krokydolith, einem eisenreichen Asbestmineral aus der Amphitrolgruppe (Riebeckit-Asbest). Ursprünglich als Spaltenfüllung in geschichteten Eisenerzlagerstätten gebildeter Krokydolith wird dabei durch das Eindringen hydrothermaler Lösungen verkieselt und bildet so das nahe verwandte Falkenauge. Durch spätere Oxidation durch den Einfluß von Sauerstoff wandeln sich die Krokydolith-Fasern während oder nach der Verkieselung zu Brauneisen (Limonit und ähnliche Eisenmineralien) um oder werden vom entstehenden Quarz verdrängt, der die faserige Struktur des Krokydoliths beibehält. Auf diese Weise „verwittert" das Falkenauge zu Tigerauge. Bedeutende Tigerauge-Vorkommen liegen in Südafrika und Nordwestaustralien.

*Abb. 219: Tigerauge, Trommelsteine und Rohstein, Südafrika (1:1)*

## Kristallsystem, Erscheinungsbild, Farbe
Tigerauge ist trigonal. Als Spaltenfüllung bildet es jedoch keine Kristalle, sondern findet sich als derbe Quarzader mit faserigem Aufbau im Gestein. Die Farbe ist goldgelb bis braun mit schillernden Flächen. An Bruchstellen ist Tigerauge seidenglänzend. Aufgrund der Entstehung sind fließende Übergänge zu Falkenauge möglich, daher gibt es auch Aggregate mit ineinander verwobenem Tiger- und Falkenauge.

## Mineralklasse, Chemismus
Tigerauge zählt zur Quarzgruppe und zur Mineralklasse der Oxide, Formel: $SiO_2$ + FeOOH + (Al,Mg,Na). Für die Farbe ist das durch die Verwitterung des Krokydoliths entstandene Brauneisen verantwortlich. Dieses zählt als Eisenoxihydroxid ebenfalls zur Mineralklasse der Oxide.

## Bestimmungsmerkmale
Mohshärte: 7; Dichte: 2,64 – 2,71; Spaltbarkeit: keine, faseriger Bruch; Strichfarbe: gelbbraun; Transparenz: undurchsichtig, Goldquarz ist durchscheinend.

## Verwechslungen und Unterscheidung
Verwechslungen sind nicht möglich.

## Fälschungen
Durch Brennen wird Tigerauge kupferrot und im Handel als Katzenauge, Ochsenauge oder Rotes Tigerauge angeboten. Diese Farbe gibt es bei natürlichem Tigerauge nicht. Rötliche Brauntöne kommen bei Oberflächenfunden zwar vor, niemals jedoch das reine Kupferrot.

## Verwendung und Handel
Tigerauge ist ein bekannter Schmuckstein, der nach seiner Entdeckung im Jahr 1883 zunächst ausschließlich in Idar-Oberstein geschliffen wurde. Heute wird er überwiegend als Kette, Donut und Halsreifteil sowie als Anhänger verschiedenster Form getragen. In der Steinheilkunde ist Tigerauge in erster Linie als Trommelstein in Verwendung.

## Heilwirkung, Indikationen
Tigerauge ermöglicht, in unklaren Situationen den Durchblick zu finden. Durch eine innere Distanz zum Geschehen hilft es, sich von Zweifeln, Streß und Stimmungsschwankungen nicht verwirren zu lassen. So wie ein Tiger im Dunkeln sieht, hilft auch das Tigerauge, immer das nächstliegende zu tun und im Vertrauen auf einen guten Ausgang ein Problem nach dem anderen zu lösen. Tigerauge hilft dadurch auch bei Mutlosigkeit und Entscheidungsschwierigkeiten.

Tigerauge hemmt den Energiefluß im Körper. Dadurch wirkt es schmerzlindernd und hilft bei hormonellen Überfunktionen und Übererregung der Nerven.

## Anwendung
Da Tigerauge die Energie im Körper hemmt, sollte es nie länger als eine Woche getragen werden. Am besten wird es nur so lange getragen, bis die gewünschte Wirkung eingetreten ist, und dann sofort abgesetzt. Zur Meditation im Steinkreis kann es bedenkenlos auch länger verwendet werden.

# Tigereisen

## Name, Synonyme, Handelsbezeichnungen
Tigereisen ist eine Handelsbezeichnung für ein Gestein, das lagenförmig Hämatit, Jaspis und Tigerauge in sich vereint. Der Name bezieht sich auf die deutlich gebändert-gestreifte Zeichnung des Steins. Synonyme sind Itabirit (ursprünglich ein Handelsname für Hämatit-Eisenerz aus Brasilien, wird inzwischen jedoch auch auf das Tigereisen übertragen) und Tigerit (ein Synonym, das sich Tigereisen und Tigerauge inzwischen teilen, vgl. Seite 408).

## Genese, Vorkommen
Tigereisen entsteht tertiär durch die metamorphe Überprägung limonit- und quarzhaltiger Sedimente. Unter dem Einfluß tektonischer Verschiebungen entsteht so eine gefaltete und gebänderte Schichtstruktur aus Jaspis, Hämatit und Tigerauge. Dabei bilden sich Jaspis aus Quarz und Eisenoxid sowie Hämatit durch Entwässerung von Limonit während der Regionalmetamorphose selbst, das Tigerauge dagegen war zuvor schon sekundär entstanden (siehe Seite 408). Es erfährt bei der Metamorphose nur eine Verformung seiner Bänder, die daher auch nur noch durchbrochen, zerrissen oder als brekzienartige Trümmerstücke erhalten sind. Tigereisen bildet größere Gesteinskörper von tonnenschweren Dimensionen und findet sich in Australien.

## Kristallsystem, Erscheinungsbild, Farbe
Alle drei im Tigereisen enthaltenen Mineralien sind trigonal. Die ausgeprägte Schichtstruktur besteht aus feinkörnig-dichtem Hämatit, der graue metallisch glänzende Lagen bildet, aus dichtem roten, rotbraunen bis gelbbraunen Jaspis mit Glasglanz und aus faserigem, goldgelb bis gelb-

*Abb. 220: Tigereisen, Schmucksteine und Trommelstein, Australien (1:1)*

braunem Tigerauge mit dem typischen Seidenglanz. Als Rohstein erscheint Tigereisen allerdings meist rostrot und matt, da es durch oberflächliche Verwitterung mit (abfärbendem!) Eisenoxid überzogen ist.

### Mineralklasse, Chemismus
Alle drei Mineralien des Tigereisens zählen zur Mineralklasse der Oxide. Ihre Formeln lauten: $Fe_2O_3$ (Hämatit) + [$SiO_2$ + Fe,O,OH] (Jaspis) + [$SiO_2$ + FeOOH] (Tigerauge) + Al,Mg,Na (Fremdstoffe aus dem ursprünglichen Sediment). Den Chemismus der einzelnen Mineralien siehe auch in den Kapiteln Hämatit (Seite 260), Jaspis (Seite 272) und Tigerauge (Seite 408). Farbgebend sind in allen Schichten die verschiedenen Modifikationen des Eisens.

### Bestimmungsmerkmale
Mohshärte: 6,5–7; Dichte: 3,4–4,6 (je nach Mischungsverhältnis); Spaltbarkeit: keine, unebener Bruch; Strichfarbe: rostrot bis braun; Transparenz: opak.

### Verwechslungen und Unterscheidung
Tigereisen kann bei hohem Anteil von Tigerauge entfernt an Pietersit erinnern. Es enthält jedoch im Gegensatz zu diesem niemals Falkenauge-Anteile, ist deutlicher gebändert und weist immer Hämatit-Lagen auf. Bei genauem Hinsehen sind die beiden daher problemlos zu unterscheiden. Eine Hilfe hierfür sind die Farbfotos in diesem Lexikon (Pietersit siehe Seite 346).

### Fälschungen
Tigereisen-Fälschungen gibt es nicht.

### Verwendung und Handel
Tigereisen ist ein beliebter Dekorations- und Schmuckstein und in vielfältiger Verarbeitung, u.a. als Kugeln, Anhänger und Steinschmuck verschiedenster Formen, erhältlich. Aufgrund der verschiedenen Eigenschaften der drei Schichten ist Tigereisen beim Trommeln schwierig zu verarbeiten. Nur wenige Firmen verstehen dabei die Kunst, den Stein tatsächlich glatt und ebenmäßig zu polieren.

### Heilwirkung, Indikationen
Tigereisen ist ein „Powerstein", der „Tiger im Tank". Er verbindet die geistige Distanz des Tigerauges mit dem seelischen Durchhaltevermögen des Jaspis und der körperlichen Vitalität des Hämatit und wirkt so enorm schnell und kräftig gegen Müdigkeit, Erschöpfung und Energiemangel. Tigereisen erhöht die Leistungsfähigkeit und das Durchhaltevermögen, hilft, Schwierigkeiten zu überwinden und ermöglicht ein zügiges, entschlossenes Handeln.

Körperlich fördert Tigereisen die Eisenaufnahme im Darm und die Bildung roter Blutkörperchen. Es verbessert die Durchblutung und die Sauerstoffversorgung der Zellen, Gewebe und Organe.

### Anwendung
Tigereisen wirkt sehr schnell durch Hautkontakt. Es sollte nur tagsüber getragen werden und kann für den Bedarfsfall in der Hosentasche mitgeführt werden.

## Topas

### Name, Synonyme, Handelsbezeichnungen
Nach antiken Quellen (Plinius d.Ä.) bezieht sich der Name Topas entweder auf die Fundstelle des Steins auf der Insel Topazus (heute St. John) oder auf das trogodytische Wort topazin = suchen Synonyme für Topas sind: Perdell (gelbgrün), Physalith, Pyknit, Schorlit, Stangenstein, Tarnstein und Wassertropfen. Modernere Handelsnamen sind Brasil-Aquamarin (hellblau), Brasil-Rubin (rosa), Brasil-Saphir (blau), Mogok-Diamant (klar), Sächsischer Chrysolith, Sächsischer Diamant (farblos), Sächsischer Topas, Sibirischer Topas (blau), Silbertopas (weiß oder klar), Sklaven-Diamant (farblos) und Wassersaphir. Ein intensiv goldfarbener Topas wird Topas Imperial, Goldtopas oder Gelber Edeltopas genannt, bei leichtem rosa Farbton auch Rosa Topas.

### Genese, Vorkommen
Topas entsteht primär als Leitmineral pneumatolytischer Bildungen (d.h. sein Erscheinen zeigt stets eine solche Bildung an). Er bildet sich durch die Einwirkung heißer (375–450 °C) fluorhaltiger Gase auf Aluminiumsilikate in Klüften und Gängen saurer Plutoniten, die dabei metasomatisch zu Greisen umgewandelt werden. Da Topas sehr verwitterungsresistent ist, findet er sich auch in klastischen Sedimenten und Edelsteinseifen. Vorkommen sind in Norwegen, Brasilien, Mexiko, den USA, Rußland, der Ukraine, Pakistan und Sri Lanka.

### Kristallsystem, Erscheinungsbild, Farbe
Topas ist rhombisch und bildet dipyramidale und prismatische Kristalle mit rautenförmigem Querschnitt, die sich meist aufgewachsen in Gängen und Klüften finden. Er bildet oft schöne Para-

*Abb. 221: Topas, Pakistan (1:1); Einklinker: Imperial-Topas, Brasilien (2:1)*

genesen mit Aquamarin, Feldspat, Fluorit, Lepidolith, Kassiterit, Wolframit und anderen pneumatolytischen Mineralien. Topas kann farblos, gelb, goldgelb (Imperialtopas), braun, rot (Eisentopas), blaßgrün, blau und violett erscheinen und zeigt Glasglanz.

### Mineralklasse, Chemismus
Topas ist ein Aluminiumsilikat aus der Mineralklasse der Insel-Silikate, Formel: $Al_2[(F,OH)_2/SiO_4]$ + (Cr,Fe,Mn,P). Das Verhältnis Fluor (F) zu Hydroxid (OH) im Topas beträgt dabei maximal 3:1. Die anderen Mineralstoffe sind nur in Spuren vertreten, verursachen jedoch die verschiedenen Farben: Eisen (Fe) erzeugt Blau (in Spuren) und Rot (in geringen Mengen), Chrom (Cr) Gelb, Mangan (Mn) Braun und Phosphor (P) das Goldgelb des Imperial-Topas.

### Bestimmungsmerkmale
Mohshärte: 8; Dichte: 3,53–3,56; Spaltbarkeit: vollkommen, muscheliger Bruch; Strichfarbe: weiß; Transparenz: durchsichtig

### Verwechslungen und Unterscheidung
Topas kann mit vielen Mineralien wie Apatit, Aquamarin, Brasilianit, Chrysoberyll, Citrin, Orthoklas, Saphir, Spinell, Turmalin und Zirkon verwechselt werden, so daß meist nur eine mineralogisch-gemmologische Untersuchung Sicherheit gibt.

### Fälschungen
Imperialtopas wird gebrannt, um rosa Farben zu erzeugen, klarer Topas erhält durch Bestrahlung blaue, grüne, gelbe und rote Farben. Die Bestrahlung ist inzwischen so billig und weit verbreitet (Jahresmenge bestrahlter Topase: 70–80 Tonnen), daß selbst die täuschend echt wirkenden Synthesen aus Rußland vom Markt verdrängt wurden. **Vor bestrahlten Steinen muß jedoch ausdrücklich gewarnt werden!** Bei der Verwendung ungeeigneter Isotope (vor allem in Brasilien) strahlen die Steine nach der Behandlung selbst. Es empfehlen sich daher bei intensiven Farben stets gemmologische Untersuchungen.

### Verwendung und Handel
Topas ist ein beliebter Edel- und Schmuckstein und auch in der Steinheilkunde seit Jahrhunderten (Hildegard von Bingen u.a.) wohlbekannt.

### Heilwirkung, Indikationen
Topas ist der Stein der Selbstverwirklichung. Er hilft, den eigenen inneren Reichtum zu entdecken und selbstbestimmt das eigene Leben zu leben. Topas fördert eine natürliche, auf Wissen und Erfahrung beruhende Autorität, aber auch Offenheit, Ehrlichkeit und ein erfülltes Gefühlsleben. Körperlich stärkt Topas die Nerven und regt Verdauung und Stoffwechsel an. Er wirkt unterstützend zur Heilung von Magersucht.

### Anwendung
Topas kann in der Meditation betrachtet oder auf den Scheitel aufgelegt werden. Für körperliche Anwendungen wird er am besten als Kette oder Anhänger getragen.

# Türkis

## Name, Synonyme, Handelsbezeichnungen
Der Name Türkis bedeutet Türkenstein, da das Mineral in der Zeit der Kreuzzüge aus dem nahen Orient nach Europa gelangte. Das Synonym Kallait stammt aus der Antike von griech. kallainos = grün und blau schillernd. Weitere Synonyme sind Agaphit, Arizonoit, Callaina, Chalchuit, Henwoodit, Johnit und Sinai-Stein. Plattnerit ist ein veralteter Begriff für jene calciumreiche und kupferarme Türkiskreide, aus der heute vor allem in Fernost die meisten „Türkis"-Schmucksteine gefertigt werden. Eilat-Stein ist ein natürliches Türkis-Chrysokoll-Malachit-Gemenge.

## Genese, Vorkommen
Türkis entsteht sekundär entweder in der Oxidationszone von Kupfererzlagerstätten durch die Einwirkung phosphathaltiger Sickerwasser auf das kupfer- und aluminiumhaltige Gestein oder in verwitterndem Trachyt, tonigen fossilienführenden Sedimenten und anderen aluminium- und phosphathaltigen Gesteinen durch die Einwirkung kupferhaltiger Lösungen. In allen Fällen entstehen Adern, Knollen und Spaltenfüllungen aus Türkis, die bei Anwesenheit von Eisen von Limonitadern durchzogen und bei Anwesenheit von Schwefel oft mit Pyrit verwachsen sind. Bedeutende Türkisvorkommen befinden sich in den USA, Mexiko, Israel, dem Iran, Afghanistan und China.

## Kristallsystem, Erscheinungsbild, Farbe
Türkis ist triklin, seine Kristalle sind jedoch mikroskopisch klein und ganz selten nur an einzelnen Fundstellen (z.B. Lynch Station, Virginia/USA) mit dem bloßen Auge sichtbar. Ansonsten bildet er Knollen (Nuggets), traubige, gelartige Gesteinsüberzüge oder feinkörnig-dichte Massen als Gang-

*Abb. 222: Türkis, Schmuck und Trommelstein, USA; Donut (Türkiskreide), China (1:1)*

und Spaltenfüllungen. Trotz des Namens ist Türkis nur in bester Qualität wirklich türkisfarben, weitaus häufiger dagegen blaß blaugrün oder grünlich bis apfelgrün. Türkis zeigt Wachsglanz oder erscheint matt.

## Mineralklasse, Chemismus

Türkis ist ein wasserhaltiges basisches Kupfer-Aluminium-Phospat aus der Mineralklasse der Phosphate, Formel: $CuAl_6[(OH)_2/(PO_4)]_4 \cdot 5H_2O$ + Ca,Cr,Fe,Mn,S. Die typischen Adern bestehen aus braunem Limonit (FeOOH) oder schwarzem Manganoxid ($Mn_2O_3$), goldfarbene Einsprengsel aus Pyrit ($FeS_2$). Calcium (Ca) ist vor allem bei der Bildung in Sedimenten mit im Spiel.

## Bestimmungsmerkmale

Mohshärte: 5 – 6; Dichte: 2,60 – 2,80; Spaltbarkeit: keine, unebener Bruch; Strichfarbe: weiß; Transparenz: undurchsichtig.

## Verwechslungen und Unterscheidung

Türkis kann mit Amazonit, Chrysokoll, Hemimorphit, Smithsonit, Variscit und Vivianit (Odontolith, Zahntürkis, siehe Seite 436) verwechselt werden. Deren Abgrenzung ist oft nur mineralogisch möglich.

## Fälschungen

Türkis-Fälschungen sind um ein vielfaches häufiger als echter Türkis. Als begehrter Schmuckstein wird Türkis auf jede nur denkbare Weise imitiert und manipuliert: Da er porös ist, wird er fast immer mit Öl, Wachs oder Kunststoff imprägniert. Als „rekonstruierter Türkis" werden Türkisstaub oder kleine Bruchstücke mit Kunstharz verklebt. Imitationen existieren aus gefärbtem Chalcedon, Howlith, Calcit, Magnesit (sogenannter Türkenit = getürkter Stein?!), Glas, Aluminiumphospat (Wiener Türkis), Porzellan und Kunstharz mit allerlei Substanzen. Außerdem ist ein künstliches türkisartiges Produkt (Hamburger Türkis, Neolith, Neotürkis, Reese-Türkis) im Handel. Die einzige Hilfe gegen Betrug sind gemmologische Untersuchungen.

## Verwendung und Handel

Türkis ist ein traditioneller Schmuck- und Heilstein. Aufgrund der häufigen Fälschungen (ist es jedoch ratsam, keine türkisfarbenen Steine zu erweben, die gleichzeitig zu schön und zu günstig sind!

## Heilwirkung, Indikationen

Türkis bewirkt Schutz durch Abgrenzung und hilft daher bei Belastungen, Fremdeinflüssen und Angriffen, wohlverdiente Pausen einzulegen. Er ermöglicht, selbstverursachte Wurzeln des eigenen Schicksals zu erkennen, und hilft, das Leben aus eigener Kraft zu meistern. Türkis gleicht Stimmungsschwankungen aus und mobilisiert bei Erschöpfung die eigenen Energiereserven. Er wirkt schmerzlindernd, krampflösend, entzündungshemmend, entgiftend und entsäuernd.

## Anwendung

Türkis sollte nur wenige Wochen ununterbrochen getragen werden. Besser ist es, ihn wiederholt nur in bestimmten Situationen (z.B. nur bei der Arbeit, in der Stadt o.ä.) einzusetzen.

# Turmalin

## Name, Synonyme, Handelsbezeichnungen

Der Name Turmalin geht zurück auf singhalesisch toramolli = etwas Kleines aus der Erde. Er bezeichnete ursprünglich undefinierbare, meist rötliche Mineralien und wurde erst im 17. Jahrhundert auf die Mineralgruppe der Turmaline übertragen. Turmalin ist seit der Antike in Europa bekannt, wurde jedoch aufgrund seiner Farbenvielfalt meist mit ähnlichen Mineralien, insbesondere Smaragd, Rubin und Spinel identifiziert. Die Eigenheiten des Turmalin, seine speziellen Farbkombinationen und die Fähigkeit, durch Reiben oder Erwärmen eine elektrische Anziehungskraft zu entwickeln, wurden aber immer wieder beobachtet und beschrieben. Daher schließen bestimmte Namen des Altertums und des Mittelalters wohl auch den Turmalin mit ein, wie z.B. die Begriffe Lychnis (Plinius, 1. Jh.), La'l (Al-Kindi, 9. Jh.) und Karfunkel (11. Jh. und später). Um 1500 taucht der Name Schörl für Turmalin auf, 1636 wird der Turmalin bei Bernardus Caesius erstmalig als solcher bezeichnet. Allerdings beginnt sich dieser Name erst im 18. Jahrhundert durchzusetzen. Mit der zunehmenden Verwendung des Namens Turmalin wird der Begriff Schörl schließlich nur noch für den schwarzen Turmalin verwendet. Spezielle Namen für bestimmte Arten und Varietäten außer Schörl sind alle erst späteren Datums, für sie gibt es daher außer Handelsnamen fast keine Synonyme.

**Turmalin allgemein:** Überwiegend veraltete Synonyme für Turmalin sind Aschentrekker, Aschenzieher (aufgrund der elektrischen Anziehungskraft), Bergflachs (faserig), Iochroit, Kalbait, Toramalli, Trip und Zeuxit.

**Turmalinarten:** Die verschiedenen Mineralarten der Turmalingruppe werden heute mineralogisch gemäß ihrer chemischen Zusammensetzung unterschieden. Auf diese Weise werden derzeit zwölf Turmaline differenziert (siehe auch „Chemismus"):

*Abb. 223: Turmalin, v.l.n.r.: Elbait-Wassermelone, Brasilien; Liddicoatit-Rubellit, Madagaskar (1:1)*

- **Buergerit** ist ein brauner Natrium-Aluminium-Eisen-Turmalin, der 1966 nach dem amerikanischen Kristallographen Martin J. Buerger benannt wurde.
- **Chromdravit** ist ein grüner Natrium-Magnesium-Chrom-Turmalin. Er wurde 1983 von der russischen Mineralogin E.V. Rumanzewa als chromhaltiger Dravit bezeichnet, was jedoch kein glücklicher Griff war, da er kein Aluminium enthält und so mit Dravit nur bedingt verwandt ist.
- **Dravit** ist ein meist brauner Natrium-Magnesium-Aluminium-Turmalin. Der Name wurde 1883 von dem österreichischen Mineralogen Gustav Tschermak für braune Turmaline aus dem Drau- bzw. Dravetal im heutigen Slowenien vorgeschlagen, war dann zunächst die allgemeine Bezeichnung für die braune Turmalin-Farbvarietät und schließlich der Name für die genannte Turmalinart.
- **Elbait** ist ein vielfarbiger Lithium-Natrium-Aluminium-Turmalin. Der Name wurde 1913 von W. Vernadsky für die farbenreichen Turmaline der Insel Elba kreiert und 1972 von A. S. Powarennykh auf die gesamte heutige Turmalinart übertragen.
- **Feruvit** ist ein schwarzer Calcium-Eisen-Aluminium-Turmalin. Er erhielt seinen Namen 1989 nach seiner chemischen Beziehung zum Uvit (Ferrum-Uvit, Eisen-Uvit).
- **Foitit** ist ein dunkel-indigoblauer Eisen-Aluminium-Turmalin, der seinen Namen 1993 nach Franklin F. Foit jr., einem Mineralogen der Washington State University, erhielt.
- **Liddicoatit** ist ein vielfarbiger Lithium-Calcium-Aluminium-Turmalin aus Madagaskar. Er wurde 1977 nach dem amerikanischen Gemmologen Richard T. Liddicoat benannt.
- **Olenit** ist ein blaß rosafarbener Natrium-Aluminium-Turmalin, der 1986 nach seinem Fundort am Olenek-Fluß in Nordsibirien benannt wurde.
- **Povondrait** ist ein schwarzer Natrium-Eisen-Turmalin, der 1993 nach Pavel Povondra, dem Turmalin-Spezialisten der Karls-Universität in Prag benannt wurde. Ursprünglich wurde der Povondrait als eisenhaltiger Dravit betrachtet, weshalb er 1979 von Kurt Walenta und Pete J. Dunn den Namen Ferridravit erhielt. Dieses Synonym ist jedoch inzwischen veraltet.
- **Schörl:** Der Name Schörl bedeutete im Bergbau des späteren Mittelalters so viel wie „unreines, unnützes Erz", da Turmalin und ähnliche faserige Mineralien bestimmte Erze durchsetzen können, so daß sie spröde und schwerer zu verarbeiten sind. Nicht nur Turmaline wurden daher Schörl genannt, sondern auch faseriger Aktinolith, Disthen oder Rutil. Daher sind auch die folgenden Synonyme nur mit Vorsicht zu genießen: Je nach Kontext können manche neben der heutigen Definition für Schörl als schwarzer Natrium-Eisen-Aluminium-Turmalin auch den Turmalin allgemein oder die anderen genannten Mineralien bezeichnen. Sie lauten Aphrizit, Pierreponit, Schirl, Schirlich, Schörgel, Schorlein, Schorlet, Schörlich, Schorlit, Schörlspat, Schurl und Schürl.
- **Tsilaisit** ist ein dunkelgelber Natrium-Mangan-Aluminium-Turmalin. Der Name wurde 1929 von Wilhelm Kunitz für manganreiche Turmaline aus Tsilaisina/Madagaskar kreiert und später auf die heutige Mineralart übertragen. Als Synonym ist auch der Begriff Mangan-Turmalin bekannt.
- **Uvit** ist ein meist brauner Calcium-Magnesium-Aluminium-Turmalin. Sein Name wurde 1977 für einen Turmalin aus der Provinz Uva/Sri Lanka kreiert und später auf die heutige Turmalinart übertragen.

Farbvarietäten: Bei den Elbaiten und Liddicoatiten tragen die einzelnen Farbvarietäten eigene Namen. Diese Namen sind weitaus gebräuchlicher als die o.g. mineralogischen Bezeichnungen, da sie sich auf das deutlich sichtbare Erscheinungsbild beziehen. Ob der jeweiligen Farbvarietät nun jedoch ein Elbait oder Liddicoatit zugrunde liegt, läßt sich glücklicherweise auch anhand des Fundortes feststellen: Liddicoatit kommt ausschließlich aus Madagaskar, vor allem von Antsirabe.

- **Achroit** (griech. der Farblose) ist der Name für klaren, farblosen Turmalin (Elbait oder Liddicoatit). Für ihn gibt es keine Synonyme.
- **Indigolith** (griech. blauer Stein) ist der Name für die blaue Turmalin-Farbvarietät (Elbait oder Liddicoatit). Der Name bezieht sich nur auf die Farbe, nicht auf chemische Unterschiede. Synonyme gibt es hier nicht, dafür sind Handelsnamen wie Orientalischer Saphir oder Uralischer Saphir leider immer noch im Umlauf.
- **Rubellit** (lat. rubellos = rötlich) ist der Name für die rote Turmalin-Farbvarietät (Elbait oder Liddicoatit). Der Name bezieht sich auch hier nur auf die Farbe, nicht auf chemische Unterschiede. Das Synonym Daourit bezeichnete ursprünglich Rubellite aus Sibirien (franz. „Daourien"). Handelsnamen sind San-Diego-Rubin oder Sibirischer Rubin.
- **Apyrit** (griech. a-pyrites = ohne Feuer) ist der Name für die violette Turmalin-Farbvarietät. Der Apyrit wird zwar den Rubelliten zugerechnet, wirkt jedoch durch den violetten Farbton weniger feurig als die rein roten Turmaline. Das Synonym Siberit bzw. Sibirit bezeichnet dagegen nur bestimmte rote bis violette Turmaline nach ihrer Herkunft aus Mursinka/Sibirien.
- **Verdelith** (lat. viridis = grün) bezeichnet schließlich die grüne Turmalin-Farbvarietät (Elbait oder Liddicoatit). Der Name bezieht sich wiederum nur auf die Farbe, nicht auf chemische Unterschiede. Synonyme für Verdelith sind Taltalit (veraltet) und Vanadiumturmalin, als Handelsnamen kursieren Afrika-Smaragd, Brasil-Chrysolith, Brasil-Smaragd, Brasilianischer Peridot und Sibirischer Smaragd.

## Genese, Vorkommen

**Entstehung:** Turmalin entsteht primär aus saurem, borhaltigem Magma. Er kann liquidmagmatischer, pegmatitischer, pneumatolytischer oder hydrothermaler Bildung sein. Turmalin ist ein typi-

*Abb. 224: Turmalin, Schörl, Brasilien (1:1)*

sches Kontaktmineral, das durch die Einwirkung des Magmas auf das umliegende Gestein entsteht. Seine genaue stoffliche Zusammensetzung hängt daher auch immer von der Beschaffenheit dieser beiden Komponenten und der speziellen Art und Weise ihres Kontakts ab. Darin begründet sich letztlich die gesamte Vielfalt des Turmalin.

**Liquidmagmatische Bildung:** Hier entsteht Turmalin direkt aus der heißen, flüssigen Gesteinsschmelze. Er kristallisiert gleichzeitig mit den ersten Feldspäten zu einem Zeitpunkt, wo sich die Kristalle noch ungehindert ausdehnen können. So findet sich Turmalin in manchen granitischen Gesteinen in Gestalt idiomorpher, voll entwickelter Kristalle fest im Gestein eingebettet. Seine Mineralstoffe entstammen hier fast ausschließlich dem Magma selbst, daher bilden sich auf diese Weise vor allem eisen- und magnesiumhaltige Turmaline wie Buergerit, Dravit und Schörl.

**Pegmatitische Bildung:** Hier entsteht Turmalin vor allem dann, wenn der Pegmatit in fein verästelten Gängen gebildet wird, da die große Kontaktfläche zwischen Magma und Gestein ideal für seine Bildung ist. Er findet sich auch in Miarolen, in Blasenhohlräumen des Pegmatits, die sich schon während der pegmatitischen Phase selbst mit Mineralien füllen (im Gegensatz zu den Drusen, die erst später durch hydrothermale Bildungen gefüllt werden). Die stoffliche Zusammensetzung des Turmalins ist hier teils durch das Magma selbst (vor allem Bor- und Silikat-Anteil), teils durch jene Mineralstoffe bestimmt, die vom heißen Magma aus dem umliegenden Gestein herausgelöst werden (vor allem die drei metallischen Komponenten). Durch die mengenmäßige Dominanz des Eisens entsteht so vor allem wieder Schörl, seltener Elbait, Feruvit, Foitit, Liddicoatit, Olenit und Uvit.

**Pneumatolytische Bildung:** Hier lösen vor allem aggressive Borsäure-Dämpfe ($H_3BO_3$) silikathaltige Mineralien im Umgebungsgestein auf und verbinden sich mit ihnen zum neuen Mineral, dem Turmalin. Aufgrund des allgegenwärtigen Eisens entsteht wiederum hauptsächlich Schörl, bei niedrigen Eisen-Konzentrationen und Anwesenheit von Lithium, Magnesium und Mangan jedoch auch Elbait, Dravit und Tsilaisit. Der Elbait erscheint in der pneumatolytischen Phase in seinen prächtigen Farbvarietäten Indigolith, Rubellit und Verdelith.

**Hydrothermale Bildung:** Ähnlich ist es bei der hydrothermalen Phase, in der heißes Wasser das umliegende Gestein auslaugt, wodurch sich Mineralstoffe in der Flüssigkeit auflösen und bei weiterer Abkühlung als neue Mineralien auskristallisieren. Ist in der hydrothermalen Lösung noch Borsäure vorhanden, so können auch hier nun Turmaline entstehen, die sich später in Drusenräumen finden. Die hydrothermale Phase bringt sehr klare Turmaline in Edelsteinqualität hervor, insbesondere Elbait und Liddicoatit mit den Farbvarietäten Achroit, Indigolith, Rubellit und Verdelith, aber auch Buergerit, Feruvit, Foitit und Povondrait.

**Vorkommen:** Aufgrund seiner mannigfachen Entstehungsmöglichkeiten ist Turmalin ein beständiger Begleiter des Granits und in Form kleiner, meist dunkler Kristalle praktisch weltweit zu finden. Wesentlich seltener sind die Fundorte großer, schöner Kristalle, die auch mengenmäßig ergiebig genug sind, um im Handel eine Rolle zu spielen. Für die Herkunft der Heilsteine sind jedoch gerade diese Vorkommen von Bedeutung. So findet sich Schörl derzeit vor allem in Brasilien, Madagaskar und Afghanistan; Buergerit in Mexiko; Chromdravit in Karelien/Rußland; Dravit in Australien; Elbait in Brasilien, Kalifornien/USA und Afghanistan; Feruvit in Neuseeland; Foitit in Kalifornien/USA und Queensland/Australien; Liddicoatit in Madagaskar (alle Farben sowie die besten mehrfarbigen Turmaline); Olenit in Brasilien, den USA und auf Elba; Povondrait in Bolivien; Tsilaisit in Madagaskar und Rußland und Uvit in Sri Lanka und Brasilien.

## Kristallsystem, Erscheinungsbild, Farbe

**Formen und Aggregate:** Turmalin ist trigonal und bildet Kristalle mit dreieckigem Querschnitt, wobei die Seitenflächen bei prismatischen Kristallen nach außen gewölbt sind und typischerweise eine deutliche Längsstreifung zeigen. Am häufigsten finden sich langprismatische Kristalle mit dreiflächigen Spitzen, glatter Endfläche oder unregelmäßig-faserigem Abschluß (Schörl, Elbait, Liddicoatit), bei nadeligem Habitus spricht man hier auch von Turmalin-Stäbchen. Seltener erscheinen isometrische (Dravit) oder tafelige Kristalle (Uvit). Verwachsungen sind häufig: Typische Aggregate sind stengelig durch parallel verwachsene Kristalle; büschelig-bündelig, wenn die Kristalle nach oben auseinanderstreben; radialstrahlig von einem Punkt ausgehend (bei „Turmalinsonnen" in alle, bei „Krähenfüßen" nur in bestimmte Richtungen); zapfenförmig (wie geschlossene Pinienzapfen) sowie wirrstrahlig und ungeordnet (sog. „Kristallrasen"), auch körnig-dichte Massen kommen vor. Turmaline bilden oft interessante Paragenesen mit anderen pneumatolytischen oder hydrothermalen Mineralien. So sind z.B. Verwachsungen von Turmalin mit Quarz-, Feldspat- und Glimmer-Kristallen als Sammlerstufen sehr beliebt.

**Farben und Farbverteilung:** Das Auffälligste am Turmalin ist seine Farbenvielfalt. Er kann in allen Farben erscheinen und vor allen Dingen jede nur denkbare Farbkombination aufweisen. Monochrome (einfarbige) Kristalle gibt es in relativ häufig in Schwarz (Schörl, Feruvit, Povondrait) und Braun (Dravit) seltener in Grün (Elbait und Liddicoatit, Farbvarietät Verdelith) oder Rot (Elbait und Liddicoatit, Farbvarietät Rubellit) und sehr selten schließlich in Blau (Elbait und Liddicoatit, Farbvarietäten Indigolith, Foitit) und Violett (Farbvarietät Apyrit). Polychrome (mehrfarbige) Kristalle werden vor allem vom Elbait und Liddicoatit durch Einlagerung unterschiedlicher Mineralstoffe in bestimmte Zonen des Kristalls gebildet. Dabei werden drei Typen von Farbverteilungen unterschieden:

*Abb. 225: Turmalin, v.l.n.r.: 3x Uvit, Brasilien; Dravit, Australien (1:1)*

- Bei der **epizonaren Polychromie** liegen die horizontalen Farbzonen mit fließendem oder scharf abgegrenztem Übergang im Kristall übereinander. Ursache hierfür ist ein sich veränderndes Angebot färbender Mineralstoffe und Spurenelemente bei der Entstehung. Diese Kristalle werden in Brasilien auch „Papageios" genannt; gehandelt werden sie oft als Polychrom- oder Regenbogen-Turmalin. Entsteht auf diese Weise ein Turmalin mit schwarzer Spitze, so wird dieser auch Mohrenkopf-Turmalin genannt; bei roter Spitze heißt er entsprechend Türkenkopf-Turmalin.
- Bei der **konzentrisch-zonaren Polychromie** umgeben sich vertikale Farbzonen ähnlich wie Wachstumsringe im Baum. Sie sind also im Kristall oft nicht sofort sichtbar, sondern zeigen sich erst bei Querschnitten, sog. „Turmalinscheiben". Für die Steinheilkunde besonders wichtig sind hier Turmaline mit rotem Kern und grünem Rand, sog. „Wassermelonen-Turmaline".
- Bei der **pyramidal-prismatischen Polychromie** umhüllen sich verschiedene Farbzonen ähnlich den Wachstumszonen eines Phantomquarzes. Auch dies ist von außen dem Kristall in der Regel nicht anzusehen, Querschnitte zeigen hier jedoch ausgeprägte vielfarbige Dreiecke.

*Abb. 226*

*a) Kristall mit epizonarer Polychromie, Längsschnitt*

*b) Kristall mit konzentrisch-zonarer Polychromie, Längsschnitt und Querschnitt*

*c) Kristall mit pyramidal-prismatischer Polychromie, Längsschnitt*

In solchen Turmalinen aus Madagaskar findet sich mitunter eine stets rosafarbene „dreiflügelige Säule", die im Querschnitt dann als dreizackiger Stern erscheint. Die Entstehung dieser Säule wird auf einen verstärkten Mangan-Einbau an den drei Kanten der Spitze zurückgeführt. Da das Mangan-Ion einerseits die rosa Farbe verursacht und andererseits für die Struktur des Turmalin-Moleküls eigentlich zu groß ist, erscheint es logisch, daß es bevorzugt an den Kanten „Platz findet". Auf diese Weise bildet sich daher im Laufe des Kristallwachstums Schicht um Schicht eine schräg gestreifte, dreiflügelige Säule:

*Abb. 227*

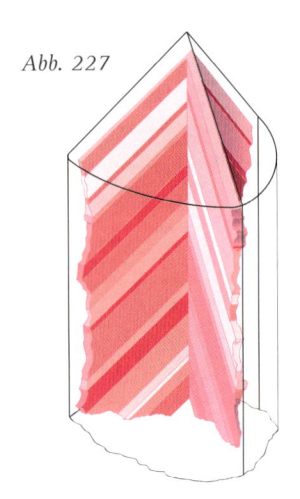

*a) Dreiflügelige Säule im Kristall, räumliche Ansicht*

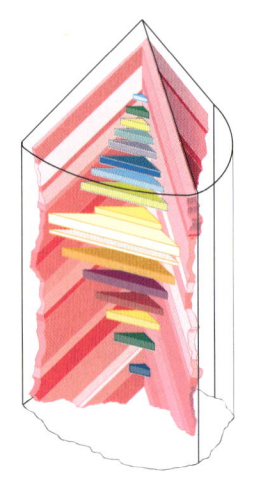

*b) Die dreieckigen Pedion-Ebenen im Kristall, räumliche Ansicht*

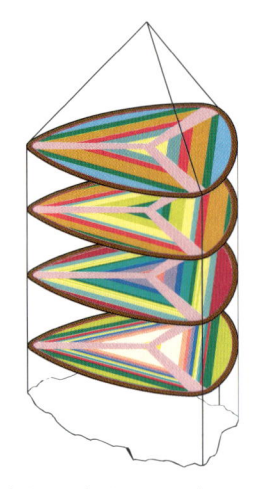

*c) Querschnitte aus einem Kristall mit pyramidal-prismatischer Polychromie und dreiflügeliger Säule*

Etwas schwieriger wird es, ein zentrales Dreieck, das sog. „Pedion", zu erklären, welches in manchen Ebenen im Zentrum des Kristalls auftaucht. Dieses Pedion zeigt eine strikt horizontale Ausrichtung und grenzt sich daher deutlich von den schräg verlaufenden Abschnitten der dreiflügeligen Säule ab. Die Pedion-Ebenen können verschiedene Farben zeigen, wechseln die Farbe mitunter innerhalb des Bruchteils eines Millimeters oder fehlen manchmal ganz. Das bedeutet, daß das Pedion bei mehreren Querschnitten durch denselben Kristall abschnittsweise vorhanden ist und abschnittsweise fehlt.

**Weitere Phänomene:** Damit ist der Erklärungsnotstand bei den verschiedenen Erscheinungsformen des Turmalin noch nicht beendet. Neben den genannten grundsätzlichen Farbverteilungen sind nämlich noch zwei weitere Phänomene erwähnenswert:

Bei Madagaskar-Turmalinen wurden Kristalle entdeckt, die trotz teilweise durchgängiger Farbzonen offenbar aus mehreren Einzelindividuen entstanden sind. Dieser sog. „**Aggregat-Typus**" kann aus parallelverwachsenen großen Einzelindividuen, aus vielen dicht gepackten, kleinen Indi-

*Abb. 228: Aggregat-Typus aus parallelverwachsenen großen Individuen, Querschnitt*

*Abb. 229: Aggregat-Typus aus vielen dichtgepackten kleinen Individuen, Querschnitt*

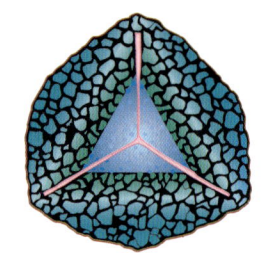

*Abb. 230: Aggregat-Typus aus größeren Individuen um einen großen Kern, Querschnitt*

viduen oder aus größeren Einzelindividuen bestehen, die rings um einen großen „Kernkristall" gewachsen sind. Das Besondere hierbei ist, daß Parallelverwachsungen vieler Einzelindividuen zu einem größeren Ganzen zwar nichts Ungewöhnliches sind – daß sich viele Einzelindividuen jedoch einer offenbar übergeordneten Farbzonierung unterwerfen, das ist praktisch nicht erklärbar!

Dasselbe Phänomen der Parallelverwachsung einzelner Kristallfasern führt möglicherweise beim Turmalin generell zur Ausbildung der längsgestriften Seitenflächen des Prismas. Auf jeden Fall entstehen so mitunter auch winzige Hohlräume, die den Kristall der Länge nach durchlaufen, als würden einzelne oder mehrere „Fasern" fehlen. Diese sog. „Wachstumsröhren" führen zu ähnlichen Lichteffekten wie die Asbestfasern eines Tigerauges. Geschliffene Turmaline erhalten durch sie einen seidigen Glanz, im Cabochon-Schliff entsteht deutliches Chatoyieren. Aus diesem Grund werden diese Turmaline auch **Katzenaugenturmalin** oder **Turmalinkatzenauge** genannt. Querschnitte zeigen hier oft Zonen, die beim Lichteinfall in bestimmten Winkeln aufblitzen und manchmal kreisförmige Lichtringe zeigen, wenn man sie ganz nahe ans Auge hält und in eine Lichtquelle blickt. Dieser Effekt wird **„Halo-Effekt"** genannt.

## Mineralklasse, Chemismus

Turmalin ist ein Borsilikat aus der Mineralklasse der Ring-Silikate. Seine allgemeine Formel lautet: $XY_3Z_6[(OH,F)_4(BO_3)_3(Si_6O_{18})]$, wobei die Kürzel „X,Y,Z" für bestimmte Kationen-Gitterplätze im allgemeinen Turmalin-Kristallgitter stehen. Turmalin besteht also aus einer komplexen Struktur von grundsätzlich sechs Komponenten: Als Kationen (positiv geladene Teilchen) finden sich bis zu drei verschiedene Metalle stets im Verhältnis 1 : 3 : 6; als Anionen (negativ geladene Teilchen) finden sich basische Gruppen, wie Hydroxid ($OH^-$), Oxid ($O^{2-}$) oder Fluorid ($F^-$), dreiwertige Boratgruppen ($BO_3^{3-}$) und der zentrale zwölfwertige Silikatring ($Si_6O_{18}^{12-}$) im Verhältnis 4 : 3 : 1. Der Zusammenhang dieser sechs Komponenten des Turmalin ist für das Mineralreich außergewöhnlich komplex und erinnert an organische Strukturen. Da die Vielfalt des Turmalin auch auf dieser Ebene sehr schön sichtbar wird, sollen die komplexen Strukturformeln dem Leser nicht vorenthalten werden (siehe Abb. 231 auf Seite 424):

Um die komplexe Struktur des Turmalin in der Aufsicht „durchschaubar" zu machen, wurde der zentrale Silikatring „abgenommen", er würde normalerweise über der komplexen Struktur der Borate und basischen Gruppen liegen, dem Betrachter also quasi entgegenkommen. Die beide Ebenen verbindenden Sauerstoffe sind dunkler gekennzeichnet. Siehe hierzu auch die Seitenansicht.

Die Seitenansicht zeigt sehr schön, wie sich im Turmalingitter Ring auf Ring stapelt, wodurch die „Faserstruktur" entsteht, die die Längsrillen der Seitenflächen verursacht und die Entstehung von Wachstumshohlräumen ermöglicht (siehe Erscheinungsbild).

Im Kristallgitter des Turmalin bildet die feststehende Anionenstruktur aus zentralem Silikatring, Boratgruppen und basischen Ionen (Hydroxid, Fluorid) das Gerüst, das den verschiedenen Turmalinen ähnliche Eigenschaften wie z.B. die Pyroelektrizität oder gute energetische Leitfähigkeit verleiht. Unter Pyroelektrizität versteht man die Fähigkeit des Turmalin, durch Reiben oder Erwärmen eine elektrische Polarität (Plus- und Minuspol) sowie Anziehungskraft zu entwickeln. Da er aus diesem Grund z.B. feine Ascheteilchen anzieht, erhielt er den Beinamen „Aschentrekker"-Turmalin. Er läßt sich zum Pfeifenreinigen verwenden.

Variabel sind in diesem Kristallgitter dagegen die Metallionen, daher sind auch reine Vertreter der einzelnen Turmalinarten eher selten, Mischkristalle verschiedener Arten dagegen an der Tagesordnung.

Zusammenfassend und etwas vereinfachend dargestellt können folgende Metalle in größeren Mengen im Turmalingitter enthalten sein:

X-Gitterplätze: Meist einwertige Metalle wie Natrium (Na$^+$) und Kalium (K$^+$); im Feruvit, Liddicoatit und Uvit zweiwertiges Calcium (Ca$^{2+}$), im Foitit zweiwertiges Eisen (Fe$^{2+}$).

Y-Gitterplätze: Meist zweiwertige Metalle wie Magnesium (Mg$^{2+}$), Mangan (Mn$^{2+}$) und Eisen (Fe$^{2+}$). An deren Stelle findet sich im Elbait und Liddicoatit die Kombination Lithium/Aluminium (Li$^+$/Al$^{3+}$), deren Ladungs-„Durchschnitt" ebenfalls 2 positive Ladungen pro Ion ergibt. Im Buergerit und Povondrait findet sich hier dreiwertiges Eisen (Fe$^{3+}$), im Olenit Aluminium (Al$^{3+}$) und im Foitit beides (Al$^{3+}$, Fe$^{3+}$).

Z-Gitterplätze: Dreiwertige Metalle wie Aluminium (Al$^{3+}$), Eisen (Fe$^{3+}$), Chrom (Cr$^{3+}$), selten auch Vanadium (V$^{3+}$) oder Titan (Ti$^{3+}$).

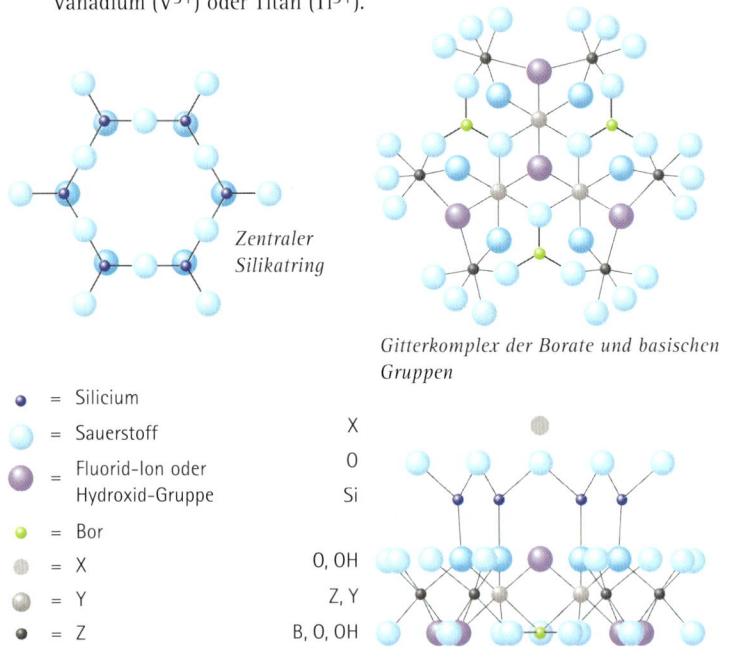

*Zentraler Silikatring*

*Gitterkomplex der Borate und basischen Gruppen*

- = Silicium
- = Sauerstoff
- = Fluorid-Ion oder Hydroxid-Gruppe
- = Bor
- = X
- = Y
- = Z

X — O
O — Si
O, OH
Z, Y
B, O, OH

*Die Turmalinstruktur in der Seitenansicht*

*Abb. 231: Die Turmalinstruktur in der Aufsicht (Betrachtung des Kristalls von oben)*

Fremdstoffe und Spurenelemente führen darüber hinaus noch zu speziellen Varietäten, so daß man sagen kann, daß jeder Fundort praktisch seinen eigenen Turmalin hervorbringt. Und wie das Beispiel des Paraiba-Turmalin zeigt, können auch solche speziellen Fundort-Varietäten mitunter große internationale Beliebtheit erlangen.

Im Turmalin können folgende Spurenelemente auftreten: Barium (Ba), Beryllium (Be), Blei (Pb), Cäsium (Cs), Cer (Ce), Gallium (Ga), Germanium (Ge), Kobalt (Co), Kupfer (Cu), Lanthan (La), Molybdän (Mo), Nickel (Ni), Niob (Nb), Rubidium (Rb), Scandium (Sc), Strontium (Sr), Wismut (Bi), Yttrium (Y), Zink (Zn) und Zirkonium (Zr).

Für die folgende Tabelle der Turmaline und Varietäten wurden der Übersicht halber nur jene Mineralstoffe berücksichtigt, die in bedeutender Menge oder farbgebend in Erscheinung treten:

## Chemismus und Farbe der Turmalinarten und -varietäten

| Turmalin | Chemische Formel | Farben |
|---|---|---|
| Buergerit | $NaFe^{3+}{}_3Al_6[(OH,F)O_3|(BO_3)_3|Si_6O_{18}] + Fe^{2+},Ca,K,Mg,Ti$ | mittel bis dunkel bronzebraun |
| Chromdravit | $NaMg_3(Cr_5Fe)[(OH)_4|(BO_3)_3|Si_6O_{18}] + Mn,Ti,V$ | dunkelgrün bis schwarzgrün |
| Dravit | $NaMg_3Al_6[(OH)_4|(BO_3)_3|Si_6O_{18}] + Fe^{2+},Fe^{3+},Ca,Cr,Mn,Ti,V$ | braun, gelb, grün, grau |
| Elbait | $Na(Li,Al)_3Al_6[(OH,F)(OH)_3|(BO_3)_3|Si_6O_{18}] + Fe,Mn,Ti,Cu$ | alle Farben inkl. farblos |
| - Indigolith | $Na(Li,Al,Fe)_3(Fe,Al)_6[(OH)_4|(BO_3)_3|Si6O_{18}] + Ti$ | blau |
| - Rubellit | $Na(Li,Al,Mn)_3(Al,Mn)_6[(OH)_4|(BO_3)_3|Si_6O_{18}]$ | rot, rosa |
| - Verdelith | $Na(Li,Al,Fe)_3(Al,Cr,V)_6[(OH)_4|(BO_3)_3|Si_6O_{18}]$ | grün |
| - Paraiba-Turmalin | $Na(Li,Al,Cu)_3(Al,Mn)_6[(OH)_4|(BO_3)_3|Si_6O_{18}]$ | grün, blaugrün, blau, purpur, pink |
| Feruvit | $CaFe_3Al_6[(OH)_4|(BO_3)_3|Si_6O_{18}] + Fe^{3+},Mg,Ti + (K,Mn)$ | schwarz |
| Foitit | $[Fe^{2+}{}_2(Al,Fe^{3+})]Al6[(OH)_4|(BO_3)_3|Si_6O_{18}] + Ca,Li,Mg,Mn,Na$ | dunkel indigoblau bis purpur |
| Liddicoatit | $Ca(Li,Al)_3Al_6[(FO(OH)_2)|(BO_3)_3|Si_6O_{18}] + Fe,Mg,Mn,Ti$ | alle Farben inkl. farblos |
| - Indigolith | $Ca(Li,Al,Fe)_3(Fe,Al)_6[(FO(OH)_2)|(BO_3)_3|Si6O_{18}]$ | blau |
| - Rubellit | $Ca(Li,Al,Mn)_3(Al,Mn)_6[(FO(OH)_2)|(BO_3)_3|Si_6O_{18}]$ | rot, rosa |
| - Verdelith | $Ca(Li,Al,Fe)_3(Al,Cr,V)_6[(FO(OH)_2)|(BO_3)_3|Si_6O_{18}]$ | grün |
| Olenit | $NaAl_3Al_6[(OH)O_3|(BO_3)_3|Si_6O_{18}] + Ca,F,Fe^{3+},K,Li,Mg,Mn$ | blaß rosa |
| Povondrait | $NaFe^{3+}{}_9[(OH)O_3|(BO_3)_3|Si_6O_{18}] + Fe,K,Mg + (Cu,Pb,Sn,Ti)$ | schwarz |
| Schörl | $NaFe^3Al_6[(OH,F)_4|(BO_3)_3|Si_6O_{18}] + Fe^{3+},Ca,Cr,Li,Mg,Mn,Ti$ | schwarz |
| Tsilaisit | $NaMn_3Al_6[(OH,F)(OH)_3|(BO_3)_3|Si_6O_{18}] + Ca,Fe,K,Mg$ | dunkelgelb |
| Uvit | $CaMg_3(Al_5Mg)[(OH)_4|(BO_3)_3|Si_6O_{18}] + Fe^{3+},Cr,Mn,Na,Ti,V$ | hell- bis dunkelbraun |
| Turmalin allgemein | $(Na,K,Li,Ca)(Li,Mg,Fe,Mn,Al,Cu)_3(Al,Fe,Cr,Mn,Ti,V)_6[(OH,O,F)_4(BO_3)_3Si_6O_{18}]$ | alle Farben |

## Bestimmungsmerkmale

Mohshärte: 7–7,5; Dichte: 3,02–3,26; Spaltbarkeit: keine; kleinmuscheliger, unebener bis spröder Bruch; Strichfarbe: weiß (Elbait, Liddicoatit, Olenit), blaßblau (Indigolith), blaßgrün (Verdelith), blaßrosa (Rubellit), grauweiß (Schörl, Foitit), grau (Dravit, Feruvit, Tsilaisit, Uvit), graubraun (Dravit, Uvit), graugrün (Uvit, Chromdravit), braun (Buergerit, Povondrait); Transparenz: durchsichtig bis durchscheinend; Glanz: Glasglanz bis Fettglanz.

## Verwechslungen und Unterscheidung

Je nach Farbe können vor allem einfarbige Turmaline mit einer Vielzahl anderer Steine verwechselt werden: Amethyst, Amphibole, Andalusit, Chrysoberyll, Citrin, Epidot, Granat Demantoid, Peridot, Prasiolith, Pyroxene, Rauchquarz, Rutil, Topas (rosa), Vesuvian, Zirkon, u.v.a. Bei Kristallen und Turmalinen mit Wachstumsröhren kann das Erscheinungsbild helfen, die Steine zu differenzieren. Bei geschliffenen Steinen hilft jedoch nur die mineralogisch-gemmologische Untersuchung.

## Fälschungen

Insbesondere bei geschliffenen Steinen sind Fälschungen häufig. Als Imitationen kursieren Glas und synthetischer Spinell, wobei letzterer mitunter als „synthetischer Turmalin" angeboten wird. Brennen und Bestrahlen verändert bei vielen Turmalinen die Farbe, wobei das Bestrahlen in erster Linie zum Intensivieren von Farben dient (z.B. Rosa zu Rot und Gelb; Blaßgrün zu zweifarbigem Rosa/Grün), das Brennen dagegen umgekehrt zum Aufhellen dunkler Farben (dabei wird aus Grün und Braun z.B. Rosa, farblos oder Blau). Bei den beliebten Paraiba-Turmalinen wird der Rot-Anteil im Stein durch Brennen vermindert, wodurch das beliebte Türkisblau oder Smaragdgrün entsteht. Vor allem letzteres deutet immer auf Brennen hin. Auch bei Fälschungen hilft zur Unterscheidung nur die mineralogisch-gemmologische Untersuchung.

## Verwendung und Handel

Turmaline sind beliebte Schmuck- und Heilsteine, gehören jedoch mit Ausnahme des Schörl zu den gehobeneren Preisklassen. Die Spitze bilden dabei die dank ihrer leuchtenden Farben sehr begehrten Paraiba-Turmaline, deren einzigartige Farbtöne Saphirblau, Smaragdgrün, Türkis, Purpur und Pink auch in esoterischen Kreisen bereits wieder Kultstatus besitzen. In der Steinheilkunde sind Turmaline hauptsächlich als Kristalle, Trommelsteine und Scheiben sowie als Kugeln, Anhänger und Ketten in Verwendung.

## Heilwirkung, Indikationen

Aufgrund seiner guten energetischen Leitfähigkeit und seinem Reichtum an Mineralstoffen ist Turmalin ein dynamischer, aufbauender und belebender Heilstein. Er hilft, Geist, Seele, Verstand und Körper zu einer harmonischen Einheit zu verbinden. Turmalin ermöglicht, Entwicklungen zu erkennen, also nicht nur den Moment als eine Art Blitzlichtaufnahme zu sehen, wie wir das üblicherweise tun, sondern die Vergangenheit und Zukunft miteinzubeziehen. Indem wir verstehen, in welchem Ursprung ein Erlebnis wurzelt und zu welchem Ziel es führt, sind wir viel besser in der Lage, Entwicklungen zu steuern und auf harmonische Weise zu beschleunigen. Auf diese Weise fördert Turmalin unsere Kreativität und Wahrnehmungsgabe.

Körperlich regt Turmalin den Energiefluß der Meridiane und die Tätigkeit des gesamten Stoffwechsels an. Er kann daher bei allen Schwächezuständen und Mangelerscheinungen verwendet werden. Auch bei der Narbenentstörung zeigt er große Erfolge (siehe Anwendung). Die einzelnen Turmalinarten und -varietäten zeigen darüber hinaus je nach Mineralstoffzusammensetzung und Farbe noch viele spezielle Eigenschaften:

- **Dravit und Uvit:** Diese magnesiumreichen Turmaline wirken entspannend und krampflösend. Im geistigen Bereich zeigt sich dies in Offenheit und Hilfsbereitschaft anderen gegenüber. Dravit fördert den Gemeinschaftssinn, Uvit hilft bei Problemen in der Familie oder gegenüber Gruppen. Beide regen ein pragmatisch-handwerkliches Geschick an. Körperlich fördern Dravit und Uvit die Regenerationskraft von Zellen, Geweben und Organen und helfen daher auch bei Hautkrankheiten.
- **Elbait und Liddicoatit:** Als lithiumhaltige Turmaline fördern beide die Erinnerungsfähigkeit, den Reichtum der inneren Bilderwelt (was sich sehr schön in ihrer Farbenvielfalt widerspiegelt) und das Vertrauen in die eigenen Fähigkeiten. Insbesondere mehrfarbige Steine regen die Phantasie und die Fähigkeit zur Problemlösung an. Körperlich helfen sie, den Hormonhaushalt auszugleichen sowie die Sinne, Nerven und das Immunsystem zu stärken.

- **Rubellit:** Die rote Farbvarietät macht geistige Entwicklungen dynamisch und flexibel. Rubellit hilft, eigene Ziele nachdrücklich zu verfolgen, sie jedoch bei Bedarf auch jederzeit zu korrigieren. Er macht kontaktfreudig, charmant und fördert die Lebensenergie und Freude an der Sexualität. Körperlich regt er die Durchblutung und Blutreinigung sowie die Funktion der Geschlechtsorgane an.
- **Indigolith:** Die blaue Farbvarietät stärkt das Streben nach geistiger Freiheit und fördert Treue, Ethik und Verantwortungsbewußtsein. Indigolith macht offen, tolerant und hilft Trauer und blockierte Gefühle auszudrücken. Körperlich regt er den Wasserhaushalt an und fördert die Ausscheidung der Nieren und der Blase. Indigolith unterstützt die Heilung von Brandwunden.
- **Verdelith:** Die grüne Farbvarietät bringt Lebensfreude und geistige, seelische und körperliche Regeneration. Verdelith hilft, sich in langweiligen Lebenssituationen neu zu orientieren, vergessene Ziele und Ideen wiederzufinden und zu realisieren. Er stärkt das Herz und fördert die Entgiftung. Verdelith regt die Ausscheidungsvorgängen des Dickdarms an und hilft sowohl bei Verstopfung als auch bei Durchfall.
- **Paraiba-Turmalin:** Diese kupferhaltige, schrill gefärbte Varietät des Elbait fördert Weisheit und Gerechtigkeitssinn bei schwierigen Entschlüssen. In der Meditation ermöglicht der Paraiba-Turmalin das Erleben der allumfassenden Liebe, die sich nicht auf einzelne Mitmenschen fokussiert, sondern alle Wesen einschließt. Darüber hinaus vertieft er das Traumerleben und hilft, Verwirrung zu klären. Körperlich stimuliert Paraiba-Turmalin die Hormonproduktion, weshalb er nicht zu lange und zu oft verwendet werden sollte. Er regt die Aktivität der Leber, der Nerven und des Gehirns an.
- **Schörl:** Dieser eisenreiche Turmalin wirkt stark anregend auf den Energiefluß. Er wird daher in erster Linie zur Anregung der Meridiane bei der Narbenentstörung (siehe Anwendung) oder zur Ableitung von Energieüberschüssen verwendet. Geistig ermöglicht Schörl, eine gelassene, neutrale Haltung einzunehmen. Er vermindert negative Gedanken und hilft bei Streß und Belastungen. Körperlich wirkt Schörl entspannend, schmerzlindernd und hilft, Strahleneinflüsse zu neutralisieren, indem er durch Strahlung verursachte Blockaden auflöst und Energieüberschüsse aus dem Körper leitet.
- **Wassermelonen-Turmalin:** Diese spezielle Varietät zeigt konzentrisch-zonare Polychromie mit rotem Kern und grünem Rand. Sie fördert speziell die Regeneration markhaltiger Nerven bei Lähmungen und Taubheitsgefühlen, auch bei Multiple Sklerose.

## Anwendung

Turmalin sollte mit unmittelbarem Hautkontakt am Körper getragen oder bei Bedarf auf bestimmte Bereiche aufgelegt oder auch aufgeklebt werden. Letzteres bietet sich vor allem zur Narbenentstörung an. Narben können den Energiefluß der Meridiane beeinträchtigen und damit auch die Funktion innerer Organe stören, insbesondere wenn sie quer zum Rumpf oder den Gliedmaßen verlaufen. In diesem Fall werden Turmalinstäbchen in Flußrichtung der Meridiane aufgeklebt, bis der Energiefluß wieder ungestört ist, also Kälte, Taubheitsgefühle oder Schmerzen verschwunden sind. Die Flußrichtung der Meridiane ist (etwas vereinfacht) auf der Innenseite der Beine, dem Bauch und der Brust nach oben, auf dem Rücken und der Außenseite der Beine nach unten sowie auf der Innenseite der Arme zur Hand hin und auf der Außenseite der Arme zum Rumpf hin. Bei allen Behandlungen mit Turmalin kann unterstützend die Edelstein-Essenz eingenommen werden.

# Turmalinquarz

## Name, Synonyme, Handelsbezeichnungen
Der Name Turmalinquarz bezeichnet Bergkristall mit sichtbar eingeschlossenen nadeligen Turmalinkristallen. Der Name Turmalin selbst ist abgeleitet vom singhalesischen turamali, einer Bezeichnung für etwas Kleines aus der Erde (siehe Turmalin). Im Turmalinquarz findet sich dabei vor allem der schwarze Schörl. Synonyme gibt es außer den Begriffen Haarstein und Nadelstein, die auch andere Quarze mit eingelagerten Fasern benennen, keine.

## Genese, Vorkommen
Turmalinquarz entsteht primär durch pegmatitische Bildung. Dabei wird der zuerst gebildete Turmalin im später entstehenden Quarz eingeschlossen. Turmalinquarz findet sich in der Regel auf Pegmatitgängen und Klüften. Größere Vorkommen liegen in Brasilien und Madagaskar.

## Kristallsystem, Erscheinungsbild, Farbe
Turmalin und Bergkristall sind trigonal. Turmalinquarz als Gesamtes bildet selten prismatische Kristalle, meist dagegen derbe Aggregate. Der Turmalin im Quarz ist dabei entweder faserig oder in langprismatischen Kristallen gewachsen, die willkürlich angeordnet sind. Er ist in der Regel schwarz. Der umhüllende Quarz kann klar oder milchig-trüb sein. Er zeigt Glasglanz.

## Mineralklasse, Chemismus
Turmalinquarz zählt als Kristallquarz oder derber Quarz zur Quarzgruppe und Mineralklasse der Oxide, Formel: $SiO_2$ (Quarz) + $NaFe_3(Al,Fe)_6[(OH)_4(BO_3)_2Si_6O_{18}]$ (Turmalin, Schörl).

*Abb. 232: Turmalinquarz-Trommelsteine, Brasilien (2:1)*

## Bestimmungsmerkmale
Mohshärte: 7; Dichte: 2,65 – 2,67; Spaltbarkeit: unvollkommen (parallel zur Rhomboederfläche), muscheliger Bruch; Strichfarbe: weiß; Transparenz: durchsichtig bis durchscheinend.

## Verwechslungen und Unterscheidung
Turmalinquarz kann mit anderen sogenannten Haarsteinen verwechselt werden: Aktinolithquarze zeigen grüne, Epidotquarze und Ilmenitquarze silberne, Jamesonitquarze bleigraue, Saphirquarze dichte grünliche bis bläuliche und Rutilquarz gelbe oder rote Fasern. Dennoch ist die Unterscheidung hin und wieder schwierig und nur durch mineralogisch-gemmologische Untersuchungen zweifelsfrei möglich.

## Fälschungen
Fälschungen sind nicht bekannt.

## Verwendung und Handel
Turmalinquarz ist ein bekannter Schmuck- und Heilstein und in vielen gängigen Formen erhältlich. Besonders begehrt, aber extrem selten sind dabei klare Quarze mit regelmäßig verteilten Turmalinnadeln.

## Heilwirkung, Indikationen
Turmalinquarz hilft, innere Kämpfe und Konflikte zu lösen. Damit sind jene Zustände angesprochen, in denen man mit sich selbst ringt, weil bestimmte Ideale einfach nicht Realität werden wollen. Wenn man das Gefühl hat, zu versagen, weil in manchen Lebensbereichen alles den eigenen Vorstellungen gemäß funktioniert, während in anderen immer wieder dieselben Mißgeschicke geschehen. Turmalinquarz hilft, sich selbst zunächst so zu akzeptieren, wie man ist, die eigenen Schattenseiten anzunehmen, um zu verstehen, worin sie begründet sind. Dadurch ermöglicht er auch, wenn notwendig, „über den eigenen Schatten zu springen". Auf diese Weise vermittelt Turmalinquarz ein ganzheitliches, harmonisches Lebensgefühl, in dem Widersprüchlichkeit nicht zu Zerrissenheit führt.

Auch körperlich führt Turmalinquarz zum richtigen Gleichgewicht zwischen Spannung und Entspannung. Wo Streß, Anspannung, Verbissenheit und unterdrückte Aggression zu Verhärtung, Panzerung, Schmerz und Verkrampfung führt, wirkt Turmalinquarz lösend und befreiend. Wenn dagegen Trägheit, Faulheit, Bequemlichkeit und die Unfähigkeit zur Selbstüberwindung zu Schwäche, Gefühl-, Empfindungs- und Energielosigkeit führt, wirkt Turmalinquarz aktivierend, belebend und aufbauend. Er hilft, das berühmte rechte Maß aufrechtzuerhalten. Dadurch bleibt der gesamte Organismus jung und vital, Alterung verlangsamt sich, die Beweglichkeit und Regenerationsfähigkeit steigt.

## Anwendung
Für die geistigen Wirkungen empfiehlt sich bei Turmalinquarz der regelmäßige Aufenthalt in einem Steinkreis (8 – 12 Steine) und die regelmäßige kontemplative Betrachtung eines klaren Steins. Für körperliche Behandlungen wirken kreisende Massagen mit einem runden Stein am besten.

# Variscit

## Name, Synonyme, Handelsbezeichnungen
Der Name Variscit bezieht sich auf den historischen Fundort des Minerals im Vogtland (lat. Variscia) zwischen Thüringer Wald, Fichtelgebirge und Erzgebirge. Der Name wurde dem Mineral 1837 von dem Freiberger Professor Johann Friedrich August Breithaupt verliehen, als man noch dazu neigte, eine rein griechisch-lateinische Nomenklatur zu entwerfen. Konsequentes Synonym heute ist Utahlit nach dem derzeit bedeutendsten Vorkommen in Utah/USA. Weitere Synonyme und Handelsnamen sind Kalifornischer Türkis, Lucinit, Meyersit (Zuordnung nicht eindeutig), Peganit, Redondit (eisenhaltig), Sabalit (grün gebändert), Sphärit, Tangait (eisenhaltig), Trainit (verunreinigt, gebändert) und Utahtürkis. Amatrix oder American Matrix ist eine Variscit-Quarz-Verwachsung, auch kurz Variscitquarz genannt. Eine falsche, irreführende Handelsbezeichnung ist Zitronen-Chrysopras.

## Genese, Vorkommen
Variscit entsteht sekundär nahe der Erdoberfläche durch die Einwirkung zirkulierender phosphathaltiger Flüssigkeiten auf aluminiumhaltiges Gestein. Er ist daher ähnlich wie der nahe verwandte Türkis (Seite 240) ein typisches Mineral der Oxidationszone. Das Phosphat selbst wird dabei aus Zersetzungsprozessen im Boden und den obersten Gesteinsschichten freigesetzt und reagiert an Ort und Stelle unter Bildung gelartiger Massen mit dem Aluminium, weshalb Variscit auch ein „Mineral der Erdoberfläche" genannt wird. Aus dem Gel bilden sich schließlich meist nur dünne Krusten auf dem Gestein, und nur an wenigen Fundstellen entstehen größere, kompakte Massen. Vorkommen dieser Art sind in Utah/USA und Australien.

*Abb. 233: Variscit, Scheibe und Trommelstein, USA (1:1)*

## Kristallsystem, Erscheinungsbild, Farbe

Variscit ist rhombisch, tafelige oder pseudooktaedrische Kristalle sind jedoch selten und meist klein. Ansonsten bildet er traubige, gelartige, mitunter opalähnliche Gesteinsüberzüge oder feinkörnig-dichte, faserige bis radialstrahlige Massen als Gang- und Spaltenfüllungen. Auch Knollen und brekzienähnliche Trümmerstücke kommen vor. Variscit erscheint gelbgrün, apfelgrün bis blaugrün, oft unregelmäßig fleckig und nur in blassen Farbtönen bis fast farblos. Er zeigt schwachen Wachsglanz und fühlt sich fettig an.

## Mineralklasse, Chemismus

Variscit ist ein wasserhaltiges Aluminium-Phospat aus der Mineralklasse der Phosphate, Formel: $AlPO_4 \cdot 2\,H_2O$ + As,Cu,Fe,Mg. Als Fremdstoffe sind vor allem Arsen (As) und Eisen (Fe) vertreten, letzteres ist auch für die grüne Farbe verantwortlich.

## Bestimmungsmerkmale

Mohshärte: 4–5; Dichte: 2,4–2,6; Spaltbarkeit: vollkommen, muscheliger, spröder Bruch; Strichfarbe: weiß; Transparenz: undurchsichtig bis durchscheinend.

## Verwechslungen und Unterscheidung

Variscit kann mit Türkis, Chrysopras und Gaspeit verwechselt werden. Deren Abgrenzung ist jedoch aufgrund ähnlicher Bestimmungsmerkmale oft nur mineralogisch-gemmologisch möglich.

## Fälschungen

Variscit-Fälschungen sind nicht bekannt.

## Verwendung und Handel

Variscit ist als Ornament- und Schmuckstein wenig bekannt und wird überwiegend als Cabochon geschliffen. Als Heilstein ist er vor allem in Form von Scheiben, Trommelsteinen und einfachen Barockanhängern in Verwendung.

## Heilwirkung, Indikationen

Variscit ist als Phosphat ein bewährter „Muntermacher". Er macht wach, aufmerksam, belebt und wirkt aufmunternd und stimmungsaufhellend. Auch gegen chronische Müdigkeit, wie z.B. Frühjahrsmüdigkeit wirkt der Stein Wunder. Variscit fördert klares, rationales Denken und hilft, sich deutlich auszudrücken und verständlich mitzuteilen.

Körperlich mobilisiert Variscit die Energiereserven bei Erschöpfungszuständen und gibt damit wieder neue Kraft. Er hilft gegen Übersäuerung und lindert so Folgeerscheinungen wie Sodbrennen, Gastritis, Magengeschwüre, Rheuma und Gicht. Variscit beruhigt die Nerven, lindert Unruhe und Zittern und wirkt krampflösend.

## Anwendung

Variscit sollte als Anhänger längere Zeit getragen oder als Trommelstein für Müdigkeitsanfälle bereitgehalten und im Bedarfsfall in die linke Hand genommen werden. Einen guten Start in den Tag gibt die morgendliche Meditation im Variscit-Steinkreis.

# Versteinertes Holz

## Name, Synonyme, Handelsbezeichnungen

Versteinertes Holz wird nach seiner Entstehung benannt. Synonyme sind Baumquarz, Holzachat, Holzstein, Kieselholz, Verkieseltes Holz und Xylolith. Je nachdem, ob die Holzsubstanz durch Quarz oder Opal ersetzt wurde, spricht man entsprechend von verquarztem oder opalisiertem Holz. Für letzteres existieren auch die Synonyme Baumopal, Holzopal, Lithoxyl bzw. Lithoxylon. Außerdem werden versteinerte Hölzer auch nach den Namen der ursprünglichen Pflanzen benannt. Im Handel sind neben gewöhnlichen Nadel- und Laubhölzern derzeit auch versteinerter Baumfarn, Synonyme: Augenstein, Asterolith, Starry-Stone, Starstein und Wurmstein, falscher Handelsname „Peanut-Wood" sowie versteinerter Mammutbaum (Araukarie) und versteinertes Palmholz.

## Genese, Vorkommen

Versteinertes Holz entsteht sekundär, indem in den Zellen des Holzes Mineralien entstehen, die die Struktur des Holzes erhalten, während der organische Stoff zerfällt. Dazu muß das Holz durch Sedimentbedeckung sehr schnell vom Luftsauerstoff abgeschnitten worden sein, sonst würde es vermodern, und es müssen mineralstoffhaltige Lösungen anwesend sein, sonst würde das Holz im Laufe der Zeit inkohlen (siehe Kohlegesteine, Seite 24). Versteinertes Holz kommt weltweit vor, bedeutende Vorkommen liegen in den USA, Brasilien, Australien, auf Madagaskar u.a.

## Kristallsystem, Erscheinungsbild, Farbe

Das Kristallsystem versteinerten Holzes richtet sich nach der neuen mineralischen Substanz. In den meisten Fällen ist dies trigonaler Quarz oder seltener amorpher Opal. Das Erscheinungsbild

*Abb. 234: Versteinertes Holz, Scheibe, USA (1:2)*

bestimmt jedoch die ursprüngliche Struktur des Holzes. Diese ist leicht erkennbar und läßt sich mit der Lupe differenzieren: Nadelhölzer zeigen monotones Zellgewebe; das Grundgewebe der Laubhölzer ist von größeren Löchern, ursprünglichen Wasserleitbahnen, durchbrochen; Palmholz zeigt aufgrund der parallelen Leitbündel feine dunklere Poren, während versteinerte Luftwurzeln der Baumfarne viele hellere Einschlüsse im dunkleren „Holz" aufweisen. Die Farbe versteinerter Hölzer variiert von rot, gelb, braun, grau bis schwarz, mitunter finden sich blaue Chalcedon- oder bunte Opaleinschlüsse sowie Einlagerungen anderer Mineralien. Versteinertes Holz ist matt; poliert zeigt es Glasglanz.

## Mineralklasse, Chemismus

In den meisten Fällen ist die versteinernde Substanz Kieselsäure, die Chalcedon oder Opal bildet; es kann jedoch auch Pyrit, Galenit, Hämatit (mit Goethit), Bernstein, Baryt oder seltener Fluorit sein. Als Heilsteine werden jedoch fast ausschließlich Kieselhölzer verwendet, die der Quarzgruppe oder den Opalen und damit der Mineralklasse der Oxide angehören. Formel: $SiO_2$ + C,Fe,K,Na,O,OH. Auf diese Kieselhölzer beziehen sich auch die folgenden Bestimmungsmerkmale.

## Bestimmungsmerkmale

Mohshärte: 6,5–7; Dichte: 2,60–2,65; Spaltbarkeit: keine, unebener, splittriger Bruch; Strichfarbe: weiß, seltener in den Farben des Holzes; Transparenz: undurchsichtig.

## Verwechslungen und Unterscheidung

Versteinertes Holz kann mitunter mit Jaspis verwechselt werden, läßt sich unter dem Mikroskop jedoch anhand der Holzstruktur unterscheiden.

## Fälschungen

Fälschungen von versteinertem Holz sind nicht bekannt.

## Verwendung und Handel

Versteinertes Holz ist ein beliebtes Dekorationsobjekt. Inzwischen sind auch Schmucksteine verfügbar, als Heilsteine werden jedoch überwiegend Scheiben und Trommelsteine verwendet.

## Heilwirkung, Indikationen

Versteinertes Holz hilft, sich zu „erden", wenn man dazu neigt, sich in Gedanken zu verlieren, unkonzentriert abzuschweifen oder Begonnenes unvollendet zu lassen. Versteinertes Holz wirkt erholsam, zentrierend und sammelnd und regt ein einfaches Leben an, das Zeit zur Muße und zum Nachdenken bietet. Es ist für Anfänger eine hervorragende Meditationshilfe.

Versteinertes Holz regt den Stoffwechsel an, beruhigt die Nerven und hilft, abzunehmen, wenn „schlechte Erdung" zu Übergewicht führt (als unbewußter Versuch, mehr Bodenkontakt zu bekommen).

## Anwendung

Versteinertes Holz kann getragen oder als Steinkreis ausgelegt werden, den man täglich für 15 Minuten aufsuchen sollte. Zur Meditation eignet sich auch eine Scheibe zum Draufsetzen.

# Vesuvian (Idokras)

## Name, Synonyme, Handelsbezeichnungen

Vesuvian wurde 1795 von Abraham Gottlob Werner nach seinem Vorkommen in vulkanischen Auswürfen des Vesuvs benannt. Der französische Mineraloge René Just Hauy kritisierte diese Namensgebung und benannte das Mineral 1801 in Idokras um, nach dessen „gemischter Gestalt" (griech. idea = Gestalt, krasis = gemischt), da die Kristallformen des Vesuvians sich quasi aus den Formen verschiedener anderer Mineralien zusammensetzen. Ob diese Idee besser war, sei dahingestellt. Weitere Synonyme und Handelsnamen sind Chromidokras (smaragdgrün, chromhaltig), Cyprin (himmelblau, kupferhaltig), Duparcit, Egeran (schwärzlich-dunkelgrün), Frugardit, Genevit, Gökumit, Heteromerit, Italienischer Chrysolith, Jewreinowit, Kollophonit, Loboit, Manganidokras (manganhaltig), Pakistanjade, Pyramidaler Granat, Titanvesuvianit, Wiluit (borhaltig), Xanthit (gelb) und Zyprin (himmelblau, kupferhaltig). Ein vesuvianhaltiges Gestein (ca. 85%) aus Kalifornien wird auch Vesuvianit, Vesuvianjade, Amerikajade, Kalifornische Jade und Californit genannt.

## Genese, Vorkommen

Vesuvian entsteht hauptsächlich tertiär durch Kontaktmetamorphose in Marmor, Serpentinit, Kalksilikatfels und Skarnen. Von dieser Art sind auch die Auswürfe des Vesuvs, nämlich beim Vulkanausbruch mitgerissener metamorpher Marmor, kein magmatisches Gestein! Weitere Vorkommen metamorpher Art sind in Norwegen, Kalifornien/USA, Mexiko, Südafrika und Kanada.

Sehr selten nur entsteht Vesuvian magmatisch (Almunge/Schweden) oder hydrothermal auf Klüften (Alpen, Skandinavien, Rußland). Diese Vorkommen sind jedoch vergleichsweise unbedeutend.

*Abb. 235: Vesuvian-Grüppchen, Kanada (4:1)*

## Kristallsystem, Erscheinungsbild, Farbe

Vesuvian ist tetragonal und bildet oft schöne Kristalle, meist kurz- und dicksäulig, seltener nadelig oder als Doppelender. Mitunter wird die Tracht durch bestimmte Flächenkombinationen granatähnlich (Synonym Pyramidaler Granat), die Prismenflächen sind dabei jedoch gestreift. Aggregate sind derb, dicht, körnig oder strahlig, Kristallgruppen meist unregelmäßig verwachsen (siehe Abb.). Die Farbe des Vesuvians variiert von schwarzbraun, braun, rotbraun, gelb, stachelbeergrün bis rosenrot und violett, Kristalle können mehrfarbig sein. Vesuvian zeigt Glas- oder Fettglanz.

## Mineralklasse, Chemismus

Vesuvian zählt zur Epidot-Zoisit-Gruppe und zur Mineralklasse der Gruppensilikate, Formel: $Ca_{10}(Mg,Fe)_2Al_4[(OH)_4/(SiO_4)_5/(Si_2O_7)_2]$ + B,Be,Ce,Cr,F,Fe,Li,K,Na,Mn,Sr,Ti,Zn,SE + (Co,Cu,Ga,Ge,Ni,V u.v.a.). Vesuvian ist extrem mineralstoffreich, die häufigsten Fremdstoffe sind dabei Beryllium (Be, bis 9,2%), Titan (Ti, bis 4,7%), Chrom (Cr, bis 4,3%), Lithium (Li, bis 1,5%) und selten auch bis zu 16,7% Cer (Ce) und andere Seltene Erden (SE).

## Bestimmungsmerkmale

Mohshärte: 6,5 (Vesuvianit 5,5); Dichte: 3,32 – 3,42; Spaltbarkeit: unvollkommen, unebener, splittriger Bruch; Strichfarbe: weiß; Transparenz: durchsichtig bis durchscheinend.

## Verwechslungen und Unterscheidung

Vesuvian kann mit vielen anderen Mineralien wie Diopsid, Epidot, Granat (Demantoid, Grossular), Jadeit, Peridot, Turmalin und Zirkon verwechselt werden, deren Bestimmungsmerkmale mitunter so ähnlich sind, daß sie nur durch gemmologische Untersuchungen sicher zu unterscheiden sind.

## Fälschungen

Vesuvian-Fälschungen sind nicht bekannt.

## Verwendung und Handel

Vesuvian erfährt keine wirtschaftliche Nutzung, sondern wird in erster Linie als Sammelmineral gehandelt. In der Steinheilkunde ist hauptsächlich das vesuvianhaltige Gestein „Vesuvianit" in Verwendung, das auch als Trommelstein erhältlich ist.

## Heilwirkung, Indikationen

Vesuvian hilft, Masken und falsche Fassaden fallenzulassen und sich offen und ehrlich zu zeigen, so wie man ist. Er ermöglicht, starke Verhaftungen, Gewohnheiten und Verhaltensmuster loszulassen und Ängste zu überwinden. Vesuvian weckt den Forschergeist, den Durst nach neuen Erkenntnissen und tieferem Verstehen und den Wunsch, den Sinn des eigenen Lebens zu erkennen. Körperlich hilft Vesuvian vor allem bei chronischen Erkrankungen und zur schnelleren Genesung nach schweren Krankheiten.

## Anwendung

Vesuvian sollte über längere Zeit getragen oder bei körperlichen Beschwerden regelmäßig auf die betroffenen Körperbereiche aufgelegt werden.

# Vivianit

## Name, Synonyme, Handelsbezeichnungen
Vivianit wurde 1817 von Abraham Gottlob Werner, dem bekannten Professor für Mineralogie an der Bergakademie Freiberg, nach dem englischen Mineralogen J.G. Vivian benannt. Zuvor hieß das Mineral Blaueisenerde, der Göttinger Professor Johann Friedrich Ludwig Hausmann nannte es Eisenblau. Weitere Synonyme sind Blättriges Eisenblau, Blaueisenerz, Blaueisenspat, Eisenindig, Eisenphyllit, Glaukosiderit, Kollophan, Natürliches Berlinblau und Phosphorsaures Eisen. Mullicit ist eine Lokalbezeichnung für Vivianit von Mullica Hill, New Jersey/USA. Da Vivianit mitunter als Versteinerungsmittel auftritt, wird er in diesem Fall auch Beintürkis, Fossiler Türkis, Odontolith und Zahntürkis genannt.

## Genese, Vorkommen
Vivianit entsteht sekundär unter Sauerstoffabschluß in oberflächennahen Bereichen eisenhaltiger Gesteine. Zirkulierende phosphathaltige Flüssigkeiten wirken dabei auf Eisenmineralien wie Pyrit, Siderit u.a. ein und lösen einen Teil des Eisens heraus. Durch anschließende Verdunstung des Wassers kristallisieren dann die Vivianit-Kristalle aus. Auf diese Weise findet sich Vivianit feinverteilt oder in eingelagerten Kristallen (in Kamerun bis zu 1m Länge) in tonigen Sedimenten und tritt dort auch als Versteinerungsmittel für fossile Gebeine und Zähne auf (Odontolith, Zahntürkis). Vorkommen dieser Art finden sich in Deutschland, Tschechien und Schweden.

Auch andere Eisenphosphate können sich nachträglich durch Wasseraufnahme in Vivianit umwandeln. Dadurch bilden sich schöne Kristalle von wenigen Zentimetern Größe. Vorkommen dieser Art finden sich in Großbritannien, Serbien, Bolivien, Peru und den USA.

*Abb. 236: Vivianit-Kristall, Bolivien (2:1)*

## Kristallsystem, Erscheinungsbild, Farbe

Vivianit ist monoklin und bildet tafelige, langprismatische bis nadelige, oftmals gekrümmte und meist aufgewachsene Kristalle, die deutlich von vertikalen Spaltebenen durchzogen sind, so daß der Kristall wirkt, als wäre er aus mehreren Ebenen zusammengefügt. Oft verwachsen mehrere Kristalle zu stengeligen, spätigen Aggregaten (siehe Abb.), bei feinkristalliner Ausbildung kommen auch faserige, kugelige bis nierige sowie krümelig-erdige Aggregate vor (Blaueisenerde). Der Vivianit ist zunächst farblos, bei Kontakt mit Luftsauerstoff verfärbt er sich jedoch sofort hellblau, blau, dunkelblau, blaugrün oder schwarz. Vivianit zeigt Glas- oder Perlmuttglanz.

## Mineralklasse, Chemismus

Vivianit ist ein wasserhaltiges Eisenphosphat aus der Mineralklasse der Phosphate, Formel: $Fe_3(PO_4)_2 \cdot 8\ H_2O$ + Ca,Mg,Mn. Die blaue Verfärbung bei Kontakt mit Luftsauerstoff geschieht, da das zweiwertige Eisen dabei teilweise zu dreiwertigem Eisen oxidiert wird.

## Bestimmungsmerkmale

Mohshärte: 1,5 – 2; Dichte: 2,6 – 2,7; Spaltbarkeit: vollkommen, Spaltblättchen sind biegsam; Strichfarbe: farblos, blaugrün, tiefblau - wie Farbe; Transparenz: durchsichtig bis durchscheinend.

## Verwechslungen und Unterscheidung

Vivianit kann mit Lazulith verwechselt werden, ist jedoch anhand der Härte (5,5 – 6) unterscheidbar.

## Fälschungen

Vivianit-Fälschungen sind nicht bekannt.

## Verwendung und Handel

Vivianit ist in erster Linie ein attraktives Sammelmineral, nur in sehr begrenztem Umfang wird er lokal als Farbstoff oder Düngemittel verwendet. Auch als Schmuckstein wird Vivianit aufgrund seiner geringen Härte (er kann mit dem Messer geschnitten werden) nur äußerst selten geschliffen, ebenso gibt es derzeit keine Trommelsteine oder ähnliche Verarbeitungsformen. Als Heilstein kommen daher ausschließlich Kristalle zur Anwendung.

## Heilwirkung, Indikationen

Vivianit wirkt belebend und befreit tief vergrabene Gefühle. Durch die Kombination von Eisen und wasserhaltigem Phosphat wird das Leben sehr intensiv, abenteuerlich und mitunter aufregend. Vivianit bringt frischen Wind in verstaubte Beziehungen, rüttelt aus Langeweile auf und regt an, sich aktiv mit der Umwelt auseinanderzusetzen, zu streiten, wenn nötig, und Konflikte zu lösen. Körperlich regt Vivianit die Freisetzung eingelagerter Säuren aus dem Gewebe an und unterstützt damit Entsäuerungskuren. Er regt die Leber an und hilft bei Müdigkeit, Schwäche und Kraftlosigkeit.

## Anwendung

Vivianit sollte am besten mehrmals täglich auf den Bauch aufgelegt oder in einem Beutel am Körper bzw. in der Hosentasche getragen werden.

# Wulfenit

## Name, Synonyme, Handelsbezeichnungen
Wulfenit erhielt seinen Namen 1845 durch den österreichischen Mineralogen Wilhelm Haidinger nach dem Freiherrn Franz Xaver von Wulfen (1728–1805), Jesuit und Professor in Klagenfurt, der die erste Beschreibung des Minerals verfaßte. Abraham Gottlob Werner hatte das Mineral Gelbbleierz genannt, der Mineraloge Carl Friedrich Naumann, ein Brieffreund Goethes, nannte es Bleimolybdat. Weitere Synonyme sind Bleigelb, Chrommolybdänbleierz, Chrommolybdänbleispat, Melinose, Molybdänbleierz, Molybdänbleispat und Molybdänsaures Blei.

## Genese, Vorkommen
Wulfenit entsteht sekundär, oft unter Verdrängung von Calcit in der Oxidationszone von Blei-Zink-Lagerstätten. Er bildet sich durch die Einwirkung molybdänsäurehaltiger Flüssigkeiten auf Bleierze, wobei das Molybdän meist dem Nebengestein entstammt. Da die vorangegangenen Bleimineralien durch Wulfenit verdrängt werden, entstehen oft Pseudomorphosen nach Galenit (Bleisulfid, siehe Seite 469), Cerussit (Beicarbonat) und Anglesit (Bleisulfat). Wulfenit ist weit verbreitet, bedeutende Vorkommen liegen in Deutschland, Tschechien, Österreich, Slowenien, den USA, Mexiko, Zaire, Kongo, Namibia, Australien u.a.

## Kristallsystem, Erscheinungsbild, Farbe
Wulfenit ist tetragonal und bildet meist dünne, tafelige oder kurzsäulige und prismatische Kristalle, die oft auf Bleierz aufgewachsen sind oder Gruppen bilden (siehe Abb.). Auch an der Basis verwachsene Zwillinge sowie kristalline Krusten, kleine Drusen und seltener spätige, derbe, dichte

*Abb. 237: Wulfenitstufen, Mexiko (2:1)*

bis löchrig-poröse Aggregate kommen vor. Die Farbe des Wulfenits zeigt verschiedene Abstufungen von gelb, orange bis braun sowie grünlichbraun und seltener rot oder farblos. Wulfenit zeigt Diamantglanz bis Harzglanz.

## Mineralklasse, Chemismus
Wulfenit zählt als Bleimolybdat zur Mineralklasse der Molybdate (ähnlich den Sulfaten), Formel: $PbMoO_4$ + Ca,Cr,Cu,Mg,W,V. Die oft leuchtend gelbe bis intensiv orangene Farbe wird im Wulfenit durch geringfügige Mengen von Chrom verursacht (daher stammt auch das Synonym Chrommolybdänbleispat).

## Bestimmungsmerkmale
Mohshärte: 3; Dichte: 6,8; Spaltbarkeit: unvollkommen, unebener Bruch; Strichfarbe: weiß; Transparenz: durchsichtig bis durchscheinend.

## Verwechslungen und Unterscheidung
Wulfenit ist aufgrund seiner typischen Farbe und seiner spezifischen Erscheinungsform als Mineral praktisch unverwechselbar. Er wird sehr selten nur geschliffen, ähnelt dann jedoch orangefarbenem Calcit, von dem er anhand der hohen Dichte problemlos unterschieden werden kann (Dichte des Calcit: 2,71).

## Fälschungen
Wulfenit-Fälschungen gibt es nicht.

## Verwendung und Handel
Wulfenit ist lokal als Molybdänerz von Bedeutung. Als Schmuckstein wird er aufgrund seiner geringen Härte nur selten verarbeitet (facettiert), durch sein attraktives Aussehen ist er dagegen unter Mineraliensammlern sehr beliebt. Als Heilstein ist er derzeit noch wenig bekannt, gewinnt jedoch vor allem in der analytischen Steinheilkunde als eines der wenigen tetragonal-sekundären Mineralien zunehmend an Bedeutung.

## Heilwirkung, Indikationen
Wulfenit ermöglicht, Automatismen und Verhaltensmuster, die durch Erziehung und allgemeine Konventionen entstanden sind, zu erkennen. Dadurch besteht die freie Wahl, sich entweder in diese Vereinbarungen zu fügen oder sich bewußt davon zu lösen. Er ermöglicht außerdem, sich von zwanghafter Zurückhaltung zu befreien. Körperlich lindert Wulfenit Austrocknung, Verhärtung (Sklerose), Abmagerung und Muskelschwund und verhindert Steinbildungen in den Organen. Er hilft bei Vergiftungen und Beschwerden von Magen und Darm.

## Anwendung
Da er in verarbeiteter Form praktisch nicht erhältlich ist, verbleiben zur heilkundlichen Anwendung nur die naturgewachsenen Stufen mit den meist zerbrechlichen Kristallen. Aus diesem Grund wird Wulfenit am besten vorsichtig auf die betreffenden Stellen aufgelegt oder (für geistige Wirkungen) zur Meditation in den vor dem Bauch ineinandergelegten Händen gehalten.

# Zinnober

## Name, Synonyme, Handelsbezeichnungen
Der Name Zinnober und das Synonym Cinnabarit stammen von griech. kinnabari, das laut Dioskurides ein rotes afrikanisches Baumharz bezeichnet, welches bis heute noch als Drachenblut gehandelt wird. Schon in der Antike wurde der Name auf das Mineral übertragen, wogegen sich Plinius d. Ä. noch (vergeblich) wehrt. Weitere Synonyme für Zinnober sind Drachenblut (auch dieser Begriff wurde mit übertragen), Halbkugelerz, Korallenerz, Lebererz, Llimpi, Merkurblende, Peritome Rubinblende, Quecksilberblende, Quecksilbererz, Rubinblende, Schwefelquecksilber, Sinopis, Stahlerz und Vermillon. Ziegelerz oder Ziegelit ist ein Zinnober-Dolomit-Gemenge.

## Genese, Vorkommen
Zinnober entsteht primär aus tiefthermalen Lösungen vulkanischen Ursprungs bei Temperaturen unter 100 °C. Er findet sich im vulkanischen Umfeld als Abscheidung warmer Quellen und Einlagerungen in Brekzien und porösen Tuff- und Sedimentgesteinen. Die seltenen Kristallbildungen finden sich ebenfalls in Gängen des Nebengesteins. Bedeutende Zinnobervorkommen dieser Art liegen in Spanien, Italien, Slowenien, Rußland, den USA, Mexiko, Peru und China.

Untergeordnet entsteht Zinnober mitunter auch sekundär als Verwitterungsprodukt in manchen Fahlerzlagerstätten (Sulfidlagerstätten), die jedoch im Vergleich ohne Bedeutung sind.

## Kristallsystem, Erscheinungsbild, Farbe
Zinnober ist trigonal, bildet jedoch nur selten kleine, aufgewachsene kurzsäulige, pyramidale oder dicktafelige Kristalle und Durchkreuzungszwillinge. Wesentlich häufiger kommt er in Form derber,

*Abb. 238: Zinnoberkristall, China (4:1)*

körniger, pulverig-erdiger, krustiger oder kryptokristallin-knolliger Aggregate (Lebererz) vor. Zinnober ist als Kristall intensiv rot gefärbt (Rubinblende), Aggregate können dagegen auch scharlachrot, braunrot, schwarz bis bläulich metallisch (Stahlerz) erscheinen. Erdige Massen sind oft matt, Kristalle zeigen jedoch meistens intensiven Diamantglanz.

## Mineralklasse, Chemismus

Zinnober zählt als Quecksilbersulfid zur Mineralklasse der Sulfide, Formel: HgS + As,C,Ca,Fe,Mg,Si,Sb. Er ist vor allem als Lebererz durch organische Substanzen wie Bitumen (Idrialin) und andere Beimengungen stark verunreinigt und wird dadurch in der Farbe dunkler bis fast schwarz. Zinnober zerfällt durch Erhitzen und setzt dann reines, flüssiges Quecksilber frei, dessen Dämpfe stark gesundheitsschädigend sind.

## Bestimmungsmerkmale

Mohshärte: 2–2,5; Dichte: 8,1; Spaltbarkeit: vollkommen; milder, splittriger Bruch; Strichfarbe: rot; Transparenz: halbdurchsichtig (Kristalle) bis undurchsichtig (Aggregate).

## Verwechslungen und Unterscheidung

Zinnober kann mit Krokoit (Dichte 5,9–6,1, Strichfarbe gelb bis orange), Proustit (Dichte 5,57–5,64) und Realgar (Dichte 3,4–3,6, Strichfarbe orange) verwechselt werden, ist jedoch anhand der angegebenen Bestimmungsmerkmale problemlos zu unterscheiden.

## Fälschungen

Fälschungen von Zinnober gibt es nicht.

## Verwendung und Handel

Zinnober ist das wichtigste Quecksilbererz und wurde früher schon als Farbstoff, alchemistischer Rohstoff und Heilmittel verwendet. Im chinesischen Feng Shui wird er bis heute zur Einweihung von Gebäuden benutzt. Da Zinnober sehr giftig ist, wird er nur selten als Heilstein benutzt. Die äußere Verwendung von Kristallen ist bei sorgfältiger Handhabung unbedenklich, pulverige Aggregate sind dagegen stets zu meiden.

## Heilwirkung, Indikationen

Zinnober fördert schnelles Denken, Kommunikation und das Fokussieren des Willens und hilft bei unbeständigen Gemütsverfassungen, Konzentrationsstörungen, Unruhe, Nervosität und Zittern. Er macht aufnahmebereit und lernfähig, flexibel und doch unnachgiebig.

Körperlich fördert Zinnober Entgiftung und Ausscheidung, wenn Mundgeruch, Blähungen und streng riechender Schweiß Stoffwechselstörungen anzeigen. Er hilft bei geschwollenen und verhärteten Drüsen sowie Geschwüren, Schleimhautentzündungen, Darm- und Hautkrankheiten.

## Anwendung

Zinnober sollte nur unter therapeutischer Aufsicht verwendet werden, da es hochgiftig ist! Auf jeden Fall von Kindern fernhalten und am besten unter Verschluß aufbewahren! Innere Einnahme, beabsichtigt oder unbeabsichtigt, sollte auf jeden Fall vermieden werden.

# Zirkon

## Name, Synonyme, Handelsbezeichnungen

Der Name Zirkon wurde 1789 von M.H. Klaproth eingeführt, war jedoch schon zuvor bei Juwelieren in Gebrauch. Er geht über den älteren Namen Jargon, altfranzösisch jaunce, zurück auf das griechische hyakinthos, also den Hyazinth. Dieser Begriff kennzeichnete in der Antike u.a. den Zirkon. Synonyme sind Azorit, Beccarit (olivgrün), Calyptolith, Ceylon-Diamant (farblos), Cyrtolith, Diochrom, Engelhardit, Heldburgit, Hussakit, Kalyptolith, Malacom (blau), Matura-Diamant (farblos), Maturn (farblos), Melichrysos (gelb), Ostrandit (Lokalbezeichnung), Polykrasilith, Siam-Aquamarin (blau), Siam-Zirkon (blau oder farblos), Sparklit (farblos), Starlit (blau, gebrannt), unreifer Diamant (grau oder farblos), unreifer Rubin (rot) und Vermeille (braun).

## Genese, Vorkommen

Zirkon entsteht primär durch liquidmagmatische Bildung in Graniten, Syeniten und deren Pegmatiten. Er findet sich auch in vulkanischen Auswürfen, ist jedoch nicht vulkanischer Bildung, sondern war schon zuvor in der Tiefe kristallisiert. Ähnliches gilt für Vorkommen in Kristallinen Schiefern (d.h. er „überlebte" die Metamorphose) und klastischen Sedimenten, insbesondere Edelsteinseifen, in denen er sich aufgrund seiner Verwitterungsresistenz anreichert. Bedeutende Vorkommen von Zirkon befinden sich in Rußland, den USA, Brasilien, Madagaskar, Sri Lanka und Australien.

## Kristallsystem, Erscheinungsbild, Farbe

Zirkon ist tetragonal und bildet kurze, gedrungene Prismen mit pyramidalen Endflächen oder Doppelpyramiden mit gebogenen Kanten. Auch Zwillingsbildungen kommen vor. Er findet sich im

*Abb. 239: Zirkonkristalle, Brasilien, und facettierte Steine, Sri Lanka (1:1)*

Gestein eingewachsen oder in Edelsteinseifen in Form abgerollter, loser Körner. Zirkon ist meist braun bis braunrot, seltener farblos, gelb, orange, rot, grün, blau oder violett. Er zeigt Diamantglanz und auf Bruchflächen Fettglanz.

### Mineralklasse, Chemismus

Zirkon ist ein Zirkoniumsilikat aus der Mineralklasse der Inselsilikate, Formel: $ZrSiO_4$ + Al,Ca,Ce,Fe,Nb,P,Ta, Hf,Th,U,Y. Aufgrund des Hafnium- (HF), Thorium- (Th) und Urangehalts (U), der insgesamt bis zu 10% betragen kann und auch die dunkelbraune Farbe verursacht, besitzt Zirkon eine geringe Radioaktivität und ist damit der Hauptträger natürlicher Radioaktivität in den Gesteinen.

### Bestimmungsmerkmale

Mohshärte: 6,5–7,5; Dichte: 3,90–4,71; Spaltbarkeit: unvollkommen, muscheliger, spröder Bruch; Strichfarbe: weiß; Transparenz: durchsichtig in Edelsteinqualität, sonst trübe und undurchsichtig.

### Verwechslungen und Unterscheidung

Als Edelstein kann Zirkon mit vielen anderen wie Aquamarin, Chrysoberyll, Granat (Hessonit), Kassiterit, Saphir, Sinhalit, Sphen, Topas, Turmalin und Vesuvian verwechselt werden. Die Unterscheidung ist hier in vielen Fällen nur durch eine gemmologische Untersuchung möglich.

### Fälschungen

Das durch Radioaktivität zerstörte Kristallgitter undurchsichtig brauner Zirkone kann durch Brennen wiederhergestellt werden. Dadurch klärt und wandelt sich die Farbe und wird blau, gelb, rot oder farblos. Fast alle im Handel befindlichen Edelsteine dieser Farben sind heute gebrannt. Der Nachweis ist auch hier nur gemmologisch möglich. Dasselbe gilt für Imitationen aus synthetischem Spinell.

### Verwendung und Handel

Zirkon ist als Edel- und Schmuckstein sowie als Heilstein schon seit der Antike bekannt. Um Fälschungen auszuschließen, empfiehlt es sich heute, nur die braunen Kristalle zu verwenden. Grundsätzlich ist zu beachten, daß viele Zirkone meßbare Radiumstrahlung abgeben und daher beim Bearbeiten Schutzbestimmungen einzuhalten sind.

### Heilwirkung, Indikationen

Zirkon regt an, mit Begeisterung neue Ideen zu entwickeln, zu prüfen und zu verwirklichen. Dabei erinnert er stets an die Vergänglichkeit (die Information „radioaktiv" erinnert an den Tod) und lehrt dadurch, Wesentliches und Unwesentliches zu unterscheiden. Er stärkt die Suche nach dem Lebenssinn und hilft, Verluste zu überwinden und sich vom Materialismus zu lösen.

Körperlich wirkt Zirkon leberanregend, schmerzlindernd und krampflösend, gerade auch bei Menstruationsbeschwerden, die mit einer verspäteten Regelblutung einhergehen.

### Anwendung

Zirkon sollte außer bei akuten Krämpfen nicht länger als eine Stunde täglich getragen werden.

# Zoisit

## Name, Synonyme, Handelsbezeichnungen
Zoisit wurde von A.G. Werner nach dem Mineraliensammler Siegmund Freiherr Zois (1747–1819) benannt. Ein im Auftrag des Herrn von Zois reisender Mineralienhändler hatte das Mineral auf der Saualpe in Kärnten entdeckt und zunächst Saualpit genannt. Dieser Name erschien jedoch unvorteilhaft, weshalb später Zoisit vorgezogen wurde. Dieser Begriff wiederum erweckte im Englischen unangenehme Assoziationen (zoisite – suicide = Selbstmord), weshalb für die blaue Edelsteinversion später der Begriff Tansanit kreiert wurde (vgl. auch Seite 15 und Seite 515). Weitere Synonyme sind Anyolith (nach dem Massai-Wort für grün) für den tansanischen grünen Zoisit mit Rubin sowie Illuderit. Saussurit ist ein Zoisit-Skapolith-Feldspat-Gemenge.

## Genese, Vorkommen
Zoisit entsteht tertiär bei der regionalmetamorphen Umwandlung basischer Magmatite zu Kalksilikatfelsen, Grünschiefern und Eklogiten. Für seine Entstehung ist stets ein hoher Druck und die Anwesenheit von Wasser notwendig. Unter diesen Bedingungen wird Feldspat, insbesondere Anorthit (vgl. Seite 230) zu Zoisit umgewandelt. Zoisit kommt als Nebengemengteil vieler Gesteine weltweit vor, das einzige mengenmäßig bedeutende und wirtschaftlich interessante Vorkommen jedoch, welches den sogenannten Rubin-Zoisit (Anyolith) liefert, liegt bei Longido/Tansania.

## Kristallsystem, Erscheinungsbild, Farbe
Zoisit ist rhombisch, bildet jedoch nur selten vertikal gestreifte prismatische Kristalle, die oft gestreckt, verbogen, geknickt und zerbrochen im Gestein eingewachsen sind. Häufiger sind derbe,

*Abb. 240: Zoisit-Trommelsteine, z.T. mit Rubin (Anyolith), Tansania (2:1)*

breitstengelige, parallel- oder radialstrahlige Aggregate und vor allem körnige Massen. Aus letzteren besteht auch das größte Vorkommen in Longido/Tansania, wo Zoisit als fast monomineralisches Gestein von intensiv grüner Farbe mit wenigen dunklen Einsprengseln von Amphiboliten und größeren Rubineinschlüssen auftritt (siehe Abb.). Ansonsten erscheint Zoisit grau bis grünlich. Er zeigt Glasglanz.

### Mineralklasse, Chemismus
Zoisit ist ein basisches Calcium-Aluminium-Silikat aus der Epidot-Zoisit-Gruppe und der Mineralklasse der Gruppensilikate, Formel: $Ca_2Al_3[O/OH/SiO_4/Si_2O_7]$ + Ba,Cr,Fe,Mg,Mn,Sr,V. Neben den Gruppensilikat-Molekülen ($Si_2O_7$) enthält Zoisit auch Inselsilikat-Moleküle ($SiO_4$) und Oxidionen (O), was insbesondere für die Steinheilkunde wichtig ist. Die grüne Farbe des Anyoliths (Zoisit mit Rubin) aus Tansania entsteht durch geringfügigen Ersatz von Aluminium (Al) durch Chrom (Cr).

### Bestimmungsmerkmale
Mohshärte: 6 – 6,5; Dichte: 3,25 – 3,36; Spaltbarkeit: vollkommen, unebener Bruch; Strichfarbe: weiß; Transparenz: undurchsichtig bis durchscheinend.

### Verwechslungen und Unterscheidung
Zoisit kann mit Apatit (Härte 5), Epidot, Grossularit (grünem granathaltigem Gestein), Klinozoisit (Aluminium-Epidot), Sillimanit u.a. verwechselt werden. Deren Bestimmungsmerkmale sind so ähnlich, daß im Zweifelsfall eine mineralogisch-gemmologische Untersuchung zu empfehlen ist.

### Fälschungen
Fälschungen für gewöhnlichen Zoisit sind nicht bekannt. Die blaue Edelsteinqualität Tansanit wird jedoch häufig gebrannt oder imitiert (siehe Seite 510).

### Verwendung und Handel
Zoisit wird gelegentlich als Schmuckstein verarbeitet. Als Heilstein wird vor allem der grüne Zoisit aus Tansania (Anyolith), bevorzugt mit Rubineinschlüssen, verwendet.

### Heilwirkung, Indikationen
Zoisit hilft, Resignation und destruktive Geisteshaltungen zu überwinden und das eigene Leben selbst in die Hand zu nehmen. Er hilft, eigene Ideen und Wünsche zu entwickeln und verschüttete Gefühle freizulegen und zu leben. Aufgrund der Kombination von Oxidionen, Insel- und Gruppensilikatanteilen ist Zoisit ein hervorragender Heilstein zur Erholung nach Belastungen und schweren Krankheiten. Er regt die Regenerationskraft des Organismus an, hilft bei Erkrankungen der Hoden und der Eierstöcke, fördert die Fruchtbarkeit und stärkt in Verbindung mit Rubin die Potenz.

### Anwendung
Zoisit sollte über längere Zeit unmittelbar am Körper getragen oder regelmäßig auf die betroffenen Körperbereiche aufgelegt werden.

## 3.2 Wenig erforschte Heilsteine

Die wissenschaftliche Erforschung der Steinheilkunde wird erst seit wenigen Jahren durch private Initiativen, Forschungsgruppen und in jüngerer Zeit durch den Steinheilkunde e.V. Stuttgart geleistet. Diese gründlich-systematische Arbeit braucht sehr viel Zeit und kann dem rasch wachsenden Angebot an Heilsteinen nur mit einer gewissen Verzögerung folgen. Im Moment wird der Heilsteine-Markt daher nur zum Teil von der Steinheilkunde und deren Forschungen und Erfahrungen bestimmt, weitaus größer ist das Bestreben des Handels, neue Steinsorten möglichst schnell aus marketingstrategischen Gesichtspunkten als Heilsteine zu deklarieren. Da die Nachfrage nach Heilsteinen im Mineralienmarkt zu einem Faktor mit großer Dynamik und Umsatzkraft gewachsen ist, werden viele Steine nun mit großen Versprechungen beworben und angeboten.

Ob alle diese Versprechungen haltbar sind, ist sehr zweifelhaft! Neben mancher durchaus verständlichen Begeisterung für beobachtete Heilwirkungen scheinen auch reine Fabelei und mitunter sogar Betrug und arglistige Täuschung mit ins Spiel zu kommen. Insbesondere Behauptungen, bestimmte Heilsteine seien nur dann wirksam, wenn sie bei einem bestimmten Händler gekauft werden, oder würden ihre phantastische Wirkung sogar ins Gegenteil verkehren, wenn sie von der Konkurrenz bezogen werden, sind so offensichtlich unseriös, daß die Zentrale zur Bekämpfung unlauteren Wettbewerbs (ZBUL) in den Jahren 1996 und 1997 zweimal aktiv werden mußte.

Es ist eigentlich logisch, daß Heilsteine ihre Wirkung ausschließlich ihrer natürlichen Beschaffenheit und nicht einem Markennamen, einem eingetragenen Warenzeichen oder irgendeinem Zertifikat verdanken. Wer derart auftritt, beweist, daß es ihm nicht um die Heilkunde, sondern allein um den Profit geht. Leider tragen viele Zettel mit inhaltslosem Werbegefasel heute den Titel „Zertifikat", obwohl ein Zertifikat eindeutig als eine von einer Fachkraft ausgestellte Bescheinigung definiert ist. Bei Mineralien und Edelsteinen sollte ein solches Zertifikat von einem als Gutachter anerkannten Gemmologen oder einem Mineralogen unter Angabe der durchgeführten Untersuchungen und deren Ergebnissen für einen bestimmten, mit Aussehen, Form, Größe und Gewicht eindeutig beschriebenen Stein erstellt sein und ist auch nur für diesen gültig. Dafür ist der jeweilige Gutachter dann auch juristisch voll verantwortlich und haftbar. – Alles andere, auch wenn es in bester Absicht erstellt wird, ist eine bloße Absichtserklärung. Und entsprechend dem Charakter mancher verbreiteter Händler sind diese Zettel mitunter leider nicht einmal das Papier wert, auf dem sie gedruckt sind!

Für dieses Lexikon der Heilsteine stellt sich daher die schwere Aufgabe, einerseits dem Vollständigkeitsanspruch und andererseits dem Anspruch nach verläßlichen Informationen gerecht zu werden. Aus diesem Grund werden im folgenden Teil des Lexikons nun jene Heilsteine besprochen, die von glaubhaften und fachkundigen Autoren beschrieben sind, jedoch wissenschaftlich noch nicht ausgiebig erforscht und erprobt werden konnten. Die zitierten Autoren werden dabei in Klammern genannt (SHK-Forschung bedeutet Forschungsprojekt Steinheilkunde und ähnliche Initiativen), die jeweiligen Titel finden Sie im Literaturverzeichnis. Wir möchten damit einerseits die Pionierarbeit jener Autoren honorieren, ihnen andererseits jedoch auch die Verantwortung für die jeweiligen Heilaussagen überlassen.

# Adamin

### Name, Synonyme, Handelsbezeichnungen
Adamin wurde 1866 von Charles Friedel, einem Mineralogieprofessor an der Sorbonne in Paris, nach dem Mineralogen G.J. Adam benannt, der das Mineral dort untersuchen ließ. Als Synonym wird manchmal die chemische Bezeichnung Zinkarsenat verwendet.

### Genese, Vorkommen
Adamin entsteht sekundär in der Oxidationszone von Zinkerzlagerstätten. Dabei wird Arsensäure durch die Verwitterung von Arsenverbindungen freigesetzt, welche sich mit den zinksulfid- und zinkoxidhaltigen Erzen zu Adamin verbindet. Vorkommen finden sich in Frankreich, Griechenland, Mexiko, Chile und Namibia.

### Kristallsystem, Erscheinungsbild, Farbe
Adamin ist rhombisch und bildet nur sehr kleine prismatische oder tafelige, oft flächenreiche Kristalle. Etwas häufiger erscheint er in feinkörnigen oder knolligen Aggregate mit radialstrahligem Aufbau (siehe Abb.), meist in Drusen aufgewachsen. Adamin ist farblos, weiß, gelb, grün, violett bis rosa und zeigt lebhaften Glasglanz.

### Mineralklasse, Chemismus
Als Zinkarsenat zählt Adamin zur Mineralklasse der Arsenate (ähnlich den Phosphaten), Formel: $Zn_2[OH/AsO_4]$ + Cu,Co,Fe,Mg. Farbgebend sind die Beimengungen von Kupfer (Cu, grün), Kobalt (Co, violett bis rosa) oder Eisen (Fe, gelb).

### Bestimmungsmerkmale
Mohshärte: 3,5; Dichte: 4,32 – 4,48; Spaltbarkeit: gut, unebener Bruch; Strichfarbe: weiß; Transparenz: durchsichtig bis durchscheinend.

### Verwechslungen und Unterscheidung, Fälschungen
Adamin kann mit Stellerit (Dichte 2,09 – 2,20) verwechselt, aufgrund des großen Dichtunterschieds jedoch sehr leicht unterschieden werden. Fälschungen sind nicht bekannt.

### Verwendung und Handel
Adamin ist selten, als Schmuckstein praktisch unbekannt und ausschließlich als Sammlerstufe erhältlich. Auch in der Heilkunde wird Adamin aus diesem Grund bislang nur von sehr wenigen Anwendern eingesetzt.

### Heilwirkung, Indikationen, Anwendung
Adamin vermittelt Kraft und Stärke und beschleunigt die Rekonvaleszenz nach Krankheiten. Er hilft, das Krankheitserlebnis zu verarbeiten und durch diese Erfahrung geistig zu wachsen. Es wird empfohlen, Adamin dazu im Herzbereich aufzulegen oder zu tragen (Sperling). Adamin hilft, Herzensangelegenheiten vernünftig zu regeln und persönliche Empfindungen mitzuteilen. Er kann bei Beschwerden von Herz, Lunge, Kehle und Hormondrüsen eingesetzt werden (Melody).

*Abb. 241: Adamin in Geode, Mexiko (2:1)*

# Alunit

## Name, Synonyme, Handelsbezeichnungen
Alunit, lat. alumen, stammt von indogermanisch alu = Bier, Met und bezeichnet wahrscheinlich den zusammenziehenden Geschmack des Minerals. Synonyme: Alaun, Alaunspat, Alaunstein, Calafatit, Kalioalunit, Löwigit, Newtonit.

## Genese, Vorkommen
Alunit entsteht tertiär durch die Metasomatose feldspatreicher, meist vulkanischer Gesteine unter dem Einfluß von schwefel- oder schwefelsäurehaltigem Oberflächenwasser oder entsprechenden hydrothermalen Lösungen. Vorkommen finden sich in Frankreich, Italien, Spanien, Tschechien, Ungarn, den USA, Australien.

*Abb. 242: Alunit-Rohsteine, Utah/USA (1:1)*

## Kristallsystem, Erscheinungsbild, Farbe
Alunit ist trigonal und bildet meist unregelmäßige Adern im Gestein. Aggregate sind feintraubig, erdig und manchmal faserig, die Farbe farblos, weiß, manchmal blaß rötlich oder gelblich mit Glasglanz.

## Mineralklasse, Chemismus
Alunit ist ein basisches Kalium-Aluminium-Sulfat aus der Mineralklasse der Sulfate, Formel: $KAl_3[(OH)_6/(SO_4)_2]$ + Na, Fe+ (SE). Die gelegentlich auftretenden blassen Färbungen entstehen durch geringe Mengen von Eisen (Fe). Spuren von Seltenen Erden (SE) sind nur vereinzelt anzutreffen.

## Bestimmungsmerkmale
Mohshärte: 3,5 – 4; Dichte: 2,7 – 2,8; Spaltbarkeit: vollkommen; Strichfarbe: weiß; Transparenz: durchscheinend bis undurchsichtig. Etwas zusammenziehender Geschmack. Nur in Kalilauge und heißer Schwefelsäure, nicht in Salzsäure löslich!

## Verwechslungen und Unterscheidung, Fälschungen
Aluminit: Härte 1, Dichte 1,7, in Salzsäure löslich; Anhydrit: pulverisiert in kalter Schwefelsäure löslich; Dolomit: in Salzsäure langsam, pulverisiert schnell löslich; Magnesit: pulverisiert in erwärmter Salzsäure löslich. Fälschungen sind nicht bekannt.

## Verwendung und Handel
Alunit dient zur Gewinnung von Alaun (Arzneimittel, Gerben, Papierherstellung) und als Aluminium-Rohstoff.

## Heilwirkung, Indikationen, Anwendung
Im Altertum und Mittelalter wurde Alunit zur Blutstillung, Empfängnisverhütung und bei Geschwüren aufgelegt und zur Vorbeugung gegen Gürtelrose in einem Stoffsäckchen getragen. Im Orient galt er als Schutzstein gegen Bezauberung und Besessenheit. Heute wird Alunit gegen Ängste und Schuldgefühle getragen sowie bei chronischen, festsitzenden Entzündungen, Ekzemen und nässenden Hautausschlägen aufgelegt.

# Analcim

### Name, Synonyme, Handelsbezeichnungen
Analcim wurde von Hauy nach griech. analkis= schwach, kraftlos benannt, da das Mineral unter dem Einfluß elektrischer Spannung nur schwach reagiert. Synonyme sind Analzim, Cubieit, Cuboit, Eudnophit, Euthalit und Euthallit.

### Genese, Vorkommen
Analcim entsteht primär in kieselsäurearmen Vulkaniten und Plutoniten, meist jedoch als hydrothermale Bildung. Dabei tritt Analcim oft zusammen mit Prehnit (siehe Seite 354) und Zeolithen (Heulandit Seite 474, Natrolith Seite 486, Stilbit Seite 507) auf. Selten entsteht er auch als sekundäre Neubildung in Tongesteinen oder als Umwandlungsprodukt von Nephelin und Sodalith (Seite 392). Vorkommen: Deutschland (Harz), Tschechien, Rußland, Italien, Großbritannien, Nordirland, USA, Kanada und Südafrika.

### Kristallsystem, Erscheinungsbild, Farbe
Analcim ist kubisch und kristallisiert als Ikositetraeder. Häufiger jedoch bildet er derbe, körnige oder dichte Massen. Die Farbe ist farblos, weiß, grau, manchmal rosa oder gelb mit Glasglanz.

### Mineralklasse, Chemismus
Analcim ist ein wasserhaltiges Natrium-Aluminium-Silikat aus der Mineralklasse der Gerüstsilikate, Formel: $Na[AlSi_2O_6] \cdot H_2O$ + K,Ca,Mg,Si.

### Bestimmungsmerkmale
Mohshärte: 5,5; Dichte: 2,2 – 2,3; Spaltbarkeit: kaum wahrnehmbar, muscheliger unebener Bruch; Strichfarbe: weiß; Transparenz: durchsichtig bis durchscheinend.

### Verwechslungen und Unterscheidung, Fälschungen
Analcim ist mit Leucit verwechselbar. Aufgrund des geringen Dichteunterschieds (Leucit 2,5) sind die beiden Mineralien am besten mit dem Refraktometer unterscheidbar: Leucit ist tetragonal und zeigt daher eine Doppelbrechung, die beim kubischen Analcim fehlt (siehe „Optische Untersuchungsmethoden" Seite 69).

### Verwendung und Handel
Analcim ist mitunter als Schmuckstein in Form von Cabochon und Kugelketten im Handel. Als Heilstein ist er zwar in der Literatur beschrieben, jedoch nur wenig in Gebrauch.

### Heilwirkung, Indikationen, Anwendung
Analcim stärkt Selbstliebe, Ausdauer und Durchhaltevermögen (Sperling). Er hilft, seelischen Kummer zu analysieren und mit Hilfe des Verstandes zu verarbeiten, erleichtert das Einschlafen und lindert Migränekopfschmerz (Sienko). Analcim hilft außerdem bei Harnverhaltung, Funktionsstörungen der Pankreas und Muskelatrophie (Melody).

Abb. 243: Analcim-Kristalle, USA (1:1); Einklinker: Cabochon, Norwegen (2:1)

# Astrophyllit

## Name, Synonyme, Handelsbezeichnungen

Der Name Astrophyllit stammt von griech. astro = Stern und phyllon = Blatt, und bezieht sich auf die sonnenartigen Aggregate des Minerals. Synonyme gibt es nicht.

## Genese, Vorkommen

Astrophyllit entsteht primär durch liquidmagmatische Bildung in Pegmatiten oder hydrothermal in Gängen. Vorkommen gibt es in Norwegen, Grönland, Rußland und den USA.

## Kristallsystem, Erscheinungsbild, Farbe

Astrophyllit ist triklin, tafelige bis gestreckte Einkristalle sind jedoch selten, wesentlich häufiger kommen wirre, zapfenförmige oder radialstrahlige Aggregate (sogenannte Astrophyllit-Sonnen) vor. Die Farbe ist bronzebraun, goldgelb, orange und senkrecht zur Spaltbarkeit dunkler, parallel dazu heller. Astrophyllit zeigt Glasglanz, mitunter mit perlmuttartigem Farbspiel.

## Mineralklasse, Chemismus

Astrophyllit ist ein basisches Silikat aus der Mineralklasse der Gruppensilikate, Formel: $(K_2,Na_2,Ca)(Fe,Mn)_4(Ti,Zr)[OH/Si_2O_7]$.

## Bestimmungsmerkmale

Mohshärte: 3 – 3,5; Dichte: 3,3; Spaltbarkeit: vollkommen; Strichfarbe: weiß; Transparenz: durchsichtig bis durchscheinend.

## Verwechslungen und Unterscheidung, Fälschungen

Glimmer (Biotit, Muskovit u.a.) ähneln dem Astrophyllit, jedoch im Gegensatz zu ihm senkrecht zur Spaltbarkeit heller und parallel dazu dunkler, ihre Härte beträgt 2 – 2,5, die Dichte 2,7 – 2,9.

*Abb. 244: Astrophyllit-Sonne, Rußland (2:1)*

## Verwendung und Handel

Astrophyllit ist derzeit nur als Mineralstufe zum Sammeln von Bedeutung. Als Heilstein wurde er vom Forschungsprojekt Steinheilkunde zwar bereits getestet, dennoch ist Astrophyllit in der Heilkunde noch weitgehend unbekannt.

## Heilwirkung, Indikationen, Anwendung

Astrophyllit bringt eigene Bedürfnisse und unerledigte Dinge ans Licht und hilft „aufzuräumen". Dies kann auch zu lebhaften und intensiven Träumen bei leichtem, manchmal unruhigem Schlaf führen. Tagsüber versetzt Astrophyllit in gelassene, gedankenverlorene Stimmung. Er ist kein Fall für Disziplin und Konzentration, um so mehr jedoch für spontane Geistesblitze und Handlungsimpulse. Körperlich regt Astrophyllit Verdauung und Stoffwechsel sowie die Wasserresorption im Dickdarm an. Astrophyllit sollte in der Hosentasche getragen werden. Im Herzbereich wird er oft als unangenehm empfunden. Schwangeren Frauen ist von seinem Gebrauch abzuraten (SHK-Forschung).

# Atacamit

## Name, Synonyme, Handelsbezeichnungen

Atacamit wurde von dem Göttinger Professor der Medizin Johann Friedrich Blumenbach (1752–1840) nach seinem Vorkommen in der Atacama-Wüste in Chile benannt. Synonyme sind Atakamit, Chlorkupfererz, Chlorochalcit, Halochalcit, Kupferhornerz, Kupfersand, Remolinit und Salzkupfererz.

## Genese, Vorkommen

Atacamit entsteht sekundär durch Oxidation von Kupfermineralien im Trockenklima (Wüsten) oder unter dem Einfluß von Salzlösungen, selten auch als Abschneidung von Gas- und Wasserdampfaustritten (sogenannten Fumarolen) in vulkanischem Umfeld. Atacamit wandelt sich im Laufe der Zeit in Malachit oder Chrysokoll um. Vorkommen sind in Mexiko, Chile, Australien.

## Kristallsystem, Erscheinungsbild, Farbe

Atacamit ist rhombisch, seine Kristalle sind jedoch meist dünn, prismatisch, mit in vertikaler Richtung gestreiften Prismenflächen; seine Aggregate sind dicht, blättrig, strahlig, stengelig, nadelig, körnig oder pulverig. Die Farbe des Atacamit variiert von grün bis schwarzgrün, er zeigt Glas- oder Fettglanz.

## Mineralklasse, Chemismus

Atacamit ist ein basisches, wenig stabiles Kupferchlorid aus der Mineralklasse der Halogenide, Formel: $Cu_2(OH)_3Cl$.

## Bestimmungsmerkmale

Mohshärte: 3–3,5; Dichte: 3,8; Spaltbarkeit: vollkommen; Strichfarbe: apfelgrün; Transparenz: durchscheinend. Keine Gasentwicklung beim Lösen in Salzsäure; gibt beim Erhitzen auf 200 °C Wasser ab.

## Verwechslungen und Unterscheidung, Fälschungen

Chrysokoll: Dichte: 1,9–2,3, Spaltbarkeit: keine, Strichfarbe: blaßgrün; Malachit: Setzt beim Lösen in Salzsäure Kohlendioxid-Gas frei.

## Verwendung und Handel

Atacamit wird lokal zur Kupfergewinnung genutzt, spielt dabei jedoch weltweit eine untergeordnete Rolle. In der Steinheilkunde wird er überwiegend in Form von Elixieren verwendet (Gurudas), als Heilstein selbst ist er noch wenig bekannt.

## Heilwirkung, Indikationen, Anwendung

Atacamit kräftigt die Genitalien, die Schilddrüse und das parasympathische Nervensystem. Er regt die Gewebsregeneration an und unterstützt die Heilung von Geschlechtskrankheiten und Herpes. Auch die konstitutionellen Folgen von Gonorrhöe- und Tuberkulose-Erkrankungen (das sogenante Miasma) werden durch Atacamit gemildert und die Aufnahme der Vitamine A, D und E sowie von Silicium im Dünndarm wird verbessert (Gurudas).

*Abb. 245: Atacamit-Stufe, Chile (1:1)*

# Augit

## Name, Synonyme, Handelsbezeichnungen

Augit erhielt seinen Namen 1792 von dem Freiberger Mineralogie-Professor Abraham Gottlob Werner nach einem bei Plinius d.Ä. erwähnten augitis (von griechisch auge = Glanz), ist jedoch im heutigen Sinn mit diesem damals beschriebenen Mineral nicht identisch.

Im weiteren Sinn bezeichnete der Name Augit früher die Mineralgruppe der Pyroxene, im engeren Sinn ist er ein bestimmtes Mineral dieser Gruppe – so auch in diesem Kapitel. Synonyme für Augit sind Basaltin und Polylith (schwarz).

*Abb. 246: Augit-Kristalle, Norwegen (1:1)*

## Genese, Vorkommen

Augit entsteht primär, hauptsächlich in basischen Vulkaniten wie Basalt, Melaphyr und Diabas, seltener in Alkalisyeniten und entsprechenden Vulkaniten wie Phonolith. Vorkommen finden sich weltweit, u.a. in Deutschland, Böhmen, Norwegen, Frankreich, Rußland und den USA.

## Kristallsystem, Erscheinungsbild, Farbe

Augit ist monoklin und bildet kurzprismatische, tafelige, seltener isometrische Kristalle oder derbe und körnige Aggregate. Augit ist meist schwarz, seltener dunkelgrün oder braun und zeigt Glasglanz.

## Mineralklasse, Chemismus

Augit ist ein Aluminiumsilikat aus der Diopsid-Ägirin-Reihe und zählt zur Pyroxen-Gruppe und Mineralklasse der Kettensilikate, Formel: $(Ca,Mg,Fe,Ti,Al)_2(Si,Al)_2O_6$.

## Bestimmungsmerkmale

Mohshärte: 5–6; Dichte: 3,2–3,6; Spaltbarkeit: gut; Strichfarbe: weiß; Transparenz: undurchsichtig, kantendurchscheinend.

## Verwechslungen und Unterscheidung, Fälschungen

Turmalin (dreieckiger Querschnitt, keine Spaltbarkeit) und Amphibole (sechseckiger Querschnitt, dreigeteilte Kopffläche) sind ähnlich, jedoch durch die gute Spaltbarkeit des Augit unter einem Winkel von 90°, den achteckigen Querschnitt und die zweigeteilte Kopffläche unterscheidbar. Geschliffene Steine können hier nur gemmologisch überprüft werden, Fälschungen gibt es jedoch nicht.

## Verwendung und Handel

Augit wird wirtschaftlich nicht genutzt und ist als Schmuck- und Heilstein derzeit noch kaum bekannt.

## Heilwirkung, Indikationen, Anwendung

Augit fördert das geistige Wachstum, zentriert, erdet und erleichtert schmerzhafte Veränderungen im Leben. Körperlich regt er den Calcium-Stoffwechsel an und hilft dadurch bei Calcium-Mangelerscheinungen. Er kann sowohl als Stein verwendet als auch als Elixier eingenommen werden (Melody).

# Aurichalcit

## Name, Synonyme, Handelsbezeichnungen
Aurichalcit erhielt seinen Namen 1839 von Böttger nach griech. oreichalkos = Bergkupfer. Synonyme sind: Buratit, Kupferzinkblüte, Messingblüte, Messingit, Orichalcit, Risséit und Zeiringit (Aragonit-Aurichalcit-Gemenge).

## Genese, Vorkommen
Aurichalcit entsteht sekundär durch Ausfällung aus carbonathaltigem Wasser in der Oxidationszone von Zink- und Kupfererzlagerstätten. Kohlensäurehaltige Lösungen greifen dabei zunächst kupfer- und zinkhaltige Sulfide und Oxide an, lösen die Metallionen aus dem Erz heraus und scheiden sie später als Kupfer-Zink-Carbonat in Spalten und Hohlräumen des Gesteins wieder ab. Aurichalcit ist weit verbreitet, bedeutende Vorkommen liegen in Griechenland, Italien, Spanien, den USA und Mexiko.

## Kristallsystem, Erscheinungsbild, Farbe
Aurichalcit ist rhombisch und bildet nadelige, blättrige oder linealförmige Kristalle, die büschelige oder flaumige Überzüge in Hohlräumen bilden. Die Farbe ist blaßgrün, grünlich-blau bis himmelblau. Aurichalcit zeigt Perlmutt- oder Seidenglanz.

## Mineralklasse, Chemismus
Aurichalcit ist ein basisches Kupfer-Zink-Carbonat aus der Mineralklasse der Carbonate, Formel: $(Zn,Cu)_5[(OH)_3/CO_3]_2$. Das Verhältnis von Kupfer zu Zink beträgt dabei maximal 1 : 4.

## Bestimmungsmerkmale
Mohshärte: 1 – 2; Dichte: 3,64 – 3,96; Spaltbarkeit: vollkommen; Strichfarbe: grünblau; Transparenz: durchsichtig.

## Verwechslungen und Unterscheidung, Fälschungen
Aurichalcit kann mit Chrysokoll (Dichte 2,0 – 2,3, keine Spaltbarkeit) oder Cavansit (Härte 3 – 4, Dichte 2,31) verwechselt werden, ist jedoch vor allem anhand der höheren Dichte leicht unterscheidbar. Fälschungen sind nicht bekannt.

## Verwendung und Handel
Aurichalcit besitzt keine wirtschaftliche Bedeutung. Er ist ausschließlich als Sammlerstufe im Handel und als Heilstein derzeit noch weitgehend unbekannt.

## Heilwirkung, Indikationen, Anwendung
Aurichalcit bringt die eigene Innen- und Außenwelt in Harmonie und Einklang und fördert so Frieden und Gelassenheit. Er lindert Ängste und gibt seelische Stabilität. Körperlich kann Aurichalcit zur Behandlung der Zirbeldrüse, des Thalamus und bei Kreislaufstörungen eingesetzt werden (Melody). Da Aurichalcit nur als Stufe erhältlich ist, kann er wohl nur aufgelegt oder betrachtet werden.

*Abb. 247: Aurichalcit-Stufe, Mexiko (1:1)*

# Benitoit

## Name, Synonyme, Handelsbezeichnungen

Benitoit, auch Benitoid genannt, wurde von Louderback 1907 nach dem Fundort San Benito County in Kalifornien/USA benannt, wo das Mineral im selben Jahr erstmals entdeckt wurde. Das einzige Synonym für Benitoit ist Himmelstein (nach der blauen Farbe).

## Genese, Vorkommen

Benitoit entsteht primär aus hydrothermalen Lösungen in kleinen Natrolithgängen des Glaukophanschiefers von San Benito/Kalifornien.

## Kristallsystem, Erscheinungsbild, Farbe

Benitoit ist trigonal und bildet dipyramidale, im Natrolith eingewachsene Kristalle mit dreieckigem Querschnitt, die bis zu drei Zentimeter groß werden können. Wesentlich seltener bildet Benitoit auch körnige Aggregate. Die Farbe des Minerals ist meist saphirblau, seltener blaßblau oder farblos und teils klar, teils trüb und fleckig. Benitoit zeigt Glasglanz.

## Mineralklasse, Chemismus

Benitoit ist ein Barium-Titan-Silikat aus der Titanitgruppe und der Mineralklasse der Ringsilikate, Formel: $BaTi[Si_3O_9]$ + Al,Fe,K,Mn,Na. Sein Kristallgitter besteht aus Dreierringen mit abwechselnd dazwischengelagerten Barium- und Titan-Ionen.

## Bestimmungsmerkmale

Mohshärte: 6 – 6,5; Dichte: 3,65 – 3,68; Spaltbarkeit: keine, muscheliger, spröder Bruch; Strichfarbe: farblos; Transparenz: durchsichtig bis durchscheinend, deutlicher Pleochroismus.

## Verwechslungen und Unterscheidung, Fälschungen

Benitoit kann mit blauem Saphir (Härte 9) ver-

*Abb. 248: Benitoit-Kristalle (blau) mit Neptunit (schwarz) in Natrolith, USA (2:1)*

wechselt werden. 1996 kam hitzebehandelter rosafarbener Benitoit als „Imperial Benitoit" auf den Markt.

## Verwendung und Handel

Benitoit ist sehr selten und daher nur wenig bekannt. Er wird mitunter als Edelstein facettiert oder als Sammlerstufe im Mineralienhandel angeboten. Als Heilstein wird er bisher überwiegend als Elixier (nach Gurudas) gebraucht.

## Heilwirkung, Indikationen, Anwendung

Benitoit fördert das Wissen um die geistige Natur des Menschen. Er vermittelt höhere Bewußtseinszustände und weckt Visionen, Intuition und hellseherische Fähigkeiten. Körperlich stimuliert Benitoit die Hypophyse (Gurudas). Er hilft, „zur richtigen Zeit am richtigen Ort zu sein" und fördert das Erkennen der (geistigen) Krankheitsursachen (Melody). Er kann sowohl als Stein auf das Dritte Auge (Stirn, zwischen den Augenbrauen) aufgelegt als auch als Elixier eingenommen werden.

# Borax

## Name, Synonyme, Handelsbezeichnungen

Der Name Borax ist persischer Herkunft (buräh = weiß) und gelangte über das Arabische (burak, bauraq) ins Mittellateinische (borax). Er wurde schon im frühen Mittelalter aus Tibet über Persien und Arabien nach Europa gebracht. Synonyme sind borsaures Natron, Reh, Sedativsalz, Tinkal und Zala.

## Genese, Vorkommen

Borax entsteht sekundär durch Ausfällung im Bodenschlamm der sogenannten Boraxseen, gewöhnlich in Begleitung von Steinsalz und Soda. Wesentlich seltener bildet er sich als Bodenausblühung aus borathaltigem Wasserdampf in Wüstengebieten oder als Abscheidung heißer Quellen. Bedeutende Borax-Vorkommen sind in den USA (Kalifornien, Nevada), Argentinien, Chile, Kaschmir und Tibet.

## Kristallsystem, Erscheinungsbild, Farbe

Borax ist monoklin und bildet prismatische Kristalle mit kurz- oder dicksäuligem Habitus, häufiger jedoch erdige, mit einer trüben Rinde überzogene Massen. Er ist farblos-weiß, durch Verunreinigungen auch trübgrau bis gelb und zeigt an Bruchstellen Glas- bis Fettglanz.

## Mineralklasse, Chemismus

Borax ist ein wasserhaltiges Natriumborat aus der Mineralklasse der Borate (ähnlich den Carbonaten), Formel: $Na_2B_4O_7 \cdot 10\ H_2O + Ca,Cl,CO_3,S,SO_4$.

## Bestimmungsmerkmale

Mohshärte: 2 – 2,5; Dichte: 1,7 – 1,8; Spaltbarkeit: unvollkommen; Strichfarbe: weiß; Transparenz: durchsichtig bis opak. Borax ist leicht wasserlöslich, besitzt einen süßlich-salzigen Geschmack und schmilzt leicht beim Erhitzen.

## Verwechslungen und Unterscheidung, Fälschungen

Borax kann mit Sassolin (Härte 1, bitterer Geschmack) und Kernit (nur schwach wasserlöslich) verwechselt werden, ist jedoch relativ leicht zu unterscheiden. Fälschungen gibt es nicht.

## Verwendung und Handel

Borax ist ein wichtiger Bor-Rohstoff und dient als Flußmittel beim Löten und als Identifikationshilfe für Mineralien, die in der Schmelze mit Borax bestimmte Farben zeigen (sogenannte Boraxperle).

## Heilwirkung, Indikationen, Anwendung

Borax verbessert die Selbstbeherrschung und die Kontrolle über das eigene Leben. Er wird bei Empfindlichkeit gegen plötzliche Geräusche und Angst vor Abwärtsbewegungen eingesetzt. Borax hilft bei Husten, Stichen in der Brust (beim Einatmen) und Schuppenflechte (Psoriasis). Er wird vor allem als homöopathisches Medikament und nur selten als Stein selbst verwendet. (Scholten)

*Abb. 249: Borax-Rohstück, Türkei (1:2)*

# Bornit

## Name, Synonyme, Handelsbezeichnungen
Bornit erhielt seinen Namen 1845 durch Haidinger nach Ignatius von Born, dem Direktor des Hofmineralienkabinetts in Wien. Synonyme sind Braunkupfererz, Buntkupfer, Buntkupfererz, Chalkomiclin, Kupfer-Lazul, Kupferglas (buntes, violettes), Kupferlasur, Kupferlazurerz, Kupferlebererz, Leberschlag, Pfauenerz, Poikilit, Poikilopyrit und Purpurkupfer.

## Genese, Vorkommen
Bornit ist ein sogenanntes Durchläufer-Mineral, das in allen drei Bildungsbereichen entstehen kann. Er entsteht primär als Gemengteil magmatischer Sulfid-Lagerstätten und hydrothermaler Erzgänge, Vorkommen in Großbritannien, Schweden, Namibia, Südafrika, den USA, Mexiko; sekundär in marin-sedimentären Sulfid-Lagerstätten in Deutschland, Polen, den USA, sowie selten in der Zementationszone von Kupfererzlagerstätten; und tertiär schließlich als Neubildung in metamorphen Sulfidlagerstätten.

## Kristallsystem, Erscheinungsbild, Farbe
Bornit ist tetragonal. Nur selten bildet er kleine, verzerrte Kristalle mit rauhen, gekrümmten Flächen, wesentlich häufiger erscheint er in Form derber, körniger, dichter, knolliger, plattiger oder krustiger Aggregate. Seine Farbe ist an frischen Bruchstellen rötlich-braun, läuft jedoch durch Oxidation an der Luft schnell bunt an. Bornit zeigt Metallglanz.

## Mineralklasse, Chemismus
Bornit zählt zur Mineralklasse der Sulfide, Formel: $Cu_5FeS_4$ + Ag,Hg,Pb. Er verwittert leicht zu Chalkosin (Kupferglanz), Idait oder Covellin (Seite 206) und unter Einwirkung von Kohlensäure ($H_2CO_3$) schließlich zu Malachit (Seite 298).

*Abb. 250: Bornit-Stufe, Mexiko (2:1)*

## Bestimmungsmerkmale
Mohshärte: 3; Dichte: 4,9 – 5,3; Spaltbarkeit: keine; Strichfarbe: grauschwarz; Transparenz: opak.

## Verwechslungen und Unterscheidung, Fälschungen
Sog. „Buntkupferkies" ist in der Regel Chalkopyrit und nicht Bornit (Unterscheidung nur mineralogisch)! Dies wird oft wissentlich oder unwissentlich falsch deklariert.

## Verwendung und Handel
Bornit ist ein relativ seltenes Kupfererz. Er wird nicht als Schmuck verarbeitet, sondern ist als Sammlerstufe im Handel.

## Heilwirkung, Indikationen, Anwendung
Bornit stärkt Mut und Vertrauen und gibt vor allem verzagten Menschen die Kraft, ihr Leben zu meistern (Sperling). Er bringt Glück und Lebensfreude und harmonisiert Wachstum und Stoffwechsel der Zellen und Gewebe, entsäuert, gleicht den Mineralstoffhaushalt aus und lindert Fieber und Schwellungen (Melody).

# Brasilianit

## Name, Synonyme, Handelsbezeichnungen
Brasilianit wurde 1945 erstmals in Brasilien entdeckt und von F.H. Pough und E.P. Henderson im „American Mineralogist" beschrieben. Sie benannten das Mineral nach dem Herkunftsland, das bis heute auch das weltweit bedeutendste Hauptlieferland blieb. Synonyme gibt es nicht.

## Genese, Vorkommen
Brasilianit entsteht primär in der liquidmagmatischen Bildung phosphatreicher Pegmatite, wenn bei der Restkristallisation des Magmas noch genügend Natrium vorhanden ist. Die wichtigsten Vorkommen mit den größten Kristallen und schönsten Stufen liegen in Brasilien, Fundstellen in Österreich, Ruanda, Kanada und den USA sind im Vergleich dazu praktisch unbedeutend.

## Kristallsystem, Erscheinungsbild, Farbe
Brasilianit ist monoklin und bildet Kristalle von kurzprismatischem oder dipyramidalem Habitus, welche eine Länge von bis zu 12 cm und eine Breite von bis zu 8 cm erreichen können. Die selteneren Aggregate sind körnig, derb oder kugelig mit radialstrahligem Aufbau. Die Farbe des Brasilianits variiert von farblos, blaßgelb bis gelblichgrün. Brasilianit zeigt Glasglanz.

## Mineralklasse, Chemismus
Brasilianit ist ein wasserfreies, basisches Phosphat aus der Mineralklasse der Phosphate, Formel: $NaAl_3[(OH)_2/PO_4]_2$ + Ca,K + (Cl,Fe,Ti).

## Bestimmungsmerkmale
Mohshärte: 5,5; Dichte: 2,94 – 2,98; Spaltbarkeit: vollkommen; Strichfarbe: weiß; Transparenz: durchsichtig bis durchscheinend.

## Verwechslungen und Unterscheidung, Fälschungen
Beryll (Härte 7,5 – 8), Chrysoberyll (Härte 8,5, Dichte 3,70 – 3,72) und Topas (Härte 8, Dichte 3,53 – 3,56) sind deutlich härter, Augelith (Dichte 2,07) ist deutlich leichter, nur Amblygonit ist so ähnlich, daß im Zweifelsfall eine gemmologische Untersuchung notwendig ist.

## Verwendung und Handel
Brasilianit wird als Edelstein facettiert und zu Schmuck verarbeitet. Als Heilstein gewinnt er zunehmend an Bedeutung.

## Heilwirkung, Indikationen, Anwendung
Brasilianit frischt das Erinnerungsvermögen auf und hilft, die eigene Lebensabsicht zu erkennen (Sperling). Er setzt, wenn nötig, Energiereserven frei und hilft bei bedrückenden Alpträumen und Schlaflosigkeit. Brasilianit lindert regelmäßig wiederkehrende Schmerzen, vor allem auch Menstruationsbeschwerden. Dazu hält man einen Kristall mit der Spitze zum Gesicht hin in der linken Hand (Sienko).

*Abb. 251: Brasilianit-Kristall, Brasilien (2:1)*

# Cacoxenit (Goethitquarz)

## Name, Synonyme, Handelsbezeichnungen

Cacoxenit ist seit den 60er Jahren eine Bezeichnung für Quarz mit nadelig-büscheligen Einschlüssen aus Goethit. Der Name ist schlicht eine Fehlbenennung, da die gelben Goethit-Nadeln kein Kakoxen (wasserhaltiges Eisenphosphat, in Eisenerzen ein „schlimmer Gast" für die Verhüttung – griech. kakos = schlimm, xenos = Gast), sondern eine kristalline Varietät des Brauneisens (Eisenoxihydroxid) sind. Eine konsequente Bezeichnung analog zu Rutil- oder Turmalinquarz wäre also Goethitquarz. Weitere Synonyme sind Cocoxionit, Kakoxenit und Onegit.

*Abb. 252: Cacoxenit (Goethitquarz)-Trommelsteine, Brasilien (1:1)*

## Genese, Vorkommen

Cacoxenit (Goethitquarz) entsteht primär bei der hydrothermalen Kristallquarzbildung. Dabei bilden sich aus gelösten Eisenoxiden Goethit-Büschel auf den Kristallflächen der Quarze, die dann beim weiteren Kristallwachstum mit eingeschlossen werden. Bedeutende Vorkommen von Cacoxenit (Goethitquarz) sind in Brasilien und Madagaskar.

## Kristallsystem, Erscheinungsbild, Farbe

Goethit ist rhombisch, der umhüllende Quarz ist trigonal. Cacoxenit (Goethitquarz) bildet die für Amethyst (Seite 134) oder Bergkristall (Seite 164) typischen Kristallformen oder erscheint in Form derber Massen. Die Goethitbüschel heben sich goldgelb bis braun vom violetten oder klaren Quarz ab und stehen oft in Ebenen parallel der Kristallflächen geordnet. Cacoxenit (Goethitquarz) zeigt Glasglanz.

## Mineralklasse, Chemismus

Cacoxenit (Goethitquarz) zählt zur Quarzgruppe und zur Mineralklasse der Oxide, Formel: $SiO_2$ (Quarz)+FeOOH (Goethit)+(Al,Fe,Ca,Mg,Li,Na).

## Bestimmungsmerkmale

Mohshärte: 7; Dichte: 2,65; Spaltbarkeit: unvollkommen (parallel zur Rhomboederfläche), muscheliger Bruch; Strichfarbe: weiß; Transparenz: durchsichtig bis durchscheinend.

## Verwechslungen und Unterscheidung, Fälschungen

Cacoxenit (Goethitquarz) kann mit Rutilquarz verwechselt werden, dessen Fasern meist ungeregelter und nicht zu kleinen, reisigartigen Büscheln geordnet sind. Fälschungen von Cacoxenit (Goethitquarz) gibt es nicht.

## Verwendung und Handel

Cacoxenit ist aufgrund des übelklingenden Namens nur selten in Handel zu finden.

## Heilwirkung, Indikationen, Anwendung

Cacoxenit (Goethitquarz) lindert Ängste und Befangenheit und hilft bei Beklemmungen, Husten und Infektionen der Atemwege. Seine Wirkungen ähneln jenen des Amethysts (Seite 134) und des Rutilquarz (Seite 372).

# Cavansit

## Name, Synonyme, Handelsbezeichnungen
Cavansit wurde 1973 erstmals von den Autoren Staples und Kollegen aus Oregon beschrieben und nach seiner chemischen Zusammensetzung benannt (Calcium-Vanadium-Silikat). Synonyme gibt es nicht.

## Genese, Vorkommen
Cavansit entsteht primär auf Spalten in zeolithhaltigem Basalttuff als Abscheidung hydrothermaler Lösungen. Diese heißen, zirkulierenden Flüssigkeiten lösen zunächst feinverteiltes Vanadium aus dem umliegenden Vulkangestein heraus und reichern es in Spalten und kleinen Hohlräumen an. Erst dadurch kann sich Cavansit an diesen Stellen bilden.

Cavansit wurde ursprünglich in Oregon/USA entdeckt, die weltweit besten Funde stammen jedoch aus Poona/Indien.

## Kristallsystem, Erscheinungsbild, Farbe
Cavansit ist rhombisch und bildet kleine prismatische bis nadelige Kristalle, die oft zu faserigen und radialstrahligen Aggregaten verwachsen sind. Seine Farbe ist intensiv himmelblau bis grünlichblau, Aggregate erscheinen matt oder seidenglänzend, Kristalle zeigen dagegen meist lebhaften Glasglanz.

## Mineralklasse, Chemismus
Cavansit ist ein wasserhaltiges Calcium-Vanadium-Silikat aus der Mineralklasse der Schichtsilikate, Formel: $Ca[VO/Si_4O_{10}] \cdot 6\ H_2O$. Farbgebend ist das Vanadium.

## Bestimmungsmerkmale
Mohshärte: 3–4; Dichte: 2,31; Spaltbarkeit: gut; Strichfarbe: weiß bis grünlichblau; Transparenz: durchsichtig bis durchscheinend.

## Verwechslungen und Unterscheidung, Fälschungen
Cavansit kann mit Aurichalcit (Härte: 1–2; Dichte: 3,64–3,96) verwechselt werden, ist jedoch anhand der Härte und Dichte leicht unterscheidbar. Fälschungen sind nicht bekannt.

## Verwendung und Handel
Cavansit ist sehr selten und nur in Form kleiner Stufen im Handel. Als Schmuckstein wird er nicht verarbeitet und als Heilstein ist er bisher nur wenig bekannt.

## Heilwirkung, Indikationen, Anwendung
Cavansit fördert die Intuition, das zweite Gesicht und mediale Fähigkeiten. Er bringt jene Seiten des Lebens oder eigenen Charakters ins Bewußtsein, die besonderer Aufmerksamkeit bedürfen. Dazu wird er auf das sogenannte „Dritte Auge" (den Punkt zwischen den Augenbrauen) aufgelegt. Cavansit kann Endorphin-Ausschüttungen auslösen und hilft bei Augenleiden, schlechten Zähnen, Bluterkrankungen und erhöhtem Puls (Melody).

Abb. 253: Cavansit-Grüppchen, Poona/Indien (4:1)

# Chalkanthit (Kupfervitriol)

## Name, Synonyme, Handelsbezeichnungen

Chalkanthit bedeutet Kupferblüte (griech. chalkos = Kupfer, anthos = Blüte). Diesen Namen erhielt das Mineral 1858 von Franz von Kobell. In der Chemie ist der Name Kupfervitriol gebräuchlich, da die wässrige Lösung wie gefärbtes Glas erscheint (lat. vitreus = gläsern). Synonyme sind Bergkupferwasser, Blaukupferwasser, Blaustein, Cyanosit, Kupferchalcanthit, Kupferwasser und Vitriol.

## Genese, Vorkommen

Chalkanthit entsteht sekundär in der Oxidations- oder Zementationszone sulfidischer Kupfererzlagerstätten durch Sulfatbildung unter Einwirkung von Wasser und Luftsauerstoff oder aus schwefelsäurehaltigen Grubenwässern kupferreicher Buntmetall-Bergwerke durch die Reaktion der Schwefelsäure mit dem kupferoxidhaltigen Erz. Vorkommen von Chalkanthit liegen in Deutschland, Großbritannien, Spanien, Tschechien, Rußland, USA und Chile.

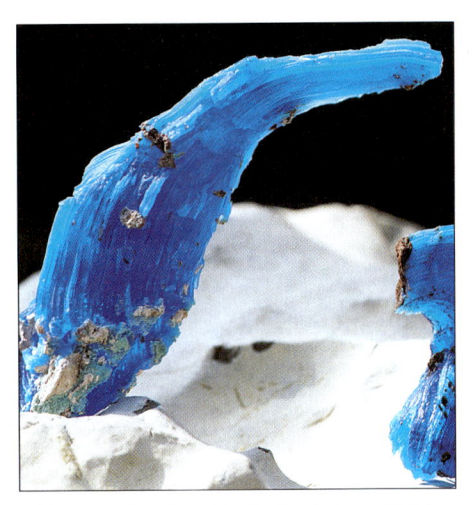

*Abb. 254: Chalkanthit-Stufe, Arizona/USA (3:1)*

## Kristallsystem, Erscheinungsbild, Farbe

Chalkanthit ist triklin, bildet jedoch nur sehr selten kleine Kristalle. Wesentlich häufiger sind dichte, faserige, stalaktitische und nierig-schalige Aggregate oder Ausblühungen und krustige Überzüge. Die Farbe des Chalkanthit ist grünblau bis blau, er zeigt Glasglanz.

## Mineralklasse, Chemismus

Chalkanthit ist ein wasserhaltiges Kupfersulfat aus der Mineraklasse der Sulfate, Formel: $CuSO_4 \cdot 5\,H_2O$ + Ca,Fe,Si. Er zersetzt sich leicht unter Wasserabgabe und wird dann weiß.

## Bestimmungsmerkmale

Mohshärte: 2,5; Dichte: 2,2 – 2,3; Spaltbarkeit: unvollkommen; Strichfarbe: weiß; Transparenz: durchscheinend. Leicht wasserlöslich; widerlicher, brechreizauslösender Geschmack.

## Verwechslungen und Unterscheidung, Fälschungen

Chalkanthit kann mit einfachen Mitteln aus gesättigter Kupfersulfat-Lösung gezüchtet werden, in der allein durch die Verdunstung des Wassers Ckalkanthit-Kristallbildungen entstehen.

## Verwendung und Handel

Chalkanthit ist ein lokales Kupfererz, Schädlingsbekämpfungsmittel und chemischer Rohstoff. Als Heilstein wird er aufgrund der Wasserlöslichkeit nur selten verwendet.

## Heilwirkung, Indikationen, Anwendung

Chalkanthit hilft Gefühle der Verlassenheit und Einschränkung aufzulösen und Entscheidungen zu treffen. Er hilft bei Arthritis und lindert Leiden der Geschlechtsorgane (Melody). Chalkanthit ist giftig und muß daher vorsichtig gehandhabt werden. Unbedingt außer Reichweite von Kindern aufbewahren!

# Chloromelanit

## Name, Synonyme, Handelsbezeichnungen
Chloromelanit bedeutet „grün-schwarzer Stein" (griech. chloros = grün, melas = schwarz). Er wurde früher als Jade-Varietät betrachtet, bevor genauere Analysen ergaben, daß mit dem Begriff „Jade" eigentlich drei verschiedene Mineralien bezeichnet wurden: Der heutige Jadeit (Seite 270), der heutige Nephrit (Seite 324) und eben Chloromelanit. Um außerdem weit verbreiteten Verwirrungen Einhalt zu gebieten, sei erwähnt, daß Chloromelanit keinerlei Verwandtschaft mit der Granat-Varietät Melanit besitzt! Einziges Synonym ist Chlormelanit.

## Genese, Vorkommen
Chloromelanit entsteht tertiär bei der Regionalmetamorphose von Peridotit zu Serpentinit während der Gebirgsbildung. Das bedeutendste Vorkommen liegt in Birma.

## Kristallsystem, Erscheinungsbild, Farbe
Chloromelanit ist monoklin, bildet jedoch keine Kristalle, sondern verfilzte, feinkörnig-faserige Aggregate. Er ist grün-schwarz gefleckt und zeigt Fettglanz bis Glasglanz.

## Mineralklasse, Chemismus
Chloromelanit ist ein Mischkristall der Klinopyroxene Diopsid, Jadeit und Ägirin im Mengenverhältnis 1 : 1 : 1. Er zählt damit zur Pyroxen-Gruppe und zur Mineralklasse der Kettensilikate, Formel: $(Ca,Na)(Fe,Mg,Al)[Si_2O_6]$ + Cr,Ti. Farbgebend sind geringe Anteile von Chrom (Cr).

## Bestimmungsmerkmale
Mohshärte: 6 – 6,5; Dichte: 3,4; Spaltbarkeit: gut; Strichfarbe: weiß; Transparenz: undurchsichtig bis durchscheinend.

## Verwechslungen und Unterscheidung, Fälschungen
Chloromelanit kann mit Grossular, Jadeit, Nephrit, Serpentin und Vesuvianit verwechselt werden. Eine sichere Unterscheidung ist hier nur gemmologisch möglich.

## Verwendung und Handel
Chloromelanit wird als Schmuckstein verarbeitet und meist als Cabochon geschliffen. In der Steinheilkunde werden auch kleine Trommelsteine eingesetzt.

## Heilwirkung, Indikationen, Anwendung
Chloromelanit fördert die Freude am Leben sowie Hoffnung und Gottvertrauen. Er bringt seelische Erfüllung und die Gewißheit, den eigenen Lebenstraum verwirklichen zu können (Sperling). Chloromelanit fördert die Nierenfunktion und gleicht dadurch den Hormon-, Säure/Basen-, Wasser- und Mineralstoffhaushalt im gesamten Organismus aus. Er stabilisiert die Gesundheit und bringt Vitalität und Kraft. Dazu wird er am besten als Anhänger getragen oder auf die Nieren aufgelegt.

*Abb. 255: Chloromelanit-Trommelsteine, Birma (2:1)*

# Creedit

## Name, Synonyme, Handelsbezeichnungen

Creedit erhielt seinen Namen 1916 von Larsen und Wells nach dem Ort seiner Entdeckung bei Wagon Wheel Gap, Creede quadrangle in der Four Corners Region/USA (dem Gebiet, in dem die Staatsgrenzen der Bundesstaaten Utah, Colorado, Arizona und New Mexico zusammentreffen). Das einzige Synonym lautet Beljankit (für hydroxidfreien Creedit).

## Genese, Vorkommen

Creedit entsteht primär durch die Einwirkung fluoridhaltiger, hydrothermaler Lösungen auf sulfidhaltige Silber- und Zinnlagerstätten. Dabei werden durch die Einwirkung des Fluors reaktionsfähigere Elemente wie Calcium und Aluminium mobilisiert, die sich mit Fluorid (F), Hydroxid (OH) und dem durch Oxidation der Sulfide (S) entstehenden Sulfat ($SO_4$) zum Creedit verbinden. Dieser findet sich daher meist in Gesellschaft von Fluorit ($CaF_2$), Gips ($CaSO_4$) und Kaolin ($Al_4[(OH)_8/Si_4O_{10}]$). Creedit-Vorkommen sind in Griechenland, Kasachstan, den USA, Mexiko und Bolivien.

## Kristallsystem, Erscheinungsbild, Farbe

Creedit ist monoklin und bildet kleine Kristalle mit Größen bis zu wenigen Zentimetern. Diese zeigen prismatischen bis nadeligen Habitus und sind oft zu rosettenartigen Grüppchen, Gangfüllungen und kleinen Drusen verwachsen (siehe Abb.) oder bilden strahlige und radialstrahlige Aggregate. Creedit ist farblos, weiß, rosa bis fliederfarben und zeigt Glasglanz.

## Mineralklasse, Chemismus

Creedit ist ein wasser-, hydroxid- und sulfathaltiges Fluorid aus der Mineralklasse der Halogenide, Formel: $Ca_3Al_2[F_8(OH)_2(SO_4)] \cdot 2\,H_2O$.

*Abb. 256: Creedit-Stufe, Mexiko (3:1)*

## Bestimmungsmerkmale

Mohshärte: 4; Dichte: 2,71; Spaltbarkeit: vollkommen; Strichfarbe: weiß; Transparenz: durchscheinend bis durchsichtig.

## Verwechslungen und Unterscheidung, Fälschungen

Verwechslungsmöglichkeiten und Fälschungen sind nicht bekannt.

## Verwendung und Handel

Creedit ist extrem selten und daher teuer. Er war in der Vergangenheit nur als Sammelobjekt für Liebhaber gefragt und ist bisher fast nur in den USA als Heilstein bekannt.

## Heilwirkung, Indikationen, Anwendung

Creedit regt das Selbstverständnis als geistiges Wesen an und fördert die hellen Sinne. Körperlich fördert er die Zellteilung und das Gewebewachstum. Creedit reinigt die Leber und bringt das Herz ins Gleichgewicht. Er kann direkt als Mineral oder als Elixier verwendet werden; seine Wirkung wird durch Quarzkristalle verstärkt (Gurudas).

# Cuprit

### Name, Synonyme, Handelsbezeichnungen

Cuprit (Kuprit) erhielt seinen Namen 1845 durch W. von Haidinger nach lat. cuprum = Kupfer. A.G. Werner nannte das Mineral zuvor Rotkupfererz, weitere Synonyme sind Braunkupfererz, Chalkotrichit, Hydrocuprit, Kupferblüte, Kupfererz, Kupfergewächs, Rotes oder Schwarzes Kupferglas, Kupferlebererz, Kupferoxydul, Kupferrot, Kupferziegelerz, Lebererz, Leberkupfererz, Leberschlag, Lecherz, Rotkupfer, Rotkupferglanz und Rotkupferglas.

### Genese, Vorkommen

Cuprit entsteht hauptsächlich sekundär im Grenzbereich der Oxidations- und Zementationszone von Kupfererzlagerstätten durch die Reaktion von Wasser und Sauerstoff mit Kupfersulfiden. Bedeutende Vorkommen dieser Art sind in Frankreich, Rußland, Namibia, den USA und Chile.

### Kristallsystem, Erscheinungsbild, Farbe

Cuprit ist kubisch und bildet Kristalle mit oktaedrischer oder rhombendodekaedrischer Tracht. Auch Berührungszwillinge, Kristallgruppen, strahlige, faserige (Chalkotrichit, griech. chalkos = Kupfer, trichos = Haar) und wirre Aggregate (Kupferblüte) sowie derbe, körnige und erdige Massen kommen vor. Die Farbe ist intensiv rot mit Metallglanz.

### Mineralklasse, Chemismus

Cuprit ist ein Kupferoxid aus der Mineralklasse der Oxide, Formel: $Cu_2O$ + Fe,J,S,Se,V.

### Bestimmungsmerkmale

Mohshärte: 3,5 – 4; Dichte: 5,85 – 6,15; Spaltbarkeit: gut, unebener bis muscheliger Bruch, spröde; Strichfarbe: braunrot; Transparenz: durchscheinend.

### Verwechslungen und Unterscheidung, Fälschungen

Hämatit (Härte 6 – 6,5; nie durchscheinend), Proustit (Härte 2,5), Zinnober (Härte 2 – 2,5; Dichte 8,1). Fälschungen sind nicht bekannt.

### Verwendung und Handel

Cuprit wird als Schmuckstein verarbeitet und erfreut sich als Heilstein wachsender Beliebtheit. Es sind dabei jedoch viele Steine im Handel, die nur durch einen minimalen Cupritgehalt rot gefärbt sind.

### Heilwirkung, Indikationen, Anwendung

Cuprit verbessert das allgemeine Wohlbefinden. Er wirkt immunstärkend und blutreinigend, fördert die Blutbildung und die Sauerstoffversorgung der Zellen. Dazu wird er am Herzen oder im Bereich großer Blutgefäße getragen. In Kombination mit Chrysokoll hilft Cuprit bei Regelschmerzen, nach Geburten und in den Wechseljahren. Dazu werden beide Steine im Bereich von Gebärmutter und Eierstöcken aufgelegt (Raphaell, Botschaft der Kristalle).

*Abb. 257: Cuprit, facettierter Stein, USA (2:1)*

# Danburit

## Name, Synonyme, Handelsbezeichnungen

Danburit wurde 1839 erstmalig durch den Chemiker und Mineralogen Charles Upham Shepard beschrieben und nach dem Fundort bei Danbury im Fairfield County, Connecticut/USA benannt. Synonyme gibt es nicht.

## Genese, Vorkommen

Danburit ist ein sogenanntes Durchläufer-Mineral. Er entsteht primär entweder in Pegmatiten (La Huerta/Mexiko, Brasilien, Birma, Madagaskar) oder hydrothermal in Erzgängen (Charcas/Mexiko, Japan) und alpinen Klüften (Schweiz). Sekundäre marine Salzlagerstätten führen Danburit mitunter in geringen Mengen in Steinsalz, Anhydrit und Gips. Tertiär entsteht er in metamorphen Dolomitmarmoren (Danbury/USA) oder in kontaktmetasomatisch gebildeten skarnähnlichen Erzlagerstätten (Dalnegorsk, Ostsibirien/Rußland).

## Kristallsystem, Erscheinungsbild, Farbe

Danburit bildet rhombische Kristalle bis zu 30 cm Größe mit längsgerieften Prismen und keilförmig zugespitzten Endflächen. Kristallgruppen und fächerförmige Aggregate sind häufig, derbe bis körnige Aggregate eher selten. Danburit ist farblos, weingelb, blaßrosa, grünlich oder dunkelbraun und zeigt fettigen Glasglanz.

## Mineralklasse, Chemismus

Danburit ist ein Borsilikat aus der Datolith-Gruppe und Mineralklasse der Gerüstsilikate, Formel: $Ca[B_2Si_2O_8]$ + Al,Fe,Mg,Mn.

## Bestimmungsmerkmale

Mohshärte: 7 – 7,5; Dichte: 2,97 – 3,02; Spaltbarkeit: unvollkommen, unebener bis muscheliger Bruch; Strichfarbe: weiß; Transparenz: durchsichtig bis durchscheinend.

*Abb. 258: Danburit-Kristalle, Charcas/Mexiko (1:1)*

## Verwechslungen und Unterscheidung, Fälschungen

Danburit kann mit Apatit (Härte 5), Citrin und Topas verwechselt werden. Farblose Kristalle erhalten durch Bestrahlung rosa bis honigbraune Farben. Die Unterscheidung ist nur gemmologisch möglich.

## Verwendung und Handel

Danburit dient nur lokal zur Borgewinnung (Dalnegorsk/Rußland), ansonsten ist er als Kristall oder Schmuckstein im Handel. Als Heilstein gewinnt er nur langsam an Bedeutung.

## Heilwirkung, Indikationen, Anwendung

Danburit hilft, in Notsituationen durchzuhalten, und wirkt allgemein belebend, erfrischend und ermutigend (Sperling). Er ermöglicht, gut mit anderen auszukommen, da er das Einfühlungsvermögen verbessert. Danburit hilft bei Erkrankungen der Gallenblase und Leber und fördert die Ausschwemmung von Giftstoffen aus dem Körper. Er ermöglicht mageren Menschen, Gewicht zuzunehmen (Melody).

# Enstatit

## Name, Synonyme, Handelsbezeichnungen

Enstatit wurde von dem Züricher Professor der Mineralogie Gustav Adolf Kenngott 1855 nach der geringen Schmelzbarkeit des Minerals benannt (griech. enstates = Widersacher). Veraltete Synonyme sind Chladnit, Protobastit, Sanidin, Shepardit und Victorit.

## Genese, Vorkommen

Enstatit entsteht vor allem primär aus magnesiumreichem Magma durch liquidmagmatische Bildung in Peridotit, Gabbro und Norit, manchmal auch Diorit, oder durch vulkanische Bildung in Basalt und Andesit. Viel seltener entsteht er tertiär (kontaktmetasomatisch), bildet hier jedoch große Kristalle. Vorkommen finden sich im Balkan, Ural und Kaukasus, den Alpen und den Pyrenäen.

## Kristallsystem, Erscheinungsbild, Farbe

Enstatit ist rhombisch und bildet prismatische und tafelige Kristalle oder derbe Aggregate. Seine Farbe ist grün, gelblich oder bräunlichgrün. Enstatit zeigt Glasglanz. Durch orientiert eingelagerte Rutil-Nadeln entsteht im Cabochon-Schliff mitunter Asterismus oder Chatoyieren (Katzenauge).

## Mineralklasse, Chemismus

Enstatit ist ein Magnesiumsilikat aus der Pyroxen-Gruppe und Mineralklasse der Kettensilikate, Formel: $Mg_2[Si_2O_6]$ + Al,Ca,Fe,Mn,Ni. Er ist das eisenfreie Endglied der Mischkristallreihe Enstatit-Hypersthen (Seite 475), der auch der Bronzit (Seite 180) angehört.

## Bestimmungsmerkmale

Mohshärte: 5,5; Dichte: 3,26 – 3,28; Spaltbarkeit: unvollkommen; Strichfarbe: weiß; Transparenz: durchsichtig bis undurchsichtig.

## Verwechslungen und Unterscheidung, Fälschungen

Verwechslung mit Kornerupin (Härte 7, Spaltbarkeit vollkommen) ist möglich, läßt sich eigentlich jedoch gut unterscheiden. Fälschungen sind nicht bekannt.

## Verwendung und Handel

Enstatit ist Rohstoff für hochfeuerfeste Materialien. In Edelsteinqualität wird er auch als Schmuckstein (Cabochon) geschliffen.

## Heilwirkung, Indikationen, Anwendung

Enstatit hilft, den Kontakt zum eigenen inneren Wissen wiederzufinden und bringt dadurch das Gefühl von Freiheit (Sperling). Er steigert das Selbstvertrauen bei Unsicherheit und unterstützt die therapeutische Aufarbeitung sexuellen Mißbrauchs in der Kindheit (Gurudas). Enstatit hilft, Konflikte leichter zu lösen und anderen Menschen liebevoll, fair und unvoreingenommen zu begegnen (Melody). Er regt Herz, Lungen und Nieren an und hält Gewebe und Gefäße elastisch (Gurudas).

*Abb. 259: Enstatit facettiert, Sri Lanka (4:1)*

# Erythrin

## Name, Synonyme, Handelsbezeichnungen
Erythrin wurde 1727 erstmals als „Kobold-Blüthe" erwähnt. A.G. Werner nannte ihn „Roter Erdkobalt", 1832 schlug F.S. Beudant den Namen Erythrin vor (griech. erythros = rot), der sich international durchsetzte. Synonyme sind Kobaltbeschlag, Kobaltblüte, Kobaltglimmer, Rhodoial, Rhodoïse und Rhodoit.

## Genese, Vorkommen
Erythrin entsteht sekundär in Oxidationszonen arsenhaltiger Kobalt-Nickel-Lagerstätten durch die Verwitterung primärer Kobaltarsenide. Vorkommen finden sich in Deutschland, Frankreich, Großbritannien, Spanien, Tschechien, Aserbeidschan, Kanada, Iran und Marokko, wobei die letzten beiden die schönsten Kristalle aufzuweisen haben.

*Abb. 260: Erythrin-Gruppe, Marokko (2:1)*

## Kristallsystem, Erscheinungsbild, Farbe
Erythrin ist monoklin und bildet prismatische bis nadelige, seltener auch tafelige Kristalle, welche manchmal büschelig angeordnet sind. Aggregate sind stengelig, kugelig und nierig mit rauher Oberfläche oder erdig und krustig. Die Farbe ist dunkelrosa bis pfirsichblütenrot. Erythrin zeigt Glasglanz bis Diamantglanz, auf manchen Kristallflächen auch Perlmuttglanz.

## Mineralklasse, Chemismus
Erythrin ist ein wasserhaltiges Kobaltarsenat aus der Vivianit-Reihe und Mineralklasse der Arsenate (ähnlich den Phosphaten), Formel: $Co_3[AsO_4]_2 \cdot 8\ H_2O$ + Ca,Fe,Mg,Ni,S,Zn.

## Bestimmungsmerkmale
Mohshärte: 1,5 – 2,5; Dichte: 3,0 – 3,2; Spaltbarkeit: vollkommen; Strichfarbe: blaßrosa; Transparenz: durchsichtig bis durchscheinend, starker Pleochroismus (violett-rot).

## Verwechslungen und Unterscheidung, Fälschungen
Erythrin kann mit Sphärokobaltit (Härte 4, Dichte 4,13) und Kirchheimerit (kein Pleochroismus) verwechselt werden. Keine Fälschungen.

## Verwendung und Handel
Erythrin ist weder wirtschaftlich noch als Schmuckstein von Bedeutung. Schöne Aggregate sind als Sammlerstufen sehr beliebt, als Heilstein ist Erythrin jedoch nahezu unbekannt.

## Heilwirkung, Indikationen, Anwendung
Erythrin fördert Kommunikation und Interesse und hilft, Dinge „aus verschiedenen Blickwinkeln" zu betrachten, um ein tieferes Verständnis zu erreichen. Er lindert Hauterkrankungen, Entzündungen, Infektionen im Hals und Krankheiten des Knochenmarks und der roten Blutkörperchen. Dazu kann Erythrin getragen, aufgelegt oder in der Umgebung aufgestellt werden. Erythrin sollte jedoch niemals als Elixier eingenommen werden, da er als Arsenverbindung giftig ist (Melody).

# Euklas

## Name, Synonyme, Handelsbezeichnungen

Euklas wurde 1785 erstmals von Dombey aus Peru nach Europa gebracht und 1799 von René Just Hauy untersucht. Aufgrund der ausgezeichneten Spaltbarkeit nannte dieser das Mineral dann Euklas (griech. eu = gut, klasis = Bruch). Synonyme existieren keine.

## Genese, Vorkommen

Euklas entsteht primär aus hydrothermalen Lösungen in Drusenhohlräumen von Pegmatiten und auf alpinen Klüften. Euklas ist sehr selten und tritt nur in kleinen Mengen auf. Vorkommen finden sich in den Alpen, Rußland, Zaire, Tansania, Simbabwe, Madagaskar, Indien und Brasilien.

## Kristallsystem, Erscheinungsbild, Farbe

Euklas ist monoklin und bildet ausschließlich prismatische, meist aufgewachsene Kristalle mit vertikal gestreiften Prismenflächen. Aggregate sind nicht bekannt. Seine Farbe variiert von farblos, meergrün, hellblau bis tiefblau, er zeigt lebhaften Glasglanz.

*Abb. 261: Euklas facettiert, Madagaskar (2:1)*

## Mineralklasse, Chemismus

Euklas zählt zur Mineralklasse der Inselsilikate, Formel: $AlBe[OH/SiO_4]$ + Fe. Farbgebend sind geringe Eisengehalte (Fe).

## Bestimmungsmerkmale

Mohshärte: 7,5; Dichte: 3,10; Spaltbarkeit: ausgezeichnet, muscheliger Bruch; Strichfarbe: weiß; Transparenz: durchsichtig bis durchscheinend.

## Verwechslungen und Unterscheidung, Fälschungen

Verzerrte Quarzkristalle (keine Spaltbarkeit) können Euklas-Kristallen ähneln, zeigen jedoch quergestreifte Prismenflächen. Geschliffen kann Euklas mit Aquamarin, Hiddenit und Saphir verwechselt werden. Hier ist der Nachweis nur durch gemmologische Untersuchungen möglich. Fälschungen sind nicht bekannt.

## Verwendung und Handel

Euklas wird gelegentlich als Edelstein geschliffen. Aufgrund seiner Seltenheit ist er als Heilstein praktisch kaum bekannt.

## Heilwirkung, Indikationen, Anwendung

Euklas fördert Frieden und Gerechtigkeit und macht die Wirkung und Konsequenzen des eigenen Handelns bewußt (Sperling). Er wird auch „Stein der Freude" genannt und weckt einen liebevollen Stolz bei der Umsetzung eigener Vorhaben, der davor bewahrt, alte Fehler zu wiederholen. Er regt an, stets „das Bestmögliche" in allen Bereichen anzustreben und auch zu erreichen.

Körperlich wirkt Euklas schmerzlindernd und hilft bei Entzündungen, Schwellungen, Arthritis, Muskelverspannungen und -krämpfen, kleinen Rissen und Schnittwunden sowie bei verengten Blutgefäßen (Melody).

# Galenit

## Name, Synonyme, Handelsbezeichnungen
Der Name galena wird erstmals bei Plinius (77 n.Chr.) erwähnt. Im Mittelalter hieß Galenit Glantz, bei J.G. Wallerius 1750 dann Bleiglanz. Franz von Kobell führte 1853 schließlich den heutigen Namen „Galenit" ein. Synonyme sind Blaubleierz, Bleischleif, Boleslavit, Johnstonit, Knotenerz, Kokardenerz, Liga, Plumbago, Quirogit, Ringelerz, Röhrenerz, Schwefelblei, Stängelerz und Würfelerz.

## Genese, Vorkommen
Galenit ist ein Durchläufer. Primär entsteht er selten in magmatisch-pneumatolytischen Sulfidlagerstätten, z.B. Ivigtut/Grönland, häufiger in hydrothermalen Erzgängen, z.B. in deutschen Mittelgebirgen, Tschechien, Serbien, Spanien und Rußland. Sedimentär findet sich Galenit in marinen Ablagerungen im Harz, Österreich und Kroatien. Tertiäre Vorkommen sind metamorph überprägte Erzkörper wie in Broken Hill/Australien und metasomatische Lagerstätten in Karbonaten wie z.B. in Mt. Isa/Australien, den USA, Polen und Acisaj/Rußland.

## Kristallsystem, Erscheinungsbild, Farbe
Galenit ist kubisch und bildet Kristalle in allen kubischen Formen (vgl. Seite 40ff), häufig mit tafeligem, verzerrtem Habitus, gekrümmten Flächen und gerundeten Ecken und Kanten. Auch Kristallskelette sowie spätige, derbe, körnige, dichte und dendritische, seltener traubig-nierige und faserige Aggregate kommen vor. Galenit ist bleigrau und zeigt Metallglanz.

## Mineralklasse, Chemismus
Galenit ist ein Bleisulfid aus der Galenit-Reihe und der Mineralklasse der Sulfide, Formel: $PbS + Ag, As, Bi, Cu, Fe, Sb, Se, Te, Zn$. Der Silbergehalt (Ag) im Galenit kann mehrere Prozent betragen.

*Abb. 262: Galenit, Missouri/USA (1:1)*

## Bestimmungsmerkmale
Mohshärte: 2,5; Dichte: 7,2 – 7,6; Spaltbarkeit: ausgezeichnet, muscheliger Bruch; Strichfarbe: grau-schwarz; Transparenz: opak.

## Verwechslungen und Unterscheidung, Fälschungen
Verwechslungen mit derbem Antimonit und Sphalerit können oft nur mineralogisch unterschieden werden. Fälschungen sind nicht bekannt.

## Verwendung und Handel
Galenit ist das mit Abstand wichtigste Bleierz und aufgrund seines Silbergehalts auch das wichtigste Silbererz. Schöne Stufen sind bei Sammlern beliebt, als Heilstein wird Galenit nur selten verwendet.

## Heilwirkung, Indikationen, Anwendung
Galenit kräftigt die Lungen, fördert die Funktion der Schilddrüse und regt das parasympathische Nervensystem an. Er stimuliert die Bildung weißer Blutkörperchen und hilft bei Blutvergiftungen (Gurudas).

# Gaspeit und „Zitronen-Chrysopras"

## Name, Synonyme, Handelsbezeichnungen

Gaspeit wurde 1966 von D.W. Kohls und J.L. Rodda als Nickel-Magnesium-Carbonat von der Gaspé-Halbinsel, Quebec/Kanada beschrieben. 1973 wurde er in Westaustralien gefunden, wo er ein Gemenge mit farblosem Chalcedon bildet, das derzeit als „Zitronen-Chrysopras" im Handel ist. Weitere Synonyme existieren nicht.

## Genese, Vorkommen

Gaspeit entsteht sekundär bei der Verwitterung von nickel- und magnesiumhaltigen Gesteinen. Auf der Gaspé-Halbinsel/Kanada wird er als Gangfüllung in silikathaltigem Dolomit gefunden, in Kalgoorlie/Westaustralien bildet er dichte Massen und durch Verkieselung den o.g. „Zitronen-Chrysopras" und in Lavrion/Griechenland findet sich Gaspeit mit Annabergit, Calcit und Magnesit in Gesteinshohlräumen.

## Kristallsystem, Erscheinungsbild, Farbe

Gaspeit ist trigonal, bildet jedoch keine Kristalle, sondern feinkörnig-dichte Massen (Kanada/Australien) oder nierige und kugelige Aggregate (Griechenland) mit einem Kugel-Durchmesser von ca. 4 – 5 mm. Gaspeit ist gelbgrün, blaß- bis dunkelgrün, glasglänzend oder matt.

## Mineralklasse, Chemismus

Gaspeit zählt zur Calcit-Gruppe und Mineralklasse der Carbonate, Formel: $(Ni,Mg,Fe)CO_3$. Im „Zitronen-Chrysopras" ist außerdem Chalcedon (Quarz-Gruppe, Oxide, $SiO_2$) enthalten. Gaspeit bildet eine Mischkristallreihe mit Magnesit ($MgCO_3$). Mischglieder dieser Reihe werden so lange Gaspeit genannt, so lange der Nickelgehalt (Ni) größer ist als der Magnesiumgehalt (Mg).

## Bestimmungsmerkmale

Mohshärte: 4,5 – 5; Dichte: 3,71 (Zitronen-Chrysopras 3,2); Spaltbarkeit: gut, unebener Bruch; Strichfarbe: gelbgrün; Transparenz: undurchsichtig.

## Verwechslungen und Unterscheidung, Fälschungen

Gaspeit kann mit Chrysopras (Härte 6,5 – 7, Dichte 2,58 – 2,64) und Serpentin (Härte 2,5 – 3, Dichte 2,4 – 2,8) verwechselt werden. Fälschungen sind nicht bekannt.

## Verwendung und Handel

Gaspeit ist nur als Bestandteil des „Zitronen-Chrysopras" in Form einfacher Schmuck- und Trommelsteine im Handel.

## Heilwirkung, Indikationen, Anwendung

Zitronen-Chrysopras hilft, Erschöpfung, Trauer, Mutlosigkeit und Einsamkeit zu überwinden. Er schenkt Hoffnung auf Heilung und bringt Erholung nach langen Krankheitsphasen (Sperling).

*Abb. 263: Gaspeit-Rohstein, Australien (2:1): Einklinker: Zitronen-Chrysopras Trommelsteine, Australien (1:2)*

# Hauyn

## Name, Synonyme, Handelsbezeichnungen

Hauyn wurde 1807 von Tønnes Christian Bruun de Neergaard zu Ehren des „Vaters der Kristallographie" René-Just Hauy benannt. Synonyme sind Deodatit, Dolomian, Hauynit, Latialith, Lazialith und Napolith.

## Genese, Vorkommen

Hauyn entsteht primär in vulkanischen Gesteinen. Dabei tritt er entweder als Gemengteil in Phonolith, Basalt und Trachyt auf oder findet sich als kleine Körnchen und Kristalle in vulkanischen Auswürflingen, meist sogenannten Sanidinit-Bomben (vom Vulkan ausgeworfene sanidinhaltige Gesteinsbruchstücke; Sanidin siehe „Feldspat" Seite 230). Hauyn ist sehr selten, bekannte Vorkommen sind um den Laacher See, Eifel/Rheinland-Pfalz, in den Albaner Bergen und am Vesuv/Italien sowie in Malo Bystrinsk, Baikalregion/Rußland.

## Kristallsystem, Erscheinungsbild, Farbe

Hauyn ist kubisch, bildet jedoch nur selten Kristalle in Form kleiner Rhombendodekaeder oder Oktaeder. Häufiger erscheint er in gerundeten Körnern und Aggregaten von durchschnittlich 5 mm, sehr selten auch bis zu 30 mm Größe. Er ist farblos, grünlich, grünblau bis blau, selten auch gelb oder rot. Hauyn zeigt Glasglanz, an Bruchflächen auch Fettglanz.

## Mineralklasse, Chemismus

Hauyn ist ein sulfathaltiges Aluminiumsilikat aus der Sodalith-Nosean-Gruppe und der Mineralklasse der Gerüstsilikate, Formel: $(Na,Ca)_{4-8}[(SO4)_{1-2}/(AlSiO_4)_6]$ + Fe.

## Bestimmungsmerkmale

Mohshärte: 5,5 – 6; Dichte: 2,4 – 2,5; Spaltbarkeit: vollkommen, unebener bis muscheliger

Abb. 264: Hauyn facettiert, Eifel/Deutschland (3:1)

Bruch; Strichfarbe: weiß; Transparenz: durchsichtig bis durchscheinend.

## Verwechslungen und Unterscheidung, Fälschungen

In geschliffener Form kann vor allem blauer Hauyn mit Cordierit, Saphir, Tansanit u.a. verwechselt werden (Unterscheidung nur gemmologisch). Fälschungen sind nicht bekannt.

## Verwendung und Handel

Hauyn wird selten geschliffen, da Kanten sehr leicht abplatzen und ausbrechen. Er ist meistens nur in winzigen Rohstücken erhältlich und wird aus diesem Grund als Heilstein auch fast nie verwendet.

## Heilwirkung, Indikationen, Anwendung

Hauyn lehrt, von Herzen geben zu können. Er schenkt Gottvertrauen und die Gewißheit, daß stets genug Fülle für alle vorhanden ist. Er hilft, Besitzängste und zwanghaftes „Festhalten-Müssen" zu überwinden und Gefühle jeglicher Art offen zu zeigen (Sperling).

# Hemimorphit

### Name, Synonyme, Handelsbezeichnungen
Hemimorphit wurde 1852 von G.A. Kenngott nach seiner Hemimorphie benannt. Hemimorphe Kristalle (halbgeformte, griech. hemi = halb, morphe = Form) bilden bestimmte Flächen nicht symmetrisch, sondern nur in einer Richtung aus. Synonyme: Calamin, Calmei, Daviesit, Galmei, Kieselgalmei, Kieselzinkerz, Kieselzinkspat, Wagit, Zinkglas, Zinkglaserz, Zinkkieselerz und Zinksilikat.

### Genese, Vorkommen
Hemimorphit entsteht sekundär in der Oxidationszone sulfidischer Blei-Zink-Lagerstätten. Vor allem bei Lagerstätten in Kalkstein ist er dabei als derbes „Galmei-Erz" oft mit Smithsonit (siehe Seite 504) verwachsen. Hemimorphit kommt weltweit vor, so u.a. in Deutschland, Österreich, Italien, Großbritannien, Polen, Rußland, Iran, Algerien, den USA und Mexiko.

### Kristallsystem, Erscheinungsbild, Farbe
Hemimorphit ist rhombisch und bildet tafelige bis kurzprismatische Kristalle mit flächenreicherem „Kopfende" als „Fußende" (Hemimorphie). Zwillinge sind selten, derbe, körnige, krustige, nierige, faserige und radialstrahlige Aggregate sind häufiger. Hemimorphit ist farblos, weiß, grau, gelblich, braun, grün oder blau, durch Verunreinigungen mit Limonit braun, mit Hämatit rot. Hemimorphit zeigt Glas- oder Seidenglanz, auf Spaltflächen auch Perlmuttglanz.

### Mineralklasse, Chemismus
Hemimorphit ist ein wasserhaltiges, basisches Zinksilikat aus der Hemimorphit-Klinoedrit-Gruppe und Mineralklasse der Gruppensilikate, Formel: $Zn_4[(OH)_2/Si_2O_7] \cdot H_2O$ + Al,Ca,Cd,Cu,Fe,Mg,Pb,Ti.

### Bestimmungsmerkmale
Mohshärte: 5; Dichte: 3,3 – 3,5; Spaltbarkeit: vollkommen, muscheliger, bisweilen faseriger Bruch; Strichfarbe: weiß; Transparenz: durchsichtig bis undurchsichtig.

### Verwechslungen und Unterscheidung, Fälschungen
Chalcedon (Härte 6,5 – 7, Dichte 2,58 – 2,64), Phosphorit (keine Spaltbarkeit), Smithsonit (Dichte 4,3 – 4,5), Türkis (Dichte 2,60 – 2,80). Fälschungen sind nicht bekannt.

### Verwendung und Handel
Hemimorphit wird als Bestandteil der Galmei-Erze zur Zinkgewinnung verwendet.

### Heilwirkung, Indikationen, Anwendung
Hemimorphit hilft, Fremdbeeinflussung zu erkennen und verstärkt die Ausrichtung auf das eigene Ziel. Dadurch tritt das wahre eigene Wesen hervor. Er hilft bei unreiner Haut, Ekzemen, Warzen, Sonnenbrand, Verbrennungen und fördert die Gewebsregeneration nach Operationen (SHK-Forschung).

*Abb. 265: Hemimorphit-Stufe, Mexiko (2:1)*

# Hermanover Kugel

## Name, Synonyme, Handelsbezeichnungen
Die Hermanover Kugel, auch schlicht „Glimmerkugel" genannt, trägt ihren Namen nach der einzigen Fundstelle bei Hermanov in Böhmen. Sie besteht aus einem rotbraunen Phlogopit-Kern (griech. phlogopos = feurig, Breithaupt 1841) mit einer Schale aus Anthophyllit (benannt nach der nelkenbraunen Farbe, neulat. Anthophyllum = Gewürznelke, Schumacher 1801).

## Genese, Vorkommen
Hermanover Kugeln entstehen tertiär bei der Kontaktmetamorphose von magnesiumhaltigem Carbonatgestein. Unter der Einwirkung pneumatolytischer fluor- und silikathaltiger Dämpfe entsteht dabei zunächst Phlogopit, der sich erst bei rückläufiger Metamorphose und sinkendem Fluorid- und Calcium-Angebot durch metasomatischen Stoffaustausch mit einer Anthophyllit-Schale überzieht. Vorkommen sind nur in Hermanov/Tschechien.

## Kristallsystem, Erscheinungsbild, Farbe
Phlogopit ist monoklin und bildet hier aus tafelig-blättrigen Kristallen ein kugelig-schuppiges Aggregat, das von radialfaserig ausgebildetem rhombischem Anthophyllit umhüllt ist. Die ungeöffnete Hermanover Kugel ist dunkelbraun und glimmerartig glitzernd mit Glasglanz. Aufgeschlagen zeigt sich ein kupferfarbener Kern und eine asbestartig-faserige Hülle.

## Mineralklasse, Chemismus
Phlogopit ist ein eisenfreier Magnesiaglimmer aus der Biotit-Reihe, Glimmer-Gruppe und der Mineralklasse der Schichtsilikate, Formel: $KMg_3[(F,OH)_2/AlSi_3O_{10}]$. Anthophyllit ist ein Amphibol aus der Mineralklasse der Kettensilikate, Formel: $(Mg,Fe)_7[OH/Si_4O_{11}]_2$ + Al,Ca,F,K.

*Abb. 266: Hermanover Kugeln, geöffnet, Tschechien (1:1)*

## Bestimmungsmerkmale
Mohshärte: 5,5 (Kern 2 – 2,5); Dichte: 2,8 – 3,0; Spaltbarkeit: gut, unebener Bruch; Strichfarbe: weiß; Transparenz: undurchsichtig.

## Verwechslungen und Unterscheidung, Fälschungen
Hermanover Kugeln können mit den portugiesischen Biotit-Linsen (Seite 176) verwechselt werden, unterscheiden sich jedoch deutlich in der Form und inneren Struktur. Fälschungen sind nicht bekannt.

## Verwendung und Handel
Hermanover Kugeln sind selten und werden nicht mehr gesammelt, da die Fundstelle inzwischen zum Naturschutzgebiet erklärt wurde.

## Heilwirkung, Indikationen, Anwendung
Hermanover Kugeln setzen spielerisch enorme Lebenskräfte frei und vermitteln eine positive Lebenshaltung. Bei Selbstzweifeln und quälender Grübelei nimmt man je eine Hälfte in jede Hand (Sienko).

# Heulandit

## Name, Synonyme, Handelsbezeichnungen
Heulandit wurde 1822 von Henry James Brooke nach dem englischen Mineralogen und Sekretär der geologischen Gesellschaft in London Henry Heuland benannt. Er gehört mit Natrolith (Seite 486) und Stilbit (Seite 507) zur Zeolith-Familie, die ihren Namen 1770 durch Axel F. Cronstedt wegen des Aufschäumens beim Schmelzen erhielt (griech. zeo = ich koche, lithos = Stein). Synonyme für Heulandit sind Lincolnit und Oryzit (nadelig).

## Genese, Vorkommen
Heulandit entsteht primär aus hydrothermalen Lösungen in Mandelräumen junger vulkanischer Gesteine, z.B. auf den Färöer-Inseln, in Island, Deutschland, Tschechien, Italien und Indien, und oberflächennahen Ganglagerstätten, z.B. Harz/Deutschland und Norwegen. Außerdem wird er mitunter auch in miarolithischen Drusen plutonischer Gesteine (Granit), z.B. in Schlesien/Polen, und in alpinen Zerrklüften gefunden.

Abb. 267: Heulandit in Mandelräumen, Brasilien (1:1)

## Kristallsystem, Erscheinungsbild, Farbe
Heulandit ist monoklin und bildet dünntafelige Kristalle, die meist in blättrigen, schuppigen, strahligen und fächerförmigen Aggregaten wachsen. Er ist farblos, weiß, gelb oder durch Hämatiteinlagerungen rot. Heulandit zeigt Glasglanz, auf Bruchflächen Perlmuttglanz.

## Mineralklasse, Chemismus
Heulandit ist ein Blätterzeolith aus der Zeolith-Familie und Mineralklasse der Gerüstsilikate, Formel: $Ca[Al_2Si_7O_{18}] \cdot 6\ H_2O$ + Ba,Fe,Na,Sr. Zeolithe bilden ein siebartiges Molekulargerüst aus mehreren miteinander verknüpften Silikatringen, das ihnen spezielle Eigenschaften verleiht (siehe Verwendung).

## Bestimmungsmerkmale
Mohshärte: 3,5 – 4; Dichte: 2,18 – 2,22; Spaltbarkeit: vollkommen, spröder Bruch; Strichfarbe: weiß; Transparenz: durchsichtig bis durchscheinend.

## Verwechslungen und Unterscheidung, Fälschungen
Zeolithe sind untereinander oft nur durch chemische Analysen zu unterscheiden. Es gibt auch synthetischen Zeolith, der Mineralienmarkt ist hiervon jedoch nicht betroffen.

## Verwendung und Handel
Zeolithe (oft synthetisch) werden als Ionentauscher zur Wasserenthärtung und als Molekularsieb zur Edelgastrennung eingesetzt.

## Heilwirkung, Indikationen, Anwendung
Heulandit hilft, Gewohnheiten, Selbstgefälligkeit, Überheblichkeit, Neid und Eifersucht loszulassen, um liebevolle Seiten zu entwickeln. Er hilft bei Wachstumsstörungen, Kurzatmigkeit und Fußbeschwerden (Melody).

# Hypersthen

## Name, Synonyme, Handelsbezeichnungen

Hypersthen wurde 1803 von René-Just Hauy so benannt, weil er härter als die Amphibole (Hornblende) ist (griech. hyper = über, sthenos = Kraft). Synonyme sind Amblystegit, Augit-Bronzit, Eisenanthophyllit, Eisen-Enstatit, Ferroanthophyllit, Ficinit, Kupfferit, Labradorblende, Labrador-Hornblende, Paulit, prismatoidischer Schillerspat und Szaboit.

## Genese, Vorkommen

Hypersthen entsteht primär durch liquidmagmatische oder vulkanische Bildung aus eisen- und magnesiumreichem Magma. Viel seltener entsteht er tertiär bei der Metamorphose von Gneisen. Vorkommen: Deutschland (Bodenmais), Frankreich, Norwegen, Kanada und Rußland.

*Abb. 268: Hypersthen-Trommelsteine, Kanada (1:1)*

## Kristallsystem, Erscheinungsbild, Farbe

Hypersthen bildet rhombische Kristalle, Kristallzwillinge oder derbe, körnige und blättrige Aggregate bzw. Spaltstücke. Er ist schwarz, schwarzbraun oder schwarzgrün, zeigt Glasglanz und einen charakteristischen silbernen, selten kupferroten Schiller, der durch die Einlagerung zahlreicher feiner blättriger und nadeliger Entmischungskörper von Ilmenit (siehe Seite 476) hervorgerufen wird.

## Mineralklasse, Chemismus

Hypersthen ist ein Eisen-Magnesium-Silikat der Pyroxen-Gruppe und Mineralklasse der Kettensilikate, Formel: $(Fe,Mg)_2[Si_2O_6]$ + Al,Ca,Fe,Mn,Ni. Er gehört zur Enstetit-Hypersthen-Mischkristallreihe (15-50% Eisenanteil).

## Bestimmungsmerkmale

Mohshärte: 5,5; Dichte: 3,35 - 3,80; Spaltbarkeit: unvollkommen; Strichfarbe: weiß; Transparenz: durchsichtig bis undurchsichtig.

## Verwechslungen und Unterscheidung, Fälschungen

Hypersthen kann mit Silber-Obsidian verwechselt werden, läßt sich jedoch durch die deutlich erkennbare kristalline Struktur unterscheiden. Bei schwachem Schiller besteht Verwechslungsgefahr mit Turmalin (Schörl, Härte 7-7,5). Fälschungen sind nicht bekannt.

## Verwendung und Handel

Hypersthen besitzt keine wirtschaftliche Bedeutung. Auch als Sammelmineral, Schmuck- und Heilstein ist er derzeit noch kaum bekannt.

## Heilwirkung, Indikationen, Anwendung

Hypersthen bringt genau das richtige Maß an Ruhe und Aktivität, das gleichzeitig dynamisch und ausgeglichen macht. Dadurch fördert und beschleunigt er die Lösung vieler Probleme. Er hilft, Kritik anzunehmen und gleichzeitig kompromißlos die eigenen Überzeugungen zu vertreten. Hypersthen hilft bei übersäuertem Magen und löst Verspannungen und Schmerzen auf (SHK-Forschung).

# Ilmenit

## Name, Synonyme, Handelsbezeichnungen

Ilmenit wurde durch Adolph Theodor Kupffer 1827 nach dem Ilmengebirge, südlicher Ural/ Rußland benannt. Synonyme sind Craitonit, Eisentitan, Gregorit, Guadarramit, Haplotypit, Hypostatit (eisenreich), Iserin, Kibdelophan, Menaccanit, Menachine, Menachit, Menakan, Menakeisenstein, Paracolumbit, Parailmenit, Schwarztitanerz, Siderotitanium, Spessartit, Thuenit, Titaneisen, Titaneisenerz, Titaneisenglimmer, Titaneisenstein, Titanioferrit, Titanium, Titanosiderum, Trappisches Eisenerz, Uddevallit und Washingtonit (eisenreich).

## Genese, Vorkommen

Ilmenit entsteht primär in liquidmagmatischer Bildung, wobei er sich durch Absinken zu großen intramagmatischen Lagerstätten anreichert (Frühkristallisation, vgl. Seite 20), wie z.B. in Skandinavien, Rußland, Nordamerika, Südafrika und Indien. Aufgrund der Verwitterungsbeständigkeit findet sich Ilmenit auch in Seifen (blacksands) in Indien, Australien, Südafrika, den USA und Brasilien.

*Abb. 269: Ilmenit mit Rutil, Brasilien (3:1)*

## Kristallsystem, Erscheinungsbild, Farbe

Ilmenit ist trigonal, erscheint jedoch meistens als derbes, kompaktes Erz oder körniger Sand. Kristalle sind rhomboedrisch, tafelig und plattig, Aggregate aus Drusen und Klüften oft blättrig und rosetteartig (Eisenrosen). Auch faserige Ilmeniteinschlüsse in Bergkristall (Haarsteine) sind bekannt und mitunter fälschlicherweise als Silberrutil im Handel. Ilmenit ist schwarz und zeigt Metallglanz.

## Mineralklasse, Chemismus

Ilmenit ist ein Eisen-Titan-Oxid aus der Mineralklasse der Oxide, Formel: $FeTiO_3$ + Mg,Mn,Sb.

## Bestimmungsmerkmale

Mohshärte: 5 – 6; Dichte: 4,5 – 5; Spaltbarkeit: keine, muscheliger Bruch; Strichfarbe: schwarz; Transparenz: opak.

## Verwechslungen und Unterscheidung, Fälschungen

Hämatit (roter Strich - Vorsicht: bei Titangehalt wird der Strich schwarz), Magnetit (Magnetismus), Chromit (Unterscheidung nur mineralogisch). Fälschungen sind nicht bekannt.

## Verwendung und Handel

Ilmenit ist als Titanerz ein wichtiger Rohstoff für hochbelastbare Legierungen. Gesammelt werden vor allem Kristalle und schöne Stufen, als Heilstein steht Ilmenit im Schatten von Hämatit und Rutil.

## Heilwirkung, Indikationen, Anwendung

Ilmenit inspiriert und fördert philosophische Betrachtungen. Er löst Illusionen und veraltete Geisteshaltungen auf und hilft, wahre Eingebungen und Einbildungen zu unterscheiden. Ilmenit fördert und unterstützt jede Form der Heilung (Melody).

# Jamesonit

## Name, Synonyme, Handelsbezeichnungen

Jamesonit wurde 1825 von W.R. von Haidinger nach dem englischen Geologen Robert Jameson benannt. Synonyme sind Bergzunder, Bleiantimonit, Bleischimmer, Chalybinglanz, Comuccit, Falkmanit, Federerz, Lumpenerz, Pfaffit, Pilit, Plumosit, Querantimonerz, Querspießglanz, Spießglasfedererz, Stahlantimonglanz und Zundererz.

## Genese, Vorkommen

Jamesonit entsteht primär als hydrothermale Bildung in Blei-Zink-Lagerstätten. Er bildet sich erst, wenn die Temperatur der Lösung einen mittleren Temperaturbereich (unter 200 °C) erreicht. Jamesonit ist daher in kleiner Menge weit verbreitet, bildet jedoch nur selten kompakte und abbauwürdige Massen. Bedeutende Vorkommen finden sich nur in Bolivien und Brasilien.

## Kristallsystem, Erscheinungsbild, Farbe

Jamesonit ist monoklin und bildet langprismatische, nadelige, faserige, oft stark verbogene Kristalle (Federerz) oder massige, stengelige, büschelige, seidige und radialstrahlige Aggregate. Er ist bleigrau, braun bis grauschwarz und zeigt Metallglanz, auf faserigen Aggregaten auch Seidenglanz. Feine Einschlüsse von Jamesonitnadeln in Bergkristall werden Jamesonitquarz genannt.

## Mineralklasse, Chemismus

Jamesonit zählt als Blei-Antimon-Sulfosalz zur Boulangerit-Gruppe und Mineralklasse der Sulfide, Formel: $Pb_4FeSb_6S_{14}$ + Ag,Bi,Cu.

## Bestimmungsmerkmale

Mohshärte: 2,5; Dichte: 5,5–6,0; Spaltbarkeit: gut; Strichfarbe: grauschwarz; Transparenz: opak.

*Abb. 270: Jamesonit, Rohstein Bolivien, Jamesonitquarz-Trommelsteine Brasilien (1:1)*

## Verwechslungen und Unterscheidung, Fälschungen

Jamesonit kann mit Antimonit (Dichte 4,63 – 4,66), Boulangerit und anderen Sulfiden verwechselt werden, Jamesonitquarz ähnelt vielen anderen Haarsteinen. Die Unterscheidung ist hier nur durch mineralogische Untersuchungen möglich. Fälschungen sind nicht bekannt.

## Verwendung und Handel

Jamesonit selbst wird als Antimon- und Bleierz genutzt, als Sammlerstufe ist er wenig gefragt. Auch als Heilsteine werden in erster Linie Jamesonitquarz-Trommelsteine verwendet.

## Heilwirkung, Indikationen, Anwendung

Jamesonit harmonisiert in Verbindung mit Quarz (Jamesonitquarz) das gesamte System der Meridiane und energetischen Körper (Gurudas). Er hilft bei Erkrankungen des sympathischen Nervensystems, der Nebennieren und der Thymusdrüse, wirkt entgiftend, kühlend, fiebersenkend und lindert Entzündungen (Melody).

# Kalkoolith

## Name, Synonyme, Handelsbezeichnungen

Kalkoolith wurde erstmals bei Hildegard von Bingen als „margarita" erwähnt, in der Folge dann jedoch oft fälschlich mit „Perle" übersetzt. Je nach der Größe seiner Kügelchen wurde er später Rogenstein, Pisolith (lat. piscis = Fisch) oder Erbsenstein, auch Linsenstein, Mohnsamenstein, Ammites und zuletzt Oolith (griech. oion = Ei) genannt. Da es auch Oolithe aus Eisenoxiden (vgl. S. 318) gibt, empfiehlt sich zur Präzisierung die Bezeichnung Kalkoolith. Weitere Synonyme sind Cenchris, Cenchrites, Phacites, Schalenkalk und Sprudelstein.

## Genese, Vorkommen

Kalkoolith entsteht sekundär in bewegtem, kalkübersättigtem Wasser, wenn Schwebeteilchen von ausfallendem Kalk schalig umhüllt werden und so reine Kalkperlen (Ooide bzw. Sphärolithe) bilden. Ab einer bestimmten Größe sinken diese dann auf den Grund und sedimentieren zum Kalkoolith. Vorkommen sind in Karlsbad, Böhmen/Tschechien (Erbsenstein) und im Harz (Rogenstein).

*Abb. 271: Kalkoolith, Rogenstein, Harz (1:1)*

## Kristallsystem, Erscheinungsbild, Farbe

Kalkoolith aus Aragonit (Erbsenstein) ist rhombisch, aus Calcit oder Dolomit (Rogenstein) trigonal. Er besteht aus Kügelchen von 1–5 mm Größe, die durch toniges oder sandiges Material verkittet sind und ist weiß, gelblich, grau, rotbraun oder braun und matt, an den Kügelchen auch wachsglänzend.

## Mineralklasse, Chemismus

Kalkoolith besteht überwiegend aus Aragonit, Calcit oder Dolomit, wenn bei der Sedimentation eine Dolomitisierung (siehe Seite 28) stattgefunden hat. Alle drei zählen zur Mineralklasse der Carbonate, Formeln: $CaCO_3$ (Aragonit, Calcit), $CaMg(CO_3)_2$ (Dolomit). Farbgebend sind Eisen-Verunreinigungen.

## Bestimmungsmerkmale

Mohshärte: 3,5; Dichte: 2,7–2,9; Spaltbarkeit: keine, unebener Bruch; Strichfarbe: weiß bis bräunlich; Transparenz: undurchsichtig.

## Verwechslungen und Unterscheidung, Fälschungen

Kalkoolith kann poliert mit Sandstein-Eisen-Oolith (Härte 5–5,5) und Jaspis (Härte 6,5–7) verwechselt werden. Fälschungen gibt es nicht.

## Verwendung und Handel

Kalkoolith ist als roher und polierter Stein sowie gebohrt und als Anhänger im Handel. Als Heilstein kann er in jeder Form verwendet werden.

## Heilwirkung, Indikationen, Anwendung

Kalkoolith wirkt fiebersenkend, entgiftend und lindert stoffwechselbedingte Kopfschmerzen. Er wird als Stein getragen oder in Wasser gelegt, das dann getrunken wird (Hildegard von Bingen).

# Kassiterit

## Name, Synonyme, Handelsbezeichnungen
Kassiterit wurde 1832 von François S. Beudant nach griech. kassiteros = Zinn benannt. Zuvor hieß er Zinnstein, Zinnerz oder Zwitter. Synonyme sind Bergzinn, Cassiterit, cornisch Zinnerz, Holzzinn (radialfaserig), Katzenzinn, Krötenauge, Nadelzinn, Seifenzinn, Stannolith, Stromzinn, Visiergraupen, Zinngranat, Zinngraupen, Zinnsand, Zinnspat, Zinnwäsche, Zinnzwitter und Zweckenzinn.

## Genese, Vorkommen
Kassiterit entsteht primär in der magmatischen Abfolge (Bergzinn): Liquidmagmatisch in Granit (Erzgebirge, Böhmen, Skandinavien, Rußland), Rhyolith (Mexiko) oder in Pegmatiten (Birma, Kongo); pneumatolytisch in Greisen (Erzgebirge) und hydrothermal (Sachsen, Böhmen, Bretagne, Cornwall/England, Bolivien, Südostasien, Japan und Südchina). Kontaktmetasomatisch entsteht er vor allem in Dolomit (Erzgebirge, Namibia, Australien, Tasmanien). Aufgrund seiner Verwitterungsbeständigkeit findet er sich auch in Seifenlagerstätten (Seifenzinn).

## Kristallsystem, Erscheinungsbild, Farbe
Kassiterit ist tetragonal und bildet kurzprismatische, stengelige, seltener auch nadelige Kristalle. Häufiger sind Zwillinge mit einspringenden Kanten (Visiergraupen) sowie glaskopfartige (Holzzinn), derbe, dichte und körnige Aggregate. Er ist schwarz, braunschwarz, gelblich- bis rötlich-braun, selten auch grau, weiß oder farblos (Nadelzinn) und zeigt Metall-, Diamant- und auf Bruchflächen Fettglanz.

## Mineralklasse, Chemismus
Kassiterit ist ein Zinnoxid aus der Rutilgruppe und Mineralklasse der Oxide, Formel: $SnO_2$ + Fe,Mn,Nb,Ta,Ti,W,Zn,Zr,OH.

*Abb. 272: Kassiterit-Stufe, China (3:1)*

## Bestimmungsmerkmale
Mohshärte: 6–7; Dichte: 6,8–7,1; Spaltbarkeit: unvollkommen, unebener, muscheliger Bruch; Strichfarbe: weiß, grau bis hellbraun; Transparenz: durchsichtig bis undurchsichtig.

## Verwechslungen und Unterscheidung, Fälschungen
Verwechslungen gibt es mit Rutil (rötlichere Farbe) und Diamant, Hämatit, Sphen und Zirkon. Der Nachweis ist hier nur gemmologisch möglich. Fälschungen sind nicht bekannt.

## Verwendung und Handel
Kassiterit ist ein bedeutendes Zinnerz. Er wird mitunter als Schmuckstein geschliffen, als Heilsteine finden vor allem kleine Kristalle und Stufen Verwendung.

## Heilwirkung, Indikationen, Anwendung
Kassiterit weckt den Wunsch nach Größe und Vollkommenheit und hilft bei Suchtproblemen aller Art (Sperling). Er kann außerdem bei Fettleibigkeit und Hormonstörungen eingesetzt werden (Melody).

# Konichalcit

## Name, Synonyme, Handelsbezeichnungen

Konichalcit bedeutet „Kupferstaub" (griech. konia = Staub, chalkos = Kupfer) und bezeichnet die dünnen, krustigen Überzüge des Minerals (siehe Abb.). Einziges Synonym ist Higginsit, benannt nach der Higgins-Mine in Bisbee, Arizona/USA.

## Genese, Vorkommen

Konichalcit entsteht sekundär in der Oxidationszone von Kupfererzlagerstätten bei der Verwitterung von arsenhaltigen Kupfererzen in Anwesenheit von Kalkstein. Dem Erz entstammen dabei die Kupfer- und Arsenanteile, dem Kalkstein das beteiligte Calcium. Konichalcit-Vorkommen finden sich in Deutschland, Spanien, Griechenland, Polen, Rußland, den USA und Mexiko.

## Kristallsystem, Erscheinungsbild, Farbe

Konichalcit ist rhombisch, bildet jedoch nur selten kleine, kurzprismatische oder nadelige Kristalle. Häufiger erscheint er in büscheligen, kugeligen und nierig-traubigen Aggregaten mit radialfaseriger Struktur sowie als krustiger Überzug. Konichalcit ist pistazien- bis apfelgrün und zeigt Glas-, Seiden- oder Fettglanz.

## Mineralklasse, Chemismus

Konichalcit ist ein Calcium-Kupfer-Arsenat aus der Descloizit-Reihe und Mineralklasse der Arsenate (ähnlich den Phosphaten), Formel: $CuCa[OH/AsO_4]$ + Fe,Pb,Zn.

## Bestimmungsmerkmale

Mohshärte: 4,5; Dichte: 4,33; Spaltbarkeit: keine, unebener Bruch; Strichfarbe: hellgrün; Transparenz: durchscheinend.

## Verwechslungen und Unterscheidung, Fälschungen

Konichalcit kann mit Malachit, Olivenit oder Cuproadamin verwechselt werden, unterscheidet sich jedoch in der apfelgrünen Farbe. Im Zweifelsfall sollte das Mineral chemisch geprüft werden (durch Schwefelsäure-Zusatz zur salzsauren Lösung wird das anwesende Calcium in Form eines weißen Calciumsulfatniederschlags ausgefällt). Fälschungen sind nicht bekannt.

## Verwendung und Handel

Konichalcit besitzt keine wirtschaftliche Bedeutung und ist nur selten in Form von rohen Stufen im Handel. Aufgrund seiner geringen Verbreitung ist er auch als Heilstein kaum bekannt.

## Heilwirkung, Indikationen, Anwendung

Konichalcit bringt Verstand und Gefühl in Einklang, erhöht die persönliche Kraft und verbessert die Kommunikationsfähigkeit. Er hilft, Veränderungen zu vollziehen und bringt Stabilität. Konichalcit fördert Intuition, Imagination und Anpassungsfähigkeit. Er wird zur Entgiftung und bei Erkrankungen der Schleimhäute, Nieren und Blase eingesetzt (Melody).

*Abb. 273: Konichalcit-Stufen, Mexiko (2:1)*

# Krokoit

## Name, Synonyme, Handelsbezeichnungen

Krokoit erhielt seinen Namen 1832 von François Sulpice Beudant nach der Safranfarbe (griech. krokos = Safran). Der russische Gelehrte Michail W. Lomonossow hatte ihn zuvor 1763 als „Rotes Bleierz von Beresowsk" beschrieben, A.G. Werner schuf daraus 1784 das bis heute gebräuchliche Synonym Rotbleierz. Weitere Synonyme sind Bleichromat, Chrombleierz, Chrombleispat, Crocoit, Kallochrom, Kollochrom, Krokoisit und Lehmannit.

## Genese, Vorkommen

Krokoit entsteht sekundär in der Oxidationszone von Bleierzlagerstätten, wenn blei- und chromhaltige Verwitterungslösungen zusammentreffen. Da dies nur in der Nachbarschaft chromithaltiger basischer und ultrabasischer Gesteine möglich ist, ist Krokoit ein sehr seltenes Mineral. Vorkommen gibt es im Erzgebirge, Schweden, Ural/Rußland und Tasmanien.

## Kristallsystem, Erscheinungsbild, Farbe

Krokoit ist monoklin und bildet langprismatische oder nadelige Kristalle bis zu wenigen Zentimetern Größe. Aggregate sind stengelig und wirr verwachsen oder derb, krustig und pulvrig. Krokoit ist rot oder orange und zeigt Glas- bis Diamantglanz, manchmal auch Fettglanz.

## Mineralklasse, Chemismus

Krokoit zählt als Bleichromat zur Mineralklasse der Chromate (ähnlich den Sulfaten), Formel: $PbCrO_4$ + S,Zn. Farbgebend ist das Chrom.

## Bestimmungsmerkmale

Mohshärte: 2,5 – 3; Dichte: 5,9 – 6,1; Spaltbarkeit: gut, muscheliger Bruch; Strichfarbe: orange bis gelb; Transparenz: durchsichtig bis durchscheinend.

*Abb. 274: Krokoit-Stufen, Australien (2:1)*

## Verwechslungen und Unterscheidung, Fälschungen

Krokoit kann mit Mimetesit (Dichte 7,19 – 7,25, weißer Strich), Realgar (Härte 1,5 – 2, Dichte 3,4 – 3,6), Vanadinit (Dichte 6,7 – 7,1, keine Spaltbarkeit, unebener Bruch), Wulfenit (Dichte 6,8) und Zinnober (Dichte 8,1) verwechselt werden. Fälschungen sind nicht bekannt.

## Verwendung und Handel

Krokoit wurde nur in Tasmanien zeitweise als Blei- und Chromerz abgebaut. Ansonsten findet er vor allem bei Sammlern Interesse. Als Heilstein wird er nur selten verwendet, da er sehr giftig ist. Aus diesem Grund darf Krokoit auch nur äußerlich aufgelegt werden und ist von Kindern fernzuhalten!

## Heilwirkung, Indikationen, Anwendung

Krokoit hilft, Liebeskummer zu überwinden. Er hilft insbesondere unmittelbar nach einem Verlust, einer Trennung oder einer Zurückweisung (Sienko). Krokoit fördert Intuition, Kreativität und Sexualität und hilft bei Erkrankungen der Fortpflanzungsorgane (Melody).

# Lazulith

## Name, Synonyme, Handelsbezeichnungen

Lazulith erhielt seinen Namen 1795 von M.H. Klaproth nach der blauen Farbe (arab. azul = Himmel). F.S. Beudant nannte ihn Klaprothine, A.G. Werner Blauspat, was sich als Synonym bis heute erhalten hat. Weitere Synonyme sind Berlinerblau, Blauer Opal (irreführend!), Blaustein, Eisenblau, blauer Feldspat, Lasurspat, Mollit, natürliche Smalte, phosphorsaure Tonerde, Tetragophosphit und Voraulith.

## Genese, Vorkommen

Lazulith entsteht primär aus liquidmagmatischer Bildung in quarz- und phosphatreichen Pegmatiten oder tertiär bei der metamorphen Bildung von Quarzit aus Sedimenten. Vorkommen liegen in den Alpen, der Slowakei, Schweden, den USA, Brasilien und Madagaskar.

## Kristallsystem, Erscheinungsbild, Farbe

Lazulith ist monoklin, bildet jedoch nur selten spitzpyramidale, kurzprismatische oder tafelige Kristalle. Häufiger erscheint er in derben, dichten und körnigen Aggregaten in pegmatitischen Quarzbändern oder in Quarzit eingesprengt. Lazulith ist hell- bis dunkelblau, matt oder mit Glasglanz.

## Mineralklasse, Chemismus

Lazulith ist ein basisches Aluminiumphosphat aus der Mineralklasse der Phosphate, Formel: $(Mg,Fe)Al_2[OH/PO_4]_2$ + Ca,Si.

## Bestimmungsmerkmale

Mohshärte: 5,5 – 6; Dichte: 3,08 – 3,38; Spaltbarkeit: unvollkommen, unebener, splittriger Bruch; Strichfarbe: weiß; Transparenz: kantendurchscheinend bis undurchsichtig.

## Verwechslungen und Unterscheidung, Fälschungen

Lazulith kann mit Azurit (Härte 3,5 – 4, hellblauer Strich), Apatit (oft transparenter), reinem Lapislazuli (Dichte 2,4, bläulicher Strich), Sodalith (Dichte 2,13 – 2,29), bläulichem Türkis (Dichte 2,60 – 2,80) und Vivianit (Härte 1,5 – 2, Dichte 2,6 – 2,7) verwechselt werden. Hier sind gemmologische Prüfungen zu empfehlen. Fälschungen sind nicht bekannt.

## Verwendung und Handel

Lazulith wird als Edelstein geschliffen, jedoch ist die Schleifware meist nur klein. Seit Sommer 1997 gibt es auch geringe Mengen Trommelsteine aus größerer derber Rohware.

## Heilwirkung, Indikationen, Anwendung

Lazulith fördert das Nachdenken über den Sinn des Lebens. Er beruhigt die Nerven, löst Anspannungen und schenkt Frieden (Sperling). Lazulith lindert Ärger und Frustration und bringt Mut. Er regt an, Tätigkeiten auszuüben, die auf spirituellen Werten basieren. Lazulith stimuliert Epiphyse, Hypophyse und Leber und harmonisiert so den Hormonhaushalt (Gurudas).

*Abb. 275: Lazulith-Stufe, Kanada (1:1)*

# Limonit

## Name, Synonyme, Handelsbezeichnungen
Limonit bedeutete „Sumpf und Wiesenerz" (lat. limus = Schlamm, griech. leimon = Wiese, J. Hausman 1813), wurde von F.S. Bendant 1832 dann jedoch auf alle Braunstein-Varietäten übertragen. Synonyme sind Basalteisen, Brauneisenstein, Kaulstein, Lindstein, Ortstein, Sil, Toneisenstein (limonithaltiger Ton) und Tophus.

## Genese, Vorkommen
Limonit entsteht sekundär durch oberflächennahe Verwitterung (Raseneisenerz) von Eisenerzen. Dabei entsteht als Zwischenprodukt amorphes Eisenhydroxidgel, wie spätere Formen noch zeigen (Glaskopf). Limonit kommt weltweit vor (Pigment des Ackerbodens).

*Abb. 276: Limonit-Stufe, Schwarzwald (2:1)*

## Kristallsystem, Erscheinungsbild, Farbe
Limonit ist rhombisch, mitunter mit amorphen Anteilen. Er bildet als Goethit sichtbare Kristalle, sonst derbe und dichte (Brauneisenerz, Felserz, Hartstein, Reinerz), stalaktitische, wulstige und glaskopfige (brauner Glaskopf, Braunsteinschaum), erdige und pulverige (Berggelb, Eisenocker, gelber Ocker, ockeriger Brauneisenstein, Ockergelb, Xanthosiderit), oolithisch-knollenartige (Bohnerz, Erbsenerz, Hirsenerz, Linsenerz, Perlenerz) und pechglänzende Aggregate mit faserig-porösem Aufbau (Quellerz, Limnit, Modererz, Morasterz, Pfennigerz, Raseneisenerz, See-Erz, Stilpnosiderit, Sumpferz, Wiesenerz, Zieselerz). Limonit ist schwarz, braun und in erdig-pulveriger Form gelb.

## Mineralklasse, Chemismus
Limonit zählt als wasserhaltiges Eisenoxihydroxid zur Mineralklasse der Oxide, Formel: $FeOOH \cdot n\, H_2O + Al, Ba, CaMg, Mn, Ni, P, Si, V$. Er setzt sich aus den Mineralien Goethit (Nadeleisenerz) und Lepidokrokit (Rubinglimmer) zusammen. Aufgrund seines Wassergehalts wird er auch Hydroferrit, Hydrogoethit, Hydrosiderit und Hyposiderit genannt.

## Bestimmungsmerkmale
Mohshärte: 5 – 5,5; Dichte: bis maximal 5,3; Spaltbarkeit: keine; Strichfarbe: braun; Transparenz: opak.

## Verwechslungen und Unterscheidung, Fälschungen
Limonit ähnelt vielen braun-schwarzen Erzen. Fälschungen sind nicht bekannt.

## Verwendung und Handel
Limonit dient als Eisenerz und für Gasfilter. Als Heilstein ist er nur von geringer Bedeutung.

## Heilwirkung, Indikationen, Anwendung
Limonit bringt Stabilität und Zufriedenheit ins Leben. Er wendet vom bloßen Überlebenskampf ab und hin zu höheren Zielen. Limonit gibt Stärke und Schutz gegen Angriffe. Er stärkt die Knochen und hilft bei Wasserverlust (Melody).

# Mimetesit

## Name, Synonyme, Handelsbezeichnungen
Mimetesit wurde 1748 erstmalig von J.G. Wallerius als „Plumbum arsenico mineralisatum" beschrieben und von François Beudant 1832 dann „Mimètese" genannt, da er dem Pyromorphit (siehe Seite 495) sehr ähnlich ist (griech. mimetes = Nachahmer). Weitere Synonyme sind Bleiarsenatapatit, Buntbleierz, Flockenerz, Gorlandit, Grünbleierz, Mimetit, Petterdit und Traubenblei.

## Genese, Vorkommen
Mimetesit entsteht sekundär bei tiefen Temperaturen in der Oxidationszone arsenhaltiger Buntmetall-Lagerstätten. Dabei wandeln chlor- und arsenhaltige Verwitterungslösungen Bleisulfide und -sulfate zu Mimetesit um, der sich dann anflug- oder krustenartig in Gesteinshohlräumen niederschlägt. Mimetesit ist relativ selten und kommt meist nur in kleinen Mengen vor. Wichtige Vorkommen sind in Deutschland, Tschechien, Rußland, den USA und Mexiko.

*Abb. 277: Mimetesit auf Matrix, Mexiko (3:1)*

## Kristallsystem, Erscheinungsbild, Farbe
Mimetesit ist hexagonal. Er bildet jedoch nur selten kleine kurzprismatische, dipyramidale oder tafelige Kristalle mit bisweilen faßförmig gekrümmten Prismen. Häufiger sind Überkrustungen anderer Minerale durch Kristallrasen und traubig-nierige, kugelige, erdige, anflugartige und selten auch faserige Aggregate. Mimetesit ist gelb, orangerot, braun, grau, grünlich, weiß oder farblos und zeigt Fettglanz bis Diamantglanz.

## Mineralklasse, Chemismus
Mimetesit zählt als Bleiarsenat zur Apatit-Pyromorphit-Gruppe und Mineralklasse der Arsenate (ähnlich den Phosphaten), Formel: $Pb_5[Cl/(AsO_4)_3]$ + Ba,Ca,P,V + (Mn,Sr,SE).

## Bestimmungsmerkmale
Mohshärte: 3,5 – 4; Dichte: 7,19 – 7,28; Spaltbarkeit: keine, muscheliger, unebener Bruch; Strichfarbe: weiß; Transparenz: durchsichtig bis durchscheinend.

## Verwechslungen und Unterscheidung, Fälschungen
Mimetesit sieht Pyromorphit sehr ähnlich und läßt sich nur mineralogisch unterscheiden.

## Verwendung und Handel
Mimetesit ist als Bleierz nur von geringer Bedeutung und nur als Sammlerstufe im Handel.

## Heilwirkung, Indikationen, Anwendung
Mimetesit verringert die Neigung, Gewohnheiten, Verhalten und Lebensstil anderer zu imitieren, und fördert Unabhängigkeit und Abenteuerlust. Er schützt in Situationen besonderer geistiger Offenheit. Mimetesit hilft bei Gewebs- und Organschwund, Unbeweglichkeit und Knochenkrankheiten (Melody).

# Muschel, Perlmutt

## Name, Synonyme, Handelsbezeichnungen

Der Name Muschel stammt von lat. musculus = Muschel, Muskel, Mäuschen. Als Heilsteine werden meist Perlmutt (Perlenmutter, da Perlen in Muscheln entstehen) oder bunte Paua-Muscheln verwendet. Synonyme für letztere sind Abalone und Seeopal.

## Genese, Vorkommen

Muscheln sind in Gewässern lebende Weichtiere, die feste Kalkschalen bilden. Von diesen Schalen wird meist die mit schillerndem Farbenspiel ausgestattete Innenschicht (Perlmutt) verwendet. Permutt-Vorkommen gibt es im Persischen Golf, Sri Lanka, Birma, Japan, Australien, dem Golf von Mexiko und Polynesien. Besonders beliebt sind die bunten Paua-Muscheln Neuseelands.

## Kristallsystem, Erscheinungsbild, Farbe

Muschelschalen bestehen u.a. aus Aragonit (rhombisch) und Calcit (trigonal), die durch eine organische Hornsubstanz zu den bekannten Schalenformen verkittet werden. Das bunt schillernde Farbenspiel entsteht durch Lichtbeugung an den schindelartig gelagerten Aragonitblättchen und Conchynzwischenhäuten, die auch den Perlmuttglanz verursachen.

## Mineralklasse, Chemismus

Muschelschalen können aufgrund des Aragonit- und Calcit-Anteils ($CaCO_3$) zur Mineralklasse der Carbonate gerechnet werden. Der Anteil organischen Materials beträgt maximal 4,5%.

## Bestimmungsmerkmale

Mohshärte: 3–4; Dichte: 2,60–2,78; Spaltbarkeit: keine, unebener Bruch; Strichfarbe: weiß; Transparenz: undurchsichtig, selten durchscheinend.

*Abb. 278: Paua-Muscheln, Neuseeland (1:1)*

## Verwechslungen und Unterscheidung, Fälschungen

Verwechslungen sind nicht möglich, jedoch werden Paua-Muscheln als „See-Opal" oft blau oder grün gefärbt. Auch Kunststoffüberzüge, Dubletten oder Tripletten sind bekannt. Der Nachweis ist hier nur durch mineralogisch-gemmologische Untersuchungen möglich!

## Verwendung und Handel

Perlmutt wird für kunstgewerbliche Gegenstände, Einlegearbeiten und Schmuck verwendet. Als Heilstein ist es schon lange bekannt, wird jedoch nur wenig genutzt.

## Heilwirkung, Indikationen, Anwendung

Perlmutt und Paua-Muscheln bringen Leichtigkeit, Lachen und Achtung vor dem Leben (Sperling). Sie geben Kraft, Niedergeschlagenheit und Enttäuschungen zu überwinden, und harmonisieren das geistige und körperliche Wachstum. Perlmutt hilft bei Entzündungen und vergrößerten Mandeln und lindert Erkrankungen der Schleimhäute und Haut, vor allem auch Juckreiz (SHK-Forschung).

# Natrolith

## Name, Synonyme, Handelsbezeichnungen

Natrolith wurde 1803 durch den Chemiker und Mineralogen Martin Heinrich Klaproth nach seinem Natriumgehalt benannt. Er gehört mit Heulandit (Seite 474) und Stilbit (Seite 507) zur Zeolith-Familie, die ihren Namen 1770 durch Axel F. Cronstedt wegen des Aufschäumens beim Schmelzen erhielt (griech. zeo = ich koche, lithos = Stein). Synonyme für Natrolith sind Bergmannit, Brevicit, Echellit, Fargit, Galaktit, Hegauit, Hydronephelit, Kondrikit, Kondrikowit, Krokalith, Laubanit, Lehuntit, Mehlzeolith, Nadelzeolith, Natronmesotyp, Radiolith, Savit, Sloanit und Spreustein.

## Genese, Vorkommen

Natrolith entsteht primär aus hydrothermalen Lösungen, sekundär aus Verwitterungslösungen aufgelöster Silikate in Klüften, Blasenräumen und seltener in Erzgängen sowie tertiär in regionalmetamorph gebildeten Gesteinen. Vorkommen finden sich in Deutschland (Hegau), Italien, Böhmen, Rußland, auf den Färöer-Inseln, Island, Kanada, den USA, Indien und Australien.

*Abb. 279: Natrolith in Druse, Indien (1:1)*

## Kristallsystem, Erscheinungsbild, Farbe

Natrolith ist rhombisch und bildet langprismatische bis nadelige Kristalle, radialstrahlige Büschel sowie faserige, kugelige, dichte und mehlige Massen und gebänderte Spaltenfüllungen. Er ist weiß und durch Verunreinigungen gelb, rötlich bis braun. Natrolith zeigt Glasglanz, auf Bruchflächen Perlmuttglanz und bei faserigen Aggregaten auch Seidenglanz.

## Mineralklasse, Chemismus

Natrolith ist ein Faserzeolith aus der Zeolith-Familie und Mineralklasse der Gerüstsilikate, Formel: $Na_2[Al_2Si_3O_{10}] \cdot 2\, H_2O + Ca,Fe,K$. Zeolithe bilden ein siebartiges Molekulargerüst aus mehreren miteinander verknüpften Silikatringen, das ihnen spezielle Eigenschaften verleiht.

## Bestimmungsmerkmale

Mohshärte: 5,5; Dichte: 2,20 – 2,26; Spaltbarkeit: vollkommen, muschelig-spröder Bruch; Strichfarbe: weiß; Transparenz: durchscheinend bis undurchscheinend, selten durchsichtig.

## Verwechslungen und Unterscheidung, Fälschungen

Zeolithe sind untereinander oft nur durch chemische Analysen zu unterscheiden. Für wirtschaftliche Zwecke gibt es auch synthetischen Zeolith.

## Verwendung und Handel

Zeolithe werden als Ionentauscher zur Wasserenthärtung und als Molekularsieb zur Edelgastrennung eingesetzt.

## Heilwirkung, Indikationen, Anwendung

Natrolith integriert Persönlichkeit und Höheres Selbst. Er stärkt Haut, Muskel- und Bindegewebe, Darm, Schilddrüse und das parasympathischen Nervensystem (Gurudas).

# Naturglas

## Name, Synonyme, Handelsbezeichnungen

Der Name Glas geht auf germanisch glasaz = Bernstein zurück, da Glas zuerst als römischer Schmuck nach Germanien kam und als Bernstein bezeichnet wurde. Der Ursprung des Begriffs ist das indogermanische ghel = glänzend, schimmernd, blank. Synonyme für Naturglas sind Gesteinsglas, Lavaglas, Vulkanglas und Vitrophyr (mit kristallinen Einschlüssen).

## Genese, Vorkommen

Naturglas entsteht primär, wenn Gesteinsschmelzen zu schnell abkühlen, um kristalline Strukturen zu bilden. Wichtige Vertreter sind Obsidian (Seite 326) und Impaktit aus Lybien (durch Meteoreinschlag gebildet). Fulgurit (lat. fulgur = Blitz) entsteht aus durch Blitzschlag geschmolzenem Sand (weltweit), Hyaloklastit (griech. hyalos = Glas, klan = brechen) oder Palagonit bildet sich im Meer aus aufplatzender Lava (Island, Hawaii). „Peles Haar" (Pele ist die Göttin des Feuers) entsteht durch Lava, die vom Wind zu langen braunen Fäden ausgezogen wird (Hawaii). Pechstein ist ein wasserreicher (10%), teilweise entglaster Obsidian (Deutschland, USA, Australien). Perlit oder Perlstein entsteht durch Wasseraufnahme bei der Glasbildung, was zu konzentrisch-schaligen Glaskügelchen (Perlen) führt (USA). Grünlich-schwarzer Tachylit (griech. tachys = schnell) ist ein undurchsichtiges, in Säuren schnell lösliches Vulkanglas (Schweiz, USA).

## Kristallsystem, Erscheinungsbild, Farbe

Glas ist amorph und bildet unregelmäßige derbe Massen. Nur selten entstehen fadenartige Glasfasern (Peles Haar) oder transparente Kügelchen (Perlit). Es ist, je nach Einschlüssen, farblos, grün, bläulich, rötlich und braun, meist jedoch schwarz und zeigt Glas-, Pech-, Perlmutt-, Wachs- oder Fettglanz.

*Abb. 280: Naturglas gelb, Libyen; Imitation grün (1:1)*

## Mineralklasse, Chemismus

Viele Gläser bestehen hauptsächlich aus Siliciumdioxid ($SiO_2$) und zählen damit zur Mineralklasse der Oxide. Sie enthalten Wasser ($H_2O$) sowie je nach Fundort verschiedene Fremdstoffe.

## Bestimmungsmerkmale

Mohshärte: 5–5,5; Dichte: 2,3–3,0; Spaltbarkeit: keine, muscheliger Bruch; Strichfarbe: weiß; Transparenz: durchsichtig bis opak.

## Verwechslungen und Unterscheidung, Fälschungen

Künstl. Glas ist oft nur schwer unterscheidbar.

## Verwendung und Handel

Naturglas wird zu Filtern und Baustoffen verarbeitet. Als Heilstein ist es nahezu unbekannt.

## Heilwirkung, Indikationen, Anwendung

Glas hilft bei Zweifeln und gibt Stärke, Freude, Leichtigkeit und Würde (Sperling). Fulgurit stärkt außerdem die Thymusdrüse, die Nerven sowie Bänder und Sehnen (Gurudas).

# Okenit

### Name, Synonyme, Handelsbezeichnungen
Okenit wurde 1828 von dem Münchner Dichter und Mineralogen Franz von Kobell nach dem deutschen Naturwissenschaftler Lorenz Oken benannt. Synonyme sind Bordit und Dysklasit.

### Genese, Vorkommen
Okenit entsteht primär aus hydrothermalen Lösungen vulkanischen Ursprungs als eine der letzten Bildungen in Blasenräumen albithaltigen Basalts. Er bildet dort Paragenesen mit vielen Mineralien, die zumeist vor ihm gebildet wurden. Die Altersreihenfolge ist dabei: Pyrit - Calcit - Quarz - Prehnit - Stilbit - Gips - Calcit - Okenit - Apophyllit. Okenit ist selten, das wichtigste Vorkommen ist bei Poona/Indien, weitere Vorkommen in Deutschland, Nordirland, Island, Grönland und Montana/USA sind vergleichsweise unbedeutend.

### Kristallsystem, Erscheinungsbild, Farbe
Okenit ist triklin und bildet Kristalle in Form feinster, biegsamer Fasern, die radialstrahlig zu samtig-pelzartigen „Wattebällchen" verwachsen sind. Auch derbe Okenit-Aggregate mit faserigem Aufbau kommen vor. Okenit ist schneeweiß, seltener auch gelblich- oder bläulichweiß und zeigt Glasglanz, Seidenglanz oder Perlmuttglanz.

### Mineralklasse, Chemismus
Okenit ist ein wasserhaltiges Calciumsilikat aus der Mineralklasse der Kettensilikate, Formel: $Ca[Si_2O_4(OH)_2] \cdot H_2O + Al + (Fe)$.

### Bestimmungsmerkmale
Mohshärte: 4,5 – 5; Dichte: 2,4; Spaltbarkeit: vollkommen, muscheliger Bruch; Strichfarbe: weiß; Transparenz: durchsichtig bis durchscheinend.

### Verwechslungen und Unterscheidung, Fälschungen
Ähnliche Mineralien und Fälschungen sind nicht bekannt.

### Verwendung und Handel
Okenit besitzt keine wirtschaftliche Bedeutung und wird im Handel vor allem als Sammlerstufe in Form schöner Paragenesen (s.o.) angeboten. Als Heilstein spielt Okenit nur eine untergeordnete Rolle, da die feinen Aggregate zerbrechlich und daher in der Handhabung zu empfindlich sind.

### Heilwirkung, Indikationen, Anwendung
Okenit regt an, alte karmische Zyklen zu schließen, die behindernde Verneinung des eigenen Seins zu beenden und bewußt zu zeigen, wer man in Wirklichkeit ist. Er ermöglicht, auch im Alter klar und geistig beweglich zu bleiben. Okenit verbessert die Durchblutung der Arme, vergrößert die Brustdrüsen und hilft bei Hautausschlägen und nervösen Magenbeschwerden (Melody).

*Abb. 281: Okenit in Druse, Indien (1:1)*

# Pallasit

## Name, Synonyme, Handelsbezeichnungen
Pallasit wurde im 18. Jahrhundert erstmals durch den Forschungsreisenden Peter Simon Pallas beschrieben und später nach ihm benannt. Synonyme sind nicht bekannt.

## Genese, Vorkommen
Pallasit ist ein Steineisenmeteorit, der von den Asteroiden stammt, jenen Kleinplaneten aus dem Gürtel zwischen Mars und Jupiter, die durch Kollisionen gelegentlich aus ihrer Bahn geworfen werden. Einzelne Trümmerstücke gelangen dann mitunter in Erdnähe und stürzen schließlich durch die Atmospäre zur Erdoberfläche. Dabei werden sie durch Reibungshitze oberflächlich erhitzt (Sternschnuppen). Pallasite wurden bisher in Argentinien, Kentucky, Kansas und New Mexico/USA, Sibirien/Rußland sowie New South Wales/Australien gefunden.

## Kristallsystem, Erscheinungsbild, Farbe
Pallasit besitzt oberflächlich ein schlackenartiges, rostbraunes Aussehen. Poliert zeigt das kubische Nickeleisen grauen Metallglanz, angeätzt auch die typischen Widmanstättenschen Figuren (vgl. Meteorit, Seite 306). Die rhombischen, grün- bis braungelben Peridot-Einschlüsse zeigen Glasglanz.

## Mineralklasse, Chemismus
Pallasit besteht aus drei Nickeleisenlegierungen (Natürliche Elemente), dem nickelarmen Kamazit (< 7% Ni), nickelreichem Taenit (> 25% Ni) und Plessit, dem Gemisch aus beiden sowie eingelagertem Peridot (Inselsilikat), Formel: $FeNi + (Mg,Fe)_2[SiO_4] + C,Co,Cr,Ga,Ge,P,S$. Pallasit repräsentiert die Urmaterie: Auch die Erde besteht größtenteils aus diesen beiden Komponenten, dem Nickeleisen-Kern und dem peridotitführenden Erdmantel.

*Abb. 282: Pallasit poliert, Esquel/Argentinien (2:1)*

## Bestimmungsmerkmale
Mohshärte: 4,0 – 6,5; Dichte: 5,5 – 6,2; Spaltbarkeit: keine, hakiger Bruch; Strichfarbe: grau; Transparenz: opak mit durchscheinenden bis durchsichtigen Einsprengseln.

## Verwechslungen und Unterscheidung, Fälschungen
Die Mineralkombination des Pallasit ist unverwechselbar. Fälschungen sind nicht bekannt.

## Verwendung und Handel
Pallasit wird sehr teuer gehandelt, der enthaltene Peridot ist oft schleifwürdig und wird auch zu Edelsteinen geschliffen. Als Heilstein hat Pallasit bisher nur wenig Bedeutung erlangt.

## Heilwirkung, Indikationen
Pallasit regt an, die eigenen inneren Welten zu erkunden und anderen Wesen in Liebe zu beggenen. Er hilft, sich der Vergänglichkeit bewußt zu sein und dadurch die Wichtigkeit unserer Betrachtungen und Vorhaben richtig einzuschätzen (Sperling).

# Petalit

## Name, Synonyme, Handelsbezeichnungen

Petalit wurde 1800 durch J.B. d'Andrada nach griech. petalon = Blatt, Platte benannt. Der Name bezieht sich auf die gute Spaltbarkeit und die Ausbildung blättriger Aggregate. Synonyme sind Castorit, Kastor und Lithit.

## Genese, Vorkommen

Petalit entsteht primär in den höchsten Temperaturbereichen pneumatolytischer Bildung. Er findet sich in lithiumreichen Granitpegmatiten in Paragenese mit Spodumen, Turmalin, Lepidolith und Feldspäten. Vorkommen liegen in Brasilien, Namibia und Simbabwe.

## Kristallsystem, Erscheinungsbild, Farbe

Petalit ist monoklin, bildet jedoch nur sehr selten dicktafelige bis kurzsäulige Kristalle. Weitaus häufiger sind derbe, grobspätige, blättrige, körnige und dichte, insgesamt sehr feldspatähnliche Massen. Er ist farblos, weiß, grau, grünlich, gelblich und blaßrosa, in besten Qualitäten auch intensiv rosa gefärbt. Petalit zeigt Glasglanz, auf Spaltflächen auch Perlmuttglanz.

*Abb. 283: Petalit, Brasilien (1:1)*

## Mineralklasse, Chemismus

Petalit ist ein Lithium-Aluminium-Silikat aus der Mineralklasse der Schicht-Silikate, Formel: $LiAl[Si_4O_{10}]$ + Na. Farbgebend ist der Lithiumgehalt, der in geringen Anteilen durch natürliche radioaktive Strahlung ionisiert wird, wodurch sich Farbzentren bilden (vgl. Seite 53, allochromatische Färbung).

## Bestimmungsmerkmale

Mohshärte: 6 – 6,5; Dichte: 2,41 – 2,42; Spaltbarkeit: vollkommen, muscheliger Bruch, spröde; Strichfarbe: weiß; Transparenz: durchsichtig bis durchscheinend. Eine heiße, blaue Gasflamme wird durch Petalitpulver aufgrund des Lithiumgehalts rot gefärbt.

## Verwechslungen und Unterscheidung, Fälschungen

Petalit kann als Rohstein mit Feldspäten (schlechtere Spaltbarkeit, keine rote Flammenfärbung), als Trommel- oder Schmuckstein mit blassen Steinen wie Rosenquarz usw. verwechselt werden. Seine Farbe wird manchmal durch Bestrahlen intensiviert, auch Fälschungen durch Glasimitationen sind bekannt. In diesen Fällen ist eine Unterscheidung oft nur gemmologisch möglich.

## Verwendung und Handel

Petalit wird manchmal als Lithium-Erz abgebaut, bessere Qualitäten werden als Schmucksteine geschliffen. Als Heilstein wird er vor allem in Form von Trommelsteinen verwendet.

## Heilwirkung, Indikationen, Anwendung

Petalit hilft, tiefgreifende Erkenntnisse zu verarbeiten, vor allem wenn sie hart und schmerzvoll sind (Sienko). Er fördert die Zellregeneration und hilft bei Augenleiden (Melody).

# Phenakit

## Name, Synonyme, Handelsbezeichnungen
Phenakit wurde 1833 von Nils G. Nordenskiöld nach griech. phenax = Betrüger benannt. Das Mineral erhielt diesen wenig schmeichelhaften Namen, da alle seine Eigenschaften auf Quarz zu deuten schienen, was aufgrund des beträchtlichen Beryllium-Gehalts jedoch unmöglich war. Synonyme sind nicht bekannt.

## Genese, Vorkommen
Phenakit entsteht primär zum ersten in der liquidmagmatischen Restkristallisation bei der Bildung berylliumhaltiger Pegmatite, zum zweiten durch die Reaktion des Magmas mit dem Nebengestein, insbesondere bei der Verdrängung von Kalk durch granitische Magmen, und zum dritten durch die hydrothermale Umwandlung zuvor entstandenen Berylls. Phenakit ist selten, wichtige Vorkommen liegen nur in Brasilien, Rußland, Namibia und Madagaskar. Weitere Fundorte sind kaum von Bedeutung.

## Kristallsystem, Erscheinungsbild, Farbe
Phenakit ist trigonal und bildet rhomboedrische, flächenreiche, kurzprismatische und tafelige Kristalle mit vertikaler Prismenteilung, die oft eine „linsenartige" Gestalt besitzen. Auch Zwillingsbildungen sind bekannt. Phenakit aus Brasilien und Madagaskar wird fast ausschließlich als Einzelkristall gehandelt, Stufen mit kleineren, aufgewachsenen Kristallen stammen fast immer aus Namibia. Phenakit ist farblos, weingelb, rosa, braun oder grünlichblau. Seine Farbe ist jedoch nicht lichtbeständig! Phenakit zeigt Glasglanz.

## Mineralklasse, Chemismus
Phenakit ist ein Berylliumsilikat aus der Mineralklasse der Inselsilikate, Formel: $Be_2SiO_4$ + Al,Ca,Fe,K,Mg,Na,$H_2O$ + (Ti).

*Abb. 284: Phenakit facettiert, Namibia (3:1)*

## Bestimmungsmerkmale
Mohshärte: 7,5 – 8; Dichte: 2,95 – 3,0; Spaltbarkeit: unvollkommen, muscheliger Bruch; Strichfarbe: weiß; Transparenz: durchsichtig.

## Verwechslungen und Unterscheidung, Fälschungen
Quarz kann anhand der quergestreiften Prismenstreifung erkannt werden. Die Unterscheidung bei Topas und geschliffenen Steinen ist jedoch oft nur gemmologisch möglich. Fälschungen (durch Bestrahlung gelbbraun gefärbte Kristalle) sind glücklicherweise selten.

## Verwendung und Handel
Phenakit ist als Berylliumerz unbedeutend, wird jedoch als Edelstein geschliffen und steht als Sammlermineral hoch im Kurs. Als Heilstein ist er aufgrund seiner Seltenheit kaum bekannt.

## Heilwirkung, Indikationen, Anwendung
Phenakit hilft, Versäumnisse im Leben zu erkennen, und lindert Verzweiflung und Bedauern. Er ermöglicht, die Krankheitshintergründe von Allergien zu erkennen und zu verändern (Sperling).

# Porzellanit

### Name, Synonyme, Handelsbezeichnungen
Porzellanit wurde aufgrund seiner Härte und Beschaffenheit nach dem Porzellan benannt, dessen „natürliches Gegenstück" er gewissermaßen auch ist. Synonyme sind Porcelanit, Porzellanjaspis und Porzellanspat.

### Genese, Vorkommen
Porzellanit entsteht tertiär durch kontaktmetamorphe Umwandlung von Tonsteinen und Mergeln, die durch aufsteigendes Magma stark erhitzt und dadurch „porzellanähnlich gebrannt" wurden. Später drangen über teils im Sediment, teils durch die Metamorphose entstandene Spalten und Risse eisen- und carbonathaltige Lösungen in das Gestein ein, wodurch braune Farben, schwarze Dendriten und weiße Adern entstanden. Porzellanit stammt aus den Weißen Karpaten, Mähren/Tschechien.

### Kristallsystem, Erscheinungsbild, Farbe
Porzellanit ist ein „Landschaftsmarmor" aus überwiegend triklinen und monoklinen Tonmineralien. Er erscheint feinkörnig matt, oft gebändert und gestreift in hellgrauen, graugrünen, lichtvioletten bis schwarzen Farben, auch brekzienartig mit drusenförmigen Hohlräumen, die mitunter Amethyst enthalten. „Landschafts-Porzellanit" zeigt braune Zeichnungen wie Landschaftsjaspis, „Dendriten-Porzellanit" schwarze Dendriten und „Augen-Porzellanit" grünlich-graue Flecken mit glasigem Glanz.

### Mineralklasse, Chemismus
Die Tonmineralien des Porzellanit zählen zur Mineralklasse der Schichtsilikate, Hauptbestandteil ist Kaolinit, Formel: $Al_4[(OH)_8/Si_4O_{10}]$. Braune Farben entstehen durch Brauneisen, $FeOOH$, schwarze Dendriten durch Melnikovit, $FeS \cdot n\ H_2O$, weiße Adern durch Calcit, $CaCO_3$.

### Bestimmungsmerkmale
Mohshärte: 5–7; Dichte: 2,6–2,7; Spaltbarkeit: keine, unebener Bruch; Strichfarbe: weiß bis bräunlich; Transparenz: opak.

### Verwechslungen und Unterscheidung, Fälschungen
Porzellanit ist unverwechselbar, Fälschungen sind nicht bekannt.

### Verwendung und Handel
Porzellanit wird zu Schmuck verarbeitet. Als Heilsteine werden vor allem Trommelsteine verwendet.

### Heilwirkung, Indikationen, Anwendung
Porzellanit regt die innere Bilderwelt an und hilft gleichzeitig, Sinnvolles und Sinnloses, Wahrheit und Illusion zu unterscheiden. Dadurch fördert er Kreativität und Umsetzungsvermögen. Körperlich lindert Porzellanit chronische Müdigkeit und hilft bei Übersäuerung und Folgebeschwerden (SHK-Forschung).

*Abb. 285: Porzellanit-Trommelsteine, Tschechien (1:1)*

# Proustit

## Name, Synonyme, Handelsbezeichnungen

Proustit wurde 1832 durch F.S. Beudant nach dem Chemiker Joseph L. Proust benannt, der als erster die unterschiedliche chemische Zusammensetzung des „lichten Rotgültigerz" (Proustit) und des „dunklen Rotgültigerz" (Pyrargyrit) nachweisen konnte. Weitere Synonyme für Proustit sind Arsensilberblende, Lichtrotgültig, Rotbrändigerz, Rotgolderz, Rotgülden, Rotgüldenerz, Rotgültig und Rubinblende.

## Genese, Vorkommen

Proustit entsteht primär aus hydrothermalen Lösungen in arsenreichen Blei-Zink- und Kobalt-Nickel-Ganglagerstätten. Sekundär bildet er sich in der Zementationszone dieser Lagerstätten, oft als Neubildung nach vorausgehender Auflösung in der Oxidationszone. Proustit stammt heute vor allem aus Chile und Mexiko, Vorkommen in Deutschland, Böhmen/Tschechien, Frankreich, Italien und Kanada sind dagegen weniger bedeutend.

## Kristallsystem, Erscheinungsbild, Farbe

Proustit ist trigonal und bildet kurz- bis langprismatische, oft flächenreiche Kristalle mit flach- oder spitzpyramidalen Enden. Auch Zwillinge und Verwachsungen zu Kristallgruppen kommen vor. Aggregate sind derb, körnig, krustig oder dendritisch. Die Farbe ist leuchtend rot und wird unter Lichteinfluß dunkler. Proustit zeigt Diamantglanz bis Metallglanz.

## Mineralklasse, Chemismus

Proustit ist ein silber- und arsenhaltiges Sulfosalz aus der Mineralklasse der Sulfide, Formel: $Ag_3AsS_3$ + Co,Ni,Sb + (Pb,Zn).

## Bestimmungsmerkmale

Mohshärte: 2,5; Dichte: 5,57 – 5,64; Spaltbar-

*Abb. 286: Proustit-Grüppchen, Sachsen (3:1)*

keit: gut, muscheliger, splitteriger Bruch, spröde; Strichfarbe: zinnoberrot; Transparenz: durchscheinend, nur selten durchsichtig.

## Verwechslungen und Unterscheidung, Fälschungen

Proustit kann leicht mit Pyrargyrit (Strich dunkelrot bis bräunlich-bläulich), Cuprit, Hämatit und Zinnober verwechselt werden. Die Unterscheidung ist dabei oft nur mineralogisch-gemmologisch möglich. Fälschungen sind nicht bekannt.

## Verwendung und Handel

Proustit wird lokal als Silbererz verwertet und selten auch als Edelstein geschliffen. Als Heilsteine werden jedoch überwiegend Kristalle und kleine Kristallgrüppchen verwendet.

## Heilwirkung, Indikationen, Anwendung

Proustit bringt verborgene Gefühle ans Licht und hilft bei Beschwerden im Klimakterium oder bei Prostataleiden. Dazu wird er in der Hand gehalten (Melody). Proustit ist giftig, daher unbedingt von Kindern fernhalten!

# Pyrolusit und Psilomelan

## Name, Synonyme, Handelsbezeichnungen

Pyrolusit wurde 1827 durch W. Haidinger nach griech. pyr = Feuer und louein = waschen benannt, da sich Gläser durch ihn in der Schmelze klären lassen. Er benannte auch den „Schwarzen Glaskopf" in Psilomelan um (griech. psilos = kahl, melas = schwarz).

## Genese, Vorkommen

Pyrolusit und Psilomelan entstehen primär aus hydrothermalen Lösungen in Manganerzgängen oder sekundär in der Oxidationszone von manganhaltigen Sulfidlagerstätten bzw. bei der Verwitterung anderer manganhaltiger Gesteine. Vorkommen finden sich u.a. in Deutschland, Tschechien, Griechenland, Ukraine, Rußland, den USA, Mexiko und Brasilien.

## Kristallsystem, Erscheinungsbild, Farbe

Pyrolusit ist tetragonal, bildet jedoch nur sehr selten dipyramidale Kristalle bis zu wenigen Millimetern Größe, häufiger sind stengelig-strahlige, faserige, glaskopfartige und erdige Aggregate. Psilomelan ist rhombisch, bildet jedoch keine Kristalle sondern nur derbe, dichte, radialstrahlige, glaskopfartige, stalaktitische, krustige, erdige und pulverige Aggregate. Beide sind grau, matt oder mit Metallglanz.

## Mineralklasse, Chemismus

Pyrolusit und Psilomelan zählen zur Braunsteingruppe und Mineralklasse der Oxide, Formeln: $MnO_2$ + Ba,Ca,Fe,K,Mg,Na,P,Si,$H_2O$ (Pyrolusit) und $(Mn,Ba)_3[(O,OH)6/Mn_8O_{16}]$ + $H_2O$,Fe,Ca,Na,Co,W,Al,Si,K,Cu,Mg,Sr,Pb + (As,In,Ga,Li,P,Rb,Sb,Ti,Tl,Zn,Zr) (Psilomelan).

## Bestimmungsmerkmale

Pyrolusit: Mohshärte: 6–6,5 (Aggregate erscheinen jedoch weicher); Dichte: 4,5–5,06; Spaltbarkeit: vollkommen, unebener Bruch, spröde; Strichfarbe: schwarz; Transparenz: opak.

Psilomelan: Mohshärte: 5–5,5 (erdige Varietäten sind weicher); Dichte: 4,0–6,0; Spaltbarkeit: keine, unebener Bruch, spröde; Strichfarbe: bräunlich-schwarz; Transparenz: opak.

## Verwechslungen und Unterscheidung, Fälschungen

Pyrolusit und Psilomelan können nur untereinander verwechselt werden, Fälschungen gibt es keine.

## Verwendung und Handel

Pyrolusit und Psilomelan sind Manganerze. Als Heilsteine sind sie kaum bekannt.

## Heilwirkung, Indikationen, Anwendung

Pyrolusit stärkt Herz und Gallenblase und hilft bei Streptokokkeninfektion (Gurudas). Psilomelan regt die Zellatmung an und hilft bei Lungenerkrankungen und chronischen Hautentzündungen (Melody).

*Abb. 287: Pyrolusit, Griechenland (2:1); Einklinker: Psilomelan, schwarzer Glaskopf, Mexiko (1:1)*

# Pyromorphit

## Name, Synonyme, Handelsbezeichnungen

Pyromorphit wurde im Bergbau Grünbleierz oder Braunbleierz genannt. Da das geschmolzene Erz beim Abkühlen zu flächenreichen Kristallen erstarrt, wurde es 1813 von J.F. Hausmann Pyromorphit genannt (Feuergestalt, griech. pyr = Feuer, morphe = Gestalt). Weitere Synonyme sind Buntbleierz, Phosphorblei, Phosphorbleispat, Plumbein, Polychrom, Polysphärit, Sexangulit und Traubenblei.

## Genese, Vorkommen

Pyromorphit entsteht sekundär bei tiefen Temperaturen in der Oxidationszone von Buntmetall-Lagerstätten. Dabei wandeln phosphathaltige Lösungen anorganischen oder organischen Ursprungs Bleisulfide und -sulfate zu Phosphaten um. Vorkommen sind in Deutschland, England, Frankreich, Tschechien, Rußland, den USA, Kanada, Sambia und Australien.

## Kristallsystem, Erscheinungsbild, Farbe

Pyromorphit ist hexagonal und bildet kleine dipyramidale oder kurzprismatische Kristalle, oft mit faßförmig gekrümmten Prismen (Tönnchen). Häufig sind auch Pseudomorphosen nach ursprünglichen Bleierzen wie Cerussit und Galenit. Aggregate sind nadelig, radialstrahlig, traubig-nierig, kugelig, derb, krustig und selten auch erdig. Pyromorphit ist orange, braun, grau, grün, manchmal auch weiß oder farblos und zeigt Fettglanz, Harz- oder Diamantglanz.

## Mineralklasse, Chemismus

Pyromorphit zählt als Bleiphosphat zur Apatit-Pyromorphit-Gruppe und Mineralklasse der Phosphate, Formel: $Pb5[Cl/(PO_4)_3]$ + Al,As,Ca,Cu,Cr,Fe,Si,V + (Ba,Mn,Sr,SE). Er bildet Mischkristalle mit Mimetesit, dem entsprechenden Arsenatmineral (siehe Seite 484).

*Abb. 288: Pyromorphit-Stufe, Idaho/USA (2:1)*

## Bestimmungsmerkmale

Mohshärte: 3,5–4; Dichte: 6,7–7,0; Spaltbarkeit: keine, muscheliger, unebener Bruch; Strichfarbe: weiß; Transparenz: durchsichtig bis durchscheinend.

## Verwechslungen und Unterscheidung, Fälschungen

Apatit (Härte 5), Mimetesit und Vanadinit lassen sich oft nur mineralogisch unterscheiden.

## Verwendung und Handel

Pyromorphit ist als Bleierz nicht mehr von Bedeutung und nur noch als Sammlerstufe im Handel.

## Heilwirkung, Indikationen, Anwendung

Pyromorphit ist ein „Siegerstein" und bringt prophetische Fähigkeiten. Er stärkt die Wirkung anderer Steine. Pyromorphit hilft, das Blut von unerwünschten Mikroorganismen zu befreien, verbessert die Aufnahme von Vitamin B und lindert Beschwerden von Magen und Zwölffingerdarm (Melody).

# Realgar

## Name, Synonyme, Handelsbezeichnungen

Realgar wurde nach arab. rahg al-zâr = Staub der Grube oder ragh al-fâr = Pulver für Ratten benannt, wobei letzteres wahrscheinlicher ist. Synonyme sind roter Arsenik, rote Arsenblende, Arsenikrubin, roter Bergschwefel, roter Goldschwefel, rotes Rauschgelb, Rauschrot, Rothoperment, Rubinschwefel, Sandarach, Sandarak, Sandrachat, roter Schwefel, rotes Schwefelarsen und unreifes Rotgüldenerz.

## Genese, Vorkommen

Realgar entsteht primär aus hydrothermalen Lösungen in Erzgängen oder vulkanischen Thermen. Sekundär bildet er sich durch Verwitterung arsenhaltiger Erze oder bei der Sedimentation von Tonen und Mergeln. Vorkommen von Realgar finden sich in der Schweiz, Böhmen/Tschechien, Makedonien, Rumänien, Nevada/USA und vor allem in China.

## Kristallsystem, Erscheinungsbild, Farbe

Realgar ist monoklin und bildet meist kleine, einzeln und auf Drusen aufgewachsene Kristalle mit längsgestreiften Prismenflächen. Aggregate sind derb oder feinkörnig, häufig auch krustig. Realgar ist leuchtend rot bis rotorange und zeigt Diamant- bis Fettglanz.

## Mineralklasse, Chemismus

Realgar zählt zur Mineralklasse der Sulfide, Formel: $As_4S_4$ + (Ge,Sb,Se,V). Spurenelemente sind bei Realgar eine Seltenheit – meist ist er chemisch sehr rein! Realgar zerfällt unter Lichteinfluß zu einem gelben Pulver mit der Zusammensetzung $As_2S_3$.

## Bestimmungsmerkmale

Mohshärte: 1,5 – 2; Dichte: 3,4 – 3,6; Spaltbarkeit: gut, muscheliger Bruch; Strichfarbe: orange; Transparenz: durchsichtig bis durchscheinend.

## Verwechslungen und Unterscheidung, Fälschungen

Krokoit (Härte 2,5 – 3, Dichte 5,9 – 6,1), Proustit (Härte 2,5, Dichte 5,57 – 5,64, zinnoberroter Strich), Zinnober (Dichte 8,1, roter Strich). Fälschungen sind nicht bekannt.

## Verwendung und Handel

Realgar wurde früher als Farbpigment verwendet, was aufgrund seines Arsengehalts jedoch nicht mehr zu empfehlen ist. Aufgrund der Unbeständigkeit wird er auch nur selten als Heilstein verwendet. Realgar ist giftig, daher auf jeden Fall von Kindern fernzuhalten!

## Heilwirkung, Indikationen, Anwendung

Realgar fördert eine rauschhafte Sinnlichkeit und das hemmungslose Ausleben sexueller Wünsche. Er belebt bei Schwächezuständen, steigert die Leistungsfähigkeit und das Wohlbefinden, wirkt erwärmend und hilft bei Infektionsanfälligkeit (Sienko).

*Abb. 289: Realgar-Stufe, China (3:1)*

# Scheelit

## Name, Synonyme, Handelsbezeichnungen

Scheelit wurde 1747 von J.G. Wallerius zunächst irrtümlich als Zinnmineral betrachtet und daher Tennspat genannt. Der schwedische Chemiker Carl Wilhelm Scheele nannte ihn aufgrund seiner hohen Dichte 1781 dann Tungsten, A.G. Werner auf deutsch entsprechend Schwerstein. Erst Karl Caesar von Leonhard prägte 1821 den Namen Scheelit nach Scheele, der als erster das Wolfram aus dem Mineral isoliert hatte. Weitere Synonyme sind Scheelbaryt, Scheelerz, Scheelspat und Trimontit.

## Genese, Vorkommen

Scheelit entsteht primär unter pegmatitisch-pneumatolytischen Bedingungen in Gegenwart von Kalk (Vorkommen: Tschechien, Brasilien, Namibia und China) oder hydrothermal aus calciumreichen Lösungen (Vorkommen: USA, Kanada, Rußland und Indien). Tertiär entsteht Scheelit in kontaktmetasomatisch gebildeten Skarnen und metamorphen Schiefern in Südkorea, Rußland, Österreich, den USA, Kanada, Bolivien und Australien.

## Kristallsystem, Erscheinungsbild, Farbe

Scheelit ist tetragonal und bildet dipyramidale, annähernd oktaederförmige, seltener auch tafelige Kristalle. Durchdringende Zwillinge sehen oft wie Einzelkristalle aus, sind jedoch an gestreiften Flächen erkennbar. Auch derbe Aggregate und Verwachsungen mit anderen Mineralien kommen vor. Scheelit ist farblos, gelb, braun, orange oder grünlich und zeigt Diamant- bis Fettglanz.

## Mineralklasse, Chemismus

Scheelit zählt als Calcium-Wolframat zur Mineralklasse der Wolframate (ähnlich den Sulfaten), Formel: $CaWO_4$ + Bi,Cl,Cu,Ce,F,Fe,Mo,Nb,Si,Ta,SE.

*Abb. 290: Scheelit-Kristalle, China (1:1)*

## Bestimmungsmerkmale

Mohshärte: 4,5 – 5; Dichte: 5,9 – 6,1; Spaltbarkeit: unvollkommen, muscheliger Bruch, spröde; Strichfarbe: weiß; Transparenz: durchsichtig bis durchscheinend.

## Verwechslungen und Unterscheidung, Fälschungen

Fluorit (vollkommene Spaltbarkeit), Quarz (Kristallform, fettiger Glanz). Synthetischer Scheelit kann mit Demantoid, Hiddenit, Kunzit und Topas verwechselt werden, der Nachweis ist hier nur gemmologisch möglich.

## Verwendung und Handel

Scheelit wird zur Wolframgewinnung genutzt und als Edelstein geschliffen. Als Heilsteine werden vor allem Kristalle verwendet.

## Heilwirkung, Indikationen, Anwendung

Scheelit baut Stolz und Hochmut ab und regt ernsthafte Gedanken an. Er lindert Beschwerden des unteren Rückens, fördert die Durchblutung der Beine und hilft bei Hodenerkrankungen (Melody).

## Sepiolith (Meerschaum)

### Name, Synonyme, Handelsbezeichnungen

Sepiolith wurde 1847 durch Ernst Friedrich Glocker nach griech. sepios bzw. lat. sepia = Tintenfisch benannt, da der weiße Rückenschulp des Tintenfischs in seiner Porosität und Leichtigkeit dem Sepiolith gleicht. Auch das ältere Synonym Meerschaum hat ähnlichen Ursprung: Es stammt vermutlich von türkisch merdschan = Koralle, die ebenfalls Ähnlichkeiten in Struktur und Aussehen zeigt. Weitere Synonyme sind Parasepiolith, Quincyit, Xylith und Xylotil.

### Genese, Vorkommen

Sepiolith entsteht sekundär bei der Verwitterung von Serpentiniten neben Magnesit und Opal. Das bedeutendste Vorkommen liegt in der Türkei, gefolgt von Arizona und New Mexico/USA, Krim/Rußland, Tschechien, Spanien, Griechenland und Tansania.

### Kristallsystem, Erscheinungsbild, Farbe

Sepiolith ist rhombisch, bildet jedoch nur dichte bis erdige, poröse und knollige Aggregate.

*Abb. 291: Sepiolith-Rohstein, Türkei (1:2)*

Frisch ist Sepiolith noch seifig und weich, durch Austrocknung wird er fester und härter. Trotz einer Dichte von 2g/cm$^3$ schwimmt er aufgrund seiner Porosität auf dem Wasser. Sepiolith ist weiß, gelblich, grau oder rötlich und zeigt matten Fettglanz.

### Mineralklasse, Chemismus

Sepiolith zählt zur Serpentin-Talk-Gruppe und zur Mineralklasse der Schichtsilikate, Formel: $Mg_4[(OH)_2/Si_6O_{15}] \cdot 2\,H_2O + 4\,H_2O + Fe, Na, Ni$.

### Bestimmungsmerkmale

Mohshärte: 2 – 2,5; Dichte: 2,0; Spaltbarkeit: keine, flachmuscheliger Bruch; Strichfarbe: weiß; Transparenz: undurchsichtig. Sepiolith klebt aufgrund der porösen Struktur an der Zunge.

### Verwechslungen und Unterscheidung, Fälschungen

Sepiolith kann mit Bimsstein verwechselt werden, der jedoch grobkörniger und härter ist. Aufgrund seiner Porosität kann Sepiolith gut gefärbt werden, was gemmologisch jedoch leicht nachweisbar ist.

### Verwendung und Handel

Sepiolith wird seit Jahrhunderten zu Pfeifenköpfen, Figuren und Schmuck verarbeitet, dient jedoch auch als Isolationsmaterial und pharmazeutischer Rohstoff. Als Heilstein wird Sepiolith vorwiegend in Form von Anhängern, Trommelsteinen und als Edelstein-Elixier verwendet.

### Heilwirkung, Indikationen, Anwendung

Sepiolith stärkt die weißen Blutkörperchen und regeneriert die Knochensubstanz. Er verbessert die Verarbeitung von Kupfer, Magnesium, Phosphor, Kieselsäure und Zink. Verreiben von Sepiolith-Pulver auf der Haut fördert deren Entgiftung (Gurudas).

# Siderit

## Name, Synonyme, Handelsbezeichnungen

Siderit hieß in der Bergmannsprache weißer Eisenstein oder weißes Eisenerz. A.G. Werner nannte ihn später Spateisenstein, J.F.L. Hausmann Eisenspat, F.S. Beudant Siderose und W. von Haidinger 1844 schließlich Siderit nach griech. sideros = Eisen. Weitere Synonyme sind Bemmelenit, Blauerz, Chalybit, Eisenkalk, Flins, Flinz, Gyrit, Parachrosbaryt, Pflinz, spatiges Eisen, Sphärosiderit, Stahlerz, Stahlstein, Strahlstein und Trahlerz.

## Genese, Vorkommen

Siderit entsteht primär in pegmatitisch-pneumatolytischen oder hydrothermalen Gängen, Vorkommen: Deutschland, Cornwall/England, Slowakei, Kroatien, Grönland, Connecticut/USA. Sekundär bildet er sich bei der Sedimentation von Eisenoolithen, Kohlen- und Toneisenstein sowie in manchen Braunkohlen und Torfmooren, Vorkommen: Deutschland, Frankreich, England. Tertiär entsteht Siderit in metasomatischen Verdrängungslagerstätten durch die Umwandlung von Kalksteinen und Dolomit, Vorkommen: Deutschland, Österreich, Spanien, Marokko, Algerien.

*Abb. 292: Siderit-Stufe, Erzgebirge/Deutschland (2:1); Einklinker: Siderit facettiert (2:1)*

## Kristallsystem, Erscheinungsbild, Farbe

Siderit ist trigonal und bildet rhomboedrische, z.T. sattelförmig gekrümmte Kristalle und grobspätige bis feinkörnige, oolithische, kugelige und wulstige Aggregate. Siderit ist gelblich-weiß bis grau, durch Einwirkung von Sauerstoff wird er braun-schwarz und läuft mitunter bunt an. Er zeigt Glas- bis Perlmuttglanz.

## Mineralklasse, Chemismus

Siderit zählt als Eisencarbonat zur Mineralklasse der Carbonate, Formel: $FeCO_3$ + Ca,Mg,Mn,Zn. Er kann nur unter Sauerstoffabschluß entstehen, in Kontakt mit Luftsauerstoff wandelt er sich relativ schnell zu Limonit um.

## Bestimmungsmerkmale

Mohshärte: 4; Dichte: 3,7 – 3,9; Spaltbarkeit: vollkommen, muscheliger Bruch; Strichfarbe: gelblich-weiß; Transparenz: durchscheinend bis undurchsichtig.

## Verwechslungen und Unterscheidung, Fälschungen

Siderit kann mit vielen Carbonaten verwechselt werden und ist nur mineralogisch unterscheidbar. Fälschungen sind nicht bekannt.

## Verwendung und Handel

Siderit ist Eisenerz. Er wird nur selten geschliffen und ist als Heilstein kaum bekannt.

## Heilwirkung, Indikationen, Anwendung

Siderit fördert die Beständigkeit, Geduld und Größe, die aus der Bewältigung des Alltags entsteht (Sperling). Er hilft bei Osteoporose und Anämie und fördert die Ausscheidung (Melody).

# Sillimanit

## Name, Synonyme, Handelsbezeichnungen
Sillimanit wurde 1824 durch George T. Bowen nach dem amerikanischen Chemiker und Mineralogen Benjamin Silliman benannt. Synonyme sind Bamlit, Bucholzit, Faserkiesel (mit Quarz durchwachsen), Fibrolith (aufgrund der faserigen Struktur), Glanzspat, Monrolith, Sillimanitjade (grün), Wörthit und Xenolith.

## Genese, Vorkommen
Sillimanit entsteht tertiär in der untersten Tiefenstufe der Regionalmetamorphose (sog. Katazone) bei starkem Druck und Temperaturen von 1500 bis 1700 °C. Etwas seltener bildet er sich auch in der Kontaktmetamorphose unmittelbar im Kontaktbereich von Magma und Gestein. Sillimanit findet sich daher in Gneisen, Glimmerschiefern, Granuliten und Eklogiten sowie in Pegmatit- und Quarzgängen dieser Gesteine.
Vorkommen liegen in Deutschland, Österreich, Norwegen, Rußland, Kenia, den USA, Indien, Sri Lanka und Birma.

Abb. 293: Sillimanit-Katzenauge, Sri Lanka (5:1)

## Kristallsystem, Erscheinungsbild, Farbe
Sillimanit ist rhombisch, bildet jedoch nur selten nadelige Einzelkristalle. Häufiger sind stengelige, feinstrahlige und faserige Aggregate sowie derbe, dichte und verfilzte Massen. Sillimanit ist farblos, grau, bräunlich oder blaßgrün, seltener auch blau oder violett. Durch dichte Scharen eingelagerter Hypersthen- oder Rutil-Fasern entstehen im Cabochon-Schliff Katzenaugen (siehe Abb.). Sillimanit zeigt Glasglanz, als Aggregat auch Seidenglanz.

## Mineralklasse, Chemismus
Sillimanit ist ein Alumosilikat aus der Andalusitgruppe und Mineralklasse der Inselsilikate, Formel: $Al[AlSiO_5]$ + Ca,Fe,Mg,Mn,Ti.

## Bestimmungsmerkmale
Mohshärte: 7–7,5; Dichte: 3,25; Spaltbarkeit: vollkommen; Strichfarbe: weiß; Transparenz: durchsichtig.

## Verwechslungen und Unterscheidung, Fälschungen
Verwechslungen mit Jadeit sind als Aggregat an der stengelig-faserigen Struktur und als Cabochon am speziellen Lichtband unterscheidbar. Fälschungen sind nicht bekannt.

## Verwendung und Handel
Sillimanit wird zur Herstellung hochfeuer- und säurefester Erzeugnisse genutzt. Als Schmuck- und Heilsteine werden derzeit nur Sillimanit-Katzenaugen verwendet.

## Heilwirkung, Indikationen, Anwendung
Sillimanit bringt die Kraft, bei geistiger Ermüdung am Tiefpunkt eines Vorhabens durchzuhalten, sich an das Ziel zu erinnern und mit wiederkehrender Freude die gestellte Aufgabe zu beenden (Sperling).

# Sinhalit

## Name, Synonyme, Handelsbezeichnungen

Sinhalit wurde bis 1952 für Peridot gehalten und erst dann als eigenständiges Mineral erkannt und nach dem Fundort Sri Lanka benannt (sanskrit sinhala = Sri Lanka). Es gibt keine Synonyme.

## Genese, Vorkommen

Sinhalit entsteht tertiär in kontaktmetasomatisch veränderten Dolomitgesteinen. Aggressive borsäurehaltige Dämpfe aus dem aufsteigenden Magma lösen dabei Magnesium und Aluminium aus dem bestehenden Sediment heraus und bilden so das neue Borat. Da Sinhalit relativ verwitterungsbeständig ist, wird er auch auf Edelsteinseifen gefunden.
Sinhalit-Vorkommen befinden sich in Sri Lanka, Birma, China, Rußland, den USA und Tansania.

## Kristallsystem, Erscheinungsbild, Farbe

Sinhalit ist rhombisch, bildet jedoch nur äußerst selten kleine, kurzprismatische bis tafelige Kristalle, weitaus häufiger jedoch massive Aggregate aus rundlichen Körnern. In Edelsteinseifen findet sich Sinhalit auch in Form einzelner abgerollter, loser Körner. Er ist gelblich- oder grünlich-braun und zeigt Glasglanz.

## Mineralklasse, Chemismus

Sinhalit ist ein Magnesium-Aluminium-Borat aus der Mineralklasse der Borate (ähnlich den Carbonaten), Formel: $MgAl[BO_4]$ + Fe.

## Bestimmungsmerkmale

Mohshärte: 6,5; Dichte: 3,47 – 3,49; Spaltbarkeit: keine, muscheliger Bruch; Strichfarbe: weiß; Transparenz: durchsichtig. Deutlicher Pleochroismus (grün, hellbraun, dunkelbraun).

*Abb. 294: Sinhalit facettiert, Sri Lanka (4:1)*

## Verwechslungen und Unterscheidung, Fälschungen

Sinhalit kann mit Chrysoberyll, Peridot, Turmalin oder Zirkon verwechselt werden. Eine sichere Unterscheidung ist hier nur durch mineralogisch-gemmologische Untersuchungen möglich. Fälschungen sind nicht bekannt.

## Verwendung und Handel

Sinhalit ist selten und zählt zu den Edelstein-Raritäten. Er ist überwiegend als facettierter Stein erhältlich und wird in dieser Form auch als Heilstein verwendet. Sinhalit ist aufgrund seiner Seltenheit jedoch auch in der Steinheilkunde nur wenig in Gebrauch.

## Heilwirkung, Indikationen, Anwendung

Sinhalit bewirkt den Zusammenschluß von Individuen zu Gemeinschaften: Er hilft Paaren, sich besser kennenzulernen, Gruppen, gemeinschaftlich zusammenzuarbeiten und generell Menschen, die große Aufgaben erfüllen (Sperling). Sinhalit kann bei allen Krankheiten verwendet werden, um den Krankheitshintergrund zu erkennen und so die Ursache selbst zu heilen (Melody).

# Skapolith

## Name, Synonyme, Handelsbezeichnungen

Skapolith wurde 1800 durch d'Andrada nach seinen säulenförmigen Kristallen benannt (griech. skapos = Stab, Schaft; lithos = Stein). Synonyme sind Algerit (zersetzt), Arktizit, Chelmsfordit, Dipyr, Elainspat, Fuscit, Glaukolith (blau), Marialith, Mejonit, Mizzonit, Petschit (violett), Rhapidolith, Scapolith, Schmelzstein, Sodait und Wernerit.

## Genese, Vorkommen

Skapolith entsteht primär durch pneumatolytische Vorgänge in Hohlräumen vulkanischer Gesteine oder tertiär durch die kontaktmetasomatische Einwirkung saurer und alkalischer Magmen auf Kalksteine und Dolomit. Vor allem in letzterem Fall entsteht Skapolith durch die Einwirkung von Chlor auf Feldspat. Vorkommen finden sich in Norwegen, Birma, Rußland, Brasilien, Tansania und Madagaskar.

## Kristallsystem, Erscheinungsbild, Farbe

Skapolith ist tetragonal und bildet in Drusen prismatische Kristalle mit deutlich längsgerieften Prismenflächen sowie stengelig-strahlige Aggregate. Im Gestein findet er sich in Form einzelner Körner oder derber, körniger und dichter Massen, die sogar gesteinsbildend sein können. Skapolith ist farblos, gelb, rosa, violett oder blau und zeigt Glasglanz, auf Spaltflächen auch Perlmuttglanz.

## Mineralklasse, Chemismus

Skapolith zählt zur Mineralklasse der Gerüstsilikate, Formel: $(Na,Ca)_8[(Cl_2,SO_4,CO_3)_{1-2}/(AlSi_{2-3}O_8)_6]$ + F. Er stellt eine Mischkristallreihe der Endglieder Marialith und Mejonit mit den Zwischengliedern Dipyr und Mizzonit dar. Wird allgemein nur „Skapolith" genannt, ist damit meist Mizzonit angesprochen.

## Bestimmungsmerkmale

Mohshärte: 5 – 6,5; Dichte: 2,57 – 2,74; Spaltbarkeit: vollkommen, muscheliger Bruch, spröde; Strichfarbe: weiß; Transparenz: durchsichtig bis durchscheinend.

## Verwechslungen und Unterscheidung, Fälschungen

Verwechslungen mit Beryll, Chrysoberyll, Citrin und Feldspat sowie durch Brennen „geklarte" Steine sind in der Regel nur gemmologisch unterscheid- bzw. nachweisbar.

## Verwendung und Handel

Skapolith wird als Edelstein geschliffen (bei Cabochon kommt auch Chatoyance und Asterismus vor) und gewinnt als Heilstein derzeit rasch an Bedeutung.

## Heilwirkung, Indikationen, Anwendung

Skapolith schenkt Frieden durch Treue zu sich selbst (Sperling). Er bringt Unabhängigkeit und Erfolg und hilft bei schmerzenden Schultern, Sehschwäche, grünem und grauem Star (Melody).

*Abb. 295: Skapolith-Kristalle, Rußland (2:1)*

# Skolezit

## Name, Synonyme, Handelsbezeichnungen
Skolezit wurde 1816 durch Fuchs nach griech. skolex = Wurm benannt, da sich Skolezit bei starkem Erhitzen „krümmt wie ein Wurm". Er gehört zur Zeolith-Familie, die ihren Namen 1770 durch A.F. Cronstedt wegen des Aufschäumens beim Schmelzen erhielt (griech. zeo = ich koche, lithos = Stein). Synonyme sind Ellagit, Faserzeolith, Kalkmesotyp, Mehlzeolith, Mesotyp, Nadelzeolith und Weissian.

## Genese, Vorkommen
Skolezit entsteht primär aus hydrothermalen Lösungen oder sekundär aus Verwitterungslösungen aufgelöster Silikate, meist Feldspäte, in Drusen und Klüften von Plutoniten (Granit, Syenit), Vulkaniten (Basalt, Melaphyr), und Metamorphiten (Amphibolit, Kristalline Schiefer). Er entsteht auch tertiär in Kontaktzonen metamorpher Kalke (Marmor, Dolomitmarmor). Vorkommen finden sich auf den Färöer-Inseln und Island, in Rußland, den USA, Brasilien und Indien.

## Kristallsystem, Erscheinungsbild, Farbe
Skolezit ist monoklin und bildet langprismatische bis nadelige Kristalle und pseudorhombische Zwillinge (erkennbar an der Federstreifung auf den Prismenflächen) sowie büschelig-stengelige, faserige, radialstrahlige, kugelige, derbe und dichte Aggregate. Skolezit ist weiß, grau, gelblich bis bräunlich und zeigt Glasglanz, bei faserigen Aggregaten auch Seidenglanz.

## Mineralklasse, Chemismus
Skolezit ist ein Faserzeolith aus der Zeolith-Familie und Mineralklasse der Gerüstsilikate, Formel: $Ca[Al_2Si_3O_{10}] \cdot 3\,H_2O$ + Fe,K,Na. Zeolithe bilden ein siebartiges Molekulargerüst aus miteinander verknüpften Silikatringen, das ihnen spezielle Eigenschaften verleiht.

*Abb. 296: Skolezit-Gruppe, Indien (2:1)*

## Bestimmungsmerkmale
Mohshärte: 5–5,5; Dichte: 2,25–2,40; Spaltbarkeit: gut, muscheliger Bruch; Strichfarbe: weiß; Transparenz: durchsichtig bis durchscheinend.

## Verwechslungen und Unterscheidung, Fälschungen
Zeolithe sind untereinander oft nur durch chemische Analysen zu unterscheiden. Für wirtschaftliche Zwecke gibt es auch synthetischen Zeolith.

## Verwendung und Handel
Zeolithe werden als Ionentauscher zur Wasserenthärtung und als Molekularsieb zur Edelgastrennung eingesetzt. Skolezit ist außerdem als Sammlerstufe sehr beliebt.

## Heilwirkung, Indikationen, Anwendung
Skolezit stärkt den Zusammenhalt in Beziehungen und Organisationen und fördert den Teamgeist. Er regt den Kreislauf an und löst Blutgerinnsel und Ablagerungen in den Arterien auf (Melody).

# Smithsonit

## Name, Synonyme, Handelsbezeichnungen

Smithsonit wurde 1832 von F.S. Beudant nach dem Mineralogen James Smithson benannt, der das Mineral 1803 erstmals analysierte. Weitere Synonyme sind Aztekenstein, Bonamit, Calamin, Calmei, Carbonat-Galmei, Galmei, Kohlen-Galmei, Monheimit, Szaskait, Zinkbaryt, zinkischer Carbonspat und Zinkspat.

## Genese, Vorkommen

Smithsonit entsteht sekundär in der Oxidationszone von Zinkerzlagerstätten. Aus zink- und sulfathaltigen Lösungen wird bei Reaktion mit Kalkstein oder Dolomit Smithsonit ausgefällt. Dieser findet sich dann als Verdrängungskörper oder als Kluft- und Hohlraumfüllung. Vorkommen sind in Rußland, Namibia, Sambia, den USA, Mexiko, Iran und Australien.

## Kristallsystem, Erscheinungsbild, Farbe

Smithsonit ist trigonal, bildet jedoch nur selten Kristalle, die gerundet und reiskornähnlich sind. Weitaus häufiger sind derbe, schalige, gebänderte Aggregate oder körnige und dichte Massen.

Smithsonit ist farblos, weiß, grau, gelb, grünlich, bläulich, violett, rosa, rotbraun oder braun und zeigt Glasglanz, bisweilen auch Wachs- bis Perlmuttglanz.

## Mineralklasse, Chemismus

Smithsonit ist ein Zinkcarbonat der Calcit-Reihe und Mineralklasse der Carbonate, Formel: $ZnCO_3$ + Fe,Ca,Co,Mn,Cu,Mg,Cd,Pb,S. Verunreinigungen mit Greenockit (CdS) färben Smithsonit gelb, mit Limonit (FeOOH) wird er graubraun bis braun und durch Hämatit ($Fe_2O_3$) rotbraun. Kobalt (Co) färbt blau, Mangan (Mn) rosa bis grau und Kupfer (Cu) grünlich.

## Bestimmungsmerkmale

Mohshärte: 4–5; Dichte: 4,3–4,5; Spaltbarkeit: vollkommen (an Aggregaten nicht feststellbar), unebener Bruch; Strichfarbe: weiß; Transparenz: durchscheinend bis undurchsichtig.

## Verwechslungen und Unterscheidung, Fälschungen

Calcit (Härte 3, Dichte 2,71), Chalcedon (Härte 7, Dichte 2,58–2,64), Hemimorphit (Dichte 3–3,5). Fälschungen sind nicht bekannt.

## Verwendung und Handel

Smithsonit wird als Zinkerz abgebaut und verhüttet. Als Heilstein ist Smithsonit zwar bekannt, aber nur wenig in Gebrauch.

## Heilwirkung, Indikationen, Anwendung

Smithsonit mildert Schicksalsschläge und hilft, schmerzhafte Erlebnisse der Kindheit, auch Mißbrauch, zu verarbeiten. Er verringert Druck und Anspannung in schwierigen und beklemmenden Situationen und hilft so bei nervösen Erkrankungen oder nach Nervenzusammenbrüchen. Smithsonit erleichtert Geburten und bringt sanftes Wohlbefinden (Raphaell).

*Abb. 297: Smithsonit-Stufen, Mexiko (1:1)*

# Sphen (Titanit)

## Name, Synonyme, Handelsbezeichnungen

Sphen wurde 1801 von R.J. Hauy nach der keilförmigen Kristallform benannt (griech. sphen = Keil). Das Synonym Titanit stammt von M.H. Klaproth, der 1795 im Sphen das Titan entdeckte und nach den Titanen benannte. Synonyme sind Aspidelith, Braunmenakerz, Castellit, Gelbmenakerz, Lederit, Ligurit, Menakerz, Pictit, Pyromelan, Semelin, Spinellin und Spinther.

## Genese, Vorkommen

Sphen entsteht primär als späte liquidmagmatische Bildung in Syeniten und Alkaligesteinen sowie in Pegmatiten und pneumatolytisch-hydrothermalen Mineralvorkommen, außerdem tiefthermal in alpinen Klüften magmatischer Gesteine. Tertiär entsteht Sphen in niedrigthermaler Kontaktmetamorphose bei der Bildung von Amphiboliten, Skarnen und Marmoren. Sphen tritt jedoch nie in großen Mengen auf. Vorkommen finden sich in den Alpen, Rußland, Pakistan, Kanada, den USA und Brasilien.

## Kristallsystem, Erscheinungsbild, Farbe

Sphen ist monoklin. Er bildet in magmatischen Gesteinen flache, „briefkuvertförmige" Kristalle, in alpinen Klüften dagegen tafelige oder „doppelkeilförmige" Kristalle (siehe Abb.). Auch Zwillingsbildungen kommen vor; derbe, körnige und radialstrahlige Aggregate sind dagegen selten. Sphen ist gelb, grün, braun, rotbraun oder schwarz, selten auch rosa, violett und durch Chlorit-Überzüge mattgrün. Er zeigt Diamantglanz, starken Glas- oder Harzglanz.

## Mineralklasse, Chemismus

Sphen ist ein sehr seltenes Calcium-Titan-Silikat aus der Andalusitgruppe und Mineralklasse der Inselsilikate, Formel: $CaTi[O/SiO_4]$ + Al,Ce,Cl,Cr,F,Fe,K,Mn,Mg,Na,Nb,Sn,Sr,Th,V,Y,Zr,SE.

*Abb. 298: Sphen-Kristalle, Brasilien (1:1)*

## Bestimmungsmerkmale

Mohshärte: 5 – 5,5; Dichte: 3,52 – 3,54; Spaltbarkeit: vollkommen, muscheliger Bruch; Strichfarbe: weiß; Transparenz: durchsichtig bis undurchsichtig. Deutlicher Pleochroismus bei dunklen Farben.

## Verwechslungen und Unterscheidung, Fälschungen

Verwechslungen mit Beryll, Chrysoberyll, Peridot, Topas u.v.a. können bei geschliffenen Steinen oft nur gemmologisch nachgewiesen werden. Fälschungen sind nicht bekannt.

## Verwendung und Handel

Sphen wird als Edelstein geschliffen, als Heilsteine werden jedoch Kristalle verwendet.

## Heilwirkung, Indikationen, Anwendung

Sphen regt den Energiefluß der Meridiane und den Stoffwechsel an (Gurudas). Er schützt Zahnfleisch und Zähne, stimuliert das Immunsystem und reguliert die Anzahl der Blutkörperchen (Melody). Sphen-Elixier wirkt auch durch äußere Einreibungen sehr gut (Gurudas und Melody).

# Steatit (Talk)

## Name, Synonyme, Handelsbezeichnungen

Steatit (erstmals erwähnt bei Plinius d.Ä.) bedeutet Fettstein (griech. stear = Fett), von daher stammt auch der deutsche Name Speckstein. „Talk" kam im 16. Jahrhundert hinzu, vermutlich aus Arabien (talq, talaq) über Spanien (talque) und Frankreich (talc). Weitere Synonyme sind Bildstein, Briançoner bzw. spanische Kreide, Fullererde, Gavit, grüne Seifenerde, Keffekil, Kil, Lardit, Lavezstein, Lebetstein, Liparit, Lovezstein, Milcherde, Ollit, Phaestin, Schmerstein, Schneiderstein, Seifenstein, Serpentinsteatit, Soochow-Jade, Talcit, Talksteinmark und Topfstein.

## Genese, Vorkommen

Steatit entsteht meist tertiär als Gemengteil des Talkgesteins, das sich bei niedriggradiger Regionalmetamorphose ultrabasischer Gesteine oder durch kontaktmetasomatische Umwandlung von Peridotit, Serpentin und Dolomit bildet. Vorkommen finden sich in Deutschland, Österreich, der Schweiz, Italien, Tschechien, Rußland, Kanada, den USA, Nordkorea, Norwegen und China.

*Abb. 299: Steatit-Rohsteine, Norwegen (1:2)*

## Kristallsystem, Erscheinungsbild, Farbe

Steatit ist monoklin. Er bildet nur selten pseudohexagonale Kristalle, viel häufiger dagegen dichte, grobblättrige, schuppige und körnige Massen. Steatit ist grünlich, weiß, grau, gelblich bis bräunlich und zeigt Glas-, Wachs-, Fett- oder Perlmuttglanz.

## Mineralklasse, Chemismus

Steatit ist ein Magnesiumsilikat aus der Serpentin-Talk-Gruppe und der Mineralklasse der Schicht-Silikate, Formel: $Mg_3[(OH)_2/Si_4O_{10}]$ + Al,Ca,Fe,Ni.

## Bestimmungsmerkmale

Mohshärte: 1 (durch Erhitzen bis 6); Dichte: 2,2–2,8; Spaltbarkeit: ausgezeichnet, biegsame Spaltblättchen; Strichfarbe: weiß; Transparenz: undurchsichtig. Steatit fühlt sich fettig an.

## Verwechslungen und Unterscheidung, Fälschungen

Agalmatolith erscheint weniger fettig. Steatit wird oft gefärbt, was leicht nachweisbar ist.

## Verwendung und Handel

Steatit wird seit der Antike zu steinernen Schüsseln, Kesseln, Bechern, Tellern und Hausgeräten verarbeitet. Er ist feuerfest (daher auch Specksteinöfen), läßt als Topf nichts anbrennen (Topfstein), wirkt entgiftend und hält als Vorratsbehälter kühl und frisch. Auch als Heilstein wird das schlichte Talkgestein verwendet.

## Heilwirkung, Indikationen, Anwendung

Steatit setzt verborgene Fähigkeiten frei und hilft, Probleme zu lösen, die ihre Ursache in lange zurückliegenden Erfahrungen haben. Er stärkt Herz und Thymusdrüse und reguliert allgemeine Fehlfunktionen der Hormondrüsen (Gurudas).

# Stilbit

## Name, Synonyme, Handelsbezeichnungen

Der Name Stilbit = glänzender Stein (griech. stilbe = Glanz) wurde 1797 von Delamétherie erfunden, in der Folge jedoch unterschiedlich verwendet: Breithaupt nannte 1817 den Blätterzeolith Stilbit und den Strahlzeolith Desmin, Brooke dagegen 1822 den Blätterzeolith Heulandit und den Strahlzeolith Stilbit. Inzwischen hat sich für Stilbit international die Definition als Blätterzeolith durchgesetzt. Synonyme sind Bündelzeolith, Cuccheit, Epidesmin, Hypodesmin, Hypostilbit, Parastilbit, Puflerit (Stilbit vom Puflerloch), Sphärodesmin, Sphärostilbit und Syhedrit.

## Genese, Vorkommen

Stilbit entsteht primär aus hydrothermalen Lösungen in Erzgängen, Miarolen, Blasenräumen und Brekzien von Magmatiten (Großbritannien, Island, USA, Indien) und in alpinen Klüften. Stellerit (s.u.) findet sich in Alaska/USA, Kasachstan und Australien.

## Kristallsystem, Erscheinungsbild, Farbe

Stilbit ist monoklin und bildet oft Durchkreuzungszwillinge mit pseudorhombischem Habitus. Charakteristisch sind garbenförmige Büschel (Desmin) sowie stengelig-strahlige Aggregate. Stilbit ist weiß, gelblich, rötlich oder braun mit Glasglanz, auf Bruchflächen auch mit Perlmuttglanz. Stellerit ist rhombischer Stilbit und wird daher auch Rhombenzeolith genannt.

## Mineralklasse, Chemismus

Stilbit ist ein Strahlzeolith aus der Zeolith-Familie und Mineralklasse der Gerüstsilikate, Formel: $Ca[Al_2Si_7O_{18}] \cdot 7\,H_2O + Fe,K,Na$. Zeolithe bilden ein siebartiges Molekulargerüst aus mehreren miteinander verknüpften Silikatringen, das ihnen spezielle Eigenschaften verleiht (siehe Verwendung).

*Abb. 300: Stilbit-Gruppe, Indien (3:1); Einklinker: Stellerit-Grüppchen, Kasachstan (1:1)*

## Bestimmungsmerkmale

Mohshärte: 3,5 – 4; Dichte: 2,09 – 2,20; Spaltbarkeit: vollkommen, spröder Bruch; Strichfarbe: weiß; Transparenz: durchsichtig bis durchscheinend.

## Verwechslungen und Unterscheidung, Fälschungen

Zeolithe sind untereinander oft nur chemisch zu unterscheiden. Für wirtschaftliche Zwecke gibt es auch synthetischen Zeolith, der Mineralienmarkt ist hiervon jedoch nicht betroffen.

## Verwendung und Handel

Zeolithe werden als Ionentauscher zur Wasserenthärtung und als Molekularsieb zur Edelgastrennung eingesetzt. Stilbit ist außerdem als Sammlerstufe sehr beliebt.

## Heilwirkung, Indikationen, Anwendung

Stellerit regt an, eigenen Visionen zu folgen (Sperling), Stilbit fördert Kreativität und hilft bei Verlust des Geschmackssinns, Kehlkopfentzündung und Gehirnkrankheiten (Melody).

# Stromatolith

## Name, Synonyme, Handelsbezeichnungen

Stromatolith bedeutet „fließender Stein" (mhd. stroum, strom = das Fließen, Fluß, griech. lithos = Stein), was sich auf die wellenförmig bewegte Textur dieses Gesteins bezieht. Synonyme sind Algenachat, Algenkalk, Cyanobacteria-Kalk und Cyanophycea-Kalk.

## Genese, Vorkommen

Stromatolith entsteht sekundär als biogenes Sediment durch der Blaugrünalgen (früher Cyanophycea, heute Cyanobacteria), die dem Wasser Kohlendioxid entziehen und als Kalk ausfällen. Dabei entstehen in Küstenstreifen flacher Meere große Algenmatten, in denen sich Kalkschlamm, Sand- und Tonpartikel fangen. Kontinuierliches Algenwachstum führt so zu großen Riffbildungen. Die wellenförmig gebänderte Textur des entstehenden Stromatolith wird dabei durch die Bewegung des Küstengewässers hervorgerufen. Die größten und wirtschaftlich bedeutendsten Stromatolith-Vorkommen liegen in den USA und Bolivien.

*Abb. 301: Stromatolith, Trommelsteine und Rohstein, Bolivien (2:1)*

## Kristallsystem, Erscheinungsbild, Farbe

Stromatolith besteht aus trigonalem Calcit mit Einlagerungen von trigonalem Quarzsand, triklinen und monoklinen Tonmineralien und organischen Resten. Er erscheint in feinkörniger braun-schwarzer Lamellentextur, die in bewegten, geschwungenen Bändern verläuft, und ist matt, aber polierfähig.

## Mineralklasse, Chemismus

Stromatolith ist ein Gemisch aus Carbonaten (vor allem Calcit, $CaCO_3$), Oxiden (Quarz, $SiO_2$, und Limonit, $FeOOH$) und Schichtsilikaten (Tonmineralien wie Kaolinit, Formel: $Al_4[(OH)_8/Si_4O_{10}]$). Die unterschiedliche Einlagerung dieser Stoffe hebt die feine Lamellierung deutlicher hervor.

## Bestimmungsmerkmale

Mohshärte: 3; Dichte: 2,7 – 2,9; Spaltbarkeit: keine, unebener Bruch; Strichfarbe: weiß bis bräunlich; Transparenz: opak.

## Verwechslungen und Unterscheidung, Fälschungen

Stromatolith kann mit Tigereisen oder Jaspis verwechselt werden, die jedoch beide deutlich härter sind. Fälschungen gibt es nicht.

## Verwendung und Handel

Stromatolith wird zu Dekorsteinen verarbeitet und ist auch als Trommelstein erhältlich.

## Heilwirkung, Indikationen, Anwendung

Stromatolith bringt einen bewegten Wechsel von Aktivität und Ruhe, von Erfahrungsammeln und -verarbeiten, vor allem dann, wenn das Leben zu eingefahrenen, langweiligen Mustern erstarrt ist. Stromatolith stärkt das Körpergewebe und fördert Stoffwechsel und Ausscheidung (SHK-Forschung).

# Strontianit

## Name, Synonyme, Handelsbezeichnungen
Strontianit wurde 1791 durch den Naturforscher Friedrich Gabriel Sulzer nach dem westschottischen See Loch Strontian benannt. Synonyme sind kohlensaurer Strontian, peritomer Halbaryt, Silberstein (Westfalen), Stromnit (Strontianit-Baryt-Gemenge), faseriger, spätiger und strahliger Strontian, Strontianspat, Strunz.

## Genese, Vorkommen
Strontianit entsteht primär als hydrothermale Bildung auf Erzgängen, Vorkommen: Harz/Deutschland, Salzburg/Österreich und Strontian/Schottland. Häufiger entsteht er jedoch aus sekundären Flüssigkeiten in Kalksteinen und Mergeln, die Strontium aus dem Nebengestein auslaugen und als Carbonat in Konkretionen oder Klüften und Gängen anreichern, Vorkommen: Westfalen/Deutschland, Schoharie, New York und San Bernardino, Kalifornien/USA.

*Abb. 302: Strontianit, Trommelsteine und Rohstein, Deutschland (1:1)*

## Kristallsystem, Erscheinungsbild, Farbe
Strontianit ist rhombisch und bildet prismatische bis nadelige Kristalle, die oft zu stengeligen und büscheligen Aggregaten verwachsen. Auch dipyramidale Kristalle und aragonitähnliche Drillinge kommen vor. Sehr oft findet sich Strontianit in derben Massen mit faserig-strahligem Aufbau. Er ist weiß, grau, blaß gelblich, grünlich oder rosa und zeigt Glasglanz, auf Bruchflächen auch Fettglanz.

## Mineralklasse, Chemismus
Strontianit ist ein Strontiumcarbonat aus der Aragonit-Gruppe und Mineralklasse der Carbonate, Formel: $SrCO_3$ + Ca,Ba,Pb,S.

## Bestimmungsmerkmale
Mohshärte: 3,5; Dichte: 3,7 – 3,8; Spaltbarkeit: unvollkommen, muscheliger Bruch, spröde; Strichfarbe: weiß; Transparenz: durchsichtig bis durchscheinend. Strontianit erzeugt in heißer blauer Gasflamme eine rote Flammenfärbung (Strontiumgehalt).

## Verwechslungen und Unterscheidung, Fälschungen
Aragonit läßt sich durch die Flammenfärbung unterscheiden, Fälschungen sind nicht bekannt.

## Verwendung und Handel
Strontianit wurde früher bei der Zuckerproduktion eingesetzt, heute findet er in der Pyrotechnik Verwendung. Als Heilsteine sind vor allem Trommelsteine in Gebrauch.

## Heilwirkung, Indikationen, Anwendung
Strontianit stärkt das Selbstwertgefühl und die persönliche Kraft, hebt dadurch die Stimmung, vermindert Anstrengung und macht entscheidungsfreudig und unternehmungslustig. Er fördert die körperliche Leistungsfähigkeit und Ausdauer und verbessert den Stuhlgang (SHK-Forschung).

# Tansanit

## Name, Synonyme, Handelsbezeichnungen

Tansanit wurde von der New Yorker Juwelierfirma Tiffany nach dem bislang einzigen bekannten Vorkommen im ostafrikanischen Staat Tansania benannt. Zuvor wurde er als „blauer Zoisit" gehandelt, was jedoch aufgrund der Ähnlichkeit zu engl. suicide = Selbstmord negative Assoziationen auslöste und den Handel blockierte (vgl. Seite 15 und Seite 450). Das einzige weitere Synonym ist Eisenzoisit.

## Genese, Vorkommen

Tansanit entsteht primär aus hydrothermalen Lösungen in Gängen und Kluftausfüllungen im Gneis. Das einzige Vorkommen ist in den Miralani Hills bei Arusha/Tansania.

## Kristallsystem, Erscheinungsbild, Farbe

Tansanit ist rhombisch und bildet kleine, aufgewachsene, flächenreiche prismatische Kristalle mit starker Flächenstreifung. Er ist meist gelbbraun, selten saphirblau (Tageslicht) bis violett (Kunstlicht) und zeigt Glasglanz. Tansanit weist außerdem starken, mit bloßem Auge sichtbaren Pleochroismus in den Farbtönen blau, purpur und braun auf.

## Mineralklasse, Chemismus

Tansanit ist ein Zoisit aus der Epidot-Zoisit-Gruppe und der Mineralklasse der Gruppensilikate, Formel: $Ca_2Al_3[O/OH/SiO_4/Si_2O_7]$ + Fe,Ti,V. Die begehrte blaue Farbe erhält er durch Spuren von Eisen (Fe).

## Bestimmungsmerkmale

Mohshärte: 6,5 – 7; Dichte: 3,35; Spaltbarkeit: vollkommen; Strichfarbe: weiß; Transparenz: durchsichtig.

## Verwechslungen und Unterscheidung, Fälschungen

Tansanit kann mit Saphir (Härte 9) und Turmalin verwechselt werden. Als Fälschungen sind Glasimitationen, synthetischer Saphir sowie Dubletten und Tripletten im Handel. Auch werden 95% der blauen Steine durch Brennen gelbbrauner Zoisite gewonnen. Die Unterscheidung ist hier nur gemmologisch möglich.

## Verwendung und Handel

Tansanit ist ein seltener und sehr teurer Edelstein, der meist facettiert wird. Als Heilstein ist er zwar seit langem bekannt, aufgrund des hohen Preises jedoch mehr Legende als Praxis-Wirklichkeit.

## Heilwirkung, Indikationen, Anwendung

Tansanit ermöglicht, die eigene innere Berufung zu erkennen, und hilft, eventuelle Angst vor dieser Aufgabe zu überwinden und Vertrauen zu entwickeln. Er unterstützt dabei, mit sich selbst ins Reine zu kommen und zu erkennen, daß wir Menschen göttliche Wesen sind (Sperling). Tansanit hilft, Komapatienten aufzuwecken (Melody).

*Abb. 303: Tansanit facettiert, Tansania (4:1)*

# Tugtupit

## Name, Synonyme, Handelsbezeichnungen
Tugtupit wurde 1957 von Professor H. Sørensen bei Tugtup Agtakôrfia an der Nordseite des Tunugdliarfik Fjords in Südgrönland entdeckt und erst 1963 nach seinem Fundort benannt. Daher taucht Tugtupit in der Literatur zunächst als Beryllium-Sodalith auf. Das Synonym Rentierstein entstand durch die Übersetzung von grönländisch tugto = Rentier.

## Genese, Vorkommen
Tugtupit entsteht primär als Gemengteil von Nephelinsyenit, hauptsächlich in der 150 km$^2$ großen Ilimaussaq-Intrusion bei Narssaq, Grönland. Dort findet er sich vor allem in hydrothermalen, mit feinkörnigem Albit (Feldspat) gefüllten Gängen von maximal 50 cm Weite, die Tugtupit im Kernbereich konzentrieren. Tugtupit von der Halbinsel Kola/Rußland ist seltener und bildet nur kleinere Mengen.

## Kristallsystem, Erscheinungsbild, Farbe
Tugtupit ist tetragonal, erscheint jedoch meist in derben, kompakten Massen, die in Hohlräumen selten kleine, kurzprismatische Kristalle sowie verschiedene Zwillingsbildungen aufweisen. Tugtupit ist weiß oder rötlich und wird durch Sonnenlicht leuchtend rosa und rot (im Dunkeln kann die Farbe wieder verblassen). Er zeigt Glas- bis Fettglanz.

## Mineralklasse, Chemismus
Tugtupit zählt zur Sodalith-Nosean-Gruppe und zur Mineralklasse der Gerüstsilikate, Formel: $Na_8[(Cl,S)_2/Be_2Al_2Si_8O_{24}]$. Er ist Sodalith (vgl. Seite 392) sehr ähnlich, da jedoch ein Teil des Aluminiums im Tugtupit durch Beryllium und Silicium ersetzt ist, verändert sich die Struktur des Minerals so weit, daß Tugtupit tetragonal wird (Sodalith ist kubisch).

Abb. 304: Tugtupit-Stufe, Grönland (2:1)

## Bestimmungsmerkmale
Mohshärte: 6,5; Dichte: 2,36 – 2,57; Spaltbarkeit: unvollkommen; Strichfarbe: weiß; Transparenz: durchsichtig bis durchscheinend.

## Verwechslungen und Unterscheidung, Fälschungen
Tugtupit kann mit einem jüngst auf der Halbinsel Kola/Rußland entdeckten roten Sodalith verwechselt werden, was nur gemmologisch unterscheidbar ist. Farbintensivierungen durch UV-Licht lassen in wenigen Tagen nach und bleichen den Stein dann aus.

## Verwendung und Handel
Tugtupit wird zwar meist als Edelstein geschliffen, findet jedoch auch roh als Heilstein Verwendung.

## Heilwirkung, Indikationen, Anwendung
Tugtupit hilft bei Selbstzweifeln, Bedauern, Rachegefühlen und Selbstmitleid und macht fröhlich (Sperling). Er bringt Einfühlungsvermögen und Verständnis für andere und hilft, Streß abzubauen (Melody).

# Ulexit

## Name, Synonyme, Handelsbezeichnungen

Ulexit wurde 1850 von J.D. Dana nach dem Hamburger Handelschemiker G.L. Ulex benannt, der das Mineral 1849 unter der Bezeichnung Boronatrocalcit behandelte. Das spätere Synonym Fernsehstein oder Televisionstone bezieht sich darauf, daß eine quer zu den Fasern polierte Platte wie ein Glasfaserkabel fungiert und Darunterliegendes an der Oberfläche erscheinen läßt. Weitere Synonyme sind borsaurer Kalk, Hayesin, Hydroborocalcit, Natroborocalcit, Raphit, Tinkalcit, Tiza und TV-Rock.

## Genese, Vorkommen

Ulexit entsteht sekundär durch Ausfällung aus salzhaltigen Seen im Bodenschlamm der sog. Boraxseen und -sümpfe, gewöhnlich in Begleitung von Borax, Steinsalz und Soda. Bedeutende Vorkommen liegen vor allem in Kalifornien/USA, Kasachstan und der Türkei.

## Kristallsystem, Erscheinungsbild, Farbe

Ulexit ist triklin, bildet jedoch nur extrem selten nadelige Kristalle, sondern überwiegend faserige Aggregate in Form derbe, parallelfaseriger Massen oder wattebauschähnlichen Massen mit radialfaserigem Aufbau. Der Lichtleitungs-Effekt ist dabei am besten an parallelfaserigen Stücken zu sehen. Ulexit ist weiß und zeigt Seiden- oder Glasglanz. Im Cabochon-Schliff entsteht durch den faserigen Aufbau Chatoyance (Katzenaugeneffekt).

## Mineralklasse, Chemismus

Ulexit ist ein wasserhaltiges Natrium-Calcium-Hydrogenborat aus der Mineralklasse der Borate (ähnlich den Carbonaten), Formel: $NaCa[B_5O_6(OH)_6] \cdot 5\,H_2O + K, Mg$.

## Bestimmungsmerkmale

Mohshärte: 1–2; Dichte: 1,9–2,0; Spaltbarkeit: vollkommen; Strichfarbe: weiß; Transparenz: durchsichtig bis durchscheinend. Ulexit ist in heißem Wasser schwach löslich.

## Verwechslungen und Unterscheidung, Fälschungen

Glasfasersteine wie z.B. der künstliche Cathay-Stein können Ulexit-Cabochons ähneln, sind jedoch unter dem Mikroskop erkennbar. Weitere Fälschungen sind nicht bekannt.

## Verwendung und Handel

Ulexit wird lokal als Bor-Rohstoff abgebaut und mitunter als Edelstein (Cabochon) geschliffen. Als Heilsteine werden handelsübliche flache, polierte Platten verwendet.

## Heilwirkung, Indikationen, Anwendung

Ulexit hilft, die Dinge so zu sehen, wie sie sind. Daher schützt er vor allzu großer Vertrauensseligkeit (Sienko). Er hilft, sich mit anderen zu identifizieren und ihr inneres Wesen zu erkennen. Körperlich wird Ulexit bei Augenleiden eingesetzt (Melody).

*Abb. 305: Ulexit, Kalifornien/USA (1:1)*

# Vanadinit

## Name, Synonyme, Handelsbezeichnungen
1801 entdeckte Del Rio im Braunbleierz ein neues Element, das er Erythronium nannte, das Erz entsprechend Erythronbleierz. 1830 stellte Nils Sefström dasselbe Element dar und nannte es Vanadium nach Vanadis, der Wanengöttin Freya. Daher wurde das Mineral von G. Rose 1833 Vanadinbleierz und von F. von Kobell 1838 Vanadinit genannt. Weitere Synonyme sind Johnstonit, Vanadinbleispat, vanadinsaures Blei und Vanadit.

## Genese, Vorkommen
Vanadinit entsteht sekundär in der Oxidationszone vanadiumhaltiger Gesteine. Dabei geht eine Vanadium-Anreicherung intramagmatischer Art bei der Frühkristallisation (vgl. Seite 20) oder bei der biogenen Sedimentation durch Meeresorganismen voraus, die Vanadium aus dem Meerwasser aufnehmen und konzentrieren (vgl. Seite 29). Aus Verwitterungslösungen solcher Erze und Sedimente (z.B. Schwarzschiefer) wird schließlich Vanadinit ausgefällt. Vorkommen finden sich in Marokko, Namibia, Sambia, Mexiko und Arizona/USA.

## Kristallsystem, Erscheinungsbild, Farbe
Vanadinit ist hexagonal und bildet dicktafelige, kurz- bis langprismatische und nadelige Kristalle mit flachen Endflächen oder gerundeten Spitzen sowie Kristallskelette, Kristallrasen oder derbe kugelige, radialstrahlige und krustige Aggregate. Er ist rot, orange, gelb oder braun und zeigt Glas- oder fettigen Diamantglanz.

## Mineralklasse, Chemismus
Vanadinit zählt als Bleivanadat zur Apatit-Pyromorphit-Gruppe und zur Mineralklasse der Vanadate (ähnlich den Phosphaten), Formel: $Pb_5[Cl/(VO_4)_3]$ + As,Ca,Cr,Cu,Fe,P,Zn.

Abb. 306: Vanadinit-Stufen, Arizona/USA und Marokko (2:1)

## Bestimmungsmerkmale
Mohshärte: 3; Dichte: 6,5 – 7,1; Spaltbarkeit: keine, unebener, muscheliger Bruch; Strichfarbe: weiß, gelblich; Transparenz: durchscheinend bis undurchsichtig.

## Verwechslungen und Unterscheidung, Fälschungen
Mimetesit und Pyromorphit lassen sich oft nur mineralogisch unterscheiden.

## Verwendung und Handel
Vanadinit wird als Vanadiumerz genutzt und als Kristall oder schöne Stufe gesammelt, ist giftig und wird daher nur selten als Heilstein verwendet. Unbedingt von Kindern fernhalten!

## Heilwirkung, Indikationen, Anwendung
Vanadinit hilft, große Veränderungen, Lebensprüfungen und Läuterungen im Leben durchzustehen und lindert Abschiedsschmerz (Sperling). Er hilft bei Erschöpfung, Atemstörungen, Asthma, Beschwerden der Lunge und der Blase (Melody).

# Wavellit

### Name, Synonyme, Handelsbezeichnungen
Wavellit wurde 1805 von William Babington nach seinem Entdecker Dr. William Wavell benannt. Sir Humphry Davy hatte das Mineral 1800 Devonit genannt, F.S. Beudant nannte es 1831 Striegisan. Synonyme sind Fischerit, Hydrargillit, Kapnicit, Lasionit, Säulenzeolith (irreführend, da kein Zeolith!), strahliger Hydrargillit, Tonerdephosphat und Zepharovichit.

### Genese, Vorkommen
Wavellit entsteht sekundär als Abscheidung tiefthermaler Verwitterungslösungen. Vor allem Apatit (Phosphorit) und phosphathaltige Gesteine und Erze sind dabei Lieferanten des notwendigen Phosphoranteils der Verwitterungslösung. Wavellit findet sich deshalb vor allem auf Klüften und Schichtfugen von Kiesel- und Alaunschiefern, in Sandstein, zersetzten Graniten und Porphyren, auf Phosphoritlagerstätten, in phosphathaltigen Eisenerzen und in der Oxidationszone von Buntmetall-Lagerstätten. Die wichtigsten Vorkommen liegen in England, den USA und Brasilien.

*Abb. 307: Wavellit-Stufe, Arkansas/USA (1:1)*

### Kristallsystem, Erscheinungsbild, Farbe
Wavellit ist rhombisch, bildet jedoch nur sehr selten kleine, nadelige Kristalle, weitaus häufiger sind radialstrahlige, sternförmige Büschel oder kugelige, nierig-traubige und stalaktische Aggregate mit radialfaserigem Aufbau. Wavellit ist weiß, grünlich oder gelb und zeigt Glas-, Wachs- und Fettglanz, auch Perlmuttglanz und auf faserigen Aggregaten Seidenglanz.

### Mineralklasse, Chemismus
Wavellit ist ein wasserhaltiges Aluminiumphosphat aus der Mineralklasse der Phosphate, Formel: $Al_3[(OH)_3/(PO_4)_2] \cdot 5\,H_2O$ + Ca,Cr,F,Fe,Mg,Si,Sn.

### Bestimmungsmerkmale
Mohshärte: 3,5 – 4; Dichte: 2,36; Spaltbarkeit: vollkommen, unebener bis muscheliger Bruch, spröde; Strichfarbe: weiß; Transparenz: durchsichtig bis durchscheinend.

### Verwechslungen und Unterscheidung, Fälschungen
Natrolith (Härte 5,5), Gibbsit (Härte 2,5 – 3), Prehnit (Härte 6 – 6,5). Fälschungen sind nicht bekannt.

### Verwendung und Handel
Wavellit wird lokal zur Phosphatgewinnung abgebaut. Als Schmuckstein besitzt er keine Bedeutung, als Heilsteine werden kleine Stufen und Aggregate verwendet.

### Heilwirkung, Indikationen, Anwendung
Wavellit löst das Festhalten an Altem und Vergangenem auf und fördert geistige Größe (Sperling). Er harmonisiert den Fluß von Blut und Körperflüssigkeiten und lindert Hautentzündungen (Melody).

# Wismut

## Name, Synonyme, Handelsbezeichnungen
Der Name Wismut bezieht sich entweder auf den Fundort St. Georg in der Wiesen, Erzgebirge (Wis-mut = in der Wiese muten, muten = graben) oder auf die glänzende Erscheinung des Metalls (Wis-mut = etwas weiß-glänzendes muten). Später latinisiert entstand das Synonym Bismutum, von dem das chemische Kürzel Bi stammt. Weitere Synonyme sind Aschblei, Bisemath und Contrefait.

## Genese, Vorkommen
Wismut entsteht primär, wobei sich in der pegmatitisch-pneumatolytischen Phase meist nur mikroskopisch kleine, feinverteilte Körnchen bilden. Größere Mengen entstehen hydrothermal in Erzlagerstätten. Die größten Wismut-Vorkommen liegen in Bolivien, gefolgt von Kanada, Mexiko, Australien, Deutschland, Tschechien, Spanien, Chile und Peru.

## Kristallsystem, Erscheinungsbild, Farbe
Wismut ist trigonal, bildet jedoch nur sehr selten würfelähnliche Kristalle, weitaus häufiger sind körnige Einsprenglinge im Gestein sowie gestrickte baumförmige, federartige, blättrige und dendritische Aggregate, auch kleine Platten und Bleche. Die Farbe ist silberweiß, gelblichweiß bis rötlichweiß, oft mit bunten Anlauffarben und metallisch glänzend.

## Mineralklasse, Chemismus
Wismut ist ein gediegenes Metall aus der Arsen-Reihe und der Mineralklasse der Natürlichen Elemente, Formel: Bi + As,Fe,Ni,Pb,S,Sb,Te,V.

## Bestimmungsmerkmale
Mohshärte: 2 – 2,5; Dichte: 9,7 – 9,8; Spaltbarkeit: ausgezeichnet, blättriger, hakiger Bruch, spröde; Strichfarbe: grau; Transparenz: opak.

*Abb. 308: Wismut, links künstlich gezüchtet, rechts natürliche Stufe, Erzgebirge/Deutschland (1:1)*

## Verwechslungen und Unterscheidung, Fälschungen
Wismut kann mit Linneit (Härte 4,5 – 5, Dichte: 4,8 – 5,8) oder Nickelin (Härte 5 – 5,5, Dichte 7,5 – 7,8) verwechselt werden. Sehr häufig wird es auch künstlich gezüchtet und bildet dann Kristallskelett mit intensiven Anlauffarben, die jedoch leicht zu erkennen sind (siehe Abb. 308 links).

## Verwendung und Handel
Wismut wird in der Metall- und Elektroindustrie, im Maschinenbau und in der Kosmetik- und Pharma-Industrie verwendet, z.B. für Brandsalben und Präparate zur Behandlung von Hautkrankheiten.

## Heilwirkung, Indikationen, Anwendung
Wismut fördert die kindliche Unbefangenheit und hilft, unser Dasein zu akzeptieren, vor allem bei Einsamkeitsgefühlen. Es wirkt desinfizierend und zusammenziehend und fördert die Wundheilung (SHK-Forschung).

# Wolframit

## Name, Synonyme, Handelsbezeichnungen
Wolframit wurde nach dem mittelalterlichen Begriff wolfrig = gefräßig benannt, da mit Wolfram verunreinigte Zinnerze beim Verhütten weniger Zinn freisetzen (es bilden sich dabei stabile Zinn-Wolfram-Schlacken), Wolfram also „Zinn-fressend" auftritt. Synonyme für Wolframit sind Wolf, Wolfart, Wolfert, Wolffert, Wolfort, Wolfram, Wolfrat, Wolfrath, Wolfrig, Wolfrum und Woolferam.

## Genese, Vorkommen
Wolframit kann unter fast allen primären Bildungsbedingungen entstehen. Er findet sich daher gesteinsbildend in feldspatfreien Graniten, z.B. in Sadisdorf/Sachsen, in Pegmatiten in Spanien, Portugal, Namibia, Südkorea, Birma und Malaysia, in pneumatolytischen Bildungen im Erzgebirge, Tschechien, Cornwall/England, Bolivien und China, in hoch- bis mittelthermalen Quarzgängen im Vogtland, in subvulkanisch-hydrothermalen Vorkommen in Australien, Peru und Colorado/USA sowie in tiefthermalen Gängen in Baia Sprie/Rumänien.

*Abb. 309: Wolframit-Gruppe, China (1:1)*

## Kristallsystem, Erscheinungsbild, Farbe
Wolframit ist monoklin und bildet keilförmig-tafelige, kurzprismatische und mitunter auch nadelige Kristalle mit längsgerieften Prismenflächen. Auch derbe blättrige und büschelige Aggregate kommen vor. Wolframit ist bräunlich-schwarz mit Metall- bis Diamantglanz.

## Mineralklasse, Chemismus
Wolframit ist ein Wolframoxid aus der Brookit-Gruppe und der Mineralklasse der Oxide, Formel: $(Fe,Mn)WO_4$ + Ca,Mg,Nb,Sc,Sn,Ta,Ti + (In). Er ist ein Mischkristall der Mineralien Ferberit $(FeWO_4)$ und Hübnerit $(MnWO_4)$.

## Bestimmungsmerkmale
Mohshärte: 4–4,5; Dichte: 7–7,4; Spaltbarkeit: vollkommen, unebener Bruch, spröde; Strichfarbe: dunkelbraun; Transparenz: undurchsichtig bis opak.

## Verwechslungen und Unterscheidung, Fälschungen
Wolframit kann mit Kassiterit (Härte 6–7, unvollkommene Spaltbarkeit) und Sphalerit (Härte 3,5–4, Dichte 4,08–4,10) verwechselt werden. Fälschungen sind nicht bekannt.

## Verwendung und Handel
Wolframit wird zur Wolframgewinnung für Werkstoffe und für die Elektroindustrie genutzt. Er ist nur in Form von Kristallen und Sammlerstufen im Handel und wird so auch als Heilstein verwendet.

## Heilwirkung, Indikationen, Anwendung
Durch Wolframit ist es möglich, zwanghafte Kontrollmechanismen aufzulösen, so daß Entwicklungen natürlich wachsen können. Er hilft bei zu niedrigen Blutzuckerwerten und Wirbelsäulenbeschwerden (Melody).

# Wollastonit

## Name, Synonyme, Handelsbezeichnungen
Wollastonit wurde 1818 von J.G. Lehmann nach dem englischen Chemiker W.H. Wollaston benannt. A. Stütz, der Direktor des Naturalienkabinetts in Wien, nannte das Mineral schon Tafelspat, A.G. Werner nannte es Schalstein. Weitere Synonyme sind Bustamit (manganhaltig), Edelforsit, Gjellebäkit, Grammit, Kalktrisilikat, Scharlstein, Vilnit und Wilnit. Réaumurit und Rivait sind Wollastonit-Glas-Gemenge.

## Genese, Vorkommen
Wollastonit entsteht tertiär bei der kontaktmetamorphen Bildung von silikathaltigem Marmor und Kalksilikatfelsen, wo er auch gesteinsbildend auftreten kann, wie z.B. in den USA und Mexiko. Er findet sich oft in Gesellschaft anderer kontaktmetamorpher Mineralien wie Granat, Vesuvian, Diopsid, Epidot u.a. Vorkommen befinden sich in Deutschland, Finnland, Rußland, Polen, Rumänien, Kanada, USA, Mexiko und Namibia.

## Kristallsystem, Erscheinungsbild, Farbe
Wollastonit ist trigonal und bildet meist dicktafelige Kristalle (Tafelspat) oder dichte Massen mit faserigem Aufbau sowie stengelige, blättrige, schalige und radialstrahlige Aggregate. Er ist weiß, grau und mitunter auch rötlich. Wollastonit zeigt Glasglanz, bei faserigen Massen auch Seidenglanz und auf Bruchflächen Perlmuttglanz.

## Mineralklasse, Chemismus
Wollastonit ist ein Calciumsilikat der Wollastonit-Gruppe und der Mineralklasse der Kettensilikate, Formel: $Ca_3Si_3O_9$ + Al,Fe,Mg,Na. Der Eisengehalt kann bis zu 9% betragen und ist dann auch für die rötliche Färbung des Wollastonits verantwortlich.

Abb. 310: Wollastonit-Rohstein, Schweden (1:1)

## Bestimmungsmerkmale
Mohshärte: 4,5 – 5; Dichte: 2,78 – 3,09; Spaltbarkeit: vollkommen; Strichfarbe: weiß; Transparenz: halbdurchsichtig bis durchscheinend.

## Verwechslungen und Unterscheidung, Fälschungen
Wollastonit kann mit anderen dichten, weißen Mineralien (Pektolith, Strontianit u.a.) verwechselt werden und ist dann meist nur mineralogisch unterscheidbar. Er wird oft als Jade-Imitation grün gefärbt, was jedoch gemmologisch nachweisbar ist.

## Verwendung und Handel
Wollastonit wird als Rohstoff für feuerfeste Materialien verwendet. Als Heilstein ist er kaum bekannt.

## Heilwirkung, Indikationen, Anwendung
Wollastonit filtert von außen einwirkende Energie. Er fördert basischen Stoffwechsel, stärkt Gewebe und Haut und hilft bei Bronchitis und Lungenentzündung (Melody).

# Wunderstein, Trendit

### Name, Synonyme, Handelsbezeichnungen

Der Name Trendit bezieht sich auf das schwer faßbare Phänomen des Minerals, plötzlich, unerwartet und in immer neuer Variante aufzutauchen. Das Synonym Wunderstein bezieht sich dagegen auf seine im wahrsten Sinne des Wortes unglaublichen Wirkungen. Weitere Synonyme sind Divinit, Esoterit, Gemma deorum, Lapis miraculosus, Pseudoesoterit, Sacrum, Sanctit, Spiritualith und Zeitgeiststein.

### Genese, Vorkommen

Trendit ist interdimensionaler, meist astraler Entstehung. Er kommt in der Regel durch Channeling-Vorgänge oder mitunter auch durch einfache Phantasiebildungen zur Welt. Seine Vorkommen sind metaphysischer Art und meist interplanetar. Gefunden wird Trendit weltweit in Publikat-Spalten.

### Kristallsystem, Erscheinungsbild, Farbe

Trendit kristallisiert diagonal. Er bildet in der Regel faszinierende Kristallformen oder kosmische Aggregate variabler Größe. Seine Farbe ist unbestimmbar, sein Glanz leuchtend hell.

### Mineralklasse, Chemismus

Trendit ist ein sphärisches Extravagat aus der Familie der Plagiate, Mineralklasse der Profite, Formel: $Mo_2Ne_4Y \cdot n\ N_2/O_2/CO_2$. Farbgebend ist meistens das in Spuren enthaltene Imitat.

### Bestimmungsmerkmale

Mohshärte: 13; Dichte: 0 – 0,00; Spaltbarkeit: flexibel; Strichfarbe: violett; Transparenz: unsichtbar.

### Verwechslungen und Unterscheidung, Fälschungen

Trendite können nur untereinander verwechselt werden und sind dabei auch mehr oder weniger austauschbar. Von Fälschungen kann nicht gesprochen werden, da ihr Wahrheitsgehalt auch durch mineralogisch-gemmologische Untersuchungen unauffindbar bleibt.

### Verwendung und Handel

Trendit wird traditionell für alchimistische Prozesse (Umwandlung von Dreck in Geld) eingesetzt. Er erhält seine Wirksamkeit meist durch beigelegte Zertifikate und verkehrt seine Wirkung beim Bezug über konkurrierende Quellen ins Gegenteil. Trendite bringen Rendite und sind daher logischerweise extrem teuer.

### Heilwirkung, Indikationen, Anwendung

Viele Esoteriker sehen im Trendit den echten Stein der Weisen. Er ist gut gegen alles, wirkt verwirrend auf den Emotional- und Mentalkörper, entschlackt die Geldbörse und leitet die Energie hoher Ideale in banale Geschäfte (Sienko). Trendit hilft bei Fehlinkarnationen. Für eine sichere Anwendung daher mit einem möglichst großen Stück fest zuschlagen!

*Abb. 311: Trendit, Shangri-La, Atlantis (0:0)*

# 4.1 Index der Mineralien- und Gesteinsnamen

Durch die Entwicklung des Mineralienmarktes und der modernen Steinheilkunde ist eine unüberschaubare Flut von Namen und Bezeichnungen für Heilsteine aller Art im Umlauf. Dies liegt einerseits daran, daß im Mineralienmarkt ständig neue Namen kreiert werden - teils berechtigt, um spezielle Form- und Farbvarietäten zu benennen, teils völlig überflüssig, um ein „altes Produkt" mit neuem Namen kurzfristig auf den Markt zu drücken - und andererseits werden durch die Quellensuche nach heilkundlicher Literatur längst vergessene Namen aus vergangenen Zeiten ausgegraben und neu belebt. Gerade Autoren edelsteintherapeutischer Literatur kennen die diffizilen Zusammenhänge zwischen Bergbau, Steinmetzgewerbe, Mineralogie, Geologie und Mineralienhandel in der Regel zu wenig, um die jeweiligen Begriffe korrekt in andere Systeme übertragen zu können. Daher werden die besprochenen Steine meist genau mit jenem Namen benannt, der dem Autor zuerst begegnet ist. So bleiben einige Kuriosa nicht aus, wenn so mancher Stein in ein und demselben Werk unter verschiedenen Namen doppelt oder dreifach besprochen wird.

Um auch hier dem Anspruch eines Lexikons hinsichtlich Aufklärung und Erleichterung bei der Arbeit mit der bestehenden Literatur zu genügen, wurde ein umfassender, interdisziplinärer Index der Mineralien- und Gesteinsnamen erstellt. Er ist in seiner Art sicherlich einzigartig und mit 3.100 Suchbegriffen für die in diesem Lexikon besprochenen 450 Gesteine, Mineralien und Varietäten wohl auch der derzeit umfangreichste Index. Natürlich blieb die Auswahl ausschließlich auf Heilsteine beschränkt, doch wurden viele Quellen der traditionellen steinheilkundlichen Überlieferung, der antiken und mittelalterlichen Lapidarien, des Volksmunds, der Mythen, Sagen und Märchen, der Alchimie, des Bergbaus, des Mineralien- und Edelsteinhandels, der Fachsprache der Juweliere und schließlich auch der geologischen, mineralogischen, gemmologischen sowie der modernen naturheilkundlichen und esoterischen Literatur zusammengetragen, um der sicherlich nie erreichbaren Vollständigkeit so nahe wie möglich zu kommen. Natürlich kann trotz alledem nicht vermieden werden, daß bereits während der Drucklegung des Lexikons neue Namen entstehen und in Umlauf kommen.

Dennoch hoffen wir, Autor und Verlag, mit diesem Index für alle steinheilkundlich engagierten Menschen, alle Edelstein- und Mineralienhändler sowie jeden interessierten Mineralien- und Heilsteine-Freund eine brauchbare Hilfe zur Identifizierung unbekannter Mineraliennamen geschaffen zu haben. Sollte ein gesuchter Begriff trotzdem nicht zu finden sein, so geben Sie uns bitte - möglichst unter Quellenangabe - Bescheid. Wir werden ihn in zukünftigen Auflagen aufnehmen. Zur Handhabung des Index der Mineralien- und Gesteinsnamen beachten Sie außerdem bitte, daß er trotz der unmittelbar angefügten notwendigsten Erläuterungen in erster Linie dem Verweis auf das jeweilige Kapitel dient. Dort finden Sie in vielen Fällen weitere und genauere Informationen.

# A

**Abalone** Muschelschale, Perlmutt
**Abzieherkristall** Bergkristall mit einer außergewöhnlich großen Pyramidenfläche
**Acanthicon** Epidot
**Achat, siehe Seite 122**
**Achatjaspis** Achat aus lagenförmig wechselnden Chalcedon- und Jaspis-Schichten
**Achivit** Dioptas
**Achmatit** Epidot
**Achondrit** Meteorit, Steinmeteorit
**Achroit** Turmalin-Farbvarietät, farbloser Elbait oder Liddicoatit
**Achtarandit** Granat-Pseudomorphose von Hydrogrossular nach Mayenit
**Adamant** Diamant
**Adamas** Diamant
**Adamin, siehe Seite 448**
**Adamsit** Muskovit
**Adelaide-Rubin** Granat, Pyrop, Handelsname
**Adinol** Feldspat, Albit (Plagioklas)
**Adlerstein** Achat-Varietät Wasserachat oder Moqui-Marbles (Limonitkugeln)
**Adular** Feldspat, Trachtvarietät des Kalifeldspats (Orthoklas oder Mikroklin)
**Aedelith** Prehnit
**Aerolith** Meteorit
**Aetit** Achat-Varietät Wasserachat, Moqui-Marbles (Limonit-Kugeln)
**Afrika-Smaragd** Fluorit grün oder Turmalin grün, Handelsname
**Afrikanische Jade** Prasem, Handelsname
**Afrikanischer Smaragd** Fluorit grün oder Turmalin grün, Handelsname
**Agaphit** Türkis
**Aglaurit** Orthoklas
**Agstein** Bernstein
**Akanthikon** Epidot
**Akanthikonit** Epidot
**Aktinolith, siehe Seite 128**
**Aktinolithquarz** Aktinolithnadeln in Bergkristall, Handelsname
**Aktinolithschiefer** Metamorphite
**Alabanda-Rubin** Granat, Almandin, Handelsname
**Alabandinrubin** Spinell, Handelsname
**Alabaster** Gips, als falsche Handelsbezeichnung jedoch auch für Marmor und Onyx-Marmor (Aragonit bzw. Calcit)

**Alalith** Diopsid
**Alaska-Diamant** Bergkristall, Handelsname
**Alaun** Alunit
**Alaunspat** Alunit
**Alaunstein** Alunit
**Albenstein** Fossil, Belemnit
**Albiklas** Feldspat, Albit (Plagioklas)
**Albin** Apophyllit verwittert
**Albit** Feldspat-Mineral, Plagioklas (Natronfeldspat)
**Albitjadeit** Feldspat (Albit)-Jadeit-Gemenge
**Alexandrit, siehe Seite 130**
**Alexandrit blau** Saphir, Handelsname
**Alexandrit-Katzenauge** Alexandrit mit Chatoyance
**Algenachat** Stromatolith
**Algenkalk** Stromatolith
**Algerit** Skapolith zersetzt
**Alkalifeldspat** Feldspat, natrium-(Albit) oder kaliumhaltig (Orthoklas) bzw. Mischkristall
**Allagit** Rhodonit
**Allochroit** Granat, Almandin
**Allomorphit** Baryt
**Alm** Calcit, Seekreide
**Almandin** Granat (Eisen-Aluminium-Granat)
**Almandin-Rubin** Spinell rot, Handelsname
**Almandin-Spinell** Spinell rot-violett, Handelsname
**Almandinspat** Eudialyt
**Alomit** Sodalith
**Alunit, siehe Seite 450**
**Amatrix** Variscit-Quarz-Verwachsung, Handelsname
**Amazonasstein** Amazonit
**Amazonenstein** Amazonit
**Amazonit** Feldspat, Mikroklin-Varietät, kupferhaltig
**Amber** Bernstein, jedoch auch jüngeres Harz (sog. Kopal)
**Amber, schwarzer** Gagat
**Amblystegit** Hypersthen
**Ambroid** Bernstein, Preßbernstein, Handelsname
**Ambrolith** Bernstein, Handelsname
**American Matrix** Variscit-Quarz-Verwachsung, Handelsname
**Amerika-Jade** Vesuvian grün, Handelsname
**Amerikanischer Rubin** Granat, Pyrop, Handelsname
**Amethyst, siehe Seite 134**
**Amethystmutter** Amethyst faserig
**Amethystquarz** Amethyst opak oder stark getrübt, Handelsname
**Ametrin, siehe Seite 138**

**Ammites** Kalkoolith
**Ammonit** Fossil, Ammonit
**Ammonshorn** Fossil, Ammonit
**Amphilogit** Muskovit
**Amulettstein**
**Anachites** Diamant
**Analbit** Feldspat, Albit (Plagioklas)
**Analcim, siehe Seite 450**
**Analzim** Analcim
**Andalusit, siehe Seite 140**
**Andenopal** Opal, gemeiner Opal, milchig-trüb aus Peru, auch Chrysopal oder Pinkopal
**Andesin** Feldspat-Mineral, Plagioklas (50 - 70% Albit, 30 - 50% Anorthit)
**Andradit** Granat (Calcium-Eisen-Granat)
**Androdamant** Fluorit
**Androdamas** Calcit
**Anemolith** Calcit
**Anemousit** Labradorit
**Angelit** Anhydrit
**Anhydrit, siehe Seite 142**
**Anhydroferrit** Hämatit
**Anima** Sedimente, lößkindlartige Knollen aus Tonstein, Handelsname
**Anorthhoklas** Feldspat, Mischkristall aus der Reihe Orthoklas-Albit (Plagioklas)
**Anorthit** Feldspat, Plagioklas (Kalkfeldspat)
**Anthrax** Rubin
**Antigorit** Serpentin-Varietät, Blätterserpentin
**Antikglas** Glas blaugrün bis türkisfarben (künstlich!), Handelsname
**Antimonglanz** Antimonit
**Antimonit, siehe Seite 144**
**Antiperthit** Feldspat, entmischter Alkalifeldspat (Orthoklas in Albit)
**Antonit** Muskovit
**Antozonit** Fluorit
**Anyolith** Zoisit grün (oft mit Rubin)
**Apachengold** Chalkopyrit, Pyrit oder Pyritachat, Handelsname
**Apachenträne** Obsidian, Varietät Rauchobsidian, Handelsname
**Apatit, siehe Seite 146**
**Apatit arrogonischer** Aragonit
**Apfelkoralle** Koralle
**Aphrit** Aragonit
**Aphrizit** Turmalin, Schörl
**Aplom** Granat, Andradit dunkelbraun
**Apophyllit, siehe Seite 148**
**Apothekerspat** Fluorit, besonders rein
**Apotom** Coelestin

**Aprico-Achat** Achat aus Botswana, rosa bis fleischfarben (gebrannt!), Handelsname
**Apricosin** Citrin
**Apricotin** Citrin
**Aprikosenachat** Achat aus Botswana, rosa bis fleischfarben (gebrannt!), Handelsname
**Aprikosin** Citrin
**Aprikotin** Citrin
**Apyrit** Turmalin violett bis pfirsichblütenfarben
**Aqua-Aura** Bergkristall goldbedampft, dadurch blau, auch fälschlich für Coelestin
**Aqualith** Blauquarz (Turmalineinschlüsse), Handelsname
**Aquamarin, siehe Seite 150**
**Aquamarin-Chrysolith** Beryll olivfarben, Handelsname
**Arachneolith** Koralle
**Aragonit, siehe Seite 152**
**Aragonspat** Aragonit
**Arendalit** Epidot
**Argentin** Calcit
**Argentum** Silber
**Argyllit** Orthoklas
**Arizona-Rubin** Granat rot, Handelsname
**Arizona-Spinell** Granat rot, Handelsname
**Arizonoit** Türkis
**Arkansas-Diamant** Bergkristall, Handelsname
**Arktizit** Skapolith
**Armenit** Azurit
**Arragon** Aragonit
**Arragonischer Kalkspat** Aragonit
**Arsenik roter** Realgar
**Arsenikblende rote** Realgar
**Arsenikrubin** Realgar
**Arsensilberblende** Proustit
**Artemiskristall** Bergkristall, langprismatischer Generatorkristall
**Asbest** Serpentin, Varietät Chrysotil (Faserserpentin)
**Aschblei** Wismut
**Aschentrekker** Turmalin
**Aschenzieher** Turmalin
**Aspidelith** Sphen
**Asteria** Saphir
**Astroit** Koralle
**Astrophyllit, siehe Seite 451**
**Atacamit, siehe Seite 452**
**Atakamit** Atacamit
**Atlantis-Stein** Larimar, esoterischer Handelsname
**Atlaserz** Chrysokoll oder Malachit
**Atlasspat** Aragonit faserig, Calcit faserig oder Gips faserig

**Augen-Jaspis** Rhyolith grün, Australien (Regenwald-Jaspis)
**Augenachat** Achat mit konzentrischen kreisrunden Zeichnungen
**Augenperlen** Achat-Perlen oder Karneol-Perlen aus dem Himalaya, sog. dZi-Steine
**Augensteine** Achat-Perlen oder Karneol-Perlen aus dem Himalaya, sog. dZi-Steine
**Augit, siehe Seite 453**
**Augit-Bronzit** Hypersthen
**Augstein** Bernstein
**Augustit** Apatit
**Aurichalcit, siehe Seite 454**
**Auricuprit** Goldlegierung mit Kupfer (natürlich)
**Australischer Amulettstein** Amulettstein australischer, eingetragenes Warenzeichen
**Australischer Rubin** Granat, Pyrop, Handelsname
**Australit** Tektit aus Australien
**Avanturin** Aventurin
**Aventurin, siehe Seite 154**
**Aventurin blau** Blauquarz mit Krokydolitheinschlüssen, Handelsname, auch fälschlich für blauen Syenit (siehe Magmatite)
**Aventurin orange** Aventurin, Quarz mit Hämatit- und evtl. auch Lepidokrokit-Einschlüssen auch fälschlich für Dolomit orange (Handelsname Eosit)
**Aventurin rot** Aventurin, Quarz mit Hämatit- und evtl. auch Lepidokrokit-Einschlüssen
**Aventurin-Feldspat** Sonnenstein
**Aventurin-Sonnenstein** Sonnenstein
**Aventurinquarz** Aventurin
**Azorit** Zirkon
**Aztekenstein** Rhyolith gelb-rotbeige gebändert, Mexiko, Handelsname, oder Smithsonit
**Azurit, siehe Seite 156**
**Azurit-Malachit, siehe Seite 158**

# B

**Babelquarz** Bergkristall, der sich zur Spitze hin stufenförmig verjüngt
**Babylonquarz** Bergkristall, der sich zur Spitze hin stufenförmig verjüngt
**Bahia-Topas** Citrin oder Amethyst, gebrannt, Handelsname
**Baikal-Jade** Serpentin, Varietät Antigorit (Blätterserpentin), Rußland, Handelsname
**Balas-Rubin** Spinell blaßrot, Handelsname
**Baldisserit** Magnesit

**Ballas** Diamant unedel, undurchsichtig, Handelsname
**Baltimorit** Serpentin, Varietät Chrysotil (Faserserpentin)
**Bamlit** Sillimanit
**Bandachat** Achat mit gleichförmig schaliger Bänderung
**Bänderachat** Achat mit gleichförmig schaliger Bänderung
**Bandjaspis** Jaspis gebändert
**Bardiglionit** Anhydrit
**Barettit** Serpentin
**Baroselenit** Baryt
**Barsowit** Feldspat, Anorthit
**Baryt, siehe Seite 160**
**Baryterde** Baryt
**Barytstein** Baryt
**Basalteisen** Limonit
**Basaltin** Augit
**Basanit** Jaspis schwarz
**Bastit** Serpentin-Pseudomorphose nach Bronzit
**Batchelorit** Muskovit
**Baudisserit** Magnesit
**Bauerit** Biotit verwittert
**Baum-Opal** Versteinertes Holz, opalisiert
**Baumachat, siehe Seite 162**
**Baumquarz** Versteinertes Holz
**Baumstein** Chalcedon-Varietät, Dendritenchalcedon
**Bayat** Jaspis
**Beccarit** Zirkon olivgrün
**Bediasit** Tektit aus Texas, USA
**Beekit** Chalcedon
**Beese** Opal
**Beffanit** Feldspat, Anorthit
**Beilstein** Nephrit
**Beinbruchstein** Calcit oder Kalktuff (siehe Sedimente), deutscher Volksmund
**Beintürkis** Vivianit oder Apatit, Varietät Hydroxylapatit
**Belemnit** Fossil, Belemnit
**Beljankit** Creedit
**Belovit** Apatit-Varietät
**Bemmelenit** Siderit
**Benitoid, siehe Seite 455**
**Bergamaskit** Hornblende
**Bergblau** Azurit oder Lapislazuli
**Bergeis** Bergkristall
**Bergflachs** Serpentin, Varietät Chrysotil (Faserserpentin) oder faseriger Turmalin
**Berggelb** Limonit
**Berggold** Gold, eingewachsen im Gestein
**Berggrün** Chrysokoll o. Malachit
**Bergholz** Serpentin, Varietät Chrysotil (Faserserpentin)
**Bergkristall, siehe Seite 164**
**Bergkupferwasser** Chalkanthit
**Bergleder** Serpentin, Varietät Chrysotil (Faserserpentin)

Bergmahagoni Obsidian, Varietät Mahagony-Obsidian
Bergmannit Natrolith
Bergmilch Calcit
Bergsalz Halit
Bergschwefel Schwefel
Bergwolle Serpentin, Varietät Chrysotil (Faserserpentin)
Bergzinn Kassiterit
Bergzunder Jamesonit
Berlinblau natürliches Vivianit
Berlinerblau Lazulith
Bernstein, siehe Seite 172
Beryll, siehe Seite 174
Beryllium-Sodalith Tugtupit
Beryllosodalith Tugtupit
Beustit Epidot
Bibliothekskristall Bergkristall mit flach aufgewachsenen, stumpfen Kristallen
Bilderjaspis Jaspis braun mit abstrakter Zeichnung oder sandfarben-grau (Landschafts-Jaspis), Handelsname
Bilderopal Opal, Edelopal, dessen Form oder Zeichnung an ein Bild erinnert
Bilderstein Opal, Edelopal, dessen Form oder Zeichnung an ein Bild erinnert
Bildstein Steatit
Billitonit Tektit von Borneo und Sumatra
Binarit Markasit
Binarkies Markasit
Biotin Feldspat, Anorthit
Biotit und Biotit-Linse, siehe Seite 176
Bisemath Wismut
Bismut Wismut
Bistagit Diopsid
Bitterkalk Dolomit oder Magnesit
Bitterkalkspat Dolomit
Bitterkalkstein Dolomit
Bittersalzerde Dolomit
Bitterspat Dolomit oder Magnesit
Bitterstein Nephrit
Bixbit Beryll rot
Black Opal Opal, Edelopal mit schwarzer Körperfarbe
Blackstar Diopsid schwarz mit Asterismus
Blackstar Saphir schwarz mit Asterismus
Blätterserpentin Serpentin, Varietät Antigorit
Blätterspat Calcit blättrig, sehr selten auch blättriger Fluorit
Blätterzeolith Heulandit
Blättriges Eisenblau Vivianit
Blaubleierz Galenit
Blaue Lava Obsidian blau, Handelsname
Blaueisenerde Vivianit

Blaueisenerz Vivianit
Blaueisenspat Vivianit
Blauer Alexandrit Saphir, Handelsname
Blauer Chrysopras Chalcedon-Varietät Kupferchalcedon, Handelsname
Blauer Lace-Achat Chalcedon gebändert, Handelsname
Blauer Malachit Azurit, Handelsname
Blauer Mondstein Chalcedon, Handelsname
Blauer Opal Lazulith, Handelsname (irreführend, da es tatsächlich blauen Opal gibt!)
Blauer Vitriol Chalkanthit
Blauerz Siderit
Blaues Kupferglas Covellin
Blaufluß Glas, blau mit Kupferflitterchen (künstlich!), Handelsname
Blaukupferwasser Chalkanthit
Blauquarz, siehe Seite 178
Blauspat Lapislazuli oder Lazulith
Blaustein Chalkanthit, Lapislazuli, Lazulith oder Sodalith
Bleiantimonit Jamesonit
Bleiarsenatapatit Mimetesit
Bleichromat Krokoit
Bleierz rotes Krokoit
Bleigelb Wulfenit
Bleiglanz Galenit
Bleimolybdat Wulfenit
Bleischimmer Jamesonit
Bleischleif Galenit
Blende Sphalerit
Blue John Fluorit tiefblau, Handelsname
Blue Lace Chalcedon gebändert, Handelsname
Blue Opal Opal, gemeiner Opal, Varietät Chrysopal in schönem zartem Blau
Blumenjaspis Epidot, Varietät Unakit, falsche Handelsbezeichnung!
Blumenobsidian Obsidian, Varietät Schneeflocken-Obsidian
Blumenpracht Obsidian, Varietät Schneeflocken-Obsidian
Blutachat Chalcedon rot oder Karneol, Handelsname
Blutchalcedon Chalcedon rot, Handelsname
Blutjaspis Chalcedon rot oder Heliotrop, Handelsname
Blutstein Hämatit, im englischsprachigen Raum auch Heliotrop (bloodstone)
Bodenbenderit Granat, Spessartin
Böhmischer Chrysolith Moldavit, Handelsname

Böhmischer Diamant Bergkristall, Handelsname
Böhmischer Granat Granat, Pyrop, Handelsname
Böhmischer Rubin Rosenquarz oder Granat, Pyrop, Handelsname
Böhmischer Topas Citrin oder Amethyst (gebrannt!), Handelsname
Bohnerz Limonit-Knollen
Boji's Pop Rocks, eingetragenes Warenzeichen
Boleslavit Galenit
Bologneser Leuchtstein Baryt
Bologneser Spat Baryt
Bologneser Stein Baryt
Bonamit Smithsonit
Borax, siehe Seite 456
Bordit Okenit
Bornholm-Diamant Bergkristall, Handelsname
Bornit, siehe Seite 457
Boronatrocalcit Ulexit
Borsaurer Kalk Ulexit
Borsaures Natron Borax
Bort Diamant unedel, undurchsichtig, Handelsname
Bosnischer Meerschaum Magnesit, Handelsname
Botswana-Achat Achat aus Botswana
Boulder-Opal Opal, Edelopal, Varietät mit Opal-Adern in Toneisenstein
Bouteillenstein Moldavit, Handelsname
Bowenir Serpentin, Varietät Antigorit (Blätterserpentin), farblos
Bowenit Serpentin, Varietät Antigorit (Blätterserpentin), apfelgrün
Brasil-Aquamarin Topas hellblau, Handelsname
Brasil-Chrysolith Chrysoberyll oder Turmalin grün, Handelsname
Brasil-Rubin Topas rosa, Handelsname
Brasil-Saphir Topas blau, Handelsname
Brasil-Smaragd Turmalin grün, Handelsname
Brasilianischer Peridot Turmalin grün bis gelbgrün, Handelsname
Brasilianischer Smaragd Beryll grün (jedoch chromfrei, also kein Smaragd!), Handelsname
Brasilianit, siehe Seite 458
Braunbleierz Pyromorphit oder Vanadinit
Brauneisen Limonit
Brauneisenerz Limonit
Brauneisenstein Limonit
Brauner Eisenocker Limonit
Braunkalk Dolomit

**Braunkupfererz** Bornit oder Cuprit
**Braunmenakerz** Sphen
**Braunspat** Dolomit, Siderit oder Ankerit (in diesem Lexikon nicht besprochen)
**Braunsteinerz rotes** Rhodochrosit
**Braunsteinkiesel** Granat, Spessartin
**Braunsteinschaum** Limonit
**Brecclet-Jaspis** Jaspis, Brekzienjaspis, Handelsname
**Bredbergit** Granat, Andradit magnesiumreich aus Sala, Schweden
**Brekzie** Sedimente
**Brekzienjaspis** Jaspis, durch Quarz verkittete Gesteinstrümmer
**Brevicit** Natrolith
**Briançoner Kreide** Steatit
**Brillant** Diamant geschliffen
**Britolith** Apatit-Varietät
**Bronzit, siehe Seite 180**
**Brossit** Dolomit
**Brunckit** Sphalerit
**Brunnerit** Calcit
**Brünnichit** Apophyllit
**Bucholzit** Sillimanit
**Büchsenstein** Flint
**Budstone** Prasem, Handelsname
**Buergerit** Turmalin (Natrium-Aluminium-Eisen-Turmalin)
**Bündelzeolith** Stilbit
**Buntachat** Achat, mehrfarbig, Handelsname
**Buntbleierz** Mimetesit oder Pyromorphit
**Buntfeldspat** Feldspat allgemein, mehrfarbig
**Buntjaspis** Jaspis bunt, rot-gelb-grün, meist aus Indien
**Buntkupfer** Bornit
**Buntkupfererz** Bornit
**Buratit** Aurichalcit
**Bürstenkristalle** Bergkristallgruppe mit gleichlangen, etwa parallelen Kristallen
**Bustamit** Wollastonit, manganhaltige Varietät
**Bytownit** Feldspat-Mineral, Plagioklas (10 - 30% Albit, 70 - 90% Anorthit)

# C

**Cacholong** Opal, gemeiner Opal, Varietät Kascholong
**Cacoxenit, siehe Seite 459**
**Cairngorm** Rauchquarz
**Calafatit** Alunit
**Calamin** Hemimorphit oder Smithsonit
**Calciklas** Feldspat, Anorthit
**Calcit, siehe Seite 182**

**Calderit** Grana (Mangan-Eisen-Granat)
**Californit** Vesuvian grün aus Kalifornien, Handelsname
**Callaina** Türkis
**Callait** Türkis
**Calmei** Hemimorphit oder Smithsonit
**Calvonigrit** Pyrolusit
**Calyptolith** Zirkon
**Canaanit** Diopsid
**Candit** Spinell, Varietät Pleonast
**Cappuchino-Jaspis** Rhyolith beige-kaffeebraun, Handelsname
**Carbonado** Diamant unedel, undurchsichtig, Handelsname
**Carbonat-Galmei** Smithsonit
**Carnatit** Labradorit
**Carneol** Karneol
**Cassiterit** Kassiterit
**Castellit** Sphen
**Castor** Petalit
**Castorit** Petalit
**Cavansit, siehe Seite 460**
**Cenchris** Kalkoolith
**Cenchrites** Kalkoolith
**Cerasit** Cordierit, oft mit regelmäßigen Einschlüssen
**Ceylanit** Spinell dunkelgrün bis schwarz, Handelsname
**Ceylon-Diamant** Zirkon farblos, Handelsname
**Ceylon-Katzenauge** Chrysoberyll-Katzenauge, Handelsname
**Ceylon-Opal** Mondstein, Handelsname
**Ceylon-Rubin** Granat, Almandin, Handelsname
**Ceylonit** Spinell dunkelgrün bis schwarz, Handelsname
**Chalcedon, siehe Seite 184**
**Chalchuit** Türkis
**Chalcopyrit** Chalkopyrit
**Chalkanthit, siehe Seite 461**
**Chalkomiclin** Bornit
**Chalkopyrit, siehe Seite 188**
**Chalkopyrit-Nephrit** Chalkopyrit-Nephrit-Gemenge
**Chalkostaktit** Chrysokoll
**Chalkotrichit** Cuprit
**Chalybinglanz** Jamesonit
**Chalybit** Siderit
**Chalzedon** Chalcedon
**Chamäleonstein** Opal, Edelopal, Varietät Hydrophan
**Channelingkristall** Bergkristall mit siebeneckiger Pyramidenfläche + einem Dreieck gegenüber
**Charoit, siehe Seite 190**
**Chelmsfordit** Skapolith
**Chemischer Spat** Fluorit
**Chert** Hornstein
**Chessylith** Azurit

**Chevron-Amethyst** Amethyst opak mit weißem Quarz
**Chiastolith, siehe Seite 192**
**Chinesenstein** Porphyrit dunkel mit hellen Feldspatkristall-Einschlüssen, Handelsname
**Chita** Serpentin, Varietät Antigorit (Blätterserpentin), gelbgrün, Handelsname
**Chizeuilit** Andalusit
**Chladnit** Enstatit
**Chlorkupfererz** Atacamit
**Chlormelanit** Chloromelanit
**Chlornatrium** Halit
**Chlorochalcit** Atacamit
**Chloromelanit, siehe Seite 462**
**Chloropal** Opal, gemeiner Opal, grün bis braun, Gemenge aus Opal und Nontronit
**Chlorosaphir** Saphir tiefgrün
**Chlorospinell** Spinell grün
**Chondrit** Meteorit, Steinmeteorit
**Christophit** Sphalerit
**Chrom-Pyrop** Granat, Pyrop mit hohen Knorringit-Anteilen
**Chrombleierz** Krokoit
**Chrombleispat** Krokoit
**Chromchalcedon** Chalcedon-Varietät, chromhaltig
**Chromdiopsid** Diopsid-Varietät, chromhaltig
**Chromdravit** Turmalin (Natrium-Magnesium-Chrom-Turmalin)
**Chromglimmer** Fuchsit
**Chromgranat** Granat, Uwarowit
**Chromidokras** Vesuvian smaragdgrün
**Chrommolybdänbleierz** Wulfenit
**Chrommolybdänbleispat** Wulfenit
**Chrommuskovit** Fuchsit
**Chronikhüterkristall** Bergkristall mit reliefartig erhobenen Dreiecken auf den Pyramidenflächen
**Chrysanthemenstein** Porphyrit dunkel mit hellen Feldspatkristall-Einschlüssen, Handelsname
**Chrysobalith** Obsidian, Varietät Schneeflocken-Obsidian
**Chrysoberyll, siehe Seite 194**
**Chrysokoll, siehe Seite 196**
**Chrysokoll-Chalcedon** Chrysokoll-Einschlüsse in Chalcedon
**Chrysokollquarz** Chrysokoll-Quarz-Verwachsung
**Chrysolith** Peridot in schleifwürdiger Qualität
**Chrysopal** Opal, gemeiner Opal, Varietät durch Kupfer blaugrün gefärbt
**Chrysopras, siehe Seite 198**
**Chrysoquarz** Aventurin
**Chrysotil** Serpentin-Varietät, Faserserpentin

**Chyta** Serpentin, Varietät Antigorit (Blätterserpentin), gelbgrün, Handelsname
**Cinnabarit** Zinnober
**Citrin, siehe Seite 200**
**Citrinocalcit** Calcit braun-transparent, Handelsname
**Citronen-Chrysopras** Chrysopras gelblichgrün oder Gaspeit-Chalcedon-Gemenge, Handelsname, mitunter auch fälschlich für Variscit verwendet
**Cleiophan** Sphalerit (weiß)
**Clevelandit** Feldspat, Albit (Plagioklas) mit plattigen Kristallen
**Cobaltocalcit** Calcit, Varietät Kobaltcalcit
**Cocoxionit** Cacoxenit
**Coelestin, siehe Seite 202**
**Colorado-Diamant** Rauchquarz, Handelsname
**Colorado-Jade** Amazonit, Handelsname
**Colorado-Rubin** Granat, Pyrop, Handelsname
**Colorado-Topas** Citrin oder Amethyst (gebrannt!), Handelsname
**Comarit** Serpentin, Varietät Antigorit (Blätterserpentin)
**Compositenspat** Calcit
**Comuccit** Jamesonit
**Conchit** Aragonit
**Conglomarite** Sedimente, Konglomerat
**Conites** Dolomit
**Connemara** Metamorphite, Ophicalcit aus Connemara/Irland, Handelsname
**Contra-Luz-Opal** Opal, Edelopal, deren Farbenspiel nur im Durchlicht zu sehen ist
**Contrefait** Wismut
**Copper** Kupfer
**Coralin** Karneol
**Cordierit, siehe Seite 204**
**Cormit** Moosachat mit Hämatit-Einschlüssen
**Cornisch Zinnerz** Kassiterit
**Cottait** Orthoklas
**Covellin, siehe Seite 206**
**Craitonit** Ilmenit
**Crazy Lace** Achat, Varietät Lace-Achat, Handelsname
**Creedit, siehe Seite 463**
**Crocoit** Krokoit
**Cubicit** Analcim
**Cuboit** Analcim
**Cuccheit** Stilbit
**Cuprit, siehe Seite 464**
**Cyanit** Disthen
**Cyanobacteria-Kalk** Stromatolith
**Cyanophycea-Kalk** Stromatolith
**Cyanosit** Chalkanthit

**Cyclopit** Feldspat, Anorthit
**Cymophan** Chrysoberyll-Katzenauge
**Cyprin** Vesuvian blau, kupferhaltig
**Cyrtolith** Zirkon

# D
**Dahlit** Apatit-Varietät
**Dalmantiner Jaspis** Porphyrit hell mit Hornblende-Sprenkeln, Handelsname
**Dalmantiner Stein** Porphyrit hell mit Hornblende-Sprenkeln, Handelsname
**Danburit siehe Seite 465**
**Daourit** Turmalin rot, Farbvarietät Rubellit
**Dark Opal** Opal, Edelopal mit dunkler Körperfarbe
**Darwin-Glas** Tektit aus Tasmanien
**Davidsonit** Beryll grünlichgelb
**Daviesit** Hemimorphit
**Davisonit** Apatit
**Dehrnit** Apatit-Varietät
**Delawarit** Sonnenstein aus Delaware, Pennsylvania, USA
**Delphinit** Epidot
**Delphinkristall** Bergkristall mit parallel verwachsenem kleinen Kristall an der Seite
**Demantoid** Granat-Varietät (Andradit), durch Chromanteile grün gefärbt
**Demantspat** Rubin oder Saphir
**Dendrachat** Achat mit Mangan-Dendriten, Baumachat oder Dendritenchalcedon
**Dendriten-Achat** Achat mit Mangan-Dendriten
**Dendritenchalcedon** Chalcedon mit Mangan-Dendriten
**Dendritenopal** Opale mit Mangan-Dendriten
**Dendritenquarz** Chalcedon, Varietät Dendritenchalcedon
**Dennisonit** Apatit
**Deodatit** Hauyn
**Derber Quarz** Aventurin, Baumachat, Blauquarz, Rosenquarz und Schneequarz
**Desert Rose** Gips, Varietät Sandrose, Handelsname
**Desmin** Stilbit
**Deutscher Diamant** Bergkristall, Handelsname
**Deutscher Lapis** Jaspis blau (gefärbt!), Handelsname
**Devakristall** Bergkristall mit feinen, feenähnlichen Rissen und Einschlüssen
**Devonit** Wavellit
**Deweylith** Serpentin

**Diabas** Magmatite
**Dialogit** Rhodochrosit
**Diamant, siehe Seite 208**
**Diamantspat** Rubin oder Saphir
**Diamas** Diamant
**Dianakristall** Bergkristall, langprismatischer Generatorkristall
**Dichroit** Cordierit
**Dichter Kies** Markasit
**Dichter Rotstein** Rhodochrosit
**Didymit** Muskovit
**Dillenburgit** Chrysokoll
**Diochrom** Zirkon
**Diopsid, siehe Seite 210**
**Dioptas, siehe Seite 212**
**Diorit** Magmatite
**Dipyr** Skapolith
**Disthen, siehe Seite 214**
**Disthenspat** Disthen
**Dolomian** Hauyn
**Dolomit, siehe Seite 216**
**Dolomitmarmor** Metamorphite, monomineralisches Gestein aus Dolomit
**Donarstein** Fossil, Belemnit
**Donnerei** Amulettstein: Quarzfüllung in rissigen Rhyolith- oder Quarzporphyr-Knollen
**Donnerkeil** Fossil, Belemnit
**Doppelender** Bergkristall mit zwei ausgebildeten Spitzen
**Doppelspat** Calcit-Rhomboeder mit ausgeprägter Doppelbrechung
**Dow-Kristall** Bergkristall mit drei dreiseitigen und drei siebenseitigen Pyramidenflächen
**Dr. Liesegang Stein** Rhyolith gebändert aus Nevada/USA
**Drachenblut** Zinnober
**Dravit** Turmalin (Natrium-Magnesium-Aluminium-Turmalin)
**Dreilappkrebs** Fossil, Trilobit
**Dudley-Insekt** Fossil, Trilobit
**Dumortierit, siehe Seite 218**
**Dumortieritquarz** Dumortierit-Quarz-Gemenge
**Dunkler Opal** Opal, Edelopal mit dunkler Körperfarbe
**Duparcit** Vesuvian
**Dysklasit** Okenit
**dZi-Stein** Achat-Perlen oder Karneol-Perlen aus dem Himalaya

# E
**Echellit** Natrolith
**Edelforsit** Wollastonit
**Edelopal** Opal, durchsichtig bis durchscheinend mit buntem Farbenspiel
**Edeltopas** Topas
**Egeran** Vesuvian schwärzlich-dunkelgrün
**Eilat-Stein** Chrysokoll-Malachit-Türkis-Gemenge

**Einfühlsamer Kristall** Bergkristall, beschädigt
**Eisen-Enstatit** Hypersthen
**Eisenanthophyllit** Hypersthen
**Eisenblau** Lazulith oder Vivianit
**Eisenblau blättriges** Vivianit
**Eisenblau spätiges** Lazulith
**Eisenblüte** Aragonit
**Eisengestein** Sedimente
**Eisenglanz** Hämatit
**Eisenglimmer** Biotit oder Hämatit in schuppigen Aggregaten
**Eisengranat** Granat, Almandin
**Eisenindig** Vivianit
**Eisenjaspis** Jaspis braun, gelb oder rot
**Eisenkalk** Siderit
**Eisenkies** Pyrit
**Eisenkiesel, siehe Seite 220**
**Eisenkiesel** Jaspis gelb oder rot
**Eisenniere** Hämatit in glaskopfigen Aggregaten, sog. „Nierenwachstum"
**Eisenocker** Hämatit oder Limonit
**Eisenocker roter** Hämatit
**Eisenocker brauner** Limonit
**Eisenphyllit** Vivianit
**Eisenrose** Hämatit oder Ilmenit mit rosettenartigem Kristallaggregat
**Eisenspat** Siderit
**Eisenstein** hämatit- oder limonithaltiges Gestein
**Eisentitan** Ilmenit
**Eisentongranat** Granat, Almandin
**Eisenzoisit** Tansanit
**Eisspat** Feldspat, Sanidin
**Eklogit** Metamorphite, Gestein aus Granat und Pyroxen
**Elainspat** Skapolith
**Elath-Stein** Chrysokoll-Malachit-Türkis - Gemenge
**Elbait** Turmalin (Lithium-Natrium-Aluminium-Turmalin)
**Electrum** Bernstein
**Elefantenjaspis** Sedimente, Kalkstein, Fossilkalk mit Diatomeenerde als Kittmaterial
**Elektron** Bernstein
**Elektrum** Goldlegierung mit hohem Silbergehalt (natürlich)
**Elementstein** Opal, Edelopal mit starkem Farbenspiel
**Elestial** Amethyst, Bergkristall oder Rauchquarz, Skelettquarz
**Elfenkristall** Bergkristall mit feinen, feenähnlichen Rissen und Einschlüssen
**Ellagit** Skolezit
**Ellestadit** Apatit-Varietät
**Empathischer Kristall** Bergkristall, beschädigt
**Empfänger-Generator** Bergkristall, Generatorkristall mit einer besonders großen Pyramidenfläche
**Empfängerkristall** Bergkristall mit einer außergewöhnlich großen Pyramidenfläche
**Endiopsid** Diopsid, stark magnesiumhaltig
**Engelhardit** Zirkon
**Engelshaar** Rutilquarz
**Engelshaarquarz** Rutilquarz
**Engelsträne** Perle
**Enhydrit** Achat, Varietät Wasserachat
**Enhydro** Achat, Var. Wasserachat
**Enhydro-Amethyst** Amethyst mit Wassereinschluß
**Enhydro-Kristall** Bergkristall oder Rauchquarz mit Wassereinschluß
**Enophit** Serpentin
**Enstatit, siehe Seite 466**
**Eosit** Aventurin orange oder häufiger noch Dolomit orange, Handelsname
**Epidesmin** Stilbit
**Epidot, siehe Seite 222**
**Epidotquarz** Epidotnadeln in Bergkristall, Handelsname
**Epidotschiefer** Metamorphite, epidothaltiger Glimmerschiefer
**Epiphosphorit** Apatit
**Erbsenerz** Limonit und Moqui Marbles (Eisenoolith)
**Erbsenstein** Kalkoolith
**Erdbeerquarz, siehe Seite 224**
**Erdenhüter** Bergkristall riesigen Ausmaßes, kilogramm- bis tonnenschwer
**Erdkobalt** Erythrin
**Ernita** Granat, Grossular
**Erythrin, siehe Seite 467**
**Erythrit** Orthoklas fleischfarben
**Erythronbleierz** Vanadinit
**Escherit** Epidot
**Essigspinell** Spinell orangerot
**Estramadurit** Apatit
**ET-Kristall** Bergkristall-Doppellender, der an einem Ende viele Spitzen aufweist
**Ethit** Achat, Varietät Wasserachat oder Moqui-Marbles
**Euchlorit** Biotit
**Eudialyt, siehe Seite 226**
**Eudnophit** Analcim
**Euklas, siehe Seite 468**
**Eupyrchroit** Apatit
**Euthalit** Analcim
**Euthallit** Analcim

# F

**Fairy Stone** Staurolith, Handelsname
**Falkenauge, siehe Seite 228**
**Falkmanit** Jamesonit
**Falscher Amethyst** Fluorit violett, Handelsname
**Falscher Chrysolith** Moldavit, Handelsname
**Falscher Rubin** Fluorit rosa, Handelsname
**Falscher Saphir** Fluorit blau, Handelsname
**Falscher Smaragd** Fluorit grün, Handelsname
**Falscher Topas** Fluorit gelb, Handelsname
**Fargit** Natrolith rot
**Faserapatit** Apatit-Varietät Phosphorit
**Faseraragon** Aragonit
**Faserbaryt** Baryt
**Faserblende** Sphalerit
**Faseriger Quarz** Chalcedon, Chrysopras, Heliotrop, Karneol, Onyx und Sardonyx
**Faserkiesel** Sillimanit mit Quarz durchwachsen
**Fasernephrit** Serpentin, Varietät Antigorit (Blätterserpentin)
**Faserserpentin** Serpentin, Varietät Chrysotil
**Faserzeolith** Natrolith o. Skolezit
**Federerz** Jamesonit
**Feenkristall** Bergkristall mit feinen, feenähnlichen Rissen und Einschlüssen
**Feenstein** Fluorit aus China, Handelsname
**Feldspat, siehe Seite 230**
**Feldspat blau** Lazulith
**Feldspatgestein** Feldspat-Gemenge
**Felserz** Limonit
**Felsit** Orthoklas
**Fensterkristall** Bergkristall mit rautenförmiger Sekundärfläche
**Fernsehstein** Ulexit
**Ferridravit** Turmalin (Natrium-Magnesium-Eisen-Turmalin)
**Ferriilmenit** Ilmenit eisenreich
**Ferroanthophyllit** Hypersthen
**Ferroferrit** Magnetit
**Feruvit** Turmalin (Calcium-Eisen-Aluminium-Turmalin)
**Festungsachat** Achat mit zackiger, an Grundrisse von Festungen erinnernder Zeichnung
**Feuerachat** Achat braun mit schillernder Opal-Schicht
**Feueropal, siehe Seite 232**
**Feuerstein** Flint
**Fibrolith** Sillimanit
**Ficinit** Hypersthen
**Fingerstein** Fossil, Belemnit
**Fiorit** Opal
**Fischaugenstein** Apophyllit
**Fischerit** Wavellit
**Flammenachat** Achat-Geoden, deren Rand wellen- bis flammenähnliche Zeichnung zeigt
**Flammenopal** Opal, Edelopal mit wechselnden, flammenähnlich flackernden Farben

**Flaschenstein** Obsidian grün, Handelsname
**Fleischachat** Chalcedon rot oder Karneol, Handelsname
**Flins** Siderit
**Flint,** siehe Seite 234
**Flint bunt** Hornstein, falscher Handelsname!
**Flinz** Flint oder Siderit
**Flockenerz** Mimetesit
**Fluor spatosus** Fluorit
**Fluorit,** siehe Seite 236
**Flußeisenstein** Hämatit
**Flußerde** Fluorit
**Flußhaloid** Apatit
**Flußsaurer Kalk** Fluorit
**Flußspat** Fluorit
**Flußstein** Fluorit
**Foitit** Turmalin (Eisen-Aluminium-Turmalin)
**Forcherit** Opal, gemeiner Opal, aus Ingering/Steiermark
**Fossilachat** Jaspis, Turitellajaspis, Handelsname
**Fossiler Türkis** Vivianit oder Apatit, Varietät Hydroxylapatit, Handelsname
**Fossilien,** siehe Seite 238
**Fossiljaspis** Jaspis, Turitellajaspis, Handelsname
**Francolith** Apatit-Varietät
**Fraueneis** Gips, Marienglas
**Frauenglas** Gips, Marienglas
**Freigold** Gold gediegen
**Friedensachat** Achat weiß, Handelsname
**Frugardit** Vesuvian
**Fuchsit,** siehe Seite 240
**Fulgurit** Naturglas, durch Blitzschlag entstanden
**Füllekristall** Bergkristallspitze, die aus einem Grüppchen kleiner Spitzen herausragt
**Fullererde** Steatit
**Fuscit** Skapolith
**Gäbhardit** Fuchsit

## G

**Gagat,** siehe Seite 242
**Galafatit** Alunit
**Galaktit** Natrolith
**Galaxyit** Labradorit-Einsprengsel in amphibolhaltigem Gestein
**Galenit,** siehe Seite 469
**Galmei** Hemimorphit oder Smithsonit
**Gaspeit,** siehe Seite 470
**Gavit** Steatit
**Gebärender Stein** Biotit-Linse
**Geelkies** Chalkopyrit
**Geistige-Führer-Kristall** Bergkristall-Zwilling, doppelendig, gleich lang, parallel verwachsen

**Gekrösestein** Anhydrit gefältelt
**Gelbbleierz** Wulfenit
**Gelbeisenkies** Pyrit
**Gelber Edeltopas** Topas, Varietät Imperial-Topas
**Gelber Ocker** Limonit
**Gelbkupfererz** Chalkopyrit
**Gelbmenakerz** Sphen
**Gelbspat** Magnesit
**Gelf** Markasit
**Gem Silica** Chrysokoll feinverteilt in Chalcedon oder Opal
**Gemeiner Opal** Opal, durchscheinend bis undurchsichtig ohne Farbenspiel
**Generatorkristall** Bergkristall, dessen sechs Pyramidenflächen sich in einem Punkt treffen
**Genevit** Vesuvian
**Gentner** Bernstein
**Georgianit** Tektit aus Georgia/USA
**Gespensterquarz** Bergkristall, Phantomquarz
**Gesteinsglas** Naturglas oder Obsidian
**Gesundheitsstein** Markasit oder Pyrit (Volksmund)
**Gewöhnlicher Opal** Opal, gemeiner Opal ohne Farbenspiel
**Geyserit** Opalith, Varietät Kieselsinter
**Giobertit** Magnesit
**Gips,** siehe Seite 244
**Gipsalabaster** Gips
**Gipserde** Gips
**Gipsguhr** Gips
**Gipsrose** Gips, Sandrose
**Gipsspat** Gips
**Gipsstein** Gips
**Girasol,** siehe Seite 246
**Girasolsaphir** Saphir-Katzenauge, Saphir mit Chatoyance
**Gissonit** Granat, Grossular
**Gjellebäkit** Wollastonit
**Glaes** Quarz
**Glanz** Galenit
**Glanzeisenerz** Hämatit
**Glanzspat** Sillimanit
**Glas antik** Glas blaugrün bis türkisfarben (künstlich!), Handelsname
**Glasachat** Obsidian allgemein
**Glaskopf brauner** Limonit
**Glaskopf roter** Hämatit
**Glasmeteorit** Tektit, falsche Bezeichnung, da kein extraterrestrisches Material!
**Glasopal** Opal, gemeiner Opal, Varietät Hyalith
**Glasspat** Fluorit
**Glasstein** Opal, gemeiner Opal, Varietät Hyalith
**Glaukolith** Sodalith oder Skapolith, blau

**Glaukosiderit** Vivianit
**Glessit** Bernstein
**Glimmer** Biotit, Fuchsit, Lepidolith und Muskovit
**Glimmerkugel** Hermanover Kugel
**Glimmerschiefer** Metamorphite
**Glinzerspat** Gips
**Glücksgeoden** Achatgeoden klein, Handelsname
**Gneis** Metamorphite
**Goethit-Amethyst** Cacoxenit
**Goethitquarz** Cacoxenit
**Gökumit** Vesuvian
**Gold,** siehe Seite 248
**Gold-Almandin** Granat, Almandin (erhitzt)
**Gold-Granat** Granat, Almandin (erhitzt)
**Gold-Obsidian** Obsidian, Varietät mit goldenem Schimmer
**Goldaura-Almandin** Granat, Almandin (erhitzt)
**Goldaura-Granat** Granat, Almandin (erhitzt)
**Goldberyll** Beryll goldgelb, z.T. uranhaltig
**Goldcitrin** Citrin gelb, Handelsname
**Goldfluß** Sonnenstein-Imitation, Glas mit Kupfereinschlüssen (künstlich!)
**Goldlabradorit** Orthoklas, Varietät Goldorthoklas, falsche Handelsbezeichnung!
**Goldlace Opalite** Opalith gelbbraun, Handelsname
**Goldlauch** Chrysopras
**Goldmanit** Granat (Calcium-Vanadium-Granat)
**Goldopal** Opal, gemeiner Opal, goldgelb
**Goldorthoklas** Orthoklas, Farbvarietät goldgelb und klar
**Goldquarz** Tigerauge mit hohem Quarzanteil, daher z.T. transparent
**Goldschwefel roter** Realgar
**Goldstein** Aventurin orange, Handelsname
**Goldtopas** Topas Imperial, auch falscher Handelsname für Citrin und gebrannten Amethyst
**Gorlandit** Mimetesit
**Goshenit** Beryll farblos
**Grammit** Wollastonit
**Granat,** Kapitel siehe Seite 250
**Granat-Jade** Granat, Grossular grün, Handelsname
**Granatblende** Sphalerit
**Granatit** Staurolith
**Granatjade** Granat, Andradit, Grossular oder Hessonit, Handelsname

**Grandit** Granat, Mischkristall von Andradit und Grossular
**Granit** Magmatite
**Granulin** Opal
**Grauantimonerz** Antimonit
**Graueisenkies** Markasit
**Graues Manganerz** Pyrolusit
**Graumanganerz** Pyrolusit
**Grauspießglanz** Antimonit
**Gregorit** Ilmenit
**Greinerit** Dolomit, manganhaltig
**Grenatit** Staurolith
**Grießstein** Nephrit
**Grossular** Granat-Varietät (Calcium-Aluminium-Granat)
**Grünbleierz** Mimetesit oder Pyromorphit
**Grüne Seifenerde** Steatit
**Grüner Opal** Opal, gemeiner Opal, nickel- und chlorithaltig
**Grünerz** Chrysokoll
**Grünkies** Pyrit
**Grünkupferwasser** Malachit
**Grünquarz** Aventurin dunkel, auch fälschlich für Prasiolith (gebrannter grüner Quarz, kommt nicht natürlich vor!)
**Grünschiefer** Metamorphite (Aktinolithschiefer, Epidotschiefer, Talkschiefer)
**Grünspan** Chrysokoll
**Grünstein** Magmatite, Diabas und Diorit, oder Serpentin
**Grünstrahlstein** Aktinolith
**Guadarramit** Ilmenit
**Guhr** Opalith organischer Entstehung, Kieselgur, milchig-trüb
**Gummistein** Opal, gemeiner Opal, Varietät Hyalith
**Gurhofian** Dolomit, feinkörnig
**Gurhofit** Dolomit, feinkörnig
**Gymnit** Serpentin
**Gymophan** Chrysoberyll-Katzenauge
**Gyps** Gips
**Gyrit** Siderit
**gZi-Perlen** Achat-Perlen oder Karneol-Perlen aus dem Himalaya, auch dZi-Steine genannt

# H

**Haaramethyst** Amethyst faserig
**Haarstein** Aktinolithquarz, Epidotquarz, Ilmenitquarz, Rutilquarz und Turmalinquarz
**Hafnefjordit** Labradorit
**Hahnenkamm** Pyrit
**Halbkugelerz** Zinnober
**Halbopal** Girasol
**Halchalcit** Atacamit
**Halekinopal** Opal, Edelopal mit schachbrettartigen Farbflecken
**Halit, siehe Seite 258**
**Halochalcit** Atacamit

**Hämatin** Hämatit-Imitation aus Hämatitstaub rekonstruiert!
**Hämatit, siehe Seite 260**
**Hämatit-Rose** Hämatit-Kristalle, als Rosette verwachsen
**Hämatitquarz** Amethyst oder Bergkristall mit eingeschlossenen Hämatitschüppchen
**Hamburger Türkis** Türkis synthetisch, Handelsname
**Hampdenit** Serpentin, Varietät Antigorit (Blätterserpentin)
**Hanleit** Granat, Knorringit
**Haplotypit** Ilmenit
**Harmoniekristall** Bergkristall, der zerbrochen war und in der Natur wieder verheilte
**Harmophan** Rubin oder Saphir
**Hartspat** Rubin oder Saphir
**Hartstein** Limonit
**Hauyn, siehe Seite 471**
**Hauynit** Hauyn
**Hawaiit** Peridot
**Hayesin** Ulexit
**Hebammenstein** Malachit
**Hecatolith** Mondstein
**Hegauit** Natrolith
**Heldburgit** Zirkon
**Heliodor** Beryll gelbgrün bis blaugrün
**Heliolith** Sonnenstein
**Heliotrop, siehe Seite 262**
**Heller Opal** Opal, Edelopal mit heller Körperfarbe
**Hemimorphit, siehe Seite 472**
**Henritermierit** Granat (Calcium-Mangan-Hydrogranat)
**Henwoodit** Türkis
**Hepatit** Baryt
**Hepatopyrit** Markasit
**Heptaphyllit** Glimmer
**Herachon** Magnetit
**Herkimer-Diamant** Bergkristall, sehr klarer Doppelender vom Fundort Herkimer, USA
**Herkimer-Quarz** Bergkristall, sehr klarer Doppelender vom Fundort Herkimer, USA
**Hermannit** Rhodonit
**Hermanover Kugel, siehe Seite 473**
**Hessonit** Granat, Grossular, eisenhaltig
**Heteroklin** Rhodonit
**Heteromerit** Vesuvian
**Heterophyllit** Biotit
**Heterosit** Eisenphosphat, siehe Purpurit
**Heulandit, siehe Seite 474**
**Hexagonalglimmer** Biotit
**Hibschit** Granat, Mischkristall von Grossular und Katoit
**Hiddenit, siehe Seite 264**
**Higginsit** Konichalcit

**Hildegardjaspis** Heliotrop
**Himbeerspat** Rhodochrosit
**Himmelseisen** Meteorit
**Himmelsstein** Benitoid oder Meteorit
**Hirsenerz** Limonit
**Hohlspat** Andalusit oder Chiastolith
**Holzachat** Versteinertes Holz
**Holzopal** Versteinertes Holz, opalisiert
**Holzstein** Versteinertes Holz
**Holzzinn** Kassiterit radialfaserig
**Homichlin** Chalkopyrit
**Honigblende** Sphalerit honigfarben
**Honigcalcit** Calcit orange, Handelsname
**Honigopal** Opal, gemeiner Opal, goldgelb, Handelsname
**Honigopalith** Opalith gelbbraun, Handelsname
**Honigspat** Fluorit honigfarben, selten auch Calcit honigfarben
**Honigstein** Calcit orange, Handelsname
**Hornblende, siehe Seite 266**
**Hornblende, labradorische** Hypersthen
**Hornblendeschiefer** Metamorphite, hornblendehaltiger Glimmerschiefer
**Hornmangan** Rhodonit
**Hornstein, siehe Seite 234**
**Hornstein** Jaspis, irreführendes Synonym, denn Hornstein ist ein eigenes Mineral!
**Howdenith** Chiastolith
**Howlith, siehe Seite 268**
**Hussakit** Zirkon
**Hüttenspat** Fluorit
**Hyacinth von Compostella** Eisenkiesel
**Hyalith** Opal, gemeiner Opal, glasklar
**Hyaloklastit** Naturglas, im Meer gebildet
**Hyalosiderit** Peridot
**Hyazinth** Zirkon
**Hydrargillit** Wavellit
**Hydro-Hämatit** Hämatit mit Wassereinlagerungen, erhält dadurch bunte Anlauffarben
**Hydroborocalcit** Ulexit
**Hydrocuprit** Cuprit
**Hydroferrit** Limonit
**Hydrogoethit** Limonit
**Hydronephelit** Natrolith
**Hydrophan** Opal, Edelopal, der nur nach Wasseraufnahme Farbenspiel zeigt
**Hydropolylithionit** Lepidolith
**Hydropyrit** Markasit
**Hydrosiderit** Limonit

Hydrosteatit  Steatit
Hypersthen, siehe Seite 475
Hypodesmin  Stilbit
Hyposiderit  Limonit
Hyposklerit  Feldspat, Albit (Plagioklas)
Hypostatit  Ilmenit, eisenreich
Hypostilbit  Stilbit
Hystatit  Ilmenit, eisenreich

## I

Ichthyophthalm  Apophyllit
Idaei dactyli  Fossil, Belemnit
Idokras  Vesuvian
Iglit  Aragonit, radialstrahlig
Igloit  Aragonit, radialstrahlig
Ignatiewit  Alunit
Illuderit  Zoisit
Ilmenit, siehe Seite 476
Impaktit  Naturglas
Imperial-Jade  Jadeit, durch Chrom smaragdgrün gefärbt
Indien-Jade  Aventurin, Handelsname
Indigolith  Turmalin-Farbvarietät, blauer Elbait oder Liddicoatit
Indische Jade  Aventurin, Handelsname
Indischer Achat  Moosachat, Handelsname
Indischer Smaragd  Aventurin dunkelgrün, Handelsname
Indischer Topas  Saphir gelb, Citrin oder Amethyst (gebrannt!), Handelsname
Indisches Katzenauge  Chrysoberyll-Katzenauge
Indochinit  Tektit aus Indochina
Inka-Stein  Pyrit
Inkarose  Rhodochrosit
Inkluse  Bernstein mit Einschlüssen, vor allem Insekten
Inolith  Sedimente, Kalksinter
Iochroit  Turmalin
Iolanthit  Jaspis
Iolith  Cordierit
Iras  Diamant
Irisachat  Achat, durch Lichtinterferenzen an feinen Rissen irisierend
Irischer Diamant  Bergkristall, Handelsname
Irish Fairy Stone  Quarz-Galenit-Sphalerit-Pyrit-Paragenese, Handelsname
Irisopal  Feueropal farblos oder leicht bräunlich mit einfarbigem Schiller
Iserin  Ilmenit
Isis-Kristall  Bergkristall mit fünfeckiger Pyramidenfläche
Isländischer Achat  Obsidian allgemein, Handelsname

Isländischer Doppelspat  Calcit Rhomboeder mit ausgeprägter Doppelbrechung
Isländischer Kristall  Calcit Rhomboeder mit ausgeprägter Doppelbrechung
Islandspat  Calcit-Rhomboeder mit ausgeprägter Doppelbrechung
Isle of Wight-Diamant  Bergkristall, Handelsname
Itabirit  Tigereisen
Italienischer Chrysolith  Vesuvian, Handelsname
Italienischer Lapis  Jaspis blau (gefärbt!), Handelsname
Itam  Diamant
Ivorit  Magnesit elfenbeinfarben, Handelsname
Ivory-Coast-Tektit  Tektit von der Elfenbeinküste
Ivory-Magnesit  Magnesit elfenbeinfarben, Handelsname
Ivoryit  Magnesit elfenbeinfarben, Handelsname
Iwaarit  Granat, Melanit

## J

Jade  Jadeit, Nephrit und Chloromelanit
Jadealbit  Jadeit-Albit-Gemenge
Jadeit, siehe Seite 270
Jadeolith  Magmatite, Syenit grün
Jamesonit, siehe Seite 477
Jamesonitquarz  Jamesonitnadeln in Bergkristall
Jargon  Zirkon gelb, Handelsname
Jarrowit  Calcit
Jaschpeh  Jaspis
Jasper  Jaspis
Jaspis, siehe Seite 272
Jasponyx  Chalcedon
Jaspopal  Opal, gemeiner Opal, durch Eisen rot gefärbt
Javait  Tektit aus Java
Jelletit  Granat, Andradit
Jelly  Opal, durchsichtig bis durchscheinend mit schwachem Farbenspiel
Jenzschit  Chalcedon
Jett  Gagat
Jewreinowit  Vesuvian
Johnit  Türkis
Johnstonit  Galenit oder Vanadinit
Jolith  Cordierit

## K

Kacholong  Opal, gemeiner Opal, Varietät Kascholong
Kahurangi  Nephrit, Neuseeland
Kaiserjade  Jadeit, durch Chrom smaragdgrün, Handelsname
Kakoxen  Cacoxenit, fälschliche Bezeichnung, da Kakoxen ein eigenes Mineral ist.

Kakoxenit  Cacoxenit
Kalahari-Picture-Stone  Jaspis sandfarben-grau (Landschafts-Jaspis), Handelsname
Kalait  Türkis
Kalbait  Turmalin
Kalcedon  Chalcedon
Kalch  Calcit
Kalchstein  Calcit
Kali-Natron-Feldspat  Feldspat, Sanidin natriumhaltig
Kalifeldspat  Feldspat, Orthoklas bzw. Sanidin (monoklin) oder Mikroklin (triklin), auch Amazonit, kupferhaltig
Kalifornischer Mondstein  Chalcedon, Handelsname
Kalifornische Jade  Vesuvian, Handelsname
Kalifornischer Onyx  Aragonit oder Calcit, Handelsname
Kalifornischer Rubin  Granat, Pyrop o. Grossular, Handelsname
Kalifornischer Türkis  Variscit, Handelsname
Kaliglimmer  Muskovit
Kalk  Calcit
Kalkchromgranat  Granat, Uwarowit
Kalkeisengranat  Granat, Andradit, Demantoid oder Melanit
Kalkfeldspat  Feldspat, Anorthit (Plagioklas, triklin)
Kalkhaloid  Calcit
Kalkmesotyp  Skolezit
Kalkoolith, siehe Seite 478
Kalkrhodochrosit  Aragonit oder Calcit rosa
Kalkschwerspat  Baryt
Kalksinter  Sedimente, Calcit und selten auch für Rhodochrosit
Kalkspat  Calcit
Kalkstein  Sedimente, Calcit
Kalktalkspat  Dolomit
Kalktongranat  Granat, Grossular oder Hessonit
Kalktrisilikat  Wollastonit
Kalktuff  Sedimente, Calcit (Travertin)
Kallait  Türkis
Kallochrom  Krokoit
Kalmückenachat  Opal, gemeiner Opal, Varietät Kascholong
Kalmückenopal  Opal, gemeiner Opal, Varietät Kascholong
Kaltschedan  Pyrit
Kalypotolith  Zirkon
Kalzit  Calcit
Kammkies  Markasit
Kammspat  Baryt
Kanadischer Blaustein  Sodalith, Handelsname
Kanadischer Mondstein  Feldspat, Albit (Plagioklas), Handelsname

**Kandyspinell** Granat, Almandin aus Sri Lanka, Handelsname
**Kaneelstein** Granat, Hessonit
**Kanonenspat** Calcit säulenförmig
**Kap-Amethyst** Amethyst hell, Handelsname
**Kap-Chrysolith** Prehnit grün, Handelsname
**Kap-Granat** Granat, Pyrop, Handelsname
**Kap-Rubin** Granat, Pyrop, Handelsname
**Kap-Smaragd** Fluorit oder Prehnit grün, Handelsname
**Kapnicit** Wavellit
**Kapnikit** Rhodonit
**Karbonspat** Calcit
**Karfunkel** Granat, Rubin oder Spinell
**Karneol, siehe Seite 276**
**Karneol Malawi** Karneol gebändert aus Botswana, Handelsname
**Karneolachat** Karneol gebändert aus Botswana, Handelsname
**Karstenit** Anhydrit
**Karuba** Bernstein
**Karystiolith** Serpentin, Varietät Chrysotil (Faserserpentin)
**Kaschmir-Saphir** Saphir kornblumenblau, Handelsname
**Kascholong** Opal, gemeiner Opal, Varietät porzellanartig-porös, durchscheinend
**Kashgar-Jade** Nephrit aus China, Handelsname
**Kassiterit, siehe Seite 479**
**Kastor** Petalit
**Kastorit** Petalit
**Katangit** Chrysokoll
**Kathedralkristall** Bergkristall mit fließendem Übergang vom Prisma zur Spitze
**Katoit** Grana (Calcium-Aluminium-Hydroxyl-Granat)
**Katzedonier** Chalcedon
**Katzenauge** Lichteffekt bei verschiedenen faserigen Mineralien (schimmerndes Lichtband im Cabochon-Schliff), ohne weiteren Namenszusatz ist damit stets Chrysoberyll benannt, mit entsprechendem Zusatz auch Falkenauge (grünlich), Mondstein, Opal (Edelopal), Sillimanit, Tigerauge (grünlich), Turmalin u.v.a. Falsch und irreführend ist die Verwendung des Namens für gebranntes, rotes Tigerauge.
**Katzenaugen-Quarz** Falkenauge oder Tigerauge, Handelsname
**Katzenaugen-Quarz** Tigerauge, Handelsname
**Katzenaugenturmalin** Turmalin mit schimmerndem Lichtband im Cabochon-Schliff
**Katzengold** Pyrit oder angewitterter Biotit
**Katzensaphir** Cordierit oder farbloser bis hellblauer Saphir mit fleckiger Färbung
**Katzensilber** Muskovit
**Katzenzinn** Kassiterit
**Kaulstein** Limonit
**Kawa-Kawa** Nephrit
**Keffekil** Steatit
**Keltenstein** Ophicalcit aus Connemara/Irland, Handelsname, auch fälschlich für Serpentin mit Pyriteinsprengseln aus Mexiko oder Peru.
**Kentner** Bernstein
**Keramikspat** Fluorit
**Keratit** Hornstein
**Kernsalz** Halit
**Khaulit** Howlith
**Kibdelophan** Ilmenit
**Kiesball** Pop Rocks oder Pyrit
**Kieselerde** Opalith, Varietät organischer Entstehung, Kieselgur
**Kieselgalmei** Hemimorphit
**Kieselgestein** Sedimente
**Kieselgur** Opalith, gebildet durch fossile Einzeller (Diatomeen, Radiolarien)
**Kieselholz** Versteinertes Holz
**Kieselkupfer** Chrysokoll
**Kieselkupfer-Smaragd** Dioptas
**Kieselkupfererz** Chrysokoll
**Kieselmagnesit** Magnesit-Quarz-Gemenge
**Kieselmalachit** Chrysokoll
**Kieselsinter** Opalith, gebildet an heißen Quellen
**Kieselspat** Feldspat, Albit (Plagioklas)
**Kieselzinkerz** Hemimorphit
**Kieselzinkspat** Hemimorphit
**Kietyoit** Apatit
**Kil** Steatit
**Kimberlit** Magmatite
**Kimzeyit** Granat (Calcium-Zirkonium-Aluminium-Titan-Granat)
**Kirgisit** Dioptas
**Kis** Pyrit
**Klaprothin** Lapislazuli
**Klapperstein** Moqui-Marbles
**Klarskait** Anhydrit
**Klebschiefer** Opalith, Varietät Kieselsinter
**Klingender Kristall** Bergkristall mit langprismatischem Habitus (Nadelquarz), völlig klar!
**Knistersalz** Halit
**Knochen** Bernstein weiß opak
**Knopfonyx** Gemenge aus weißem Opal und Onyx
**Knopfopal** Gemenge aus weißem Opal und Onyx
**Knorringit** Granat (Magnesium-Chrom-Granat)
**Knotenerz** Galenit
**Kobaltbeschlag** Erythrin
**Kobaltblüte** Erythrin
**Kobaltcalcit** Calcit-Varietät kobalthaltig, rotviolett
**Kobaltglimmer** Erythrin
**Kobaltmanganspat** Rhodochrosit
**Koboldblüte** Erythrin
**Kochsalz** Halit
**Kohlegestein** Sedimente
**Kohlen-Galmei** Smithsonit
**Kohlenkies** Pyrit
**Kohlensaure Kalkerde** Dolomit
**Kohlensaurer Kalk** Calcit
**Kohlensaurer Strontian** Strontianit
**Kohlensaures Eisen** Siderit
**Kohlensaures Mangan** Rhodochrosit
**Kojotenstein** Citrin
**Kokardenerz** Galenit
**Kole** Fluorit
**Kollochrom** Krokoit
**Kollophan** Apatit-Varietät
**Kollophonit** Vesuvian braun oder Granat, Andradit derb kolophoniumbraun
**Kolophonit** Vesuvian braun oder Granat, Andradit derb kolophoniumbraun
**Kolophoniumblende** Sphalerit
**Komarit** Serpentin, Varietät Antigorit (Blätterserpentin)
**Kometenkristall** Bergkristall mit Einkerbungen auf dem Prisma, kometenschweifähnlich
**Konarit** Serpentin, Varietät Antigorit (Blätterserpentin)
**Kondrikit** Natrolith
**Kondrikowit** Natrolith
**Konglomerat** Sedimente
**Kongo-Smaragd** Dioptas, Handelsname
**Konichalcit, siehe Seite 480**
**Königstopas** Saphir rötlichgelb, falsche Handelsbezeichnung
**Koppargrün** Malachit
**Kopparlasur** Azurit
**Kopper** Kupfer
**Korall-Achat** Gebänderter Karneol oder gebrannter Achat aus Botswana, Handelsname
**Koralle, siehe Seite 278**
**Korallenachat** Achat mit korallenähnlicher Zeichnung
**Korallenerz** Zinnober
**Korea-Jade** Serpentin, Varietät Antigorit (Blätterserpentin), Handelsname
**Koribronce** Chalkopyrit
**Kornalin** Karneol
**Körniger Quarz** Heliotrop o. Jaspis

**Kornit** Hornstein
**Korund** Mineralfamilie von Rubin und Saphir
**Kosmisches Glas** Tektit, etwas irreführende Bezeichnung
**Koupholit** Prehnit
**Krablit** Orthoklas-Quarz-Gemenge
**Krähenauge** Calcit-Kristall mit weißem Kern
**Kraterkristall** Bergkristall mit Vertiefungen durch ausgebrochene kleine Zwillinge
**Kreide briançoner** Steatit, Handelsname
**Kreide spanische** Steatit, Handelsname
**Kreisachat** Achat mit kreisförmiger Zeichnung
**Kreuzstein** Chiastolith oder Staurolith
**Kriegerkristall** Bergkristall stark beschädigt
**Krisoberil** Chrysoberyll
**Kristall** Bergkristall
**Kristall isländischer** Calcit-Rhomboeder mit ausgeprägter Doppelbrechung
**Kristallnadel** Bergkristall mit langprismatischem Habitus (Nadelquarz)
**Kristallopal** Opal, sehr klar bis durchsichtig mit buntem Farbenspiel; auch fälschlich für Girasol.
**Kristallquarz** Amethyst, Ametrin, Bergkristall, Cacoxenit, Citrin, Rauchquarz, Rutilquarz, Turmalinquarz, selten auch Blauquarz, Prasem und Rosenquarz
**Kristallscherbe** Bergkristall mit tafeligem Habitus
**Krokalith** Natrolith
**Krokoisit** Krokoit
**Krokoit, siehe Seite 481**
**Kropfsalz** Halit jodhaltig
**Krötenauge** Kassiterit
**Kryptokristalliner Quarz** Chalcedon, Chrysopras, Heliotrop, Jaspis, Karneol, Mookait, Moosachat, rosa Moosachat, Onyx und Sardonyx
**Ktypeit** Aragonit
**Kubizit** Analcim
**Kugeljaspis** Jaspis mit kugeligrunder Zeichnung
**Kugelpyrit** Pop Rocks
**Kunzit, siehe Seite 280**
**Kupfer, siehe Seite 282**
**Kupfer salzsaures** Atacamit
**Kupfer-Lazul** Bornit
**Kupferblau** Azurit oder Azurit-Chrysokoll-Gemenge
**Kupferblüte** Cuprit
**Kupferchalcanthit** Chalkanthit

**Kupferchalcedon** Chalcedon-Varietät mit Kupfereinschlüssen
**Kupfereisenerz** Chalkopyrit
**Kupfereisenkies** Chalkopyrit
**Kupfererz** Cuprit
**Kupfererz gelbes** Chalkopyrit
**Kupfererz salzsaures** Atacamit
**Kupfergewächs** Cuprit
**Kupferglas blaues** Covellin
**Kupferglas buntes** Bornit
**Kupferglas rotes** Cuprit
**Kupferglas schwarzes** Cuprit
**Kupferglas violettes** Bornit
**Kupfergrün** Chrysokoll oder Malachit
**Kupferhornerz** Atacamit
**Kupferhydrophan** Chrysokoll oder Malachit
**Kupferindig** Covellin
**Kupferkies** Chalkopyrit
**Kupferlapis** Azurit
**Kupferlasur** Azurit oder Bornit
**Kupferlazurerz** Bornit
**Kupferlebererz** Bornit oder Cuprit
**Kupferocher** Malachit
**Kupferoxydul** Cuprit
**Kupferphyllit** Chalkopyrit
**Kupferrot** Cuprit
**Kupfersand** Atacamit
**Kupfersmaragd** Dioptas, Handelsname
**Kupfervitriol** Chalkanthit
**Kupferwasser** Chalkanthit
**Kupferziegelerz** Cuprit, verunreinigt
**Kupferzinkblüte** Aurichalcit
**Kupfferit** Hypersthen
**Kuprit** Cuprit
**Kyanit** Disthen
**Kyetyöit** Apatit
**Kymatin** Aktinolith feinfaserig
**Kymophan** Chrysoberyll-Katzenauge
**Kypholith** Serpentin
**Kyßgilbe** Pyrit

## L

**Labrador** Magmatite, Syenit aus Larvik/Norwegen, mitunter auch Synonym für das Mineral Labradorit, führt dadurch jedoch oft zu Verwirrungen
**Labrador-Hornblende** Hypersthen
**Labradorit, siehe Seite 284**
**Labradorstein** Labradorit
**Labratownit** Labradorit
**Lace-Achat** Achatjaspis mit bizarrer Zeichnung aus Mexiko
**Lacroisit** Rhodochrosit-Rhodonit-Gemenge
**Lagenstein** Achat mit ebenen, parallel liegenden Schichten
**Lake-George-Diamant** Bergkristall

aus Nordamerika, Handelsname
**Lamellenachat** Achat aus Indien, feingeschichtet
**Landerit** Granat, Grossular rosa
**Landschaftsachat** Achat mit Zeichnung, die an Landschaftsbilder erinnert
**Landschaftsjaspis** Jaspis sandfarben-grau mit Wüstenlandschafts-Zeichnung, Handelsname
**Lapis mutabilis** Opal, Edelopal, Varietät Hydrophan
**Lapis specularis** Muskovit
**Lapislazuli, siehe Seite 286**
**Lardit** Steatit
**Larimar, siehe Seite 288**
**Larvikit** Magmatite, Syenit aus Larvik/Norwegen
**Laserkristall** Bergkristall mit konisch zulaufendem Prisma und kleiner Spitze
**Lasionit** Wavellit
**Lassolatit** Opalith, Varietät Kieselsinter
**Lasur** Azurit oder Lapislazuli
**Lasurapatit** Apatit blau
**Lasurit** Lapislazuli
**Lasurmalachit** Azurit
**Lasurquarz** Blauquarz, manchmal auch für blauen Syenit (siehe Magmatite)
**Lasurspat** Lapislazuli oder Lazulith
**Lasurstein** Azurit oder Lapislazuli
**Latialith** Hauyn
**Laubanit** Natrolith
**Lauchquarz** Prasem
**Lavaglas** Naturglas oder Obsidian
**Lavendel-Jade** Jadeit lilafarben
**Lavendeljaspis** Jaspis violett aus Indien, Handelsname
**Lavendelquarz** Chalcedon fliederfarben, Handelsname
**Lavezstein** Steatit
**Lawrowit** Diopsid vanadiumhaltig
**Lazialith** Hauyn
**Lazulith, siehe Seite 482**
**Lazulith spanischer** Cordierit
**Lebenswegkristall** Bergkristall mit glatter Prismenfläche ohne Querstreifung
**Leberblende** Sphalerit
**Lebereisenerz** Pyrit
**Lebererz** Cuprit, Markasit oder Zinnober
**Leberkies** Markasit oder Pyrit
**Leberkupfererz** Cuprit
**Leberopal** Opal, gemeiner Opal, Varietät Menilit, graubraune Knollen in Sedimenten
**Leberschlag** Bornit, Cuprit oder Pyrit
**Lebetstein** Steatit

Lecherz  Cuprit
Lechosopal  Feueropal
Lechosos  Opal
Lederit  Sphen
Leedsit  Anhydrit-Baryt-Gemenge
Leelith  Orthoklas fleischrot
Lefkasbest  Serpentin, Varietät Chrysotil (Faserserpentin)
Lehmannit  Krokoit
Lehrerkristall  Bergkristall mit einem figurähnlichen Einschlußbild
Lehuntit  Natrolith
Leimstein  Sedimente, Kalkstein
Lendenstein  Jadeit oder Nephrit
Leonit  Aventurin orange oder Porphyrit gelb
Leopard Skin  Rhyolith, Mexiko, Handelsname
Leoparden-Opal  Opal, Edelopal, kleine opalgefüllte Bläschen in Basalt
Leopardenfell-Jaspis  Rhyolith, Mexiko, Handelsname
Lepidolith, siehe Seite 290
Leuchtstein  Anhydrit
Leuchtstein bologneser  Baryt
Leukasbest  Serpentin, Varietät Chrysotil (Faserserpentin)
Leukogranat  Granat, Grossular farblos
Leukogrossular  Granat, Grossular farblos
Leukophyllit  Muskovit
Leukosaphir  Saphir farblos
Leukozyklit  Apophyllit
Lewistonit  Apatit-Varietät
Licht-Rotgültigerz  Proustit
Lichtes Graumanganerz  Pyrolusit
Lichtes Rotgültigerz  Proustit
Lichtrotgültig  Proustit
Liddicoatit  Turmalin (Lithium-Calcium-Aluminium-Turmalin), vielfarbig
Liebespfeil  Rutilquarz
Liga  Galenit
Light Opal  Opal, Edelopal mit heller Körperfarbe
Ligurer  Bernstein
Ligurit  Bernstein oder Sphen
Ligurius  Bernstein
Lilalith  Lepidolith
Liliathit  Lepidolith
Limnit  Limonit
Limonit, siehe Seite 483
Lincolnit  Heulandit
Lindsayit  Feldspat, Anorthit
Lindstein  Limonit
Linksquarz  Bergkristall mit Sekundärfläche rechts an der größten Pyramidenfläche
Linse  Calcit
Linseit  Feldspat, Anorthit

Linsenerz  Limonit linsenförmig
Linsenspat  Fluorit
Linsenstein  Kalkoolith
Liparit  Chrysokoll, Fluorit, Rhyolith oder Steatit
Lithion-Amethyst  Kunzit, Handelsname
Lithion-Smaragd  Hiddenit, Handelsname
Lithionamethyst  Kunzit, Handelsname
Lithionglimmer  Lepidolith
Lithionit  Lepidolith
Lithionsmaragd  Hiddenit grün, chromhaltig
Lithit  Petalit
Lithiumamethyst  Kunzit, Handelsname
Lithiumglimmer  Lepidolith
Lithiumsmaragd  Hiddenit grün, chromhaltig
Lithoslazuli  Fluorit purpurfarben
Lithoxyl  Versteinertes Holz, opalisiert
Lithoxylon  Versteinertes Holz, opalisiert
Llanca  Chrysokoll
Llimpi  Zinnober
Loboit  Vesuvian
Loewigit  Alunit
Lovezstein  Steatit
Lublinit  Calcit
Luchsauge  Labradorit grünlich schimmernd oder Onyx mit weißem Kreis
Luchssaphir  Cordierit oder Saphir mit fleckiger Färbung
Luchsstein  Bernstein oder Cordierit
Lucinit  Variscit
Lucullan  Dolomit schwarz oder Marmor schwarz
Lucullit  Marmor schwarz
Luftsaures Braunsteinerz  Rhodochrosit
Lumachelle  Sedimente, Kalkstein (Muschelkalk)
Lumpenerz  Jamesonit
Lusakit  Staurolith, kobalthaltig von Lusaka, Sambia
Lutecin  Chalcedon
Luvulith  Sugilith, esoterischer Handelsname
Luxsaphir  Cordierit
Lychnis  Spinell oder Turmalin
Lydit  Jaspis schwarz
Lyncurius  Bernstein
Lyngurion  Bernstein
Lynkurer  Bernstein

## M

Madeira-Topas  Citrin oder gebrannter Amethyst, irreführender Handelsname!

Madeiracitrin  Citrin braun, Handelsname
Madenkies  Calcit
Madreporstein  Calcit schwarz, Handelsname
Magmatite, siehe Seite 292
Magnalumoxyd  Spinell
Magnesiaeisenglimmer  Biotit
Magnesiaspat  Magnesit
Magnesiocalcit  Dolomit
Magnesit, siehe Seite 294
Magnesitspat  Magnesit
Magnesiumchrysotil  Serpentin, Varietät Chrysotil (Faserserpentin)
Magnet  Magnetit
Magneteisen  Magnetit
Magneteisenerz  Magnetit
Magneteisenstein  Magnetit
Magnetischer Eisenstein  Magnetit
Magnetit, siehe Seite 296
Magnetit-Jade  Jadeit mit Magnetit-Einschlüssen
Magnetocker  Magnetit pulverig
Magnetoilmenit  Ilmenit mit Magnetiteinschlüssen
Magnetstein  Magnetit
Mahagony-Obsidian  Obsidian, schwarz mit braunen Flecken
Majorit  Granat (Magnesium-Eisen-Granat in Meteoriten)
Makhastein  Chalcedon-Varietät Dendritenchalcedon
Malachit, siehe Seite 298
Malachitkiesel  Chrysokoll
Malacom  Zirkon blau, Handelsname
Malakolith  Diopsid
Malawi-Carneol  Karneol gebändert aus Botswana oder Malawi, manchmal wird auch roter Achat aus England unter diesem Namen verkauft, Handelsname
Malawi-Karneol  Karneol gebändert aus Botswana oder Malawi, manchmal wird auch roter Achat aus England unter diesem Namen verkauft, Handelsname
Malaya-Granat  Granat, Mischkristall aus Almandin und Pyrop, rötlich-orange, Handelsname
Maltesit  Chiastolith
Malvenstein  Malachit
Mamaroscher Diamant  Bergkristall, Handelsname
Manaccanit  Ilmenit
Mänakan  Ilmenit
Mandarin-Granat  Granat, Spessartin leuchtend orangefarben
Mangan-Calcit  Calcit rosa oder Aragonit rosa, manganhaltig
Manganamphibol  Rhodonit
Mangandolomit  Dolomit manganhaltig

**Manganeisenspat** Siderit manganhaltig
**Manganerz** Pyrolusit
**Mangangranat** Granat, Spessartin
**Manganhyperoxyd** Pyrolusit
**Manganidokras** Vesuvian, manganhaltig
**Manganjaspis** Rhodonit mit Verunreinigungen (Manganoxid)
**Mangankiesel** Chalcedon rosa oder Rhodonit
**Manganmoosachat** Moosachat rosa
**Manganocalcit** Calcit rosa oder Aragonit rosa, manganhaltig
**Manganoilmenit** Ilmenit manganhaltig
**Manganolith** Rhodonit
**Manganophyllit** Biotit manganreich
**Manganspat** Rhodochrosit
**Mangantongranat** Granat, Spessartin
**Manganzoisit** Thulit
**Mangualdit** Apatit-Varietät
**Mansjöit** Diopsid, fluorhaltig
**Maraba-Amethyst** Amethyst klar, Handelsname
**Maranit** Chiastolith
**Marcasit** Markasit
**Marchasita** Pyrit
**Marekanit** Obsidian allgemein
**Margarita** Kalkoolith, Name bei Hildegard von Bingen, oder Perle
**Marialith** Skapolith, Natrium-Endglied der Mischkristallreihe
**Mari-Diamant** Bergkristall, Handelsname
**Marieneis** Gips, Marienglas
**Marienglas** Gips, selten auch Muskovit
**xMarkasit, siehe Seite 300**
**Marmarosch-Diamant** Bergkristall
**Marmatit** Sphalerit eisenreich
**Marmelstein** Calcit oder Marmor
**Marmolith** Serpentin, Varietät Antigorit (Blätterserpentin)
**Marmor, siehe Seite 302**
**Marmor Oldendorfer** Anhydrit, Handelsname
**Marmor Salt Creek** Anhydrit, Handelsname
**Marmora** Calcit
**Marquashita** Pyrit
**Martit** Hämatit-Pseudomorphose nach Magnetit
**Märtyrerstein** Heliotrop
**Massik** Chalcedon grau, ungebändert
**Matara-Diamant** Zirkon farblos, Handelsname
**Matrixkristall** Bergkristall mit geometrischen Mustern an der Oberfläche oder im Inneren
**Matrixopal** Opal, Edelopal mit Muttergestein
**Matura-Diamant** Zirkon farblos, Handelsname
**Maturn** Zirkon farblos, Handelsname
**Mauilith** Labradorit
**Maw-sit-sit** Jadeit-Albit-Gemenge
**Maxixeberyll** Aquamarin dunkelblau aus Brasilien, Handelsname
**Mayait** Jadeit aus Mexiko, Handelsname
**Medfordit** Moosachat aus USA, Handelsname
**Medialer Kristall** Bergkristall mit siebenseitiger Pyramidenfläche
**Meergrüner Stein** Aquamarin
**Meerschaum** Sepiolith
**Meerschaum bosnischer** Magnesit, Handelsname
**Meerstein** Bernstein
**Meerwasserstein** Aquamarin
**Mehlgips** Gips pulvrig
**Mehlkreide** Calcit pulvrig
**Mehlschwefel** Schwefel
**Mehlzeolith** Natrolith oder Skolezit
**Mejonit** Skapolith, Calcium-Endglied der Mischkristallreihe
**Mekkastein** Chalcedon-Varietät Dendritenchalcedon, Handelsname
**Melanit** Granat-Varietät (Calcium-Eisen-Titan-Granat)
**Melanostibian** Ilmenit antimonhaltig
**Melichrysos** Zirkon gelb
**Melinose** Wulfenit
**Melopsit** Serpentin
**Melosark** Serpentin
**Membran-Trümmerachat** Achat mit sichelförmig gekrümmten Einschlüssen
**Menaccanit** Ilmenit
**Menacconit** Ilmenit
**Menachanit** Ilmenit
**Menachit** Ilmenit
**Menakan** Ilmenit oder körniger Magnetit
**Menakanit** Ilmenit
**Menakeisenstein** Ilmenit
**Menakerz** Sphen
**Menilit** Opal, gemeiner Opal, Varietät braune Knollen organischer Entstehung
**Meri-kiri** Bernstein
**Merkurblende** Zinnober
**Merlinkristall** Bergkristall mit konisch zulaufendem Prisma und kleiner Spitze (Laser)

**Merre-kiri** Bernstein
**Mesitinspat** Magnesit
**Mesotyp** Natrolith oder Skolezit
**Messingblüte** Aurichalcit
**Messingerz** Chalkopyrit-Sphalerit-Gemenge
**Messingit** Aurichalcit
**Metamorphite, siehe Seite 304**
**Metaxit** Serpentin, Varietät Chrysotil (Faserserpentin)
**Meteoreisen** Meteorit aus gediegenem Nickeleisen
**Meteorit, siehe Seite 306**
**Meteorstein** Meteorit aus Stein
**Mexikanische Jade** Calcit grün, Handelsname
**Mexikanischer Achat** Aragonit oder Calcit, Handelsname
**Mexikanischer Diamant** Bergkristall, Handelsname
**Mexikanischer Onyx** Aragonit oder Calcit, Handelsname
**Meyersit** Variscit (nicht sicher!)
**Mica** Glimmer, u.a. Biotit und Muskovit
**Micaphilit** Andalusit
**Michaelit** Opalith, Varietät Kieselsinter
**Michel-Levyit** Baryt
**Miennit** Dolomit
**Migmatit** Metamorphit mit magmatischen Einschlüssen
**Mikrofelsit** Feldspat allgemein
**Mikroklin** Feldspat-Mineral (Kalifeldspat triklin)
**Mikroklinperthit** Feldspat, entmischter Alkalifeldspat (Albit in Mikroklin)
**Mikrokristalliner Quarz** Chalcedon, Chrysopras, Heliotrop, Jaspis, Karneol, Mookait, Moosachat, rosa Moosachat, Onyx und Sardonyx
**Mikroperthit** Feldspat, entmischter Alkalifeldspat (Albit in Mikroklin)
**Milcherde** Steatit
**Milchopal** Opal, Edelopal mit milchigweißem Grundton
**Milchquarz** Schneequarz
**Milchstein** Chalcedon klar
**Mimetesit, siehe Seite 484**
**Mimetit** Mimetesit
**Mizzonit** Skapolith
**Moccastein** Chalcedon, Varietät Dendritenchalcedon, Handelsname
**Mochastein** Chalcedon-Varietät Dendritenchalcedon, Handelsname
**Modererz** Limonit
**Mogok-Diamant** Topas klar, Handelsname
**Mohrenkopfturmalin** Turmalin mit schwarzer Spitze, Handelsname
**Mokkastein** Chalcedon-Varietät Dendritenchalcedon, Handelsname

Moldavit, siehe Seite 308
Moldawit  Moldavit
Mollit  Lazulith
Molochit  Malachit
Molochites  Malachit
Molybdänbleierz  Wulfenit
Molybdänbleispat  Wulfenit
Molybdänsaures Blei  Wulfenit
Mond der Berge  Diamant
Mondmilch  Calcit pulverig
Mondstein, siehe Seite 310
Mondstein blau  Chalcedon, Handelsname
Monrepit  Biotit eisenreich
Monrolith  Sillimanit
Montana-Jet  Obsidian allgemein, Handelsname
Montana-Rubin  Granat rot, Handelsname
Montblanc-Rubin  Rosenquarz, Handelsname
Montmartrit  Gips
Montmilch  Calcit
Mookait, siehe Seite 312
Moosachat, siehe Seite 314
Moosachat rosa, siehe Seite 316
Moosjaspis  Moosachat grün, dicht
Moosopal  Opale mit Eisensilikat-Dendriten
Moqui-Marbles, siehe Seite 318
Morasterz  Limonit
Moraststein  Limonit
Morganit, siehe Seite 320
Morimotoit  Granat (Calcium-Eisen-Titan-Granat)
Morion  Rauchquarz tiefdunkel
Mornit  Labradorit
Morochit  Apatit grünlichblau
Moronit  Calcit-Gemenge
Moroxit  Apatit grünlichblau
Morpholith  Magnesit
Moskauer Glas  Muskovit
Moskauer Stein  Muskovit
Mozarkit  Flint rot, rosa oder braun
Mtorolit  Chalcedon, Chrom-Chalcedon dunkelgrün, Handelsname
Mückenstein  Chalcedon, Varietät Dendritenchalcedon, Handelsname
Mühlstein  Metamorphite, Quarzit
Muldan  Orthoklas von Mulda, Lokalbezeichnung
Müllersches Glas  Opal, gemeiner Opal, Varietät Hyalit
Mullicit  Vivianit von Mullica Hill, New Jersey, USA, Lokalbezeichnung
Munkrudith  Disthen
Muntenit  Bernstein
Murchisonit  Orthoklas

Muria  Halit
Muriacit  Anhydrit
Murra-Stein  Fluorit
Murrhina  Fluorit
Murrhinische Gefäße  Chalcedon-Gefäße oder Fluorit-Gefäße
Muschelachat  Achat mit muscheliger Form oder Zeichnung
Muschelmarmor  Calcit
Muscheln, siehe Seite 485
Muschketowit  Magnetit-Pseudomorphose nach Hämatit
Musenkristall  Bergkristallgruppe mit neun gleichgroßen Kristallspitzen
Muskovit, siehe Seite 322
Muskovit chromhaltig  Fuchsit
Mussit  Diopsid
Mutter-Kind-Kristall  Bergkristallspitze mit eingewachsener kleiner Spitze
Mutzscher Diamant  Bergkristall, Handelsname
Myrickit  Chalcedon
Mysorin  Malachit-Gemenge
Mythischer Kristall  Bergkristall mit vielen, milchigen Einschlüssen, eher trübe

# N

Nadelquarz  Bergkristall mit langprismatischem, nadeligem Habitus
Nadelspat  Aragonit oder Calcit nadelförmig
Nadelstein  Aragonit, Hämatitquarz, Rutilquarz oder Turmalinquarz
Nadelzeolith  Natrolith oder Skolezit
Nadelzinn  Kassiterit nadelig
Nadelzinnerz  Kassiterit nadelig
Nagelfink  Sedimente, Konglomerat
Nagelfluh  Sedimente, Konglomerat
Nagelkalk  Calcit
Nagelstein  Onyx
Napoleonit  Magmatit, Kugeldiorit aus Korsika oder Orthoklas, Handelsname
Napolith  Hauyn
Natroborocalcit  Ulexit
Natrolith, siehe Seite 486
Natron borsaures  Borax
Natron salzsaures  Halit
Natronfeldspat  Feldspat, Albit (Plagioklas, triklin)
Natronmesotyp  Natrolith
Natronspodumen  Feldspat, Oligoklas
Natropal  Opal, Edelopal natriumhaltig
Naturglas, siehe Seite 487
Natürliche Smalte  Lazulith
Natürliches Berlinblau  Vivianit

Natürliches Kochsalz  Halit
Natürliches Küchensalz  Halit
Nauruit  Apatit-Varietät
Nekronit  Feldspat, Orthoklas
Nemaphyllit  Serpentin, Varietät Antigorit (Blätterserpentin)
Neolith  Serpentin verunreinigt oder Türkis synthetisch, Handelsname
Neotürkis  Türkis synthetisch, Handelsname
Nephrit, siehe Seite 324
Nephritoid  Nephrit, parallelfaserige Varietät
Neslit  Opal
Neukirchit  Pyrolusit-Psilomelan-Gemenge
Neutraler Kristall  Bergkristall mit Sekundärflächen beiderseits der größten Pyramidenfläche
New-Mexico-Rubin  Granat rot, Handelsname
Newboldit  Sphalerit eisenhaltig
Newkirchit  Pyrolusit-Psilomelan-Gemenge
Newtonit  Alunit
Nicholsonit  Aragonit zinkhaltig
Nickel-Magnesit  Gaspeit
Nierenerz  Hämatit, glaskopfiges Aggregat, sog. „Nierenwachstum"
Nierenkies  Chalkopyrit
Nierenstein  Nephrit
Nigrin  Rutil schwarz, siehe Rutilquarz
Nilkiesel  Jaspis braun
Nobby  Opal, Edelopal in knollenförmigen Bildungen im Muttergestein
Nordmarkit  Staurolith-Varietät
Normaldolomit  Dolomit
Numerologie-Kristall  Bergkristall mit klar begrenzten Pyramidenflächen
Nundorit  Epidot-Quarz-Gemenge, Australien

# O

Obsidian, siehe Seite 326
Ocher  Hämatit oder Limonit pulverig
Ochriger Brauneisenst.  Limonit
Ochsenauge  Fluorit oder Labradorit
Ocker gelber  Limonit
Ockergelb  Limonit tonig
Ockeriger Brauneisenst.  Limonit
Ockeriger Roteisenstein  Hämatit
Odalith  Sodalith
Odenit  Biotit
Odinit  Biotit
Odith  Biotit
Odontolith  Vivianit oder Apatit, Varietät Hydroxylapatit
Oisanit  Epidot

Okenit, siehe Seite 488
Olafit  Feldspat, Albit (Plagioklas)
Olenit  Turmalin (Natrium-Turmalin-Aluminium)
Oligoklas  Feldspat, Plagioklas (70 bis 90% Albit, 10 - 30% Anorthit)
Olivin  Peridot, z.T. gesteinsbildend
Ollit  Steatit
Olyntholith  Granat, Grossular
Onegit  Cacoxenit
Onkophyllit  Muskovit
Onychel  Onyx
Onychelstein  Onyx
Onyx, siehe Seite 330
Onyx-Marmor  Aragonit oder Calcit gesteinsbildend (jedoch kein metamorpher Marmor!), Handelsname
Oolith  Moqui-Marbles (Eisenoolith), siehe auch Sedimente, Eisengestein
Oosit  Muskovit-Pseudomorphose nach Cordierit
Opal, siehe Seite 332
Opaleisenstein  Opal, gemeiner Opal, Varietät Jaspopal
Opalin  Opal, Edelopal, in Matrix
Opalisierender Feldspat  Orthoklas-Varietät Adular
Opalisiertes Holz  Versteinertes Holz, opalisiert
Opalith, siehe Seite 338
Opaljaspis  Opal, gemeiner Opal, Varietät Jaspopal
Opalmatrix  Opal, Edelopal-Muttergestein mit zahlreichen feinen Opal-Einschlüssen
Opalmutter  Opal, Edelopal-Muttergestein mit zahlreichen feinen Opal-Einschlüssen
Opalo de fuego  Feueropal mit Farbenspiel
Opalonyx  Opal, gemeiner Opal, Varietät schwarz
Ophicalcit  Metamorphite
Ophit  Serpentin oder Fossil, Ammonit
Orangencalcit  Calcit orange, Handelsname
Oranit  Orthoklas-Anorthit (Feldspat)-Gemenge
Ordit  Gips
Orichalcit  Aurichalcit
Orientalischer Achat  Achat intensiver Färbung, Handelsname
Orientalischer Almandin  Saphir purpurrot, Handelsname
Orientalischer Amethyst  Saphir oder Spinell violett, Handelsname
Orientalischer Aquamarin  Saphir blaugrün, Handelsname
Orientalischer Chalcedon  Chalcedon klar und schön, Handelsname

Orientalischer Girasol  Saphir-Katzenauge, Handelsname
Orientalischer Hyazinth  Saphir gelbrot bis orange, Handelsname
Orientalisches Katzenauge  Chryoberyll-Katzenauge, Handelsname
Orientalischer Korund  Saphir violett, Handelsname
Orientalischer Peridot  Saphir gelbgrün bis grün, Handelsname
Orientalischer Saphir  Turmalin blau, Handelsname
Orientalischer Smaragd  Saphir grün, Handelsname
Orientalischer Topas  Saphir gelb, Handelsname
Orthoklas, siehe Seite 340
Orthoklas-Feldspat  Feldspat, Sanidin
Orthose  Orthoklas
Ortstein  Limonit
Oryzit  Heulandit nadelig
Oserskit  Aragonit
Osiriskristall  Rauchquarz-Generatorkristall, möglichst undurchsichtig (Morion)
Osmelith  Larimar, siehe dort (Pektolith)
Osteokolla  Sedimente, Kalktuff
Ostrandit  Zirkon, Lokalbez.
Oulopholit  Gips
Oxahaverit  Apophyllit
Oxahverit  Apophyllit
Oxhaverit  Apophyllit

## P

Padparadja  Saphir lachsfarben
Padparaja  Saphir lachsfarben
Paederos  Opal
Pajsbergit  Rhodonit
Pakistan-Jade  Vesuvian, Handelsname
Palagonit  Naturglas, im Meer gebildet
Pallasit, siehe Seite 489
Palmira-Topas  Citrin oder Amethyst (gebrannt!), irreführender Handelsname!
Palmyratopas  Citrin oder Amethyst (gebrannt!), irreführender Handelsname!
Panoramakristall  Bergkristall-Gerölle, an einer Stelle plangeschliffen
Pantherjaspis  Rhyolith, Australien, Handelsname
Papageienflügel  Chrysokoll oder Malachit in Quarz
Papierspat  Calcit, blättrig
Parachrosbaryt  Rhodochrosit oder Siderit
Paracolumbit  Ilmenit
Paraiba-Achat  Achate in drei- oder vieleckigem Hohlraum (polyedrischer Achat)

Paraiba-Turmalin  Turmalin-Fundortvarietät, Handelsname
Parailmenit  Ilmenit
Parasepiolith  Sepiolith
Parastilbit  Stilbit
Parorthoklas  Feldspat, Anorthoklas
Partnersteine  Moqui-Marbles, Handelsname
Partschin  Granat, Spessartin
Partschinit  Granat, Spessartin
Patagosit  Calcit aus fossilen Schalen
Paua-Muschel  Muschel
Paulit  Hypersthen
Pealit  Opalith, Varietät Kieselsinter
Peanut-Wood  Versteinertes Holz, Baumfarn, Handelsname
Pechgranat  Granat, Andradit oder Spessartin schwarz
Pechopal  Opal, gemeiner Opal, braun, undurchsichtig mit Pech- oder Harzglanz, manchmal auch Bernstein braun, undurchsichtig
Pechstein  Obsidian wasserhaltig, teilweise entglast
Peganit  Variscit
Pegmatolith  Orthoklas
Pektolith  Larimar, siehe dort
Pelagosit  Aragonit
Peles Haar  Naturglas, braune fadenartige Fasern aus Hawaii
Pelhamin  Serpentin
Peliom  Cordierit
Pelosiderit  Siderit tonig
Perdell  Topas gelbgrün
Peredell  Topas gelbgrün
Peridot, siehe Seite 342
Peridotit  Magmatite, peridothaltiges Gestein
Periklin  Feldspat, verzwillingte Plagioklase
Peristerit  Feldspat, Oligoklas (83 - 95% Albit, 5 - 17% Anorthit)
Peritome Rubinblende  Zinnober
Peritomer Halbaryt  Strontianit
Perle, siehe Seite 344
Perlenerz  Limonit oder Moqui Marbles (Eisenoolith)
Perlit  Naturglas mit Perl- bis Wachsglanz
Perlmutt  Muschel
Perlmutteropal  Opal, gemeiner Opal, Varietät Kascholong
Perlmutterspat  Calcit
Perlsalz  Halit
Perlsinter  Opalith, Varietät organischer Entstehung, Kieselgur
Perlspat  Aragonit oder Dolomit, perlmuttartig glänzend
Perlstein  Naturglas mit Perl- bis Wachsglanz

**Perthit** Feldspat, entmischter Alkalifeldspat (Albit in Orthoklas)
**Petalit**, siehe Seite 490
**Petoskey Stone** Koralle, versteinert aus Michigan/USA oder Ägypten
**Petra parideira** Biotit-Linse
**Petschit** Skapolith, violett
**Petterdit** Mimetesit
**Pfaffit** Jamesonit
**Pfauenerz** Bornit
**Pfeilstein** Fossil, Belemnit
**Pfennigerz** Limonit
**Pflinz** Flint oder Siderit
**Phacites** Kalkoolith
**Phaestin** Bronzit oder Steatit
**Phallusstein** Fossil, Belemnit
**Phantomkristall** Bergkristall mit deutlich sichtbaren früheren Wachstumsabschnitten
**Phenakit**, siehe Seite 491
**Phengites** Anhydrit
**Philippinit** Tektit von den Philippinen
**Philipstadit** Hornblende
**Phosphorblei** Pyromorphit
**Phosphorblei muschelig** Mimetesit
**Phosphorbleispat** Pyromorphit
**Phosphorit** Apatit feinkristallin
**Phosphorsaure Tonerde** Lazulith
**Phosphorsaurer Kalk** Apatit
**Phosphorsaures Eisen** Vivianit
**Photicit** Rhodonit verunreinigt
**Photizit** Rhodonit verunreinigt
**Photolith** Pektolith, siehe Larimar
**Physalith** Topas
**Picassojaspis** Sedimente, Kalkstein mit grau-schwarzer Zeichnung, Handelsname
**Picassomarmor** Sedimente, Kalkstein mit grau-schwarzer Zeichnung, Handelsname
**Picotit** Spinell braun
**Picrosmin** Serpentin, Varietät Chrysotil (Faserserpentin)
**Pictit** Sphen
**Piemontit** Epidot manganhaltig, rot
**Pierreponit** Turmalin, Schörl
**Pietersit**, siehe Seite 346
**Piezoelektrischer Kristall** Bergkristall nichtverzwillingt
**Pignolienspat** Magnesit
**Pikranalcim** Analcim
**Pikroilmenit** Ilmenit magnesiumhaltig
**Pikrolith** Serpentin, Varietät Chrysotil (Faserserpentin)
**Pikrosmin** Serpentin, Varietät Chrysotil (Faserserpentin)
**Pilarit** Chrysokoll-Kaolinit-Gemenge

**Pilit** Aktinolith-Pseudomorphose nach Peridot, verunreinigter Antimonit oder verunreinigter Jamesonit
**Pineapple** Opal, Edelopal-Pseudomorphose nach radialstrahligem Glauberit
**Pinkopal** Opal, gemeiner Opal, Varietät durch Mangan rosa gefärbt
**Pinolith** Magnesit
**Pipe Opal** Opal, Edelopal, Boulder in röhrenförmigen Hohlräumen der Matrix
**Pisolith** Kalkoolith
**Pistacit** Epidot
**Pistazit** Epidot
**Plagiocitrit** Schwefel
**Plasma** Chalcedon grün, Jaspis grün oder Prasem derb, allgemein: grüner Quarz
**Plattnerit** Türkiskreide, calciumreich und kupferarm
**Plazolith** Granat, Mischkristall von Grossular und Katoit
**Plengit** Anhydrit
**Pleonast** Spinell dunkelgrün bis schwarz
**Plumbago** Galenit
**Plumballophan** Galenit-Pseudomorphose nach Pyromorphit
**Plumbein** Pyromorphit
**Plumbocalcit** Calcit bleihaltig
**Plumbocuprit** Galenit-Chalkosin-Gemenge
**Plumbodolomit** Dolomit bleihaltig
**Plumbostannit** Galenit-Stannin-Gemenge
**Plumosit** Jamesonit
**Poikilit** Bornit
**Poikilopyrit** Bornit
**Polianit** Pyrolusit
**Polierschiefer** Opalith, Varietät organischer Entstehung, Kieselgur
**Poliopyrit** Markasit oder Pyrit
**Polyadelphit** Granat, Andradit derb, braungelb aus New Jersey
**Polychroit** Cordierit
**Polychrom** Pyromorphit
**Polychromturmalin** Turmalin mehrfarbig, Handelsname
**Polyedrischer Achat** Achate in drei- oder vieleckigem Hohlraum
**Polykrasilith** Zirkon
**Polylith** Augit, schwarz
**Polysphärit** Pyromorphit calciumhaltig
**Pop Rocks**, siehe Seite 348
**Popjaspis** Jaspis bunt gefleckt, Handelsname
**Poppy-Jaspis** Jaspis bunt gefleckt, Handelsname
**Porcelanit** Porzellanit

**Porcellophit** Serpentin
**Porpezit** Goldlegierung mit Palladium (natürlich)
**Porphyr** Porphyrit
**Porphyrit**, siehe Seite 350
**Porrizin** Diopsid
**Porzellanit**, siehe Seite 492
**Porzellanjaspis** Porzellanit
**Porzellanopal** Opal, gemeiner Opal, Varietät Kascholong
**Porzellanspat** Porzellanit
**Potch** Opal, undurchsichtig und geringwertig ohne Farbenspiel
**Povondrait** Turmalin (Natrium-Eisen-Turmalin)
**Pramnion** Jaspis schwarz oder Onyx
**Prasem**, siehe Seite 352
**Prasilith** Quarz grün, gebrannt
**Prasiolith** Quarz grün, gebrannt
**Prasius** Prasem
**Prasma** Chalcedon grün, Jaspis grün oder Prasem derb, allgemein: grüner Quarz
**Prasmalachit** Chalcedon-Malachit-Gemenge
**Prasmen** Prasem (wohl ursprünglich ein Schreibfehler)
**Prasopal** Opal, gemeiner Opal, Varietät durch Nickel grün gefärbt
**Prehnit**, siehe Seite 354
**Premier** Diamant mit Farbwechsel blauweiß-gelblich
**Prismatischer Feldspat** Orthoklas
**Prismatischer Korund** Chrysoberyll
**Prismatischer Quarz** Cordierit
**Prismatoidischer Granat** Staurolith
**Projektorkristall** Bergkristall, sehr klarer Generatorkristall
**Proteit** Diopsid
**Protheit** Diopsid
**Protobastit** Enstatit
**Protocalcit** Calcit
**Proustit**, siehe Seite 493
**Prunnerit** Calcit
**Pseudo-Andalusit** Disthen
**Pseudoalbit** Feldspat, Andesin
**Pseudochrysolith** Moldavit oder Obsidian, Handelsname
**Pseudodiamant** Bergkristall
**Pseudogalena** Sphalerit
**Pseudogaylussit** Calcit
**Pseudojade** Serpentin, Varietät Antigorit (Blätterserpentin)
**Pseudokrokydolith** Falkenauge oder Tigerauge
**Pseudolith** Steatit-Pseudomorphose nach Spinell
**Pseudonocerin** Fluorit
**Pseudoquarzin** Chalcedon
**Pseudosmaragd** Fluorit
**Pseudotopas** Bergkristall, Citrin oder Rauchquarz, Handelsname

**Puddingstein** Sedimente, Konglomerat, Handelsname
**Pufahlit** Sphalerit-Tealith-Gemenge
**Puflerit** Stilbit vom Puflerloch
**Punammustein** Nephrit
**Punktachat** Achat mit gepunkteter Zeichnung, meistens rot oder Chalcedon mit roten Hämatitklecksen
**Purpur Jadeit** Jadeit, lilafarben, Handelsname
**Purpurachat** Amethyst purpurrot oder Rhyolith, Australien, Handelsname
**Purpurit, Kapitel siehe Seite 356**
**Purpurkupfer** Bornit
**Purpursaphir** Saphir violett, Handelsname
**Purpurstein** Opal, Edelopal purpurfarben, Handelsname
**Puschkinit** Epidot
**Pyknit** Topas
**Pyknophyllit** Muskovit
**Pyknotrop** Serpentin verunreinigt
**Pyrallolith** Steatit-Pseudomorphose nach Pyroxen
**Pyralspit** Granat, Mischkristall von Almandin, Pyrop und Spessartin
**Pyramidaler Feldspat** Skapolith
**Pyramidaler Granat** Vesuvian
**Pyramidaler Kupferkies** Chalkopyrit
**Pyrandin** Granat rot
**Pyraphrolith** Opal-Feldspat-Gemenge
**Pyrenaeit** Granat, Andradit-Umwandlungsprodukt aus den Pyrenäen
**Pyrenäit** Granat, Andradit-Umwandlungsprodukt aus den Pyrenäen
**Pyreneit** Granat, Grossular
**Pyrit, siehe Seite 358**
**Pyritachat** Chalcedon mit Pyriteinschlüssen
**Pyroguanit** Apatit
**Pyroidesin** Serpentin
**Pyrolusit, siehe Seite 494**
**Pyromelan** Sphen
**Pyromorphit, siehe Seite 495**
**Pyrop** Granat (Magnesium-Aluminium-Granat)
**Pyrophan** Fluorit oder Opal, Edelopal, Varietät Hydrophan
**Pyrosmaragd** Fluorit phosphoreszierend

## Q

**Quantenkristall** Bergkristalldrilling mit drei gleich großen parallel verwachsenen Kristallen

**Quarz** Mineralfamilie, zu der u.a. Bergkristall, Amethyst, Rosenquarz etc. zählt
**Quarz-Achat** Achat mit fast vollständiger Füllung durch Kristallquarze
**Quarz-Topas** Citrin goldgelb, Handelsname
**Quarzin** Chalcedon
**Quarzit** Metamorphite
**Quarzkristall** Bergkristall
**Quarzsinter** Opalith, Varietät Kieselsinter, irreführende Bezeichnung!
**Quarztopas** Citrin, Handelsname
**Quebec-Diamant** Bergkristall, Handelsname
**Quecksilberblende** Zinnober
**Quecksilbererz** Zinnober
**Queenstownit** Tektit aus Tasmanien
**Quellerz** Limonit
**Querantimonerz** Jamesonit
**Querspießglanz** Jamesonit
**Quincyit** Sepiolith oder gemeiner Opal, Varietät rosa bis rot aus Frankreich
**Quirogit** Galenit

## R

**Radauit** Labradorit
**Radiolith** Natrolith
**Radiotin** Serpentin
**Rahtit** Sphalerit verunreinigt
**Rainbow Garnet** Granat, Andradit mit irisierender Oberfläche
**Raiomin** Blauquarz mit Turmalineinschlüssen
**Randanit** Opalith, Varietät organischer Entstehung, Kieselgur
**Raphilit** Aktinolith
**Raphillit** Aktinolith
**Raphit** Ulexit
**Rapidolith** Skapolith
**Raseneisenerz** Limonit
**Raseneisenstein** Limonit
**Rasenerz** Limonit
**Ratholith** Larimar, siehe dort (Pektolith)
**Ratofkit** Fluorit
**Rauch-Obsidian** Obsidian, Varietät Rauchobsidian, schwarz transparent
**Rauchkalk** Dolomit
**Rauchopal** Opal, gemeiner Opal, Varietät Jaspopal
**Rauchquarz, siehe Seite 360**
**Rauchtopas** Rauchquarz, falsche Handelsbezeichnung!
**Rauchwacke** Dolomit
**Rauhkalk** Dolomit
**Rauhwacke** Dolomit
**Rauschgelb rotes** Realgar

**Rauschrot** Realgar
**Rautenspat** Calcit oder Dolomit
**Rautenstein** Diamant geschliffen
**Rayomin** Blauquarz mit Turmalineinschlüssen
**Realgar, siehe Seite 496**
**Réaumurit** Wollastonit-Glas-Gemenge
**Rechtsquarz** Bergkristall mit Sekundärfläche links an der größten Pyramidenfläche
**Rednerstein** Chalcedon
**Redondit** Variscit eisenhaltig
**Reese-Türkis** Türkis synthetisch, Handelsname
**Regenbogen-Achat** Achat oder Chalcedon irisierend
**Regenbogen-Andradit** Granat, Andradit mit opalisierender Oberfläche
**Regenbogen-Chalcedon** Chalcedon mit irisierendem Farbenspiel, Handelsname
**Regenbogen-Fluorit** Fluorit mehrfarbig aus China, Handelsname
**Regenbogen-Granat** Granat, Andradit mit opalisierender Oberfläche
**Regenbogen-Jaspis** Jaspis bunt gebändert, Handelsname
**Regenbogen-Kristall** Bergkristall mit irisierenden Einschlüssen
**Regenbogen-Obsidian** Obsidian, Varietät mit buntem Farbschiller
**Regenbogen-Quarz** Bergkristall mit irisierenden Einschlüssen
**Regenbogen-Turmalin** Turmalin mehrfarbig, Handelsname
**Regenbogenstein** Labradorit, Handelsname
**Regenwald-Jaspis** Rhyolith grün, Australien (Augen-Jaspis)
**Reh** Borax in Salzausblühungen
**Reichit** Calcit
**Reine Talkerde** Magnesit
**Reinerz** Limonit
**Remolinit** Atacamit
**Rentierstein** Tugtupit
**Resanit** Chrysokoll eisenreich
**Retinalith** Serpentin dicht
**Retnalith** Serpentin dicht
**Rhapidolith** Skapolith
**Rhastolith** Biotit angewittert
**Rhätizit** Disthen
**Rheinkiesel** Bergkristall-Gerölle alpiner Herkunft, heute oft fälschlich für Flußgerölle mit Quarzadern.
**Rhetinalith** Serpentin dicht
**Rhodit** Goldlegierung mit Rhodium (natürlich)
**Rhodochrosit, siehe Seite 362**
**Rhodoial** Erythrin

**Rhodoïse** Erythrin
**Rhodoit** Erythrin
**Rhodolith** Granat, Mischkristall von Almandin und Pyrop, rosa, rot bis rotviolett
**Rhodonit, siehe Seite 364**
**Rhombenfeldspat** Feldspat, Oligoklas
**Rhombenglimmer** Lepidolith
**Rhombenspat** Dolomit
**Rhombenzeolith** Stellerit, siehe Stilbit (Kapitel siehe Seite 507)
**Rhombites** Calcit
**Rhomboidalspat** Fluorit oder Dolomit
**Rhyakolith** Feldspat, Sanidin
**Rhyolith, siehe Seite 366**
**Ricolith** Serpentin
**Ridolfit** Dolomit
**Ridolphit** Dolomit
**Rindenstein** Aragonit
**Ringachat** Achat mit ringförmiger Zeichnung
**Ringelerz** Galenit
**Ringerz** Galenit
**Rinones** Anhydrit-Knollen
**Rio Grande Topas** Citrin oder Amethyst (gebrannt!), irreführender Handelsname!
**Risorit** Dolomit
**Risséit** Aurichalcit
**Rivait** Wollastonit-Glas-Gemenge
**Riverstone** Calcit-Aragonit-Gemenge
**Rizalit** Tektit von den Philippinen
**Rochlandit** Serpentin
**Rocklandit** Serpentin
**Rocky Mountain Rubin** Granat, Pyrop, Handelsname
**Rogenstein** Kalkoolith
**Roguljka** Aragonit oder Calcit
**Roguljkit** Aragonit oder Calcit
**Röhrenachat** Achat mit röhrenartigen Einschlüssen
**Röhrenerz** Galenit-Varietät
**Rohwand** Dolomit-Gemenge
**Rolling Flash** Opal, Edelopal mit rollendem, wogendem Farbenspiel
**Romanzovit** Granat, Grossular oder Hessonit gelb bis braungelb aus Finnland
**Römischer Vitriol** Chalkanthit
**Rosaberyll** Morganit
**Rosafluorit** Fluorit rosa
**Rosaline** Rosenquarz durchsichtig
**Rosaquarz** Rosenquarz kristallin
**Rosenblätterspat** Calcit-Rosetten
**Rosenchalcedon** Chalcedon rosa, Handelsname
**Rosenquarz, siehe Seite 368**
**Rosenspat** Rhodochrosit oder Calcit rosa
**Rosettengips** Gips, Sandrose

**Rosinca** Rhodochrosit
**Rosolith** Granat, Grossular
**Rosstrevorit** Epidot sternförmig
**Rosterit** Morganit
**Rotbleierz** Krokoit
**Rotbrändigerz** Proustit
**Rotbraunstein** Rhodonit
**Rotbraunsteinerz** Rhodonit
**Rote Arsenblende** Realgar
**Rote Arsenikblende** Realgar
**Roteisen** Hämatit
**Roteisenerz** Hämatit
**Roteisenglanz** Hämatit
**Roteisenocker** Hämatit
**Roteisenrahm** Hämatit
**Roteisenstein** Hämatit
**Rötel** Hämatit
**Roter Arsenik** Realgar
**Roter Bergschwefel** Realgar
**Roter Beryll** Beryll-Varietät Bixbit
**Roter Braunstein** Rhodochrosit
**Roter Eisenrahm** Hämatit
**Roter Glaskopf** Hämatit
**Roter Goldschwefel** Realgar
**Roter Schörl** Rutil, siehe Rutilquarz
**Roter Schwefel** Realgar
**Roterz** Hämatit
**Rotes Bleierz** Krokoit
**Rotes Erz** Kupfer
**Rotes Haarquarz** Hämatitquarz
**Rotes Schwefelarsen** Realgar
**Rotgolderz** Proustit
**Rotgülden** Proustit
**Rotgüldenerz** Proustit
**Rotgültig** Proustit
**Rotgültigerz** Proustit
**Röthel** Hämatit
**Röthelkreide** Hämatit
**Rothoffit** Granat, Andradit gelbbraun, manganhaltig aus Schweden
**Rothoperment** Realgar
**Rothschlag** Sphalerit rot
**Rotkupfer** Cuprit
**Rotkupfererz** Cuprit
**Rotkupferglanz** Cuprit
**Rotkupferglas** Cuprit
**Rotmanganerz** Rhodochrosit
**Rotmanganerz blättriges** Rhodochrosit
**Rotoperment** Realgar
**Rotschlag** Sphalerit rot
**Rotspat** Rhodochrosit oder Rhodonit
**Rotstein** Hämatit oder Rhodonit
**Rotstein dichter** Rhodochrosit
**Rotwerde** Hämatit
**Roubschit** Magnesit
**Royal Azel** Sugilith, Handelsname
**Royal Gem Azurite** Azurit-Malachit, Handelsname
**Rubacell** Spinell, gelb, Handelsname
**Rubellit** Turmalin-Farbvarietät, roter Elbait oder Liddicoatit

**Rubicell** Spinell orangerot, Handelsname
**Rubin, siehe Seite 370**
**Rubin-Spinell** Spinell rot, Handelsname
**Rubin-Zoisit** Zoisit mit Rubineinschlüssen
**Rubinblende** Proustit, roter Sphalerit oder Zinnober
**Rubinschwefel** Realgar
**Rubinspat** Rhodonit
**Rubizell** Spinell orangerot, Handelsname
**Rudolphit** Dolomit
**Ruinenachat** Achat mit ruinenähnlicher Zeichnung
**Ruinenmarmor** Marmor mit abstrakt-sandfarbener Zeichnung aus Florenz, Handelsname
**Ruinenstein** Marmor mit abstrakt-sandfarbener Zeichnung aus Florenz, Handelsname
**Russischer Stein** Muskovit, Handelsname
**Russisches Glas** Gips oder Muskovit, Handelsname
**Rutilquarz, siehe Seite 372**
**Ryakolith** Feldspat, Sanidin, glasig

# S

**Sabalit** Variscit grün gebändert
**Sacal** Bernstein
**Saccharit** Feldspat (Plagioklas)-Quarz-Gemenge
**Sächsischer Chrysolith** Topas, Handelsname
**Sächsischer Diamant** Topas farblos, Handelsname
**Sächsischer Topas** Topas oder fälschlich auch gelber Quarz, Handelsname
**Safir** Saphir
**Safranit** Amethyst (gebrannt!), Handelsname
**Saftstein** Bernstein
**Sagenit** Rutil netzartig verwachsen, siehe Rutilquarz
**Sagenitischer Achat** Achat mit nadeligen Einschlüssen
**Sal** Halit
**Salamanca-Topas** Citrin oder Amethyst (gebrannt!), irreführender Handelsname!
**Saligram** Fossil, Ammonit
**Salmare** Halit
**Salz** Halit
**Salzkörner** Diamanten sehr klein, Handelsbezeichnung
**Salzkupfer** Atacamit
**Salzkupfererz** Atacamit
**Salzsaures Kupfer** Atacamit
**Salzsaures Natron** Halit
**Salzspat** Halit
**Salzstein** Halit

**Sammelkristall** Bergkristall mit einer Kante statt einer Spitze
**San-Diego-Rubin** Turmalin rot, Rubellit, Handelsname
**Sandarach** Realgar
**Sandarak** Realgar
**Sandrach** Realgar
**Sandrachat** Realgar
**Sandrose** Gips, in rosettenartige Gipsspat-Aggregate eingebundener Wüstensand
**Sandstein** Sedimente
**Sanguin** Hämatit
**Sanidin** Enstatit oder Feldspat, Hochtemperaturmodifikation des Kalifeldspats
**Sanritana** Saphir (sanskrit)
**Santilith** Opal
**Saphir, siehe Seite 374**
**Saphir-Katzenauge** Saphir mit schimmerndem Lichtlauf
**Saphirin** Chalcedon blau oder Spinell blau
**Saphirquarz** Blauquarz mit Krokydolitheinschlüssen
**Saphirspat** Disthen blau
**Saphirspinell** Spinell blau, Handelsname
**Sappar** Disthen blau
**Sapparit** Disthen blau
**Sapphir** Saphir
**Sarder** Karneol braun, in der Regel gebändert
**Sarderstein** Karneol braun, in der Regel gebändert
**Sardius** Karneol braun, in der Regel gebändert
**Sardonyx, siehe Seite 376**
**Sardstein** Achat mit ebenen, parallel liegenden Schichten
**Satellit** Serpentin, Varietät Chrysotil (Faserserpentin)
**Satinspat** Gips mit faseriger Struktur
**Saualpit** Zoisit
**Saugkiesel** Opalith, Varietät organischer Entstehung, Kieselgur
**Saugschiefer** Opalith, Varietät organischer Entstehung, Kieselgur
**Säulenschwerspat** Baryt säulenförmig
**Säulenzeolith** Wavellit
**Saum-Opal** Opal, Edelopal plattenförmig ausgebildet in Rissen des Muttergesteins
**Säurespat** Fluorit
**Saussurit** Feldspat-Skapolith-Zoisit-Gemenge
**Savit** Natrolith
**Scannerkristall** Bergkristall mit einer oder mehreren breiten, flachen Seiten
**Scapolith** Skapolith
**Schalenblende** Sphalerit-Wurtzit-Gemenge
**Schalenkalk** Kalkoolith
**Schalstein** Wollastonit
**Schamanen-Dow-Kristall** Bergkristall, Dow-Kristall mit Phantom
**Scharlstein** Wollastonit
**Schaum** Gips
**Schaumburger Diamant** Bergkristall
**Schaumerde** Aragonit- oder Calcit-Pseudomorphose nach Gips
**Schaumgips** Gips
**Schaumkalk** Aragonit- oder Calcit-Pseudomorphose nach Gips
**Schaumopal** Opal, gemeiner Opal porös
**Schaumsalz** Halit
**Schaumspat** Aragonit- oder Calcit-Pseudomorphose nach Gips
**Scheelbaryt** Scheelit
**Scheelerz** Scheelit
**Scheelit, siehe Seite 497**
**Scheelspat** Scheelit
**Scheibenspat** Calcit
**Schernikit** Muskovit
**Schichtachat** Achat mit lagigen Bildungen auf Spalten vulkanischer Gesteine
**Schiefergrün** Malachit
**Schieferspat** Calcit dünnblättrig
**Schillernder Asbest** Serpentin, Varietät Chrysotil (Faserserpentin)
**Schillernder Chrysolith** Chrysoberyll-Katzenauge
**Schillerquarz** Falkenauge oder Tigerauge
**Schillerspat** Bronzit oder Serpentin, Varietät Chrysotil (Faserserpentin), speziell auch Serpentin-Pseudomorphosen nach Bronzit
**Schillerspat, prismatoidischer** Hypersthen
**Schillerstein** Serpentin, Varietät Chrysotil (Faserserpentin)
**Schirl** Turmalin, Schörl
**Schirlich** Turmalin, Schörl
**Schlangenachat** Achat weiß mit Schlangenhaut-Zeichnung
**Schlangenhaut-Jaspis** Jaspis gebändert, mit roter, parallelgestreifter Zeichnung, Handelsname
**Schlangenjaspis** Jaspis braun mit pinselstrichähnlichen Zeichnungen oder Turitellajaspis oder Fossilkalk mit Diatomeenerde als Kittmaterial (siehe Sedimente)
**Schlangenstein** Serpentin oder Fossil, Ammonit
**Schleierquarz** Schneequarz
**Schmelzstein** Skapolith
**Schmerstein** Steatit
**Schneckenachat** Jaspis, Turitellajaspis, Handelsname
**Schneckenstein** Fossil, Ammonit
**Schneeflocken-Epidot** Epidot-Feldspat-Gemenge grün-weiß gesprenkelt
**Schneeflocken-Obsidian** Obsidian, Varietät mit grauen Flecken
**Schneekopfkugeln** Amulettstein: Quarzfüllung in rissigen Rhyolith- oder Quarzporphyr-Knollen
**Schneequarz, siehe Seite 378**
**Schneiderstein** Steatit
**Schoham** Onyx
**Schoharit** Baryt verunreinigt
**Schokoladenstein** Rhodochrosit
**Schöpferkristall** Bergkristall mit parallel verwachsenem kleinen Doppelender an der Seite
**Schörgel** Turmalin, Schörl
**Schörl** Turmalin (Natrium-Eisen-Aluminium-Turmalin), schwarz
**Schorlein** Turmalin, Schörl
**Schorlet** Turmalin, Schörl
**Schörlich** Turmalin, Schörl
**Schorlit** Topas oder Turmalin, Schörl
**Schorlomit** Granat (Calcium-Eisen-Titan-Granat)
**Schörlspat** Turmalin, Schörl
**Schottischer Topas** Citrin oder Amethyst (gebrannt!), irreführender Handelsname!
**Schreckenstein** Malachit oder Serpentin
**Schreckstein** Malachit oder Serpentin
**Schriftgranat** Granat allgemein, verwachsen mit Quarz und Feldspat
**Schriftjaspis** Jaspis braun mit pinselstrichähnlichen Zeichnungen, Handelsname
**Schuppenstein** Lepidolith
**Schurl** Turmalin, Schörl
**Schürl** Turmalin, Schörl
**Schützit** Coelestin
**Schwalbenstein** Chalcedon-Kügelchen
**Schwarzeisenstein** Pyrolusit
**Schwarzer Amber** Gagat
**Schwarzer Bernstein** Gagat
**Schwarzer Diamant** Hämatit
**Schwarzer Glimmer** Biotit
**Schwarzer Mondstein** Labradorit
**Schwarzopal** Opal, Edelopal mit schwarzer Körperfarbe
**Schwarztitanerz** Ilmenit
**Schwefel, siehe Seite 380**
**Schwefel roter** Realgar
**Schwefelantimon** Antimonit
**Schwefelblei** Galenit
**Schwefelblume** Schwefel
**Schwefelblüte** Schwefel
**Schwefeleisen** Pyrit
**Schwefelerde** Schwefel
**Schwefelkies** Pyrit

**Schwefelkupfer** Covellin
**Schwefelquecksilber** Zinnober
**Schwefelsaurer Baryt** Baryt
**Schwefelsaurer Kalk** Anhydrit
**Schwefelsaurer Strontian** Coelestin
**Schweinszähne** Calcit
**Schweizer Diamant** Bergkristall, Handelsname
**Schweizer Jade** Jaspis allgemein, Handelsname
**Schweizer Lapis** Jaspis blau (gefärbt!), Handelsname
**Schweizerit** Serpentin
**Schwerspat** Baryt
**Schwerspat faseriger** Coelestin
**Schwerstein** Scheelit
**Schwetterstein** Moqui-Marbles
**Schwimmkiesel** Opalith, Varietät organischer Entstehung, Kieselgur
**Schwimmquarz** Opalith, Varietät organischer Entstehung, Kieselgur
**Schwimmstein** Jaspis, porös durch Verwitterung oder Opalith, Varietät organischer Entstehung, Kieselgur
**Schwingquarz** Bergkristall, piezoelektrischer Kristall
**Scorza** Epidot
**Seam Opal** Opal, Edelopal plattenförmig ausgebildet in Rissen des Muttergesteins
**Sedativsalz** Borax
**Sedimente, siehe Seite 382**
**See-Bernstein** Bernstein, am Meer gefunden
**See-Erz** Limonit
**See-Opal** Muschel (Paua-Muschel), Handelsname
**Seekreide** Calcit
**Seelengefährtenkristall** Bergkristallzwilling mit zwei gleich großen parallel verwachsenen Kristallen
**Seesalz** Halit
**Seestein** Bernstein, am Meer gefunden
**Segelstein** Magnetit
**Seidengips** Gips faserig
**Seidenglanz-Obsidian** Obsidian, Varietät Gold-Obsidian oder Silber-Obsidian
**Seidenspat** Anhydrit faserig, Calcit faserig oder Gips faserig
**Seifenerde grüne** Steatit
**Seifengold** Gold aus Seifen
**Seifenstein** Steatit
**Seifenzinn** Kassiterit aus Seifen
**Selbstheilender Kristall** Bergkristall mit verheilter Bruchfläche, an der sich neue Spitzen zeigen
**Selenenkristall** Bergkristall mit rundem, an Mondphasen erinnerndem Einschluß

**Selenit** Gips klar, auch fälschlich für Mondstein
**Semelin** Sphen
**Semeline** Sphen
**Senai-Stein** Türkis
**Sepiolith, siehe Seite 498**
**Septarie, siehe Seite 384**
**Septeantigorit** Serpentin, Varietät Antigorit (Blätterserpentin)
**Serikolith** Calcit oder Muskovit
**Serizit** Muskovit, feinschuppig, seidenglänzend in Metamorphiten
**Sermikit** Muskovit
**Serpentin, siehe Seite 386**
**Serpentinasbest** Serpentin, Varietät Chrysotil (Faserserpentin)
**Serpentinjade** Serpentin, Varietät Antigorit (Blätterserpentin)
**Serpentinsteatit** Steatit
**Serpophit** Serpentin
**Serra-Topas** Citrin oder Amethyst (gebrannt!), irreführender Handelsname!
**Serrastein** Chalcedon gestreift
**Sexangulit** Pyromorphit oder Galenit-Pseudomorphose nach Pyromorphit
**Shepardit** Enstatit
**Shiva-lingam** Sedimente, ovale Flußgerölle aus dem Himalaya
**Siam-Aquamarin** Zirkon blau, Handelsname
**Siam-Zirkon** Zirkon blau oder farblos, Handelsname
**Siberit** Turmalin aus Sibirien mit rötlich-violetter Farbe
**Sibirischer Chrysolith** Granat, Demantoid, Handelsname
**Sibirischer Granat** Granat, Almandin, Handelsname
**Sibirischer Olivin** Granat, Demantoid, Handelsname
**Sibirischer Rubin** Turmalin rot, Handelsname
**Sibirischer Smaragd** Turmalin grün, Handelsname
**Sibirischer Topas** Topas blau, Handelsname
**Sicilianit** Coelestin
**Siderit, siehe Seite 499**
**Sideritis** Magnetit
**Sideroklept** Peridot-Limonit-Gemenge
**Siderophyllit** Biotit eisenreich und magnesiumfrei
**Sideroplesit** Siderit magnesiumhaltig
**Sideropyrit** Pyrit
**Siderose** Siderit
**Siderotitanium** Ilmenit
**Siemlotka** Halit
**Sil** Limonit
**Silber, siehe Seite 388**

**Silber-Almandin** Granat, Almandin (erhitzt)
**Silber-Granat** Granat, Almandin (erhitzt)
**Silber-Obsidian** Obsidian, Varietät mit Silberschimmer
**Silberachat** Jaspis mit Silberfäden durchwachsen
**Silberauge** Serpentinasbest, Handelsname
**Silberaura-Almandin** Granat, Almandin (erhitzt)
**Silberaura-Granat** Granat, Almandin (erhitzt)
**Silberblattjaspis** Jaspis, Brekzien-Jaspis, Handelsname
**Silberfedererz** Antimonit
**Silberlinienjaspis** Jaspis, Brekzien-Jaspis, Handelsname
**Silberrutil** Ilmenitnadeln in Bergkristall, kein Rutil!
**Silberstein** Strontianit (Westfalen)
**Silbertopas** Topas weiß oder klar
**Silbertripel** Opalith, Varietät organischer Entstehung, Kieselgur
**Silex** Flint oder roter Jaspis
**Siliciophit** Serpentin-Opal-Gemenge
**Silicit** Labradorit
**Silicium** Silicium rein, künstlich!
**Silicoborocalcit** Howlith
**Silizium** Silicium rein, künstlich!
**Sillbölit** Aktinolith
**Sillimanit, siehe Seite 500**
**Sillimanitjade** Sillimanit grün, Handelsname
**Silver-Peak-Jade** Malachit, Handelsname
**Simaostein** Feueropal
**Simar-Opal** Feueropal braunstichig aus der Türkei
**Simili-Diamant** Diamant-Glasimitation, Handelsname
**Sinai-Stein** Türkis
**Sinhalit, siehe Seite 501**
**Sinkanit** Galenit-Anglesit-Gemenge
**Sinopis** Zinnober
**Sinterachat** Achat mit lagigen Bildungen auf Spalten vulkanischer Gesteine
**Sinterkalk** Sedimente, Kalksinter
**Sizilianit** Coelestin
**Skapolith, siehe Seite 502**
**Skelettquarz** Quarzkristalle (Amethyst, Bergkristall, Rauchquarz) mit Vertiefungen der Flächen durch schnelles Kantenwachstum
**Sklaven-Diamant** Topas farblos, Handelsname
**Skolezit, siehe Seite 503**
**Skythischer Smaragd** Dioptas, Handelsname

Sloanit   Natrolith
Smaragd, siehe Seite 390
Smaragdfluß   Fluorit grün
Smaragdit   Aktinolith-Varietät, kompakt eingelagert in Matrix; auch für Smaragd-Imitation aus künstlichem Schmelzfluß
Smaragdmalachit   Dioptas
Smaragdmutter   Aktinolith oder Prasem
Smaragdochalcit   Atacamit
Smaragdochalcit   Dioptas
Smaragdquarz   Prasem, Handelsname
Smaragdspat   Aktinolith
Smithsonit, siehe Seite 504
Smyris   Rubin oder Saphir
Soda-Mikroklin   Feldspat, Anorthoklas
Sodait   Skapolith
Sodalith, siehe Seite 392
Sodasalz   Halit
Sodaspodumen   Feldspat, Oligoklas
Sodastein   Sodalith
Soham   Onyx
Sombrerit   Apatit-Varietät
Sonnenopal   Girasol
Sonnenschein   Sonnenstein
Sonnenstein   Aventurin-Feldspat (Oligoklas) oder rotbraun aventurisierender Labradorit aus Oregon/USA (siehe Seite 394), als Handelsname auch für Feueropal und Girasol.
Sonnenstein, siehe Seite 394
Soochow-Jade   Steatit, Handelsname
Spack   Halit stengelig
Spak   Halit stengelig
Spalmandit   Granat, Mischkristall von Almandin und Spessartin
Spandit   Granat, Mischkristall von Andradit und Spessartin
Spanische Kreide   Steatit, Handelsname
Spanischer Lazulith   Cordierit, Handelsname
Spanischer Smaragd   Glas grün (künstlich!), Handelsname
Spanischer Topas   Citrin oder Amethyst (gebrannt!), irreführender Handelsname
Spanischgrün   Chrysokoll, Handelsname
Spargelstein   Apatit grobstengelig-grün
Sparklit   Zirkon farblos
Spartait   Calcit manganhaltig
Spat   Baryt, Calcit oder Feldspat
Spateisenerz   Siderit
Spateisenstein   Siderit
Spatig Kalkstein   Calcit
Spätiger Strontian   Strontianit

Spatiges Eisen   Siderit
Spätiges Eisenblau   Lazulith
Spatrose   Calcit-Rosette
Speckstein   Steatit
Specularit   Hämatit
Speerglas   Gips
Speerkies   Markasit
Speicherkristall   Bergkristall mit reliefartig erhobenen Dreiecken auf Pyramidenflächen
Spektrolith   Labradorit aus Finnland oder der Ukraine mit dunkler Matrix
Spelter   Sphalerit
Spessartin   Granat (Mangan-Aluminium-Granat)
Spessartit   Ilmenit
Sphalerit, siehe Seite 396
Sphärit   Variscit
Sphärodesmin   Stilbit
Sphärodialogit   Rhodochrosit
Sphäromagnesit   Magnesit
Sphärosiderit   Siderit
Sphärostilbit   Stilbit
Sphen, siehe Seite 505
Sphenoklas   Granat-Diopsid-Gemenge
Spiauter   Sphalerit
Spiegelblende   Sphalerit
Spiegeleisen   Hämatit
Spiegelerz   Hämatit
Spiegelstein   Gips oder Muskovit
Spießglanz   Antimonit
Spießglanzerz   Antimonit
Spießglas   Antimonit
Spießglaserz   Antimonit
Spießglasfedererz   Jamesonit
Spindelspat   Calcit spindelförmig
Spinell, siehe Seite 398
Spinellin   Sphen
Spinellrubin   Spinell rot, Handelsname
Spinther   Sphen
Spitzasalz   Halit
Spitzstein   Diamant geschliffen
Splinterglas   Biotit oder Gips
Spodiosit   Apatit
Spodumen   Mineralfamilie zu der Hiddenit und Kunzit zählt
Spodumenamethyst   Kunzit
Spodumensmaragd   Hiddenit grün, chromhaltig
Spreustein   Natrolith
Sprudelstein   Kalkoolith oder Aragonit-Sinter, Handelsname
Sri-Lanka-Alexandrit   Saphir mit Farbwechsel, Handelsname
Staarstein   Chalcedon
Stachelbeerstein   Granat, Grossular
Staffelit   Apatit, speziell chalcedonartiger, krustiger Carbonat-Fluor-Apatit
Stahlantimonglanz   Jamesonit
Stahlerz   Siderit oder Zinnober

Stahlstein   Siderit
Stalagmit   Calcit, selten auch Rhodochrosit
Stalaktit   Calcit, selten auch Rhodochrosit
Stängelerz   Galenit
Stängelkalk   Aragonit
Stangenspat   Baryt oder Calcit stangenförmig
Stangenstein   Topas
Stannolith   Kassiterit
Stanzait   Andalusit
Star Opal   Opal, Edelopal mit Asterismus
Starlit   Zirkon blau (gebrannt!)
Starolit   Rosenquarz opalisierend mit Asterismus
Starstein   Versteinertes Holz
Staurolith, siehe Seite 400
Stealit   Chiastolith
Stealith   Chiastolith
Steatit, siehe Seite 506
Steatoid   Serpentin-Pseudomorphose nach Olivin
Steinheilit   Cordierit
Steinmannit   Galenit verunreinigt
Steinsalz   Halit
Stellarit   Chrysokoll oder Malachit in Quarz
Stellerit   siehe Stilbit (Seite 507)
Stellit   Larimar, siehe dort (Pektolith)
Stengelspat   Calcit stengelig
Stephanstein   Chalcedon mit roten Hämatitklecksen (Punktachat)
Stern-Opal   Opal, Edelopal mit Asterismus
Sternachat   Amulettstein: Quarzfüllung in rissigen Rhyolith- oder Quarzporphyr-Knollen
Sternberyll   Beryll mit Asterismus
Sterndiopsid   Diopsid mit Asterismus
Sternenstatit   Enstatit mit Asterismus
Sternenstein   Labradorit-Einsprengsel in amphibolhaltigem Gestein (Galaxyit)
Sterngirasol   Girasol mit Asterismus
Sterngranat   Granat allgemein, mit Asterismus
Sternjaspis   Jaspis mit kleinen eingeschlossenen Sternquarzaggregaten
Sternmalachit   Chalcedon mit sternförmigen Malachit-Einlagerungen
Sternquarz   Rosenquarz mit Asterismus
Sternrosenquarz   Rosenquarz mit Asterismus
Sternrubin   Rubin mit Asterismus

**Sternsaphir** Saphir mit Asterismus
**Sternspinell** Spinell mit Asterismus
**Sternstein** Diopsid, Granat, Rosenquarz, Rubin, Saphir u.v.a., bei Auftreten von Asterismus
**Stibium** Antimonit
**Stibnit** Antimonit
**Stilbit, siehe Seite 507**
**Stilbit rhombisch** Stellerit, siehe Stilbit
**Stillolith** Opal
**Stinkspat** Fluorit dunkelviolett bis schwarz, riecht beim Anschlagen übel nach Fluor
**Stolberger Diamant** Bergkristall, Handelsname
**Stragold** Biotit angewittert oder feinkörnige Überzüge von Pyrit
**Strahl** Bergkristall
**Strahlbaryt** Baryt
**Strahlenblende** Sphalerit-Varietät Schalenblende
**Strahliger Hydrargillit** Wavellit
**Strahliger Strontian** Strontianit
**Strahlkies** Markasit oder Pyrit
**Strahlschörl** Aktinolith
**Strahlstein** Aktinolith oder seltener auch Siderit
**Strahlzeolith** Stilbit
**Straß-Diamant** Diamant-Imitation aus Bergkristall oder Glas, Handelsname
**Streifenachat** Achat mit paralleler Bänderung, Lagenstein
**Streifenjaspis** Jaspis gebändert, mit geradlinig gestreifter Zeichnung
**Striegisan** Wavellit
**Strohräuber** Bernstein
**Stromatolith, siehe Seite 508**
**Strömit** Rhodochrosit
**Stromnit** Baryt-Strontianit-Gemenge
**Stromzinn** Kassiterit
**Strontian faseriger** Strontianit
**Strontian kohlensaurer** Strontianit
**Strontian schwefelsaurer** Coelestin
**Strontian spätiger** Strontianit
**Strontian strahliger** Strontianit
**Strontianit, siehe Seite 509**
**Strontianspat** Strontianit
**Strontioaragonit** Aragonit strontiumhaltig
**Strontiumaragonit** Aragonit strontiumhaltig
**Strunz** Strontianit
**Sturmstein** Pietersit
**Succingranat** Granat, Grossular bernsteinfarben, Handelsname
**Succinit** Bernstein
**Südafrikanische Jade** Granat, Grossular grün, Handelsname

**Südpazifik-Jade** Chrysopras, Handelsname
**Sugilith, siehe Seite 402**
**Sulphur** Schwefel
**Sumpferz** Limonit
**Sundvikit** Feldspat, Anorthit
**Sungulit** Serpentin
**Swiss Lapis** Jaspis blau (gefärbt!), Handelsname
**Syenit** Magmatite
**Syhedrit** Stilbit
**Syntagmit** Hornblende
**Synthetischer Aquamarin** Spinell synthetisch, aquamarinfarben, Handelsname
**Syrischer Granat** Granat, Almandin, Handelsname
**Szaboit** Hypersthen
**Szaskait** Smithsonit
**Szepter-Amethyst** Amethyst, aufgewachsen auf Quarzkristall
**Szepter-Kristall** Bergkristall, der auf die Spitze eines anderen Quarzkristalls aufgewachsen ist
**Szepterquarz** Quarzkristall, der auf die Spitze eines anderen Quarzkristalls aufgewachsen ist
**Szybiker Salz** Halit, Handelsname

# T

**Tabularkristall** Bergkristall mit zwei gegenüberliegenden, extrem breiten Prismenflächen
**Tachylit** Naturglas undurchsichtig, grünlich-schwarz bis schwarz
**Tafelspat** Baryt oder Wollastonit
**Tafelstein** Diamant geschliffen
**Talasskit** Peridot
**Talcit** Muskovit oder Steatit
**Talk** Steatit
**Talkerde kohlensaure** Magnesit
**Talkerde reine** Magnesit
**Talkglimmer** Biotit
**Talkgranat** Granat, Melanit
**Talkschiefer** Metamorphite, steatithaltiger Glimmerschiefer
**Talkschörl** Disthen
**Talkspat** Magnesit
**Talkspinell** Spinell magnesiumhaltig
**Talksteinmark** Steatit
**Tallaskit** Peridot
**Talspat** Magnesit
**Taltalit** Turmalin grün bis dunkelgrün
**Tangait** Variscit eisenhaltig
**Tangiwait** Serpentin
**Tansanit, siehe Seite 510**
**Tantrischer Kristall** Bergkristallzwilling mit „verschmelzender" Basis
**Tarnstein** Topas
**Tasmanischer Diamant** Bergkristall, Handelsname

**Taubenblut** Rubin, rot mit Violettstich
**Tauerngrün** Serpentin, Varietät Antigorit (Blätterserpentin), Handelsname
**Tawmawit** Epidot chromhaltig, grün
**Tektit, siehe Seite 404**
**Telaspirin** Pyrit
**Telaspyrin** Pyrit
**Telesia** Saphir kornblumenblau
**Televisionstone** Ulexit
**Telkebanyer Stein** Opal, gemeiner Opal, gelber Wachsopal
**Telkibanjastein** Opal, gemeiner Opal, gelber Wachsopal
**Telkobanier Stein** Opal, gemeiner Opal, gelber Wachsopal
**Tellemarkit** Granat, Grossular
**Tennspat** Scheelit
**Terpitzit** Opalith, Varietät Kieselsinter
**Terpizit** Opalith, Varietät Kieselsinter
**Teruelit** Dolomit schwarz
**Tesselith** Apophyllit
**Tetartin** Feldspat, Albit (Plagioklas)
**Tetragophosphit** Lazulith
**Teufelsfinger** Fossil, Belemnit
**Teufelswürfel** Hämatit mit würfelförmigem Wachstum
**Teufelszehe** Fossil, Belemnit
**Thailandit** Tektit aus Thailand
**Thallit** Epidot
**Tharandtit** Dolomit eisenhaltig
**Thermophyllit** Serpentin, Varietät Antigorit (Blätterserpentin)
**Thetishaar** Aktinolithquarz
**Thinolith** Calcit
**Thjorsauit** Feldspat, Anorthit
**Thuenit** Ilmenit
**Thulit, Kapitel siehe Seite 406**
**Thunder Egg** Amulettstein: Quarzfüllung in rissigen Rhyolith- oder Quarzporphyr-Knollen
**Thyakolith** Feldspat, Sanidin
**Tibetstein** Aventurin oder Porphyrit dunkel mit hellen Feldspatkristall-Einschlüssen, Handelsname
**Tigerauge, siehe Seite 408**
**Tigerauge rot** Tigerauge (gebrannt!), Handelsname
**Tigereisen, siehe Seite 410**
**Tigerit** Tigerauge oder Tigereisen
**Tigerjaspis** Jaspis gebändert, mit tigerfellähnlicher Zeichnung
**Tinkal** Borax
**Tinkalcit** Ulexit
**Titaneisen** Ilmenit
**Titaneisenerz** Ilmenit
**Titaneisenglimmer** Ilmenit
**Titaneisenstein** Ilmenit
**Titanerz** Sphen

**Titangranat** Granat, Melanit
**Titanioferrit** Ilmenit
**Titanit** Sphen
**Titankalk** Rutil, siehe Rutilquarz
**Titanmelanit** Granat, Melanit
**Titanohaematit** Ilmenit
**Titanosiderum** Ilmenit
**Titanschörl** Rutil, siehe Rutilquarz
**Titanvesuvianit** Vesuvian
**Tiza** Ulexit
**Todomundostein** Turmalin-Lokalvarietät aus Brasilien
**Tokayer Luxsaphir** Obsidian allgemein, Handelsname
**Tolfa-Diamant** Bergkristall, Handelsname
**Tomosit** Rhodonit verunreinigt
**Toneisengranat** Granat, Almandin
**Toneisenstein** Hämatit- oder lomonitführender Ton, auch verunreinigter Siderit
**Toneisenstein brauner** Limonitführender Ton
**Toneisenstein gelber** Limonitführender Ton
**Toneisenstein roter** Hämatitführender Ton
**Tonerde** Rubin oder Saphir, auch Aluminiumoxid allgemein
**Tonerde phosphorsaure** Lazulith
**Tonerdephosphat** Wavellit
**Tonkalkgranat** Granat, Grossular, Hessonit oder Pyrop
**Tonstein** Sedimente
**Topas, siehe Seite 412**
**Topas Imperial** Topas-Varietät goldfarben
**Topas orientalischer** Saphir gelb, Handelsname
**Topas rosa** Topas, Imperialtopas rosa
**Topas spanischer** Citrin, irreführender Handelsname
**Topas-Safranit** Citrin, irreführender Handelsname
**Topas-Saphir** Saphir gelb, Handelsname
**Topasasterien** Saphir gelb mit Asterismus, Handelsname
**Topaskatzenauge** Saphir-Katzenauge gelb, Handelsname
**Topasquarz** Citrin oder Amethyst (gebrannt), irreführender Handelsname
**Topassaphir** Saphir gelb, Handelsname
**Topazolith** Granat, Andradit grünlichgelb
**Topfstein** Steatit-Chlorit-Gemenge
**Tophus** Limonit
**Toramalli** Turmalin
**Toramolli** Turmalin
**Torrensit** Rhodochrosit-Rhodonit-Gemenge

**Towanit** Chalkopyrit
**Trachyaugit** Diopsid natriumhaltig
**Trahlerz** Siderit
**Trainit** Variscit verunreinigt, gebändert
**Transmitterkristall** Bergkristall mit Dreiecksfläche zwischen 2 siebeneckigen Pyramidenflächen
**Transvaaljade** Granat, Andradit, Demantoid, Grossular oder Hessonit, Handelsname
**Transvaalnephrit** Granat, Andradit, Demantoid, Grossular oder Hessonit, Handelsname
**Trapiche-Smaragd** Smaragd-Varietät mit sechsstrahliger Zeichnung
**Trappisches Eisenerz** Ilmenit
**Traubenblei** Mimetesit oder Pyromorphit
**Trautwinit** Granat, Uwarowit verunreinigt
**Travelina** Larimar
**Traversoit** Chrysokoll blau
**Travertin** Sedimente, Kalktuff
**Treislobos** Fossil, Trilobit
**Trendit** Wunderstein
**Treppenkies** Pyrit
**Trichroit** Cordierit
**Triggerkristall** Bergkristall mit „hineinwachsendem" kleinen Kristall an der Basis
**Trilobit** Fossil, Trilobit
**Trimontit** Scheelit
**Trip** Turmalin braungelb
**Tripel** Opalith, Varietät organischer Entstehung, Kieselgur
**Triphan** Hiddenit oder Kunzit (Spodumen)
**Triphanspat** Prehnit
**Tripolit** Opalith, Varietät organischer Entstehung, Kieselgur
**Tropfstein** Calcit, selten auch Rhodochrosit
**Trümmer-Falkenauge** Pietersit
**Trümmer-Tigerauge** Pietersit
**Trümmerachat** Achat aus Achatbruchstücken, durch neue Achatbildung verkittet; oft auch fälschlich für Brekzienjaspis, Handelsname
**Trümmerjaspis** Jaspis, Brekzienjaspis oder Sedimente, Konglomerat
**Tsavolith** Granat, Tsavorit
**Tsavorit** Granat-Varietät (Grossular) chrom- und vanadiumhaltig
**Tsilaisit** Turmalin (Natrium-Mangan-Aluminium-Turmalin)
**Tugtupit, siehe Seite 511**
**Tungspat** Baryt
**Tungstein** Scheelit
**Turgit** Hämatit mit Wassereinschlüssen, dadurch Anlauffarben (Hydro-Hämatit)

**Turit** Hämatit mit Wassereinschlüssen, dadurch Anlauffarben (Hydro-Hämatit)
**Turitella-Achat** Jaspis, Turitellajaspis, Handelsname
**Turitellajaspis** Jaspis, Turitellajaspis, braun mit fossilen Schneckenhäusern
**Türkenit** Türkis aus Staub rekonstruiert!
**Türkenkopfturmalin** Turmalin mit roter Spitze
**Türkis, siehe Seite 414**
**Turmalin, siehe Seite 416**
**Turmalinkatzenauge** Turmalin mit Chatoyance
**Turmalinquarz, siehe Seite 428**
**Tuxtlit** Diopsid-Jadeit-Gemenge
**TV-Rock** Ulexit

## U

**Uddevallit** Ilmenit
**Ulexit, siehe Seite 512**
**Ultramarin** Lapislazuli
**Umbalith** Granat, Spessartin mit alexandritartigem Farbwechsel
**Unakit** Epidot-Feldspat-Gemenge grün-rosa
**Ungarischer Diamant** Bergkristall, Handelsname
**Unionit** Thulit
**Unitomer Feldspat** Feldspat, Oligoklas (Plagioklas)
**Unreifer Diamant** Zirkon grau oder farblos
**Unreifer Rubin** Zirkon rot
**Unreifes Rotgüldenerz** Realgar
**Ural-Chrysolith** Granat, Demantoid, Handelsname
**Ural-Jade** Serpentin, Varietät Antigorit (Blätterserpentin), Rußland, Handelsname
**Ural-Smaragd** Granat, Demantoid, Handelsname
**Uralischer Saphir** Turmalin blau, Handelsname
**Uralischer Smaragd** Granat, Demantoid, Handelsname
**Uralolivin** Granat, Demantoid, Handelsname
**Uralsmaragd** Granat, Demantoid, Handelsname
**Urkalk** Dolomit grobkristallin
**Uruguay-Achat** Achat mit ebenen, parallel liegenden Schichten
**Uruguay-Topas** Citrin oder Amethyst (gebrannt!), irreführender Handelsname
**Utahlit** Variscit
**Utahlith** Variscit
**Utahonyx** Marmor, Handelsname
**Utahtürkis** Variscit
**Uvit** Turmalin (Calcium-Magnesium-Aluminium-Turmalin)

**Uwarowit** Granat (Calcium-Chrom-Granat)

# V

**Vabanit** Jaspis braunrot mit gelben Flecken
**Valencianit** Feldspat, Adular (albitfrei)
**Vallumdiamant** Bergkristall
**Vanadinaugit** Diopsid vanadiumhaltig
**Vanadinblei** Vanadinit
**Vanadinbleierz** Vanadinit
**Vanadinbleispat** Vanadinit
**Vanadinit, siehe Seite 513**
**Vanadinsaures Blei** Vanadinit
**Vanadit** Vanadinit
**Vanadium-Grossular** Granat, Grossular mit Anteilen von Goldmanit (Calcium-Vanadium-Granat) oder Granat, Tsavorit
**Vanadiumberyll** Beryll grün, vanadiumhaltig
**Vanadiumgranat** Granat, Grossular mit Anteilen von Goldmanit (Calcium-Vanadium-Granat)
**Vanadiumturmalin** Turmalin grün, vanadiumhaltig (Verdelith)
**Vargasit** Steatit-Pseudomorphose nach Pyroxen
**Variscit, siehe Seite 430**
**Variscitquarz** Variscit-Quarz-Verwachsung
**Vellumdiamant** Bergkristall
**Venturin** Aventurin
**Venturinstein** Aventurin
**Venushaar** Rutilquarz
**Verd-antique** Metamorphite, Ophicalcit, Handelsname
**Verdelith** Turmalin-Farbvarietät, grüner Elbait oder Liddicoatit
**Verdit** Serpentin-Fuchsit-Gemenge
**Verkieseltes Holz** Versteinertes Holz
**Vermeille** Granat, Almandin, orangeroter Spinell oder brauner Zirkon (Hyazinth)
**Vermeillegranat** Granat, Almandin oder Pyrop
**Vermillon** Zinnober
**Verquarztes Holz** Versteinertes Holz, verquarzt
**Versteinertes Peanut-Wood** Versteinertes Holz, Baumfarn, Handelsname
**Versteinerter Baumfarn** Versteinertes Holz, Baumfarn
**Versteinerter Mammutbaum** Versteinertes Holz, Mammutbaum
**Versteinertes Holz, siehe Seite 432**
**Versteinertes Palmholz** Versteinertes Holz, Palme
**Vesuvian, siehe Seite 434**

**Vesuvianit** Vesuvian
**Vesuvianjade** Vesuvian, Handelsname
**Viandit** Opal
**Victorit** Enstatit oder Aragonit kupferhaltig, blau, aus Peru
**Vidrio** Feueropal ohne Farbenspiel
**Viellaurit** Rhodochrosit-Tephroit-Gemenge
**Vilnit** Wollastonit
**Violan** Diopsid violettblau aus Piemont/Italien
**Viridin** Andalusit, manganhaltige grüne Varietät
**Visiergraupen** Kassiterit-Zwillinge
**Viterbit** Wavellit-Allophan-Gemenge
**Vitriol blau** Chalkanthit
**Vitriol cyprischer** Chalkanthit
**Vitriol römischer** Chalkanthit
**Vitriolkies** Markasit oder Pyrit
**Vitrophyr** Naturglas mit kristallinen Mineraleinschlüssen
**Vivianit, siehe Seite 436**
**Vogesit** Jaspis oder Granat, Pyrop
**Voigit** Biotit angewittert
**Voraulith** Lazulith
**Vorhauserit** Serpentin
**Vulkanglas** Naturglas oder Obsidian
**Vulkanjaspis** Moosachat mit Hämatit-Einschlüssen
**Vulpinit** Anhydrit

# W

**Wabanit** Jaspis braunrot mit gelben Flecken
**Wachsopal** Opal, gemeiner Opal mit wachsartigem Glanz
**Wachsstein** Serpentin
**Wagit** Hemimorphit
**Waise** Opal
**Walkerit** Larimar, siehe dort (Pektolith)
**Waschamber** Bernstein
**Washingtonit** Ilmenit eisenreich
**Wasserachat** Achat mit wassergefülltem innerem Hohlraum
**Wasserchrysolith** Moldavit, Handelsname
**Wassermelonenturmalin** Turmalin mit rotem Kern und grünem Rand
**Wasseropal** Opal, Edelopal mit wasserklarer Körperfarbe; auch irreführend für Mondstein
**Wassersaphir** Cordierit, hellblauer Saphir oder farbloser Topas, Handelsname
**Wasserstein** Achat-Varietät Wasserachat oder Calcit
**Wassertropfen** Topas farblos

**Wassertropfenquarz** Bergkristall
**Wasserwaage** Bergkristall mit Wasser-/Gaseinschluß ähnl. der Libelle einer Wasserwaage
**Water Nodule** Achat-Varietät Wasserachat
**Wavellit, siehe Seite 514**
**Webskyit** Serpentin, Varietät Chrysotil (Faserserpentin)
**Weese** Opal
**Weichbraunstein** Pyrolusit
**Weicheisenkies** Markasit
**Weichmanganerz** Pyrolusit
**Weichroteisenerz** Limonithaltiges Gemenge
**Weichstein** Malachit
**Weisklar** Bernstein weiß
**Weiße Zinngraupen** Scheelit
**Weißeisenerz** Siderit
**Weißer Glimmer** Muskovit
**Weißer Kies** Markasit
**Weißer Topas** Amethyst überbrannt, dadurch weiß, Handelsname
**Weißerz** Markasit oder Siderit
**Weissian** Skolezit
**Weltauge** Opal, Edelopal, Varietät Hydrophan
**Wernerit** Skapolith
**Wese** Opal
**Wiener Türkis** Türkis-Imitation aus blau gefärbter Tonerde, Handelsname
**Wiesenerz** Limonit
**Williamsit** Serpentin mit schwarzen Einschlüssen
**Wilkeit** Apatit-Varietät
**Wilnit** Wollastonit
**Wiluit** Vesuvian oder Granat, Grossular
**Wismut, siehe Seite 515**
**Wismutaurid** Goldlegierung mit Wismut (natürlich)
**Withamit** Epidot rot, Schottland
**Wolf** Wolframit
**Wolfart** Wolframit
**Wolfert** Wolframit
**Wolffert** Wolframit
**Wolfort** Wolframit
**Wolfram** Wolframit
**Wolframit, siehe Seite 516**
**Wolfrat** Wolframit
**Wolfrath** Wolframit
**Wolfrig** Wolframit
**Wolfrum** Wolframit
**Wolfsauge** Mondstein oder Tigerauge
**Wolfssalz** Fluorit
**Wolken-Obsidian** Obsidian, Varietät Schneeflocken-Obsidian
**Wolkenachat** Achat mit wolkenähnlichen, blauweißen trüben Partien
**Wollastonit, siehe Seite 517**

Wolnyn  Baryt
Woolferam  Wolframit
Worobieffit  Beryll-Varietät rot, cäsiumhaltig
Worobiewit  Beryll-Varietät rot, cäsiumhaltig
Worobjewit  Beryll-Varietät rot, cäsiumhaltig
Wörthit  Sillimanit
Wulfenit, siehe Seite 438
Wunderstein  Rhyolith
Wunderstein, siehe Seite 518
Würfelanhydrit  Anhydrit mit Einschlüssen
Würfelerz  Galenit
Würfelgips  Anhydrit
Würfelgranat  Granat mit würfelförmigem Habitus
Würfelquarz  Bergkristall mit würfelähnlichem Wachstum
Würfelspat  Anhydrit, würfelförmiger Calcit oder Fluorit
Würfelstein  Calcit
Würfelzeolith  Analcim
Wurm  Limonit in Steatit
Wurmstein  Moosachat rosa
Wurststein  Flint dicht
Wurtzit  Schalenblende-Bestandteil, siehe bei Sphalerit
Wüstenrose  Gips, (Sandrose)
Wüstensalz  Halit
Wyoming Jade  Nephrit, Handelsname

## X

X-Kristall  Bergkristallzwilling, der ein „X" bildet
Xalostocit  Granat, Grossular rosa bzw. rosafarbene Grossular-Marmor-Verwachsung
Xanthit  Vesuvian gelb
Xantholith  Granat, Andradit oder verunreinigter Staurolith
Xanthopyrit  Pyrit
Xanthus  Heliotrop
Xenolith  Sillimanit
Xylith  Sepiolith
Xylochlor  Apophyllit grün
Xylolith  Versteinertes Holz
Xylotil  Sepiolith

## Y

Y-Kristall  Bergkristallzwilling, der ein „Y" bildet
YAG  Granat synthetisch (Yttrium-Aluminium-Granat)
Yamatoid  Granat-Varietät (Mangan-Vanadium-Granat)
Youngite  Bergkristall mit „Jaspis"-Phantom
Yowah-Nuß-Opal  Opal, Edelopal, feine Matrixopale aus Yowah, Australien
Yowah-Opal  Opal, Edelopal, feine Matrixopale aus Yowah, Australien
Yttergranat  Granat, Melanit yttriumhaltig aus Norwegen
Yü-Stein  Jadeit oder Nephrit

## Z

Zabeltitzer Diamant  Bergkristall, Handelsname
Zahntürkis  Vivianit oder Apatit, Varietät Hydroxylapatit
Zala  Borax
Zeasit  Feueropal
Zebra-Achat  Marmor, schwarzweiß marmoriert
Zebrajaspis  Jaspis braun hell/dunkel gestreift, auch fälschlich für Serpentinasbest (Silberauge)
Zebramarmor  Marmor, schwarzweiß marmoriert
Zeilanit  Spinell dunkelgrün bis schwarz
Zeiringit  Aurichalcit-Aragonit-Gemenge
Zeitsprungkristall  Bergkristall mit parallelogrammförmiger Sekundärfläche an der Spitze
Zellkies  Markasit oder Pyrit
Zepharovichit  Wavellit
Zepter-Amethyst  Amethyst, aufgewachsen auf der Spitze eines anderen Quarz-Kristalls
Zepter-Kristall  Bergkristall, aufgewachsen auf der Spitze eines anderen Quarz-Kristalls
Zermattit  Serpentin
Zeuxit  Turmalin
Zeyringit  Aragonit-Aurichalcit-Gemenge
Ziegelerz  Cuprit-Limonit-Gemenge oder Dolomit-Zinnober-Gemenge
Ziegelit  Cuprit-Limonit-Gemenge oder Dolomit-Zinnober-Gemenge
Zieselerz  Limonit
Ziger  Quarz
Zimtstein  Granat, Hessonit
Zinkarsenat  Adamin
Zinkbaryt  Smithsonit
Zinkblende  Sphalerit
Zinkglas  Hemimorphit
Zinkglaserz  Hemimorphit
Zinkischer Carbonspat  Smithsonit
Zinkkieselerz  Hemimorphit
Zinkocker  Smithsonit-Hemimorphit-Limonit-Gemenge
Zinksilikat  Hemimorphit
Zinkspat  Smithsonit
Zinnerz  Kassiterit
Zinnerz cornisches  Kassiterit
Zinngranat  Kassiterit
Zinngraupen  Kassiterit
Zinnober, siehe Seite 440
Zinnsand  Kassiterit
Zinnspat  Kassiterit
Zinnstein  Kassiterit
Zinnwäsche  Kassiterithaltiges Gemenge
Zinnzwitter  Kassiterit-Zwillinge
Zinopel  Hornstein mit Eiseneinschlüssen
Zirkon, siehe Seite 442
Zitrin  Citrin
Zitrinocalcit  Calcit braun
Zitronen-Chrysopras  Chrysopras gelblichgrün oder Gaspeit-Chalcedon-Gemenge, Handelsname, mitunter auch fälschlich für Variscit verwendet
Zöblitzit  Serpentin verunreinigt
Zoesit  Chalcedon
Zoisit, siehe Seite 444
Zoisit blau  Tansanit
Zölestin  Coelestin
Zuckerdolomit  Dolomit weiß, feinkörnig, oft mit Pyriteinschlüssen
Zundererz  Antimonit oder Jamesonit verfilzt
Zweckendruse  Calcit
Zweckenkopf  Calcit
Zweckenspat  Calcit reißzweckenförmig
Zweckenzinn  Kassiterit
Zwillingsflammenkristall  Bergkristallzwilling, der ein „V" bildet oder parallel verwachsen ist
Zwitter  Kassiterit-Zwillinge
Zyanit  Disthen
Zygadit  Feldspat, Albit (Plagioklas)
Zyprin  Vesuvian himmelblau

## 4.2 Sachwort-Index

Bei der Informationsdichte eines Lexikons läßt sich die Verwendung von Fachwörtern nicht vermeiden. Um dennoch ein umfassendes Verständnis aller Zusammenhänge zu ermöglichen, verweist der Sachwort-Index auf jene Textstellen, die den gesuchten Begriff erläutern oder aus dem Kontext heraus verständlich machen. Der Index beschränkt sich dabei bewußt nicht auf mineralogische oder heilkundliche Fachwörter, sondern gibt auch Hinweise auf umgangssprachliche Begriffe, um deren exakte Bedeutung und Verwendung zu klären. Oft sind es nur einzelne mißverstandene Worte, die das Erfassen eines Textinhalts blockieren; machen Sie daher von diesem Index Gebrauch, wenn Sie mit einem Kapitel oder einem Absatz Schwierigkeiten haben.

### A

Abfolge, magmatische 18 ff
Abfolge, metamorphe 22, 32
Abfolge, sedimentäre 23
Abkühlungsprozeß 19 ff
Ablagerung 23 - 29, 79
Ablagerungsgestein 23
Abschirmung 88, 99
Absorptionslinie 70
Absorptionsspektrum 54, 62, 70
Absorptionsvermögen 52
Abstoßung, magnetische 116
Abstrahlung 116 ff
Abstraktion 94
Aceton 73
Achat 18, 23, 26, 45, 50, 88, 108, 112
Achat, gefärbt 73, 75
Achatgeode 45
Achatmandel 45
Achondrit 307
Achroit 53
achromatisch 53
Achteck 96, 98
Adlerstein 15, 29
Adular 54
Adularisieren 54
Aetit 15, 29
Aggregat 34, 36, 45 - 48
Aggregat, anflugartiges 47
Aggregat, asbestartiges 49
Aggregat, ausblühartiges 47
Aggregat, beschlagartiges 47
Aggregat, blättriges 48
Aggregat, blumenkohlähnliches 47
Aggregat, blütenförmiges 48
Aggregat, bündeliges 49
Aggregat, büscheliges 49
Aggregat, dendritisches 49
Aggregat, derbes 46
Aggregat, dichtes 47
Aggregat, drahtförmiges 49
Aggregat, erdiges 47
Aggregat, faseriges 49
Aggregat, feinkörniges 47

Aggregat, flachsartiges 49
Aggregat, garbenförmiges 49
Aggregat, glaskopfiges 48
Aggregat, haarförmiges 49
Aggregat, kantiges 48
Aggregat, kartoffelähnliches 47
Aggregat, knolliges 47
Aggregat, körniges 47
Aggregat, krümeliges 47
Aggregat, krustiges 47
Aggregat, linsenförmiges 48
Aggregat, makrokristallines 45
Aggregat, mehliges 47
Aggregat, moosartiges 49
Aggregat, nadeliges 49
Aggregat, nieriges 48
Aggregat, oolithisches 47
Aggregat, parallelfaseriges 49
Aggregat, pisolithisches 47
Aggregat, poröses 47
Aggregat, pulvriges 47
Aggregat, radialstrahliges 49
Aggregat, rindenartiges 47
Aggregat, rogenartiges 47
Aggregat, rosettenartiges 48
Aggregat, schaliges 47
Aggregat, schiefriges 48
Aggregat, schlierenförmiges 49
Aggregat, schuppiges 48
Aggregat, sellerieähnliches 47
Aggregat, skelettartiges 49
Aggregat, sonnenartiges 49
Aggregat, spätiges 48
Aggregat, stalaktitisches 48
Aggregat, stengeliges 49
Aggregat, sternartiges 49
Aggregat, strahliges 49
Aggregat, traubiges 48
Aggregat, tropfsteinförmiges 48
Aggregat, verfilztes 49
Aggregat, warziges 48
Aggregat, wirrfaseriges 49
Aggregat, wirrstrahliges 49
Aggregat, wollähnliches 49
Aggregat, wulstiges 48
Aggregat, zapfenförmiges 48

Aggregat-Typus 421
Aktinolith 34, 36, 53, 60, 112
Aktinolithschiefer 34, 36
Albit 34, 38
Alchimie 15, 16, 89, 518
Aldehyd 173
Alexandrit 54, 57
Algen 29, 508
Alkohol 115, 173
allochromatisch 53
Almandin 35
Aluminit 67
Aluminium 24, 55, 56, 60, 84
Alunit 67
Amazonit 23, 60, 108, 112
Amethyst 23, 53, 69, 74, 108, 110, 112, 117, 118
Amethyst-Druse 45, 116, 117
Ametrin 53, 73
Ammoniak 67
amorph 38, 39, 69, 81
Amphibole 35
Amphibolit 35
Analcim 21
Analyse, chemische 61, 70
Analytische Steinheilkunde 78
Anatexis 204
Andalusit 34 - 36, 58
Andesit 21
Andradit 34, 35
anflugartiges Aggregat 47
Angelit 58
Anhydrit 29, 31, 58
Anhydritstein 29
Anlauffarben 54
Anreicherung 20, 248, 513
Anthrazit 24, 31
Antigorit 35
Antimon 56, 84
Antimonit 49, 57
Anwendung 78, 106, 107, 111, 114, 115
Anziehung, elektrische 192
Anziehung, magnetische 116
Apatit 22, 23, 30, 31, 38, 58, 62, 67, 108

## Sachwort-Index

Apophyllit 23, 38, 60, 108, 112
Aqua Aura 73
Aquamarin 22, 23, 60, 74, 108, 112
Aragonit 23, 27, 28, 38, 58, 67, 108, 112
Archetypus 92
Argon 56
Arsen 56
Arzneimittelprüfung 77
asbestartiges Aggregat 49
Asterismus 54
Asteroiden 306, 489
Astrologie 89, 114
Astromedizin 113, 114
Atmosphäre 28,
Atom 36, 70
Aufbau, atomarer 36
Aufbau, stofflicher 56
Auffüllungs-Pseudomorphose 45
Aufladen 116, 117
Auflösung 24, 33
Augenachat 124
Augit 21, 38
Aurasichtigkeit 111
ausblühartiges Aggregat 47
Ausfällung 24, 27, 29, 31
Ausfällungsgestein 27 ff
Ausfüllungs-Pseudomorphose 45
Ausgangsgesteine 33
ausgezeichnete Spaltbarkeit 66
Ausgleichstein 112, 114
Auskristallisieren 33
australischer Amulettstein 16
Austrocknung 26, 84
Auswürflinge, vulkanische 471
authigener Quarz 220
Aventurin 22, 53, 54, 108, 112
Aventurisieren 54
Azurit 26, 31, 53, 58, 67, 108
Azurit-Malachit 31, 58, 75, 112

### B

Bach 26
Bakterien 29
Bakterien, sauerstoffbildende 28
Balkenwaage 64
Bandachat 124
Bänder 32
Bändererz 28
Barium 56
Barockstein 115
Baryt 38
Basalt 21
Base 58
basisch 20, 79
Baustoff 83
Bauxit 24, 31
Bearbeitung 72, 89
Bedampfen 73
Behandlung 107, 109, 113, 114
Behandlungszeitpunkt 107
Bentonit 31
Bergbau 15 ff, 31

Bergkristall 17 ff, 22 ff, 50, 53 ff, 73, 76, 108, 112
Bergkristall, bestrahlt 75
Bergkristallkugel 118
Bernstein 38 ff, 74 ff, 108, 112, 116
Bernstein, geblitzt 74
Berührungszwilling 44
Beryll 22 ff, 38, 53, 60, 108
Beryllium 56, 60, 84
Beschaffbarkeit 118
Beschaffenheit, innere 75
beschlagartiges Aggregat 47
Bestandteile, geringe 84
Bestandteile, häufige 84
Bestimmung 36, 51, 55, 61 ff, 65, 68, 71
Bestimmungskriterien 62, 67 - 69
Bestimmungsmerkmal 50
Bestimmungsmethoden 55, 62, 68
Bestrahlung 72, 74
Betrug 447
Betrüger 71, 76
Beugung 70
Beugungsdiagramme 70
Bewußtseinsschwerpunkt 110
Bewußtseinszentrum 111
Beziehung, individuelle 110
Bilderjaspis 26, 31
Bildungsprinzip 79
Bildungsprinzip, primäres 18, 79
Bildungsprinzip, sekundäres 23, 79
Bildungsprinzip, tertiäres 32, 80
Bindemittel 75
Biochemie 78
Biogene Sedimente 24 ff, 29, 31
Biophysik 78
Biotit 33 - 35, 60, 66
Biotit-Linse 108
Bitumen 34, 242
Blasen des Kristalls 167
Blasenmeridian 104 ff
Blasenräume 22
Blättchen 48
Blätterserpentin 35
Blätterzeolith 15
blättriger Habitus 43
blättriges Aggregat 48
Blau 53, 87
Blaugrünalgen 508
Blauquarz 23, 55
Blei 56, 84
Bleikristallglas 52
Blitzen 74
Blockade 107
Blockade, innere 102
blumenkohlähnliches Aggregat 47
blütenförmiges Aggregat 48
Bohrung 98
Boji's 57
Bor 56, 60

Borax 52, 67, 70
Boraxperlen 70
Boraxpulver 70
Bornit 31, 54
Botswana-Achat 108
Braun 87
Braunkohle 24, 31
Brechungsindex 69
Breitenwachstum 40
Brekzie 25 ff, 31
Brekzien-Jaspis 26, 31
Brennbarkeit 172
Brennen 72, 74
Brennverfahren 74
Brillant 52
Brillantschliff 69, 98
Brom 56 ff
Bronzit 60
Bruch 67, 75
Bruch, hakiger 67
Bruch, erdiger 67
Bruch, muscheliger 67
Bruch, splittriger 67
Bruch, unebener 67
Bruchfläche 67
Bruchstelle 73
Brustschild des Hohenpriesters 113
bündeliges Aggregat 49
Bunt 88
büscheliges Aggregat 49

### C

Cabochon 65, 97 ff
Cabochon-Schliff 54
Cadmium 56
Calcit 18, 27 - 29, 34 ff, 38, 45, 58, 62 - 70, 108, 112
Calcit-Rhomboeder 69
Calcium 56, 84
Calciumcarbonat 27, 29
Carbonate 30, 57 ff, 67, 82
Cäsium 56
Cer 56
Cerussit 38
Chakra 109 - 111, 114
Chakra-Zuordnung 111
Chakrenlehren 111
Chalcedon 16, 23, 28, 55, 88 ff, 108, 112, 117
Chalcedon rosa 31, 108
Chalcedon-Rosette 28, 31, 48
Chalkanthit 38
Chalkopyrit 38, 54, 57, 67
Charoit 60, 112
Chatoyance 54
Chatoyieren 54
Chemikalien 67
Chemische Sedimente 24 ff, 31
chemische Untersuchungsmethoden 70
Chemismus 61
Chiastolith 34, 36, 58
Chlor 55 - 57

Chlorit 16, 34 ff
Chloritschiefer 34
Chloromelanit 60
Chlorwasserstoff 57
Chondrite 307
Chrom 53 - 56, 68, 84
Chromdiopsid 60
Chromophor 53
Chrysoberyll 54, 57, 112
Chrysokoll 26, 31, 60, 108, 112
Chrysolith 58
Chrysopal 31, 112
Chrysopras 31, 108, 112
Chrysotil 35
Citrin 22 ff, 69, 74, 108, 112
Coelestin 58
Coenzym 83
Conchyn 344, 485
Connemara 35 ff
Cordierit 33 - 36, 53, 60, 69
Covellin 31, 57, 108
Cuprit 52
Cyanit 36, 58
Cyanobacteria 508
Cyanophycea 508

## D

Daumenstein 115
Davidstern 94
Dekade 114
Deklaration 72, 74
Deklarationspflicht 75
Dendriten-Achat 124
dendritisches Aggregat 49
derbes Aggregat 46
Diabas 21, 22 ff
Diamant 17 ff, 51 - 53, 57, 62, 68 ff, 112, 118
Diamantglanz 52
Diatomeen 30
Diatomeenerde 30
Diatomit 30
Dichroismus 53, 69
Dichte 62, 64, 75 ff
Dichtebestimmung 64
dichtes Aggregat 47
Dickdarmmeridian 104 ff
dicktafeliger Habitus 43
Diopsid 34 - 36, 54, 60
Dioptas 31, 60
Diorit 21 - 23
Diorit-Lamprophyr 21
Dioritporphyrit 21
Disk 99
Dispersion 69
disphenoidischer Habitus 381, 505
Disthen 33 - 38, 58, 63
Dolomit 28 ff, 31, 35, 58, 112
Dolomitisierung 28
Dolomitmarmor 35 ff
Dolomitstein 28
Donnerei 124
Donut 76, 99, 101, 114

Donuts, synthetische 71
Doppelbrechung 69
Doppelpyramide 37, 39, 43, 95
Doppelspat 69
Dorje 97
drahtförmiges Aggregat 49
Dravit 112
Dreifacher-Erwärmer-Meridian 104 ff
Drillinge 44
Druck 19, 22, 32, 79, 84
Druse 45, 115 ff, 118
Dubletten 75 ff
Dumortierit 22 ff, 58, 112
Dünndarmmeridian 104 ff
Dünnschliff 50 ff
dünntafeliger Habitus 43
Durchdringungszwilling 44
Durchlässigkeitsgrade 50 ff
Durchläufer 132, 358, 396, 465, 469
Durchlicht-Elektronenmikroskopie 71
durchscheinend 50 ff
durchsichtig 50 ff
Dysprosium 56

## E

Echt Bernstein 75
Echtheit 68, 75 ff
Edelgase 56
Edelstein 17 ff, 69 - 72, 75 ff, 90 - 92, 118
Edelstein-Essenz 115
Edelsteine, synthetische 76
Edelsteinschleifer 16
Edelsteintherapie 14, 16
eigenfarbig 53
Eigenschaften, chemische 75 ff
Eigenschaften, mineralogische 75, 83
Eigenschaften, physikalische 75 ff
Eindampfen 27, 29
Eindampfungsgestein 27
Einfachbrechung 69
Einlagerung 74
Einlagerung, selektive 192, 421
Einnahme, innere 84
Einschluß 74
Einschlußbild 74 - 76
Einschlüsse 69
Einzelkristall 44
Einzeller 30
Einzeller, pflanzliche 30
Einzeller, tierische 30
Eisen 28, 53, 55 ff, 68, 85, 89, 117
Eisen, magnetisiertes 65
Eisen-Oolith 15
Eisenerz 28
Eisenerz, feinoolithisch 28
Eisengestein 28, 31
Eisengestein, sekundäres 28

Eisenhydroxid 28
Eisenmeteorit 307
Eisenoxid 28 ff, 53, 74
Eisenrose 48
Eiserner Hut 31
Eklogit 35 ff
elektromagnetisch 78
Elektronen, freie 53
Elektronenabgabe 31
Elektronenaufnahme 31
Elektronenmikroskopie 71
Elektronensonde 61, 71
Elektronenstrahl-Mikroanalyse 71
Elektronenstrahlen 71
Elektrosmog 104
Elemente, chemische 55 - 57, 69 - 71
Elemente, Natürliche 57
Elestiale 16
Endfläche 40, 43
Endflächen, schiefe 39
energetische Körper 110
Energieaufnahme 68
Energiebahn 105
Energiehochpunkt 106 ff
Energiekreis 105 ff
Energietiefpunkt 106 ff
Energiezentrum 109, 110
Farbe 110
Entladen 116 ff
Entstehung 18 ff, 25 ff, 32, 39, 55, 61, 76 - 79, 88 ff, 104, 118
Entstehung, gemeinsame 44
Entstehungsbedingungen 44, 79
Entstehungsort 45
Entstehungsweise 36, 79
Enzym 83
Epidot 22 ff, 34 - 36, 58, 108
Epidotschiefer 34, 36
Erbium 56
Erde 17, 117, 489
Erdgeschichte 17
erdiger Bruch 67
erdiges Aggregat 47
Erdinneres 32
Erdkrume 67
Erdkruste 57
Erdzeitalter 28
Erhitzen 70
Erkennungsmerkmale 69
Erscheinungsbild 36, 46, 50, 55
Erscheinungsform 17, 44, 61 ff, 66, 88, 115
Erstarrungsprozeß 19
Erzgrube 18
Erzlagerstätte 31
Esoterik-Handel 73
Ester 173
Europa 111
Europium 56
Evaporate 27
Experimente 77
Explodieren 70

547

## F

facettierter Stein 97 ff
Fachausdrücke 17
Fachhandel 61, 72
Fachlabor 75
Falkenauge 26, 52
Fälscher 71 ff, 76
Fälschungen 17, 61, 69, 71, 73, 76
Farbbildung 86
Farbe 36, 50 - 55, 61, 65, 69 - 72, 76 - 79, 86 - 89, 109, 117
Farbe, neutrale 88
Färben 72 ff
Färben, inneres 72
Färben, oberflächliches 73
Farbenspiel 54, 333
Farbgebung 60
Farbgraduierung 209
Farbkreis 53
farblos 53
Farblösung 72
Farbmischung 53, 88
Farbpigmente 73 ff
Farbstoffe 53, 73
Farbstoffe einbrennen 73
Farbstrahl 52
Farbtherapie 87
Farbträger 53
Färbung 54
Farbveränderungen 70, 74
Farbverlauf 53
Farbwechsel 53 ff, 207
Farbwirkung 87
Farbzentrum 53
Farbzonen 53, 73 ff
Farbzonierung 421
faserig 49
faseriger Habitus 43
faseriges Aggregat 49
Fasern 55
Faserserpentin 35
Federwaage 164
Feenstein 98, 115
fehlende Spaltbarkeit 67
feinkörniges Aggregat 47
Feld, elektromagnetisches 78 ff
Feld, energetisches 114
Feldspat 20 ff, 33 - 35, 60, 62, 67
Fels 33
Fels-Familie 33 - 36
Festungsachat 124
Fett 73
Fettglanz 52
Feueropal 23, 108, 112
Feuerstein 28
Fichtelgebirge 33
Fische (astrologisch) 112 ff
Fixieren 72
Flächen 48
Flächen, identische 39
Flächenentwicklung 42
Flächenkombination 40 - 44

Flächenpaare 39 ff
Flachmeer 28 - 30
flachsartiges Aggregat 49
Flammenachat 124
Flammenfärbung 70
Flint 28, 31
Flitterchen 74
Flöze 30
Flüchtigkeit 70
Fluor 55 - 57
Fluoreszenz 68, 71
Fluorit 23, 50, 54, 57, 62, 66, 68, 112
Fluorwasserstoff 57
Fluß 26
Flußablagerung 27
Flußsäure 57, 82
Flußtrübe 26
Foide 21
Form, abgerundete 95
Form, abhängige 93
Form, abstrakte 94
Form, äußere 36
Form, buddhistische 97
Form, dominierende 103
Form, durchbrochene 92 ff, 100
Form, einfache 40, 98
Form, freie 95 ff
Form, gegenständliche 94 - 96
Form, geometrische 37
Form, geschlossene 39, 92, 99 - 102
Form, gezackte 96
Form, harmonische 94
Form, innewohnende 90
Form, kantige 96
Form, offene 39 ff, 49, 92
Form, organische 99
Form, regelmäßige 37
Form, standardisierte 90
Form, traditionelle 97
Form, unabhängige 93
Form, universelle 94
Formel, chemische 55 - 61
Formelemente 89
Formen 18, 37, 40 - 42, 50, 55, 89 - 92, 97 - 100, 103, 116
Formenstudium 97 ff
Formkombinationen 40, 92 ff, 103
Formwirkung 90, 92
Forscher 77
Forschung 78, 103
Forschung, steinheilkundliche 61
Forschung, wissenschaftliche 77
Forschungsgruppen 61, 77
Fossilgehalt 28
Fossilien 28 ff
Fossilierung 238
Fossilkalk 29, 31
fränkischer Jura 29
französischer Jura 29
Fremdbeimengungen 60
fremdfarbig 53, 60
Frühdiagnose 107

Frühkristallisation 20
Fuchsit 53
Fumarolen 452
Fundort 68 ff, 76
Fünfeck 95
Fünfzack 96, 102

## G

Gabbro 21
Gabbroporphyrit 21
Gadolinium 56
Gagat 24 ff, 31, 52
Galenit 23, 38, 66
Gallenmeridian 104 ff
Gallium 56
Gammastrahlen 74
Gänge (Gestein) 20, 22
Ganggesteine 19 - 22
ganzheitliche Medizin 78
garbenförmiges Aggregat 49
Gas 57
Gasblasen 22
Gasentwicklung 67
Gebirge 29
Gebirgsbildung 32
geblitzter Bernstein 74
Gebohrte Trommelsteine 115
Gefüge (Gesteine) 25 ff, 32, 35
Gefüge (Mineralien) 36
Gefüge, monomineralisches 29
Geist 14, 77 ff, 83 - 97, 107, 108
geistige Entwicklung 111
Gelb 53, 87, 109
Gelber Jaspis 108
Geld 72, 91
Gemmologie 16 ff
Geode 45
Geologie 17 ff
Gerade 94
Geräte, elektrische 104
Geräte, physikalische 70
gering 60
geringe Bestandteile 61, 84
Germanium 56
Geröll 24 ff
Gerölle, eisenhaltige 28
Gerüstsilikate 59 ff, 83
Gesamtform 93
geschliffene Formen 115
geschliffene Steine 92, 97
geschlossene Formen 39
Gestalt 50
Gestein 17, 23, 29 - 32, 36, 118
Gestein, basisches 20
Gestein, intermediäres 20
Gestein, magmatisches 19 ff
Gestein, metamorphes 36
Gestein, monomineralisches 28 ff, 35
Gestein, saures 20
gesteinsbildende Mineralien 18
Gesteinsbildung 20 ff
Gesteinsbildung, sekundäre 23 ff, 31

548

Gesteinsfamilien 33
Gesteinshohlräume 22, 45
Gesteinskunde 17
Gesteinsmehl 26
Gesteinsschmelze 18
Gesteinsspalten 20
Gesteinsumwandlung 23, 32, 79
Gewässer 27
Gewässer, fließende 30
Gewässer, stehende 29
Gewebe 24
Gewicht 64
Gewicht, spezifisches 64
Gift 83
Gips 29, 31, 38, 44, 58, 62, 67
Gipsstein 29
Gitterstruktur 60
Glanz 50 - 52
Glanzstufe 52
Glas 67, 75
Glasglanz 52
glaskopfiges Aggregat 48
Glaukophan 34
Glaukophanschiefer 34
Gleichgewichtsform 42
Glimmer 20 ff, 32-35, 48, 52, 54, 66
Glimmerschiefer 34, 36
Gneis 32 - 36
Gneis-Familie 36
Gneisbänderung 32
Gold 56 ff, 85, 87, 89
Gold, gediegen 31, 67
Goldfluß 285, 395
Goshenit 53
Grabgemeinschaft 29
Granat 21, 33-38, 58, 67, 108, 112
Granit 20 - 23
Granitpegmatit 21
Granitporphyr 21
Granulat 73
Granulit 33
Graphit 34 ff, 57
Great Barrier Riff 29
Greise 290
Grossular 34 ff, 108
Grün 53, 87, 109
Grundbegriffe 17
Grundeigenschaften 41
Grundelemente 92, 103
Grundform 37, 40, 92, 94, 98
Grundmuster 36, 80, 94
Grundprinzip 78, 97
Grundwasser 30 ff
Grünschiefer 34 - 36
Gruppen 44, 92, 115
Gruppensilikate 58 ff, 83
Guano 30
gute Spaltbarkeit 67

## H

haarförmiger Habitus 43
haarförmiges Aggregat 49
Haarsteine 429

Habitus 40 - 43
Habitus, blättriger 43
Habitus, dicktafeliger 43
Habitus, disphenoidischer 381, 505
Habitus, dünntafeliger 43
Habitus, faseriger 43
Habitus, haarförmiger 43
Habitus, individueller 44
Habitus, isometrischer 43
Habitus, kurzpyramidaler 43
Habitus, langpyramidaler 43
Habitus, langsäuliger 43
Habitus, nadeliger 43
Habitus, oktaedrischer 43
Habitus, prismatischer 43
Habitus, pyramidaler 43
Habitus, rhombendodekaedrischer 43
Habitus, spießförmiger 43
Habitus, tafeliger 43
Habitus, würfeliger 43
Hafnium 56
Halbdonut 100
halbdurchsichtig 50 ff
Halbedelstein 18
halbkugelartig 48
Halbmetall 55
Halit 27, 29, 57, 67
Halitit 29
Halloysit 34
Halo-Effekt 421
Halogene 57
Halogenide 57, 82
Halschakra 110 ff
Hämatin 75
Hämatit 23, 34 ff, 46, 53 ff, 57, 65, 75, 108
Handel 16
Handelsbezeichnungen 16, 115
Handelsnamen 16
Handstück 44
Handwerk 16
Härte 62 ff, 76
Härtebestimmung 63
Härteprobe 62
Härteprüfmittel 62
Harz 75
Harzglanz 52
häufige Bestandteile 60, 84
Hauptkristallisation 20
Hauyn 21
Heilsteine 4ff
Heilwirkung 14, 76 - 78,
Heliotrop 108, 112
Helium 56
hell 50
Hemimorphie 472
Herkunft 76
Herzchakra 110 ff
Herzmeridian 104 ff
hexagonal 37 ff, 80
Hexakisoktaeder 37
Hiddenit 60

Himmelskörper 306
Hitze 22, 32
Hochglanz 52
Hochglanzpolitur 73
Hochtechnologie 70
Höhle 24, 27
Hohlräume 22, 45, 89
Holmium 56
Homogenisieren 74
Homöopathie 77, 88 ff
Hornblende 21, 33 - 36
Hornblendeschiefer 34, 36
Hornfels 35
Hornstein 28
Howlith 67
hydrothermal 22 ff
hydrothermale Gänge 19
Hypersthen 35

## I

Idealkristall 43
Identifikationsmerkmal 69
Identifizierung 72
idiochromatisch 53
Idokras 58
Ikositetraeder 37, 41
Imitation 71 - 76
Indigolith 112
Indium 56
Information 78 ff
Inhaltsstoffe 70, 74
Inkohlung 24
Inselsilikate 58 ff, 82
Interferenz 54
intermediär 20
interplanetar 306, 518
Iolith 60
Ionenströme 104
Iridium 56
Irisieren 54
isometrisch 43
isometrischer Habitus 43
Isoprene 173

## J

Jade 36, 49, 108, 112
Jadeit 60
Jahreslauf 114
Jaspis 53, 112, 118
Jett 31
Jod 56 ff
Jungfrau 112 ff
Jupiter 306, 489
Juwelen 17, 90
Juwelier 15

## K

Kalahari Picture Stone 26
Kalium 55 ff, 85
Kalk 24, 27 - 29
Kalkablagerung 118
Kalkalpen 29
Kalkboden 30
Kalkgebirge 29

Kalkgestein 24, 27 - 29
Kalkkügelchen 27
Kalkmarmor 35
Kalkoolith 27 ff, 31, 47
Kalkperlen 478
Kalksilikatfels 34
Kalksinter 27, 31
Kalkstein 29 - 35, 48
Kalktuff 27
Kalkübersättigung 27
Kamazit 307, 489
Kanten 48
Kanten, einspringende 44
Kantenabstrahlung 116
kantiges Aggregat 48
Kaolin 31
Kaolinit 34, 67
Karneol 23, 73, 74, 108, 112
kartoffelähnliches Aggregat 47
Kassiterit 52, 67
Katazone 400, 500
Katzenaugeneffekt 54
Keramik 75
Kette 76, 98, 114 - 117
Kettensilikate 59 ff, 83
Kiesel 26, 28, 98
Kiesel, gewöhnliche 90
Kieselalgen 30
Kieselgel 232, 332
Kieselgestein 24, 28 - 31
Kieselgur 30
Kieselkügelchen 332
Kieselsäure 24, 26, 28, 30, 57 ff, 82, 89
Kieselschiefer 28
Kieselsinter 28
Kimberlit 21 - 23
Kinesiologie 78
Klaren 74
klastisch 28
Klastische Sedimente 24 ff, 31
Klastite 24
Klebefläche 76
Kleben 75
Klebschiefer 30
Kleinplaneten 489
Klinopinakoid 39
Klüfte 22
Knolle 29, 47
knollig 36
knolliges Aggregat 47
Kobalt 53, 56, 85
Kobalt-Strahlung 74
Kohle 24
Kohlegesteine 24 ff, 31
Kohlendioxid 27, 67
Kohlendioxidverlust 27
Kohlenhydrat 24
Kohlensäure 27, 30, 57, 82
Kohlenstoff 24, 34, 55 ff
Kohlenwasserstoffe 172, 243, 381
kolloidale Lösung 232, 332
Komet 306

Kompaß 65
Komplementärfarbe 86
Konglomerat 17, 25 ff, 31
Konkretionen 384
Kontaktmetamorphose 32
Kontaktschiefer 34
Kontaktstelle 67
Kontaktzone 33
Kontaktzwilling 44
Kontinente 17
Konzentration 24
Kopal 173
Kopffüßler 29
Koralle 29, 109
Korallenachat 124
Korallenfischen 279
Korallenriff 29
Korn (Edelopal) 333
körniges Aggregat 47
Körper, energetischer 109 ff
Körperfarbe 333
Korund 62
Kraft, formgebende 41, 44
Krebs 78, 112 ff
Kreidekalk 29
Kreislauf-Sexualität-Meridian 104 ff
Kreuzstein 34
Kristall 18, 33, 39 - 50, 69 ff, 89, 91, 115 ff
Kristall, realer 40
Kristallbildung 44
Kristalle, kubische 41
Kristallende 43
Kristallfasern 49, 54
Kristallform 37 - 40, 43, 45, 70
Kristallgitter 36 ff, 45, 53 ff, 58, 66 - 70, 73, 82
kristallin 23
Kristalline Schiefer 32 - 36
Kristallisation 78
Kristallkeim 78
Kristallstruktur 41, 66, 70, 76, 78, 80, 88 ff
Kristallsystem 36 - 40, 43, 55, 61, 80 ff, 109
Kristallwachstum 43
Krokydolith 228, 408
krümeliges Aggregat 47
krustiges Aggregat 47
Krypton 56
kubisch 37 - 42, 69, 80
Kuboktaeder 42
Kugel 50, 92, 94, 97 ff, 100, 115
Kügelchen 29, 47
Kugeldiorit 22
Kugelpackung 54, 333
Kunstharz 75
Kunstlicht 54
Kunstprodukte 75
Kunststeine 76
Kunzit 22 ff, 60, 74, 108, 112, 118
Kupfer 53, 55 - 57, 67, 85

Kupfer, gediegen 31
Kupferchalcedon 31
Kupfervitriollösung 67
Kürzel, chemische 56
kurzpyramidaler Habitus 43

## L

Labor 55
Laboruntersuchungen 68
Laborwaage 64
Labradorisieren 54
Labradorit 54, 60, 67, 112
Lace-Achat 124
Ladung, energetische 104
Ladung, negative 105
Ladung, positive 104
Ladung, statische 116
Ladungsaustausch 104
Ladungsunterschied 104
Lagerstätten 17, 29
Lagerstätten, sedimentäre 28
Lagune 29
Lamellenstruktur 311
Landschafts-Jaspis 26, 31
Landschaftsachat 125
Längenwachstum 40
länglich-wulstig 48
langprismatisch 49
langpyramidaler Habitus 43
langsäuliger Habitus 43
Lanthan 56
Lapislazuli 15 ff, 33, 36, 52, 60, 73, 108, 112
Larimar 23
Larvikit 22
Lasurit 16
Laue-Fotografie 70
Lauge 58
Lava 19
Lavastein 47
Lavatuff 47
Lavendelquarz 16
Lebenssituation 81
Lebensstein 98, 115
Lebensstil 80
Lebenstätigkeit 29
Lebermeridian 104 ff
Lehmstein 25
Leib, physischer 111
Leiter, elektrische 60
Leitfähigkeit 67
Leitfähigkeit, elektrische 67
Leitmineral 412
Lemniskate 94, 97
Leopardenfell-Jaspis 108
Lepidolith 22 ff, 60
Lernprozeß 79 - 81
Leuchten 71
Leuchterscheinungen 70
Licht 50 - 55, 68 - 71, 78, 86, 96
Licht, polarisiertes 73
Licht, weißes 52 ff, 69
Lichtabsorption 50, 52 ff
Lichtbeugung 54

Lichtbrechung 51 - 54, 69, 75 ff
Lichtbrechungsindex 51 ff, 62
Lichtdurchlässigkeit 50
Lichtfrequenz 70 ff
Lichtleitungs-Effekt 512
Lichtmikroskopie 71
Lichtquelle 50, 54, 69
Lichtreflektion 50 - 54
Lichtschimmer 54
Lichtspektrum 50, 54, 86
Lichtstrahl 51 - 54, 69 ff
Lichtstreuung 54
Lichtveränderungen 69
limnisch 24, 27
Limonit 35
linksdrehend 94
linksdrehende Strahlung 167
Linksdrehung 166 ff
Linksquarz 166 ff
Linobat 255
Linse 48
linsenförmiges Aggregat 48
liquidmagmatisch 22
liquidmagmatische Gänge 19
Lithium 56, 85
Löslichkeit 20, 29, 62, 67
Lösung 19, 27 ff, 31, 81
Lösung, magmatische 79
Lösung, übersättigte 27
Lösung, wäßrige 22
Löwe 112 ff
Luft 31
Luftsauerstoff 31
Lumineszenz 68, 71, 78
Lumineszenzgifte 68
Luminogene 68
Lungenmeridian 104 ff
Lutetium 56

## M

Mafite 21
Magenmeridian 104 ff
Magma 18 - 21, 32, 79
Magmaherd 20
magmatische Lösung 18
Magmatite 18 - 23, 33
Magnesit 35, 58, 67, 108, 112
Magnesium 28, 55 ff, 85
Magnetismus 62, 65
Magnetit 22 ff, 34, 38, 46, 57, 65, 108
makrokristallin 44 ff
makroskopisch 47
Malachit 17, 31, 53, 58, 67, 88, 108, 112
Mandel 22, 45
Mangan 53, 55 ff, 68, 85
Manipulation 72 - 74, 93
Manipulationsmethoden 72
männlicher Kristall 167
Märchen 15
Margarita 28
Marienglas 29, 58
maritim 24, 28 - 30

Markasit 49, 57
Marmor 17 ff, 33 - 36
Mars 89, 109, 306, 489
Martit 46, 65
Massenkalk 29
Matrix 26
matt 52
Mattigkeit 52
mechanische Verwitterung 24
Meer 24, 29 ff
Meereslebewesen 29
Meerwasser 29
mehliges Aggregat 47
Mehrfarbigkeit 53, 69
Meridiane 104 - 109, 427
Mesozone 400
Metall 31, 52, 55, 67, 81, 83 ff
Metalldampf 73
Metalle, gediegene 57, 67
Metallglanz 52
metamorphe Abfolge 22, 32
metamorphe Gesteine 36
metamorphe Mineralien 32, 36
Metamorphite 32 - 36
Metamorphose 32 - 35, 79
metaphysisch 518
Metasomatose 22, 33
Meteoreisen 306
Meteorit 306
Miarolen 419
Micromount 44
Migmatit 33 - 36
Mikroklin 21
mikrokristallin 44, 47
Mikroskop 55, 69, 73 - 76
Mikroskop-Analysen 74
Mikrosonde 71
Milchopal 108
Milz-Pankreasmeridian 104 ff
Mine 18
Mineral der Erdoberfläche 430
Mineralaggregate 44 - 50, 91
Mineralbestimmung 51, 53, 63, 65
Mineralbildung 23, 30, 45 ff
Mineralbildung, sekundäre 23, 30 ff
Mineralblättchen 54
Mineraleinschluß 53
Mineralfarbe 53, 83, 86 ff
Mineralgehalt 27
Mineralien 16 - 18
Mineralien, ähnliche 75
Mineralien, basische 20
Mineralien, hydrothermale 23
Mineralien, liquidmagmatische 23
Mineralien, magmatische 18
Mineralien, metamorphe 32, 36
Mineralien, pneumatolytische 23
Mineralien, synthetische 76
Mineralien, vulkanische 23
Mineralienhandel 15
Mineralienmarkt 72
Mineralklasse 55 - 61, 81 - 83
Mineralnamen 16

Mineralogie 15 - 17, 37, 46, 56
Mineralstoffe 22, 53 - 57, 60 ff, 78 - 84, 88
Mineralstoffzusammensetzung 76
Minette 28
Mischkristallreihe 231
Mohshärte 62
Moldavit 39, 112
Moleküle 36
Mollusken 29
Molybdän 56
Mondstein 23, 54, 60, 67, 108, 112
Monochromie 420
monoklin 38 ff, 81
monomineralisch 29
monomineralische Gesteine 18
Montmorillonit 34
Mookait 108
Moosachat 112
moosartiges Aggregat 49
Moqui Marbles 15 ff, 28 ff, 31
Morganit 60, 112
muscheliger Bruch 67
Muscheln 29
Muschelschalen 52, 67
Muskovit 33 ff, 66
Muttergestein 34, 44, 47
Mythologie 15 ff

## N

Nabelchakra 110 ff
Nachahmung 76
Nachschlagewerk 16
Nachweis, chemischer 67, 73
Nachweisbarkeit 61
Nachweisbarkeitsgrenze 61
nadeliger Habitus 43
nadeliges Aggregat 49
Nagelfluh 26, 31
Nagellack-Entferner 73
Namen 16
Namen der Heilsteine 15
Namensgebung 15, 115
Namensherkunft 16
Namensschöpfung 15
Namenszuordnung 14
Nasenchakra 110 ff
Natrium 55 ff, 85
Natur 37, 78, 91, 103
Natürliche Elemente 57, 81 ff
Naturprodukt 118
Naturwissenschaft 77
Navajún 41
Nebenniere 106, 108
Neodym 56
Neon 56
Nephrit 60
Neubildung 33
neutraler Kristall 167
Neutralisation 58
Nichtmetall 55, 81
Nickel 53, 56, 68, 85
Nickeleisen 307, 489

551

Nierenmeridian 104 ff
nieriges Aggregat 48
Niob 56
Nomenklatur, chemische 61
Nordafrika 29
Nördlinger Ries 308
Nosean 21
Nuggets 248

## O

Oberfläche, geschlossene 49
Oberflächenrauhheit 52
Oberflächenwasser 23, 30
Obsidian 21 - 23, 38 ff, 57, 67, 108, 112
Offene Formen 39
Oktaeder 37 - 42
oktaedrischer Habitus 43
Olivin 35, 38, 58, 108
Olivin-Bomben 342
Oloid 98
Onyx 72 ff, 112
Onyx-Marmor 27, 31
Ooide 478
Oolith 28, 31
oolithisches Aggregat 47
opak 50 ff
Opal 21, 38 ff, 54, 57, 67 ff, 71, 75, 108, 112, 117
Opalisieren 54
Opalith 108
Ophicalcit 35 ff
optische Untersuchungsmethoden 69
Orange 53, , 109
Organismen, biologische 24, 29
Organismus 14, 30, 50
Organuhr 106, 107, 109, 114
Orthoklas 21, 38, 67, 231
Osmium 56
Oxidation 31, 54, 72, 74
Oxidationszone 30 ff
Oxide 57, 82

## P

Paläontologie 239
Palladium 56
Paraffin 73
Paragenese 19, 44
Paraiba-Achat 125
parallelfaseriges Aggregat 49
Parallelflächen 39
Parallelgefüge 32
Parallelogramm 37, 39, 81, 95
Parallelverwachsung 421
Pechglanz 52
Pedion 421
Pedionebene 421
Pegmatite 19 - 22
Pelite 25
Penetrationszwilling 44
Pentagondodekaeder 37
Peridot 21 ff, 58, 108
Peridotit 21 - 23, 35

Perle 28, 108
Perlmutt 52
Perlmuttglanz 52
Perlversuch 70
Perthitisierung 231, 310
Petrologie 17
Pflanzenmassen 24
Phallussymbol 97
Phänomen 14, 77
Phänomene, energetische 86
Phantasiefarben 209
Phantasienamen 16
Phantomquarz 165
Phosphate 30, 57 ff, 67, 82
Phosphatgesteine 24, 29 - 31
Phosphatsalz 70
Phosphor 55 - 58
Phosphoreszenz 68
Phosphorit 30 ff
Phosphorsäure 30, 57 ff, 82
Photolumineszenz 68
physikalische Untersuchungsmethoden 70
Pietersit 26, 31
Piezoelektrizität 166
Pigment 74
Pikrit 21
Pinakoide 39 ff
Pinkopal 31, 108
pisolithisches Aggregat 47
Placebo 77
Plagioklas 21, 34 ff, 231
Planeten 109, 489
Platin 56
Plättchen 48 - 51
Platten 32, 50
Plattenkalk 29
Pleochroismus 53, 69
Plessit 307, 489
Plutonite 19 - 23
pneumatolytisch 22
pneumatolytische Gänge 19
Polarisation 69
Polarisationsmikroskop 69
Poliermittel 73
Polierschiefer 30
Politur 50, 52, 117
Polychromie 420
Polychromie, epizonare 421
Polychromie, konzentrisch-zonare 421
Polychromie, pyramidal-prismatische 421
Polymerisation 172
Pop Rocks 16
Poren 30, 47
poröses Aggregat 47
porphyrisch 20
Porphyr 20
Porphyrit 20 - 23
Porphyroblast 204
Porzellan 65
Präkambrium 28
Prasem 53

Praseodym 56
Prasopal 31
Präzipitate 27
Prehnit 23, 58, 108
primäre Entstehung 18, 79
primäres Bildungsprinzip 18, 79
Primärgesteine 18
Primärmineralien 18
Prinzip, homöopathisches 80
Prinzipien 88
Prisma 37, 39 ff, 43
prismatisch 43
prismatischer Habitus 43
Probierstück 63 - 67
Prüfung 68
Prüfung, chemische 72
Prüfung, mechanische 72
Prüfung, gemmologische 62
Prüfung, mineralogische 62
Psammite 25
Psephite 25
pseudochromatisch 54 ff
pseudohexagonal 39
Pseudomorphose 45 ff, 65
Puffer 58
Pulver 51
pulvriges Aggregat 47
pyramidal 43
pyramidaler Habitus 43
Pyramide 50
Pyrit 17, 28, 34 ff, 38, 41, 49, 52, 57, 67
Pyritsonne 34
Pyroelektrizität 421
Pyrolusit 52
Pyrop 35
Pyroxene 33 - 35
Pyrrhotin 38

## Q

Quadrat 37, 80, 92, 95
Qualität 51, 76
Qualitäten, innere 36
Quarz 16, 20 ff, 26, 33 - 35, 38, 45, 52, 57, 62, 64, 67 ff, 74 ff, 117
Quarz, authigener 220
Quarz, bestrahlt 75
Quarz-Familie 21
Quarz-Verwandte 57
Quarzit 34, 36
Quarzolith 21
Quarzpegmatit 21
Quarzstruktur 165
quasi-amorph 233, 333
Quecksilber 56
Quellablagerung 24, 27
Quellausscheidungen 28
Quellen, alte 14
Querstreifung 165

## R

Rad, achtfaches 97
radialstrahlig 34, 36
radialstrahliges Aggregat 49

Radiästhesie 78
radioaktiver Zerfall 56
Radioaktivität 53, 56, 74
Radiolarien 30
Radiolarit 30
Raster--Elektronenmikroskopie 71
Rauchquarz 22 ff, 53, 74 ff, 108, 112
Raumausdehnung 43
Raute 37, 39, 81, 95, 101
Reaktion, chemische 86, 89, 117
Realgar 38
Rechteck 37, 80, 95, 98
rechtsdrehend 94
rechtsdrehende Strahlung 167
Rechtsdrehung 166 ff
Rechtsquarz 166 ff
Reduktion 31, 51 - 54
Reflektion 50, 83
Reflektionsvermögen 389
Refraktometer 69, 75
Regenbogen 52
Regenbogenfarben 54, 69
Regenwasser 30
Regionalmetamorphose 32
Reichtum 100
Reinheit 18, 76
Reinigung 108, 116, 118
Reinigung, energetische 116
Reinigungszeit 117
Rekonstruktion 72, 75
Restkristallisation 20
Restlösungen 20
Rezepte, überlieferte 14
Rhenium 56
Rhodium 56
Rhodochrosit 31, 58, 70, 108, 112
Rhodonit 36, 38, 53, 60, 108
Rhombendodekaeder 37, 41
rhombendodekaedrischer Habitus 43
rhombisch 38 ff, 81
Rhomboeder 39 ff, 95
Rhombus 39
Rhyolith 16, 17, 21 - 23
Riebeckit 408
Riesenmeteorit 308, 404
Riffbildung 25
Riffkalk 29
rindenartiges Aggregat 47
Ringsilikate 58 - 60, 83
Risse 30, 54, 89
Ritzbesteck 63
Ritzhärte 62 ff
rogenartiges Aggregat 47
Röhrenachat 125
Röntgenanalyse 70
Röntgenbestrahlung 71
Röntgenbeugungsanalyse 70
Röntgendiffraktometer 70
Röntgenfluoreszenzanalyse 61, 71
Röntgenstrahlen 70 ff
Rosa 87

Rose 48
Rosenquarz 22, 46, 53 ff, 61, 73 ff, 108, 112, 118
Rosette 48
rosettenartiges Aggregat 48
Rot 53, 87, 109
Rubellit 112
Rubidium 56
Rubin 18, 53 ff, 57, 74, 108, 112
Rückstand 24
Rückstandsgesteine 24 ff, 31
Ruthenium 56
Rutil 35, 54
Rutilquarz 22 ff, 108, 112

## S

Sagen 15
Salpetersäure 67, 306
Salz 29, 116, 117
Salzdom 258
Salze 29
Salzgestein 29, 31
Salzkristall-Lampen 105
Salzsäure 57, 67, 70, 82
Salzsee 27, 29
Salzstock 258
Samarium 56
Sand 24 ff, 29
Sandstein 25 ff, 29, 31
Sandstein-Eisen-Oolith 28
Sanidin-Bomben 471
Saphir 15, 17 ff, 54, 57, 74, 108, 112
Sardonyx 23
Sättigung 27
Sättigungsgrenze 27
sauer 20, 79
Sauerstoff 28 - 31, 55 - 58, 82
Säule 40, 43, 97, 101
Säule, dreiflügelige 421
Säulenstruktur 60
Säure 22, 24, 30, 57, 67, 117
Scandium 56
Schale 24, 29, 117
Schalenblende 57
schaliges Aggregat 47
Scheelit 52, 68
Scheibe 50, 99
scheinbare Färbung 53 ff
Scheitelchakra 109 - 111
Schichtachat 125
Schichten 60
Schichtsilikate 59 ff, 83
Schichtstruktur 54
Schichtung 28 ff
Schiefer 32 ff
Schieferung 32
schiefriges Aggregat 48
Schlamm 26
Schlangenachat 125
Schleifstaub 75
Schlick 26
Schlieren 74
schlierenförmiges Aggregat 49

Schliff 50, 89
Schmelzbarkeit 70
Schmelzen 70
Schmelzprobe 70
Schnecken 29
Schneckenachat 26
Schneckenhaus 26
Schneequarz 34
Schönheit 18, 91
Schörl 112
Schreibkreide 29
Schrumpfung 22
schuppiges Aggregat 48
Schutt 24
Schütze 112 ff
Schwalbenschwanzzwilling 44
Schwämme 29
Schwammstruktur 60
Schwarz 53, 86, 88
Schweb 26
Schwefel 22 ff, 38, 55 - 58, 67 ff, 82
Schwefelsäure 57 ff, 67, 82
Schwefelwasserstoff 57
schweizer Jura 29
Schwingquarz 166
Schwingung 95
Sechseck 37, 39, 80, 96, 98
Sechseck-Prisma 40
Sediment-Gestein 31
sedimentäre Abfolge 23
sedimentäre Lagerstätten 28
Sedimentation 23, 25, 30
Sedimentationszone 31
Sedimente 23 - 31
Sedimente, biogene 24 - 31
Sedimente, chemische 24 - 31
Sedimente, klastische 24 - 31
Sedimente, monomineralische 29
Sedimentgesteine 29, 33
Seeablagerung 24, 27
Seekalk 27
Seele 14, 77 ff, 83 - 88, 107 ff
Seidenglanz 52
Seifenlagerstätte 248, 398
Sekundär-Mineralien 31
sekundäre Entstehung 79
sekundäre Gesteinsbildung 23 ff, 31
sekundäre Mineralbildung 23, 30 ff
sekundäres Bildungsprinzip 23, 79
Sekundärgesteine 23 - 30
Sekundärmineralien 23
Selen 56
Selenit 29, 44, 58
sellerieähnliches Aggregat 47
Seltene Erden 68
Serpentin 35 ff, 60, 108, 112
Serpentincalcit 35
Signatur 88
Signaturenlehre 50, 88
Silber 56 ff, 68, 85, 88
Silber, gediegen 31, 67
Silicium 55 - 58, 61, 86

Siliciumdioxid-Kügelchen 54
Silikat-Gerüste 58
Silikat-Gruppen 58
Silikat-Ketten 58
Silikat-Ringe 58
Silikat-Schichten 58
Silikate 55, 57 ff, 82
Silikatgitter 60
Silikatmarmor 35
Silikatmolekül 58
Silikatstrukturen 59
Sillimanit 33 - 36, 54, 58
Sinter 24
Sintern 75
Skalenoeder 39
Skapolith 38
Skarn 34
skelettartiges Aggregat 49
Skelette 24, 29 ff
Skelettquarz 16
Skorpion 112 ff
Smaragd 18, 33, 36, 53, 60, 108, 112
Smaragd-Schliff 98
Smaragdit 36
Smithsonit 58, 70
Sodalith 21, 60, 68, 108, 112
Solarplexuschakra 110 ff
sonnenartiges Aggregat 49
Sonnenlicht 52, 54, 117 ff
Sonnenstein 112
Sonnensystem 306
Sortierung 26
Spagyrik 89
Spaltbarkeit 62, 66 ff, 75, 89
Spaltbarkeit, ausgezeichnete 66
Spaltbarkeit, fehlende 67
Spaltbarkeit, gute 67
Spaltbarkeit, unvollkommene 67
Spaltbarkeit, vollkommene 48, 66
Spalten (Gestein) 22, 30, 89
Spaltenfüllung 26
Spaltflächen 54, 66 ff, 67
Spaltoktaeder 66
Spaltplatten 32
Spaltrhomboeder 66
Spaltwürfel 66
Spat 48
spätiges Aggregat 48
Speckstein 34
Spektralanalyse 61
Spektralband 70
Spektralfarben 53, 55, 70
Spektroskop 69, 70
Sphalerit 37, 57, 68
Sphärolithe 478
Sphen 58
spießförmiger Habitus 43
Spinell 22, 57
Spitze 43
splittriger Bruch 67
Sprenghöfe 74
Sprudelstein 27
Spurenelemente 53 ff, 60 ff, 84

Stäbchen 420
stalaktitisches Aggregat 48
Staub 24, 118
Staurolith 34, 36
Steatit 34, 36
Stein 17
Stein der Weisen 89, 518
Steinbock 112 ff
Steineisenmeteorit 307, 489
Steinheilkunde 14 - 16, 61, 77 ff, 97, 103 ff, 107 - 109, 116
Steinkohle 24, 31
Steinkreis 115
Steinmeteorit 307
Steinsalz 29, 31, 57
stengeliges Aggregat 49
Stern, dreizackiger 421
sternartiges Aggregat 49
Sternzeichen 112, 114
Stickstoff 56
Stier 112 ff
Stilbit 15
Stirnchakra 110 ff
Stoff 18, 55, 83, 89
Stoffaustausch 22, 28, 33
Stoffe, gelöste 19, 27, 30
Stoffe, lösliche 24
Stoffgemisch 39
Stoffverbindung 18, 31
Stoffwechselausscheidung 30
Stoffwechselprodukt 29
strahliges Aggregat 49
Strahlung 78 ff
Strahlung, radioaktive 53
Strahlzeolith 15
Straß 209
Strich 65, 93 ff
Strichfarbe 53, 55, 62, 65, 76
Strichtafel 65
Stromatolith 30 ff
Ströme 104
Strontianit 68
Strontium 56, 86
Struktur 36 ff, 46, 50, 54, 79, 80, 85, 89, 96, 98
Struktur, innere 36, 39, 69 ff
Struktur, kristalline 37, 70
Stufe 44 ff
Sublimation 206
Sugilith 60
Sulfate 55 - 58, 67, 82
Sulfid 55 - 58, 82
Syenit 21 - 23
Syenit-Lamprophyr 21
Syenitporphyr 21
Symmetrie 70, 95
Synonyme 16
Synthese 72, 76, 108
Synthese-Verfahren 71

**T**

Taenit 307, 489
tafelig 43
tafeliger Habitus 43

Talisman 102
Talk 34 ff, 62
Talkschiefer 34, 36
Tansanit 15, 58
Tantal 56
Teer 52
Teilchen 36, 55
Teilchen, energiegeladene 104
Tellur 56
Temperatur 19, 79
Terbium 56
terrestrisch 30
tertiäre Entstehung 79
tertiäres Bildungsprinzip 32, 80
Tertiärgestein 32
Tertiärmineralien 32
Tetraeder 37
tetragonal 38 ff, 80
Thallium 56
Thermolumineszenz 68
Thorium 56
Thulit 58, 108
Thulium 56
Thunderegg 124
Thymuschakra 110 ff
Tierkreiszeichen 112 - 114
Tigerauge 26, 52, 112
Tigereisen 32, 57, 112
Titan 56, 86
Titanit 52, 58
Ton 24 ff
Tongestein 34
Tonmineralien 34
Tonschiefer 34
Tonstein 25 ff, 31
Topas 17, 22 ff, 53, 58, 62, 68, 74
Topas Imperial 108, 112
Torf 24, 31
Totes Meer 27, 29
Tracht 40 - 44
Trachyt 21
Tragen 84 - 87, 107, 114
Transparenz 50 ff
Transparenz-Veränderung 74
Transport 24 - 26, 30
Transportprozeß 25
Trapez 37, 39, 81, 95, 98
Trapezoeder 39
traubiges Aggregat 48
Travertin 27
Treppen-Schliff 98
Triboluminenszenz 68
trigonal 37 - 39, 80
triklin 38 ff, 81
Tripel 30
Tripletten 75 ff
Trommelsteine 50, 52, 97 ff, 114 ff, 118
Trommelsteine, synthetische 71
Tropfstein 24, 27, 48
tropfsteinförmiges Aggregat 48
Trübung 74, 117
Trümmerachat 26, 125

554

Trümmererz 28
Trümmergesteine 24
Trümmerjaspis 26, 31
Trümmerstücke 24 - 26
Turitella-Jaspis 26, 31
Türkis 31, 52, 58, 67, 73, 75, 108, 112
Türkisblau 109
Turmalin 22 ff, 38, 53, 60, 108, 112, 116
Turmalin blau 108
Turmalin Dravit 108
Turmalin gelb-braun 108
Turmalin grün 108
Turmalin schwarz 108
Turmalinquarz 22 ff
Tyndall-Effekt 55

## U

Überdeckung 45
Überlagerung 32, 48, 54
Überlieferung 15, 89, 104
Übersättigung 27
Überzug 47
Ulexit 67
Ultramafite 21
Umbildung 33
Umhüllung 46
Umhüllungs-Pseudomorphose 45 ff
Umkristallisierung 33
Umwandlung 33, 82
Umwandlungs-Pseudomorphose 46
undurchsichtig 50 ff
unebener Bruch 67
Unterscheidungskriterien 62
Untersuchungsmethoden 62, 68, 71
Untersuchungsmethoden, chemische 70
Untersuchungsmethoden, optische 69
Untersuchungsmethoden, physikalische 70
unvollkommene Spaltbarkeit 67
Uran 56
Urmaterie 489
Uruguay-Achat 125
UV-Bestrahlung 68
UV-Strahlung 68

## V

Vakuumfärben 73
Vanadinit 38
Vanadium 56, 86
Varietäten 15 ff, 51
Variscit 31, 58, 108
Varja 97
Verbindung, chemische 31, 56, 75, 89
Verdrängungs-Pseudomorphose 45
Verdünnung 84
Verdunstung 24 ff, 27
verfilztes Aggregat 49
verkieselt 26, 31

Verschiebung 22
Verschiedenfarbigkeit 69
Verschmelzen 75
Verstand 14, 78, 81, 83, 86 ff, 107
Versteinerte Koralle 29
Versteinertes Holz 112
Versteinerung 28
Verwachsung, gesetzmäßige 44
Verwachsungsgrenze 44
Verwechslung 61
Verwesung 30
Verwesungsprodukte 29
Verwesungsprozesse 24
Verwirrungen 61, 71
Verwitterung 23 - 25, 30, 79
Verwitterung, mechanische 24
Verwitterungs-Mineralien 23
Verwitterungsgesteine 23
Verwitterungsneubildungen 24, 31
Verwitterungsort 26
Verwitterungsprozeß 24 - 27
Verwitterungsrestbildungen 24, 31
Verwitterungszone 31
Vesuvian 34 - 36, 58
Viellinge 44
Viereck 39
Vierlinge 44
Violett 53, 87, 109
Vivianit 58
Vogelkot 30
Volksmund 15, 107
vollkommene Spaltbarkeit 66
Vorkommen 17
Vulkanausbruch 19 ff
Vulkanismus 32
Vulkanite 19 - 23

## W

Waage 112 ff
Wachs 73
Wachsglanz 52
Wachstum 43, 78 ff, 82
Wachstum, natürliches 18
Wachstum, verzerrtes 40
Wachstumsgeschwindigkeit 44
Wachstumsröhren 421
Wachstumszonen 69
warziges Aggregat 48
Wasser 22, 24, 26, 30, 51, 57, 67, 97, 115
Wasser, fließendes 105, 116
Wasser, mineralarmes 117, 118
Wasserabschluß 24
Wasserlöslichkeit 67
Wassermann 112 ff
Wasserstoff 56 - 58
wäßrige Lösung 22
weiblicher Kristall 167
Weichtiere 29
Weiß 53, 86, 88
Wellenlänge 71
Weltmeer 28
Wettbewerb, unlauterer 447

Widder 112 ff
Widmannstättensche Figuren 306, 489
Widmannstättensches Gefüge 307
Winkel, geneigte 39
Winkel, schiefe 39
Wirkstoff 56
Wirkung 78 ff, 89 ff, 92
wirrfaseriges Aggregat 49
wirrstrahliges Aggregat 49
Wirtsgestein 384
Wismut 56, 86
Wissen 96, 104
Wissenschaft 17, 77, 89
Wölbung 48
Wolfram 56
Wolkenachat 125
wollähnliches Aggregat 49
Wollastonit 34 - 36
Wulfenit 52
wulstiges Aggregat 48
Würfel 37 - 42
würfeliger Habitus 43
Wurzelchakra 109 - 111

## X

Xenon 56

## Y

YAG 209, 255
Yin-Yang-Symbol 94, 97
Ytterbium 56
Yttrium 56

## Z

Zapfen 48
zapfenförmiges Aggregat 48
Zementation 31
Zementationszone 30 ff
Zeolithe 16, 474, 486, 503, 507
Zerrung (Gestein) 22
Zerspritzen 70
Zertifikate 447, 518
Zink 56, 86
Zinkblech 67
Zinn 56, 86
Zinnober 23, 52
Zirkon 22, 38, 53, 68, 108
Zirkonia 209
Zirkonium 56, 86
Zoisit 15, 35, 36, 58, 112
Zoisit mit Rubin 108
Zonarbau 69
Zuckerdolomit 28, 31
Zuckerlösung, eingebrannte 73
Zusammensetzung, chemische 55, 61, 70, 89
Zusammensetzung, innere 46
Zusammensetzung, stoffliche 70
Zweifarbigkeit 53, 69
Zwerge 118, 136
Zwickelfüllung 388
Zwillinge 44, 112 ff
Zwillingslamellen 54

555

## 4.3 Therapeutischer Index

Der folgende Index gibt einen Überblick über die besprochenen Indikationen, Heilwirkungen und Anwendungen der Heilsteine in alphabetischer Reihenfolge. Bitte verwenden Sie diesen Index nur als Nachschlagewerk, nicht zur Auswahl Ihres Heilsteins! Die Zuordnung von Steinen zu bestimmten Symptomen nach Stichwortlisten ist zwar schön einfach, beinhaltet jedoch zu viele Fehlerquellen. Jeder Heilstein entspricht gemäß seiner Entstehung, seiner Kristallstruktur, seiner Mineralstoffe und seiner Farbe einer ganz spezifischen Lebenssituation, einem bestimmten Lebensstil sowie einer speziellen körperlichen, seelischen, mentalen und spirituellen Symptomatik. Damit die gewünschte Heilwirkung entsteht, müssen alle genannten Aspekte möglichst exakt zutreffen. Orientieren Sie sich daher bitte an den einzelnen Steinbeschreibungen, oder greifen Sie auf das Handbuch „Die Steinheilkunde" (Neue Erde Verlag, Saarbrücken 1995) zurück, in dem Schritt für Schritt beschrieben ist, wie der optimal passende Heilstein ermittelt werden kann.

### A

**Abenteuer** Thulit, Vivianit, Mimetesit
**Abgrenzung** Chalcedon, Dendriten-Chalcedon, Fuchsit, Heliotrop, Lepidolith, Serpentin, Türkis
**Ablagerungen** Nephrit, Skolezit
**Ableitung** Bergkristall, Nadelquarz, Turmalin, Schörl
**Ablenkung** Lepidolith, Pietersit
**Abmagerung** Wulfenit
**Abnehmen** Versteinertes Holz
**Abschalten** Bronzit
**Abscheu** Moosachat
**Abschied** basische Metamorphite, saure Metamorphite, Vanadinit
**Absicht, eigene** Falkenauge
**Abwarten** Porphyrit, Chrysanthemenstein
**Abwärtsbewegungen** Borax
**Abwechslung** Apatit
**Abwehr** Heliotrop
**Abwehrhaltung** Covellin
**Abwertung** Covellin
**Achtsamkeit** Jaspis violett
**Aggression, unterdrückte** Turmalinquarz
**Aggressivität** Chalcedon, Plasma-Chalcedon, Eudialyt, Heliotrop, Serpentin
**Aktivität** Ametrin, Eudialyt, Granat, Hypersthen, Jadeit, Jaspis violett, Rhodochrosit, Stromatolit, Vivianit
**Akzeptanz** basische Metamorphite, Covellin, Eisenoolith, Gagat, Hiddenit, Moqui Marble, Opalith, Turmalinquarz, Wismut
**All-Einheit** Pallasit
**Allergien** Apophyllit, Aquamarin, Aventurin, Fluorit, Fuchsit, Phenakit
**Alltag bewältigen** Siderit
**Alpträume** Brasilianit, Chrysoberyll, Granat, Spessartin
**Alpträume, wiederkehrende** Chrysopras
**Alternativen erkennen** Staurolith
**Alterung** Turmalinquarz
**Analysieren** Analcim
**Anämie** Moldavit, Siderit
**Anfällen vorbeugen** Dumortierit
**Anfangsschwierigkeiten** saure Magmatite
**Anforderungen bewältigen** Ametrin
**Angina, eitrige** Baryt
**Angriffe** Limonit, Türkis, Nephrit, Muskovit
**Angst** Apophyllit, Koralle, Sonnenstein, Sugilith, Tansanit
**Angst vor Kontrollverlust** Chiastolith
**Angst, Verstand zu verlieren** Chiastolith
**Ängste** Alunit, Aurichalcit, Cacoxenit (Goethitquarz), Chiastolith, Chrysoberyll, Dumortierit, Eudialyt, Jaspis, Turitellajaspis, Muskovit, Obsidian, Opal grün, Chloropal, Prasopal, Vesuvian, Moosachat
**Ängste, verdrängte** Rutilquarz
**Ängste, irrationale** Sugilith
**Anlagen verwirklichen** saure Magmatite, Schneequarz
**Annehmen können** Lapislazuli
**Anpassung** Cordierit, Markasit, Mimetesit, Konichalcit
**Anregung** Howlith, Magnetit, Amulettsteine, Bergkristall, Nadelquarz, Bronzit, Larimar, Pallasit, Porzellanit, Rhodochrosit, Turmalin, Schörl, Zirkon, araiba-Turmalin
**Anspannung** Eudialyt, Hornblende, Lazulith, Rutilquarz, Smithsonit, Turmalinquarz
**Ansprüche, hohe** Biotit-Linsen
**Anstrengung** Purpurit, Strontianit
**Anteilnahme, emotionale** Opalith
**Antenne** Fossilien, Ammoniten
**antibakteriell** Silber
**Antrieb** Apatit, Beryll, Bixbit, Ametrin
**Aphonie** Sodalith
**Appetit** Karneol, Apatit
**Arbeit** Hiddenit, Kunzit, Porphyrit, Dalmatinerstein, Rhodochrosit, Charoit
**Arbeitswut** Eisenoolith, Moqui Marble
**Ärger** Lazulith, Peridot, Septarien
**Arme** Okenit
**Arroganz** Covellin
**Arterien** Chalkanthit, Skolezit
**Arteriosklerose** Aventurin, Granat, Chrom-Grossular, Prehnit
**Arthritis** Chalkanthit, Euklas, Granat, Grossular
**Arthrose** Apatit
**Ästhetik** Chalcedon, Kupfer-Chalcedon, Kupfer, Smaragd
**Asthma** Apophyllit, Atacamit, Rutilquarz, Vanadinit
**Atembeschwerden** Pietersit
**Atemnot** Koralle
**Atemwege** Vanadinit
**Atemwege** Amethyst, Apophyllit, Chalcedon blau, Flint, Halit, Hornstein, Moldavit, Moosachat, Rutilquarz, Smaragd

**Atemwegsinfektionen** Cacoxenit (Goethitquarz), Sedimente
**Aufarbeitung** Enstatit
**Aufbau** Epidot, Granat, Turmalin, Turmalinquarz
**Aufgabe beenden** Sillimanit
**Aufgaben** Baumachat, Eudialyt, Kunzit, Tansanit
**Aufgaben bewältigen** Dolomit
**Aufgaben erfüllen** Sinhalit
**Aufgeschlossenheit** Rosenquarz
**Aufgetriebensein** Baryt
**Auflegen** Bergkristall, Generatorkristall
**Auflösen** Chalkanthit, Fluorit, Halit, Lapislazuli, Turmalin, Schörl
**Aufmerksamkeit** Cavansit, Fuchsit, Pietersit, Purpurit, Variscit
**Aufmunterung** Feueropal, Purpurit, Variscit
**Aufnahmebereitschaft** Azurit, Bergkristall, Sammelkristalle, Flint, Hornstein, Magnesit, Zinnober
**Aufregung** Vivianit
**Aufrichtigkeit** Chrysoberyll, Granat, Melanit, Smaragd
**Aufspüren** Erdbeerquarz
**Auftreten, sicheres** Fuchsit
**Augen** Chalcedon-Rosetten, Schalenblende, Silber
**Augenleiden** Achat, Augenachat, Cavansit, Petalit, Ulexit
**Augenlicht** Bergkristall
**Ausdauer** Analcim, Aquamarin, Baumachat, Cordierit, Eudialyt, Gagat, Granat, Jaspis braun, gelb, Strontianit
**Auseinandersetzung** Jaspis grün, Vivianit, Opal, Opalmatrix, Prasem
**Ausgeglichenheit** Amazonit, Dolomit, Jaspis grün, Kupfer, Mookait, Nephrit
**Ausgleich** Azurit-Malachit, Bornit, Diopsid, Hypersthen, Jadeit, Serpentin, Turmalin, Elbait, Liddicoatit
**Ausleben** Realgar, Thulit
**Ausrichtung (geistige)** Eisenkiesel, Hemimorphit, Magnetit, Saphir
**Ausscheidung** Aktinolith, Aktinolithquarz, Rosa Moosachat, Sardonyx, Sedimente, Siderit, Stromatolit, Turmalin, Indigolith, Turmalin, Verdelith, Zinnober, Schwefel
**Ausschläge** Achat, Wolkenachat, Antimonit, Aventurin
**Ausschläge, heiße** Prasem
**Ausschwemmung** Danburit
**Außenwelt** Aurichalcit

**Austrocknung** Wulfenit
**Ausweglosigkeit** Alexandrit, Cordierit, Granat, Pietersit
**Auszehrung** Schneequarz
**Authentizität** Lapislazuli
**Autoimmunerkrankungen** Aquamarin, Rhodonit
**Automatismen** Wulfenit, Chrysokoll
**Autorität** Chrysoberyll, Topas

## B

**Bakterien** Staurolith
**Balance** Bornit
**Banalität** Trendit
**Bänder** Fulgurit
**Bandscheiben** Aragonit
**Bauchschmerzen** Baryt
**Bauchspeicheldrüse** Citrin, Prehnit
**Beckenboden** Biotit-Linsen
**Bedauern** Phenakit, Tugtupit
**Bedrückung** Brasilianit
**Bedürfnisse** Girasol
**Bedürfnisse ausdrücken** Opal, Hyalith, Wasseropal
**Bedürfnisse erfüllen** Rosenquarz
**Bedürfnisse erkennen** Opal, Hyalith, Wasseropal
**Bedürfnisse wahrnehmen** Erdbeerquarz, Markasit, Astrophyllit, Opal Hyalith, Wasseropal, Hämatit
**Beeinflußbarkeit** Onyx
**Beeinflussung** Lepidolith
**Beenden** Aquamarin, Charoit, Metamorphite
**Befangenheit** Cacoxenit (Goethitquarz)
**Befreiung,** Tektite, Biotit-Linsen, Opal grün, Chloropal, Prasopal, Opal, Chrysopal, Opal, Pinkopal, Rhyolith, Silber, Turmalinquarz, Vivianit, Wulfenit
**Begabung, vergessene** Obsidian
**Begeisterung** Eisenkiesel, Feueropal, Spinell, Zirkon
**Behandlung, energetische** Bergkristall, Laserkristall, Bergkristall, Generatorkristall
**Beharrlichkeit** Baumachat, Chalcedon rot
**Beherrschung** Prasem
**Beindurchblutung** Scheelit
**Beklemmungen** Apophyllit, Coelestin, Cacoxenit (Goethitquarz, Chrysoberyll, Erdbeerquarz, Goldorthoklas, Opal, Chrysopal, Pietersit, Rutilquarz, Lapislazuli
**Belastbarkeit** Chalcedon, Plasma-Chalcedon, Rauchquarz
**Belastungen** Beryll, Davidsonit, Moosachat, Larimar, Peridot, Türkis, Turmalin Schörl, Zoisit, Anhydrit
**Belebung** Turmalinquarz, Bergkristall, Bronzit, Danburit, Eisenkiesel, Epidot, Heliotrop, Opal, Boulderopal, Spinell, Turmalin, Variscit, Vivianit
**Benommenheit** Chalkopyrit
**Beobachtungsgabe** Chalkopyrit, Fuchsit, Malachit
**Bequemlichkeit** Turmalinquarz
**Berufung** Tansanit
**Beruhigung** Dolomit, Amazonit, Amethyst, Chalcedon, Plasma-Chalcedon, Charoit, Cordierit, Dumortierit, Erdbeerquarz, Flint, Heliotrop, Hornstein, Jaspis violett, Labradorit, Lazulith, Smithsonit, Variscit, Versteinertes Holz
**Berührungsängste** Opalith
**Besänftigung** Rosenquarz
**Beschaulichkeit** Morganit
**Beschleunigung** Smaragd, Adamin, Calcit, Dioptas, Hypersthen
**Beschlüsse auflösen** Obsidian
**Beschlüsse umsetzen** Feueropal, Erdbeerquarz, Bergkristall, rechtsdrehend
**Beschwerden lindern,** Wulfenit
**Beschwingtheit** Dumortierit
**Besessenheit** Alunit
**Besinnung** Jaspis, Turitellajaspis
**Besitzängste** Hauyn
**Besonnenheit** Baumachat, Eisenkiesel, Jaspis braun, gelb
**Besserwisserei** Covellin
**Beständigkeit** Siderit, Spinell
**Bestes wollen** Euklas
**Betrachtung, liebevolle** Covellin
**Betrachtungen, neue** Meteorite
**Betrachtung, philosophische** Ilmenit
**Beweglichkeit** Covellin, Disthen, Feldspat, Fluorit
**Beweglichkeit, geistige** Fuchsit, Jadeit, Okenit
**Beweglichkeit, körperliche** Fuchsit
**Bewußtheit** Azurit, Diamant, Eisenoolith, Moosachat, Moqui Marble, Purpurit, Sodalith, Magnetit
**Bewußtseinsinhalte, verborgene** Pyrit, Schwefel
**Bewußtseinsinhalte, verdrängte** Obsidian
**Bewußtseinszustände, höhere** Benitoid
**Bezauberung** Alunit
**Beziehungen** Rosenquarz, Sinhalit, Skolezit, Vivianit, Purpurit
**Bilder** Dioptas
**Bilder, belastende** Chrysopras
**Bilder, eigene** Epidot

**Bilder, innere** Bergkristall, rechtsdrehend, Biotit-Linsen, Chalcedon, Kupfer-Chalcedon
**Bilder, neue** Alexandrit, Meteorite
**Bilder, unbewußte** Bergkristall, linksdrehend
**Bilder, ursächliche** Girasol
**Bilder, verdrängte** Prehnit
**Bilderwelt** Porzellanit
**Bilderwelt, innere** Opal, Yowah Nuts, Turmalin, Elbait, Liddicoatit
**Bindegewebe** Lepidolith, Natrolith
**Bindehautentzündung** Achat, Augenachat
**Blähungen** Zinnober
**Blase** Achat, Festungsachat, Konichalcit, Turmalin, Indigolith, Vanadinit
**Blasenentzündung** Achat, Bandachat, blauer Opal, gemeiner Opal
**Blick, kritischer** Azurit
**Blickwinkel, verschiedene** Erythrin
**Blockaden** Obsidian, Pop Rock, Turmalin, Schörl
**Blockaden, energetische** Bergkristall, Doppelender, Herkimer Diamond, Bergkristall, linksdrehend, Larimar
**Blut reinigen** Cuprit
**Blutbildung** Granat, Andradit, Hämatit, Cuprit, Eisenoolith, Moqui Marble
**Blutdruck heben** Rhodochrosit
**Blutdruck senken** Lapislazuli, Chrysokoll, Labradorit, Sodalith
**Bluterkrankungen** Cavansit
**Blutgefäße** Cuprit, Rhodochrosit
**Blutgefäße, verengte** Euklas
**Blutgerinnsel** Skolezit
**Blutgerinnung** Calcit, Chalcedon rot, Magnesit
**Blutgerinnung verringern** Opal, Jaspopal
**Blutkörperchen, rote** Erythrin, Hämatit, Sphen, Tigereisen
**Blutkörperchen, weiße** Sepiolith, Sphen
**Blutkrankheiten** Rosenquarz
**Blutqualität** Granat, Pyrop, Karneol
**Blutreinigung** Mookait, Pyromorphit, Turmalin, Rubellit
**Blutstillung** Alunit
**Blutvergiftung**
**Blutzuckerwert, niedriger** Wolframit
**Bodenständigkeit** Versteinertes Holz, Anhydrit
**Brandwunden** Chrysokoll, Turmalin, Indigolith
**Brechreiz anregen** Howlith

**Bronchien** Blauquarz, Saphirquarz, Koralle
**Bronchitis** Blauquarz, Rutilquarz, Saphirquarz, Wollastonit
**Brust** Goldorthoklas, Larimar
**Brustbereich** Erdbeerquarz, Pietersit, Rutilquarz
**Brustdrüsen** Okenit
**Brustraumsentzündungen** Chrysoberyll
**Bruststechen** Borax

# C

**Calcium - Stoffwechsel** Dolomit, Aragonit, Augit, Calcit, Marmor
**Chancen ergreifen** Gagat, Andalusit
**Charakter** Cavansit, Sardonyx
**Charakterstärke** Diamant
**Charme** Turmalin, Rubellit

# D

**Darm** Andalusit, Dolomit, Gagat, Jaspis braun, gelb, Natrolith, Rosa Moosachat, Saphir, Schneequarz, Septarien, Silber, Spinell, Tigereisen, Turmalin, Verdelith, Wulfenit, Zinnober
**Darmentzündung** Achat, Bandachat, Rosa Moosachat
**Darmflora** Amethyst, Flint, Hornstein, Rosa Moosachat
**Darminfektion** Rubin
**Daseinssinn** Sardonyx
**Demut** Kunzit
**Denken, analytisches** Onyx
**Denken, klares** Variscit
**Denken, logisches** Diamant, Disthen
**Denken, rationales** Disthen, Variscit
**Denken, schnelles** Fluorit, Zinnober
**Denken, strategisches** Chrysoberyll
**Denken, systemisches** Chalkopyrit
**Denkmuster** Fluorit
**Depressionen** Jamesonit, Citrin, Goldorthoklas, Granat, Spessartin, Hiddenit, Kunzit, Opal, Honigopal, Goldopal, Rutilquarz, Sonnenstein
**Desinfektion** Silber, Wismut
**Destruktivität** Zoisit
**Diabetes** Chalcedon blau, Citrin, Schalenblende
**Dickdarm** Astrophyllit
**Dienen** Kunzit
**Distanz** Fuchsit, Falkenauge, Tigerauge, Tigereisen
**Disziplin** Aquamarin
**Dreifacher-Erwärmer-Meridian** Purpurit
**Drittes Auge** Benitoit, Cavansit
**Druck** Moosachat, Nephrit, Smithsonit

**Druck, äußerer** Fuchsit
**Druck, innerer** Apophyllit
**Drüsen, innere** Chalcedon blau
**Drüsen, verhärtete** Zinnober
**Dünndarm** Chalcedon rot, Hornblende, Karneol
**Durchblick** Tigerauge
**Durchblutung** Eisenkiesel, Karneol, Obsidian, Okenit, Scheelit, Tigereisen, Turmalin, Rubellit, Wavellit
**Durchfall** Amethyst, Bergkristall, Dumortierit, Flint, Gagat, Hornstein, Rosa Moosachat, Turmalin, Verdelith
**Durchhaltevermögen** Danburit, Sillimanit, Analcim, Aquamarin, Cordierit, Eisenkiesel, Granat, Jaspis braun, gelb, Tigereisen
**Durchschauen** Labradorit
**Durchsetzungsvermögen** Eisenkiesel, Fossilien, Belemnite, Onyx
**Durchstehen** Vanadinit
**Dynamik** Ametrin, Apatit, Citrin, Covellin, Granat, Andradit, Hypersthen, Jadeit, Jaspis rot, Moosachat, Rubin, Turmalin, Rubellit
**Dystonie, vegetative** Pietersit

# E

**Effizienz** Beryll, Eisenkiesel, Porphyrit, Chrysanthemenstein
**Ego, gesundes** Onyx
**Ehrlichkeit** Topas, Vesuvian
**Eierstöcke** Thulit, Zoisit, Cuprit
**Eifersucht** Heulandit
**Eigenständigkeit** Lepidolith
**Einbildung** Ilmenit, Labradorit
**Eindrücke analysieren** Falkenauge
**Einengung** Coelestin, Lapislazuli
**Einfachheit** Eisenkiesel, Moosachat, Versteinertes Holz
**Einfälle** Moosachat
**Einfluß, äußerer** Bergkristall, Halit
**Einflüsse prüfen** Sedimente
**Einflüsse, unerwünschte** Heliotrop
**Einfühlungsvermögen** Danburit, Hiddenit, Kunzit, Moldavit, Mondstein, Opal, gemeine, Opal, Opalmatrix, Purpurit, Rosenquarz, Silber, Tektite
**Eingebundensein** Silber, Smaragd
**Eingebung** Ilmenit
**Einheit** Turmalin
**Einkehr, geistige** Achat
**Einklang** Antimonit, Aurichalcit, Konichalcit
**Einsamkeit** Gaspeit
**Einsamkeitsgefühl** Wismut
**Einschlafen, leichtes** Analcim,

558

Aventurin, Eisenoolith, Moqui Marble
**Einschränkungen** Chalkanthit
**Einsicht** Eudialyt, Marmor, Opal, Opalmatrix
**Eisenaufnahme** Eisenoolith, Hämatit, Moqui Marble, Tigereisen
**Eisenstoffwechsel** Granat, Almandin
**Eitelkeit** Covellin
**Eiterbildung** Heliotrop
**Ekel** Moosachat
**Ekzeme** Antimonit, Hemimorphit
**Elan** Dolomit
**Elastizität** Coelestin, Enstatit, Rhodochrosit
**Elektrolythaushalt** Hornblende
**Emotion anheben** Opal, Matrixopal
**Emotionalität** Chrysokoll
**Emotionalkörper** Trendit
**Emotionen befreien** Bornit, Feueropal, Silber
**Empfindlichkeit** Borax, Rosenquarz
**Empfindsamkeit** Rosenquarz
**Empfindungslosigkeit** Turmalinquarz
**Endorphin-Ausschüttung** Cavansit
**Energie** Bergkristall, Coelestin
**Energie absorbieren** Bergkristall, Empfänger-Generatorkristall, Bergkristall, Sammelkristalle
**Energie filtern** Wollastonit
**Energie hemmen** Gips
**Energie, reine** Bergkristall
**Energie, überschüssige** Bergkristall, Nadelquarz
**Energie, unveränderte** Bergkristall, Cordierit, Eisenkiesel, Jaspis rot
**Energiefluß anregen** Magnetit, Pop Rock, Rutilquarz, Sphen, Turmalin, Turmalin, Schörl
**Energiefluß hemmen** Falkenauge, Tigerauge
**Energielenkung** Bergkristall, Generatorkristall
**Energielosigkeit** Tigereisen, Turmalinquarz
**Energieniveau anheben** Feueropal
**Energiereserven** Apatit, Brasilianit, Eudialyt, Purpurit, Türkis, Variscit
**Energieüberschuß** Bergkristall, Empfänger-Generatorkristall, Turmalin, Schörl
**Energieversorgung** Obsidian
**Energieverteilung** Diopsid, Purpurit
**Energiezufuhr** Bergkristall, rechtsdrehend

**Enge, geistige** Morganit
**Engegefühl** Lapislazuli
**Entfaltung** Diopsid
**Entgiftung** Achat, Dendritenachat, Aktinolith, Aktinolithquarz, Alexandrit, Azurit, Azurit-Malachit, Beryll, Biotit-Linsen, Chrysoberyll, Chrysopal, Chrysopras, Flint, Fuchsit, Granat, Hornstein, Jamesonit, Jaspis grün, Kalkoolith, Konichalcit, Lepidolith, Magnesit, Malachit, Markasit, Metamorphite, Nephrit, Opal, Chloropal, Opal grün, Prasopal, Peridot, Rhodonit, Sepiolith, Smaragd, Türkis, Turmalin, Uwarowit, Verdelith, Zinnober
**Enthusiasmus** Rhodochrosit
**Entsäuerung** Andalusit, Bornit, Granat, Heliotrop, Malachit, Regenbogen-Andradit, Smaragd, Türkis, Vivianit
**Entscheidung, freie** Bergkristall, linksdrehend
**Entscheidungsfähigkeit** Chalkanthit, Larimar, Malachit, Strontianit
**Entscheidungsschwierigkeiten** Falkenauge, Nephrit, Tigerauge, Aktinolith
**Entschlackung** Chrysopras, Trendit
**Entschlossenheit** Charoit, Disthen, Tigereisen
**Entschlüsse, schwierige** Turmalin, Paraiba-Turmalin
**Entspannung** Amazonit, Ametrin, Andalusit, Biotit-Linsen, Chrysokoll, Cordierit, Covellin, Dolomit, Dumortierit, Gips, Engelberger Alabaster-Linsen, Girasol, Granat, Grossular, Jaspis violett, Magnesit, Meteorite, Smithsonit, Turmalin, Dravit, Uvit, Turmalin, Schörl, Turmalinquarz
**Enttäuschung** Paua-Muscheln, Perlmutt, Septarien
**Entwicklung** Bergkristall, Phantomquarz, Schamanen-Dow-Kristall, Schneequarz
**Entwicklung des Kindes** Marmor
**Entwicklung, geistige** Apatit, Aragonit, Calcit, Turmalin, Rubellit
**Entwicklung, natürliche** Wolframit
**Entwicklungen beschleunigen** Calcit, Turmalin
**Entwicklungen steuern** Turmalin
**Entwicklungsprozesse erkennen** Chalkopyrit, Turmalin
**Entzündung** Achat, Bandachat, Chalcedon, Chromchalcedon,

Kupfer-Chalcedon, Granat, Uwarowit, Heliotrop, Jamesonit, Jaspis grün, Moosachat, Paua-Muscheln, Perlmutt, Türkis
**Entzündung, chronische** Alunit
**Entzündung, festsitzende** Alunit, Aventurin, Chrysokoll, Erythrin, Euklas, Smaragd
**Entzündung, hartnäckige** Alexandrit
**Entzündung, innere** Rosa Moosachat
**Entzündung, plötzliche** Fuchsit
**Entzündung, schmerzhafte** Fuchsit
**Epilepsie** Chrysopras, Dumortierit, Smaragd, Sugilith
**Epiphyse** Lazulith
**Erbrechen** Dumortierit
**Erdung** Augit, Fossilien, Trilobiten, Versteinertes Holz
**Erfahrung** Adamin
**Erfahrungen sammeln** Stromatolit
**Erfahrungen verarbeiten** Achat, Amethyst, Stromatolit
**Erfahrungen, außerkörperliche** Moldavit
**Erfahrungen, neue** Mookait
**Erfahrungsdrang** Citrin
**Erfindergeist** Thulit
**Erfolg** Apatit, Moosachat, Pyromorphit, Skapolith, Erdbeerquarz, Turmalin
**Erfrischung** Danburit
**Erfüllung** Chloromelanit, Epidot, Topas
**Ergänzung** Koralle
**Erholung** Adamin, Bronzit, Eisenoolith, Epidot, Gaspeit, Moosachat, Moqui Marble, Versteinertes Holz, Zoisit, Bronzit
**Erinnerung** Bergkristall, Skelettquarz, Chalcedon, Kupfer-Chalcedon, Chrysopras, Moldavit
**Erinnerungen, pränatale** Steatit
**Erinnerungen, verborgene** Prehnit, Schneequarz
**Erinnerungsfähigkeit** Achat, Brasilianit, Hiddenit, Kunzit, Labradorit, Turmalin, Elbait, Liddicoatit
**Erkältungen** Opalith
**Erkältungserkrankungen** Lapislazuli
**Erkältungsneigung** Baumachat
**Erkenntnis** Aktinolith, Benitoid, Bergkristall, linksdrehend, Diamant, Diamant, Diopsid, Erdbeerquarz, Hemimorphit, Labradorit, Moldavit, Pyrit, Tansanit, Tektite, Türkis, Wulfenit
**Erkenntnisdrang** Azurit, Vesuvian, Petalit

*Therapeutischer Index*

**Erkrankungen, chronische** Vesuvian
**Erkrankungen, psychosomatische** Hornblende
**Erleben, intensives** Citrin, Opal, Edelopal
**Erlebnisse, schmerzhafte** Petalit, Smithsonit
**Ermüdung, geistige** Sillimanit
**Ernährung, körperlich** Magnetit
**Ernährung, mental** Magnetit
**Ernährung, seelisch** Magnetit
**Erneuerung** Prehnit, Sphalerit, Schalenblende
**Ernst** Erdbeerquarz, Scheelit
**Erotik** Opal, Edelopal, Rhodochrosit, Rubin, Thulit
**Erregung** Erdbeerquarz
**Ersatzbefriedigungen** Antimonit
**Erschöpfung** Chiastolith, Coelestin, Gaspeit (Zitronen-Chrysopras), Heliotrop, Moosachat, Purpurit, Schneequarz, Tigereisen, Türkis, Vanadinit, Variscit
**Erschöpfung, seelische** Opal grün, Chloropal, Prasopal
**Erschrecken** Borax
**Erstarrung** Stromatolit
**Erste Hilfe** Obsidian, Rhodonit
**Erstickungsgefühle** Coelestin
**Erwärmen** Baryt, Bergkristall, rechtsdrehend, Eisenkiesel, Karneol, Realgar
**Erweiterung** Bergkristall, Phantomquarz, Schamanen-Dow-Kristall
**Erziehung** Wulfenit
**Ethik** Tansanit, Turmalin, Indigolith
**Extraversion** Azurit-Malachit, Citrin, Onyx, Opal, Boulderopal, Opal, Opalmatrix, Opalith, Vivianit
**Extremsituationen** Bronzit

# F

**Fähigkeiten** Dioptas, Schneequarz, Turmalin, Elbait, Liddicoatit
**Fähigkeiten wiedererlangen** Obsidian
**Fähigkeiten, mediale** Bergkristall, Mediale Kristalle, Dow-Kristalle, Cavansit
**Fähigkeiten, verborgene** Steatit
**Fähigkeiten, prophetische** Pyromorphit
**Fairness** Enstatit
**Familie** Turmalin, Uvit
**Fanatismus** Morganit
**Faulheit** Turmalinquarz
**Fehlentscheidungen** Eudialyt
**Fehler analysieren** Granat
**Fehler wiederholen** Euklas
**Feinde** Muskovit

**Felder, elektrische** Bergkristall, Projektorkristall
**Festhalten** Bergkristall, linksdrehend, Hauyn, Wavellit
**Festigung** Gips, saure Magmatite
**Fettabbau** Aventurin, Prehnit
**Fetteinlagerungen** Magnesit
**Fettleibigkeit** Kassiterit
**Fettstoffwechsel** Granat, Chrom-Grossular, Prehnit
**Feuer** Feueropal
**Fieber** Achat, Flammenachat, Prasem
**Fieber abziehen** Bergkristall, Empfänger-Generatorkristall
**Fieber auslösen** Peridot
**Fieber senken** Bergkristall, Bergkristall, Sammelkristalle Blauquarz, Bornit, Chrysokoll, Gagat, Jamesonit, Kalkoolith, Moosachat, Opal, Chrysopal, Saphir, Saphirquarz, Sodalith
**Fieber treiben** Granat, Uwarowit, Rubin
**Fingerfertigkeit** Disthen
**Flexibilität** Apatit, Bernstein, Chalcedon rot, Feldspat, Granat, Regenbogen-Andradit, Mookait, Silber, Turmalin, Rubellit, Zinnober
**Flucht** Morganit
**Flüssigkeitsaufnahme** Sodalith
**Folgebeschwerden** Porzellanit
**Folgesymptome beseitigen** Schwefel
**Forschergeist** Chalkopyrit, Vesuvian
**Freiheit** Moosachat
**Freiheit, geistige** Diamant, Rutilquarz, Turmalin, Indigolith
**Freiheitsgefühl** Enstatit
**Fremdbeeinflussung** Hemimorphit, Biotit-Linsen, Türkis
**Frequenzen neutralisieren** Fossilien, Ammoniten
**Frequenzen, elektromagnetische** Fossilien, Ammoniten
**Freude** Ametrin, Chloromelanit, Erdbeerquarz, Eudialyt, Euklas, Feueropal, Glas, Goldorthoklas, Opal, Boulderopal, Opal, Matrixopal, Sardonyx, Sillimanit, Turmalin, Rubellit
**Freundlichkeit** Pallasit, Sardonyx
**Freundschaft** Kupfer
**Friede** Aurichalcit, Chloromelanit, Euklas, Lazulith, Skapolith
**Friede, innerer** Amethyst, Girasol, Lepidolith, Nephrit, Serpentin
**Fröhlichkeit** Bernstein, Feueropal, Tugtupit
**Fruchtbarkeit** Feueropal, Rhodonit, Silber, Zoisit
**Fruchtbarkeit, männliche** Thulit

**Fruchtbarkeit, weibliche** Chrysopras, Kupfer, Mondstein, Rosenquarz
**Frühjahrsmüdigkeit** Variscit
**Frustration** Antimonit, Lazulith, Septarien
**Führungsqualitäten** Chrysoberyll
**Fülle** Dioptas, Hauyn
**Furunkel** Hemimorphit
**Füße** Heulandit
**Füße, kalte** Obsidian, Galenit

# G

**Galle** Bernstein, Peridot
**Gallenblase** Danburit, Pyrolusit
**Gallenkoliken** Magnesit
**Ganzheitlichkeit** Turmalinquarz
**Gastritis** Silber, Variscit
**Gebärmutter** Cuprit
**Gebärmutterentzündung** Achat, Bandachat
**Gebet** Bergkristall, Projektorkristall
**Geborgenheit** Chrysopras
**Geburtshilfe** Amazonit, Biotit-Linsen, Cuprit, Malachit, Smithsonit
**Gedächtnis** Baryt, Calcit
**Gedanken, ernste** Scheelit
**Gedanken, neue** Alexandrit
**Gedankenkontrolle** Saphir, Turmalin Schörl,
**Gedankenmuster** Azurit, Halit
**Gedankenprojektion** Bergkristall, Projektorkristall
**Geistesabwesenheit** Astrophyllit
**Geduld** Aktinolith, Epidot, Magnesit, Porphyrit, Chrysanthemenstein, Siderit
**Gefäße** Coelestin, Diopsid, Enstatit, Magnesit, Konichalcit
**Gefühl der Zerrissenheit** Amazonit
**Gefühle auflösen** Pietersit
**Gefühle wahrnehmen** Chrysokoll
**Gefühle zeigen** Hauyn, Kupfer
**Gefühle, blockierte** Sodalith, Turmalin, Indigolith
**Gefühle, intensive** Rhodochrosit
**Gefühle, unterdrückte** Apophyllit, Malachit, Morganit
**Gefühle, verborgene** Proustit, Vivianit, Zoisit
**Gefühle, zurückgehaltene** Opal, Chrysopal
**Gefühllosigkeit** Turmalinquarz
**Gefühlsausbrüche** Dolomit
**Gefühlskontrolle** Antimonit
**Gefühlsleben** Topas
**Gefühlstiefe** Dioptas, Labradorit, Mondstein
**Gefühlswelt** Opal, Hyalith, Wasseropal
**Gegensätze verbinden** Hornblende
**Geheimnisse** Chalkopyrit

**Gehirn** Amulettsteine, Azurit, Diamant, Fluorit, Kupfer, Larimar, Malachit, Saphir, Sugilith, Turmalin, Paraiba-Turmalin
**Gehirnerkrankungen** Amazonit, Stellerit
**Gehirntätigkeit** Achat, Donnerei
**Gehörsinn** Onyx
**Geistesblitze, spontane** Astrophyllit
**Geistesgegenwart** Opal, Edelopal
**Geisteshaltungen, alte** Ilmenit
**Geisteshaltungen, negative** Chrysopras
**Geisteskraft** Saphir
**Geisteskultur** Kupfer
**geistig verarbeiten** Amethyst
**Gelassenheit** Ametrin, Astrophyllit, Aurichalcit, Blauquarz, Bronzit, Disthen, Flint, Hornstein, Magnesit, Muskovit, Saphirquarz, Turmalin, Schörl, Pietersit
**Gelenkbeschwerden** Apatit, Fluorit, Hiddenit, Kunzit
**Gelenke** Gagat, Lepidolith
**Gelenksentzündung** Achat, Bandachat
**Gemeinschaft** Bergkristall, Tabularkristall, Granat, Turmalin, Uvit
**Gemeinschaften bilden** Sinhalit
**Gemeinschaftssinn** Karneol, Koralle, Opalith, Turmalin, Dravit
**Gemüt** Dolomit
**Gemütlichkeit** Eisenoolith, Moqui Marble
**Genesung, schnelle** Vesuvian, genießen Dioptas
**Genießen** Dumortierit, Eisenoolith, Kupfer, Gold
**Genußfähigkeit** Thulit, Aktinolith
**Geradlinigkeit** Saphir
**Gerechtigkeit** Kupfer, Smaragd
**Gerechtigkeitssinn** Euklas, Turmalin, Paraiba-Turmalin
**Gereiztheit** Beryll, Chalcedon, Plasma, Heliotrop
**geriatrische Beschwerden** Baryt
**Geruchsinn** Schalenblende
**Geschicklichkeit** Turmalin, Dravit, Uvit
**Geschlechtskrankheiten**
**Geschlechtsorgane** Chalkanthit, Feueropal, Konichalcit, Rosenquarz, Silber, Thulit, Turmalin, Rubellit
**Geschlechtsorgane, weibliche** Chalcedon-Rosetten, Kupfer, Chalcedon, Kupfer-Chalcedon, Malachit
**Geschmackssinn** Schalenblende, Stellerit
**Geschwulstbildung** Septarien
**Geschwür** Alunit, Bergkristall, Perlen, Zinnober
**Geselligkeit** Opalith

**Gesellschaft** Eisenoolith, Moqui Marble
**Gesundheit** Baumachat, Bergkristall, Chloromelanit, Dolomit, Eisenoolith, Hämatit, Ilmenit, Markasit, Mookait, Moqui Marble, Opal, Edelopal, Pop Rock
**Gesundungswillen** Chrysoberyll
**Gewebe** Bornit, Calcit, Chalcedon, Coelestin, Enstatit, Feldspat, Gips, Granat, Granat, Topazolith, Nephrit, Purpurit, Rhodonit, Stromatolit, Tigereisen, Turmalin Dravit, Uvit, Vivianit, Wollastonit
**Gewebeentgiftung** Covellin, Hemimorphit
**Geweberegeneration** Ametrin
**Gewebereinigung** Ametrin
**Gewebeverhärtungen** Rhyolith, Leopardenfell-Jaspis
**Gewebewachstum** Creedit
**Gewebedurchblutung** Rosenquarz
**Gewebeschwund** Mimetesit
**Gewichtszunahme** Danburit
**Gewissen** Apophyllit, Tansanit
**Gewißheit** Chloromelanit, Hauyn, Larimar
**Gewohnheiten** Antimonit, Chalcedon, Dendriten-Chalcedon, Girasol, Granat, Heulandit
**Gewohnheiten imitieren** Mimetisit
**Gicht** Biotit-Linsen, Chiastolith, Labradorit, Smaragd, Variscit
**Giftstoffe** Danburit, Chalkopyrit, Dumortierit, Prehnit
**Gleichgewicht** Aragonit, Creedit, Dolomit, Diopsid, Morganit, Turmalinquarz
**Gleichgewichtssinn** Howlith, Onyx
**Glück** Bornit, Disthen, Epidot
**Gottvertrauen** Chloromelanit, Hauyn
**Gram** Sugilith
**Grenzen, geistige** Bergkristall, Phantomquarz, Schamanen-Dow-Kristall
**Grippe** Moldavit, Rhyolith, Regenwald-Jaspis
**Groll** Moosachat
**Größe, geistige** Andalusit, Bergkristall, Phantomquarz, Schamanen-Dow-Kristall, Kassiterit, Siderit, Wavellit
**Großzügigkeit** Andalusit
**Grübelei** Hermanover Kugeln
**Grundbedürfnisse** Eisenoolith, Moqui Marble
**Gruppen** Sinhalit, Turmalin, Uvit
**Gruppenprozesse** Opalith
**Gürtelrose, vorbeugen** Alunit

# H

**Hals** Chrysokoll, Erythrin, Lapislazuli, Larimar, Sodalith
**Halsentzündung** Baryt, Silber
**Halt, innerer** Anhydrit
**Hände, kalte** Obsidian
**Handeln, spontanes** Disthen
**Handlungen** Halit
**Handlungsimpuls** Astrophyllit, Goldorthoklas
**Handwerk** Turmalin, Dravit, Uvit
**Harmonie** Aurichalcit, Bornit, Chrysokoll, Diopsid, Dumortierit, Halit, Jamesonit, Jaspis grün, Mookait, Paua-Muscheln, Perlmutt, Rosenquarz, Smaragd, Sonnenstein, Sugilith, Turmalin, Turmalinquarz, Wavellit
**Harmonie, seelische** Bergkristall, Harmoniekristall
**Harnwege** Nephrit
**Haut** Amethyst, Chalcedon-Rosetten, Flint, Fluorit, Halit, Hornstein, Lepidolith, Natrolith, Paua-Muscheln, Perlmutt, Schneequarz, Schwefel, Spinell, Wollastonit
**Haut, unreine** Hemimorphit
**Hautausschläge** Fuchsit, Okenit
**Hautdurchblutung** Halit
**Hautentgiftung** Sepiolith
**Hautentzündung** Achat, Wolkenachat, Granat, Tsavorit, Wavellit
**Hautentzündung, chronische** Pyrolusit
**Hautkrankheiten** Andalusit, Antimonit, Chrysopras, Erythrin, Feldspat, Gagat, Rhyolith, Leopardenfell-Jaspis, Septarien, Turmalin, Dravit, Uvit, Zinnober, Lepidolith, Schwefel
**Hautreizungen** Dumortierit, Howlith
**Hautschichten, tiefere** Covellin
**Heilungswunsch** Dioptas
**Heimlichkeiten** Pyrit
**Heiserkeit** Disthen, Lapislazuli, Sodalith
**Helle Sinne** Obsidian, Purpurit
**Hellsichtigkeit** Benitoid, Bergkristall, Mediale Kristalle, Dow-Kristalle, Moldavit, Mondstein, Obsidian, Tektite
**Hemmung** Gips
**Hemmungen** Granat, Opal, Pinkopal
**Hemmungslosigkeit** Realgar
**Herausforderungen** Baumachat, Thulit
**Herz** Adamin, Calcit, Creedit, Cuprit, Dolomit, Enstatit, Erdbeerquarz, Granat, Spessartin, Hauyn,

Pietersit, Pyrolusit, Rhodonit, Rosenquarz Rosenquarz, Steatit, Turmalin, Verdelith
**Herzbeschwerden** Chalcedon rosa, Goldorthoklas, Morganit, Muskovit, Opal, Pinkopal
**Herzinfarkt** Aventurin, Magnesit
**Herzklopfen** Pietersit
**Herzlichkeit** Chalcedon rosa, Opal, Pinkopal, Rosenquarz, Silber
**Herzneurose** Chalcedon rosa, Opal, Pinkopal
**Herzrhythmus** Calcit, Rosenquarz, Serpentin
**Herzschmerzen** Amazonit
**Heuschnupfen** Aquamarin
**Hilfe leisten** Granat
**Hilfsbereitschaft** Chalcedon rosa, Granat, Spessartin, Rosenquarz, Sardonyx, Turmalin, Dravit, Uvit
**Hingabe** Hiddenit, Kunzit, Magnesit, Eudialyt n
**Hinterfragen** Azurit, Sedimente
**Hintergrund, geistiger** Diopsid, Erdbeerquarz, Türkis
**Hintergrund, psychischer** Fluorit
**Hitze ableiten** Silber
**Hitzschlag** Prasem
**Hochmut** Scheelit
**Hoden** Scheelit, Thulit, Zoisit
**Hoffnung** Chloromelanit, Dioptas, Dioptas, Gagat, Gaspeit, Granat, Granat, Topazolith, Moosachat, Rutilquarz, Septarien
**Hohes Selbst** Bergkristall, Transmitterkristalle, Dow-Kristalle, Natrolith
**Hörgeräusche** Onyx, Sardonyx
**Horizont erweitern** Erythrin, Granat
**Horizont, geistiger** Feldspat
**Hormondrüsen** Diamant, Diopsid, Eisenkiesel, Kupfer, Magnetit, Steatit
**Hormonhaushalt** Aquamarin, Chloromelanit, Lazulith, Turmalin, Elbait, Liddicoatit
**Hormonproduktion** Feueropal, Turmalin, Paraiba-Turmalin
**Hormonregulierung** Granat, Hessonit
**Hormonstörung** Kassiterit
**Hormonumstellungen** Mondstein
**Hormonzyklen verlangsamen** Lapislazuli
**Hormonzyklen abstimmen** Mondstein
**Hornhautbildung** Flint, Hornstein
**Hörsturz** Onyx
**Humor** Erdbeerquarz
**Hungergefühle verringern** Chalcedon rot

**Husten** Borax, Cacoxenit (Goethitquarz), Koralle, Rutilquarz
**Husten, trockener** Moosachat
**Hypophyse** Benitoid, Lazulith

# I

**Ideale** Antimonit, Hiddenit, Magnetit, Turmalinquarz
**Ideale, unerreichbare** Covellin
**Idealismus** Karneol, Sodalith
**Ideen** Lepidolith, Porphyrit
**Ideen ausleben** Thulit
**Ideen umsetzen** Biotit-Linsen, msetzen Feueropal, Jaspis bunt
**Ideen, eigene** Zoisit
**Ideen, neue** Alexandrit, Moosachat, Rutilquarz, Tektite, Zirkon
**Ideen, unkonventionelle** Moldavit
**Ideen, vergessene** Turmalin, Verdelith
**Ideenreichtum** Dioptas, Granat, Regenbogen-Andradit, Rhodochrosit
**Identifikation** Ulexit
**Identität wahren** Nephrit
**Identität, eigene** Andalusit, Chiastolith
**Illusion** Mondstein, Porzellanit, Ilmenit, Labradorit
**Imagination** Konichalcit
**Immunabwehr, unspezifische** Heliotrop
**Immunsystem** Achat, Donnerei, Amulettstein, Aquamarin, Aragonit, Azurit-Malachit, basische Magmatite, Baumachat, Calcit, Chalcedon, Chalcedon, Plasma-Chalcedon, Cuprit, Eisenkiesel, Eisenoolith, Epidot, Erdbeerquarz, Fuchsit, Jaspis braun, gelb, Marmor, Mookait, Moosachat, Moqui Marble, Onyx, Rhyolith, Aztekenstein, Rubin, saure Magmatite, Schalenblende, Smaragd, Sphen, Turmalin, Elbait, Liddicoatit
**Impotenz** Morganit
**Impulsivität** Feueropal, Tektite
**Individualität** Aventurin, Granat, Uwarowit
**Infektanfälligkeit** Baumachat, Erdbeerquarz
**Infekt, beginnend** Heliotrop
**Infektionen** Achat, Lace-Achat, Cacoxenit (Goethitquarz, Chrysokoll, Chrysopras, Erythrin, Moosachat, Peridot, Rhyolith Regenwald-Jaspis, Realgar
**Infektionskrankheiten** Prasem, Rubin, Staurolith, Tektite
**Initiative** Peridot, Rubin
**Innenohr** Onyx
**Innenwelt** Auricalcit

**Insektenstiche** Achat, Lace-Achat, Prasem, Rhodonit
**Inspiration** Granat, Demantoid, Ilmenit, Purpurit, Thulit
**Intensivierung** Eudialyt, Opal, Edelopal, Rhyolith, Thulit, Vivianit
**Interesse** Erythrin
**Interesse, nachlassend** Aragonit
**Interessen, persönliche** Antimonit
**Intrigen** Muskovit
**Introversion** Opal, Yowah Nuts
**Intuition** Alexandrit, Amazonit, Benitoid, Bergkristall, Mediale Kristalle, Dow-Kristalle, Cavansit, Konichalcit, Konichalcit, Labradorit, Mondstein, Stellerit
**Ischias** Biotit-Linsen, Hiddenit, Kunzit, Lepidolith

# J

**Jahreszeiten** Silber
**Juckreiz** Antimonit, Fuchsit, Paua-Muscheln, Perlmutt
**Jugendlichkeit** Turmalinquarz

# K

**Kälteempfindlichkeit** Baryt, Citrin, Labradorit
**Kämpfe, innere** Turmalinquarz
**Kehlkopf** Lapislazuli, Sodalith
**Kehlkopfentzündung** Stellerit
**Keimdrüsen** Schalenblende
**Kieselsäure- Aufnahme** Enstatit, Lepiolith
**Kinder** Calcit
**Kindheit** Smithsonit
**Klarheit** Bergkristall, Bergkristall, Doppelender, Herkimer Diamond, Chrysokoll, Girasol, Okenit, Opal, Hyalith, Wasseropal, Pietersit, Rhodonit, Rhyolith, Saphir, Smaragd, Turmalin, Paraiba-Turmalin
**Klarheit, geistige** Bergkristall, Fluorit
**Klimakterium** Mondstein, Proustit
**Knochen** Bronzit, Coelestin, Fluorit, Mimetesit
**Knochenbruch** Achat, Trümmerachat, Apatit, Calcit
**Knochenmarkserkrankungen** Erythrin
**Knochensubstanz** Sepiolith
**Knochenwachstum** Apatit
**Knorpelwachstum** Apatit
**Koliken** Dumortierit
**Koma** Tansanit
**Kommunikation** Chalcedon, Erythrin, Konichalcit, Opal, gemeine
**Kommunikation, nonverbal** Flint, Hornstein

**Kommunikation, verbal** Chalcedon blau, Flint, Hornstein, Lapislazuli, Zinnober, Disthen
**Kompetenz** Chrysoberyll
**Kompromisse** Lapislazuli, Markasit, Sugilith
**Kompromißlosigkeit** Hypersthen, Sugilith
**Kondition stärken** Epidot
**Konfliktbereitschaft** Jaspis rot, Prehnit
**Konflikte** Amazonit, Azurit-Malachit Bronzit, Enstatit, Muskovit, Prasem, Rhodonit, Septarien, Sugilith, Turmalinquarz, Vivianit
**Konflikte, innere** Pietersit
**Konflikte, unverarbeitete** Perlen
**Konfrontation** Baumachat, Bronzit, Cordierit, Malachit, Muskovit, Obsidian, Pyrit, Septarien, Sugilith
**Können** Chrysoberyll
**Konsequenz** Aktinolith, Blauquarz, Euklas, Saphirquarz, Sodalith
**Konsequenzen sehen** Chrysokoll
**Konstitution stärken** Epidot
**Konstitution, stabile** Amulettsteine
**Kontakte** Opalith
**Kontaktfreude** Apatit, Chalcedon, Turmalin, Rubellit
**Kontaktgifte** Howlith
**Kontrolle** Amazonit, Borax, Bornit, Diamant, Disthen, Heliotrop, Howlith, Prasem
**Kontrolle loslassen** Wolframit
**Kontrollverlust** Gips
**Konventionen** Wulfenit, Aragonit, Fluorit, Purpurit
**Konzentration** Saphir
**Konzentrationsfähigkeit** Achat, Amethyst
**Konzentrationsmangel** Versteinertes Holz, Zinnober
**Kopf** Larimar
**Kopfschmerz** Analcim, Dumortierit, Magnesit, Pietersit
**Kopfschmerzen, chronische** Dioptas
**Kopfschmerzen, stoffwechselbedingte** Kalkoolith
**Körper, energetische** Jamesonit
**Körperbereiche, taube** Bergkristall, rechtsdrehend
**Körperbereiche, unterversorgte** Bergkristall, Bergkristall, rechtsdrehend
**Körperbewußtsein** Eisenoolith, Moqui Marble
**Körperflüssigkeiten** Chalcedon, Heliotrop, Jaspis violett, Nephrit, Opal grün, Chloropal, Prasopal, Sardonyx, Staurolith, Wavellit

**Körpergefühl** Covellin, Erdbeerquarz, Opal, Yowah Nuts
**Korrektur** Sedimente
**Kraft** Adamin, Baumachat, Bornit, Bronzit, Chalcedon rot, Chloromelanit, Coelestin, Cordierit, Eisenkiesel, Granat, Hämatit, Fossilien, Trilobiten, Hermanover Kugeln, Konichalcit, Marmor, Mookait, Opal, Boulderopal, Schwarzopal, Paua-Muscheln, Perlmutt, Rubin, Schneequarz, Sillimanit, Strontianit, Tigereisen, Türkis, Variscit
**Kraftlosigkeit** Baumachat, Vivianit
**Krämpfe** Amazonit, Bronzit, Charoit, Chrysokoll, Cordierit, Dioptas, Dolomit, Dumortierit, Euklas, Koralle, Kupfer, Magnesit, Malachit, Meteorite, Pyrit-Sonnen, Rauchquarz, Serpentin, Türkis, Turmalin, Dravit, Uvit, Turmalinquarz, Variscit, Zirkon
**Krankheit, lange** Gaspeit
**Krankheitsbilder klären** Schwefel
**Krankheitserlebnis** Adamin
**Krankheitsgewinn** Moldavit, Tektite
**Krankheitsserien** Staurolith
**Krankheitsursache** Diamant, Lapislazuli, Moldavit, Sinhalit, Bergkristall, linksdrehend, Benitoid, Bergkristall, Chalkopyrit, Phenakit, Pyrit, Sinhalit, Tektite
**Kreativität** Alexandrit, Bernstein, Dioptas, Eisenkiesel, Fuchsit, Granat, Granat, Andradit, Jaspis bunt, Konichalcit, Labradorit, Marmor, Moosachat, Nephrit, Opal, Edelopal, Porzellanit, Purpurit, Stellerit, Thulit, Turmalin
**Kreislauf** Dolomit, Erdbeerquarz, Karneol, Pietersit, Rhodonit, Rubin
**Kreislauf anregen** Jaspis rot, Rhodochrosit, Skolezit, Eisenkiesel, Granat, Pyrop
**Kreislaufstörungen** Aurichalcit
**Kreislauf stabilisierend** Cordierit
**Krisen bewältigen** Alexandrit, Diamant, Granat, Pietersit
**Kristall-Akupunktur** Bergkristall, Laserkristall
**Kritik annehmen** Hypersthen, Krokoit, Konichalcit, Lapislazuli
**Kühlen** Bergkristall, linksdrehend, Blauquarz, Chrysokoll, Jamesonit, Prasem, Saphirquarz, Silber, Sodalith
**Kummer** Amazonit, Analcim, Baryt, Chalcedon, Chromchalcedon, Gagat, Nephrit, Septarien, Sugilith

**Künste** Opal, Edelopal
**Kupfer-Aufnahme** Sepiolith
**Kurzatmigkeit** Heulandit
**Kurzsichtigkeit** Aquamarin, Beryll, Goldberyll, Goshenit, Heliodor, Smaragd

# L

**Lachen** Paua-Muscheln, Perlmutt, Turmalin
**Lähmungserscheinungen** Bergkristall, rechtsdrehend, Chiastolith, Cordierit, Spinell
**Langeweile** Stromatolit, Turmalin, Verdelith, Wassermelonen-Turmalin, Vivianit
**Laune, gute** Karneol
**Läuterung** Analcim, Peridot, Vanadinit
**Leben, wechselhaftes** Chrysokoll
**Lebendigkeit** Chalcedon rosa, Covellin, Diopsid, Granat, Hämatit, Rhodochrosit
**Lebensaufgabe** Andalusit, Brasilianit, Chiastolith
**Lebensenergie** Thulit, Turmalin, Rubellit, Bornit, Chloromelanit, Diopsid, Opal, Boulderopal, Opal, Edelopal, Matrixopal, Rubin, Spinell
**Lebensfreude** Hermanover Kugeln, Turmalin, Verdelith
**Lebenskonzepte, neue** Rutilquarz
**Lebenskraft** Diopsid, Hermanover Kugeln
**Lebenskrisen** Smaragd
**Lebenslust** Granat, Rhodolith
**Lebensmuster** Fluorit
**Lebensprüfungen** Vanadinit
**Lebensqualität** Granat, Pyrop, Hämatit
**Lebenssinn** Lazulith, Meteorite, Moldavit, Vesuvian, Zirkon
**Lebensstil imitieren** Mimetesit
**Lebensstrategien, neue** Moosachat
**Lebenstraum** Chloromelanit
**Lebenswille** Opal, Schwarzopal, Edelopal
**Lebensziel** Brasilianit
**Leber** Achat, Donnerei, Aktinolith, Alexandrit, Amulettsteine, Azurit, Azurit-Malachit, Bernstein, Beryll, Vanadiumberyll, Creedit, Danburit, Dioptas, Epidot, Granat, Andradit, Demantoid, Regenbogen-Andradit, Kupfer, Lazulith, Malachit, Markasit, Mookait, Opal grün, Chloropal, Prasopal, Peridot, Pyrit, Smaragd, Turmalin, Paraiba-Turmalin, Vivianit, Zirkon
**Leber, Synthese-Prozesse** Chrysoberyll
**Legasthenie** Sugilith

*Therapeutischer Index*

563

**Leichtigkeit** Blauquarz, Chalcedon, Dumortierit, Glas, Goldorthoklas, Opal weiß, Opal, Jaspopal, Paua-Muscheln, Perlmutt, Rhodochrosit, Saphirquarz
**Leid** Azurit-Malachit
**Leidenschaft** Rubin
**Leistungsfähigkeit** Cordierit, Epidot, Realgar, Rhodochrosit, Rubin, Strontianit, Tigereisen
**Leitfähigkeit, energetische** Turmalin
**Lernfähigkeit** Diamant, Fluorit, Peridot, Zinnober
**Lernprozesse** saure Magmatite
**Lichtwahrnehmung** Mondstein
**Liebe** Enstatit, Kupfer
**Liebe, allumfassende** Turmalin, Paraiba-Turmalin
**Liebesfähigkeit** Rosenquarz
**Liebeskummer** Konichalcit
**Linderung** Aquamarin, Aurichalcit, Blauquarz, Dumortierit, Erdbeerquarz, Feldspat, Fuchsit, Gagat, Hiddenit, Howlith, Opal, Pinkopal, Rauchquarz, Rosa Moosachat, Saphirquarz, Smaragd, Variscit
**Logik** Blauquarz, Chiastolith, Diamant, Moosachat, Onyx, Saphirquarz
**Lösen** Apophyllit, Erdbeerquarz, Turmalinquarz
**Loslassen** Antimonit, basische Metamorphite, Bergkristall, linksdrehend, Diopsid, Heulandit
**Lunge** Amethyst, Blauquarz, Chalcedon, Dendriten-Chalcedon, Enstatit, Flint, Hornstein, Moosachat, Saphirquarz, Schneequarz, Vanadinit
**Lungenentzündung** Blauquarz, Saphirquarz, Wollastonit, Pyrolusit, Opalith
**Lust** Thulit
**Lymphe** Chalcedon, Girasol, Heliotrop, Moosachat
**Lymphknoten abschwellen** Baryt, Girasol, Moosachat

## M

**Magen** Bernstein, Citrin, Covellin, Dolomit, Okenit, Opal, Honigopal, Goldopal, Pyromorphit, Wulfenit
**Magen, übersäuerter** Hypersthen
**Magenbeschwerden** Andalusit, Antimonit, Muskovit, Serpentin
**Magendruck** Pietersit
**Magenentzündung** Achat, Bandachat, Rosa Moosachat
**Magengeschwüre** Silber, Rhodonit, Variscit
**Magenleiden** Goldorthoklas
**Magerkeit** Danburit

**Magersucht** Covellin, Topas
**Magnesium-Stoffwechsel** Bronzit, Dolomit, Magnesit
**Magnesium-Mangel** Magnesit, Sepiolith, Serpentin
**Managerkrankheiten** Morganit
**Mandeln, geschwollene** Baryt
**Mandeln, vergrößerte** Paua-Muscheln, Perlmutt
**Mängel** Sonnenstein
**Mangelerscheinungen** Augit, Turmalin
**Manipulation** Halit, Muskovit
**Masken** Apophyllit, Rutilquarz, Vesuvian
**Materialismus** Zirkon
**Mechanismen, unbewußte** Chalcedon, Dendriten-Chalcedon, Halit
**Medialität** Cavansit, Mondstein
**Medikamente, starke** Chrysopras
**Meditation** Bergkristall, Fensterkristalle, Bergkristall, Mediale Kristalle, Dow-Kristalle, Bergkristall, Skelettkristall, Bergkristall, Speicherkristall, Bergkristall, Transmitterkristalle, Dow-Kristalle, Moldavit, Schneequarz, Turmalin, Paraiba-Turmalin, Versteinertes Holz
**Meinungen verändern** Azurit
**Meinungen, fremde** Cordierit
**Meinungen, übernommene** Azurit, Mimetesit
**Melancholie** Halit, Thulit
**Menschenkenntnis** Ulexit
**Menschenmengen** Lepidolith
**Menstruationsbeschwerden** Amazonit, Brasilianit, Chrysokoll, Malachit, Mondstein, Pyrit, Pyrit-Sonnen, Serpentin, Zirkon
**Mentalkörper** Trendit
**Meridiane** Bergkristall, Nadelquarz, Cordierit, Eisenkiesel, Jamesonit, Pop Rock, Sphen, Turmalin, Turmalin, Schörl
**Migräne** Analcim, Magnesit, Rhodochrosit
**Mikroorganismen** Pyromorphit
**Milchbildung** Chalcedon blau
**Milieu** Heliotrop
**Milz** Bernstein, Citrin, Mimetesit, Mookait, Rubin
**Mineralstoffaufnahme** Hornblende, Karneol
**Mineralstoffhaushalt** Bornit, Chloromelanit, Diopsid
**Mißbrauch** Enstatit, Smithsonit
**Mißerfolg** Erdbeerquarz
**Mißgeschicke** Turmalinquarz
**Mißtrauen** Goldorthoklas
**Mißverständnis** Aktinolith, Azurit, Pietersit
**Mitmenschen** Purpurit

**Mobbing** Muskovit
**Möglichkeiten, neue** Bergkristall, Phantomquarz, Schamanen-Dow-Kristall
**Mondphasen** Mondstein, Silber
**Mondsüchtigkeit** Mondstein, Silber
**Motivation** Apatit, Biotit-Linsen
**Motivation, eigentliche** Schwefel
**Müdigkeit** Coelestin, Heliotrop, Porzellanit, Purpurit, Tigereisen, Variscit, Vivianit
**Multiple Sklerose** Rhodonit, Turmalin, Wassermelonen-Turmalin
**Mundgeruch** Zinnober
**Muse** Morganit, Opal, Edelopal
**Muskelkater** Dolomit
**Muskeln** Feldspat, Natrolith
**Muskelschwund** Wulfenit
**Muskeltonus** Meteorite
**Muskelverhärtung** Gips
**Muskelverspannung** Meteorite, Coelestin, Euklas
**Muße** Versteinertes Holz
**Muster, alte** Eudialyt, Wavellit
**Muster, geistige** Chrysokoll
**Mut** Bornit, Citrin, Danburit, Dumortierit, Eisenkiesel, Granat, Granat, Pyrop, Jaspis rot, Karneol, Lazulith, Marmor, Opal, Jaspopal, Rubin, saure Metamorphite, Spinell, Thulit
**Mutlosigkeit** Gaspeit (Zitronen-Chrysopras), Moosachat, Tigerauge
**Muttermund** Biotit-Linsen

## N

**Nachdenken** Larimar, Lazulith, Versteinertes Holz
**Nachdruck** Aragonit, Eisenoolith, Jaspis rot, Moqui Marble, Turmalin, Rubellit
**Nachgiebigkeit** Opal, Opalmatrix, Rosenquarz
**Nachtragen** Prasem
**Nährstoffaufnahme** Karneol, Sardonyx, Silber
**Nährstoffaufnahme hemmend** Chalcedon rot
**Narben-Entstörung** Bergkristall, Nadelquarz, Rhodonit, Turmalin, Turmalin, Schörl
**Natur, menschliche** Benitoid
**Natürlichkeit** Apophyllit
**Nebenhöhlenentzündungen** Smaragd
**Nebennieren** Feueropal, Jadeit, Jamesonit, Rubin
**Negativität** Sonnenstein, Turmalin, Schörl, Zoisit
**Neid** Heulandit
**Nerven** Amethyst, Amulettsteine,

Azurit, Bergkristall, rechtsdrehend, Diamant, Diopsid, Dumortierit, Fluorit, Fulgurit, Jadeit, Lazulith, Malachit, Rauchquarz, Schneequarz, Silber, Sugilith, Thulit, Tigerauge, Topas, Turmalin, Elbait, Liddicoatit, Turmalin, Paraiba-Turmalin, Variscit, Versteinertes Holz
**Nerven, markhaltige** Turmalin, Wassermelonen-Turmalin
**Nerven, motorische** Onyx
**Nerven, sensorische** Onyx
**Nervenkrankheiten** Saphir
**Nervenleiden** Hiddenit, Kunzit Lepidolith, Morganit, Pietersit
**Nervenstärken** Bronzit, Charoit, Citrin, Cordierit
**Nervensystem** Amazonit, Dumortierit
**Nervensystem beruhigen** Porphyrit, Chrysanthemenstein
**Nervensystem anregen** Porphyrit, Dalmantinerstein
**Nervensystem, motorisches** Disthen
**Nervensystem, sympathisches** Jamesonit
**Nervensystem, vegetatives** Halit, Sonnenstein
**Nerventätigkeit** Achat, Donnerei
**Nervenzusammenbruch** Smithsonit
**Nervosität** Ametrin, Apophyllit, Aragonit, Beryll, Goldberyll, Dumortierit, Eudialyt, Falkenauge, Heliotrop, Meteorite, Muskovit, Okenit, Pietersit, Smithsonit, Zinnober
**Netzhautreizungen** Achat, Augenachat
**Neubeginn** basische Magmatite, Eudialyt, Fluorit
**neue Wege beschreiten** Alexandrit
**Neugier** Chalkopyrit, Thulit
**Neuorientierung** Aktinolith, Turmalin, Verdelith
**Neuralgien** Hiddenit, Kunzit, Lepidolith
**Neurodermitis** Chrysopras
**Neutralisieren** Fossilien, Ammoniten, Turmalin, Schörl
**Neutralität** Fuchsit, Schneequarz, Turmalin, Schörl
**Niedergeschlagenheit** Gagat, Paua-Muscheln, Perlmutt, Purpurit
**Nieren** Aktinolith, Chloromelanit, Enstatit, Granat, Grossular, Hämatit, Roter Glaskopf, Hornblende, Konichalcit, Nephrit, Nephrit, Opal grün, Chloropal, Prasopal, Rhodochrosit, Serpentin, Turmalin, Indigolith
**Nierenentzündungen** Nephrit
**Nierenfunktion** Anhydrit, Chloromelanit, Jadeit
**Nierenleiden** Bernstein, Biotit-Linsen
**Notsituationen** Danburit
**Notwendigkeit** Chrysoberyll, Granat
**Nüchternheit** Chiastolith, Chrysokoll, Onyx, Saphir, Amethyst
**Nutzlosigkeit** Coelestin

## O

**Ödem** Anhydrit, Chalcedon
**Offenheit** Ametrin, Anhydrit, Apatit, Chalcedon, Flint, Hornstein, Moosachat, Opal, Opalmatrix, Paua-Muscheln, Perlmutt, Smaragd, Topas, Turmalin, Dravit, Uvit, Turmalin, Indigolith, Vesuvian
**Offenheit, geistige** Mimetesit, Paua-Muscheln, Perlmutt
**Ohnmächtigkeit** Coelestin
**Ohnmachtsanfälle** Halit, Thulit
**Ohren** Chalcedon-Rosetten, Hornblende, Onyx
**Operationen** Hemimorphit
**Opferhaltung** Amazonit, Disthen, Larimar
**Optimismus** Ametrin, Coelestin, Goldorthoklas, Granat, Topazolith, Sonnenstein
**Ordnungssinn** Fluorit
**Organisationen** Skolezit
**Organisationstalent** Chrysoberyll
**Organschwund** Mimetesit
**Organtätigkeit** Coelestin, Granat, Purpurit, Tigereisen, Turmalin, Dravit, Uvit
**Orientierung, neue** Smaragd
**Osteoporose** Apatit, Siderit

## P

**Panik** Rhodonit
**Panzerung** Turmalinquarz
**Paranoia** Dumortierit, Jamesonit, Sugilith
**Passivität** Larimar
**Pausen einlegen** Türkis
**PC-Monitore** Bergkristall, Projektorkristall
**Persönlichkeit** Diopsid, Eudialyt, Natrolith
**Persönlichkeitsanteile, verschiedene** Hornblende
**Perspektive, neue** Larimar, Granat, Marmor
**Pessimismus** Gagat
**Pflichten** Cordierit, Kunzit
**Phantasie** Alexandrit, Dioptas, Eisenkiesel, Jaspis bunt, Kupfer, Labradorit, Malachit, Opal, Edelopal, Opal, Yowah Nuts, Silber, Turmalin, Elbait, Liddicoatit
**Phantasien** Thulit
**Philosophie** Ilmenit
**Phobien** Sugilith
**Phosphor-Aufnahme** Enstatit, Sepiolith
**Pilzinfektion** Chalcedon, Kupfer-Chalcedon, Chrysopras, Staurolith
**Pläne** Aquamarin, Blauquarz, Jaspis rot, Jaspis, Turitellajaspis, Saphirquarz
**Pläne umsetzen** Eisenkiesel
**Planung** basische Magmatite, Porphyrit, Dalmantinerstein
**Poesie** Opal, Edelopal
**Positivität** Dolomit, Dumortierit, Hermanover Kugeln, Koralle, Spinell
**Potential, inneres** Bergkristall, neutral, Schneequarz
**Potenzprobleme** Eisenkiesel, Granat, Zoisit
**Pragmatismus** Eisenkiesel, Eisenoolith, Karneol, Moqui Marble, Turmalin, Dravit, Uvit
**Prägung** Bergkristall
**Präsenz** Opal, Edelopal
**Prellungen** Prasem
**Prioritäten setzen** Bergkristall, Pallasit, Tigerauge
**Probleme** Fuchsit, Karneol, Marmor, Moldavit, Moosachat, Muskovit
**Probleme durchschauen** Diamant
**Probleme lösen** Hypersthen, Tigerauge, Turmalin, Elbait, Liddicoatit, Steatit
**Probleme, seelische** Septarien
**Probleme, soziale** Turmalin, 
**Prostataleiden** Proustit, Schalenblende
**Protein-Aufnahme** Enstatit
**Provokationen** Muskovit
**Psoriasis** Borax
**Puls, hoher** Cavansit

## R

**Rachegefühle** Moosachat, Tugtupit
**Rachitis** Apatit
**Raucherbein** Obsidian
**Raucherkrankheiten** Chalcedon, Dendriten-Chalcedon, Opalith
**Raum, eigener** Rhodochrosit
**Raum, geistiger** Larimar
**Raumatmosphäre klären** Bergkristall, Sammelkristalle, Halit
**Rausch erleben** Realgar
**Reaktionen, mechanische** Chrysokoll
**Reaktionsbereitschaft** Diopsid, Jadeit, Magnetit, Purpurit

**Realisierung** Eisenkiesel, Epidot, Euklas, Girasol, Thulit, Turmalin, Verdelith, Turmalinquarz
**Realismus** Karneol, Labradorit, Onyx
**Realität, eigene** Erdbeerquarz
**Realitätssinn** Andalusit, Chiastolith, Eisenkiesel, Ulexit
**Redekunst** Chalcedon blau
**Reflexion** Magnetit, Porphyrit, Dalmantinerstein, Versteinertes Holz
**Regelblutung, verspätete** Zirkon
**Regelschmerzen** Cuprit
**Regeneration** Alexandrit, Bronzit, Chalcedon, Plasma-Chalcedon, Dioptas, Eisenoolith, Flint, Fluorit, Granat, Hämatit, Roter Glaskopf, Jaspis violett, Hornstein, Moqui Marble, Purpurit, Sepiolith, Smaragd, Thulit, Turmalin, Dravit, Uvit, Wassermelonen-Turmalin, Turmalinquarz, Zoisit
**Regeneration, geistige** Epidot, Turmalin, Verdelith
**Regeneration, körperliche** Epidot, Turmalin, Verdelith
**Regeneration, seelische** Smaragd, Epidot, Turmalin, Verdelith
**Reichtum** Topas, Turmalin, Turmalin, Elbait, Liddicoatit
**Reichtum, äußerer** Dioptas
**Reichtum, innerer** Dioptas
**Reife, geistige** Achat
**Reinheit** Bergkristall
**Reinigung** Chalkanthit, Chalkopyrit, Creedit, Diamant, Halit, Lepidolith, Nephrit, Opal grün, Chloropal, Prasopal, saure Metamorphite, Schwefel, Spinell
**Rekonvaleszenz** Epidot
**Resignation** Spinell, Zoisit
**Respekt** Paua-Muscheln, Perlmutt
**Rheuma** Biotit-Linsen, Chiastolith, Granat, Grossular, Labradorit, Malachit, Smaragd, Variscit
**Riecher, guter** Bergkristall
**Risikobereitschaft** Alexandrit
**Risse** Euklas
**Romantik** Rosenquarz, Thulit
**Rücken, unterer** Scheelit
**Rückenbeschwerden** Rauchquarz
**Rückerinnerung** Bergkristall
**Rückzug** Jaspis, Turitellajaspis
**Ruhe** Blauquarz, Charoit, Chloromelanit, Girasol, Hypersthen, Jadeit, Mookait, Morganit, Muskovit, Saphirquarz, Stromatolit
**Ruhe, innere** Ametrin, Baumachat, Bronzit, Diopsid, Jaspis braun, gelb, Larimar, Pietersit
**Ruhebedürfnis** Pietersit

# S

**Salz-Haushalt** Jadeit, Lazulith
**Sammlung** Baumachat, Jaspis braun, gelb, Mookait, Versteinertes Holz
**Sauerstoff-Aufnahme** Opalith
**Sauerstoffversorgung** Cuprit, Hämatit, Tigereisen
**Säure/Basen-Haushalt** Chloromelanit, Jadeit, Nephrit
**Säure/Basen-Gleichgewicht** Diopsid, Jadeit, Nephrit
**Scham** Opal, Pinkopal
**Scharfsinn** Granat, Demantoid
**Schattenseiten** Obsidian, Pyrit, Turmalinquarz
**Schicksal** Türkis
**Schicksalsgläubigkeit** Disthen
**Schicksalsschläge** Bergkristall, Harmoniekristall, Smithsonit
**Schilddrüse** Azurit, Natrolith
**Schizophrenie** Anhydrit, Jamesonit, Sugilith
**Schlaf, erholsamer** Charoit
**Schlaf, ruhiger** Charoit
**Schlaf, tiefer** Eisenoolith, Moqui Marble
**Schlaflosigkeit** Brasilianit, Goldorthoklas
**Schlafmangel** Purpurit
**Schleimbildung** Moosachat
**Schleimhäute** Chalcedon-Rosetten, Fluorit, Granat, Tsavorit, Konichalcit, Opalith, Paua-Muschen, Perlmutt
**Schleimhäute entgiften** Flint, Hornstein
**Schleimhautentzündungen** Zinnober
**Schleimlösen** Rutilquarz
**Schluckbeschwerden** Baryt, Lapislazuli
**Schmarotzer** Peridot
**Schmerz** Azurit-Malachit, Perlen, Turmalinquarz
**Schmerzbehandlung** Bergkristall, Nadelquarz
**Schmerzen** Amethyst, Aventurin, Bergkristall, Doppelender, Herkimer Diamond, Bergkristall, linksdrehend, Blauquarz, Charoit, Dioptas, Eudialyt, Falkenauge, Hypersthen, Obsidian, Rauchquarz, Rhodonit, Saphirquarz, Silber, Smaragd
**Schmerzen auflösen** Obsidian
**Schmerzen, alte** Diopsid
**Schmerzen, brennende** Prasem
**Schmerzen, krampfartige** Malachit
**Schmerzen, wiederkehrende** Brasilianit
**Schmerzen, ziehende** Erdbeerquarz

**Schmerzlinderung** Zirkon, Bronzit, Cordierit, Euklas, Gips, Engelberger Alabaster-Linsen, Hiddenit, Kunzit, Pyrit, Prasem, Pyrit-Sonnen, Rhodonit, Saphir, Sugilith, Tigerauge, Türkis, Turmalin Schörl
**Schock** Rhodonit
**Schönheit** Kupfer, Smaragd, Thulit
**Schritt, nächster** Tigerauge
**Schüchternheit** Baryt, Opal, Pinkopal
**Schuldgefühle** Alunit, Chiastolith, Jaspis, Turitellajaspis, Opal grün, Chloropal, Prasopal, Peridot, Sodalith
**Schultern, schmerzende** Skapolith
**Schuppenbildung** Fuchsit
**Schuppenflechte** Borax
**Schürfwunden** Silber
**Schutz** Achat, Biotit-Linsen, Fossilien, Fuchsit, Gips, Engelberger Alabaster-Linsen, Halit, Heliotrop, Jaspis grün, Lepidolith, Limonit, Mimetesit, Muskovit, Nephrit, Serpentin, Rosa Moosachat, Türkis
**Schutzlosigkeit** Anhydrit, Baumachat
**Schutzmechanismen** Hemimorphit
**Schwäche** Andalusit, Chiastolith, Erdbeerquarz, Realgar, Schneequarz, Thulit, Turmalin, Turmalinquarz, Vivianit
**Schwächeanfälle** Halit, Cordierit
**Schwächen** Sonnenstein
**Schwächen annehmen** Eudialyt
**Schwachstellen beachten** Cavansit
**Schwangerschaftsschutz** Achat, Wasserachate
**Schwankungen, emotionale** Diopsid
**Schweißgeruch** Zinnober
**Schwellungen** Achat, Uruguay-Achat, Amethyst, Anhydrit, Bergkristall, Bornit, Euklas
**Schwere** Moosachat
**Schwermetalle** Chrysopras
**Schwierigkeiten** Baumachat, Karneol, Opal, Jaspopal, Thulit, Tigereisen
**Schwindelgefühl** Pietersit
**Seelenwelt öffnen** Morganit
**Sehkraft** Aquamarin, Ulexit
**Sehnen** Fulgurit
**Sehnsucht** Girasol, Malachit, Rubin
**Sehschwäche** Onyx, Skapolith
**Sein, eigenes** Bergkristall
**Seiten, liebevolle** Heulandit

**Sekretion** Rosa Moosachat
**Selbstachtung** Granat, Hessonit, Hiddenit
**Selbständigkeit** Howlith, Larimar, Peridot, Covellin, Türkis
**Selbstannahme** Okenit, Prehnit, Rhyolith, Spinell, Turmalinquarz, Creedit, Flint
**Selbstausdruck** Hornstein, Koralle, Okenit, Opal, gemeine, Turmalin, Indigolith, Variscit
**Selbstbeherrschung** Borax, Chrysoberyll
**Selbstbestimmung** Aventurin, Diamant, Granat, Chrom-Grossular, Halit, Peridot, Prasem, Topas, Zoisit
**Selbstbewußtsein** Dioptas, Glas, Onyx, Opal, Honigopal, Goldopal
**Selbstdisziplin** Chrysoberyll, Lepidolith
**Selbsterkenntnis** Bergkristall, Covellin, Eudialyt, Markasit, Pyrit
**Selbstgefälligkeit** Heulandit
**Selbstheilkraft** Alexandrit, basische Magmatite, Bergkristall, Harmoniekristall, Chrysoberyll, Larimar, saure Magmatite, Meisterkristalle
**Selbstkontrolle** Apophyllit
**Selbstkritik** Saphir, Sedimente
**Selbstliebe** Analcim, Covellin, Magnesit
**Selbstmitleid** Tugtupit
**Selbst-Reflektion** Bergkristall, Fensterkristalle
**Selbstsicherheit** Citrin, Cordierit
**Selbstüberwindung** Apatit, Gagat, Thulit, Turmalinquarz
**Selbstverleugnung** Hiddenit
**Selbstverneinung** Okenit
**Selbstverständnis** Creedit
**Selbstvertrauen** Aktinolith, Baryt, Calcit, Enstatit, Turmalin, Elbait, Liddicoatit
**Selbstverurteilung** Covellin
**Selbstverwirklichung** Chiastolith, Dolomit, Granat, Jadeit, Topas
**Selbstvorwürfe** Peridot
**Selbstwahrnehmung** Sonnenstein
**Selbstwertgefühl** Granat, Strontianit
**Selbstwichtigkeit** Morganit
**Selbstzweifel** Eudialyt, Hermanover Kugeln, Tugtupit
**Senilität** Baryt, Okenit
**sensibilisierend** Bergkristall, rechtsdrehend
**Sexualität** Covellin, Eudialyt, Feueropal, Granat, Granat, Rhodolith, Konichalcit, Kupfer, Rosenquarz, Rubin, Rutilquarz, Thulit, Turmalin, Rubellit
**sich verstecken** Apophyllit

**Sicherheit** Anhydrit, Charoit, Rosa Moosachat
**Sichtweise, neue** Alexandrit, Feldspat
**Sieg erringen** Pyromorphit
**Sinn** Sardonyx, Staurolith
**Sinne** Goldorthoklas, Sardonyx, Turmalin, Elbait, Liddicoatit
**Sinne, helle** Creedit
**Sinnesorgane** Diamant, Sardonyx, Silber
**Wahrnehmung** Azurit
**Sinnfindung** Smaragd
**Sinnlichkeit** Kupfer, Realgar, Thulit
**Sinnsuche** Porzellanit, Zirkon
**Situationen, angsteinflößende** Baumachat
**Situationen, erniedrigende** Hiddenit
**Situationen, schwierige** Dumortierit, Eudialyt, Fuchsit, Granat, Septarien, Smithsonit
**Situationen, unangenehme** Cordierit, Baumachat, Hiddenit, Opal, Matrixopal
**Skelett** Limonit
**Sklerose** Wulfenit
**Sodbrennen** Andalusit, Variscit
**Sog-Wirkung** Bergkristall, Skelettquarz
**Sonnenbrand** Aventurin, Fuchsit, Hemimorphit, Prasem
**Sonnenseiten, eigene** Sonnenstein
**Sonnenstich** Aventurin, Fuchsit, Prasem
**Sorgen** Apophyllit, Aventurin, Charoit, Fuchsit, Goldorthoklas, Moldavit, Opal, Honigopal, Goldopal, Sonnenstein, Tektite
**Sorgfalt** Beryll
**Sorglosigkeit** Bernstein
**sozial** Koralle
**Sozialisation** Bergkristall
**Spannkraft** Diopsid
**Spannung** Baryt, Covellin, Meteorite, Pop Rock, Turmalinquarz
**Spannungen** Bergkristall, linksdrehend, Nephrit, Rauchquarz, Koralle
**spielerisch** Dolomit, Hermanover Kugeln, Jadeit, Moosachat
**Spiritualität** Smaragd
**Spontanität** Astrophyllit, Feueropal, Moldavit, Tektite
**Sprunghaftigkeit** Aragonit
**Stabilisierung** Anhydrit, Baumachat, Cordierit, Dolomit, Epidot, Erdbeerquarz, Mookait
**Stabilität** Achat, Aragonit, Beryll, Coelestin, Gips, Konichalcit, Limonit, Rosa Moosachat

**Stabilität, innere** Aurichalcit, Jaspis, Turitellajaspis, Pietersit
**Standfestigkeit** Karneol, Septarien
**Standhaftigkeit** Calcit, Jaspis grün,
**Standpunkt, sicherer** Charoit, Fossilien, Trilobiten
**Star** Skapolith
**Stärke** Baryt, Baumachat, Disthen, Glas, Limonit
**Stärkung** Adamin, Analcim, Calcit, Chrysoberyll, Epidot, Erdbeerquarz, Fulgurit, Gagat, Granat, Jaspis violett, Opal, Jaspopal, saure Magmatite, Schneequarz, Smaragd, Strontianit, Thulit, Turmalin, Elbait, Liddicoatit, Wollastonit
**Staunen** Chrysopras
**Stein der Weisen** Trendit
**Steinbildungen** Rhyolith, Leopardenfell-Jaspis, Wulfenit
**Stellen, gefühllose** Bergkristall, rechtsdrehend, Schneequarz, Spinell, Turmalin, Wassermelonen-Turmalin
**Stillstand** Bergkristal, Phantomquarz, Schamanen-Dow-Kristall
**Stimmbänder** Lapislazuli, Sodalith
**Stimme, innere** Bergkristall, Transmitterkristalle, Dow-Kristalle
**Stimmungen** Erdbeerquarz, Prehnit
**stimmungsaufhellend** Citrin, Goldorthoklas, Hiddenit, Kunzit, Opal, Chrysopal, gemeiner Opal, Matrixopal, Purpurit, Rhodochrosit, Rutilquarz, Spinell, Strontianit, Variscit
**Stimmungsschwankungen** Amazonit, Falkenauge, Serpentin, Tigerauge, Türkis, Zinnober
**stimulieren** Creedit, Sphen
**Stirn** Benitoid, Cavansit
**Stoffwechsel** Bornit, Halit, Karneol, Peridot, Sphen, Topas, Turmalin
**Stoffwechsel anregen** Astrophyllit, Granat, Granat, Rhodolith, Schneequarz, Stromatolit, Versteinertes Holz
**Stoffwechsel, basischer** Charoit, Wollastonit
**Stoffwechselstörungen** Zinnober
**Stoffwechseltätigkeit** Bergkristall, rechtsdrehend
**stolpern** Howlith
**Stolz** Euklas, Scheelit
**Störungen, motorische** Sugilith
**Störungen, vegetative** Charoit, Muskovit

**Strahleneinflüsse** Rauchquarz, Turmalin, Schörl
**Strahlenschäden** Aventurin, Fuchsit, Prasem, Rauchquarz
**Strahlung** Dumortierit
**Streben** Euklas, Sardonyx, Turmalin, Indigolith
**Streit** Vivianit
**Streitlust** Moosachat, Serpentin
**Streptokokkeninfektion** Pyrolusit
**Streß** Charoit, Gips, Engelberger Alabaster-Linsen, Morganit, Rauchquarz, Tigerauge, Tugtupit, Turmalin, Schörl, Turmalinquarz
**Struktur** Apatit, Coelestin
**Strukturen, geistige** saure Magmatite
**Strukturen, körperliche** saure Magmatite
**Strukturen, veraltete** Sphalerit,
**Stuhlgang** Strontianit
**Sucht** Amethyst, Dumortierit, Kassiterit
**Symptomatik, ursächliche** Schwefel
**Symptomatiken, unklare** Pyrit
**Synergie** Koralle
**systematisches Vorgehen** Beryll

# T

**Tabus auflösen** Granat
**Tagträume** Versteinertes Holz
**Tapferkeit** Rubin
**Tatimpuls** Porphyrit, Chrysanthemenstein
**Tatkraft** Calcit, Charoit, Coelestin, Eisenkiesel, Eudialyt, Girasol, Granat, Almandin, Jaspis rot, Karneol, Larimar, Mookait, Moosachat, Nephrit, Peridot, saure Magmatite, saure Metamorphite, Tigereisen
**Teamgeist** Skolezit
**Telepathie** Bergkristall, Mediale Kristalle, Dow-Kristalle
**Thalamus** Aurichalcit
**Thrombose** Magnesit, Opal, Jaspopal
**Thymusdrüse** Fulgurit, Jamesonit, Steatit
**Tiefe, seelische** Meteorite
**Tiefpunkte** Sillimanit
**Tod** Zirkon
**Toleranz** Danburit, Opal, Opalmatrix, Turmalin, Indigolith
**Tonus** Meteorite
**Tradition** Bernstein
**Trägheit** Jadeit, Turmalinquarz
**Trauer** Eudialyt, Gagat, Gaspeit (Zitronen-Chrysopras), Peridot, Perlen, Sardonyx, Turmalin, Indigolith
**Traum** Bergkristall, Moldavit

**Trauma** Bergkristall, Perlen, Obsidian, Prasem
**Traumbilder** Alexandrit
**Träume anregen** Malachit
**Träume verwirklichen** Aventurin
**Träume, kreative** Charoit
**Traumerinnerung** Bergkristall, Doppelender, Herkimer Diamond, Mondstein
**Traumerleben** Turmalin, Paraiba-Turmalin
**Traumgeschehen intensivieren** Opal, Yowah Nuts
**Traumgeschehen klären** Amethyst
**Traumtätigkeit** Kupfer
**Trennung** Konichalcit
**Trennung, erwünschte** saure Metamorphite
**Trennung, unerwünschte** basische Metamorphite
**Treue** Diamant, Skapolith, Sodalith, Turmalin, Indigolith
**Tugend** Rubin, Sardonyx
**Tumore** Azurit-Malachit, Turmalin, Indigolith

# U

**Übelkeit** Antimonit, Bergkristall, Chalkopyrit, Dumortierit, Howlith, Rosa Moosachat
**Überbein** Flint, Hornstein
**Überblick, geistiger** Falkenauge
**Übererregung** Tigerauge
**Überforderung** Aragonit
**Überfunktion, hormonelle** Falkenauge, Tigerauge
**Übergewicht** Versteinertes Holz
**Überheblichkeit** Covellin, Heulandit
**Überlastung** Chiastolith, Jadeit
**Überlebenskampf** Limonit
**Überprüfen (sich selbst)** Sedimente, Zirkon
**Überraschung** Meteorite
**Überreaktion** Aquamarin
**Übersäuerung** Biotit-Linsen, Chiastolith, Dolomit, Hypersthen, Porzellanit, Septarien, Serpentin, Variscit
**Übersensibilität** Gips
**Übersicht** Falkenauge
**Überwältigung** Muskovit
**Überwindung** Baumachat, Bergkristall Phantomquarz, Schamanen-Dow-Kristall, Chrysoberyll, Gaspeit (Zitronen-Chrysopras), Granat, Hauyn, Jaspis, Turitellajaspis, Kunzit, saure Magmatite, Moosachat, Rauchquarz, Sonnenstein, Sugilith, Thulit, Tigereisen, Vesuvian, Zirkon, Zoisit
**Überzeugung** Biotit-Linsen, Hypersthen, Sodalith
**Umbrüche** Charoit

**Umsetzung** Euklas, Jaspis rot
**Umsetzung, pragmatische** Dioptas
**Umsetzung, realistische** Dioptas
**Umsetzungsvermögen** Porzellanit
**Umstände, äußere** Bronzit
**Umstände, widrige** Cordierit
**Umwälzungen** Granat
**Umwelt** Opalith, Purpurit, Vivianit
**Umweltbelastungen** Jaspis, Turitellajaspis
**Umwelteinflüsse** Sedimente
**Unabänderliches verändern** Marmor
**Unabänderlichkeit akzeptieren** Gagat, Hiddenit, basische Metamorphite
**Unabhängigkeit** Chrysopras, Mimetesit, Rutilquarz, Skapolith
**Unangenehmes ertragen** Kunzit, Lapislazuli, Muskovit, Sugilith
**Unausgesprochenes** Lapislazuli
**Unbeeinflußbarkeit** Chrysoberyll
**Unbefangenheit** Wismut
**Unbeständigkeit** Zinnober
**Unbeugsamkeit** Gagat
**Unbeweglichkeit** Mimetesit
**Unbezwingbarkeit** Diamant
**Unehrlichkeit** Apophyllit
**Unerklärbares** Chalkopyrit
**Unerledigtes** Astrophyllit, Charoit
**Unfähigkeit** Turmalinquarz
**Unfall** Obsidian, Rhodonit
**Unfruchtbarkeit** Chrysopras
**Ungeschicklichkeit** Howlith
**Unglück** Disthen
**Unglücklichsein** Azurit-Malachit, Markasit
**Unklarheit** Pietersit, Tigerauge
**Unklarheit aufdecken** Schwefel
**Unnachgiebigkeit** Zinnober
**Unruhe** Aragonit, Eudialyt, Girasol, Goldorthoklas, Variscit, Zinnober
**Unsicherheit** Anhydrit, Apophyllit, Enstatit
**Unsinn** Staurolith
**Unstimmigkeiten erkennen** Pop Rock
**Untätigkeit** Charoit
**Unterdrückung** Pietersit
**Unternehmungen, neue** Thulit
**Unternehmungslust** Strontianit
**Unterordnung** Markasit
**Unterscheidung** Porzellanit
**Unterscheidungsfähigkeit** Ilmenit, Magnetit, Sedimente, Zirkon
**Unterstützung** Bergkristall, rechtsdrehend, Dioptas, Dumortierit

**Unterversorgung, energetische** Bergkristall, Eisenkiesel, Schneequarz
**Unverarbeitetes** Pietersit
**Unvollendetes** Versteinertes Holz
**Unvollkommenheit** Covellin
**Unvoreingenommenheit** Enstatit
**Unwesentliches** Zirkon
**Unzufriedenheit** Girasol, Marmor
**Urerinnerungen** Bergkristall Entwicklung
**Ursache sein** Disthen, Erdbeerquarz
**Ursachen, geistige** Markasit
**Ursprung** Turmalin
**Urwissen entdecken** Bergkristall, Skelettquarz, Schneequarz
**UV-Licht** Dumortierit

## V

**Vegetatives Nervensystem** Ametrin
**Verachtung** Covellin
**Veränderung, schmerzfreie** Covellin
**Veränderungen** Larimar, Marmor, Sedimente, Vanadinit
**Veränderungen einleiten** Eudialyt
**Veränderungen vollziehen** Konichalcit
**Veränderungen, äußere** Pietersit
**Veränderungen, dramatische** Sphalerit, Schalenblende
**Veränderungen, schmerzhafte** Augit
**Veränderungen, tiefgreifende** Charoit, Granat
**Veränderungswunsch** Staurolith
**Verantwortung** Euklas
**Verantwortungsbewußtsein** Turmalin, Indigolith
**Verarbeiten, geistiges** Adamin, Chalcedon, Kupfer-Chalcedon, Chrysopras, Citrin, Mookait, Petalit
**Verarbeiten, schnelles** Pietersit
**Verarbeitung, analytische** Prehnit
**Verausgabung** Brasilianit
**Verbindung** Bergkristall, Doppelender, Herkimer Diamond
**Verbissenheit** Turmalinquarz
**Verbitterung** Septarien
**Verborgenes** Girasol
**Verbrennungen** Hemimorphit, Silber
**Verdauung** Astrophyllit, Citrin, Epidot, Jaspis braun/gelb, Karneol, Rosa Moosachat, Sedimente, Topas
**Verdauung anregend** Covellin
**Verdauungsbeschwerden** Aragonit, Bergkristall, Opal, Honigopal, Goldopal

**Verdauungsbeschwerden, nervöse** Ametrin
**Verdauungsenzyme** Rosa Moosachat
**Verdrängtes integrieren** Obsidian
**Verdrängung** Septarien
**Verdrängungsmechanismen** Prehnit
**Verdruß** Chalcedon, Chromchalcedon
**Vereiterungen** Mookait, Rhodonit
**Vergangenheit** Wavellit
**Vergänglichkeit** Pallasit, Zirkon
**Vergiftung, akute** Anhydrit
**Vergiftungen** Chrysopras, Howlith, Wulfenit
**Vergnügen** Feueropal
**Verhaftung, materielle** Moldavit, Tektite
**Verhaftungen** Halit, Moosachat, Vesuvian
**Verhalten imitieren** Mimetesit
**Verhaltensmuster** Bergkristall, Phantomquarz, Schamanen-Dow-Kristall, Chalcedon, Dendriten-Chalcedon, Granat, Halit, Lapislazuli, Wulfenit
**Verhaltensmuster auflösen** Dumortierit
**Verhaltensmuster ersetzen** Sodalith
**Verhärtung** Coelestin, Girasol, Turmalinquarz, Wulfenit
**Verlassenheitsgefühle** Chalkanthit
**Verletzungen** Hemimorphit
**Verletzungen, alte** Diopsid
**Verletzungen, körperliche** Rhodonit
**Verletzungen, seelische** Rhodonit
**Verlust** Konichalcit, basische Metamorphite, Perlen, Zirkon
**Vermehrung** Staurolith
**Vermeidungsmechanismen** Prehnit
**Verpflichtungen** Bronzit
**Versagen** Sonnenstein, Turmalinquarz
**Versäumnisse erkennen** Phenakit
**Versöhnung** Prasem
**Verspannungen** Amethyst, Hypersthen, Obsidian
**Verspannungen, chronische** Blauquarz, Saphirquarz
**Verstand** Bornit, Konichalcit
**Verstand harmonisieren** Amazonit
**Verstand, pragmatischer** Blauquarz, Saphirquarz
**Verstand, rational** Chiastolith
**Verständnis** Chalcedon, Chalkopyrit, gemeiner Opal, Smaragd, Tugtupit
**Verständnis, tieferes** Erythrin
**Verständnisfähigkeit** Purpurit, Rhodonit
**Verstärkung** Bergkristall, rechtsdrehend
**Verstehen** Fluorit
**Verstopfung** Biotit-Linsen, Flint, Hornstein, Rosa Moosachat, Turmalin, Verdelith
**Vertrauen** Anhydrit, Bornit, Chalcedon rosa, Chrysopras, Dumortierit, Gagat, Granat, Rhodolith, Septarien, Tansanit, Tigerauge
**Vertrauensseligkeit** Ulexit
**Verwandlung** Gagat
**Verwirklichung** Andalusit, Chloromelanit, Epidot, Lepidolith, Porphyrit, saure Magmatite, Zirkon
**Verwirrung** Baryt, Pietersit, Rhodonit, Tigerauge, Trendit, Turmalin, Paraiba-Turmalin
**Verzagen** Bornit
**Verzeihen** Diopsid, Rhodonit
**Verzweiflung** Phenakit
**Viren** Staurolith
**Visionen** Benitoid
**Visionen folgen** Stellerit
**Visionen, neue** Rutilquarz
**Vitalisierung** Bergkristall
**Vitalität** Baryt, Baumachat, Chloromelanit, Diopsid, Dolomit, Hämatit, Mookait, Rubin, Silber, Tigereisen, Turmalinquarz
**Vitaminaufnahme** Enstatit, Hornblende, Karneol, Pyromorphit
**Vollkommenheitsstreben** Kassiterit
**Voraussicht** Aquamarin
**Vorbereitung** basische Magmatite
**Vorhandenes** Rhyolith
**Vorstellungen, eigene** Onyx
**Vorstellungsgabe** Granat, Almandin
**Vorstellungskraft** Malachit

## W

**Wachbewußtsein** Obsidian
**Wachheit** Amethyst, Ametrin, Chalkopyrit, Fluorit, Purpurit, Rhodonit, Smaragd, Variscit
**Wachstum** Calcit
**Wachstum, geistiges** Adamin, Aquamarin, Augit, Granat, Hessonit, Larimar, Smaragd
**Wachstum, körperliches** Aquamarin, Azurit, Larimar
**Wachstum, zellulär** Bornit
**Wachstumsstörungen** Heulandit
**Wahl, freie** Wulfenit
**Wahnvorstellungen** Saphir

Wahrheit Lapislazuli
Wahrheit, innere Bergkristall, Sodalith
Wahrheitsstreben Sodalith
Wahrnehmung Bergkristall, Transmitterkristalle, Dow-Kristalle, Dumortierit, Goldorthoklas, Prehnit, Purpurit, Rhyolith, Sardonyx, Turmalin
Wahrnehmung verändern Feldspat
Wahrnehmung verfeinern Bergkristall, Fensterkristalle
Wahrnehmungen verarbeiten Amethyst
Wahrnehmungsstörungen Dumortierit
Wandlung einleiten Staurolith
Wärmen Citrin
Warzen Hemimorphit, Peridot
Wasserblasen Achat, Uruguay-Achat
Wassereinlagerung Chalcedon, Chalkanthit
Wasserhaushalt Anhydrit, Chloromelanit, Diopsid, Jadeit, Opal, Hyalith, Wasseropal, Turmalin, Indigolith
Wasserresorption Amethyst, Astrophyllit, Silber
Wasserverlust Limonit
Wechselhaftigkeit Hornblende
Wechseljahre Cuprit
Wege, neue Aquamarin, Moosachat
Wehentätigkeit Biotit-Linsen
Weisheit Erdbeerquarz, Saphir, Turmalin, Paraiba-Turmalin
Weitblick Aquamarin, Smaragd
Weite Larimar
Weiterentwicklung, geistige Sedimente
Weitsichtigkeit Aquamarin, Beryll, Goldberyll, Goshenit, Heliodor, Smaragd
Welten, innere Pallasit
Werte, neue Meteorite
Werte, spirituelle Lazulith
Werte, überlieferte Bernstein
Wertmaßstäbe Morganit
Wesen, andere Pallasit
Wesen, eigenes Hemimorphit
Wesen, geistiges Benitoit, Creedit, Diopsid, Moldavit, Tansanit, Tektite
Wesen, inneres Bergkristall, Morganit, Schneequarz
Wesentliches Magnetit, Pietersit, Zirkon, Erdbeerquarz
Widersprüche auflösen Amazonit
Widersprüche integrieren Hornblende
Widersprüchlichkeit Turmalinquarz

Widerstände überwinden Aquamarin, Eudialyt, Rauchquarz, Thulit
Widerstände, innere Kunzit
Widerstandskraft Granat, Melanit, Jaspis, Turitellajaspis, Rhyolith, Aztekenstein
Widerstandskraft, körperliche Baumachat
Wiederholungen Staurolith
Willenskraft Eudialyt, Hämatit, Jaspis rot, Zinnober
Wirbelsäule Gagat, Granat, Melanit
Wirbelsäulenbeschwerden Wolframit
Wirrnis Disthen
Wissen Benitoit, Saphir
Wissen, erarbeitetes Chrysoberyll
Wissen, inneres Enstatit
Wissensformen, gespeicherte Bergkristall, Speicherkristall
Wohlbefinden, allgemeines Cuprit, Realgar, Smithsonit
Wohlgefühl, körperliches Jaspis violett
Wunder Trendit
Wundheilung Antimonit, Bernstein, Euklas, Granat, Topazolith, Mookait, Obsidian, Rhodonit, Schalenblende, Silber, Wismut
Wünsche Epidot, Girasol, Hiddenit, Jaspis, Turitellajaspis, Malachit, Rubin, Zoisit
Wünsche anderer Smaragd
Wünsche, geheime Thulit
Wünsche, sexuelle Realgar
Wünsche, ungelebte Markasit
Wunschträume Dioptas
Würde Naturglas, Hiddenit
Wut Peridot, Prasem

# Z

Zähigkeit Gagat
Zähne Cavansit, Fluorit, Sphen
Zahnen Bernstein
Zahnfleisch Sphen
Zahnschmerzen Hiddenit, Kunzit, Sugilith
Zeit für sich selbst Rhodochrosit
Zeitgefühl Aktinolith, Benitoit, Goldorthoklas, Porphyrit, Chrysanthemenstein
Zeitpunkt, richtiger Bergkristall
Zeitqualität Silber
Zellatmung Pyrolusit
Zellen Bornit, Cuprit, Purpurit, Tigereisen, Turmalin, Dravit, Uvit
Zellregeneration Ametrin, Petalit, Rutilquarz
Zellreinigung Ametrin
Zellstoffwechsel Sardonyx
Zellteilung Creedit
Zellwachstum Apatit

Zellwachstum, disharmonisches Azurit-Malachit
Zellwachstum, harmonisches Covellin
Zentrierung Achat, Augit, Versteinertes Holz
Zerrissenheitsgefühle Hornblende, Turmalinquarz
Ziel, eigenes Hemimorphit
Ziel, ursprüngliches Falkenauge
Ziele Hiddenit, Jaspis rot, Turitellajaspis, Lepidolith, Turmalin
Ziele erreichen Euklas, Saphir
Ziele korrigieren Turmalin, Rubellit
Ziele setzen Saphir
Ziele verfolgen Turmalin, Rubellit
Ziele, eigene Sodalith
Ziele, gemeinschaftliche Dolomit
Ziele, höhere Limonit
Ziele, persönliche Dolomit
Ziele, unerreichbare Covellin
Ziele, vergessene Turmalin, Verdelith
Zielfindung Smaragd
Zielorientierung Sillimanit
Zielstrebigkeit Apatit, Aquamarin, Beryll
Zink- Aufnahme Sepiolith
Zirbeldrüse Aurichalcit, Mondstein
Zittern Falkenauge, Muskovit, Variscit, Zinnober
Zorn Prasem
zu ende führen Aquamarin
Zufall Meteorite, Mondstein
Zufriedenheit Dolomit, Limonit
Zukunft Turmalin
Zukunftsangst Tektite
Zurückgezogenheit Rosa Moosachat
Zurückhaltung Lapislazuli, Wulfenit
Zurückweisung Konichalcit
Zurückziehen Fossilien, Trilobiten, Septarien
Zusammenarbeit Sinhalit
Zusammenhalt Skolezit
Zusammenhänge erkennen Staurolith, Chalkopyrit
Zusammenleben, soziales Koralle
zusammenziehend Wismut
Zuversicht Coelestin, Dumortierit, Gagat, Moosachat, Rutilquarz, Sardonyx, Spinell
Zwang Hornblende, Moosachat, Wulfenit
Zwanghaftigkeit Dumortierit, Hauyn, Wolframit
Zweifel Naturglas, Goldorthoklas, Tigerauge
Zwölffingerdarm Pyromorphit
Zyklen, alte Okenit
Zyklen, offene Purpurit, saure Metamorphite

## 4.4 Literaturverzeichnis

Professor Hans Lüschen veröffentlichte im Literaturverzeichnis zu seinem Buch „Die Namen der Steine" eine sehr treffende Vorbemerkung, die wir an dieser Stelle gerne zitieren möchten: „Die Masse des Gedruckten ist zur Zeit in jedem Wissensgebiet derart angeschwollen, daß vollständige Literaturverzeichnisse - sofern sie überhaupt noch möglich sind - eher belasten als fördern. Die folgende Auswahl beschränkt sich darauf, für jedes der behandelten Gebiete einige charakteristische Werke anzuführen." Dem möchten wir, Autor und Verlag, uns gerne anschließen und darüber hinaus noch betonen, daß wir jene Bücher und Zeitschriften in diesem Verzeichnis erwähnen, die auch tatsächlich zum weiterführenden Studium empfehlenswert sind. Gerade im Bereich der Steinheilkunde legen wir dabei größten Wert auf Originalität und Sachkenntnis, auch wenn wir mit einzelnen Meinungen der genannten Autoren nicht immer übereinstimmen.

### Mineralienliteratur
| | | |
|---|---|---|
| Bancroft, Peter | Gem & Crystal Treasures | Western Enterprises, Fallbrook 1984 |
| Duda/Rejl/Slivka | Mineralien | Naturbuch-Verlag, Augsburg 1992 |
| Gienger/Newerla et al. | Mineralienkarten | Im Osterholz Verlag, Ludwigsburg 1994 |
| Hochleitner, Rupert | Fotoatlas der Mineralien und Gesteine | Gräfe und Unzer, München 1981 |
| Lieber, Werner | Der Mineraliensammler | Ott Verlag, Thun 1978 |
| Lieber, Werner | Mineralogie in Stichworten | Verlag Ferdinand Hirt, Kiel 1979 |
| Medenbach, Olaf | Mineralien | Mosaik Verlag, München 1996 |
| Schumann, Walter | BLV Steine- und Mineralienführer | BLV Verlag, München 1991 |
| Schumann, Walter | Edelsteine und Schmucksteine | BLV Verlag, München 1992 |
| Schumann, Walter | Mineralien aus aller Welt | BLV Verlag, München 1995 |
| Wimmenauer, Wolfhard | Zwischen Feuer und Wasser | Urachhaus, Stuttgart 1992 |
| Woolley/Bishop/Hamilton | Der Kosmos-Steinführer | Kosmos-Franckh, Stuttgart 1990 |

### Mineralienbücher für Kinder
| | | |
|---|---|---|
| Ladurner/Purtscheller | Mein kleines Mineralienbuch | Pinguin Verlag, Innsbruck 1968 |
| O'Donoghue, Michael | Gesteine und Mineralien | Naturbuch-Verlag, Augsburg 1994 |

### Mineralogie
| | | |
|---|---|---|
| Cloos, Walther | Kleine Edelsteinkunde | Novalis Verlag, Schaffhausen 1989 |
| Herder Lexikon | Geologie und Mineralogie | Herder Verlag, Freiburg 1990 |
| Klockmann, Friedrich | Lehrbuch der Mineralogie | Enke Verlag, Stuttgart 1978 |
| Lieber, Werner | Menschen, Minen, Mineralien | Christian Weise Verlag, München 1978 |
| Parker/Bambauer | Mineralienkunde | Ott Verlag, Thun 1975 |
| Rösler, Hans Jürgen | Lehrbuch der Mineralogie | Vlg. f. Grundstoffindustrie, Leipzig 1979 |
| Strübel/Zimmer | Lexikon der Minerale | Enke Verlag, Stuttgart 1991 |

### Gemmologie/Mineralbestimmung
| | | |
|---|---|---|
| Eppler, W. S. | Praktische Gemmologie | Rühle-Diebener Verlag, Stuttgart 1994 |
| Gienger/Bruder | Es ist nicht alles Gold, was glänzt! | Steinheilkunde e.V., Stuttgart 1997 |
| Gübelin/Koivula | Bildatlas der Einschlüsse in Edelsteinen | ABC Verlag, Zürich 1986 |
| Nassau, Kurt | Gemstone Enhancement | Butterworth-Heinemann, Oxford 1994 |
| Otto, Jörg | Mineralbestimmung | Kulturbund der DDR 1989 |
| Webster, R. | Gems | Butterworth-Heinemann, Oxford 1995 |

### Geologie
| | | |
|---|---|---|
| Bell/Wright | Gesteine und ihre Mineralien finden | Kosmos-Franckh, Stuttgart 1987 |
| Beurlen, Karl | Geologie | Kosmos-Franckh, Stuttgart 1978 |
| Dietrich/Skinner | Die Gesteine und ihre Mineralien | Ott Verlag, Thun 1984 |
| Stirrup/Heierli | Grundwissen in Geologie | Ott Verlag, Thun 1993 |

## Monografien

| | | |
|---|---|---|
| Benesch, Friedrich | Der Turmalin | Urachhaus, Stuttgart 1990 |
| Bühler, Rolf W. | Meteorite | Weltbild Verlag, Augsburg 1992 |
| Extra-Lapis Nr. 1 | Smaragd | Christian Weise Verlag, München 1991 |
| Extra-Lapis Nr. 2 | Gold | Christian Weise Verlag, München 1992 |
| Extra-Lapis Nr. 3 | Bergkristall | Christian Weise Verlag, München 1992 |
| Extra-Lapis Nr. 4 | Fluorit | Christian Weise Verlag, München 1993 |
| Extra-Lapis Nr. 5 | Kristall alpin | Christian Weise Verlag, München 1993 |
| Extra-Lapis Nr. 6 | Turmalin | Christian Weise Verlag, München 1994 |
| Extra-Lapis Nr. 7 | Versteinertes Holz | Christian Weise Verlag, München 1994 |
| Extra-Lapis Nr. 8 | gediegen Silber | Christian Weise Verlag, München 1995 |
| Extra-Lapis Nr. 9 | Granat-Gruppe | Christian Weise Verlag, München 1995 |
| Extra-Lapis Nr. 10 | Opal | Christian Weise Verlag, München 1996 |
| Extra-Lapis Nr. 11 | Pyrit | Christian Weise Verlag, München 1996 |
| Krahe/Schmidt/Gienger | Steinsalz | Im Osterholz Verlag, Ludwigsburg 1996 |
| Lieber, Werner | Amethyst | Christian Weise Verlag, München 1994 |
| Rykart, Rudolf | Quarz-Monografie | Ott Verlag, Thun 1989 |

## Namen der Steine

| | | |
|---|---|---|
| Haditsch/Maus | Alte Mineralnamen | Institut für Mineralogie, Leoben 1974 |
| Lüschen, Hans | Die Namen der Steine | Ott Verlag, Thun 1968 |

## Steinheilkunde

| | | |
|---|---|---|
| Ahlborn, Siegfried | Sterne, Mensch und Edelsteine | Verlag Ch. Möllmann, Paderborn 1996 |
| Bind-Klinger, Anita | Heilung durch Harmonie | Aquamarin Verlag, Grafing 1992 |
| Bingen, Hildegard von | Das Buch von den Steinen | Otto Müller Verlag, Salzburg 1979 |
| Dow, Jane-Ann | Edelstein- und Kristalltherapie | Ansata Verlag, Interlaken 1993 |
| Gienger, Michael | Die Heilsteine der Hildegard von Bingen | Mosaik Verlag, München 1997 |
| Gienger, Michael | Die Steinheilkunde | Neue Erde Verlag, Saarbrücken 1995 |
| Gienger, Michael | Die Heilsteine Hausapotheke | Neue Erde Verlag, Saarbrücken 1999 |
| Gienger/Kupka | Die Organuhr | Im Osterholz Verlag, Ludwigsburg 1995 |
| Gienger/Newerla | Heilsteine und Sternzeichen | Im Osterholz Verlag, Ludwigsburg 1994 |
| Gienger/Miesala-Sellin | Stein und Blüte | Neue Erde Verlag, Saarbrücken 2000 |
| Gurudas | Heilung durch die Schwingung der Edelsteinelixiere | Urania-Verlag, Neuhausen 1989 |
| Hertzka/Strehlow | Die Edelsteinmedizin der hl. Hildegard | Verlag Hermann Bauer, Freiburg 1994 |
| Korse, Amandus | Edelstein-Essenzen | Uitgeverij Groene Toermalijn, Hoogland 1993 |
| Melody | Love is in the earth | Earth Love Publishing, Wheat Ridge 1995 |
| Melody | Love is in the earth - supplement A | Earth Love Publishing, Wheat Ridge 1997 |
| Newerla, Barbara | Sterne und Steine | Im Osterholz Verlag, Ludwigsburg 1995 |
| Raphaell, Katrina | Die Botschaft der Kristalle | Neue Erde Verlag, Saarbrücken 1997 |
| Raphaell, Katrina | Heilen mit Kristallen | Droemer-Knaur, München 1988 |
| Raphaell, Katrina | Wissende Kristalle | Ansata Verlag, Interlaken 1986 |
| Rätsch/Guhr | Lexikon der Zaubersteine | ADEVA, Graz 1989 |
| Sienko | Der Steinschlüssel | Windpferd Verlag, Aitrang 1995 |
| Sperling, Renate | Vom Wesen der Edelsteine | Aquamarin Verlag, Grafing 1994 |
| Ywahoo, Dhyani | Am Feuer der Weisheit | Theseus Verlag, Zürich-München 1993 |

## Sonstiges

| | | |
|---|---|---|
| Bischof, Marco | Biophotonen, das Licht in unseren Zellen | Zweitausendeins, Frankfurt 1995 |
| Hauschka, Rudolf | Substanzlehre | Vittorio Klostermann, Frankfurt 1976 |
| Scholten, Jan | Homöopathie und die Elemente | Stichting Alonnissos, Utrecht 1997 |

## Zeitschriften

| | |
|---|---|
| Gem & Gemmology | Gemmological Institute of America, Santa Monica, California/USA |
| Lapis - Mineralienmagazin | Christian Weise Verlag, München 1976 – 1997 |
| Mineralienwelt | Bode Verlag, Haltern 1990 – 1997 |

## 4.5 Adressen

Ein wichtiges Anliegen dieses Lexikons ist es, eine seriöse Steinheilkunde zu fördern und die Grundlagen für weitere Forschungsarbeiten zu schaffen. Dies ist heute sehr wichtig, um im schnell wachsenden Markt der Bücher, Seminare und Heilstein-Angebote die Spreu vom Weizen zu trennen. Wie im vorangegangenen Literaturverzeichnis sollen daher an dieser Stelle auch nur jene Adressen empfohlen werden, wo Sie seriöse Informationen und Angebote erhalten. Es besteht natürlich kein Anspruch auf Vollständigkeit. Aktuelle Informationen, insbesondere zu Vorträgen, Seminaren und Schulungen zur Steinheilkunde erhalten Sie von den Cairn Elen Lebensschulen (siehe unten).

### Seminare und Veranstaltungen:

**Cairn Elen Lebensschulen**
Roßgumpenstr. 10, D-72336 Balingen-Zillhausen
Tel.: 07071 - 364 719, Fax: 07071 - 388 68
eMail: info@cairn-elen.de
Net: www.cairn-elen.de

Vorträge, Schulungen, Seminare und Ausbildungen in Steinheilkunde, Geomantie-Seminare, Mythologische Reisen in Europa und Australien. Wenden Sie sich für Kontakte mit Michael Gienger bitte an die Cairn Elen Lebensschulen.

### Forschung und Entwicklung der Steinheilkunde (SHK-Forschung):

**Steinheilkunde e.V., Sitz Stuttgart**
Forschungsprojekt Steinheilkunde
Unterer Kirchberg 23/1, D-88273 Fronreute
Tel.: 07505 - 95 64 51, Fax: 07505 - 95 64 52
eMail: info@steinheilkunde-ev.de
Net: www.steinheilkunde-ev.de

Gemeinnütziger Verein zur Förderung der Steinheilkunde, Schirmherrschaft der internationalen Symposien der Edelstein-Heilkunde. Vom Steinheilkunde e.V. erhalten Sie Empfehlungslisten von Edelsteinberatern und -therapeuten sowie Informationen zur Qualitätssicherung von Heilsteinen. Als Fördermitglied können Sie die Entwicklung der Steinheilkunde unterstützen.

Dem **Forschungsprojekt Steinheilkunde** gehören derzeit in Deutschland mehr als 50 Forschungsgruppen an, deren Ziel es ist, die Steinheilkunde durch systematische empirische Forschungen als anerkanntes Naturheilverfahren zu etablieren. Wenn Sie Interesse haben, in einer Forschungsgruppe mitzuarbeiten, wenden Sie sich bitte an die obige Adresse.

**Wolfgang Dei**
Poststr. 21, D-82287 Jesenwang
Tel.: 08146 - 998 372, Fax: 089 - 1400 1858
eMail: w.dei@freenet.de

Edelstein-Beratung, steinheilkundliche Forschung und radiästhetische Überprüfung der Wirkungsspektren von Heilsteinen.

**Walter von Holst**
Kornbergstr. 32, D-70176 Stuttgart
Tel.: 0711 - 227 1203, Fax: 0711 - 227 1204
eMail: info@Steinkreis.de
Net: www.Steinkreis.de

Forschungen, Beratungen und Seminare zur Analytischen Steinheilkunde, grenzwissenschaftliche Untersuchungen.

### Mineralogisch-gemmologische Untersuchungen:

**Institut für Edelstein Prüfung (EPI)**
Bernhard Bruder
Riesenwaldstr. 6, 77797 Ohlsbach
Tel. 07803 - 600 808, Fax: 07803 - 600 809
eMail: info@epigem.de
Net: www.epigem.de

Echtheitsprüfungen von Mineralien, Edelsteinen und Gesteinen. Bernhard Bruder ist Dipl. Mineraloge und Gemmologe und von der Deutschen Gemmologischen Gesellschaft in Idar-Oberstein anerkannter Gutachter.

*Aktueller Stand der Adressen*
*November 2003*

Weitere Informationen rund um die Steinheilkunde:

www.steinheilkunde.de

## Weitere Informationen zu Heilsteinen finden Sie in folgenden Publikationen

Dieses Buch verbindet erstmals eine leicht verständliche Einführung in die Charaktere der zwölf Tierkreiszeichen mit der Zuordnung von Heilsteinen zu den jeweils drei Dekaden des Zeichens. Zudem wird der jeweilige Ausgleichsstein beschrieben.

Barbara Newerla
**Sterne und Steine**
Der Tierkreis und die Heilwirkung edler Steine im Jahreslauf
*172 S., durchgehend farbig bebildert*
ISBN 3-8904503-0-9 alt / 3-89060-210-X neu

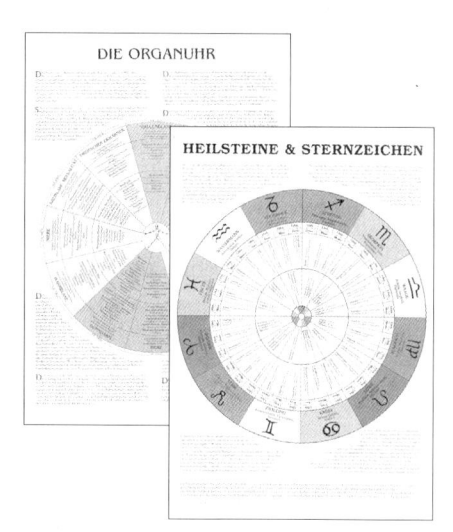

A. & M. Gienger, B. Newerla
**Heilsteine und Sternzeichen**

M. Gienger, Gerhard Kupka
**Die Organuhr**

Plakat 43,6 x 62 cm oder
folienkaschiert, Din A4

Übersicht und Leitfaden

Cairn Elen Lebensschule (Hrsg.)
**Steinheilkunde**
Ursprung und Entwicklung einer natürlichen Heilweise
*Kartoniert, 64 Seiten, durchgehend farbig.*

**Mineralienkarten**
*86 Karten mit Fotos und Kurzbeschreibungen
der wichtigsten Mineralien
Set im Pappkarton, 86 farbige Karten,
Format 9 x 13 cm,*
ISBN 3-8904503-1-7
Im Osterholz Verlag

## Weitere Informationen zu Heilsteinen finden Sie in folgenden Publikationen

Dieses Buch bietet im ersten Teil die Grundlagen der Steinheilkunde, wie und warum sie wirkt. Im zweiten Teil werden über hundert Steine ausführlich vorgestellt, die heilkundlich bereits gut erforscht sind. Die vielfältigen Aspekte der Heilung von Körper, Geist und Seele durch spezifische Steine werden hier ausführlich beschrieben.

Michael Gienger
**Die Steinheilkunde**
Ein Handbuch
*Kartoniert, 416 S., Fadenheftung, durchgehend farbig bebildert*
ISBN 3-89060-015-8   Festeinband: ISBN 3-89060-016-6

Endlich gibt es den zuverlässigen, praxiserprobten Ratgeber für die Behandlung vieler häufiger Krankheiten und Beschwerden. Nützlicher Rat für die Anwendung von Heilsteinen zu Hause. Übersichtlich, alltagstauglich, Resultat jahrelanger Erfahrung.
Mit allen Steinen der Hausapotheke in farbigen Abbildungen.

Michael Gienger
**Die Heilsteine-Hausapotheke**
*Kartoniert, 224 Seiten, davon 32 Farbtafeln*
ISBN 3-89060-027-1

Seit Jahrzehnten schon hat die Bach-Blüten-Therapie einen festen Platz in der Naturheilkunde, welchen sich auch die Steinheilkunde derzeit erobert. Daher ist eine Darstellung längst überfällig, die zeigt, ob und wie diese sanften Heilweisen zusammenwirken. Unser Buch zeigt die Chancen und Grenzen, welche die Kombination zweier Naturheilverfahren bietet, die vieles gemeinsam, jedoch auch deutliche Unterschiede haben. Eine schöne, spannend dargestellte Einführung von zwei Experten ihres Faches, reichhaltig bebildert mit phantastischen Farbfotografien von Ines Blersch.

Michael Gienger/Luna S. Miesala-Sellin
**Stein und Blüte**
Hilfe und Heilung mit Bachblüten u. Edelsteinen
*Pb., 224 S. mit 38 Farbtafeln*
ISBN 3-89060-030-1

## Weitere Informationen zu Heilsteinen finden Sie in folgenden Publikationen

Bekannt durch die beiden Bücher »Wissende Kristalle« (Ansata) und »Heilen mit Kristallen« (Knaur), vollendet Katrina Raphaell hiermit ihre Kristall-Trilogie. *Botschaft der Kristalle* ist nichts geringeres als der Versuch, die Kristalle als Werkzeuge in der Hand jener nutzbar zu machen, die an der Transformation von Mensch und Erde mitwirken wollen.

Katrina Raphaell
**Botschaft der Kristalle**
Die Transmission des Lichts
*Pb., 256 Seiten, 12 Farbtafeln, 14 x 21 cm*
ISBN 3-89060-413-7

Die wichtigsten Informationen zu 430 Heilsteinen. Knapp und übersichtlich und doch sorgfältig und genau wird jeder Stein in Wort und Bild dargestellt.

Michael Gienger
**Heilsteine – 430 Steine von A-Z**
*Pb. 96 Seiten, Taschenformat mit 430 Farbfotos*
ISBN 3-89060-059-X

In diesem kleinen Ratgeber erfahren Sie alles Wissenswerte über Salz: Seine Herkunft, Heilkraft, Wirkung und vor allem die richtige Anwendung! Salz kann tatsächlich ein Heilmittel für viele Beschwerden sein, wenn wir wissen, wie!

Michael Gienger / Gisela Glaser
**SALZ – Nahrungsmittel, Heilmittel oder Gift?**
*Pb., Taschenformat, durchgehend farbig, 128 Seiten*
ISBN 3-89060-060-3

---

Auf Wunsch senden wir Ihnen gerne unser aktuelles Verlagsverzeichnis kostenlos zu. Schreiben Sie an:

Neue Erde · Cecilienstr. 29 · D-66111 Saarbrücken · Fax 0681 - 390 41 02
email: info@neueerde.de

Außerdem halten wir eine ausführliche 4-Farb-Broschüre mit 48 Seiten für Sie bereit: »Geomantie & Tiefenökologie«. Wenn wir Sie Ihnen zuschicken dürfen, senden Sie uns hierfür bitte die Schutzgebühr von € 2,50 inkl. Porto in Briefmarken an die obige Adresse.

NEUE ERDE